Lorenz B. Puntel
Struktur und Sein

Lorenz B. Puntel

Struktur und Sein

Ein Theorierahmen für eine
systematische Philosophie

Mohr Siebeck

Lorenz B. Puntel, geboren 1935; Studium der Philosophie, Psychologie, Altphilologie und kath. Theologie in München, Wien, Paris, Rom und Innsbruck; 1968 Promotion in Philosophie; 1969 in kath. Theologie; 1972 Habilitation in Philosophie; seit 1978 Professor für Philosophie an der Universität München; 2001 emeritiert.

ISBN 3-16-148964-0   ISBN-13 978-3-16-148964-8 (Leinen)
ISBN 3-16-148963-2   ISBN-13 978-3-16-148963-1 (Broschur)

Die Deutsche Bibliothek verzeichnet diese Publikation in der Deutschen Nationalbibliographie; detaillierte bibliographische Daten sind im Internet über *http://dnb.ddb.de* abrufbar.

© 2006 Mohr Siebeck Tübingen.

Das Werk einschließlich aller seiner Teile ist urheberrechtlich geschützt. Jede Verwertung außerhalb der engen Grenzen des Urheberrechtsgesetzes ist ohne Zustimmung des Verlags unzulässig und strafbar. Das gilt insbesondere für Vervielfältigungen, Übersetzungen, Mikroverfilmungen und die Einspeicherung und Verarbeitung in elektronischen Systemen.

Das Buch wurde von Martin Fischer in Tübingen aus der Stempel Garamond gesetzt, von Gulde-Druck in Tübingen auf alterungsbeständiges Werkdruckpapier gedruckt und von der Buchbinderei Joseph Spinner in Ottersweier gebunden.

Meinen Studenten und
den Teilnehmern meiner Oberseminare
an der Universität München

Vorwort

Das vorliegende Buch stellt die Realisierung eines Projektes dar, das ich in den ersten Jahren meiner philosophischen Lehr- und Forschungstätigkeit an der Universität München vor über zwei Jahrzehnten entwarf. Für meine Vorlesungen und Seminare über *Systematische Philosophie* erarbeitete ich in regem Austausch mit meinem damaligen Studenten Geo Siegwart unter dem Titel *Systematische Philosophie – Eine Programmschrift* ein Manuskript, das als Textgrundlage für die Teilnehmer an meinen Lehrveranstaltungen dienen sollte. In kurzer Zeit zirkulierten Hunderte von Kopien dieses Textes unter Studenten und Kollegen. Da erreichte mich das Angebot eines namhaften deutschen Verlags, den Text als Buch zu publizieren. Dies war ein verlokkendes Angebot; dennoch lehnte ich es ab. Ich war der Überzeugung, dass seriöse philosophische Arbeit ihren Preis hat und dass dies erst recht für ein Buch mit der umfassenden Thematik und dem ambitionierten Anspruch der genannten Schrift gelten sollte; ein solches Buch könne sich, so meine damalige Begründung, nur als Resultat eines langen Reifungsprozesses legitimieren.

Aus meiner heutigen Sicht hat sich diese Überzeugung als richtig erwiesen. Meine damalige Konzeption, die weitgehend unter dem Einfluss der vorkantischen metaphysischen und der klassischen deutschen Tradition der Philosophie entstanden war, hat sich im Laufe der Zeit tiefgreifend geändert. Geblieben sind einige für diese Traditionen charakteristische grundlegende Fragestellungen, Einsichten und Intuitionen, die aber insbesondere in methodologischer und wissenschaftstheoretischer Hinsicht einer radikalen Wandlung unterzogen wurden. Veranlasst wurde die Wandlung durch die intensive Beschäftigung mit der modernen formalen Logik, mit der Wissenschaftstheorie und mit der analytischen Philosophie. Die Art von systematischer Philosophie, die ich vertrete und zu entwickeln versuche, kann als eine Form der analytischen Philosophie angesehen werden, unterscheidet sich jedoch von den traditionellen und den allermeisten gegenwärtigen Formen dieser Richtung in zwei Hinsichten. Erstens knüpft sie dezidiert an zentrale Elemente der Tradition der *philosophia perennis* an. Zweitens bekämpft sie den für den Großteil der analytischen Philosophen charakteristischen fragmentarischen Charakter des Verständnisses und der Behandlung philosophischer Themenstellungen, indem sie anstrebt, der Philosophie wieder ihren ureigenen systematischen Status zuzuerkennen.

So sehr dieses Buch Ausdruck meines eigenen philosophischen Weges und der daraus resultierenden Konzeption ist, es wäre in der vorliegenden Fassung nicht möglich gewesen, ohne die Anregungen, die ich im Laufe vieler Jahre von vielen meiner Kollegen, von meinen Assistenten, meinen Doktoranden, den Teilnehmern an meinem regelmäßig stattfindenden Oberseminar an der Universität München und nicht zuletzt von vielen Menschen empfangen habe, mit denen ich während der teilweise langen Aufenthalte an mehreren Universitäten im Ausland, insbesondere in den USA, in lebhaftem gedanklichem Austausch stand. Diesem großen Personenkreis gebührt mein Dank an erster Stelle.

Ich muss darauf verzichten, ihnen allen im einzelnen persönlich zu danken. Eine Ausnahme muss ich allerdings im Fall zweier amerikanischer Kollegen machen.

Nicholas Rescher (University of Pittsburgh, USA) gab mir entscheidende Impulse zur Überwindung der von den deutschen Idealisten vertretenen megalomanen Idee eines absoluten Systems der Philosophie, ohne dass dies die Konsequenz hatte, einem genauso sinnlosen philosophischen Fragmentarismus das Wort zu reden. Aus Reschers Büchern – insbesondere aus seinem 1973 erschienenen Buch *The Coherence Theory of Truth* – habe ich gelernt, wie man systematische Philosophie auf nüchterne, klare und strenge Weise entwickeln kann. Reschers Weg führte schließlich zu seinem monumentalen dreibändigen Werk *A System of Pragmatic Idealism* (1992–1994). Auch wenn mein eigener philosophischer Weg sich in signifikanter Weise von seinem Weg unterscheidet, verdanke ich den in vielen Begegnungen geführten Gesprächen mit ihm fundamentale Anregungen.

Alan White (Williams College, Williamstown, MA, USA) verdient eine ganz besondere Erwähnung und Anerkennung. Nachdem er einige meiner Schriften gelesen hatte, stellte er mir im September 2003 via Internet einige interessante Sachfragen. Daraus entstand ein reger Diskussionsaustausch, der zu einer bemerkenswerten Zusammenarbeit führte; ungeachtet der Distanz zwischen Deutschland und den USA wurde der beinahe tägliche Kontakt durch die heutigen elektronischen Kommunikationsmittel ermöglicht. Bald machte A. White den Vorschlag, die in einem ersten Entwurf schon vorliegenden Teile des Buches (etwas mehr als die Hälfte der endgültigen Fassung) ins Englische zu übersetzen und setzte dies auch unverzüglich in die Tat um. Anschließend übersetzte er auch die weiteren Teile, sobald sie in einem ersten Entwurf verfügbar waren. Auf diese Weise ist fast gleichzeitig mit dem deutschen Text ein englischer Text entstanden. A. Whites Begeisterung für die im Buch vertretene philosophische Konzeption, seine Ermunterungen und seine Vorschläge haben entscheidend dazu beigetragen, dass ich meine ganze Zeit und Energie der Fertigstellung des Buches widmete. Während eines mehrwöchigen Aufenthaltes im schönen Williamstown im Herbst 2004 durfte ich mich nicht nur der Gastfreundschaft A. Whites und seiner Frau Jane Nicholls erfreuen, sondern konnte auch die Arbeit am Buch zusammen mit ihm ein gutes Stück voranbringen. Diese konstruktive Zusammenarbeit setzte sich während eines Aufenthaltes A. Whites in Deutschland im Juni 2005 fort. Die Bedeutung seiner Beiträge, insbesondere was das Zustandekommen des englischen Textes anbetrifft, kann nicht hoch genug veranschlagt werden.

Mein tiefer Dank gilt einer Reihe von philosophischen Freunden, welche die Entstehung meiner philosophischen Konzeption mit großem Interesse und intensiven Diskussionen begleitet haben. Insbesondere danke ich Constanze Peres, Christina Schneider und Karl-Heinz Uthemann für ihre, auf je unterschiedliche Weise kritische und stets konstruktive Lektüre der letzten Manuskriptfassung dieses Buches; sie haben viel zur sprachlichen wie auch inhaltlichen Klarheit beigetragen. Sylvia Noss möchte ich für die sorgfältige Korrektur des Manuskripts und der Druckfahnen danken.

Schließlich möchte ich Dr. Georg Siebeck vom Mohr Siebeck Verlag für sein anregendes Interesse an der Publikation des Buches, sein tatkräftiges Engagement und seine Fairness meinen Dank sagen.

München-Augsburg, im Februar 2006　　　　　　　　Lorenz B. Puntel

Inhaltsübersicht

Einleitung 1

Kapitel 1: Globalsystematik: Standortbestimmung der struktural-
systematischen Philosophie 29
1.1 Die Komplexität des Begriffs und der Darstellungsform des
Theorierahmens für eine systematische Philosophie 29
1.2 Eine erste Bestimmung von systematischer Philosophie 34
1.3 Struktur und Sein: eine erste Charakterisierung des struktural-
systematischen Grundgedankens 48
1.4 Die idealisierte vierstufige philosophische Methode 55
1.5 (Selbst)Begründung der systematischen Philosophie? 70

Kapitel 2: Theoretizitätssystematik: Die philosophische
Darstellungsdimension 99
2.1 Theoretizität als Darstellungsdimension 99
2.2 Sprache als Darstellungsmedium der Theoretizitätsdimension 102
2.3 Die Dimension des Wissens bzw. der Erkenntnis als Dimension
des Vollzugs der Theoretizität 133
2.4 Die Dimension der Theorie im engeren Sinne 161
2.5 Die vollbestimmte Theoretizität: erster Ansatz zur Theorie
der Wahrheit 188

Kapitel 3: Struktursystematik: Die fundamentalen Strukturen 207
3.1 Was ist Struktursystematik? 207
3.2 Die drei Ebenen der fundamentalen Strukturen 230
3.3 Theorie der Wahrheit als Explikation (Artikulation) des vollbestimmten Zusammenhangs der fundamentalen Strukturen 297

Kapitel 4: Weltsystematik: Theorie der Weltdimensionen 329
4.1 Der Begriff der Welt 330
4.2 Die »Naturwelt« 335
4.3 Die menschliche Welt 350
4.4 Die ästhetische Welt 408
4.5 Das Weltganze 432

Kapitel 5: Gesamtsystematik: Theorie des Zusammenhangs
aller Strukturen und Dimensionen des Seins als Theorie
des Seins als solchen und im Ganzen 477
5.1 Der philosophische Status der Gesamtsystematik 477
5.2 Grundzüge einer Theorie des Seins als solchen und im Ganzen 552
5.3 Ansatz zu einer Theorie des Absolutnotwendigen Seins 588

Kapitel 6: Metasystematik: Theorie der relativ maximalen Selbstbestimmung der Systematischen Philosophie 613
6.1 Der Status der Metasystematik 613
6.2 Immanente Metasystematik 621
6.3 Externe Metasystematik 625
6.4 Selbstbestimmung, Metasystematik und Selbstbegründung
der struktural-systematischen Philosophie 642

Literatur 647
Namenverzeichnis 663
Sachverzeichnis 667

Inhaltsverzeichnis

Vorwort VII
Verzeichnis der Sieglen und der logischen / mathematischen Symbole   XXII

Einleitung 1

Kapitel 1
Globalsystematik: Standortbestimmung der struktural-systematischen Philosophie

1.1 Die Komplexität des Begriffs und der Darstellungsform des
    Theorierahmens für eine systematische Philosophie 29
1.2 Eine erste Bestimmung von systematischer Philosophie 34
  1.2.1 Eine »Quasi-Definition« der struktural-systematischen Philosophie .. 34
  1.2.2 »Theorie« 35
  1.2.3 »Struktur« 36
  1.2.4 Uneingeschränktes »universe of discourse« 39
  1.2.5 Universale (allgemeinste) Strukturen 44
  1.2.6 »Systematische Philosophie« und »philosophisches System« 46
1.3 Struktur und Sein: eine erste Charakterisierung
    des struktural-systematischen Grundgedankens 48
1.4 Die idealisierte vierstufige philosophische Methode 55
  1.4.1 Zur Problemstellung 55
  1.4.2 Erste Methodenstufe: Aufbau- und Inventivmethode, Herausarbeitung
        der Strukturen bis zur ersten minimalen und informalen Formulierung
        von Theorien 57
  1.4.3 Zweite Methodenstufe: Theoriekonstitutive Methode 59
  1.4.4 Dritte Methodenstufe: Systemkonstitutive Methode 67
  1.4.5 Vierte Methodenstufe: Prüfung der theoretischen Adäquatheit und
        des Wahrheitsstatus 68
1.5 (Selbst)Begründung der systematischen Philosophie? 70
  1.5.1 Allgemeines zum Begründungsbegriff 70
  1.5.2 Die Problematik des Begründungsbegriffs in der Philosophie 72
    1.5.2.1 Zum unsystematischen Begründungsbegriff 73

1.5.2.2 Der systematische Begründungsbegriff und seine Formen
(bzw. Stufen oder Ebenen) 85
1.5.2.3 Der systematische Begründungsbegriff als idealisierte Form
der systematischen Begründungspraxis 95

Kapitel 2
Theoretizitätssystematik: Die philosophische Darstellungsdimension

2.1 Theoretizität als Darstellungsdimension 99
2.2 Sprache als Darstellungsmedium der Theoretizitätsdimension 102
   2.2.1 Sprache, Kommunikation, Darstellungsdimension 103
   2.2.2 »Normale« (»natürliche«) Sprache und philosophische Sprache 104
   2.2.3 Die philosophische Sprache als theoretische Sprache 120
      2.2.3.1 Das sprachliche Kriterium für Theoretizität 120
      2.2.3.2 Grundlagen eines Programms für die Entwicklung einer
systematischen philosophischen Sprache 126
   2.2.4 Die Zentralität der Sprache für die Philosophie 129
   2.2.5 Von der Dimension der Sprache zur Dimension des Wissens
(der Erkenntnis): die Rolle der Sprecher und Subjekte 131
2.3 Die Dimension des Wissens bzw. der Erkenntnis als Dimension
des Vollzugs der Theoretizität 133
   2.3.1 Zur Problematik des epistemischen Subjekts (der Subjektivität) 133
   2.3.2 Zur systematischen Stellung der epistemischen Dimension 136
      2.3.2.1 Die Ambiguität der Ausdrücke ›Wissen‹ und ›Erkenntnis‹ 137
      2.3.2.2 Wissen/Erkenntnis als philosophisches Problem 138
      2.3.2.3 »Wissen« und »Erkenntnis« bei Kant 145
      2.3.2.4 Subjektivität und Erkenntnis in systematischer Hinsicht 148
      2.3.2.5 Eine Perspektivenumkehrung – die sowohl unverzichtbare
als auch sekundäre Stellung der epistemischen Dimension 157
2.4 Die Dimension der Theorie im engeren Sinne 161
   2.4.1 Allgemeines zum eigentlichen Theoriebegriff 161
   2.4.2 Der Theoriebegriff in der Metalogik/Metamathematik und in der
Wissenschaftstheorie 162
      2.4.2.1 Der »logische« Theoriebegriff 162
      2.4.2.2 Der »wissenschaftliche« Theoriebegriff I: die Standardkonzeption
(»received view«) 163
      2.4.2.3 Der »wissenschaftliche« Theoriebegriff II:
der »semantische Ansatz« 166
         2.4.2.3.1 B. van Fraassens konstruktiv-empiristische
Konzeption 166
         2.4.2.3.2 Die strukturalistische Theoriekonzeption 169
   2.4.3 Ein struktureller Theoriebegriff für die systematische Philosophie 175

2.4.3.1 Die Problematik 175
2.4.3.2 Die wesentlichen Komponenten eines strukturalen Theoriebegriffs für die systematische Philosophie 181
2.4.3.3 Der philosophische Theoriebegriff als »regulativer Begriff« und
seine approximativ-partielle Realisierung 185

2.5 Die vollbestimmte Theoretizität: erster Ansatz zur Theorie
der Wahrheit 188
   2.5.1 Vorfragen zum Ansatz 189
      2.5.1.1 Das Wort ›Wahr(heit)‹ und die Problematik des Begriffs
der Wahrheit 189
      2.5.1.2 Substantialismus und Deflationismus 193
      2.5.1.3 ›Wahr(heit)‹ als Prädikat und als Operator 194
      2.5.1.4 Gesamttheorie und Subtheorien der Wahrheit 197
   2.5.2 Die Grundidee der Wahrheit 198
      2.5.2.1 Das sprachliche Urfaktum: Indeterminiertheit vs. Determiniertheit
der Sprache 198
      2.5.2.2 Die drei Ebenen der Sprachdetermination 200
      2.5.2.3 Der Zusammenhang der drei Ebenen und die Fundamentalität
der semantischen Dimension 203
      2.5.2.4 Informal-intuitive Formulierung der fundamentalen Idee
der Wahrheit 205

Kapitel 3
Struktursystematik: Die fundamentalen Strukturen

3.1 Was ist Struktursystematik? 207
   3.1.1 Der Grundgedanke 207
   3.1.2 Sachlich-terminologische Klärungen 211
      3.1.2.1 »Begriff«, »Bedeutung«, »Sinn«, »semantischer Wert«,
»Proposition«, »Sachverhalt« 211
      3.1.2.2 »Objekt (Gegenstand)«, »Eigenschaft«, »Relation«, »Tatsache«,
andere Entitäten 218
      3.1.2.3 »Kategorie« 220
   3.1.3 Der »systematisch-architekturale« Stellenwert des erweiterten Begriffs
der Struktur in der Philosophie 223
   3.1.4 Das Programm einer philosophischen Struktursystematik 225
   3.1.5 Die Stellung der Sprache und Semantik in der Struktursystematik 227

3.2 Die drei Ebenen der fundamentalen Strukturen 230
   3.2.1 Formale Strukturen 230
      3.2.1.1 Logik, Mathematik und Philosophie 230
      3.2.1.2 Mathematische Strukturen 234
      3.2.1.3 Logische Strukturen 238
   3.2.2 Semantische Strukturen 245
      3.2.2.1 Allgemeine Charakterisierung 245

3.2.2.2 Die große Option: ontologisch orientierte Semantik für die
wissenschaftliche und philosophische Sprache 247
3.2.2.3 Kritik der auf dem Kompositionalitätsprinzip basierenden
Semantik und Ontologie 249
    3.2.2.3.1 Grundzüge der kompositionalen Semantik: die kompositional-
semantischen Strukturen 249
    3.2.2.3.2 Kritik der kompositionalen Semantik und Ontologie:
die Inakzeptabilität der ontologischen Grundkategorie
der Substanz 254
        3.2.2.3.2.1 Substanzontologie und ihre Alternativen in der
gegenwärtigen Philosophie 254
        3.2.2.3.2.2 Das Basis-Problem jeder Substanzontologie 258
        3.2.2.3.2.3 Quines Verfahren der Elimination singulärer Terme: ein zur
Durchführung einer großen Idee unzureichendes Mittel .. 261
3.2.2.4 Grundzüge einer auf einer starken Version des Kontextprinzips
basierenden Semantik 267
    3.2.2.4.1 Eine starke Version des semantischen Kontextprinzips 267
        3.2.2.4.1.1 Inkompatibilität von Kontextprinzip und
Kompositionalitätsprinzip 268
        3.2.2.4.1.2 Grundzüge und Aufgaben einer starken Version des
Kontextprinzips 270
        3.2.2.4.1.3 Das Problem der Identitätsbedingungen für
Primärpropositionen (und Primärtatsachen) 272
    3.2.2.4.2 Der Begriff der kontextual-semantischen Struktur:
Primärpropositionen als semantische Primärstrukturen 277
3.2.3 Ontologische Primärstrukturen 278
  3.2.3.1 Definition der ontologischen Primärstruktur 278
  3.2.3.2 Einfache Primärtatsachen als einfache ontologische Primärstrukturen 280
  3.2.3.3 Konfigurationsformen als ontologische Strukturen 288
    3.2.3.3.1 Zum Verhältnis zwischen logischen/mathematischen und
ontologischen Strukturen 288
    3.2.3.3.2 Konfigurationen und Aussagenlogik 289
    3.2.3.3.3 Konfigurationen und Prädikatenlogik erster Stufe 292
    3.2.3.3.4 Konfigurationsformen: Erweiterungen der klassischen Logik
und die Vielfalt der mathematischen Strukturen 297

3.3 Theorie der Wahrheit als Explikation (Artikulation) des
vollbestimmten Zusammenhangs der fundamentalen Strukturen 297
  3.3.1 Präzisierende Charakterisierung der Grundidee der Wahrheit 299
  3.3.2 Die sogenannten »Wahrheitsträger« und die fundamentalen
Strukturen 303
  3.3.3 Wahrheit als Komposition dreier Funktionen: der vollbestimmte
syntaktisch-semantisch-ontologische dreistrukturale Zusammenhang 304
    3.3.3.1 Die syntaktisch-semantische Dimension: eine »kataphorische«
Theorie 304
    3.3.3.2 Die semantisch-ontologische Dimension: die Identitätsthese 309

3.3.3.2.1 Der volldeterminierte semantische Status der Sprache und
die ontologische Dimension 309
3.3.3.2.2 Der ontologische Bezug von ›Wahr(heit)‹ als Identität von
Primärproposition und Primärtatsache (Identitätsthese) 310
3.3.3.2.3 Hinweis auf die Ontologie von »Primärtatsachen« als die dem
Wahrheitsbegriff angemessene Ontologie 314
3.3.4 Drei abschließende Fragen 316
3.3.4.1 Ansatz zu einer Theorie der Falschheit 317
3.3.4.2 Zum ontologischen Bezug der Wahrheit formaler (logischer und
mathematischer) Propositionen oder Strukturen 320
3.3.4.3 Eine gemäßigte Form des Wahrheitsrelativismus 323

Kapitel 4
Weltsystematik: Theorie der Weltdimensionen

4.1 Der Begriff der Welt 330
  4.1.1 Welt, universe of discourse und das Sein im Ganzen 330
  4.1.2 Die wichtigsten Teildimensionen oder Bereiche der (aktualen) Welt .. 333
4.2 Die »Naturwelt« 335
  4.2.1 Ist eine Natur(welt)philosophie überhaupt möglich? 335
    4.2.1.1 Ein lehrreiches Beispiel: die philosophische Inkohärenz von Quines
    angeblicher Versöhnung von »Naturalismus« und »globalem
    ontologischem Strukturalismus« 336
    4.2.1.2 Die Aufeinanderangewiesenheit von Philosophie und
    (Natur)Wissenschaften 343
  4.2.2 Hauptaufgaben und globale Thesen einer in Verbindung mit den
  Naturwissenschaften entwickelten Natur(welt)philosophie 347
    4.2.2.1 Die kategorial-strukturale Verfasstheit der Naturwelt 348
    4.2.2.2 Die Naturwelt und die Pluralität von Seinsbereichen: der Begriff
    des ontologischen Unterschieds 349
4.3 Die menschliche Welt 350
  4.3.1 Philosophische Anthropologie (Philosophie des Geistes) 351
    4.3.1.1 Was ist ein Individuum in kategorialer oder strukturaler
    Hinsicht? 351
    4.3.1.2 Der individuelle Mensch als Person 353
      4.3.1.2.1 Zur Problematik der adäquaten formalen Artikulation
      des Begriffs der Konfiguration 354
      4.3.1.2.2 Ist »Konfiguration« die adäquate ontologische Struktur des
      individuellen Menschen als Person? 360
        4.3.1.2.2.1 Eine prinzipielle systematisch-methodologische
        Überlegung 360
        4.3.1.2.2.2 Die »Elemente« der das menschliche Individuum
        konstituierenden Konfiguration 365

4.3.1.2.2.3 Der »Einheitspunkt« als der die Konfiguration
konfigurierender Faktor 367
4.3.1.2.2.4 Intentionalität und Selbstbewusstsein 371
4.3.1.2.3 Ist das menschliche Individuum bzw. die menschliche Person
materialistisch/physikalistisch erklärbar? 376
4.3.1.2.3.1 Zur heutigen Diskussion 377
4.3.1.2.3.2 Ein Argument gegen den Physikalismus 382
4.3.2 Das sittliche Handeln und die sittlichen Werte (Ethik) 387
4.3.2.1 Zum theoretischen Charakter ethischer Sätze 389
4.3.2.1.1 Die Ambiguität der »praktischen Philosophie« und der
»normativen Ethik« 389
4.3.2.1.2 Primärpraktische, theoretisch-deontische und
theoretisch-evaluative Sätze 391
4.3.2.2 Die ontologische Dimension der ethischen Wahrheit:
die ontologischen Werte 395
4.3.2.3 Die Unterscheidung zwischen »basal-ontologischen Werten«
und »moralisch-ontologischen Werten« 399
4.3.2.4 Der ontologische Status der basal-ontologischen Werte 401
4.3.2.4.1 Die allgemein-metaphysische Perspektive 401
4.3.2.4.2 Die metaphysisch-anthropologische Perspektive 403
4.3.2.5 Der ontologische Status der moralisch-ontologischen Werte 405

4.4 Die ästhetische Welt 408
4.4.1 Die drei zentralen logisch-semantischen Formen ästhetischer Sätze ... 409
4.4.2 Die allgemeine ästhetische Dimension: Schönheit als fundamentaler
Begriff 420
4.4.3 Die spezifische Dimension der Kunst 425
4.4.4 Zwei Einwände 430

4.5 Das Weltganze 432
4.5.1 Die naturwissenschaftlich-philosophische Kosmologie 433
4.5.2 Das Phänomen des Religiösen und die Pluralität der Religionen:
die Notwendigkeit einer philosophischen Interpretation 440
4.5.3 Die Weltgeschichte 444
4.5.3.1 Philosophie der Weltgeschichte und Geschichtswissenschaft 444
4.5.3.2 Ontologie der Weltgeschichte 446
4.5.3.3 Hat die Weltgeschichte eine innere Struktur? 453
4.5.3.4 Hat die Weltgeschichte einen Sinn? 457
4.5.3.4.1 Vorklärungen 457
4.5.3.4.2 Gründe für die Notwendigkeit einer umfassenden
gesamtsystematischen Theorie der Weltgeschichte 461
4.5.3.4.3 Voraussetzungen für eine gesamtsystematische Theorie,
die den Sinn der Weltgeschichte klärt 468

Kapitel 5
Gesamtsystematik: Theorie des Zusammenhangs aller Strukturen und Dimensionen des Seins als Theorie des Seins als solchen und im Ganzen

5.1 Der philosophische Status der Gesamtsystematik 477
   5.1.1 Gesamtsystematik als strukturale Metaphysik 477
   5.1.2 Das Haupthindernis für die Entwicklung einer Gesamtsystematik als strukturaler Metaphysik 480
      5.1.2.1 Das »Kluft- oder Schnitt-Problem« 481
      5.1.2.2 Beispiele von falschen und ungenügenden »Lösungen« 483
   5.1.3 Umfassende Klärung des Grundproblems der Kluft oder des Schnitts als Ansatz zu einer Theorie der Gesamtsystematik: vier grundlegende Thesen 493
      5.1.3.1 These 1: Die angemessene Form der Darstellung der struktural-systematischen Philosophie sind Sätze mit rein theoretischer Form 493
      5.1.3.2 These 2: Semantik und Theorie der Seienden bzw. des Seins stehen in einer grundsätzlichen Wechselbeziehung zueinander 494
      5.1.3.3 These 3: »Ausdrückbarkeit« ist ein grundlegendes Strukturmoment der Seienden und des Seins 495
      5.1.3.4 These 4: Die philosophische Sprache ist eine Darstellungssprache . 496
   5.1.4 Der adäquate Begriff der theoretisch-philosophischen Sprache 496
      5.1.4.1 Sprache, Kommunikation und Darstellung 496
      5.1.4.2 Das fundamentale Kriterium für die Bestimmung der Grundstrukturen einer durchgeklärten philosophischen Sprache 499
      5.1.4.3 Die philosophische Sprache als semiotisches System mit überabzählbar unendlich vielen Ausdrücken 500
         5.1.4.3.1 Die Sackgasse der Realismus-Antirealismus-Debatte: Gründe und Konsequenzen 500
         5.1.4.3.2 Eine wesentliche Voraussetzung für die universale Ausdrückbarkeit der Welt (des Seins): theoretische Sprachen mit überabzählbar unendlich vielen Ausdrücken 504
            5.1.4.3.2.1 Die prinzipielle Möglichkeit semiotischer Systeme mit überabzählbar unendlich vielen Zeichen bzw. Ausdrücken . 505
            5.1.4.3.2.2 Ein Grundproblem: Sprache und »tokening system« (die Konzeption von Hugly/Sayward) 507
            5.1.4.3.2.3 Der Stellenwert eines »tokening system« für theoretische Sprachen 514
         5.1.4.3.3 Der »segmentale« Charakter einer effektiven theoretischen Sprache 517
      5.1.4.4 Gibt es überabzählbar unendlich viele Entitäten? 524
      5.1.4.5 Ist die philosophische bzw. wissenschaftliche Sprache eine reine »menschliche Produktion«? Oder: Was ist überhaupt (eine) Sprache? 527

5.1.5 Die Pluralität von Sprachen, ihre ontologische Deutung und einige Konsequenzen 531
   5.1.5.1 In welchem Sinne und aus welchen Gründen gibt es eine Pluralität von (theoretischen) Sprachen? 531
   5.1.5.2 Ontologische Konsequenzen der Pluralität theoretischer Sprachen 532
      5.1.5.2.1 Zu einigen Ansätzen 532
      5.1.5.2.2 Ein Lösungsvorschlag in drei Schritten 536
         5.1.5.2.2.1 Erster Schritt: die Ontologisierung der theoretischen Dimension 537
         5.1.5.2.2.2 Zweiter Schritt: Perspektivenwechsel: von der Subjektivität zum Sein (zur Welt/Natur) 538
         5.1.5.2.2.3 Dritter Schritt: Drei Begriffspaare als Kriterien für die Beurteilung der Stärke und der Schwäche der ontologischen Adäquatheit von Theorierahmen (conceptual schemes) 541
5.1.6 Zusammenfassung: Gesamtsystematik als universale Theorie 549

5.2 Grundzüge einer Theorie des Seins als solchen und im Ganzen 552
   5.2.1 Was heißt »das Sein als solches und im Ganzen«? 552
   5.2.2 Die Rede über »das Ganze (die Totalität)«: Semantik, Logik bzw. Mathematik und Philosophie 562
   5.2.3 Die ursprüngliche Seinsdimension, die aktuale Welt und die Pluralität möglicher Welten 574
   5.2.4 Die innere Strukturalität der ursprünglichen Seinsdimension: die allgemeinsten immanenten Merkmale 581

5.3 Ansatz zu einer Theorie des Absolutnotwendigen Seins 588
   5.3.1 Vorklärungen 588
   5.3.2 Der entscheidende neue Schritt: die ursprüngliche Seinsdifferenz als die Differenz von absolutnotwendiger und kontingenter Seinsdimension 591
   5.3.3 Ergänzende Bemerkungen und Erläuterungen 594
   5.3.4 Weitere Schritte in der Explikation der absolutnotwendigen Seinsdimension 600

Kapitel 6

Metasystematik: Theorie der relativ maximalen Selbstbestimmung der Systematischen Philosophie

6.1 Der Status der Metasystematik 613
   6.1.1 Metasystematik und Metaphilosophie 613
   6.1.2 Die metasystematische Selbstbestimmung der strukturalen Philosophie und das Kriterium der relativ maximalen Intelligibilität und Kohärenz 615

6.2 Immanente Metasystematik 621
   6.2.1 Was ist immanente Metasystematik? 621
   6.2.2 Drei immanent-metasystematische Faktoren 621

6.3 Externe Metasystematik 625
  6.3.1 Was ist externe Metasystematik? 625
  6.3.2 Externe intratheoretische Metasystematik 626
    6.3.2.1 Externe intratheoretische interphilosophische Metasystematik ... 626
    6.3.2.2 Externe intratheoretische philosophisch-nichtphilosophische
            Metasystematik 635
  6.3.3 Extratheoretische Metasystematik 640
6.4 Selbstbestimmung, Metasystematik und Selbstbegründung der
    struktural-systematischen Philosophie 642

Literatur 647
Namenverzeichnis 663
Sachverzeichnis 667

Verzeichnis der Siglen und der logischen/mathematischen Symbole[1]

D_I	Argumentbereich einer Funktion (62)
D_II	Wertebereich einer Funktion (62)
DN	Deduktiv-nomologische Erklärung (165)
FMSO	*Factive Mental State Operator* (Williamson, 143)
FMZO	Faktiver Mentaler Zustandsoperator (159)
$G_\text{S,P}$	Operator »aus der Perspektive des sich partikularistisch verhält es sich so dass« (151)
(G)	schematische Aussage (mit Gesetzescharakter) (77)
(G_K)	Definition von Erkenntnis (*Knowledge*) des Gettier-Typs (139)
(G_S)	schematische systematische Aussage (mit Gesetzescharakter) (84)
H-O	Hempel-Oppenheim-Schema der wissenschaftlichen Erklärung (165)
I-W/E	Idealisierte(s) Wissen/Erkenntnis (160)
KPP	Kompositionalitätsprinzip (249)
KPP_PK	Propositional-konditionales Kompositionalitätsprinzip (251)
KKP_WK	Wahrheitskonditionales Kompositionalitätsprinzip (251)
KKP_S	Kompositionalitätsprinzip für Sätze (250)
KTP	Kontextprinzip (267)
KTP_F	Kontextprinzip in Freges Formulierung (267)
L	(1) Sprache; (2) *Links*: Klasse einer Art von intertheoretischen Verknüpfungen gemäß der strukturalistischen Theoriekonzeption (173)
O(A)	Operator »es ist geboten dass A« (392)
PERproposition	zu determinierende (qualifizierende) Proposition (305)
PERsentenz	zu determinierender (qualifizierender) Satz (305)
PL	Partikularistisch-lebensweltlich (als Index des Subjekt-Operators Ⓢ) (542)
PL1	Prädikatenlogik erster Stufe (292)
Q-Def	Quasi-Definition (35)
S	(1) Strukturdimension (183); (2) Satz (allgemein)
$S_\text{Ä}$	Ästhetischer Satz (410)

---

[1] Bei den Siglen und ungewöhnlichen Symbolen wird in Klammern die Seitenzahl ihres ersten Vorkommnisses angegeben; an diesen Stellen finden sich nähere Erläuterungen. Die normalen logischen/mathematischen Symbole werden weder im Text noch auch in diesem Verzeichnis näher erläutert.

Verzeichnis der Siglen und der logischen/mathematischen Symbole XXIII

S^f	auf dem Begriff der Tatsache (›f‹ für: ›fact‹) basierende Nicht-Standardsemantik für die Prädikatenlogik erster Stufe nach Legenhausen (294)
S^P	auf dem Begriff der Eigenschaft (›P‹ für: ›Property‹) basierende Nicht-Standardsemantik für die Prädikatenlogik erster Stufe nach Legenhausen (294)
U	*universe of discourse* (183)
VWB	Vollständig definierter Wahrheitsbegriff (313)
W/E	Wissen/Erkenntnis (142)
WS	Wahrheitsschema (482)
W-Schema	Wahrheitsschema (301)
$\mathfrak{a}$	Semantische Funktion (Interpretationsfunktion für die kompositionale Semantik: Denotation und Designation) (246)
$\mathfrak{a}^*$	Vereinigung der Funktionen $\mathfrak{a}$ und η ($\mathfrak{a}^* = \mathfrak{a} \cup \eta$)
$\mathfrak{b}$	Semantische Funktion (Interpretationsfunktion für die kontextuale Semantik: Ausdrücken einer Primärproposition durch einen Primärsatz) (277)
$\mathfrak{b}^*$	Vereinigung der Funktionen $\mathfrak{b}$ und μ ($\mathfrak{b}^* = \mathfrak{b} \cup \mu$) (278)
$\mathfrak{A}$	(1) Struktur (allgemein) (36); (2) semantische Struktur (246)
$\mathfrak{B}$	semantische Struktur (277)
$\mathfrak{C}$	ontologische Struktur (278)
$\mathfrak{U}$	Universalklasse (nach Kelley-Morse) (567)
$|\mathfrak{a}|$	Der Bereich oder das Universum der Struktur $\mathfrak{a}$ (508)
η	Funktion (Variablenbelegung über einer Menge A von Sätzen der Subjekt-Prädikat-Form) (247)
μ	Funktion (Variablenbelegung über einer Menge von Primärsätzen) (278)
$\phi, \psi, \chi \ldots$	Satzbuchstaben (Satzkonstanten oder -parameter oder -variablen)
Φs	Operator »erkennt dass« (nach Williamson) (143)
A	(1) Nicht-leere Trägermenge, der *Gegenstandsbereich* oder das *Universum* der kompositional-semantischen Struktur $\mathfrak{A}$: die Gesamtheit der Objekte/Gegenstände (246). (2) formales System (508)
B	(1) Nicht-leere Trägermenge oder das *Universum* der kontextual-semantischen Struktur B: die Gesamtheit der Primärpropositionen (277). (2) Menge der Grundzeichen eines formalen Systems (508)
f	Primärtatsache (»fact«) (313)
f*	Einfache Primärtatsache (»fact«) (287)
F	nicht-leere Trägermenge oder das *Universum* der kontextual-ontologischen Struktur $\mathfrak{C}$: die Gesamtheit der Primärtatsachen (Facts) (279, 313)
I	(1) Menge der intendierten Anwendungen einer Theorie nach der strukturalistischen Theoriekonzeption (173); (2) Interpretationsfunktion (251)
L_B	Beobachtungssprache (100)

L_T	Theoretische Sprache (100)
M	(aktuelles) Modell (172)
M_p	Potentielles Modell (172)
M_{pp}	Partiell-potentielles Modell (172)
T (T', T''..., T_1, T_2...)	je nach Kontext: Wahr(heit) (»True«), Wahrheitsoperator, Wahrheitswert, Theorie (300)
T_R	Rekonstruiertes Tarskisches Wahrheitsschema (307)
T^*	Erste wahrheitstheoretische Funktion (307, 309)
T^+	Zweite wahrheitstheoretische Funktion (307, 309)
$T^\times$	Dritte wahrheitstheoretische Funktion (307, 313)
V_B	Beobachtungsvokabular (100)
V_T	theoretisches Vokabular (100)
Ⓐχ	Ästhetischer Operator (»Es stellt sich ästhetisch so dar dass χ«) (123)
Ⓟψ	Praktischer Operator (»Es soll als geboten (bzw. verboten bzw. erlaubt) gelten dass ψ«) (123)
Ⓢ	Subjekt-Operator (»es verhält sich aus der Perketive des Subjekts S so dass...«) (149)
Ⓢ$_P$	Partikularistischer Subjekt-Operator (149)
Ⓢ$_{PL}$	Partikularistisch-lebensweltlicher Subjekt-Operator (542)
Ⓢ$_U$	Universaler Subjekt-Operator (149)
Ⓣϕ	Theoretischer Operator (»Es verhält sich so dass ϕ«) (123)
Ⓣ$_D$	Theoretisch-deontischer Operator (394)
Ⓣ$_{DE}$	Theoretisch-deontisch-empirischer Operator (394)
Ⓣ$_{DE/O}$	Theoretisch-deontisch-empirischer Operator im Modus des Gebotenseins (394)
Ⓣ$_{DG}$	Theoretisch-deontisch-genereller Operator (159)
Ⓣ$_{DG/O}$	Theoretisch-deontisch-genereller Operator im Modus des Gebotenseins (394)
Ⓣ$_W$	Theoretisch-evaluativer Operator (395)
Ⓣ$_{WE}$	Theoretisch-evaluativ-empirischgültiger Operator (395)
Ⓣ$_{WG}$	Theoretisch-evaluativ-generellgültiger Operator (395)
$p, q, r...\phi, \psi, \chi...$	Satzbuchstaben (Satzkonstanten oder -parameter oder -variablen)
$x, y, z...$	Individuen- und Mengenvariablen (je nach Kontext)
$\neg, \sim$	Junktor »Negation«
$\wedge, \&$	Junktor »Konjunktion«
$\vee$	Junktor »Adjunktion«
$\rightarrow, \supset$	Junktor »Konditional« (oder »materiale) Implikation«)
$\leftrightarrow$	Junktor »Bikonditional« (der »Äquivalenz«)
$\not\rightarrow$	Negation des Junktors »Konditional« (oder »materiale Implikation«)
$\vdash$	Logische Ableitbarkeit (241)
$\vDash$	(1) Modellbeziehung: Relation zwischen Sätzen und Strukturen (241). (2) Logische Folgerung: Relation zwischen (Mengen von) semantisch interpretierten Sätzen und damit zusammenhängenden Sätzen (241)

Verzeichnis der Siglen und der logischen/mathematischen Symbole   XXV

⊩	Logische Folgerung oder Gültigkeit (241)
⇒	Implikationsrelation (Koslow) (242)
∃	Existenz- oder Partikularquantor
∀	Allquantor
ι	Iota-Operator (ιx : dasjenige x so dass) (265)
[ ]	semantischer Wert des eingeklammerten Ausdrucks (250)
⌜ ⌝	Quasi-Anführungszeichen (»Quine corners«) (195)
E!	Existenzprädikat
⟨p⟩	Proposition p (nach Horwich) (195)
p	volldeterminierter Primärsatz bzw. die durch ihn ausgedrückte volldeterminierte Primärproposition (302)
◊	Möglichkeitsoperator (590)
□	Notwendigkeitsoperator (590)
∇	Kontingenzoperator (590)
∈	Elementschaftsrelation
∉	nicht-Element von
$\{x \mid x \dots\}$	die Menge aller x, für die gilt…
$\{a_1, \dots, a_n\}$	Menge der Elemente $a_1, \dots, a_n$
$\langle a_1, \dots, a_n \rangle$	geordnetes n-Tupel
∅	leere Menge
⊆	Teilmengenrelation oder Inklusion
⊂	Echte Teilmengenrelation oder Inklusion
∪	Vereinigung
∩	Durchschnitt
⋃X	Vereinigungsmenge von X (»große« Vereinigung)
⋂X	Durchschnittsmenge von X (»großer« Durchschnitt)
×	Kartesisches Produkt (der Mengen X und Y: $X \times Y := \{z \mid z = \langle x, y \rangle\}$)
∘	(1) Hintereinanderschaltung oder Komposition von Funktionen (z. B.: $f \circ g$); (2) in der Mereologie: Überlappen (358)
≈	dasselbe wie (in der Mereologie) (358):
℘	Potenzmenge
↦	Spezifikation einer Funktion hinsichtlich ihrer Zuordnung (z. B. $x \mapsto f(x)$)
$f\|_M$ oder $f\restriction_M$	Einschränkung der Funktion f auf M (246)
$\mathbb{Z}^+$	Menge der positiven ganzen Zahlen
≕	Verhältnis zwischen der Strukturdimension S und dem *universe of discourse* U im Tripel $\langle S, \eqcolon, U \rangle$ (184)
⸨—⸩	Symbol für eine Vorschrift, welche die Anwendung von (mathematischen) Strukturen auf die Welt regelt (nach Ludwig) (184)
⊗	Verknüpfung: Funktion (zur Definition der mathematischen Struktur »Gruppe«) (62)

Einleitung

Die in diesem Buch vorgelegte systematische Philosophie ist aus zwei Einsichten erwachsen, die sich aus einer langjährigen und intensiven Auseinandersetzung mit den fundamentalen philosophischen Konzeptionen der Geschichte und Gegenwart herausgebildet haben. Sie lassen sich als zwei Thesen formulieren. Die erste These besagt, dass sich jene vor über zweitausend Jahren unter der Bezeichnung ›Philosophie‹ begonnene theoretische Unternehmung von ihrer Intention, ihrem Selbstverständnis und ihren Leistungen her grundsätzlich als eine Wissensform mit universalem Charakter darstellt. Die zweite These lässt sich als die Feststellung artikulieren, dass die heutige Philosophie – und hier ganz besonders die sogenannte analytische – diesem umfassenden oder universalen Charakter der Philosophie nicht oder kaum gerecht wird; sie hat fast durchgehend einen – durch mehrere Faktoren bedingten – fragmentarischen Charakter.

[1] Zur Kennzeichnung des umfassenden Charakters der Philosophie wurde in der Neuzeit der Terminus ›System‹ eingeführt, der seitdem eine große Geschichte gehabt hat. Aus Gründen, die am Ende dieser Einleitung vorgetragen werden, wird dieser Terminus in diesem Buch, wenn überhaupt, nur marginal, nicht aber als die eigentliche Bezeichnung für die hier vertretene Philosophie gebraucht. Statt dessen wird dafür die Formulierung ›systematische Philosophie‹ (bzw. genauer: ›struktural-systematische Philosophie‹) verwendet.

Es ist zu beachten, dass mit dem Wort ›systematisch‹ in der heutigen philosophischen Literatur eine zweifache Bedeutung verbunden wird: eine primäre oder Hauptbedeutung und eine sekundäre oder Nebenbedeutung. In der *Hauptbedeutung* bezeichnet ›systematisch‹ eine Konzeption der Philosophie, die sich durch zwei Merkmale auszeichnet: durch die Vollständigkeit der Thematik und durch den Erweis des Zusammenhangs zwischen allen thematischen Komponenten. Sowohl die Vollständigkeit als auch der Gesamtzusammenhang sind aber in der Regel nicht unbedingt in einem absoluten Sinne zu nehmen; gemeint ist hiermit nicht, dass alle Details eines philosophischen Themas oder Bereichs und auch nicht alle Zusammenhänge unter diesen Themen oder Bereichen erschöpfend zur Darstellung gelangen; gemeint ist vielmehr, dass das, was in diesem Buch das uneingeschränkte *universe of discourse* genannt wird, zumindest in seiner Grobstrukturiertheit erfasst und artikuliert wird. Gemäß der *sekundären* Bedeutung ist »systematisch« der Gegenbegriff zu »(rein) historisch«: Eine »systematische« Behandlung eines Themas, eine »systematische« Sicht u. dgl. meint dann nur: eine »nicht-historisch orientierte Behandlung bzw. Sicht« u. dgl. Wenn im folgenden und in diesem Buch das Wort ›systematisch‹ verwendet wird, so ist immer die primäre Bedeutung gemeint, es sei denn die sekundäre Bedeutung wird explizit namhaft gemacht oder sie ist aus dem Kontext klar eruierbar.

In ihrer großen Tradition hat sich die Philosophie immer einen umfassenden Charakter zugeschrieben, wenn auch in sehr verschiedenen Gestalten. So wurde die Philosophie in der goldenen Zeit der Antike mehr oder weniger mit dem ganzen wissenschaftlichen Wissen identifiziert,[1] im Mittelalter wurde sie hauptsächlich in der Form einer *Summe (summa)* verstanden, in der Neuzeit entwickelte sie sich immer mehr als *System*, bis diese Entwicklung in die philosophiehistorisch einschneidende Dualität von Rationalismus und Empirismus mündete. Das hat letztlich zum Versuch Kants geführt, diese beiden Richtungen durch Herausarbeitung einer neuen, allerdings radikal eingeschränkten Gestalt des philosophischen Systems doch noch zu vereinigen, um damit die Dualität zu überwinden. Kants kritisches Unternehmen zeitigte die nur scheinbar paradoxe Wirkung, dass auf der Basis seiner Philosophie die bis heute höchsten und gewagtesten Formen der Idee des umfassenden Charakters der Philosophie entwickelt wurden: die großen philosophischen Systeme, die unter der Sammelbezeichnung ›deutscher Idealismus‹ bekannt (geworden) sind. Es ist alles andere als ein historischer Zufall, dass der Zusammenbruch dieser Systeme, besonders des Hegelschen, in der zweiten Hälfte des 19. Jahrhunderts mit einem eindrucksvollen und selbstbewussten Aufschwung der Naturwissenschaften in theoretischer und in experimenteller Hinsicht und mit dem Beginn sowohl der modernen mathematischen Logik als auch jener philosophischen Richtung, die später die analytische genannt wurde, zusammenfiel.

Seitdem kann man eine sehr deutliche Trennungslinie in der weiteren Entwicklung feststellen, und zwar zwischen der analytischen Philosophie einerseits und verschiedenen anderen Richtungen, die sich herausgebildet haben und heute mehr oder weniger weiter bestehen, andererseits; zu den letzteren sind die Husserlsche Phänomenologie, die Lebensphilosophie, die Hermeneutik, Heideggers Seinsdenken u. a. zu rechnen. Bei diesen Richtungen ist

---

[1] Genauer müsste man sagen, dass die Grenzen zwischen »Philosophie« und dem, was wir heute als »empirische Wissenschaften« bezeichnen, weitgehend unbestimmt waren. Als ein charakteristisches Beispiel kann man ARISTOTELES' »Physik« (genauer: »Physikvorlesung«, ΦΥΣΙΚΗ ΑΚΡΟΑΣΙΣ) anführen. In der ganzen Philosophiegeschichte wurde dieses Werk durchgehend als eine philosophische Abhandlung verstanden und interpretiert. Auf der Basis eines aus heutiger Sicht durchgeklärten Verständnisses des Verhältnisses zwischen Philosophie und empirischen Wissenschaften kann eine solche Sicht schwerlich aufrechterhalten werden.

der früher nur selten und dann nicht grundsätzlich in Frage gestellte umfassende Charakter der Philosophie in einer gewissermaßen paradoxen Weise anwesend, nämlich explizit in fast ausschließlich negativer Weise und implizit in einer erstaunlich positiven Weise. Die explizite Negation des umfassenden Charakters der Philosophie ist ein charakteristischer Grundzug der soeben genannten nicht-analytischen philosophischen Richtungen. Von einer paradoxen impliziten Anwesenheit des umfassenden Charakters der Philosophie in den genannten Richtungen ist insofern zu sprechen, als man versuchte, diesen Charakter durch eine noch radikalere Form eben dieses umfassenden Charakters zu relativieren: Man entwickelte nämlich verschiedene Formen einer »Meta-Konzeption« hinsichtlich des (traditionellen) umfassenden Charakters. Dies sei am Beispiel der besonders von H.-G. Gadamer vertretenen hermeneutischen Philosophie illustriert. Im Mittelpunkt der philosophischen Aussagen dieser Richtung steht der Gesamtzusammenhang der Interpretationsgeschichte, in welchem man die verschiedenen einen umfassenden Charakter beanspruchenden Philosophien zu situieren versuchte. Vor allem Heidegger hat diese Art »Meta-Konzeption« bis zum Äußersten getrieben, indem er ein Denken zu entwickeln versuchte, das sich als allen bisherigen Philosophien explizit überlegen versteht und damit einen noch radikaleren umfassenden Charakter als diese beansprucht.[2]

Die Philosophie kann die Tradition – ihre Tradition – nicht einfach beiseite lassen, denn dies würde einer Art Selbstverleugnung und damit einer Selbstzerstörung gleichkommen. Aber die Berücksichtigung der eigenen Geschichte kann sich in sehr verschiedenen Formen konkretisieren, was auch faktisch geschieht. So kann sich die Philosophie nicht einfach auf die reine Beschäftigung mit der Philosophiegeschichte beschränken oder gar sich mit einer solchen Beschäftigung identifizieren. Sie kann aber auch in das andere Extrem fallen, indem sie sich total und explizit *gegen* die ganze Philosophiegeschichte stellt. Auch ein schlichtes Ignorieren der Philosophiegeschichte ist, wenn auch implizit, in gewisser Hinsicht die radikalste Art, der Philosophiegeschichte jede konstitutive oder positive Bedeutung abzusprechen. Das Spektrum der Möglichkeiten zwischen diesen extremen Positionen ist sehr weit. Es kann jedoch festgestellt werden, dass die produktivsten neuen Ansätze in der Philosophie diejenigen sind, die auf der Basis eines ausgewogenen Verhältnisses zur Philosophiegeschichte entwickelt werden.

Im Gegensatz zu den oben genannten Richtungen entwickelte sich die analytische Philosophie in Bahnen, die bedeutend nüchterner sind. Sie ist immer grundsätzlich (und oft auch ausschließlich) *systematische* Philosophie gemäß der *sekundären* Bedeutung von »systematisch« gewesen. Ob sie systematisch gemäß der Hauptbedeutung war bzw. ist, ist eine ganz andere Frage, der noch

---

[2] Zu einer Darstellung und Kritik der Position HEIDEGGERS vgl. PUNTEL [1997].

nachzugehen sein wird. Der »systematische« (im Sinne von: nicht-historisch orientierte) Charakter der analytischen Philosophie von ihren Anfängen an brachte es mit sich, dass sie die große Tradition der Philosophie vernachlässigte und oft sogar ignorierte. Darüber wäre viel zu sagen. Hier sei nur generell festgestellt, dass sich immer mehr analytische Philosophen in der Gegenwart zunehmend nicht nur mit der eigenen Geschichte der analytischen Richtung, sondern mit der ganzen Geschichte der Philosophie befassen.

[2] Die Frage, ob die gegenwärtige Philosophie einen systematischen Charakter hat, wird von der zweiten eingangs formulierten These verneint. Diese These hat einen globalen Charakter und kann hier nicht im einzelnen erhärtet werden; gleichwohl sind einige Präzisierungen möglich und auch nötig. Es ist diesbezüglich zwischen der nicht-analytischen (der sogenannten »kontinental-europäischen«) und der analytischen Philosophie zu unterscheiden. Was die nicht-analytische Philosophie seit dem Ende des zweiten Weltkrieges anbelangt, so kann global folgendes festgestellt werden: Sofern diese Philosophie einen deutlich theoretischen Charakter hat, befasst sie sich im wesentlichen mit immer neuen Interpretationen und Reinterpretationen der großen Tradition der Philosophie, nicht aber mit systematischer Philosophie gemäß der zweiten Bedeutung (»systematisch« als »nicht-historisch orientiert«).[3] Systematische Arbeiten gemäß der Hauptbedeutung von »systematisch« in Kontinuität zur kontinental-europäischen Tradition der Philosophie wird man kaum nennen können.

Die eingangs aufgestellte Behauptung, der analytischen Philosophie eigne ein nur fragmentarischer Charakter, erfordert einige ausführliche Erläuterungen und Präzisierungen. In einem 1975 gehaltenen Vortrag hat M. Dummett die Frage *Can Analytic Philosophy be Systematic, and Ought it to Be?* aufgeworfen und behandelt (vgl. Dummett [1977/1982]). Seine Antwort ist in mancher, aber nicht in jeder Hinsicht erhellend. Die Frage, ob die analytische Philosophie vor 1975 und zur damaligen Zeit systematisch war, stellt er nicht direkt, behandelt sie jedoch indirekt, wenn auch nicht umfassend. Er unterscheidet zwei Bedeutungen von »systematisch«:

»In einem Sinne ist eine philosophische Untersuchung systematisch, sofern sie in eine gegliederte Theorie von der Art der großen philosophischen ›Systeme‹ münden soll, die in der Vergangenheit von Philosophen wie Spinoza oder Kant vorgetragen wurden. Im anderen Sinne ist eine philosophische Untersuchung systematisch, sofern sie gemäß allgemein anerkannten Forschungsmethoden vorgeht und ihre Ergebnisse gemäß allgemein anerkannten Kriterien generell akzeptiert oder abgelehnt werden. Diese beiden Bedeutungen […] sind voneinander unabhängig.« (Ib. 214)

---

[3] Hinsichtlich der deutschen Philosophie (seit 1945) wird diese These in PUNTEL [1994] formuliert und begründet. Es ist allerdings zu betonen, dass sich die Lage der deutschen Philosophie nach 1994 bedeutend geändert hat.

Eine der von Dummett aufgestellten Thesen lautet: *Sofern* die Philosophie in der Vergangenheit – und damit meint er die ganze Zeit vor Frege – systematisch war, dann war sie es nur im ersten, nicht aber im zweiten Sinne. Und was die analytische Philosophie anbelangt, so scheint er der Auffassung zu sein, dass sie, *sofern* sie (bis 1975) systematisch war, es dann jedenfalls nur im zweiten Sinne war. Das »sofern« bei Dummett beinhaltet eine doppelte Einschränkung. Hinsichtlich der beiden von ihm eingeführten Bedeutungen von »systematisch« stuft er Philosophen wie G. Ryle, J. L. Austin, den späten L. Wittgenstein u. a. ausdrücklich als nicht-systematische Philosophen ein. In bezug auf andere analytische Philosophen, vor allem R. Carnap, W. V. Quine und N. Goodman, behauptet er, es wäre lächerlich, die Frage »Kann die analytische Philosophie systematisch sein?« zu stellen, was dahingehend zu verstehen sein dürfte, dass er der Meinung ist, diese Philosophen seien systematische Philosophen gemäß beiden von ihm unterschiedenen Bedeutungen dieses Wortes.

Dummett vertritt die These, »dass die Philosophie – zumindest die Sprachphilosophie – von nun an systematisch in beiden Bedeutungen sein sollte« (ib. 215). Dabei betrachtet er Frege als »den eigentlichen Begründer der analytischen Philosophie« (ib. 190) und als die Zentralfigur in der ganzen Geschichte dieser heute herrschenden Richtung. Er behauptet, »dass es der Philosophie während des größten Teils ihrer langen Geschichte nicht gelungen ist, eine systematische Methodologie zustande zu bringen« (ib. 217). Dummett zufolge bedarf es einer Erklärung, »wie es kommt, dass die Philosophie, die von keinem Fach an Alter übertroffen wird und viel älter ist als die meisten anderen, so lange in ihrem ›Anfangsstadium‹ verblieben ist.« Aber eine solche Erklärung will er im zitierten Aufsatz nicht geben. Statt dessen räsoniert er:

»Das ›Anfangsstadium‹ eines Fachs ist vermutlich als das Stadium zu charakterisieren, in dem die Ausübenden noch nicht zu einer deutlichen Auffassung von seiner Thematik und seinen Zielen gelangt sind.« (Ib. 218)

Ferner sagt er, die Philosophie habe sich

»erst in allerjüngster Zeit aus ihrem Frühstadium heraus- und zur Reife durchgerungen. Freges Werk war der Wendepunkt, doch erst ein halbes Jahrhundert nach Freges Tod ist die Bedeutung seines Werkes weithin anerkannt und trotz allem immer noch auf die analytische Richtung beschränkt.« (Ib. 218)

Dummett geht einen Schritt weiter, indem er behauptet: »Erst mit Frege kam es zu einer endgültigen Bestimmung des Gegenstands der Philosophie« (ib. 219), was er durch die Angabe von drei Faktoren erklärt. Erstens ist das Ziel der Philosophie die Analyse der Struktur des Denkens (*thought*); zweitens ist das hier gemeinte Denken vom Denken im psychologischen Sinne (*thinking*) scharf zu unterscheiden; drittens besteht die einzig richtige Methode der Analyse des Denkens in der Analyse der Sprache. Damit gelangt Dummett zu seiner klarsten Bestimmung von analytischer Philosophie:

»Als analytische Philosophie können wir mithin diejenige kennzeichnen, die die Philosophie der Sprache im Anschluss an Frege als Grundlage des übrigen Fachgebiets auffasst.« (Ib. 192)

Dummetts Ausführungen sind ein gutes Beispiel für die Schwierigkeit, der man begegnet, wenn man allgemein die spezifische Eigenart der analytischen Philosophie zu beschreiben versucht; die Schwierigkeit wird noch deutlicher, wenn man sich der Beantwortung der Frage widmet, ob die analytische Philosophie einen systematischen Charakter hat oder nicht. So treffend im einzelnen Dummetts Aussagen sind, aufs Ganze gesehen sind sie als einseitig, zu kurz gegriffen und streckenweise sogar als unrichtig einzustufen. Seine Unterscheidung von zwei Bedeutungen von »systematisch«, einmal als Bezeichnung für eine »gegliederte Theorie« und zum anderen als Qualifizierung einer philosophischen Untersuchung, »sofern sie gemäß allgemein anerkannten Forschungsmethoden vorgeht und ihre Ergebnisse gemäß allgemein anerkannten Kriterien generell akzeptiert oder abgelehnt werden« (ib. 214), ist einseitig und künstlich. Dummett findet die im Sinn der soeben zitierten Passage beschriebene »systematische philosophische Methodologie« (ib. 219) in der Analyse der Sprache und stuft die so bestimmte Methode als die »einzig richtige« ein.

Diese Aussagen sind in vielfacher Hinsicht problematisch. Eine wissenssoziologisch (als »allgemein anerkannt … generell akzeptiert oder abgelehnt …«) bestimmte Methode kann nicht den Anspruch erheben, als »die einzig richtige« zu gelten; wissenssoziologische Faktoren sind einer viel zu großen Volatilität unterworfen, als dass sie als feste Basis für die Einschätzung einer systematischen philosophischen Methode dienen könnten. Es kann beispielsweise nicht (mehr) gesagt werden, dass die Methode der Analyse der Sprache heute allgemein anerkannt wird. Wenn Dummett sagt, es sei »verblüffend, dass sie [die Philosophie] in ihrer langen Geschichte noch keine allgemein akzeptierte Methodologie, keine allgemein akzeptierten Erfolgskriterien und deshalb kein Korpus definitiver Ergebnisse etabliert haben soll« (ib. 215), so folgt aus seinen Aussagen, dass *seine* Methode, die Analyse der Sprache, nicht nur auf allgemeine Akzeptanz stoßen, sondern auch ein »Korpus definitiver Ergebnisse« etablieren wird oder würde. Die Rede von »definitiven Ergebnissen« in der Philosophie ist jedoch außerordentlich problematisch. In jedem Fall hat Dummetts Methode solche Ergebnisse nicht erzielt; auch kann nicht gesagt werden, dass seine Methodologie allgemein akzeptiert wird. Folgt daraus, dass Dummetts Philosophie eine »systematische philosophische Methodologie« abzusprechen ist? Das wäre seltsam. Aber dann ist es ebenfalls seltsam und sogar inkohärent, bestimmten Philosophen (der Vergangenheit) mit Dummett eine »gegliederte Theorie« (und in diesem Sinne *Systematizität*) zuzuschreiben und ihnen gleichzeitig eine »systematische philosophische Methodologie« abzuerkennen. Wenn man dem Kriterium der »allgemeinen

Akzeptanz und Anerkennung« eine so zentrale Bedeutung beimisst, wie Dummett es tut, dann wäre es einzig konsequent, dieses Kriterium nicht nur auf die Systematizität im Sinne der allgemeinen Methodologie, sondern auch auf die Systematizität im Sinne der »artikulierten Theorie« anzuwenden. Dann jedoch könnte man nicht mehr die Behauptung aufstellen, Spinoza, Kant und andere Philosophen hätten eine »gegliederte Theorie« entwickelt und wären in diesem Sinne »systematische« Philosophen gewesen; denn es ist eine Tatsache, dass deren »gegliederte Theorien« überhaupt nicht allgemein akzeptiert und anerkannt wurden (bzw. werden).

Daraus erwächst die allgemeine Frage: Welcher Philosophie bzw. welchem Philosophen könnte man auf der Basis des kritisierten Kriteriums überhaupt *Systematizität* zuschreiben? Dummett scheint sich der Problematik seiner Thesen bewusst zu sein. Am Ende seines Aufsatzes behauptet er, viele Philosophen seien der Illusion erlegen, ihnen sei es gelungen, den durch das Fehlen einer systematischen philosophischen Methodologie verursachten Skandal überwunden zu haben, wobei er explizit Philosophen wie Descartes, Spinoza, Kant und Husserl nennt. Ferner behauptet er, erst mit Frege habe die Ära der systematischen Philosophie (in beiden von ihm unterschiedenen Bedeutungen) angefangen. Aber dann schreibt er:

»Ich habe nur einige wenige Beispiele für diese Illusion genannt; jeder Nichtphilosoph würde bei einer Wette am sichersten gehen, wenn er darauf setzte, dass ich einer ähnlichen Täuschung unterliege, indem ich für Frege den gleichen Anspruch erhebe. Hieraus kann ich nur die banale Antwort geben, die jeder Prophet jedem Skeptiker zu geben hat: Die Zeit wird es an den Tag bringen.« (Ib. 220)

Man wird wohl eher sagen müssen: Der Philosoph tut gut daran, sich nicht wie ein Prophet zu verhalten. Das setzt allerdings voraus, dass er eine Konzeption von systematischer Philosophie entwickelt, welche die Philosophiegeschichte nicht einfach abtut und eine offene Zukunft für die Philosophie in gänzlicher Kohärenz ermöglicht.

Die in diesem Buch darzustellende systematische Konzeption teilt die Auffassung, dass der Sprache in der Philosophie nicht nur eine wichtige, sondern eine fundamentale Rolle zuzuschreiben ist. Aber eine solche Aussage ist so lange wenig aufschlussreich, bis nicht geklärt wird, in welchem Sinne »Sprache« und »Analyse der Sprache« bzw. »Philosophie der Sprache« verstanden werden. Die beiden größten Defizite von Dummetts Philosophie der Sprache (die er als eine »Theorie der Bedeutung« versteht) sind: Er geht erstens nicht der Frage nach, welche Sprache für die Entwicklung philosophischer bzw. wissenschaftlicher Theorien adäquat und daher erforderlich ist. Ihm zufolge besteht die Aufgabe der Philosophie der Sprache darin, »die grundlegenden Umrisse einer erklärenden Darstellung des Funktionierens der Sprache« (ib. 193) zu artikulieren. Welcher Sprache? Der »normalen (natürlichen) Sprache« oder einer (zu entwickelnden) »philosophischen Sprache«? Um das reine

»Funktionieren«, so wichtig es auch ist, geht es nicht an erster Stelle, sondern um die Klärung der Implikationen einer solchen Sprache für die Behandlung philosophischer Problemkomplexe. Zweitens wird bei Dummett der fundamentale Bereich der Ontologie, wenn überhaupt, so nur sehr dürftig berücksichtigt. Zu den wichtigsten Implikationen einer Sprache gehören jedoch deren *ontologische* Implikationen.

Die in diesem Buch zu entwickelnde Konzeption meidet beide Defizite, indem sie explizit den Begriff einer philosophischen Sprache und deren Grundzüge entwirft, ferner indem sie eine neue Semantik grundsätzlich im Hinblick auf die ontologische Dimension herausarbeitet, so dass man sagen kann: Semantik und Ontologie einer philosophischen Sprache sind grundsätzlich zwei Seiten ein und derselben Medaille. Was die systematische philosophische Methode anbelangt, so wird eine solche nicht auf eine schlichte Formel wie »Analyse der Sprache« reduziert; vielmehr wird eine Konzeption entworfen, die die vollständig durchgeführte philosophische Methode als aus vier Methodenstufen (oder der Einfachheit halber: vier Methoden) bestehend charakterisiert: der Inventiv- und Aufbaumethode, der Methode der Konstitution von Theorien im strikten Sinne, d.h. in der Theorieform, der systemkonstitutiven Methode und der Methode der Prüfung der theoretischen Adäquatheit und des Wahrheitsstatus der entwickelten Theorie(n). In der philosophischen Praxis kommen alle vier Methoden(stufen) so gut wie nie *gleichzeitig* zur Anwendung. Sie repräsentieren den Idealfall einer philosophischen Theorie, der aber nicht irgendeine bedeutungslose Abstraktion ist, sondern die Funktion einer wichtigen regulativen Idee hinsichtlich der philosophischen Theoriebildungen ausübt: Unter Beachtung der ganzen Komplexität einer vollständig durchgeführten philosophischen Methode ist es nämlich allererst möglich, über den jeweiligen Status einer bestimmten in der Erarbeitung befindlichen oder schon vorgelegten philosophischen Theorie Klarheit zu schaffen bzw. zu erhalten.

Was den fragmentarischen Charakter der analytischen Philosophie anbelangt, so macht Dummett selbst klar, dass Freges »grundlegende Leistung«, dass er nämlich »unseren Blickwinkel innerhalb der Philosophie änderte« (ib. 192), sich nur in Umrissen in Form einer Theorie niederschlug. Und auch die von Dummett ins Zentrum der Philosophie gerückte »Theorie der Bedeutung« liegt nicht als ausgebaute Theorie vor. Dies ist nur eine Art von »fragmentarischer Philosophie«. Wenn aber eingangs vom fragmentarischen Charakter der heutigen analytischen Philosophie die Rede war, so war damit eine andere Art des Fragmentarischen gemeint, und zwar eine viel radikalere und daher bedeutend wichtigere.

Bereits die als »allgemein analytisch« bekannte philosophische Methode kann nur als fragmentarische, nicht als systematische Methode bezeichnet werden; denn für deren Charakterisierung werden nur einige Faktoren genannt, die als notwendige, nicht aber als hinreichende Bedingungen für eine systematische Charakterisierung der Methode zu bezeichnen sind. Solche Faktoren sind: logische Korrektheit, begriffliche Klarheit, Verständlichkeit, argumentative Stärke u. a. Die für eine vollständig oder integral bestimmte Methode erforderlichen Faktoren werden dabei weder in annähernder Vollständigkeit noch im systematischen Zusammenhang erfasst und artikuliert. In diesem Sinne ist die analytische Philosophie im allgemeinen methodisch *fragmentarisch*. Lediglich in Einzelfällen kann man Versuche mit einem umfassenden und damit systematischen Charakter feststellen.

Die unvergleichlich gewichtigere Fragmentarität betrifft das, was Dummett »gegliederte Theorie(n)« nennt. Unzweifelhaft gibt es in der analytischen Philosophie nicht gerade wenige gegliederte Theorien. Aber sie behandeln in der Regel jeweils *ein spezifisches Thema*; eine gegliederte *Gesamt*theorie wird nicht entwickelt. So bleibt der Zusammenhang zwischen den einzelnen Theorien unthematisiert. Einige Beispiele mögen diese Behauptung illustrieren. Arbeiten über Themen aus dem Bereich der Philosophie des Geistes haben es direkt mit ontologischen Gesichtspunkten zu tun. Welche Ontologie dabei vorausgesetzt und benutzt wird, bleibt in der Regel ungesagt. Wenn ontologische Begriffe wie »Objekte«, »Eigenschaften« u. dgl. verwendet werden, so bleibt völlig ungeklärt, wie die entsprechende Ontologie näher verstanden wird und ob sie überhaupt intelligibel und damit akzeptabel ist. Etwas ganz Analoges geschieht mit den meisten wahrheitstheoretischen Arbeiten. Wenn eine Wahrheitstheorie entwickelt oder vertreten wird, die in der einen oder anderen Weise einen Bezug zur »Welt«, zu den »Dingen«, zu den »Tatsachen« u. dgl. beinhaltet, so wird die damit implizierte Ontologie nicht geklärt. Vorausgesetzt wird in der Regel eine bis auf Aristoteles zurückgehende substantialistische Ontologie, der gemäß die »Welt« als die Gesamtheit der Substanzen (wofür fast immer der Term ›Objekt‹ verwendet wird) konzipiert wird, die Eigenschaften haben und in Relationen zueinander stehen. Wenn ein Satz als wahr qualifiziert und wenn dabei irgendeine Form von »Korrespondenz« zu etwas in der Welt angenommen wird, so stellt sich die Frage, als was dieses »etwas« aufzufassen ist. Diese Frage wird in analytischen Arbeiten weder gestellt noch beantwortet. Aufs Ganze gesehen bleibt es fraglich, ob damit eine wirklich kohärente Konzeption vertreten wird und werden kann.

Der bei weitem wichtigste Beleg für die theoretische Fragmentarität der analytischen Philosophie ist der Mangel einer Gesamttheorie über die Wirklichkeit als ganze, in der Terminologie dieses Buches: einer Seinstheorie. Meistens wird zwar eine Gesamtkonzeption der Wirklichkeit (der Welt, des Universums) vorausgesetzt, in den allermeisten Fällen im Sinne einer diffusen materialistischen Gesamtsicht; als solche wird sie aber kaum expliziert, geschweige denn einer ernsthaften theoretischen Prüfung unterzogen. Zwar gibt es gewisse Ansätze zur Entwicklung einer Gesamttheorie, aber eine ausgeführte Theorie ist nicht festzustellen.[4]

Zusammenfassend lässt sich sagen: Die in diesem Buch dargelegte systematische Konzeption ist aus der Einsicht entstanden, dass die aufgezeigten Defizienzen der heutigen Philosophie überwunden werden sollten und dass

---

[4] Das ist der Fall beispielsweise bei D. LEWIS, vor allem in seinem Buch *On the Plurality of Worlds* [1986]. Seine Position wird in Abschnitt 5.2.3 ausführlich behandelt und kritisiert.

In diesem Zusammenhang müssen zwei andere gegenwärtige Philosophen erwähnt werden, die im Bereich der analytischen Philosophie (allerdings in sehr weitem Sinne) große Ausnahmen darstellen, insofern sie ein systematisches philosophisches Oeuvre vorweisen können. N. RESCHER, ein außerordentlich produktiver Philosoph, hat seine in vielen einzelnen Arbeiten im Laufe vieler Jahre entwickelte philosophische Konzeption in systematischer Gestalt zusammengefasst und in einem imposanten dreibändigen Werk unter dem Titel *A System of Pragmatic Idealism* [1992–1994] dargestellt. RESCHERS Werk ist hinsichtlich der Zielsetzung und vieler zentraler methodischer Aspekte dem vorliegenden Buch ganz ähnlich. Unterschiede bestehen besonders hinsichtlich dreier Punkte. Erstens ist der von RESCHER aufgezeigte Zusammenhang (»systematic interrelatedness« [aus dem *Preface*]) im Bereich der philosophischen Themenstellungen und Theorien nur sehr allgemein und sehr locker. Zweitens ist die allgemeine *pragmatisch-idealistische* Perspektive (in der Terminologie des vorliegenden Buches: »der [pragmatisch-idealistische] Theorierahmen«) viel zu eng und daher der riesigen Aufgabe nicht angemessen. Drittens fehlen zentrale Teile einer Gesamttheorie über die Wirklichkeit im Ganzen, ganz besonders eine Ontologie und eine Metaphysik. Dennoch ist die Bedeutung des Werkes kaum hoch genug zu veranschlagen.

Der zweite Autor ist der deutsche Philosoph F. v. KUTSCHERA, der eine eindrucksvolle Anzahl von Behandlungen mehrerer philosophischer Disziplinen (Sprachphilosophie, Erkenntnistheorie, Ethik, Ästhetik usw.) veröffentlicht hat. Die Differenz zum vorliegenden Werk betreffen in analoger Weise die Punkte 1 und 3, die hinsichtlich des philosophischen Systems von N. RESCHER geltend gemacht wurden. Speziell das vollständige Fehlen einer Gesamttheorie bei KUTSCHERA wird in seinem ausgerechnet dieser Thematik gewidmeten Werk *Die Teile der Philosophie und das Ganze der Wirklichkeit* [1998] nur allzu deutlich. In aller Kürze: Nach KUTSCHERA wird »das Ganze der Wirklichkeit« in den einzelnen Teilen der Philosophie abgehandelt, zu denen er aber eine Ontologie bzw. Metaphysik als eine Gesamttheorie nicht (mehr) rechnet. So schreibt er:

»Man kann [...] wohl sagen, im Zentrum der Aristotelischen wie späterer Bestimmungen, stehe eine Konzeption von Metaphysik, nach der es in ihr um die Gesamtwirklichkeit in ihren allgemeinsten Grundzügen geht, um ihre ontologische Strukturen wie ihre Wirkzusammenhänge, seien sie kausal oder teleologisch. Für unser heutiges Verständnis stellt eine so verstandene Metaphysik keine eigene Teildisziplin der Philosophie dar, denn ihre Themen tauchen in allen Disziplinen auf. Die formale Ontologie rechnet man heute vielfach zur Logik, das Universalienproblem wird in der Philosophie der Mathematik abgehandelt, die rationale Theologie in der Religionsphilosophie, das Leib-Seele-Problem in der Philosophie des Geistes. Das Ganze der Wirklichkeit ist eben Thema der Philosophie als ganzer.« (Ib. 15–16)

Dass die Themen der Ontologie/Metaphysik im Sinne einer Gesamttheorie der Wirklichkeit in allen philosophischen Disziplinen auftauchen, heißt aber keineswegs, dass diese »Themen« in solchen Disziplinen in irgendeiner angemessenen Weise auch behandelt werden. Vielmehr werden sie in diesen Disziplinen vorausgesetzt und bilden daher, da sie nicht eigens behandelt werden, einen im Dunkeln belassenen Hintergrund.

sie sich auch effektiv überwinden lassen. Nur so kann die Philosophie ihrer ureigenen Aufgabe gerecht werden und ihre Potentialitäten voll entfalten.

[3] Im Kontext der kritischen Bemerkungen zur Position Dummetts sind schon einige in diesem Buch dargestellte zentrale Gedanken und Thesen vorweggenommen und erläutert worden. Im folgenden soll nun zunächst ganz allgemein die *Gesamtarchitektonik* des Buches kurz vorgestellt und einleitend erläutert werden. Die Hinweise sind verständlicherweise nur sehr allgemein und summarisch; für die Orientierung im einzelnen dient das sehr detaillierte Inhaltsverzeichnis.

Philosophie wird in diesem Buch kompromisslos und konsequent als Theorie aufgefasst. Damit sind Konzeptionen *ausgeschlossen* wie: Philosophie als Therapeutik oder Therapie, besonders als therapeutische Sprachkritik, alle Formen von Philosophie in praktischer Absicht (Philosophie als Weisheit, als Besinnung, als Bildungstechnik, als Lebenshaltung, als Lebensgestaltung, als Orientierung im Leben, als Erziehung usw.), Philosophie als diagnostische Aktivität usw. Der Klärung der Dimension der Theoretizität im allgemeinen und des Begriffs der philosophischen Theorie im besonderen wird ein beträchtlicher Umfang des Buches gewidmet.

Zentral ist der Begriff des *Theorierahmens*, der im Anschluss an den und unter Modifizierung des von R. Carnap eingeführten Begriff(s) des Sprachrahmens (*linguistic framework*) herausgearbeitet wird. Es wird von der grundsätzlichen Einsicht ausgegangen, dass jede theoretische Fragestellung, jede theoretische Aussage, Argumentation, jede Theorie usw. nur verständlich und einschätzbar ist, wenn sie als in einem Theorierahmen situiert aufgefasst wird. Wird diese Voraussetzung nicht gemacht, so bleibt alles unbestimmt: der Sinn einer Aussage, ihre Bewertung usw. Zu jedem Theorierahmen gehören als konstitutive Momente u.a. eine Sprache (mit ihrer Syntax und ihrer Semantik), eine Logik, eine Begrifflichkeit, mit allen Komponenten, die einen theoretischen Apparat ausmachen. In der Nichtbeachtung und sogar in der meistens vorherrschenden Verkennung dieses grundlegenden Tatbestandes kann die Quelle unzähliger und verhängnisvoller Fehler, die Philosophen zu allen Zeiten begangen haben, gesehen werden.

Um nur ein Beispiel an dieser Stelle anzuführen: Die in der Neuzeit und besonders in der klassischen deutschen Philosophie in den Mittelpunkt gerückte Frage nach Begründung bzw. Selbstbegründung und auch Letztbegründung der Philosophie war meistens eine Frage im »luftleeren«, d. h. »theorieleeren« Raum. Ohne die Explikation einer Sprache, einer Logik, einer Begrifflichkeit, der grundlegenden Annahmen usw. wurde, kaum war eine Aussage aufgestellt, gleich nach deren Begründung gefragt und eine solche verlangt. Die Voraussetzungen für eine sinnvolle Frage nach Begründung wurden nicht im mindesten geklärt. Im Gegensatz dazu wird in diesem Buch eine Auffassung über philosophische Begründung streng unter Beachtung der genannten Einsicht in die zentrale Stellung des Theorierahmens entwickelt.

Wie der Untertitel formuliert, geht es in diesem Buch darum, einen *Theorierahmen* – zu verstehen als: den heute bestmöglichen Theorierahmen – *für eine systematische Philosophie* zu erarbeiten. Diese Grundthese, die das grundsätzliche Gerüst oder auch die grundsätzliche Architektonik der vertretenen systematischen Philosophie bildet, wird durch die weitere These, dass es eine *Pluralität von Theorierahmen* geben kann und auch tatsächlich gibt, spezifiziert. Diese zweite These wirft eine Reihe von schwierigen Problemen auf, wie z.B.: Wie sind diese pluralen Theorierahmen einzuschätzen? Sind wahre philosophische Aussagen nur in *einem*, dem (angeblich) »absoluten«, Theorierahmen möglich? Sind theoretische Aussagen, die nicht in diesem absoluten Theorierahmen aufgestellt werden, falsch? Gibt es überhaupt einen solchen absoluten Theorierahmen und, wenn ja, ist er uns Menschen überhaupt zugänglich? Die in diesem Buch vertretene Konzeption versteht sich als eine systematisch ausgewogene Konzeption: Jeder Theorierahmen ermöglicht wahre Aussagen, aber wahre Aussagen nicht auf gleicher Ebene. Es sind Wahrheiten relativ zum jeweiligen Theorierahmen. Diese Relativität ist eine spezifische Form eines moderaten widerspruchsfreien Relativismus.

Der philosophische Theorierahmen ist von hoher Komplexität. Als ein Ganzes genommen, besteht er aus zahlreichen partikulären Theorierahmen, die als die Stufen des Prozesses zur Herausbildung des vollständigen systematischen Theorierahmens zu verstehen sind. Am Anfang ist der philosophische Theorierahmen in dem Sinne nur sehr global bestimmt, dass er nur ganz allgemeine Elemente (Begriffe usw.) enthält. Im Zuge des Prozesses der Konkretisierung und systematischen Bestimmung des Theorierahmens kommen neue Elemente hinzu, so dass Schritt für Schritt jeweils weitere, bestimmtere, leistungsfähigere Subtheorierahmen *als* konkretere Formen des allgemeinen Theorierahmens hervortreten. Die Gesamtdarstellung im Buch ist die Nachzeichnung dieses Prozesses der Konkretisierung und näheren Bestimmung des (allgemeinen) systematischen Theorierahmens, wie dies in Kapitel 1 genauer und detailliert erläutert wird.

Auf der Basis des Begriffs des Theorierahmens wird *Philosophie* in einer vorläufigen Definition (»Quasi-Definition«) als universale Wissenschaft verstanden, genauer: als *Theorie der universalen Strukturen des uneingeschränkten universe of discourse*. Das ist eine anspruchsvolle Formulierung, die so viel wert ist, als es gelingt, die in ihr vorkommenden Begriffe zu erläutern und deren Relevanz für die Philosophie zu erweisen. Um eine solche »Quasi-Definition« besser einzuschätzen, sei sie verglichen mit mindestens einer anderen, bekannten Formulierung eines Philosophen, der ein verblüffend ähnliches philosophisches Projekt ins Auge gefasst und unternommen hat: Alfred North Whitehead. Die in seinem monumentalen Werk *Process and*

Reality dargestellte systematische Philosophie nennt er »speculative philosophy« und charakterisiert sie folgendermaßen:

»Speculative philosophy is the endeavour to frame a coherent, logical, necessary system of general ideas in terms of which every element of our experience can be interpreted. By this notion of ›intepretation‹ I mean that everything of which we are conscious, as enjoyed, perceived, willed, or thought, shall have the character of a particular instance of the general scheme.« (Whitehead [1929/1978: 3])

Diese »Definition« (Whiteheads Ausdruck!) enthält eine Reihe von sehr problematischen, weil vieldeutigen Begriffen, insbesondere: »general ideas«, »interpretation«, »experience«, »particular instance of the general scheme« etc. Dennoch lässt sich sagen, dass sie eine allgemeine intuitive »Einsicht« in das »speculative philosophy« genannte Projekt gestattet. So großartig auch Whiteheads Gesamtdarstellung einer solchen Philosophie ist, im vorliegenden Buch wird anders verfahren: methodisch – und zwar streng methodisch – und damit weniger intuitiv, Schritt für Schritt und weniger »unmittelbar holistisch« darstellend (in dem Sinne, dass vieles irgendwie auf einmal vermittelt wird) und in hohem Maße differenzierend.

Die zwei wichtigsten in der eben vorgelegten Quasi-Definition vorkommenden Begriffe sind: »Struktur« und »uneingeschränktes *universe of discourse*«. Der zweite Ausdruck bzw. Begriff ist methodisch gänzlich neutral, enthält er doch keine näheren inhaltlichen Bestimmungen; er bezeichnet jene »Dimension« (auch dieser Ausdruck ist ein mit Absicht gewählter »neutraler« Ausdruck bzw. Begriff), welche die »Sache« der systematischen Philosophie repräsentiert. (Man vergleiche damit Heideggers berühmten Ausdruck ›(die) Sache des Denkens‹.) Die Dimension des *universe of discourse* ist das *umfassende Datum* im buchstäblichen Sinne von: *das zu begreifende* oder *zu erklärende Gegebene* der Philosophie, d. h. all das, womit sich die philosophische Theorie befassen kann und befassen muss. Insofern ist der Ausdruck ›Datum‹ hier eine Art *terminus technicus*, von dem alle in der Philosophie gängigen Vorstellungen von Daten im Sinne von *sense data*, dem sinnlich Gegebenen u. ä. strikt zu unterscheiden sind. Auch das in der heutigen Philosophie unter der Bezeichnung ›the Myth of the Given‹[5] vieldiskutierte Thema hat nur einen indirekten Bezug auf Datum in dem hier intendierten Sinne.

»Datum« kann hier als »Theorie- oder Wahrheits*kandidat*« aufgefasst werden.[6] Die Dimension des so verstandenen Datums ist nicht einfach leer; das Datum bzw. die partikulären Daten sind in vielfachen Formen in der normalen oder natürlichen Sprache enthalten. Es sind all die »Etwasse«, die im *universe of normal discourse* theoretisch artikuliert hervortreten, wenn darin

---

[5] Der Ausdruck wurde von W. SELLARS benutzt, um einen Irrweg in der Philosophie zu bezeichnen, den er einer strengen Kritik unterzog. Vgl. SELLARS [1956].
[6] N. RESCHER verwendet den Ausdruck ›Datum‹ als technischen Ausdruck für »Wahrheitskandidat (*truth-candidate*)«. Vgl. RESCHER [1973: bes. 53 ff.].

von »den Dingen«, von »der Welt«, von »dem Universum« usw. die Rede ist. Der systematische Philosoph muss hieran anknüpfen und versuchen, alle diese »Daten« in eine Gesamttheorie einzubringen. Dies geschieht nicht dadurch, dass angenommen wird, solche »Daten« wären sozusagen als »fertige theoretische Größen (als *ready-made*)« Komponenten der Theorie; ganz im Gegenteil, sie sind nur »Theoriekandidaten«, die allererst begriffen und erklärt werden müssen. Dies ist nur durch einen Prozess radikaler Korrekturen und Transformationen zu erreichen.

Dieser Sachverhalt zeigt sich am Verhältnis zwischen der natürlichen Sprache und der oben kurz beschriebenen philosophischen Sprache. Letztere knüpft zwar an die normale Sprache an, korrigiert sie aber dann in grundsätzlicher Hinsicht, und zwar nicht unbedingt in syntaktischer, sondern in semantischer Hinsicht. Damit wird auf der Basis des Kriteriums der Intelligibilität eine neue Semantik entwickelt, die als Implikation eine neue Ontologie hat.

Im Zuge der Darstellung wird die ›*universe of discourse*‹ genannte Dimension schrittweise »bestimmt«, indem neue Bezeichnungen eingeführt werden: ›Welt‹, ›Universum‹, schließlich ›Sein‹ (zunächst im Sinne des »objektiven Gegenpols« zu »Struktur«). Bis zum Anfang von Kapitel 4 werden diese Ausdrücke mehr oder weniger synonym verwendet, da es bis zu diesem Punkt nicht auf Differenzierungen ankommt. Aber ab Kapitel 4 wird ›Welt‹ nur in einem dort eingegrenzten und erläuterten Sinn verwendet. Als der adäquateste Ausdruck bzw. Begriff für das *bestimmte* uneingeschränkte *universe of discourse* wird der im selben Kapitel spezifizierte Ausdruck ›Sein‹ gebraucht (gemäß dem ebenfalls dort erläuterten Sinn).

Der andere Hauptbegriff der Quasi-Definition und des Haupttitels dieses Buches ist *Struktur*. Kurz gesagt, bezeichnet dieser Begriff all das, was eine Theorie expliziert. Begreifen, Erklären u. ä. kann man am kürzesten so charakterisieren, dass man sagt: Die Struktur(en) dessen, was begriffen, erklärt etc. wird (i. e. der Data), werden herausgearbeitet. Obwohl der Ausdruck ›Struktur‹ zu einem modischen Ausdruck bzw. Begriff avanciert ist, wird er dennoch hier als einer der zentralen Begriffe gebraucht. Die Rechtfertigung dafür liegt in dem Umstand, dass »Struktur« in diesem Buch sehr sorgfältig eingeführt, definiert und zur Anwendung gebracht wird. Wegen der zentralen Stellung dieses Begriffs wird die hier vorgelegte systematische Philosophie »*strukturalsystematische Philosophie*« genannt. Wie die Dimension der Struktur und die Dimension des *universe of discourse* bzw. des Seins zusammenhängen, wird ausführlich in Kapitel 1 dargelegt; im übrigen ist das ganze Buch nichts anderes als die schrittweise entfaltete Thematisierung dieses Zusammenhanges. Es werden drei Arten von fundamentalen Strukturen unterschieden und deren Zusammenhänge im einzelnen untersucht: formale, semantische und ontologische. Sie bilden das Grundgerüst der struktural-systematischen Philosophie.

[4] An dieser Stelle drängt sich die Frage auf, wie das Verhältnis zwischen der struktural-systematischen Philosophie und den Wissenschaften zu begreifen ist.[7] Die sorgfältige Klärung dieser gerade heute so zentralen Frage ist eine Aufgabe, die in diesem Buch immer wieder in mehreren Kontexten thematisiert wird. Um den genauen Sinn und die Tragweite dieser Frage richtig einzuschätzen, muss man auf ein bedeutendes Phänomen in der Philosophiegeschichte hinweisen. Wie eingangs festgestellt wurde, bezeichnete das Wort ›Philosophie‹ am Anfang der Philosophiegeschichte in Griechenland ein umfassendes Wissenskorpus, das sich in bestimmter Hinsicht beinahe mit dem ganzen wissenschaftlichen Wissen deckte. Im Laufe der Philosophiegeschichte haben sich nun immer mehr Wissenszweige herausgebildet, die vorher in der einen oder anderen Form noch dem philosophischen Korpus zugerechnet, dann aber als nicht mehr zu diesem Korpus gehörend verstanden wurden. Man kann generell von einem allmählichen Entstehen der Wissenschaften, wie wir sie heute kennen, sprechen, das weitgehend als ein Prozess der Emanzipation von der Philosophie zu deuten ist.

Viele Autoren interpretieren diesen im wahrsten Sinne des Wortes historischen Prozess als einen für »die Philosophie« völlig negativen Vorgang, indem sie behaupten, damit habe die Philosophie zunehmend ihren »Gegenstand« verloren. Einige gehen so weit, dass sie behaupten, die Philosophie habe heute eigentlich keinen eigenen Gegenstand mehr. Im Gegensatz dazu wird in diesem Buch die These vertreten, dass dieser Prozess einen eminent positiven Sinn hat, insofern er dazu geführt hat, dass jene theoretische Unternehmung, der von Anfang an der Name ›Philosophie‹ gegeben wurde, erst im Verlauf einer langen Entwicklung zur Klarheit über sich selbst, über den eigenen spezifischen Status, gelangt ist. Aufs Ganze gesehen ist die Philosophiegeschichte als der Prozess der theoretischen Selbstläuterung der Philosophie zu begreifen. Mehr denn je hat die Philosophie heute die Möglichkeit, Hypertrophien ihres Status und ihrer Aufgaben, Konfusionen, Verwechslungen, Unklarheiten u. ä. zu vermeiden. Es ist müßig, rein abstrakt oder *a priori* über die Philosophie, ihren Gegenstand, ihre Aufgaben u. dgl. zu reden oder zu diskutieren; sinnvoll und überzeugungskräftig ist nur der konkrete Nachweis, dass die Philosophie ihren vom Gegenstand der Wissenschaften unterschiedenen eigenen Gegenstand hat, ein Nachweis, der erst dadurch erbracht werden kann, dass gezeigt wird, *worin* dieser Gegenstand besteht. Dieser Aufgabe stellt sich das vorliegende Buch.

---

[7] Wie oben dargelegt wurde und in Kapitel 1 ausführlicher zu zeigen sein wird, wird die systematische Philosophie im Sinne dieses Buches selbst als *Wissenschaft* verstanden. In vielen Kontexten im Buch wird der Ausdruck ›Wissenschaft‹ (meistens im Plural) in einem engeren Sinne verstanden, nämlich im Sinne von »empirischer« oder »Naturwissenschaft«. Der jeweilige Kontext macht deutlich, welche Bedeutung intendiert ist.

Das Verhältnis zwischen Philosophie und Wissenschaften hinsichtlich ihrer jeweiligen Gegenstände kommt in der schon oben erwähnten Quasi-Definition der Philosophie zum Ausdruck, und zwar in den Quasi-Definientia: »die universalen Strukturen des uneingeschränkten *universe of discourse*«. Es kommt freilich alles darauf an, genau zu zeigen, was solche Strukturen in Abgrenzung gegen die partikularen Strukturen sind, die den Gegenstand der Wissenschaften bilden und warum die (nicht-philosophischen) Wissenschaften, auch in ihrer Gesamtheit genommen, das uneingeschränkte *universe of discourse* nicht thematisieren können. Eine der in diesem Buch vertretenen diesbezüglichen Thesen besagt, dass bestimmte Strukturen einen unbestreitbar universalen Charakter haben, mit der Konsequenz, dass sie in den Wissenschaften nicht thematisiert werden und auch nicht thematisiert werden können. Das sind an erster Stelle jene Strukturen, die im Rahmen der Seinstheorie in den Abschnitten 5.2 und 5.3 behandelt werden.

Eine andere These, die verständlicherweise einen brisanten und hochaktuellen Charakter hat, betrifft die Strukturen jener Bereiche, die, global und undifferenziert genommen, sowohl von der Philosophie als auch von den Wissenschaften thematisiert werden. Dazu sind jene Bereiche zu rechnen, die unter dem Titel *Weltsystematik* in Kapitel 4 teilweise und sehr summarisch behandelt werden. In der hier zur Diskussion stehenden Perspektive dürfte als der heute vielleicht wichtigste und interessanteste Bereich die »Welt des Menschen« zu betrachten sein, jener Bereich also, mit dem sich die heutige Philosophie unter der Bezeichnung ›Philosophie des Geistes (*Philosophy of Mind*)‹ sehr intensiv befasst. Bezüglich dieses Bereichs und anderer ähnlicher Bereiche wird im vorliegenden Buch die Auffassung vertreten, dass die Grenzen zwischen Philosophie und Wissenschaften nicht als von vornherein und als ein für allemal feststehend betrachtet werden können; vielmehr handelt es sich um *fließende Grenzen*. Die genaue Bestimmung des Charakters dieser Art von Strukturen kann immer nur im konkreten Fall in einer bestimmten historischen Entwicklungsphase der Wissenschaften und der Philosophie artikuliert werden.

Der methodologische Punkt, der als Kriterium für eine Klärung des Verhältnisses zwischen Philosophie und Wissenschaften sowohl ganz allgemein als auch im konkreten Fall dient, ist der schon eingeführte und grundsätzlich erläuterte Begriff des *Theorierahmens*. Es ist völlig unergiebig und daher sinnlos, über dieses Verhältnis zu diskutieren, solange man nicht klarmacht, welchen bzw. welche Theorierahmen jeweils von der Philosophie und den Wissenschaften vorausgesetzt und benutzt wird bzw. werden. Ob man eine bestimmte Frage zur Philosophie oder zu den Wissenschaften rechnen sollte, entscheidet sich rationalerweise daran, wonach die Frage fragt, welche Begriffe in ihr vorkommen oder von ihr vorausgesetzt bzw. impliziert sind, welche Klärungsmöglichkeiten bestehen bzw. erforderlich sind u.ä. Um ein sehr illustratives Beispiel zu erwähnen, das im Abschnitt 4.5.1 ausführlich behandelt wird: Wenn bestimmte Darstellungen der naturwissenschaftlichen (physikalischen) Kosmologie vom »Anfang« der Welt (oder des Kosmos) sprechen und diesbezüglich wissenschaftliche Behauptungen aufstellen, so wird ein bestimmter naturwissenschaftlicher Theorierahmen vorausgesetzt, in welchem der Begriff »Anfang (des Kosmos)« eine ganz bestimmte Bedeutung hat. Die naturwissenschaftlichen Aussagen, die gemäß dem sich aus einem solchen Theorierahmen ergebenden Modell aufgestellt werden, können von der Philosophie nicht in Frage gestellt werden. Für die Philosophie stellt sich aber die Frage, ob beispielsweise der im physikalisch-kosmologischen Theorierahmen bzw. Modell vorkommende Begriff des »Anfangs« mit dem *philosophischen* (im starken Sinne, d. h. *metaphysischen*) Begriff des »Anfangs« identisch ist. Wie die Ausführungen im angegebenen Abschnitt zeigen, handelt es sich um zwei ganz unterschiedliche Begriffe, die bedauerlicherweise mit einem einzigen Term assoziiert werden: Der physikalisch-kosmologische und der philosophische Begriff des »Anfangs« sind zwei grundlegend verschiedene Begriffe, woran sich zeigt, dass zwischen beiden Theorierahmen ebenfalls eine grundlegende Differenz obwaltet. Die diesbezügliche Aufgabe der Philosophie besteht darin, *ihren* (den echt metaphysischen) Begriff des Anfangs sorgfältig zu erklären und zur Geltung zu bringen, in klarer Abhebung vom naturwissenschaftlichen Begriff.

[5] Einige einleitende Erläuterungen zu den einzelnen Kapiteln sind an dieser Stelle angebracht. Die sechs Kapitel stellen die Stufen der Herausbildung des vollständigen Theorierahmens für die struktural-systematische Philosophie dar, anders gesagt: Sie artikulieren jeweils »bestimmtere« Formen des Theorierahmens, indem in jedem Kapitel bedeutende neue Komponenten hinzugenommen werden.

Unter der Überschrift *Globalsystematik: Standortbestimmung der struktural-systematischen Philosophie* thematisiert Kapitel 1 jene Faktoren oder Gesichtspunkte, welche die *struktural-systematische Philosophie* gegen nicht-theoretische und nicht-philosophische wie auch gegen andere philosophische theoretische Unternehmungen abgrenzt, indem erste globale Bestimmungen herausgearbeitet werden. Dazu gehören die Formulierung der Quasi-Definition dieser Philosophie und die detaillierte Erläuterung der im Quasi-Definiens vorkommenden Begriffe, ferner die ausführliche Behandlung der vierstufigen philosophischen Methode und schließlich die komplexe Frage der Begründung und Selbstbegründung der struktural-philosophischen Theorie(n). Damit wird die allgemeinste Gestalt des philosophischen Theorierahmens herausgearbeitet. Im wesentlichen wurden diese Themenstellungen oben in den Punkten [2] und [3] einleitend kurz angesprochen.

Kapitel 2 ist der *Theoretizitätssystematik* gewidmet; es thematisiert die Dimension der Theoretizität als die philosophische *Darstellungsdimension*. Die großen zentralen Themen hier sind die philosophische Sprache, der Bereich der Erkenntnis (bzw. des Wissens), der Begriff der Theorie im engeren Sinn, schließlich der Ansatz zu einer Theorie der Wahrheit als des Begriffs, in dem die Dimension der Theoretizität ihren vollbestimmten Status erreicht. Es wird gezeigt, dass und wie die Philosophie ihre eigene Sprache entwickeln muss, die zwar an die normale Sprache anknüpft, aber dann entscheidend über sie hinausgehen muss. Hier wird auch das sprachliche Kriterium für Theoretizität thematisiert, das in Sätzen jener bestimmten Form besteht, die Wittgenstein im *Tractatus* in einem anderen Zusammenhang explizit gemacht hat. Es handelt sich um die Sätze, denen der Operator ›Es verhält sich so dass …‹[8] explizit vorangestellt ist oder als implizit vorangestellt vorausgesetzt wird. Der Bereich der Erkenntnis oder auch die epistemische Dimension wird zwar als eine zu berücksichtigende Dimension analysiert, aber es wird auch gleichzeitig gezeigt, dass und inwiefern die ihr in der Philosophie der Neuzeit zugewiesene zentrale Stellung abzulehnen ist. Der Standpunkt eines erkennenden Subjekts ist in keiner Weise der adäquate Standpunkt für die Entwicklung von Theorien. Die Notwendigkeit einer Entkoppelung der Theorien von der Einstellung von Subjekten ist eine der wichtigsten vertretenen Thesen dieses Buches. Echte theoretische Sätze haben nicht die (explizite oder implizite) Form: »Subjekt S glaubt/erkennt (weiß) dass *p*«, sondern sie haben die Form: »Es verhält sich so dass *p*«. E. Gettiers berühmte Definition von Erkenntnis wird einer kritischen Analyse unterzogen und abgelehnt; statt dessen wird Erkenntnis anders definiert.

Die Dimension der Theorie im engeren Sinne wird im 2. Kapitel ausführlich behandelt, indem die wichtigsten in der Gegenwart vertretenen Theoriebegriffe untersucht werden. Auf dieser Basis wird ein für philosophische Zwecke geeigneter Theoriebegriff erarbeitet. Schließlich wird der Wahrheitsbegriff am Ende dieses Kapitels ansatzweise auf der Basis der Einsicht erklärt, dass er den vollbestimmten Status jeder theoretischen Aussage bzw. jeder Theorie und damit der ganzen Dimension der Theoretizität artikuliert. Die nähere Ausführung dieses wahrheitstheoretischen Ansatzes wird erst am Ende von Kapitel 3 unternommen, da die vollentfaltete Wahrheitstheorie die Herausarbeitung der drei Arten von fundamentalen Strukturen voraussetzt.

Letztere Aufgabe wird in Kapitel 3 unter dem Titel *Struktursystematik: die fundamentalen Strukturen* in Angriff genommen. Dieses Kapitel stellt den Kern der struktural-systematischen Philosophie dar. Ausgehend von seiner anfänglichen basalen mathematischen Definition wird hier der Strukturbegriff erweitert und zu seiner vollen philosophischen Anwendung gebracht. Es wird gezeigt, dass auf der Basis dieses Begriffs, wie er im Buch verstanden

---

[8] Die Unterlassung eines Kommas in dieser Formulierung und in ähnlichen im Buch oft vorkommenden Formulierungen (wie: ›es ist wahr dass …‹, ›Subjekt S glaubt dass …‹ usw.) ist beabsichtigt. Vgl. dazu die Erläuterungen in Punkt [7] am Ende dieser Einleitung.

und angewandt wird, eine große Vereinfachung der ganzen philosophischen Terminologie und eine Klärung der philosophischen Begrifflichkeit und der philosophischen Entitäten erreicht werden kann: Ausdrücke wie ›Begriff‹, ›Bedeutung‹, ›semantischer Wert‹, ›Kategorie‹, ›Proposition‹, ›Sachverhalt‹, ›Objekt‹, ›Tatsache‹, ›(logische) Regel‹ u. a. werden auf Struktur(en) zurückgeführt bzw. als Struktur(en) erklärt.

Die fundamentalen formalen Strukturen sind die logischen und mathematischen. In diesem Buch kann es sich aber nicht darum handeln, Logik und Mathematik darzustellen; vielmehr geht es darum, die Art von Entitäten philosophisch zu klären, mit denen sich Logik und Mathematik befassen, und welchen Stellenwert sie für philosophische Theorien haben.

Im Abschnitt über semantische Strukturen wird, in Auseinandersetzung mit der auf dem Kompositionalitätsprinzip aufruhenden »kompositionalen« Semantik, eine alternative »kontextuale« Semantik entwickelt, die auf einer starken Version des Fregeschen »Kontextprinzips«: »Nur im Zusammenhang eines Satzes haben Wörter eine Bedeutung« basiert. Eine der Hauptthesen lautet, dass Sätze der Subjekt-Prädikat-Form für eine philosophische Sprache nicht akzeptabel sind, und zwar wegen der ontologischen Konsequenzen, die sie nach sich ziehen: Sie implizieren nämlich eine Ontologie, die in diesem Buch »Substanzontologie« genannt wird und von der gezeigt wird, dass sie nicht intelligibel und daher inakzeptabel ist. Sätze ohne Subjekt und Prädikat wie z. B. »es regnet« werden »Primärsätze« genannt; sie drücken »Primärpropositionen« aus, die als »semantische Primärstrukturen« gedeutet werden. Das Qualifikativum »primär« ist nicht als Gegenbegriff etwa zu »sekundär« und nicht als gleichbedeutend mit »einfach (oder atomar [etwa wie in der Formulierung: ›atomarer Satz‹])« zu verstehen. In Ermangelung eines anderen Ausdrucks soll es terminologisch jene Art von Sätzen bezeichnen, die nicht die Subjekt-Prädikat-Form haben. Es ist daher völlig konsequent, von »einfachen Primärsätzen und Primärpropositionen« und von »komplexen Primärsätzen und Primärpropositionen« (d. h. Sätzen bzw. Propositionen, die aus mehr als einem Primärsatz bzw. aus mehr als einer Primärproposition bestehen) zu sprechen.

Die ontologischen Strukturen ergeben sich direkt aus der kontextualen Semantik, insofern, wie schon vermerkt, Semantik und Ontologie zwei Seiten einer Medaille sind. Die grundlegende ontologische »Kategorie« (gemäß der traditionellen Terminologie) ist die »Primärtatsache«; alle »Dinge« (oder streng systematisch-philosophisch gesprochen: »alle Seienden«) sind Konfigurationen von Primärtatsachen. Der Ausdruck ›Tatsache‹ wird im umfassenden Sinne genommen, entsprechend dem Gebrauch, den man heute von diesem Terminus oft macht (z. B. in Formulierungen wie: »semantical fact«, »logical fact« usw.). Er konnotiert daher nicht notwendigerweise den Gesichtspunkt des Empirischen, wie in der gewöhnlichen Terminologie. Was oben über das

Qualifikativum »primär« gesagt wurde, gilt entsprechend auch für »Primärtatsache«. Der Begriff der Konfiguration von einfachen Primärtatsachen bzw. von komplexen Primärtatsachen (so auch entsprechend: der Konfiguration von einfachen Primärsätzen bzw. Primärpropositionen oder von komplexen Primärsätzen bzw. Primärpropositionen) wird sich als zentraler Begriff der struktural-systematischen Philosophie herausstellen.

Die Ausformulierung des am Ende von Kapitel 2 erarbeiteten Ansatzes zu einer Wahrheitstheorie schließt Kapitel 3 ab. »Wahrheit« wird genauer als der Begriff verstanden, der den Zusammenhang der drei Arten von fundamentalen Strukturen artikuliert. Formal wird dieser Begriff als eine zusammengesetzte Funktion erklärt, die aus drei einzelnen Funktionen besteht. Die dritte Funktion artikuliert den Zusammenhang zwischen einer wahren Primärproposition (oder semantischen Primärstruktur) und einer Primärtatsache (oder ontologischen Primärstruktur). Dieser Zusammenhang ist einfach die Identität: die wahre Primärproposition *ist* (im Sinne der Identität) eine Primärtatsache. Diese »Identitätsthese« geht zurück auf eine berühmte Formulierung aus Freges Aufsatz *Der Gedanke*, die lautet: »Was ist eine Tatsache? Eine Tatsache ist ein Gedanke [heute würde man dafür im allgemeinen sagen: eine Proposition], der wahr ist« (Frege [1918/1976: 50]). Auf diese Weise erweist sich die kurz skizzierte Ontologie als mit der kontextualen Semantik vollständig und durchgängig kohärent. Ihre kürzeste Charakterisierung kann man im zweiten Satz von Wittgensteins *Tractatus* formuliert finden: »Die Welt ist die Gesamtheit der Tatsachen [nach Wittgenstein: der bestehenden Sachverhalte], nicht der Dinge« (*Tractatus* 1.1)[9]

Mit Kapitel 4, unter dem Titel *Weltsystematik*, beginnt eine völlig neue Phase der Darstellung des struktural-systematischen Theorierahmens. In den Kapiteln 1–3 wurden alle wesentlichen Elemente dieses Theorierahmens zur Darstellung gebracht. Ab Kapitel 4 wird die Anwendung oder die Spezifikation des Theorierahmens in Angriff genommen. Aus einer globalen architektonischen Perspektive heraus kann man sagen, es handele sich um die explizite Thematisierung der Dimension des großen Datums, des Seins. Ab jetzt muss die Welt (das Datum, das Sein) näher bestimmt werden. In diesem Buch geschieht dies dadurch, dass eine grundlegende Differenzierung hinsichtlich dieser Begriffe eingeführt wird, nämlich in eine begrenzte und eine unbegrenzte Dimension. Die erste wird ab diesem Kapitel »(aktuale) Welt«, die zweite »Seinsdimension« genannt. Erst in Kapitel 5 wird es möglich sein,

---

[9] Allerdings unterscheidet sich WITTGENSTEINS Verständnis dieses Satzes grundlegend von der Interpretation, die der Satz im Rahmen der hier vertretenen kontextualen Semantik und Ontologie erhält. Aber die Formulierung als solche, als eine Art Kurzformel genommen, eignet sich vorzüglich für die Anzeige dieser Semantik und Ontologie. Im übrigen ist sehr zweifelhaft, ob WITTGENSTEINS eigene Formulierung mit seinen weiteren Ausführungen am Anfang des *Tractatus* missverständnisfrei in Einklang gebracht werden kann.

eine genauere Bestimmung dieser beiden Dimensionen zu geben. Demnach wird sich die begrenzte Dimension als die Gesamtheit der *kontingenten Seienden*, die zweite als die *absolute Seinsdimension* herausstellen.

Einfach gesagt, ist die in Kapitel 4 behandelte Welt »die Wirklichkeit« als die Gesamtheit der Entitäten und der Bereiche von Entitäten, mit denen wir vertraut sind und auf die wir uns in den vielfältigsten Weisen beziehen. Das sind, global gesehen: die (anorganische) Natur, der Bereich des Lebens, die menschliche Welt mit allem, was dazu in der einen oder anderen Weise gehört: die Menschen als geistige Personen, der Bereich des Handelns (der Ethik), der soziale Bereich usw.; ferner die Welt der Ästhetik und schließlich die Welt als ein Ganzes: der Kosmos, die Religion, die Weltgeschichte. Von einem Buch, das nur einen »Theorierahmen für eine systematische Philosophie« zu präsentieren intendiert, wird man weder erwarten noch verlangen können, dass es alle diese Bereiche im einzelnen behandelt, denn das wäre schon die *ganze* Darstellung der *vollständig durchgeführten* struktural-systematischen Philosophie. Die Stellung bzw. Zielsetzung von Kapitel 4 kann man so umschreiben: In den Kapiteln 1–3 geht es darum, die Dimension der *Struktur(alität)* herauszuarbeiten, und zwar in der Gestalt der Entwicklung des zwar schon vollständigen, aber noch *abstrakten* Theorierahmens für die systematische Philosophie; jetzt geht es darum, diesen abstrakten Theorierahmen auf die zentralen »Aspekte« des großen Datums »anzuwenden«, um ihn zu *konkretisieren* oder, um einen Terminus von Frege zu verwenden, um ihn zu »sättigen« (oder zu »erfüllen«). Dies kann aber nur auf unvollständige Weise geschehen, und zwar dadurch, dass einige der zentralen Fragen aus den »großen Bereichen« der Welt *aus der beschriebenen Perspektive* betrachtet werden. Andere Aspekte, so wichtig sie auch aus der Innenperspektive der betreffenden philosophischen Gebiete sein mögen, sind für diese Zielsetzung nicht relevant. Man kann daher sagen, dass Kapitel 4 den Status eines großen *Beispiels* für die Konkretisierung oder Sättigung (oder Erfüllung) des in den Kapiteln 1–3 erarbeiteten Theorierahmens darstellt. Meistens handelt es sich um eher allgemeine Gesichtspunkte; in einigen Fällen werden allerdings wichtige paradigmatische Fragen auch detailliert behandelt.

Kapitel 5 ist der *Gesamtsystematik* gewidmet. Als *Theorie des Zusammenhangs aller Strukturen und aller Dimensionen des Seins* wird sie *als Theorie des Seins als solchen und im Ganzen* charakterisiert. In der traditionellen Terminologie würde man sagen, dieses Kapitel behandele die (allgemeine) Metaphysik. Diese Bezeichnung ist mit Vorsicht zu gebrauchen, ist doch dieser Terminus mit allerlei Missverständnissen und Vorurteilen belastet.

Im ausführlichen Abschnitt 1 wird der Status der Gesamtsystematik geklärt. Hier wird zuerst jenes Problem analysiert, in welchem sämtliche in der Philosophiegeschichte vorgetragenen wichtigen Aspekte der Kritik an der Möglichkeit einer Metaphysik wurzeln und in einer neuen Gestalt artikuliert werden. Gemeint ist das Problem, das H. Putnam unter explizitem Rückgriff auf Kant ins Zentrum der philosophischen Thematik gerückt hat: Es besteht in einer (angeblichen) Kluft (»gap«) oder in einem (angeblichen) Schnitt (»cut«) zwischen Subjekt(tivität), Denken, Geist, Sprache, Theorien etc. auf der einen Seite und dem »System« (Wirklichkeit, Welt, Universum, Sein etc.) auf der anderen Seite. In der von Kant bestimmten Tradition wird diese Kluft für absolut unüberwindbar betrachtet. So schreibt Putnam:

»… what it means to have a cut between the observer and the system is […] that a great dream is given up – the dream of a description of physical reality as it is apart from observers, a description which is objective in the sense of being ›from no particular point of view‹.« (Putnam [1990:11])

Dieses Zitat beschreibt die Kluft bzw. den Schnitt im Bereich der physikalischen Welt (der Physik); aber nach Putnam betrifft das Problem auch – und sogar besonders – die Philosophie als »angebliche« Universalwissenschaft. Statt »Observer« wäre daher genauer »Theoretiker« und statt »Physical Reality« »Wirklichkeit überhaupt oder Sein (im Sinne des ›objektiven Gegenpols‹ zum Theoretiker)« zu sagen. Im vorliegenden Buch wird ausführlich dargelegt, dass die angebliche Kluft nicht nur überwindbar ist, sondern von jeder seriösen und sinnvollen Wissenschaft und Philosophie als immer schon überwunden vorausgesetzt werden muss. Die zentrale Einsicht, in der diese These gründet, ist die Tatsache, dass Wissenschaft und Philosophie, auch auf minimaler Ebene, nur dann einen nachvollziehbaren Sinn haben (oder einfach »funktionieren«), wenn die Voraussetzung gemacht wird, dass der Ausschnitt aus der Wirklichkeit, mit dem sie sich befassen und auch, zu Ende gedacht, die Wirklichkeit oder das Sein im Ganzen, *ausdrückbar* ist. Im Buch wird der Terminus ›Ausdrückbarkeit‹ als eine Art (weitgehend) künstlicher genereller Terminus oder *terminus technicus* benutzt, um die ganze Palette der »Zugänge« *zur* Wirklichkeit oder *zum* Sein im Ganzen bzw. der Modi *der* »Artikulation« (Begreifen, Verstehen, Erklären usw.) der Wirklichkeit oder des Seins im Ganzen zu bezeichnen. Welchen Sinn hätte es, eine wissenschaftliche oder philosophische Aussage über etwas zu machen, wenn dieses »Etwas« bzw. dieses Ganze nicht »ausdrückbar« (im erläuterten Sinne) wäre? Das wäre ein kompletter Unsinn.

Ist aber absolut alles, das ganze *universe of discourse,* ausdrückbar, so ist jede Form einer grundsätzlichen Kluft im Sinne Putnams als von vornherein überwunden anzusehen; denn dann ist zu sagen, dass die beiden »Pole« der (angeblichen) Kluft bzw. des (angeblichen) Schnitts nur zwei sekundäre oder relative Ebenen eines Verhältnisses darstellen, in dem beide aufeinander verweisen und in dem sie daher immer schon vereinigt sind. Allen in der Geschichte der Philosophie in Erscheinung getretenen »Klüften« liegt die durchaus anzuerkennende, aber nicht als Dichotomie zu deutende Unterscheidung zwischen der Strukturdimension und der Dimension des Seins (als »objektiver« Gegenpol verstanden) zugrunde. Sie sind aber nur als zwei differente Pole einer Sache, d. h. nur als innerhalb eines ursprünglichen Verhältnisses zu begreifen; dieses ursprüngliche Verhältnis stellt sich seinerseits als die ursprüngliche Dimension heraus, welche die Unterscheidung zwischen Struktur und Sein (»Sein« im Sinne des »objektiven« Gegenpols) überhaupt erst ermöglicht und zugleich aufhebt. Diese ursprüngliche umfassende Dimension wird in diesem Buch *Seinsdimension* genannt und in den Abschnitten 2 und 3 von Kapitel 5 thematisiert.

Ausdruck dieser – die beiden beschriebenen Dimensionen im buchstäblichen Sinne *umfassenden* – Sicht ist das sprachliche Kriterium für Theoretizität: Theoretische Aussagen haben die Form ›Es verhält sich so dass …‹. Diese Formulierung bezeichnet einen zentralen Begriff der im Buch vorgelegten struktural-systematishen Philosophie: den Begriff des *theoretischen Operators*. In einer gewagten, aber philosophisch wohlbegründeten Interpretation der in dieser Formulierung benutzten Partikel ›es‹ lässt sich sagen, dass dieses ›es‹ in letzter Instanz als der sprachliche Ausdruck für das verstanden werden kann, was hier als die ursprüngliche Seinsdimension genannt wird. Daraus folgt, dass jede theoretische Aussage als eine Art *Selbstartikulation* dieser ursprünglichen Seinsdimension zu verstehen ist. In der Tat kann das Ergebnis der Auseinandersetzung mit den Befürwortern einer Kluft im Sinne Putnams teilweise so formuliert werden, dass jede Art von ausschließlicher Beschränkung auf eine Seite einer solchen Kluft oder Dichotomie im theoretischen Bereich ausgeschlossen ist. Ganz besonders ausgeschlossen ist damit die Relativierung von Wissenschaft und Philosophie auf das Subjekt (oder die Subjektivität) in jeder Form. Ausgeschlossen sind also explizit formulierte oder nur implizit vorausgesetzte Darstellungsformen wie: ›Aus der transzendentalen Perspektive des Subjekts verhält es sich so dass …‹. Solche Formen sind Ausdruck des Verbleibens auf der einen Seite der kritisierten Dichotomie. Im Gegensatz dazu ist die »absolute« Darstellungsform ›Es verhält sich so dass …‹ Ausdruck der soeben genannten Selbstartikulation der ursprünglichen Seinsdimension.

Zwar ist die Relativierung von Wissenschaft und Philosophie auf Faktoren wie das Subjekt ausgeschlossen; damit ist aber nicht jede Form von Relativierung abzulehnen. Wie schon ausgeführt wurde, setzen alle wissenschaftlichen bzw. philosophischen Aussagen einen Theorierahmen voraus, aus welchem sie allererst ihre bestimmte Gestalt oder ihren bestimmten Status gewinnen. Nun wurde schon gesagt, dass es eine Pluralität von Theorierahmen gibt und dass darum jede theoretische (wissenschaftliche oder philosophische) Aussage ihren Status nur *relativ* zum jeweiligen Theorierahmen besitzt. Diese Form von Relativität hat aber mit der Relativität zu *einer Seite* der kritisierten Kluft oder Dichotomie, etwa zu einem Subjekt, zu einer Zeit, zu einer sozialen Lage und zu ähnlichen Faktoren, nichts zu tun. Die hier obwaltende und akzeptierte Relativität besagt nur dies: Sie bezeichnet einen bestimmten *Grad* jener Selbstartikulation, die in der Formulierungsform »Es verhält sich so dass ...« manifest wird. Wie diese *Grade* der Selbstartikulation des Ganzen der ursprünglichen Seinsdimension zu deuten sind, bildet eines der schwierigsten und tiefsten Probleme, mit denen sich die hier dargestellte struktural-systematische Philosophie zu befassen hat.

Um die im zuvor Gesagten kurz umrissene Konzeption kohärent durchführen zu können, muss die Thematik der philosophischen Sprache erneut verhandelt werden. Diesem Thema wird ein erheblicher Teil von Kapitel 5 gewidmet. Aus der in Kapitel 3 im Grundriss entwickelten Semantik und aus vielen weiteren Annahmen ergibt sich die Notwendigkeit, einen Begriff von philosophischer Sprache herauszuarbeiten, der ungewöhnlich ist. Es muss eine philosophische Sprache als *semiotisches System mit überabzählbar unendlich vielen Ausdrücken* postuliert werden, um der oben kurz formulierten Grundthese der universalen Ausdrückbarkeit gerecht zu werden. Es ist offenkundig, dass ein solches semiotische System nicht der normalen Konzeption von Sprache entspricht. Das Postulat wird aus strikt philosophischen Gründen aufgestellt. Darüber hinaus ist eine Pluralität solcher Sprachen anzunehmen, was sich aus der Pluralität von Theorierahmen ergibt. Die vielen logischen, semantischen und ontologischen Aspekte dieser komplexen Problematik werden in Kapitel 5 ausführlich behandelt.

In den Abschnitten 5.2 und 5.3 wird die eigentliche *Gesamtsystematik* durchgeführt. Sie besteht in der Explikation der ursprünglichen Seinsdimension. In 5.2 werden die Grundzüge einer Theorie des Seins als solchen und im Ganzen dargelegt. Hier wird zuerst die schwierige und hochaktuelle semantische, logische und mathematische Problematik der Rede über »Das Ganze oder (die) Totalität« einer Klärung zugeführt, und zwar in Auseinandersetzung mit den Thesen von P. Grim in seinem Buch *The Incomplete Universe* [1991]. Sodann wird versucht, die heute so populäre Theorie der Pluralität möglicher Welten im Verhältnis zur aktualen Welt zu klären. Schließlich wird der Kern einer struktural-systematischen Seinstheorie behandelt: Unter dem Titel »die innere Strukturalität der Seinsdimension« werden (in prinzipieller Übereinstimmung mit den grundlegenden Einsichten der großen metaphysischen Tradition) deren immanente Merkmale herausgearbeitet, nämlich universale Intelligibilität, universale Kohärenz, universale Ausdrückbarkeit, universale Gutheit (universale *bonitas*) und universale Schönheit der Seinsdimension.

Im letzten Abschnitt von Kapitel 5 (5.3) wird der Ansatz zu einer Theorie des absolutnotwendigen Seins erarbeitet. Das geschieht dadurch, dass der hier zur Anwendung kommende Theorierahmen in entscheidender Weise durch die ontologisch interpretierten *Modalitäten* erweitert und ergänzt wird. Daraus ergibt sich, dass die ursprüngliche Seinsdimension als Seins-Zweidimensionalität zu konzipieren ist, und zwar bestehend aus der absolutnotwendigen und aus der kontingenten Seinsdimension. Die Aufgabe, das Verhältnis der beiden Dimensionen zueinander näher zu bestimmen, führt dazu, die absolutnotwendige Dimension als geistiges freies absolutnotwendiges Sein zu denken.

Im letzten Kapitel (Kapitel 6) wird die *Metasystematik* als *Theorie der relativ maximalen Selbstbestimmung der systematischen Philosophie* behandelt. Damit gelangt die Darstellung des Theorierahmens für die struktural-systematische Philosophie zu ihrem Abschluss. Dieses letzte Thema ist für das Verständnis und Selbstverständnis der in diesem Buch gebotenen Konzeption von entscheidender Bedeutung. Als universale Wissenschaft kann die Philosophie nicht auf eine weitere Meta-Wissenschaft rekurrieren, von welcher her sie bestimmt werden könnte. Dieser Umstand wirft ein schwieriges und grundlegendes Problem auf. In diesem Kapitel werden mehrere Unterscheidungen eingeführt, die zur Lösung des Problems unentbehrlich sind, besonders die Unterscheidungen zwischen immanenter und externer Metasystematik, zwischen externer intratheoretischer und externer extratheoretischer Metasystematik, zwischen externer intratheoretischer interphilosophischer und externer intratheoretischer philosophisch-nichtphilosophischer Metasystematik.

Die *immanente Metasystematik* ist das, was, mit einem Ausdrucks Kants, die »Architektonik« der struktural-systematischen Philosophie genannt werden kann. Im komplexen Ausdruck ›immanente (oder interne) Metasystematik‹ bezeichnet der Teilausdruck ›Systematik‹ jede einzelne spezifische Systematik, die jeweils einen Teil der philosophischen Gesamtkonzeption bildet: die Globalsystematik, die Theoretizitätssystematik, die Struktursystematik, die Weltsystematik und die Gesamtsystematik.

Die Grundeinsicht bzw. -these hinsichtlich der *externen Metasystematik* ergibt sich aus zwei grundlegenden Annahmen: der schon mehrmals erwähnten Annahme einer Pluralität von Theorierahmen und der Annahme, dass ein höchster oder letzter, ein absoluter Theorierahmen – falls es einen solchen geben sollte – zumindest für uns Menschen schlechterdings nicht erreichbar ist. Das besagt u.a., dass die struktural-systematische Philosophie ein »offenes System«, d.h. wesentlich *unvollständig* ist. Man denke hier an Gödels berühmtes Unvollständigkeitstheorem, auf welches im vorliegenden Buch in mehreren Passagen Bezug genommen wird. Die Situierung bzw. Selbstsituierung oder Selbstbestimmung der struktural-systematischen Philosophie erfolgt immer aus einer Ebene der Betrachtung, die schon einen weiteren, höheren Theorierahmen voraussetzt. Dieser höhere Theorierahmen ist aber immer noch bzw. wieder ein philosophischer.

[6] Ist die in diesem Buch präsentierte struktural-systematische Philosophie ein »philosophisches System«? Die Antwort darauf hängt davon ab, wie man

die Formulierung ›philosophisches System‹ versteht. Nun ist es eine Tatsache, dass diese Formulierung historisch schwer vorbelastet ist. Man denke an die sich ablösenden »philosophischen Systeme« besonders in der zweiten Hälfte des 18. und in der ersten Hälfte des 19. Jahrhunderts, die sich – von ihren Autoren mit einem nahezu größenwahnsinnigen Anspruch versehen – aufs Ganze betrachtet in der Nachfolge als unhaltbar erwiesen und daher aufgegeben wurden. Solche Systeme, von vielen heutigen Philosophen immer noch bewundert und in einer nie endenden Kette von Interpretationen und Reinterpretationen studiert und kommentiert, haben der Philosophie nicht nur genutzt, sondern auch geschadet. Die Maßlosigkeit des Anspruchs und die Dürftigkeit der Ergebnisse haben die Bezeichnung »philosophisches System« auf vermutlich irreparable Weise in Misskredit gebracht. Aus diesem Grund wird diese Formulierung im vorliegenden Buch vermieden oder höchstens nur marginal verwendet; statt dessen wird die bescheidenere Bezeichnung »systematische Philosophie« gewählt. Dass die in dieser Einleitung kurz umrissene Konzeption einer systematischen Philosophie in keiner Weise in die Nähe der »philosophischen Systeme« der Vergangenheit gebracht werden kann, liegt auf der Hand.

Es kann nicht nachdrücklich genug betont werden, dass es sich in diesem Buch *nur* um die Darstellung des *Theorierahmens für eine systematische Philosophie* handelt. Schon diese Aufgabe muss als eine gewaltige betrachtet werden; aber die Durchführung der systematischen Philosophie selbst gemäß diesem Theorierahmen stellt eine unvergleichlich größere Aufgabe dar. Sie kann nur als eine gemeinschaftliche Unternehmung vieler Philosophen ernsthaft in Angriff genommen werden. Dennoch darf man die Tragweite der Erarbeitung des Theorierahmens nicht unterschätzen; denn erst die Einsicht in die Notwendigkeit, jede einzelne philosophische Frage nicht im Sinne einer *splendid isolation*, sondern in einem systematischen Rahmen zu behandeln, kann den Fragmentarismus als einen der Grundmängel heutigen Philosophierens überwinden.

[7] Schließlich sind einige Hinweise auf bestimmte Aspekte der Darstellung angebracht.

Im Buch sind häufige Verweise auf andere Teile, Kapitel, Abschnitte, Passagen usw. zu finden, die Anlass zur Irritation sein könnten. Doch sind sie nicht zu vermeiden. Der Grund liegt im oft betonten Netzwerkcharakter der Konzeption, der für die Darstellung gewisse Folgen mit sich bringt. Auch etwaige Redundanzen sind in derselben Weise zu erklären und aus demselben Grund zu rechtfertigen.

Viele Themenstellungen werden in diesem Buch manchmal sehr unterschiedlich behandelt. Manche erfahren eine sehr knappe, andere eine auf den ersten Blick disproportional lange Behandlung. Genannt sei beispielsweise die sehr umfangreiche Behandlung der Sprache in Kapitel 5, besonders hinsichtlich der Problematik der Sprache als eines semiotischen Systems, das aus überabzählbar unendlich vielen Ausdrücken besteht (5.1.4 und speziell 5.1.4.3). Doch diese Ungleichheit der Behandlung erklärt sich aus zwei Gründen: einmal aus der großen oder kaum vorhandenen Komplexität des jeweiligen Themas, zum anderen aus der größeren oder der eher peripheren Bedeutung des entsprechenden Themas für zentrale Thesen des Buches. Im Falle des angeführten Beispiels aus Kapitel 5 ist beides gegeben, insbesondere wegen der zentralen These der universalen Ausdrückbarkeit, die ohne Rekurs auf die Annahme einer Sprache mit überabzählbar unendlich vielen Ausdrücken weder verständlich ist noch begründet werden kann.

Gewisse sprachliche »Eigenheiten« könnten den Leser überraschen und vielleicht sogar irritieren. Doch in der Regel sind sie sachlich begründet. Ein Beispiel sind die oft vorkommenden Formulierungen von Sätzen (oder Satzformen), in denen ein Operator erscheint, wie z. B. ›Es verhält sich so dass ...‹ oder: ›Es ist wahr dass ... [etwa: φ]‹ usw. Abweichend von den Bestimmungen der deutschen Grammatik wird in den genannten Formulierungen vor der Partikel ›dass‹ in diesem Buch kein Komma gesetzt. Der Grund liegt darin, dass diese Formulierungen als eine Einheit aufgefasst werden, so dass man sie in pedantischer Weise folgendermaßen schreiben könnte: ›Es-verhält-sich-so-dass ...‹, ›Es-ist-wahr-dass ...‹ usw. Gemäß der in diesem Buch zu entwickelnden Semantik sind solche Formulierungen *Operatoren*, die *ganze* Sätze (und nicht nominalisierte Sätze der Form: ›Dass es heute regnet, ... [etwa: ist wahr, oder: ist eine Tatsache]‹) als Argumente haben. Dass die deutsche Grammatik vor dem ›dass‹ in den genannten Formulierungen ein Komma verlangt, entspricht zwar einer fest etablierten Regel, ist aber trotzdem kaum zu verstehen und zu rechtfertigen. Die Grammatik nennt solche dass-Sätze »Inhaltssätze« (vgl. Duden [Bd. 4, 2005: Nr. 1679 ff.]. Im Gegensatz zur zitierten neuesten (7.) Auflage der Duden-Grammatik, die sich auf eine Beschreibung der verschiedenen Arten solcher dass-Sätze beschränkt, bringt die 2. Auflage interessante Erläuterungen und Erklärungen. So enthält sie den Hinweis darauf, dass diese dass-Sätze »den wesentlichen Inhalt der Gesamtaussage enthalten«; von dem Satz vor dem ›dass‹ wird erklärend gesagt, er wirke »ihnen [den dass-Sätzen] gegenüber nur wie eine Anführung der eigentlichen Setzung« (Duden [Bd. 4, 1966: Nr. 6245]). Aber eine solche Regel samt ihrer Erklärung bzw. Rechtfertigung ist inkohärent. Es ist nämlich klar, dass in Formulierungen wie ›Es ist wahr dass Berlin die Hauptstadt Deutschlands ist‹ die Partikel ›dass‹ zu jenem Satz zu rechnen ist, der in der Duden-Terminologie die »Setzung« eines Inhaltssatzes artikuliert (also zum Satz ›Es ist wahr‹). Es ist aber inkohärent, die »Setzung« eines Inhalts und den Inhalt selbst durch ein Komma zu trennen. Doch soll hier keine Auseinandersetzung mit den Konventionen bzw. Regeln der Grammatik der deutschen Sprache durchgeführt werden.

Eine andere Eigenheit sind Formulierungen wie: ›Der Satz *p* ist wahr genau dann wenn ...‹ (an Stelle von: ›Der Satz *p* ist genau dann wahr, wenn ...‹). Hier ist die verwendete Formulierung von der logischen Struktur des Gesamtsatzes bestimmt: Beide Teilsätze sind durch den logischen Junktor *Äquivalenz* ›↔‹ (›genau dann wenn‹ oder ›dann und nur dann wenn‹) miteinander verbunden.

Diese Bemerkungen dienen nur dazu, darauf aufmerksam zu machen, dass gewisse in diesem Buch vorkommende sprachliche »Eigenheiten« weder auf einer Verkennung der deutschen Grammatik basieren noch als willkürliche Handhabung der deutschen Sprache zu verstehen sind. In der Regel kommen die beschriebenen sprachlichen Eigenheiten nur in jenen Passagen vor, in denen die Problematik der Operatoren zumindest indirekt für das richtige Verständnis der im Buch vertretenen philosophischen Konzeption von Bedeutung ist. In den übrigen Passagen werden die normalen Regeln der deutschen Grammatik befolgt.

Zuletzt ist ein Hinweis auf die Art angebracht, wie die Anführungszeichen benutzt werden. Doppelte Anführungszeichen werden hauptsächlich verwendet, um Zitate zu kennzeichnen, außerdem um die methodische oder wissenschaftstheoretische Stellung eines Begriffs, einer These u. ä. hervorzuheben, schließlich um auf die ungewöhnliche oder eigenwillige Bedeutung, die einem Ausdruck, einer Formulierung u. ä. gegeben wird, aufmerksam zu machen. Einfache Anführungszeichen dienen dazu, zweierlei zu kennzeichnen: Zitate innerhalb von Zitaten und die Bezugnahme auf sprachliche Zeichen (Sprachausdrücke) *als solche* (im Gegensatz zu den mit ihnen assoziierten Bedeutungen oder Begriffen). In vielen konkreten Fällen kann eine Entscheidung, ob es sich um eine Bezugnahme auf den sprachlichen Ausdruck oder auf die damit verbundene Bedeutung handelt, nicht eindeutig getroffen werden, beispielsweise wenn gesagt wird: »Der Satz ... so und so ... zeigt dass ...«. In solchen Fällen werden in der Regel die doppelten Anführungszeichen verwendet.

Kapitel 1

Globalsystematik: Standortbestimmung der struktural-systematischen Philosophie

1.1 Die Komplexität des Begriffs und der Darstellungsform des Theorierahmens für eine systematische Philosophie

Dieses Buch enthält eine Darstellung des Theorierahmens für eine systematische Philosophie. Im Abschnitt 1.1 wird einleitend gezeigt, wie eine solche Darstellung zu konzipieren ist, was sie voraussetzt und impliziert. Diese Erläuterungen stützen sich auf Begriffe und Thesen, die hier zunächst nur eingeführt werden; in den nächsten Abschnitten und Kapiteln werden sie näher präzisiert.

Die minimale, aber fundamentale Bestimmung von Philosophie, wie sie in diesem Buch verstanden wird, besagt, dass Philosophie eine *theoretische* Aktivität ist, d. h. eine Aktivität, die auf die Entwicklung und Darstellung von Theorien abzielt. Für die Entwicklung und Darstellung einer Theorie müssen viele spezifische Voraussetzungen anerkannt und erfüllt werden. Die Gesamtheit der diese Voraussetzungen erfüllenden Faktoren kann ein *Rahmen*, genauer: ein *Theorierahmen*, genannt werden. Wie ein solcher Theorierahmen zu verstehen ist, soll im folgenden gezeigt werden.

[1] Begriffe, die dem Begriff des *Rahmens* in der einen oder anderen Weise verwandt sind, finden sich überall in der Philosophiegeschichte. In den Vordergrund der philosophischen Bemühungen gelangt dieser Term bzw. Begriff bei R. Carnap, der in seinem Aufsatz »Empiricism, Semantics, and Ontology« den Begriff des »Sprachrahmens (*linguistic framework*)« einführt:

»Wenn jemand in seiner Sprache über eine neue Art von Entitäten sprechen will, muss er ein Sprachsystem neuer Sprechweisen einführen, das neuen Regeln unterliegt; wir werden dieses Verfahren die Konstruktion eines *Sprachrahmens* für die in Rede stehenden Entitäten nennen.« (Carnap [1950/1972: 259]; modifizierte Übers.)

Weiter heißt es bei ihm:

»Und jetzt müssen wir zwei Existenzfragen unterscheiden: erstens Fragen der Existenz gewisser Entitäten der neuen Art *innerhalb des [Sprach]Rahmens*; wir nennen sie *interne Fragen*; und zweitens Fragen, welche die Existenz oder Realität *des Systems von Entitäten als eines Ganzen* betreffen, *externe Fragen* genannt.« (Ib.; modifizierte Übers.)

Es ist nicht klar, wie Carnap den Unterschied zwischen den beiden Arten von Fragen bezüglich der Existenz genau versteht. Er fährt fort:

»Interne Fragen und mögliche Antworten auf sie werden mit Hilfe der neuen Ausdrucksformen formuliert. Die Antworten können entweder durch rein logische Methoden oder durch empirische Methoden gefunden werden, was davon abhängt, ob der [Sprach]Rahmen ein logischer oder ein tatsachenabhängiger ist. Eine externe Frage hat einen problematischen Charakter, der einer näheren Prüfung bedarf.« (Ib.; modifizierte Übers.)

Es ist weder nötig noch zweckmäßig, Carnaps Position an dieser Stelle im einzelnen zu analysieren.[1] Die zitierte Passage offenbart eine grundsätzliche Schwierigkeit: Es ist nicht einzusehen, warum ein »Rahmen«, der entweder »logisch oder faktisch« ist, als *Sprach*rahmen charakterisiert werden soll. Vielleicht aus diesem Grund fügt Carnap eine Fußnote zur später erschienenen modifizierten Fassung des genannten Aufsatzes hinzu:

»Ich habe hier einige geringfügige Änderungen in der Formulierung vorgenommen, so dass der Ausdruck ›Rahmen‹ jetzt nur für das System sprachlicher Ausdrücke gebraucht wird und nicht für das System der fraglichen Entitäten.« (Ib. 257, Fußnote*; modifizierte Übers.)

Ungeachtet dieser Bemerkung zeigen die von Carnap beschriebenen Beispiele, dass die von ihm untersuchten bzw. entwickelten Rahmen außer sprachlichen Ausdrücken mindestens auch eine logische und eine begriffliche Komponente beinhalten; die Bezeichnung »Sprachrahmen« ist daher irreführend.

[2] In diesem Buch wird der Term ›Rahmen‹ in einem umfassenden theoretischen Sinne verwendet, nämlich im Sinne von *Theorierahmen*. Rahmen als *Theorie*rahmen bezeichnet die Gesamtheit aller jener spezifischer Rahmen (gemeint sind hauptsächlich der sprachliche, der logische, der semantische, der begriffliche, der ontologische Rahmen), die in der einen oder anderen Weise die unverzichtbaren Komponenten des von einer gegebenen Theorie vorausgesetzten (Gesamt-)Rahmens bilden.

In seinen vielfältigen Verwendungen konnotiert der Term ›Rahmen‹ eine spezifische Differenz zwischen zwei Seiten oder Aspekten einer bestimmten »Größe«: die Differenz zwischen dem Rahmen und dem, was der Rahmen ›einrahmt‹, d.h. was er enthält oder darstellt. Rahmen und Inhalt können in einer von den damit gegebenen zwei Weisen aufeinander bezogen werden. Aus diesem Grund kann man mit dem Term ›Rahmen‹ zwei teilweise verschiedene Begriffe verbinden: einen *abstrakten oder unterbestimmten* und einen *konkreten oder volldeterminierten Begriff*. Der erste Begriff charakterisiert den Rahmen, insofern er *unabhängig* von dem, wofür er der oder ein

---

[1] Vgl. dazu unten 1.5.2.2. Eine detaillierte Kritik an CARNAPS Auffassung im Hinblick auf Ontologie findet sich in PUNTEL [1999a].

Rahmen ist, betrachtet wird (z. B.: ein Gemälde, das durch einen Bildrahmen eingerahmt wird). Der zweite, konkrete oder vollbestimmte Begriff artikuliert den Rahmen in expliziter Berücksichtigung seiner Beziehung zu seinem bzw. zu einem »Inhalt«, drückt also die Einheit von »abstraktem« Rahmen und Inhalt aus.

[3] Der in diesem Buch dargestellte und benutzte Theorierahmen ist, in seiner *eigentlichen oder vollen Gestalt*, ein konkreter, volldeterminierter Rahmen gemäß dem soeben charakterisierten zweiten Begriff. »Rahmen« im ersten (abstrakten) Sinne wird hier nicht nur nicht ignoriert, sondern explizit betrachtet und dargestellt. Die Darstellung bleibt aber nicht beim abstrakt betrachteten Rahmen stehen, sondern zeigt, wie der abstrakte Rahmen sich zu einem konkreten oder volldeterminierten Rahmen entwickelt bzw. entwickeln kann und auch muss. Diese komplexe Betrachtungsweise ist ein Erfordernis der struktural-systematischen Philosophie. Der für diese Philosophie angemessene Theorierahmen bringt es mit sich, dass das Verhältnis von Rahmen und Inhalt als ein *sehr differenziertes Verhältnis* zu verstehen ist. So kann »Rahmen« im Begriff »Theorierahmen« im Falle der struktural-systematischen Philosophie nicht im Sinne eines uninterpretierten formalen Systems verstanden werden; ein philosophischer (und wissenschaftlicher) Theorierahmen ist vielmehr ein Instrument, das es erlaubt, etwas (einen Zusammenhang, einen Gegenstandsbereich ...) zu erfassen, zu begreifen, zu erklären. Innerhalb oder mittels eines Theorierahmens wird auf etwas Bezug genommen. Das wiederum setzt voraus, dass der Theorierahmen selbst Elemente enthält, die nicht rein formaler Natur sind, sondern eine Interpretation, eben einen Bezug auf etwas, beinhalten. Daher enthält jeder philosophische und wissenschaftliche Theorierahmen, außer rein formalen, auch »materiale« Elemente: nicht nur rein formale Begriffe, sondern auch »inhaltliche« Begriffe.

Der entscheidende Gesichtspunkt ist hier die Unterscheidung zwischen verschiedenen Ebenen oder Stufen des Theorierahmens wie auch des Inhalts. Der umfassendste und vollständigste Theorierahmen für die hier vertretene struktural-systematische Philosophie ist hochkomplex: Er besteht selbst aus vielen einzelnen Theorierahmen. Am Anfang der Darstellung besteht, wie dieses Kapitel zeigen wird, nur ein abstrakter, im Sinne von: rein globaler Theorierahmen, dessen »Kurzformel« die im nächsten Abschnitt darzustellende »Quasi-Definition« der struktural-systematischen Philosophie ist. Hier werden nur die umfassenden Begriffe dieser Philosophie eingeführt und anfänglich erklärt. Die Spezifikation oder Konkretisierung dieses Theorierahmens erfolgt durch die Herausarbeitung weiterer, immer spezifischer oder konkreter werdenden Theorierahmen *und* der auf deren Basis entwickelten einzelnen Theorien. Diese spezifischen oder konkreten Theorierahmen stellen jeweils verschiedene Stufen oder Ebenen der philosophischen Gesamttheorie dar.

Bei diesem Prozess der Konkretisierung des gesamtsystematischen Theorierahmens sind drei zentrale Faktoren zu beachten.

[i] Im Verlauf dieses Prozesses der Konkretisierung wandelt sich auch die eigentliche Bedeutung von »Rahmen« und »Inhalt«. Jeder Theorierahmen ist ein solcher *für* ein bestimmtes Thema oder einen bestimmten Inhalt oder, wie gewöhnlich gesagt wird, für einen bestimmten »Gegenstand(sbereich)«. So ist z. B. die Herausabeitung einer Semantik das Resultat der »Anwendung« oder Konkretisierung eines bestimmten Theorierahmens auf den Bereich der interpretierten (oder zu interpretierenden) Sprache. Im Prozess der Spezifizierung und Konkretisierung des umfassenden systematischen Theorierahmens wird ein solches »Thema« oder ein solcher »Gegenstand(sbereich)« selbst *auf einer weiteren oder konkreteren Ebene der philosophischen Gesamttheorie* in einen weiteren spezifischeren oder konkreteren Theorierahmen eingebettet, und zwar jetzt mit dem Status eines integrierenden Bestandteils dieses Theorierahmens. Das soeben erwähnte Beispiel der Semantik kann diesen Sachverhalt illustrieren: Auf der Stufe eines bestimmten, spezifischen Theorierahmens ist die Semantik *Gegenstand* dieses Theorierahmens; auf der Stufe eines weiteren Theorierahmens gehen semantische Begriffe und sonstige Betrachtungsweisen explizit in diesen weiteren Theorierahmen ein.

[ii] Dieser Prozess der Umwandlung eines Gegenstandsbereichs oder Themas in einen Bestandteil eines Theorierahmens deckt sich nicht mit der Gesamtdarstellung der systematischen Philosophie, sondern erstreckt sich nur bis Kapitel 3 einschließlich. In der Weltsystematik (Kapitel 4) werden Gegenstandsbereiche bzw. Themen behandelt, die in dem Sinne rein objektiv sind oder reine »Daten« darstellen, dass sie eben nur Gegenstand von Theorien und damit Bezugspunkte von entsprechenden Theorierahmen sind. Dieser entscheidende Gesichtspunkt bildet die Grundlage der für die hier vertretene struktural-systematische Philosophie fundamentalen, die gesamte systematische Architektonik definierenden Unterscheidung zwischen der Ebene der Struktur(en) und der Ebene der Daten. Es ist zu beachten, dass der Ausdruck/Begriff »Datum« eine doppelte Bedeutung hat: eine allgemeine und eine spezifische. Der allgemeinen zufolge ist »Datum« einfach dasselbe wie »Thema« (einer Theorie) und zwar, wie weiter unten (1.2.4 [2]) zu erläutern ist, als »Wahrheitskandidat«. Gemäß dieser Bedeutung kommt »Datum« in allen Kapiteln des Buches vor, da in allen eben Theorien entwickelt werden. Nach der spezifischen Bedeutung ist »Datum« der korrelative Begriff zu »Struktur(dimension)«. Architektonisch gesehen bildet »Datum« in diesem spezifischen Sinne das Thema des Buches *nach* der Darstellung der Strukturdimension (also ab Kapitel 4). Aber »Datum« im spezifischen Sinne kommt auch in den Kapiteln 1–3 vor, allerdings gemäß einer eingeschränkten Form: »Datum« sind dann gerade jene Strukturen, die das Thema der in diesen Kapiteln entwickelten Theorien darstellen. In diesem eingeschränkten spezifischen

Sinne ist Datum nicht korrelativer Begriff zur ganzen Strukturdimension, sondern nur zu denjenigen Strukturen, die nicht Thema, sondern Komponenten des in diesen Kapiteln verwendeten (noch nicht vollständigen) Theorierahmens sind. Im übrigen macht der Kontext immer deutlich, in welchem genauen Sinne der Begriff des Datums verwendet wird.

Kapitel 5 und 6 schließlich thematisieren gerade das Verhältnis der fundamentalen Strukturen und der »reinen« Daten. Damit werden die fundamentalen Strukturen selbst nicht nur als Gegenstand von Theorien – wie in Kapitel 1–3 – betrachtet, und auch nicht als unthematisierte Strukturen, die auf »reine« Daten *angewandt* werden, sondern sie bilden *zusammen mit den Daten* den Gegenstand einer weiteren Theorie. Dieser Gesamtzusammenhang von fundamentalen Strukturen und Daten wird in Kapitel 5 unter der Bezeichnung *Sein im Ganzen und als solches* thematisiert.[2]

[iii] Der dritte zu beachtende Faktor ist ein eher methodologischer bzw. wissenschaftstheoretischer: Der beschriebene Darstellungsprozess ist nicht als ein »zirkelfreier Aufbau« der philosophischen Gesamttheorie zu verstehen. Vielmehr muss die philosophische Gesamttheorie als ein *theoretisches Netzwerk* aufgefasst werden. Derart werden schon am Anfang der Darstellung des gesamttheoretischen Darstellungsprozesses viele Faktoren und Elemente vorausgesetzt und in Anspruch genommen, die erst im weiteren Verlauf des Darstellungsprozesses expliziert werden. So wird beispielsweise von Anfang an eine bestimmte Semantik vorausgesetzt und eingebracht, die erst in Kapitel 3 voll und explizit dargestellt wird.

[4] Die in diesem Unterabschnitt vorgetragenen Überlegungen und Erläuterungen dürften klar gemacht haben, dass die Entwicklung des philosophischen Theorierahmens ein außerordentlich komplexes Unternehmen ist. Der Grund hierfür ist in der komplexen Struktur der Philosophie selbst zu finden, die nicht in der Form eines zirkelfreien Aufbaus, sondern nur nach dem Muster eines Netzwerkes zur Darstellung gebracht werden kann. Die Intelligibilität der Konzeption bringt es mit sich, dass sie eine nicht nur komplexe, sondern auch eine machmal redundante und pedantische Darstellung erfordert.

---

[2] Für die Dimension, die hier anfänglich als Dimension der »Daten« genannt wird, werden im Verlauf der Darstellung, entsprechend den fortschreitenden begrifflichen Erklärungen, nähere Bezeichnungen eingeführt. Im Titel des Werkes wird für das, was hier »die Gesamtdimension der Daten« genannt wird, der Einfachheit und Kürze halber der Ausdruck ›Sein‹ verwendet. Doch muss dieser Ausdruck sehr sorgfältig präzisiert werden. Die Präzisierung beginnt schon in diesem Kapitel im Abschnitt 1.2.4, in dem der Begriff »*universe of discourse*« erklärt wird, und im Abschnitt 1.3, in welchem der Titel des Werkes und die Grundidee der in ihm dargestellten Konzeption näher erläutert werden.

1.2 Eine erste Bestimmung von systematischer Philosophie

Die obige Überschrift enthält den Begriff »systematische Philosophie«, während im Titel des nachfolgenden Unterabschnittes der Begriff »struktural-systematische Philosophie« erscheint. Der zweite Begriff ist eine Spezifikation des ersten Begriffs. Damit soll zweierlei verdeutlicht werden. Erstens: Das Buch verfolgt das Ziel, jenes große Programm durchzuführen, das allgemein als »systematische Philosophie« bezeichnet wird (oder zumindest treffend so bezeichnet werden könnte). Zweitens: Die Realisierung dieses Programms erhält die Form einer bestimmten Konzeption der systematischen Philosophie, nämlich jener Form, die am angemessensten durch die Bezeichnung ›struktural-systematische Philosophie‹ kenntlich gemacht werden kann. Aus diesen Überlegungen bzw. Vorentscheidungen ergibt sich, dass es nicht nur sinnwidrig, sondern auch unmöglich ist, den Begriff der »systematischen Philosophie« sozusagen auf ganz neutrale Weise, unabhängig von einer ganz bestimmten Auffassung von systematischer Philosophie, definieren zu wollen. Die ganz bestimmte Konzeption von systematischer Philosophie, die in diesem Buch vertreten wird, ist gerade diejenige, die durch die Bezeichnung ›struktural-systematische Philosophie‹ artikuliert wird. Um diese Zusammenhänge deutlich zu machen, werden die zwei Titel in der angegebenen Reihenfolge angegeben.

1.2.1 Eine »Quasi-Definition« der struktural-systematischen Philosophie

Von einer »Quasi-Definition« in diesem Kapitel ist deswegen die Rede, weil eine strenge Definition hier (noch) nicht möglich ist; denn dafür liegen die Voraussetzungen noch nicht vor. Eine Definition im eigentlichen Sinne – das soll hier im Sinne einer strengen Definitionstheorie angenommen werden[3] – ist eine Begriffsbestimmung innerhalb eines genau angegebenen Theorierahmens. Davon kann hier (noch) nicht die Rede sein.

Das, wogegen der Begriff der Philosophie abgegrenzt, d. h. das, dem gegenüber dieser Begriff eben »definiert« werden soll, stellt sich zunächst als ein in seinem Umfang nicht genau angebbarer Bereich von Aktivitäten, Ausdrücken, Begriffen, Vorstellungen aller Art usw. dar. Eine »Quasi-Definition« von Philosophie ist ein erstes Eingrenzen dessen, was mit diesem Wort gegenüber diesem nahezu unübersehbaren Konglomerat gemeint ist. Aus diesem Grund kann die Quasi-Definition nur einen noch weitgehend globalen Charakter haben. Auf der anderen Seite werden im Quasi-Definiens Begriffe verwendet, die zwar in einem bestimmten Teil des Systems einer strengen Definition fähig

---

[3] Hier wird eine auch formal genau charakterisierte Konzeption von Definition vorausgesetzt. Vgl. dazu u. a. BELNAP [1993]. Eine erste präzise Definitionstheorie, die auch die Möglichkeit und sogar die Unvermeidbarkeit von zirkulären Definitionen einschließt, findet sich in BELNAP/GUPTA [1993] (vgl. bes. Kap. 5).

sind, die aber am Anfang vorausgesetzt werden müssen. Dies betrifft in ganz besonderer Weise den Begriff der *Theorie*. Aus den angegebenen Gründen wird hier nur eine »Quasi-Definition«, nicht aber eine Definition in streng formal korrekter Form vorgelegt. Sie soll nur dazu dienen, in programmatischer Hinsicht an die systematische Philosophie heranzuführen (›Q-DEF‹ steht für ›Quasi-Definition‹).

(Q-DEF) Die struktural-systematische Philosophie ist die Theorie der universalen (allgemeinsten) Strukturen des unbegrenzten *universe of discourse*.

Eine erste, noch sehr allgemeine Erläuterung der Quasi-Definientia sowie einige Hinweise auf Folgerungen und Konsequenzen aus der Quasi-Definition sind hier am Platz.

1.2.2 »Theorie«

Hinsichtlich des Begriffs der Theorie sind mehrere charakterisierende Faktoren zu unterscheiden. Sie lassen sich alle einer von zwei Kategorien zuordnen: der Kategorie der externen und der Kategorie der immanenten Faktoren. In diesem Abschnitt soll der Begriff der Theorie nur hinsichtlich der *externen Faktoren* teilweise charakterisiert werden. Die immanenten Faktoren, welche die eigentliche Definition von Theorie beinhalten, sollen ausführlich in Kapitel 2, Abschnitt 2.4, zur Darstellung gelangen.

Die rein externen Faktoren kennzeichnen das Verhältnis von Theorien zu den Bereichen, die nicht als »theoretisch« zu bezeichnen sind. In dieser Hinsicht kann man Theorie angemessener als (Dimension der) *Theoretizität* charakterisieren. Wie schon gesagt, wird die hier anvisierte systematische Philosophie dezidiert als Theorie verstanden. Damit ist eine bestimmte Art von Tätigkeit oder Haltung oder auch von Darstellung und deren Ergebnis gemeint.

Wie später zu zeigen sein wird, sind drei grundlegende, gleichursprüngliche, aufeinander und auf etwas anderes nicht reduzierbare Arten von Tätigkeiten, Haltungen und Darstellungsweisen zu unterscheiden und anzunehmen: Theoretizität, Praktizität und Ästhetizität. Dass Philosophie streng als theoretische Unternehmung aufzufassen und nicht mit Unternehmungen zu verwechseln ist, die aus einer der beiden anderen Arten von Tätigkeiten, Haltungen oder Darstellungsweisen erwachsen, ist die allererste Bedingung, die erfüllt werden muss, um ein sinnvolles philosophisches Programm zu entwerfen und in Angriff nehmen zu können. Einiges von dem, was in den nächsten Kapiteln zu zeigen sein wird, vorwegnehmend, genüge es an dieser Stelle zu sagen: Die Philosophie als theoretische Aktivität zielt ausschließlich auf wahre Theorien ab; ihr Ziel ist weder die Herbeiführung eines guten Lebens noch die Schaffung von Kunstwerken.

1.2.3 »Struktur«

Der Begriff der *Struktur* wird hier nicht ohne Bedenken verwendet, ist er doch zu einem der am meisten verbreiteten Modebegriffe geworden. Wenn er dennoch in der Quasi-Definition von Philosophie und auch sonst in diesem Buch breite Verwendung findet, so aus zwei Gründen: Zum einen besitzt dieser Begriff ein beachtliches intuitives Potential, vorausgesetzt, man klärt den Begriff sorgfältig und hält missverständliche und problematische Verwendungen bzw. Konnotationen von ihm fern[4]. Zum anderen gibt es eine genaue logische/mathematische Bestimmung dieses Begriffs, auf die sich der Philosoph stützen kann.[5] Zwar wird man davon ausgehen müssen, dass eine explizite thematische Definition nicht in jeder (vor allem formalen) Hinsicht in der Philosophie eine rigorose Anwendung finden kann; dennoch muss sie als eine Art grundlegender Leitfaden oder, in anderer Hinsicht, als eine regulative Idee für die systematische Philosophie zu betrachten sein.

»*Struktur*« ist intuitiv zu charakterisieren als differenzierter und geordneter Zusammenhang bzw. als Beziehung und Wechselwirkung von Elementen einer Entität oder eines Gebietes oder eines Prozesses usw. Strukturiertheit beinhaltet mithin die Negation des Einfachen wie des Zusammenhanglosen. In diesem intuitiven Sinne ist »Struktur« als Ureinsicht, als Urbegriff oder auch als »Urfaktor« in jedem theoretischen Unternehmen zu betrachten.

Für die heutige Mathematik und Logik ist der Begriff der »Struktur« schlechterdings zentral. Allerdings gibt es keine durchgehend einheitliche Terminologie, vor allem was das Verhältnis der Begriffe bzw. Ausdrücke »Struktur«, »System«, »Modell« u. ä. zueinander anbelangt. Im folgenden sollen die für die Ziele des vorliegenden Buches wichtigsten Informationen, Erläuterungen und (terminologischen) Festlegungen bereitgestellt werden.

»Struktur« im allgemeinsten intuitiven mathematischen Sinn ist eine Kollektion oder ein Tupel, bestehend aus Elementen (Objekten, Entitäten irgendwelcher Art) und Relationen (in einem weiteren Sinne, der auch Funktionen und Operationen einschließt) zwischen diesen Elementen. Formal wird »Struktur« meistens als ein Tripel definiert, wobei dann allerdings »Relationen« in einem engeren Sinne verstanden werden, der Funktionen und Operationen nicht einschließt.

Def. Eine Struktur $\mathfrak{A}$ ist ein Tripel $\langle A, (R_i^{\mathfrak{A}})_{i \in I}, (F_j^{\mathfrak{A}})_{j \in J} \rangle$, für das gilt:

---

[4] Leicht störende Missverständnisse entstehen besonders aufgrund der Tatsache, dass in der Gegenwart modische Bezeichnungen wie ›Strukturalismus‹, ›Post-Strukturalismus‹ u. ä. oft und oft verwendet werden.

[5] Es muss allerdings beachtet und anerkannt werden, dass in der Mathematik kein totaler Konsens über die eigentliche Bedeutung und den genauen Status des Begriffs der Struktur besteht. Vgl. z. B. CORRY [1992] und Abschnitt 3.2 in diesem Buch.

i. *A* ist eine nicht-leere Menge (von sog. »Objekten« oder Individuen oder Entitäten irgendwelcher Art), der sog. »Individuenbereich« oder einfach »das Universum« (der Struktur),

ii. $(R_i^{\mathfrak{A}})_{i \in I}$ ist eine (eventuell leere) Familie von endlich-stelligen Relationen über *A*,

iii. $(F_j^{\mathfrak{A}})_{j \in J}$ ist eine (eventuell leere) Familie von endlich-stelligen Funktionen (Operationen) auf *A*.

Man kann auch eine vierte (eventuell leere) Komponente, eine Konstante, angeben, eine Familie $(c^{\mathfrak{A}})_{c \in K}$ von Elementen aus *A*. In diesem Fall wird Struktur als ein Quadrupel aufgefasst. Statt $(R_i^{\mathfrak{A}})_{i \in I}$ wird vereinfacht auch $(R_1^{\mathfrak{A}}, ..., R_n^{\mathfrak{A}})$ oder einfach *R* geschrieben; entsprechend werden auch die anderen Komponenten in vereinfachter Form geschrieben.

Zu beachten ist hier der Sprachgebrauch. Einige Autoren verwenden (im Bereich der formalen Wissenschaften) den Ausdruck ›Struktur‹ in einem engeren Sinne. So verfährt beispielsweise der Logiker St. C. Kleene, der schreibt:

»By a system S of objects we mean a (non-empty) set or class or domain D (or possibly several such sets) of objects among which are established certain relationships. [...] When the objects of the system are known only through the relationships of the system, the system is abstract. What is established in this case is the structure of the system, and what the objects are, in any respects other than how they fit into the structure, is left unspecified. Then any further specification of what the objects are gives a representation (or model) of the abstract system and has some further status as well. These objects are not necessarily more concrete, as they may be chosen from some other abstract system (or even from the same one under a reinterpretation of the relationships).« (Kleene [1952/1974: 24–25]).[6]

Wenn man hier das Wort ›System‹ vermeidet und statt dessen das Wort ›Struktur‹ verwendet, wie es eher üblich ist, so wäre zwischen »reiner (abstrakter) Struktur« und »spezifischer (konkreter) Struktur« zu unterscheiden. Was hier »reine Struktur« genannt wird, entspricht dem, was Kleene »structure« (des Systems) nennt. Die »konkrete oder bestimmte Struktur« entspricht dem Kleenschen »system«. Die »reine Struktur« abstrahiert von den »Sachen« (»objects« bei Kleene), die durch die reine Struktur strukturiert werden.

---

[6] Zum Begriff des Systems vgl. auch den exzellenten Aufsatz von MARCHAL [1975]. Nach MARCHAL »there is a unique and interesting concept that underlies the expressed interests of general systems researchers and that it can be given a satisfactory explanation« (ib. 462–3). Er schlägt folgende Definition vor:
»*S* is a system only if $S = \langle E, R \rangle$, where
(i) *E* is an element set and
(ii) $R = \langle R_1, ..., R_n \rangle$ is a relation set, i.e., $R_1, ... R_n$ are relations holding among the elements of *E*.« (Ib.)

Es gibt auch eine weitere sowohl terminologische wie sachliche Variante: Einige Autoren lassen Strukturen mit leerer Trägermenge zu.[7] Hinsichtlich des Begriffs der mathematischen Struktur sind die neuen Entwicklungen im Bereich der Mathematik, insbesondere die (mathematische) Kategorientheorie (Theorie der Topoi), zu beachten (vgl. z. B. cf. Goldblatt [1984], Corry [1992]).

Eine Struktur im definierten mathematischen Sinn ist keine sprachliche, sondern eine mathematische Entität (ein mathematisches Gebilde). Aber eine so verstandene Struktur kann natürlich in Beziehung zu einer Sprache gesetzt werden. Nach der in diesem Buch zu entwickelnden Konzeption stellt dies nicht nur eine Möglichkeit, sondern eine Notwendigkeit dar. In diesem Falle nennt man eine Struktur (meistens) ein *Modell* einer Sprache (bzw. einer Theorie im streng formalen Sinne, d. h. im Sinne eines uninterpretierten formalen Systems). Die Terminologie ist hier nicht ganz einheitlich. Um Missverständnisse zu vermeiden, soll eine Struktur, die als Modell (einer Sprache, einer Theorie im genannten Sinne) genommen wird, eine *Modellstruktur* genannt werden.

Wie die Sachen oder Entitäten oder Elemente usw., die durch die reine Struktur strukturiert werden, aufzufassen sind, bildet ein zentrales Thema der hier zu entwickelnden Konzeption. Vorgreifend kann gesagt werden, dass die »ursprünglichen Sachen«, die durch die reine Struktur strukturiert werden, in semantischer Hinsicht als *Primärpropositionen* (oder *Primär(sach)verhalte*) und in ontologischer Hinsicht als *Primärtatsachen* konzipiert werden.[8] Man kann dafür generell die Bezeichnung ›*Primärentitäten*‹ verwenden. Diese »ursprünglichen Sachen«, also diese Primärentitäten, sind *ihrerseits* wieder eine bestimmte Art von Strukturen. Wie in Abschnitt 3.2.3 detailliert gezeigt werden soll, muss man diesbezüglich zwei verschiedene Arten vom Primärentitäten bzw. Primärstrukturen unterscheiden: einfache und komplexe. Einfache Primärpropositionen bzw. Primärtatsachen sind einzelne Primärentitäten, die, wie an der angegebenen Stelle erläutert, sozusagen nur sich selbst als Element enthalten und damit nur sich selbst strukturieren. Sie können als Primärstrukturen auf der nullten Stufe bezeichnet werden. Komplexe Primärentitäten sind *Konfigurationen* von Primärentitäten, wobei man auch hier zwei Arten von Konfigurationen unterscheiden muss: Konfigurationen von einfachen Pri-

---

[7] Vgl. z. B. Ebbinghaus [2003: 54]: »Im Gegensatz zum üblichen Sprachgebrauch lassen wir Strukturen mit leerer Trägermenge zu.« Das dürfte in einer bestimmten Hinsicht dem entsprechen, was Kleene »structure of the system« nennt und was im Haupttext auch als »reine (abstrakte) Struktur« bezeichnet wird.

[8] Der Ausdruck ›primär‹ wird in diesem Buch oft verwendet, um Sätze, Propositionen, Tatsachen und Strukturen zu qualifizieren. Der Ausdruck hat dann einen rein technischen Sinn, der unten in Kapitel 3 ausführlich erklärt wird. Normalsprachliche Konnotationen sind vom Ausdruck bzw. Begriff fernzuhalten (z. B. ist »primär« nicht Gegenbegriff zu »sekundär« usw.).

märentitäten und Konfigurationen von komplexen Primärentitäten. Letztere sind Konfigurationen von Konfigurationen von Primärentitäten, wobei die Skala der Stufen der Komplexität im Prinzip unendlich groß ist. Da auch die Primärentitäten Strukturen (eben einfache Primärstrukturen) sind, muss gesagt werden, dass die »ursprünglichen Sachen«, die durch »abstrakte« Strukturen in dem hier verstandenen Sinne strukturiert werden, wieder Strukturen im erläuterten Sinn sind. Auf diese Weise wird deutlich, dass der Begriff der Struktur einen uneingeschränkten, allumfassenden Stellenwert besitzt.

Der Begriff der Struktur soll, insbesondere in seiner Anwendung auf philosophische Bereiche, in Kapitel 3 (»Struktursystematik«) ausführlich behandelt werden. Zu betonen ist hier der Umstand, dass dieser Begriff durch diese Anwendung erweitert und teilweise neu interpretiert wird. Die streng formale (mathematische) Definition dient dabei nur als eine *erste*, eben (noch) rein abstrakte Charakterisierung des Strukturbegriffs, insofern dieser philosophisch verstanden und zur Anwendung gebracht wird.

1.2.4 Uneingeschränktes »universe of discourse«

[1] Der Ausdruck ›universe of discourse‹ geht (vermutlich) auf den Logiker A. de Morgan zurück.[9] Mit dieser Bezeichnung soll hier auf das Bezug genommen werden, was sonst in einer bestimmten Tradition der Philosophie »die Sache des Denkens« (Heidegger) genannt wird. Es geht also um den für die Philosophie spezifischen Bereich (Gegenstandsbereich) oder um die für die Philosophie spezifische Thematik.

---

[9] KNEALE/ KNEALE 1[962/1991:. 408] schreiben:
»In practice BOOLE takes his sign 1 to signify what DE MORGAN called the *universe of discourse*, that is to say, not the totality of all conceivable objects of any kind whatsoever, but rather the whole of some definite category of things which are under discussion.«
Die Autoren verweisen auf S. 55 des Buches von A. DE MORGAN, *Formal Logic: or, The Calculus of Inference, Necessary and Probable* [1847]. Aber an dieser Stelle findet sich bei DE MORGAN nur der Ausdruck ›universe of a proposition‹. Abgesehen von diesem historischen Detail ist zu bemerken, dass in dem Zitat der beiden Autoren der Ausdruck ›universe of discourse‹ eher in einem einschränkenden Sinne bestimmt wird, insofern er vom Begriff »the totality of all conceivable objects of any kind whatsoever« abgehoben wird. Schon hier zeigt sich der problematische Charakter einer solchen Unterscheidung: Welchen »Sinn« kann man mit einem Ausdruck wie »the totality of all conceivable objects of any kind whatsoever« verbinden, wenn die »conceivable totality« selbst nicht zum »universe of discourse« gehört? Indem man die Unterscheidung macht, hat man schon »the totality of all conceivable objects« zum »Thema« eines »discourse« gemacht und damit als zum »universe of discourse« gehörend anerkannt. Dies gilt unabhängig davon, was man unter »conceivability« verstehen mag. Wenn hier gesagt wird, dass »conceivable totality« zum »universe of discourse« »gehört«, so ist das nicht so zu verstehen, dass »conceivable totality« als »Element« oder »Teilklasse« o. ä. zu denken wäre; vielmehr ist gesagt, dass »universe of discourse« und »conceivable totality« *zusammenfallen*.

Wenn keine weiteren Qualifikationen eingeführt werden, erweist sich der Ausdruck ›*universe of discourse*‹ als nicht direkt oder problemlos geeignet, um den Gegenstandsbereich der systematischen Philosophie zu bezeichnen. Dies zeigt sich daran, dass Mathematiker und Logiker normalerweise ein *begrenztes* »*universe of discourse*« behandeln, wie das Zitat in der Fußnote zum einführenden Satz in diesem Abschnitt deutlich macht; danach wird das *universe of discourse* in einem Fall etwa mit den rationalen Zahlen, in einem anderen mit dem Bereich der Säugetiere etc. identifiziert. Darum wurde die Qualifikation »uneingeschränkt« in der Quasi-Definition eingeführt. Das Fehlen dieser Präzisierung würde viele, die den Term von der logisch-mathematischen Literatur her kennen, dazu veranlassen, die Frage zu stellen: Welches *universe of discourse* ist gemeint?

Die vollständige Erklärung dessen, was *unbegrenztes universe of discourse* für die Philosophie meint, fällt mit der vollständigen Darstellung der struktural-systematischen Philosophie zusammen. An dieser Stelle genügt es, darauf hinzuweisen, dass der Ausdruck ›*universe of discourse*‹ in einer Hinsicht eine nicht unkontroverse These beinhaltet [i], in einer anderen Hinsicht aber ein weitgehend allgemeiner, ja sogar neutraler Ausdruck ist [ii].

[i] Die potentiell kontroverse These besagt, dass nichts Gegenstand einer philosophischen Betrachtung oder Erörterung ist, wovon nicht die Rede ist, genauer: sein kann. Was heißt das aber: »Von-etwas-die-Rede-sein«? Dies zu erläutern, ist eine der wichtigsten Aufgaben der Philosophie selbst. Dazu kann hier vorerst nur Provisorisches gesagt werden. Wörtlich genommen heißt das, dass eine Sprache verfügbar ist oder sein muss, der ein Bereich zugeordnet wird, auf welchen sie sich bezieht. Oder umgekehrt: Wird ein Bereich, unter welcher Bezeichnung auch immer, anvisiert, so heißt das, dass immer schon irgendeine Sprache »am Werk« ist.

Aber hier erhebt sich ein, wie es scheint, gewichtiger Einwand: Schränkt man damit nicht »die Sache des Denkens« auf die »Grenzen« der Sprache (oder von Sprache überhaupt) ein? Dieser Einwand ist ernst zu nehmen. Er spricht einen komplexen Zusammenhang an, der an dieser Stelle nur sehr allgemein und skizzenhaft behandelt werden kann. Um das Problem zu verdeutlichen, empfiehlt es sich, von einer berühmten Formulierung Wittgensteins im *Tractatus* auszugehen: »Die Grenzen meiner Sprache bedeuten die Grenzen meiner Welt.« [*Tractatus* 5.6; vgl. 5.62] Ist die damit ausgesprochene Einschränkung von »Welt« (oder »Wirklichkeit«, »Sein« usw.) ein unvermeidlicher, ein in der Sprache, im Wissen usw. notwendig gegebener Faktor? Oder ist eine solche Einschränkung inakzeptabel? Es soll hier nicht versucht werden, den genauen Sinn der These bei Wittgenstein zu erschließen. Nimmt man aber seine Formulierung so, wie sie normalerweise verstanden werden kann bzw. muss, so handelt es sich um eine zutiefst missverständliche Formulierung; denn von einer durch Sprache(n) gezogenen »Grenze« zu sprechen impliziert, dass man immer schon sprachlich über diese Grenze hinaus ist. Es wird nämlich über die Grenze gesprochen und damit wird die über die (angebliche) Grenze der Sprache hinaus liegende Dimension sprachlich artikuliert. Eine Grenze ist nämlich eine solche nur dann, wenn es eine Dimension jenseits der Grenze gibt; eine Grenze bezüglich einer oder der Sprache zu bestimmen, heißt, dass ein »sprachlicher Raum« betreten wird, der es allererst möglich macht, von der angeblich jenseits der Sprache liegenden Dimension zu sprechen.[10]

Die unqualifizierte Rede von einer Grenze sollte man daher fallen lassen. Der hier zu artikulierende Sachverhalt ist anders zu charakterisieren. Alles hängt davon ab, was man hier unter ›Sprache‹ versteht. Spricht man von einer bestimmten Sprache (Wittgensteins »meiner Sprache«) und unterscheidet man sie von anderen Sprachen, so ist es in einer bestimmten Hinsicht berechtigt, von »den Grenzen meiner (d. h. dieser bestimmten)« Sprache zu sprechen. Aber dies bedeutet nur, dass man über diese bestimmte (»meine«) Sprache immer schon hinaus ist: Man bewegt sich in einer *umfassende(re)n Sprache*, von welcher her man dann sinnvoller- und kohärenterweise von »den Grenzen« der (ersten) Sprache sprechen kann. Dieses Verfahren des Redens über eine (bestimmte) Sprache kann beliebig fortgesetzt werden – ins Endlose. Ob dieses Verfahren die Aporie des *regressus in infinitum* beinhaltet, mag vorerst dahingestellt bleiben. Hier ist allein die Einsicht relevant, dass aus »Sprache überhaupt« oder aus »Sprachlichkeit« nicht »ausgebrochen« werden kann. Dieses »nicht« ist aber keine Grenze, keine Einschränkung und dgl., sondern Ausdruck des Umstands, dass Sprachlichkeit als (die) »universale Dimension« zu betrachten ist, in der Menschen als Theoretiker sich immer schon vorfinden und bewegen, wenn sie das theoretische Unternehmen starten und ausführen.

Anzufügen ist noch, dass »Sprache« hier (im Kontext des oder eines theoretischen Unternehmens wie der Philosophie) nicht unbedingt als »natürliche Sprache« zu verstehen ist; im Gegenteil, für die Philosophie und die Wissenschaft(en) muss »Sprache« vielmehr als ein semiotisches System im unbegrenzten Sinne und mit allen damit gegebenen Möglichkeiten aufgefasst werden. Darauf wird in diesem Buch ausführlich einzugehen sein.

[ii] Für eine erste (Quasi-)Definition von Philosophie ist die Bezeichnung *›universe of discourse‹* sehr geeignet, insbesondere deswegen, weil sie umfassend und dennoch weitgehend neutral hinsichtlich der Frage ist, wie »die Sache des Denkens« näher oder bestimmter zu konzipieren ist.

---

[10] WITTGENSTEINS Unterscheidung zwischen »Sagen« und »Zeigen« ist keine Lösung des Problems, sondern Artikulation des in seiner Formulierung enthaltenen Missverständnisses. WITTGENSTEIN spricht von »meiner Sprache« [*Tractatus* 5.6] und von den »Grenzen der Sprache (der Sprache, die allein ich verstehe)« [ib. 5.62]. Aber was ist eine Sprache, »die allein ich verstehe«? Aus diesen Überlegungen ergibt sich, dass WITTGENSTEINS Gesamtkonzeption nicht nur konfus, sondern auch inkohärent ist. Daran ändert der Umstand nichts, dass seine Formulierungen oft und oft zitiert und mit dem Status mehr oder weniger unfehlbarer Thesen ausgestattet werden.

Um diesen zentralen Punkt zu illustrieren, seien jene großen Optionen kurz erwähnt, die es diesbezüglich (faktisch) gibt (hier: noch ohne nähere Begründung). Festgestellt werden können *fünf* Ansätze zur Bestimmung des *universe of discourse* oder der Einfachheit halber: fünf Bestimmungen, die im Lichte des im folgenden Aufzuzeigenden als *restriktive* Bestimmungen anzusehen sind. Gemäß der *ersten* wird das *universe of discourse* grundsätzlich als Sein (im objektivistischen Sinne), d. h. als *Wirklichkeit, Realität, Welt* u. ä. charakterisiert. Diese Bestimmung entspricht der ganzen Tradition der Seinsphilosophie (oder Seinsmetaphysik), wobei es mehr oder weniger stark divergierende, und sogar sich gegenseitig ausschließende Varianten geben kann, wie z. B. materialistisch-physikalistische oder spiritualistische Seinsphilosophien. Eine *zweite* grundsätzliche Bestimmung ist durch die Identifikation des *universe of discourse* mit der Dimension der *Subjektivität* (des Denkens, des Selbstbewusstseins, der Erkenntnis u. ä.) gekennzeichnet. Diese Bestimmung prägt das ganze philosophische Programm des *Deutschen Idealismus*, aber auch Kants erkenntniskritische Position und die ganze Tradition der Transzendentalphilosophie. Charakteristisch hierfür ist z. B. folgende bekannte Formulierung Kants: »Ich verstehe unter einem System die Einheit der mannigfaltigen Erkenntnisse unter einer Idee«. [KrV: B 860] Gemäß einer *dritten* Richtung wird das *universe of discourse* mit Ausdrücken wie ›Intersubjektivität‹, ›Dialog‹, ›Kommunikation‹, aber auch ›Geschichtszusammenhang‹ u. ä. global bestimmt. Gegenstand der Philosophie ist demnach die Herausarbeitung der Strukturen dieser Dimension. Eine *vierte* Richtung bestimmt das *universe of discourse* grundsätzlich in der Perspektive der *Sprache*, so dass die Aufgabe der Philosophie in der Herausarbeitung der Sprachstrukturen gesehen wird. Eine *fünfte* Tendenz schließlich konzipiert das *universe of discourse* von der *formalen* Dimension her. Mit ›formaler Dimension‹ sind hier die Bereiche der Logik und Mathematik gemeint, wobei an dieser Stelle noch offen gelassen wird, ob und wie sie sich überhaupt unterscheiden bzw. in welcher Weise sie sich aufeinander beziehen.

Der hier verfolgte Ansatz ist mit keiner dieser fünf Bestimmungen des *universe of discourse*, insofern sie isoliert genommen werden, gleichsetzbar. Am nächsten kommt er der ersten, der vierten und der fünften Bestimmung. Der Ansatz ist das Ergebnis des Versuchs, die ontologische, die sprachliche und die formale Bestimmung des *universe of discourse* als eine Einheit im denkbar strengsten Sinne zu konzipieren. Der zweite und der dritte Faktor (Subjektivität und Intersubjektivität) spielen in dieser Auffassung keine primäre Rolle bei der Bestimmung des *universe of discourse*; gleichwohl folgt daraus nicht, dass diese Faktoren nicht existent oder nicht wichtig wären; sie haben aber keinen primären, sondern nur einen derivativen Status im Rahmen der hier anvisierten systematischen Philosophie. Der hier zu entwickelnde Ansatz kann am genauesten als formal-semantisch-ontologischer Ansatz bezeichnet werden. Im nächsten Abschnitt (1.3) soll er in der Weise, wie dies an dieser Stelle des Buches möglich ist, erläutert und charakterisiert werden.

[2] Das unbegrenzte *universe of discourse* kann in diesem Stadium der Überlegungen als die Totalität des Gegebenen, der Daten, der Phänomene u. ä. verstanden werden. Alle hier vorkommenden Ausdrücke und Begriffe haben vorerst noch einen weitgehend unbestimmten im Sinne eines programmatischen Charakter, sie sind daher nicht etwa als »sinnliche Daten« oder, wie Kant sagt, als der »rohe(n) Stoff sinnlicher Eindrücke« (B 1)[11] zu nehmen. Mit Ausdrücken wie ›Daten‹, ›Gegebenes‹, ›Phänomene‹ u. ä. werden zunächst rein technisch-methodische Begriffe verbunden, mit denen allgemein und kollektiv alles das bezeichnet wird, was im *universe of discourse* gefunden werden kann. Das gilt in besonderer Weise für den Ausdruck ›Datum‹ (in manchen Kontexten wird in diesem Buch auch der Ausdruck ›das große Datum‹ verwendet). In diesem Sinne ist »Datum« der Ausgangspunkt des theoretischen Unternehmens. *N. Rescher* hat diesen technischen Sinn so charakterisiert: *Datum* ist ein »truth candidate«, ein »Wahrheitskandidat« (Rescher [1973: *passim*]), nichts mehr und nichts weniger. Aussagen darüber, wie ein Datum zustande kommt u. ä., können hier noch gar nicht aufgestellt werden; denn solche Aussagen sind schon Bestandteile einer Theorie – und eine Theorie kann es am Anfang des systematischen philosophischen Unternehmens noch nicht geben.[12]

---

[11] Wenn KANT ferner sagt, dass die Anschauung die Art ist, »wodurch« sich die Erkenntnis auf Gegenstände »unmittelbar bezieht«, und dass diese nur stattfindet, »sofern uns der Gegenstand gegeben wird«, so geht er von einer gewaltigen inhaltlichen Annahme (These) aus, die er weder am Anfang noch im Verlauf der *Kritik der reinen Vernunft* in irgendeiner Weise erhärtet. Es handelt sich um die Annahme (These), dass das Gegebensein des Gegenstandes »uns Menschen wenigstens nur dadurch möglich [ist], daß er das Gemüth auf gewisse Weise afficire« [KrV: B 33]. Eine solche Annahme (These) am Anfang eines großen systematischen Werkes ist hochproblematisch, da sie zu viele ungeklärte Begriffe, Annahmen und Voraussetzungen beinhaltet.

[12] Im Verlauf der Darstellung, wie schon in der Einleitung vermerkt, werden außer ›Datum‹ (oft in der Form ›das große Datum‹) auch die Ausdrücke ›Objektivität‹, ›Welt‹, ›Universum‹ und ›Sein (im Ganzen und als solches)‹ verwendet. Diese Ausdrücke sind alles andere als Synonyme. Ihre jeweilige präzise Bedeutung wird am jeweiligen systematischen Ort erarbeitet und angegeben. Bis zu diesem Punkt werden die Ausdrücke zwar *nicht als Synonyme*, wohl aber auf *undifferenzierte* Weise verwendet, um ganz allgemein jene »Dimension« zu bezeichnen, die im Haupttitel des Werkes mit dem Ausdruck ›Sein‹ angegeben wird. Der Grund für dieses Vorgehen liegt darin, dass die genannten Ausdrücke in den verschiedensten Kontexten und auf völlig uneinheitliche Weise in der philosophischen Literatur gebraucht werden. Die Darstellung in diesem Buch nimmt, manchmal auf direkte und manchmal auf indirekte Weise, darauf Bezug und verwendet dann im jeweiligen Kontext die in der philosophischen Literatur übliche Terminologie. Dies gilt in ganz besonderer Weise für den Ausdruck ›Welt‹. Sobald aber der Fortschritt der Darstellung dazu führt, dass der jeweilige Sachverhalt eine genaue Erklärung des Ausdrucks erfordert, so wird dies auch geleistet; ab diesem Punkt wird dann der entsprechende Ausdruck in der Regel gemäß der geklärten Bedeutung gebraucht.

Der beschriebene grundsätzlich unbestimmte Status der Totalität des Gegebenen betrifft die *theoretische* Perspektive; dies schließt nicht aus, dass sich die Totalität des Gegebenen *vortheoretisch (prima facie)* als weitgehend bestimmt und gegliedert »präsentiert«. In der Tat, in unserer lebensweltlichen (vortheoretischen) Einstellung unterscheiden wir sehr wohl, ja sogar sehr genau, Dinge, Bereiche, Ganzheiten, selbst die Totalität aller Dinge und Bereiche. Es ist aber zu beachten, dass es sich eben um eine *vortheoretische* Bestimmtheit und Strukturiertheit handelt; dies bedeutet, dass sie nicht als »stabile«, als klare und eindeutige Bestimmtheit und Strukturiertheit der Totalität des Gegebenen betrachtet werden kann. Wäre sie mehr als eine *prima facie* Bestimmtheit und Strukturiertheit, so wäre kein Platz mehr für ein *theoretisches* Unternehmen und es würde auch nicht das Bedürfnis nach theoretischer Betrachtung entstehen. Wenn ein solches Bedürfnis dennoch entstehen sollte, so wäre es unerklärlich bzw. sinnlos; denn Theorie wäre redundant, ja buchstäblich gegenstandslos, da deren Ziel als immer schon erreicht zu betrachten wäre. Aber dies ist offensichtlich nicht der Fall; im Gegenteil, die vortheoretischen Daten sind gerade das, was die Theorie zuallererst zu klären und zu erklären, d. h. adäquat zu artikulieren hat.

1.2.5 Universale (allgemeinste) Strukturen

Das vielleicht schwierigste und problematischste Teildefiniens in der Quasi-Definition des Begriffs der struktural-systematischen Philosophie ist der Begriff der »universalen (allgemeinsten) Strukturen«. Hierbei handelt es sich um eine Verlegenheitsbezeichnung. Dennoch lässt sich grundsätzlich zeigen, worauf es dabei ankommt.

Als erste Charakterisierung sind »universale (allgemeinste) Strukturen« jene Strukturen, die aus der universalen Perspektive, d. h. hier: aus der Perspektive des *unbeschränkten universe of discourse als solchen und als ganzen* gewonnen werden. Objektiv gewendet heißt dies: Es sind jene Strukturen einer Entität oder eines Bereichs, die diese Entität bzw. diesen Bereich kennzeichnen, *insofern* sie/er zum *universe of discourse als solchem und als ganzem* gehört. Diese Sicht induziert die Annahme verschiedener Strukturebenen. Näher betrachtet sind die universalen oder allgemeinsten Strukturen jene Strukturen, die das *universe of discourse* (die Welt, das Universum, das Sein) als *ganzes* strukturieren. Erst die Herausarbeitung solcher Strukturen stellt die Basis bereit, um das *universe of discourse* in der Weise zu gliedern, dass klar werden kann, wie und warum es die Aufgabe der Wissenschaften ist, sich mit diesen *beschränkten* (Sub)Bereichen zu befassen. Damit wird allererst der Weg für eine Charakterisierung des genauen Status der wissenschaftlichen Disziplinen, Subdisziplinen usw. eröffnet.

1.2 Eine erste Bestimmung von systematischer Philosophie

Wie die Unterscheidung zwischen verschiedenen Disziplinen, Subdisziplinen usw. verdeutlicht, beinhaltet das *universe of discourse* verschiedene Ebenen von Strukturen. Hier dürfte ein Vergleich hilfreich sein. Die Bundesrepublik Deutschland hat bekanntlich eine föderative Struktur. Dies bedeutet, dass jenes Ganze, das ›Deutschland‹ genannt wird, mehrere Strukturebenen hat: die Bundesebene, die Länderebene, die Gemeindeebene etc. Jede dieser Ebenen ist durch eine eigene Struktur charakterisiert und definiert. Zu beachten ist aber, dass diese Strukturebenen nicht ohne Verbindung zueinander existieren; im Gegenteil, jedes X in diesem Land (sei es eine Person, eine Institution, eine Landschaft oder was auch immer) besitzt eine »mehrschichtige Strukturiertheit«: Es hat eine »Bundesbestimmtheit«, eine »Landesbestimmtheit«, eine »Gemeindebestimmtheit« usw. Nimmt man die Bundesrepublik als ein Ganzes, so ließe sich hinsichtlich dieses Ganzen von »universalen«, »mittleren« und »partikulären« Strukturen sprechen. Entsprechend gibt es Verwaltungen und Kompetenzen, die durch die Bundesebene, die Landesebene und die Gemeindeebene bestimmt sind. Anzufügen ist noch, dass auch »Bestimmungen« wie »Land« (im deutschen Sinne) und »Gemeinde« nur sinnvoll, möglich und verständlich sind, wenn die »holistische« Perspektive, nämlich die föderative Gesamtstruktur, beachtet wird.

Die Partikularität einer bestimmten Perspektive bzw. einer bestimmten Struktur kann im Rahmen des geschilderten Beispiels genau charakterisiert werden: Ein bestimmter Politiker kann (ja soll) »innerhalb« einer partikulären Ebene, also hier: der Bundes-, Landes- oder Gemeindeebene, eine ganze Reihe von Dingen tun, *ohne* sich um die anderen Ebenen zu kümmern. Dies ist so lange möglich, sinnvoll und sogar geboten, als der Politiker es mit Dingen zu tun hat, die in die strikte Kompetenz der politischen Ebene fallen, auf der er operiert. Solange er sich an die »Strukturebene« seines politischen Wirkungsbereichs hält, ist er berechtigt, in eigener Verantwortung Entscheidungen zu treffen und durchzuführen. Freilich weiß man sehr wohl, dass partikuläre Entscheidungen in der Regel einschneidende Auswirkungen auf die anderen Ebenen haben, weswegen es nicht klug ist, wenn ein Politiker sozusagen auf naive Weise vorgibt, nur innerhalb der Grenzen seiner Strukturebene zu wirken. Es gibt gerade heute ein ganz analoges Problem im Falle der partikulären Wissenschaftler bzw. Wissenschaften, wo z. B. häufig die Grenzen nicht beachtet werden. Dann wird etwa die Aussage eines Naturwissenschaftlers mit einem absolut unbeschränkten, d.h. einem holistischen Status versehen. (Dies ist ein Phänomen, dessen Tragweite man in der Philosophie noch nicht hinreichend erkannt und gewürdigt hat.)

Im Prinzip ist nun zu sagen, dass in der Übertragung des Beispiels auf die Philosophie, diese als die universale Wissenschaft – sozusagen als die Bundesebene – die universalen Strukturen des *universe of discourse* herausarbeitet und dass die anderen Wissenschaften für die »mittleren« und die »partikulären«

Strukturen zuständig sind. Es möge an dieser Stelle dahingestellt bleiben, ob es sinnvoll ist, im Bereich der Wissenschaften eine mittlere und eine partikuläre Ebene zu unterscheiden. Sicher gibt es große Unterschiede zwischen den Wissenschaften, die eine solche Annahme stützen können. Dieser Punkt soll hier aber nicht weiter verfolgt werden.

Der angestellte Vergleich ist zwar *idealiter* einleuchtend; aber die Wirklichkeit sowohl der Philosophie als auch der Wissenschaften lässt sich nicht einfach mit den klaren und institutionell festgelegten Konturen des Staates Bundesrepublik vergleichen, geschweige denn gleichsetzen. Das Verhältnis zwischen Philosophie und Wissenschaften zeigt sich als ein sich ständig wandelndes Verhältnis. Die Grenzen sind fließend. Was gehört in die Kompetenz und in die Möglichkeiten der Wissenschaften, was in die Reichweite und in die Kompetenz der Philosophie? Anders gefragt: Wie sind universale und partikuläre Strukturen zu »verteilen« hinsichtlich der Möglichkeiten und der Kompetenz der Philosophie und der Wissenschaften? Die Antwort darauf muss einer ganzen Reihe von oft sehr komplexen Faktoren Rechnung tragen. Kurz: Der »reale« Begriff der universalen (allgemeinsten) Strukturen ist ein *relativer Begriff*: Er ist eine Funktion der jeweiligen Ausgestaltung des Verhältnisses von Philosophie und Wissenschaften.[13]

Jede Struktur kann mit anderen Strukturen in Verbindung gebracht werden, und zwar in verschiedenen Weisen, z. B. durch »horizontale Verknüpfung« oder durch Einbettung in eine weitere, umfassende Struktur, so dass damit das Verhältnis von Substrukturen zu Struktur(en) gegeben ist usw. Entsprechend kann jedes System mit anderen Systemen in Beziehung stehen. Am wichtigsten ist die Beziehung von Subsystem(en) und System. Die formalen Instrumentarien, die eine solche Relation genau darstellen, sind vorhanden. Die unten (vgl. 1.5) zu erörternde dritte Stufe der Methode, die *systemkonstitutive*, bezieht sich auf diesen Punkt bzw. auf diese Aufgabe. Die entsprechende Methode wird im Rahmen des hier verfolgten Ansatzes als die *holistisch-netzstrukturale Methode* charakterisiert

1.2.6 »Systematische Philosophie« und »philosophisches System«

Bisher wurden die in der Quasi-Definition der struktural-systematischen Philosophie vorkommenden Begriffe einleitend geklärt. Aber die Ausdrücke ›systematische Philosophie‹ und ›(philosophisches) System‹ müssen noch in *zwei wichtigen Hinsichten* präzisiert werden.

Die *erste Hinsicht* ist eine terminologische. Im Gesamttitel dieses Buches und in den Titeln der Kapitel wird der Ausdruck ›systematische Philosophie‹

---

[13] Dieses Thema wird in den Kapiteln 4 (besonders 4.2.1, 4.2.1.1) und 6 (besonders 6.3.2.2) explizit behandelt.

1.2 Eine erste Bestimmung von systematischer Philosophie

und nicht der Terminus ›philosophisches System‹ verwendet. Dies begründet sich in dem historischen Umstand, dass der Ausdruck ›philosophisches System‹ leicht missverstanden werden kann. Die Geschichte der Philosophie kennt eine Reihe von »philosophischen Systemen«, ganz besonders die von den deutschen Idealisten Fichte, Schelling und Hegel. Als Reaktion auf solche Versuche entstanden bedeutende philosophische Richtungen, besonders im 19. Jahrhundert. In weiten Teilen der heutigen Philosophie, ganz besonders in Deutschland, wird mit dem Ausdruck ›philosophisches System‹ meistens die Idee bzw. Gestalt einer Philosophie nach dem Muster dieser großen Systeme der Vergangenheit assoziiert. Diese Idee und Gestalt von Philosophie wird in diesem Buch abgelehnt, weil dieses Projekt einen Irrweg darstellt, ungeachtet dessen, dass es viele Philosophen fasziniert hat und immer noch fasziniert. Ein solches Projekt beachtet nicht einmal die elementaren Faktoren, die für die Entwicklung einer philosophischen Theorie unverzichtbar sind, beispielsweise die genaue Klärung der Begriffe, die Klärung des Theoriestatus der Philosophie, eine nachvollziehbare Argumentativität u. a. Dieser Gedanke kann hier nicht im einzelnen ausgeführt werden (aber vgl. dazu Puntel [1996]). Um die Tatsache auch terminologisch hervorzuheben, dass die hier entwickelte Konzeption sich von den genannten »philosophischen Systemen« der Vergangenheit dezidiert abhebt, wird in den Überschriften dieses Buches nicht der Term ›System‹ gebraucht.

Abgesehen vom genannten historischen Grund gibt es aber *zweitens* keinen anderen sachlichen Grund, den Term ›System‹ nicht zu verwenden. Und so wird er in der Tat in den Texten des Buches gelegentlich gebraucht. Deshalb ist auch zu diesem Terminus eine Erläuterung erforderlich. Der Ausdruck ›System‹ wurde und wird oft verwendet, um zwei ganz verschiedene Arten von »Entitäten« zu bezeichnen: einmal eine nicht-sprachliche Entität, wie das Planetensystem, einen Organismus u. ä., zum anderen aber auch eine Theorie, wobei »Theorie« dann meistens als ein sprachliches Gebilde (eine Menge von Sätzen) verstanden wird (vgl. dazu Marchal [1975]: 450 ff.). Diese Ambiguität kann überall in der Tradition der philosophischen Systeme festgestellt werden. Wenn beispielsweise von Fichtes, Schellings oder Hegels »System der Philosophie« die Rede ist, so ist es unklar, ob damit die Menge der von diesen Philosophen formulierten Sätze oder das durch diese Menge von Sätzen artikulierte (ausgedrückte) Ganze (des Seins, des Geistes, des Subjekts usw.) gemeint ist.

Fasst man »Theorie« (im Sinne des im Abschnitt 2.4.2.3 behandelten sog. *non-statement view*«) nicht als ein sprachliches Gebilde, sondern als eine mathematische Struktur (näherhin als eine Klasse von Modellen) auf, so erhält »System«, *wenn* man es mit der so verstandenen Theorie identifiziert, eine weitere (dritte) Bedeutung: »System« ist dann nichts mehr Sprachliches, andererseits aber auch nicht das, worüber die Theorie redet (d. h. das, worauf sich die Theorie als mathematische Struktur bezieht). »System« in diesem Sinne ist vielmehr die mathematische Repräsentation oder Artikulation von etwas (dem so genannten Gegenstandsbereich der Theorie), wobei allerdings in der Regel völlig unklar bleibt, ob dieser Gegenstandsbereich mit der Realität (der Welt, dem Universum, dem Sein) identifiziert wird oder nicht.

Wenn der Term ›System‹ in diesem Buch verwendet wird, hat er eine dieser drei Bedeutungen; der jeweilige Kontext macht nun klar, welche der Bedeutungen gemeint ist. Dennoch werden die drei Bedeutungen hier in einem engen Zusammenhang gesehen; d. h., wenn eine der Bedeutungen direkt oder an erster Stelle gemeint ist, so sind die beiden anderen indirekt mitgemeint. Allerdings gilt dies für die dritte Bedeutung nur unter dem Vorbehalt, dass sie hier anders verstanden wird als von den Vertretenen der *non-statement view* von Theorien. Klarheit über diesen Punkt werden die Ausführungen in Kapitel 2 (besonders 2.4.2.3–2.4.3) schaffen.

Zusammenfassend und teilweise vorgreifend lässt sich sagen: Die hier entwickelte und präsentierte Philosophie ist systematisch *oder ist ein System*, erstens indem sie eine Theorie im Sinne eines Systems von Sätzen ist, zweitens indem sie eine Theorie im Sinne eines Systems von Propositionen ist (d. h. ein System jener Entitäten ist, die durch die Sätze der Theorie im ersten Sinne ausgedrückt werden) und drittens indem sie ein System im Sinne eines großen ontologischen Ganzen ist, mit welchem die Welt (das Universum, das Sein) identifiziert wird. Philosophie als System im zweiten Sinne ist die korrigierte oder neuinterpretierte Bedeutung von System, wenn dieses Wort mit einer Theorie im Sinne der *non-statement view* von Theorien identifiziert wird. Das »System von Propositionen« ist kein System sprachlicher Entitäten und auch (noch!) nicht das mit der Welt (dem Universum, dem Sein) identische System. Das System von Propositionen ist ein bestimmtes Ganzes, bestehend aus Elementen aus den beiden ersten fundamentalen Strukturen (den formalen und den semantischen), während das System im ontologischen Sinne das Ganze der ontologischen Strukturen meint. Diese Aussagen gilt es in den nächsten Kapiteln im einzelnen schrittweise zu erläutern und zu begründen.

1.3 Struktur und Sein: eine erste Charakterisierung des struktural-systematischen Grundgedankens

[1] Der Titel *Struktur und Sein* soll in der kürzest möglichen Form den zentralen (inhaltlichen) Gedanken anzeigen, von dem sich die hier darzustellende systematische Philosophie leiten lässt. Gewählt ist der Titel in bewusster Anspielung auf und gleichzeitig in bewusster Opposition zu Heideggers Werk *Sein und Zeit*, dem – entgegen Heideggers Selbstinterpretation – als einzigem seiner Werke (irgendwie) der Status eines »systematischen Werkes« zuerkannt werden kann. Aber auch an berühmte ähnliche »programmatische« Buchtitel

ist dabei gedacht, wie z. B. an W. V. Quines *Word and Object* oder J. McDowells *Mind and World*.

Heideggers Vorhaben hatte das Ziel, »die Explikation der Zeit als des transzendentalen Horizontes der Frage nach dem Sein« (Überschrift des Ersten Teils von *Sein und Zeit*) in Angriff zu nehmen.[14] Wollte man Heideggers Sprache und »Begrifflichkeit« – wenn bei Heidegger überhaupt von »Begrifflichkeit« die Rede sein kann – verwenden, so könnten der im vorliegenden Buch zu verfolgende Ansatz und das damit ausgesprochene Programm so charakterisiert werden: *Sein* (worunter zunächst nicht mehr, aber auch nicht weniger als das unbeschränkte *universe of discourse* zu verstehen ist) wird »im Horizont der Strukturdimension (im umfassenden Sinne)« erfasst und zur Darstellung gebracht. Was den Ausdruck ›Struktur‹ anbelangt, so wurde er oben einer ersten begrifflichen Klärung zugeführt.

Was heißt es nun genauer, eine systematische Philosophie von einem Ansatz unter dem Titel *Struktur und Sein* her zu entwickeln? Man kann von einer *grundsätzlichen Feststellung* ausgehen: Jede große Philosophie hat(te) es mit einer in bestimmter Weise konzipierten (oder meistens einfach vorgestellten) *Grunddifferenz* zwischen zwei Dimensionen zu tun; es galt, diese Grunddifferenz zu überbrücken, zu schließen, »aufzuheben« usw. Die bekanntesten (und wohl wichtigsten) »Gestalten« der Grunddifferenz in dem hier gemeinten Sinne sind:
– Sein und Seiendes
– Sein und Schein
– Denken und Sein, und zwar in verschiedenen Spielformen oder Varianten wie: Subjekt(ivität) und Objekt(ivität) (wobei »Objekt(ivität) viele Formen annimmt, wie »Sein«, »Wirklichkeit«, Welt« usw.)
– Mensch und Natur (Welt, Kosmos)
– Mensch und Geschichte
– Mensch und Gesellschaft
– Mensch/Welt und Gott
– Sprache und Welt (Wirklichkeit, Sein)
– Begriff und Welt (Wirklichkeit, Sein)
– Formale Dimension (Logik, Mathematik) und Welt (Sein, Wirklichkeit …)
– u. a. m.

---

[14] Den dritten Abschnitt des ersten Teils und den zweiten Teil hat Heidegger nie geschrieben oder zumindest nie veröffentlicht. Für den nicht geschriebenen (oder nicht veröffentlichten) dritten Abschnitt des ersten Teils war der Titel »Zeit und Sein« vorgesehen (vgl. [SZ: 8]). Unter diesem Titel hat Heidegger 1962 einen Vortrag gehalten, der erst 1968 sowohl in der original deutschen Fassung als auch in einer französischen Übersetzung veröffentlicht wurde (in: Beaufret [1968: 12–68]; 1969 erschien der deutsche Text in Heidegger [1969: 1–25]). Das Protokoll zu einem über diesen Vortrag 1962 abgehaltenen Seminar erschien in dem zuletzt zitierten Band (ib. 27–60).

Es dürfte leicht einleuchten, dass diese »Grunddifferenzen« nicht von gleichem philosophischem Gewicht sind. Man kann begründeterweise davon ausgehen, dass *sechs* wesentliche Gestalten ausgemacht werden können, und zwar in Entsprechung zu den schon kurz beschriebenen Arten der Bestimmung des *universe of discourse*. Die erste ist die *rein ontologische Grunddifferenz*, die Differenz von Sein und Seiendem, von Wirklichkeit im Ganzen und Einzelwirklichem, oder kurz: von ontologischer Totalität und ontologischen Einzelheiten. Die *zweite Grunddifferenz* hat wie die erste eine große Wirkungsgeschichte gehabt und hat sie immer noch: die Grunddifferenz von Subjektivität und Objektivität; als Varianten können gelten: Denken-Sein, Selbstbewusstsein-Welt, Erkenntnis-Objektivität u. a. m. Die *dritte Grunddifferenz* hat als zentralen Bezugspunkt die Intersubjektivität im Verhältnis zum Einzelsubjekt bzw. zu Enzelsubjekten; diese Differenz kann viele Formen aufweisen: Verständnisgemeinschaft, Kommunikationszusammenhang, Traditionszusammenhang usw. Die *vierte Grunddifferenz* ist auf den ersten Blick leicht angebbar: Sprache und Welt; alles andere als leicht ist hingegen die Aufgabe zu zeigen, was genau unter »Sprache« in philosophischer Hinsicht zu verstehen ist. Die *fünfte Grunddifferenz* hat eine klassische Formulierung: Begriff(lichkeit) und Welt. Ebenfalls klassisch ist die Formulierung der *sechsten Grunddifferenz*: abstrakte Wissenschaften (Logik, Mathematik) und Welt (Wirklichkeit, Sein).

[2] Wie schon vermerkt, ergibt sich der hier gewählte Ansatz grundsätzlich aus der Berücksichtigung der ersten, der vierten, der fünften und der sechsten Grunddifferenz. Die Ausdrücke bzw. Begriffe »Struktur« und »Sein« sind *technische* Ausdrücke/Begriffe, die hier benutzt werden, um die grundlegende These des Buches in Kurzform zu artikulieren. Demnach sind alle oben genannten Dichotomien (und noch andere, die angeführt werden können) inadäquate und in der einen oder anderen Weise sekundäre Formen der fundamentalen Differenz der beiden Dimensionen *Struktur* und *Sein*. »Struktur« ist nach der hier vorliegenden Auffassung der adäquate Begriff zur Charakterisierung des ersten Pols der vierten, fünften und sechsten Dichotomie.

Der Term ›Sein‹ wird hier in einem spezifischen Sinn verwendet. Der damit verbundene Begriff bezeichnet hier *vorerst* sowohl beide Pole der ersten Grunddifferenz (Sein – Seiendes) als auch den zweiten Pol der vierten, fünften und sechsten Grunddifferenz. Der Begriff »Struktur« bezeichnet den ersten Pol der vierten, fünften und sechsten Grunddifferenz. Zwar bilden die zweite und die dritte Grunddifferenz echte und gewichtige Dichotomien, aber in der hier entwickelten Konzeption kann ihnen nur eine sekundäre Bedeutung zugeschrieben werden.

Es ist nun zu klären, warum der erste Pol der vierten, fünften und sechsten Grunddifferenz, also Sprache, Begrifflichkeit und Dimension der Formalität

(Logik und Mathematik), als »Struktur(en)« bezeichnet und begriffen werden. Dafür ist zunächst zu fragen, was hier unter Sprache, Begrifflichkeit und formaler Dimension zu verstehen ist.

In diesem Buch wird Sprache als eine Dimension verstanden, die eine schlechterdings zentrale Rolle spielt. Mit »Sprache« kann die sog. natürliche (gesprochene) Sprache oder eine wissenschaftliche (Fach-)Sprache (künstliche Sprache) gemeint sein. Im direkten Gegensatz zu einem erheblichen Teil der heutigen philosophischen Richtungen soll in diesem Buch die These vertreten werden, dass die natürliche Sprache weder als geeignetes Instrumentarium noch als maßgebende Basis für Philosophie und Wissenschaft betrachtet werden kann. Die Sprache, die für den hier zu verfolgenden Ansatz wesentlich ist, ist die wissenschaftliche oder Fachsprache. Darunter soll hier zunächst ein semiotisches System verstanden werden, für dessen vollständige Definition *drei* – schon als klassisch zu bezeichnende – Ebenen wesentlich sind: die der Syntax, der Semantik und der Pragmatik. Diesen Ebenen entsprechen syntaktische, semantische und pragmatische Strukturen. Von besonderer Bedeutung werden sich die semantischen Strukturen erweisen, da sie sozusagen die »Überbrückung« oder »Aufhebung« der Grunddifferenz zwischen Sprache und Welt (Sein) leisten.

Im Zusammenhang mit der Problematik der semantischen Strukturen müssen daher auch die *ontologischen* Strukturen untersucht werden. Ontologische Strukturen sind im strengen Sinne *Strukturen*, wie noch ausführlich zu zeigen sein wird. Die Aufgabe hier besteht darin, den zweiten Pol der Grunddifferenz »Struktur und Sein« als *strukturiertes Sein* oder auch als *Sein als Strukturalität* zu begreifen.

»Formale Dimension« meint hier nicht nur die formale Logik, sondern auch andere formale Instrumentarien, also die ganze Mathematik in allen ihren Formen und Bereichen. Hier genügt es vorerst darauf hinzuweisen, dass Theoriebildungen ohne formale Strukturen einfach undenkbar sind.

[3] Der so verstandenen Großdimension der Struktur steht eine andere, die zweite Großdimension, das *universe of discourse* mit der vortheoretisch gegebenen anfänglichen ontologischen Bestimmung gegenüber. Für diese Dimension wird im Titel der Kürze halber der Ausdruck ›Sein‹ verwendet. Zur Vereinfachung der Darstellung werden aber dafür im Text auch andere Ausdrücke verwendet, die, wenn nichts anderes vermerkt, als äquivalente Ausdrücke zu nehmen sind. Es sind insbesondere die Ausdrücke ›Welt‹, ›Wirklichkeit‹, ›Realität‹. Natürlich wird dann meistens nur einer dieser Ausdrücke verwendet, am häufigsten die Ausdrücke ›Welt‹ und ›Universum‹.

Dem Ansatz gemäß geht es darum, die Strukturen bzw. die Strukturiertheit der *Welt*, des *Seins*, also des *unbegrenzten universe of discourse*, herauszuarbeiten. Dieser Genitiv ist im strengen Sinne des *genitivus subiec-*

tivus zu verstehen: Die Strukturen sind »der Welt« immanent, sie werden nicht irgendwie von außen an die Welt herangetragen oder »der Welt« aufoktroyiert. Hier gilt es, Missverständnisse zu vermeiden, die durch einige der oben beschriebenen Gestalten der Grunddifferenz, insofern sie isoliert genommen werden bzw. sich selbst isoliert verstehen, nahegelegt werden. Zu sagen, dass die herauszuarbeitenden Strukturen Strukturen-*der-Welt-selbst* sind, bedeutet nicht, man gehe davon aus, dass »die Welt« eine, wie H. Putnam es ausdrückt, »ready-made world« wäre oder so konzipiert werden müsste. Es ist nach der vorliegenden Konzeption keineswegs so, dass uns eine in theoretischer Hinsicht relevante »ready-made world« oder »ready-structured world« immer schon in dem Sinne vorgegeben wäre, dass, um sie zu entdecken und ans Licht zu bringen, eine Berücksichtigung der Dimension der Strukturiertheit (der formalen, semantischen und ontologischen Strukturen) nicht nur nicht erforderlich, sondern sogar hinderlich wäre. Dies wäre ein (in H. Putnams Terminologie) »metaphysisch-realistisches« Missverständnis. Hätten wir es mit einer »ready-structured world« *in diesem metaphysisch-realistischen Sinne* zu tun, so wäre nicht mehr zu verstehen, warum wir uns in der Philosophie und in den Wissenschaften nicht einfach darauf konzentrieren, ja beschränken sollten, eine solche Welt nur zu beschreiben oder – in welcher Weise auch immer – widerzuspiegeln. Der Sachverhalt ist viel komplexer; dessen Klärung wird dazu führen, dass man in einem *anderen* als im metaphysisch-realistischen Sinne (entsprechend der von Putnam eingeführten Terminologie) durchaus und mit vollem Recht von einer »*ready-structured world*« und sogar von einer »vor-strukturierten Welt« sprechen kann.

Die entscheidende Einsicht, von der sich die hier anvisierte systematische Philosophie leiten lässt, besagt: Die »Wahrheit« über das Universum oder das »eigentliche Universum« oder auch die »wahre (theoretische) Gestalt« des Universums[15], also das, worum es der Philosophie und den Wissenschaften in ihren theoretischen Bestrebungen zu tun ist, ergibt sich nicht aus der einfachen »Beschreibung« oder Abbildung oder Widerspiegelung einer als fix und fertig strukturierten und als solcher vorausgesetzten Welt, und sie ergibt sich auch nicht aus der – wie immer konzipierten – »Leistung« einer Subjektivität oder irgendeiner anderen partikulären Instanz (wie der Gemeinschaft der Sprecher usw.). Vielmehr ist das, was vorläufig als »wahre Gestalt« des Universums und seiner Teile bezeichnet werden kann, das »Ergebnis« des »Zusammenführens« des unbegrenzten *universe of discourse* im Sinne des Gesamtdatums oder »der

---

[15] Alle diese Formulierungen sind in diesem vortheoretischen bzw. vorsystematischen Stadium der Heranführung an die systematische Philosophie zwar unvermeidlich, aber auch offenkundig prekär. Doch an dieser Stelle sind präzise(re) Formulierungen (noch) nicht möglich.

Sache selbst« des philosophischen theoretischen Unternehmens *und* »der (Dimension der) Struktur«, verstanden als das, was die drei Dimensionen der Formalität, der Semantizität und der Ontologie charakterisiert.[16]

Die Ausgangssituation der systematischen Philosophie ist somit durch zweierlei gekennzeichnet: erstens durch das *universe of discourse*, das uns in einer bestimmten Weise *vortheoretisch* strukturiert vorgegeben ist; zweitens durch das Ernstnehmen und Heranziehen der schon theoretisch zugänglichen (oder leicht theoretisch eruierbaren) Dimensionen der formalen, der semantischen und der ontologischen Strukturen. Das ganze theoretische Unternehmen besteht in der Aufgabe, diese beiden »Bereiche« zusammenzuführen. Von den vortheoretischen Gegebenheiten des *universe of discourse* aus gesehen, besteht die Aufgabe darin, solche vortheoretischen Gegebenheiten einer theoretischen Prüfung zu unterziehen und sie zur Klarheit zu bringen, d. h. sie in die Dimension des Formalen, des Semantischen und des Ontologischen einzubeziehen. Von der Dimension der Strukturen her gesehen stellt sich die Aufgabe, diese Strukturen, wie man oft sagt, »anzuwenden«, sie zu konkretisieren, für sie »Modelle« zu entwerfen bzw. aufzufinden usw.

Wie oben (1.3 [1]) gezeigt, erscheint es manchen Philosophen nicht nur naheliegend, sondern auch selbstverständlich, dass die Unterscheidung zwischen dem vortheoretisch gegebenen unbegrenzten *universe of discourse* einerseits und der Dimension der formalen, der semantischen und der ontologischen Strukturen andererseits im Sinne einer nicht weiter klärbaren, einer irreduziblen Dichotomie oder Kluft zu verstehen und zu akzeptieren ist. Diese Auffassung schlägt sich nieder in vielen Positionen, die aber – von Kants transzendentalidealistischer Position bis zu Putnams »internem Realismus« – Varianten ein und derselben Grundeinstellung sind. Demgegenüber wird hier behauptet, dass eine solche dichotomische Grundhaltung nicht aufrechterhalten werden kann. Sollen die beiden »Bereiche« (also: das vortheoretisch gegebene *universe of discourse* und die Dimension der sprachlichen/semantischen, begrifflichen und formalen Strukturen) überhaupt »zusammenfinden«, »zusammentreffen« etc. können, so ist das nur möglich, wenn sie gegeneinander nicht wesensfremd sind; sonst wäre man gezwungen, ein sonderbares Mirakel anzunehmen.

Im Verlauf der Gesamtdarstellung, ganz besonders aber in Abschnitt 5.1, wird die folgende Gegenthese dazu ausführlich erläutert und begründet: Es gibt eine ursprüngliche Einheit von Sein/Welt/Universum einerseits und

---

[16] Wie unten im Abschnitt 1.5 und in den Kapiteln 5 und 6 detailliert gezeigt wird, besagt eine zentrale These der struktural-systematischen Philosophie, dass Sein (die Welt, das Universum, die Wirklichkeit) sich in verschiedenen Weisen offenbart oder manifestiert, und zwar in verschiedenen Theorierahmen, gemäß verschiedenen Stufen der theoretischen Adäquatheit (d. h. der Intelligibilität, Kohärenz und Vollständigkeit).

sprachlichen/semantischen, begrifflichen und formalen Strukturen andererseits, wobei dann Sein/Welt/Universum nicht (mehr) als vortheoretisch Vorgegebenes und die genannten Strukturen nicht mehr als in irgendeinem Sinne letztlich und endgültig »abstrakte« Strukturen zu nehmen sind. Wohlverstanden, muss man sagen, dass die gemäß dieser Erläuterung zu verstehende *ursprünglich* strukturierte Welt eine *ready-structured world* in folgendem Sinne ist: Am Anfang des theoretischen Unternehmens hat sie den »Stellenwert« einer (eines) allererst zu entdeckenden oder herauszuarbeitenden »Welt (Universum, Sein) überhaupt«, am Ende des theoretischen Unternehmens aber den »Stellenwert« einer (eines) entdeckten oder herausgearbeiteten *ready-structured world (universe, being)*. Aber an diesem »Ende« zeigt sich die dreistrukturale Dimension als in die Welt bzw. in das Sein/Universum *schon einbezogen*. Ohne diesen Einbezug ist der Gedanke einer *ready-structured world* ein Unding. Anders gesagt: Die *Strukturiertheit-der-Welt* (des *Universums, Seins*) (im Sinne des *genitivus subiectivus*) *ist* (»ist« im Sinne der Identität) jene Strukturiertheit der Dimension, die zunächst, am Anfang des theoretischen Unternehmens, als die »andere Seite« hinsichtlich des *universe of discourse* erschien. Das heißt umgekehrt: Was zunächst als die vom *universe of discourse* verschiedene und distinkte »Strukturdimension« erschien bzw. angenommen wurde, *ist* (»ist« im Sinne der Identität) die Struktur(iertheit)-der-Welt (des *Universums, Seins*): In *diesem* Sinne kann und sogar muss Welt (Universum, Sein) als *ursprünglich strukturierte Dimension* angenommen werden.

[4] Wie mehrmals erläutert wurde, kann die Artikulation der Welt (des Universums, des Seins) als einer formal, semantisch und ontologisch strukturierten Dimension nur innerhalb eines bestimmten Theorierahmens erfolgen. »Ein bestimmter Theorierahmen« ist aber immer nur einer neben anderen (realen oder möglichen) Theorierahmen. Zu behaupten, dass ein bestimmter Theorierahmen der schlechthin richtige ist, d. h. der beste *in einem absoluten Sinn* und damit der einzige Theorierahmen, würde die Bewältigung einer unmöglichen Aufgabe voraussetzen: der Aufgabe, *alle* (realen und möglichen) Theorierahmen miteinander verglichen zu haben, mit dem Ergebnis, den richtigen und besten im absoluten Sinne herauszufinden. Ungeachtet bestimmter philosophischer Richtungen, die solche hochfliegenden philosophischen Programme mit absolutem Abschlusscharakter anvisiert haben (hier sei Hegels philosophisches System als paradigmatisch angeführt), kann eine solche »absolut vollständige« Aufgabe weder in Angriff genommen und noch weniger bewältigt werden. Auf die sich aus dieser Unmöglichkeit ergebenen Konsequenzen wird unten in 1.5 und in Kapitel 6 näher eingegangen.

1.4 Die idealisierte vierstufige philosophische Methode

1.4.1 Zur Problemstellung

Lässt sich der umrissene systematische Grundgedanke durchführen? Die erste Frage, die sich hier stellt, ist die nach der Methode. Das Wort ›Methode‹ ist ein weitgehend vages und umfassendes Wort, unter welches viele, manchmal sehr disparate Dinge subsumiert werden. Ungeachtet dieser Bedenken soll dieser Ausdruck hier verwendet werden, und zwar als Bezeichnung für eine vierstufige Prozedur.

Hinsichtlich der Frage nach einer oder der philosophischen Methode besteht kein Konsens, auch nicht in einem minimalen Sinne. Auch im Verlauf der Geschichte der Philosophie hat es einen nennenswerten Konsens nicht gegeben. Höchstens wäre zu sagen, dass sich in der Praxis des Philosophierens bestimmte Regeln, Gewohnheiten und Standards herausgebildet haben, die zumindest von vielen Philosophen in einer bestimmten Weise, wenn auch sehr uneinheitlich, akzeptiert bzw. angewandt werden.

Bekanntlich werden in der Philosophie viele sogenannte »philosophische« Methoden zur Anwendung gebracht, beispielsweise: die sokratische, die phänomenologische, die hermeneutische, die dialektische, die analytische, die axiomatische, die Netzwerkmethode u.a. Es ist hier nicht der Ort, diese Methoden im einzelnen zu untersuchen und zu bewerten. Es genüge festzustellen, dass grundsätzlich jede dieser Methoden Elemente enthält, die philosophisch verwertbar sind. Inakzeptabel ist aber der in der Regel mit solchen Methoden erhobene Anspruch, jeweils als *die* (exklusive) philosophische Methode zu gelten.

Die in diesem Buch entwickelte struktural-systematische Philosophie basiert auf einer sehr komplexen Methode. Diese Komplexität erklärt sich daher, dass die philosophische Theoriebildung zahlreiche und sehr verschiedenartige Aufgaben enthält, für deren Bewältigung verschiedene Methoden angewandt werden müssen. In einer systematischen Hinsicht lässt sich diese »Vielfalt von Methoden« auf *vier Methodenstufen* reduzieren. Das soll nun im einzelnen durchgeführt werden.

Wenn im folgenden die bzw. eine philosophische Methode charakterisiert wird, so ist damit eine *vollständige* Methode gemeint, die genauer als eine *vierstufige* verstanden wird. Der Kürze halber wird hier etwas undifferenziert von *vier Stufen* der philosophischen Methode oder, vereinfacht, auch von vier philosophischen Methoden gesprochen. Die letzte Formulierung ist allerdings immer so zu verstehen, dass die vier Methoden als vier unverzichtbare Schritte in der philosophischen Gesamtvorgehensweise zu betrachten sind. Eine in jeder Hinsicht vollständige Darstellung müsste die philosophische Methode als ganze und detailliert zur Anwendung bringen. Da aber dieses Buch nur den

Theorierahmen für eine solche vollständige Theorie behandelt und darstellt, wird die Methode nicht in diesem umfassenden und vollständigen Sinne zur Anwendung gebracht.

Folgende erläuternde Bezeichnungen seien dafür eingeführt:

1. Stufe
Allgemeine Bezeichnung: Aufbau- oder Inventivmethode; spezifische (inhaltliche) Bezeichnung: kohärenz- oder struktursuchende Methode sowie Kohärenzmethodologie oder Strukturmethodologie.

2. Stufe
Allgemeine Bezeichnung: Theoriekonstitutive Methode im Sinne der Herausarbeitung der streng theoretischen Form der im Rahmen der ersten Stufe anfänglich und informal artikulierten Theorie(n); spezifische (inhaltliche) Bezeichnung: holistisch-netzstrukturale (kohärenziale) und (in Einzelfällen) axiomatische Methode.

3. Stufe
Allgemeine Bezeichnung: Systemkonstitutive Methode; spezifische (inhaltliche) Bezeichnung: holistisch-netzstrukturale Methode.

4. Stufe
Allgemeine Bezeichnung: Wahrheits(status)prüfende Methode; spezifische (inhaltliche) Bezeichnung: Bewährungsmethode als Evaluierung des komprehensiven Systems hinsichtlich seiner theoretischen Adäquatheit und seines Wahrheitsstatus.

Die dieser vierstufigen Methode zugrundeliegende Idee ist einfach: Angesichts des *Datums* bzw. der *Data* – sei es ein einzelnes Phänomen oder Ereignis, sei es ein ganzer Bereich von Daten oder sogar das Gesamtdatum, d.h. das *universe of discourse* – ist die theoretische Aufgabe in folgender Weise zu bewältigen: Zuerst müssen (die) Strukturen für das Datum (und damit Strukturen des Datums) gesucht werden, womit das *Theoriematerial* bereitgestellt und eine erste (informale) Artikulation einer Theorie vorgelegt wird. Sodann ist dieses Theoriematerial (also die eruierten Strukturen in der Form einer informalen minimalen Theorie) gemäß der strengen Theorieform zur Darstellung zu bringen; d.h., eine Theorie im eigentlichen oder strengen Sinne ist zu formulieren. In der Folge müssen die so dargestellten einzelnen Theorien in eine systematische Form gebracht werden, was bedeutet, dass ein Theoriennetz, also ein System (genauer: ein System von Systemen), herausgebildet wird. Schließlich ist zu untersuchen, ob die einzelnen formulierten Theorien und das Theoriennetz, in welches sie integriert wurden, theoretisch adäquat sind, d.h. ob die Kriterien für Theoretizität, zu denen hauptsächlich die Wahrheit gehört, erfüllt sind.

1.4 Die idealisierte vierstufige philosophische Methode

In der philosophischen Praxis werden diese vier Schritte kaum so gesehen; noch weniger kann gesagt werden, dass sie in dieser Reihenfolge vollzogen werden. Die zweite und die dritte Stufe der Methode werden in den meisten philosophischen Schriften nicht einmal in Ansätzen erreicht. Meistens besteht der faktische Status der so genannten philosophischen Theorien in nichts anderem als in einer irgendwie zustande gebrachten Anzahl von Aspekten der ersten und der vierten methodischen Stufe, wobei die meisten Konzeptionen das, was hier »Bewährung« genannt wird, als Begründung (in einem reichlich vagen Sinne) bezeichnen und verstehen. In anspruchsvolleren philosophischen Darstellungen wird nur die zweite Methodenstufe übersprungen. In diesem Fall werden die als Resultat der Anwendung der ersten Methodenstufe nur informal bzw. minimal formulierten Theorien *direkt* – d.h. hier, unter Umgehung der zweiten Methodenstufe – in ein (dann ebenfalls nur informal artikuliertes) Theoriennetz einbezogen.

1.4.2 Erste Methodenstufe: Aufbau- und Inventivmethode, Herausarbeitung der Strukturen bis zur ersten minimalen und informalen Formulierung von Theorien

Um diese erste Stufe zu charakterisieren, werden in modifizierter Form einige Grundzüge der von N. Rescher entwickelten *Kohärenzmethodologie* dargelegt; damit wird im wesentlichen das Verfahren festgelegt, das bei der theoretischen Behandlung von Daten zu befolgen ist, um zur Auffindung der relevanten Strukturen bis hin zur ersten, minimalen Formulierung von Theorien zu gelangen. Reschers Verfahren hat allerdings einen Mangel, der aber, wie noch zu zeigen ist, behoben werden kann.

Die Grundidee der von ihm entwickelten Kohärenzmethodologie fasst Rescher folgendermaßen zusammen:

> »Als-wahr-Akzeptieren ist im allgemeinen nicht der Anfangspunkt einer Untersuchung, sondern ihr Endpunkt. Am Anfang steht uns normalerweise nur ein Korpus von *prima facie* Wahrheiten zur Verfügung, d.h. von Propositionen, die sich als potentielle – vielleicht auch als vielversprechende – Kandidaten des Akzeptierens eignen. Angesichts der epistemischen Realitäten werden die in Frage kommenden Wahrheiten gewöhnlich eine insgesamt inkonsistente Menge bilden und sich in dem Maße wechselseitig ausschließen, dass sie die Aussicht darauf zerstören, ihnen *in toto* als reine und einfache Wahrheiten Anerkennung zu gewähren. Unter solchen Umständen ist es am besten, jene als Wahrheiten anzunehmen, die mit den anderen am besten zusammenstimmen [cohere], um so aus den Daten als Gesamtheit in den betreffenden epistemischen Umständen ›am meisten herauszuholen‹. Systematische Kohärenz liefert so die kriterienbezogene Bestätigung der Eignung [qualification] von Wahrheitskandidaten für ihre Einstufung als genuine Wahrheiten. Systematizität ist nicht nur der Organisator, sondern auch der Test für Wahrheit. – Eine kohärentistische Epistemologie betrachtet so die Gewinnung [extraction] von Wissen aus den Daten als eine Analyse

von Erwägungen, die das beste Zusammenpassen [*best-fit considerations*] betreffen.« (Rescher [I 1992: 157; eigene Übers.])

»Datum« ist bei Rescher ein *terminus technicus*. Es meint einfach einen Wahrheitskandidaten (also keine feststehende Wahrheit, in welchem Sinne auch immer). Daten in diesem Sinne sind nicht »sinnliche Daten« u.ä.; vielmehr sind sie schon sprachlich-logisch gegebene Ausgangspunkte eines wissenschaftlichen (philosophischen) Unternehmens. Am Anfang hat man es mit einer Datenmenge $S = \{P_1, P_2, P_3,...\}$ zu tun. Die Aufgabe besteht nun darin, aufgrund von Kohärenzüberlegungen Ordnung in diese Menge zu bringen. Solche Überlegungen stützen sich auf eine Reihe von Verfahren sowohl logischer als auch extralogischer Natur. Die extralogischen Verfahren können unter der Sammelbezeichnung »Plausibilitätsüberlegungen« zusammengefasst werden (vgl. Rescher [1973: bes. Kap. IV und V]).

Die drei Schritte der Kohärenzmethodologie charakterisiert Rescher folgendermaßen: Es besteht die Aufgabe,

»1. alle Daten (im gegenwärtigen technischen Sinn des Ausdrucks) zusammenzutragen;
2. alle verfügbaren konfliktlösenden Optionen zurechtzulegen, die die alternativen kognitiv verfügbaren Möglichkeiten repräsentieren;
3. zwischen diesen Alternativen zu wählen nach Plausibilitätserwägungen, die sich (in unserem gegenwärtigen Kontext) auf die verschiedenen Parameter der Systematizität – Regularität, Uniformität, Einfachheit und den Rest – stützen, um als Merkmale für Plausibilität zu dienen.« (Rescher [1992 I: 159; eigene Übers.])

Rescher beschreibt im Detail den formalen Mechanismus dieses Verfahrens, das er treffend als »inference to the best systematization« (ib.)[17] bezeichnet. Um eine Vorstellung davon zu geben, sei ein am Anfang des Verfahrens vollzogener bzw. zu vollziehender Schritt kurz beschrieben. Es handelt sich um einen rein logischen Schritt, der also noch vor bzw. unabhängig von der Anwendung von Plausibilitätsüberlegungen stattfinden muss; er besteht nur darin, eine Menge von Daten auf deren Konsistenz hin zu analysieren. Ein Beispiel (vgl. Rescher [1973: 55f.]):

Daten (»Wahrheitskandidaten«)	Wahrheiten, die sich aus der Konsistenzanalyse ergeben
1. p, q	p, q
2. $p, \neg p$	—
3. $p, q, \neg q$	p
4. $p, q, r, \neg p \vee \neg q, p \vee \neg p$	$r, p \vee \neg p$

---

[17] Reschers Kohärenzmethodologie kann in der Tat als eine genauere und detailliertere Form jenes Verfahrens betrachtet werden, das als »inference to the best explanation« bekannt ist. Vgl. bes. Rescher [1973] und [1979].

1.4 Die idealisierte vierstufige philosophische Methode

Komplexere Datenmengen müssen dahingehend analysiert werden, dass deren maximal konsistente Untermengen aufgewiesen werden. Ein extrem einfaches Beispiel (vgl. ib.): Gegeben sei die inkonsistente Menge von Propositionen

$S = \{p, p \rightarrow q, \neg q\}$.

Diese inkonsistente Menge hat drei maximal konsistente Untermengen:

$S_1 = \{p, p \rightarrow q\}$ (äquivalent zu: $p \wedge q$)
$S_2 = \{p \rightarrow q, \neg q\}$ (äquivalent zu: $\neg p \wedge \neg q$)
$S_3 = \{p, \neg q\}$ (äquivalent zu: $p \wedge \neg q$).

Hier wird deutlich, dass man mit Logik allein nicht viel weiter kommt, dass aber andererseits auf Logik nicht verzichtet werden kann. Es müssen extralogische Kriterien angegeben werden, die es ermöglichen, eine der (im Beispiel: drei) maximal konsistenten Untermengen von Daten/Propositionen zu wählen und die anderen zu verwerfen.

Zu Reschers Kohärenzmethodologie sind an dieser Stelle zwei kritische Bemerkungen zu machen. [i] Rescher klärt letztlich nicht den Status des Datums. Er nimmt diesen Terminus als einen reinen *terminus technicus* in einem rein methodologischen Sinne: »Datum« ist ihm zufolge einfach dasjenige X, das in einen Kohärenzzusammenhang eingebracht werden kann bzw. soll. Er spricht vom Datum als einer »*proposition*«. Ist damit ein Satz oder eine Proposition (im heute üblichen technischen Sinne des *Expressum* eines Satzes) gemeint? Welches ist der semantische und ontologische Status des Datums? [ii] Rescher gelangt zu einer »Kohärenz« im Sinne eines »Ganzen«. Es bleibt letztlich unklar, was das genau heißt.

Reschers Kohärenzmethodologie beinhaltet noch andere spezifische Aspekte und Verfahren. Die kurze Beschreibung der *allgemeinen Idee*, die dieser Methodologie zugrunde liegt, dürfte ausreichend sein, um die *erste Stufe* der in diesem Buch vertretenen umfassenden philosophischen Methode zu charakterisieren.

1.4.3 Zweite Methodenstufe: Theoriekonstitutive Methode

Die erste Stufe der Methode ergibt einen »Kohärenzrahmen« oder einen »Strukturrahmen«: Man gelangt damit zu Aussagen, die als allgemeine Aussagen, Gesetzesaussagen o. ä., kurz: als »Strukturaussagen« zu charakterisieren sind. Damit ist aber das Ziel des theoretischen Unternehmens (noch) nicht erreicht. Man hat so weit (nur) das »Theoriematerial« herausgearbeitet und eine erste informale minimale Formulierung einer Theorie erreicht, aber noch nicht die Theorieform selbst expliziert. Die zweite Stufe der Methode, die theoriekonstitutive, soll gerade dies leisten: die Überführung des ganzen im Rahmen der ersten Methodenstufe erarbeiteten Theoriematerials der ersten informalen minimalen Formulierung einer Theorie in die eigentliche Theorieform.

[1] Was ist aber »die eigentliche Theorieform«? Die Antwort auf diese Frage hängt letztlich davon ab, als was eine Theorie konzipiert wird. Darüber gehen die Meinungen weit auseinander, wie der ausführliche Abschnitt 2.4 zeigt. Dennoch lässt sich dazu schon an dieser Stelle im Hinblick auf die Methodenthematik einiges sagen. Im genannten Abschnitt wird der Begriff der struktural-philosophischen Theorie als ein Tripel $\langle L, S, U \rangle$, charakterisiert, bestehend aus den Komponenten: L = Sprache, S = Struktur, U = *universe of discourse*. Man kann aber auch eine vereinfachte Formel angeben, indem man die beiden ersten Komponenten in der Weise zusammennimmt, dass man die Sprache in die Komponente Struktur integriert. Dann stellt sich eine Theorie als ein geordnetes Paar $\langle S, U \rangle$ dar. Die Theorieform ist nichts anderes als das Gesamt der Beziehungen zwischen diesen Komponenten bzw. allen einzelnen Elementen der jeweiligen Komponenten. Wie oben gezeigt wurde, wird als Resultat der ersten Methodenstufe das minimal geordnete Theoriematerial herausgearbeitet. »Minimal geordnet« besagt hier, es werde nur angenommen, dass alle dieses Material ausmachenden Elemente in der einen oder anderen Weise »zusammengehören«. Die Herausarbeitung der »eigentlichen Theorieform« bedeutet nun, dass die genaue Form dieser »Zusammengehörigkeit« expliziert wird.

Die unter streng theoretischen Gesichtspunkten wohl wichtigsten Theorieformen sind heute die *axiomatische* und die *Netzwerk-Form*, wobei letztere als die *netzstrukturale* oder *kohärenziale* bezeichnet werden kann. Entsprechend ist von der axiomatischen und der netzstrukturalen/kohärenzialen (oder Netzwerk-)Methode zu sprechen.

[2] Als die logisch strengste und exakteste Theorieform bzw. Methode gilt heute die *axiomatische*. Um eine axiomatische Theorie formulieren zu können, benötigt man nach der allgemeinen Charakterisierung des Begriffs »axiomatisch« drei Faktoren: eine Sprache (die Terme der Theorie), eine Logik (die Inferenzregeln) und die Axiome der Theorie. Danach ist T eine axiomatische (oder axiomatisierbare) Theorie, wenn T eine Klasse von Sätzen oder Formeln ist und es eine Teilklasse A von T, bestehend aus den Axiomen von T, gibt derart, dass alle Sätze oder Formeln in T aus A beweisbar (ableitbar) sind. Im strengen Sinne ist daher eine axiomatische Theorie eine deduktiv abgeschlossene Klasse von Sätzen oder Formeln.

Dieser strenge Begriff von axiomatischer Theorie wird, wenn nicht ausschließlich, so doch vorwiegend in den formalen Wissenschaften verwendet. In seiner Anwendung nicht nur auf die formalen Wissenschaften, sondern auch auf die empirischen Wissenschaften und die Philosophie hat der Ausdruck ›Axiomatisierung einer Theorie‹ nicht exakt dieselbe Bedeutung. W. Stegmüller hat *fünf Bedeutungen* oder fünf Arten von Axiomatisierung ausgemacht und analysiert (vgl. zum Folgenden Stegmüller [Probleme II-2/1973: 34 ff.]).

    Die *erste* Art von Axiomatisierung ist die euklidische. Sie entspricht der oben formulierten allgemeinen Charakterisierung, mit Ausnahme einer wichtigen Präzisierung des Begriffs des Axioms: Axiome sind nach der traditionell ›euklidisch‹ genannten Axiomatik selbstevidente und daher allgemein gültige oder wahre Sätze. Dieses Verständnis von »Axiom« hat sich bis zur zweiten Hälfte des 19. Jahrhunderts durchgehalten, wobei in der Philosophie dafür meistens der Term ›Prinzip‹ verwendet wurde. Axiome bzw. Prinzipien waren *principia per se nota*.

    Die *zweite* Art der Axiomatisierung nennt Stegmüller *informelle Hilbertsche Axiomatik*. Sie wurde von Hilbert in seinem Werk *Grundlagen der Geometrie* [1899/1987] systematisch dargestellt. Stegmüller charakterisiert sie als *abstrakte* (im Sinne von: nicht auf Anschauung basierende) *Axiomatik* im Gegensatz zur euklidischen *anschaulichen* Axiomatik. Zwar hat Hilbert in diesem Werk die Axiome als Annahmen über drei Klassen von ursprünglich in der Anschauung gegebenen Dingen (»Punkte«, »Geraden« und »Ebenen«) und über drei »anschauliche« Grundrelationen zwischen ihnen (»liegt zwischen«, »koinzidiert mit« und »ist kongruent mit«) verstanden. Aber diese anschaulichen Vorstellungen spielen keine Rolle für die Formulierung der Axiome. Zwar ist das *Normalmodell* für die formulierten Axiome der Bereich, der durch die ursprüngliche Anschauung charakterisiert ist; aber *weitere*, teils anschauliche und teils unanschauliche, Modelle sind möglich. Damit ist eine bedeutende Erweiterung des *Interpretationsspielraums* gegeben, die den Übergang von der euklidischen zur modernen Axiomatik charakterisiert. Die Bedeutung der benutzten »Grundbegriffe« (im Fall der Geometrie: die sechs oben erwähnten Begriffe) wird allein durch die Forderung *definiert*, dass die Axiome von ihnen gelten sollten. Aus diesem Grund und in diesem Sinne wurde für die Charakterisierung der Grundbegriffe die bekannte und vielbenutzte Formulierung ›implizit definiert‹ eingeführt.

    Die *dritte* Art der Axiomatisierung bezeichnet Stegmüller als *formale Hilbertsche Axiomatik*. Sie hat die Gestalt eines Axiomensystems Σ und basiert auf der Konstruktion einer formalen Sprache, die (zunächst) nur als syntaktisches System S aufgebaut wird. Unter Voraussetzung einer Notation (Zeichentabelle) werden in der Metasprache die wohlgeformten Formeln von S in der Weise festgelegt, dass eine Teilklasse A, die aus den Axiomen von Σ besteht, ausgesondert wird. Zuletzt wird eine Klasse von Ableitungsregeln R angegeben, deren Anwendung die Ableitung von Formeln aus vorgegebenen Formeln (den Axiomen) ermöglichen. Das axiomatische System Σ ist daher das Tripel $\langle S, A, R \rangle$, das auch *Kalkül* genannt wird. Ein solches System im eigentlichen oder strengen Sinne muss eine Reihe von Bedingungen erfüllen. Vor allem muss feststehen, dass die Klasse der wohlgeformten Formeln und die der Axiome *entscheidbar* ist und dass die Ableitungsregeln *effektiv* sind. Weitere an solche Systeme gerichtete Forderungen betreffen die Abhängigkeit und Unabhängigkeit der Axiome sowie die Widerspruchsfreiheit und die Vollständigkeit des Systems.

Es gehört zum »Wesen« eines formalen axiomatischen Systems, dass es über sich selbst hinaus führt, indem ihm ein Modell (oder genauer: Modelle) (im streng logischen Sinne) zugeordnet wird (werden). Damit verwandelt sich das rein formale (d.h. hier das rein syntaktische) System in ein *semantisches* System. Im rein formalen System geht es nur um »bedeutungslose Zeichen«, genauer: um die Beziehungen zwischen den Zeichen. Die Einführung eines Modells (bzw. von Modellen) bedeutet, dass die Zeichen *interpretiert*, d.h. dass ihnen bestimmte semantische Werte zugeordnet werden. Eine Interpretation ist eine Funktion, die den (nicht rein logischen) Zeichen (bzw. den verschiedenen Kategorien von nicht rein logischen Zeichen) des formalen Systems passende semantische Werte zuordnet. Hier kann man dann definieren, was es heißt, dass eine Formel von S bei der gewählten Interpretation *gilt* oder *wahr* ist. Ein Modell ist dann eine solche Interpretation von S, bei der alle Axiome von Σ gelten oder wahr sind.

Die *vierte* von Stegmüller beschriebene Art der Axiomatisierung unterscheidet sich in signifikanter Weise von den drei ersten. Stegmüller nennt sie *informelle mengentheoretische Axiomatisierung* oder *informelle Axiomatisierung durch Definition eines mengentheoretischen Prädikats*. Diese Methode ist aus der Mathematik bekannt. So wird eine informelle mengentheoretische Axiomatisierung der Gruppentheorie durch eine Definition des mengentheoretischen Prädikats »ist eine Gruppe« geleistet. Eine der von Stegmüller angeführten Möglichkeiten ist die folgende (vgl. ib. 39):

X ist eine Gruppe genau dann, wenn es ein B und ein $\otimes$ gibt, so dass gilt:
(1) $X = \langle B, \otimes \rangle$;
(2) B ist eine nicht leere Menge;
(3) $\otimes$ ist eine Funktion mit $D_I(\otimes) = B \times B$ und $D_{II}(\otimes) \subseteq B$;[18]
(4) für alle $a, b, c \in B$ gilt: $a \otimes (b \otimes c) = (a \otimes b) \otimes c$;
(5) für alle $a, b \in B$ gibt es $c \in B$, so dass: $a = b \otimes c$;
(6) für alle $a, b \in B$ gibt es ein $c \in B$, so dass: $a = c \otimes b$.

Ein Beispiel aus den Naturwissenschaften, die axiomatische mengentheoretische Definition des Prädikats »ist eine klassische Partikelmechanik«, wird unten im Abschnitt 2.4.2.3.1 angeführt. Dort werden weitere Erläuterungen

---

[18] ›D_I‹ ist der Argumentbereich, ›D_{II}‹ der Wertebereich der Funktion.

zur Axiomatisierung durch Definition eines mengentheoretischen Prädikats gegeben.

Stegmüller macht darauf aufmerksam, dass »Axiome« im Sinne dieser vierten Axiomatisierungsart »scharf von dem zu unterscheiden [sind], was innerhalb der anderen Axiomatisierungsformen ›Axiom‹ genannt wird« (ib. 40). In der euklidischen Axiomatik sind Axiome Aussagen, in der informellen Hilbertschen Axiomatik Aussageformen, in der formalen Hilbertschen Axiomatik Formeln; hier aber in der informellen mengentheoretischen Axiomatik sind sie Definitionsglieder eines neu eingeführten mengentheoretischen Prädikats.

Der Begriff des *Modells*, so wie er im Rahmen dieser vierten Art von Axiomatisierung verstanden und verwendet wird, muss vom Begriff des Modells, der sich aus einem formalen System im Sinne der dritten (und teileise auch der zweiten) Axiomatisierungsform ergibt, ebenfalls scharf unterschieden werden. Hier (in der vierten Axiomatisierungsform) ist ein Modell »einfach *eine Entität, welche das mengentheoretische Prädikat erfüllt*« (ib.). Schließlich führt Stegmüller noch den Begriff der mathematischen Struktur ein, um die mengentheoretische Axiomatisierung zu charakterisieren: »Alle Axiome beschreiben eine *mathematische Struktur*, die sich in der Gesamtheit der in den Axiomen ausgedrückten Beziehungen äußert.« (Ib.)

Nur »vollständigkeitshalber« (ib. 41) erwähnt Stegmüller eine *fünfte* Art von Axiomatisierung. Er bezieht sich auf Carnaps Verfahren der Einführung eines *Explizitprädikats* oder eines *Explizitbegriffs* für ein Axiomensystem und stellt fest, dass es sich um das formale Gegenstück zur informellen mengentheoretischen Axiomatisierung handelt. Diese macht nur von den Ausdrucksmitteln der nicht-formalisierten »naiven« Mengenlehre Gebrauch, während die fünfte Art der Axiomatisierung ein Explizitprädikat im Rahmen eines *formalen* Systems der Mengenlehre artikuliert.

[3] Es ist ersichtlich, dass unter axiomatischer Methode Unterschiedliches verstanden wird. Bevor daraus Konsequenzen für die hier darzustellende *zweite Stufe* der philosophischen Methode gezogen werden, soll eine andere Konzeption der Theorieform kurz dargelegt werden. Es handelt sich um die vermutlich einzige ernst zu nehmende *Alternative* zur axiomatischen Methode bzw. Theorieform: die *kohärenziale* oder *netzstrukturale* oder *Netzwerk-Methode* bzw. *Theorieform*. Von der axiomatischen Methode unterscheidet sie sich *nicht* hinsichtlich einer Reihe von Faktoren, die bei der Beschreibung der verschiedenen Axiomatisierungsarten expliziert wurden, vor allem nicht hinsichtlich der informellen oder formalen Gestalt der Theorie und somit nicht hinsichtlich der Einführung bzw. Verwendung einer formalen Sprache, mit allen Konsequenzen, die dieser Faktor hat, beispielsweise hinsichtlich des Begriffs des Modells.

Der einzige fundamentale Unterschied ist der Umstand, dass ein axiomatisches System bzw. die axiomatische Theorieform (zumindest im Sinne der drei ersten oben dargelegten Axiomatisierungsformen) einen exklusiv *hierarchisch-linearen* Charakter hat, während die Theorieform im Sinne der netzstrukturalen Methode einen solchen Charakter ausschließt. Aber damit ist es prinzipiell nicht ausgeschlossen, dass in einer (Gesamt)Theorie mit der Grundform des Netzwerkes einzelne (»lokale«) hierarchisch-lineare und damit axiomatische Zusammenhänge als möglich und sogar als adäquat angesehen werden können. Die *deduktive* Struktur, welche die streng axiomatischen Theorien charakterisiert, ist in einer Hinsicht Folge, Resultat oder Ausdruck des hierarchisch-linearen Charakters der Theorie, in einer anderen Hinsicht ist sie der Grund für diesen hierarchisch-linearen Charakter. Das dürfte ohne weiteres einleuchten, da die axiomatische Methode gerade dadurch gekennzeichnet ist, dass sie aus einer (endlichen) Reihe von basalen Thesen (eben den Axiomen) zu jeweils weiteren Thesen (eben den Theoremen) gelangt. Die kohärenziale oder Netzwerk-Methode basiert auf einer ganz anderen Struktur, nämlich auf dem Gesamt inferentieller Interrelationen einer Theorie; gleichzeitg macht diese Methode eine solche Struktur explizit. Ein von Rescher gezeichnetes Diagramm[19] ist geeignet, diese Verhältnisse zu verdeutlichen (vgl. Abb. auf S. 65).

[4] Was ergibt sich aus dieser Problem- und Sachlage für die zweite Methodenstufe im Rahmen der struktural-systematischen Philosophie? Um darauf eine fundierte Antwort zu geben, sind folgende drei Feststellungen bzw. Einsichten zu beachten: [i] Die axiomatische Methode (besonders in den

---

[19] Für eine ausführliche Charakterisierung der kohärenzialen oder Netzwerk-Methode vgl. RESCHER [1979], besonders Kap. III–IV. Allerdings ist RESCHERS Konzeption grundsätzlich *epistemisch*, nicht *ontologisch* orientiert. RESCHER charakterisiert nämlich den Status der »Systematizität (*systematicity*)« als »ein epistemisches Desideratum unserer Erkenntnis hinsichtlich der Natur« *und nicht* als »ein ontologisch deskriptives Merkmal der Natur selbst« (ib. 115). Aber er erläutert und präzisiert seine These dahingehend, dass er die ontologische Systematizität als eine »kausale Vorbedingung für die Erforschung« (ib. 121) der Natur und die kognitive Systematizität als einen »Indikator für ontologische Systematizität« (ib. 124) betrachtet. Aber diese Position ist nicht ganz verständlich, weil sie nicht eindeutig kohärent ist. Wie kann ontologische Systematizität eine »kausale Vorbedingung« für die kognitive Systematizität sein, wenn ontologische Systematizität nicht eindeutig »besteht« und damit angenommen wird? RESCHERS »schwankende« Position wird in Abschnitt 5.1.2.2 [5] näher untersucht. Hier ist nur darauf hinzuweisen, dass sie eine defiziente Lösung eines tieferliegenden Problems darstellt: des Problems des Verhältnisses von Theorie und *universe of discourse* (»Welt«, »Wirklichkeit«, »Sein«). Dieses Problem wird im Haupttitel und im Untertitel des vorliegenden Werkes artikuliert und bildet die Zentralthematik der hier vorgelegten struktural-systematischen Philosophie. Wie in diesem Buch gezeigt wird, liegt der Schlüssel zu einer adäquaten Lösung des hochkomplexen Problems in der vollen Anerkennung sowohl der zentralen Stellung des Begriffs des Theorierahmens für jede Theorie als auch der ontologischen Konsequenzen, die sich aus der Pluralität der Theorierahmen ergeben.

1.4 Die idealisierte vierstufige philosophische Methode   65

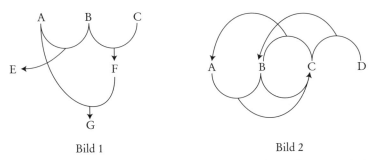

Bild 1   Bild 2

Abb.: Bild 1 veranschaulicht die linear-hierarchisch verfahrende axiomatische Methode, Bild 2 die im Sinne eines Netzwerks verfahrende kohärenziale Methode.

ersten drei beschriebenen Axiomatisierungsformen) ist die logisch exakteste überhaupt; sie konstituiert daher die logisch/mathematisch anspruchsvollste Theorieform. Die Netzwerk-Methode hat hingegen bei weitem keinen so eindeutigen logisch-mathematischen Status. [ii] Es kann nicht angenommen werden, dass die Beziehungen zwischen den »Elementen« einer Theorie *qua* Darstellungsform *und* zwischen den dadurch artikulierten »objektiven (ontologischen)« Elementen immer einfach eine linear-hierarchische Struktur haben. Vielmehr muss angenomen werden, dass es, *zumindest in vielen, wenn gar nicht in den meisten Fällen, ein* Geflecht (eben ein Netzwerk) von Beziehungen gibt, das daher nicht axiomatisch, d. h. linear-hierarchisch, erfasst und artikuliert werden kann. Je umfassender eine Theorie ist, desto unwahrscheinlicher ist es, dass sie gemäß der axiomatischen Theorieform artikuliert werden kann. Um der ganzen Komplexität des von einer Theorie zu thematisierenden Geflechts von Beziehungen axiomatisch zu artikulieren, könnte man zwar daran denken, die Zahl der Axiome zu erhöhen, im Prinzip sogar ins Unendliche. Aber dagegen sprechen mindestens zwei Gründe: Erstens wäre eine ins Unendliche erhöhte Anzahl von Axiomen in theoretischer Hinsicht impraktikabel. Zweitens kann auch eine beliebig große Anzahl von Axiomen prinzipiell nicht das ganze Netzwerk von Beziehungen erfassen, aus dem Grund, weil viele Beziehungen, wie das obige Bild zeigt, einen zyklischen Charakter haben; sie artikulieren den Umstand, dass sich Entitäten gegenseitig involvieren.

Für die hier beschriebene philosophische Methode sind aus den beiden Punkten folgende wichtige Konsequenzen zu ziehen. In den Fällen, in denen die durch eine Theorie zu artikulierenden Zusammenhänge eine linear-hierarchische Strukturiertheit aufweisen, ist die axiomatische Methode bzw. Theorieform zu wählen; in allen anderen Fällen erweist sich die kohärenziale oder Netzwerk-Methode bzw. Theorieform als die adäquate. Für die Philosophie als ganze, d. h. als Gesamttheorie kommt nur die kohärenziale Methode bzw. Theorieform in Frage (darauf wird in Kapitel 6 ausführlich einzugehen sein).[20] Bei denjenigen »lokalen« Theorien, bei welchen, wie erläutert, die axiomatische Methode bzw. Theorie möglich ist, ist in der Regel eine *informale* axiomatische Theorieform völlig ausreichend.

[5] Eine Schlussbemerkung zu den Begriffen »formale Sprache« und »formales System« ist hier am Platz. Ein formales System ist ein Ganzes von Formeln, die in einer aus »reinen«, d. h. bedeutungslosen, Zeichen bestehenden Sprache formuliert werden. Da die Zeichen *als solche* ohne Bedeutung sind, sind nur die Beziehungen zwischen ihnen relevant. In der Terminologie dieses Buches drücken die Formeln des formalen Systems rein abstrakte Strukturen aus, d. h. hier: geordnete Paare, bestehend aus einer Trägermenge, deren Elemente »reine« (bedeutungslose Zeichen) sind, und aus einer Menge von Relationen (bzw. Funktionen). Solche Strukturen, wie in Abschnitt 1.2.3 gezeigt wurde, sind »reine« oder »abstrakte Strukturen«. Wenn man sagt, dass sie von den Elementen der Trägermenge »absehen«, so ist das – richtig verstanden – korrekt. Das bedeutet: »Abstrakte Strukturen« sind darauf angelegt, dass sie »auf etwas (Konkretes, Inhaltliches) angewandt« werden. In der Darstellung der *reinen oder abstrakten* Strukturen bedient man sich des Kunstgriffs, diese Charaketrisitk der Strukturen mittels bedeutungsloser Zeichen zu artikulieren.

In der gewöhnlichen Terminologie wird gesagt, dass ein formales System dadurch »Bedeutung« erlangt, dass ihm ein Modell zugeordnet wird, und dass ein Modell eine Interpretation der auf der rein formalen Ebene verwendeten (»bedeutungslosen«) Zeichen ist. Dies ist zwar richtig, aber etwas elliptisch formuliert; denn damit wird nur expliziert, was mit den »bedeutungslosen Zeichen« geschieht: Indem sie interpretiert werden, erhalten sie eine Bedeutung. Aber es wird nicht explizit gezeigt und gesagt, was die »reinen oder abstrakten Strukturen selbst« sind und was mit ihnen geschieht. Die »formalen« (im Sinne von »logisch-mathematischen«) Zeichen, die in der Darstellung der reinen oder abstrakten Strukturen verwendet werden, haben selbstverständlich eine »Bedeutung«, und zwar eine ganz genaue: Sie »artikulieren« ein »Gefüge« von Beziehungen und/oder Funktionen (Operationen) – und somit eine »reine Struktur«. Diese Zusammenhänge werden ausführlicher und genauer dargelegt in Abschnitt 3.2.1, in welchem die *formalen (logisch-mathematischen) Strukturen* beschrieben und analysiert werden.

---

[20] RESCHER [1979: 45] charakterisiert sehr treffend diesen Sachverhalt so: »[W]hile a network system gives up Euclideanism at the *global* level of its over-all structure, it may still exhibit a *locally* Euclidean aspect, having local neighbourhoods whose systematic structure is deductive/axiomatic. Some of its theses may rest on others, and even do so in a rigorously deductive sense. For a network system may well contain various deductive compartments based upon locally operative *premisses* rather than globally operative *axioms*.«

Für die hier vertretene struktural-systematische Philosophie ergeben sich aus diesen Überlegungen einige sehr wichtige Konsequenzen. *Zwei* seien kurz genannt. Die *erste* ist die bedeutsame Tatsache, dass die struktural-systematische Philosophie die prinzipielle Möglichkeit *explizit* impliziert und anerkennt, dass alle ihre Aussagen (Thesen, Theorien ...) einer genauen und detaillierten Analyse auf der Basis aller heute verfügbaren »theoretischen Mechanismen« unterzogen werden. Zu solchen »Mechanismen« gehören u. a. die Herausarbeitung und Verwendung formaler Sprachen bzw. formaler Systeme. Die *zweite* Konsequenz ist die Einsicht, dass nicht alles, was *prinzipiell möglich* ist, auch sinnvollerweise realisiert werden kann oder gar muss. Die Philosophie ist grundsätzlich eine *inhaltliche, keine formale* Disziplin bzw. Wissenschaft. Die Frage ist dann, wie weit es in den *konkreten* Möglichkeiten der Philosophie liegt, *absolut alle* Aspekte und Details der eigenen Aussagen (Thesen, Theorien ...) auch herauszuarbeiten. Ein solches Vorhaben muss als eine Art theoretisches Ideal aufgefasst werden – und damit als etwas, dessen Realisierung *immer* ein Desiderat ist, das aber andererseits *als theoretisches Ideal* eine bedeutende regulative und klärende Funktion hinsichtlich des theoretischen Unternehmens »Philosophie« ausübt.

1.4.4 Dritte Methodenstufe: Systemkonstitutive Methode

Mit der ersten und der zweiten Methode(nstufe) werden einzelne Theorien entwickelt, die jeweils einen bestimmten Gegenstandsbereich betreffen. Natürlich drängt sich jetzt von selbst die Frage auf, wie diese einzelnen Theorien miteinander zusammenhängen, oder anders: wie die einzelnen Theorien ein Theorienganzes, ein Theoriennetz, eben ein System bilden. Diese Frage stellt sich schon nach der Durchführung der ersten Methodenstufe, wenn die erste, informale minimale Formulierung von Theorien erreicht wird. Aber die Frage wird besonders nach der Anwendung der zweiten Methodenstufe unausweichlich, wenn also die informalen Theorien in die eigentliche Theorieform überführt werden. Wie schon mehrmals bemerkt wurde, ist es aber besonders in der Philosophie weder erforderlich noch praktisch durchführbar, die erreichten informal formulierten Theorien immer gemäß der strengen Theorieform darzustellen; nur in speziellen Fällen ist ein solches »vollständiges« Methodenprogramm durchführbar.

Im allgemeinen drängt sich die Frage nach einer Einbettung von Theorien in ein größeres Ganzes, in ein Theoriennetz oder, traditionell gesprochen, in ein System schon beim Vorliegen verschiedener informal minimal formulierten Theorien auf. Die Methodenstufe, die diese Aufgabe bewältigt, ist die *dritte* Methodenstufe, die hier der Einfachheit halber »*systemkonstitutive* Methode« genannt wird. Ihr spezifischer Charakter besteht in zweierlei: Erstens arbeitet sie eine Struktur von Strukturen heraus, die sich als ein Netz von Theorien darstellt; zweitens erweist sie dieses Netz von Strukturen als ein holistisches Gebilde, als ein Ganzes in einem noch zu klärenden Sinn. Die im vorhergehenden Abschnitt angeführte kohärenziale oder holistisch-netzstrukturale Methode findet auch hier, und in gewisser Weise besonders hier, Anwendung, weil die hier behandelten »theoretischen Einheiten« nicht individuelle Sachverhalte, sondern schon ganze Theorien sind, die selbst wieder einen großen Zusammenhang bilden. An dieser Stelle ist es aber nicht erforderlich, diese Methodenstufe detailliert darzustellen, weil dies die Einführung vieler Faktoren voraussetzen würde, die erst in den folgenden Kapiteln zur Darstellung gelangen werden. In den Kapiteln 5 und 6 wird dieses Thema abschließend behandelt.

1.4.5 Vierte Methodenstufe: Prüfung der theoretischen Adäquatheit und des Wahrheitsstatus

Auch die Entwicklung einer Theorie bzw. von Theorien im theorie- und systemkonstitutiven Sinne stellt nicht das Ende des theoretischen Unternehmens dar. Der hier verfolgte Ansatz ist kein »fundamentalistischer«, sondern ein »kohärentistischer«, was bedeutet: Dieser Ansatz geht nicht von so etwas wie fundamentalen Wahrheiten aus, die von Anfang an als gültig behauptet und beibehalten werden, komme was wolle.

Der »kohärentistische« Ansatz wirft die eigentliche »Wahrheitsfrage« erst *am Ende* des theoretischen Unternehmens, d. h. nach der Aufstellung und Darstellung einer Theorie, auf. In methodischer Hinsicht kommt dabei jene Stufe der Methode zur Anwendung, die als die *vierte* Stufe der vollständigen systematisch-philosophischen Methode zu betrachten ist. Dieses Verfahren kann kurz als »inference to the best systematization« aufgefasst werden. Zu fragen ist, ob sich die aufgestellte Theorie im gesamten Theoriennetz auch *bewährt*. Diese Frage ist außerordentlich komplex. Schon ihre angemessene Formulierung hängt davon ab, wie man »Theorie« genauer auffasst. Wenn »Theorie« als ein uninterpretiertes formales System (von Sätzen) verstanden wird, wäre die Frage zunächst so zu formulieren: Hat die Theorie Modelle? Darüber hinaus wäre zu fragen, ob bzw. wie man ein oder das intendierte(s) Modell ausmachen kann. Hier macht sich der Unterschied in der Auffassung von »Theorie« in entscheidender Weise bemerkbar: Für eine Theorie im Sinne der *statement view* stellt sich die Frage nach der »Bewährung« anders dar als im Falle einer im Sinne der *non-statement view* verstandenen Theorie. Darauf wird in Kapitel 2 ausführlich einzugehen sein.

Für den fundamentalistischen Ansatz hingegen drängt sich konsequenterweise die Frage nach der Begründung schon zu Beginn auf, da die Wahrheit einer aufgestellten Aussage (sei sie ein Axiom oder eine empirische Aussage) als von Anfang an *bestehend* betrachtet wird. Dass ein solcher Ansatz nicht akzeptabel ist, ergibt sich u.a. aus der Feststellung, dass die Aufstellung auch der einfachsten Aussage schon in einem bestimmten Theorierahmen erfolgt, der dabei vorausgesetzt wird und daher nicht gleichzeitg »begründet« werden kann. Ein fundamentalistischer Ansatz könnte nur dann den damit gegebenen unüberwindlichen Aporien entgehen, wenn er folgendermaßen verstanden würde: Die am Anfang angenommenen »Wahrheiten« werden als absolut selbstevident angesehen, völlig unabhängig davon, ob sie explizit oder implizit sprachlich, logisch, begrifflich usw. artikuliert werden; sie wären »Wahrheiten« sozusagen losgelöst von jedem Bezug auf das, was in diesem Buch »Theorierahmen« genannt wird; man kann sie metaphorisch als »nackte Wahrheiten« bezeichnen. Aber eine solche Position ist einerseits dogmatisch, andererseits beinhaltet sie eine tiefe Inkohärenz. Dogmatisch ist sie, insofern sie (angeblich) »selbstevidente Wahrheiten« als definitiv bestehend sozusagen im »luftleeren Raum« und daher in arbiträrer Weise annimmt. »Luftleerer Raum« besagt hier einen »Wahrheitsraum«, der, in sich selbst betrachtet, bar jeder theoretischen (sprachlichen, logischen, epistemischen usw.) Komponente ist. Warum sollte man solche »Wahrheiten« annehmen? Inkonhärent ist die Position insofern, als diese »nackten Wahrheiten« dann doch artikuliert werden, wodurch das Problem entsteht, ob die theoretische (sprachliche, logische, semantische usw.) *Artikulation* diese »artikulationsfreien« Wahrheiten überhaupt »trifft«.

Die vierte Methodenstufe kommt in der struktural-systematischen Philosophie sowohl auf der *gesamtsystematischen Ebene* als auch auf den einzelnen *subsystematischen Ebenen* zur Anwendung. Im ersten Fall geht es um die Begründung der *gesamten* hier präsentierten systematischen Philosophie (sie kann daher »gesamtsystematische Begründung« genannt werden), im zweiten Fall um die Begründung der einzelnen Theorien, die Teile des Systems ausmachen (das kann als »subsystematische« Begründung(en) bezeichnet werden). Jede dieser Begründungsformen ist relativ zum jeweiligen Theorierahmen. Die gesamtsystematische Begründung beinhaltet lediglich die Relativität zum gesamtsystematischen Theorierahmen als solchen; jede subsystematische Begründung beinhaltet eine *zweifache* Relativität: die Relativität zum jeweils eigenen subsystematischen Theorierahmen und die Relativität zum gesamtsystematischen Theorierahmen. Mit dieser Thematik und speziell mit der gesamtsystematischen Begründung wird sich Kapitel 6 ausführlich befassen.

Die allgemeine Problematik des Begründungsbegriffs wird eigens und eingehend im folgendem Abschnitt 1.5 behandelt, wobei die in der heutigen Philosophie geführten diesbezüglichen Diskussionen nur geringfügig explizit berücksichtigt werden. Dadurch wird auch die Problematik der vierten Methodenstufe einer möglichst umfassenden Klärung zugeführt.

1.5 (Selbst)Begründung der systematischen Philosophie?

1.5.1 Allgemeines zum Begründungsbegriff

›Begründung‹ wird hier als ein Term verwendet, der einen ganzen Komplex von Fragestellungen und Sachverhalten bezeichnet. Zumindest für einige dieser Fragestellungen und Sachverhalte wird oft auch der Term ›Rechtfertigung‹ gebraucht, nämlich dann, wenn mit beiden Termen ein *pragmatischer* Begriff in dem Sinne assoziiert wird, dass hiermit eine Beziehung auf ein Subjekt oder einen Sprecher (oder Erkennenden usw.) ausgedrückt wird. Die beiden Terme bzw. Begriffe artikulieren dann die Faktoren, genannt »Gründe«, die ein Subjekt (bzw. einen Sprecher oder Erkennenden) zur Zustimmung zu einer Aussage, Theorie u. ä. zu bewegen vermögen. Begründung und Rechtfertigung in diesem pragmatischen Sinne bezeichnen daher ein zumindest dreistelliges Prädikat: Grund g begründet bzw. rechtfertigt für Subjekt S dessen Überzeugung bzw. Zustimmung z.

Dennoch kann man im Deutschen einen Unterschied zwischen den Ausdrücken ›Begründung‹ und ›Rechtfertigung‹ feststellen. Während *Rechtfertigung* eindeutig ein pragmatischer Begriff im erläuterten Sinne ist, ist *Begründung* keineswegs ausschließlich als pragmatischer Begriff zu verstehen. *Begründung kann* auch ganz objektiv verstanden werden: Als »begründet« in diesem objektiven Sinn ist ein theoretisches Gebilde (eine Aussage, eine These, eine Theorie) zu bezeichnen, wenn es Faktoren enthält, die als »Gründe überhaupt«, sozusagen als »immanente Gründe« gelten, die also dem betreffenden theoretischen Gebilde selbst »inhärieren«. In dieser Hinsicht ist das theoretische Gebilde *begründet* in dem Sinne, dass es in sich selbst »steht«, so dass, *wenn sich* ein »Subjekt« mit dem theoretischen Gebilde befasst, es im Gebilde selbst die Faktoren (= Gründe) findet, die es, das Subjekt, als »Rechtfertigung« braucht. Allgemein kann »Begründung« so charakterisiert werden: Sie ist das klärende Explizieren des theoretischen Status eines Wahrheitskandidaten, und zwar einmal hinsichtlich der Einstellung eines Subjektes und zum anderen hinsichtlich der inneren Kohärenz des theoretischen Gebildes, in welches der Wahrheitskandidat einbezogen wird.[21]

In diesem Buch wird der Term ›Begründung‹ prinzipiell in dem beschriebenen umfassenden (doppelten) Sinne verstanden und gebraucht; demnach kann er sowohl eine *pragmatische* als auch eine *nicht-pragmatische* Bedeutung oder Variante haben. Für die rein *pragmatische* Variante wird in der Regel der Term ›Rechtfertigung‹ verwendet. Die *eigentliche* Form der nicht-prag-

---

[21] Die Unklarheit und Ambiguität der Terme ›justification‹ bzw. ›Rechtfertigung‹ und ›Begründung‹ haben mehrere Autoren veranlasst, ganz neue Terme zu benutzen. So hat beispielsweise A. PLANTINGA im Englischen den Term ›*warrant*‹ eingeführt, der im Deutschen keine genaue Entsprechung hat. Vgl. dazu PLANTINGA [1993a], [1993b].

1.5 (Selbst)Begründung der systematischen Philosophie?

matisch verstandenen Begründung ist der *Beweis*,[22] wobei man allerdings diesen Begriff in einem *strikten* und in einem *weiteren Sinne* nehmen kann. Ein Beweis im strikten Sinne ist ein von seiner Form her *konklusives Verfahren*; im weiteren Sinne ist Beweis ein von seiner Form her *nicht-konklusives Verfahren*. Im Deutschen werden für diese weitere Form des Beweises oft Ausdrücke wie ›Aufweis‹, ›Erweis‹ u.ä. verwendet. In der nun folgenden Darstellung wird Begründung gemäß der soeben erläuterten Bedeutung von *Beweis* verstanden und behandelt.

Ein Beweis in diesem Sinne ist ein qualifiziertes Explizieren eines »innertheoretischen« oder »innersystematischen« Zusammenhangs, der sozusagen »in sich selbst betrachtet« wird. In dieser Weise wird beispielsweise der Satz des Pythagoras im Theorierahmen der euklidischen Geometrie bewiesen. Es wäre sinnlos, wenn ein Subjekt, das mit einem solchen Beweis konfrontiert ist, noch *zusätzlich* nach einer *Rechtfertigung* verlangte.

Ein Beweis (im strengen, »objektiven« Sinn) ist nicht automatisch oder direkt eine Rechtfertigung, d h. eine Begründung im pragmatischen Sinn. Dazu wird ein Beweis erst dadurch, dass eine weitere, eine Beziehung zwischen dem Beweis und einem Subjekt (bzw. Sprecher oder Erkennenden) artikulierende Prämisse eingeführt und vom Subjekt explizit oder implizit akzeptiert wird; diese Prämisse lautet: Beweise sind (stichhaltige) Gründe dafür, dass ein Subjekt seine Zustimmung zur Annahme der bewiesenen Aussage gibt. Aber diese Formulierung der Prämisse ist etwas missverständlich, weil sie zwischen der pragmatischen und der rein theoretischen Ebene nicht klar genug unterscheidet. Wie schon vermerkt, ist die Frage nach dem genauen Status des Pythagoreischen Satzes im Theorierahmen der euklidischen Geometrie eine rein theoretische, keine pragmatische Frage, und die Antwort darauf ist ausschließlich vom Theorierahmen (den Definitionen, Axiomen, Regeln usw.) in Verbindung mit den relevanten »Daten« abhängig, die wiederum vom Theorierahmen festgelegt werden. Die zusätzliche Prämisse bezieht daher den Status des Theorierahmens selbst ein. Für ein Subjekt, das den euklidischen Theorierahmen – aus welchen Gründen auch immer – nicht akzeptiert, ist der Umstand, dass der Satz des Pythagoras im euklidischen Theorierahmen bewiesen wird, kein Grund oder Faktor, den Satz als einen wahren Satz zu akzeptieren. Ein Subjekt, das einen Theorierahmen, innerhalb dessen ein bestimmter Beweis geführt wird, ablehnt, kann durchaus einsehen und sogar bejahen, dass die Reihenfolge der den Beweis bildenden Sätze alle Kriterien

---

[22] Der so wichtige Umstand, dass ein »Beweis« im strengen Sinne etwas ganz anderes ist als eine »Rechtfertigung«, wird in der philosophischen Literatur (auch im Bereich der Philosophie der Logik und der Wissenschaften) gewöhnlich entweder ignoriert oder nicht hinreichend beachtet und gewürdigt. Oft wird diese Unterscheidung durch eine Redeweise verdunkelt, die einem »Beweis« eine beinahe mythische Mächtigkeit zuschreibt, indem er als so etwas wie eine *absolut unwiderlegbare Rechtfertigung* aufgefasst wird.

erfüllen, die von einem Beweis *in diesem Theorierahmen* zu erfüllen sind – und dennoch kann er das Theorem verwerfen.

Dass so oft »Beweis« und »Rechtfertigung bzw. pragmatisch verstandene Begründung vermengt werden, hat seinen Grund hauptsächlich darin, dass die Problematik des Theorierahmens vernachlässigt oder gar nicht gesehen wird. Wo diese Problematik inexistent ist, ganz besonders dort nämlich, wo ein einziger Theorierahmen angenommen wird, kommen Beweis und Begründung faktisch zur Deckung, obwohl zumindest begrifflich zwischen ihnen zu unterscheiden ist. Man muss aber betonen, dass auch in diesem Fall zwischen Beweisen und Begründungen zumindest begrifflich zu unterscheiden ist. Dass Beweis und Begründung, wie gezeigt, unter den gegebenen Umständen faktisch zur Deckung gelangen, geschieht unter impliziter Anerkennung einer weiteren, außerordentlich gewichtigen Prämisse, nämlich: dass das Subjekt den Prämissen eines Beweises nicht bloß den Charakter einer axiomatisierten Hypothese, sondern einen Wahrheitsstatus *simpliciter* zuerkennt. Damit ist es klar, dass *für ein solches Subjekt* alles als wahr anzusehen ist, was aus diesen Prämissen abgeleitet und gefolgert werden kann. Die von ihm selbst – hier *ex hypothesi* – implizit aufgestellte Prämisse lautet: Jede Aussage, die den Charakter einer abgeleiteten und gefolgerten Wahrheit hat, besitzt jene Qualität, die sich für dieses Subjekt als zwingender Grund zur Annahme der entsprechenden Aussage darstellt. Nach der »Begründung« einer solchen Prämisse ihrerseits gefragt, müsste dieses Subjekt – soweit es als voll rational zu betrachten ist, was hier unterstellt wird – eine weitere, höchste Prämisse nennen, nämlich die Prämisse: *Veritas [demonstrata, manifesta ...] index sui et falsi*, d.h. eine Aussage, deren Wahrheit sich »zeigt« (hier in der Form des Beweises qua logischer Folgerung), trägt in sich selbst den Grund dafür, dass sie anzunehmen ist. Sie muss daher auch als pragmatisch begründet, d.h. als gerechtfertigt, gelten.

1.5.2 Die Problematik des Begründungsbegriffs in der Philosophie

Der Begriff der Begründung, oft in der selbstreferentiellen Form der Selbstbegründung und hier manchmal in der extremen Form der absoluten Selbstbegründung, gehört zu den Begriffen, die besonders in der Neuzeit das Verständnis und die Aufgabe der systematischen Philosophie geprägt haben. Diese Tradition, die zu keiner Zeit seit Kant und dem Deutschen Idealismus ganz erloschen ist, hat in der jüngsten Vergangenheit eine Renaissance erlebt, die sich in der Gegenwart mit großem Elan fortsetzt.

In der analytischen Philosophie wird die Problematik meistens nicht in der extremen Form einer absoluten Selbstbegründung, sondern in der eingeschränkten Form einer Begründung einzelner Aussagen und Konzeptionen (Theorien) artikuliert und behandelt. Dennoch ist auch hier, meistens auf

1.5 (Selbst)Begründung der systematischen Philosophie?

mehr implizite Weise, die Problematik einer absoluten Selbstbegründung gegenwärtig. Im folgenden wird nicht auf die heutige Literatur und Diskussion im einzelnen eingegangen; vielmehr soll auf der Basis der Idee der hier anvisierten systematischen Philosophie die Problematik des Begründungsbegriffs dargestellt werden; in diesem Rahmen werden einige grundlegende Unterscheidungen eingeführt und erläutert.

1.5.2.1 Zum unsystematischen Begründungsbegriff

Die Problematik des (Selbst)Begründungsbegriffs rührt daher, dass dieser Begriff meistens in einer rein intuitiven, unbestimmten und in einer in bestimmter Hinsicht absoluten Weise verwendet wird. Man kann einen solchen, außerhalb eines ganz bestimmten (implizit vorausgesetzten oder explizit herausgearbeiteten) *Theorierahmens* verwendeten Begründungsbegriff den *unsystematischen Begründungsbegriff* nennen und ihn kurz so charakterisieren: Angenommen, ein Philosoph stellt eine (erste) Behauptung auf. Die ohne weitere Umstände erhobene Forderung an seine Adresse, die Aussage zu begründen, ist in dieser Allgemeinheit sinnlos, weil völlig unbestimmt. Was wird nämlich dabei unter »Begründung« verstanden? Um überhaupt einen – auch minimalen – Inhalt zu haben, d. h. um überhaupt verstanden werden zu können, muss anerkannt werden, dass der Begriff der Begründung seinerseits eine ganze Reihe von fundamentalen Annahmen macht, sowohl im Bereich der Logik als auch im Bereich der Sprachphilosophie, der Erkenntnistheorie und auch der Metaphysik. In der in diesem Buch verwendeten Terminologie formuliert, setzt der Begründungsbegriff sogar einen sehr bestimmten Theorierahmen voraus; denn wer den Begründungsbegriff verwendet, muss jederzeit gefragt werden können, was er unter »Begründung« versteht. Versucht er, darauf eine Antwort zu geben, so rekurriert er *nolens volens* auf grundlegende Annahmen aus den soeben genannten Disziplinen. Er muss zumindest in der Lage sein zu sagen, in welcher Sprache er spricht, welche Syntax, Semantik und Pragmatik diese Sprache hat, auf welche Logik er sich stützt, welche Begrifflichkeit er heranzieht usw. usf. Es leuchtet sofort ein, dass der Versuch, den Begründungsbegriff in »absoluter« Weise, d. h. von Anfang an und mit universaler Anwendbarkeit, zu verwenden, zum Scheitern verurteilt ist. Der Begründungsbegriff kann sinnvollerweise nur verwendet werden, wenn ein ganz bestimmter »Theorierahmen« vorausgesetzt wird.

Aus den im vorhergehenden Abschnitt angestellten Überlegungen ergibt sich für dieses Werk die positive Aufgabe, einen *systematischen* Begriff der Begründung herauszuarbeiten. Da aber in der Literatur zugunsten der These gewichtige Gründe vorgebracht werden, dass kein Begriff der Begründung als adäquat oder durchführbar angesehen werden kann, muss zuerst die *negative* Aufgabe in Angriff genommen werden zu zeigen, dass solche Argumente ihr Beweisziel verfehlen. Der hier als *systematisch* bezeichnete Begründungsbegriff ist nicht nur möglich, sondern auch adäquat und durchführbar. Die beiden zu untersuchenden Argumente sind [1] das von Hans Albert vorgetragene Argument, dem zufolge nur drei Formen einer Letztbegründung in Betracht gezogen werden können, die aber allesamt als inakzeptabel abzulehnen sind, und [2] das von L. Nelson und in völlig anderer Form von R.J. Ketchum vorgelegte Argument, demzufolge die Durchführung bzw. die Definition des Begründunsbegriffs eine Grundaporie beinhaltet.

[1] In ihrer genaueren Form rekurriert die unsystematisch verstandene Begründung auf den Begriff bzw. das Verfahren der logischen Folgerung, d.h. auf Prämissen, aus denen eine Konklusion gefolgert wird. Wenn man für alles eine Begründung verlangt, so muss man dann konsequenterweise auch für die angenommenen Prämissen eine Begründung verlangen. Aber das erzeugt ein gewichtiges Problem, das *H. Albert* »das Münchhausen-Trilemma« der Begründung genannt hat (vgl. Albert [1968: 13]). Das Trilemma besteht aus drei Möglichkeiten einer Begründung, welche alle drei als inakzeptabel anzusehen sind. Die *erste* Möglichkeit besteht darin, dass bei der Suche nach Gründen immer weiter zurückgegangen wird, wodurch ein *infiniter Regress* entsteht; damit wird aber faktisch und prinzipiell keine Begründung erreicht. Die *zweite* Möglichkeit versteht das Begründungsverfahren in der Weise, dass auf Aussagen zurückgegriffen wird, die selbst zwar begründungsbedürftig sind, aber als nur durch sich selbst begründet betrachtet werden; damit stützt sich das ganze Begründungsverfahren auf einen *logischen Zirkel*, was nicht akzeptabel ist. Gemäß einer *dritten* Möglichkeit wird das Begründungsverfahren an einem bestimmten Punkt einfach *abgebrochen*, was einer willkürlichen Suspendierung des Begründungsverfahrens gleichkommt; damit wird eine *dogmatische* Position behauptet und bezogen.

Es hat viele Versuche gegeben, das beschriebene Trilemma zu durchbrechen oder zu umgehen. Der bekannteste Versuch im deutschen Sprachraum wurde von *K.-O. Apel* mit seiner »transzendentalen Pragmatik« unternommen (vgl. zum folgenden: Apel [1973], [1990], Dorschel et al. [1993]). Apels Grundstrategie besteht in dem Versuch zu zeigen, dass die Ablehnung der Möglichkeit einer Letztbegründung (und zwar in *allen* Bereichen des Wissens) einen *performativen Selbstwiderspruch* involviert. Diese Strategie basiert entscheidend auf *drei* Annahmen: Erstens wird behauptet, dass »Begründung« nicht notwendigerweise darin besteht, etwas (einen wahren Satz) aus etwas anderem (einem wahren Basis-Satz als Prämisse) abzuleiten. Zweitens wird unterstellt, es gäbe eine bestimmte Ebene der absoluten *Unhintergehbarkeit*; das ist die Ebene des Argumentierens und seiner notwendigen Präsuppositionen und allgemein die Ebene der vorausgesetzten Sprache, die aus der transzendentalen Synthesis der Interpretation von Zeichen heraus zu begreifen ist. Drit-

1.5 (Selbst)Begründung der systematischen Philosophie? 75

tens können die beiden ersten genannten Faktoren nicht im Rahmen eines philosophischen Solipsismus, sondern nur im Rahmen der Intersubjektivität richtig gedeutet werden. Die Behauptung eines Satzes (einer These etc.) ist nach Apel Teil eines *öffentlichen* Diskurses, der Präsuppositionen von immenser Tragweite enthält. Daraus folgt er, dass jeder rationale Teilnehmer an einem solchen öffentlichen Diskurs *immer schon* bestimmte grundlegende Annahmen gemacht und akzeptiert hat; würde er sie leugnen, würde er einen performativen Selbstwiderspruch begehen. Das zeigt nach Apel, dass eine Letztbegründung nicht nur möglich, sondern absolut unausweichlich ist. Die Ebene der Öffentlichkeit eines theoretischen Diskurses ist *unhintergehbar;* damit sind auch die darin enthaltenen Präsuppositionen ebenfalls nicht revidierbar. Damit ist ein absolutes Fundament für Wahrheit gegeben, das Apel zufolge dem berühmten Münchhausen-Trilemma der Begründung gänzlich zu entgehen vermag.

Doch diese Argumentation greift entschieden zu kurz. Apel berücksichtigt nämlich nicht den grundlegenden Umstand, dass *jede Behauptung usw. immer schon* in einem bestimmten Theorierahmen erfolgt. Wenn und insofern nun *jede* Behauptung einen Öffentlichkeitscharakter hat, also intersubjektiv ist, *und wenn und insofern* die anderen Teilnehmer an einem solchen Diskurs *genau denselben Theorierahmen* voraussetzen und akzeptieren, dann stellt die Leugnung einer der (oder aller) Präsuppostionen eines solchen Diskurses in der Tat einen performativen Selbstwiderspruch dar. Aber Apel übersieht die Tatsache, dass es sich dabei um einen *nur relativen, keinen absoluten* Selbstwiderspruch handelt: Der Selbstwiderspruch ist nämlich *relativ* zu dem vorausgesetzten Theorierahmen. Nun gibt es eine Pluralität von Theorierahmen und dieser Faktor wirft extrem schwierige Probleme auf. Dass »Letzt«-Begründung nur *im Rahmen eines bestimmten Theorierahmens, d. h. relativ auf ihn,* gilt, entzieht Apels Konzeption der »transzendentalpragmatischen Letztbegründung« die Grundlage.

[2] In der einen oder anderen Weise wurde in der Geschichte der Erkenntnistheorie öfter eine Aporie bei der Klärung von Fragen bezüglich des Begriffs der Begründung, des Begriffs der Erkenntnis, des Begriffs eines epistemischen Kriteriums u. ä. gesehen und formuliert.

[2.1] So hat beispielsweise der deutsche Philosoph *Leonard Nelson* [1908] einen »Beweis für die Unmöglichkeit der Erkenntnistheorie« vorgelegt. Unter »Erkenntnistheorie« verstand er »die Wissenschaft, die die Untersuchung der objektiven Gültigkeit der Erkenntnis überhaupt zur Aufgabe hat« (ib. 444). Mit dieser Aufgabe sei die Tatsache angesprochen, dass »ihr [der objektiven Gültigkeit der Erkenntnis] Vorhandensein ein Problem bildet.« Nelson behauptet, dass »eine wissenschaftliche Auflösung dieses Problems *unmöglich* ist.« Sein »Beweis« lautet folgendermaßen:

»Angenommen [...], es gäbe ein Kriterium, das zur Auflösung des Problems dienen könnte. Dieses Kriterium würde entweder selbst eine Erkenntnis sein, oder nicht. – Nehmen wir an, das fragliche Kriterium *sei* eine Erkenntnis. Dann gehörte es gerade dem Bereich des Problematischen an, über dessen Gültigkeit erst durch die Erkenntnistheorie entschieden werden soll. Das Kriterium, das zur Auflösung des Problems dienen soll, kann also keine Erkenntnis sein. – Nehmen wir also an, das Kriterium sei *nicht* eine Erkenntnis. Es müsste dann, um zur Auflösung des Problems dienen zu können, bekannt sein; d.h. es müsste selbst *Gegenstand* der Erkenntnis werden können. Ob aber diese Erkenntnis, deren Gegenstand das fragliche Kriterium ist, eine gültige ist, müsste entschieden sein, damit das Kriterium anwendbar ist. Zu dieser Entscheidung müsste aber das Kriterium schon angewendet werden. – *Eine Begründung der objektiven Gültigkeit der Erkenntnis ist also unmöglich.*« (Ib.)

Handelt es sich um ein reales Problem? Das hängt davon ab, wie man die ganze epistemische Dimension versteht. Aus den weiteren Ausführungen wird sich zeigen, dass das von Nelson vorausgesetzte Verständnis von Erkenntnis bzw. Erkenntnistheorie einer systematischen Prüfung nicht standhält. Dies hat zur Konsequenz, dass die von ihm der Erkenntnistheorie zugewiesene Aufgabe ein Missverständnis darstellt.[23] Nichtsdestoweniger, wenn die Epistemologie, so wie sie von Nelson verstanden wird, vertretbar wäre, d.h. wenn eine sozusagen (angeblich) »unschuldige«, d.h. unbegrenzt voraussetzungslose, von jedem Theorierahmen völlig unabhängige Epistemologie entwickelt werden könnte, dann wäre sein »Beweis« der These, dass das Zirkularitätsproblem unlösbar ist, in der Tat ein echter, ein konklusiver Beweis. Oben wurde aber gezeigt, dass eine solche jeden Theorierahmen ignorierende Epistemologie völlig inkohärent und daher unhaltbar ist.

[2.2] Ein analoges Problem – in gewisser Hinsicht eine Variante von Nelsons Problem – dürfte für die hier zu entwickelnde Konzeption interessanter und einschlägiger sein. Es handelt sich um die These, dass es eine Theorie, Analyse oder Definition von »Begründung« überhaupt nicht geben kann. Die Konsequenzen dieser These sind beträchtlich.

[2.2.1] R.J. Ketchum [1991] hat eine klare und scharfsinnige Fassung dieser These präsentiert. Eine Theorie, Analyse oder Definition des Begründungsbegriffs[24] ist ihm zufolge die Antwort auf die Frage: »Was heißt es, auf begründete Weise (oder gerechtfertigterweise) an etwas zu glauben (oder von etwas überzeugt zu sein)?« Eine solche Antwort ist nach Ketchum eine *klärende gesetzesmäßige* Aussage der Form:[25]

---

[23] Vgl. dazu KUTSCHERAS treffende Kritik in [1982a: 47 ff.].

[24] KETCHUM spricht von »justification« und meint damit das, was hier »pragmatische Begründung« genannt wird. Seine Ausführungen haben aber Gültigkeit nicht nur für diese pragmatische Variante des Begründungsbegriffs, sondern auch für den Begründungsbegriff überhaupt. Aus Einfachheitsgründen wird in der folgenden Darstellung allgemein der Term ›Begründung‹ für KETCHUMS Term ›justification‹ verwendet.

[25] Im Hinblick auf die hier geführte Diskussion genügt es zu bemerken, dass die Qualifikativa »klären, gesetzesmäßig« uninteressante oder mehr oder weniger tautologische

1.5 (Selbst)Begründung der systematischen Philosophie?

(G) (S)(p)[S glaubt begründeterweise, dass p wahr ist —— dann und nur dann wenn —— p —— S ——]

Ketchums These lautet: (G) kann gar keine »Theorie, Analyse oder Definition« von Begründung sein, da diese (schematische) Aussage, wenn angewandt, eine *petitio principii*, eine Zirkularität, beinhaltet. Er legt folgendes Argument vor: Nehmen wir eine »konkrete« klärende gesetzmäßige Aussage der Form (G) an, beispielsweise P. Sei L eine Person, die glaubt, dass P wahr ist, und sei ΦLP das *Analysans* von P, instantiiert durch Namen von L und P. Die Person L kann *nicht* die rationale Überzeugung gewinnen, dass sie begründeterweise glauben kann, dass P wahr ist, indem sie sich auf folgendes Argument stützt:

P
ΦLP
Also hat L die begründete Überzeugung, dass P wahr ist.

Ketchum führt zwei Instantiierungen von P, nämlich P_1 und P_2 an:

P_1 S glaubt begründeterweise, dass p wahr ist genau dann, wenn S eine klare und distinkte Idee von dem hat, was p ausdrückt.

P_2 S glaubt begründeterweise, dass p wahr ist genau dann, wenn der Glaube von S von einem zuverlässigen Prozess verursacht wurde.

Die Instantiierung von (G) durch P_1 bzw. P_2, wobei P = P_1 bzw. P = P_2 und L = Ich, führt zum Ergebnis, dass ich mich nicht rational überzeugen kann, dass ich begründeterweise glauben kann, dass P_1 bzw. P_2 wahr ist, indem ich mich auf folgende Argumente stütze:

(I) P_1
   Ich habe eine klare und distinkte Idee von dem, was P_1 ausdrückt.
   Also habe ich einen begründeten Glauben, dass P_1 wahr ist.

bzw.

(II) P_2
   Mein Glaube, dass P_2 wahr ist, wurde von einem zuverlässigen Prozess verursacht.
   Also habe ich einen begründeten Glauben dass P_2 wahr ist.

Wie Ketchum ausführlich zeigt, beinhalten diese Argumente eine *petitio principii*, eine Zirkularität. Es ist aber zu beachten, dass es sich um eine Zirkularität in einem ganz bestimmten Sinne handelt. Das Argument zielt darauf ab zu zeigen, dass die Person L begründeterweise glauben kann, dass P wahr

---

»Definitionen« wie »S hat einen begründeten Glauben, dass *p* wahr ist dann und nur dann, wenn S begründeterweise denkt dass *p* wahr ist« (vgl. ib. 47–48) ausschließen.

ist; nun kann aber die Person L, wenn sie in Konformität mit der Zielsetzung des Arguments rational vorgehen will, nur solche Aussagen als Prämissen behaupten, bezüglich deren sie selbst glauben kann, sie habe einen begründeten Glauben, dass sie wahr sind. Nun zeigt schon eine flüchtige Analyse des obigen Arguments (und ähnlicher Argumente), dass es eine Prämisse enthält (nämlich P_1 bzw. P_2), die keine rationale Person als Prämisse in einem solchen Argument akzeptieren würde, es sei denn, diese Person würde *im voraus dazu* schon daran glauben, dass die Konklusion des Arguments wahr ist. Indem man also die Prämisse (P_1 bzw. P_2) behauptet, impliziert man eine besondere Art von Zirkularität: Um eine positive Antwort auf die Frage: »Kann die Person L begründeterweise glauben, dass P_1 bzw. P_2 wahr ist?« geben zu können, muss die Person L schon voraussetzen, dass sie begründeterweise glauben kann, dass P_1 bzw. P_2 wahr ist.

Aus dem Beweis der Unmöglichkeit einer »Theorie, Analyse oder Definition« von »Begründung (Rechtfertigung)« zieht Ketchum die Konsequenz, dass die philosophische Erkenntnistheorie aufgegeben werden muss. Als Alternative bietet er den *Naturalismus* im Sinne Quines an:

»[N]aturalism: abandonment of the goal of a first philosophy. It sees natural science as an inquiry into reality, fallible and corrigible but not answerable to any supra-scientific tribunal, and not in need of any justification beyond observation and the hypothetico-deductive method. [...] Naturalism does not repudiate epistemology, but assimilates it to empirical psychology ...« (Quine [1981: 72])[26]

Ketchum bemerkt richtig, dass der hier gemeinte Naturalismus eine Negation der *epistemologisch* verstandenen *prima philosophia* darstellt; damit ist nicht automatisch auch eine *prima philosophia* im *metaphysischen* Sinne getroffen. Dazu sei hier bemerkt, dass der (Quinesche) Naturalismus keineswegs die einzige Alternative zur epistemologischen *prima philosophia* darstellt. Auch in diesem Buch wird diese *prima philosophia* im *epistemologischen* Sinne abgelehnt; aber als Alternative dazu wird nicht der Naturalismus angenommen, sondern ein neues Verständnis des Begründungsprogramms entworfen. Der dabei gemeinte Begründungsbegriff soll »systematischer Begründungsbegriff« genannt werden.

[2.2.2] Einige Philosophen haben versucht, Ketchums Argument wie auch seine naturalistische Position zu widerlegen. Die interessanteste Kritik wurde vielleicht von *R. Almeder* [1994] vorgetragen. Er formuliet *zwei* »akzeptable« Antworten auf Ketchums Herausforderung. Die *erste* versucht, eine innere Selbstwidersprüchlichkeit in Ketchums Position aufzudecken. Diese Position wird mit der inkonsistenten Position eines »allgemeinen Skeptikers bezüglich der Frage einer Definition von Begründung« identifiziert:

---

[26] Mit Ausnahme des letzten Satzes wird die Passage von K<small>ETCHUM</small> auf S. 59 zitiert.

1.5 (Selbst)Begründung der systematischen Philosophie?

»[T]he general sceptic on the question of defining justification (whether in or outside of natural science) is in the logically contradictory position of asserting as logically privileged or justified the claim that no beliefs are demonstrably and non-arbitrarily justified.« (Ib. 677)

Und Almeder folgert daraus:

»[I]f one's view is that what is wrong with generalized scepticism on the question of justification is that it is logically self-defeating because self-contradictory and incoherent, then that in itself would serve as a fine *reductio ad absurdum* of the need to justify one's definition of justification assuming that there is no non-question-begging definition to be offered.« (Ib.)

Almeders »*erste* Antwort« ist alles andere als stichhaltig. Er interpretiert Ketchums Position als eine logisch widersprüchliche Position, insofern sie behaupte, dass die These, es gäbe keine auf demonstrierbare und daher nichtwillkürliche Weise begründeten Überzeugungen (*beliefs*), eine These ist, die ihrerseits den Anspruch erhebt, einen logisch privilegierten und begründeten Status zu haben. Aber diese »Interpretation« geht an der eigentlichen Sache vorbei. Weder stellt Ketchum eine solche Behauptung auf, noch impliziert seine Position eine solche Behauptung. Ketchums Argument demonstriert nur eine »performative« Inkohärenz in dem Versuch, den Begriff der Rechtfertigung in umfassender Weise zu definieren (nämlich in der Weise, dass die Definition eine allumfassende »Applikation« haben könnte bzw. sollte). Das Argument bzw. die These qualifiziert aber sich selbst nicht als »logisch privilegiert oder begründet«; der Begriff der Begründung wird vom Verfechter des Arguments auf das Argument selbst nicht angewendet. Das ist auch nicht erforderlich; denn das Ziel des Arguments ist der Beweis der These, dass eine umfassende Definition des Begründungsbegriffs nicht möglich ist. Die These selbst wird nicht wieder unter einen – wie immer vorausgesetzten – Rechtfertigungsbegriff subsumiert.

Almeder hält seine *zweite* Antwort für »zwingender (more compelling)«. Sie lautet: Die Frage »Sind Sie berechtigt [begründet], Ihre eigene Definition der Rechtfertigung [Begründung] anzunehmen?« widerlegt sich selbst (*is self-defeating*), wobei Almeder allerdings zugibt, dass dies alles andere als »evident (*obvious*)« ist. Seine Erläuterung: Wer die genannte Frage stellt, muss erwarten, mit der Antwort konfrontiert zu werden: »Was meinen Sie, wenn Sie die genannte Frage an mich stellen?«. M. a. W.: Der Kritiker der Definierbarkeit des Begründungsbegriffs muss sagen, was *er selbst* mit »Begründung bzw. Rechtfertigung« meint. Aber jetzt zeigt sich nach Almeder folgendes: Der Kritiker muss gefragt werden, ob sein Verständnis oder seine Definition von Rechtfertigung selbst gerechtfertigt ist. Und somit befindet sich der Kritiker in derselben Situation, in der sich ihm zufolge der von ihm kritisierte Vertreter der Begründungsdefinition am Anfang befand. Almeder folgert daraus, dass in diesem Fall der Verteidiger der Rechtfertigungsdefinition die an ihn gerichtete kritische Frage einfach als sinnlos ignorieren kann bzw. sollte.

Allerdings berücksichtigt Almeder die Möglichkeit, dass der Kritiker seine Frage anders versteht, nämlich so: »Mit ›gerechtfertigt‹ meine ich das, was Sie [der Verteidiger der Möglichkeit einer Definition des Begründungsbegriffs] damit meinen.« In diesem Fall wäre er nicht gezwungen zu sagen, was er selbst unter »Rechtfertigung« versteht, ja nicht einmal, ob er diesen Begriff überhaupt für sinnvoll oder brauchbar, geschweige denn für notwendig hält. Almeders Antwort darauf ist jedoch auch nicht überzeugend:

»[I]f his definition of justification is the same as mine, then his question amounts to an oblique way of asking ›Are *we* justified in accepting *our* definition of justification?‹ To that question I can legitimately respond ›What do *we* mean by ›justified‹ when we ask whether *we* are justified in accepting our definition of justification?‹ Presumably, answering this last question is simply a matter of repeating our original definition of justification. Otherwise our answer would be contradictory. But now does it make any sense to ask, ›Are we justified in accepting this latter definition of justification?‹ if, as the original questioner asserts, it cannot be answered in a non-circular way? Thus the question ›Are we justified in accepting our definition of justification‹ makes sense only if we have *already* justified our definition of justification, thereby rendering the question unnecessary. Either that or the question makes no sense whatever because the question demands an answer to a question which the questioner also claims cannot be given in a non-circular way.« (Ib. 680)

Doch diese Antwort Almeders ist alles andere als einleuchtend. Wenn der Kritiker sagt, dass er mit der Formulierung seiner kritischen Frage nicht einen eigenen Rechtfertigungsbegriff voraussetze, sondern den Rechtfertigungsbegriff des Rechtfertigungsvertreters im Auge habe, bedeutet dies keineswegs, dass der Sinn seiner Frage der ist, dass dann beide fragen: »Sind *wir* gerechtfertigt usw.?« Der Kritiker kann etwas ganz anderes meinen – und das ist der philosophisch interessante Punkt –, nämlich: »Ist Ihre Position, i. e. die Position eines Philosophen, der eine umfassende Definition von Rechtfertigung vertritt, überhaupt kohärent, nachvollziehbar?« Mit dieser Frage, deren sinnvoller (und nicht-inkonsistenter) Charakter wohl nicht bestritten werden kann, stützt sich der Kritiker weder auf einen eigenen noch auf einen »gemeinsamen« Rechtfertigunsbegriff.

Almeders allgemeines Fazit lautet: Die Frage »Sind Sie berechtigt, Ihre Definition der Rechtfertigung anzunehmen?« ist sinnlos, da sie inkohärent ist und sich selbst widerlegt. Aber im Anschluss daran stellt er einige Überlegungen an und formuliert einige interessante Behauptungen, die die ganze Problematik der Begründung in einem neuen Licht erscheinen lassen:

»Of course, none of this implies that we have no way of assessing the relative merits of mutually exclusive definitions of justification. What it does mean, however, is that when we are involved in the practice of making such assessments we remind ourselves that we are not involved in the activity of justifying our definition of justification.

1.5 (Selbst)Begründung der systematischen Philosophie?

Rather we are doing something else. We are determining which definition, if any, to accept as a more or less adequate generalization of our collective usage and practice in the relevant contexts. We do this because we belief that when it is done well it will produce a measure of understanding and enlightenment not otherwise available. Whether we are justified in this latter belief is an interesting question, but it is certainly not the question of justifying our definition of justification.« (Ib. 681)

Auch diese Ausführungen leuchten, wenn man sie buchstäblich interpretiert, überhaupt nicht ein. Almeders extrem gedrängte und undifferenzierte Formulierungen können leicht dazu führen, dass man übersieht, was sie beinhalten und implizieren. Daher sei der Versuch gemacht, sie Schritt für Schritt und argumentativ differenziert zu analysieren.

An der Basis gibt es nach Almeder einen »kollektiven Gebrauch« und eine »(kollektive) Praxis« (hinsichtlich des Ausdrucks bzw. Begriffs »Rechtfertigung«). Nehmen wir nun an, dass wir uns mit einer Reihe von »Definitionen (*Definientia*)« $D_1, D_2, D_3\ldots$ des in diesem Gebrauch bzw. in dieser Praxis in Anspruch genommenen Rechtfertigungsbegriffs konfrontiert sehen und nennen wir *diese* Rechtfertigung ›Rechtfertigung$_1$‹. Nehmen wir weiter an, wir entscheiden uns für D_1 als Definition von Rechtfertigung$_1$ und nehmen wir an, dass D_1 (in Entsprechung zu P_1 bei Ketchum (siehe oben)) lautet:

(D_1) S glaubt begründeterweise, dass *p* wahr ist dann und nur dann, wenn S eine klare und distinkte Idee von dem hat, was *p* ausdrückt.

Almeder selbst macht nicht explizit, für welches Element aus D_i er selbst sich entscheiden würde. D_1 als Definition von Rechtfertigung$_1$ wird hier daher nur zu Illustrationszwecken eingeführt. Und dies geschieht ganz im Sinne Almeders. Obwohl er die Frage nach der Rechtfertigung der Definition der Rechtfertigung$_1$ als eine sinnlose Frage qualifiziert hat, soll es dennoch ihm zufolge möglich und erforderlich sein, eine »Beurteilung (*assessment*)« der relativen Stärke der miteinander nicht kompatiblen Definitionen von Rechtfertigung zu erzielen. Aber eine solche »Beurteilung« ist nichts anderes als die Antwort auf die Frage, welche der verschiedenen konkurrierenden Definitionen von Rechtfertigung die am besten *gerechtfertigte* ist. M. a. W.: Sie ist das Ergebnis einer Überlegung über die Rechtfertigung einer bestimmten Definition von Rechtfertigung.

Nun charakterisiert Almeder das, was er hier »Beurteilung (*assessment*)« nennt, und was, wie gezeigt, Rechtfertigung meint, so: »We are determining which definition, if any, to accept as a more or less adequate generalization of our collective usage and practice in the relevant contexts.« Hier wird klar, dass diese »Beurteilung« bzw. Rechtfertigung nichts anderes ist als die (Anwendung einer bestimmten) Definition von Rechtfertigung – nennen wir *diese* Rechtfertigung ›Rechtfertigung$_2$‹ und die entsprechende Definition ›D_2‹:

(D$_2$) S glaubt gerechtfertigterweise, dass *p* [wahr ist] dann und nur dann, wenn *p* einer adäquateren Generalisierung unseres kollektiven Gebrauchs [des Ausdrucks/Begriffs »Rechtfertigung«] und unserer Praxis [im Umgang mit diesem Ausdruck/Begriff] in den relevanten Kontexten entspricht«.

Interessanterweise belässt es aber Almeder nicht dabei, sondern stellt neue Überlegungen über *diesen* Rechtfertigungsbegriff an, also über Rechtfertigung$_2$ bzw. D$_2$ an, indem er einen *Grund* angibt, weswegen wir sie/ihn akzeptieren (sollten). Aber »einen Grund angeben« bedeutet in diesem Fall nichts anderes als sich mit der Frage befassen, warum D$_2$ als *gerechtfertigt* zu gelten hat. Almeder stellt in der Tat eine Aussage auf, die er als Antwort auf eine »Warum?«-Frage formuliert, nämlich: »…because we believe that when it is done well it will produce a measure of understanding and enlightenment not otherwise available.« In dieser Aussage wird eine neue Rechtfertigung – nennen wir sie ›Rechtfertigung$_3$‹ – formuliert, die sich in einer neuen Definition – nennen wir sie ›D$_3$‹ – niederschlägt. Demnach lässt sich die von ihm angebotene »Rechtfertigung$_3$« genauer so artikulieren:

(D$_3$) S glaubt gerechtfertigterweise, dass *p* [wahr ist] dann und nur dann, wenn *p* einen Grad von Verstehen und Aufklärung erzeugt, der anders nicht zu erhalten ist.

Aber auch dabei belässt es Almeder nicht. Er spricht explizit die Frage der Rechtfertigung von Rechtfertigung$_3$ bzw. D$_3$ an, indem er feststellt: »Whether we are justified in this latter belief [gemeint ist die Annahme von Rechtfertigung$_3$ bzw. D$_3$] is an interesting question …«. Es handelt sich also um eine »Rechtfertigung$_4$«. Den Begriff von »Rechtfertigung$_2$« und von »Rechtfertigung$_3$« hatte Almeder noch explizit gemacht und die entsprechenden Definitionen in der einen oder anderen Weise formuliert. Aber den von ihm angesprochenen bzw. vorausgesetzten Begriff von »Rechtfertigung$_4$« expliziert er nicht mehr; vielmehr bricht er hier das Verfahren ab, indem er behauptet: »Whether we are justified in this latter belief [d.h. Rechtfertigung$_3$ bzw. D$_3$] is an interesting question, but it is certainly not the question of justifying our definition of justification.« (Ib. 681)

Diese zweite Behauptung in diesem Zitat ist nicht nur unzutreffend, sondern falsch. Es gibt nach Almeder eine Frage nach der Rechtfertigung von Rechtfertigung$_3$ bzw. D$_3$; er behauptet aber dann, diese Frage sei nicht eine Frage der Rechtfertigung »unserer«, d.h. seiner Definition von Rechtfertigung. Die minutiöse Analyse hat aber gezeigt, dass das, was Almeder »this latter belief« nennt, genau die Aussage ist: »… we believe that when it is done well it will produce a measure of understanding and enlightenment not otherwise available.« Aber hinsichtlich dieser (letzten!) »Überzeugung« bzw.

dieser »letzten« Aussage taucht nach den Worten von Almeder wieder eine Frage der Rechtfertigung auf, also die Frage nach der Rechtfertigung von Rechtfertigung$_3$ bzw. D$_3$, von der Almeder annimmt, dass sie die Aussage Rechtfertigung$_2$ bzw. D$_2$ usw. bis hin zu Rechtfertigung$_1$ bzw. D$_1$ rechtfertigt. Sein plötzlicher Abbruch des Verfahrens auf der Basis der Behauptung, die *neue* Frage nach Rechtfertigung (von Rechtfertigung$_3$ bzw. D$_3$) sei keine Frage nach »unserer« Definition von Rechtfertigung, ignoriert schlichtweg diesen Zusammenhang seiner eigenen Aussagen.

In Wirklichkeit zeigt Almeders Versuch deutlich, dass der Begriff der Begründung bzw. Rechtfertigung neu bestimmt werden muss. Der entscheidende Faktor dabei ist die Berücksichtigung des Umstands, dass jede Frage, Aussage, Behauptung, Definition usw. nur in einem *Theorierahmen* eine bestimmte, angebbare und verständliche »Bedeutung« hat. Dies bedeutet hier, dass es sinnlos ist, so etwas wie einen »absoluten« (d.h. hier: nicht zu einem Sprach- bzw. Theorierahmen relativen) Begründungs- bzw. Rechtfertigungsbegriff definieren zu wollen. Ein solcher »absoluter« Begriff beinhaltet den inneren Widerspruch, dass er einerseits faktisch relativ zu einem bestimmten Sprach- und Theorierahmen ist, andererseits aber in der Weise verstanden und angewendet wird, dass mit ihm ohne jede Relativität der Anspruch auf Gültigkeit und Anwendbarkeit verbunden wird.

[3] Die im Kontext der Betrachtungen über Almeders Position herausgearbeiteten vier Begründungs- bzw. Rechtfertigungsbegriffe zeigen, dass so etwas wie Begründung bzw. Rechtfertigung auf verschiedenen miteinander verflochtenen Ebenen stattfindet. Man könnte hier von einer Hierarchie von Begründungsebenen sprechen, wobei der Begründungsbegriff relativ zu jeder Ebene spezifisch zu definieren ist. Probleme wie das von Ketchum aufgeworfene würden in diesem Fall nur dann entstehen, wenn das Begründungskriterium bzw. die Begründungsdefinition *in unangemessener Weise* auf sich selbst angewandt werden würde. Eine unangemessene Selbstapplikation ist dann gegeben, wenn der Theorierahmen, innerhalb dessen eine spezifische Definition formuliert wird, nicht beachtet wird. Die Berücksichtigung des vorausgesetzten Theorierahmens macht deutlich, dass und wie eine unangemessene Selbstapplikation vermieden werden kann bzw. muss und in welcher Weise eine angemessene Selbstapplikation möglich ist, d.h. hier ohne Probleme erfolgen kann. Das soll im folgenden detailliert gezeigt werden.

Man kann eine korrigierte Fassung von Ketchums »schematischer Aussage G«:

(G)   (S)(p)[S glaubt begründeterweise, dass p wahr ist —— dann und nur dann wenn —— p —— S ——]

einführen, indem die Gesichtspunkte des Sprach- und Theorierahmens und der Ebene berücksichtigt werden. Dann lässt sich eine *schematische systematische Aussage* (G_S) der folgenden Form formulieren:

(G_S) (S)(p)[S glaubt begründeterweise, dass p wahr ist auf der Ebene —— im Theorierahmen —— dann und nur dann wenn —— p —— S —— auf Ebene —— im Theorierahmen ——]

Nun taucht auch hier das Problem auf, das von Ketchum behandelt wird: Ist die schematische systematische Aussage (G_S) ihrerseits »begründet«? Und wenn ja, »begründet« in welchem Sinne? Wenn sie im Sinne von (G_S) selbst begründet ist, dann scheint dieselbe *petitio principii*, dieselbe Zirkularität zu entstehen, die Ketchum herausgearbeitet hat. Doch darauf lässt sich eine Antwort geben.

Als erstes muss man sagen, dass die Idee von Begründung und die daraus resultierende Forderung, wie schon mehrmals betont wurde, nur unter Zugrundelegung eines Sprach- und Theorierahmens Sinn hat; denn sonst kann diese Forderung nicht einmal artikuliert werden. Wenn nun diese Forderung selbst wieder »begründet« werden soll, so kann man *zunächst* an zwei Verfahrensweisen denken. *Entweder* wird dabei »Begründung« (wieder) im Sinne von (G_S) verstanden, was zur Konsequenz hätte, dass, wenn die Anwendung als eine Schlussfolgerung verstanden wird, (G_S) sowohl als Prämisse als auch als Konklusion erscheinen müsste: Das Verfahren mündet in eine glatte Zirkularität, weshalb sie nicht als Option in Frage käme. *Oder* man sagt, dass es sich um einen speziellen oder Grenzfall handelt, hinsichtlich dessen die Anwendung des Begriffs »Begründung« im Sinne von (G_S) auf (G_S) selbst unstatthaft ist oder keinen Sinn macht. Wenn man trotzdem in intuitiver Weise das Wort »Begründung« auf (G_S) anwenden will, dann nicht mehr im Sinne von (G_S) selbst, sondern im folgenden Sinne: (G_S) ist »begründet« in dem Sinne, dass (G_S) eine adäquate Charakterisierung des theoretischen Status aller innerhalb und gemäß der Strukturiertheit dieses Theorierahmens aufgestellten Aussagen darstellt. M. a. W.: (G_S) ist »begründet« im Sinne einer den (jeweiligen) Theorierahmen charakterisierenden Metaaussage. Um aber Missverständnisse begrifflicher und terminologischer Art zu vermeiden, wäre es am besten, den Ausdruck »Begründung« nicht mehr zu verwenden, um den Status von (G_S) zu charakterisieren. Statt dessen sollte man andere Begriffe verwenden wie: (Sprach- und) Theorierahmen-konforme Metaaussage o. ä.

Was sich hier zeigt, ist bedeutsam für die Philosophie: Es ist naiv zu meinen, dass man (vor allem »bedeutende«) Begriffe umfassend und uneingeschränkt »anwenden« kann. Diese Vorstellung entspringt einer *unsystematischen* und auch undisziplinierten Denkweise, d. h. hier: jener Denkweise, die den jeder sinnvollen Rede zugrundeliegenden »Sprach- und Theorierahmen« nicht berücksichtigt. Die naiv-uneingeschränkte Forderung nach »Begründung«

erweckt den Anschein einer vollständigen Rationalität. Tatsächlich ist gerade eine solche Forderung irrational; denn sie verkennt die von ihr vorausgesetzten und vorauszusetzenden Zusammenhänge.

Eine wichtige Konsequenz aus den angestellten Überlegungen lässt sich kurz so formulieren: Man muss zwischen der Begründung *innerhalb eines Theorierahmens* und der Begründung *des Theorierahmens selbst* streng unterscheiden. Dieser zentrale Sachverhalt und seine Folgeprobleme werden in den weiteren Abschnitten dieses Kapitels näher expliziert.

Schließlich ist in diesem Zusammenhang noch einmal darauf hinzuweisen, dass der Status des »begründenden (Theoretikers)« kein neutraler, d. h. *tabula-rasa*-Status ist, da er auf einer ganzen Reihe von zentralen Annahmen basiert. Auch jener Skeptiker, der nach allseitigen und »unmittelbaren« Begründungen verlangt, kann sich nur auf der Basis von immer schon gemachten Annahmen artikulieren. Zwar widerspricht der Skeptiker vehement einer solchen Behauptung, indem er nach eigenem Selbstverständnis sich von jeder Voraussetzung frei wähnt. Aber dies trifft keineswegs zu. Er ist nämlich ein – zumindest in philosophischer Hinsicht – ernst zu nehmender Skeptiker nur insofern er sich artikuliert, beispielsweise, indem er seine Forderung nach einer Begründung der Behauptung explizit artikuliert, wir seien im Besitz eines wirklichen Wissens. Aber diese explizite Artikuliertheit schließt eine Reihe fundamentaler Annahmen und Voraussetzungen ein. Der Skeptiker präsupponiert z. B. seine Fähigkeit, genau, klar und sogar argumentativ artikulieren zu können. Aber damit impliziert er die Annahme, dass die von ihm verwendete Sprache, die von ihm in Anspruch genommene Logik und noch andere Faktoren das leisten, was sie leisten sollen, damit er sich überhaupt artikulieren kann. M. a. W.: Der Skeptiker setzt voraus, dass er in einem gut funktionierenden, d. h. die erwarteten Leistungen erbringenden Theorierahmen seine »skeptischen« Fragen formulieren und seine negativen Aussagen aufstellen kann. Der Skeptiker ist einem Wanderer vergleichbar, der auf seine Weise einen Weg geht, dabei aber behauptet, wir alle, somit auch er selbst, seien Blinde und einen Weg gäbe es nicht.

1.5.2.2 Der systematische Begründungsbegriff und seine Formen (bzw. Stufen oder Ebenen)

[1] Der Term ›systematisch‹ soll in der Formulierung ›systematischer Begründungsbegriff‹ im Sinne von »komplex, umfassend und vollständig« verstanden werden. Anwendung findet der »systematische Begründungsbegriff« in jeder theoretischen Einheit, d. h. hier in jedem Teil oder Abschnitt der Philosophie, hinsichtlich dessen sinnvollerweise die Begründungsfrage aufgeworfen werden kann bzw. muss. Gemäß den Grundthesen der struktural-systematischen Philosophie ist es nicht sinnvoll, nach der Begründung einer einzelnen

Aussage *unter völliger Absehung* anderer Aussagen zu fragen. Eine solche Frage wäre nur im Rahmen eines *fundamentalistischen Ansatzes* möglich und vertretbar. Wie aber oben gezeigt wurde (vgl. 1.4.5), ist ein solcher Ansatz unhaltbar. Im Gegensatz dazu besagt der hier vertretene *kohärentistische* Ansatz, dass eine *begründete* (und eine *wahre*) Aussage nur eine solche ist, die in eine aus mehreren untereinander streng zusammenhängenden Aussagen bestehende »Konstellation« eingegliedert ist oder eingegliedert werden kann. Durch diese »*Eingliederung*« wird die Aussage voll bestimmt: Sie erhält auf der theoretischen Ebene einen ganz bestimmten Platz.

Ähnlich wie die im Abschnitt 1.4 dargestellte philosophisch-systematische Methode ist die systematisch konzipierte Begründung ein komplexes Verfahren, das aus drei Formen (bzw. Stufen oder Ebenen) besteht. Es seien dafür die folgenden Bezeichnungen eingeführt: *inchoativ-systematische* Form, *innersystematische* Form und *metasystematische* Form. Obwohl diese Formen einen inneren Zusammenhang bilden, werden sie in der philosophischen Praxis, wenn überhaupt, so nur sehr selten, und dann in der Regel alle in einem einzigen Verfahrenszug, angewandt oder konkretisiert.

Zu präzisieren ist die obige Aussage, dass der systematische Begründungsbegriff auf jede »theoretische Einheit« angewandt werden kann oder genauer: muss. Das bedeutet, dass sowohl die struktural-systematische Philosophie *als ganze* als auch jeder theoretisch relevante Teil oder Abschnitt *innerhalb dieser Philosophie* als »theoretische Einheiten« in dem hier intendierten Sinn zu betrachten sind. Insofern ist der Anwendungsspielraum des Begriffs der systematischen Begründung sehr weit. Im Falle einer einzelnen, begrenzten »theoretischen Einheit« *innerhalb* des struktural-philosophischen Systems müssen die verwendeten Bezeichnungen für die drei Formen (bzw. Stufen oder Ebenen) entsprechend uminterpretiert werden: Die »Gestalten« des Inchoativen, des Inneren und der Metaebene als Spezifikationen des systematischen Begründungsbegriffs beziehen sich dann nicht auf die systematische Philosophie *als ganze*, sondern entsprechend auf jede »kleinere theoretische Einheit« *innerhalb* der struktural-systematischen Philosophie.

Im folgenden wird eine Erläuterung jeder dieser drei Formen (bzw. Stufen oder Ebenen) des systematischen Begründungsbegriffs gegeben. Um die Darstellung zu vereinfachen, wird dabei nur der *höchste Fall* der Anwendung des systematischen Begründungsbegriffs behandelt; denn für die Zielsetzung des vorliegenden Werkes ist die Anwendung dieses Begriffs auf das philosophische *Theorieganze* von allergrößter Bedeutung. Die Exemplifizierung des Begriffs auf einzelne »theoretische Einheiten« ergibt sich von selbst und ist außerdem an jedem Schritt der Darstellung zu ersehen.

[2] Die drei Formen (bzw. Stufen oder Ebenen) des systematischen Begründungsbegriffs sind nichts anderes als der Ausdruck des Umstands, dass die

1.5 (Selbst)Begründung der systematischen Philosophie?

systematische Philosophie ein Ganzes ist, dessen Artikulation auf drei Ebenen erfolgt: auf einer inchoativ-systematischen, einer innersystematischen und einer gesamtsystematischen. Zunächst sei die inchoativ-systematische Form näher erläutert.

[i] Eine Theorie – und damit auch bzw. erst recht die gesamtphilosophische Theorie – ist nicht einfach eine »platonische Entität«, die sozusagen in ihrer ganz fertigen Gestalt einfach aus dem »platonischen Himmel« zu holen wäre. Wenn gesagt wird, dass eine Theorie eine »abstrakte Entität« ist, so stellt man eben eine rein abstrakte Aussage auf. Aber eine »wirkliche« Theorie ist eine Theorie, die im »rational-theoretischen Raum« einer bestimmten »menschlich-historischen Situation« zur Darstellung gelangt. Wie dieser »Raum« und diese »Situation« zu verstehen sind, wird weiter unten genauer zu erläutern sein. Das Zur-Darstellung-Gelangen ist daher ein Prozess, dessen Realisierung unter den Bedingungen einer solchen menschlich-historischen Situation erfolgt. Diese Situation bringt es nun mit sich, dass die (Selbst-)Darstellung der philosophischen Gesamttheorie nicht auf einmal, sozusagen *in toto* erfolgt; vielmehr erfolgt sie als ein sich zunehmend konkretisierender bzw. bestimmender Prozess. In diesem Prozess kann man sinnvollerweise die drei oben genannten Ebenen unterscheiden.

Die *inchoativ-systematische Ebene* ist die Ebene, auf der die struktural-systematische Philosophie sich im rational-theoretischen Raum einer bestimmten historisch-menschlichen Situation *allererst* oder *anfänglich* präsentiert. Eine historisch-menschliche Situation ist die Situation von Menschen in einer bestimmten Epoche der Weltgeschichte. Diese »historische Situiertheit« muss als ein entscheidender Faktor angesehen werden, andernfalls wird eine philosophische Theorie als eine ahistorische Abstraktion aufgefasst. Aber in der historisch-menschlichen Situation wird die philosophische Theorie in einer ganz bestimmten Hinsicht, nämlich gerade *als Theorie* dargestellt. Das bedeutet, dass sie in einem bestimmten »Raum«, nämlich im rational-theoretischen Bereich dieser Situation präsentiert wird. Und das heißt weiter, dass die Darstellung unter rational-theoretischen Bedingungen erfolgt bzw. zu erfolgen hat.

In diesem ersten, anfänglichen Stadium sind es *drei* Faktoren, die den Status und die Gestalt der Darstellung der struktural-systematischen Philosophie bestimmen: *erstens* die Abgrenzung der Philosophie gegenüber nicht-philosophischen Unternehmungen; *zweitens* die Präsentation und anfängliche Erläuterung der Grundbegriffe sowie die »inchoative« Begründung der bezogenen Position. Die ersten beiden Faktoren wurden in der Einleitung und in den bisherigen Abschnitten von Kapitel 1 dieses Buches thematisiert. Der *dritte* Faktor ist derjenige, der im vorliegenden Kontext zu behandeln ist. Er betrifft die explizite Frage nach der *Begründung*. Seine Klärung ergibt zunächst, dass die Begründungsfrage *auch in diesem anfänglichen Stadium* der Darstellung *legitim, ja unausweichlich ist*. Der Grund hierfür ist, dass die (Selbst-)Darstellung der Philosophie im *rational-theoretischen Raum* geschieht. Zu diesem Raum gehört aber wesentlich die Begründungsfrage. Die Frage ist aber, *wie* mit dieser Thematik in diesem anfänglichen Stadium umzugehen ist. Die Antwort liegt jetzt auf der Hand: Die Begründung kann an dieser Stelle aus immanenten Gründen nur eine ebenfalls anfängliche, d.h. *inchoative* sein. Eine solche Begründung ist nur ein Teil oder eine Stufe einer *angemessenen* Begründung; hinsichtlich der systematisch-philosophischen Gesamttheorie kann diese sinnvoll erst *nach Darstellung* des Theorieganzen erfolgen.

Wie eine solche systematisch-inchoative Begründung näher aufzufassen ist, ergibt sich grundsätzlich aus dem Umstand, dass »Begründung« hier *nicht fundamentalistisch*, sondern *kohärentistisch* verstanden wird. Entscheidend für die nähere Bestimmung dieser inchoativen Begründung sind *zwei* Faktoren, die aufs engste miteinander zusammenhängen. Zum einen wird die struktural-systematische Philosophie im Anfangsstadium in dem Sinne als begründet anzusehen sein, dass zumindest ausreichende *Klarheit* über ihre Abgrenzung »nach außen«, also gegenüber Aktivitäten und Unternehmungen geschaffen wird, die nicht als philosophisch einzustufen sind. In diesem Buch wurde dieser Punkt besonders in der Einleitung und in diesem Kapitel 1 des öfteren tangiert. Zum anderen ist ein Kriterium für inchoative Begründetheit der hier vorgetragenen Philosophie darin zu sehen, dass die ersten globalen (Quasi-)Definitionen und Thesen Ausdruck einer *Gesamtsicht* sind, die schon am Anfang zumindest in globaler Hinsicht gegeben ist. Kurz gesagt: Hinsichtlich der struktural-philosophischen Gesamttheorie sind die in der Einleitung und in diesem Kapitel 1 vorgelegten Erläuterungen und globalen Thesen in ihrer Gesamtheit das nächstliegende Beispiel des systematisch-inchoativen Begründungsbegriffs. Dazu gehört in besonderer Weise der alles bestimmende Begriff des *Theorierahmens*. Die »Begründung« bzw. »Rechtfertigung« der Einführung dieser Begriffe (bzw. Quasi-Definitionen bzw. Verfahren usw.) ergibt sich aus der Berücksichtigung der beiden genannten Faktoren, detaillierter: aus der Kritik anderer Positionen unter Hinweis auf Unklarheiten und Inkohärenzen und aus der Entfaltung einer positiven Alternative, die aus der antizipierten Sicht des Ganzen gewonnen wird.

[ii] Wie diese Problematik sich in der philosophischen Diskussion konkret zeigt, kann an der Position verdeutlicht werden, die R. Carnap in seinem Aufsatz »Empirismus, Semantik und Ontologie« formuliert hat. In diesem Aufsatz hat er die Frage der Rechtfertigung des »Sprachrahmens (*linguistic framework*)« angeschnitten, darauf allerdings eine unzureichende Antwort gegeben. Er vertritt die Auffassung, dass die Einführung eines Sprachrahmens »keinerlei theoretischer Rechtfertigung bedarf« (Carnap [1950/1972: 269]). Ist also eine solche Einführung völlig beliebig? Carnap wurde und wird meistens

in dieser Weise interpretiert. Damit wird aber seine Position nicht adäquat getroffen, obwohl seine missverständlichen Formulierungen dieser Fehlinterpretation zweifellos Vorschub leisten. Das Hauptmissverständnis liegt in der Formulierung »theoretische Rechtfertigung«. Man muss sich wundern, dass Carnap so formuliert – oder auch nicht; denn die Unterscheidung »theoretisch-praktisch«, welche die ganze Geschichte der Philosophie durchzieht, beinhaltet eine grundlegende Ambiguität. Carnap kennt nämlich durchaus eine *Rechtfertigung* der Einführung eines bestimmten Sprachrahmens. Es heißt bei ihm:

»Freilich müssen wir uns […] einer wichtigen Frage stellen; aber es ist eine praktische, nicht eine theoretische Frage, ob die neuen sprachlichen Formen zu akzeptieren sind oder nicht. Die Annahme kann nicht als entweder wahr oder falsch beurteilt werden, weil sie keine Behauptung ist. Sie kann nur als mehr oder weniger angemessen, fruchtbar, dem Zwecke dienlich beurteilt werden, zu dem die Sprache bestimmt ist. Urteile dieser Art liefern die Motivierung für die Entscheidung des Annehmens oder Ablehnens dieser Art von Entitäten.« (Ib.; modifizierte Übers.)

Aber Urteile über Angemessenheit oder Unangemessenheit einer Sprache sind Urteile, die durchaus die Qualifikation »theoretisch« verdienen, haben sie doch die eigentlich theoretische Form: »Es verhält sich so, dass der Sprachrahmen L (für die Erklärung des Phänomens P) angemessener ist als der Sprachrahmen L'.« Man kann diesen Gesichtspunkt verallgemeinern, indem man von der (kleineren oder größeren) *Intelligibilität* eines Sprachrahmens spricht. Eine diesbezügliche Frage ist offensichtlich eine eindeutig theoretische Frage.

Trifft man eine *rationale Entscheidung* über die Einführung eines bestimmten (Sprach- bzw. Theorie-)Rahmens, so fällt man damit ein *rein theoretisches* Urteil über die Angemessenheit bzw. Intelligibilität eines Sprachrahmens. Ein solches Urteil bildet dann die rationale Grundlage für eine *Entscheidung*. Es ist daher irreführend und sogar falsch, die Frage nach der Einführung eines bestimmten Sprachrahmens simplifizierend als eine *rein praktische* Frage zu qualifizieren. Insofern unterlag Carnap einem Missverständnis mit schwerwiegenden Konsequenzen. Für jemanden, der sich als Wissenschaftler/Philosoph betätigt, gibt es, streng genommen, keine Entscheidungsfrage oder praktische Frage im Sinne Carnaps. Der Wissenschaftler bzw. Philosoph widerspricht sich nämlich, wenn er eine andere Entscheidung trifft als die, einen Sprach- und Theorierahmen einzuführen, der größere Angemessenheit bzw. eine höhere Intelligibilität beinhaltet.

Die *echt praktische Frage* für den Philosophen bzw. Wissenschaftler liegt anderswo, nämlich eine Stufe früher: Es ist die Frage, ob jemand sich entscheidet, sich *als* Philosoph bzw. *als* Wissenschaftler zu verstehen und sich dementsprechend zu verhalten. Im positiven Fall ist damit zugleich die *generelle* Entscheidung zugunsten der Einführung desjenigen Sprach- oder Theorierahmens gefallen, der eine höhere Intelligibilität beinhaltet bzw. ermöglicht. Man sieht hier, dass ein anscheinend kleines Missverständnis am Anfang oft verhängnisvolle Konsequenzen hat.[27]

Zusammenfassend lässt sich sagen: Jemand, der – in der einen oder anderen Weise – pragmatisch motiviert wurde, ein Theoretiker zu werden (sei es im Sinne eines bleibenden Berufs oder nur zeitweise), wird, wenn er konsequent handelt, den Theorierahmen akzeptieren und anwenden, der sich als geeignet herausstellt, die höchst mögliche Intelligibilität hinsichtlich des in Frage stehenden Theoretisierungsbereichs zu erreichen. Was das genauer heißt, soll unten in Punkt [4][ii] gezeigt werden.

[3] Im Unterschied zum inchoativ-systematischen Begründungsbegriff, der naturgemäß einen globalen Charakter hat, ist der *innersystematische* Begründungsbegriff viel präziser. Er beinhaltet die Verfahren, Begriffe, Gesichtspunkte usw., aufgrund deren der systematische Stellenwert einer Aussage (einer Behauptung, eines Satzes, einer Theorie usw.) aufgewiesen wird. M. a. W.: Eine Aussage innersystematisch zu begründen, bedeutet, den systematischen »Ort« der Aussage zu bestimmen. Dieser »Aufweis« oder diese »Bestimmung« ist eine »Begründung«, insofern ein Subjekt (bzw. Sprecher oder Erkennender) schon »innersystematisch« situiert ist. Der innersystematische Begründungsbegriff ergibt sich daher aus der inneren Strukturiertheit des von einem Erkennenden akzeptierten und »angewandten« Theorierahmens. Genauer müsste man den innersystematischen Begründungsbegriff einen »Kürzel-Begriff« nennen, insofern man von so vielen Formen dieses Begriffs sprechen muss, wie es Weisen von Zusammenhängen *innerhalb* des benutzten Theorierahmens gibt (ein bestimmter Theorierahmen kann, beispielsweise, sowohl deduktive als auch induktive Begründungsformen ermöglichen). Bei allen diesen Begründungen handelt sich um rein rationale

---

[27] In einer anderen Passage erkennt CARNAP in einem gewissen Sinne den *theoretischen* Charakter von Überlegungen an, die die Entscheidung über Akzeptanz oder Verwerfung eines bestimmten Sprachrahmens bestimmen:
»Die Entscheidung, die Dingsprache zu akzeptieren, wird, obwohl selbst nicht kognitiver Natur, nichtsdestoweniger gewöhnlich durch theoretisches Wissen beeinflusst, geradeso wie irgendeine andere reiflich überlegte Entscheidung bezüglich der Annahme sprachlicher oder anderer Regeln. [...] [D]ie diese Qualitäten [Leistungsfähigkeit, Fruchtbarkeit usw., L. B. P.] betreffenden Fragen sind tatsächlich theoretischer Natur ...« (Ib. 261)
Aber CARNAP scheint die Tragweite dieser Einsicht völlig übersehen zu haben. Er belässt es bei einer flüchtigen Bemerkung. Sein alleiniges Interesse gilt der Bemühung, ein Missverständnis auszuschließen, das Missverständnis nämlich, dass die Frage nach der Rechtfertigung eines bestimmten Sprachrahmens mit der »Frage des Realismus identifiziert« (ib.) wird. Auf den Gedanken, eine solche Frage könne, ja müsse als die Frage nach dem Begriff der Realität selbst aufgefasst und geklärt werden, kommt er nicht. Darauf soll anschließend im Haupttext eingegangen werden.

1.5 (Selbst)Begründung der systematischen Philosophie?

und theoretische Verfahren, die mit pragmatischen Angelegenheiten nicht zu vermengen sind.

[4] Der *metasystematische* Begründungsbegriff kann in einer ersten Annäherung von einem negativen und einem positiven Gesichtspunkt her charakterisiert werden.

[i] Der *erste* ergibt sich aus der Abgrenzung des hier anvisierten Begründungsbegriffs gegenüber einem *fundamentalistischen* Begründungsbegriff. Letzterer ist, um einen prägnanten Ausdruck zu verwenden, »archäologisch« orientiert, während für den systematischen Begründungsbegriff die Bezeichnung »teleologisch« angemessen ist. Gemäß der »archäologischen« Perspektive ist die Begründung am Anfang des theoretischen Unternehmens zu leisten: Eine Aussage wird *als wahr* aufgestellt, etwa in der Form einer These oder eines Prinzips o. ä., und *gleich anschließend* wird deren Begründung gefordert bzw. geliefert. Es wurde am Anfang des Abschnitts 1.4.5 gezeigt, dass diese fundamentalistische Position unhaltbar ist.

[ii] Der *zweite* Gesichtspunkt, der den metasystematischen Begründungsbegriff zumindest vorläufig *positiv* charakterisiert, ist der vieldiskutierten Frage der Bestätigung oder Bewährung von Theorien zu entnehmen. Diese Frage stellt sich nur und auch erst dann, wenn eine Theorie schon entwickelt wurde, also vorliegt. Begründung als Bestätigung oder Bewährung ist insofern der letzte Schritt in einem theoretischen Unternehmen.

Von diesen beiden Gesichtspunkten her lässt sich eine erste, allgemeine Bestimmung des metasystematischen Begründungsbegriffs gewinnen: Metasystematisch begründet ist eine systematische Philosophie dann, wenn sie nicht fundamentalistisch begründet wird, d. h. wenn sie nicht aus schon als wahr und gesichert qualifizierten fundamentalen Aussagen entwickelt wird, sondern wenn sie als ganze, als entwickelte systematische Philosophie der »eigentlichen« Begründungsfrage unterworfen wird. In einer fundamentalistischen Perspektive stellt sich die Frage nach der Begründung einer systematischen Philosophie soz. *post factum* überhaupt nicht und kann auch nicht gestellt werden; denn die »ganze« oder die »entwickelte« systematische Philosophie wäre, fundamentalistisch gesehen, bereits dadurch als wahr erwiesen, dass sie aus angenommenen wahren Grundlagen entwickelt wurde. Die einzige Frage, die sich für den Fundamentalisten aus fundamentalistischer Perspektive stellt, ist die, ob er in korrekter Weise weitere Aussagen (und das heißt für ihn: weitere Wahrheiten) aus den »ersten« oder den Basiswahrheiten gewonnen hat bzw. gewinnen kann.

Die nähere Bestimmung des metasystematischen Begründungsbegriffs stellt eine umfangreiche und komplexe Aufgabe dar. Hier sollen vorerst nur einige zentrale Gesichtspunkte dargelegt werden, die bei dieser Aufgabe zu beachten sind.

Schon die Klärung des Begriffs der Bestätigung naturwissenschaftlicher (empirischer) Aussagen wirft erhebliche Probleme auf. Eine radikal oder naiv empiristische Konzeption, der zufolge die Theorie von den empirischen Daten verifiziert oder falsifiziert wird, ist nicht haltbar, da der Begriff der empirischen Basis radikal ambig ist. Das Datum als ein X aufzufassen, das von der entsprechenden Theorie bzw. von jeder Theorie vollkommen unabhängig ist, ist philosophisch und wissenschaftstheoretisch als eine Fiktion anzusehen. Auch die empirische Basis bzw. die Beobachtungssprache ist immer schon *theoriebeladen.*

Dieser Umstand lässt die Kluft zwischen Philosophie und Naturwissenschaften hinsichtlich des Bewährungsproblems der entsprechenden Theorien als nicht so groß erscheinen, wie dies traditionell oft behauptet wurde. Dennoch dürfen auch die Differenzen zwischen Philosophie und Naturwissenschaften nicht verharmlost werden. Im folgenden soll nur der Hauptgedanke einer Lösung für die philosophische Fragestellung skizziert werden. Diese Lösung muss dann im Rahmen der Darstellung der systematischen Philosophie an vielen Stellen entsprechend konkretisiert werden.

Von der Utopie, es wäre möglich oder auch nur sinnvoll, die einzig wahre systematische Philosophie zu entwickeln und sie gar als solche aufzuweisen oder gar zu »beweisen«, muss endgültig Abschied genommen werden. Dass diese Utopie nicht nur nicht realisierbar, sondern auch sinnwidrig ist, soll die hier anvisierte systematische Philosophie zeigen. Aus dieser Behauptung kann aber weder ein (inkonsistenter) Relativismus (traditioneller Art) noch ein Skeptizismus irgendeiner Couleur oder irgendeine andere ähnliche philosophische Position oder Haltung gefolgert werden. Auch diese Behauptung soll durch die hier in Angriff genommene systematische Philosophie als begründet aufgewiesen werden.

Das metasystematische philosophische Problem der Begründung basiert auf der Überlegung, dass eine entwickelte philosophische Theorie nicht nur faktisch, sondern auch prinzipiell immer mit (schon entwickelten oder konzipierbaren) Alternativtheorien konfrontiert ist. Diese Behauptung lässt sich zunächst so begründen, dass man sagt: Gäbe es nur eine einzige Theorie, so entstünde nicht das Begründungsproblem, denn dann gäbe es keine Konkurrenztheorien, hinsichtlich deren sie gerechtfertigt werden müsste.

Gibt es aber Alternativkonzeptionen, kurz: andere Systeme, so wird die Frage unausweichlich, wie ein bestimmtes System als das überlegene und damit als das zu akzeptierende System aufgewiesen werden kann. Die zugrunde zu legenden Kriterien können *eo ipso* nicht (oder zumindest nicht ausschließlich oder vorwiegend) rein innersystematisch sein; denn es geht darum zu zeigen, welches System den anderen Systemen überlegen ist. Beweise im strengen Sinne sind hier weder zu erwarten noch auch möglich, da Beweise einen genau bestimmten und festgelegten umfassenden Theorierahmen voraussetzen, *innerhalb* dessen sie Gültigkeit erlangen. Was bleibt dann übrig?

Als Kriterium für die Überlegenheit eines Systems im Vergleich mit anderen gegebenen oder als möglich erachteten Systemen wird hier der Gedanke der *höheren* oder der *relativ maximalen Kohärenz* vorgeschlagen. »Kohärenz« wird dabei nicht synonym mit »Konsistenz« (im streng logischen Sinne), sondern in einem weiteren Sinne verstanden, der hier nur in seinen Grundzügen zu skizzieren ist (die eingehende Behandlung dieses Themas erfolgt in den Kapiteln 5 und 6). Zur näheren Bestimmung des Begriffs der Kohärenz wird der Gesichtspunkt der *Intelligibilität* herangezogen: Je höher die Intelligibilität (eines Begriffs, eines Zusammenhangs usw.), desto höher ist die dabei erzielte Kohärenz. Intelligibilität ihrerseits wird durch mehrere Faktoren charakterisiert, die allerdings einen relativen Charakter haben, insofern sie dem einen Theoretiker als sehr plausibel, einem anderen Theoretiker dagegen als überhaupt nicht plausibel erscheinen. Um hier Klarheit zu schaffen, ist es angebracht, zwischen [a] grundsätzlichen und [b] komparativen Intelligibilitätskriterien zu unterscheiden.

[a] *Grundsätzliche* Kriterien sind solche, die die Grenze zwischen Intelligibilität und Nicht-Intelligibilität festlegen. Ein Beispiel mag diesen Unterschied illustrieren. Das vielleicht älteste und die ganze Geschichte des philosophischen Denkens bis in die Gegenwart hinein durchdringende semantisch-ontologische »Denkschema«, auf welches in diesem Buch des öfteren kritisch Bezug genommen wird, ist die Annahme zweier Typen von Entitäten: das Substratum (Substanz, Objekt, Ding) und die Universalien (Eigenschaften/Relationen), die beide nach diesem Denkschema grundsätzlich die Strukturiertheit der Welt konstituieren. Die Welt ist demnach die Gesamtheit der Objekte (Dinge, Substrata/Substanzen), die Eigenschaften haben und in Relationen zueinander stehen. Nur wenige Philosophen haben im Lauf der Geschichte und in der Gegenwart die Frage aufgeworfen, ob dieses »semantisch-ontologische Denkschema« überhaupt intelligibel ist. Die Frage mag sogar vielen sinnlos erscheinen; denn, so werden sie zurückfragen: Was ist intelligibler als das, was wir alle immer schon benutzen, wobei wir wissen, was wir sagen, wenn wir von Objekten, Eigenschaften, Relationen usw. sprechen?

Aber wissen wir wirklich, was wir dabei sagen? Was ist ein Substratum (oder Ding oder Objekt)? Grundsätzlich »nur« dies: Es ist ein X, dem Eigenschaften und Relationen zugeschrieben und von dem Sachverhalte behauptet werden. Aber der Intelligibilität suchende Philosoph wird noch einmal fragen: Was ist dieses X selbst? Es stellt sich schnell heraus, dass dieses X eine sonderbare Entität ist: Was sie selbst ist, ist einfach nicht zu sagen; denn sie dient nur dazu, einen »Halt« für die Zuschreibung von Eigenschaften und Relationen (und Sachverhalten) bereitzustellen. Auch werden nicht grenzenlos viele Eigenschaften (bzw. Relationen bzw. Sachverhalte), die das X »bestimmen«

sollen, das X »selbst« wirklich bestimmen. Das X selbst nämlich, »zieht« sich, um es bildlich darzustellen, in dem Maße zurück, in dem es durch Eigenschaften, Relationen und Sachverhalte »bestimmt« wird. Ist eine solche Entität überhaupt intelligibel? Viele, vermutlich sogar die meisten Philosophen werden sagen, das X sei natürlich intelligibel; versuche man, es zu eliminieren, so ergeben sich Absurditäten; denn nur durch die Annahme eines solchen X »haben« wir die konkrete Welt eben der Objekte, der Dinge usw. Man sieht, dass die »Argumentation« dieser Philosophen vollkommen zirkulär ist. Der Philosoph, der ein solches X nicht akzeptieren will, weil es nicht intelligibel sei, wird u. a. darauf verweisen, dass eine solche »Entität« durch noch so viele »Bestimmungen« doch *nicht als solche* bestimmt wird, d. h. dadurch charakterisiert ist, dass sie sich ständig »entzieht«, ja dass sie sogar, wenn nicht einen widersprüchlichen, so doch einen unfassbaren Charakter hat. Nähme man alle ihr zugeschriebenen Eigenschaften, Relationen oder Sachverhalte fort, so bestünde das X *irgendwie* dennoch, da es voraussetzungsgemäß nicht identisch mit diesen Bestimmungen ist. Eine Entität, die so »eigenartig« ist, kann nicht als intelligibel angesehen werden.

[b] *Komparative* Kriterien sind solche, die eine höhere oder niedrigere Intelligibilität anzeigen. Über zumindest einige der Hauptkriterien für höhere Intelligibilität dürfte wohl ein Konsens zu erreichen sein. Ein mögliches Hauptkriterium kann so formuliert werden: Eine Theorie (eine Aussage, ein System …) besitzt eine höhere Intelligibilität (und damit eine höhere Kohärenz) als eine andere, wenn sie eine größere und detailliertere Strukturiertheit der »Sache«, um die es sich handelt, d. h. über die sie »spricht«, herausarbeitet und artikuliert. Man kann hier auch von einer größeren »Sachangemessenheit« sprechen. Dabei wird allerdings vorausgesetzt, dass eine Sache *nicht* dadurch »angemessen« erfasst und artikuliert wird, dass sie sozusagen in einer Art *splendid isolation* »immer tiefer in sich selbst« betrachtet oder erfasst wird. Das obige Illustrationsbeispiel macht deutlich, dass das »Substanzschema«, streng genommen, mit einer »größeren Intelligibilität« in der hier angenommenen Weise nicht kompatibel ist.

Ein weiteres Kriterium ist die *Vollständigkeit*. Gemeint ist natürlich nicht eine absolute, sondern nur eine relative Vollständigkeit. Sie betrifft sowohl die Menge der Daten als auch die »Gegebenheitsweisen« der Daten, deren Bezüglichkeiten, die Zusammenhänge, in denen sie involviert sind usw.

Damit ist aber die *ganze* Thematik und Problematik des Begründungsbegriffs noch nicht angemessen erfasst und behandelt. Bisher wurde immer auf die Unausweichlichkeit der Annahme eines bestimmten Sprach- und Theorierahmens hingewiesen. Da man aber von der Annahme ausgehen muss, dass faktisch mehrere Sprach- und Theorierahmen existieren und noch mehr (im Prinzip sogar unendlich viele) als möglich erscheinen (d. h. entwickelbar sind), so drängt sich die Frage auf, warum man gerade einen bestimmten

Sprach- und Theorierahmen annimmt – und nicht einen anderen. Diese Frage ist in einem klaren Sinne eine Begründungsfrage.

Hier wird angenommen, dass man immer »in« einem bestimmten Sprach- und Theorierahmen denkt, spricht, Aussagen macht, Theorien entwickelt. Es ist aber ein Faktum, dass es zum theoretischen Potential unseres Denkens gehört, jede Grenze eines bestimmten Sprach- und Theorierahmens überschreiten zu können. Das geschieht insbesondere in der Weise, dass wir »unseren« Sprach- und Theorierahmen zu anderen (existierenden oder möglichen) in eine vergleichende Beziehung setzen. Da wir immer nur auf der Basis eines Theorierahmens denken können, ist der Versuch, einen Theorierahmen mit einem anderen oder mit vielen anderen Theorierahmen zu *vergleichen,* so zu verstehen, dass man einen Schritt über den jeweiligen Theorierahmen oder über die im Vergleich zueinander stehenden Theorierahmen hinaus vollzieht, indem man sich auf einen weiteren, umfassenderen Theorierahmen, einen *Metatheorierahmen,* bezieht.

In einem solchen Metatheorierahmen wird der »eigene« Theorierahmen mit einem anderen ebenfalls gegebenen Theorierahmen (oder mit mehreren anderen gegebenen oder möglichen Theorierahmen) verglichen. Was kann sich aus diesem Vergleich ergeben? Grundsätzlich gibt es *vier* Möglichkeiten: *Erstens* kann sich der »eigene« Theorierahmen als überlegen herausstellen, was, global gesehen, zwei Formen annehmen kann: Es kann sein, dass der andere oder die anderen Theorierahmen in den eigenen Theorierahmen eingegliedert, eingebettet oder integriert werden können; oder es kann sein, dass der eigene Theorierahmen in der Weise gegenüber den anderen Theorierahmen überlegen ist, dass er sie radikal ausschließt. *Zweitens* kann genau dasselbe auf inverse Weise passieren, dann nämlich, wenn sich ein anderer Theorierahmen gegenüber dem »eigenen« (und den übrigen) als überlegen erweist. Es kann *drittens* der Fall sein, dass der eigene und der andere Theorierahmen sich als *äquivalent* herausstellen. Schließlich kann es *viertens* geschehen, dass weder der eigene noch der damit verglichene Theorierahmen sich gegenüber dem jeweils anderen als überlegen oder als äquivalent zeigen, sondern dass beide Rahmen sich als *defizient* und damit als *korrekturbedürftig* erweisen. In der philosophischen Praxis tritt dieser Fall häufig auf, und zwar in vielfältigen komplexen Formen. Werden die Defizienzen behoben und die Korrekturen durchgeführt, so ist das Resultat wieder eine der ersten drei beschriebenen Formen. Auf weitere Aspekte dieser Thematik wird in Abschnitt 6.3.2.1 eingegangen.

1.5.2.3 Der systematische Begründungsbegriff als idealisierte Form der systematischen Begründungspraxis

Der skizzierte systematische Begründungsbegriff in seiner Dreifachstufung der inchoativ-systematischen, der innersystematischen und der metasystematischen Ebene stellt eine Idealisierung dar. Aus darstellungstechnischen Gründen wurde dieser komplexe Begriff so charakterisiert, dass dabei hypothetischerweise das ganze Feld der systematischen Philosophie als Anwendungsfall zugrunde gelegt wurde. Würde man in der Lage sein, dieses ganze Feld zusammenhängend darzustellen, so wäre die »idealisierte« Gestalt mit der »realen« Gestalt des Begründungsbegriffs identisch. Aber eine solche Annahme ist extrem unwahrscheinlich. Betrachtet man die philosophische Praxis auch der im Sinne des hier entwickelten Konzepts systematisch denkenden Philosophen, so muss man den systematischen Begründungsbegriff differenziert im Hinblick auf die angesprochene Praxis konkretisieren. Dies soll im folgenden hinsichtlich der drei Formen des systematischen Begründungsbegriffs geschehen.

[1] Den in dieser Perspektive am wenigsten problematischen Fall stellt der *innersystematische* Begründungsbegriff dar. Hinsichtlich dieses Begriffs ist zu sagen, dass die systematische Perspektive und die Darstellungspraxis weitgehend zusammenfallen. Die Einschränkung »weitgehend« wird gleich zu präzisieren sein. Innersystematisch begründen heißt ja, den »Platz« oder »Stellenwert«[28] einer Annahme, einer Aussage, einer (gebietsspezifischen) Theorie usw. im systematischen Theorierahmen oder, einfacher, im Systemrahmen herauszuarbeiten, und zwar ausschließlich mit den »innersystematischen« Explikations- bzw. Argumentationsmitteln. Daraus folgt unmittelbar, dass die Darstellung eines bestimmten Teils des Systems auch – in ganz besonderer Weise – die innersystematische Begründung jeder einzelnen Aussage, (gebietsspezifischen) Theorie usw. beinhaltet.

In dieser innersystematischen Perspektive kommen die Begründung, auch im pragmatischen Sinne als eine auf Erkennende explizit bezogene theoretische Unternehmung, und der Beweis (oder abgeschwächt: der Aufweis) als eine Erkennende nicht explizit berücksichtigende, sondern rein »immanent«, sich allein in einem Theorie- bzw. Systemrahmen vollziehende theoretische Unternehmung vollkommen zur Deckung. »Zur-Deckung-kommen« heißt hier aber nicht, dass die *Begriffe* »(pragmatische) Begründung« und »Beweis« vermengt werden. Es verhält sich vielmehr so, dass ein Beweis (im strengen innersystematischen Sinne) durch einen Umstand (bzw. eine Voraussetzung) *zugleich* die Funktion einer (pragmatischen) Begründung übernimmt, ohne dass dies eigens explizit aufgewiesen wird. Der Umstand besteht darin, dass vorausgesetzt wird, das »theoretische Subjekt« (bzw. der theoretische Sprecher oder Erkennender) habe den Theorie- bzw. Systemrahmen *immer schon akzeptiert*.

---

[28] Die hier verwendeten Ausdrücke ›Platz‹, ›Stellenwert‹ usw. müssen hier als nicht genau bestimmte Terme verwendet werden, da deren genaue Bestimmung von dem System abhängig ist, auf welches sie sich beziehen.

1.5 (Selbst)Begründung der systematischen Philosophie? 97

Aus dieser Position ergibt sich, dass in der hier erläuterten innersystematischen Perspektive keine *subjektiven* Faktoren (wie Glaube, Überzeugung, Präferenz u. ä.) in irgendeiner Weise als relevant anzusehen sind; relevant sind ausschließlich logische, rationale oder wissenschaftstheoretische Faktoren, da alles, was sich aus dem angenommenen Theorierahmen in stringenter Weise ergibt, sich als einfach wahr-in-diesem-Theorierahmen erweist.[29] Strenggenommen, taucht hier keine Begründungsfrage auf, wenn »Begründung« im oben erläuterten *pragmatischen* Sinne verstanden wird.[30] Der Status innersystematischer Wahrheiten kann daher nicht in pragmatischer Hinsicht in Frage gestellt werden; diese Wahrheiten können nur »von außen« problematisiert werden – aus einer Perspektive, die den zugrundegelegten Theorierahmen selbst in Frage stellt, also aus der Perspektive eines Metatheorierahmens. Der Begriff des Metatheorierahmens seinerseits wirft die Frage nach der *metasystematischen* Begründung auf.

[2] Von der oben skizzierten *idealisierten Gestalt* der systematischen Begründung sind in der philosophischen Praxis die *inchoativ-systematische* und die *metasystematische* Form des systematischen Begründungsbegriffs am meisten entfernt. In der üblichen konkreten Darstellung philosophischer Theorien und Konzeptionen sind *beide* Begründungsformen faktisch – und, das muss hinzugefügt werden, sinnvollerweise – immer gefordert und sogar unverzichtbar. Auch wenn ein grundlegender Theorie- bzw. Systemrahmen in angemessener Weise »gewählt« wurde, ist damit lange noch nicht die Aufgabe bewältigt, diesen Rahmen hinsichtlich der verschiedenen Fragestellungen und Gebiete der systematischen Philosophie zu konkretisieren. In dieser Hinsicht muss der Theoretiker in jeder neuen »Etappe« der systematischen Darstellung die Wahl einer *konkretisierten* Gestalt des allgemeinen Theorierahmens vornehmen *und begründen*. Der hier geforderte Begründungsbegriff ist, grundsätzlich gesehen, der inchoativ-systematische, jetzt allerdings nicht hinsichtlich des allgemeinen Theorie- bzw. Systemrahmens und hinsichtlich des Ganzen der systematischen Philosophie, sondern nur hinsichtlich des spezifischen Gebiets, das gerade thematisiert wird. Diese *konkretisierte* Form des

---

[29] Auf die genaue Bedeutung dieser Relativität der Wahrheit zu einem Theorierahmen soll in Kapitel 3 (Abschnitt 3.3.4.3) und in Kapitel 5 näher eingegangen werden.
[30] Fällt der genannte Umstand bzw. die beschriebene Voraussetzung weg, so zeigt sich sofort, wie schon oben ausgeführt wurde, dass ein »innersystematischer Beweis« noch lange keine »Begründung im pragmatischen Sinne« darstellt. Der interessanteste (und wohl häufigste) Fall ist der folgende: Ein Theoretiker untersucht und rekonstruiert die »innere Systematik« einer Philosophie und findet, dass die innersystematischen Zusammenhänge einwandfrei demonstriert (»bewiesen«) wurden, also, kurz gesagt, dass die Beweise (innersystematisch) stichhaltig sind; der Theoretiker aber akzeptiert den Theorie- bzw. Systemrahmen nicht, als dessen Ausgestaltung sich die von ihm untersuchte Philosophie versteht. Die Beweise sind in diesem Fall *für einen solchen Theoretiker* keine Begründungen (im Sinne von Rechtfertigungen).

inchoativ-systematischen Begründungsbegriffs unterscheidet sich insofern von der allgemeinen Form desselben Begriffs, als im konkret(er)en Fall schon eine Reihe von Annahmen vorliegen, zunächst hinsichtlich des allgemeinen Rahmens und dann gegebenenfalls auch in der Form detaillierter »konkreter«, inhaltlicher usw. Annahmen. Wie sich die Prolemlage hier darstellt, hängt davon ab, wie weit die behandelte Thematik im Rahmen der dargestellten systematischen Philosophie gediehen ist. Es ist jedoch davon auszugehen, dass immer ein spezifischer »Fragerest« übrig bleibt, der nicht einfach auf der Basis der schon gemachten Annahmen als geklärt gelten kann. Eine weitere, ganz spezifische Konkretisierung des Theorie- bzw. Systemrahmens ist erforderlich. Je fortgeschrittener die Darstellung der systematischen Philosophie jedoch ist, desto enger wird der Spielraum an Entscheidungsmöglichkeiten hinsichtlich der Wahl eines konkreten Theorierahmens für ein spezifisches Gebiet.

Diese Überlegungen gelten im Prinzip auch für den *metasystematischen Begründungsbegriff*. In der konkreten philosophischen Praxis wäre es nicht vertretbar, wenn die metasystematische Begründung (also die Bewährung) einer Aussage, Theorie usw. erst am Ende der Darstellung der *gesamten* systematischen Philosophie geliefert würde. Systematisches Philosophieren bedeutet nicht, dass »das große philosophische System *als ganzes*« schon ausgearbeitet sein muss, damit bestimmte Fragen – auch Begründungsfragen – gestellt und gelöst werden können. Allerdings darf der systematisch denkende Philosoph, der in seiner philosophischen Praxis den oben beschriebenen »konkretisierten« systematischen Begründungsbegriff anwendet, das anvisierte Ganze der Philosophie nie aus den Augen verlieren. Andernfalls wären seine »partikulären« Theorien in einem Ausmaß problematisch, wie es in der systematischen Philosophie nicht toleriert werden kann. Zwar können in der philosophischen Praxis Behauptungen aufgestellt und Unterscheidungen eingeführt werden, deren Voraussetzungen und Implikationen durch den vortragenden Philosophen zunächst kaum oder überhaupt nicht abschätzbar sind; aber ein solches Verfahren ist nur dann sinnvoll und zulässig, wenn es explizit als provisorisches Verfahren verstanden und deklariert wird. Andernfalls kann die entsprechende philosophische Aussage bzw. Theorie keinen Anspruch auf eine nur minimal rationale und damit wahrhaft begründete Akzeptabilität erheben.

Kapitel 2

Theoretizitätssystematik: die philosophische Darstellungsdimension

2.1 Theoretizität als Darstellungsdimension

Philosophie ist Theorie. Diese Einsicht wurde in den beiden ersten Kapiteln erläutert und (inchoativ-systematisch) begründet. In diesem Kapitel 2 wird sie in einer bestimmten, für die hier anvisierte systematische Philosophie zentralen Hinsicht ausführlich dargelegt und präzisiert.

Die Philosophie (und im allgemeinen die Wissenschaft) ist ein sehr komplexes Phänomen. Es kann nur dann adäquaterweise erfasst und dargelegt werden, wenn eine ganze Reihe von Faktoren explizit angegeben und berücksichtigt werden. Die Hauptfaktoren dieses Phänomens sind: Philosophie (bzw. Wissenschaft) ist eine bestimmte Art von Aktivität; diese Aktivität entwickelt Theorien (im einmaligen Idealfall: eine einzelne umfassende Theorie); diese Aktivität und ihre Produkte beziehen sich auf die Welt als die unbeschränkte Gesamtheit der »Gegenstände« und »Bereiche«.

Nimmt man diese drei Faktoren zusammen, so hat man das, was man eine »Darstellungsdimension« nennen kann. Dabei ist der Ausdruck ›Darstellung‹ in einem sehr weiten Sinne zu nehmen, dem zufolge auch die Kunst als eine ganz bestimmte »Darstellungsdimension« verstanden bzw. interpretiert werden kann; denn auch die Kunst ist eine bestimmte Aktivität, die etwas, eben ein Kunstwerk, hervorbringt, und zwar so, dass sich das Kunstwerk (und damit auch die es hervorbringende Aktivität) auf die Welt bezieht. Dasselbe gilt im Prinzip auch von der pragmatischen Aktivität und deren »Produkten«. Kurz und vereinfacht formuliert ist dagegen das Ziel der theoretischen Aktivität die Darstellung von Theorien, die den Anspruch erheben, wahr zu sein; das Ziel der praktischen Aktivität ist die Darstellung von Werken, die gut sind; das Ziel der ästhetischen Aktivität ist die Darstellung von Werken, die (in einem bestimmten Sinne) schön sind.[1] Was die philosophische Darstellungsdimension von der pragmatischen und künstlerischen unterscheidet, ist daher gerade ihr theoretischer Charakter: Es handelt sich um eine theoretische Aktivität, um ein theoretisches »Produkt«, eine theoretische Bezugnahme auf die Welt, um theoretisch artikulierte – und das heißt dann: dargestellte – Welt.

---

[1] Die praktische und die ästhetische Dimension werden in Kapitel 4 behandelt.

Zur Verwendung der Ausdrücke ›Theorie/Theoretizität‹ und Derivaten sei grundsätzlich vermerkt: Es geht hier nicht um so etwas wie die »ursprüngliche Bedeutung« des griechischen Wortes θεωρία, also nicht um Spekulationen oder Überlegungen zur Etymologie des Wortes und auch nicht um die weitreichenden Konsequenzen, die einige Philosophen (besonders Heidegger) daraus zu ziehen versuchen. Vielmehr werden diese Ausdrücke – global gesprochen – gemäß der Bedeutung verwendet, die ihnen in der Philosophie der Gegenwart gegeben wird, so uneinheitlich im einzelnen auch die nähere Bestimmung ihrer Bedeutung sein mag.

Der Gebrauch des Ausdrucks ›Theoretizität‹ muss noch zusätzlich erläutert und präzisiert werden. In diesem Buch bezeichnet dieser Ausdruck allgemein und grundsätzlich den Status oder den Charakter von Theorie. Er dient also zur Charakterisierung all dessen, was einen direkten oder auch indirekten Bezug auf Theorie hat, sei es in der Weise, dass etwas eine Voraussetzung von Theorie ist (wie eine bestimmte Sprache, eine bestimmte Diskursart u. ä.), sei es, dass etwas ein konstitutives Element von Theorie ist (wie z.B. Axiome, logische Regeln u. ä.). Gemäß dieser Bedeutung lässt sich sagen: »Theoretizität« verhält sich zu »Theorie« so wie sich »Rationalität/Vernünftigkeit« zu »Ratio/Vernunft« verhält.

Es ist nun zu beachten, dass sich diese allgemeine und grundsätzliche Bedeutung des Ausdrucks ›Theoretizität‹ von anderen weniger allgemeinen Bedeutungen, die manchmal in der philosophischen Literatur mit diesem Ausdruck assoziiert werden, klar unterscheidet. Als Illustration sei auf eine der Verwendungen dieses Ausdrucks gemäß einer sehr engen und sehr spezifischen Bedeutung hingewiesen. Die sogenannte »traditionelle Sicht (*received view*)« von Theorien, ursprünglich von R. Carnap und C.G. Hempel entwickelt und später »Aussagenkonzeption« genannt (cf. bes. Stegmüller [1980]), basiert auf einer Sprache L (in der Regel einer präkikatenlogischen Sprache erster Stufe, möglicherweise erweitert durch modale Operatoren), die in zwei Subsprachen (oder in zwei verschiedene Vokabulare) unterteilt wird: die Beobachtungssprache L_B (oder das Beobachtungsvokabular V_B) und die theoretische Sprache L_T (oder das theoretische Vokabular V_T). Der Ausdruck ›Theoretizität‹ wurde und wird oft gebraucht, um den Status von L_T (bzw. V_T) und alles, was dazu in direkter Verbindung steht, zu charakterisieren (vgl. Suppe [1977: bes. 50ff.]).

Eine der Alternativkonzeptionen zu dieser Konzeption, die sog. Nichtaussagen-Sicht (*non-statement view*) von Theorien, nämlich die von J. Sneed und W. Stegmüller entwickelte *strukturalistische Theorienkonzeption*, verwendet ebenfalls an zentraler Stelle den Ausdruck ›Theoretizität‹, allerdings in einer völlig anderen Perspektive. Nach der traditionellen Konzeption erhalten die theoretischen Terme von L und die sie enthaltenden Sätze von L eine *partielle Interpretation* gemäß den beiden folgenden Arten von Postulaten: den theore-

2.1 Theoretizität als Darstellungsdimension

tischen Postulaten T (d. h. den Axiomen der Theorie), in denen nur Terme von L_T vorkommen, und den Korrespondenz- oder Überbrückungsregeln oder Postulaten C, die gemischte Sätze sind und einigen Bedingungen entsprechen müssen. Anders als dieses Verfahren, welches die theoretischen Größen rein negativ (als den Bereich des *Nicht*-Beobachtbaren, des *Nicht*-Vollverständlichen etc.) charakterisiert, formuliert die strukturalistische Theorienkonzeption ein sogenanntes ›Theoretizitätskriterium‹, das die theoretischen Elemente *positiv* bestimmt, nämlich durch die Angabe der Rolle, welche diese Elemente bei der Anwendung der Theorie spielen. Diese Rolle wird darin gesehen, dass diese theoretischen Größen in *theorieabhängiger Weise* gemessen werden. Aus diesem Grund wird in diesem Kontext oft die Schreibweise ›T-Theoretizität‹ verwendet. Es ist klar, dass hier der Ausdruck ›Theoretizität‹ in einer sehr engen Bedeutung gebraucht wird (vgl. Balzer [1986]).

In der Regel ist es wenig sinnvoll, über Terminologien zu diskutieren. Der einzig hier zu beachtende Gesichtspunkt ist die im Anschluss zu stellende Frage, ob eine bestimmte Terminologie klar und unmissverständlich ist. Der grundsätzliche Kontext, in dem in der vorliegenden Konzeption der Ausdruck ›Theoretizität‹ verwendet wird, besagt eindeutig: Es handelt sich um eine allgemeine und grundsätzliche Bedeutung, die sich klar von jeder engeren, spezifischen Bedeutung unterscheidet.

Die Aufgabe, die Dimension der Theoretizität genau und vollständig zu bestimmen oder zu definieren, ist eine umfangreiche. Sie reicht von der Abgrenzung dieser Dimension gegenüber anderen Darstellungsdimensionen bis hin zur genauen Definition des Begriffs der Theorie und zur Bestimmung des Verhältnisses der Theorie zur Welt. In einer bestimmten Hinsicht deckt sich diese Aufgabe sogar mit der Gesamtdarstellung der systematischen Philosophie. Zentrale Aspekte dieser Aufgabe werden in der Folge in anderen Kapiteln dieses Buches zu explizieren sein.

In diesem Kapitel soll der Ausdruck ›Theoretizität‹ zunächst eingeschränkt werden: Er soll den spezifischen Charakter jener Dimension bezeichnen, innerhalb deren Theorien entwickelt werden, also der Dimension der Wissenschaft (zu der auch die Philosophie gehört), und auch dies nur in zwei Hinsichten: hinsichtlich der Sprache als »Darstellungsmedium« und hinsichtlich der Erkenntnis als »Darstellungsvollzug« dieser Dimension. Diese zwei Aspekte sind nicht zufällig gewählt; vielmehr sind sie die zwei entscheidenden Unterscheidungsmerkmale, welche die Dimension der Theoretizität charakterisieren, und zwar sowohl »nach außen hin«, d. h. gegenüber anderen (nicht-theoretischen) Dimensionen, als auch »nach innen hin«, d. h. hinsichtlich der theoretischen Dimension als solcher. Es handelt sich also bei den beiden genannten Faktoren, der Sprache und der Erkenntnis, um die zwei Koordinaten, bei denen in ganz besonders prägnanter und unzweideutiger Weise das zum Vorschein kommt, was das Grundcharakteristikum der Theoretizität ausmacht. Darüber hinaus wirft das Verhältnis der Phänomene »Sprache« und »Erkenntnis« zueinander wichtige Probleme auf. Je nachdem, wie dieses Verhältnis aufgefasst wird, fällt die Option zugunsten eines ganz bestimmten philosophischen Grundansatzes. Im Zusammenhang der Ausführungen über Sprache und Erkenntnis (Wissen) werden als weitere zentrale Aspekte der theoretischen Dimension die Begriffe der Theorie selbst in einem prägnanten Sinne und der Wahrheit thematisiert; der Begriff der Wahrheit wird in diesem Kapitel aber nur vorläufig, d.h. aus einer erster, noch globalen Perspektive heraus kurz skizziert.

Es ist angebracht, an dieser Stelle vorweg die Ziele zu erläutern, die in den Abschnitten 2.2 und 2.3 ausgeführt werden. Der Umstand, dass Philosophie, ganz allgemein gesprochen, die Darstellung von Theorien (mit universalem Charakter) ist und dass von Theorien nur dann gesprochen werden kann, wenn es Theoretiker gibt, scheint die Meinung nahezulegen, die in der einen oder anderen Weise von der Mehrheit der modernen Philosophen vertreten wird, dass die Betrachtung des Theoretikers (oder, allgemeiner, des Subjekts, das unter anderem auch ein Theoretiker sein kann) die allererste und wichtigste, vielleicht sogar die einzige philosophische Aufgabe darstellt. Zieht man die in den Abschnitten 2.2 und 2.3 zu behandelnden Themen der Sprache und der Erkenntnis in Betracht, so könnte diese Meinung dadurch Plausibilität gewinnen, dass es Erkenntnis nur gibt, wenn es Erkennende gibt, und dass es Sprache nur solange gibt, wie es Sprecher gibt. Ungeachtet der Tatsache, dass die Sicht, der zufolge das »konkrete Subjekt« (als Denker, Erkennender, Sprecher, Handelnder oder in anderen Formen) philosophisch in jeder Hinsicht primär ist, auf den ersten Blick gut begründet zu sein scheint, und dass sie unbestrittenermaßen sehr populär ist, wird dem Subjekt in diesem Buch eine solche Primärstellung abgesprochen. Die Abschnitte 2.2 und 2.3 werden umgekehrt die sekundäre bzw. abgeleitete Stellung des Subjekts hinsichtlich der sprachlichen und der epistemischen Dimension beschreiben und begründen.

2.2 Sprache als Darstellungsmedium der Theoretizitätsdimension

Philosophie hat es wesentlich mit Darstellung zu tun, man kann sogar sagen: Philosophie ist in einem prägnanten Sinn Darstellung. Die hier gemeinte Darstellung ist theoretischer Natur. Darstellung als Theorie ist die Dimension der Ausdrückbarkeit der Welt. Das Medium der so konzipierten Darstellungsdimension ist die Sprache. Das Wissen wird zu konzipieren sein als die Dimension des Darstellungsvollzugs. Diese Zusammenhänge sind jetzt im einzelnen zu explizieren.

2.2.1 Sprache, Kommunikation, Darstellungsdimension

Wenn Theorie ein extrem komplexes Phänomen ist, so ist Sprache ein noch komplexeres Phänomen. Zunächst ist zwischen natürlichen (normalen, gesprochenen, von einer Gemeinschaft benutzten) Sprachen einerseits, und künstlichen, neu konstruierten, formalen oder Fachsprachen andererseits zu unterscheiden. Natürliche oder normale Sprachen sind durch die grundlegende Funktion der Kommunikation charakterisiert, wobei Kommunikation mehrere Aspekte oder Ebenen beinhaltet, mindestens aber die vier folgenden: die Ebene der deskriptiven oder indikativischen Darstellung, die konkret durch deskriptive (oder indikativische) Sätze gekennzeichnet ist; die Ebene der ästhetischen Darstellung, die durch ganz anders strukturierte Sätze erfolgt; die Ebene der Pragmatik, die aus Befehlen, Anweisungen u. ä. besteht; schließlich die Ebene der nicht-theoretischen bzw. der nicht-indikativischen »Expressivität«, die durch Sätze charakterisiert ist, die keine Sachverhalte u. ä., sondern nur die Haltung oder die Empfindungen eines Subjekts »zur Sprache bringen«. Eine vollständige Philosophie der natürlichen Sprache muss alle vier Aspekte oder Ebenen untersuchen und behandeln.

Künstliche oder Fachsprachen sind »theoretische« Sprachen, die ausschließlich die erste Ebene, die Ebene der deskriptiven (indikativischen) oder theoretischen Darstellung, berücksichtigen und entwickeln (ausgestalten).[2] Die allgemeine Funktion natürlicher Sprachen, nämlich die Kommunikation, wird in diesen Sprachen auf die rein theoretische Darstellungsdimension reduziert. Ob man dann noch von »Kommunikation« in einem relevanten oder interessanten Sinne sprechen kann, hängt davon ab, wie man diesen Begriff genau definieren will. Wenn Kommunikation nur so gegeben ist und als möglich betrachtet wird, dass sie *alle* vier im Falle der natürlichen Sprache genannten Ebenen einschließt, so ist es klar, dass künstliche und Fachsprachen keine Kommunikationsfunktion haben. Umgekehrt, wollte man Sprache unbedingt durch die Funktion der Kommunikation definieren, so würde daraus folgen, dass künstliche »Sprachen« keine Sprachen sind. Eine Alternativkonzeption besteht darin, dass man von einer rein »theoretischen Kommunikation« spricht. Dies scheint durchaus sinnvoll zu sein; denn eine sog. Fachsprache ist eine solche, durch die Subjekte auf einer bestimmten Ebene, in diesem Fall auf der rein theoretischen Ebene, miteinander kommunizieren (können).

Im Hinblick auf die in diesem Teil der systematischen Philosophie zu klärenden Fragen und Zusammenhänge ist eine Entscheidung über die soeben aufgeworfenen Fragen nicht von Bedeutung und daher nicht erforder-

---

[2] Eine theoretische Sprache kann, wie die philosophische bzw. wissenschaftliche Praxis zeigt, auch pragmatisches Vokabular enthalten, beispielsweise: ›behaupten‹, ›argumentieren‹, ›akzeptieren‹, ›bejahen‹ usw.; aber solche Terme werden, in rein theoretischen Darstellungen, nur im Zusammenhang mit rein deklarativen Sätzen verwendet (z. B.: »Dieses Buch argumentiert, dass die Substanz-Ontologie nicht intelligibel ist«) .

lich. Nur in einer anderen Perspektive wird sich die Frage, wie das Verhältnis zwischen Sprache und Kommunikation zu sehen ist, als zentral für die hier grundzulegende systematische Philosophie erweisen. Wird nämlich die Funktion von Sprache darin gesehen, dass sie der Kommunikation dient, so scheint sich daraus zu ergeben, dass sie *erlernbar* sein muss. Es wird nun von vielen, ja den meisten Sprachphilosophen angenommen, dass eine Sprache nur dann erlernt werden kann, wenn sie nur endlich viele Ausdrücke (bzw. höchstens abzählbar unendlich viele Ausdrücke) enthält (vgl. z. B. Davidson [1965/1984]). Diese Annahme erscheint problematisch, basiert sie doch auf einem atomistischen und damit naiven Verständnis von »Lernen«. Legt man eine solche Konzeption zugrunde, so ergibt sich, dass semiotische Systeme mit *überabzählbar* unendlich vielen Ausdrücken nicht »erlernbar« sind, da sie nicht mehr der Kommunikation (im gewöhnlichen Sinne) dienen können; daher kann man sie nicht mehr als »Sprachen« bezeichnen. Dieses Thema soll ausführlich in Kapitel 5 behandelt werden.

Demgegenüber wird hier daran festgehalten, dass jedes formale bzw. semiotische System, das einer Interpretation fähig ist, als Sprache betrachtet werden kann und muss. Dies ist nur vordergründig eine rein terminologische Festlegung; in Wirklichkeit handelt es sich in beiden Fällen um divergierende Grundannahmen in gesamtsystematischer Hinsicht, wie sich dies im Verlauf der weiteren Ausführungen zeigen wird. Hier genüge es, einleitend zu bemerken, dass Sprachen, die durch Überabzählbarkeit der sie ausmachenden Ausdrücke gekennzeichnet sind, abstrakte semiotische Systeme sind, die mit mengentheoretischen Mitteln konstruiert werden können; kurz: sie sind mengentheoretische Konstrukte (vgl. Hugly/Sayward [1983], [1986]). Es wird später zu zeigen sein, dass eine der Grundthesen der hier zu entwickelnden struktural-systematischen Philosophie, nämlich, dass Ausdrückbarkeit eine grundlegende immanente Bestimmung von Welt ist, zur Konsequenz hat, dass mindestens eine Sprache (ein semiotisches System) anzunehmen ist, die (das) überabzählbar unendlich viele Ausdrücke enthält. Darüber hinaus wird sich zeigen, dass nicht nur *eine* solche Sprache, sondern eine Pluralität solcher Sprachen in Betracht zu ziehen ist. Auf diese Problematik sowie auf die Problematik der Erlernbarkeit der Sprache soll ausführlich in Kapitel 5 eingegangen werden.

2.2.2 *»Normale« (»natürliche«) Sprache und philosophische Sprache*

Es dürfte außer Frage stehen, dass Philosophen sich nicht anders artikulieren können als dadurch, dass sie am Anfang und in gewisser Hinsicht an bestimmten »Stellen« ihrer Darstellungen die normale oder natürliche Sprache, kurz die Umgangssprache, gebrauchen müssen, zumindest dann, wenn sie sich an Leser wenden, die die natürliche Sprache als ihre normale Sprache be-

2.2 Sprache als Darstellungsmedium der Theoretizitätsdimension 105

nutzen. Philosophen als konkrete Menschen begegnen anderen Philosophen und Nichtphilosophen zunächst in einer Sprachwelt, die keine philosophische ist. Dies dürfte als eine unbestreitbare Tatsache anzusehen sein. Die Frage ist, wie sie zu interpretieren und zu bewerten ist.

Die sog. »normale« oder »natürliche« Sprache ist kein eindeutiges, genau bestimmtes und gegenüber anderen Phänomenen klar abgegrenztes und abgrenzbares Phänomen. Sie ist grundsätzlich eine Kommunikationssprache in einem nicht-theoretischen Sinne. Aber sie enthält auch durchaus indikativische, und das heißt auch zumindest anfänglich oder implizit theoretische Elemente, beispielsweise Argumentationsfiguren und sogar semantisches Vokabular. In der normalen Sprache verwenden wir wie selbstverständlich argumentativ-logische Ausdrücke wie ›wenn, dann‹, ›also‹ u. ä. Auch semantische Ausdrücke kommen wie selbstverständlich vor, z.B. ›bedeuten/Bedeutung‹, ›Wahr(heit)‹ u. ä. Die normale Sprache kann daher keineswegs mit einer sozusagen »logik-freien« bzw. »semantik-freien« Sprache, d. h. mit einer Sprache ohne logisches bzw. semantisches Vokabular, identifiziert werden.

Dann aber stellt sich die Frage, ob die philosophische Sprache eine »normale« Sprache in etwa dem Sinne ist, in dem die natürlichen Sprachen, die für die »Lebenswelten« charakteristischen Sprachen, »normale« Sprachen sind? Oder noch radikaler formuliert: Muss die philosophische Sprache vielleicht sogar als eine »normale« Sprache aufgefasst werden? Diese Frage hat grundsätzlichen Charakter und sie bedingt in vielfacher Weise eine grundlegende Differenz unter philosophischen Richtungen. In diesem Buch wird zwischen philosophischer und normaler Sprache streng unterschieden, wobei der normalen Sprache eine gewisse, aber keine fundamentale Rolle in der Philosophie eingeräumt wird. Bevor diese These näher erläutert und begründet wird, sollen in Kürze einige markante Richtungen behandelt werden, die einen radikalen Dissens hinsichtlich der philosophischen Einstellung zum Stellenwert der normalen Sprache offenbaren.

[1] Unter dieser Rücksicht kann man die für die Zielsetzung dieses Buches wichtigen philosophischen Positionen nach *drei* Kategorien ordnen: 1. Richtungen, die die normale oder natürliche Sprache auf eine andere (formalkünstliche) Sprache *reduzieren* oder in eine andere Sprache *transformieren* [1.1]; 2. Richtungen, die die natürliche Sprache als den entweder einzigen oder entscheidenden Maßstab für die Philosophie betrachten [1.2]; 3. Richtungen, die eine Art Mittelweg bevorzugen [1.3].

Die Frage nach dem Verhältnis zwischen der philosophischen Sprache und der normalen Sprache wurde von Anfang an als zentrales Thema der analytischen Philosophie betrachtet, obwohl die Frage keineswegs als deren exklusive Domäne angesehen werden kann, wie die folgende Darstellung deutlich machen wird. Das Charakteristische der analytischen Fragestellung muss aber in besonderer Weise herausgestellt werden. Es besteht in der Unterscheidung zwischen einer (Philosophie der) idealen Sprache und der (Philosophie der) normalen Sprache. Diese Unterscheidung geht der Sache nach schon auf Frege zurück, wurde aber erst seit den dreißiger Jahren explizit zum vorrangigen Thema gemacht. R. Carnap gilt als der große Theoretiker der (Philosophie der) *idealen* Sprache, während die Oxforder Schule und der späte Wittgenstein als die pointiertesten Vertreter der (Philosophie der) normalen Sprache gelten. Heute wäre es völlig inadäquat, die analytischen Philosophen im allgemeinen ganz eindeutig einem der beiden Lager zuzurechnen; meistens vertreten analytische Philosophen eine bestimmte Variante einer Mischform der beiden Richtungen.

[1.1] Einige Beispiele mögen diejenige Tendenz illustrieren, die die normale Sprache auf eine andere Sprache reduzieren oder in eine andere Sprache zu *transformieren* versuchen.

[1.1a] Obwohl Carnap der Hauptexponent der Philosophie der idealen Sprache ist, soll seine Position in diesem Kontext nicht näher dargestellt werden. Der Grund ist, dass Carnaps zentraler Begriff, nämlich der Begriff des *linguistic framework*, wenn auch in transformierter Form, in diesem Buch eine schlechterdings zentrale Rolle spielt, und zwar unter der Bezeichnung ›*Theorierahmen*‹. »Theorierahmen« stellt aber eine philosophisch beträchtliche Erweiterung und Vertiefung des Carnapschen »Sprachrahmens« dar. Insofern wird in diesem Buch des öfteren in spezifischer Weise auf Carnap Bezug genommen.

Hier soll ein anderes markantes Beispiel einer Position angeführt werden, die das »Phänomen Sprache« auf eine ideale Sprache im strengen formalkünstlichen Sinne reduziert. Wenn streng logisch-mathematische Methoden zur »Rekonstruktion« der normalen Sprache angewandt werden, kann es geschehen, dass die unter Anwendung solcher Methoden »rekonstruierte Sprache« im allgemeinen einfach mit der »zu rekonstruierenden Sprache« identifiziert wird. Dies wird beispielsweise von *R. Montague* angenommen, der eine radikale Sicht des Verhältnisses von normalen Sprachen und formalen Sprachen vertritt. Er schreibt:

»I reject the contention that an important theoretical difference exists between formal and natural languages.« (Montague [1974/1979: 188])

Diese Formulierung ist einem Aufsatz entnommen, der den bezeichnenden Titel »English as a Formal Language« trägt. R. Thomason bemerkt dazu:

»According to Montague the syntax, semantics and pragmatics of natural languages are branches of metamathematics, not of psychology. The syntax of English, for example, is just as much a part of mathematics as number theory or geometry. This view is a corollary of Montague's strategy of studying natural languages by means of the same techniques used in metamathematics to study formal languages. Metamathematics is a

2.2 Sprache als Darstellungsmedium der Theoretizitätsdimension 107

branch of mathematics, and generalizing it to comprehend natural languages does not render it any less a mathematical discipline.« (Ib. 2)

Oder, wie Montague in einem anderen Essay (»Universal Grammar«) ausführt:

»There is in my opinion no important theoretical difference between natural languages and the artificial languages of logicians; indeed, I consider it possible to comprehend the syntax and semantics of both kinds of languages within a single natural and mathematically precise theory.« (Ib. 222)

Was Montague und sein Interpret Thomason genau vertreten, ist nicht ganz klar. Eine Reihe von Differenzierungen müssen beachtet werden. In einer bestimmten Hinsicht ist Montagues zentrale Aussage, »I reject the contention that an important theoretical difference exists between formal and natural languages« leicht nachvollziehbar. Wenn man nämlich davon ausgeht, was schwerlich bestritten werden kann, dass sowohl formale als auch natürliche Sprachen *strukturierte* »Gebilde« sind, so gibt es *in dieser Hinsicht* keine Differenz zwischen beiden. Man wird ferner davon ausgehen können (und müssen), dass die Strukturen dieser beiden Arten von Sprachen herausgearbeitet und dargestellt werden können; das kann man *Rekonstruktion* dieser Sprachen nennen. Nun kann eine solche Rekonstruktion verschiedentlich konzipiert werden. Die *genaueste* dürfte als diejenige zu betrachten sein, die mit Hilfe formaler Mittel erfolgt. In beiden Fällen (den natürlichen und den formalen-künstlichen Sprachen) erhält man also *formal rekonstruierte (dargestellte)* Strukturen.

Folgt daraus, dass es »keine wichtige theoretische Differenz« zwischen formalen und natürlichen Sprachen gibt? Das hängt davon ab, wie man die beiden Ausdrücke ›theoretisch‹ und ›wichtig‹ versteht. Wenn ›theoretisch‹ sich auf die Art der Darstellung bezieht, insbesondere hinsichtlich der *adäquaten* (im Sinne der sowohl *genauen* als auch *vollständigen*) Artikulation der Sprache, über die theoretisiert wird, dann dürfte man schwerlich behaupten können, dass es *keine theoretische Differenz* zwischen formalen und natürlichen Sprachen gibt. Formale Sprachen können nämlich *völlig adäquat* (im Sinne von »genau *und* vollständig«) rekonstruiert werden; aber eine *adäquate theoretische Rekonstruktion* (in diesem Sinne) natürlicher Sprachen dürfte ausgeschlossen sein. Nur im Falle, dass man natürliche Sprachen *idealisiert*, wäre eine solche Rekonstruktion möglich und durchführbar. Aber »*idealisierte* natürliche Sprachen« sind nicht *reale* natürliche Sprachen. Der Grund liegt darin, dass sich reale natürliche Sprachen in dieser wesentlichen Perspektive insbesondere hinsichtlich *zweier Faktoren* von formalen Sprachen unterscheiden. *Zum einen* haben natürliche Sprachen einen in jeder Hinsicht allumfassenden Charakter: Sie sind nicht nur, ja nicht einmal hauptsächlich, »theoretische« Sprachen (im Sinne von: Sprachen, die nur deklarative Sätze enthalten); vielmehr sind sie *Kommunikationssprachen* und besitzen daher alles, was zur Artikulation dieses immensen Gebietes gehört. Darüber hinaus sind sie – aufgrund ihres soeben kurz beschriebenen »allumfassenden« Charakters – weitgehend *unbestimmt, vage, unpräzis*. Natürliche Sprachen sind in dieser Hinsicht Artikulationsgebilde mit offenen und unbestimmten Grenzen. Zum anderen sind natürliche Sprachen *lebendige* Sprachen, Sprachen, die eine Geschichte haben, die in ständiger Entwicklung begriffen sind, die von den verschiedensten Faktoren veranlasst und bestimmt wird. Dass diese Unterschiede überaus *wichtig* sind, dürfte schwerlich zu bestreiten sein.

Was die in diesem Buch postulierte und intendierte *philosophische Sprache* anbelangt, so knüpft sie an die natürliche Sprache an, aber das ist so zu verstehen, dass sie die Inkorrektheiten, Unbestimmtheiten, Vagheiten, welche die natürliche Sprache charakterisieren, möglichst vollständig ausschließt. Genau die zuletzt genannten Faktoren, welche die natürlichen sehr radikal von den formalen Sprachen unterscheiden, werden von der philosophischen Sprache ausgeschlossen. Das gilt in ganz besonderer Weise für *inhaltliche* Aspekte, wobei gerade in dieser Hinsicht die hier anvisierte philosophische Sprache sich ihrerseits *auch* von rein formalen Sprachen merklich unterscheidet. Formale Sprachen thematisieren, insofern sie formal sind, überhaupt nicht die *inhaltliche* Seite, die sowohl die natürliche als auch die philosophische Sprache wesentlich charakterisiert. Im Gegenteil, formale Sprachen führen gewisse zentrale *inhaltliche* Begriffe als *primitive Begriffe* ein, die sie *als solche*, d. h. als inhaltliche weder thematisieren noch in Frage stellen.

Ein Beispiel, das in diesem Buch eine zentrale Rolle spielt, mag diesen Punkt illustrieren. In der bei Wissenschaftlern und Philosophen am weitesten verbreiteten formalen Sprache, der prädikatenlogischen Sprache erster Stufe, wird in ihrem *semantischen* Teil der Begriff des »Objekts« verwendet, und zwar als der Referent für Namen bzw. singuläre Terme und als Wert der gebundenen »Individuenvariablen« (die aus diesem Grund genauer »Objektvariablen« heißen sollten). In Formalisierungen, die auf der Basis der logischen/formalen prädikatenlogischen Sprache erster Stufe durchgeführt werden, wird dieser Begriff des Objekts einfach als eine Art unanalysierte »primitive Größe« verstanden und benutzt. Dass sich hinter diesem Begriff radikale ontologische Probleme verbergen, wird dabei vollständig ignoriert. Hier wird ein Paradox offenkundig, das jede seriöse Philosophie untersuchen sollte: Formalisierungen informaler Darstellungen philosophischer Konzeptionen, also Übersetzungen solcher Darstellungen in eine formale Sprache, sind nicht schon *als solche* ein Kriterium dafür, dass die entsprechende (inhaltliche) Konzeption auch wirklich zur Klarheit gebracht wird; Formalisierungen können auch tiefliegende inhaltliche Probleme und Unklarheiten verdecken.

2.2 Sprache als Darstellungsmedium der Theoretizitätsdimension 109

[1.1b] Die »Überwindung« der normalen Sprache muss aber nicht die Gestalt einer Reduktion dieser Sprache auf eine formal-künstliche Sprache annehmen. Zwei Beispiele aus der Philosophiegeschichte des 19. und 20. Jahrhunderts zeigen, dass in der Philosophie bedeutende Versuche unternommen wurden, die normale Sprache in eine *andere nicht-formal-künstliche* Sprache zu *transformieren*, und zwar in der Absicht, eine der Philosophie angemessene Sprache zu entwickeln.

Das erste Beispiel findet man bei Hegel, der zum Verhältnis zwischen normaler und philosophischer Sprache das Folgende schreibt:

»Die Philosophie hat das Recht, aus der Sprache des gemeinen Lebens, welche für die Welt der Vorstellungen gemacht ist, solche Ausdrücke zu wählen, welche den Bestimmungen des Begriffs *nahe zu kommen scheinen.* Es kann nicht darum zu thun seyn, für ein aus der Sprache des gemeinen Lebens gewähltes Wort zu *erweisen,* dass man auch im gemeinen Leben denselben Begriff damit verbinde, für welchen es die Philosophie gebraucht; denn das gemeine Leben hat keine Begriffe, sondern Vorstellungen, und es ist die Philosophie selbst, den Begriff dessen zu erkennen, was sonst bloße Vorstellung ist. Es muss daher genügen, wenn der Vorstellung bey ihren Ausdrücken, die für philosophische Bestimmungen gebraucht werden, so etwas ungeähres von ihrem Unterschiede vorschwebt; wie es bey jenen Ausdrücken der Fall sein mag, dass man in ihnen Schattirungen der Vorstellung erkennt, welche sich näher auf die entsprechenden Begriffe beziehen.« (Hegel [WL Teil II: 357]) bzw. [Logik Bd. II: 130])

Der zentrale Gesichtspunkt, der Hegels Versuch der Transformation der normalen Sprache zugrunde liegt, ist die Einsicht, dass die normale Sprache vage und unbestimmt ist. Dieser Gedanke wird der Ausgangspunkt für die unten darzustellende Konzeption sein. Allerdings ist zu betonen, dass die »philosophische Sprache«, die Hegel entwickelt und die von spezifischen Gesichtspunkten (»Vorstellung«, »Begriff«) geleitet wird, ihrerseits an grundlegenden und nicht reparablen Unklarheiten krankt (vgl. dazu Puntel [1996]).

Ein zweites Beispiel aus der nicht-analytischen Philosophie kann man in der Philosophie *Heideggers* finden, die auf einer völlig anderen und sehr eigenwilligen Einstellung zur natürlichen Sprache basiert. Für ihn gilt:

»Das Schwierige [für die Philosophie, L.B.P.] liegt in der Sprache. Unsere abendländischen Sprachen sind in je verschiedener Weise Sprachen des metaphysischen Denkens. Ob das Wesen der abendländischen Sprachen in sich nur metaphysisch und darum endgültig durch die Onto-Theo-Logik geprägt ist, oder ob diese Sprachen andere Möglichkeiten des Sagens und d. h. zugleich des sagenden Nichtsagens gewähren, muss offen bleiben.« (Heidegger [1957b: 72])

Ein zentrales Charakteristikum der von Heidegger vertretenen Konzeption der Sprache besteht darin, dass er den »abendländischen« (natürlichen) Sprachen in der Weise »auf den Grund« zu gehen versucht, dass er so etwas wie die »ursprüngliche Bedeutung« der Worte herauszuarbeiten beansprucht, die ihm zufolge im Lauf der Sprachentwicklung immer mehr in Vergessenheit geraten und schließlich teilweise oder ganz verschüttet wurde. Als Beispiel mag seine Einführung und seine Analyse des deutschen natürlich-sprachlichen Ausdrucks ›Ereignis‹ dienen. Aufgrund dunkler Überlegungen gelangt er zu einer der Grundthesen seiner Spätphilosophie, nämlich der These vom »Zusammengehören von Mensch und Sein«. Ihm zufolge bringt dieses Zusammengehören

»uns bestürzend näher, dass und wie der Mensch dem Sein vereignet, das Sein aber dem Menschenwesen zugeeignet ist. […] Es gilt, dieses Eignen, worin Mensch und Sein einander ge-eignet sind, schlicht zu erfahren, d. h. einzukehren in das, was wir das *Ereignis* nennen. Das Wort Ereignis ist der gewachsenen Sprache entnommen. Er-eignen heißt ursprünglich: er-äugen, d. h. erblicken, im Blicken zu sich rufen, an-eignen. Das Wort Ereignis soll jetzt, aus der gewiesenen Sache her gedacht, als Leitwort im Dienst des Denkens sprechen. Als so gedachtes Leitwort lässt es sich sowenig übersetzen wie das griechische Leitwort λόγος und das chinesische Tao.« (Heidegger [1957a: 28–29])

Heidegger ist sich dessen bewusst, dass bei ihm das Wort ›Ereignis‹ nicht mehr das meint, »was wir sonst irgendein Geschehnis, ein Vorkommnis nennen« (ib.). Sein Verfahren stellt in einer fundamentalen Hinsicht das genaue Gegenteil dessen dar, was Carnap »Explikation« nennt. Damit meint Carnap »rationale Rekonstruktion«, d. h. die Herausarbeitung einer Bedeutung unter Anknüpfung an die natürliche Sprache, aber so, dass dabei die natürliche Sprache nicht zum Maßstab gemacht und auch nicht vorausgesetzt wird, dass der heutigen natürlichen Sprache irgendeine »ursprüngliche« Bedeutung zugrunde liegt; vielmehr werden Korrekturen, Verfeinerungen usw. nicht nur für möglich, sondern auch für unvermeidlich und unverzichtbar gehalten (vgl. z. B. Carnap [1962], Hanna [1968], Puntel [1990: Kap. 2]). Der Kontrast zu Heidegger könnte nicht größer sein. Er versucht keineswegs, in Auseinandersetzung mit der normalen Sprache, eine höhere Klarheit, Rationalität und Intelligibilität zu erreichen. Heideggers Verhältnis zur natürlichen Sprache ist vielmehr bestimmt von dem Gedanken der Notwendigkeit einer »geschichtlichen« und »etymologischen Rekonstruktion«: Die »zu rekonstruierende« Bedeutung ist seiner Ansicht nach die *ursprüngliche*, wobei er der Auffassung ist, dass diese »jetzt« verborgen ist, da sie ihm zufolge im Lauf der Geschichte verschüttet und vergessen wurde.

[1.2] In der analytischen Philosophie ist es besonders der späte *Wittgenstein*, der radikal fordert, die normale Sprache zum Grundmaßstab für alle philosophischen Fragen anzuerkennen. In den *Philosophischen Untersuchungen* heißt es:

»Wenn die Philosophen ein Wort gebrauchen – ›Wissen‹, ›Sein‹, ›Gegenstand‹, ›Ich‹, ›Satz‹, ›Name‹ – und das Wesen des Dings zu erfassen trachten, muss man sich immer fragen: Wird denn dieses Wort in der Sprache, in der es seine Heimat hat, je tatsächlich so gebraucht? – Wir führen die Wörter von ihrer metaphysischen, wieder auf ihre alltägliche Verwendung zurück.« (PhU § 116)

2.2 Sprache als Darstellungsmedium der Theoretizitätsdimension   111

Wittgensteins Forderung, so kryptisch sie im komplizierten Kontext der *Philosophischen Untersuchungen* auch erscheinen mag, wurde weitgehend akzeptiert. Aber diese Forderung ist nicht nur kryptisch; sie unterschlägt auch eine Prämisse und redet einer sehr problematischen Reduktion das Wort. Beide Aspekte sind enthalten in dem von Wittgenstein vollzogenen Übergang von der Frage »Wird denn dieses Wort [d. h. ein von Philosophen verwendetes Wort, LBP] in der Sprache, in der es seine Heimat hat, je tatsächlich so gebraucht?« zur Quasi-Antwort, die er als selbsternannter Vertreter der *philosophical community* (»wir«) darauf gibt: »Wir führen die Wörter von ihrer metaphysischen, wieder auf ihre alltägliche Verwendung zurück«. Die unterschlagene Prämisse hinsichtlich der von Wittgenstein angeführten Beispiele besagt: Alle (diese) Wörter haben ihre »Heimat« im tatsächlichen [alltäglichen] Gebrauch. Diese Prämisse ist eindeutig falsch, und zwar aus vielen Gründen. Zwei der wichtigsten seien kurz genannt.

Erstens: Soll die genannte Prämisse nicht von vornherein absurd erscheinen, muss angenommen werden, dass sie auf der Annahme beruht, dass Wörter wie ›Wissen‹, ›Sein‹, ›Gegenstand‹ usw., die ursprünglich in der normalen Sprache (als in ihrer »Heimat«) gebraucht werden, in dieser normalen Sprache eindeutig klar und problemlos sind, so dass sie keinen Anlass zu Fragestellungen, Klarstellungen u. ä. bieten; denn nur unter dieser Voraussetzung wäre Wittgensteins Behauptung bzw. Forderung überhaupt nachvollziehbar. Aber gerade das ist nicht so, wie die immensen Bemühungen beweisen, die die Philosophen im allgemeinen unternommen haben und unternehmen im Hinblick auf eine Klarstellung dessen, was solche Wörter überhaupt meinen. Zweitens: »Tatsächlicher Gebrauch« ist eine hoffnungslos missverständliche Phrase. Zwar schließt Wittgensteins Frage nicht aus, dass es vielfache, sogar äquivoke Verwendungen eines Wortes in der Sprache gibt, die dessen »Heimat« ist, aber Wittgensteins Behauptung bzw. (Quasi-)Antwort hat einen definiten Charakter: Es wird eine Reduktion (von der metaphysischen) auf *die* alltägliche Verwendung vorgenommen. Diese Formulierung unterstellt die Behauptung, dass es eine *einzige Verwendung* eines Wortes (in der normalen Sprache) gibt, auf die das Wort zurückbezogen und damit reduziert werden soll. Aber es ist eine Tatsache, dass bei weitem die allermeisten Wörter der normalen Sprache sehr viele und verschiedene Verwendungen haben.

[1.3] Diejenigen Richtungen, die eine Art Mittelweg zwischen den beiden bisher dargestellten extremen Positionen einschlagen, charakterisieren die Mehrheit der analytischen Philosophen. Im allgemeinen nehmen sie die normale Sprache *in inhaltlicher* Hinsicht als die Grundlage der Philosophie, aus der vor allem Auskunft über die Konstitution der Welt gewonnen wird. Hinsichtlich ihrer logischen Struktur wird in der Regel auf die Prädikatenlogik erster Stufe rekurriert. *Quine* ist dafür das maßgebende Beispiel geworden, und zwar dadurch, dass er die philosophische und wissenschaftliche Sprache einer

Reglementierung unterzog, indem er eine *kanonische Notation* einführte, die ihm zufolge die Prädikatenlogik erster Stufe bereit stellt. Aber aufs Ganze gesehen ist Quines Position nicht vollkommen klar. Um diese Behauptung zu stützen, seien im folgenden *zwei* Belege gebracht.

[i] Auf der einen Seite versteht er die kanonische Notation dahingehend, dass dabei die natürliche Sprache ihren Grundlagencharakter nicht verliert. So schreibt er:

»Einen Satz der Alltagssprache durch Paraphrase in logische Symbole zu übertragen, heißt [...] im Grunde nichts anderes, als ihn in einen besonderen Teil der alltäglichen oder halbwegs alltäglichen Sprache umzuformulieren, denn auf die Gestalt der Zeichen kommt es nicht an. Wir sehen also, dass die Paraphrasierung in logische Symbole schließlich nicht so verschieden ist von dem, was wir tagtäglich tun, wenn wir zur Vermeidung von Mehrdeutigkeiten Sätze paraphrasieren. Abgesehen von der Anzahl der Änderungen, besteht der Hauptunterschied darin, dass das Motiv in einem Fall die Kommunikation, im anderen dagegen die Anwendung der logischen Theorie ist.« (Quine [1960/1980: § 33, 278-9])

Auf der anderen Seite unterzieht er die im Rahmen der kanonischen Notation angenommenen Objekte einer *vierfachen reduktiven Interpretation*:

»In the first example, numbers were identified with some of the classes in one way or another. In the second example, physical objets were identified with some of the place-times, namely, the full ones. In the third example, place-times were identified with some of the classes, namely, classes of quadruples of numbers.« (Quine [1981: 18])

Das vierte Beispiel ist der Leib-Geist-Dualismus, der nach Quine auf einen physikalischen Monismus reduzierbar ist:

»... we can settle for the bodily states outright, bypassing the mental states in terms of which I specified them. We can reinterpret the mentalistic terms as denoting these correlated bodily states ...« (Ib. 19)

Ein solches Verfahren wirft allerdings die Frage auf, was noch von der normalen Sprache übrig bleibt. Vor allem die Einführung von Klassen, Klassen von Quadruplen von Zahlen usw. setzt eine ganz andere Sprache voraus.

Es stellt sich daher die Frage, was es genauer heißen kann, dass die auf den Grundstrukturen der natürlichen Sprache basierende Prädikatensprache erster Stufe als die Sprache wissenschaftlicher Theorien zu betrachten ist.

[ii] In mehreren Kontexten betont Quine die »semantic primacy of sentences«, deren Einführung er B. Bentham zuschreibt und mit der Kopernikanischen Revolution in der Astronomie vergleicht: »The primary vehicle of meaning is seen no longer as the word, but as the sentence.« (Ib. 69) Es ist nicht ganz eindeutig, wie man auf dieser Basis noch annehmen kann, dass die Prädikatenlogik bzw. -sprache erster Stufe als *die Sprache* der Wissenschaft (und wohl auch der Philosophie) angesehen werden kann oder sogar muss. Was Quine als »semantic primacy of the sentence« bezeichnet, entspricht

2.2 Sprache als Darstellungsmedium der Theoretizitätsdimension   113

nämlich dem, was sonst das Kontextprinzip genannt wird. Auf dieses Problem soll unten im Abschnitt 3.2.2.4 eingegangen werden.

Der uneindeutige Charakter der Quineschen Position hinsichtlich der natürlichen Sprache wie auch hinsichtlich des Kontextprinzips kommt besonders deutlich zum Ausdruck, wenn man sein berühmtes Verfahren der *Eliminierung singulärer Terme* einer eingehenden Analyse unterzieht (vgl. dazu Abschnitt 3.2.2.3.2.3).

Innerhalb der analytischen Philosophie bleibt das Verhältnis zwischen normaler Sprache und philosophischer Sprache grundsätzlich kontrovers. Eine sehr interessante Illustration dafür ist die gegensätzliche Haltung zweier bekannter Philosophen der Gegenwart bzw. der jüngsten Vergangenheit, nämlich *Quine* und *Davidson*. Davidson charakterisiert den Unterschied folgendermaßen:

»Like Quine, I am interested in how English and languages like it (i. e., all languages) work, but, unlike Quine, I am not concerned to improve on it or change it. (I am the conservative and he is the Marxist here.) I see the language of science not as a substitute for our present language, but as a suburb of it. Science can add mightily to our linguistic and conceptual resources, but it can't subtract much. I don't believe in alternative conceptual schemes, and so I attach a good deal of importance to whatever we can learn about how we put the world together from how we talk about it. I think that by and large how we put the world together is how it is put together, there being no way, error aside, to distinguish between these constructions.« (Davidson [1985: 172])

Davidsons Position dürfte als repräsentativ für diejenigen analytischen Philosophen gelten, die von formalen Mitteln keinen oder keinen nennenswerten Gebrauch machen, die sich also umgekehrt durchgehend auf die normale Sprache stützen. Eine solche Position, wie dieses Buch deutlich machen wird, dürfte als die vielleicht größte Schwäche der normalsprachlich orientierten analytischen Philosophie anzusehen sein.

In diesem Buch wird Davidsons These, dass es keine alternativen *conceptual schemes* gibt, abgelehnt. Wie in Kapitel 5 ausführlich gezeigt wird, gilt dies jedenfalls dann, wenn die These als die Negation einer Pluralität von *conceptual schemes* verstanden wird.

[2] Um die Frage des Verhältnisses von normaler und philosophischer Sprache einer Klärung zuzuführen, müssen mehrere Gesichtspunkte berücksichtigt werden.

[i] Die eigentlich wichtige und interessante philosophische Frage ist nicht die, ob man eine formale(-künstliche) oder eine informale Sprache als *reines Darstellungsmittel* benutzt. Die Benutzung einer formalen Sprache ist vollkommen kompatibel mit einer inhaltlich naiven und sogar kaum vertretbaren Philosophie. Das beste Beispiel dafür – das in diesem Buch eine überragende Rolle spielt – ist die Benutzung der Prädikatenlogik erster Stufe (gemäß der

semantischen Standardinterpretation), um eine substantialistisch orientierte Ontologie formal darzustellen. Die bei weitem wichtigere philosophische Frage ist, ob die normale Sprache überhaupt dazu dienen kann, die *inhatlichen Thesen* der Philosophie zu tragen. Auf diese Frage wird hier eine dezidiert *negative Antwort* gegeben. Die Bemühungen um die Herausarbeitung einer der Philosophie angemessenen Sprache müssen sich daher zunächst *grundsätzlich* auf die Überprüfung der in der normalen Sprache so oder so artikulierten *inhaltlichen Einsichten* konzentrieren. An allererster Stelle ist zu fragen, ob die von der normalen Sprache implizierte Ontologie bzw. Metaphysik einer strengen Intelligibilitätskriterien verpflichteten Analyse überhaupt standhält.

Aus der hier zunächst nur angedeuteten Konzeption ist nicht zu folgern, dass der natürlichen Sprache in philosophischer Hinsicht keine Bedeutung und kein Stellenwert zuzumessen ist. Vielmehr muss betont werden, dass die natürliche Sprache eine sehr wichtige Rolle für die Philosophie spielt: die Rolle eines (zumindest pragmatisch kaum verzichtbaren) *Ausgangspunktes* für die philosophische Theoriebildung. Ein solcher Ausgangspunkt verliert nicht an Bedeutung durch den Umstand, dass er im Rahmen der fortschreitenden Theoriebildung »aufgehoben« oder »überwunden« wird.

Im folgenden sollen einige wichtige Aspekte der hier angedeuteten Konzeption untersucht werden.

[ii] Wie oben gezeigt wurde, ist die normale Sprache *als ganze* keine (vorwiegend, geschweige denn ausschließlich) theoretische, sondern eine Kommunikationssprache mit vielen Dimensionen, die das Phänomen der Kommunikation charakterisieren. Eine dieser Dimensionen hat indikativischen Charakter und kann somit als »theorieorientiert« bezeichnet werden; aber sie hat diesen Charakter nur in einer unentfalteten Form. Diese »indikativische« Dimension der normalen Sprache (»Die Sonne geht auf«, »Die Autos fahren schnell« usw.) ist in der Regel nicht in einen Diskurszusammenhang, sondern in einen Kommunikationszusammenhang eingebettet. Dieser stellt eine Verschränkung mehrerer sprachlichen Dimensionen dar: Er enthält expressive, imperative, interrogative, auch indikativische und noch andere Elemente. In dieser Einbettung in den kommunikativen Zusammenhang und ihretwegen kann sich die theoretisch-indikativische Komponente der normalen Sprache als solche gar nicht erst entwickeln.

Die genannte theoretisch-indikativische Komponente der normalen Sprache ist meistens durch Vagheit und Unterbestimmtheit charakterisiert. Da die normale Sprache nicht einem explizit theoretischen, sondern einem kommunikativen, damit einem lebensweltlichen Zweck dient, entspricht deren Strukturiertheit und Gestalt alltäglichen, lebensweltlichen Standards und Bedürfnissen. Die alltägliche Verständigung im Alltags- bzw. sozialen Leben besitzt in der Regel pragmatische Bestimmtheit und Klarheit. Wenn wir Aussagen machen, so wissen wir in der Regel mit »pragmatischer« Sicherheit, was wir »meinen«

2.2 Sprache als Darstellungsmedium der Theoretizitätsdimension

und was andere »meinen«. Diese »pragmatische« Sicherheit bzw. Bestimmtheit und Klarheit kann nicht – zumindest nicht grundsätzlich – in Zweifel gezogen werden, da sonst das Phänomen der Verständigung völlig unerklärlich bliebe. Aber sie darf nicht mit einer theoretischen Sicherheit, Klarheit usw. verwechselt werden. Diese Verwechslung ist ohne Zweifel einer der Grundfehler vieler philosophischer Strömungen und Positionen der Gegenwart.

[iii] Dass die normalsprachlichen Bedeutungen von Termen wie ›Gegenstand (Objekt)‹, ›Welt‹ u. ä. vage und unterbestimmt sind, ist in der Philosophie und den Wissenschaften eine bekannte Tatsache. Normalsprachliche »Vagheit« und »Un- oder Unterbestimmtheit« ist nur gegeben, wenn die normalsprachlichen »Bedeutungen« in einer streng theoretischen Perspektive betrachtet werden. In den alltäglichen oder lebensweltlichen Kontexten, in welchen normalsprachliche Ausdrücke gewöhnlich verwendet werden, sind deren semantische Werte voll bestimmt, aber eben nur in lebensweltlicher Hinsicht. Aus dem Umstand, dass die semantischen Werte der normalsprachlichen Terme entscheidend von wechselnden, teils im einzelnen spezifizierten und teils allgemein und offen bleibenden Verwendungsrahmen abhängen, resultiert deren Vagheit und Unterbestimmtheit, wenn sie in Abstraktion von einem ganz spezifischen Verwendungsrahmen genommen und betrachtet werden. Dieser Umstand erklärt die Tatsache, dass die zahlreichen Versuche, die Bedeutung solcher normalsprachlichen Terme zu »rekonstruieren«, zu radikal divergierenden »Semantiken der normalen Sprache« führen.

Die Vagheit und Unterbestimmtheit der normalen Sprache in explizit theoretischer Hinsicht betrifft sowohl die logische als auch die inhaltliche Ebene dieser Sprachform. Was die logische Ebene anbelangt, so denke man beispielsweise an die Vagheit und Unbestimmtheit »normalsprachlich-logischer« Ausdrücke wie ›wenn, dann‹, ›alle‹, ›nur dann‹ u. ä. Verallgemeinert man solche Beobachtungen, so kann man von einer »informalen« oder »intuitiven« Logik sprechen, die der natürlichen Sprache immanent ist. Die normale Sprache enthält offensichtlich »natürliche« Schlüsse. Eine Tendenz bei analytisch orientierten Philosophen und bei Logikern besteht darin, einerseits natürliche Schlüsse formal zu rechtfertigen, andererseits die (semantische) Korrektheit vorher auf dem intuitiven Wege sicherzustellen. Der Logiker Ulrich Blau wirft die Frage auf, wer hier wen kontrolliert, und er stellt diesbezüglich eine »gewisse Zirkularität« fest:

> »Mir scheint, die Kontrolle ist wechselseitig. Oder, um es etwas genauer zu sagen: Letzten Endes ist es die intuitive Logik, die sich selbst kontrolliert, notfalls auch revidiert, und sich dazu gewisser Formalismen bedient oder bedienen kann, wobei natürlich auch diese revidierbar sind.« (Blau [1978: 13])

Doch diese Konzeption scheint nicht dem Status der heutigen formalen Logik gerecht zu werden. »Intuitive Logik« ist ein viel zu vages und unbestimmtes

Phänomen, als dass man sinnvollerweise sagen könnte, dass es die »intuitive Logik« selbst ist, »die sich selbst« kontrolliert, und noch weniger, dass sie die formale Logik »kontrolliert«; denn von einer »Kontrolle« kann nur dann sinnvollerweise die Rede sein, wenn es sich um eine Instanz handelt, die klare und ganz bestimmte Konturen hat. So etwas wie eine intuitive Logik besitzt aber nicht solche Konturen. Wohl aber kann man sagen, dass die formale Logik, streng als solche aufgefasst, an gewisse normalsprachlich artikulierbare Intuitionen »anknüpft«. Aber eine solche »Anknüpfung« ist ausschließlich eine Angelegenheit der »Entdeckung« oder des konkreten Gebrauchs oder der konkreten Anwendung, nicht der Gültigkeit logischer Strukturen. Die Auffindung normalsprachlicher »Gegenstücke« zu logischen Strukturen kann zwar in vielen Fällen interessant und aufschlussreich sein; in keinem Fall kann aber solchen Gegenstücken die Funktion zugewiesen werden, die Gültigkeit logischer Strukturen zu kontrollieren, zu bestätigen oder gar zu begründen.

Wenn Blau in dem Zusammenhang, dem das obige Zitat entnommen ist, behauptet, er wolle die klassische Logik einer »Revision« unterziehen, so ist ein solches Vorhaben missverständlich. Es handelt sich nicht um eine Revision der Logik selbst oder der Logik als solcher, sondern um eine andere Sicht des Verhältnisses zwischen (klassischer) Logik und normaler Sprache. Weil Blau der normalen Sprache einen zentralen Stellenwert zuweist, ist er bemüht, möglichst alle normalsprachlichen Bildungen zu berücksichtigen; dies führt ihn zur Einführung einer dreiwertigen Logik. Aber diese dreiwertige Logik versteht er bezeichnenderweise nicht als Alternative zur klassischen (bivalenten) Logik, sondern als eine Erweiterung dieser Logik (vgl. ib. 15). Aber dann drängt sich die Frage auf, ob diese Sicht mit der soeben referierten und kritisierten Auffassung über die angeblich in der normalen Sprache vorfindbare »intuitive Logik« in Einklang gebracht werden kann.

[iv] Eine der von vielen Philosophen verschiedener Couleur aufgestellten zentralen Behauptungen besagt, dass jede formale, wissenschaftliche und philosophische Sprache die normale Sprache als ihre *Hintergrundsprache* zur Voraussetzung hat und dass die normale Sprache wegen dieses Status schlechterdings *unhintergehbar* ist. Anders gesagt: Diesen Philosophen gemäß ist die normale Sprache die allerletzte und die einzig wirklich unverzichtbare Metasprache. Ihnen zufolge bauen alle anderen »Sprachen« in verschiedener Weise auf ihr auf; besonders die philosophische Sprache ist demnach als eine reine »Erweiterung« der normalen Sprache zu verstehen, wobei aber die genaue Bedeutung von »Erweiterung« unbestimmt bleibt.

Doch auch diese Auffassung übersieht fundamentale Aspekte des Verhältnisses zwischen natürlicher Sprache und philosophischer Sprache. Es dürfte unbestritten sein, dass die normale Sprache selbstreferenziell ist; sie ist in Tarskis Terminologie durch »Universalismus« (Tarski [1933/1983: 457 f.]) oder »semantische Geschlossenheit« (Tarski [1944/1972:65 ff.]) gekennzeichnet, was zur Konsequenz hat, dass sie Antinomien beinhaltet bzw. generiert. Mit anderen Worten: Sie ist *in einem* »Vordergrundsprache« und »Hintergrundsprache«, zugleich »Objektsprache« und »Metasprache«. Ist sie aber notwendigerweise die allerletzte »Metasprache« oder die unverzichtbare »Hintergrundsprache« für jede theoretische (formale, fachliche, philosophische) Sprache? Eine solche Auffassung, die sowohl von analytisch als auch von hermeneutisch orientierten Philosophen allerdings mit sehr divergierenden Absichten und Motivationen vertreten wird, übersieht einige zentrale Faktoren. Dass eine Fachsprache wie z. B. die philosophische Sprache Ausdrücke und grammatische Konstruktionen aus der normalen Sprache übernehmen kann – und ganz besonders im Laufe einer mehr als zweitausendjährigen Geschichte oft sogar weitestgehend übernommen hat –, kann nicht in Abrede gestellt werden. Es stellt sich aber hier eine doppelte Frage. Erstens [a]: Was heißt genau diese »Übernahme«? Zweitens [b]: Ist eine solche Übernahme unvermeidlich, hat sie einen Notwendigkeitscharakter?

[a] Die »Übernahme«, um die es sich hier handelt, kann nicht als eine Art »Transposition« eines Stücks oder Fragments der normalen Sprache in die philosophische Sprache in dem Sinne verstanden werden, dass das fragliche Stück/Fragment völlig intakt bliebe. Wollte man die »Übernahme« so verstehen, so würde man auch all die Vagheiten und Un(ter)bestimmtheiten jedes Stücks/Fragments der normalen Sprache in die philosophische Sprache importieren. Aber dann hätte die philosophische Sprache nicht die Möglichkeit, die Überwindung der Vagheiten und Unbestimmtheiten zu leisten, da sie selbst mit Vagheiten und Unbestimmtheiten behaftet wäre. Die Übernahme muss also mindestens so verstanden werden, dass bestimmte »materiale« Stücke bzw. Fragmente der normalen Sprache erst nach einer »Läuterung« (oder Korrektur und Verfeinerung) als Bestandteil der philosophischen Sprache betrachtet werden. Die Formulierung »die philosophische Sprache ist eine Erweiterung der normalen Sprache« ist missverständlich, da sie nahe legt, dass die philosophische Sprache all das beibehält, was zur normalen Sprache gehört, und nur einiges Weitere hinzufügt. Das Gegenteil ist der Fall: Gerade weil die philosophische Sprache die normale *verfeinert* (auch im Sinne von: modifiziert, korrigiert, manches ausschließt usw.), hört sie auf, eine *normale* Sprache zu sein.

[b] Die Behauptung, dass eine in diesem Sinne verstandene Anknüpfung an die normale Sprache als eine *unverzichtbare* Komponente der philosophischen Sprache zu betrachten ist, dürfte schwer zu begründen sein. Warum soll es nicht möglich sein, eine philosophische Sprache zu entwickeln, die nicht an die oder an eine natürliche Sprache anknüpft? Baute man zuerst – mit philosophischer Absicht – eine rein formale Sprache auf und entwickelte dann eine Semantik für diese Sprache ohne Bezug auf irgendwelche Stücke oder Fragmente der bzw. einer natürlichen Sprache, so hätte man eine solche philo-

sophische Sprache. Die Frage lautet hier lediglich, ob dies prinzipiell möglich, nicht, ob dies empfehlenswert oder gar faktisch machbar ist.

[v] Gegen die in [iv][a] und erst recht gegen die in [iv][b] vertretene Position würden viele Philosophen verschiedener Herkunft und Richtung ihrer Ansicht nach schwerwiegende Einwände erheben. *Zwei* dieser Einwände seien hier untersucht. Ein *erster* Einwand besteht in der Behauptung, dass Annahme und Gebrauch einer normalen Sprache eine oder gar die »Bedingung der Möglichkeit« für die Entwicklung jeder philosophischen Sprache darstellt; irgendwo müsse man anfangen; ein Anfang im Sinne einer *tabula rasa* sei aber nicht vorstellbar. Nun sei der einzige vorgegebene Faktor, der in Frage kommt, die normale Sprache.

Auf diesen Einwand sei ein *Zweifaches* erwidert. *Erstens:* Dieser Einwand, der auf den ersten Blick einleuchtend erscheint, basiert in Wirklichkeit auf einer Verwechslung von zwei völlig verschiedenen »Dimensionen«: der »pragmatischen« (oder auch »lernpsychologischen«) und der eigentlich »fachtheoretischen« Ebene. In der ersten Perspektive – die den Sprachbenutzer, nicht »die Sache« im Auge hat – ist es ganz selbstverständlich, dass jeder Sprachbenutzer irgendwo anfangen muss und dass dieser Anfang in der Regel faktisch mit der vorgegebenen Sprache gemacht wird. Aber das ist, prinzipiell gesehen, kontingent. Hinweise auf Phänomene wie das Erlernen einer Sprache u. ä. beweisen hier nichts; denn die Frage kehrt hier wieder: Wenn zur Erlernung (oder Entwicklung) einer anderen Sprache als derjenigen, die in einem bestimmten Kontext als die normale oder natürliche Sprache betrachtet wird, eben diese normale/natürliche Sprache als unbedingte Voraussetzung behauptet wird, so drängt sich sofort die Frage auf: Wie wurde die normale/natürliche Sprache selbst erlernt (und wie wurde sie überhaupt gebildet)? Sie hatte *ex hypothesi* keine andere »Hintergrundsprache«. Wie immer man das Erlernen einer Sprache erklären mag, das Problem des Erlernens einer Fachsprache im hier erläuterten Sinne ist nicht größer als das Problem, wie eine Fremdsprache oder sogar die sogenannte normale oder natürliche Sprache erlernt wird bzw. werden kann.

Zweitens: Wäre der Einwand stichhaltig, so wäre u. a. völlig unerklärlich, wie es möglich ist, Formallogisches überhaupt zu »erlernen«; denn Formallogisches *als solches* kommt in der normalen oder natürlichen Sprache nicht vor. Man kann nun alle möglichen Wege beschreiben, um zur formallogischen Ebene als solcher zu gelangen, nämlich durch Beispiele, durch Erläuterungen jeder Art, durch Übungen usw.; es bleibt aber immer so, dass es keinen »stufenlosen Übergang« von einer nicht-formallogischen zur formallogischen Ebene gibt (bzw. geben kann), da es sich eben um völlig verschiedene Ebenen handelt. Man kann nur negativ sagen, dass formallogische Zusammenhänge keine inhaltlichen Zusammenhänge sind; aber eine nur negative Bestimmung reicht nicht aus, um die formallogische Ebene als solche zu »erfassen (be-

2.2 Sprache als Darstellungsmedium der Theoretizitätsdimension

greifen, verstehen)«; vielmehr bedarf es eines »qualitativen Sprungs«, um zur formallogischen Ebene zu gelangen.[3]

Einen *zweiten* Einwand gegen die hier vertretene Position kann man kurz so formulieren: Diese Position hat die schlechterdings inakzeptable Konsequenz, dass Verständigung nicht mehr möglich ist. Nun ist schon der faktische Verzicht auf Verständigung nicht annehmbar, *a fortiori* ist eine Position inakzeptabel, deren Ansatz auch schon die Möglichkeit einer Verständigung prinzipiell ausschließt.

Doch dieser in verschiedenen Varianten immer wieder vorgetragene Einwand basiert auf einer Reihe von Annahmen, die teilweise falsch sind und teilweise Konfusionen und Missverständnisse beinhalten. Es ist klar, dass Verständigung eine gemeinsame Sprache bei den Beteiligten voraussetzt. Aber warum soll diese gemeinsame Sprache eine »normale« Sprache (in dem hier angenommenen Sinn) sein? Wenn Philosophen oder Wissenschaftler sich »verständigen«, so stellt sich die Frage, ob sie dies als normale Bürger oder als Philosophen/Wissenschaftler tun. Was den ersten Fall betrifft, so ist es klar, dass sie eine nicht-theoretische Sprache verwenden (müssen). Im zweiten Fall muss gefragt werden, was unter »Verständigung« zwischen Philosophen/Wissenschaftlern in diesem Kontext genauer gemeint sein kann.

Um Klarheit über diese zentrale Frage zu schaffen, ist der Rekurs auf *Wittgensteins* Idee des *Sprachspiels* von Nutzen (allerdings ohne damit Wittgensteins Konzeption als ganze zu übernehmen). Man kann kurz sagen, dass jedes Sprachspiel eine eigene Verständigung(smöglichkeit) beinhaltet, dass jeder Sprecher, der an dem Sprachspiel beteiligt ist, *eo ipso* mit allen anderen »Spielern« dieses Sprachspiels »kommuniziert«, d.h. sich mit ihnen *eo ipso* »verständigt«, so dass jemand, der das Sprachspiel nicht versteht, als ein Nichtbeteiligter, als Nichtspieler eingestuft werden muss. Die grundsätzliche Idee des Sprachspiels kann sogar entscheidend dazu dienen, den Begriff der Verständigung zu klären, ja zu definieren. Der Zusammenhang, auf den der (zweite) Einwand abhebt, lässt sich nicht dadurch klären, dass man die natürliche Sprache als die »nicht-hintergehbare« letzte Metasprache begreift; denn dieser Zusammenhang betrifft wesentlich eine Pluralität von Sprachspielen, wobei keines dieser Sprachspiele in einer absoluten Hinsicht allen anderen Sprachspielen als so etwas wie *das* Meta-Sprachspiel schlechthin zugrunde liegt. Nur in einer relativen Hinsicht lässt sich ein Verhältnis von Metaebene und Objektebene unter Sprachspielen behaupten. Zum Beispiel spielt die

---

[3] Es sei hier vermerkt, dass ein Philosoph wie HEGEL sich über diesen Sachverhalt völlig im klaren war. Zwar hat er (die) formale Logik (seiner Zeit!) abgelehnt; aber sein Begriff des Logischen grenzt sich gegenüber der natürlichen Sprache und anderen Ebenen wie der mentalen/psychologischen Ebene, kurz gegenüber allem »Nicht-logischen« (in seinem Sinne) in einer ähnlichen Weise ab wie die formallogische Ebene (im heutigen Sinne) gegenüber jeder nichtformallogischen Ebene. Vgl. WL Teil I, 54 (Text der 2. ursprünglichen Ausgabe).

natürliche Sprache in der Perspektive des konkreten Lebens, d. h. der Verhältnisse in der »Lebenswelt«, unzweideutig die entscheidende Rolle; aber diese Perspektive ist nur *eine* Perspektive unter vielen. In einer anderen Hinsicht, beispielsweise in der Perspektive der Wissenschaft (und damit auch der Philosophie), ist die natürliche Sprache gerade nicht *die* Metasprache, sondern lediglich eine Objektsprache. Wenn Wissenschaftler bzw. Philosophen sich als solche verhalten, dann verhalten sie sich gegenüber der natürlichen Sprache aus der Perspektive einer Metaebene bezüglich einer Objektebene. Da sie sich aber gerade *als* Wissenschaftler/Philosophen verständigen, kann nicht gesagt werden, dass die natürliche Sprache die Bedingung der Möglichkeit für die Verständigung der Wissenschaftler/Philosophen *qua* Wissenschaftler/Philosophen darstellt. Der hier betrachtete Einwand, der in vielfachen Formen von vielen Philosophen erhoben und wiederholt wurde, ist Ergebnis einer offenkundigen Konfusion.

2.2.3 Die philosophische Sprache als theoretische Sprache

2.2.3.1 Das sprachliche Kriterium für Theoretizität

Die sprachliche Form spielt eine schlechterdings entscheidende Rolle für die Charakterisierung eines Diskurses. Der theoretische Diskurs, der praktische oder pragmatische Diskurs, der ästhetische (literarische) Diskurs und andere Diskursarten haben, vordergründig betrachtet, ihre jeweilige sprachliche Form, durch welche sie als Unterscheidungsmerkmal identifizierbar zu sein scheinen. Dieses Unterscheidungsmerkmal ist besonders offenkundig im Falle des praktischen (pragmatischen) Diskurses. Die Sätze dieses Diskurses (z. B. Imperativsätze) heben sich durch ihre sprachliche Form deutlich von allen anderen Sätzen bzw. Satzformen ab. Eine genauere Analyse zeigt aber, dass die Sachlage sehr viel komplizierter ist. Um ein eindeutiges sprachliches Kriterium für Theoretizität gegenüber anders gekennzeichneten Diskursarten herauszuarbeiten, ist es nötig, sowohl zentrale *syntaktische* als auch *semantische* Strukturmomente der jeweiligen Sprache zu untersuchen.

[1] Wenn es ein sprachliches Kriterium für Theoretizität gibt, so muss es zunächst entscheidend an der sprachlich-*syntaktischen* Gestalt des Satzes abzulesen sein. Dieser Sachverhalt kommt im Unterschied zwischen Sätzen im Indikativ und Sätzen etwa im Imperativ (»Sag immer die Wahrheit«) sowie »ästhetischen Sätzen« (»Wie schön sind die Dolomiten!«) besonders deutlich zum Vorschein. Wie aber Beispiele zeigen, ist die sprachlich-syntaktische Form der *normalen oder natürlichen Sprachen allein* nicht ausreichend. Der Satz »Ich bekomme ein Kilogramm Äpfel«, geäußert von einer Person in einem Obstladen, hat zwar unzweideutig die sprachlich-syntaktische Form des Indikativs; der Kontext macht aber deutlich, dass dieser Satz *sehr häufig*

2.2 Sprache als Darstellungsmedium der Theoretizitätsdimension 121

nur eine umschreibende Form für einen Imperativsatz ist: »Geben Sie mir ein Kilogramm Äpfel ...«. Sätze, die Wertausdrücke enthalten, haben oft eine, sprachlich-syntaktisch gesehen, rein indikativische Form wie beispielsweise Sätze der Form: »Das Gute ist das, wonach alles strebt« (Aristoteles) oder »Dies ist gut«. Je nachdem, wie man solche Sätze interpretiert, können sie als eine besondere Form indikativischer Sätze oder als eine Form praktischer Sätze aufgefasst werden. Beispielsweise ist der syntaktisch-deklarative Satz »Es ist gut, die Wahrheit zu sagen«, wenn er als äquivalent zu »Sag die Wahrheit« verstanden wird, ein praktischer Satz. Auch Sätze, die eine deklarative Form und eine ästhetische Komponente haben, sind nicht ohne weiteres eindeutig. Der Satz »Die Dolomiten sind schön« kann sowohl als *rein deklarativ-theoretischer* Satz (»Es verhält sich so dass die Dolomiten schön sind«) als auch als *rein ästhetischer Satz* (»Wie schön sind die Dolomiten!«) verstanden werden.

Diese Zweideutigkeiten auf der *syntaktischen Ebene* können nur geklärt werden, wenn man denjenigen Faktor explizit herausarbeitet, der den genauen Status des Satzes bestimmt. Dieser Faktor ist ein *Operator*, welcher der gewöhnlichen Form des Satzes entweder explizit vorangestellt oder als ihr implizit vorangestellt vorausgesetzt wird. Geht man von der Annahme aus, dass es *drei* gleichursprüngliche Weisen des Verhältnisses des Geistes zur Welt (zum Universum, zum Sein) gibt,[4] so lässt sich daraus die Einsicht gewinnen, dass es *drei* fundamentale Formen von Sätzen und dementsprechend *drei* fundamentale *Satzoperatoren* gibt: den *theoretischen*, den *praktischen* und den *ästhetischen*. An dieser Stelle sollen diese Operatoren nur methodisch eingeführt und summarisch erläutert werden. Das Hauptgewicht wird hier natürlicherweise auf den *theoretischen* Operator gelegt; die beiden anderen Operatoren sollen in den Abschnitten über Ethik und über Ästhetik (4.3 bzw. 4.4) ausführlich behandelt werden.

Um ein allgemeines sprachliches Kriterium für Indikativität/Theoretizität zu formulieren, kann man sich von einer Formulierung aus Wittgensteins *Tractatus* inspirieren lassen:

»[D]ass es eine allgemeine Satzform gibt, wird dadurch bewiesen, dass es keinen Satz geben darf, dessen Form man nicht hätte voraussehen (d. h. konstruieren) können. Die allgemeine Form des Satzes ist: *Es verhält sich so und so.*« (*Tractatus* 4.5; Hervorh. LBP)[5]

---

[4] Diese Annahme entspricht der Gesamtarchitektonik, die der struktural-systematischen Philosophie zugrunde liegt. Sie wird an mehreren Stellen dieses Werkes erörtert.

[5] Die Anführung dieser Formulierung impliziert nicht, dass WITTGENSTEIN selbst sie als Kriterium für Theoretizität gemeint hat. Seine Absicht dürfte eine ganz andere gewesen sein. Man vergleiche auch die Bemerkungen, die er später, in den *Philosophischen Untersuchungen*, zu der zitierten Stelle des *Tractatus* gemacht hat:
»Log. Phil. Abh. (4.5): ›Die allgemeine Form des Satzes ist: Es verhält sich so und so‹. – Das ist ein Satz von jener Art, die man sich unzählige Male wiederholt. Man glaubt,

In diesem Sinne kann man sagen: Ein Satz φ ist ein deklarativer (daher ein theoretischer) Satz genau dann, wenn aus der Anwendung des Operators »es verhält sich so dass« auf φ ein syntaktisch korrekter Satz resultiert. Aus mindestens *drei* Gründen erweist sich diese Formulierung als dem Vorhaben angemessen, ein sprachliches Kriterium für Theoretizität auf der syntaktischen Ebene zu artikulieren: Erstens ist sie in einer sprachlich-syntaktischen Perspektive unzweideutig indikativisch-theoretisch, und zwar besonders dadurch, dass sie die Möglichkeit ausschließt, als verkappte Formulierung für einen nicht-indikativisch/nicht-theoretisch gemeinten Satz missverstanden werden zu können. Zweitens artikuliert sie genau den entscheidenden Punkt, auf den es bei der Bestimmung des theoretischen Diskurses ankommt, nämlich den Umstand, dass dieser Diskurs im Unterschied zu allen anderen Diskursformen buchstäblich zur Sprache bringt, dass (bzw. wie) »es sich verhält« – und nicht etwa, dass bzw. wie es sich verhalten soll, muss, kann. Drittens impliziert dieses Kriterium keine Restriktionen für die nähere syntaktische Form der Sätze, auf welche der Operator angewandt wird. Es können atomare (fundamentale) oder komplexe Sätze sein, die atomare bzw. komplexe Sachverhalte ausdrücken. Insbesondere ist das Kriterium in keiner Weise an die Subjekt-Prädikat-Form von Sätzen gebunden; vielmehr gilt es genauso so gut oder sogar viel besser für Sätze ohne Subjekt-Prädikat-Form wie ›es regnet‹, ›es grünt‹ usw., also für Sätze von der Form, die in diesem Buch *Primärsätze*, die *Primärpropositionen* ausdrücken, genannt werden.

Ein mögliches Missverständnis muss allerdings von vornherein ausgeräumt werden. Die Satzform »Es verhält sich so dass (z. B.) φ« könnte dazu verleiten, Instantiierungen dieser Satzform als rein empirische Sätze zu verstehen: »Es verhält sich im Sinne von ›faktisch‹ oder eben ›empirisch‹) so dass φ«. Wäre dem so, dann könnte man etwa notwendige, apriorische und vergleichbare theoretische Sätze nicht als Sätze der Form »Es verhält sich so dass φ« verstehen. Doch diese Lesart ist weder zwingend noch hier gemeint. »Empirisch«, »apriorisch/aposteriorisch«, »notwendig« usw. sind eben Qualifikationen eines Satzes. Dass oft ohne nähere Qualifikation verwendete Sätze der Form »Es verhält sich so dass φ« als empirische Sätze verstanden werden, ist Ergebnis einer reflexionslosen Gewohnheit. Die Qualifikation »empirisch« wird dabei implizit hinzugedacht. Aber dies ist eine Angelegenheit einer bestimmten Sprachgewohnheit, nicht ein Faktor, der mit der genannten Satzform selbst gegeben ist.

Um möglichst große Klarheit über den Status eines theoretischen Satzes zu schaffen, empfiehlt es sich, den theoretischen Operator in bestimmten wichtigen Kontexten durch ein spezielles Symbol kenntlich zu machen. In diesem

---

wieder und wieder der Natur nachzufahren, und fährt nur der Form entlang, durch die wir sie betrachten.« (PhU § 114)

2.2 Sprache als Darstellungsmedium der Theoretizitätsdimension 123

Buch wird dafür das Symbol ›Ⓣ‹ verwendet. Ein Satz wie »Es verhält sich so dass die Erde sich um die Sonne dreht« ist dann folgendermaßen zu formalisieren: Ⓣφ. Die Philosophie als theoretische Wissenschaft stellt ausschließlich *theoretische Sätze* auf. Diese Selbstverständlichkeit hervorzuheben, ist von der allergrößten Bedeutung, wurde und wird doch die Philosophie mit irgendwelchen praktischen Aktivitäten (wie Beratung, Lebenshilfe, politischem oder sonstigem Engagement u. dgl.) verwechselt, woraus ein erheblicher Teil der manchenorts als konfus zu bezeichnenden Lage der Philosophie zu erklären ist. Die Philosophie muss sich jedoch auch mit *nicht-theoretischen*, mit praktischen und ästhetischen, Sätzen befassen. Diese sind aber nur *Gegenstand* der philosophischen Betrachtung. Um den Status dieser Sätze ebenfalls in manchen Kontexten genau anzugeben, wird in diesem Buch die folgende Notation eingeführt: Das Symbol ›Ⓟ‹ zeigt den *praktischen*[6] und das Symbol ›Ⓐ‹ den *ästhetischen* Operator an. Ein Gebilde wie ›Ⓟψ‹ ist – in einer etwas gekünstelten, dafür aber klaren Lesart – zu lesen als: »Es soll als geboten (bzw. verboten bzw. erlaubt) gelten dass: ψ (= etwa: ›die Handlung *h* wird vollzogen‹)«. Die informale Lesart für den *ästhetischen Operator* ist schwieriger und wirkt ebenfalls gekünstelt. Ein Gebilde wie ›Ⓐχ‹ könnte informal so paraphrasiert werden: »Es stellt sich ästhetisch so dar dass χ [beispielsweise: ›Beethovens Fünfte Symphonie ist grandios‹].«

In syntaktischer Hinsicht ist noch die mögliche *Kombination* der drei genannten Grundoperatoren in folgendem Sinne zu erörtern: Ein Operator kommt im Skopus eines anderen Operators vor, so dass der erste Operator, der Hauptoperator, als der bestimmende Faktor für den zweiten erscheint. Beispiele sind Gebilde wie ›Ⓣ(Ⓟ(ψ))‹ (zu lesen als: »Es verhält sich so dass es (als geboten bzw. verboten bzw. erlaubt) gelten soll dass ψ«) oder ›Ⓣ(Ⓐ(χ))‹ (zu lesen als: »Es verhält sich so dass es sich ästhetisch so darstellt dass χ«). In rein syntaktischer Hinsicht ist prinzipiell jede Kombination möglich (im Sinne von denkbar). Es fragt sich aber, ob jede Kombination auch sinnvoll ist. Eine allseitige universale Kombinierbarkeit scheint aber in philosophischer Hinsicht ausgeschlossen zu sein. Der eigentliche Grund hierfür ist ein semantischer und soll im nächsten Punkt ([2]) dargestellt werden.

[2] Um ein sicheres sprachliches Kriterium für genuine indikativische/theoretische Sätze zu formulieren, muss außer der sprachlich-syntaktischen Form der *semantische* Faktor explizit angegeben werden; denn Theoretizität beinhaltet Sprache nicht nur als ein semiotisch-syntaktisches, sondern entscheidend auch als ein semiotisch-semantisches System. Theoretizität hat es nämlich we-

---

[6] In diesem Buch wird nur der »*praktische*« (im Sinne von: »praktisch-*deontische*«) Bereich bzw. Operator thematisiert. Andere Formen bzw. Bereiche des Praktischen oder Pragmatischen (wie z. B. das Technische, das Handwerkliche u. ä.) werden nicht betrachtet. Vgl. dazu Abschnitt 4.3.

sentlich mit dem Bezug zur Welt (zum Universum, zum Sein) zu tun, und zwar so, dass dieser Bezug eben erfasst und artikuliert wird. Das geschieht wesentlich durch Sprache als semantisch strukturiertes Artikulationssystem.

[i] Der semantische Faktor besteht darin, dass ein sprachlich-syntaktisch indikativischer bzw. theoretischer Satz etwas, d. h. genauer einen Informationsgehalt, *in einer bestimmten Weise ausdrückt*. Dieses *Expressum* eines Satzes wird normalerweise als eine Proposition oder als ein Sachverhalt bezeichnet. Die Einzelheiten dieses schlechthin zentralen Zusammenhangs werden ausführlich in Kapitel 3 (Abschnitt 3.2.2.4) dargelegt. Im gegenwärtigen Kontext ist die soeben eingeführte Präzisierung »*in einer ganz bestimmten Weise ausdrücken*« zu erläutern. Diese Präzisierung ist aus dem Grund nötig, weil auch praktische und ästhetische Sätze etwas »ausdrücken«; denn auch solche Sätze haben, wie gewöhnlich gesagt wird, eine »Bedeutung«, sie »(be)sagen« etwas, sie »artikulieren« etwas. Zwar hat sich in der philosophischen Literatur die Meinung oder eher Gewohnheit herausgebildet, dass nur deklarative (theoretische) Sätze »etwas ausdrücken«, wobei dann ein großer Teil der Philosophen annimmt, dass dieses »Etwas« eine »Proposition (oder ein Sachverhalt)« ist. Aber eine solche Meinung oder Gewohnheit ist nicht akzeptabel, da sie völlig undifferenziert ist und damit wesentliche Gesichtspunkte einfach ignoriert. Man betrachte einen Satz wie »Man soll immer die Wahrheit sagen« (gekünstelt und umständlich paraphrasiert: »Es soll-als-Gebot-generell-gelten-dass die Wahrheit immer gesagt wird« (formalisiert: $\text{\textcircled{P}}_{DG}(\psi)$, wobei ›DG‹ besagt: »Deontisch-Generell«). Man würde gewöhnlich sagen, dass dieser Satz eine allgemeine ethische Norm »artikuliert«. Es stellt sich die Frage, ob eine Norm keine Proposition oder kein Sachverhalt ist. In der Antwort auf diese Frage ist zu bedenken, dass die Norm das *Expressum* eines (praktischen) Satzes ist.

In der philosophischen Literatur findet man diesbezüglich eine beinahe unentwirrbare Problemlage. *Zwei* Gesichtspunkte spielen dabei eine Rolle und sind daher zur Klärung der Frage zu beachten. [a] Im allgemeinen wird als eine Art unabänderliches Dogma angenommen, dass zwischen Normen qua Werten einerseits und Sachverhalten (Propositionen) und/oder Tatsachen andererseits strengstens zu unterscheiden ist. Diese Unterscheidung wird dahingehend verstanden, dass Tatsachen einen ontologischen Status haben, während Werte als sonderbare, »zwielichtige Dinge« angesehen werden, denen in jedem Fall ein ontologischer Status abzusprechen ist. Wie dieses Buch zeigen wird, ist diese Sicht nur in einer Hinsicht und dabei nur insofern richtig, als eine *gewisse* Unterscheidung zwischen »Werten« und »Tatsachen (bzw. Sachverhalten/Propositionen)« besteht. Diese wird sich allerdings bei der genaueren Klärung nicht als eine Unterscheidung herausstellen, die beide Arten von »Entitäten« als *toto coelo* disparat konzipiert. Vielmehr wird sich zeigen, dass im Rahmen einer durchgeklärten Ontologie und einer sorgfältig festgelegten Terminologie »Werte« und »Tatsachen« neu zu interpretieren sind: als

2.2 Sprache als Darstellungsmedium der Theoretizitätsdimension 125

zwei verschiedene Arten ein und derselben ontologischen »Struktur«. Diese erhält in der vorliegenden Konzeption die Bezeichnung »Primärtatsache«. Der Term ›Tatsache‹ hat dabei eine transparente erweiterte Bedeutung, ganz im Sinne jener Tendenzen in der heutigen Philosophie, die problemlos und missverständnisfrei Bezeichnungen wie »logische Tatsachen (*logical facts*)«, »semantische Tatsachen (*semantic facts*)« u. ä. gebrauchen. Eine solche Sicht ist allerdings nur dann durchgehend kohärent, wenn eine explizite (neue) Ontologie entwickelt und vertreten wird.

[b] Der zweite Gesichtspunkt ist die richtige Einsicht, dass ein nicht-deklarativer Satz, besonders ein praktischer Satz, zwar etwas »bedeutet« oder »artikuliert«, aber doch etwas, das auf eine *Aufforderung* (einen Befehl u. dgl.) »bezogen« ist oder eine solche Aufforderung (Befehl u. dgl.) beinhaltet oder auch »besagt«. Diese Einsicht ist aber nur teilweise richtig, weil sie zwar einen entscheidenden Punkt erfasst, ihn aber nicht richtig und vor allem nicht hinreichend deutlich erklärt. Ein praktischer (deontischer) Satz (Entsprechendes ist von einem ästhetischen Satz zu sagen) »artikuliert« oder »drückt« etwas »aus«, hat also ein *Expressum*; aber der *Modus* des Artikulierens/Ausdrückens ist ein *ganz anderer* als der *theoretische Modus*. Der Modus der Artikulierens/Ausdrückens einer »Normtatsache« durch einen praktischen (deontischen) Satz ist die *Aufforderung*. Diese Unterscheidung wird in voller Klarheit von den beiden Operatoren Ⓣ und Ⓟ zum Ausdruck gebracht: »Es verhält sich so dass ...« bzw. »Es soll (als geboten bzw. verboten bzw. erlaubt) gelten dass ...«.

[ii] Jetzt ist es möglich, das fundamentale *semantische* Charakteristikum des *theoretischen* Operators (und damit der ganzen Dimension der Theoretizität) anzugeben. Nur Sätze, die durch diesen Operator bestimmt sind, zielen *direkt und vollständig auf Objektivität* ab. Bei ihnen steht ausschließlich »*die Sache« im Blick*, nicht (auch) irgendetwas anderes, wie z. B. die Haltung des Subjekts u. dgl. Dieses Grundcharakteristikum artikuliert sich vollständig explizit und klar im *Wahrheitsbegriff*: Nur Sätze, denen der theoretische Operator entweder explizit vorangestellt oder als ihnen implizit vorangestellt vorausgesetzt wird, können die Qualifikation »*wahr*« erhalten. Insofern ist der Operator »Es ist wahr dass ...« eine weitere, nämlich die volldeterminierte Form des mit der Formulierung »es verhält sich so dass ...« charakterisierten theoretischen Operators. Die durch die Formulierung »Es verhält sich so dass ...« angezeigte Form des theoretischen Operators ist in dem Sinne (noch) nicht dessen volldeterminierte Form, weil die Form »Es verhält sich so dass ...« auch dann Anwendung finden kann, wenn ein durch diese Form bestimmter Satz *zunächst nur eine Proposition bzw. nur einen Sachverhalt* und nicht eine Tatsache ausdrückt. In vielen Kontexten hat eine solche »unvollständige« Anwendung des theoretischen Operators einen guten Sinn, insofern man mit einem solchen Satz nur allgemein, d. h. in (noch) nicht volldeterminierter Weise etwas theoretisch ausdrücken möchte. Mit der Anwendung des

Wahrheitsbegriffs wird dann die *theoretische Darstellung* des Verhältnisses des Geistes zur Welt (zum Universum, zum Sein) *vollendet*.

Als eine Art *Fazit* aus den obigen Überlegungen ist festzuhalten: Hinsichtlich von Begriffen wie »artikulieren«, »ausdrücken« u. ä. muss man im Zusammenhang mit Sätzen streng *drei Formen* oder *Modi* unterscheiden: das theoretische, das praktische und das ästhetische Artikulieren. In den drei Fällen handelt es sich um das Verhältnis des Geistes zur Welt (zum Universum, zum Sein), aber eben gemäß drei grundverschiedenen Formen oder Modi. Es sind die drei gleichursprünglichen, aufeinander nicht reduzierbaren Weisen der Darstellung von Welt (Universum, Sein).

Hinzuzufügen ist noch der Hinweis, dass sich zumindest im Rahmen der hier vertretenen struktural-systematischen Philosophie der theoretische Operator Ⓣ als der absolut universale und fundamentale darstellt, und zwar gerade deshalb, weil er jeden der beiden anderen Operatoren sinnvollerweise im Skopus haben kann. Es handelt sich also um Gebilde wie ›Ⓣ(Ⓟ(ψ))‹ zu lesen als: »Es verhält sich so dass es (als geboten bzw. verboten bzw. erlaubt) gelten soll dass ψ«. Ein solcher Satz, als ganzer genommen, ist ein *theoretischer* Satz, allerdings ein theoretischer Satz mit einem »praktisch-deontischen Inhalt«. Solche Sätze sind als die Sätze anzusehen, die in einer so genannten *normativen philosophischen Ethik* aufgestellt werden, deren genauer Status in Abschnitt 4.3 näher erörtert werden soll. Auch Sätze der Form ›Ⓣ(Ⓐ(χ))‹ sind problemlos; es sind die Sätze, die in einer philosophischen Ästhetik als theoretische Sätze aufgestellt werden. Satzformen hingegen, die einen praktischen Operator als Hauptoperator und einen theoretischen oder ästhetischen Operator in seinem Skopus haben (also die Satzformen: ›Ⓟ(Ⓣ(φ))‹ und ›Ⓟ(Ⓐ(χ))‹) sind in philosophischer Hinsicht sinnlos; denn es ist sinnwidrig, dazu aufzufordern, dass »es sich verhält so dass φ«. Wie es sich in der Welt verhält, kann unmöglich von irgendwelchen Aufforderungen abhängig gemacht werden. Hingegen scheint jene Satzform, die den theoretischen Operator im Skopus des ästhetischen Operators enthält, einen guten Sinn zu ergeben. Manche Theoretiker (insbesondere Mathematiker und Naturwissenschaftler) sprechen oft von »eleganten Formeln« oder von großen (mathematischen oder naturwissenschaftlichen) Theorien als »wunderbaren Kunstwerken«. Übersetzt man aber diese Redeform in die hier verwendete Terminologie und Notation, so ergibt sich die Satzform: ›Ⓐ(Ⓣ(φ))‹ (»Es stellt sich als wunderbares Kunstwerk ästhetisch so dar dass es sich so verhält dass φ«).

2.2.3.2 Grundlagen eines Programms für die Entwicklung einer systematischen philosophischen Sprache

Wenn von einer oder der philosophischen Sprache die Rede ist, spielt die Frage der »Erweiterung« der natürlichen Sprache eine nicht unwichtige Rolle.

2.2 Sprache als Darstellungsmedium der Theoretizitätsdimension 127

Aber schon oben wurde dieser Begriff als unbestimmt und sogar als zweideutig bezeichnet. In einem sehr weiten Sinne kann aber »Erweiterung« dahingehend verstanden werden, dass damit nur eine gewisse »Anlehnung« an die natürliche Sprache gemeint ist. In diesem Sinne ist die Rede von einer »Erweiterung« zwar unbedenklich, aber auch nicht treffend oder besonders aufschlussreich. Daher ist es empfehlenswert, diesen missverständlichen Terminus zu vermeiden. Entscheidend ist vielmehr, dass die philosophische Sprache theoretisch transparent sein sollte. Eine philosophische Sprache, die vollständige Transparenz besitzt oder zumindest tendenziell anstrebt, soll im folgenden eine »systematische philosophische Sprache« genannt werden. Von einer vollständigen Transparenz kann nur dann gesprochen werden, wenn die Sprache in jeder Hinsicht transparent ist. Die hier verwendete Formulierung »(gänzlich) theoretisch transparente Sprache« ist ein Kürzel, das folgenden Sachverhalt anzeigen soll: Eine Sprache ist dann gänzlich theoretisch transparent, wenn *sämtlich Faktoren*, die ihren theoretischen Status charakterisieren, genau untersucht und geklärt werden. Diese Faktoren sind es, die den zentralen Begriff des *Theorierahmens* konstituieren.

Man pflegt bekanntlich drei »Dimensionen« der Sprache zu unterscheiden: die syntaktische, die semantische und die pragmatische. Doch in philosophischer Hinsicht müssen mindestens zwei weitere Dimensionen explizit berücksichtigt werden: die logische und die ontologische. Zwar gehören die syntaktische und die logische Dimension einerseits und die semantische und die ontologische Dimension andererseits engstens zusammen; von einer Identität kann man jedoch nicht sprechen. Doch das vermutlich schwierigste Problem dürfte das Verhältnis zwischen der pragmatischen Dimension einerseits und den übrigen Dimensionen andererseits darstellen. Im gegenwärtigen Zusammenhang sollen zur Problematik des Verhältnisses dieser fünf Dimensionen zueinander nur einige allgemeine Überlegungen angestellt werden.

Hinsichtlich des Verhältnisses der pragmatischen Dimension zu den anderen Dimensionen werden die denkbar gegensätzlichsten Positionen vertreten: Die eine Extremposition besteht darin, dass der Pragmatik eine absolut sekundäre und marginale Rolle zugeschrieben wird; danach erschöpft sich die Pragmatik in einer rein empirischen Betrachtung des Gebrauchs einer Sprache durch einzelne Sprecher und Sprachgemeinschaften, ohne dass diesem Gebrauch irgendeine nennenswerte Rolle im Hinblick auf die syntaktische, die logische, die semantische und die ontologische Dimension der Sprache zugeschrieben würde. Auf der anderen Seite wird die Pragmatik zum absolut zentralen Focus erhoben, von welchem her die anderen Dimensionen begriffen und erklärt werden können. Die wichtigsten Vertreter der ersten Richtung sind Tarski, Carnap, Quine u. a.

Im vorliegenden Buch wird eine modifizierte Version der ersten Richtung vertreten. Die Modifikation betrifft hauptsächlich zwei Punkte: Erstens wird die »pragmatische Dimension« nicht auf eine rein empirische Betrachtung der Sprache reduziert. Alles, was mit dem pragmatischen Vokabular einer Sprache zusammenhängt, gehört zur Struktur der Sprache selbst. Zweitens wird hier ein Verständnis der syntaktischen, der logischen, der semantischen und der ontologischen Dimension der Sprache vertreten, das sich von dem entsprechenden Verständnis bei Autoren wie Carnap, Quine u. a. merklich unterscheidet. Darauf soll in grundsätzlicher Hinsicht noch in diesem Kapitel ausführlich eingegangen werden.

Die zweite Richtung hat ihren bekanntesten Repräsentanten im späten Wittgenstein (vgl. sein Slogan: »Meaning Is Use«). Allerdings kann von einer »systematisch« entwickelten Konzeption bei Wittgenstein nicht die Rede sein. Die vielleicht eindrucksvollste Systematisierung einer radikal pragmatisch orientierten Konzeption der Sprache und der Philosophie überhaupt findet man bei *R. Brandom*, der in seinem monumentalen Buch *Making It Explicit. Reasoning, Representing, and Discursive Commitment* eine solche Konzeption auf der Basis der Grundforderung: »Semantics must answer to pragmatics« (Brandom [1994: 83 und *passim*]) entwickelt hat.

Für die Ablehnung jeder Konzeption, die einen Primat der pragmatischen Dimension – in welcher Weise auch immer – annimmt, sind als die drei wichtigsten Gründe zu nennen: [i] Der Begriff des »Sprachgebrauchs« oder der »Sprachpraxis«, so wie er von der hier abgelehnten Richtung in Anspruch genommen wird, ist hoffnungslos un(ter)bestimmt und vage. [ii] Dass so etwas wie »Bedeutung« nicht einfach mit »Gebrauch« identifiziert werden kann, ergibt sich daraus, dass man in verständlicher und rationaler Weise nur das gebrauchen kann, was man schon verstanden hat. Andernfalls wäre der Gebrauch so etwas wie ein *factum brutum*, bar jeden Inhalts, jeden Verständnisses und jeder Rechtfertigung. [iii] Die Annahme eines grundsätzlichen Primats der pragmatischen Dimension hat beträchtliche und kaum akzeptierbare Konsequenzen. Dieser Primat verhindert die angemessene Erfassung von Welt (Realität, Sein), die uneingeschränkte Anerkennung der Weite etwa der mathematischen Dimension u. ä. Alle Dimensionen des Wirklichen und des Formalen (des Logischen/Mathematischen) werden »reduziert« auf die engen Grenzen unserer »Lebenswelt«, d. h. auf eine »Welt«, die »unserem« Handlungszugriff im Sinne eines fragwürdigen Sinnes von »Handlung« unterworfen ist. Aber dies widerspricht sowohl der Weite logischer/mathematischer als auch wissenschaftlicher und philosophischer Fragestellungen und Aussagen. In Kapitel 3 wird dieses Thema ausführlicher und in systematischer Hinsicht behandelt, besonders im Zusammenhang mit der Theorie der Wahrheit.

In der Darstellung der fünf Dimensionen der Sprache ist die *syntaktische* Dimension am leichtesten zu klären. Denn schon die Syntax der natürlichen Sprachen lässt sich relativ genau angeben; eine philosophische Sprache kann sich davon sehr grundsätzlich inspirieren, allerdings nicht total bestimmen lassen. Die Tragweite der *logischen* Dimension dürfte kaum zu überschätzen sein; denn dass Zusamenhänge dargestellt werden – und um eine solche Darstellung geht es an allererster Stelle in der Wissenschaft und Philosophie – heißt, dass logische Relationen aufgezeigt werden. Damit ist nun auch das Problem aufgeworfen, wie insbesondere das Verhältnis der *Logik zur Semantik und Ontologie* zu verstehen ist. Es wird zu zeigen sein, dass Logik letztlich in einem ontologischen Sinne – allerdings auf der Basis eines neuen Verständnisses von Ontologie – zu begreifen ist.

Gemäß der zentral in Kapitel 3 darzustellenden Konzeption gehören *Semantik und Ontologie* aufs engste zusammen. Im Anschluss an Tarski wird hier die Auffassung vertreten, dass Semantik die Theorie des Verhältnisses von Sprache und Welt ist (vgl. dazu besonders Tarski [1944/1972]). Entgegen manchen Richtungen in der Vergangenheit und in der Gegenwart lässt sich zeigen, dass diese Bestimmung von Semantik ein so fundamental enges Verhältnis zur Ontologie impliziert, dass sich daraus auch eine ganz bestimmte Gestalt von Ontologie ergibt.

2.2.4 Die Zentralität der Sprache für die Philosophie

Die hier zu entwickelnde Konzeption einer struktural-systematischen Philosophie weist der Sprache einen schlechthin zentralen Platz zu. An dieser Stelle soll das wichtigste Argument zugunsten dieser Annahme (noch einmal) formuliert werden. Im Anschluss werden einige Punkte, die für das Programm einer auf dieser Basis zu entwickelnden Konzeption von zentraler Bedeutung sind, genannt und erläutert.

Philosophie hat es wesentlich mit Darstellung zu tun. Eine angeblich nur »im Denken«, nur in der »Intuition« oder, wie gewöhnlich gesagt wird, nur »im Kopf« »vorhandene« Philosophie ist ein Unding. Selbstverständlich ist es möglich, ja ganz natürlich, eine Konzeption zu »entwickeln« oder zu »besitzen«, bevor sie (und sogar ohne dass sie) in dem Sinne *faktisch* »dargestellt« wird, dass sie (für andere) geäußert wird oder etwa in Buchform erscheint. »Darstellung« meint in diesem weiteren Sinne nichts anderes als »Artikulation«, was grundsätzlich gegeben sein kann, ohne dass »greifbare« Zeichen oder Symbole benutzt oder in Anspruch genommen werden. Freilich taucht hier die Frage auf, wie eine so aufgefasste »Artikulation« überhaupt »erklärt« werden kann, etwa ob man von einer »Sprache des Denkens« oder Ähnlichem sprechen muß. Doch so wichtig diese Frage in vielfacher Hinsicht auch ist, im gegenwärtigen Zusammenhang ist sie nicht von entscheidender Bedeutung. Wichtig ist einzig die Einsicht, dass »Darstellung« – zumindest im Sinne von »Artikulation« im erläuterten Sinne – ein wesentliches Element einer philosophischen Konzeption ist. Das soll im folgenden näher erläutert und begründet werden.

Sprache wird oft auf ein reines Darstellungs*medium* reduziert. Diese Sicht ist problematisch, sofern sie gewöhnlich auf der Annahme basiert, zwischen der dargestellten Sache und dem Darstellungsmedium bestehe eine grundlegende Trennbarkeit und ein entsprechend extrinsisches Verhältnis. Das aber schließt eine unzertrennliche Verbindung von Philosophie (Wissenschaft) und Sprache aus; höchstens kann davon nur noch in einem sehr schwachen – und damit weitgehend uninteressanten – Sinne die Rede sein. Aber auch wenn man Sprache als »Darstellungsmedium« im Sinne eines durch Syntax, Semantik und Pragmatik strukturierten semiotischen Systems konzipiert, lässt sich zeigen, dass die genannte Annahme fragwürdig, ja grundsätzlich gesehen falsch ist. Zwischen »Sache« und »Medium« kann es ein solches »extrinsisches« Verhältnis nicht geben; denn in einem solchen Fall wäre es unerklärlich, wie die Sache eben »zur Darstellung« gelangen kann. Wäre das Medium nicht geeignet, die Sache selbst eben zu »ver-mitteln«, so wäre es kein »Darstellungsmedium« (hinsichtlich der gemeinten »Sache«). Zwischen (dargestellter bzw. darzustellender) Sache und Darstellungsmedium muss eine »innige« Beziehung obwalten. Aus dieser Einsicht ergibt sich u. a. die Konsequenz, dass an der Strukturiertheit der Sprache die Strukturiertheit der Sache selbst abzulesen ist. Letztere Einsicht kann als die fundamentalste Annahme der ganzen analytischen Konzentration auf die Sprache gekennzeichnet werden, was aber nicht heißt, dass die analytische Philosophie diese Annahme auch zur Klarheit gebracht hat oder dass die Vorgehensweise analytischer Philosophen dem damit verbundenen Anspruch immer oder auch nur weitgehend gerecht geworden ist.

Man könnte meinen, dass man in einem bestimmten Sinne von einer Trennbarkeit von Darstellungsmedium und dargestellter Sache sprechen kann, dann nämlich, wenn unter »Darstellungsmedium« nicht Sprache überhaupt, sondern eine bestimmte Sprache gemeint ist, und wenn weiterhin vorausgesetzt wird, dass eine bestimmte Sprache durch eine andere bestimmte Sprache substituiert werden kann, ohne dass die dargestellte Sache sich dadurch ändert bzw. die Darstellung der Sache »selbst« darunter leidet. Ungeachtet der Schwierigkeiten dieser Auffassung, auf die u. a. Quine unter der Bezeichnung »Unbestimmtheit der Übersetzung« hingewiesen hat, wird eine solche Annahme von der Mehrheit der heutigen Philosophen geteilt. Doch dies ist fragwürdig, weil dadurch die Voraussetzung gemacht wird, dass eine bestimmte Sprache in eine andere Sprache problemlos »übersetzt« werden kann, als ob eine Sprache eine Art »Kleidung« wäre, die beliebig durch eine andere Kleidung ausgetauscht werden könnte, wobei der »eingekleidete« Körper jedoch identisch bliebe. Gebraucht man etwa den deutschen Satz »Schnee ist weiß« und den englischen Satz »Snow is white« und nimmt man an, dass Sätze dieser Form eine Proposition ausdrücken, so wird dann angenommen, dass beide Sätze genau »dieselbe« Proposition ausdrücken. Auf die Fragwürdigkeit dieser Konzeption wird noch zurückzukommen sein (vgl. Abschnitt 3.2.2.4.2 und Puntel [1990]).

2.2.5 Von der Dimension der Sprache zur Dimension des Wissens (der Erkenntnis): die Rolle der Sprecher und Subjekte

Die Dimension der Sprache bzw. der Darstellung ist eine in vielfacher, nicht aber in absoluter Hinsicht selbständige Dimension. Faktisch ist zu konstatieren, dass eine solche Dimension einen Bezug auf Subjekte, Sprecher bzw. Benutzer der Sprache beinhaltet. In prinzipieller Hinsicht drängt sich nun die Frage auf, ob es eine »reine« Dimension der Darstellung bzw. der Sprache, d. h. eine Dimension ohne Sprecher/Subjekte oder eine von Sprechern/Subjekten unabhängige Dimension gibt und geben kann. *Prima facie* wäre eine solche Dimension nur in einer »platonischen« Welt möglich und verständlich oder vielleicht nur *als* eine so verstandene »Welt«. Diese Frage ist nicht schon deshalb als überflüssig, spitzfindig oder gar gegenstandslos einzustufen, weil es faktisch Sprecher bzw. Subjekte gibt; denn die Frage zielt letztlich darauf ab zu klären, welchen Stellenwert gerade Sprecher oder Subjekte haben.

Der Gedanke der *Ausdrückbarkeit* der Welt (*universe of discourse*, des Seins) ist absolut zentral für die hier entwickelte Konzeption einer systematischen Philosophie. Aber »Ausdrückbarkeit« kann nur verstanden werden, wenn sie als eine Relation aufgefasst wird, die auch eine inverse Relation beinhaltet: die Relation des Ausdrückens. Diese inverse Relation scheint ihrerseits nur verständlich zu sein, wenn man eine *ausdrückende Instanz* annimmt. Eine solche ausdrückende Instanz ist (die) Sprache. Diese Einsicht wird hier als der *locus originarius* des Verständnisses von Sprache und/oder genauer Sprachlichkeit angesehen. »Sprache« aber in diesem »ursprünglichen« Sinn kann man, wie weiter unten ausführlich zu zeigen ist, als ein abstraktes semiotisches System konzipieren, d. h. so, dass das semiotische System keine essentielle Beziehung zu Benutzern des Systems involviert.

Eine solche Sicht weicht entschieden von allen Vorstellungen von Sprache ab, die Sprache ursprünglich als ein semiotisches *Kommunikationssystem* bestimmen. Nun ist es zunächst eine Frage der Terminologie, ob man den Ausdruck ›Sprache‹ ausschließlich für semiotische Kommunikationssysteme oder auch für abstrakte semiotische Systeme verwenden will. Daher wird »Sprache« in diesem Buch grundsätzlich im Sinne einer »ursprünglichen« Sprache konzipiert, d. h hier im Sinne eines semiotischen Systems, das auf der Idee der universalen Ausdrückbarkeit der Welt (des Universums, des Seins) basiert.[7] Sprache in diesem Sinne ist prinzipiell oder primär als ein abstraktes

---

[7] Wenn aus dem Kontext nicht klar hervorgeht, in welchem Sinne »Sprache« verstanden wird, wird die Qualifikation »ursprünglich« benutzt. Es dürfte schon aus den

semiotisches System, das überabzählbar unendlich viele Ausdrücke enthält, zu konzipieren, wie in Kapitel 5 ausführlich zu zeigen sein wird. Diese weite Konzeption von Sprache schließt Sprecher und Subjekte selbstverständlich nicht aus, »situiert« sie aber grundsätzlich anders als die andere (eingebürgerte) Konzeption.

Bevor auf diese völlig andere Situiertheit von Sprechern und Subjekten näher eingegangen wird, ist die Frage zu behandeln, ob aus der Existenz von Sprache (im angedeuteten Sinne) gefolgert werden kann, dass es auch Sprecher/Subjekte geben *muss*. Aus der Grundannahme der Ausdrückbarkeit von Welt (Universum, Sein) ergibt sich analytisch die These von einer ausdrückenden Instanz in der Gestalt von Sprache. Impliziert nun (die Existenz von) Sprache auch (die Existenz von) Sprecher(n) einer solchen Sprache? An dieser Stelle ist nur so viel festzuhalten: Da Sprache nicht (primär) als Kommunikationssystem aufgefasst wird, ist es nicht unmittelbar evident, dass diese Schlussfolgerung direkt oder auf analytische Weise gezogen werden kann. Würde sich aber ein solcher direkter Schluss als zwingend herausstellen oder würde er in anderer Weise zu rechtfertigen sein, so ergäben sich daraus in vielfacher Weise grundlegende Konsequenzen. Eine dieser Konsequenzen betrifft die Thematik der Gesamtsystematik, die in Kapitel 5 abzuhandeln sein wird. Im gegenwärtigen Zusammenhang ist von der Tatsache auszugehen, dass es Sprecher und Subjekte gibt. Es stellt sich dann die Aufgabe zu erklären, welchen Status sie haben.

Zunächst seien vorwegnehmend zwei der wichtigsten Unterschiede zwischen den beiden angesprochenen Konzeptionen von Sprache (»Sprache« im eher üblichen und »Sprache« im ursprünglichen Sinne) kurz angesprochen. [i] Der erste ist grundsätzlicher Natur: Gemäß der hier vertretenen Konzeption werden Sprecher und Subjekte von der Sprache her, nicht die Sprache von den Sprechern oder Subjekten her bestimmt und verstanden. Sprecher und Subjekte werden daher theoretisch derart »depotenziert«, dass sie keine *konstitutive Rolle* im Hinblick auf Sprache spielen, sondern dass sie sich nur dann angemessen als Sprecher oder Subjekte verstehen, wenn sie sich als in Sprache bzw. Sprachlichkeit einbezogen begreifen. Freilich bleibt zu sagen, wie ein solches Verhältnis näher zu konzipieren ist. [ii] Der *zweite* Unterschied besteht darin, dass »Sprache« im erläuterten ursprünglichen Sinne eine gegenüber »Sprache« als Kommunikationssystem unvergleichlich größere Ausdrucksstärke besitzt. In diesem zweiten, gewöhnlichen Sinn hat »Sprache« als semiotisches Kommunikationssytem u. a. die Konsequenz, dass sie nur endlich viele (oder in bestimmter Hinsicht [höchstens] abzählbar unendlich viele) Ausdrücke enthalten kann, während Sprache im ursprünglichen

---

bisherigen Ausführungen klar sein, dass »ursprünglich« hier nicht im Sinne HEIDEGGERS verwendet wird.

Sinn problemlos als semiotisches System mit überabzählbar unendlich vielen Ausdrücken konzipiert werden kann bzw. muss.

Die These vom Primat der ursprünglichen Sprache hat die Unterordnung des Subjektes als Sprecher unter die Sprachdimension zur Folge. Nun wird aber von vielen Philosophen die philosophische Primärstellung dem Subjekt zugewiesen, und zwar nicht nur als Sprecher, sondern (auch) als Erkennendem. Dass diese Sicht nicht haltbar ist, soll im folgenden gezeigt werden.

2.3 Die Dimension des Wissens bzw. der Erkenntnis als Dimension des Vollzugs der Theoretizität

Da es ein Faktum ist, dass es Sprecher und Subjekte gibt und dass diese Theorien entwickeln, spielen sie auf der Ebene der Theoretizität eine Rolle, die nicht einfach wegdisputiert werden kann. Wie ist diese Rolle genau zu bestimmen? Sehr allgemein kann gesagt werden, dass Theoretizität von Sprechern und Subjekten »vollzogen« wird. Der Ausdruck ›Vollzug‹ soll anzeigen, dass Sprecher und Subjekte jene Instanz sind, die gegenüber der Dimension der Theoretizität ein so oder so bestimmtes Verhalten beinhaltet oder eben »vollzieht«: Theorien werden von Sprechern und Subjekten »entwickelt«, »geglaubt«, »akzeptiert«, »angezweifelt«, »verworfen« usw. Die höchste Form dieses »Vollzugs« von Sprechern und Subjekten gegenüber Theorien ist jene Form, die man »Wissen oder Erkenntnis« nennt. Wie ist das Verhältnis zwischen Theoretizität und Wissens- oder Erkenntnisvollzug zu begreifen?

Es entspricht der globalen Entwicklung der Philosophie in der Neuzeit und zu einem erheblichen Teil auch der Situation der Philosophie in der Gegenwart, dass die Dimension der Theoretizität von der Ebene des Wissens/Erkennens her gesehen, begriffen und bestimmt wurde bzw. wird. Im vorliegenden Werk wird eine Gegenauffassung vertreten. Die Primärstellung wird dem *Theorierahmen* zugewiesen, innerhalb dessen jede Theorie allererst entwickelt werden kann, sowie dem *Inhalt*, der in diesem Theorierahmen artikuliert wird. Von viel kleinerer Bedeutung ist der Umstand, dass die Theorie und ihr Inhalt von Subjekten *gewusst* oder *erkannt* wird. Wissender »Vollzug« von Theoretizität ist zwar ein nicht zu vernachlässigender Faktor, spielt aber letztlich nur eine derivative Rolle im Gesamtprozess bzw. in der Gesamtdimension der Theoretizität.

2.3.1 Zur Problematik des epistemischen Subjekts (der Subjektivität)

Wie immer man Wissen bzw. Erkenntnis auffassen mag, in jedem Fall handelt es sich um eine »Angelegenheit« von Subjekten, kurz der Subjektivität. (Im folgenden wird der Kürze halber oft der Ausdruck ›Subjektivität‹ verwendet.)

Der weitgehend vage Ausdruck ›Angelegenheit‹ kann in diesem Kontext eine Aktivität, einen Vollzug, einen Zustand, eine Leistung u. ä. bezeichnen. Wie dies genauer zu verstehen ist, hängt davon ab, wie man Subjektivität auffasst.

Der Begriff der Subjektivität charakterisiert hauptsächlich die ganze moderne Philosophie; von ihm kann aber auch in der gegenwärtigen Philosophie in keiner Weise abstrahiert werden. Bevor näher auf den Begriff des Wissens/der Erkenntnis eingegangen wird, muss die Problematik der Subjektivität angesprochen werden.

Es kann sich hier nicht darum handeln, diese Problematik umfassend zu behandeln, vor allem nicht in historischer Hinsicht. Vielmehr soll so verfahren werden, dass die wohl wichtigsten *drei* Richtungen in der Betrachtung von Subjektivität kurz charakterisiert werden. Es handelt sich um drei verschiedene Perspektiven, unter denen Subjektivität gesehen und begriffen wird: die Perspektive der Stellungnahme, die Perspektive der Standpunktsetzung, die Perspektive der Konstitution. Es ergeben sich entsprechend drei verschiedene Typen von Konzeptionen oder Theorien, so dass die Subjektivität mit jeweils einer der angegebenen Bezeichnungen näher charakterisiert wird: *stellungnehmende* oder *intentionale* Subjektivität, *standpunktsetzende* Subjektivität, *transzendental-konstituierende* Subjektivität.

[1] Die Subjektivität, als eine *stellungnehmende oder intentionale Instanz* konzipiert, entspricht am ehesten dem, was man den »normalen« oder »gewöhnlichen« Begriff der Subjektivität nennen könnte. In der analytischen Philosophie, die dieses Problem vornehmlich von der Sprache her sieht, spricht man von den »propositionalen Einstellungen« von Subjekten und Sprechern, die sich sprachlich artikulieren in Formulierungen wie: ›(Subjekt oder Sprecher) S weiß (glaubt, zweifelt, mutmaßt,...) dass ...‹ Wie unten zu zeigen sein wird, basiert die als klassisch geltende, von E. Gettier [1963] formulierte Definition von Erkenntnis als »justified true belief« auf einer Konzeption der Subjektivität als stellungnehmender/intentionaler Instanz. Hier soll nur der Hinweis darauf gegeben werden, nicht aber kann auf die extrem vielfältigen Einzeldeutungen der »intentionalen bzw. propositionalen Einstellungen« eingegangen werden.

[2] Eine zweite große Richtung fasst Subjektivität als eine Instanz auf, die einen bzw. den maßgebenden *Standpunkt* festsetzt, und zwar für alles und jedes sowohl im theoretischen als auch im praktischen Bereich. Auch hier gibt es viele Formen und Deutungen. Für die Zielsetzung des vorliegenden Werkes dürften hier zwei Varianten von einschlägiger Bedeutung sein, die kurz die *fundamentalistische* bzw. die *pragmatische* Richtung genannt werden.

2.3 Die Dimension des Wissens

[i] Die *fundamentalistische* Richtung wird auch die *Cartesische* Richtung genannt, da ihre klassische Formulierung von R. Descartes stammt. Dem Fundamentalisten zufolge ist alles, was dem Subjekt in adäquater Weise evident ist, auch wahr. Das *Cogito, ergo sum* als Ausdruck der absoluten Selbstgewissheit des Subjekts bildet das für unumstößlich gehaltene Fundament (*fundamentum inconcussum*) für das ganze Gebäude der Philosophie und der Wissenschaften. Mit der Selbstgewissheit des Ich ist gleichzeitig die erste, die fundamentalste Wahrheit »gegeben« oder »erreicht«, aus welcher alle anderen Wahrheiten gewonnen oder eruiert werden können. Damit bildet die Selbstgewissheit des Ich den in jeder Hinsicht als unwiderlegbar und für alles Weitere maßgeblichen Standpunkt in der Philosophie und in den Wissenschaften.

[ii] »*Pragmatisch*« werden heute mehrere teilweise sehr divergierende, sogar disparate Konzeptionen genannt. Hier sollen nur drei Versionen kurz charakterisiert werden: der klassische Pragmatismus, Habermas' pragmatisch orientierte diskursiv-rationale Theorie und R. Brandoms auf Pragmatik basierende Semantik

[a] Für den klassischen Pragmatisten bestimmt das Subjekt das, was für es als nützlich oder gut zu gelten hat, und das ist dasjenige, das das Subjekt auch (als wahr) akzeptieren wird. In welchem genaueren Sinne die Subjektivität als standpunkt- oder maßstabsetzende Instanz von den Gründern des klassischen Pragmatismus, Ch. S. Peirce und W. James, verstanden wurde, mögen zwei zentrale Zitate kurz beleuchten. In seiner 1877 verfassten Schrift »Die Festlegung einer Überzeugung« schreibt Peirce:

»[Es] ist das einzige Ziel der Forschung, eine Meinung festzulegen. Wir mögen uns zwar einbilden, das sei nicht genug für uns und wir suchten nicht nur eine Meinung, sondern eine wahre Meinung. Aber stelle diese Einbildung auf die Probe, und sie erweist sich als grundlos, denn sobald eine feste Überzeugung erreicht ist, sind wir völlig zufriedengestellt, gleichgültig ob die Überzeugung wahr oder falsch ist. [...] Das Äußerste, was wir behaupten können, ist, dass wir nach einer Überzeugung suchen, die wir *für wahr halten*. Aber wir halten jede unserer Überzeugungen für wahr, und daher ist die zuletzt vorgeschlagene Ausdrucksweise eine bloße Tautologie.«(Peirce [1976: 157–158])

Im Jahre 1903 fügte Peirce zu dieser Stelle folgende Anmerkung an:

»Denn die Wahrheit ist weder mehr noch weniger als der Charakter eines Satzes, der darin besteht, dass die Überzeugung von diesem Satz uns bei genügender Erfahrung und Reflexion zu einem Verhalten führen würde, das darauf zielen würde, die Wünsche, die wir dann haben würden, zu befriedigen. Sagt man, dass Wahrheit mehr bedeutet als das, so heißt das, dass sie überhaupt keinen Sinn hat.« (Ib. 175, Anm. 24)

Es wird hier deutlich, dass wir als Subjekte, die zu befriedigende Wünsche haben, den einzigen und absoluten Maßstab bilden. Zu beachten ist allerdings, dass Peirce eine bemerkenswerte Entwicklung durchgemacht hat, die ihn u. a.

dazu führte, dass er sich vom Pragmatismus von W. James distanzierte (was er durch die Einführung des Neologismus »Pragmatizismus« unterstreichen wollte).

Nach W. James lautet die »pragmatische Maxime«:

»To attain perfect clearness in our thoughts of an object, [...] we need only consider what conceivable effects of a practical kind the object may involve – what sensations we are to expect from him, and what reactions we must prepare. Our conception of these effects, whether immediate or remote, is then for us the whole of our conception of the object, so far as that conception has positive significance at all.« (James [1907/1978: 29])

Gegenüber Peirces »Festlegung (einer Überzeugung)« hebt James eher die »Klarheit« hervor, aber beide Philosophen sind pragmatistisch orientiert, daher allein auf das Subjekt fokussiert: Worum es geht, ist Klarheit bzw. Festlegung *für* ein Subjekt als Instanz der Wünsche (Peirce) oder als praktisches Subjekt (James).

[b] J. Habermas vertritt eine andere Form des Pragmatismus. Den Standpunkt setzen dabei die rational miteinander kommunizierenden Subjekte; es ist der Standpunkt einer *kommunikativen Rationalität*. Da diese Position an vielen Stellen des vorliegenden Werkes angesprochen und in vielfacher Hinsicht behandelt wird, soll sie in diesem Kontext nur erwähnt werden.

[c] R. Brandom hat eine großangelegte radikal pragmatisch orientierte Semantik entwickelt, die sich von dem Slogan leiten lässt: »Semantics must answer to pragmatics« (Brandom [1994: 83]). Dabei spielen handelnde Subjekte im Rahmen einer sozialen Praxis die absolut zentrale Rolle und bestimmen die Perspektive, aus welcher heraus sowohl die Semantik als auch die Ontologie sowie auch die Philosophie des Geistes entwickelt werden.

[3] In vielfacher Hinsicht ist die wichtigste Konzeption von Subjektivität die von Kant entwickelte, der zufolge Subjektivität als die transzendental konstitutive Instanz schlechthin zu begreifen ist. Kants Position hinsichtlich seines Grundgedankens der transzendentalen Konstitution der Gegenstände ist so bekannt, dass es sich erübrigt, sie an dieser Stelle näher darzustellen. Außerdem wird in den weiteren Ausführungen dieses Abschnittes durchgängig darauf Bezug genommen.

2.3.2 Zur systematischen Stellung der epistemischen Dimension

Unter »epistemischer Dimension« wird hier die Dimension des Wissens und/oder der Erkenntnis verstanden. Diese beiden Ausdrücke werden im Deutschen oft als gleichbedeutend genommen, besonders in der Philosophie. Die syntaktisch-semantischen Unterschiede werden dabei oft oder sogar meistens als unwichtig angesehen, oder aber sie werden so gedeutet, dass sie als *quantité négligeable* ausgegeben werden.⁸ Im folgenden werden einige Differenzierungen herausgearbeitet, die bei der Verwendung dieser beiden Ausdrücke zu beachten sind. In der Regel werden jedoch beide Ausdrücke als gleichbedeutend genommen und gebraucht. Um nicht ständig beide Ausdrücke zu schreiben, wird oft nur einer der Ausdrücke verwendet.

2.3.2.1 Die Ambiguität der Ausdrücke ›Wissen‹ und ›Erkenntnis‹

Zunächst ist auf eine bemerkenswerte Ambiguität und Obskurität in dem Ausdruck bzw. Begriff »Wissen« bzw. »Erkenntnis« hinzuweisen. Bekanntlich haben Ausdrücke wie »Behauptung« u. ä. eine doppelte Bedeutung: zum einen die »aktive« Bedeutung des Vollzugs einer Aktivität oder Handlung: das »Behaupten«; zum anderen die »resultative« Bedeutung eines »Produkts« des Vollzugs einer Handlung und/oder die »objektive« Bedeutung eines »Gegenstands«, auf welchen sich der Vollzug einer Handlung bezieht: das Behauptete. Die Ausdrücke ›Wissen‹ und ›Erkenntnis‹ haben ebenfalls eine analoge zweifache Bedeutung. Wenn beispielsweise von der »Enzyklopädie des menschlichen Wissens (oder der menschlichen Erkenntnis)« oder von der Philosophie als dem »System der philosophischen Erkenntnisse oder der Vernunfterkenntnisse« (Kant) die Rede ist, so ist die objektive Seite gemeint: die Seite des Gewussten bzw. Erkannten. Wenn aber »Wissen« und »Erkenntnis« im aktiven Sinne verstanden werden, also im Sinne von »das Wissen«

---

⁸ Einige Beispiele aus der heutigen deutschsprachigen philosophischen Literatur mögen diese Behauptung belegen. Das von J. Speck herausgegebene *Handbuch wissenschaftstheoretischer Begriffe* enthält einen von W. Lenzen verfassten Artikel unter dem Titel »Erkenntnistheorie im Verhältnis zur Wissenschaftstheorie« (Lenzen 1980). Abschnitt 2 ist der Frage gewidmet »Wie ist Erkenntnis möglich?« Es wird nun gleich gesagt, dass eine Antwort auf diese Frage zunächst eine Klärung der Frage, was denn Erkenntnis eigentlich sei, voraussetzt. Letztere Frage wird gleich im nächsten Unterabschnitt 2.1 behandelt, der den Titel trägt: »Analyse des Begriffs ›Wissen‹«.
Ganz ähnlich verfährt Kutschera [1998] in seinem Buch *Die Teile der Philosophie und das Ganze der Wirklichkeit*. Teil 2 trägt die Überschrift *Erkenntnis* und Abschnitt 2.1 gleich die Überschrift *Wissen*. Das Verhältnis bzw. den Unterschied zwischen »Erkennen« und »Wissen« charakterisiert er folgendermaßen:
»Das Wort ›erkennen‹ bezeichnet den Übergang zum Wissen; jemand erkennt, dass es sich bei einem Schmetterling um einen Schwalbenschwanz handelt, wenn er das vorher nicht wusste und hinterher weiß. Wir können uns daher hier auf den Wissensbegriff konzentrieren.« (Ib. 32)
Das ist eine kuriose Auffassung. Wenn »Erkennen« den »Übergang zum Wissen« bezeichnet, wieso wird der Begriff des Wissens unter der Überschrift »Erkenntnis« dargelegt? Man könnte genauso umgekehrt formulieren: »Wissen« bezeichnet den Übergang zum Erkennen bzw. zur Erkenntnis, denn: »jemand weiß, dass es sich bei einem Schmetterling um einen Schwalbenschwanz handelt, wenn er das vorher nicht erkannt hatte und hinterher erkennt ...«
Auf die sehr aufschlussreiche Weise, wie Kant die Ausdrücke ›Erkenntnis/Erkennen‹ und ›Wissen‹ verwendet, wird weiter unten eigens einzugehen sein.

bzw. »das Erkennen« (substantivierte Verben), so ist die Handlung oder der Zustand eines Handelnden, d. h. eines Subjekts oder Sprechers, gemeint. Es wird unten im Kontext der Ausführungen über die Definition des Begriffs des Wissens bzw. der Erkenntnis zu zeigen sein, wie die beiden unterschiedenen Aspekte, der »streng subjektive« und der »resultativ-objektive«, sich auf die Definition auswirken.

Die meist undifferenzierte Verwendung von Ausdrücken wie ›Erkenntnis‹ und ›Wissen‹ u. ä. ist insofern symptomatisch, als gerade in dieser Undifferenziertheit das Charakteristische der epistemischen Dimension zum Vorschein kommt. Dieses Charakteristikum besteht gerade im Verhältnis zwischen einer »Sache« (dem Inhalt, dem Gewußten oder Erkannten) einerseits und einer (mentalen) Handlung oder einem (mentalen) Vollzug oder Zustand andererseits. Nun muss man feststellen, dass es eine ganze Reihe von Formen dieses Verhältnisses gibt: Skepsis, Zweifel, Intuition, Vermutung, Glauben, Überzeugung usw. Aber die »höchste« oder die bestimmteste Form ist das Wissen bzw. Erkennen. Im gegenwärtigen Zusammenhang soll nur diese Form thematisiert werden.

Es wurde festgestellt, dass zwei Bedeutungen von Wissen bzw. Erkenntnis zu unterscheiden sind: die aktive und die resultative oder objektive. Keine dieser Bedeutungen allein kann mit der eigentlichen oder vollen Bedeutung von Wissen oder Erkenntnis identifiziert werden. Erst eine dritte Bedeutung, welche die beiden anderen Bedeutungen, die aktive und die resultative oder objektive, umfasst und einschließt, wird sich als adäquat herausstellen. Um den genauen systematischen Stellenwert der epistemischen Dimension zu bestimmen, muss man allerdings alle drei Bedeutungen berücksichtigen. Die Nichtunterscheidung oder ungenaue Unterscheidung der drei Bedeutungen ist weitgehend für die starken Divergenzen im Bereich der epistemischen Fragestellungen und Konzeptionen verantwortlich, die in der heutigen philosophischen Literatur festgestellt werden können. Das soll im folgenden gezeigt werden.

2.3.2.2 Wissen/Erkenntnis als philosophisches Problem

[1] Die an erster Stelle zu klärende Frage lautet: Was ist Wissen bzw. Erkenntnis? Meistens wird die Frage so formuliert: Wie ist der Begriff des Wissens bzw. der Erkenntnis zu explizieren oder zu definieren? Dazu ist zunächst zu bemerken, dass diese – und ähnliche – Fragen alles andere als eindeutig sind. Oft oder sogar meistens erliegt man in der Philosophie der Illusion, dass »Wissen bzw. Erkenntnis« – und entsprechend auch »Wahrheit« und ähnliche zentrale Begriffe – irgendwelche »gegebenen fixen und vollbestimmten Entitäten« sind, die es lediglich zu »erfassen« und zu artikulieren gilt. Demgegenüber muss man sich klarmachen, dass man es zunächst *nur* mit

2.3 Die Dimension des Wissens 139

einem *Wort* zu tun hat, von dem anzunehmen ist, dass mit diesem Wort in der Geschichte der Philosophie bzw. in der philosophischen, wissenschaftlichen und/oder natürlichen Sprache ein bestimmter Begriffsinhalt verbunden wurde bzw. wird. Die Fragen im Zusammenhang mit Wissen und Erkenntnis sollten daher genauer und weniger missverständlich so verstanden bzw. formuliert werden: Welche Bedeutung bzw. welchen Begriffsinhalt verbinden die Sprecher der natürlichen bzw. der philosophischen/wissenschaftlichen Sprache mit den Ausdrücken ›Wissen‹ bzw. ›Erkenntnis‹? Aber auch diese empirisch-semantische Frage wird bald dazu führen, dass man sie in der Philosophie und den Wissenschaften durch die weitergehende kritische Frage ersetzt: Welche Bedeutung bzw. welcher Begriffsinhalt *sollte* in einer philosophischen/wissenschaftlichen Sprache mit den Ausdrücken ›Wissen‹ bzw. ›Erkenntnis‹ verbunden werden?

Die Explikation eines Ausdrucks, der in der natürlichen Sprache verwendet wird, stellt das philosophische Denken vor ein ganz bestimmtes Problem. Angenommen, die Explikation sei in dem Sinne erfolgreich durchgeführt worden, dass die Sprecher der natürlichen Sprache sie akzeptieren, so muss sich der Philosoph die Frage stellen, ob der entsprechende Begriffsinhalt für philosophische Zwecke überhaupt interessant und angemessen ist. Ist das nicht der Fall, so muss er die »Bedeutung«, d. h. den Begriffsinhalt eines solchen Ausdrucks entweder korrigieren, d. h. verbessern, verfeinern, präzisieren u. ä., oder aber er muss auf den Gebrauch eines mit einem solchen Begriffsinhalt ausgestatteten Ausdrucks der natürlichen Sprache vollständig verzichten.

Beachtet man diesen grundlegenden Sachverhalt, so erscheinen die gerade heute intensiv geführten Debatten über die Frage »Was ist Wissen?« »Was ist Erkenntnis?« weitgehend als Missverständnisse und sogar als sinnloses Geplänkel; denn der Fall der Ausdrücke ›Wissen‹ und ›Erkenntnis‹ ist in dieser Hinsicht ein zentraler und exemplarischer Fall. Das wird in den weiteren Ausführungen zu zeigen sein.

[2] Die heute in der einen oder anderen Weise allgemein akzeptierte Definition von Wissen bzw. Erkenntnis stammt von E. Gettier [1963: 121]. Sie lautet:

(G_K) »S knows that *p* iff (i) *p* is true
(ii) S believes that *p*, and
(iii) S is justified in believing that *p*.«

A. Plantinga bemerkt ganz zu Recht:

»After 1963 the justified true belief account of knowledge was seen to be defective and lost its exalted status; but even those convinced by Gettier that justification (along with truth) is not *sufficient* for knowledge still mostly think it *necessary* and *nearly* sufficient for knowledge: the basic shape or contour of the concept of knowledge is given by justified true belief, if a quasi-technical fillip or addendum (›the fourth condition‹)

is needed to appease Gettier. Of course there is an interesting historical irony here: it isn't easy to find many really explicit statements of a JTB [›justified true belief‹, LBP] analysis of knowledge prior to Gettier. It is almost as if a distinguished critic created a tradition in the very act of destroying it. Still, there are *some* fairly clear statements of a JTB analysis of knowledge prior to Gettier ...« (Plantinga [1993: 6–7])

Gettier zeigte, dass diese Definition defektiv ist, da die Bedingungen, die sie formuliert, nicht hinreichend sind. Das demonstrierte er mit der Angabe von Gegenbeispielen, die in besonderer Weise Bedingung (iii) betreffen. Es sind Beispiele, welche die drei in der Definition genannten Bedingungen erfüllen und dennoch nicht Beispiele für Erkenntnis sind – zumindest nicht dem intuitiven Verständnis von Erkenntnis entsprechend, das die Definition zu erfassen versucht. Inzwischen hat sich die Zahl der Gegenbeispiele beträchtlich erhöht. Viele Autoren haben versucht, Bedingung (iii) anders zu formulieren, was aber zu keiner allgemein anerkannten Konzeption geführt hat.

In den letzten zwanzig Jahren hat die Diskussion eine neue Wende genommen, worauf gleich einzugehen sein wird. Vorher aber muss dazu eine *Bemerkung* gemacht werden, die vor dem Hintergrund dieser ganzen Diskussion einen erstaunlichen Umstand beleuchtet. Gettier und andere Philosophen scheinen die Meinung zu vertreten, dass die Erfüllung der Bedingung (i) problemlos ist. Diese Bedingung sagt, dass P wahr sein muss, damit Erkenntnis vorliegt. Dass diese Annahme keineswegs selbstverständlich ist, sei zunächst gezeigt.

Da es sich um eine Definition von *Erkenntnis* handelt, müssen alle Faktoren genau beachtet werden, die eine Definition ausmachen. Gettiers Definition beinhaltet drei solche Faktoren, drei Bedingungen, die erfüllt sein müssen, damit Erkenntnis definiert wird. Wie steht es dabei um die Bedingung (i)? Die Bedingung, dass *p* wahr ist, muss als erfüllt gelten, denn nur so hat die Definition überhaupt einen Sinn. Wie kann das sein? Oder noch radikaler gefragt: Wie ist das zu verstehen? Von einer Erfüllung der Bedingung, dass *p* wahr ist, kann nur dann die Rede sein, wenn die Wahrheit von *p* als *gegeben vorausgesetzt* werden kann bzw. tatsächlich vorausgesetzt wird. Aber was heißt das und was impliziert das? An diesem Punkt zeigt sich, dass Gettiers Definition einen Grundfehler beinhaltet. Gettier und diejenigen, die ihm hinsichtlich der Deutung der Bedingung (i) folgen, scheinen diese Bedingung nämlich so zu verstehen: Bedingung (i) sei als erfüllt anzusehen, wenn der Umstand, dass *p* wahr ist, ein Faktum oder ein Zustand (in) der Welt ist oder mit einem Faktum bzw. Zustand (in) der Welt »korrespondiert« o. ä.[9] Dazu sei nur dies zu sagen: Diese Wahrheit (bzw. dieses Faktum oder dieser Zustand) (in) der Welt *besteht* oder *besteht nicht* und zwar völlig unabhängig von irgendeiner Einstel-

---

[9] Über den von der Definition vorausgesetzten Begriff der Wahrheit wird in der Diskussion über die Definition von Erkenntnis in der Regel nichts gesagt. Das ist ebenfalls erstaunlich.

lung seitens eines Subjektes oder einer ähnlichen Instanz. Mehr könne darüber nicht gesagt werden und das sei auch völlig ausreichend und adäquat.

So populär und weitverbreitet eine solche Erklärung der Erfüllung der Bedingung (i) in Gettiers Definition auch sein mag, den entscheidenden Punkt des hier auftauchenden Problems verfehlt sie völlig. Dieser Punkt ist der folgende: Es genügt in keiner Weise, ohne weiteres anzunehmen oder vorauszusetzen oder davon auszugehen, dass *p* wahr ist, etwa in dem Sinne, dass *p* ein gegebenes Faktum bzw. einen Zustand (in) der Welt *wirklich* artikuliert. Das wäre eine willkürliche und leere Annahme bzw. Voraussetzung. Vielmehr verlangt die Definition, dass Bedingung (i), dass *p* wahr ist, *erfüllt* sein muss. Die Erfüllung impliziert, dass die Wahrheit von *p* *ausgesagt* oder *artikuliert* wird. Wenn dem so ist, so ist es klar, dass die Wahrheit von *p* als schon *erfasst* vorausgesetzt sein muss, damit überhaupt von der Erfüllung der Bedingung (i) gesprochen werden kann. Was heißt aber dieses Erfasstsein der Wahrheit von *p* anderes, als dass die Wahrheit von *p* als schon *erkannt* vorausgesetzt sein muss, damit die Bedingung (i) als erfüllt gelten kann? Die Argumentation bewegt sich mithin in einem Zirkel.

Der Verteidiger von Gettiers Definition könnte nun dazu sagen, das Erfasstsein der Wahrheit von *p* sei nicht als *Erkenntnis* zu begreifen. Aber dann muss erklärt werden, wie dieses Erfasstsein überhaupt zu erklären ist. Dafür kann man sicher andere Ausdrücke verwenden, aber hinsichtlich solcher Ausdrücke taucht wieder das Problem auf, wie sie zu erklären sind. Man kann die Dinge drehen, wie man will, die Schwierigkeit bleibt bestehen: Gettiers Definition enthält eine grundlegende *petitio principii*, eine offenkundige Zirkularität: Sie setzt schon voraus, was sie erst zu definieren intendiert.

Diese Kritik muss um einen weiteren Punkt fortgeführt werden. Auch dann, wenn es gelingen würde, das Erfasstsein der Wahrheit von *p* nicht als Erkenntnis, sondern irgendwie anders zu erklären, würde ein zusätzliches und ebenfalls ernstes Problem entstehen: Wenn wir schon »im Besitz« der Wahrheit von *p* sind (wie immer man diesen »Besitz« verstehen und bezeichnen mag), was sollte dann »Erkenntnis« überhaupt noch sein oder leisten können? Wollte man sagen, »Erkenntnis« würde den Gesichtspunkt des gerechtfertigten Glaubens hinzufügen, dann wäre das redundant; denn wenn schon die Wahrheit von *p* als erfasst gilt, ist es irrelevant, ob man noch von »gerechtfertigtem Glauben« spricht oder nicht. Die »Sache«, um die es einzig und allein geht, wäre schon erreicht. Wollte man dennoch den Gesichtspunkt des gerechtfertigten Glaubens um jeden Preis einsetzen, so geriete man wieder unausweichlich in die Zirkularität von Unternehmungen wie der Erkenntnisdefinition von Gettier.

[3] Im folgenden soll eine ganz andere Definition von Wissen bzw. Erkenntnis formuliert und vertreten werden, und zwar eine solche, die sich, beson-

ders hinsichtlich der Dimension des Subjekts oder der Subjektivität, in der in diesem Buch vertretenen Gesamtkonzeption situiert bzw. sich daraus direkt ergibt. Die Definition basiert auf der zentralen Einsicht, dass Erkenntnis der *Vollzug* von Theoretizität durch ein Subjekt ist; somit ist Erkenntnis eine intentionale oder propositionale Einstellung oder ein propositionaler mentaler Zustand, die/der essentiell auf etwas objektiv Bestehendes, nämlich auf etwas Wahres gerichtet ist. Von dieser Gerichtetheit dieses Theoretizitätsvollzugs kann man nicht gerade das »abziehen«, was essentiell zum Subjekt gehört, nämlich das, was die Einstellung als Einstellung charakterisiert: den Glauben (die Überzeugung usw.). Daraus ist zu folgern, dass alles, was als Komponente der propositionalen Gerichtetheit des Subjekts auf das objektiv Bestehende als das Wahre (*einschließlich* das objektiv Bestehende selbst als das Wahre selbst) verstanden werden kann, *im Skopus des Glaubens (der Überzeugung) des Subjekts zu situieren ist*. Wenn Erkenntnis die beschriebene Gerichtetheit bezeichnet, so ist sie eine Beziehung. Es ist nur konsequent zu sagen, dass auch das »objektive Relatum« der Beziehung immer noch zum »Feld« der Beziehung gehört; umgekehrt ist es inkonsequent, eine Komponente der Erkenntnis qua Beziehung, nämlich das objektiv Bestehende oder das Wahre aus dem Skopus der Beziehung herauszunehmen. Benutzt man den Begriff des Operators, um diesen Zusammenhang zu artikulieren, so ist im Hinblick auf Gettiers Definition zu formulieren: Sowohl die Komponente der Wahrheit als auch die der Rechtfertigung sind im Skopus des Operators »Subjekt S glaubt [oder: ist überzeugt] dass ...« zu situieren. Es ergibt sich dann, dass die Definition von Erkenntnis die Erfüllung von nur zwei Bedingungen beinhaltet. Als ein willkommener Nebeneffekt der zu formulierenden Definition kann man feststellen, dass die mit Gettiers Definition gegebenen Probleme vollkommen vermieden werden. Die Definition von Wissen/Erkenntnis (W/E) lautet:

(W/E) S (weiß/erkennt) dass *p* genau dann, wenn
    (a) S glaubt [ist überzeugt] dass *p* wahr ist
    (b) S glaubt [ist überzeugt] dass sein Glaube dass *p* wahr ist gerechtfertigt ist.

Zu beachten ist der genaue Status der beiden Bedingungen. Im Gegensatz zur Definition Gettiers und zu allen analytischen Definitionen erscheint »Wahrheit« in der Bedingung (a) nicht als »selbstständiger Faktor«, sozusagen als »*de-re*-Wahrheit«, sondern als Argument des Operators »S glaubt dass«, also im Skopus dieses Operators und damit in Abhängigkeit von ihm, kurz: als »*de-dicto*-Wahrheit«. Genau so wichtig ist der Unterschied der Bedingung (b) zu Definitionen des Gettier-Typs: Das »Gerechtfertigtsein« des Glaubens von S dass *p* wahr ist, ist kein unabhängig vom Subjekt S bestehender Faktor, also kein »*de-re*-Faktor«; vielmehr ist der Glaube von S dass *p* wahr ist selbst »Gegenstand« eines weiteren (höheren) Glaubens von S, insofern er im Skopus dieses höheren Glaubens liegt. Diese Konzeption soll weiter unten näher expliziert werden.

[4] In der ganzen Diskussion über den Begriff der Erkenntnis wurde Bedingung (i) von (G_K) nie in Frage gestellt. Vielmehr ist die Diskussion so verlaufen, dass Bedingungen (iii) und (ii) nacheinander aufgegeben wurden. Erkenntnis wurde z.B. von *Sartwell* ([1991], [1992]) als »lediglich wahrer Glaube (*merely true belief*)« bestimmt, was Anlass zu sehr intensiven Diskussionen gegeben hat.[10] Schließlich ließ man auch Bedingung (ii) fallen, so dass nur noch der Faktor »Wahrheit« in einer bestimmten (unabhängigen, also *de re*-)Perspektive übrig geblieben ist.

T. Williamson hat in einem imposanten Werk (Williamson [2000]) eine völlig neue und originelle Konzeption von Erkenntnis entwickelt, in deren Mittelpunkt einzig der Faktor »Wahrheit« steht, freilich in Verbindung mit Geist (*mind*). Grundsätzlich vertritt er die von ihm mit gewichtigen Argumenten erhärtete Auffassung, dass sich »Erkenntnis« zwar syntaktisch, nicht aber semantisch analysieren lässt, wobei »Analyse« hier im Sinne einer »Zergliederung« eines Begriffs in mehrere andere Begriffe zu verstehen ist. Aus diesem Grund hält er »Definitionen« wie die von Gettier, die ein charakteristisches Beispiel einer Analyse ist, für grundsätzlich verfehlt. Aber eine »nicht-analytische Erklärung (*account*)« von Erkenntnis ist nach Williamson möglich. Darüber heißt es bei ihm:

»The main idea is simple. A propositional attitude is factive if and only if, necessarily, one has it only to truths. Examples include the attitude of seeing, knowing, and remembering. Not all factive attitudes constitute states; forgetting is a process. Call those attitudes which do constitute states *factive*. The proposal is that knowing is the most general factive stative attitude, that which one has to a proposition if one has any factive attitude at all. [...] The point of the conjecture is to illuminate the central role of the concept of knowing in our thought.« (Ib. 34)

Um das näher zu erläutern, führt Williamson den Begriff des *faktiven mentalen Zustandsoperators* (*factive mental state operator*, FMSO) ein; man kann ihn repräsentieren als »Φs dass«, z.B. im Satz: »S Φs dass A« (eine Instanz ist: »S weiß bzw. erkennt dass A«). Eine Definition is nach Williamson nicht möglich, wohl aber lassen sich einige Merkmale des FMSO angeben: (i) Ein FMSO hat als deduktive Konsequenz sein eigenes Argument (also aus: »S Φs dass A« kann »A« gefolgert werden). (ii) FMSOs sind Zustände, nicht Pro-

---

[10] Zu beachten ist die Ambiguität des Ausdrucks »wahrer Glaube (*true belief*)«. Er kann vestanden werden als: Konjuktion von *zwei* Bedingungen (1. *p* ist wahr, 2. S glaubt dass *p* (wahr ist)) oder als *eine* Bedingung (S glaubt dass *p* wahr ist). Dasselbe ist zu sagen vom Ausdruck ›*to belief truly*‹, der in der analytischen Literatur oft verwendet wird. Die Autoren, die Wissen/Erkenntnis als »*merely true belief*« definieren (wollen), verstehen »*true belief*« als die Konjunktion von zwei Bedingungen, wie oben angegeben wurde.

zesse. (iii) Ein FMSO schreibt einem Subjekt eine Einstellung zu einer Proposition zu. (iv) Ein FMSO ist semantisch nicht-analysierbar (vgl. ib. 35 ff.). Erkenntnis ist ein Beispiel eines FMSO, allerdings ein ganz besonderes; denn es besitzt einen ganz speziellen Platz in der Klasse der FMSOs:

»[K]nowing is the most general stative propositional attitude such that, for all propositions p, necessarily if one has it to p then p is true.« (Ib. 39).

Daher kann S sich nicht daran erinnern dass p, ohne dass es weiß dass p; es kann nicht »sehen dass p«, ohne zu wissen dass p. Aber das Wissen von S dass p impliziert nicht, dass S sich daran erinnert dass p, noch dass es sieht dass p.

Williamson betont den folgenden Grundzug seiner Konzeption:

»The present account of knowing makes no use of such concepts as justified, caused, reliable. [...] [It] makes no essential mention of believing. Formally, it is consistent with many different accounts of the relation between the two concepts.« (Ib. 41)

Dieser kurzen Charakterisierung der heutigen Diskussionen über den Begriff Wissen bzw. Erkenntnis ist zu entnehmen, was oben schon festgestellt wurde: *In einer bestimmten Hinsicht*, die noch zu präzisieren ist, ist es sinnlos darüber zu streiten, welche Konzeption den »wahren Begriff« von Wissen bzw. Erkenntnis artikuliert und welche nicht. Mit den Ausdrücken ›Wissen/Erkenntnis‹ lassen sich alle diese Konzeptionen in der einen oder anderen Weise assoziieren. Wenn ein Philosoph mit den Worten ›Wissen/Erkenntnis‹ etwa den Begriff »wahrer Glaube«, nicht aber den von Williamson herausgearbeiteten Begriff »the most general factive state attitude« bezeichnen will, so kann ihm das nicht verboten werden. Daraus folgt aber nicht, dass etwa Williamsons Begriff als solcher gegenstandslos, sinnlos o. ä. wäre, falls er nicht mit ›Wissen/Erkenntnis‹ assoziiert würde. Der Begriffsgehalt als solcher könnte durchaus seinen Sinn behalten, auch wenn er mit einem anderen Wort als ›Wissen/Erkenntnis‹ verbunden würde.

Mit der oben genannten Einschränkung, dass es »in einer bestimmten Hinsicht« sinnlos ist, darüber zu streiten, welche Konzeption den »wahren Begriff« von Wissen bzw. Erkenntnis artikuliert, sind *zwei* Gesichtspunkte angesprochen: ein grundsätzlicher und ein empirischer. [i] *Grundsätzlich* betrachtet, kann man mit jedem Wort jeden beliebigen Begriff verbinden, vorausgesetzt, man macht dies auch klar und unmissverständlich. Im Falle von Ausdrücken, die in einer schon benutzten Sprache vorkommen, wird man damit allerdings auf Schwierigkeiten stoßen: In pragmatischer Hinsicht stellt sich ein derart »absolut freier« Umgang mit konventionellen Ausdrücken als willkürlich heraus, da er in erster Linie Missverständnisse und Konfusionen erzeugt. [ii] Wenn man aber den *empirischen* Gesichtspunkt beachtet, so ist unschwer zu zeigen, dass im Falle der intensiven Diskussionen über »Wissen« bzw. »Erkenntnis« jede der verschiedenen präsentierten »Explikationen oder

Definitionen« einen »Wahrheitskern« hat, da sich jede von ihnen durch Beispiele aus der natürlichen Sprache – zumindest teilweise – belegen lässt (was hier nicht im einzelnen gezeigt werden kann).

Auch wenn man das alles beachtet, scheint es dennoch möglich zu sein, *in empirischer Hinsicht* eine Konzeption auszumachen, die *am besten (nicht aber exklusiv)* dem am weitesten verbreiteten und sprachlich am extensivsten belegbaren intuitiven Verständnis des in der natürlichen Sprache mit den Worten ›Wissen‹ bzw. ›Erkenntnis‹ assoziierten Begriff gerecht wird. Das ist die Konzeption, die mit diesen Ausdrücken die drei Begriffe: »Glaube«, »Wahrheit« und »Rechtfertigung« verbindet. Will man in der Philosophie eine Terminologie verwenden, die (auch) natürlichsprachige Ausdrücke enthält, so darf der soeben beschriebene Sachverhalt nicht unbeachtet gelassen werden. Daraus würde folgen, dass eine Definition von ›Wissen‹ bzw. ›Erkenntnis‹ zu bevorzugen ist, welche die drei genannten Begriffe explizit im Definiens enthält. Allerdings wäre gegenüber der Gettier-Definition (und ähnlichen Definitionen) jene *entscheidende Modifikation* einzuführen, die schon oben kurz bei der Formulierung von (W/E) angesprochen wurde: Der Begriff »Wahrheit« sollte nicht als selbständiger dritter (bzw. erster) Faktor aufgeführt werden, d. h. er sollte nicht außerhalb, sondern innerhalb des Skopus des Operators »Glauben dass« vorkommen. Als Konsequenz hätte »Wahrheit« im Rahmen dieser Wissens- bzw. Erkenntnisdefinition einen »de-dicto«-Status. Zugleich würde man damit nur zwei »Bedingungen« haben, da »Wahrheit und »glauben dass« zusammen nur *eine* Bedingung von Wissen bzw. Erkenntnis konstituieren.

2.3.2.3 *»Wissen« und »Erkenntnis« bei Kant*

Obwohl Kants Unterscheidung zwischen »Wissen« und »Erkenntnis« bezeichnenderweise in der gegenwärtigen Diskussion über die Definition von Erkenntnis in der Philosophie kaum eine Rolle spielt, stellt sie sich bei näherem Hinsehen als höchst aufschlussreich für die Klärung der in der Vergangenheit und Gegenwart diskutierten diesbezüglichen Fragen heraus. Kant verwendet fast immer das Wort ›Erkenntnis‹, und zwar sowohl in der Form des Singulars als auch des Plurals. Nur an ganz wenigen Stellen findet sich das Wort ›Wissen‹ mit einer eigenen relevanten Bedeutung.[11] Dies stellt in grund-

---

[11] Es ist aufschlussreich zu bemerken, dass in der bis jetzt am meisten verwendeten englischen Übersetzung der *Kritik der reinen Vernunft*, nämlich der von N. K. SMITH (KANT [1929/1933]), beide deutsche Ausdrücke einheitlich mit einem einzigen Wort, ›knowledge‹, übersetzt wurden. Da dieses englische Wort keine Pluralform hat, wird die Pluralform ›Erkenntnisse‹ bei KANT mit ›*diverse modes of knowledge*‹ wiedergegeben. Aber die neueste, von P. GUYER und A. W. WOOD angefertigte englische Übersetzung der *Kritik der reinen Vernunft* (KANT [1997]) verfährt radikal anders: Für ›Erkenntnis‹ wird ›*cognition*‹ (mit Plural ›*cognitions*‹) und für ›Wissen‹ einheitlich ›*knowledge*‹ verwendet.

sätzlicher Hinsicht einen bemerkenswerten Beitrag zu einer angemessenen Interpretation des Kantischen Werkes dar.

»Erkenntnis« bei Kant ist, *servatis servandis*, mit Williamsons Konzeption vergleichbar (vgl. 2.3.2.2), vor allem in der Hinsicht, dass Kants »Erkenntnis« mit so etwas wie »Glauben« und »Rechtfertigung« im Gettierschen Sinne nichts zu tun hat (bzw. haben kann). Kants »Erkenntnis« hat vielmehr einen Bezug zum Kantischen Begriff der Wahrheit; mann muss sogar sagen, dass Kants »Erkenntnis« sich fast vollständig mit diesem letzten Begriff deckt. Darin unterscheidet sich Kant ganz deutlich von Williamson, der seinen Wahrheitsbegriff zwar nicht im einzelnen expliziert, ihn aber eindeutig nicht im transzendentalen Sinn Kants versteht.

Zunächst aber sei der Kantische Begriff des *Wissens* näher untersucht. Im allgemeinen vertritt die »analytische Orthodoxie« die Auffassung, dass Erkenntnis bzw. Wissen »justified true belief (JTB)« ist. Nun wird in der analytischen Philosophie allgemein anerkannt, dass diese »Definition« erst von E. Gettier [1963] explizit als Definition formuliert wurde, dass sie aber auch schon bei einigen wenigen Philosophen der Vergangenheit so oder so zu finden ist; dabei werden an erster Stelle Platon (bes. Theaitetos 201c–d) und Kant [KrV: A 822, B 850] genannt. Die Passage aus der KrV lautet:

»Das Fürwahrhalten oder die subjective Gültigkeit des Urtheils in Beziehung auf die Überzeugung (welche zugleich objectiv gilt), hat folgende drei Stufen: *Meinen, Glauben* und *Wissen*. *Meinen* ist ein mit Bewusstsein sowohl subjectiv, als objectiv unzureichendes Fürwahrhalten. Ist das letztere nur subjectiv zureichend und wird zugleich für objectiv unzureichend gehalten, so heißt es *Glauben*. Endlich heißt das sowohl subjectiv als objectiv zureichende Fürwahrhalten das *Wissen*. Die subjective Zulänglichkeit heißt *Überzeugung* (für mich selbst), die objective *Gewißheit* (für jedermann). Ich werde mich bei der Erläuterung so faßlicher Begriffe nicht aufhalten.« (B 850)

Zunächst sei bemerkt, dass Kant sich täuscht, wenn er von »so fasslichen Begriffen« spricht; denn es ist offenkundig, dass ihm eine Inkohärenz unterläuft, wenn er in diesem Text den Begriff der »Überzeugung« charakterisiert. Einmal heißt es nämlich: »Die subjektive Zulänglichkeit heißt *Überzeugung* (für mich selbst)«, ein anderes Mal heißt es aber: »Das Fürwahrhalten oder die subjektive Gültigkeit des Urteils, in Beziehung auf die *Überzeugung (welche zugleich objektiv ist),* hat folgende drei Stufen …« (Hervorh. LBP).

R. K. Shope behauptet, dass Kant in der zitierten Passage die drei »Bedingungen« für »Wissen« (ein Wort, das Shope im Rahmen der englischen Übersetzung von N. K. Smith mit »knowing« wiedergibt) *explizit* formuliert und damit vertritt:

»This definition incorporates a belief condition when it requires that one's holding the judgment to be true involves subjective sufficiency. It includes a justification condition because it requires objective sufficiency, which is defined shortly before this passage: the grounds of a judgment are said to be objectively sufficient when the judgment is

2.3 Die Dimension des Wissens

›valid for everyone, provided only he is in possession of reason‹ (A 820, B 848), and the validity is said to concern whether the judgment has the ›same effect on the reason of others‹ (A 821, B 849).

Aaron maintains that Kant omits a truth condition from the above explanation of knowledge (Aaron 1971, p. 8). [...] However he has miscontrued Kant because he has overlooked the stipulation that one's propositional attitude be ›at the same time objectively valid‹. Kant generally uses ›objectively valid‹ to indicate that something is related to an object. He accepts the ›nominal definition of truth, that it is the agreement of knowledge with its object‹, i.e., the knowledge must ›agree with the object to which it is related‹ (B 82–83). Since Kant recurs to such a definition just before the above explanation of knowledge, he intends the requirement of objective validity in that passage to involve the actual truth of one's judgment ...« (Shope [983: 18–19])

Es ist fraglich, ob diese Interpretation richtig ist. Ganz eindeutig unterscheidet Kant drei Stufen jenes mentalen Zustands, den er »Fürwahrhalten« nennt: Meinen, Glauben, Wissen. Fürwahrhalten als Meinen heißt: subjektiv unzureichend und objektiv unzureichend; Fürwahrhalten als Glauben heißt: subjektiv zureichend und objektiv unzureichend; Fürwahrhalten als Wissen heißt: subjektiv zureichend und objektiv zureichend. Es ergibt sich daraus ganz eindeutig, dass Wissen, terminologisch gesehen, nicht mehr als »Glaube« qualifiziert werden kann, auch dann nicht, wenn »Glaube« mit den Qualifikationen »gerechtfertigt« und »wahr« versehen wird. Der Grund ist, dass Kant »Glauben« als eine *Konjunktion* von zwei Komponenten bestimmt oder definiert: »subjektiv zureichendes Fürwahrhalten« *und* »objektiv unzureichendes Fürwahrhalten«. Wenn man nun *eine* dieser Komponenten aus dieser Konjunktion herausnimmt (in diesem Fall die Komponente: »subjektiv zureichendes Fürwahrhalten«) und als Element einer *anderen* Konjunktion betrachtet, dann hat man es im Falle dieser neuen Konjunktion nicht mehr mit »Glauben« im Kantischen Sinne zu tun.

Nun könnte man sagen, dass der Ausdruck ›belief (believing)‹ in der analytischen Terminologie dem Kantischen Ausdruck ›Fürwahrhalten‹ *und nicht* dem Kantischen Ausdruck ›Glauben‹ entspricht. Nimmt man das an, so kann in der Tat gesagt werden, dass Kants »Definition« von »Wissen« mit der Formulierung »justified true belief« wiedergegeben werden kann (nämlich dann, wenn man »justification« als »subjektiv *und* objektiv zureichend« bestimmt). Aber das wäre zunächst eine rein terminologische Festlegung, denn man müsste dann klären, wie Kant genau »Fürwahrhalten« bestimmt (das scheint er nirgendwo zu tun) und was analytische Philosophen genau unter »Glauben« verstehen (das ist alles andere als eindeutig).

Tatsächlich beinhaltet Kants Begriff von »Erkenntnis« weder direkt noch indirekt den Gesichtspunkt des »Fürwahrhaltens«. Zwar gibt es bei Kant keine Definition (im strengen Sinne) von Erkenntnis; aber seine vielen Aussagen »über« Erkenntnis (in seiner »Theorie der Erkenntnis«) sind völlig anders angelegt: Erkenntnis wird, in der Terminologie des vorliegenden Buches ausgedrückt, als *die voll-endete (theoretische) Strukturiertheit der Subjektivität* aufgefasst. So etwas wie »Einstellungen *(attitudes)*« wie »Fürwahrhalten« u. ä. kommen darin gar nicht vor; sie gehören zum empirischen Bereich. Was Kant zu erklären intendiert, ist die *transzendentale* Frage, die in diesem Zusammenhang so formuliert werden kann: Welche sind die Bedingungen der Möglichkeit von Einstellungen des empirischen Subjekts wie Zweifel, Glauben (Überzeugung), Fürwahrhalten usw.? Man könnte sogar sagen: Wenn die »Struktur(iertheit)« der Subjektivität in theoretischer Hinsicht zu ihrer Vollendung gelangt, d. h. wenn Erkenntnis »erreicht« wird, so spielt es überhaupt keine Rolle, was für »Einstellungen« das (wohl empirische!) »Subjekt« dazu hat. Kant scheint faktisches »Wissen« eher im Sinne einer Einstellung *empirischer* Subjekte aufzufassen und zu bestimmen; »Erkenntnis« hingegen ist in seiner kritischen Philosophie eher als *transzendentale* »Angelegenheit« (oder Strukturiertheit) schlechthin zu begreifen.

Abschließend eine Bemerkung zum Verhältnis zwischen Wissen bzw. Erkenntnis und *Wahrheit* bei Kant. Die oben zitierten Bemerkungen Shopes zur Komponente »Wahrheit« in Kants »Definition« von »Wissen« sind als grundsätzlich zutreffend zu bezeichnen. Unterscheidet man nun bei Kant in der oben angedeuteten Weise streng zwischen »Wissen« und »Erkenntnis« (was Shope nicht tut), so ergibt sich eine überraschende, ja verblüffende Konsequenz, nämlich: »Erkenntnis« bei Kant (in der *Kritik der reinen Vernunft*) und die von ihm transzendental (um)gedeutete »Nominaldefinition« von Wahrheit stellen sich als *äquivalent* heraus. Wenn oben »Erkenntnis« bei Kant mit der Formulierung »die voll-endete theoretische Strukturiertheit der Subjektivität« umschrieben wurde, so wäre diese Formulierung auch eine Umschreibung des transzendental (um)gedeuteten Wahrheitsbegriffs.

2.3.2.4 Subjektivität und Erkenntnis in systematischer Hinsicht

[1] Für die Zielsetzung des vorliegenden Werkes ist in diesem Kontext die Frage zu klären: Welcher systematische Status kommt der epistemischen Dimension zu? Die epistemische Dimension ist durch die Dimension der Subjektivität charakterisiert: Sie ist die Dimension des (theoretischen) Bezugs der Subjektivität zu allem und jedem, zur Dimension der Sache(n), der Sprache, der Strukturen jeder Art usw. Was das genauer heißt, kann man sich dadurch klarmachen, dass man fragt, was es heißt, ein Subjekt-in-der-Welt (im Universum) zu sein. Ein Subjekt ist jener Punkt in der Welt/im Universum, der sich zum Bezugspunkt für alles und jedes »in der Welt (im Universum)« machen kann.

Das kann allerdings in sehr verschiedener Weise geschehen, wie man es durch eine Beschreibung von »Verhaltensweisen« eines Subjekts-in-der-Welt (im Universum) veranschaulichen kann. Ein solches Subjekt ist grundsätzlich

2.3 Die Dimension des Wissens

in einem bestimmten Raumzeitpunkt »situiert«. Von diesem aus kann es sich z. B. nur auf sich selbst beziehen, d. h. einen Selbstbezug aus der Perspektive des eigenen Selbst vollziehen, die von allem sonstigen absieht. Das Subjekt kann aber seinen Blickwinkel oder »Horizont« auch *beliebig* erweitern, indem es sich vom »Blickwinkel« seiner Stadt, seiner Region, seines Landes, seines Kontinents, der kleinen und großen Institutionen, zu denen es gehört usw. usf., auf Welt (Universum, Wirklichkeit, Sein) bezieht. Schließlich kann es seinen Horizont auf die ganze Welt (das ganze Universum, das Sein im Ganzen) ausdehnen, indem es sich auf die Welt (das Universum, das Sein) vom »Blickwinkel« der Welt (des Universums, des Seins) selbst »bezieht«. In diesem letzten Stadium der Erweiterung des Horizonts ist die Subjektivität *intentional koextensiv mit der Welt (dem Universum, dem Sein im Ganzen) selbst*; sie ist nach der berühmten und treffenden Formulierung des Aristoteles »quodammodo omnia« (vgl. *de anima* 431b21).

[2] Je nachdem, wie »Subjekt(ivität)« verstanden wird, ändert sich in fundamentaler Hinsicht die Bedeutung und damit der systematische Stellenwert des Wissens bzw. der Erkenntnis. Wird Subjekt(ivität) *partikularistisch* verstanden, so ist die von ihm/ihr produzierte oder getragene Erkenntnis ebenfalls partikularistisch. Versteht sich aber Subjekt(ivität) als eine *universale* Instanz, so hat auch die entsprechende Erkenntnis einen universalen Charakter. Um diese Zusammenhänge zu verdeutlichen, kann man einen »Subjekt-Operator« ›Ⓢ‹ einführen, der als unmittelbares Argument einen anderen Operator ›Φ‹ (»erkennt dass«) hat, wobei dieser zweite Operator seinerseits Sätze (bzw. die durch Sätze ausgedrückten Propositionen) als Argumente hat. Man erhält dann Sprachgebilde der Gestalt: ›Ⓢ$\Phi_S p$‹ (zu lesen als: »Es verhält sich aus der Perspektive des Subjekts S so, dass es erkennt dass p«. Damit ist der Operator Ⓢ aber noch ganz vage und unbestimmt. Um ihm eine präzise Bedeutung zu verleihen, muss er näher bestimmt werden, und zwar in der Weise, dass er einer der »Stufen« derSubjektivität auf der oben genannten Skala zugeordnet wird. Im Hinblick auf die Zielsetzung dieses Teils der Arbeit genügt es vollkommen, nur *zwei* »Stufen« zu unterscheiden: die *partikularistische* und die *universale*, wobei die partikularistische der Kürze halber als eine ganze Kollektion von (Unter-)Stufen zu verstehen ist, nämlich als Bereich *aller* Stufen unterhalb der universalen Stufe. Demgegenüber schließt die universale Stufe eine Pluralität jedweder Art aus. Entsprechend sind zwei Formen des Operators Ⓢ zu unterscheiden: Ⓢ$_P$ und Ⓢ$_U$ (für: **P**artikularistischer bzw. **U**niversaler Operator).

Mit einer Ausnahme sind alle oben erwähnten Konzeptionen (und deren Varianten) von Subjektivität, denen ebensoviele Auffassungen von Erkenntnis entsprechen, als *partikularistisch* einzustufen. Die Ausnahme betrifft die Konzeption von Williamson, also die Auffassung von Subjektivität im Sinne eines

»factive mental state« (vgl. Williamson [2000: 33]). Es ist zwar nicht ganz klar, aber auch nicht ausgeschlossen, dass durch diese Bestimmung Subjektivität ebenfalls als *universale* Instanz im Sinne der intentionalen Koextension mit dem Universum charakterisiert wird. Alle anderen Richtungen konzipieren Subjektivität und damit auch die epistemische Dimension als in der einen oder anderen Weise eingeschränkt, das heißt hier: als *nicht-koextensiv mit dem Universum (Sein im Ganzen)*. Diese Richtungen sollen nachfolgend einer grundsätzlichen Kritik unterzogen werden, wobei sie nur insgesamt in Hinsicht auf ihren partikularistischen Charakter betrachtet werden, so dass der spezifische Charakter einer jeden nur im Ausnahmefall thematisiert wird. In ganz besonderer Weise steht dabei die *dritte* der oben beschriebenen Gestalten von Subjektivität im Mittelpunkt der nachfolgenden Kritik, nämlich die transzendental-konstituierende Gestalt, wie sie erstmals von Kant vertreten wurde.

[3] Es stellt sich die grundlegende Frage, warum die aktiv-subjektive, also die partikularistische Seite der Subjektivität und damit auch der Erkenntnis »privilegiert« werden soll. Die Kritik an dieser Position kann u. a. darauf hinweisen, dass dadurch die ganze Dimension der »Inhaltlichkeit«, der Welt (des Universums, des Seins im Ganzen) in unangemessener Weise auf einen beschränkten, teilweise sogar sehr eingeengten Blickwinkel reduziert wird. Im folgenden sollen aber zwei andere, umfassende und grundsätzliche Argumente gegen jede Spielart der Privilegierung jeder partikularistischen Gestalt von Subjektivität bzw. von Wissen bzw. Erkenntnis ins Feld geführt werden.

Als *erstes* muss man sich vergegenwärtigen, was die Privilegierung einer partikularistischen Gestalt der Subjektivität und damit von Wissen bzw. Erkenntnis genau beinhaltet. Gemäß dieser Position wird – explizit oder implizit – jeder Aussage, jeder Behauptung, jeder Theorie, kurz allem Theoretischen ein partikularistischer epistemischer Operator ›Ⓢ$_P$‹ vorangestellt. Konkrete Beispiele sind: »Aus der partikularistischen epistemischen Perspektive der Griechen verhält es sich so dass die Trojaner im Unrecht sind« und »Aus der partikularistischen epistemischen Perspektive der Trojaner verhält es sich so dass die Trojaner nicht im Unrecht sind«.

Diesen Operator kann man ganz allgemein so charakterisieren: »Aus dem (intentionalen bzw. standpunktsetzenden bzw. transzendental-konstitutiven) partikularistischen epistemischen Blickwinkel [wird die Aussage] *p* [geäußert, behauptet, oder für wahr gehalten]«, oder vereinfachend: »Aus dem partikularistischen epistemischen Blickwinkel ist die Aussage *p* wahr«. Man kann dafür die oben eingeführte Notation verwenden: ›Ⓢ$_P$Φ$_S$p‹ (zu lesen als: »Es verhält sich aus der partikularistischen Perspektive des Subjekts S so dass es erkennt, dass *p* [wahr ist]«), wobei »Es (= S) erkennt dass *p* [wahr ist]« zu analysieren ist als bestehend aus den zwei Bedingungen: (a) S glaubt dass *p* wahr ist, (b) S glaubt dass sein Glaube dass *p* wahr ist begründet (gerechtfertigt) ist. Man kann das Gebilde ›$(S)_P \Phi_S p$‹, also die Aussage »Es verhält sich aus der partikularistischen Perspektive von S so dass S erkennt dass *p* [ist wahr]«, in allen Details folgendermaßen aufschlüsseln (analysieren) (dabei steht ›G‹ für ›Glauben dass‹, ›B‹ für: ›Begründet‹, ›T‹ für ›wahr (= True)‹):

(1) $$(S)_P\{G_{S,P}(T, p) \wedge G_{S,P}[B_S(G(T, p))]\}^{12}$$

(umständlich, aber korrekt zu lesen als: »Es verhält sich aus der partikularistischen Perspektive des Subjekts S so dass es partikularistisch glaubt dass (der Satz, die Proposition) *p* wahr ist *und* dass es partikularistisch glaubt dass es begründet ist zu glauben dass *p* wahr ist«.

Man beachte, dass (T, *p*) in beiden Konjunkta ohne Restriktionen erscheint: In der Tat glaubt das Subjekt S dass *p* unbeschränkt wahr ist; freilich liegt die Beschränkung vor, dass das »unbeschränkte Wahrsein von *p*« im Skopus eines Glaubens situiert ist, der seinerseits im Skopus des Operators $(S)_P$ liegt. Man beachte auch, dass ›G‹ im zweiten Konjunkt einmal mit der Restriktion ›$G_{S,P}$‹ und dann ohne diese Restriktion, also als ›G‹, vorkommt. Das ist so zu verstehen: Aus der partikularistischen Perspektive des Subjektes S verhält es sich so dass das sich partikularistisch verstehende (verhaltende) Subjekt S glaubt, dass der Glaube *jedweden Subjektes,* dass *p* (unbeschränkt) wahr ist, (unbeschränkt) begründet ist.[13] Indem die relevante Rechtfertigung nicht auf irgendein Subjekt eingeschänkt wird, wird sie vom partikularistischen Subjekt als nicht nur pragmatische Rechtfertigung (im obigen Sinne) verstanden und geglaubt, sondern auch zusätzlich als rationale Begründung. Hinsichtlich der Griechen im soeben angeführten Beispiel bedeutet dies: Indem sie glauben, dass es eine uneingeschränkte Rechtfertigung und damit eine rationale Begründung für den eigenen Glauben gibt, dass die Trojaner im Unrecht sind, glauben sie dass die Trojaner, wenn sie rational handeln würden, sie diesen Glauben bejahen müssten.

Es wird deutlich, dass jede durch den Operator $(S)_P$ bestimmte Position kohärenterweise keine einzige Aussage als außerhalb des Skopus des episte-

---

[12] »Wahr« (= T) wird hier als ein *Satzoperator* (im Sinne von »Es-ist-wahr-dass ...« genommen (vgl. dazu Kap. 3). Will man ›wahr‹ als *Prädikat* nehmen, so wäre zu schreiben: (T ⌜p⌝).

[13] Es ist alles andere als ein Zufall, dass einer der zentralsten »methodologischen« oder »systematisch-theoretischen« Sätze in KANTs *Kritik der reinen Vernunft,* wie schon einmal vermerkt wurde, lautet:
»Das: *Ich denke,* muss alle meine Vorstellungen begleiten *können* ...« [KrV: B 131]

Eine genaue und umfassende Interpretation dieses Satzes würde ergeben, dass er den transzendental-epistemisch zu verstehenden Operator (S) in einer charakteristisch traditionellen Ausdrucksweise artikuliert; dieser Operator muss als allen Aussagen der KANTischen Transzendentalphilosophie vorangestellt verstanden werden, will man diese Philosophie zur Klarheit bringen.

mischen Operators $(S)_P$ stehend verstehen bzw. außerhalb dieses Operators aufstellen kann. M. a. W.: eine solche Position kann keine Aussage der *schlechterdings uneingeschränkten* Form ›Es-verhält-sich-so-und-so …‹ aufstellen, weil sie *immer* explizit oder implizit der Aussage den Operator $(S)_P$ voranstellt. Das schließt nicht aus, dass eine Aussage der Form ›Es-verhält-sich-so-und-so …‹, die, in sich selbst betrachtet, einen uneingeschränkten Status hat, im Skopus des partikularistischen Operators erscheint. In diesem Fall hat sie aber lediglich einen, wie man sagen könnte, nur *de-dicto*-Status, keinen *de-re*-Status: Die Uneingeschränktheit der Aussage ist *nur partikularistisch gemeint oder geglaubt*. Dieser Sachverhalt wird hier mit der Formulierung artikuliert, dass eine durch den Operator $(S)_P$ bestimmte Position keine Aussage der *schlechterdings* uneingeschränkten Form ›Es-verhält-sich-so-und-so …‹ aufstellen kann.

[4] Dieser Umstand wirft mindestens *zwei* schwerwiegende Probleme auf.
[i] Das *erste* Problem besteht darin, dass diese Position in einem eindeutigen und betonten Sinne grundsätzlich *relativistisch* zu sein scheint. Freilich würden vermutlich viele Philosophen diesen Faktor nicht als Schwäche, sondern im Gegenteil als einen großen Vorzug ansehen. Doch muss man bedenken, was der mit dem Operator $(S)_P$ gegebene Relativismus wirklich beinhaltet und impliziert, nämlich: eine soz. selbstauferlegte Beschränktheit der Perspektive, dazu eine solche, die leicht zu überwinden ist und auch faktisch oft überwunden wird, wie unten zu zeigen ist.[14] Man kann es als unbestritten unterstellen, dass es eine Perspektive *des Subjektes* gibt, die durch den Operator $(S)_P$ darstellbar ist. Aber die sich hier aufdrängende Frage lautet: Welchen Status, d. h. welche Tragweite und welchen Stellenwert hat diese Perspektive auf der Ebene der Theoretizität und welchen Status kann sie beanspruchen? Es ist alles andere als klar, was diese Perspektive überhaupt ist; denn es ist nicht ausgemacht, als was sich das Subjekt im jeweiligen Fall faktisch versteht, als was es sich in anderen Fällen verstehen kann und – soll es alle seine Potentialitäten zur Geltung bringen – als was es sich theoretisch nicht nur verstehen kann, sondern verstehen muss. Die Bestimmungsskala dessen, was als »Subjekt« zu begreifen ist, reicht von einer sich isolierenden, von allen anderen »Entitäten« ausgrenzenden und ausgegrenzten »Entität« bis hin zu einer Entität, die sich als »universal«, als mit dem Ganzen (des Seins, des Wirklichen, des Universums …) *intentional koextensiv* versteht. »Subjekt« wird nun auf der epistemischen Ebene meistens in einem sehr engen, partikularistischen Sinne genommen. Mit dieser Gestalt ist »Subjekt« als »universale«, mit dem Ganzen der Wirklichkeit »koextensive« Instanz völlig inkompatibel.

---

[14] Diese nur oberflächlich paradoxe – Hegel würde sagen: »dialektische« – Beziehung ist das epistemische Gegenstück zum sprachlichen Manöver der Identifizierung einer Grenze für eine bestimmte Sprache (siehe oben 1.2.4).

2.3 Die Dimension des Wissens

Aus diesen Zusammenhängen ergibt sich eine signifikante Konsequenz. Je nachdem, wie »Subjekt« verstanden wird, ändern sich die Bedeutung und der systematische Stellenwert des Subjekt-Operators ⓢ fundamental. Nur der partikularistisch verstandene Operator ⓢ$_P$ stellt eine einseitige, inakzeptable Position dar, da er die objektive oder inhaltliche Seite entweder überhaupt nicht oder nur unzureichend berücksichtigt. Wird der Subjekt-Operator hingegen *universalistisch* verstanden, im folgenden notiert als ⓢ$_U$, so beinhaltet er keine theoretisch unzulässige Einseitigkeit, sondern stellt, wie noch zu zeigen ist, ein unverzichtbares Konstituens eines angemessenen Begriffs von Wissen bzw. von Erkenntnis dar.

Der Operator ⓢ$_U$ ist der logisch-theoretische Ausdruck einer »Subjekt-Perspektive«, der gemäß das »Subjekt« von einem universalen Rahmen oder einer universalen Dimension her verstanden und bestimmt wird. Man könnte diesen Rahmen etwa den »Rationalitäts-Rahmen« nennen, wenn man »Rationalität« nicht irgendwie als leere Floskel oder als einen Kanon von dezisionistisch proklamierten Regeln, Forderungen, Standards u. dgl. versteht. Von einem »Rationalitäts-Rahmen« her gesehen, den man als methodischen Ausdruck einer antizipierten Gesamtkonzeption von Objektivität versteht, verliert die Instanz »Subjekt« gerade jene oben dargestellte partikularistische Einseitigkeit.[15]

Es liegt auf der Hand, dass sich die Perspektive *des Subjekts*, *wenn es sich universalisitisch versteht*, sich selbst überflüssig macht. D. h. eine solche Perspektive ist redundant, und zwar in dem Sinne, dass sie nicht mehr als solche genannt oder eigens zur Geltung gebracht werden muss, *weil* sie schlichtweg mit der vollständigen *objektiven* »Perspektive« koinzidiert.[16] Allerdings muss

---

[15] Um zu den Griechen und Trojanern im oben angeführten Beispiel zurückzukehren: Indem beide Volksgruppen *rational* versuchen herauszufinden, ob es sich uneingeschränkt (d. h. absolut universal) so verhält, dass die Trojaner im Unrecht sind, verfahren sie aus einer Perspektive, die nicht pratikularistisch, sondern universal ist; in der Tat versuchen sie zu bestimmen, wie es sich in diesem Fall auf der Basis der Kriterien von Recht und Unrecht wirklich verhält.

[16] Dieser Sachverhalt kann durch einen Hinweis auf J. HABERMAS gut illustriert werden. Vgl. dazu bes. HABERMAS [1973]; vgl. auch MCCARTHY [1978/1980: bes. 347 ff.]. Kaum ein anderer Philosoph hat dem Faktor »Subjekt« eine in rationalen Diskursen so zentrale Bedeutung beizumessen versucht wie HABERMAS. Ihm zufolge bedingen und bestimmen sich die beiden Faktoren »Subjekt« und »Rationalität« gegenseitig. (Man könnte beinahe von einer Interdefinierbarkeit der beiden Faktoren sprechen.) Es ist nun aufschlussreich festzustellen, dass dieser Versuch im Endeffekt dazu führt, dass der erste Faktor, das »Subjekt«, sich als redundant herausstellt, was leicht zu zeigen ist. Für HABERMAS ist der Begriff der kommunikativen Rationalität schlechterdings zentral. Es liegt nun in der Natur dieser so konzipierten Rationalität, dass sie dann als realisiert zu betrachten ist, wenn ein Konsens unter den Sprechern bzw. unter den am Diskurs Beteiligten herbeigeführt werden kann. Die Rationalität von Sprechern/Subjekten bemisst sich nach HABERMAS daran, dass sie auf diskursiv-argumentative Weise einen Konsens herbeiführen können. Um diesen Zusammenhang näher zu explizieren, rekurriert HABERMAS auf die »transzendentale Fiktion« einer »idealen Sprechsituation«, worunter er die Gesamtheit der Bedingungen versteht, unter denen ein vernünftiger Konsens möglich (und damit als realisiert anzusehen) ist. An-

die Problematik des Begriffs der Perspektive im Zusammenhang mit dem zentralen Begriff des Theorierahmens vertieft werden. Ein »Theorierahmen«, wie dieser Begriff in diesem Buch verstanden wird, wird *nicht* aus dem Gesichtspunkt eines Subjekt-Operators heraus bestimmt. Dennoch steht er in einem Zusammenhang mit der Dimension des Subjekts. Ein Theorierahmen, der *wirklich vorausgesetzt und benutzt wird*, kann *nicht* im Skopus eines partikularistischen Subjekt-Operators stehen; denn wäre das der Fall, dann wäre er in Wirklichkeit ein solcher, der *so nur gemeint* ist; er wäre also ein nur *de-dicto*-Theorierahmen und würde damit gerade nicht *realiter (de re)* vorausgesetzt und benutzt. Das ergibt sich daraus, dass jeder ernstzunehmende Theoretiker seine Aussagen mit einer *nicht-partikularistischen*, mithin *objektiven* und damit uneingeschränkten Gültigkeit verbindet. Das kommt zum Ausdruck, wenn man den von allen Subjektivisten (sei es im empirischen oder transzendentalen Sinne), Relativisten, Skeptikern usw. *in Wirklichkeit* vorausgesetzten und benutzten Theorierahmen analysiert.

Das Ergebnis dieser Erläuterungen lässt sich so zusammenfassen: Ein *wirklich vorausgesetzter und benutzter* Theorierahmen ist mit einem allesbestimmenden partikularistischen Subjekt-Operator *nicht kompatibel*; ein echt vorausgesetzter und benutzter Theorierahmen *impliziert* einen *universalistischen* Subjekt-Operator und wird durch einen solchen auch umgekehrt

---

ders gesagt: Die »ideale Sprechsituation« ist jene Situation, in der die Argumente und Beweise so beschaffen sind, dass jeder kompetente und rationale Sprecher zum gleichen Resultat kommen würde bzw. müsste, d. h. beispielsweise, dass ein Sprecher, der (zunächst) nicht zustimmt, von den anderen rationalen Sprechern zur Zustimmung gebracht würde, indem er sich einfach vom Zwang des besseren Arguments leiten ließe.

In der umfangreichen Literatur über HABERMAS wurde sonderbarerweise nicht gemerkt, dass er damit die »Sprecher« bzw. »Subjekte« überflüssig macht; denn um den von ihm anvisierten Gedanken bzw. Zusammenhang darzustellen und zu charakterisieren, braucht man nur Kriterien für das, was HABERMAS das »bessere« Argument nennt. Rational ist ein Sprecher nach HABERMAS dann, wenn er sich von der Kraft des besseren Arguments leiten lässt. Aber dann kommt es entscheidend – und letztlich allein – darauf an, den Begriff des »besseren Arguments« zu charakterisieren; denn die Klärung dieses Begriffs ist Voraussetzung dafür, dass von der Rationalität von Sprechern/Subjekten gesprochen werden kann, so dass dieser Begriff seinerseits nicht unter Rekurs auf irgendwelche Verhaltensweisen von Sprechern/Subjekten charakterisierbar ist. Allerdings hat HABERMAS die Tragweite dieses entscheidenden Punktes nicht gesehen. Er belässt es bei der Idee eines *idealen* rational-diskursiv erreichten Konsenses. *Als was und wie* die damit angesprochene (ideale) Rationalität und der durch sie erzielte allgemeine Konsens *letztlich* zu konzipieren sind, thematisiert er nicht mehr. HABERMAS' Begriff der idealen Rationalität und des durch sie ermöglichten Konsenses hängt buchstäblich im luftleeren Raum. Die Ebene der wirklich *universalen Rationalität oder Vernunft* wird von ihm nur irgendwie *prozedural* (im Hinblick auf die Art des Diskurses, der sich von einer solchen Rationalität/Vernunft leiten lassen muss) charakterisiert. Dass die echt universale Rationalität/Vernunft in der Strukturiertheit der Sachen selbst gründet, hat HABERMAS weder gesehen und noch weniger jemals thematisiert. Dieser Sachverhalt ist von immenser Bedeutung für die Klärung grundlegender Zusammenhänge hinsichtlich des Verhältnisses von Logik, Semantik, Pragmatik, Erkenntnistheorie usw.

impliziert. Es sei noch angefügt, dass dieser universalistische Grundzug jedes echt vorausgesetzten und benutzten Theorierahmens *nicht* ausschließt, dass es eine *Pluralität* von Theorierahmen geben kann und tatsächlich gibt. Darauf soll in den Kapiteln 5 und 6 näher eingegangen werden.

[ii] Das *zweite* Problem ist eine schwerwiegende innere Inkohärenz jeder Konzeption, die dem Operator $\text{\textcircled{S}}_\text{P}$ eine zentrale oder bestimmende Rolle zuweist. Eine solche Position mündet nämlich in den bekannten relativistischen Selbstwiderspruch, dass sie sich nicht selbst erfassen und artikulieren kann: Zu sagen, dass Wissen bzw. Erkennen immer nur aus dem Blickwinkel eines sich *nicht* universalistisch verstehenden Subjekts erfolgen, führt dazu, dass dieser Sachverhalt, wenn er denn zuträfe, gerade nicht von dem Subjekt ausgesagt werden könnte, das diese These behauptet; denn die Artikulation dieses Sachverhaltes erhebt den Anspruch zu sagen, »wie es sich verhält« *simpliciter*, und nicht, wie es-sich-verhält-aus-der-Perspektive-eines-(partikularistisch-verstandenen-)Subjekts.

[5] Gegen die hier vorgetragenen Argumente kann der Verteidiger der bestimmenden Rolle des Operators $\text{\textcircled{S}}_\text{P}$ (mindestens) zweierlei geltend machen. *Erstens* kann er darauf hinweisen, dass die Befolgung einer Perspektive einfach nicht zu umgehen ist: Erkenntnis werde von konkreten Subjekten »vollzogen«, und konkrete Subjekte hätten unweigerlich jeweils einen bestimmten »Standort«, was eine bestimmte Perspektive beinhalte.

Dieser Einwand lässt sich leicht entkräften. Aus dem Umstand, dass jedes Subjekt einen ganz bestimmten Standort besitzt, folgt in keiner Weise, dass ein solches Subjekt nicht fähig ist, eine universale Perspektive zu beziehen. Ein »konkreter Standort« muss nicht unbedingt einen »partikularistischen Standort«, d. h. eine Einschränkung oder gar Aufhebung einer universalen Perspektive bedeuten; er kann im Gegenteil eine reichere Bestimmung, eben eine »Konkretisierung«, nicht eine Behinderung oder gar Aufhebung einer universalen Perspektive sein. Der Umstand, dass jeder Europäer einen ganz bestimmten, konkreten »Standort« in einem bestimmten Land bzw. in einer bestimmten Region dieses Landes hat, bringt es keineswegs notwendigerweise mit sich, dass er eine auf diesen Standort beschränkte, partikularistische Perspektive hat: Ein Bayer, ein Portugiese, ein Wiener usw. können selbstverständlich eine umfassendere, in diesem Fall z. B eine europäische Perspektive haben, ohne aufzuhören, ein Bayer, ein Portugiese, ein Wiener usw. zu sein.

Zweitens könnte eingewandt werden, dass die sich in Formulierungen wie ›Es-verhält-sich-so-dass (etwa: φ)‹ artikulierende Konzeption auf einem dogmatischen oder absolutistischen Standpunkt beruht, der schon aus diesem Grund nicht akzeptabel ist. Die Erwiderung darauf bringt fundamentale und entscheidende Gesichtspunkte ans Licht. Wie die Einführung des Subjekt-Operators $\text{\textcircled{S}}$ deutlich macht, handelt es sich dabei jeweils um eine *bestimmte*

Qualifikation aller Sätze, die im Rahmen der entsprechenden Konzeption formuliert werden (im Falle des Operators Ⓢ um eine subjekt-bezogene Qualifikation). Aber die angeblich auf einem dogmatischen und absolutistischen Standpunkt basierende Formulierung ›Es-verhält-sich-so-dass (etwa: φ)‹ beinhaltet keine Qualifikation. Auch kann nicht gesagt werden, dass der Satz implizit eine dogmatische und absolutistische Perspektive beinhalte, etwa in dem Sinne, dass der Satz besage: »Es-verhält-sich-so-und-so *absolut, unwiderruflich*« o. ä. Zwar *kann* der Satz so gelesen werden, aber er *muss* es nicht. Das Bemerkenswerte dieser Formulierung als Ausdruck von Theoretizität liegt u. a. darin, dass sie eine »Qualifikation« oder »Bestimmung« offen lässt. Sie beinhaltet in der Tat die Negation einer rein beschränkten oder partikularistischen Perspektive als der bestimmenden Perspektive; insofern hat sie einen universalistischen Status. Aber dieser universalistische Status wird nicht ein für allemal »fixiert«; vielmehr bleibt dieser universalistische Status in folgendem Sinne offen: Sätze mit dem Operator »Es verhält sich so dass ...« setzen zwar einen Theorierahmen voraus, wobei ein solcher einen universalistischen Status hat; aber es wurde auch gezeigt, dass eine *Pluralität* von Theorierahmen anzunehmen ist. Der Operator »Es verhält sich so dass ...« hätte nur dann einen absolutistischen und dogmatischen Sinn, wenn man ihn mit so etwas wie »dem Super-Theorierahmen, dem absoluten Theorierahmen« und damit auch mit der entsprechenden »Super-Theorie oder absoluten Theorie« verbinden wollte. Ein solches Verständnis des Operators »Es verhält sich so dass ...« widerspräche jedoch den grundlegenden Thesen der hier vertretenen struktural-systematischen Philosophie.

[6] Dass eine Super-Theorie schon aus prinzipiellen Gründen nicht möglich ist, kann man durch einen Hinweis auf Gödels berühmtes *Unvollständigkeitstheorem* illustrieren. Das Theorem besagt, dass es Wahrheiten gibt, die zwar zu einem mit ausreichender Ausdrucksstärke ausgestatteten formalen System gehören, aber in diesem System bzw. mit den Mitteln dieses Systems nicht als wahr bewiesen werden können. Dummett sagt dazu:

»... Gödel's theorem ... shows that provability in a single formal system cannot do duty as a complete substitute for the intuitive idea of arithmetical truth.« (Dummett [1978: 172])
  »By Gödel's theorem there exists, for any intuitively correct formal system for elementary arithmetic, a statement U expressible in the system but not provable in it, which not only is true but can be recognised by us to be true: the statement being of the form $\forall x\, A(x)$ with $A(x)$ a decidable predicate.« (Ib. 186)

Und Quine erläutert:

»... Gödel proved that a complete deductive system was impossible for even so modest a fragment of mathematics as elementary number theory.« (Quine [1987: 82])

»What Gödel proved, then, is that no axiom system or other deductive apparatus can cover all the truths expressible even in that modest notation; any valid prove procedure will let some true statements, indeed infinitely many, slip through its net.« (Ib. 83)

Man kann dieses Resultat, nämlich die Unmöglichkeit einer absolut umfassenden, also einer vollständigen Beweisbarkeit aller Wahrheiten eines formalen Systems mit dessen eigenen Mitteln, auf den Fall einer absolut umfassenden, d. h. vollständigen Qualifikation des Standpunkts anwenden, der sich in der Universalisierbarkeit des Satzes »Es verhält sich so dass φ« artikuliert. Dieser Standpunkt ist objektiv-universal, aber diese Universalisierbarkeit ist nicht fixierbar; sie ist in diesem Sinne nicht vollständig. Die Unvollständigkeit spricht nicht gegen ihre Objektivität; sie schließt nur aus, dass man diese Objektivität in naiver Weise »qualifiziert« oder implizit als »qualifiziert« unterstellt. Es mutet sonderbar an, dass manche Philosophen (aber auch Wissenschaftler und andere gelehrte oder ungelehrte Personen) so reden, als ob »die Philosophie« nur unter der Bedingung ernst genommen werden könnte, dass sie »alles und jedes« und damit auch ihre eigenen Grundlagen, ja sich selbst qua Gesamtkonzeption *als absolut wahr beweisen* müsste. Ein solches Ansinnen zeugt von einer grundsätzlichen Verkennung der Ergebnisse, zu denen Gödel gelangt ist, die zeigen, dass eine solche Forderung nicht einmal im Falle eines so einfachen Systems wie der elementaren Arithmetik erfüllt werden kann.

2.3.2.5 Eine Perspektivenumkehrung – die sowohl unverzichtbare als auch sekundäre Stellung der epistemischen Dimension

Aus den obigen Ausführungen ergibt sich eine bedeutsame philosophische Einsicht: Die epistemische Dimension ist zwar unverzichtbar, hat aber einen sekundären Charakter. Diese These soll nun abschließend erläutert und präzisiert werden.

[1] Die epistemische Dimension ist die Dimension des Blickwinkels eines Subjekts. Je nachdem, wie das Subjekt sich versteht bzw. verstanden wird, ergeben sich jeweils verschiedene »Bestimmungen« dieses Blickwinkels; die als extrem gegensätzliche Bestimmungen auf der Gesamtskala wurden die »partikularistische« und die »universalistische« genannt. Sie wurden durch die Einführung eines partikularistischen bzw universalistischen epistemischen Operators $\text{\textcircled{S}}_P$ bzw. $\text{\textcircled{S}}_U$ präzisiert. Der universalistische Operator $\text{\textcircled{S}}_U$ wirft keine grundsätzlichen Probleme auf, da er wegen seiner Universalität die ganze Dimension der Objektivität einbezieht. Die Beliebigkeit des sich partikularistisch verhaltenden »epistemischen Subjekts« kann dabei nicht wirksam werden, da das universalistische Subjekt sich als voll in die Objektivitätsdimension einbezogen versteht und dementsprechend handelt. Dies hat zur Konsequenz, dass die Erwähnung des Subjekts, strenggenommen, überflüssig ist, da das Subjekt hier als rationales Subjekt genommen wird, das also ent-

sprechend den objektiven Maßstäben der Rationalität handelt. Das partikularistisch sich verstehende und handelnde Subjekt hingegen kann am besten als das Subjekt charakterisiert werden, das sich entweder überhaupt nicht nach objektiven Maßstäben richtet oder dies nur ungenügend tut. Es gibt dementsprechend viele »Gestalten« des partikularistischen epistemischen Subjekts.

Bisher wurde von der »Objektivitätsdimension« gesprochen, ohne dass dieser Begriff näher präzisiert worden wäre. Solange man, wie in diesem Teil des vorliegenden Werkes, eine nur globale Betrachtungsweise präsentiert, lässt sich darüber nur Allgemeines sagen. Es wird die Aufgabe der nächsten Abschnitte und Kapitel sein, die rein globalen Aussagen näher zu bestimmen und zu präzisieren. Was hier ganz allgemein als »Objektivitätsdimension« bezeichnet wird, setzt sich aus zwei Subdimensionen zusammen: aus einer (eher) formalen oder strukturalen und einer inhaltlichen. Die formale oder strukturale umfasst die sog. formalen Wissenschaften im engen Sinne (Logik und Mathematik) und alle Disziplinen, die sich mit begrifflich-theoretischen, methodologischen, darstellerischen u. ä. Faktoren befassen. Die inhaltliche (Sub-)Dimension ist die »Sach-Dimension«, die Dimension der »Sachen«, die mittels der formalen Dimension erfasst und artikuliert werden. Diese Unterscheidung bleibt freilich vorerst noch sehr vage und ist noch weitgehend un(ter)bestimmt, da manche Faktoren nicht ohne nähere Präzisierung der einen oder anderen (Sub-)Dimension zugerechnet werden können. Ein Beispiel ist jener Faktor, den man in der Geschichte der Philosophie »Kategorie« nennt. Darauf wird in Kapitel 3 ausführlich einzugehen sein. Die Unterscheidung der zwei (Sub-)Dimensionen hat daher noch einen rein programmatischen und auch heuristischen Charakter.

Wie die verschiedenen Theorien der Rationalität zeigen, besteht kein Konsens über den mit diesem Ausdruck zu verbindenden Begriff. So viel kann aber hier schon festgestellt werden: Wenn »Rationalität« gerade die Dimension ist, die den Gegensatz zu subjektiver Beliebigkeit oder Willkür bezeichnet, so hat Rationalität es mit der Dimension der Objektivität zu tun; noch genauer wäre zu sagen: Rationalität ist ein Begriff, der in allgemeiner Weise das bezeichnet, was die ganze Objektivitätsdimension beinhaltet. »Rationalität«, die nicht in der Objektivität gründet und Ausdruck von Objektivität ist, ist ein leerer Begriff.

[2] An dieser Stelle sind einige *Schlussbemerkungen* am Platz.

Es hat sich gezeigt, dass gemäß den Definitionen des Gettier-Typs (G_K) folgende Implikation gültig ist: »S erkennt dass $p \rightarrow p$ (im Sinne von: p ist wahr)«. Gemäß der hier vertretenen Definition von Wissen bzw. Erkenntnis (W/E) muss eine solche Implikation jedoch so lange als ungültig gelten, als keine Qualifikation des Status des Subjekts angegeben wird. Die Implikation ist immer ungültig, wenn das Subjekt S als partikularistisches Subjekt, also als

2.3 Die Dimension des Wissens

$(S)_P$, verstanden wird. Es gilt somit immer: $(S)_P \Phi_{W/E} Tp \rightarrow Tp$. Wenn aber das Subjekt S universalistisch, also als $(S)_U$, aufgefasst wird, muss eine Differenzierung eingeführt werden.

Um diese Differenzierung genau zu bestimmen, ist ein Hinweis auf Williamsons Position hilfreich. Der von ihm auf der Basis eines – und zwar des »allgemeinsten (*most general*)« – *faktiven mentalen Zustandsoperators* (FMZO) (also: $(S)\Phi_{WI}$ [›WI‹ für ›Williamson‹]) entwickelte Begriff der Erkenntnis beinhaltet *nicht* die Teildefinientia »Glaube« und »Rechtfertigung«. Es besteht daher kein Grund, die Implikation $(S)\Phi_{WI}Tp \rightarrow Tp$ nicht als uneingeschränkt gültig zu verstehen. Wenn man aber die Definition (W/E) von Wissen bzw. Erkenntnis voraussetzt bzw. zugrunde legt, stellt sich die Problemlage völlig anders dar; denn in (W/E) sind »Glaube« und »Rechtfertigung« Teildefinientia von Erkenntnis, wobei »Glaube« sogar der Hauptoperator ist. Der Unterschied zwischen Williamsons Erklärung von Erkenntnis und der hier vorgeschlagenen Definition (W/E) wird sofort sichtbar, wenn die Frage nach dem Status des Subjekts S gestellt wird. Nach Williamson ist das Subjekt S wohl als $(S)_U$, also als das sich universal verstehende Subjekt zu begreifen. Bei Williamson hat diese Universalität des Subjekts einen ganz besonderen Sinn, auf den sehr zu achten ist: Das Subjekt wird universalistisch verstanden, *insofern* es als aller »Einstellungen« wie Glaube u. ä. »enthoben« aufgefasst wird. Man kann diesen Status des Subjekts so interpretieren: Das so begriffene Subjekt ist das Subjekt, das in absolut idealisierter Weise »im Besitz« der Wahrheit ist, und zwar in dem Sinne, dass es sich im Zustande eines *unmittelbaren* Bezogenseins auf Wahrheit befindet. Zwar wird Wissen bzw. Erkenntnis von Williamson als »the most general factive stative *attitude*« charakterisiert; aber diese »Einstellung« reduziert sich bei ihm auf ein unmittelbares Bezogensein auf Wahrheit.

Im Gegensatz dazu wird Erkenntnis bzw. Wissen gemäß der Definition (W/E) als eine *Einstellung* des Subjekts S begriffen, die ganz anderer Art ist: Sie ist als »Glaube dass p wahr ist« und als »Glaube dass es gerechtfertigt ist zu glauben dass p wahr ist« bestimmt. Im gegenwärtigen Kontext drängt sich dann die Frage auf: Ist das *erkennende* Subjekt S gemäß der genannten Definition (W/E) ein partikularistisches oder ein universalistisches Subjekt oder kann es beides sein? Dass S hier als partikularistisches Subjekt verstanden werden kann, steht außer Frage. Aber kann das Subjekt S in der Definition (W/E) auch als universalistisches aufgefasst werden?

Hier erweist es sich als unumgänglich, eine wichtige Differenzierung einzuführen, und zwar zwischen zwei »Gestalten« des *Glaubens*: dem »konkreten« oder »normalen« Glauben und einem »idealisierten« Glauben. Der konkrete/normale Glaube beinhaltet eine *unaufhebbare Distanz* zwischen dem Subjekt und der »Sache«, auf die sich das Subjekt bezieht. Rechtfertigende Gründe sind die Mittel, die ins Feld geführt werden, um diese Distanz zu überbrükken. Die »Überbrückung« hebt aber die Distanz nicht auf, sondern schafft nur eine mehr oder weniger enge Verbindung zwischen den beiden Polen des Verhältnisses, das Glaube heißt. Die Verbindung ist um so inniger, je stärker die Gründe sind. Aber die »Sache« wird immer »von außerhalb«, d. h. hier: aus der irreduktibel bleibenden und alles bestimmenden Perspektive des Subjekts artikuliert. Die Einstellung des Subjekts bleibt somit immer als bestimmender Faktor bestehen, der auf die Sache nicht reduziert und aus dem die Sache nicht zwingend erschlossen werden kann. Das heißt: Die Implikation $(S)\Phi_{W/E}Tp \to Tp$ ist in diesem Fall *nicht* gültig; vielmehr gilt: $(S)\Phi_{W/E}Tp \not\to Tp$. Diesen Sachverhalt kann man auch – und besser – so artikulieren: Das Subjekt, das die Einstellung des konkreten oder normalen Glaubens besitzt, identifiziert sich nicht einfach mit der Dimension der unbeschränkten Rationalität oder Objektivität. *Dieses Subjekt ist kein universalistisches Subjekt* (kein $(S)_U$) in dem Sinne, in dem dieser Begriff oben im Abschnitt 2.3.2.4 [4] [i] erläutert wurde. Für das universalistische Subjekt gilt unbeschränkt: $(S)_U Tp \to Tp$. In dieser Formel kommt aber »Glaube« gar nicht vor.

Im Gegensatz zum »konkreten/normalen »Glauben« beinhaltet der »idealisierte Glaube« zwar eine Distinktion, nicht aber eine Distanz zwischen »Subjekt« und »Sache« im oben beschriebenen Sinne. Die Einstellung des Subjekts zu einer oder allgemein zur Sache besagt hier einfach die Identifizierung des Subjekts mit der universalen Perspektive der unbeschränkten Rationalität und Objektivität. Die Sache wird hier *nicht aus der Perspektive des Subjekts* artikuliert, *insofern* diese so aufgefasst wird, dass sie *nicht* mit der Dimension der Rationalität und Objektivität identisch ist; vielmehr wird die Sache aus der universalen Perspektive erfasst und dargestellt. Die adäquate Artikulationsweise in diesem Fall ist: »Die Sache stellt sich so und so dar (oder: Es verhält sich so und so)«. Die Formulierung »Subjekt S glaubt dass die Sache sich so und so verhält« ist dann völlig ungeeignet, genauer: unrichtig, *wenn* »Glaube«, wie oben beschrieben, als konkreter/normaler Glaube verstanden wird. Wenn man aber »Glauben« als »idealisierten Glauben« im erläuterten Sinne versteht, dann ist die Formulierung richtig. Um Missverständnisse zu vermeiden, sollte man dann allerdings den Ausdruck ›Glaube‹ oder, in der formalisierten Fassung, das Symbol für ›Erkenntnis‹ (nämlich ›Φ‹) mit einem Index versehen. Man hätte dann (›I‹ für: ›Idealisiert‹): $(S)\Phi_{I\_W/E}Tp \to Tp$. In diesem Fall ist diese Formel vollkommen äquivalent zur oben angegebenen Formel: $(S)_U Tp \to Tp$, also zu einer Formel, die den Faktor »Erkennntnis« und damit auch den Faktor »Glaube« *nicht* enthält.

Es leuchtet ein, dass die Formulierung »idealisierter Glaube« sehr problematisch ist; denn der mit dem Ausdruck ›Glaube‹ im Deutschen assoziierte Begriff ist in der Regel ausschließlich der Begriff des oben beschriebenen konkreten/normalen Glaubens. Dennoch lässt sich die Einführung des Begriffs »idealisierter Glaube« (im oben erläuterten Sinne) aus zwei Gründen rechtfertigen. Erstens kann der Begriff »idealisierter Glaube« als »Grenzfall« des allgemeinen Begriffs »Glaube« verstanden werden, so wie auch »Identität« als Grenzfall von »Korrespondenz« interpretiert werden kann (vgl. dazu unten Abschnitt 3.3.3.2.2 [2]). Zweitens beleuchtet der Hinweis auf »idealisierten Glauben« einen wichtigen Aspekt des *Erkenntnis*begriffs. Es wurde in der Philosophiegeschichte und es wird heute oft angenommen, dass mit der Verwendung des Begriffs »Erkenntnis« sozusagen die höchste theoretische Stufe der rationalen Tätigkeit eines Subjekts erreicht wird. Die dahinter liegende Intuition darf weder ignoriert noch missverstanden werden, ungeachtet der Schwierigkeit, sie richtig zu erfassen; diese Schwierigkeit rührt von dem Umstand her, dass bei der Benutzung des Ausdrucks bzw. Begriffs »Erkenntnis« weitgehende Unbestimmtheit, Unklarheit und sogar Missverständnisse herrschen. Der oben erläuterte Begriff »idealisierter Glaube« dürfte die genannte Intuition artikulieren. Es wird dabei klar, dass die »rein sachlichen oder objektiven« Formulierungen wie »Es verhält sich so dass [etwa:] φ« nicht implizieren, dass dabei kein Subjekt »im Spiel« ist. In einer solchen Formulierung drückt sich sehr wohl eine »Einstellung« eines Subjektes aus, nämlich jene Einstellung, die man die »idealisierte« Form von Erkenntnis nennen kann, und zwar gemäß der Definition (W/E) von Erkenntnis, aber mit der Spezifikation, dass die Einstellung des Subjekts ein »idealisierter Glaube« im erläuterten Sinne ist.

Es ist zu bemerken, dass die dargelegte Sicht einen globalen Charakter hat und dass sie sich auf den theoretischen Bereich bezieht. Sie müsste natürlich im einzelnen ausgearbeitet und konkretisiert werden. Es dürfte klar sein, dass im praktischen Bereich die Verhältnisse beträchtlich komplexer sind. Es sollte im gegenwärtigen Kontext nur gezeigt werden, dass die epistemische Subjekt-Dimension zwar unverzichtbar ist, letztlich aber eine nur sekundäre Bedeutung beanspruchen kann.

Vergleicht man schließlich die Sprachdimension und die Erkenntnis- bzw. Wissensdimension, so ergibt sich aus den Ausführungen dieses Abschnitts, dass der Sprachdimension der zentrale Stellenwert zukommt. Was dies im einzelnen bedeutet, bildet ein fundamentales Thema der weiteren Ausführungen.

2.4 Die Dimension der Theorie im engeren Sinne

2.4.1 Allgemeines zum eigentlichen Theoriebegriff

Wie in Kapitel 1 gezeigt wurde, sind hinsichtlich des Begriffs der Theorie zwei grundlegend verschiedene Faktoren zu unterscheiden: externe und interne (immanente) Faktoren. Die erste Kategorie, die Kategorie der rein externen

Faktoren, kennzeichnet das Verhältnis von Theorie zu den Bereichen, die nicht als theoretisch zu bezeichnen sind. In Abschnitt 2.2.3.1 wurde das sprachliche Kriterium für Theoretizität herausgearbeitet, das in bestimmer Hinsicht ein externer, in anderer Hinsicht ein interner Faktor ist.

In diesem Abschnitt 2.4 sollen die rein *internen Faktoren* bei der Bestimmung des Theoriebegriffs behandelt werden. Es wird dabei nicht auf die Geschichte des Ausdrucks bzw. Begriffs »Theorie« eingegangen. Wenn Philosophen – wie beispielsweise Heidegger – auf die Etymologie und die ursprüngliche Bedeutung des Ausdrucks θεωρία (»Anschauen«, »Betrachtung«, dann »Erkenntnis«) hinweisen, um daraus Bedeutendes und Tiefes über das »Wesen« des »theoretischen« Denkens zu gewinnen, so ist das eine Vermengung von Etymologie und philosophischer Begriffsklärung. Bedeutung und Verwendung des Ausdrucks ›Theorie‹ haben eine große und bewegte Geschichte gehabt (vgl. dazu König/Pulte [1998]). Spätestens seit Anfang des 19. Jahrhunderts wird der Ausdruck in Philosophie und Wissenschaften grundsätzlich insoweit einheitlich verwendet, als damit nur eine intuitive Grundbedeutung gemeint ist; daraus folgt nicht, dass von diesem Begriff eine einheitliche Erklärung oder gar Definition gegeben wurde oder heute verfügbar ist.

Bei den gegenwärtigen Philosophen kann man einen beinahe inflationären Gebrauch des Ausdrucks ›Theorie‹ feststellen, insofern jede vorgelegte Konzeption von den meisten Philosophen problemlos als *Theorie* qualifiziert wird. Heute indessen sind die Wissenschaften der primäre Ort der Verwendung des Ausdrucks ›Theorie‹, und zwar sowohl in der formalen Logik und Mathematik als auch in den anderen (empirischen) Wissenschaften. Hier finden sich einige bedeutende, wenn auch nicht einheitliche Charakterisierungen und Definitionen des Theoriebegriffs. Im folgenden sollen zuerst die Theoriebegriffe im Rahmen der Metalogik bzw. Metamathematik und der Wissenschaftstheorie untersucht werden; im Anschluss daran wird die Problematik der Verwendung des Theoriebegriffs in der Philosophie erörtert.

2.4.2 Der Theoriebegriff in der Metalogik/Metamathematik und in der Wissenschaftstheorie

2.4.2.1 Der »logische« Theoriebegriff

Der logische oder in einer bestimmten Hinsicht der metalogische Theoriebegriff kann als der am genauesten definierte Theoriebegriff bezeichnet werden. Man kann ihn auch den (meta)mathematischen Theoriebegriff nennen. Der Einfachheit halber wird aber im folgenden vorwiegend die Bezeichnung ›logischer Theoriebegriff‹ verwendet. Gemäß diesem Begriff ist eine Theorie eine deduktiv geschlossene oder eine unter logischer Konsequenz abgeschlos-

2.4 Die Dimension der Theorie im engeren Sinne

sene Klasse von Sätzen oder Formeln[17]. Die charakteristische Form einer so verstandenen Theorie ist die axiomatische Form. Um eine solche Theorie T aufzubauen, muss man drei Faktoren explizit angeben:
(1) die Sprache von T, also $L(T)$,
(2) die logischen und die nicht-logischen Axiome von T,
(3) die Ableitungsregeln der Logik von T.

Wesentlich für diesen Theoriebegriff ist der Begriff eines *Modells* von T. Die Theorie T ist zunächst ein uninterpretiertes formales System. Ein *Modell* von T ist eine Interpretation von $L(T)$ oder eine Struktur für $L(T)$ (oft »Modell-Struktur« genannt), in welcher alle nicht-logischen Axiome von T gültig sind. Eine Formel ist gültig in T, wenn sie in jedem Modell von T bzw. in jeder Struktur von T gültig ist oder, äquivalent dazu, wenn sie eine logische Folgerung aus den nicht-logischen Axiomen von T ist.

Ein klassisches Beispiel möge diesen logischen Theoriebegriff illustrieren (vgl. dazu Shoenfield [1967: 22f.]). Sei N eine Zahlentheorie erster Stufe, die ein klassisches Axiomensystem für die natürlichen Zahlen formalisiert. Die nicht-logischen Symbole von N sind die Konstante 0, das einstellige Funktionssymbol S (das die Nachfolger[= Successor]-Funktion denotiert), die binären Funktionssymbole ›+‹ und ›∧‹ sowie das zweistellige Prädikat ›<‹. Die nicht-logischen Axiome von N sind:

N1.	$Sx \neq 0$	**N6.**	$x \cdot Sy = (x \cdot y) + x$
N2.	$Sx = Sy \rightarrow x = y$	**N7.**	$\neg (x < 0)$
N3.	$x + 0 = x$	**N8.**	$x < Sy \leftrightarrow x < y \vee x = y$
N4.	$x + Sy = S(x+y)$	**N9.**	$x < y \vee x = y \vee y < x$
N5.	$x \cdot 0 = 0$		

Eine Interpretation oder ein Modell für (eine Struktur von) N kann konstruiert werden, indem man das, worüber die Theorie redet, als die Menge der natürlichen Zahlen interpretiert und indem man den entsprechenden nicht-logischen Symbolen die Individuen, Funktionen und Prädikate dieses Bereichs zuordnet.[18]

2.4.2.2 Der »wissenschaftliche« Theoriebegriff I: die Standardkonzeption (»received view«)

In der Wissenschaftstheorie hat der logische Empirismus des Wiener Kreises eine Konzeption von wissenschaftlicher Theorie entwickelt, die sich grundsätzlich als eine Anwendung des logischen Theoriebegriffs verstand. Nach

---

[17] Oft wird im Deutschen auch von »Aussagen« gesprochen.
[18] N ist schwächer als die übliche PEANO-Arithmetik, weil sie das Induktionsaxiom nicht enthält.

vielen Diskussionen, die hier nicht nachgezeichnet werden können, entstand eine Theoriekonzeption, die seit 1962 (vgl. Putnam [1962]) als die Standardkonzeption oder *received view* bekannt ist. Gemäß dieser Konzeption ist eine Theorie eine Klasse von Sätzen. Sie stellt die wichtigste Form dessen dar, was später J. Sneed und W. Stegmüller »*statement view of theories* – Aussagenkonzeption von Theorien« genannt haben, und zwar im Gegensatz zu der von diesen beiden Autoren entwickelten »Nichtaussagenkonzeption von Theorien (*non-statement view of theories*)« (vgl. Stegmüller [1980: 2 und *passim*]).

Im Anschluss an Frederick Suppe [1977: 16–17] lässt sich die ursprüngliche Formulierung des Theoriebegriffs der *received view* folgendermaßen angeben: Eine wissenschaftliche Theorie ist eine in der mathematischen Logik (bzw. Sprache) L formulierte axiomatische Theorie, die folgende Bedingungen erfüllt:

(i) Die Theorie wird in einer mathematischen Logik (bzw. Sprache) erster Stufe mit Identität, L, formuliert.

(ii) Die Terme oder Konstanten von L^{19} werden in drei disjunkte Klassen, genannt ›Vokabulare‹, eingeteilt:
  (a) das *logische Vokabular* bestehend aus den logischen Konstanten (einschließlich der mathematischen Terme);
  (b) das *Beobachtungsvokabular*, V_O, das Beobachtungsterme enthält;
  (c) das *theoretische Vokabular*, V_T, das theoretische Terme enthält.

(iii) Die Terme in V_O werden unter Bezugnahme auf direkt beobachtbare physische Objekte oder direkt beobachtbare Attribute physischer Objekte interpretiert.

(iv) Es gibt eine Klasse von theoretischen Postulaten T, deren einzige nichtlogische Terme V_T entnommen werden.

(v) Die Terme in V_T erhalten eine explizite Definition unter Bezugnahme auf V_O durch *Korrespondenzregeln* C der folgenden Form: Jeder Term F in V_T muss eine Definition der folgenden Form erhalten:
$$(x)\,(Fx \leftrightarrow Ox)$$
wobei ›Ox‹ ein Ausdruck aus L ist, der Symbole nur aus V_O und eventuell aus dem logischen Vokabular enthält.

Um diesen Theoriebegriff ins rechte Licht zu rücken, muss man auf einen besonderen Punkt hinweisen, nämlich auf den Begriff der *Erklärung*. »Theorie« und »Erklärung« sind keineswegs synonyme oder äquivalente Begriffe; dennoch sind sie weitgehend verwandte Begriffe. Nun ist im Rahmen des soeben beschriebenen Standardbegriffs der wissenschaftlichen Theorie ein

---

[19] Bei F. Suppe heißt es: »The non-logical terms or constants of L …«. Aber »nichtlogisch« ist an dieser Stelle unrichtig und dürfte ein Missverständnis oder ein Druckfehler sein. Die erste der drei von Suppe angeführten disjunkten Klassen der Terme oder Konstanten von L ist nämlich: »(a) Das *logische Vokabular* …«

2.4 Die Dimension der Theorie im engeren Sinne

bestimmter Erklärungsbegriff berühmt geworden, der hier kurz zu thematisieren ist: Es handelt sich um das von *Hempel* und *Oppenheim* entwickelte Modell der Erklärung, auch *H-O-Schema der wissenschaftlichen Erklärung* genannt. Die Erklärung selbst hat gemäß diesem Schema einen *deduktiv-nomologischen* Charakter; daher spricht man kurz von *DN-Erklärungen*. Das H-O-Schema lässt sich so angeben:

Explanans $\begin{cases} A_1, ..., A_n & \text{(Antecedensbedingungen)} \\ G_1, ..., G_r & \text{(allgemeine Gesetzmäßigkeiten)} \end{cases}$

Explanandum E (zu erklärende Ereignisse)

Es ist offenkundig, dass sich dieses Erklärungsschema in ausgezeichneter Weise in das Theorie-Schema der *received view* einfügt und umgekehrt: Der Standardtheoriebegriff konkretisiert sich auf konsequente Weise durch Anwendung des DN-Erklärungsschemas.

Die *received view* wurde zunehmend kritisiert, wobei insbesondere folgende Punkte in Frage gestellt wurden: die Unterscheidung zwischen »analytisch« und »synthetisch«, auf welche sich dieser Theoriebegriff entscheidend stützt; die Unterscheidung zwischen »theoretisch« und »beobachtbar«; die Analyse der Korrespondenzregeln; die Axiomatisierung der Theorie. Die kritische Infragestellung der *received view* führte zur Bildung von *zwei* Richtungen; die erste bezeichnet F. Suppe als »*Weltanschauungen View*«, die zweite als »*Semantic View*« von Theorien.

Zur »*Weltanschauungen View*« gehören insbesondere Autoren wie St. Toulmin, Th. Kuhn, N. R. Hanson, K. R. Popper und P. Feyerabend. Eine der zentralen Ideen, die im Rahmen dieser Richtung herausgearbeitet wurden, ist die Idee der *Theorienbeladenheit* der Beobachtungssprache und allgemein der (Rede über) Daten. Eine andere zentrale Idee ist die Einbeziehung jeder wissenschaftlichen Theorie in die Geschichte der Wissenschaften, wodurch all die Probleme angesprochen werden, die der Wandel oder die Evolution der wissenschaftlichen Theorien mit sich bringen (vgl. dazu Suppe [1977: 125–221, 633–649] und [1989]).

Die zweite Richtung, der *semantic approach*, ist für die Zielsetzung des vorliegenden Abschnitts und auch des ganzen Werkes von ungleich größerer Bedeutung. Die bekanntesten Vertreter sind Fr. Suppe, B.C. van Fraassen und Ronald Giere. Aber auch die von J. Sneed und W. Stegmüller entwickelte strukturalistische Theoriekonzeption dürfte als eine bestimmte Form des *semantic approach* anzusehen sein, obwohl F. Suppe den wissenschaftstheoretischen Strukturalismus explizit *nicht* als einen semantisch orientierten Ansatz betrachtet.[20] Im folgenden sollen die Positionen von B. van Fraassen

---

[20] Der Grund, den F. SUPPE [1989: 10] angibt, ist, dass »SNEEDs Lösung auf Korrespondenzregeln rekurriert ...« (oder dass Sneed »an einigen Korrespondenzregeln in

und des wissenschaftstheoretischen Strukturalismus etwas detaillierter dargestellt werden.

2.4.2.3 Der »wissenschaftliche« Theoriebegriff II: der »semantische Ansatz«

2.4.2.3.1 B. van Fraassens konstruktiv-empiristische Konzeption

Van Fraassen hat seine Konzeption in seinem allgemein verständlich geschriebenen Buch *The Scientific Image* [1980] und später besonders in den beiden großen Werken *Laws and Symmetry* [1989] und *Quantum Mechanics, An Empiricist View* [1991] dargelegt. Wie alle Vertreter des *semantic approach* geht van Fraassen von einer Einsicht (van Fraassen spricht von einem »slogan«) aus, die Patrick Suppes seit den 1950er Jahren formuliert und propagiert hat und die van Fraassen so wiedergibt: »[T]he correct tool for philosophy of science is mathematics, *not* meta-mathematics«. Und er erläutert:

»[Patrick] Suppes's idea was simple: *to present a theory, we define the class of its models directly,* without paying any attention to questions of axiomatizability, in any special language, however relevant or simple or logically interesting that might be.« (van Fraassen [1991: 6])

Oft drückt sich van Fraassen so aus, als ob der Schritt von der *received view* zum *semantic approach* darin bestünde, dass Theorien nicht mehr als axiomatische Theorien aufgefasst wurden. Das ist nicht korrekt (vgl. dazu oben Abschnitt 1.4.3). Der *semantic approach*, insofern er aus P. Suppes' Einsicht oder Slogan hervorgeht, erkennt durchaus eine Axiomatisierung an. Der Unterschied liegt darin, dass diese Axiomatisierung nicht mehr im Rahmen einer formalisierten (uninterpretierten) Sprache (im allgemeinen der prädikatenlogischen Sprache erster Stufe), sondern im Rahmen der Mengentheorie vorgenommen wird. Der zentrale Gedanke bei der Axiomatisierung von Theorien wird von Suppes so formuliert: »[T]o axiomatize a theory is to define a predicate in terms of notions of set theory« (Suppes [1957: 249]). Ein Beispiel, das Suppes selbst bringt und das in der strukturalistischen Konzeption eine große Rolle spielt, mag das illustrieren. Die unter dem Namen »klassische Partikelmechanik« bekannte Theorie wird formuliert als $\mathfrak{P} = \langle P, T, s, m, f, g \rangle$, wobei P und T Mengen sind (von Partikeln p bzw. von reellen Zahlen, die Zeiten t repräsentieren), s ist eine zweistellige Funktion, die die Position von p in t anzeigt, m ist eine einstellige Funktion, die die Masse von p anzeigt, f eine dreistellige Funktion, die die Kraft anzeigt, welche eine Partikel p auf die Partikel q zur Zeit t ausübt, g ist eine zweistellige Funktion, die den Druck

---

der Form der Ramsey-Sätze explizit festhält ...« (ib. 19, vgl. auch 20). Einer der Vertreter des Sneedschen/Stegmüllerschen Strukturalismus, W. DIEDERICH, kritisiert zu Recht F. SUPPES Behauptung (DIEDERICH [1996: 17]).

2.4 Die Dimension der Theorie im engeren Sinne

einer externen Kraft auf die Partikel *p* zur Zeit *t* anzeigt (ib. 293–94).[21] Das System wird durch die folgende Definition charakterisiert (wobei hier nicht die ganze Definition angeführt wird):

Ein System 𝔓= ⟨*P, T, s, m, f, g*⟩ ist ein System der (klassischen) Partikelmechanik genau dann, wenn sieben Axiome erfüllt sind:
  Axiom P1. Die Menge *P* ist endlich und nicht leer.
  Axiom P2. Die Menge *T* ist ein Intervall von reellen Zahlen.
  Usw. bis Axiom P7.[22]

Der entscheidende Punkt beim *semantic approach* ist darin zu sehen, dass Theorien nicht mehr als sprachliche Entitäten augefasst werden, d. h. genauer nicht als Systeme oder Klassen sprachlicher Entitäten im Sinne von Sätzen (bzw. Formeln), sondern als eine Klasse von Modellen. Nun herrrscht in der wissenschaftstheoretischen Literatur hinsichtlich der Verwendung des Ausdrucks ›Modell‹ große Uneinheitlichkeit, die oft Anlass zu Missverständnissen darstellt. Van Fraassen fasst Modelle als »structures in their own right« (van Fraassen [1991:7]) auf. Darunter versteht er Entitäten ohne jeden Bezug auf eine Sprache: »A model consists, formally speaking, of entities and relations among those entities« (van Fraassen [1989: 365, Fußn. 2]). Mithin identifiziert van Fraassen »Modell« und (mathematische) Struktur, wobei er »Struktur« im mathematischen Sinne versteht. Damit unterscheidet sich sein Modellbegriff von jenem Modellbegriff, der als der Standardbegriff von Modell in der formalen Logik gilt und den van Fraassen treffend charakterisiert, indem er sagt, dass Modelle in diesem Sinne als »partially linguistic entities, each yoked to a particular syntax« (ib. 366, Fußn. 4) verstanden werden. Van Fraassen spricht in diesem Zusammenhang von einer »Tragödie (*tragedy*)«, der die Wissenschaftsphilosophie zum Opfer fiel:

»In any tragedy, we suspect that some crucial mistake was made at the very beginning. The mistake, I think, was to confuse a theory with the formulation of a theory in a particular language.« (Ib. 221)[23]

---

[21] Die Kurzzummenfassung im Haupttext hält sich weitgehend an Suppes Text; manche Formulierungen werden von P. Suppes *verbatim* übernommen. Um die Lesbarkeit zu erleichtern, werden dabei keine Anführungszeichen verwendet.
[22] Suppes verwendet manchmal eine Terminologie, die Anlass zu Missverständnissen gibt. Er identifiziert einfach »axiomatization« und »formalization« (vgl. dazu die Darstellung von Suppe [1977: bes. 110 ff.] und die diesbezügliche Auseinandersetzung zwischen Hempel und Suppes, ib. 244–307). Wenn Suppes »Formalisierung« von Theorien bejaht und für erforderlich erklärt, so meint er damit *nicht* die Darstellung einer Theorie im Rahmen einer formalisierten Sprache, oder, wie van Fraassen sagt, »in any special language« (van Fraassen [1991: 6]).
[23] In einer Anmerkung zu dieser Passage schreibt er: »I use the word [nämlich ›tragedy‹, LBP] deliberately: it was a tragedy for philosophers of science to go off on these logico-linguistic tangles, which contributed nothing to the understanding of either science or logic of language. It is still unfortunately necessary to speak polemically about this, be-

Angesichts dieser Sachposition überrascht es, dass van Fraassen einen Ansatz bejaht, der als »semantisch« bezeichnet wird. Aber van Fraassen hat eine von einem anderen Philosophen (nämlich F. Suppe) vorher eingeführte Bezeichnung übernommen, wobei er der einzige zu sein scheint, der sich über diese Bezeichnung wundert. Dieser Ansatz (die »semantic view«) ist, wie van Fraassen treffend formuliert, »the view, which de-emphasizes language«; dazu merkt er an: »... despite its name«. (van Fraassen [1991: 5]).[24] In der Tat ist diese Bezeichnung missverständlich.

Wie van Fraassen bemerkt, ist die Option zugunsten des *semantic approach* gegen andere Alternativkonzeptionen von allen Disputen zwischen wissenschaftlichem Realismus und Antirealismus völlig unabhängig.[25] Aber er selbst – im Gegensatz etwa zu F. Suppe, R. Giere und anderen Vertretern des semantischen Ansatzes – verficht eine dezidiert antirealistische Position, die er *konstruktiven Empirismus* nennt. Die zentrale These dieser Richtung lässt sich so formulieren: Das Ziel der Wissenschaft ist nicht die Wahrheit als solche, sondern nur die *empirische Adäquatheit*, d. h. Wahrheit relativiert auf die beobachtbaren Phänomene. Zu dieser These gelangt er aufgrund einer Untersuchung der Frage: Was ist eine wissenschaftliche Theorie? Seine Antwort ist: Eine wissenschaftliche Theorie ist ein Objekt, das wir akzeptieren oder verwerfen können, und ein Objekt, von dem wir überzeugt oder nicht überzeugt (*belief or disbelief*) sein können.

Wie ist das genau zu verstehen? Nach van Fraassen gibt es auf diese Frage zwei Antworten: die des wissenschaftlichen Realismus und die des Empirismus (Antirealismus). Gemäß der Antwort des Realismus, wie van Fraassen ihn interpretiert, ist eine Theorie jene Entität, die wahr oder falsch ist, wobei das Kriterium für den Erfolg der Theorie die Wahrheit selbst ist. Ihm zufolge ist oder impliziert die Akzeptanz einer Theorie als erfolgreich die Überzeugung, dass die Theorie wahr ist und dass das Ziel der Wissenschaft darin besteht, wahre Theorien (im buchstäblichen Sinn [literally]) darüber zu erarbeiten, was und wie die Welt wirklich ist. Die andere Antwort ist die des Empirismus, welche van Fraassen selbst verteidigt. Die empiristische Position basiert auf vielen Annahmen. Eine der wichtigsten ist die Unterscheidung

---

cause so much philosophy of science is still couched in terminology based on a mistake.« (Ib. 365/6, Fußn. 3)

[24] Der Grund für die Einführung dieser sicher ganz untauglichen und missverständlichen Bezeichnung scheint darin zu suchen zu sein, dass man einen »nicht-syntaktischen« Ansatz haben wollte. (Vgl. einen Hinweis in diese Richtung bei VAN FRAASSEN [1989: 217]: »[I]t is ›semantic‹ rather than ›syntactic‹ «.) Aber ein Ansatz, den man sinnvollerweise als »nicht-syntaktisch« bezeichnen sollte, ist ein Ansatz, der sich immer noch im Rahmen von Sprache bestimmt, sonst müsste man konsequenterweise von einem »nicht-sprachorientierten Ansatz« sprechen. Die Bezeichnung »semantisch« für einen Ansatz, der der Sprache keinen nennenswerten Stellenwert geben will, bleibt eine völlig untaugliche Bezeichnung.

[25] Zum folgenden vgl. besonders VAN FRAASSEN 1991, Kapitel 1 (»What Is Science?«).

zwischen »Akzeptanz« und »Überzeugung«. Van Fraassen zufolge beruht Akzeptanz auf Gründen, welche nicht direkt Wahrheit involvieren. Konkret: Wenn wir Theorien entwickeln und bewerten, so folgen wir sowohl unseren Bedürfnissen nach Information als auch unserem Streben nach Wahrheit. So wollen wir einerseits Theorien entwickeln, die maximale empirische Vorhersagekraft besitzen; andererseits stellt in der Perspektive der Überzeugung kein anderer Grund die Motivation für eine Theorie dar als allein das Streben nach Wahrheit. Aus dem Umstand, dass es Gründe für die Akzeptanz gibt, die nicht Gründe für eine Überzeugung sind, folgert van Fraassen, dass Akzeptanz nicht dasselbe ist wie Überzeugung.

Aus dieser Unterscheidung folgert er weiter, dass das Ziel der Wissenschaft darin besteht, zu *akzeptablen*, nicht aber zu (im buchstäblichen Sinne zu verstehenden) *wahren* Theorien zu gelangen. Eine akzeptable Theorie ist eine solche, die empirisch adäquat ist, und zwar in dem Sinne, dass sie eine Kohärenz unter den beobachtbaren Phänomenen artikuliert. Er formuliert diese Sicht so: »Acceptance of a theory involves a belief only that the theory is empirically acceptable« (van Fraassen [1991: 4]). Dasselbe kann auch so ausgedrückt werden: Die Akzeptanz einer Theorie involviert Wahrheit-relativiert-auf-die-beobachtbaren-Phänomene.

Im gegenwärtigen Zusammenhang sei an die Adresse des konstruktiven Empirismus hinsichtlich der Bestimmung des Begriffs der Theorie kritisch angemerkt: Der konstruktive Empirismus beinhaltet eine radikale Unterscheidung, die man genauer als eine Dichotomie oder Kluft bezeichnen muss. Es ist die Kluft zwischen (beobachtbaren) Phänomenen und »Welt«. Wenn eine Theorie Modelle (in van Fraassens Sinn) – und das heißt: Strukturen – artikuliert, so ist zu fragen: Welche Art von Entitäten sind solche Modelle (=Strukturen)? Es ist die Frage, ob man es hier nicht mit einer Inflation von Entitäten zu tun hat, die angeblich irgendwo und irgendwie *zwischen* Sprache und Welt angesiedelt sind. (Vgl. dazu bes. Rosen [1994].)

2.4.2.3.2 Die strukturalistische Theoriekonzeption

[1] Die zweite wichtige Form der *semantic view* ist die sogenannte *strukturalistische Konzeption* von Theorien.[26] Es handelt sich um die vermutlich am weitesten ausgebaute Form einer Alternativkonzeption zur *received view*. Diese Richtung betont am radikalsten den »Nicht-Aussage-Charakter (*non-statement view*)« von Theorien. Van Fraassen, der, wie gezeigt, die *received view* ebenfalls ablehnt, wendet sich explizit gegen die These der Strukturalisten, dass Theorien ein »non-statement-Charakter« eigne (vgl. z. B. [1989:

---

[26] Die wichtigsten Werke sind: SNEED [1979]; STEGMÜLLER [Probleme I/1983], [Probleme II-2/1973], [Probleme II/3–1986], [1980], [1986]; BALZER/MOULINES/SNEED [1987]; BALZER/MOULINES [1996].

191]). In der neuesten Entwicklung der strukturalistischen Konzeption wird zwar weiterhin daran festgehalten, dass Theorien keine Klassen von Aussagen sind; aber es wird betont, dass dies nicht bedeutet, es werde negiert, dass eine sehr wichtige Aufgabe der Wissenschaft darin besteht, Behauptungen (Aussagen) (*statements*) aufzustellen, also »things that can be true or false« (Moulines [1996: 9]). In den letzten Jahren wird von Strukturalisten wie C. U. Moulines behauptet:

»This characterization [›*non-statement view*‹, LBP] has led some critics (who apparently only know of this approach that it has been called a ›*non-statement view*‹) to dismiss it immediately as a grotesque view: science would not make any statements about the world, it would not consist of things that are true or false – which is obviously absurd. Of course, this interpretation of structuralism's view comes from a gross misunderstanding.« (Moulines [2002: 6])

Aber diese »Selbstinterpretation« der Strukturalisten ist inkohärent, besonders in zwei Hinsichten. (i) Einer der Gründer des strukturalistischen Theoriebegriffs hat diesen Begriff (*non-statement view*) in aller nur wünschenswerten Klarheit an verschiedenen Stellen oft und oft so charakterisiert:

»*Eine Theorie* [gemäß dem strukturalistischen Verständnis, LBP] *ist nicht jene Art von Entität, von der man überhaupt sinnvollerweise sagen kann, sie sei falsifiziert (oder verifiziert) worden.*« (Stegmüller [Probleme II-2/1973: 23])

Die totale Entfernung des Wahrheitsbegriffs vom strukturalistischen Theoriebegriff ist nach Stegmüller von absolut zentraler Bedeutung, um das große von Thomas Kuhn aufgeworfene Problem zu lösen: Ist die Wissenschaftsgeschichte ein irrationaler Prozess? Die Lösung, positiv gewendet, besteht nach Stegmüller darin, dass gesagt wird: Eine Theorie ist eine mathematische Struktur, die *erfolgreich* sein kann – oder nicht. Im Falle, dass sie es nicht ist, heißt das keineswegs, dass sie »falsch/falsifiziert« ist.

(ii) Wenn in strukturalistischen Theorien betont wird, dass auch sie eine empirische Behauptung (manche sagen: Proposition) aufstellen oder enthalten, so ist das missverständlich und sogar inkohärent. Theorien »als solche« werden gerade von den Strukturalisten so definiert, dass der Faktor oder die Komponente »Aussage« oder »Behauptung« u. dgl. darin nicht vorkommt. Vielmehr wird dieser Faktor »von außen« nachträglich angefügt, nicht aber in den eigentlichen Begriff der Theorie integriert. Darauf wird noch einzugehen sein.

Die folgende Darstellung beschränkt sich auf das absolut Wesentliche und orientiert sich am neuesten Stand der strukturalistischen Theoriekonzeption, insbesondere an der konzisen Darstellung von C.U. Moulines in seinen Beiträgen »Structuralism: The Basic Ideas« [1996] und »Introduction: Structuralism as a Program for Modelling Theoretical Science« [2002].[27]

---

[27] Dieser Beitrag ist die Einleitung in ein dem Strukturalismus gewidmetes Heft im Band 130 von *Synthese*.

2.4 Die Dimension der Theorie im engeren Sinne

[2] Bei den Strukturalisten kommt der Ausdruck bzw. Begriff »Theorie« im strengen Sinne nicht mehr vor, da sie einerseits davon ausgehen, dass dieser Ausdruck/Begriff in der Philosophie und in den Wissenschaften (und erst recht in der normalen gesprochenen Sprache) absolut »polysemantisch« ist, und andererseits behaupten, dass die Komplexität des theoretischen Unternehmens nicht durch eine – auch korrigierende – Explikation dieses Ausdrucks bzw. Begriffs erfasst werden kann. Statt dessen sprechen sie von »Theorie-Elementen«, »Theorie-Netzen« usw. In der Praxis verwenden allerdings auch sie den Ausdruck ›Theorie‹, wobei sie dann eben präzisieren, dass dieser Ausdruck dann im Sinne eines strukturalistisch verstandenen »Theorie-Elements« zu nehmen ist.

Die Strukturalisten halten sich rigoros an P. Suppes' Empfehlung, eine Theorie durch Einführung eines mengentheoretischen Prädikats zu definieren. Überhaupt betonen sie, dass sie eine informelle (»naive«) Mengentheorie verwenden und nicht eine formale Sprache. Dass keine formale Sprache verwendet wird, ist – aus immanenten Gründen – konsequent, da die wissenschaftstheoretischen Strukturalisten Theorien nicht als Klassen von Sätzen oder Aussagen, sondern als Klassen von Modellen (im Sinne von: mathematischen Strukturen) auffassen. In dieser Konzeption hat eine formale (formalisierte) Sprache konsequenterweise keinen Platz. Dies wurde von Sneed und besonders von Stegmüller immer wieder stark betont. Um so überraschender ist es nun, wenn heutige Vertreter des strukturalistischen Theoriekonzepts behaupten, dass der Nichtgebrauch von formalen Sprachen bzw. der Gebrauch der informellen Mengentheorie vorrangig auf »praktisch-methodologische Gründe« zurückzuführen ist, was Moulines so erläutert:

»[I]n most developed scientific theories this procedure [gemeint ist der Gebrauch formaler Sprachen, LBP] would be very clumsy if not fully impracticable. As soon as you employ a bit of higher mathematics in your theory, a complete formalization of the axioms becomes an extremely tedious task.« (Moulines [1996: 5–6])

Aber diese Position ist unverständlich, da sich dann die Frage aufdrängt, welche sachliche oder wesentliche Differenz zwischen der strukturalistischen Theoriekonzeption und der oben dargelegten »logischen« Theoriekonzeption sowie der Standardkonzeption (*received view*) einer wissenschaftlichen Theorie noch besteht. Wenn es prinzipiell möglich ist, eine formale Sprache zu benutzten – auch wenn es praktisch-methodologisch nicht opportun sein mag –, womit wird dann »die Theorie« identifiziert? Ist dann »Theorie« gleichbedeutend mit einer Klasse von Sätzen? Damit aber wäre keine Differenz mehr zum logischen Begriff und zur *received view* zu erkennen. In jedem Fall bedürfte es großer interner Modifikationen, um auch eine formale Sprache als innere Komponente des strukturalistischen Theoriebegriffs auszugeben.

Das mengentheoretische Prädikat wird im strukturalistischen Theoriekonzept durch eine Reihe von inneren Komponenten expliziert, die durch Axiome festgelegt werden. Dadurch wird eine mathematische Struktur – der sogenannte »Strukturkern K« der Theorie – definiert. »Modelle« wiederum werden mit »Strukturen« identifiziert, und Strukturen werden, wie in der Mathematik üblich, als Sequenzen der Form $\langle D_1,..., D_m, R_1,..., R_n\rangle$ verstanden, wobei D_i die »Basismengen« (d.h. die Basisontologie) und R_i die Relationen über diesen Mengen anzeigen.

[3] Gemäß dem neuesten Stand der strukturalistischen Konzeption besteht der Strukturkern K einer Theorie aus *sechs* Komponenten. Es wird zwischen zwei verschiedenen Arten von Axiomen unterschieden: denjenigen, welche die begrifflichen »Rahmenbedingungen«, und denjenigen, welche die »substantiellen Gesetze« der Theorie fixieren. Daraus ergeben sich zwei Arten von Modellen bzw. Strukturen: Diejenigen, welche die Axiome der ersten Art erfüllen, sind die *potentiellen Modelle* (symbolisiert als ›M_p‹) der Theorie; diejenigen, welche die zweite Art von Axiomen erfüllen, sind die *aktuellen Modelle* (symbolisiert als ›M‹), die Modelle, die etwas über die Welt sagen (zweite Komponente der Theorie). Zunächst lässt sich sagen, dass die Identität einer Theorie im strukturalistischen Verständnis durch ein geordnetes Paar der Form $\langle M_p, M\rangle$ gegeben ist. Dieses geordnete Paar wird ein »Modell-Element« genannt und stellt die fundamentale Basiseinheit dar, die gegeben sein bzw. erfasst werden muss, um vom »Wesen« einer Theorie zu sprechen. Aber *vier* weitere Faktoren müssen noch hinzukommen, um von einer Theorie (bzw. einem »Theorie-Element«) im vollen Sinne sprechen zu können.

Die dritte Komponente nach M_p und M ist auch eine bestimmte Art von Modell bzw. Struktur. Um diese Komponente zu charakterisieren, muss man davon ausgehen, dass innerhalb ein und derselben Theorie zwei verschiedene begriffliche und methodologische Ebenen zu unterscheiden sind: Auf der ersten Ebene werden die Begriffe angegeben, die für die Theorie spezifisch sind (das *conceptual framework* der Theorie) und die *nur dann* bestimmt werden können, wenn man die Theorie annimmt; diese Menge der Begriffe ist die Menge der *T-theoretischen* Begriffe. Die zweite Ebene betrifft Begriffe, die »von außen«, d.h. »von außerhalb« des *T*-theoretischen Teils der Theorie stammen. In der Regel handelt es sich um Begriffe, die durch andere (zugrundeliegende) Theorien bestimmt werden. Diese Begriffe bilden die Klasse der *T-nichttheoretischen* Begriffe. Die Klasse von Submodellen bzw. Substrukturen, die die Axiome für die *T*-nichttheoretischen Begriffe erfüllen, sind die *partiell-potentiellen Modelle* (symbolisiert als ›M_{pp}‹). Sie repräsentieren die (relative) *Datenbasis* für die Theorie.

Gegenüber diesen ersten drei konstitutiven Komponenten einer Theorie haben die drei anderen einen etwas anderen Status. Sie sollen hier nur ganz

2.4 Die Dimension der Theorie im engeren Sinne

kurz erläutert werden. Die vierte Komponente wird »*constraints*« (»Einschränkungen«) genannt (symbolisiert als ›C‹), wobei in den deutschen Texten das englische Wort verwendet wird. Es wird davon ausgegangen, dass die Modelle ein und derselben Theorie nicht isoliert vorkommen, sondern im Gegenteil durch gewisse Bedingungen zweiter Stufe miteinander verknüpft sind. C ist die Klasse dieser *intratheoretischen* Bedingungen bzw. Verknüpfungen. Aber auch die Theorien selbst kommen nicht isoliert vor, was bedeutet, dass die Modelle, die verschiedenen Theorien zugeordnet sind, miteinander verknüpft sind. Die Klasse dieser Art von *intertheoretischen* Bedingungen oder Verknüpfungen, die die fünfte Komponente des Strukturkerns einer Theorie ausmachen, werden »*links*« genannt (symbolisiert als ›L‹).

Schließlich wird die Einführung einer sechsten und letzten Komponente durch folgende Überlegung motiviert: Von einer empirischen Theorie wird mit Recht angenommen, sie könne auf die Welt *angewandt* werden. Da aber eine solche Theorie (im strukturalistischen Verständnis) auf mehrere Arten von Phänomenen bzw. auf mehrere Abschnitte der Welt im Prinzip angewandt werden kann, kann eine solche Anwendung nicht bestimmt werden, ohne einen gewissen Grad von *Approximation* (an die entsprechenden Abschnitte der Welt) explizit anzuerkennen. Daraus folgern die Strukturalisten, dass die Modelle der Theorie bis zu einem gewissen Punkt (oder »Grad«) »verwischt (*blurred*)« werden müssen, und zwar in dem Sinne, dass gewisse Grenzen gesetzt werden, andernfalls würde die Theorie unbrauchbar werden. Die allgemeinste Weise, wie man solche »Verwischungen (*blurs*)« charakterisieren kann, besteht darin, dass man sie als Elemente einer sogenannten »Uniformität« U im Sinne der Topologie auffasst. Allerdings können nicht alle Elemente einer solchen Uniformität in einer empirischen Theorie akzeptiert werden; die akzeptierbaren Elemente müssen gewissen Restriktionen unterzogen werden. Sie werden »akzeptierbare Verwischungen (*admissible blurs*)« genannt und symbolisiert als ›A‹.

Der Strukturkern einer Theorie ist daher ein 6-Tupel: $K := \langle M_p, M, M_{pp}, C, L, A \rangle$.

[4] Neben dem Strukturkern führen die Strukturalisten ein zweites Hauptglied ein: die Domäne (oder auch: die Klasse) der intendierten Anwendungen (›I‹). Darunter wird die Gesamtheit der Phänomene verstanden, auf die eine Theorie Anwendung finden soll. Hier zeigt sich, dass eine Theorie im strukturalistischen Sinne eine (empirische) Behauptung aufstellt, nämlich die, dass eine gegebene Domäne der intendierten Anwendungen unter die Begriffe und Prinzipien (Gesetze, *Constraints* und *Links*) der Theorie (also unter M) subsumiert werden kann. Das kann so verdeutlicht werden: ›$Cn(K)$‹ sei das Symbol für den (theoretischen) Gehalt (›Cn‹ für: ›*content*‹) der Theorie mit dem Strukturkern K. Die zentrale Behauptung der Theorie ist dann zu artikulieren in der Form: $I \in Cn(K)$. Dazu sagt Moulines:

»[W]e may write the so-called central empirical claim of the theory as follows: $I \in Cn(K)$. This formula expresses a statement ›about the world‹, and this statement may be checked by means independent of K.« (Moulines [2002: 10]).

Die elementare Definition einer strukturalistisch verstandenen Theorie (also genau: eines »Theorie-Elements« in der strukturalistischen Terminologie) besteht in der Angabe eines Theoriekerns (d. h. einer mathematischen Struktur K) und der Domäne seiner intendierten Anwendungen I. Genauer: eine Theorie (ein Theorie-Element) T ist ein geordnetes Paar, bestehend aus den beiden Elementen K und I, also: $T = \langle K, I \rangle$.

Einen Schritt weiter tut man, wenn man nach den Beziehungen unter den Komponenten des Strukturkerns und den Beziehungen zwischen diesen Komponenten und dem Element I fragt. Die Strukturalisten beantworten diese Frage auf der Basis der Anwendung der informellen Mengentheorie, indem sie die Komponenten mengentheoretisch auf die »Rahmenkomponente« M_p beziehen, mit folgendem Ergebnis:
a) $M \in M_p$.
b) $C \subseteq \wp(M_p)$.
c) Für jedes $\lambda \in L$ gibt es ein $M'_p \neq M_p$ so dass $\lambda \subseteq M_p \times M'_p$.
d) Es gibt eine mehreindeutige (nicht-injektive) Funktion r so dass
   $r: M_p \mapsto M_{pp}$.
e) $A \subseteq U \in \wp(M_p \times M_{pp})$.

Man sieht, dass die reine mengentheoretische Begrifflichkeit aus philosophischer Sicht zu äußerst dünnen Ergebnissen führt. Worauf es jedoch in kritischer Hinsicht hier ankommt: Man kann verstehen, dass M, M_p und M_{pp} innere Komponenten des Theoriebegriffs sind. Die Komponenten L und A aber (in gewisser Hinsicht auch C) und erst recht das zweite Glied neben dem Strukturkern, nämlich die Menge I der intendierten Anwendungen, scheinen einen Status zu besitzen, der die Theorie *als schon definiert* bzw. *konstituiert voraussetzt* – dann allerdings *ohne* diese Komponenten bzw. ohne das zweite Glied. Deren Aufgabe ist es ja, »die Theorie« in Beziehung zu anderen Theorien bzw. zur Domäne der Anwendungen zu setzen. Es sieht so aus, als ob die Strukturalisten *jeden* Faktor, der in irgendeiner Weise mit Theorie assoziiert wird oder für welchen Theorie relevant ist, als eine *Komponente* des Theoriebegriffs betrachten. Darauf scheint die immer komplexer werdende Definition von Theorie hinzudeuten. Ein solches »Konglomerat« scheint nicht ganz kohärent zu sein.[28]

---

[28] FORGE [2002: 119, Endn. 4] bemerkt zu Recht: »We might have some reservations about including A as an element of K. [...] [T]he objet A is ›historical‹ in a sense in which other elements of K are not.«

2.4.3 Ein struktureller Theoriebegriff für die systematische Philosophie

Im folgenden soll ein *struktureller* Theoriebegriff herausgearbeitet werden, der für die Philosophie, insofern sie systematisch verstanden wird, geeignet ist. Um diesen Begriff von dem soeben dargelegten und kritisch beleuchteten *strukturalistischen* Theoriebegriff zu unterscheiden – aber auch, um die Nähe zu ihm anzuzeigen –, wird er als *struktureller Theoriebegriff* bezeichnet.

2.4.3.1 Die Problematik

Was ergibt sich aus den Ausführungen über den Theoriebegriff in der Logik und in den Wissenschaften bzw. in der Wissenschaftstheorie im vorhergehenden Abschnitt für den Theoriebegriff in der systematischen Philosophie?

[1] Zunächst ist festzustellen, dass der Ausdruck ›Theorie‹ in der gegenwärtigen Philosophie im Gegensatz zu früheren Epochen der Philosophiegeschichte außerordentlich häufig verwendet wird. Jede vertretene Konzeption scheint sich dadurch empfehlen zu wollen, dass sie sich ›Theorie des/der …‹ nennt. Was ist aber damit gesagt? In den meisten Fällen ist mit diesem Ausdruck nichts Spezifisches gemeint und kaum etwas, das an die dargelegten Theoriebegriffe erinnert. In der Regel ist darunter etwa folgendes zu verstehen: Eine Meinung (Konzeption) über ein der Philosophie zugerechnetes Thema wird in der Weise formuliert, dass der eine oder andere vorkommende Begriff irgendwie thematisiert, vielleicht erklärt wird, dass weiterhin Behauptungen (»Thesen«) aufgestellt werden und dass zu deren Stützung – meistens wird von »Begründung« gesprochen – Gründe bzw. Argumente ins Feld geführt werden; ferner dass die Gründe bzw. Argumente, die zugunsten anderer (Alternativ-)Konzeptionen sprechen, kritisiert bzw. widerlegt werden. Von einer »Theorie« im Sinne eines Gebildes, das hinsichtlich der in ihm vorkommenden Elemente (sprachlicher, logischer, begrifflicher, argumentativer, ontologischer usw. Art) auch nur minimal *explizit* bestimmt würde, kann dabei in den allermeisten Fällen nicht oder kaum die Rede sein.

Wirft man einen Blick in die Philosophiegeschichte, so stellt man leicht fest, dass bei vielen Philosophen ein »Theorie-Bewusstsein« explizit vorhanden war, angefangen bei Aristoteles über Thomas von Aquin, Descartes, Spinoza, Leibniz, Kant u. a. bis zur analytischen Philosophie. Die philosophische Darstellungsform, die dabei am ehesten eine gewisse Nähe zum modernen Theoriebegriff aufweist, ist die »axiomatische Methode«, d. h. jene Methode (mit ihren teilweise sehr unterschiedlichen Formen), die in gewisser logisch-begrifflich-argumentativer Hinsicht mit Prinzipien (eben: Axiomen!) operierte. Ein berühmtes Beispiel ist z. B. *Spinoza* mit seiner Bestimmung und Anwendung der philosophischen Methode *more geometrico*. So nützlich und auch einleuchtend dieses »theoretische« Verfahren ist, weder genügt es den heutigen »theoretischen Erfordernissen«, noch nähert es sich ihnen an.

Die Frage drängt sich auf: Wie sollte die Philosophie – zumal die systematisch orientierte Philosophie – heute verfahren? Sollte sie sich für einen der oben dargelegten strengen Theoriebegriffe entscheiden und wenn ja, welcher sollte gewählt werden? Wenn nein, wie sollte sie ihr Vorgehen theoretisch gestalten?

[2] Auf diese und andere hinsichtlich dieser Thematik hier auftauchenden Fragen soll im folgenden eine Antwort gegeben werden. Da die hier anvisierte systematische Philosophie sich im strengen Sinne als *theoretisch* orientiert versteht, muss sie auf der Basis bzw. im Rahmen eines klaren Theoriebegriffs entwickelt werden. Für diese Option wurde bisher schon in vielfacher Weise argumentiert. Hier geht es nun darum, die Frage zu klären: *Wie* ist ein klarer philosophischer Theoriebegriff zu konzipieren? Es ist hier nicht beabsichtigt, diese schwierige Frage in dem Sinn zu beantworten, dass am Ende die in jeder Hinsicht perfekte oder auch nur zureichende *Definition* eines angemessenen klaren Theoriebegriffs steht; ob ein solches Ziel heute erreichbar ist, mag dahingestellt bleiben. Aber ein solcher Begriff soll hier zumindest grundsätzlich *charakterisiert* werden, wobei zu betonen ist, dass die »Charakterisierung« eines Begriffs nicht mit dessen »Definition« (im strengen Sinne) gleichzusetzen ist; man könnte höchstens von einer »approximativen« Definition sprechen.

Ein Problem der Anwendung oder Heranziehung der oben dargelegten Theoriebegriffe entsteht schon aus dem Umstand, dass diese Theoriebegriffe für die formalen Wissenschaften (Logik und Mathematik) bzw. die empirischen Wissenschaften entwickelt wurden. Da die Philosophie weder eine formale noch eine empirische Wissenschaft ist, folgt unmittelbar, dass sie keinen der Theorebegriffe, welche diesen Wissenschaften eigen sind, ohne weiteres übernehmen kann. Diese Einsicht gilt konsequenterweise auch dann, wenn man – als Wissenschaftsphilosoph bzw. als Wissenschaftstheoretiker – der Meinung ist, dass einer der dargelegten Begriffe der »richtige« bzw. »angemessene« Begriff für die jeweilige Wissenschaft ist.

[3] Hier wird die Auffassung vertreten, dass keiner der dargelegten Begriffe, isoliert genommen, als *der in jeder Hinsicht* »richtige« oder »angemessene« – auch nicht für die anvisierte(n) Wissenschaft(en) – gelten kann; und *a fortiori* gilt das dann auch, wenn man als Philosoph einen dieser Begriffe für einen rein philosophischen Gebrauch übernehmen wollte. Der Philosoph kann aber die Grundzüge eines angemessenen philosophischen Theoriebegriffs herausarbeiten, indem er sich von jedem der oben präsentierten Theoriebegriffe explizit inspirieren lässt. »Explizit inspiriert werden« heißt, dass die dargelegten Theo-

2.4 Die Dimension der Theorie im engeren Sinne 177

riebegriffe Korrekturen zu unterziehen sind und zwar in der Weise, dass im Vergleich aller dargelegten Theoriebegriffe die Schwächen und Einseitigkeiten jedes einzelnen aufgedeckt und beseitigt werden.

Was das formale bzw. empirische »Anwendungsgebiet« der dargelegten Theoriebegriffe angeht, so ist die Aussage, dass die Philosophie weder eine formale noch eine empirische Wissenschaft ist, zu präzisieren: Die Philosophie ist zwar weder rein noch vorwiegend formale oder empirische Wissenschaft, sie enthält aber eindeutig *formale* und *empirische* Elemente. Schon aus diesem Grund liegt es nahe, die exponierten Theoriebegriffe eingehend zu berücksichtigen.

Hinzu kommt aber noch ein weiterer Gesichtspunkt: Auch wenn es zutrifft, dass die genannten Theoriebegriffe von ihrer Entstehung und Zielsetzung her *faktisch* im Hinblick auf formale bzw. empirische Wissenschaften entwickelt wurden, so folgt daraus nicht, dass sie *ausschließlich* für eine Verwendung im Gebiet dieser Wissenschaften tauglich sind; es ist durchaus möglich, dass sie ein »theoretisches Potential« enthalten, das weit über die rein formalen und die rein empirischen Wissenschaften im engeren Sinne hinaus reicht – wie weit im Hinblick auf die Philosophie, das ist im einzelnen zu prüfen. Man kann also sagen, dass diese Theoriebegriffe *zunächst* oder *primär*, nicht aber *exklusiv*, im Hinblick auf formale bzw. empirische Wissenschaften konzipiert wurden.

[4] Vergleicht man die genannten Theoriebegriffe miteinander, so treten einige Einseitigkeiten und Mängel jedes einzelnen Theoriebegriffs hervor, insbesondere vom philosophischen Standpunkt aus, der in diesem Buch grundsätzlich vertreten wird und »realistisch-semantischer Standpunkt« genannt werden kann.

Der »logische« Theoriebegriff ist wesentlich syntaktisch orientiert. Das ruft die Frage hervor, wie von ihm aus zu einer Semantik und zu einer Ontologie zu gelangen ist. Der klassische oder Standardbegriff der Theorie (die *received view*) hat diese Frage aufgenommen und versucht darauf eine Antwort zu geben. Die Unterscheidung zwischen einem theoretischen und einem empirischen oder Beobachtungsvokabular impliziert, dass die rein syntaktische Ebene verlassen und die semantisch-ontologische Ebene betreten wird. Aber es ist zweifelhaft, ob dieser Schritt auch wirklich gelungen ist.

Zur Illustration sei der hier gebotenen Kürze halber nur die kurze Kritik van Fraassens an der *received view* angeführt (vgl. van Fraassen [1989: 221 ff.]). Er stellt die These, dass wissenschaftliche Theorien eine Art von interpretierten Theorien (auf der Basis des Theoriebegriffs der *received view*) sind, radikal in Frage. Damit entstehen nach van Fraassen unüberwindbare Probleme. Er verdeutlicht dies an zwei der ihm zufolge wichtigsten Varianten einer solchen Auffassung. Die erste insistiert auf dem rein formalen Charakter der Theorie als solcher und verknüpft die Theorie mit der Welt mittels einer *partiellen Interpretation*; die interessanteste Explikation dieses Begriffs findet van Fraassen bei H. Reichenbach, dem zufolge die theoretischen Relationen *physikalische Korrelate* haben. Der partielle Charakter dieser Korrelation wird nach van Fraassen deutlich, wenn wir das paradigmatische Beispiel für dieses Verhältnis betrachten: Lichtstrahlen bieten die physikalischen Korrelate für gerade Linien. Da es aber unmittelbar klar ist, dass nicht jede Linie der Pfad eines aktuellen Lichtstrahls ist, ergibt sich daraus, dass die Sprache-Welt-Verbindung nur partiell ist.

Die von van Fraassen angeführte zweite Variante wird in den späteren Schriften von C. G. Hempel entwickelt. Hempel geht davon aus, dass die Axiome schon in der natürlichen Sprache aufgestellt (*stated*) werden. Die Interpretationsprinzipien haben nun dazu geführt, dass die Klasse der Axiome in zwei Subklassen eingeteilt wurden: einerseits in Axiome, die rein theoretisch sind, d. h. hier: in welchen alle nicht-logischen Terme ausschließlich und speziell zur Formulierung der Theorie eingeführt werden, und andererseits in Axiome mit einem gemischten Status, in welchen auch nicht-theoretische Terme vorkommen. Zu beiden Varianten bemerkt van Fraassen:

»It will be readily appreciated that in both these developments, despite lip-service to the contrary, the so-called problem of interpretation was left behind. We do not have the option of interpreting theoretical terms – we only have the choice of regarding them as either (*a*) terms we do not fully understand but know how to use in our reasoning, without detriment to the success of science, or (*b*) terms which are now part of natural language, and no less well understood than its other parts. The choice, the correct view about the meaning and understanding of newly introduced terms, makes no practical difference to philosophy of science, as far as one can tell. It is a good problem to pose to philosophers of language, and to leave them to it.« (Ib. 221)

Die im Sinne des »semantischen Ansatzes« entwickelte Alternative will von jedem nennenswerten oder wesentlichen Bezug auf Sprache absehen und als Strukturen aufgefasste Modelle *unmittelbar* betrachten. Dieser Ansatz sieht sich aber mit mindestens *zwei* großen Problemen konfrontiert. *Zum einen* müssen auch die Modelle bzw. Strukturen *sprachlich artikuliert* werden und faktisch werden sie das auch. Dann aber hat dies tiefe Implikationen für den Ansatz; denn es muss geklärt werden, welche Rolle die ganze sprachliche Dimension bei diesem Theoriebegriff spielt. *Zum anderen* stellt sich die Frage, aufgrund welcher Überlegungen der »semantische Ansatz« die Modelle bzw. Strukturen konzipiert. In jedem Modell bzw. in jeder Struktur gibt es eine Grundmenge von Entitäten. Welche Entitäten sind das? Dinge? Objekte? Substanzen? Prozesse? Und wie sind solche Entitäten genau aufzufassen? In allen dargelegten Theoriebegriffen ist in diesem Punkt ein grundlegendes Defizit festzustellen, aber es macht sich ganz besonders im »semantischen Ansatz« bemerkbar. Wie kann diese fundamentale semantisch-ontologische

2.4 Die Dimension der Theorie im engeren Sinne

Frage geklärt werden, wenn der Sprache kein wesentlicher Stellenwert eingeräumt wird? Darüber hinaus stellt sich die Frage, welche Sprache zu wählen ist. Der einfache Rekurs auf die sog. »natürliche Sprache« ist, wie im vorliegenden Werk vielfach nachgewiesen wird, nicht akzeptabel.

[5] Die Stärke des sogenannten »semantischen Ansatzes« ist hingegen darin zu sehen, dass in ihm echte Modelle (hier gleichbedeutend mit Strukturen) angenommen werden. Dies ist ein Fortschritt, der nicht rückgängig gemacht werden sollte. Allerdings sind auch hier noch eine Reihe von Punkten zu klären. Die *zwei* wohl wichtigsten seien kurz angesprochen. Der *erste* Punkt kann als die Frage formuliert werden: Ist die dominante Rolle der informalen Mengentheorie gerechtfertigt? In diesem Buch wird sich allmählich und ausführlich herausstellen, dass die Antwort negativ sein muss. Die Mengentheorie ist zu arm, um die komplexen Beziehungen im Bereich der Modelle bzw. Strukturen sowohl unter sich als auch im Hinblick auf die Welt zu artikulieren. Dieser Punkt hat enorme Konsequenzen.[29]

Der *zweite* Punkt ist von entscheidender Bedeutung für die Grundeinsicht, von der sich das vorliegende Werk leiten lässt, und wurde schon oben als Frage angerissen: Welche basalen Entitäten werden angenommen? Ein Grundmangel der strukturalistischen Konzeption besteht darin, dass sie die Antwort auf diese Frage schuldig bleibt, da in ihr die *ontologische Ebene* nicht geklärt wird. *Drei* Faktoren im strukturalistischen Theoriebegriff können aber als »Hinweise« auf die ontologische Ebene gesehen werden: jene Komponente des Strukturkerns K, die die Bezeichnung *potentiell-partielles Modell* (= M_{pp}) hat, sodann die Komponente des Strukturkerns mit der Bezeichnung A (= *admissible blurs*), schließlich das zweite Glied im geordneten Paar, das als das Definiens des Theoriebegriffs dient, nämlich I (= die Menge der intendierten Anwendungen).

M_{pp} repräsentiert die Klasse der Substrukturen, die nur die Axiome für die T-nichttheoretischen Begriffe erfüllen; das ist die (relative) Datenbasis für T. Diese Datenbasis ist immer als T-relativ, also als relativ zur jeweiligen Theorie, zu verstehen. Heutige Strukturalisten betonen, dass M_{pp} die Ebene der »von außen stammenden, also der empirischen Begriffe« darstellt. Das wird so erläutert: »Typically, the latter [gemeint sind die Begriffe »von außen«, LBP] are determined by actual models of other, ›underlying‹ theories.« (Moulines [2002: 7]) Aber dies impliziert einen *regressus in infinitum*, denn »die anderen, die ›zugrunde liegenden‹ Theorien« müssten dann konsequenterweise wieder *weitere* zugrunde liegende Theorien voraussetzen – und so *ad infinitum*. Soll ein solcher *regressus* vermieden werden, so müssen schließlich so etwas wie

---

[29] Bezeichnenderweise wird auch innerhalb des Strukturalismus darüber diskutiert, ob die Komponenten M_p, M_{pp} und A des Strukturkerns mengentheoretisch voll bzw. adäquat charakterisierbar sind. Vgl. z. B. MOULINES [1996: 8, Fussn. 3]).

Basis-M_{pp}s angenommen werden, die als eher traditionell verstandene Daten, also im Sinne von unmittelbar empirischen Daten zu interpretieren wären, d. h. Daten, die unmittelbar auf Phänomene oder Ausschnitte der Welt bezogen sind. Würde man das nicht annehmen, so gäbe es für den Strukturalismus außer dem *regressus*-Problem noch ein weiteres Problem: Jede Theorie T wäre eine Theorie *über* eine Theorie T'. T wäre also sozusagen eine Theorie zweiter Stufe (bzw. n-ter Stufe). Aber dann müsste auch T' ihrerseits eine Theorie zweiter oder n-ter Stufe sein und daraus würde folgen: Es gäbe keine *echten*, sondern nur *relative* Theorien erster Stufe, d. h. Theorien, die nur relativ zu anderen Theorien die Rolle von Theorien erster Stufe spielen würden. Ob eine solche These kohärent gedacht werden kann, mag dahingestellt bleiben. Aber sie hätte in jedem Fall die Konsequenz, dass der – so konzipierte bzw. gedeutete – strukturalistische Theoriebegriff keinen echten ontologischen Halt oder Bezug hätte.

Der *zweite* ontologierelevante Faktor im strukturalistischen Theoriebegriff ist die Klasse der *zulässigen* »Verwischungen (*blurs*)« A, d. h. die Grade der Approximation, die zwischen verschiedenen Modellen zugelassen sind. Auch hier geht es um die Anwendung der Theorie auf die reale Welt; es wird nun von den Strukturalisten unterstellt, dass eine solche Anwendung nicht total ist bzw. sein kann, sondern im Spielraum gewisser Grade der Approximation erfolgt. Dazu Moulines:

»[A]ny empirical theory that is supposed to become applicable to the real world, has to admit certain degree[s] of approximation. Such degrees (which may vary according to the kind of particular application we have in mind) can be modelled in our approach as a class of structures of the appropriate kind surrounding the actual models as a protective ›cloud‹. Let us call each such ›cloud‹ an *admissible blur* ...« (Moulines [2002: 8])

Die Rede von der »realen Welt« und der »Approximation« an die »reale Welt« wie überhaupt (der Bezug auf) die ontologische Dimension bleiben obskur, solange der vorausgesetzte Wahrheitsbegriff nicht geklärt wird.

Der *dritte* Faktor, der auf die ontologische Ebene hinweist, ist die Domäne der intendierten Anwendungen I, d. h. die Domäne der Phänomene oder Dinge oder Ausschnitte der Welt, auf welche die Theorie angewandt wird bzw. werden kann. Ist diese Domäne identisch mit oder eine Teilmenge von M_{pp}? Da M_{pp} eine Komponente (des Strukturkerns) der Theorie ist, die allererst auf eine solche Domäne angewandt werden soll, ist es schwer zu verstehen, wie man dies vertreten könnte. Es bleibt in der strukturalistischen Konzeption ungeklärt, wie M_{pp} und I zusammenhängen. Moulines erläutert, dass der Strukturalismus folgende grundlegende *epistemologische* Annahme bezüglich der Domäne der intendierten Anwendungen macht: Die Domäne ist nicht mit so etwas wie »reiner Realität«, »reiner Erfahrung«, vorbegrifflich gegebenen »Dingen an sich« oder sinnlichen Daten o. ä. zu identifizieren,

»[r]ather, the assumption is that the domain of intended applications of a theory is conceptually determined through concepts already available.« (Moulines [1996: 8])

Das wird aber nicht im einzelnen erklärt. Sind die »Daten« also Dinge oder Sätze oder Propositionen oder Sachverhalte ...? Besonders hier wird deutlich, dass die ontologische Ebene unbestimmt und ungeklärt bleibt, zumal da diese Thematik *primär keine epistemologische*, sondern eine ontologische ist.

Deutlich wird dieses Problem an einer unter Strukturalisten kontrovers diskutierten Frage: Ist I eine Teilklasse von M_p oder M_{pp}, also $I \subseteq M_p$ oder $I \subseteq M_{pp}$? Eine Entscheidung darüber, so erläutert Moulines, hängt von einer Antwort auf folgende Frage ab: Welche Begriffe sollen benutzt werden, um die Domäne der Anwendungen zu beschreiben? Wenn lediglich die Begriffe »von außerhalb« (also die empirischen im Sinne von: T-nichttheoretische Begriffe) benutzt werden (dürfen), dann sind die intendierten Anwendungen der Theorie *potentiell-partielle Modelle* (M_{pp}). Wenn aber alle primitiven Begriffe der Theorie (die T-theoretischen Begriffe) benutzt werden, dann sind die intendierten Anwendungen lediglich *potentielle Modelle* (M_p) der Theorie. Nach Moulines ist die erste Annahme die von den Strukturalisten am meisten favorisierte Hypothese.

Die ganze Fragestellung ist nicht recht verständlich. Wenn der Strukturkern der Theorie, K, sowohl M_p als auch M_{pp} enthält, so fragt sich, was eine »Anwendung« der Theorie überhaupt besagt. Die strukturalistische Fragestellung scheint unter »Anwendung« eher eine »Instantiierung der Theorie« zu verstehen, insofern diese *nicht* im Sinne der *ganzen* Theorie und auch nicht des *ganzen* Strukturkerns der Theorie genommen wird, sondern in dem Sinne, dass nur zwei verschiedene Teile (d.h. Komponenten) »der Theorie« zur Instantiierung gelangen.

2.4.3.2 Die wesentlichen Komponenten eines strukturalen Theoriebegriffs für die systematische Philosophie

Der im folgenden zu entwickelnde strukturale Theoriebegriff versteht sich als die für die systematische Philosophie geeignete Theorieform. Wie schon oben vermerkt wurde, erhebt die folgende Darstellung nicht den Anspruch, eine in jeder Hinsicht einwandfreie, vollkommene und vollständige *Definition* eines Theoriebegriffs zu formulieren, der sich als für die theoretische Eigenart der Philosophie völlig angemessen erweist. Das Ziel hier ist vielmehr, diesen Begriff zu erläutern, genauer: zu charakterisieren.

[1] Als der zentrale Punkt des hier zu entwickelnden strukturalen Theoriebegriffs erweist sich der Begriff der *Struktur*. Obwohl diese Konzeption damit den Einsichten folgt, die den »semantischen Ansatz« – und besonders

dessen strukturalistische Variante – leiten, unterscheidet er sich von den verschiedenen Varianten dieses Ansatzes in den *drei* folgenden wesentlichen Gesichtspunkten: *Erstens* wird *Struktur* anders aufgefasst, und zwar nicht hinsichtlich der rein abstrakten Definition dieses Begriffs, sondern hinsichtlich des näheren Verständnisses des Definiens *und* der Arten von Strukturen, die für die Bestimmung des Theoriebegriffs wesentlich oder relevant sind. *Zweitens* wird das Verhältnis von Struktur(en) und *Sprache* nicht nur irgendwie (marginal) anerkannt, sondern als wesentlich betrachtet. *Drittens* wird davon ausgegangen, dass die Explikation des Bezugs der Struktur(en) zur ontologischen Ebene (zum *universe of discourse*, zur Welt) unverzichtbar und schlechterdings zentral ist.

Man muss von *drei Basiskomponenten* des elementaren philosophischen Theoriebegriffs sprechen und ihn als ein Tripel definieren: $\langle L, S, U \rangle$, wobei L = Sprache, S = Struktur, U = *Universe of discourse*. Freilich müssen diese drei Komponenten akkurat und detailliert bestimmt, d. h. expliziert werden. Man kann aber unter einer bestimmten Rücksicht die Komponenten L (Sprache) und S (Struktur) zusammenlegen, indem man der Einsicht Rechnung trägt, dass die Dimension der Sprache zum Begriff der Struktur gehört, da Struktur ohne ihren Sprachbezug nicht adäquat definiert werden kann, d. h. man könnte dann für L (= Sprache) und S (= Struktur) nur *Struktur* sagen. So hätte man einen *dyadischen* philosophischen Theoriebegriff, also das geordnete Paar: $\langle S, U \rangle$. Damit ist der zentrale Gedanke erreicht und als elementarer philosophischer Theoriebegriff artikuliert, der im Titel des vorliegenden Werkes verknappt angedeutet wird (wobei aus sprachlich-stilistischen Gründen ›Sein‹ anstelle von ›*universe of discourse*‹ erscheint) und der der ganzen in diesem Werk dargestellten Konzeption der systematischen Philosophie zugrunde liegt.

[2] Wie in den folgenden Abschnitten dieses Teils und in den weiteren Teilen der Arbeit zu zeigen sein wird, müssen *drei* Grundarten von *Strukturen* herausgearbeitet werden: *formale (logisch-mathematische), semantische* und *ontologische*. Dies soll in Teil 3 ausführlich behandelt werden.[30]

Hinsichtlich des Zusammenhangs von Struktur(en) und *Sprache* ist auf einige fundamentale Gesichtspunkte hinzuweisen. (i) Geht man von einer rein syntaktisch aufgefassten, rein formalen Sprache aus, so gibt es im Prinzip unzählige Möglichkeiten einer Interpretation dieser Sprache, d. h. einer Einführung von Modellen für diese Sprache. Sprachphilosophen haben viel Energie auf diese Aufgabe und die damit gegebenen Probleme aufgewendet

---

[30] Die strukturalistische Unterscheidung zwischen M, M_p und M_{pp} erweist sich als in mancher Hinsicht brauchbar und sogar wichtig, aber sie orientiert sich eher an *surface structures* als an *deep structures*.

2.4 Die Dimension der Theorie im engeren Sinne 183

und daraus manche berühmt gewordene Thesen entwickelt, wie die These der Unbestimmtheit von Sprache, der ontologischen Relativität usw. Auch das berühmte Löwenheim-Skolem-Paradox muss in diesem Kontext gesehen werden (vgl. dazu besonders Putnam [1980/1983]). Geht man nämlich von einer rein syntaktisch bestimmten Sprache aus, so gibt es nichts Fixes hinsichtlich einer Interpretation. Mit jedem Ausdruck der Sprache kann man dann im Prinzip jede mögliche Bedeutung oder jeden möglichen semantischen Wert verknüpfen. Daraus ergibt sich eine Fülle von Problemen. Darauf hat, wie oben gezeigt, B. van Fraassen eindringlich hingewiesen und von einem »Missverständnis« und sogar von einer »Tragödie« gesprochen. Alles ändert sich, wenn man methodisch nicht von der »nackten«, d. h. uninterpretierten Sprache, sondern von einer bestimmten Interpretation der Sprache ausgeht. Man spricht dann von dem »intendierten Modell« der Sprache. Mit dieser Konzeption lassen sich die angesprochenen Probleme in diesem Bereich in grundsätzlicher Hinsicht überwinden.

(ii) Ein weiterer fundamentaler Punkt des Zusammenhangs von Struktur(en) und *Sprache* ist die »Einbindung« der Ebene der Strukturen in die Sprachebene; damit werden alle jene Vorteile bewahrt, die mit dem oben dargestellten »rein logischen« Theoriebegriff gegeben sind.

(iii) Schließlich ist hervorzuheben, dass erst die Einbindung der Sprache in die Dimension der Struktur es ermöglicht, den zentralen Begriff der Wahrheit einzuführen *und zu klären*. Nur dann macht es nämlich Sinn, im Zusammenhang einer Theorie davon zu sprechen, dass eine Theorie wahr oder falsch ist.

Die Komponente U (*Universe of discourse*) repräsentiert im vorgeschlagenen dyadischen Theoriebegriff die *ontologische Ebene*. Dieser Thematik soll einer der nächsten Abschnitte dieses Kapitels gewidmet werden.

[3] Die zentrale Aufgabe für den hier anvisierten Theoriebegriff besteht darin, das *Verhältnis* zwischen der Strukturdimension S und der Dimension U des *universe of discourse* (des Seins, der Welt) genau zu bestimmen. Dies ist die Haupt- oder eigentliche Aufgabe der systematischen Philosophie, und sie soll in den nächsten Kapiteln dieser Arbeit in Angriff genommen werden. Es wird sich zeigen, dass in diesem Zusammenhang der Wahrheitsbegriff die abschließende – und in diesem Sinne die entscheidende – Rolle spielen wird.

Im gegenwärtigen Zusammenhang ergibt sich folglich die wichtige Frage: Wenn das *Verhältnis* zwischen der Strukturdimension und der Seinsdimension so zentral ist, wie soeben behauptet wurde, sollte dann nicht dieser Faktor als eine *eigene (wesentliche) Komponente* des philosophischen Theoriebegriffs anerkannt und *explizit* eingeführt und namhaft gemacht werden? Man hätte dann drei wesentliche Komponenten des philosophischen Theoriebegriffs: die Strukturdimension S, die ontologische Ebene U (das *universe of discourse* oder das Sein, die Wirklichkeit), schließlich die Dimension des *Verhältnisses* zwischen S und U, für welche das mathematische Symbol ›⇌‹ eingeführt werden könnte. Eine Theorie wäre demnach das Tripel: ⟨S, ⇌, U⟩.[31]

Wesentlich ist, dass das genannte Verhältnis – und damit die ontologische Ebene selbst – explizit thematisiert wird. Ob nun das Verhältnis zwischen S und U als eine eigene Komponente des Theoriebegriffs zusammen mit S und U namhaft gemacht werden sollte, ist eine andere Frage. Sicher *kann* man so verfahren, man *muss* es aber nicht. *Gegen* die Einführung einer eigenen Komponente ›⇌‹ neben S und U kann geltend gemacht werden, dass dadurch einem Gesichtspunkt nicht ganz gerecht wird: So wie Sprache wesentlich zur Strukturdimension gehört, so gehört das Verhältnis der Strukturdimension zur ontologischen Dimension wesentlich zur Strukturdimension und umgekehrt: Das Verhältnis des *universe of discourse* zur Strukturdimension gehört wesentlich zum *universe of discourse*. In Entsprechung zum Theorierahmen dieses Buches muss dies so sein. Dabei ist die Komponente des Theorierahmens, von der dies nicht *prima facie*, d. h. hier: nicht ohne nähere Erläuterungen, gesagt werden kann, das *universe of discourse* (das Universum, das Sein, die Welt). Es wurde aber oben schon gezeigt, dass diese Dimension *ausdrückbar* ist; nun ist der mit dem Begriff der *universalen Ausdrückbarkeit* bezeichnete komplexe Zusammenhang ohne genaue innere Strukturiertheit nicht denkbar. Was die Dimension der Strukturen angeht, so ist zu bemerken, dass sie außer den rein formalen Strukturen auch inhaltliche Strukturen (nämlich die semantischen und die ontologischen) einschließt, wobei alle diese Arten von Strukturen zum uneingeschränkten *universe of discourse* gehören. Man kann also weder S noch U *adäquat* bestimmen, ohne das Verhältnis zwischen beiden in beiden Richtungen zu thematisieren. Dazu ist die explizite Angabe einer eigenen Komponente ›⇌‹ nicht vonnöten; sie würde zwar nicht stören, ist aber grundsätzlich gesehen redundant.

---

[31] LUDWIG [1978] präsentiert eine dezidert strukturalistisch orientierte Theoriekonzeption, die zwar in totaler Unabhängigkeit von dem durch SNEED and STEGMÜLLER entwickelten (oben dargelegten) Theoriebegriff herausgearbeitet wurde, die aber grundlegende Ähnlichkeit mit diesem Begriff aufweist. Allerdings hat LUDWIG die soeben angesprochene Aufgabe, das Verhältnis zwischen der Strukturdimension und der ontologischen Dimension zu klären, explizit in Angriff genommen. Er konzipiert nämlich eine physikalische Theorie im wesentlichen als die Anwendung der Mathematik auf die Wirklichkeit: Genauer gefasst, besteht eine solche Theorie ihm zufolge aus drei Teilen: einer mathematischen Theorie (symbolisiert als ›MT‹), einem Wirklichkeitsbereich (symbolisiert als ›W‹) und einer Anwendungsvorschrift, die er durch das Symbol ›⊂──⊃‹ anzeigt. Abgekürzt ist eine physikalische Theorie nach LUDWIG so zu repräsentieren: *MT* ⊂──⊃ *W*. Die Komponente ›⊂──⊃‹ wird von LUDWIG durch detaillierte *Abbildungsprinzipien* näher bestimmt. Dies ist ein bedeutendes Plus dieses Theoriebegriffs gegenüber dem strukturalistischen Theoriebegriff Sneedscher-Stegmüllerscher Prägung.

2.4.3.3 Der philosophische Theoriebegriff als »regulativer Begriff« und seine approximativ-partielle Realisierung

Der für eine systematisch orientierte Philosophie vorgeschlagene Theoriebegriff ist zunächst nichts anderes als ein – Begriff; es kommt hinzu, dass er hier nicht einmal genau definiert, sondern nur allgemein charakterisiert wird. Nun stellt sich wie bei jedem Begriff die Frage, ob, wie, inwieweit usw. er *realisiert* – oder, wenn man will – *instantiiert* ist bzw. werden kann. Man wird von nur ganz wenigen »Begriffen« sagen können, dass sie »perfekt« realisiert werden – und dies in der Regel auch nur in einigen Fällen. Vermutlich ist das, wenn überhaupt, nur im Bereich der formalen Wissenschaften möglich und wird vielleicht in dem einen oder anderen Fall auch wirklich erreicht. Beispiele wären die Realisierung des Begriffs der Junktoren in der Aussagenlogik, die Realisierung des Begriffs der logischen Folgerung u. a. Ähnliche Beispiele können natürlich auch in der Mathematik gefunden werden. Aber in den *inhaltlich* orientierten Wissenschaften *und damit wohl auch in der Philosophie* ist mit so etwas wie einer vollkommenen Realisierung von Begriffen kaum zu rechnen.

Diese Überlegungen gelten in ganz besonderer Weise für den Begriff der Philosophie selbst und innerhalb dieses Begriffs für den Begriff der philosophischen Theorie. Dies rührt daher, dass Philosophie von ihrem Anspruch und ihrer Thematik her ein äußerst komplexes Unternehmen ist. Es wäre eine Anmaßung – gekoppelt mit einer bemerkenswerten Ignoranz der Aufgabe und der damit verbundenen Realisierungserfordernisse –, wollte man heutzutage noch wie die deutschen Idealisten vorgehen und so etwas wie »das absolute System der Philosophie« entwickeln. Auf zwei problematische Aspekte eines solchen Anspruchs soll im folgenden eingegangen werden.

[1] Auch wenn ein Begriff nicht als perfekt realisiert (oder sogar realisierbar) angesehen wird, heißt das nicht, dass er ohne entscheidenden und unverzichtbaren theoretischen Nutzen wäre. Von »großen« (metaphysischen) Begriffen wissen wir seit Kant, dass sie unverzichtbar sind, und zwar in dem Sinne, dass sie als *regulative Begriffe* (bei Kant »*regulative Ideen*« genannt) fungieren. Kurz: Ihnen eignet ein regulativer Charakter. »Regulativer Charakter«, so soll dieser Begriff hier verstanden werden, besagt seinerseits im Gegensatz zu Kants »regulativen Ideen« *nicht*, dass eine Realisierung – und auch eine perfekte Realisierung – *absolut* (d. h. hier: immer und in jeder Hinsicht) *ausgeschlossen* ist, sondern vielmehr dass *in der Regel* mit einer »vollen« Realisierung nicht zu rechnen ist.

Was bedeutet das für die hier anvisierte systematische Philosophie? Diese Frage lässt sich klären, wenn man die in Abschnitt 1.5 dargestellte *vierstufige Methode* berücksichtigt. Die *zweite* Methode(nstufe) wird die *theoriekonstitutive* genannt und als die dafür angemessene Theorieform die *axiomatische* oder die *kohärenziale* (»Netzwerk«-)Theorieform (vgl. dazu Abschnitt 1.4.3) angegeben. Nun ist aufgrund der bisherigen Ausführungen und Überlegungen über den Theoriebegriff klar, dass es sich *grundsätzlich* um die axiomatische oder kohärenziale Methode im Rahmen einer Strukturkonzeption von Theorie handelt; diese wurde oben im Hinblick auf die Philosophie herausgearbeitet und im Unterschied zum *strukturalistischen* Theoriebegriff *strukturale Theoriekonzeption* bzw. *strukturaler Theoriebegriff* genannt. Eine *axiomatische oder kohärenziale Methode bzw. Theorieform* im rein syntaktischen Sinne ist damit nicht grundsätzlich ausgeschlossen; wenn sie aber in Betracht kommen soll, dann hat sie in jedem Fall einen rein abgeleiteten, d. h. einen sekundären Stellenwert.

Im Idealfall sollte eine philosophische Konzeption als axiomatische oder kohärenziale Theorie im Sinne des strukturalen Theoriebegriffs dargestellt werden. Aber dieser Idealfall wird in der philosophischen Praxis – zumindest in absehbarer Zeit – wohl nicht erreicht werden können, wenn man von einigen Subthemata und den ihnen entsprechenden »Theorien« wie z. B. einer *formalen* Theorie der Wahrheit, von bestimmten semantischen Teiltheorien u. ä. absieht. Aber der strukturale Theoriebegriff sollte immer als der *regulative* Begriff verstanden werden, der den Maßstab für eine philosophische Konzeption setzt.

In diesem Sinne kann gesagt werden, dass der strukturale Theoriebegriff zumindest in einer *partiell-approximativen Form* realisiert werden sollte. Dies ist ein dehnbarer Begriff, sofern er die Möglichkeit einschließt, dass sehr verschiedene und sehr viele *Grade* konzipiert und realisiert werden können. Eine solche Sicht trägt sowohl der Realität der Philosophie als auch der prinzipiellen Korrekturbedürftigkeit und realistischen »Disziplinierung« des großen Unternehmens »Philosophie« Rechnung.

[2] Außerdem ist zu betonen, dass eine strukturale Theorie im strengen Sinne nicht ohne Umfeld einfach als »fertig« vorliegt. Vielmehr muss eine solche Theorie in dem Sinne konstituiert werden, dass alle zu ihr gehörigen Konstituentia (d. h. ihre Begriffe, Instrumentarien, Axiome, Strukturen, Daten usw.) bereitgestellt werden müssen, *damit sie als Theorie im eigentlichen oder strengen Sinne* formuliert werden kann. Dieser Aufgabe dient die erste Methodenstufe, die Aufbau- und Inventivmethode. Wurde eine so entstandene philosophische Konzeption dann *als (axiomatische oder kohärenziale) Theorie* (im schon erläuterten Sinne) formuliert, so stellt sich die Aufgabe, sie in das Gesamt der einzelnen philosophischen Theorien zu integrieren. Dazu dient die *dritte* Methodenstufe, die *systemkonstitutive Methode*, die auch als *holistisch-netzstrukturale Methode* bezeichnet werden kann. Im wesentlichen kann gesagt werden, dass dadurch eine *philosophische Gesamttheorie*, d. h. hier *Gesamtsystematik* anvisiert ist .

2.4 Die Dimension der Theorie im engeren Sinne 187

Die letzte wichtige Frage ist die Frage nach dem Wahrheitsstatus der so aufgebauten und formulierten Theorie, die dann als ein umfassendes philosophisches System erscheint. Der Bewältigung dieser Aufgabe dient die letzte, die vierte Methodenstufe, auf der die *Wahrheit* bzw. der *Wahrheitsstatus* geprüft wird.

Der letzte Teil der hier vertretenen systematischen Philosophie hat die Bezeichnung *Metasystematik*: Dieser Teil bzw. diese »Dimension« hat einen speziellen theoretischen Status, der in Kapitel 6 zu charakterisieren sein wird.

Auch hinsichtlich des kurz beschriebenen »Umfeldes« einer philosophischen Konzeption *qua* Theorie gilt, dass das Umfeld in adäquater Weise nur im Idealfall voll verwirklicht wird.[32]

Vor dem Hintergrund der hier vertretenen strukturalen Theoriekonzeption *und* der vierstufigen Methode kann man feststellen, dass die Philosophie bis heute »Konzeptionen« vorlegt, deren »theoretischer Status« in den allermeisten Fällen einer (meistens nur partiellen) Anwendung der *ersten* und der *vierten* Methodenstufe entspricht. Wie oben dargestellt, führen sie gewisse Begriffe ein, klären sie, formulieren Thesen, führen Gründe zu ihrer Stützung und zur Widerlegung anderer Thesen ins Feld – und dann nennen sie (meistens) die so entwickelte Konzeption »Theorie des/der …«. Nun erscheint es kaum möglich oder vernünftig, den »real-existierenden« Philosophen vorschreiben zu wollen, welche Terminologie sie anwenden dürfen oder sollten und welche nicht. Geht man von der Tatsache aus, dass das Wort ›Theorie‹ überall in der Philosophie verwendet wird, so erscheint die folgende Einstellung die am ehesten realistische und rationale: Wenn

---

[32] Zwischen der hier vertretenen strukturalen Theoriekonzeption und der strukturalistischen Theoriekonzeption besteht hinsichtlich dessen, was hier »das Umfeld der Theorie« genannt wird, eine bemerkenswerte Ähnlichkeit und gleichzeitig eine nicht weniger bemerkenswerte Differenz. Die strukturalistische Konzeption erkennt in einer bestimmten Hinsicht den Faktor an, der hier »systemkonstitutiv« genannt wird, insofern diese Konzeption intertheoretische Beziehungen – genannt »links« und symbolisiert als ›L‹ – thematisiert. Aber die tiefe Differenz besteht darin, dass die einzelnen Theorien durch *L* nur *aufeinander* bezogen und nicht in eine *Gesamttheorie* einbezogen werden: »[T]he intended applications of any given theory don't cover the ›whole universe‹… They represent ›small pieces‹ of human experience. There is no such thing as a theory of everything …« (MOULINES [2002: 9])

Auch der der vierten Methodenstufe entsprechende Faktor »Wahrheits(status)prüfung« findet eine gewisse Entsprechung im strukturalistischen Theoriekonzept, insofern dort der Gedanke der *graduellen Approximation* thematisiert wird. Aber so etwas wie eine Klasse von »zulässigen Verwischungen (admissible blurs)« (daher das Symbol ›A‹) hat keine Entsprechung im strukturalen Theoriekonzept, bei dessen Anwendung, wie sich noch zeigen wird, der Gedanke einer Approximation bzw. Relativität durchaus eine wichtige Rolle spielt, allerdings nicht im Sinne von »admissible blurs«.

Der »Umfeldfaktor« »Konstruktion/Konstitution einer Theorie« im Sinne der Bereitstellung des Theoriematerials hat keine Entsprechung im strukturalistischen Theoriebegriff.

die Bezeichnung ›(philosophische) Theorie‹ verwendet wird, so sollte sie in der Regel im Sinne einer »*partiell-approximativen Theorie*« verstanden werden. Aber der häufigen Verwendung des Ausdrucks ›Theorie‹ in der gegenwärtigen Philosophie kann man auch durchaus etwas Gutes abgewinnen. Angesichts der in manchen Bereichen der heutigen »Philosophie« (auch an Universitäten) grassierenden Irrationalität, die sich in einer radikalen *anti-theoretischen Einstellung* äußert, hat die Verwendung des Ausdrucks ›Theorie‹ zur Charakterisierung einer philosophischen Konzeption eine schätzenswerte positive *suggestive* Bedeutung.

2.5 Die vollbestimmte Theoretizität: erster Ansatz zur Theorie der Wahrheit

In den beiden vorhergehenden Abschnitten dieses Kapitels wurde die Dimension der Theoretizität einer ersten allgemeinen Klärung zugeführt. Untersucht wurden die drei Ebenen oder Bereiche der Theoretizität. Erstens wurde die Dimension der Sprache als die Dimension der Darstellung von Theoretizität analysiert. Zweitens wurde die Dimension der Erkenntnis als die Dimension des Vollzugs von Theoretizität interpretiert, wobei dem Subjekt (dem Sprecher, dem Erkennenden) eine nur untergeordnete Stellung hinsichtlich der Theoretizitätsdimension zugeschrieben wurde. Drittens wurde der Begriff der Theorie näher untersucht und der strukturale Theoriebegriff als ein für die systematische Philosophie angemessener Theoriebegriff herausgearbeitet. Es bleibt zu erörtern, was sich aus dem Versuch ergibt, den Zusammenhang dieser drei Bereiche oder Aspekte der Theoretizitätsdimension zu begreifen.

Gemäß der hier vorgelegten Konzeption ergibt sich die *volle Bestimmung* der Theoretizitätsdimension erst aus dem Zusammenhang von Sprache, Erkenntnis und strukturalem Theoriebegriff; diese volle Bestimmung hat die konkrete Gestalt einer Theorie bzw. von Theorien. Eine Theorie in dieser globalen Perspektive ist nämlich eine bestimmte Sprache, die die Vollzugsform des Wissens bzw. der Erkenntnis annimmt. In diesem allgemeinen Sinn vereinigt Theorie in sich all jene Elemente, die die Strukturiertheit der Sprache in indikativischer Hinsicht ausmachen und den Vollzug der Erkenntnis konstituieren. Diese Strukturiertheit und diesen Vollzug im einzelnen herauszuarbeiten, stellt das Programm einer *systematischen* Philosophie dar. Die höchste Stufe der Bestimmung der Theoretizitätsdimension, die Stufe der *Vollbestimmung*, ist aber nicht einfach durch die konkrete Gestalt der Theorie bzw. von Theorien gegeben, sondern wird erst durch die Bestimmung ihres *Wahrheitsstatus* erreicht. Wahrheit erweist sich damit als der Schlüssel- und Abschlussbegriff der Theoretizitätsdimension.

2.5 Die vollbestimmte Theoretizität: erster Ansatz zur Theorie der Wahrheit

2.5.1 Vorfragen zum Ansatz

2.5.1.1 Das Wort ›Wahr(heit)‹ und die Problematik des Begriffs der Wahrheit

[1] In der Regel stellt man die Frage nach der Klärung eines Begriffs, indem man von einem Wort ausgeht. Wort und Begriff sind nicht dasselbe. Vielmehr können mit einem Wort in der Regel mehrere Begriffe verbunden werden. Dies sollte als eine philosophische Selbstverständlichkeit gelten, wird aber in der philosophischen Literatur häufig ignoriert, was Anlass zu falsch gestellten und Scheinfragen ist. Eine Frage wie: »Was ist Wahrheit?« ist eine zutiefst ambige Frage. Meistens wird die Frage irgendwie dahingehend verstanden, dass nach einer »Sache« oder »Entität« oder eben nach einem *Begriff* gefragt wird. Damit hat man aber immer schon vorausgesetzt, dass diese »Sache/Entität« bzw. dieser »Begriff« mit dem Wort ›Wahrheit‹ verbunden ist. Es wird übersehen, dass der – in welcher Weise auch immer – intendierte Begriff prinzipiell mit vielen anderen Ausdrücken assoziiert werden könnte. Es wird also nicht erkannt, dass man eine ganz und gar unbegründete, ja falsche Voraussetzung gemacht hat, nämlich die, dass dem Wort ›Wahrheit‹ ein und nur ein ganz bestimmter Begriff und umgekehrt dem intendierten Begriff ein und nur ein ganz bestimmtes Wort zugeordnet wird.

Man hat es also anfänglich mit *einem* Wort zu tun. Will man nun dieses Wort in der Weise verstehen, dass man einen mit ihm assoziierten *einheitlichen* Begriff annimmt, so fragt man, um welchen Begriff es sich handelt. Wie immer dieser Begriff aussehen mag, es würde sofort klar werden, dass eine solche Einheitlichkeit unmöglich allen Vorkommnissen des Wortes ›Wahr(heit)‹ gerecht wird. Ein Beispiel: Die beiden folgenden Vorkommnisse von ›Wahr(heit)‹ weisen keine relevante begriffliche Einheit auf: »Es ist wahr, dass Schnee weiß ist« und: »In diesem Staat herrscht eine wahre Demokratie«. Dieses Problem wird besonders deutlich und akut, wenn man bestimmte Gebiete der Geistesgeschichte betrachtet, in ganz besonderer Weise die religiöse und speziell die christliche Sprache und Tradition. Hier hat das Wort ›Wahr(heit)‹ einen die Grenzen einer begrifflichen Einheitlichkeit sprengenden uneingeschränkten Gebrauch.

[2] Zur Illustration der Problematik des Umgangs mit dem Wort ›Wahr(heit)‹ in wahrheitstheoretischer Hinsicht sei auf drei charakteristische Einstellungen oder Phänomene hingewiesen.

[i] Überschaut man das große Gebiet der *analytisch* orientierten Wahrheitstheorien, so kann man hauptsächlich *drei* Tendenzen feststellen. Eine *erste* lässt einfach jene Vorkommnisse von ›Wahr(heit)‹ unberücksichtigt, die als philosophisch »anomal (unregelmäßig)« erscheinen, z.B. die attributive Verwendung in Formulierungen wie ›wahre Demokratie‹. Auch der immense Bereich der christlich-theologischen Verwendung von ›Wahr(heit)‹ wird in

diesen Konzeptionen so gut wie vollständig ignoriert. Eine *zweite* Tendenz ist bemüht, eine Pluralität von Wahrheitsprädikaten *und* Wahrheits*begriffen* herauszuarbeiten und anzuerkennen, die sich angeblich daraus ergeben, dass ›Wahr(heit)‹ in verschiedenen Gebieten bzw. Disziplinen Verwendung findet: in den Geisteswissenschaften, in den Naturwissenschaften, in den formalen Wissenschaften usw.[33] Eine *dritte* Tendenz schließlich versucht, die Verwendung von ›Wahr(heit)‹ über die *theoretische* Dimension im engeren Sinne hinaus auszudehnen, auch wenn das Wort selbst in solchen Bereichen faktisch nicht oder nur selten vorkommt. Paradebeispiel für diese Tendenz sind die Bemühungen analytischer Philosophen, den Begriff der »moralischen Wahrheit (*moral truth*)« zu klären bzw. zu verteidigen.[34]

[ii] Eine andere charakteristische Haltung betrifft den speziellen Fall des Gebrauchs von ›Wahr(heit)‹ in der religiösen Sprache und christlichen Theologie (vgl. dazu Puntel [1995]). Christliche Theologen im 20. Jahrhundert haben zwei verschiedene – von ihnen als legitim angesehene – Wahrheitsbegriffe angenommen: einen griechisch-philosophischen und einen biblischen bzw. jüdisch-christlichen (siehe die Belege dazu ib. 24 ff.). Das ist ein insbesondere in wahrheitstheoretischer Hinsicht außerordentlich wichtiger Vorgang, weil sich hier zeigt, zu welchen Irrwegen die Verkennung von ganz elementaren Sachverhalten führen kann. Was ist geschehen? Diese Theologen dachten im Sinne der überlieferten biblischen Sprache und Tradition, in welcher das *Wort* ›Wahr(heit)‹ in der Tat einen besonderen Sinn hat, der sich von dem aus der griechischen Philosophie stammenden philosophischen, üblichen Begriff unterscheidet. Wie konnten aber diese Theologen daraus folgern, es gäbe zwei verschiedene Wahrheits*begriffe*? Das war nur möglich, weil sie Wort und Begriff vermengt haben.

Das ist um so erstaunlicher, als diese Konfusion historisch-philologisch ganz genau dokumentierbar ist. Bei der Übersetzung der hebräisch verfassten alttestamentlichen Bücher der Bibel ins Griechische (die *Septuaginta*, LXX, 3.–1. Jahrhundert vor Christus) wurde das hebräische Wort 'ämät im Griechischen zum größten Teil mit ἀλήθεια wiedergegeben. Aber der ursprüngliche Sinn oder die Grundbedeutung dieses hebräischen Wortes (und anderer mit ihm verwandter Ausdrücke wie insbesondere 'ämunā) bezeichnet das Festsein, das, was besteht, das, worauf man sich verlassen kann, das, wonach man sich richten muss. Zwar gibt es eine Kontroverse unter Exegeten über die exakte Bedeutung des Wörter 'ämät und 'ämunā hinsichtlich aller ihrer

---

[33] Charakteristisch für diese Tendenz sind mehrere Arbeiten von CRISPIN WRIGHT und GILA SHER (vgl. besonders WRIGHT [1992] and SHER [1999]). Zur Diskussion vgl. TAPPOLET [1997] und [2000], BEALL [2000].

[34] Siehe dazu besonders WRIGHT [1996]; PUNTEL [2004].

2.5 Die vollbestimmte Theoretizität: erster Ansatz zur Theorie der Wahrheit 191

Vorkommnisse;[35] Tatsache ist aber, dass die Wirkungsgeschichte der *Septuaginta*-Übersetzung zu einer durchgehend zwiespältigen Tradition geführt hat. Der Umstand, dass in der *Septuaginta* '*ämät* mit ἀλήθεια wiedergegeben wird, berechtigt in keiner Weise dazu, die Behauptung aufzustellen, es gäbe einen *hebräischen (biblischen) Wahrheitsbegriff*, der vom griechisch-philosophischen Wahrheitsbegriff völlig verschieden ist.

[iii] Schließlich ist auf einen dritten Fall einer verhängnisvollen Vermengung von Wort und Begriff hinsichtlich der Wahrheitsthematik kurz hinzuweisen. Bekanntlich hat M. Heidegger einen erheblichen Teil seines philosophischen Schaffens der Wahrheitsthematik gewidmet. In vielen seiner von ihm selbst publizierten Arbeiten und in den meisten seiner posthum herausgegebenen Schriften steht dieses Problem im Mittelpunkt. Seine These lautet: Der in der Philosophiegeschichte und heute herrschende Wahrheitsbegriff ist nur ein »abgeleiteter«, nicht der ursprüngliche Wahrheitsbegriff; den ursprünglichen Wahrheitsbegriff findet man artikuliert in den Schriften der ersten (vorsokratischen) griechischen Philosophen. Ἀλήθεια bedeutet Heidegger zufolge ursprünglich *Unverborgenheit* (»im Sinne der Lichtung« (Heidegger [1969: 76 u. ö.])).

Nachdem Heidegger beinahe ein Leben lang diese These vertreten hat, gab er sie im Jahre 1964 auf, indem er eine bedeutsame Selbstkorrektur vornahm:

»Die Frage nach der ἀλήθεια, nach der Unverborgenheit als solcher, ist nicht die Frage nach der Wahrheit. Darum war es nicht sachgemäß und demzufolge irreführend, die ἀλήθεια im Sinne der Lichtung Wahrheit zu nennen ...« (Ib.)

Heidegger hätte hier klarer formulieren können und sollen, dass er einer Konfusion von Wort und Begriff erlegen sei.[36]

---

[35] So urteilt D. Michel [1968: 56]: »An keiner Stelle ist es notwendig *'ämät* als personale Eigenschaft zu verstehen (anders *'ämunä*). *'ämät* scheint sich dagegen durchweg auf ein verbales Element (Aussage, Verheißung, Gebot) zu beziehen..« Vgl. dazu Landmesser [1999: 209 f.].

[36] Zu seiner Selbstkorrektur wurde Heidegger durch E. Tugendhats Kritik an seiner Wahrheitskonzeption (vgl. Tugendhat [1967]) veranlasst. In der Einleitung zu seinem Sammelband [1992: 14 f.] rechtfertigt Tugendhat seine Entscheidung, seinen 1969 erschienenen Aufsatz: »Heideggers Idee von der Wahrheit« (Tugendhat [1969]) nicht in diese Aufsatzsammlung aufzunehmen, folgendermaßen:
»[Den Aufsatz ›Heideggers Idee von der Wahrheit‹] habe ich hier nicht aufgenommen, weil dieser Aufsatz lediglich einen zentralen Abschnitt aus [seinem oben erwähnten Buch: *Der Wahrheitsbegriff bei Husserl und Heidegger*] wiedergibt. Immerhin war dieser Aufsatz insofern wichtig, als Heidegger selbst ihn noch im Manuskript gelesen hat und auf ihn hin eine seiner seltenen Korrekturen vorgenommen hat, doch hat er es nicht über sich gebracht, mich dabei zu erwähnen. ... [Tugendhat verweist hier auf die im Haupttext zitierte Passage aus dem Buch Heideggers: *Zur Sache des Denkens*, 76]. Ich hatte Heidegger, nachdem ich ihm das Manuskript geschickt hatte, 1966 besucht und wir hatten ein für seine Verhältnisse sehr offenes Gespräch ...«

[3] Vor dem Hintergrund der obigen Ausführungen drängt sich jetzt die Frage auf: Hat die Frage, wie der Wahrheitsbegriff zu verstehen ist, überhaupt einen Sinn, d.h. hier: einen ausreichend klaren Status? Wenn ja, wie ist zu verfahren? Vorab sei betont, dass hier ausschließlich ein *einheitlicher* Begriff von Wahrheit vertreten wird.

Es wird hier von folgender zentraler Einsicht bzw. These ausgegangen: Auch wenn es grundsätzlich möglich ist, mit dem Ausdruck ›Wahr(heit)‹ jede beliebige Bedeutung oder jeden beliebigen semantischen Wert zu verbinden, kommt man nicht an der Tatsache vorbei, dass diesem Wort in der Umgangs- und Bildungssprache sowie in der Geschichte der Philosophie und in der ganzen abendländischen Geistesgeschichte eine bestimmte, grundsätzlich eruierbare Bedeutung zugeordnet wurde und wird. Man kann – beispielsweise im Anschluss an A. Tarski – von einem *intuitiven* Wahrheitsverständnis (vgl. Tarski [1933/1983: 448]) sprechen, das sich durch das Wort ›Wahr(heit)‹ artikuliert. Tarski war es, der die wohl kürzeste und treffendste Formulierung eines solchen intuitiven Wahrheitsverständnisses im Sinne einer, wenn man will, Vor-Definition von ›Wahr(heit)‹ vorgelegt hat:

»*[E]ine wahre Aussage ist eine Aussage, welche besagt, dass die Sachen sich so und so verhalten, und die Sachen verhalten sich eben so und so.*« (Ib. 450)

Hier wird das artikuliert, was man *den* ersten und grundlegendsten Zug jenes Begriffs nennen könnte, den man intuitiv mit dem Wort ›Wahr(heit)‹ verbindet: den Bezug zur Wirklichkeit, zur Welt, kurz und abstrakter formuliert: zur ontologischen Dimension. In dem Buch *Grundlagen einer Theorie der Wahrheit* (Puntel [1990: 302ff.]) wurden außer dem soeben genannten Faktor, dem Bezug zur ontologischen Dimension, *drei weitere* »Momente« des intuitiven Wahrheitsverständnisses herausgearbeitet, nämlich: (2) die Differenz zwischen zwei Ebenen oder Dimensionen: Aussage (Sprache, Denken, Geist ...) – Welt; (3) der diskursiv-einlösbare Geltungsanspruch; (4) die maximale Determiniertheit. Diese drei weiteren Momente ergeben sich aber konsequenterweise aus dem ersten Moment, dem Grundzug des gesuchten Begriffs. Dies ist freilich zunächst die Artikulation nur des *intuitiven* Verständnisses. Die Aufgabe besteht jetzt darin, dieses Verständnis zu explizieren.

Damit ist die Aufgabe einer Wahrheitstheorie grundsätzlich umrissen: Ein bestimmter Begriff wird als *intuitiv* gegeben vorausgesetzt; ferner wird behauptet, dass dieser Begriff in den natürlichen Sprachen und grundsätzlich in der ganzen Geschichte der Philosophie und der Wissenschaften dem Ausdruck ›Wahr(heit)‹ zugeordnet wurde bzw. wird; schließlich wird davon ausgegangen, dass das intuitive Verständnis in keiner Weise genügt, vielmehr muss dieses Verständnis expliziert – und gegebenenfalls sogar teilweise korrigiert und verbessert werden.

2.5.1.2 Substantialismus und Deflationismus

Die am meisten akzeptierte Klassifizierung der heutigen Wahrheitstheorien basiert auf der Unterscheidung zwischen Substantialismus und Deflationismus. Als »substantialistisch« werden gewöhnlich die traditionellen Konzeptionen von Wahrheit, ganz besonders – und manchmal ausschließlich – die Korrespondenztheorie bezeichnet. Noch allgemeiner gesprochen, kann man sagen, dass alle Wahrheitskonzeptionen, die nicht »deflationistisch« orientiert sind, meistens mit dem Etikett ›substantialistisch‹ versehen werden. Es ist aber sehr fraglich, ob diese grobe Einteilung der Wahrheitstheorien in substantialistische und deflationistische adäquat ist. Die hier vertretene Konzeption beispielsweise lässt sich unter keine dieser Rubriken angemessen subsumieren. Wie sich zeigen wird, ist sie in einer bestimmten Hinsicht radikal deflationistisch, in einer anderen ist sie radikal substantialistisch. Für die Zielsetzung dieser Arbeit genügt es, im folgenden einige einleitende Bemerkungen zum wahrheitstheoretischen Deflationismus zu machen.

Der Deflationismus ist keine einheitliche Richtung. Dessenungeachtet resultieren alle Richtungen, die als »deflationistisch« bezeichnet werden, grundsätzlich aus *zwei* Faktoren. Der *erste* ist die Ablehnung der Korrespondenztheorie der Wahrheit. Diese so weit verbreitete und intuitiv anscheinend sehr einleuchtende Wahrheitskonzeption wird oft und radikal kritisiert; es ist aber nicht klar, auf welche Gründe sich diese Kritik letztlich stützt. Man wird wohl sagen müssen, dass die Kritik eher aus einer diffusen Vorstellung über eine der Korrespondenztheorie zugeschriebene Annahme erwächst, nämlich die Annahme, dass Sprache und Welt zwei vollkommen heterogene, voneinander völlig unabhängige Bereiche darstellen. Die Korrespondenztheorie erscheint dann als eine Konzeption, die so etwas wie einen Vergleich zwischen diesen Bereichen oder eine Inbeziehungsetzung des einen Bereichs zum anderen intendiert oder zu realisieren versucht. Und das wird – relativ diffus – als ein Ding der Unmöglichkeit beurteilt.

Der rationale Kern dieser diffusen antikorrespondentistischen Vorstellung dürfte darin zu sehen sein, dass der Versuch der Realisierung des Vergleichs oder der Inbeziehungsetzung überhaupt nicht gelingen kann, da dieser Versuch selbst die Nichtigkeit der Voraussetzung, auf der er basiert, erweist oder impliziert: Um Sprache und Welt miteinander zu vergleichen, um eine Korrespondenz zwischen beiden feststellen oder artikulieren zu können, muss schon Sprache in Anspruch genommen werden. Das aber zeigt, dass zwischen Sprache und Welt nicht jene Trennung besteht, die gemäß der Interpretation der Deflationisten von der Korrespondenztheorie vorausgesetzt wird. Wir befinden uns immer schon, wenn man so will, im Medium der beiden aufeinander bezogenen Größen: Sprache und Welt. Man kann kurz sagen: Welt ist immer schon sprachbezogen, Sprache immer schon weltbezogen.

Deflationisten haben aus dieser berechtigten Kritik vorschnell den konsequenzenreichen Schluss gezogen, dass ›Wahr(heit)‹ kein »eigentliches (eben substantielles)« Prädikat ist, das eine positive oder gehaltvolle Eigenschaft bezeichnet. Die Explikation der strukturalen Wahrheitsheorie wird deutlich machen, dass der Grundgedanke der Korrespondenztheorie keineswegs notwendig im Sinne der so interpretierten Korrespondenztheorie verstanden werden muss.

Der *zweite* Faktor, aus dem der Deflationismus erwachsen ist und sich ständig speist, ist eine auf den ersten Blick verblüffend einleuchtende und ebenso simple wie selbstverständliche Einsicht, die von allen explizit deflationistisch orientierten Autoren seit über hundert Jahren (genauer: mindestens seit Frege) immer aufs neue wiederholt und ins Zentrum der deflationistischen Konzeption gerückt wird. Gemeint ist die Behauptung: »Zu sagen: ›Es ist wahr dass Cäsar ermordet wurde‹ ist *dasselbe* wie zu sagen: ›Cäsar wurde ermordet‹« (halbformalisiert: »Zu sagen ›Es ist wahr dass *p*‹ ist *dasselbe* wie zu sagen: [einfach] ›*p*‹«). Das zeigt, so behaupten die Deflationisten, dass ›Wahr(heit)‹ keine *positive* Eigenschaft ist. Präzisiert wird diese fundamentale These dahingehend, dass gesagt wird, ›Wahr(heit)‹ sei im allgemeinen, d. h. in allen Fällen einer einfachen Zuschreibung von ›Wahr(heit)‹, vollständig redundant. Nur in bezug auf bestimmte Arten von Sätzen, nämlich Generalisierungen (»Jeder Satz der Form *p* oder non-*p* ist wahr«) und »blinden Zuschreibungen« (»Alles, was der Bundespräsident gesagt hat, ist wahr«), sei das Wort ›Wahr(heit)‹ in einer bestimmten Hinsicht nicht redundant; in diesen Fällen sei es als *nützlich* anzusehen, insofern dieses Wort als ein »logischer Kunstgriff (*logical device*)« betrachtet werden kann, mit dessen Hilfe diese Arten von Sätzen formuliert werden können.

Die genannte Behauptung über die Selbigkeit der beiden Sätze ›Es ist wahr dass *p*‹ und [einfach] ›*p*‹ ist aber nur auf der *semantischen Oberfläche* richtig und annehmbar, wobei »semantische Oberfläche« hier die Ebene des Sprechens und Verstehens meint, auf der in diesem Fall aber undifferenziert und elliptisch formuliert wird. Die Deflationisten haben immer den verhängnisvollen Fehler begangen, eine nur auf der semantischen Oberfläche richtige – d. h. hier: verständliche und annehmbare – »Einsicht« oder »Behauptung« als eine auch auf der semantischen Tiefenstrukturebene grundlegende, korrekte und nicht weiter analysierbare Einsicht oder Behauptung auszugeben.

2.5.1.3 ›Wahr(heit)‹ als Prädikat und als Operator

Eine dritte Vorfrage zum Ansatz betrifft die Art von Sprache, für die ein bzw. der Wahrheitsbegriff zu klären (zu definieren) ist. Tarski hat die Auffassung vertreten, dass ein Wahrheitsbegriff für die Umgangssprache (die natürliche, gesprochene Sprache) nicht definierbar ist, da diese Sprache »semantisch geschlossen« ist, was dazu führt, dass eine (Wahrheits-)Paradoxie erzeugt wird. Seit Tarski sind sehr viele Versuche unternommen worden, mit diesem Problem fertig zu werden. Diese Thematik wird in diesem Buch nicht behandelt. Hier ist vielmehr eine andere Thematik in Bezug auf die natürliche Sprache kurz zu thematisieren.[37] Hier wird davon ausgegangen, dass natürliche Sprachen nur sehr beschränkt für theoretische Zwecke geeignet sind; natürliche Sprachen sind im wesentlichen Sprachen, die zur Kommunikation in der Lebenswelt dienen und entsprechend strukturiert sind. Für theoretische Zwecke sind sie nur minimal brauchbar. Eine Theorie der Wahrheit »für« die natürliche Sprache wäre, wenn auch nicht ganz unmöglich, so doch außerordentlich komplex und weitgehend indeterminiert, müsste sie doch den aus allen möglichen Situationen der Lebenswelt erwachsenden schier grenzenlosen Zufälligkeiten, individuellen Sonderfällen und sogar »Ausschweifungen« des »natürlichen Sprechens« gerecht werden. Der hier intendierte Wahrheitsbegriff kann und will nicht dieser unübersehbaren Komplexität der natürlichen Sprache »gerecht« werden und er ist auch nur in sehr begrenztem Umfang für den Gebrauch in der natürlichen Sprache geeignet. Intendiert ist vielmehr ein Wahrheitsbegriff für grundsätzlich theoretisch orientierte, also, in der traditionell deutschen Terminologie gesprochen, für wissenschaftliche Sprachen: für die philosophische, die empirisch-wissenschaftliche, die formalwissenschaftliche usw. Sprache.

Diese Perspektive impliziert u. a., dass nicht alle Wendungen der natürlichen Sprache, in denen ›Wahr(heit)‹ vorkommt, eine maßgebende oder positive Berücksichtigung finden können und vor allem, dass *Reduktionen* bestimmter Wendungen und Formulierungen der natürlichen Sprache vorgenommen werden müssen. In diesem Zusammenhang ist es angebracht, eine der für die weiteren Ausführungen wichtigsten »Reduktionen« kurz zu erläutern und zu begründen.

In den meisten wahrheitstheoretischen Arbeiten spricht man durchgehend vom »Wahrheits*prädikat*«. Es gibt zwei Formen des Vorkommens des Wahrheitsprädikats. Gemäß der ersten ist ›Wahr(heit)‹ Prädikat eines *Satzes*: »[Der Satz] ›Schnee ist weiß‹ ist wahr«, halbformalisiert (mit »Quine-corners«): W⌜p⌝. Gemäß der zweiten ist ›Wahr(heit)‹ Prädikat eines mit der Partikel ›dass‹ gebildeten Ausdrucks, genauer: eines nominalisierten Satzes, der eine *Proposition* denotiert: »[Die Proposition,] dass Schnee weiß ist, ist wahr«; halbformalisiert (nach Horwich [1990/1998: 10]): »›p‹ ist wahr« (oder: »W $\langle p \rangle$, wobei ›$\langle p \rangle$‹ zu lesen ist als: ›Dass p‹ oder noch expliziter: ›Die Proposition dass p‹).

---

[37] Dieser Punkt wurde schon oben kurz tangiert und soll in Kapitel 3 weiter ausgeführt werden.

Nun gibt es eine Verwendung von ›wahr‹, die nicht die syntaktisch-grammatikalische Form eines Prädikats, sondern die Form eines Operators hat: ›Es ist wahr dass Schnee weiß ist‹, wobei der Operator durch den Ausdruck ›Es-ist-wahr-dass …‹ angezeigt ist. Es besteht ein fundamentaler syntaktischer Unterschied zwischen ›Wahr(heit)‹ als Prädikat und ›Wahr(heit)‹ als Operator: Im ersten Fall sind die Argumente von ›Wahr(heit)‹ (also das, worauf ›Wahr(heit)‹ appliziert wird) Namen oder singuläre Terme, und zwar näherhin nominalisierte Sätze entweder der einfachen Form, die aus der Setzung eines Satzes in Anführungszeichen resultiert, oder der Form, die dadurch entsteht, dass dem Satz die Klausel ›dass‹ vorangestellt wird. Im zweiten Fall sind die Argumente von ›Wahr(heit)‹ keine nominalisierten Sätze, sondern echte (ganze) Sätze. Auf den ersten Blick scheint dieser Unterschied nicht sonderlich relevant zu sein; in Wirklichkeit ist er, wie in diesem Buch zu zeigen sein wird, von großer Tragweite.

Um es hier vorweg schon anzudeuten: Aus den zwei verschiedenen syntaktischen Formen ergeben sich in kohärenter Weise jeweils zwei völlig verschiedene semantische und ontologische Konzeptionen, im Falle der Prädikatsversion eine kompositionale (auf dem Kompositionalitätsprinzip basierende) und im Fall der Operatorversion eine »kontextuale«, die sich aus einer starken Version des Kontextprinzips ergibt. Die kompositionale Semantik bestimmt den semantischen Wert des Satzes als eine Funktion der semantischen Werte der subsentialen Komponenten des Satzes. Wie sie in diesem Buch verstanden und vertreten wird, kennt die kontextuale Semantik in *semantischer* Hinsicht nur Sätze ohne Subjekt-Prädikat-Form (in diesem Buch werden sie »Primärsätze« genannt); dieser Semantik zufolge ist der semantische Wert des Satzes das direkte *Expressum* des Primärsatzes.

Zwar ist es in syntaktischer Hinsicht im Prinzip möglich, sowohl dem Wahrheitsprädikat als auch dem Wahrheitsoperator Sätze jeder Form als Argumente zuzuordnen, also sowohl Sätze der Subjekt-Prädikat-Form (»Die USA sind ein reiches Land«) als auch solche ohne Subjekt und Prädikat, also Primärsätze (»es regnet«). Aber die semantische und ontologische Deutung würde in einem solchen Fall auf große Schwierigkeiten stoßen, die nur um den Preis, dass sehr unplausible *ad hoc*-Annahmen eingeführt werden, behoben werden können. Die »natürlichere«, d.h. hier die kohärentere und intelligiblere Deutung und Handhabung besteht darin, dem Wahrheitsprädikat die kompositionale und dem Wahrheitsoperator die kontextuale Semantik bzw. Ontologie zuzuordnen. Die in der Wahrheitstheorie dieses Buches artikulierte Deutung des Wahrheitsoperators ist allerdings in keiner Weise, auch nicht im Prinzip, mit einer kompositionalen Semantik und Ontologie kompatibel.

Entsprechend der kontextualen Semantik kennt die hier angenommene Ontologie nur »Primärtatsachen« (bzw. Konfigurationen davon). Das heißt nicht, dass Sätze der Subjekt-Prädikat-Form nicht mehr verwendet werden

2.5 Die vollbestimmte Theoretizität: erster Ansatz zur Theorie der Wahrheit 197

dürfen; es heißt nur, dass sich die Semantik nicht an dieser Subjekt-Prädikat-Form der Sätze orientieren darf. Sätze mit dieser syntaktischen Struktur können weiterhin verwendet werden, soweit man sie nur als bequeme *Abbreviationen* von Sätzen ohne Subjekt und Prädikat semantisch deutet bzw. versteht. An dieser Stelle mögen diese programmatischen Andeutungen genügen. In Kapitel 3 werden die kompositionale und die kontextuale Semantik und Ontologie ausführlich dargelegt.[38]

An dieser Stelle ist eine Bemerkung zum Problem der so genannten »Wahrheitsträger (*truth bearers*)« zu machen. Wie das Wort ›Träger‹ zeigt, setzt die Verwendung des Ausdrucks ›Wahrheitsträger‹, strenggenommen, eine prädikatenlogische Sprache voraus: ›Wahr(heit)‹ wird als *Prädikat* verstanden und damit von einem ›x‹, eben einem Träger, prädiziert. Wird aber ›Wahr(heit)‹, wie in diesem Buch, nicht als Prädikat, sondern als Operator betrachtet, so erweist sich die Vorstellung eines »Trägers« als unangemessen. Dennoch kann man auch in diesem Fall von »Wahrheitsträgern« sprechen, *wenn* man diesen Ausdruck in einem sehr weiten, unspezifischen Sinn verwendet.

Es soll nun hier ohne nähere Begründung weiter bemerkt werden, dass drei »Wahrheitsträger«, d. h. jetzt genauer drei Arten von Argumenten, für den Operator »wahr« angenommen werden: die Proposition, der Satz und die (sprachliche) Äußerung, wobei die Proposition als das fundamentale oder primäre, der Satz als das erste abgeleitete und die Äußerung als das zweite abgeleitete Argument betrachtet werden. In Kapitel 3 wird sich zeigen, dass eine Begründung und nähere Erläuterung dieser folgenreichen Annahme im Rahmen einer im Grundriss formulierten neuen Semantik und neuen Ontologie möglich ist bzw. mit deren Entwicklung koinzidiert.

Um terminologischen Missverständnissen von vornherein vorzubeugen, ist darauf hinzuweisen, dass die Ausdrücke ›Proposition‹ und ›Sachverhalt‹ als synonyme Ausdrücke verwendet werden und dass ihnen im Rahmen der noch zu skizzierenden Semantik und Ontologie eine *völlig neue* Bedeutung gegeben wird. Um diese neue Bedeutung auch kenntlich zu machen, werden in diesem Buch die Bezeichnungen ›Primärproposition‹ bzw. ›Primärsachverhalt‹, ›Primärtatsache‹ und ›Primärstruktur‹ verwendet.

2.5.1.4 Gesamttheorie und Subtheorien der Wahrheit

Ein letzter wichtiger Punkt ist noch kurz anzusprechen. Entgegen dem ersten Anschein hat der heute so geläufige Ausdruck ›Theorie der Wahrheit‹ keinen präzisen Sinn, ganz im Gegenteil. R. Kirkham [1992] hat überzeugend gezeigt, dass diese Bezeichnung eine erhebliche Konfusion erzeugt (hat), indem sie eine große Anzahl teilweise sehr heterogener Projekte und The-

---
[38] Siehe Teil 3, Abschnitt 3.3, und PUNTEL [2001].

menstellungen undifferenziert abdeckt. Von besonderer Bedeutung ist hier die Unterscheidung zwischen einer Gesamttheorie der Wahrheit und den vielen einzelnen Subtheorien der Wahrheit. Was heute unter der Bezeichnung ›Theorie der Wahrheit‹ zur Darstellung kommt, sind in der Regel einzelne Subtheorien der Wahrheit. Die zwei wohl bekanntesten ergeben sich aus der traditionellen Unterscheidung zwischen Begriff und Kriterium der Wahrheit. Die Theorie, welche die Kriteriumsfrage thematisiert, wird »kriteriologische Theorie der Wahrheit« genannt; die Theorie, die den Begriff der Wahrheit zum Gegenstand hat, könnte man die *definitionale* Theorie der Wahrheit nennen. In diesem Buch wird ausschließlich eine definitionale Theorie der Wahrheit dargestellt.[39]

2.5.2 Die Grundidee der Wahrheit

2.5.2.1 Das sprachliche Urfaktum: Indeterminiertheit vs. Determiniertheit der Sprache

Wie immer man Wahrheit konzipieren mag, an der *Sprache* wird man nicht vorbei können. ›Wahr(heit)‹ ist ja der zentrale Ausdruck der Semantik, also jener Disziplin, die gerade die Sprache zum Gegenstand hat. Der hier zu entfaltende Ansatz geht von einem Phänomen aus, das man das *sprachliche Urfaktum* nennen könnte: die Indeterminiertheit (bzw. auch Unterdeterminiertheit) *versus* die Determiniertheit der Sprache.

In ihrer allgemeinsten oder abstrakten Gestalt ist Sprache ein System von bloßen Zeichen oder Symbolen. Diese können Schriftzeichen oder Laute sein, wobei auf die Sprache als System von Lauten hier der Einfachheit halber nicht eingegangen wird. In dieser generellen Hinsicht ist Sprache durchgängig indeterminiert bzw. unterdeterminiert. Die einzige »Determiniertheit« auf dieser Ebene ist die Bestimmung der Sprache als Zeichensystem und sie besteht trivialerweise darin, dass Sprache als ein System von *Zeichen* determiniert ist; die Zeichen aber sind noch in jeder Hinsicht indeterminiert. Sprache hingegen, wie wir sie als selbstverständlich kennen und gebrauchen, ist ein determiniertes, in vielfacher Hinsicht sogar ein volldeterminiertes Zeichensystem. Determiniertheit bzw. Volldeterminiertheit der Sprache meint hier folgendes: Wir wissen, wie wir mit dem Zeichensystem umzugehen haben, und wir verständigen uns, indem wir es gebrauchen. Kurz: (Voll)Determiniertheit besagt syntaktische Korrektheit und semantische Signifikanz (wobei das Wort ›Signifikanz‹ hier allgemein für das steht, was üblicherweise »Sinn«, »Bedeutung«,

---

[39] Diese Wahrheitstheorie ist eine wesentliche Komponente des im Buch herausgearbeiteten strukturalen Theorierahmens. In diesem Theorierahmen erweist sich die Wahrheitstheorie als innersystematisch begründet und situiert (vgl. 1.5 und 6), und zwar dadurch, dass sie die Intelligibilität und Kohärenz des Theorierahmens durch die Herausarbeitung der Interrelationalität von Semantik und Ontologie maximiert.

2.5 Die vollbestimmte Theoretizität: erster Ansatz zur Theorie der Wahrheit

»Referenz« und vor allem »Wahrheit« genannt wird). In den folgenden Ausführungen geht es um die Signifikanz, also die semantische Determiniertheit der Sprache, während die syntaktische Determiniertheit der Sprache, wenn man von einigen Kontexten absieht, nicht berücksichtigt wird.

Der hier anvisierte Ansatz stützt sich auf folgende Einsicht: Den Wahrheitsbegriff klären, heißt das Phänomen der Indeterminiertheit (bzw. Unterdeterminiertheit) und der (Voll)determiniertheit der Sprache klären; m. a. W. klären wie die Bestimmung der Sprache zu explizieren ist, wie sie zustande kommt und wie sie am besten verstanden werden kann. Es wird sich zeigen, dass der sogenannte Wahrheitsbegriff letztlich nichts anderes besagt als den *vollbestimmten Status* der Sprache (hinsichtlich ihres indikativischen oder deskriptiven Segments). Es bleibt zu sagen, wie das genau zu verstehen ist. Diese Einsicht soll nun zunächst in diesem und abschließend in Kapitel 3 schrittweise entfaltet werden.

Wie wird Sprache determiniert? Die einfachste Antwort lautet: durch Determinatoren. Dann aber schließen sich sofort die Fragen an, um welche Determinatoren es sich handelt und wie sie näher zu kennzeichnen sind.

Zunächst ist ein kurzer Hinweis auf die Art und Weise zu geben, wie die Determiniertheit (im erläuterten Sinne) formaler Sprachen in der Logik und in der formalen Semantik aufgefasst wird. Liegt eine Sprache als ein rein formales System vor, so kann sie durch die Einführung einer Bewertungs- und/oder einer Interpretationssemantik determiniert werden. Im ersten Fall legt man fest, dass den Sätzen (bzw. Formeln) der Sprache Wahrheitswerte zugeordnet werden. Im Falle der Interpretationssemantik (in der Tradition Tarskis) wird ein Modell eingeführt, d. h. ein geordnetes Paar, bestehend aus einem Bereich und einer Interpretationsfunktion, so dass den einzelnen nicht-logischen Ausdrücken der Sprache semantisch-ontologische Werte zugeordnet werden. So werden den singulären Termen Denotate und den Prädikaten Extensionen zugewiesen. Beispielsweise kann der Konstante s Sokrates zugeordnet werden und Sokrates kann in den Extensionen der Prädikate P (»ist ein Philosoph«) und G (»ist ein Grieche«), aber nicht – im Gegensatz etwa zu Platon – in der Extension von A (»ist ein Autor«) eingeschlossen werden. Demnach ist ein Satz genau dann als wahr bestimmt, wenn die semantischen Werte der beiden Komponenten des Satzes in folgender Weise kombiniert werden: Das Denotat des singulären Terms (bzw. der Konstante) liegt in der Extension des Prädikats. Da »Wahrheitswerte« einfach angenommen werden, setzt die bewertungssemantische Bestimmung den Begriff der Wahrheit schon voraus. Auch in der modelltheoretischen Bestimmung der Sprache ist es nicht klar, wie der Wahrheitsbegriff genau bestimmt wird.[40]

---

[40] Das zeigt sich in der Weise, wie die Notation für die Modellbeziehung angegeben bzw. »gelesen« wird. Die Modellbeziehung hinsichtlich eines Satzes wird in der Regel durch die Notation: $\mathfrak{A} \models \phi$ angezeigt, die auf dreifache Weise »gelesen« wird: Erstens als:

2.5.2.2 Die drei Ebenen der Sprachdetermination

Hier soll zunächst anders verfahren werden, und zwar in dem Sinne, dass die Frage ursprünglicher im philosophischen Sinne angegangen wird. Etwas vereinfacht gesagt: Die Determination der Sprache erfolgt grundsätzlich auf drei Ebenen oder in drei Formen. Um für die hier gestellte Aufgabe einen adäquaten Ausgangspunkt zu finden und um diese Aufgabe genau zu bestimmen, empfiehlt es sich, von einer kritischen Einsicht auszugehen, die sich aus den vorhergehenden Ausführungen ergibt.

Alle deflationistisch orientierten Wahrheitstheorien führen den »in sich stehenden (*self-standing*)«, d. h. in alleiniger Autonomie vorkommenden Satz p (z.B.: »Schnee ist weiß«) an der rechten Seite der berühmten Äquivalenz »›p‹ ist wahr genau dann wenn p« (»›p‹ ist wahr $\leftrightarrow p$« oder »$W^\ulcorner p \urcorner \leftrightarrow p$«) ein. Wie ist aber dieser angeblich semantisch völlig autonome Satz zu verstehen? Was ist sein semantischer Status? Es wird gesagt, es handle sich um einen Satz einer Metasprache, der wiederum als Übersetzung des auf der linken Seite der Äquivalenz in Anführungszeichen (oder in »Quine-Corners«) vorkommenden (daher nominalisierten) Satzes in die Metasprache zu verstehen ist. Aber wie ist dieser angeblich »in sich stehende« Satz im Sinne von: »aus sich heraus voll verständlicher und bestimmter Satz« zu verstehen? Welches ist sein semantischer Status? Eine Antwort darauf bleibt solange nichtssagend, als man den semantischen Status der Metaprache nicht kennt. Was nämlich ist das Resultat der Übersetzung? Erhält man durch sie einen Satz etwa aus der Reklameindustrie oder aus einem Märchen oder als Beispiel in einer Grammatik oder …? Sätze, die *ohne (explizite oder implizite) Qualifikation* formuliert oder geäußert werden oder wie immer vorkommen, einschließlich Satz p, bleiben solange unbestimmt oder unterbestimmt, solange nicht ein

---

»𝔄 ist ein Modell [oder eine Modellstruktur oder einfach: eine Struktur] für φ«; zweitens als: »φ ist wahr in (der Struktur) 𝔄«; drittens als: »φ ist erfüllt in (der Struktur) 𝔄« (vgl. z.B. Hodges [1993: 12 ff.]). Dies zeigt, dass der »Wahrheitsbegriff« hier keinen wirklich eindeutigen Status hat. Am einleuchtendsten wäre es, wenn man sagte, dass die Wahrheit von φ durch den Begriff der Erfüllung von φ in einer Struktur 𝔄 definiert ist. Aber das wird nicht allgemein akzeptiert. So wird z.B. in dem von D. Gabbay und F. Guenthner herausgegebenen *Handbook of Philosophical Logic* [1983: 14] folgende Definition präsentiert:
»(3.5) For each sentence letter φ, 𝔄 ⊨ φ iff $I_\mathfrak{A}(\varphi) = T$«
wobei T den Wahrheitswert ›wahr‹ anzeigt und $I_\mathfrak{A}$ die Funktion bezeichnet, die dem Satz den Wahrheitswert ›wahr‹ in der Struktur 𝔄 zuordnet. Welchen genauen Stellenwert hat hier der »Wahrheitswert«? Es sei aber vermerkt, dass der Autor des Beitrags, der diese letzte Definition enthält, W. Hodges, explizit und korrekt vermerkt: »Nobody claims that (3.5) explains what is meant by the word ›true‹.« (Ib.) Aber dann drängt sich noch einmal die Grundfrage auf: Wie wird in der formalen Logik bzw. Modelltheorie mit ›Wahr(heit)‹ umgegangen? Dennoch ist zu sagen – und das wird sich in dieser Arbeit zeigen –, dass letzten Endes beide Bestimmungsformen auf einem ganz richtigen Gedanken basieren, der allerdings anders, vor allem zirkelfrei, dargestellt werden muss.

2.5 Die vollbestimmte Theoretizität: erster Ansatz zur Theorie der Wahrheit 201

determinierender Faktor angegeben oder in klarer Weise vorausgesetzt wird. Nur so erhalten sie semantische Bestimmtheit. Wenn die Deflationisten sich ohne weiteres, d. h. ohne jede Qualifikation, nur auf den/einen isolierten »in sich stehenden« Satz, z. B. *p*, wie auf ein sicheres Fundament stützen, ist ein solches Verfahren buchstäblich sinnleer.

[1] Die *erste* der drei Ebenen wird hier die *lebensweltlich-kontextuale* Ebene genannt. Wenn Sprache ausschließlich gebraucht wird, um Sätze im täglichen Leben zu äußern, dann kann nicht bestritten werden, dass die geäußerten Sätze semantisch bestimmt sind; denn in der Regel gehen wir erfolgreich damit um, schaffen Kommunikation, verstehen, was wir meinen, und werden von anderen Sprachbenutzern verstanden. Im hier vorausgesetzten Normalfall enthält die Sprache auf dieser Ebene kein *pragmatisches* Vokabular, also keine Ausdrücke wie z. B. ›behaupten‹ und erst recht auch kein *semantisches* Vokabular wie ›Wahr(heit)‹. Diese Sprache sei hier als Sprache L_0 benannt.

Die Sprache L_0 ist durch Determiniertheit charakterisiert. Dies zu leugnen, wäre einfach absurd. Die Frage ist nun, was dies genau bedeutet. Die Sätze der rein »kontextual« verwendeten Sprache »treffen« wirklich, und zwar auf determinierte Weise, was sie »besagen« (sollen). Diese Sprache hat also einen determinierten, ja einen volldeterminierten Status. Und dieser Status wird durch einen rein sprachexternen Faktor, nämlich den lebensweltlichen Kontext, herbeigeführt *und* »angezeigt«. Das heißt: Hier findet keine sprachlich artikulierte Reflexion *über* das statt, was mit dem Gebrauch der Sprache geschieht, wie der Gebrauch bzw. die Sprache selbst zu verstehen ist u. dgl. Hier wird die Sprache einfach gebraucht: Ihr Status wird durch eine sprachexterne Dimension, den lebensweltlichen Kontext determiniert.

Konsequenterweise ist diese Determiniertheit keine theoretische, wissenschaftliche, philosophische o. ä., sondern eine direkte lebensweltlich-kontextuale Determiniertheit. Entscheidend daran ist unter vielen Faktoren, dass diese Determiniertheit keine evaluierte und keine explizierte ist. Man kann diesen Sachverhalt auch so charakterisieren: Den geäußerten Sätzen der rein kontextual gebrauchten Sprache ist – auf implizite, d. h. auf nicht-artikulierte Weise – immer schon ein Kontext-Operator vorangestellt zu denken, den man so ausdrücken kann: »Es-ist-kontextual-gegeben-dass z. B. Schnee weiß ist«). Dieser vorausgesetzte Operator ist es, der der Kommunikationssprache ihre Determiniertheit verleiht.

[2] Alles ändert sich schlagartig, wenn beispielsweise Fragen irgendwelcher Art bezüglich der sprachlichen lebensweltlichen Äußerungen auftauchen. Dann wird der Fluss der natürlichen kommunikativen Lebenswelt unterbrochen; ein Bruch tut sich auf zwischen der Sprache in ihrer »natürlichen«, d. h.

unmittelbaren Verwendung und einer anderen Ebene bzw. mehreren anderen Ebenen.[41] Dass der lebensweltliche Kontext aufgebrochen wird, heißt, dass eine neue Ebene entsteht oder auftaucht. Damit wird die lebensweltlich-kontextuale Determiniertheit der Sprache zumindest fraglich; sie ist in jedem Fall nicht mehr maßgebend; im strengen Sinn ist sie als solche verschwunden. Um welche neue Ebene es sich handelt, kann nicht *a priori* gesagt oder abgeleitet werden; denn es gibt mehrere Möglichkeiten. Aber oft und oft und auf »natürliche« Weise kommt eine »Ebene« ins Spiel, die durch die Verwendung des *pragmatischen* Vokabulars charakterisiert ist. Diese *sprachpragmatische Ebene* ist die *zweite* Ebene der Determiniertheit der Sprache. Sie kann als eine sprachexterne-sprachinterne, also eine »gemischte« Ebene in folgendem Sinn bezeichnet werden: Auf dieser neuen Ebene wird Determiniertheit der Sprache dadurch herbeigeführt und angezeigt, dass eine Handlung (also etwas Sprachexternes) von einem oder mehreren Sprechern vollzogen und gleichzeitig *als eine solche* Handlung sprachlich artikuliert wird. Diese sprachlich artikulierte Handlung determiniert den geäußerten Satz.

Diese Ebene ist die der Anwendung des pragmatischen Vokabulars. Ein klassisches Beispiel: War auf der lebensweltlich-kontextualen Ebene etwa der einfache Satz ›p‹ (z. B.: ›Schnee ist weiß‹) gegeben, d. h. geäußert worden, so tritt jetzt eine Transformation ein, die sich etwa so artikuliert: »Ich *behaupte* (oder Person S *behauptet*) dass *p* (dass Schnee weiß ist)«. Das heißt: dem geäußerten Satz wird ein sprachpragmatischer Operator explizit vorangestellt, den man so artikulieren bzw. »lesen« kann: »Es-ist-sprachpragmatisch-gesetzt-dass …(z. B. Schnee weiß ist)«. Der einzelne Satz *p* erhält jetzt seine sprachlich-semantische Determiniertheit durch einen sprachexternen Faktor – im gegebenen Beispiel die Behauptungshandlung – und einen sprachinternen Faktor, nämlich die sprachliche Artikulation dieser Handlung. In diesem Beispiel repräsentiert der Satz ›p‹ die Sprache als ganze, so dass gesagt werden kann, auf dieser Ebene werde Sprache sprachextern-sprachintern determiniert. Den sprachlichen Ausdrücken wird »Bedeutung« (d. h. semantische Determiniertheit) durch eine sprachlich als Satzoperator artikulierte Handlung verliehen. Aus diesem sprachexternen-sprachinternen »Material« speisen sich grundsätzlich die heute weit verbreiteten pragmatisch orientierten Semantiken.[42]

[3] Die neben der kontextualen und der sprachpragmatischen dritte Ebene der Sprachdetermination ist die unvergleichlich wichtigste, weil sie die letztlich

---

[41] J. HABERMAS hat den hier »Bruch« genannten Vorgang in der von ihm thematisierten Perspektive des Handlungszusammenhangs treffend als »die kritische Schwelle zwischen Kommunikationen, die dem Handlungskontext verhaftet bleiben, und Diskursen, die Handlungszwänge transzendieren« (HABERMAS [1963/1971: 26]) charakterisiert.

[42] Das beste Beispiel für diese pragmatische Richtung ist die von R. BRANDOM entwickelte großangelegte Semantik, die dem programmatischen Slogan folgt: »Semantics must answer to pragmatics.« (BRANDOM [1994: 83])

fundamentale Ebene ist: Das ist die Ebene, auf der das *semantisches Vokabular*, und hier ganz besonders der zentrale semantische Ausdruck ›Wahr(heit)‹, situiert ist. Es leuchtet ein, dass auch der Operator ›Es-ist-wahr-dass‹, analog zum sprachdeterminativen Charakter des sprachpragmatischen Operators ›Es-wird-behauptet-dass‹, einen determinativen oder determinierenden Charakter bezüglich der Sprache hat. Aber zwischen diesen beiden Operatoren besteht ein radikaler Unterschied, der, wie sich zeigen wird, eine entscheidende Rolle in dem hier zu entwickelnden Ansatz spielen wird. Im Gegensatz zum sprachpragmatischen Operator beinhaltet der Wahrheitsoperator keinen Bezug zu irgendwelchen sprachexternen Faktoren wie lebensweltlichen Kontexten, Subjekten (Sprechern), Handelnden, Handlungen, Vollzügen u. dgl. Der Wahrheitsoperator, wie überhaupt das semantische Vokabular, ist ein rein sprachinterner Determinator, oder besser, der eigentliche sprachinterne Determinator. Richtig müsste es heißen: Durch das Vorkommen des semantischen Vokabulars determiniert die Sprache sich selbst. Oder anders ausgedrückt: Das semantische Vokabular ist die sprachdeterminative Dimension der Sprache selbst. Im Zuge der Entstehung und Verbreitung epistemischer und allgemein pragmatischer Richtungen jeder Couleur – von der klassisch-pragmatischen über die expressiv-pragmatische eines R. Brandom bis hin zur diskurstheoretischen oder konsensorientierten Richtung eines J. Habermas – hat man diesen fundamentalen Faktor immer weniger beachtet und permanent so hartnäckig ignoriert, dass man ihn gänzlich aus dem Auge verloren und schließlich völlig negiert hat. Damit hat man die selbstverständliche Erkenntnis übersehen, dass Sprache sich selbst determiniert, d. h. interpretiert, und zwar durch das semantische Vokabular.

Dieser Faktor wird noch vom eigentlichen Gründer der strengen (formalen) Semantik, nämlich *Alfred Tarski*, in eindrucksvoller Weise als eine Selbstverständlichkeit angesehen, wenn er beispielsweise markant formuliert:

»*Eine wahre Aussage ist eine Aussage, welche besagt, dass die Sachen sich so und so verhalten, und die Sachen verhalten sich eben so und so.*« (Tarski [1933/1983: 450])

Von der Aussage – und man kann dann generalisierend sagen: von der Sprache überhaupt – sagt Tarski, dass *sie*, also die Aussage bzw. die Sprache selbst, »besagt dass …«. Hier findet Selbstdetermination der Sprache statt.

2.5.2.3 Der Zusammenhang der drei Ebenen und die Fundamentalität der semantischen Dimension

Bisher wurden (die) drei Ebenen der Sprachdeterminierung bzw. -determiniertheit nur unterschieden und jede für sich charakterisiert. Es stellt sich aber die Frage, ob sie in einer Beziehung zueinander stehen, und wenn ja, wie. Hier wird davon ausgegangen, dass die drei Ebenen einen Zusammenhang bilden, derart, dass die lebensweltlich-kontextuale Sprachdetermination die sprachpragmatische voraussetzt und die sprachpragmatische Sprachdetermination ihrerseits die semantische voraussetzt. Umgekehrt setzt weder die semantische Sprachdetermination die beiden anderen Ebenen noch auch die sprachpragmatische Sprachdetermination die lebensweltlich-kontextuale voraus. Dies bedarf einer Erklärung und Begründung.

Um überhaupt intelligibel zu sein, muss die lebensweltlich-kontextuale Sprachdetermination dazu führen, dass der »selbst-ständige« (also ›frei‹ geäußerte) Satz ›p‹ einen sprachpragmatisch artikulierbaren Status hat. Wie sollte sonst die Determiniertheit der Sprache auf der lebensweltlich-kontextualen Ebene konzipiert werden? Berücksichtigt man der Einfachheit halber nur den Behauptungsmodus, so kann nämlich ein »frei« geäußerter und damit »frei« stehender Satz nur verstanden werden, wenn er als Behauptung, und nicht etwa als Ausruf, Frage u. ä. identifiziert wird. Ist dem so, dann impliziert die lebensweltlich-kontextuale Ebene die nächste, die sprachpragamtische Ebene der Sprachdetermination. Kurz: Zu sagen, dass ein Satz p eine lebensweltliche/ kontextuale Determiniertheit hat, heißt (im stärksten Fall) sagen, dass p einen Behauptungsstatus hat.

Hier nun drängt sich eine Frage auf, die sich in analoger Weise im Fall der lebensweltlich-kontextualen Sprachdetermination aufdrängte: Was heißt es, dass ein Satz einen Behauptungsstatus hat? Was ist überhaupt eine Behauptung? C. Wright vertritt die Auffassung, dass für die Klärung des Wahrheitsprädikats eine Reihe von »*platitudes*« anerkannt werden müssen, wobei er als eine der wichtigsten die folgende nennt: »[T]o assert is to present as true.« (Wright [1993: 34]) Diese Formulierung geht zurück auf G. Frege, bei dem Sätze zu lesen sind wie etwa:

»Um etwas als wahr hinzustellen, brauchen wir kein besonderes Prädikat, sondern nur die behauptende Kraft, mit der wir den Satz aussprechen.« (Frege [1978: 139]; verfasst 1914)

Man wird zwar nicht sagen können, dass eine solche Formulierung eine direkte Charakterisierung, geschweige denn eine Definition von »Behauptung« enthält; aber sie artikuliert doch auf indirekte Weise das, was unter Behauptung zu verstehen ist.[43] Sie zeigt, dass »Behaupten« etwas bezüglich

---

[43] Allerdings darf nicht verschwiegen werden, dass die Problemlage bei FREGE außerordentlich komplex und sogar verworren ist. Geht man von der soeben im Text vertretenen Interpretation aus, so erscheinen andere Formulierungen FREGES unverständlich und sogar inkohärent, so beispielsweise die folgende :
»Wenn ich behaupte, dass die Summe von 2 und 3 5 ist, so behaupte ich damit, dass es wahr ist, dass 2 und 3 5 ist. Und so behaupte ich, es sei wahr, dass meine Vorstellung des Kölner Domes mit der Wirklichkeit übereinstimme, wenn ich behaupte, dass sie mit der Wirklichkeit übereinstimme. Die Form des Behauptungssatzes ist also eigentlich das, womit wir die Wahrheit aussagen, und wir bedürfen dazu des Wortes ›wahr‹ nicht. Ja, wir können

2.5 Die vollbestimmte Theoretizität: erster Ansatz zur Theorie der Wahrheit 205

»Wahrheit« besagt, nämlich das »Hinstellen [von Wahrheit]«. »Behaupten« ist daher nicht äquivalent zu »Wahrheit«; anders formuliert: Die Operatoren »Es wird behauptet dass« und »Es ist wahr dass« sind nicht äquivalent, noch weniger sind sie synonym.

Daraus ergibt sich folglich, dass die sprachpragmatische Sprachdetermination nur unter Voraussetzung von »Wahrheit« überhaupt möglich, d. h. hier: intelligibel ist. Damit setzt die sprachpragmatische die *semantische* Sprachdetermination voraus bzw. gründet auf ihr. Und damit erweist der Zusammenhang der drei Ebenen der Sprachdetermination die Fundamentalität der semantischen Ebene. Erneut ist der einmalig spezifische Charakter des semantischen Vokabulars zu betonen: Dieses Vokabular ist in dem Sinne »absolut«, dass es keinen Bezug, keine wie immer zu konzipierende Relativität auf sprachexterne Faktoren jedweder Art beinhaltet. Durch das semantische Vokabular spricht die Sprache über sich selbst, sie qualifiziert, determiniert sich selbst.

2.5.2.4 Informal-intuitive Formulierung der fundamentalen Idee der Wahrheit

Es ist jetzt möglich, eine erste, noch allgemeine und informale Formulierung der fundamentalen Idee der Wahrheit vorzuschlagen. *Unter Voraussetzung, dass Sprache als die Gesamtheit der deskriptiven Primärsätze, die Primärpropositionen ausdrücken, verstanden wird, gilt: Das Wort ›Wahr(heit)‹ bzw. der Operator »Es ist wahr dass« bezeichnet sowohl die Überführung der Sprache von einem indeterminierten oder unterdeterminierten Status in einen volldeterminierten Status als auch in einem das Ergebnis einer solchen Überführung: die volldeterminierte Sprache.* In dieser Formulierung ist ganz allgemein von »Sprache« die Rede; dies ist insofern nicht falsch, als Sprache letztlich als System von Sätzen – wie immer diese näher konzipiert werden mögen (siehe

---

sagen: selbst da, wo wir die Ausdrucksweise ›es ist wahr, dass ...‹ anwenden, ist eigentlich die Form des Behauptungssatzes das Wesentliche.« (Ib. 39–40; verfasst 1897)

Hier hat der scharfsinnige Philosoph und Logiker Frege eine Reihe von Dingen durcheinander gebracht, was durch eine minutiöse Analyse der zitierten Passage leicht gezeigt werden kann. Hier nur der Hauptpunkt: Der erste Satz »Wenn ich behaupte, dass die Summe von 2 und 3 5 ist, so behaupte ich damit, dass es wahr ist, dass 2 und 3 5 ist« enthält einen folgenreichen Fehler. Geht man davon aus, dass »behaupten« so viel wie »als wahr hinstellen« besagt, so trifft gerade nicht zu, dass, wenn ich behaupte, dass die Summe von 2 und 3 5 ist, »damit« behauptet wird, dass es wahr ist, dass 2 und 3 5 ist. Das wird sofort deutlich, wenn man konsequenterweise »Behaupten« durch das Explicans »als wahr hinstellen« substituiert; man erhält dann nämlich: »Wenn ich als wahr hinstelle, dass die Summe von 2 und 3 5 ist, so stelle ich damit als wahr hin, dass es wahr ist, dass 2 und 3 5 ist ...« Dies ist zwar kein unsinniger Satz; er ist aber ersichtlicherweise nicht äquivalent zu »Wenn ich behaupte, dass die Summe von 2 und 3 5 ist, so behaupte ich damit, dass es wahr ist, dass 2 und 3 5 ist«.

unten 3.3.[3]) – zu begreifen ist. Dennoch ist es empfehlenswert, eine spezifischere Formulierung zu wählen und, statt ganz allgemein von »Sprache«, genauer von den sogenannten »Wahrheitsträgern« (Proposition, Satz, Äußerung) zu sprechen. Dementsprechend wäre beispielsweise zu sagen: Dass eine durch einen Satz der gewählten Sprache ausgedrückte Proposition als wahr qualifiziert wird, besagt, dass die Proposition von einem indeterminierten oder unterdeterminierten in einen volldeterminierten Status überführt wird. »Wahr(heit)« bezeichnet sowohl diesen Vorgang der Überführung als auch das Ergebnis der Überführung. Darauf soll in Kapitel 3 näher und abschließend eingegangen werden.

Kapitel 3

Struktursystematik: Die fundamentalen Strukturen

3.1 Was ist Struktursystematik?

3.1.1 Der Grundgedanke

In der Einleitung wurde der Haupttitel dieses Buches *Struktur und Sein* erläutert und in Kapitel 1 eine weiterführende Bestimmung der dabei direkt verwendeten oder implizit vorausgesetzten Begriffe vorgelegt. Im vorliegenden Kapitel soll der sich in dieser Formulierung artikulierende zentrale Gedanke einer möglichst vollständigen Klärung zugeführt werden. Nachdem der allgemeine Begriff der Struktur in Kapitel 1 eingeführt und erläutert wurde, geht es in diesem Kapitel nicht mehr um den Begriff der Struktur als solchen, sondern um die konkreten Arten und Gestalten von Strukturen, die eine bestimmende systematische Rolle spielen und in diesem Sinne und aus diesem Grund als die *fundamentalen Strukturen* zu bezeichnen sind; kurz: Es geht um die Struktursystematik. Es wird sich herausstellen, dass es drei Arten von fundamentalen Strukturen gibt: fundamentale *formale Strukturen*, fundamentale *semantische Strukturen* und fundamentale *ontologische Strukturen*.

Es ist vorerst zu erläutern, wie und warum dem Begriff der Struktur ein alles bestimmender systematischer Stellenwert in der hier entwickelten Konzeption einer systematischen Philosophie zugewiesen wird. Wie in Kapitel 1 kurz ausgeführt, basiert diese Konzeption auf einem Grundgedanken, der in diesem Abschnitt weiter erläutert werden soll. Dazu ist es nötig, weit auszuholen.

Aufgabe eines theoretischen Unternehmens ist es, ein bestimmtes X zu begreifen, wobei »begreifen« hier als Allgemeinbegriff für »verstehen«, »erklären«, »artikulieren« und viele andere Ausdrücke steht, die in der einen oder anderen Weise im Zusammenhang mit einem theoretischen Unternehmen verwendet werden (können). ›X‹ steht für »die Sache«, die »Thematik«, den »Gegenstand«, den »Bereich« usw. des Begreifens, wobei auch hier zu sagen ist, dass das so verstandene X im Verlauf der Philosophie- und Theoriegeschichte viele Bezeichnungen erhalten hat wie ›Sein‹, ›Wirklichkeit‹, ›Realität‹, ›Welt‹, ›Natur‹, ›Geschichte‹, ›Universum‹, ›das Absolute‹ usw., in ganz anderer Hinsicht: ›Frage‹, ›Problem‹, ›Thema‹ usw.

Wie erfolgt das Begreifen von X, d.h. der zu begreifenden Sache? Diese Frage durchzieht in grundsätzlicher Hinsicht die ganze Philosophiegeschichte. Alle philosophischen Positionen lassen sich unter dem Gesichtspunkt charakterisieren, wie sie das Verhältnis von Begreifen und zu begreifender Sache auffassen und damit »umgehen«. Genauer formuliert: Es geht um die Frage, ob das »Begreifen« von der zu begreifenden Sache her zu bestimmen ist, oder umgekehrt, ob die zu begreifende Sache sich vom Begreifen her bestimmt. Eine extreme Position würde die Dimension des Begreifens in dem Sinne als *tabula rasa* charakterisieren, dass alles, was das Begreifen ausmacht, aus der zu begreifenden Sache herstammt. Die entgegengesetzte Position würde aus der zu begreifenden Sache in dem Sinne eine *tabula rasa* machen, dass die Sache nichts anderes wäre als etwas, was sich durch jene Faktoren konstituiert, die das Begreifen ausmachen. Es ist zweifelhaft, ob man in der Philosophiegeschichte *reine* Beispiele oder Fälle dieser beiden entgegengesetzten Extrempositionen als solcher finden kann. Sogar den sogenannten *absoluten Idealismus*, den man als Beispiel für die zweite Extremposition ins Feld zu führen geneigt sein könnte, kann man bei genauerer historischer und philosophischer Analyse auch dieser Extremposition nicht adäquat zuordnen. Man wird wohl sagen müssen, dass die allermeisten Positionen in der Regel Mischformen darstellen.

Als charakteristisches und berühmtes Beispiel zur näheren Ilustration kann hier Kants transzendentaler Idealismus angeführt werden. Im allgemeinen charakterisiert Kant das Problem des Verhältnisses zwischen Begreifen und der zu begreifenden Sache folgendermaßen:

»Bisher nahm man an, alle unsere Erkenntniß müsse sich nach den Gegenständen richten; aber alle Versuche über sie *a priori* etwas durch Begriffe auszumachen, wodurch unsere Erkenntniß erweitert würde, gingen unter dieser Voraussetzung zu nichte. Man versuche es daher einmal, ob wir nicht in den Aufgaben der Metaphysik damit besser fortkommen, daß wir annehmen, die Gegenstände müssen sich nach unserem Erkenntniß richten, welches so schon besser mit der verlangten Möglichkeit einer Erkenntniß derselben *a priori* zusammenstimmt, die über Gegenstände, ehe sie uns gegeben werden, etwas festsetzen soll.« (Kant [KrV: B XVI])

In der hier verwendeten Terminologie vertritt Kant folgende Form des Verhältnisses von Begreifen und zu begreifender Sache: Das »Begreifen« liefert alle »formalen« Elemente, die zu begreifende Sache liefert ein rein sinnliches Material. Erkenntnis ist konstituiert durch die Anwendung der reinen Begriffe *a priori* auf das uns durch die Sinne zugeführte und zuerst durch die apriorischen (reinen) Formen der sinnlichen Anschauung, nämlich Raum und Zeit, geformte Material. Kant sah sehr deutlich, dass diese Konzeption zur Konsequenz hat, dass die »Dinge an sich selbst«, also die zu begreifende Sache selbst, uns unzugänglich bleibt. Er formulierte diese Konsequenz in verschiedener Weise, indem er beispielsweise mit Nachdruck darauf hinwies, dass es sich aus der von ihm durchgeführten

3.1 Was ist Struktursystematik? 209

»Deduction unseres Vermögens *a priori* zu erkennen im ersten Theile der Metaphysik ein befremdliches und dem ganzen Zwecke derselben, der den zweiten Theil beschäftigt, dem Anscheine nach sehr nachtheiliges Resultat [ergibt], nämlich dass wir mit ihm nie über die Grenze möglicher Erfahrung hinausgehen können, welches doch gerade die wesentlichste Angelegenheit dieser Wissenschaft ist.« (Ib. B XIX).

Und Kant erläutert diese Konsequenz, indem er daraus eine weitere Konsequenz zieht:

»Aber hierin liegt eben das Experiment einer Gegenprobe der Wahrheit des Resultats jener ersten Würdigung unserer Vernunfterkenntnis *a priori*, dass sie nämlich nur auf Erscheinungen gehe, die Sache an sich selbst dagegen zwar als für sich selbst wirklich, aber von uns unerkannt, liegen lasse.« (Ib. B XIX–XX)

»Allen Naturforschern [ging] ein Licht auf. Sie begriffen, daß die Vernunft nur das einsieht, was sie selbst nach ihrem Entwurfe hervorbringt, daß sie mit Principien ihrer Urtheile nach beständigen Gesetzen vorangehen und die Natur nöthigen müsse auf ihre Fragen zu antworten, nicht aber sich von ihr allein gleichsam am Leitbande gängeln lassen müsse ...« (Ib. B XIII)

Kants Position soll hier nicht weiter verfolgt werden. Bis heute lässt sich aber konstatieren, dass die gesamte nachkantische Philosophie in der einen oder anderen Form von Kants »transzendentaler Wende« geprägt wurde, wobei sich der Schwerpunkt von der transzendentalen Struktur des Subjekts auf die Sprache und die formalen Instrumentarien verlagert hat.

Die hier vertretene strukturale Position ist das Ergebnis einer sehr differenzierten Sicht des Verhältnisses zwischen Begreifen und zu begreifender Sache. Es wird davon ausgegangen, dass die Dimension der zu begreifenden Sache *zunächst*, d. h. am Anfang des theoretischen Unternehmens, noch *leer* ist. Uns ist nur die Dimension des Begreifens in dem Sinne zuerst »gegeben«, dass alles, was wir theoretisch unternehmen, schon im Rahmen der Dimension des Begreifens erfolgt. Die Untersuchung dieser Dimension erscheint daher als die erste große Aufgabe der Philosophie. Auf den ersten Blick scheint diese Einsicht bzw. Position eine Konsequenz zu haben, die noch radikaler erscheint als die oben referierte These Kants, der zufolge uns die Dimension der zu begreifenden Sache schlechterdings unzugänglich bleibt. Es wird sich aber zeigen, dass dem nicht so ist, ganz im Gegenteil: Die Dimension des Begreifens im einzelnen zu untersuchen und zu explizieren, ist grundsätzlich nichts anderes als die Herausarbeitung des eigentlichen Sach-Rahmens, also des Rahmens für das Begreifen der »Sache selbst«. Wie dies im einzelnen zu verstehen und zu realisieren ist, stellt das eigentliche Thema des vorliegenden Werkes dar.

Hier dürfte ein historischer Hinweis zu einem besseren Verständnis des Grundgedankens beitragen. In seinem großen Werk *Wissenschaft der Logik* verfolgt Hegel die Absicht, ein, genauer: das System aller »Denkbestimmungen« zur Darstellung zu bringen. Unter »Denkbestimmungen« versteht er das, was in der Philosophietradition »Kategorien« genannt wurde, wobei Hegel die diesem Begriff zugrundeliegende Intuition beträchtlich erweiterte, indem er die Wandlung der Kategorienlehre von Aristoteles bis Kant in sein umfassendes Konzept integrierte. Anders als Kant, der nur zwölf Kategorien kannte und diese als Funktionen des vom Subjekt bzw. Ich her bestimmten Denkens auffasste, wollte Hegel die Denkbestimmungen »an ihnen selbst« begreifen und herausarbeiten:

»Indem [...] das Interesse der Kantischen Philosophie auf das sogenannte *Transzendentale* der Denkbestimmungen gerichtet war, ist die Abhandlung derselben leer ausgegangen; was sie an ihnen selbst sind ohne die abstrakte, allen gleiche Relation auf Ich, ihre Bestimmtheit gegen- und ihr Verhältnis zueinander ist nicht zu einem Gegenstande der Betrachtung gemacht worden; die Erkenntnis ihrer Natur hat sich daher durch diese Philosophie nicht im geringsten gefördert gefunden.« (Hegel [WL I 46])

Es seien hier *zwei* Gesichtspunkte im Zusammenhang mit Hegels Unternehmen kurz angesprochen. *Erstens* ist Hegels Durchführung seiner großen Idee eindeutig gescheitert. Seine *Wissenschaft der Logik* ist letztlich ein in vielfacher Hinsicht inkohärentes Werk, das in keiner Weise den Anspruch einlöst, den es am Anfang erhebt. Das kann hier zwar nicht begründet werden; verwiesen sei aber auf mehrere Arbeiten des Verfassers (vgl. besonders Puntel [1996]). Dessenungeachtet erweist sich *zweitens* eine der Grundthesen, die Hegel im Zusammenhang mit seinem gescheiterten Versuch vertritt, alle »Denkbestimmungen« systematisch herauszuarbeiten, als äußerst wertvoll: Hegel zufolge sind die »Denkbestimmungen« nicht *bloße* »*Denk*bestimmungen«, sondern sie sind gleichzeitg »Grundbestimmungen *der Dinge*«. Und Hegel vermerkt ganz richtig: die Metaphysik »stand durch diese Voraussetzung, dass das, was *ist*, damit, dass es *gedacht* wird, *an sich* erkannt werde, höher als das spätere kritische Philosophieren« (Hegel [Enz: § 28]). Allerdings ist es nicht möglich einzusehen, wie die Denkbestimmungen, die Hegel in seinem Werk angeblich systematisch dargestellt hat, in kohärenter Weise als die »Grundbestimmungen der Dinge« aufgefasst werden können. Nichtsdestotrotz ist der Gedanke zutiefst richtig und wichtig, dass die von Hegel »Denkbestimmungen« genannten fundamentalen Strukturen einen ontologischen Status haben.

Kants und Hegels Positionen sind das Ergebnis des Versuchs, die Dimension des Begreifens zu erfassen und explizit zu machen. Das Bezeichnende in Hegels Versuch ist der Umstand, dass es *auf den ersten Blick* den Anschein hat, als ob Hegel die zu begreifende Sache vollkommen in der Dimension des Begreifens aufgehen lässt; anders formuliert: als ob er die »Sach-Dimension« auf den Nullpunkt reduzieren und gleichzeitig die Dimension des Begreifens zum Maximalpunkt erheben würde. Der in diesem Werk zu unternehmende Versuch ist in dieser Hinsicht dem Hegelschen Vorgehen ähnlich. Es wird sich herausstellen, dass die zu begreifende Sache gerade dadurch begriffen wird, dass zuerst die Dimension des Begreifens *als solche* herausgearbeitet oder expliziert wird. Was bisher als die Dimension des Begreifens bezeichnet wurde, ist das, was in der hier verwendeten Fachterminologie *Strukturdimension* genannt wird; deren Explizitmachung heißt dann *Struktursystematik*. Was darunter näher zu verstehen ist, soll im folgenden schrittweise herausgearbeitet werden.

3.1.2 Sachlich-terminologische Klärungen

Die deutsche Sprache verfügt – ähnlich wie andere westliche Sprachen – in ihrer normalen und philosophischen Nomenklatur über eine Reihe von Termen, die auf den ersten Blick zur Kennzeichnung eines der beiden Bereiche, des Bereichs der Struktur(en) und des Bereichs des uneingeschränkten *universe of discourse*, geeignet erscheinen. Für die Benennung des ersten Bereichs sind insbesondere Terme wie ›Begriff‹, ›Bedeutung‹, ›Gedanke‹, ›Proposition‹, und für die Benennung des zweiten Bereichs insbesondere Terme wie ›Gegenstand (Objekt, Ding)‹, ›Eigenschaft‹, ›Relation‹, ›Tatsache‹ anzuführen. ›Kategorie‹ nimmt eine Sonderstellung ein. Aber keiner dieser Terme kann ohne genaue Klärung als unproblematischer Bestandteil einer Terminologie angesehen werden, die eine gründlich durchdachte und unzweideutige sachliche Konzeption artikuliert. Diese Terme sind nämlich nicht nur zu vage und wurden bzw. werden zu oft in vielen divergierenden Bedeutungen verwendet, sondern – und das ist ein noch radikalerer Mangel – es ist auch offensichtlich, dass sie auf Konzeptionen basieren bzw. Konzeptionen artikulieren, die zumindest als inadäquat zu bezeichnen sind. Wie weiter unten in diesem Kapitel zu zeigen sein wird, involvieren diese Terme, wie sie im allgemeinen verwendet und verstanden werden, das semantische Kompositionalitätsprinzip und die damit korrelierte Substanzontologie, zwei Konzeptionen, die in diesem Buch als nicht vertretbar abgelehnt werden (vgl. unten 3.2.2.3).

3.1.2.1 »Begriff«, »Bedeutung«, »Sinn«, »semantischer Wert«, »Proposition«, »Sachverhalt«

[1] Der Ausdruck ›Begriff‹ gehört unbestreitbar zu den am häufigsten verwendeten Ausdrücken in der Philosophie aller Zeiten. Fragt man, was mit diesem Ausdruck gemeint ist oder was darunter genau verstanden wird oder zu verstehen sei, dürfte kaum ein Philosoph in der Lage sein, darauf eine klare, angemessene und überzeugende Antwort zu geben. Man braucht nur die Geschichte der Explikationen des Ausdrucks ›Begriff‹ zu untersuchen, um sich zu überzeugen, dass von einer irgendwie auch nur minimalen Übereinstimmung unter Philosophen überhaupt nicht die Rede sein kann. Beispielsweise dürfte das, was Hegel mit ›Begriff‹ meint, schwerlich etwas mit dem zu tun haben, was etwa Philosophen wie Kant, Frege, Carnap und andere mit diesem

Ausdruck assoziieren. Dennoch wurde und wird dieser Ausdruck auf Schritt und Tritt in der philosophischen Literatur verwendet.

Diese Gewohnheit muss nicht unbedingt nur negativ gesehen werden; denn in einer informellen und intuitiven Weise erzielt die Verwendung dieses Ausdrucks durchaus – zumindest oft – einen positiven Effekt, nämlich so etwas wie eine Andeutung des »intendierten Sinnes«. Der Ausdruck hat daher eher einen programmatischen Stellenwert; dies wird daran ersichtlich, dass man von allem und jedem einen »Begriff« zu haben meint oder behauptet bzw. im Hinblick auf alles und jedes von einem »Begriff« spricht: vom »Begriff der Wahrheit« bis etwa zum »Begriff Gottes«. Sobald aber diese allgemeine intuitiv-programmatische Ebene verlassen wird, erweist sich die weitere Verwendung dieses Ausdrucks als nicht nur wenig hilfreich, sondern auch als hinderlich hinsichtlich einer genaueren Angabe dessen, was damit »gemeint« oder »intendiert« sein soll. Aus diesem Grund sollte man diesen Ausdruck in der Philosophie mit größter Vorsicht verwenden, jedenfalls dann, wenn man den Versuch unternimmt, das Gemeinte bzw. Intendierte präzise zu artikulieren. Es ist sehr bezeichnend, dass man für die Benennung dessen, was hier das mit dem Ausdruck ›Begriff‹ »Gemeinte oder Intendierte« oder unter diesem Ausdruck »Verstandene« oder »zu Verstehende« genannt wird, in der Regel wieder den Ausdruck ›Begriff‹ verwendet: Man spricht dann ganz natürlich vom »Begriff des Begriffs«.[1]

Erst in der Gegenwart wurde die Aufgabe gesehen und in Angriff genommen, eine Begriffstheorie (in der englischsprachigen philosophischen Literatur wird gewöhnlich die Formulierung ›*Theory of Concepts*‹ verwendet) zu entwickeln.[2] Dabei werden nicht nur die Philosophie im engeren Sinne, sondern auch andere Disziplinen, insbesondere die Kognitionswissenschaft(en) und die Psychologie entscheidend berücksichtigt. Für die Zielsetzung der in diesem Kapitel herauszuarbeitenden Struktursystematik ist nur *eine* Frage von Bedeutung, nämlich jene Frage, die den Kern einer philosophischen Begriffstheorie ausmacht: die Frage nach dem *ontologischen Status* der Begriffe. Diese Frage beinhaltet ihrerseits zwei spezifische Fragen, die wesentlich zu-

---

[1] Ein anderer Aspekt, der speziell die deutsche Sprache betrifft, ist zu beachten: Die romanischen Sprachen und das Englische besitzen mindestens zwei verschiedene Ausdrücke, die im Deutschen normalerweise mit dem Ausdruck ›Begriff‹ wiedergegeben werden: ›notio‹ (›notion‹ (Französisch/Englisch), ›nozione‹ (Italienisch), ›noción‹ (Spanisch), ›noção‹ (Portugiesisch) etc.) und ›conceptus‹ (›concept‹ (Französisch/Englisch), ›concetto‹ (Italienisch), ›concepto‹ (Spanisch), ›conceito‹ (Portugiesisch) etc.). Auch daraus ist zu erklären, dass der Ausdruck ›Begriff‹ eine ganz besondere Geschichte der semantischen Äquivokationen zu verzeichnen hat.

[2] Vgl. z. B. MARGOLIS/LAURENCE [1995]. In der umfangreichen Einleitung unterscheiden die Herausgeber fünf *Theories of Concepts*: 1. *The Classical Theory*; 2. *The Prototype Theory*; 3. *The Theory-Theory*; 4. *The Neoclassical Theory*; 5. *The Conceptual Atomism*. Vgl. auch PEACOCQUE [1995].

sammenhängen: Erstens die Frage: Was für eine Entität ist der Begriff selbst?; zweitens die Frage: Worauf bezieht sich der Begriff?

Auf die *erste* Frage gibt es hauptsächlich *zwei* völlig verschiedene Antworten. Die erste wurde in der ganzen Geschichte der Philosophie vertreten und lautet: Begriffe sind mentale Vorstellungen, anders: mentale Entitäten, die etwas repräsentieren. Die zweite Antwort ist in der Geschichte der Philosophie auf mehr implizite Weise zu finden und wird erst seit *Frege* in aller Explizitheit formuliert: Danach sind Begriffe abstrakte Objekte/Entitäten. Die klassischen Argumente gegen die erste Konzeption wurden von Frege formuliert und sollen hier nicht wiederholt werden (vgl. bes. Frege [1918/1976]). Hier wird die zweite Konzeption vertreten, allerdings in einer gründlich revidierten Fassung. »Abstrakte Objekte/Entitäten« werden im allgemeinen durch zweierlei charakterisiert: Sie sind nicht in Raum und Zeit angesiedelt und sie »existieren« unabhängig davon, ob sie gedacht, erfasst oder erkannt werden. Beide Aspekte stellen eine völlig inadäquate Konzeption dar. Sie können höchstens nach genauen Präzisierungen, teilweisen Korrekturen und weiteren Erläuterungen akzeptiert werden. Diese ganze Thematik wird im Rahmen der allmählichen Herausarbeitung einer neuen Semantik und Ontologie in den weiteren Abschnitten des vorliegenden Kapitels behandelt.

Für den gegenwärtigen Zusammenhang ist der oben kurz angesprochene zweite Aspekt der Frage nach dem ontologischen Status von Begriffen von ungleich größerer, ja entscheidender Bedeutung. Gemeint ist die zweite spezifische Frage: Worauf beziehen sich Begriffe? Der Begriff der »Bezugnahme« (»Referenz«) ist in diesem Zusammenhang seinerseits nicht eindeutig. Man kann ihn in zwei ganz verschiedenen Weisen verstehen. Zum einen kann »Bezugnahme« als »Anwendung (auf)« verstanden werden. Demnach wäre die Antwort auf die gestellte Frage im Falle der meisten Begriffe einfach die: (Die meisten) Begriffe beziehen sich in dem Sinne auf Objekte, dass sie auf Objekte appliziert oder angewandt werden. Aber »Bezugnahme« kann auch im Sinne von »Referenz (*reference*)« in der Bedeutung von »Bezeichnung« o. ä. genommen werden – und wird auch meistens so genommen. Demnach »bezieht sich« ein Begriff in dem Sinne auf einen Inhalt, dass er einen »Inhalt« hat. Die ganze Frage ist nun: Wie ist dieser Begriffsinhalt zu deuten? Das ist der Aspekt einer Klärung des Begriffs des Begriffs, der in diesem Kapitel thematisiert werden soll.

Es ist üblich, zwischen Begriffsinhalt (Intension) und Begriffsumfang (Extension) eines Begriffs zu unterscheiden. Ein rein extensionales Verständnis von Begriffen reduziert den Begriffsinhalt auf den Begriffsumfang. Demnach wird ein Begriff mit der (Angabe der) Menge der Objekte, auf die er Anwendung findet, gleichgesetzt. Gemäß einem nicht ausschließlich extensionalen Verständnis »bezeichnet« ein Begriff eine Entität, die verschiedene Bezeichnungen haben kann, und zwar entsprechend dem sprachlichen Ausdruck, mit dem der Begriff verbunden wird: So gibt es Attribute (Eigenschaften und Relationen), Funktionen usw.

[2] Bis jetzt wurde der Begriff des Begriffs ohne ausdrückliche Berücksichtigung der Sprache betrachtet; das ist die Betrachtungsweise, die die traditionelle (voranalytische) Perspektive bestimmt, der gemäß der Begriff grundsätzlich eine mentale Entität, eine Vorstellung ist (Hegel wäre allerdings auszunehmen). Führt man die Sprache ein, so wird die Thematik des Begriffs völlig transformiert. Begriffe werden dann mit sprachlichen Ausdrücken assoziiert (nicht gleichgesetzt). Nach der gewöhnlichen Sicht ist der mit einem Ausdruck verbundene Begriff nichts anderes als die Bedeutung dieses Ausdrucks. Aber was ist »Bedeutung«? Anders formuliert: Wie ist der »Begriff der Bedeutung« zu bestimmen? Die Gleichsetzung von Begriff und Bedeutung ist allerdings nicht unproblematisch; denn sie setzt die These voraus, dass jeder Begriff mit einem sprachlichen Ausdruck assoziiert ist. Muss man aber nicht annehmen, dass es auch sprachlich unausdrückbare Begriffe gibt? Dies ist eine schwierige Frage. Versteht man unter »Sprache« die sogenannte »normale« oder »natürliche« Sprache, in ihrer Faktizität als semiotisches Kommunikationsmedium genommen, so erscheint es plausibel zu sagen, es gäbe Begriffe, die sprachlich nicht ausdrückbar sind. Aber das ist ein oberflächlicher Begriff von Sprache. Wie noch weiter unten in diesem Kapitel und besonders in Kapitel 5 ausführlich zu zeigen ist, muss man zumindest für philosophische bzw. wissenschaftliche Zwecke Sprache anders verstehen und bestimmen. Unter dieser Voraussetzung ist dann zu sagen, dass jeder Begriff mit einem realen oder möglichen sprachlichen Ausdruck assoziiert bzw. assoziierbar ist. Damit verlagert sich die ganze Thematik bezüglich der Bestimmung des Begriffs des Begriffs entscheidend auf die Sprachebene.

Bekanntlich unterscheidet man in der Sprachphilosophie, näherhin in der philosophischen Semantik, zwischen Bedeutungstheorie (*theory of meaning*) und Referenztheorie (*theory of reference*). Manche Autoren lehnen eine Theorie der Bedeutung ab oder sind ihr gegenüber extrem skeptisch, so beispielsweise Quine. Doch was man »Bedeutung« nennen könnte oder sollte, kann nicht ohne weiteres vorausgesetzt werden, sondern sollte selbst Gegenstand einer expliziten semantischen Theorie sein. Im vorliegenden Werk wird das Wort ›Bedeutung‹ nach Möglichkeit vermieden, da dieses Wort extrem äquivok ist, wie die verschiedenen »Bedeutungs«theorien belegen. Ein anderer Ausdruck wird eingeführt und verwendet, nämlich ›semantischer Wert‹.

Man kann – zumindest bis zu einem gewissen Punkt – über den Begriff des Begriffs Klarheit schaffen, indem man eine berühmte Unterscheidung hinsichtlich einer Begriffstheorie betrachtet, nämlich die von Frege eingeführte Unterscheidung zwischen »Sinn« und »Bedeutung«, wobei Frege das

3.1 Was ist Struktursystematik?   215

Wort ›Bedeutung‹ in einem völlig unüblichen Sinne verwendet.[3] Allgemein ist anzumerken, dass Freges berühmte Ausführungen zu Begriff, Gegenstand, Sinn, »Bedeutung«, Wahrheitswert usw. ganz deutlich einen Konflikt von Terminologien offenbaren, insofern die eine Terminologie auf der Mathematik, die andere auf der Sprache basiert. Dies gilt ganz besonders für den Ausdruck ›Begriff‹. Frege zufolge ist die Unterscheidung zwischen Funktion und Gegenstand die begrifflich-ontologische Grundunterscheidung. Begriffe sind spezielle Funktionen, nämlich diejenigen, die als Werte nur »wahr« und »falsch« annehmen: »Ein Begriff ist eine Funktion, deren Wert immer ein Wahrheitswert ist«. (Frege [1891/1994: 28]) Für Frege sind »Wahrheitswerte« einfach *Gegenstände*.

Der Konflikt zwischen der sprachbezogenen und der mathematischen Terminologie entsteht daraus, dass die Sprachebene explizit berücksichtigt wird. Dadurch wird deutlich, dass die Terminologie »Begriff = Funktion-und-Gegenstand« einen völlig anderen, einen nicht-sprachlichen, nämlich einen mathematischen Ursprung hat. Frege bemerkt dazu: Wenn wir »Prädikat« und »Subjekt« im sprachlichen Sinn verstehen, ist zu sagen: »Begriff ist Bedeutung eines Prädikates, Gegenstand ist, was nie die ganze Bedeutung eines Prädikates, wohl aber Bedeutung eines Subjekts sein kann« (Frege [1891/1994: 72]). Aber auch hier hat das Wort ›Bedeutung‹ nicht schlechterdings dieselbe Bedeutung wie das Wort ›Bedeutung‹ in der Fregeschen Konjunktion bzw. Opposition »Sinn und Bedeutung«. Jeder Ausdruck hat nach Frege sowohl einen Sinn als auch eine Bedeutung: »Es liegt … nahe, mit einem Zeichen (Namen, Wortverbindung, Schriftzeichen) außer dem Bezeichneten, was die Bedeutung des Zeichens heißen möge, noch das verbunden zu denken, was ich den Sinn des Zeichens nennen möchte, worin die Art des Gegebenseins enthalten ist.« (Ib. 41) »Wir drücken mit einem Zeichen dessen Sinn aus und bezeichnen mit ihm dessen Bedeutung.« (Ib. 46) Der »begriffliche Inhalt« wird später in »Sinn« und »Bedeutung« zerlegt.

Der Fall Frege macht exemplarisch deutlich, dass durch die Berücksichtigung der Sprachdimension Begriffe wie »Begriff« u. ä. einer gründlichen Transformation unterzogen werden. Es reicht dann allerdings nicht aus, nur darauf hinzuweisen, dass sich die Unterscheidung zwischen Begriff und Gegenstand nicht mit der Unterscheidung zwischen Sinn und Bedeutung (im Fregeschen Sinn) deckt (vgl. Frege [1892–1895/1978: 25]). Vielmehr ist daraus u. a. die Konsequenz zu ziehen, dass die traditionelle Terminologie allzu unklar ist; die Terminologie, die der in den Mittelpunkt des philosophischen

---
[3] »Bedeutung« in Freges Terminologie entspricht im großen und ganzen dem, was in der analytischen Philosophie »reference« genannt wird. Frege vertritt die These, dass jedem nicht-synkategorematischen Ausdruck sowohl ein Sinn als auch eine »Bedeutung«, d. h. eine Referenz, zuzuschreiben ist. Das ist eine sehr spezielle semantische These, die äußerst umstritten ist.

Ansatzes gerückten Sprachdimension entnommen ist, ist in jeder Hinsicht vorzuziehen. Das schließt nicht aus, dass man dann Ausdrücke wie ›Begriff‹ u. ä. als intuitive Andeutungen oder programmatische Antizipationen klarer semantisch-ontologischer Begriffe und Zusammenhänge ansehen kann und dass diese Vorgehensweise sogar kaum zu vermeiden sein wird. So soll auch im folgenden verfahren werden.

[3] Um die Unklarheiten und Ambiguitäten der üblichen Bezeichnungen ›Begriff‹ und ›Bedeutung‹ zu vermeiden, wird vorgeschlagen, den Ausdruck ›semantischer Wert‹ in der Weise zu verwenden, dass er das explizit machen soll, was das allgemeine intuitive Verständnis mit den Ausdrücken ›Begriff‹ und ›Bedeutung‹ assoziiert. Diese beiden Ausdrücke werden weiterhin benutzt, allerdings in der Weise, dass sie als bequeme *Abbreviationen* für ›semantischer Wert‹ verstanden werden.

[4] Die Rede von »Denken« und damit auch von »Gedanken« gehört zu den gängigsten Redeweisen der Philosophie in allen Zeiten. Aber das bedeutet nicht, dass diese Rede klar ist. Die zwei wohl wichtigsten Ansätze zu einer Bestimmung dessen, was unter einem »Gedanken« zu verstehen ist, sind der mentalistische und der sprachlich-semantische. Der erste Ansatz geht davon aus, dass »Gedanke« das Produkt, der Inhalt oder einfach: die objektive Seite des Denkens ist. Gedanke ist demnach eine bestimmte Art von mentalistisch verstandener Vorstellung, so vor allem bei Kant und allgemein in der ganzen klassischen deutschen Philosophie. Wie zu verstehen ist, dass »Gedanke« eine echt ontologische Ausgerichtheit hat, bleibt in dieser Perspektive letztlich ungeklärt und auch unerklärlich. Es ist kein Zufall, dass die Philosophen, die diese Richtung am entschiedensten verfolgen, auf ganz natürliche Weise eine *idealistische* gesamtsystematische Konzeption verteidigen. Doch wird dieser Ansatz hier weder kritisch noch systematisch weiter verfolgt.

Der sprachlich-semantische Ansatz hat das Eigentümliche an sich, dass er einen mentalistischen Ausdruck verwendet, ihn aber nicht vom Denken her, also auch nicht mentalistisch, sondern von der Sprache bzw. der Semantik her erklärt. Wie noch zu zeigen sein wird, ist der so aufgefasste »Gedanke« einfach synonym besonders mit »Proposition« (und auch »Sachverhalt«). Der wohl bekannteste Vertreter dieses Ansatzes ist G. Frege, der den Ausdruck »Gedanke« ausgiebig verwendet. Er charakterisiert den Gedanken folgendermaßen:

»Ohne damit eine Definition geben zu wollen, nenne ich Gedanken etwas, bei dem überhaupt Wahrheit in Frage kommen kann. Was falsch ist, rechne ich also ebenso zu den Gedanken, wie das, was wahr ist. Demnach kann ich sagen: der Gedanke ist der Sinn des Satzes, ohne damit behaupten zu wollen, dass der Sinn jedes Satzes ein Gedanke sei. Der an sich unsinnliche Gedanke kleidet sich in das sinnliche Gewand des

3.1 Was ist Struktursystematik?

Satzes und wird uns damit faßbarer. Wir sagen, der Satz drücke einen Gedanken aus.« (Frege [1918/1976: 33])

Die allgemeinste Charakterisierung des Gedankens ist also nach Frege, dass er das *Expressum* eines Satzes ist; denn »Sinn« wird bei Frege ebenfalls sprachlich-semantisch gedeutet. Was »Sinn« ihm zufolge ist, kann nur aus dem Begriffspaar »Sinn-Bedeutung« eruiert werden: »Bedeutung« ist nach Frege sozusagen die »volle Objektivität«, das, was Frege »den Gegenstand« im objektivsten Sinne, also die eigentliche ontologische Dimension nennt. »Sinn« hingegen ist die »Gegebenheitsweise« des Gegenstandes, wobei ein und derselbe Gegenstand mehrere Gegebenheitsweisen haben kann. Auch der Sinn wird also semantisch-ontologisch verstanden: Er ist ontologisch ausgerichtet. Das bringt Frege oft in prägnanter Weise zum Ausdruck, wie beispielsweise in den folgenden Passagen:

»Es kann uns ... niemals auf die Bedeutung eines Satzes allein ankommen; aber auch der bloße Gedanke gibt keine Erkenntnis, sondern erst der Gedanke zusammen mit seiner Bedeutung, d.h. seinem Wahrheitswerte. Urteilen kann als Fortschreiten von einem Gedanken zu seinem Wahrheitswerte gefasst werden.« (Frege [1892/1994: 50])

In seinen *Ausführungen über Sinn und Bedeutung* bemerkt Frege:

»Die Inhaltslogiker bleiben nur zu gern beim Sinn stehen; denn, was sie Inhalt nennen, ist, wenn nicht gar Vorstellung, so doch Sinn. Sie bedenken nicht, dass es in der Logik nicht darauf ankommt, wie Gedanken aus Gedanken hervorgehen ohne Rücksicht auf den Wahrheitswert, dass *der Schritt vom Gedanken zum Wahrheitswert, dass, allgemeiner, der Schritt vom Sinne zur Bedeutung getan werden muss*.« (Frege [1892–1895/1978: 31]; Hervorh. LBP).

Und schließlich eine Passage aus einem Brief Freges an Husserl vom 25. Mai 1891:

»Das Urtheilen im engeren Sinne könnte man kennzeichnen als ein *Uebergehen vom Gedanken zum Wahrheitswerthe*.« Frege [1976: 96]; Hervorh. LBP)

Freges Terminologie (›Fortschreiten‹, ›Schritt‹, ›Übergehen‹) ist eindeutig ontologisch orientiert. Freilich muss man bemerken, dass Frege eine teilweise eigenartige Semantik und Ontologie vertritt. Die »Bedeutung« eines Satzes wird als »Wahrheitswert« und der »Wahrheitswert« als »Gegenstand« aufgefasst, wobei es ihm zufolge zwei »Wahrheitswerte«, also zwei »Gegenstände« gibt, nämlich »das Wahre« und »das Falsche«. (Frege [1892/1994: 48ff.]) Ferner orientiert sich Frege an einer kompositionalen Semantik und Ontologie, d.h. an einer Konzeption, die den Satz grundsätzlich als ein aus Subjekt und Prädikat zusammengesetztes Gebilde und den durch den Satz ausgedrückten Gedanken entsprechend als jene Entität auffasst, die sich aus der Zusammensetzung der semantischen Werte der Satzkomponenten ergibt. Darauf wird in diesem Kapitel noch ausführlich einzugehen sein. Hier war es nur darum zu tun, den Ausdruck bzw. den Begriff »Gedanken« einer ersten Klärung zuzuführen. In diesem Buch werden die Ausdrücke ›Gedanke‹, ›Proposition‹ und ›Sachverhalt‹ als synonyme Ausdrücke verstanden und verwendet.

[5] Zum allgemeinen terminologischen Repertoire der analytischen Philosophie gehört der Begriff »Proposition«, der allerdings nicht einheitlich verstanden wird. Manchmal wird »Proposition« einfach mit »Satz« identifiziert, meistens aber wird zwischen beiden Begriffen (bzw. Ausdrücken) streng unterschieden. Im allgemeinen werden die Ausdrücke ›Gedanke‹ und ›Proposition‹ als austauschbare Ausdrücke verwendet.

Man kann zwei Hauptansätze in der heutigen Philosophie in der Bestimmung von »Proposition« ausmachen. Der erste fasst Proposition wie bei Frege als das *Expressum* eines Satzes, der zweite bestimmt Proposition als das Objekt einer intentionalen Einstellung (vgl. dazu Puntel [1990: 358 ff.]). Da dieses Objekt auch sprachlich artikuliert werden muss, wird man sagen müssen, dass die grundlegende Bestimmung von Proposition wohl diejenige ist, die Proposition als das *Expressum* eines Satzes versteht. Aber hinsichtlich der näheren Charakterisierung dieser Entität divergieren die Autoren beträchtlich.

Im allgemeinen wird der Ausdruck bzw. Begriff »Sachverhalt« nicht ganz mit »Proposition« identifiziert. Manchmal werden Unterscheidungen genannt oder vorausgesetzt, die sich aus der jeweiligen Sprachphilosophie (Semantik) ergeben. Für die in diesem Kapitel zu entwickelnde semantische Konzeption besteht kein Grund, die Ausdrücke ›Proposition‹ und ›Sachverhalt‹ nicht als Synonyme anzusehen.

3.1.2.2 *»Objekt (Gegenstand)«, »Eigenschaft«, »Relation«, »Tatsache«, andere Entitäten*

Es gibt eine Reihe anderer in der ganzen Geschichte der Philosophie oft benutzter Ausdrücke, mit denen »Begriffe« verknüpft werden, die sich von den im vorhergehenden Abschnitt untersuchten Ausdrücken bzw. Begriffen in einer bestimmten Hinsicht unterscheiden, wenngleich zu betonen ist, dass sie keineswegs einheitlich verstanden werden. Die bestimmte Hinsicht ist die explizite Ausgerichtetheit auf die Dimension von Inhalt, Objektivität, Ontologie, und zwar in sehr unterschiedlicher Weise. Diese Ebene der Ausgerichtetheit umfasst das ganze undurchsichtige und äußerst komplexe Beziehungsgefüge, das durch die beiden Pole: subjektive Inhalte als reine Vorstellungen oder Gedanken und objektive Inhalte als »reine« Realität abgesteckt ist. Man müsste beinahe die ganze Geschichte der Philosophie zur Darstellung bringen, wollte man im einzelnen zeigen, wie die genannten Ausdrücke bzw. Begriffe jeweils verstanden wurden. Für die Zielsetzung des vorliegenden Werkes ist es ausreichend, auf diese Ebene hinzuweisen und einige wenige Bemerkungen zu den einzelnen Ausdrücken bzw. Begriffen anzufügen.

[1] Die Ausdrücke bzw. Begriffe »Gegenstand (Objekt, Ding)«, »Eigenschaft« und »Relation« sind die Grundbegriffe der auf Aristoteles zurückgehenden Substanzontologie. Es ist symptomatisch, dass der Ausdruck ›Substanz‹ lange Zeit in der analytischen Philosophie entweder überhaupt nicht oder nur selten verwendet wurde, wobei man statt dessen den Ausdruck ›Objekt‹ verwendet(e); aber in der neuesten Entwicklung der analytischen Philosophie wird (wieder) die Bezeichnung ›Substanz‹ immer öfter gebraucht. Dies dürfte daraus zu erklären sein, dass die ontologische Fragestellung immer mehr ins Zentrum der Aufmerksamkeit analytischer Philosophen rückt. ›Objekt‹ ist ein bequemes Wort, das aber eine immens philosophische Problematik in sich birgt und zugleich eskamotiert. »Objekt« ist nicht ohne die Begriffe »Eigenschaft« und »Relation« näher zu bestimmen: Objekt ist jenes X, von dem etwas ausgesagt werden kann, wodurch es bestimmt wird, m. a. W., es ist ein X, dem eine Eigenschaft bzw. eine Relation zukommt. Damit wird deutlich, dass »Objekt« letztlich als »Substanz« verstanden wird. Die *Prädikation* erweist sich als der logisch-semantische Ausdruck dieser semantisch-ontologischen Konzeption. Und die Prädikatenlogik erster Stufe ist – gemäß ihrer Standardinterpretation – das logische Instrumentarium, das sie genau formal artikuliert. Die näheren Differenzierungen bei der Bestimmung von »Eigenschaften« und »Relationen« sind für die Zielsetzung dieses Werkes nicht von Bedeutung. Der Vollständigkeit halber sei darauf hingewiesen, dass es eine eher traditionelle und eine von der Prädikatenlogik erster Stufe bestimmte Auffassung von Eigenschaften und Relationen gibt. Die erste ist intensional oder begrifflich orientiert: Ihr zufolge designiert ein Prädikat ein *eigenes Attribut.* Gemäß der prädikatenlogisch orientierten *extensionalen* Konzeption designiert ein Prädikat im strengen Sinne nicht so etwas wie ein Attribut; strenggenommen, designiert das Prädikat überhaupt nichts, sondern: Es hat eine *Extension,* nämlich die Menge der Objekte bzw. die Menge der Tupel von Objekten, auf die das einstellige bzw. das mehrstellige Prädikat zutrifft (im ersten Fall wird die Eigenschaft, im zweiten Fall die Relation definiert) (vgl. dazu 3.2.2.3.1). In einem späteren Abschnitt wird diese Semantik und diese Ontologie einer eingehenden Kritik unterzogen (vgl. dazu unten 3.2.2.3.1).

[2] Der Ausdruck ›Tatsache‹ ist eine Allerweltsbezeichnung, die auch in der Philosophie, vor allem in der analytischen, eine große Rolle spielt. Vielleicht hat kein Philosoph eine so treffende Charakterisierung des intuitiven Verständnisses von »Tatsache« gegeben wie Wittgenstein im *Tractatus*:

»Was der Fall ist, die Tatsache, ist das Bestehen von Sachverhalten.« (*Tractatus* 2.)

Diese Charakterisierung ist nicht das letzte philosophische Wort, sondern das eigentliche philosophische Programm hinsichtlich der Bestimmung von »Tatsache«. »Tatsache« ist, so könnte man allgemein sagen, die ontologische Seite des »Gedankens« bzw. des »Sachverhalts« bzw. der »Proposition«. Wie diese Entität zu begreifen ist, hängt von der jeweiligen Semantik und Ontologie ab. Im Rahmen einer Substanzontologie kann unter »Tatsache« nur eine aus der Substanz und den Eigenschaften und Relationen zusammengesetzte Entität verstanden werden. In diesem Werk wird »Tatsache« völlig anders begriffen (als *Primärtatsache*, wie sie in diesem Kapitel zu explizieren sein wird).

[3] Schließlich ist anzumerken, dass außer »Objekten« (bzw. »Substanzen«) oft noch andere grundlegende Entitäten angenommen werden, wie vor allem *Prozesse*, *Ereignisse* etc. Es ist aber bemerkenswert, dass alle diese Entitäten letztlich mit wenigen Ausnahmen (vgl. z. B. Seibt [2004]) im Rahmen einer grundlegenden Substanzontologie eingeführt und verstanden werden (vgl. z. B. Davidson [1985]).

3.1.2.3 »Kategorie«

In der ganzen Geschichte der Philosophie wurden mehrere Arten von Begriffen unterschieden. Der Ausdruck ›Begriff‹ wurde so universal verwendet, dass er immer zur Meta-Bezeichnung der jeweiligen »Sache« bzw. des jeweiligen Bereichs herangezogen wurde. So unterschied man zwischen empirischen und apriorischen, materialen und formalen, logischen und nicht-logischen, partikularen und allgemeinen usw. Begriffen. Wie schon oben gezeigt wurde, dient(e) dabei der Ausdruck ›Begriff‹ als bequeme Abbreviation für das, was theoretisch erfasst wurde bzw. zu erfassen war.

Unter den in der Tradition der Philosophie immer wieder dargestellten und jeweils anders interpretierten Begriffen kommt den *Kategorien* ein ganz besonderer und systematischer Stellenwert zu. Jeder Philosoph benutzt bestimmte Kategorien, meistens allerdings nur faktisch. Viele Philosophen haben aber die Kategorien explizit zu einem zentralen Thema ihrer Philosophie erhoben, so vor allem Aristoteles, der eigentliche Gründer der Kategorienlehre, Kant, Hegel und viele andere. Heute wird aber der Ausdruck ›Kategorie‹ meistens in einem sehr globalen und damit auch sehr vagen Sinne verwendet, vor allem irgendwie als Bezeichnung von nicht weiter spezifizierten Grundbegriffen und Grundbereichen. Betrachtet man aber die Geschichte der Kategorienlehre, so lassen sich wichtige Einsichten gewinnen.

Bei Aristoteles und in der großen Tradition der Metaphysik hat es immer ein Schwanken zwischen den beiden folgenden Bestimmungen bzw. Verständnissen der Kategorien gegeben: Kategorien als Prädikations- oder Aussageweisen und Kategorien als Seinsweisen, und zwar als die höchsten Seinsweisen, als die höchsten Gattungen des Seins. Aufgefasst als Prädikationsweisen entsprechen Kategorien den verschiedenen Bedeutungen der Kopula »ist« in einem gewöhnlichen atomaren Subjekt-Prädikat-Satz (vgl. dazu Weingartner [1976: 268 ff.]). Gemäß der Lehre des Aristoteles, wonach es zehn Kategorien gibt, ist eine dieser Bedeutungen die fundamentale, nämlich die von »seiend im Sinne der Substanz«, die anderen neun haben die Bedeutung »seiend im Sinne des Akzidens«. Es leuchtet sofort ein, dass die so verstandenen Kategorien sich aus der Annahme ergeben, dass die grundlegende Form des Satzes die Subjekt-Prädikat-Form ist. Eine Semantik, die diese Auffassung nicht teilt, kann Kategorien nicht im Sinne so verstandener Prädikationsweisen konzipieren. Andererseits ist es symptomatisch, dass in dieser Tradition die Kategorien immer mehr in die rein ontologische Dimension verlagert wurden: Kategorien sind Seinsweisen oder Weisen von Seienden.

Diese fundamentale Spannung ist auch bei der von Kant herbeigeführten »kopernikanischen Wende« in der Philosophie in sehr signifikanter Weise unter sonst grundlegend veränderten Bedingungen beibehalten worden. Nach Kant sind Kategorien einerseits Funktionen des Verstandes oder Weisen des Urteilens, andererseits sind sie Konstituenten der Gegenstände der Erkenntnis. Kant charakterisiert sie folgendermaßen:

»Sie [die Kategorien] sind Begriffe von einem Gegenstande überhaupt, dadurch dessen Anschauung in Ansehung einer der logischen Functionen zu Urtheilen als bestimmt angesehen wird.« (Kant [KrV: B 128])

Hier sind die beiden oben beschriebenen Auffassungen oder Bestimmungen von Kategorien in analoger Weise auf der transzendentalen Ebene wiederzufinden: Kategorien als Begriffe von einem Gegenstand überhaupt (in Analogie zu Seinsweisen) und Kategorien als logische Funktionen zu urteilen (in Analogie zu Prädikationsweisen).

Wie die Geschichte der Kategorienlehre zeigt, wurden immer wieder Versuche unternommen, sowohl den Begriff der Kategorie zu klären als auch die Anzahl der Kategorien festzulegen. Kant ist als der Philosoph anzusehen, der am deutlichsten und entschiedensten den Anspruch erhob, die Kategorientafel vollständig aufgestellt und streng systematisch »deduziert« zu haben. Kant gewinnt (er selbst spricht von »entdecken«) die Kategorien aus der in der alten Logik vertretenen Auffassung über die vier Urteilsarten, und zwar auf der Basis einer Anwendung eines Verfahrens, das er »metaphysische Deduktion« (im Gegensatz zu »transzendentaler Deduktion«) nennt. Die »metaphysische Deduktion« besteht darin, dass »der Ursprung der Kategorien *a priori* überhaupt durch ihre völlige Zusammentreffung mit den allgemeinen logischen Functionen des Denkens dargethan« (ib. B 159) wird.

Kants Konzeption wird hier hauptsächlich aus zwei Gründen abgelehnt. [i] Kant basiert seine Ausführungen auf der »alten« Logik und damit auf einer

Urteilslehre, die angesichts der Entstehung und Entwicklung der modernen Logik schwerlich als Grundlage für eine ganze Philosophie angesehen werden kann. [ii] Die von Kant behauptete Entsprechung (er spricht von »Zusammentreffung«) zwischen den Unterarten der vier von ihm angenommenen Urteilsarten und bestimmten Kategorien ist keineswegs überzeugend, sondern von sehr weit hergeholt.

Hier soll eine ganz andere Konzeption entwickelt und ein ganz anderes Verfahren auf der Basis ganz anderer Annahmen angewandt werden. Die mentale Dimension, die für Kant allbestimmend ist, wird zwar nicht verworfen, ihr wird aber ein ganz und gar sekundärer Stellenwert zugeordnet. Nicht die logisch-mentale Dimension, sondern die logisch-sprachliche Dimension tritt in den Vordergrund.

Eine neue Wende ergab sich daraus, dass die Sprache ins Zentrum des philosophischen methodischen Vorgehens rückte. Diese Wende führte aber zu einer weitgehenden Verflüssigung des Begriffs der Kategorie. Von so etwas wie einer vollständigen Tafel der Kategorien zu sprechen, wäre heute, wenn man von historischen Interpretationskontexten absieht, kaum möglich.[4] Der eigentliche Grund dafür liegt darin, dass der »Begriff« der Kategorie in total uneinheitlicher Weise verstanden und bestimmt wird. Es ist aber zu beachten, dass diesem Begriff, wie er in der großen Tradition der Philosophie verwendet wurde, ein enormes theoretisches intuitives Potential zugrunde liegt, das aber allererst zur Klarheit gebracht werden muss.

Ein besonders wichtiges Gebiet, in welchem eine verwandelte Form der traditionellen Konzeption von Kategorie weite Anwendung findet, ist das Gebiet der wissenschaftlichen Forschung. Hier wird der Begriff der Kategorie ausgiebig verwendet, um sowohl die ganze Struktur des Theoretisierungsprozesses als auch das Ergebnis dieses Prozesses zu charakterisieren. Allerdings

---

[4] Ein Beispiel für eine Kategorienkonzeption, die völlig disparate Gesichtspunkte in einer ungeklärten Weise in den Begriff der Kategorie einbezieht, findet man bei CHISHOLM [1996]. Auf die Frage, was eine Kategorie ist, antwortet CHISHOLM mit der diagrammatischen Angabe der folgenden Tafel (S. 3):
ENTIA
1. Contingent
   a. States
      i. events
   b. Individuals
      i. Substances
      ii. Boundaries
2. Necessary
   a. States
   b. Nonstates
      i. Substance
      ii. Attributes

Ähnliche Kategorientafeln finden sich bei HOFFMAN/ROSENKRANTZ [1994: 18 und 21]. Man vergleiche auch RESCHER [1982: 61–79].

gehen die Meinungen über den zweiten Punkt sehr weit auseinander (vgl. dazu beispielsweise Rescher [1982]).

Schließlich ist zu bemerken, dass der Begriff der Kategorie ohne Berücksichtigung seiner Bedeutung in der großen philosophischen Tradition heute sehr oft verwendet wird, um das Spezifische eines bestimmten Bereichs der Wirklichkeit zu charakterisieren. So wird beispielsweise von der Kategorie des Mentalen und des Materiellen (Physischen), von der Kategorie des Semantischen und des Pragmatischen usw. gesprochen. Das wäre im Rahmen des traditionellen Verständnisses von Kategorie nicht möglich. So umfasst die zentrale Kategorie der traditionellen Metaphysik, nämlich die Kategorie der Substanz, sowohl den Bereich des Mentalen oder Geistigen als auch den Bereich des Materiellen; gemäß dieser Metaphysik gibt es nämlich »materielle Substanzen« und »geistige Substanzen«.

Der Begriff, der in gewisser Weise einigen wichtigen Aspekten des traditionellen Verständnisses von Kategorie am ehesten entspricht, dürfte der heute sehr oft verwendete Begriff des *conceptual scheme* sein.[5] Aus Gründen, die schon angegeben wurden, benutzt dieses Buch einen anderen, umfassenderen Begriff, den Begriff des *Theorierahmens*.

3.1.3 Der »systematisch-architekturale« Stellenwert des erweiterten Begriffs der Struktur in der Philosophie

Die in diesem Buch präsentierte Konzeption benutzt alle in den vorhergehenden Abschnitten dieses Kapitels betrachteten Ausdrücke bzw. Begriffe, allerdings aus einer verwandelten Perspektive heraus: Sie werden, in bestimmten Kontexten, als bequeme *Abbreviationen* oder Kurzformeln für einen grundlegenden »theoretischen Gehalt« gebraucht, für welchen eine andere einheitliche Bezeichnung als *terminus technicus* eingeführt wird, nämlich die Bezeichnung ›Struktur‹. Dies gilt insbesondere für die Ausdrücke bzw. Begriffe »Begriff« und »Kategorie«. Sie alle werden in diesem Werk dahingehend *um- und neuinterpretiert*, dass sie als in vielen Kontexten sehr nützliche, vor dem Hintergrund der ganzen Geschichte der Philosophie und der heutigen philosophischen *lingua franca* sehr verständliche, aber verkürzte oder elliptische Abbreviationen von *Struktur* aufgefasst werden. Die grundlegende primäre semantische Struktur wird hier *Primärproposition* und die grundlegende ontologische Struktur *Primärtatsache* genannt.

In Kapitel 1 wurde der Begriff der *Struktur* in einer provisorischen und rein globalen Hinsicht eingeführt. Die übliche streng mathematische Definition von Struktur wurde dargelegt und erläutert. Hier geht es nun darum zu zei-

---

[5] Vgl. beispielsweise Davidson [1984: 183–198]. Vgl. N. Reschers Kritik an Davidson in: Rescher [1982: 27–60].

gen, dass und wie diesem Begriff ein umfassender systematischer Stellenwert in der hier vertretenen Gesamtkonzeption zukommt. Es geht um die Aufgabe, eine *Struktursystematik* zu erläutern und zu entfalten. Dazu sind zunächst einige grundlegende Vorbemerkungen zu machen.

Der definierte Begriff der Struktur kann in der Philosophie nicht in schlechterdings derselben Weise Anwendung finden wie in der Mathematik. Die Mathematik als eine rein formale Wissenschaft kann mit solchen Begriffen wie Struktur u. ä. anders umgehen als die Philosophie, die eine Metawissenschaft und eine inhaltliche Wissenschaft ist. Allerdings sollte man den Unterschied auch nicht überbetonen; denn auch in der Mathematik kann, so wie sie konkret betrieben wird, von einem durch und durch geklärten, explizit gemachten Gebrauch des Wortes bzw. Begriffs »Struktur« nicht gesprochen werden. Das gilt auch für jene mathematische Richtung, die unter dem Namen *Nicolas Bourbaki* bekannt ist und die gerade die methodisch-systematischen Grundlagen dieser Wissenschaft auf möglichst radikale und vollständige Weise herauszuarbeiten vorgibt.[6]

Es sei zunächst an das erinnert, was der Logiker *Kleene,* wie in Kapitel 1 ausgeführt wurde, über den Begriff des Systems bzw. der Struktur sagt. Für das, was Kleene »system« nennt, wird hier »konkrete Struktur (*concrete structure*)«, und für das, was er »*structure*« nennt wird hier »abstrakte (oder reine) Struktur (*abstract or pure structure*)« gesagt. Kleenes »*structure of the system*« ist also »abstrakte Struktur«. Im folgenden Zitat werden Kleenes Bezeichnungen durch die hier in eckigen Klammern eingeführten ersetzt:

»By a [concrete structure] S of objects we mean a (non-empty) set or class or domain D (or possibly several such sets) of objects among which are established certain relationships. [...] When the objects of the [concrete structure] are known only through the relationships of the [abstract or pure structure], the [abstract or pure structure] is abstract. What is established in this case is the [abstract or pure structure], and what the objects are, in any respects other than how they fit into the [abstract or pure structure], is left unspecified. Then any further specification of what the objects are gives a *representation* (or *model*) of the [abstract or pure structure], i. e. a [concrete structure] of objects which satisfy the relationships of the [abstract or pure structure] and have some further status as well. These objects are not necessarily more concrete, as they may be chosen from some other [abstract or pure structure] (or even from the same one under a reinterpretation of the relationships).« (Kleene [1952: 24–25])

Vorgreifend kann gesagt werden, dass die »ursprünglichen Sachen«, die durch die reine Struktur strukturiert werden, in semantischer Hinsicht als *Primär-*

---

[6] Bekanntlich ist der Name ›Nicolas Bourbaki‹ kein Name einer einzelnen Person, sondern ein Pseudonym für eine Gruppe hauptsächlich französischer Mathematiker. Über die Problematik der Begriffs der *Struktur* in dieser Richtung vergleiche man den ausgezeichneten Aufsatz von Corry [1992]. Vgl. dazu auch die Ausführungen unten im Abschnitt 3.2.1.2.

propositionen oder *Primär(sach)verhalte* und in ontologischer Hinsicht als *Primärtatsachen* konzipiert werden. Aber diese »ursprünglichen Sachen«, diese Primärpropositionen oder Primär(sach)verhalte bzw. Primärtatsachen sind *ihrerseits* wieder eine bestimmte Art von Struktur: Struktur auf der nullten Stufe oder »Null-Struktur«, in einer gewissen Analogie zur leeren oder Nullmenge. Auf diese Weise wird sich herausstellen, dass der Begriff der Struktur einen uneingeschränkten allumfassenden Stellenwert besitzt.

3.1.4 Das Programm einer philosophischen Struktursystematik

[1] Am Anfang der weiteren Ausführungen möge eine Passage aus Quines Buch *Wort und Gegenstand (Word and Object)* stehen, die sonderbarer- und symptomatischerweise in der ganzen analytischen Philosophie (und auch selbst im übrigen Werk dieses Philosophen) fast völlig unberücksichtigt geblieben ist und deren immense Tragweite allererst voll auszuschöpfen ist. In § 33 dieses Werkes, der den Titel *Ziele und Ansprüche der Reglementierung* trägt, heißt es:

»[D]ie Vereinfachung und Klärung der logischen Theorie, zu der eine kanonische Schreibweise beiträgt, ist nicht nur algorithmischer, sondern auch begrifflicher Art. Jede Reduktion der Vielfalt der Konstruktionen, aus denen wissenschaftliche Sätze zusammengesetzt sind, ist eine Vereinfachung der Struktur des umfassenden Begriffsschemas der Wissenschaft. Jede Eliminierung unklarer Konstruktionen oder Begriffe, die uns durch paraphrasierendes Umformulieren gelingt, ist eine Klärung des wissenschaftlichen Begriffsschemas. Dieselben Motive, die die Wissenschaftler dazu treiben, immer einfachere und klarere Theorien zu suchen, die den Gegenständen ihrer speziellen Wissenschaften angemessen sind, sind auch Motive der Vereinfachung und Klärung des umfassenden Rahmens, der allen Wissenschaften gemeinsam ist. Weil dieser Rahmen so umfassend ist, wird das Ziel hier ein philosophisches genannt, aber die Motivation ist dieselbe. *Das Streben nach dem einfachsten, klarsten Gesamtmuster kanonischer Schreibweise und das Streben nach letztgültigen Kategorien – nach einer Darstellung der allgemeinsten Züge der Wirklichkeit – sind nicht zu unterscheiden.* Man wende nicht ein, solche Konstruktionen seien Sache der Konvention und nicht Diktate der Wirklichkeit – denn ließe sich dasselbe nicht auch von der Physik sagen? Es gehört freilich zum Wesen der Realität, dass uns die eine physikalische Theorie weiter hilft als die andere – aber das gleiche gilt auch für kanonische Schreibweisen.« (Quine [1960/1980: 281–2]; Hervorh. LBP)

Diese Passage ist in vielfacher Hinsicht bemerkenswert. [i] Zwar befasst sich Quine an erster Stelle mit der logischen Theorie; aber das tut er explizit hinsichtlich »des umfassenden Begriffsschemas der Wissenschaft«. Was Quine hier »Begriffsschema« nennt, entspricht der Grundidee nach dem, was in dieser Arbeit als Strukturdimension oder -rahmen bzw. Struktursystematik bezeichnet wird. Die kanonische Schreibweise ist bei Quine nichts anderes als der artikulierte oder explizit gemachte »umfassende Rahmen«.

[ii] Die oben mehrfach erwähnten zwei »Aspekte« der traditionellen Kategorienlehre, die im Verlauf der Geschichte meistens entweder nebeneinander behauptet oder aber streng voneinander getrennt wurden, werden bei Quine in einer der stärksten Formulierungen, die die Philosophiegeschichte kennt, in ihrer unzertrennlichen Einheit erfasst: »*Das Streben nach dem einfachsten, klarsten Gesamtmuster kanonischer Schreibweise und das Streben nach letztgültigen Kategorien – nach einer Darstellung der allgemeinsten Züge der Wirklichkeit – sind nicht zu unterscheiden.*« Es ist aber zu beachten, dass, wenn Quine davon spricht, beide Aspekte seien »nicht zu unterscheiden (*distinguish*)«, dies im Sinne von: »nicht als getrennt zu betrachten bzw. zu halten«, »nicht so zu nehmen, als ob sie nicht eine grundlegende Einheit bildeten« u. ä. zu verstehen ist. Allerdings ist zu vermerken, dass Quine eine bestimmte Auffassung über den »umfassenden Rahmen« vertritt, eine Auffassung, die in diesem Buch nicht geteilt wird.

[iii] Überaus bemerkenswert ist der Umstand, dass Quine auch die (formale) Logik in eine ontologische Perspektive explizit einbezieht, insofern er ihr einen ontologischen Status verleiht.

[2] Auch nach der struktural-systematischen Philosophie haben die logischen Strukturen einen ontologischen Status. Der umfassende *Strukturrahmen* ist von zwei Arten von Strukturen gebildet: den formalen und den inhaltlichen. Die formalen Strukturen sind die logischen und die mathematischen Strukturen, die inhaltlichen sind die semantischen und die ontologischen Strukturen. Allerdings ist der Terminologie »formal-inhaltlich« keine allzu weitgehende Bedeutung beizumessen. Diese Terminologie hat bekanntlich in der ganzen Philosophiegeschichte eine Konstante gebildet. Sie wird hier zwar auch verwendet, allerdings ohne die ihr in der Tradition der Philosophie zugrundeliegenden Annahmen zur Gänze beizubehalten. Die traditionelle Hauptannahme im Zusammenhang mit dieser Unterscheidung ist die Vorstellung eines fraglosen umfassenden »Hylemorphismus« auf allen Ebenen, auch auf der ontologischen Ebene: Eine »Materie« wird als etwas Zugrundeliegendes und eine »Form« als jenes Moment verstanden, welches das als formlos betrachtete Zugrundeliegende »gestaltet«. Wenn in dieser Perspektive von »formaler Logik« die Rede ist, so wird vorausgesetzt, es handele sich um eine »reine Form«, von jeder Materie in dem Sinne losgelöst, dass kein ihr entsprechender »Inhalt« gegeben ist. Daraus hat man dann aus logischen Strukturen »Gesetze des Denkens«, »Gesetze der Argumentation« u. ä. gemacht. Die radikale Unterscheidung – und sogar Trennung – von logischer und ontologischer Dimension wurde damit zu einem grundlegenden Dogma, das oft und oft die Philosophie, auch und insbesondere in der Gegenwart, beherrscht (hat). Wie die oben angeführte Passage aus Quines *Word and Object* zeigt, gibt es

auch andere Auffassungen, wenn auch zu sagen ist, dass sie in der Regel kaum beachtet wurden bzw. werden.

Wenn hier die terminologische Unterscheidung zwischen »formalen« und »inhaltlichen Strukturen« beibehalten wird, so wird sie nicht im oben beschriebenen traditionellen Sinn, sondern anders verstanden: als Unterscheidung zwischen dem Allgemeinsten und dem »Konkreten«, wobei es zwischen diesen Extremen viele Zwischenstufen gibt. Wollte man eine Kurzformel oder einen Slogan verwenden, so könnte man sagen: *Alles und jedes ist Struktur*, allerdings nicht auf derselben Stufe. Wie das im einzelnen zu verstehen ist, soll im folgenden gezeigt werden.

[3] Die fundamentalen *formalen* Strukturen sind die *logischen und mathematischen* Strukturen, die fundamentalen *inhaltlichen* die *semantischen und ontologischen* Strukturen. Hier ist zu zeigen, wie und aus welchem Grund von dieser Unterscheidung und Annahme ausgegangen wird. Wie diese verschiedenen Strukturarten genau zu konzipieren sind und wie sie miteinander zusammenhängen, wird in den weiteren Abschnitten dieses Kapitels zu zeigen sein.

Es wäre ein verwegenes, ja sinnloses Unternehmen, Logik und Mathematik von irgendwoher begreifen oder aus irgendeiner ihnen gegenüber »ursprünglich(re)n« Instanz ableiten zu wollen. Vielmehr sind sie zunächst als Faktum zu akzeptieren; allerdings darf man dabei nicht stehen bleiben, sondern muss in einem philosophischen Werk versuchen, sie zu begreifen, d. h. u. a. herauszuarbeiten, welche Art von Entitäten oder Strukturen sie darstellen, welches ihr Stellenwert im großen theoretischen Unternehmen ist. Hier werden Logik und Mathematik aus der Perspektive des grundlegenden Begriffs der Struktur zu begreifen versucht. Logische und mathematische Strukturen erweisen sich dabei als die *fundamentalen formalen*, d. h., kurz gesagt, als die allgemeinsten Strukturen *überhaupt*.

Aber die »Sache« der Wissenschaften und damit der Philosophie ist nicht nur die allgemeinste Strukturdimension; vielmehr ist diese »Sache«, gewöhnlich »Wirklichkeit« u. ä. genannt, etwas sehr Konkretes, Bestimmtes. Auf die Frage, wie man zur Erfassung und Artikulation der konkreten Dimension gelangt, wird hier die Antwort gegeben: durch die Thematisierung von Sprache – und das bedeutet: durch die Herausarbeitung der *semantischen* und anschließend der *ontologischen* Strukturen.

3.1.5 Die Stellung der Sprache und Semantik in der Struktursystematik

Es ist zu zeigen, warum und in welchem Sinne die »inhaltliche« Dimension des umfassenden fundamentalen Strukturrahmens gerade *semantische* Strukturen beinhaltet. Hier liegt ein sowohl in methodischer als auch in sachlicher

Hinsicht zentrales Problem vor, das geklärt werden muss, will die hier entwickelte Konzeption beanspruchen, klar durchdacht und gut fundiert zu sein. Die Klärung wird dazu führen, dass zwischen Sprache bzw. Semantik im umfassenden und Sprache bzw. Semantik im engen Sinne unterschieden wird.

[1] Zunächst ist der Frage nachzugehen, warum die fundamentalen »inhaltlichen« Strukturen gerade »semantische« (und dann »ontologische«) Strukturen sind bzw. sein müssen. Der Grund liegt darin, dass alles, was gemäß der allgemein üblichen Terminologie als »begrifflicher Inhalt« erscheint und gilt, im Medium der Sprache oder in Verbindung mit Sprache »erscheint« oder artikuliert wird. Diese Annahme setzt eine ganz bestimmte – und radikale – Konzeption über den Stellenwert von Sprache voraus. Sprache ist dabei nicht nur ein Medium zur Darstellung oder zum Ausdrücken von unabhängig von Sprache in welcher Weise auch immer »vorhandenen« oder »gehabten« »begrifflichen Inhalten«, auch wenn man betont, dass Sprache *unerlässliches Medium* für Ausdrücken oder Darstellung ist; vielmehr existieren so genannte »begriffliche Inhalte«, *angemessen* oder *strenggenommen* begriffen, nicht ohne deren sprachliche Artikulation (bzw. Artikulierbarkeit). M. a. W., man kann nicht »begriffliche Inhalte« von ihrer sprachlichen Artikulation isolieren; diese ist ein wesentliches Ingrediens der »begrifflichen Inhalte« selbst. Zwar sind »begriffliche Inhalte« keine »sprachlichen Entitäten«, aber das muss richtig verstanden werden: Begriffliche Inhalte sind in dem Sinne keine sprachlichen Entitäten, dass sie keine rein syntaktischen Konstellationen von uninterpretierten (sprachlichen) Zeichen sind; sie sind nicht-sprachliche, aber *sprachabhängige* (im Sinne von: sprachlich artikulierte oder artikulierbare) Entitäten. Wenn man Quines berühmte Forderung annimmt: »*No entity without identity*«, so kann man sagen: Zu den »Identitätsbedingungen« »begrifflicher Gehalte« gehört ganz wesentlich auch die sprachliche Artikulation.

Freilich muss die hier gemeinte »sprachliche Artikulation« nicht unbedingt *explizit* gegeben sein; sie muss nicht »ausgesprochen« oder »geäußert« werden. Wenn gesagt wird, man könne einen begrifflichen Gehalt »erfassen« bzw. »haben«, ohne dass er sprachlich artikuliert wird, so erscheint das nur plausibel, wenn eine *explizite* Artikulation gemeint ist. Wenn aber damit, wie es oft geschieht, ein *rein mentales* »Haben« von begrifflichen Gehalten gemeint ist, also ein Haben von begrifflichen Gehalten, das ohne jeden Bezug auf sprachliche Artikulation »gegeben« ist oder sein kann, so ist eine solche Auffassung schwer aufrechtzuerhalten.

Wäre dem so, wie wäre dann die doch in vielen – den normalen – Fällen unbestreitbare sprachliche Artikulation zu erklären? Die einzige Erklärung, die ein Vertreter eines für möglich gehaltenen »rein mentalen Erfassens oder Habens« von begrifflichen Gehalten präsentieren könnte, müsste darin bestehen, dass angenommen wird, eine sprachliche Artikulation wäre etwas dem begriff-

3.1 Was ist Struktursystematik? 229

lichen Gehalt völlig Äußerliches, Extrinsisches, etwas »Dazugekommenes«, also etwas rein Akzidentelles, das sein oder auch fehlen kann, ohne dass die »Sache selbst« davon berührt wäre. Aber eine solche Annahme dürfte kaum als Erklärung gelten, da sie aus der sprachlichen Artikulation eine Art Mirakel macht. Wie könnte nämlich ein begrifflicher Gehalt *als ein solcher* sprachlich artikuliert werden, wenn die sprachliche Artikulation etwas für ihn rein Äußerliches und Akzidentelles wäre? Wenn X etwas rein Äußerliches oder Akzidentelles ist, so besagt das doch, dass keine innere Beziehung zwischen dem X und der Sache, auf welche sich X bezieht, besteht. Aber dann wäre es ein Mirakel, wieso gerade die hier in Frage stehende »Sache«, nämlich der begriffliche Gehalt, *als solche* durch die sprachliche Artikulation »erscheint« oder »manifestiert«, eben »artikuliert« wird.

Wie immer man das Verhältnis zwischen der mentalen und der sprachlichen Dimension näher bestimmen mag, es kann nicht bestritten werden, dass es letzten Endes die sprachliche Dimension ist, in der oder durch die sich der begriffliche Gehalt schließlich »manifestiert«. Daraus folgt nun aber, dass zwischen dem begrifflichen Gehalt und der sprachlichen Artikulation ein inniges, ja unzertrennliches Verhältnis besteht. Daraus folgt weiter, dass an der sprachlichen Artikulation »abzulesen« ist, was der begriffliche Gehalt »ist«, wie er strukturiert ist usw.

Aus diesen Überlegungen ergibt sich, dass die »Konkretisierung« der fundamentalen Strukturen erst durch die Thematisierung der semantischen Dimension erfolgen kann.

[2] Hier nun drängt sich eine interessante und wichtige Frage auf: Wenn der Sprache bzw. der Semantik ein in dem aufgezeigten Sinne überragender und umfassender Stellenwert eingeräumt werden muss, wie steht es dann um das Verhältnis zwischen Sprache und den fundamentalen *formalen* Strukturen? Sollte dann der Sprache bzw. Semantik nicht eine fundamentale Rolle *ebenfalls hinsichtlich der formalen Strukturen* zugesprochen werden? Ist dem aber so, so müsste man die *semantischen Strukturen* sowohl den formalen als auch den ontologischen Strukturen in einer klaren Weise *überordnen*, sind doch die formalen und die ontologischen Strukturen erst in Abhängigkeit von den semantischen Strukturen allererst zu begreifen und zu definieren. Was die ontologischen Strukturen anbelangt, ist die Überordnung der Semantik schon aufgrund der Gliederung gegeben. Problematisch erscheint daher nur der Fall der formalen Strukturen.

Wegen ihrer umfassenden Zentralität ist der Sprache bzw. Semantik in der Tat eine näher zu präzisierende Überordnung gegenüber den beiden anderen Strukturdimensionen, also auch gegenüber den formalen, d.h. den logischen und mathematischen Strukturen zuzugestehen; denn auch die logischen und mathematischen Strukturen sind, wie sich zeigen wird, das *Expressum* jener sprachlichen Gebilde, die wir (logische bzw. mathematische) Sätze nennen. Insofern sind sie unter Voraussetzung der semantischen Strukturen, die solche Sätze »bestimmen«, zu begreifen. Hier wird »Semantik« also *im umfassenden Sinne* verstanden. Es wird sich allerdings später zeigen, dass von einer »Überordnung« der Semantik dennoch nur in einer relativen (eher pragmatisch-methodischen) Hinsicht gesprochen werden kann, da in Wahrheit das Verhältnis von Semantik und ontologischer Dimension, zu der auch die formalen Strukturen zu rechnen sind, nur dann adäquat erfasst wird, wenn Semantik und ontologische Dimension als zwei Seiten ein und derselben Medaille begriffen werden.

Der Ausdruck ›Semantik‹ wird aber meistens *in einem engeren* oder *eingeschränkten Sinne* verstanden und verwendet: Er bezeichnet dann, zumindest meistens oder an erster Stelle, das Verhältnis der Sprache zur »realen Welt«, wobei von der Frage, ob die logischen und mathematischen Strukturen auch zur »realen Welt« gehören, abstrahiert wird. Dies geschieht meistens deshalb, weil einer Antwort auf diese Frage ausgewichen oder weil eine negative Antwort einfach vorausgesetzt wird. Diese Sicht wird hier nicht übernommen; aber die Terminologie »semantische Strukturen« wird dennoch verwendet, wobei dann ein enger oder eingeschränkter, d. h. ein *partieller* Sinn dieses Ausdrucks vorausgesetzt wird. Das lässt sich folgendermaßen erläutern und aus folgenden Gründen rechtfertigen: [i] Im Hinblick auf die gesamtsystematische Perspektive, die in diesem Werk verfolgt wird, stellen die fundamentalen formalen Strukturen eine zentrale und weitgehend autonome Dimension dar, die gerade in methodischer und strukturaler Hinsicht von schlechterdings entscheidender Bedeutung ist; es empfiehlt sich daher, diese Dimension gemäß ihrem fundamentalen Stellenwert im umfassenden Strukturrahmen darzustellen. Der Umstand, dass logische und mathematische Strukturen auch sprachlich ausgedrückt werden, ist zwar zu beachten; im Gesamt der systematischen Konzeption kommt ihm aber nicht die Priorität zu. [ii] Der semantisch-ontologische Status der logischen und mathematischen Strukturen soll noch später im geeigneten Zusammenhang explizit behandelt werden. Was unter dem Titel »semantische Strukturen« zu zeigen sein wird, findet unmittelbare und uneingeschränkte Anwendung auf die logischen und mathematischen Strukturen.

3.2 Die drei Ebenen der fundamentalen Strukturen

3.2.1 *Formale Strukturen*

3.2.1.1 *Logik, Mathematik und Philosophie*

[1] Wenn in einem philosophischen Werk von Logik und Mathematik die Rede ist, so ist grundsätzlich zu beachten, dass diese Disziplinen selbständige nicht-

3.2 Die drei Ebenen der fundamentalen Strukturen 231

philosophische Disziplinen sind, wie immer man das Verhältnis zwischen beiden bestimmen mag, worauf in Punkt [2] einzugehen sein wird. Wie immer die Geschichte des Verhältnisses zwischen Philosophie einerseits und Logik und Mathematik andererseits gewesen ist, kann die These einer totalen Unabhängigkeit der heutigen Logik und der heutigen Mathematik von der Philosophie nicht mehr ernsthaft in Frage gestellt werden. Zwar hat die Philosophie sowohl in ihrer ganzen Geschichte als auch in der Gegenwart eine viel engere Beziehung zur Logik als zur Mathematik, so dass die aufgestellte These einer gewissen Differenzierung unterzogen werden muss. Aber der Umstand, dass die heutige Logik, als ganze genommen, ohne eine mathematische Darstellungsform nicht mehr denkbar ist, spricht entscheidend zugunsten der These von der Unabhängigkeit dieser Disziplin von der Philosophie. Diese Sachlage hat zur Konsequenz, dass die Philosophie hinsichtlich der Logik und der Mathematik nicht den Anspruch erheben kann, sie selbst könne oder müsse gar diese Disziplinen definieren oder entwickeln. Die Autonomie der Logik und der Mathematik ist ein Faktor, den die Philosophie in keiner Weise antasten darf.

Das bedeutet aber nicht, dass die Philosophie über Logik und Mathematik nichts zu sagen hat. Vielmehr sind Logik und Mathematik wie jede andere Wissenschaft und jedes andere Gebiet ein *Thema* für die Philosophie. Im Spezialfall der Logik und Mathematik sind es hauptsächlich *zwei* Aufgaben, die die Philosophie zu bewältigen hat. Die *erste* ist die Aufgabe der *Interpretation* oder des *Begreifens* der logischen und mathematischen Dimension. Ein wesentlicher Aspekt dieser Aufgabe ist die Deutung dessen, was logische und mathematische »Entitäten« sind. Dieser Aspekt wird in besonderer Weise von der gegenwärtigen *Philosophie der Mathematik* behandelt. Die *zweite* Aufgabe, die eine Klärung der ersten zumindest grundsätzlich weitgehend voraussetzt, besteht darin, dass geklärt wird, inwieweit und in welcher Weise die philosophische Theorie auf Logik und Mathematik angewiesen ist oder sich der Logik und Mathematik bedienen kann oder sogar muss. In diesem Buch kann die erste Aufgabe als solche nur marginal behandelt werden, was in einigen Passagen in diesem Abschnitt und im Abschnitt 3.3.4.2 geschieht. Aber die zweite Aufgabe ist ein zentrales Thema für die in diesem Buch entwickelte Konzeption einer struktural-systematischen Philosophie. Dieses Thema wird unter der Bezeichnung ›logische und mathematische Strukturen‹ behandelt. Die allgemeine diesbezügliche These des Buches lautet: Die logischen und mathematischen Strukturen sind die fundamentalen formalen Strukturen, die in einer struktural-systematischen Philosophie eine zentrale und damit unverzichtbare Rolle spielen. In diesem Abschnitt soll diese These erläutert und begründet werden.

[2] Zunächst sind einige Bemerkungen zur Frage zu machen, ob Logik und Mathematik zwei verschiedene Disziplinen sind. Diese Frage ist äußerst kom-

plex und kann daher hier in keiner Weise adäquat behandelt werden.[7] Hier sei vielmehr, in einer eher thetischen Form, der Ansatz zu einer grundsätzlichen Antwort herausgearbeitet. Man muss von Anfang an eine grundlegende Unterscheidung beachten: die Unterscheidung zwischen der konkreten (oder pragmatischen oder institutionellen) Situation der Logik und Mathematik einerseits und der grundsätzlichen Frage, ob beide als pragmatisch unterschiedlich gepflegte Disziplinen eine grundlegende Einheit bilden, und, wenn ja, wie diese Einheit näher zu verstehen ist. Was die konkrete Lage anbelangt, so scheint es klar zu sein, dass Logik und Mathematik in der Regel als zwei verschiedene Disziplinen betrachtet werden. Das ist besonders in institutioneller Hinsicht deutlich: Diese Disziplinen gehören zu verschiedenen Instituten oder Fakultäten; sie spielen – zumindest was die Philosophie anbelangt – eine ganz verschiedene Rolle im Unterricht, in den Lehrplänen, in den Prüfungen usw. In dieser konkreten Hinsicht ist es auch klar, dass nur die Logik, nicht aber die Mathematik, grundsätzlich immer – in der einen oder anderen Weise – ein Bestandteil des Philosophiestudiums gewesen ist bzw. ist.

Aber diese konkrete oder pragmatische Lage ist nicht das ausschließliche oder entscheidende Kriterium für die Beantwortung der *grundsätzlichen* Frage. Beachtet man alle relevanten Aspekte dieses Problems, so dürfte die Konzeption als die plausibelste anzusehen sein, die Logik und Mathematik *grundsätzlich als eine einzige Disziplin* begreift: die Disziplin, die man kurz die *fundamentale formale Disziplin* nennen kann. Wie sich weiter unten herausstellen wird, kann diese Disziplin angemessener als die Disziplin der *fundamentalen formalen Strukturen* bezeichnet werden. *Innerhalb* dieser fundamentalen einheitlichen Disziplin ist es sinnvoll und sogar unerlässlich, zwischen Logik und Mathematik als zwei Dimensionen oder Subdisziplinen zu unterscheiden.

Vertritt man diese Auffassung, so muss man genau darauf achten, wie man die Ausdrücke ›Logik‹ und ›Mathematik‹ verwendet. Wenn einer der beiden Ausdrücke einfach als Bezeichnung für die postulierte *fundamentale formale Disziplin* bzw. die Disziplin der *fundamentalen formalen Strukturen* verwendet wird, so kann man nicht mehr von der Unterscheidung zwischen »Logik« und »Mathematik« sprechen. Im gegenwärtigen Kontext und allgemein in diesem Buch werden aber die Ausdrücke ›Logik‹ und ›Mathematik‹ als Bezeichnungen für die beiden Disziplinen verwendet, die im oben erläuterten »konkreten« oder pragmatischen bzw. »institutionellen« Sinne als zwei voneinander unterschiedene Disziplinen angesehen werden.

Die Annahme einer umfassenden einheitlichen formalen Dimension bzw. Disziplin mit den beiden Subdisziplinen Logik und Mathematik schließt es aus, dass die eine der beiden Subdisziplinen einfach auf die andere »reduziert«

---

[7] Zu einer detaillierten und außerordentlich gut dokumentierten Diskussion dieser Frage vgl. WEINGARTNER [1976: 24–86].

werden kann. So kann die Mathematik, wie sie heute faktisch existiert, nicht in dem Sinne auf die Logik reduziert werden, dass sie aus der Logik abgeleitet werden kann, wie etwa die berühmte als *Logizismus* bekannte Auffassung behauptet. Aber auch die Logik kann nicht einfach auf die Mathematik reduziert werden. Das kann hier nicht im Detail gezeigt werden; nur *zwei* Gesichtspunkte seien kurz angeführt.

Der *erste* Gesichtspunkt ist die Feststellung, dass die Logik sich mit *umfassenderen*, uneingeschränkt universalen Begriffen bzw. Strukturen befasst, die vom faktischen mathematischen Diskurs durchgehend vorausgesetzt und in Anspruch genommen werden. Dazu gehören die zentralen logischen Begriffe der Ableitung und der logischen Folgerung, mit allen Faktoren, die sie beinhalten.

Der *zweite* Gesichtspunkt ist die Differenz hinsichtlich des Stellenwerts der *Sprache* in beiden Disziplinen. Wie jede andere Disziplin, gebrauchen auch Logik und Mathematik Sprache oder, wenn man will, »ihre« jeweilige Sprache. So ist es ganz natürlich und selbstverständlich, von der »mathematischen« bzw. »logischen« Sprache zu sprechen. Sprache wird dabei als die *verwendete* Sprache verstanden. Wie steht es aber um die *Thematisierung* der jeweiligen (verwendeten) Sprache? In der Regel thematisiert die Mathematik ihre Sprache nicht; vielmehr verfährt sie so, dass sie davon ausgeht, dass die Sätze der mathematischen Sprache das ausdrücken, womit sich die Mathematik befasst: die mathematischen Strukturen. Insofern ist zu sagen, dass die Mathematik in dem Sinne »objektiv orientiert« ist, dass sie das *Expressum* der von ihr verwendeten Sätze behandelt: den Bereich der mathematischen Strukturen.

Im Gegensatz dazu *thematisiert* die Logik die *formale Strukturiertheit* der logischen Sprache. Dies geschieht durch die Unterscheidung zwischen dem sogenannten syntaktischen und dem semantischen Aufbau der Logik oder, allgemeiner formuliert, zwischen der syntaktischen und der semantischen Ebene der logischen Sprache. Die syntaktische Ebene wird dadurch thematisiert, dass der Begriff des *formalen Systems* herausgearbeitet wird: Ein formales System ist ein nicht-interpretiertes System, das nur darin besteht, dass eine Sprache eingeführt wird und dass bestimmte Verknüpfungen zwischen den Sequenzen von Sprachzeichen, die Formeln (Sätze) heißen, fixiert werden. Auf diese Weise werden logische Grundbegriffe wie Axiom, Theorem, Inferenzregel, Ableitung, Ableitbarkeit, Beweis usw. erklärt und definiert. Diese Verfahrensweise wird immer zunächst *negativ* verstanden und charakterisiert, indem gesagt wird, ein so entwickeltes formales System habe »keine Bedeutung«, es sei also *uninterpretiert*. *Positiv* wird das formale System oft so charakterisiert, dass gesagt wird, es sei das Resultat der »Manipulation von (Sequenzen von) (Sprach)Zeichen«.

Auf der *semantischen* Ebene werden den logischen (und nicht-logischen) Symbolen Bedeutungen verliehen. Es gibt zwei Typen von logischer Semantik:

die *Bewertungssemantik* und die *Interpretationssemantik*. Die erste legt die Bedeutung der logischen Symbole dadurch fest, dass deren Vorkommnissen Wahrheitswerte zugeschrieben werden. Die zweite entwickelt ein Modell derart, dass allen Symbolen mittels einer Interpretationsfunktion Bedeutungen zugewiesen werden. Die Einzelheiten dieser beiden semantischen Verfahren sind im gegenwärtigen Kontext nicht von Belang. Es besteht eine umkehrbare Übergangsmöglichkeit von der einen Art von Semantik zur anderen.[8]

Weiter unten im Abschnitt 3.2.1.3 werden einige für dieses Buch wichtige Aspekte der syntaktischen und der semantischen Ebene der Logik näher untersucht. Hier ging es zunächst darum, den unterschiedlichen Stellenwert der Sprache in der Logik und in der Mathematik herauszustellen. Zugleich wurde damit der Boden bereitet, um den Begriff der *formalen, d. h. logischen und mathematischen, fundamentalen Struktur(en)* einzuführen und zu erläutern. Da der Begriff der mathematischen Struktur viel bekannter und auch unproblematischer als der Begriff der logischen Struktur ist, sei er zunächst behandelt.

3.2.1.2 Mathematische Strukturen

[1] Dass der Begriff der Struktur ein zentraler *mathematischer* Begriff ist, ist eine allgemein anerkannte Tatsache. Weniger unkontrovers ist dessen genauer Stellenwert im Ganzen der Mathematik. Das hängt von der jeweiligen Konzeption der Mathematik ab, wobei »Konzeption der Mathematik« in einem zweifachen Sinn zu nehmen ist: als Konzeption, die die Mathematiker selbst von der Mathematik haben, und als Philosophie der Mathematik. In Entsprechung zu den zentralen Thesen dieses Buches über Semantik und Ontologie wird jene Richtung in der Philosophie der Mathematik als die adäquateste betrachtet, die »(mathematischer) Strukturalismus« genannt wird, deren zentrale These lautet: »… mathematics is the science of structure«. (Shapiro [1997: 5]) Man müsste allerdings präzisieren: Mathematik ist die Wissenschaft der *mathematischen* Strukturen, oder, um die – eher verbale – Zirkularität in der Definition zu vermeiden: Mathematik ist die Wissenschaft einer der beiden Arten der fundamentalen formalen Strukturen. Wie oben deutlich gemacht wurde, wird der Ausdruck »Mathematik« in solchen Formulierungen im konkreten oder institutionellen oder auch pragmatischen Sinne genommen, also als eine von der Logik verschiedene Disziplin. Mit dieser Charakterisierung ist schon alles gesagt, was zum grundsätzlichen Verständnis der im Buch vertretenen Gesamttheorie erforderlich ist. Dennoch sollen im folgenden einige zusätzliche Erläuterungen hinzugefügt werden.

---

[8] Vgl. dazu STEGMÜLLER/VARGA [1984: Kapitel 9, 295 ff., Kapitel 14, 403 ff.].

3.2 Die drei Ebenen der fundamentalen Strukturen

[2] Die Bezeichnung ›(mathematischer) Strukturalismus‹ wird meistens mit dem Namen Nicolas Bourbaki assoziiert.[9] Bourbaki unternahm in den dreißiger Jahren des 20. Jahrhunderts eine komplette Neustrukturierung und Vereinheitlichung der Gesamtmathematik auf der Basis der axiomatischen Methode, in deren Mittelpunkt der Begriff der Struktur steht. Es besteht heute weitgehende Übereinstimmung, dass die Mathematik einen »strukturalen Charakter« hat; aber es besteht keine Übereinstimmung darüber, wie »Struktur« genau zu verstehen und wie deren Stellenwert im Ganzen der Mathematik systematisch zu bestimmen ist. Und dies gilt auch für das Werk von Bourbaki. *Leo Corry* stellt die bemerkenswerte These auf, dass der oft hervorgehobene strukturale Charakter der gegenwärtigen Mathematik nur dann einen deutlich identifizierbaren Sinn hat, wenn er als ein Weg verstanden wird, wie Mathematik betrieben wird, wobei dieser Weg aber lediglich in *nicht-formaler* Weise beschrieben werden kann (vgl. Corry [1992: 316]). Corry zufolge wurden seit den dreißiger Jahren viele Versuche unternommen, eine formale Theorie in einem Theorierahmen zu entwickeln, in welchem die nicht-formale Idee einer »mathematischen Struktur« *mathematisch* erklärt werden kann. Er fügt hinzu, dass die Nichtberücksichtigung der Unterscheidung zwischen der nicht-formalen und der formalen Bedeutung von »Struktur« viele Konfusionen erzeugt (hat). Seine überraschende zentrale These lautet: »... Bourbaki's real influence on contemporary mathematics has nothing to do with the concept of *structure*.« (Ib.) Um diese These nicht misszuverstehen, ist zu bemerken, dass Corry mit dem *hervorgehobenen* Ausdruck ›structure‹ den *formalen Begriff der Struktur* explizit verbindet.

Um den realen Stellenwert des Strukturbegriffs in Bourbakis Konzeption zu verstehen, muss man, wie Corry überzeugend dargestellt hat, *drei Typen* von Schriften im Gesamtwerk Bourbakis unterscheiden. Der *erste* Typ besteht aus allgemeinen, nicht-formalen Schriften, in welchen der (nicht-formale) Begriff der Struktur eine umfassende Rolle spielt. Zum *zweiten* Typ von Schriften ist der Band »Mengentheorie (*Théorie des Ensembles, Theory of Sets*)« zu rechnen (der erste Band des Gesamtwerks *Éléments de Mathématique*); in Kapitel 4 enthält er eine explizite formale Definition von »Struktur«. Der *dritte* Typ von Schriften besteht aus den Bänden, die einzelne Gebiete der Mathematik behandeln.

Die wichtigste der zum *ersten* Typ gehörenden Schriften ist der oft zitierte Aufsatz *Die Architektur der Mathematik* (Bourbaki [1948/1974]). In diesem Aufsatz findet sich eine bemerkenswerte nicht-formale Definition des Strukturbegriffs:

---

[9] Dieser Name ist ein Pseudonym für eine Gruppe französischer und amerikanischer Mathematiker.

»Es kann [...] klargemacht werden, was allgemein unter einer mathematischen Struktur zu verstehen ist. Den verschiedenartigen Vorstellungen, die mit diesem Gattungsnamen bezeichnet werden, ist gemeinsam, dass sie angewandt werden können auf Mengen von Elementen, deren Natur[10] nicht festgelegt ist; um eine mathematische Struktur zu definieren, nimmt man *eine oder mehrere Relationen* zwischen diesen (nicht weiter definierten) Elementen als gegeben an[11]; [...] dann postuliert man, dass die gegebene Relation (oder die gegebenen Relationen) gewisse Bedingungen erfüllen, welche explizit festgesetzt werden und welche die *Axiome* der betrachteten Struktur sind. Die *axiomatische Theorie einer so gegebenen Struktur* aufstellen, läuft dann hinaus auf die *Deduktion der logischen Folgerungen aus den Axiomen dieser Struktur*, ohne Berücksichtigung irgendeiner weiteren Hypothese über die betrachteten Elemente oder die Natur dieser Elemente.« (Ib. 148–149)

Unverständlicherweise wird diese nicht-formale Definition von Corry nicht zitiert. Man muss aber sagen, dass sie auf nicht-formale Weise genau dasselbe Verständnis von »Struktur« artikuliert, das auch der sonst in der Mathematik üblichen und in diesem Buch in Kapitel 1 (Abschnitt 1.2.3) vorgelegten *formalen* Definition zugrunde liegt. Man kann diese Definition die »einfache« oder »basale« Definition nennen, die deswegen, wie die in der Fußnote 11 zitierte Passage aus Bourbakis Aufsatz klar macht, »für die Bedürfnisse der Mathematik nicht allgemein genug« ist. Man muss auch darauf hinweisen, dass die Unterscheidung zwischen nicht-formaler und formaler Definition zwar von

---

[10] Hier fügt BOURBAKI die folgende in philosophischer Hinsicht überaus wichtige längere Fußnote ein:
»Wir nehmen hier einen naiven Standpunkt ein und befassen uns nicht mit den dornigen, halb philosophischen, halb mathematischen Fragen, die durch das Problem der ›Natur‹ der mathematischen ›Wesen‹ [allgemein sagt man heute: ›Entitäten‹, LBP] oder ›Gegenstände‹ aufgeworfen werden. Es genüge die Feststellung, dass die axiomatischen Untersuchungen des 19. und 20. Jahrhunderts allmählich den anfänglichen Pluralismus der Vorstellungen von diesen ›Wesen‹ – die man zuerst als ideale ›Abstraktionen‹ heterogener Sinneserfahrungen auffasste – ersetzt haben durch eine *einheitliche Vorstellung*, indem allmählich die mathematischen Begriffe zuerst auf den *Begriff der natürlichen Zahl* und, in einem zweiten Stadium, auf den *Begriff der Menge* zurückgeführt wurden. Der Begriff der Menge, der lange Zeit als ›ursprünglich‹ und ›undefinierbar‹ galt, ist der Gegenstand endloser Auseinandersetzungen gewesen, infolge seines außerordentlich allgemeinen Charakters und auf Grund der sehr unbestimmten Vorstellungen, die er hervorruft; die Schwierigkeiten verschwanden erst, als im Licht der jüngsten Arbeiten über logischen Formalismus der Mengenbegriff selbst verschwand und mit ihm auch alle metaphysischen Pseudo-Probleme bezüglich mathematischer ›Wesen‹ unterging [untergingen?]. *Nach diesem Standpunkt sind mathematische Strukturen eigentlich die einzigen ›Gegenstände‹ der Mathematik* ...« (Ib. 148, Fußnote 1)
Auf diese Problematik wird weiter unten kritisch eingegangen.
[11] Dieser Stelle fügt BOURBAKI die wichtige Bemerkung hinzu:
»In der Tat ist diese Definition der Struktur für die Bedürfnisse der Mathematik nicht allgemein genug; es ist auch nötig, den Fall zu betrachten, dass Relationen, die eine Struktur definieren, nicht nur zwischen den Elementen der betrachteten Mengen postuliert werden, sondern auch zwischen Teilmengen dieser Menge, und sogar noch allgemeiner zwischen den Elementen von Mengen eines noch höheren ›Grades‹, wenn wir die Terminologie der ›Hierarchie der Typen‹ anwenden ...« (Ib. Fußnote 2)

Bedeutung ist und daher berücksichtigt werden muss; aber sie ist dennoch nur eine relative Unterscheidung, da man im Prinzip *jede* nicht-formale Definition formalisieren und jede formale Definition nicht-formal wiedergeben kann. Allerdings versteht Corry die Unterscheidung nicht in dieser Weise. »*Formale Struktur*« ist ihm zufolge nicht einfach »formalisierte Definition des Strukturbegriffs«, sondern: »*formale Struktur*« ist zwar »formalisierte Struktur«, aber darüber hinaus und ganz wesentlich ist sie ein Element eines axiomatischen deduktiven mathematischen Systems.

Zum *zweiten* Typ von Texten über den Strukturbegriff gehört Kapitel 4 des Bandes *Mengentheorie*. Das Buch ist so angelegt, dass es im letzten Kapitel den Begriff der Struktur definiert. Die Definition ist kompliziert, da sie eine Reihe von speziellen Begriffen voraussetzt, die Bourbaki zuerst einführt und erklärt. Dazu gehört besonders der Begriff der »Strukturspezies (*species of structure*)«. Corry hat Bourbakis Definition in großer Klarheit rekonstruiert (vgl. Corry [1992: 323 f.]). Daraus ist zu ersehen, dass sie der »einfachen oder basalen« Definition in keiner Weise widerspricht; vielmehr differenziert sie diese weiter aus oder, wenn man will, verallgemeinert sie – und somit setzt sie sie doch voraus.

Corrys These, dass in den einzelnen Bänden von Bourbakis Gesamtwerk *Éléments de Mathématique* der Begriff der *(formalen) Struktur* keine signifikante Rolle spielt, dürfte wohl richtig sein, vorausgesetzt, man beachtet den sehr präzisen und engen Sinn von »*formaler Struktur*«, den Corry voraussetzt.

Zwei zusätzliche Bemerkungen zu Aspekten von Bourbakis Konzeption sind hier am Platz. *Erstens* stellt es sich heraus, dass der nicht-formale Begriff der Struktur im zitierten Aufsatz *und* der formale Begriff in Kapitel 4 der *Mengentheorie* das artikulieren, was in Kapitel 1 (Abschnitt 1.2.3) der vorliegenden Konzeption im Anschluss an Kleene »abstrakte Struktur« genannt wurde. *Zweitens* wendet sich Bourbaki, wie der oben in der Fußnote 10 zitierte Text zeigt, gegen (philosophische) Fragestellungen hinsichtlich der »Natur« der mathematischen »Objekte« oder »Entitäten (Wesen)«, indem er sie als »metaphysische Pseudo-Probleme bezüglich mathematischer ›Wesen‹ [›Entitäten‹ in der heutigen Terminologie]« charakterisiert. Interessanterweise behauptet er dann, dass im Rahmen der axiomatischen Untersuchungen im 19. und 20. Jahrhundert die mathematischen Begriffe zuerst auf den *Begriff der natürlichen Zahl* und dann auf den *Begriff der Menge* zurückgeführt wurden, ferner dass später auch der Mengenbegriff selbst verschwand – und mit ihm alle »metaphysischen Pseudo-Probleme« hinsichtlich »mathematischer ›Wesen‹ (Entitäten)«. Mit dem Verschwinden des Mengenbegriffs dürfte Bourbaki auf die Entstehung der mathematischen Kategorientheorie anspielen (vgl. ib. 332 ff.). Und daraus folgert er: »Nach diesem neuen Standpunkt sind mathematische Strukturen eigentlich die einzigen ›Gegenstände‹ der Mathematik.« Hier wird deutlich, wie sich Bourbaki eine Ontologie »vorstellt«: als den Bereich der als *massive Dinge* aufgefassten »Wesen (Entitäten)«. Nur auf der Basis einer solchen Vorstellung ist es nämlich irgendwie verständlich, dass »mathematische Strukturen« nicht als »Entitäten« aufgefasst werden, dass also ihnen ein ontologischer Status *in diesem Sinne* abgesprochen wird. Aber worauf kann eine solche ontologishe Vorstellung rational gegründet werden? Auf den ontologischen Status formaler (logischer/mathematischer) Strukturen soll im Abschnitt 3.3.4.2 eingegangen werden.[12]

[3] Die kurz dargestellte Problemlage bei Bourbaki ist im Hinblick auf das Projekt einer systematischen Philosophie mit strukturalem Charakter sehr aufschlussreich. Em Ende seines Aufsatzes schreibt Corry:

»What I have shown here is only that Bourbaki's *structures* could have no influence at all. But I have also shown why, if we want to describe Bourbaki's influence properly, we must then concentrate on what I have called the ›images of mathematics‹.[13] This in no way belittles the extent or importance of Bourbaki's influence. On the contrary, the images of mathematics play a decisive role in shaping the path of development of this discipline. [...]... it should be clear now that the rise of the structural approach to mathematics should not be conceived in terms of this or that formal concept of structure. Rather, in order to account for this development, the evolution of the nonformal aspects of the structural image of mathematics must be described and explained.« (Corry [1992: 341–342])

Wenn schon im Falle eines so großrahmigen Projektes, wie es Bourbakis *Elemente der Mathematik* darstellt, nicht gelungen ist, eine geradlinige und umfassende Kohärenz – nicht einmal in der Darstellung – zu erzielen, so ist wohl nicht ohne weiteres zu erwarten, dass in der Philosophie ein besseres, geschweige denn perfektes Resultat erreicht werden kann.

3.2.1.3 Logische Strukturen

Der Begriff der *logischen Struktur* wird oft verwendet, hat aber in der Logik keinen vergleichbaren Stellenwert, wie ihn der Begriff der mathematischen Struktur in der Mathematik besitzt. Auf die Häufigkeit der Verwendung und die Verbreitung des Begriffs kommt es allerdings in diesem Buch nicht an. Der einzig wichtige Faktor ist sachlicher Natur. Wie die Mathematik ist auch die Logik eine formale Disziplin; daher ist es nicht nur berechtigt, sondern auch

---

[12] Vgl. dazu auch das exzellente Buch von SHAPIRO [1997].
[13] Diesen Begriff erklärt CORRY so:
»Images of mathematics‹ denote any system of beliefs *about* the body of mathematical knowledge. This includes conceptions about the aims, scope, correct methodology, rigor, history and philosophy of mathematics, etc.« (CORRY [1992: 342, Fußn. 6])

höchst angemessen, von den logischen Strukturen zu sprechen. Dies muss aber näher erklärt werden.

[1] Einen guten Ansatz dazu bietet die anfängliche Beseitigung einer, wenn überhaupt, so nur sehr selten gesehenen Unklarheit, ja sogar Ambiguität in der Unterscheidung zwischen der Syntax und der Semantik einer Sprache. Man rechnet Begriffe wie »das Ausdrücken einer Proposition (durch einen Satz)« u. ä. zur Semantik einer Sprache. Unterscheidet man aber, wie es gewöhnlich geschieht, ohne Differenzierungen zwischen Syntax und Semantik, so drängt sich sofort die Frage auf: Wie steht es mit Sätzen, die syntaktische »Verhältnisse« formulieren oder artikulieren? Drücken solche Sätze keine Proposition aus? Um in der (syntaktischen Ebene der) Logik zu verbleiben: Hat etwa der Satz, durch den beispielsweise die syntaktische logische Struktur *Ableitung* »artikuliert« wird, kein *Expressum*? Drückt er also keine Proposition aus? Aber was wäre dann der Unterschied zwischen dem durch diesen Satz »Artikulierten« oder »Formulierten« und einer durch diesen Satz ausgedrückten Proposition, also einem *Expressum* des Satzes? Das durch einen solchen Satz »Artikulierte« oder »Formulierte« ist etwas Syntaktisches, eine bestimmte syntaktische Verknüpfung von (Sprach)Zeichen. Aber dann müsste man sagen, dass ein solcher Satz ein »syntaktisches *Expressum*« hat und damit eine »syntaktische Proposition« ausdrückt. Man sieht leicht, dass die gewöhnlich eingeführte oder vorausgesetzte Unterscheidung zwischen Syntax und Semantik detaillierter Differenzierungen bedarf.

Die im gegenwärtigen Zusammenhang wohl wichtigste Distinktion ist die zwischen *zwei Aspekten* der syntaktischen und der semantischen Ebene: dem »*objektiven*« Aspekt und dem »*Formulierungsaspekt*«. Gemäß dem *ersten* wird die syntaktische Ebene als die Dimension des Syntaktischen (oder kurz: als das Syntaktische) und die semantische Ebene als die Dimension des Semantischen (kurz: als das Semantische) aufgefasst, und zwar insofern beide Dimensionen *in sich selbst betrachtet* werden, also ohne Berücksichtigung von Faktoren wie der Formulierung dieser Dimensionen u. dgl. Gemäß dem *zweiten* Aspekt werden beide Dimensionen *zusammen* mit dem Faktor des »Formuliert- oder Artikuliertwerdens« betrachtet. Daraus ergibt sich: Das Syntaktische und das Semantische sind zwei wohlunterschiedene Dimensionen. Das Syntaktische ist die Dimension der logischen Verknüpfungen von reinen (Sprach)Zeichen, das Semantische die Dimension der den logischen Zeichen zugeordneten »Werte« (also der »semantischen Werte«). In der Perspektive des *zweiten* Aspektes muss aber gesagt werden: Insofern das Syntaktische »formuliert« oder »artikuliert« wird, erweist es sich als eine bestimmte Art des Semantischen; denn in diesem Fall hat das Syntaktische den Status eines (eben semantischen!) Wertes, der dem das Syntaktische artikulierenden Satz zugeordnet wird. Diese »bestimmte Art des Semantischen« ist ein *syn-*

taktisches Expressum und damit eine *syntaktische Proposition*. Gemäß der Semantik, die unten im Abschnitt 3.2.2.4 entwickelt werden soll, werden Propositionen (genauer: Primärpropositionen) als (primäre) *Strukturen* aufgefasst. Es kann daher hier gesagt werden, dass gemäß dem zweiten Aspekt ein (logisch-)syntaktischer Satz eine *(logisch-)syntaktische Struktur* ausdrückt. Umgekehrt ergibt sich aus den oben hinsichtlich des Verhältnisses des Semantischen zum Syntaktischen vorgetragenen Überlegungen: Insofern das Semantische »formuliert« oder »artikuliert« wird, erweist es sich (auch) als eine bestimmte Form des Syntaktischen; denn in diesem Fall ist das Semantische (die ausgedrückte Proposition bzw. Struktur) sozusagen »einbezogen« in die Dimension des Syntaktischen, da die Formulierung *auch* eine syntaktische Form hat.

Beachtet man die erläuterte Interrelationalität der syntaktischen und der semantischen Ebene, so können die Ausdrücke bzw. Begriffe »(syntaktisch-)logische Proposition oder Struktur« und »(semantisch-)logische Proposition oder Struktur« als disambiguiert, also als missverständnisfrei und klar gelten.

Dass die Logik beide Arten von Strukturen enthält, dürfte jetzt ebenfalls klar sein. Ein Problem könnte möglicherweise daraus entstehen, dass die »normale« Logik wesentlich »logische Regeln (Inferenzregeln)« explizit (aner)kennt und anwendet. Kann aber eine Regel als eine Proposition oder Struktur aufgefasst werden? Dies ist für die hier vertretene Auffassung über logische Strukturen kein echtes Problem. Eine logische Regel ist, wie man sagen könnte, die »Kehrseite« einer Struktur. Jede Struktur kann in dem Sinne »pragmatisiert« werden, dass man sie »pragmatisch« lesen *und* anwenden kann. Das sei am Beispiel der als *Abtrennungsregel* oder *modus ponens* bekannten Inferenzregel gezeigt. Oft wird diese Regel so geschrieben:

$$\begin{array}{c} p \to q \\ p \\ \therefore q \end{array}$$

»Pragmatisch« liest man diese Formel so: Gegeben die Prämissen $p \to q$ und p, dann ist es »erlaubt« (oder »darf man« oder ähnlich) auf q (zu) schließen. Aber man kann eine andere, nicht-pragmatische Schreibweise benutzen, z. B. $(p \,\&\, p \to q) \to q$, oder genauer: Für alle Formeln α und β: {α, α → β} ⊨$_0$ β (vgl. Bell/Machover [1977: 34]). (Das Symbol ›⊨$_0$‹ bezeichnet hier die logische Folgerung.) Man kann die Formel auch als ein Gesetz verstehen (man spricht dann vom »Abtrennungsgesetz (*Law of Detachment*)« u. ä.) (vgl. Suppes [1957: 32]). Man sieht, dass der Begriff der Inferenzregel keineswegs die universale Annahme von logischen Strukturen ausschließt.[14]

---

[14] Während das Symbol ›⊢‹ heute allgemein die logische Ableitbarkeit bezeichnet, wird das Symbol ›⊨‹ nicht einheitlich verwendet. (Zur Geschichte dieser beiden Symbole vgl.

3.2 Die drei Ebenen der fundamentalen Strukturen

[2] Aus den bisherigen Ausführungen in diesem Abschnitt können die Legitimität *und* die Notwendigkeit einer überaus wichtigen Unterscheidung hinsichtlich der Logik abgeleitet werden: Es ist zu unterscheiden zwischen der Logik, wie sie in ihrer faktischen oder konkreten Gestalt existiert und betrieben wird, und der Logik, wie sie aus einer umfassenderen Perspektive gesehen und begriffen werden kann. Dem Begriff der »logischen Struktur« eignet in dieser Hinsicht so etwas wie eine *programmatische Sonderstellung*: Der Begriff passt nicht reibungslos in den gewöhnlichen und vertrauten Rahmen der Logik; nur mit einiger Mühe kann man ihn, wie die obige Darstellung zeigt, erklären; dass er einen solchen Status hat, wird man am besten als Andeutung

---

Hodges [1993: 83 f.].) Viele Autoren verwenden ›⊨‹ ausschließlich im modelltheoretischen Sinne als Relation zwischen Sätzen und Strukturen, d. h. als $\mathfrak{A} \vDash \phi$, was auf dreifache Weise gelesen werden kann (vgl. dazu Abschnitt 2.5.2.1): Erstens als »$\mathfrak{A}$ ist ein Modell [im Sinne einer Struktur] für [den Satz] ϕ«, zweitens als »ϕ ist wahr in (der Struktur) $\mathfrak{A}$«, drittens als »ϕ ist erfüllt in (der Struktur) $\mathfrak{A}$«. Manche Autoren verwenden aber das Symbol ›⊨‹ zur Bezeichnung sowohl der logischen Folgerung als auch der modelltheoretischen Beziehung (im Falle der logischen Folgerung schreiben Bell/Machover › $\vDash_0$ ‹; vgl. ib. 24). Diese notationalen Divergenzen sind Ausdruck einer interessanten Problemlage in der Logik. Der Begriff der logischen Folgerung definiert einen bestimmten Zusammenhang zwischen semantisch interpretierten Sätzen. Wenn links vom Symbol ›⊨‹ in einer Formel (Mengen von) Sätze(n) erscheinen, so ist das Symbol als logische Konsequenz zu lesen. Beispiel: Sei etwa Δ eine Metavariable für Theorien und seien Theorien Mengen von Sätzen. Dann ist die Formel Δ ⊨ φ zu lesen als: (der Satz) φ ist eine logische Konsequenz aus Δ (oder: Δ impliziert logisch φ). Aber diese Formel wird erklärt unter Rekurs auf den Begriff der Struktur, was ebenfalls durch die Verwendung des Symbols ›⊨‹ im modelltheoretischen Sinne artikuliert wird. Wenn Δ eine Theorie ist und $\mathfrak{A}$ eine Struktur, so gilt: $\mathfrak{A} \vDash \Delta$, d. h. (in einer Lesart): die Struktur $\mathfrak{A}$ ist ein Modell für jeden Satz in Δ. Die eine logische Folgerung artikulierende Formel Δ ⊨ φ bedeutet dann (bzw. wird erklärt als): Jede Struktur, die ein Modell für Δ ist, ist auch ein Modell für φ (vgl. dazu Hodges [1983: 56]).
Wenn man allerdings fragt, wie dieses Verhältnis zwischen der Formel, die eine logische Folgerung, und der Formel, die eine modelltheoretische Relation (zwischen Satz und Struktur) artikuliert, genauer aufzufassen ist, so erhält man keine ausreichende Antwort. Wie dieses Verhältnis im Rahmen der unten (vgl. Abschnitt 3.2.2.4) zu entwickelnden Semantik und Ontologie zu erklären wäre, sei in aller Kürze angedeutet. Demnach drückt jeder Satz der Theorie Δ eine (primäre) Proposition und damit eine semantische (primäre) Struktur aus (wie schon oben bemerkt, wird eine Proposition als eine semantische Struktur interpretiert); die Gesamtheit dieser (primären) Propositionen/Strukturen bildet eine hochkomplexe *semantische* (primäre) Proposition/Struktur, die, wenn sie wahr ist, mit einer hochkomplexen *ontologischen (primären) Struktur* identisch ist. Damit wird erklärt, was es heißt, dass Satz φ in der (hochkomplexen ontologischen) Struktur $\mathfrak{A}$ *wahr* ist: Die durch den wahren Satz φ ausgedrückte ontologische Struktur erweist sich als Teilstruktur der hochkomplexen ontologischen Struktur $\mathfrak{A}$. Die logische Folgerung besagt dann, dass ein bestimmter semantisch interpretierter Satz in einer bestimmten Konfiguration von semantisch interpretierten Sätzen »eingeschlossen« (und daher daraus »logisch erschließbar«) ist. Die damit vorausgesetzte »Interpretation« der Sätze ist gerade die Struktur.
Zur notationalen Klarheit dürfte das von manchen Autoren (z. B. Stegmüller [Probleme I/ 1983: 76], Stegmüller/Varga [1984: 600, 84 usw.]) zur Bezeichnung der logischen Folgerung oder Gültigkeit verwendete Symbol ›⊩‹ entscheidend beitragen.

eines noch auszuführenden Programms begreifen können: Gemeint ist das Programm einer tieferen und umfassenderen Theorie der Logik.

Eine solche Theorie kann im Rahmen dieses Buches weder erwartet noch entwickelt werden. Hier soll aber wenigstens kurz auf ein Beispiel einer solchen Unternehmung hingewiesen und eingegangen werden. Es handelt sich um das Buch von A. Koslow, *A Structuralist Theory of Logic* (Koslow [1992]). Diese Theorie basiert auf dem Begriff der *Implikationsstruktur*. Diese Struktur (I) besteht aus einer nicht-leeren Menge S und einer endlichen Relation über der Menge, die Koslow »Implikationsrelation« nennt und mit dem Symbol ›$\Rightarrow$‹ anzeigt. Die Definition lautet entsprechend: $I = \langle S, \Rightarrow \rangle$. Die Implikationsstruktur wird grundsätzlich zuerst durch *zwei* negative-positive Faktoren charakterisiert. *Erstens* ist die Implikationsrelation nicht auf die bekannten Relationen der logischen Ableitbarkeit und der logischen Folgerung beschränkt, da die Menge S nicht nur syntaktische und semantische Elemente, also sprachliche Zeichen und deren Interpretationen enthält; vielmehr ist diese Relation in dem Sinne *ubiquitär*, dass jede nicht-leere Menge mit einer Implikationsrelation strukturiert werden kann. *Zweitens* werden die logischen Operatoren nicht unter Rekurs auf Wahrheitswerte, logische Form, Assertibilitätsbedingungen, Bedingungen apriorischer Erkenntnis u. dgl. erklärt:

»[W]e shall focus on a question that appears to be much simpler: What are the conditions under which a certain item is to count as a hypothetical, a conjunction, a negation, or a disjunction, or as existentially or universally quantified? Our question concerns what it is like to be a hypothetical or a conjunction, for example, not what it is for a hypothetical, conjunction, or other logical type of item to be true, false, assertable, or refutable. (Ib. 3–4)

Auf der Basis dieses zentralen Begriffs der Implikationsstruktur werden die logischen Operatoren bestimmt bzw. (neu) erklärt. Dies geschieht in strikter Relativität zu einer Implikationsrelation. Eine Theorie der logischen Operatoren wird entwickelt, indem beschrieben wird

»how each of them acts on implication structures (sets provided with implication relations). The logical operators are then to be thought of as certain types of functions that are defined on each structure and whose values (if they exist) are the hypotheticals, conjunctions, negations, and other logical types of that structure.« (Ib. 4)

Es ist damit klar, dass logische Operatoren als logische Strukturen (bzw. Substrukturen) aufgefasst werden, nämlich als »konkrete« und »bestimmte« logische Implikationsstrukturen. Eine Implikationsrealation über einer Menge S wird von Koslow bestimmt als jede Relation $\Rightarrow$, die folgende Bedingungen erfüllt:
1. Reflexivität: $A \Rightarrow A$, für alle A in S.
2. Projektion: $A_1, ..., A_n \Rightarrow A_k$, für alle $k = 1, ..., n$.

3. Simplifikation: Wenn $A_1, A_1, A_2, ..., A_n \Rightarrow B$, dann $A_1, ..., A_n \Rightarrow B$, für alle A_i und B in S.
4. Permutation: Wenn $A_1, A_2, ..., A_n \Rightarrow B$, dann $A_{f(1)}, A_{f(2)}, ..., A_{f(n)} \Rightarrow B$, für jede Permutation f von $\{1, 2, ..., n\}$
5. Verdünnung: Wenn $A_1, ..., A_n \Rightarrow B$, dann $A_1, ..., A_n, C \Rightarrow B$, für alle A_i, B und C in S.
6. Schnitt: Wenn $A_1, ..., A_n \Rightarrow B$ und $B, B_1, ..., B_m \Rightarrow C$, dann $A_1, ..., A_n, B_1, ..., B_m \Rightarrow C$, für alle A_i, B_j, B und C. (Vgl. 5)

Als ein Beispiel für das Verfahren der Bildung von logischen Operatoren auf der Basis der Implikationsstruktur bzw. -relation und der sechs genannten Bedingungen sei eine vereinfachte Version des Verfahrens für die Bildung der *logisch-strukturalen Konjunktion* dargelegt. Weil die Konjunktion *logisch-struktural* bestimmt wird, kann man sagen, es handele sich, wie Koslow hervorhebt, um »eine abstrakte Sicht der Konjunktion« (vgl. ib. 8). Vorausgesetzt sei die Implikationsstruktur $I = \langle S, \Rightarrow \rangle$.

Der Konjunktionsoperator K hat bezüglich I eine Funktionsweise, die durch die beiden folgenden Bedingungen festgelegt wird (dabei wird $K_\Rightarrow(A, B)$ verwendet, um Konjunktionen (relativ zur Implikationsstruktur) anzuzeigen):

K_1. $K_\Rightarrow(A, B) \Rightarrow A$, und $K_\Rightarrow(A, B) \Rightarrow B$ und

K_2. $K_\Rightarrow(A, B)$ ist das schwächste (*weakest*) Mitglied von S, das die Bedingung K_1 erfüllt. Das heißt: für jedes T, das in S enthalten ist, gilt: Wenn $T \Rightarrow A$ und $T \Rightarrow B$, dann $T \Rightarrow K_\Rightarrow(A, B)$.

In ähnlicher Weise werden alle anderen logisch-strukturalen Operatoren definiert.

Verglichen mit der »gewöhnlichen« oder Standardkonzeption der Logik ist Koslows Theorie ein bemerkenswerter Versuch, die Logik von einer höheren Ebene her zu begreifen, nämlich von der Dimension der »reinen formalen Strukturalität«. Damit erweist sich die strukturalistisch konzipierte Logik zusammen mit der Mathematik als eine Teildisziplin oder Subdizplin nicht der Mathematik, sondern einer fundamentalen einheitlichen formalen Disziplin, wie diese oben (3.2.1.1[2]) im Grundriss charakterisiert wurde. Ähnlich wie die Mathematik erhält die Logik damit in dem Sinne einen »objektiven« Charakter, dass sie sich grundsätzlich mit dem befasst, was durch die »logische« Sprache ausgedrückt wird, nämlich mit den logischen Strukturen. Damit findet eine gewisse Abkoppelung der Logik von der Sprache statt, und zwar in dem Sinne, dass syntaktische und semantische Faktoren nur eine Teilmenge der Gesamtmenge sind, auf welche die Implikationsrelation und die daraus abgeleiteten logischen Operatoren Anwendung finden. So bildet Koslow beispielsweise einen logischen Operator, der nicht auf Sätze, sondern auf *Individuen* angewendet wird (vgl. Abschnitt 22).

Aus dieser Theorie ergibt sich, dass logische Strukturen bzw. logisch-strukturale Operatoren auch einen direkten *ontologischen* Status haben können: Sie können auch »reale Dinge« strukturieren. Wie das genauer zu konzipieren ist, hängt von der jeweiligen Ontologie ab. Die in diesem Buch vertretene Ontologie (vgl. dazu Abschnitt 3.2.2.4) kennt nur »Primärtatsachen«, die als »ontologische Primärstrukturen« aufgefasst werden. »Ontologische« struktural-logische Operatoren wären solche Operatoren, die Primärtatsachen und damit ontologische Primärstrukturen (weiter) formal strukturieren.

Oben war von einer »gewissen« Abkoppelung der Logik von der Sprache die Rede. Damit ist gemeint, dass keine totale Abkoppelung stattfindet bzw. stattfinden kann. Wie oben im Abschnitt 3.2.1.3.[1] gezeigt wurde, kann weder die Mathematik noch die Logik von der Sprache vollständig absehen. Dass Koslow vollständig von der Sprachdimension absieht bzw. diese nicht thematisiert, stellt einen zentralen Fehler dar, der viele Konsequenzen hat. Dazu gehört seine These, dass die logischen Strukturen (die logischen Operatoren) ohne jeden Bezug auf semantische (und ontologische) Faktoren wie »Wahrheitswerte« zu definieren sind. Wie oben gezeigt wurde, muss man im Falle der Mathematik und der Logik zwei verschiedene Aspekte unterscheiden: den *objektiven* Aspekt und den *Formulierungs*aspekt. Es sind korrelative Aspekte, die sich nur relativ voneinander unterscheiden, aber auch aufeinander bezogen sind. Die Implikationsstruktur und die logisch-strukturalen Operatoren im Sinne Koslows sind zwar »objektive Entitäten«, aber sie sind auch als solche »formulierte oder artikulierte Entitäten«, das heißt, sie sind die *logischen Expressa* logischer Sätze. Diese *logischen Expressa* kann man auch *logische Propositionen* und, noch genauer, *logische Strukturen* nennen. Aber dann drängt sich die Frage auf, wie solche Sätze zu qualifizieren oder zu bestimmen sind. Die in diesem Buch vertretene Wahrheitstheorie (vgl. die Abschnitte 2.5.2 und 3.3) macht deutlich, dass die »Wahrheit« von Sätzen als der volldeterminierte Status der Sätze zu begreifen ist; da nun jeder deklarative oder theoretische Satz eine Proposition ausdrückt, folgt daraus, dass ein wahrer Satz eine wahre Proposition ausdrückt; die Proposition ist wahr, d. h. voll determiniert, wenn sie mit einer *Tatsache* identisch ist.

In diesem Zusammenhang ist daher zu sagen, dass ein logischer Satz seine höchste logische Qualifikation dadurch erhält, dass er als wahr bestimmt wird. Der logische Satz aber ist nur dann wahr, wenn auch die durch ihn ausgedrückte logische Proposition wahr ist. Das ist sie, wenn sie »volldeterminiert« ist. Ferner ist eine logische Proposition nur dann volldeterminiert, wenn sie mit einer logischen Tatsache identisch ist. Diese logische Tatsache ist daher die wahre und damit volldeterminierte logische Struktur. Dass die logische Struktur volldeterminiert ist, heißt, dass sie im vorausgesetzten logischen System einen vollbestimmten definitiven »logischen Platz« einnimmt. Dieser »Platz« wird durch die Angabe von »Bedingungen« bestimmt.

3.2 Die drei Ebenen der fundamentalen Strukturen

Überraschenderweise unterscheidet sich diese Deutung der Wahrheit logischer Sätze in der Sache im wesentlichen nicht von Koslows Bestimmung logisch-struktureller Operatoren. Koslow geht von einer *umfassenden* logischen Struktur (der Implikationsstruktur ⇒) aus und arbeitet verschiedene Formen heraus, die diese Struktur konkretisieren. Diese »Konkretisierung« der Implikationsstruktur, die durch die Festlegung bestimmter zu erfüllender Bedingungen herbeigeführt wird, besagt in der oben verwendeten Terminologie die Fixierung eines bestimmten definitiven Platzes, den die jeweilige konkretisierte Form der Implikationsstruktur im vorausgesetzten logischen System einnimmt und durch welchen sie ausgezeichnet wird. Der Sache nach entspricht dieser Sachverhalt dem, was oben als die Wahrheit logischer Sätze bzw. logischer Propositionen bzw. Strukturen herausgearbeitet wurde. Koslows Ablehnung des Rekurses auf Wahrheit(swerte), um die logischen Operatoren zu definieren, basiert daher auf einem Missverständnis, welches seinerseits aus seiner Verkennung der oben beschriebenen Rolle der Sprache resultiert. Auch in der soeben vorgeschlagenen Deutung der Wahrheit logischer Sätze ist es in keiner Weise ausgeschlossen, dass andere als syntaktische und semantische Faktoren oder Entitäten durch logische Operatoren verknüpft oder strukturiert werden; darin besteht ja gerade der oben erwähnte *ontologische* Status logischer Operatoren. Nun werden aber solche logischen Verknüpfungen oder Strukturierungen formuliert bzw. artikuliert, was Sprache in der oben beschriebenen Weise voraussetzt.

Die hier präsentierte Konzeption und die kritische Einschätzung der strukturalistischen Theorie Koslows können nicht den Anspruch erheben, als völlig verständlich und fundiert zu gelten. Dazu wären weitere ausgedehnte Ausführungen erforderlich. Die obige Darstellung möge aber als eine für die Zielsetzung dieses Buches ausreichende Andeutung einer Gesamtkonzeption verstanden und eingestuft werden.

3.2.2 Semantische Strukturen

3.2.2.1 Allgemeine Charakterisierung

[1] Die Bezeichnungen ›syntaktische Kategorie‹ und ›semantische Kategorie‹ sind weit verbreitet. Die erste Bezeichnung betrifft die Qualifizierung sprachlicher Ausdrücke unter rein grammatischen Gesichtspunkten (daher wird oft auch einfach von »grammatischen Kategorien« gesprochen); die zweite hat es mit der Interpretation der sprachlichen Ausdrücke zu tun. Im gegenwärtigen Kontext wird die syntaktische Ebene nicht explizit und direkt behandelt; vielmehr wird sie im Rahmen der semantischen Behandlung mitberücksichtigt. Statt von semantischen »Kategorien« wird von semantischen »Strukturen« gesprochen, und dies ist im strengen Sinne zu nehmen, d. h. der Ausdruck

›Struktur‹ wird dabei gemäß seiner streng definierten Bedeutung verstanden und verwendet.

In diesem Buch ist keine eingehende Auseinandersetzung mit anderen Auffassungen über Semantik beabsichtigt; hier soll systematisch verfahren werden.

[2] Der in Kapitel 1 eingeführte Begriff der Struktur muss jetzt auf den Bereich der Semantik angewandt werden. Die Aufgabe ist, die *semantischen Strukturen* herauszuarbeiten. Zunächst sei gezeigt, wie der Begriff der Struktur in einer rigorosen Weise im Bereich der Semantik expliziert bzw. dargestellt werden kann. Dazu sei als Illustration eine ganz normale Prädikatensprache erster Stufe gewählt. Für eine solche Sprache definieren Stegmüller/Varga [1984: 410] den Begriff der (gewöhnlichen) *semantischen Struktur* (im Unterschied zum Begriff der *vollen semantischen Struktur*) folgendermaßen:

»Eine semantische Struktur für die Symbole S, kurz: semantische S-Struktur, ist ein Paar $\mathfrak{A} = \langle A, \mathfrak{a} \rangle$, für das gilt:
(1) A ist eine nicht-leere Menge, der *Gegenstandsbereich* oder das *Universum* von $\mathfrak{A}$, auch *Trägermenge* (oder kurz: *Träger*) von $\mathfrak{A}$ genannt.
(2) $\mathfrak{a}$ ist eine Funktion, die S-Symbolen als Argumenten im folgenden Sinne passende Denotate in A zuordnet:
   (a) Für jedes n-stellige Prädikat P^n aus S ist $\mathfrak{a}(P^n)$ eine Menge geordneter n-Tupel von Elementen aus A.
   (b) Für jedes m-stellige Funktionszeichen f^m aus S ist $\mathfrak{a}(f^m)$ eine n-stellige Funktion über A, d. h. $\mathfrak{a}(f^m): A^m \to A$.
   (c) Für jede Konstante c aus S ist $\mathfrak{a}(c)$ ein Element aus A.«

$\mathfrak{a}$ wird die *Designationsfunktion* von $\mathfrak{A}$ (oder auch die *Denotationsfunktion* bzw. *Interpretationsfunktion* von $\mathfrak{A}$) genannt. Unter stärkerer Verwendung mengentheoretischer Symbole definieren diese Autoren die Designationsfunktion. [Die dabei verwendeten Zeichen sind so zu lesen: $D_I(f)$ = der Argumentbereich der Funktion f; $\hat{S}$ = die Menge der S-Symbole (d. h. die Menge Pr_s der S-Prädikate, die Menge Fu_s der S-Funktionszeichen, die Menge Ko_s der S-Konstanten. $\hat{S}$ wird einfachheitshalber mit S identifiziert). Pot = Potenzmenge; $\mathfrak{a}|_{Pr_s}$ = die Einschränkung der Funktion $\mathfrak{a}$ auf Pr_s; $\cup$ = Vereinigungszeichen; $\mathbb{Z}^+$ = Menge der positiven ganzen Zahlen.]

»(a_1) $D_I(\mathfrak{a}) = \hat{S}$

(b_1) $\mathfrak{a}|_{Pr_s}: Pr_s \to \bigcup \{Pot(A^n) \mid n \in \mathbb{Z}^+\}$
$\phantom{(b_1)\ \mathfrak{a}|_{Pr_s}:\ } P^n \mapsto \mathfrak{a}(P^n) \in Pot(A^n)$

(b_2) $\mathfrak{a}|_{Fu_s}: Fu_s \to \bigcup \{A^{(A^m)} \mid m \in \mathbb{Z}^+\}$
$\phantom{(b_2)\ \mathfrak{a}|_{Fu_s}:\ } f^m \mapsto \mathfrak{a}(f^m) \in A^{(A^m)}$ (d. h. $\mathfrak{a}(f^m): A^m \to A$)

(b_3) $\mathfrak{a}|_{Ko_s}: Ko_s \to A$.« (Ib.)

Berücksichtigt man auch die *Variablen*, so erhält man nach Stegmüller/Varga den Begriff der *vollen semantischen Struktur*. Dazu braucht man zunächst als Hilfsbegriff den Begriff der *Variablenbelegung*, der sich so definieren lässt: Eine Variablenbelegung über (einer Menge) A ist eine Funktion $\eta: Var \to A$, die Variablen Elemente aus A zuordnet. Der Begriff der *vollen semantischen Struktur* wird dann so definiert:

Eine *volle semantische Struktur* ist ein Paar $\mathfrak{A} = \langle A, \mathfrak{a}^* \rangle$, wobei $\mathfrak{a}^*$ die Vereinigung zweier Funktionen $\mathfrak{a}$ und η, also $\mathfrak{a}^* = \mathfrak{a} \cup \eta$, und η eine Variablenbelegung über A ist.

Eine semantische Struktur ist also eine »funktionale Struktur«, bestehend aus einer Funktion und einer Menge von Argumenten der Funktion. Die Menge der Argumente sind sprachliche Zeichen. Es wird sofort klar, dass eine semantische Struktur wesentlich davon abhängt, welche sprachlichen Zeichen man annimmt. In der oben benutzten prädikatenlogischen Sprache erster Stufe sind die zentralen und unverzichtbaren Zeichen, wie die angeführten Definitionen zeigen, die singulären Terme (Namen), die Prädikate und die Funktionszeichen. Dabei wurden die Sätze überhaupt nicht berücksichtigt. Der tiefere Grund dafür liegt darin, dass diese Sprache auf dem *Kompositionalitätsprinzip* basiert, mit dem sich die nächsten Abschnitte ausführlich befassen werden. Hier ging es zunächst nur darum, zu zeigen, dass und wie der strenge Begriff der Struktur auf den Bereich der Sprache bzw. der Semantik angewandt werden kann.

3.2.2.2 Die große Option: ontologisch orientierte Semantik für die wissenschaftliche und philosophische Sprache

Die entscheidende Frage in diesem Kontext lautet: Welche Sprache bzw. welche Semantik soll gewählt werden?

[1] Bei der Mehrheit der Philosophen lautet die – meist implizit gegebene, aber in der effektiven philosophischen Arbeit praktizierte – Antwort: Akzeptiert und gebraucht wird die sogenannte natürliche oder normale Sprache und deren Semantik. Allerdings ist diese Akzeptanz der natürlichen oder normalen Sprache sehr differenziert zu sehen, wie die diesbezüglichen Ausführungen in Kapitel 2 gezeigt haben. Wie in Abschnitt 2.2.2 vermerkt, haben die deklarativen Sätze der normalen Sprache in der Regel die Subjekt-Prädikat-Form. Aus diesem Grund betrachten die analytischen Philosophen gewöhnlich die Prädikatenlogik als die schlechterdings fundamentale Logik. Aber dies hat weitreichende semantische und ontologische Konsequenzen, wie gleich ausführlich zu zeigen sein wird. Dessenungeachtet hat kaum ein analytischer Philosoph die Subjekt-Prädikat-Struktur der Sätze in Frage gestellt. Die Konsequenz ist, dass die damit korrelierten Konzeptionen der Semantik und Ontologie als adäquat und widerspruchsfrei vertreten werden.

Wenn analytische Philosophen Korrekturen der normalen Sprache vorschlagen, so sind diese in der Regel sehr oberflächliche Modifikationen, die das semantische und ontologische Grundschema nicht tangieren. Im Abschnitt 3.2.2.2.1 wird ein bezeichnendes Beispiel beschrieben und kommentiert.

Die struktural-systematische Philosophie basiert auf einer philosophischen Sprache, die mit einer grundsätzlich anderen Semantik und Ontologie korreliert ist. Der radikale Unterschied zur normalen Sprache besteht darin, dass die Subjekt-Prädikat-Struktur der Sätze konsequent aufgegeben wird. In diesem Sinne wird ein Bruch mit der normalen oder Alltagssprache vollzogen.

Ein weiteres Charakteristikum der hier anvisierten philosophischen Sprache ist die streng ontologische Orientiertheit der mit ihr verbundenen Semantik. Wollte man eine weitverbreitete Terminologie gebrauchen, so würde man sagen, dass die hier zu entwickelnde Semantik einen *realistischen* Charakter hat. Aber das Wort ›realistisch‹ wird in der heutigen Philosophie in so vielen Bedeutungen verwendet, dass es nicht empfehlenswert ist, es ohne ausführliche Erläuterungen für die hier darzustellende Position zu verwenden. Eine ontologisch orientierte Semantik knüpft grundsätzlich an die Tarskische Tradition an, allerdings mit wesentlichen Änderungen, ist doch Tarskis Semantik im wesentlichen eine auf der Subjekt-Prädikat-Struktur der Sätze basierende Semantik. Mit ihrer genuin ontologischen Ausrichtung steht die vorliegende Semantik im schroffen Gegensatz zu allen Semantiken, die, in welcher Weise auch immer, keinen ontologischen Bezug der Sprache kennen oder thematisieren.

Ein letztes Charakteristikum der hier zu entwickelnden Semantik ist zu nennen und hervorzuheben: Semantik und Ontologie sind auf das engste miteinander verflochten, und zwar in dem starken Sinne, dass sie die zwei Seiten ein und derselben Medaille sind. Diese Grundthese ergibt sich unter Hinzunahme bestimmter Prämissen aus der zentralen Stellung der Sprache für die Philosophie bzw. für jede theoretische Unternehmung. Im vorliegenden Werk wird es nicht primär darum zu tun sein, diese These zu rechtfertigen, sondern zu zeigen, wie sie zu verstehen ist und zu welchen Resultaten sie führt. Daraus ergibt sich übrigens ihre Begründung von selbst.

Die Aufgabe besteht jetzt darin zu zeigen, wie die Grundzüge der anvisierten neuen Semantik (und Ontologie) zu konzipieren sind. Die diesbezüglichen Überlegungen basieren entscheidend auf der soeben formulierten These, dass Semantik und Ontologie als die zwei Seiten ein und derselben Medaille anzusehen sind. Erweist sich eine bestimmte Ontologie als nicht akzeptabel, so folgt daraus unmittelbar, dass die mit ihr verknüpfte Semantik aufzugeben ist; und umgekehrt: Stellt sich eine bestimmte Semantik als nicht vertretbar dar, so ist auch die mit ihr mitgegebene Ontologie zu verwerfen.

[2] Im folgenden wird ein großer Umweg gewählt, um die neue Semantik herauszuarbeiten. Zunächst ist jene Semantik darzustellen und zu kritisieren,

die sich aus einer normalen Interpretation der normalen Sprache *ut jacet* ergibt: Diese Semantik basiert auf dem *Kompositionalitätsprinzip*, das den Schlüssel zur Interpretation der Subjekt-Prädikat-Struktur der Sätze liefert. Die sich daraus ergebende Ontologie soll die *kompositionale* Ontologie genannt werden: Sie entspricht der alten Tradition der Substanz-Ontologie. Die Argumentation im nächsten Abschnitt erfolgt im Rahmen einer umfassenden Anwendung der *modus-tollens*-Schlussfigur: Wird eine kompositionale Semantik vertreten, so wird damit eine kompositionale Ontologie, eine Substanz-Ontologie in Kauf genommen; eine kompositionale oder Substanz-Ontologie ist aber nicht akzeptabel; also ist auch eine Semantik kompositionalen Charakters abzulehnen. Oder anders formuliert: Kompositional-semantische Strukturen implizieren kompositional-ontologische Strukturen; aber kompositional-ontologische Strukturen sind nicht akzeptabel; also sind kompositional-semantische Strukturen zu verwerfen. Daraus ist dann die entscheidende Einsicht in den Charakter jener Semantik zu gewinnen, die mit einer vertretbaren Ontologie gekoppelt ist. Die erste und ganz besonders die zweite Prämisse des genannten *modus-tollens*-Argumentes erfordern eine sehr umfangreiche Darstellung.

3.2.2.3 Kritik der auf dem Kompositionalitätsprinzip basierenden Semantik und Ontologie

3.2.2.3.1 Grundzüge der kompositionalen Semantik: die kompositional-semantischen Strukturen

[1] Geht man von Sprachen aus, die Sätze der Subjekt-Prädikat-Form enthalten, so hat die ihnen angemessene »natürliche« Semantik einen kompositionalen Charakter, und zwar zunächst ganz allgemein in dem Sinne, dass sie der *Komposition* und Komplexität dieser sprachlichen Gebilde Rechnung tragen muss. Diese »natürliche« oder einfache Einsicht hat in der heutigen Semantik in dem sehr weit akzeptierten *Kompositionalitätsprinzip* (KPP) ihren Ausdruck gefunden. Das Prinzip artikuliert die semantische Struktur jedes komplexen oder zusammengesetzten Ausdrucks und lautet in seiner einfachsten Form so:

(KPP)   Die Bedeutung (oder der semantische Wert) eines komplexen oder zusammengesetzten Ausdrucks ist eine Funktion der Bedeutungen (oder der semantischen Werte) seiner Teile oder Komponenten.

Der Einfachheit halber soll im folgenden nur die bei weitem wichtigste Form eines komplexen Ausdrucks, nämlich die deklarative Satzform[15] betrachtet werden. Das KPP für Sätze (KPP_S) kann so formuliert werden:

---

[15] In den folgenden Ausführungen wird die Qualifikation »deklarativ« im allgemeinen ausgelassen. In diesem Kapitel werden nicht-deklarative Sätze nicht behandelt.

(KPP$_S$) Die Bedeutung (oder der semantische Wert) des Satzes ist eine Funktion der Bedeutungen (oder der semantischen Werte) seiner subsententialen Komponenten.

Die subsententialen Komponenten sind das Subjekt des Satzes (der singuläre Term) und das Prädikat. Aus der Komposition der semantischen Werte dieser zwei Komponenten ergibt sich der semantische Wert des Satzes als eines Ganzen. Der semantische Wert des Subjekts bzw. des singulären Terms wird im allgemeinen als das Denotat dieses Ausdrucks bezeichnet und »(reales) Objekt« genannt. Hinsichtlich des semantischen Werts des Prädikats werden zwei gegensätzliche Auffassungen vertreten: eine rein extensionale und eine manchmal (missverständlicherweise) sogenannte »intensionale« Deutung. Gemäß der extensionalen Deutung ist der semantische Wert eines einstelligen Prädikats die Menge der Objekte, auf welche das Prädikat zutrifft (im Falle eines mehrstelligen Prädikats wird der semantische Wert mit der Menge der Tupel von Objekten, auf die das Prädikat zutrifft, identifiziert). Die »intensionale« Deutung identifiziert den semantischen Wert eines Ausdrucks mit einer spezifischen Entität, der Eigenschaft (im Falle eines einstelligen Prädikats) und der Relation (im Falle eines mehrstelligen Prädikats), wobei beiden die generelle Bezeichnung »Attribut« gegeben wird. Über die »Natur« des Attributs gehen die Meinungen weit auseinander. Darauf sowie auf die Diskussion zwischen Extensionalisten und »Intensionalisten« soll hier nicht näher eingegangen werden, da dies für die Zielsetzung der hier anvisierten Konzeption nicht erforderlich ist.

[2] Der *Grundgedanke* des KPP$_S$ läßt sich genauer folgendermaßen darstellen (vgl. dazu Dowty/Wall/Peters [1981: S. 42ff.]). Seien A, B,...,M, N syntaktische Kategorien. Man betrachte eine syntaktische Formationsregel der Form »Ist α ein A, β ein B,..., und μ ein M, dann ist $f(α, β, ..., μ)$ ein N«. Die Funktion f bestimmt, wie die Inputs in das Output abzubilden sind, d.h. f spezifiziert die Weise, in der die syntaktischen Argumente kombiniert werden (können). Dieser syntaktischen Regel entspricht eine semantische Regel der Form »Ist α ein A, β ein B,..., und μ ein M, dann ist [$f(α, β, ..., μ)$] = g([α], [β],...,[μ])«. (Die Symbole ›[ ]‹ zeigen die semantischen Werte der eingeklammerten Ausdrücke an.) g ist demnach eine Funktion, die die semantischen Werte der Teilkomponenten eines (komplexen) Ausdrucks in den semantischen Wert dieses Ausdrucks abbildet; oder anders: g spezifiziert die Weise, in der die semantischen Teilwerte eines Ausdrucks miteinander kombiniert werden (können). Die damit beschriebene Kompositionalität kann durch folgendes Diagramm repräsentiert werden:

3.2 Die drei Ebenen der fundamentalen Strukturen

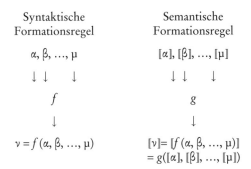

Anzumerken ist, dass gewöhnlich ein Homomorphismus von der Syntax in die Semantik angenommen wird; demnach ist nicht ausgeschlossen, dass verschiedenen syntaktischen Strukturen derselbe semantische Wert zugeordnet werden kann.

Um diesen Grundgedanken zu konkretisieren, nehme man als Beispiel einen atomaren Satz der Form ›*Fa*‹ an, bestehend aus dem 1-stelligen Prädikat *F* und der Individuenkonstante *a*, durch die das Prädikat zu dem Satz *Fa* »gesättigt« wird. Im Sinne des KPP$_S$ ist eine Interpretationsfunktion *I* anzunehmen, die jedem Ausdruck einen semantischen Wert zuordnet. Es gilt daher: Wenn der semantische Wert von *Fa* = s_3 (d.h. wenn $I(Fa) = s_3$) ist, dann gibt es einen semantischen Wert s_1 für *a* (d.h. $s_1 = I(a)$), einen semantischen Wert s_2 (d.h. $s_2 = I(F)$) und eine Kompositionsfunktion *K*, so dass gilt: der semantische Wert s_3 (des Satzes Fa) ist der Wert von *K* mit den Argumenten s_1 und s_2 (d.h. $s_3 = K(s_1, s_2)$).

[3] Es fragt sich nun, *als was* der semantische Wert des Satzes (also s_3) zu bestimmen ist. Diesbezüglich werden in der Gegenwart *zwei* verschiedene Grundpositionen vertreten. Die *erste* operiert mit dem außerordentlich vagen Begriff der *Wahrheitsbedingungen* und kann die *wahrheitskonditionale* Position genannt werden. Ihre zentrale These (am Beispiel des Satzes *Fa*) kann so formuliert werden:

(KPP$_{WK}$) Der semantische Wert des Satzes *Fa* ist der Wert einer Funktion, die die semantischen Werte der Teilkomponenten *a* und *F* in die Wahrheitswerte *wahr* bzw. *falsch* abbildet. Das heißt: hier gilt: s_3 = wahr oder s_3 = falsch.

Die *zweite* Richtung kann die *propositional-konditionale Richtung* genannt und so charakterisiert werden:

(KPP$_{PK}$) Der semantische Wert des Satzes *Fa* ist der Wert einer Funktion, die die semantischen Werte der Teilkomponenten *a* und *F* in die durch *Fa* ausgedrückte Proposition P abbildet. Das heißt: hier gilt: s_3 = P.

(Wie die Entität »Proposition« meistens bestimmt wird bzw. wie sie genau zu bestimmen ist, wird unten zu zeigen sein.)

Wie wird nun die Komposition dieser beiden semantischen Werte näher aufgefasst? Das Spektrum der diesbezüglichen Konzeptionen ist hochkomplex und kann nur mittels vieler sehr subtiler Differenzierungen und Unterscheidungen adäquat beschrieben werden. Hier sollen nur einige Aspekte einer weiteren Analyse unterzogen werden.

Die hohe Komplexität der verschiedenen heute vertretenen Positionen rührt im wesentlichen daher, dass G. Frege in gewisser Hinsicht beide beschriebenen Positionen vertrat, indem er eine inzwischen schon als klassisch zu bezeichnende Terminologie einführte. Ihm zufolge hat jeder nicht-synkategorematische Ausdruck, somit auch der (deklarative, deskriptive) Satz, sowohl einen *Sinn* als auch eine *Bedeutung*. Der *Sinn* des Satzes ist der *Gedanke*, den er ausdrückt, während seine Bedeutung »der Gegenstand« ist, auf welchen er sich bezieht, wobei Frege nur zwei »Gegenstände« in diesem Kontext nennt bzw. kennt: das Wahre und das Falsche. Frege benutzt den Ausdruck ›Bedeutung‹ nicht im Sinne von ›meaning‹, sondern von ›reference‹. Daher wird im folgenden der Ausdruck ›Bedeutung‹, wenn er die Fregesche Bedeutung hat, als ›Bedeutung$_F$‹ geschrieben. Was Frege »Gedanke« nennt, ist eine rein intensionale Entität, eine Entität als »reine Bedeutung« (was immer das sein mag), bar jeder »Realität«; er wird daher im allgemeinen mit (einer bestimmten Auffassung über) »Proposition« oder »Sachverhalt« identifiziert.

Das Entscheidende formuliert Frege als die Frage: »Warum genügt uns der Gedanke nicht?« (Frege [1892/1994a: 48]). Frege gibt darauf zwei Antworten, die zunächst etwas verwickelt zu sein scheinen. Einmal sagt er:

»Der Gedanke verliert für uns an Wert, sobald wir erkennen, dass zu einem seiner Teile die Bedeutung fehlt. Wir sind also berechtigt, uns nicht mit dem Sinne eines Satzes zu begnügen, sondern nach seiner Bedeutung zu fragen.« (Ib. 47–8)

Zum anderen aber lautet die Antwort: »Weil und soweit es uns auf seinen Wahrheitswert ankommt.« (Ib.) Genau besehen sind aber die beiden Antworten verschiedene Formulierungen nur eines komplexen Gedankens, der drei Elemente beinhaltet: Wert, Bedeutung$_F$, Wahrheitswert. Freges Argumentation, ganz aufgeschlüsselt, besteht in der Analyse dessen, was ein Gedanke beinhaltet; die Analyse führt vom Wert zur Bedeutung$_F$ und von dieser zum Wahrheitswert. Freges detaillierte Antwort lautet also: Einem Gedanken einen Wert zuzuschreiben, heißt, ihm eine Bedeutung$_F$ zuzuschreiben; dem Gedanken eine Bedeutung$_F$ zuzuschreiben, heißt, ihm einen Gegenstand zuzuschreiben, der als Wahrheitswert konzipiert wird und zwei Formen hat: »das Wahre« und »das Falsche«. Und so kann Frege zusammenfassend formulieren: »Urteilen kann als Fortschreiten von einem Gedanken zu seinem Wahrheitswerte gefasst werden.« (Ib. 50)

Diese Argumentation ist sehr eigenartig. »Bedeutung$_F$« wird im Sinne von »Gegenstand«, dieser als Wahrheitswert verstanden, wobei »Wahrheitswerte« ihrerseits als »Gegenstände« interpretiert werden. Warum das? Warum muss der Wahrheitswert als ein »Gegenstand« aufgefasst werden?

Um zu sehen, dass von einer inneren Kohärenz der Fregeschen Position nicht gesprochen werden kann, genügt es schon, auf eine andere berühmte These hinzuweisen, die er ausdrücklich formuliert. In seinem Aufsatz *Der Gedanke* stellt er die Frage: »Was ist eine Tatsache«? Und er antwortet: »Eine Tatsache ist ein Gedanke, der wahr ist.« (Frege [1918/1976: 50]) Es wird hier klar, dass letztere These sich nicht mit der oben dargestellten These, wonach die Bedeutung$_F$ des Satzes der Wahrheitswert, d. h. nach Frege: der »Gegenstand das Wahre (bzw. das Falsche)« ist, in Einklang bringen lässt. Wenn ein wahrer Gedanke eine Tatsache ist, so heißt das, dass der Wahrheitswert des Gedankens die Anzeige einer Entität in der Welt ist, nämlich der Tatsache (und nicht des »Gegenstandes« »das Wahre«). In diesem Fall ist der Wahrheitswert des Satzes »Boston liegt in Massachusetts« nicht »das Wahre«, sondern die Tatsache, dass Boston in Massachusetts liegt.

Es ist überaus wichtig zu vermerken, dass Frege zu seiner sonderbaren ersten These dadurch gelangt, dass er sich *ausdrücklich* auf den *kompositionalen* Charakter der Sätze (der Subjekt-Prädikat-Form) bezieht: »Wir haben gesehen, dass zu einem Satze immer dann eine Bedeutung zu suchen ist, *wenn es auf die Bedeutung der Bestandteile ankommt.*« (Frege [1982/1994: 48]). Das heißt wohl: wenn es auf die Komponenten des Satzes der Subjekt-Prädikat-Form und ihre Kompositionalität ankommt. Die oben festgestellte Divergenz bei der Bestimmung dessen, was unter »semantischem Wert« des (deklarativen) Satzes zu verstehen ist, geht ganz eindeutig auf Frege zurück; denn er charakterisiert den semantischen Wert des Satzes als »Sinn«, näherhin als »Gedanken« (also: Proposition), *und* als Bedeutung$_F$, worunter er das eine Mal den Wahrheitswert, das andere Mal die Tatsache versteht. Es scheint offensichtlich zu sein, dass es Frege nicht gelungen ist, eine kohärente Konzeption zu formulieren.

[4] Ein Beispiel für eine rein *extensionalistische* Definition semantisch-kompositionaler Strukturen wurde oben gegeben. Die Definition $\mathfrak{A} = \langle A, \mathfrak{a} \rangle$, so wie sie oben angeführt wurde, ist nur eine *partielle Definition* kompositional-semantischer Strukturen; denn es fehlt gerade die zentrale semantische Einheit, nämlich der Satz. Außerdem handelt es sich um eine viel zu globale und undifferenzierte Definition. Die »Trägermenge« A wird als »Gegenstandsbereich« oder »Universum« verstanden. Doch was ist genauer darunter zu verstehen? Da eine prädikatenlogische Sprache erster Stufe vorausgesetzt wird, besteht der Gegenstandsbereich buchstäblich aus der Menge aller *Gegenstände*; das kommt in der Definition der Designationsfunktion für die

Menge der Konstanten klar zum Ausdruck: (b_3) $\mathfrak{a}|_{Ko_S} : Ko_S \to A$. Es fragt sich nun, wie eine solche Konzeption bzw. Definition semantischer Strukturen genauer zu deuten ist. In der formalen Semantik besteht die Tendenz, alle derartigen »Entitäten« wie semantische Strukturen u. ä. als »abstrakte« Entitäten aufzufassen; dabei bleibt der Bezug zur Ontologie meistens völlig im Unklaren. Andererseits beinhaltet die eingebürgerte Interpretation einen eindeutigen ontologischen Bezug, da die Trägermenge als »Gegenstandsbereich« oder »Universum« charakterisiert wird. Wenn eine solche Konzeption für philosophische Themenstellungen von Interesse sein soll – und dieser Anspruch wird erhoben –, dann kann sie nur so verstanden werden, dass sie eine substantialistische Ontologie voraussetzt bzw. impliziert. »Gegenstand« ist doch dabei nichts anderes als Substanz im Sinne von Substratum, d. h. ein X, das Eigenschaften hat und in Relationen zu anderen solchen Gegenständen steht. Im nächsten Abschnitt wird diese Ontologie einer ausführlichen kritischen Analyse unterzogen.

3.2.2.3.2 Kritik der kompositionalen Semantik und Ontologie: die Inakzeptabilität der ontologischen Grundkategorie der Substanz

Es ergibt sich, dass die kompositionale Semantik, die, wie gezeigt, in der Prädikatensprache bzw. -logik erster Stufe ihre Artikulation findet, eine Substanzontologie indiziert bzw. impliziert. Was so allgemein als »Objekt« bezeichnet wird, ist nämlich nur ein anderer Ausdruck für die tradierte Kategorie der »Substanz«. Am klarsten lässt sich die Kategorie der Substanz so charakterisieren: Sie bezeichnet ein X, von dem Eigenschaften und Relationen ausgesagt (und über welches Sachverhalte behauptet) werden können. Wie ist aber dieses X aufzufassen? Im folgenden soll gezeigt werden, dass dieses X eine nichtintelligible Entität darstellt – und dass es daher abgelehnt werden muss.[16]

3.2.2.3.2.1 Substanzontologie und ihre Alternativen in der gegenwärtigen Philosophie

[1] In der gegenwärtigen Philosophie wird der Begriff der Substanz nicht einheitlich verstanden und bestimmt. Man kann hauptsächlich drei Positionen oder Richtungen unterscheiden. Nach einer ersten Richtung wird Substanz als Substratum bestimmt, in welchem Eigenschaften (und Relationen) inhärieren. Das Substratum wird damit als eine Entität verstanden, die mit einer anderen, von ihr verschiedenen Entität, dem *Attribut* (Eigenschaft und/oder Relation) korreliert. Das konkrete Individuum, das Einzelne, wird somit als durch diese beiden Arten von Entitäten konstituiert aufgefasst. Das Substratum wurde als

---

[16] Die folgenden Ausführungen sind zum großen Teil dem Aufsatz PUNTEL [2002] entnommen.

»pures oder nacktes Partikuläres (*bare particular*)« bezeichnet, was als korrekt erscheint, da das Substratum als solches eine Entität bar jeder Bestimmtheit ist. Dieser Begriff des Substratum hat Anlass zu vielen Problemen gegeben.[17] Unten wird das Basisproblem dieses Begriffs im Zusammenhang mit dem korrelativen Begriff der Universalie, welche durch das Substratum »instanziiert« oder »exemplifiziert« werden soll, eingehend behandelt.

Eine zweite Richtung verwirft die Idee eines *bare particular*, aber nicht die Idee eines »Subjekts«. Diejenigen Philosophen, die dieser Tendenz folgen, führen einen anderen Begriff ein, nämlich den Begriff der *Art (kind)*, den sie im Hinblick auf eine Erklärung dessen, was eine Substanz als »konkretes Partikuläres« ist, als Schlüsselbegriff betrachten. M. Loux beispielsweise behauptet:

»What a concrete particular is, on this view, is simply an instance of its proper kind; and Aristotelians argue that to be an instance of a kind is simply to exhibit the form of being that is the kind. Since that form of being is irreducibly unified, the things that exhibit it are themselves irreducibly unified entities, things that cannot be construed as constructions out of more basic entities.« (Loux [1998: 121])

Dennoch wird die Idee eines (ontologischen) Subjekts von diesem Autoren nicht gänzlich verworfen. Sie behaupten, dass die Substanzen oder die konkreten partikulären Dinge, d.h. die Einzeldinge, selbst den Status von Subjekten hinsichtlich aller ihnen zukommenden Attribute besitzen. Aber diese Autoren beeilen sich hinzuzufügen, dass man zwischen zweierlei Arten von Attributen unterscheiden muss, die der Substanz als dem Subjekt zukommen: den essentiellen und den akzidentellen. Das Subjekt als der Träger akzidenteller Attribute wird als das Subjekt verstanden, dessen Essenz (Wesen) oder Kern (*core*) nicht notwendigerweise diese Attribute einschließt; aber die essentiellen Attribute kommen dem Subjekt (der Subtanz) *notwendigerweise* zu. Dies wird von diesen Autoren dahingehend verstanden, dass die Substanz oder das konkrete Einzelding auch den Status eines Subjekts (eines Trägers) hinsichtlich einer *Art (kind)* hat. M. Loux erläutert diese Sicht folgendermaßen:

»Socrates is also the subject for the kind human being. Socrates and not some constituent in him is the thing that is human; but the kind human being is what marks out Socrates as what he is, so in this case our subject is not something with an identity independent of the universal for which it is subject. Take the man away from Socrates and there is nothing left that could be a subject for anything.« (Ib. 120)

Unzweifelhaft bemühen sich die Vertreter der beschriebenen Konzeption, den obskuren Begriff des Substratums zu überwinden. Es ist aber sehr zweifelhaft, dass es ihnen gelungen ist, mit diesem Problem fertig zu werden. Wenn nämlich das konkrete Einzelding einfach mit seiner eigenen Art identifiziert wird,

---

[17] Vgl. DENKEL [1996] für eine gute Analyse dieser Probleme.

folgt daraus, dass der Begriff der »Instanz(iierung) oder Exemplifizierung« jeder explanatorischen Bedeutung entleert wird. Und wenn gesagt wird: »... our subject is not something with an identity independent of the universal for which it is subject ...«, dann ist es schwer zu begreifen, was das eigentlich bedeutet; denn wie kann ein X ein Subjekt (Substratum) für ein Universale U sein, wenn seine Identität nicht von U unabhängig ist? Vielleicht könnte man sagen, dass dieser Fall ein »limiting case, einen Grenzfall« des Begriffs der Instanz(iierung) darstellt. In der Philosophie sind aber Grenzfälle dieser Art außerordentlich problematisch; im allgemeinen indizieren sie die Notwendigkeit, ein anderes, ein adäquate(re)s »*conceptual scheme*« einzuführen, der (zumindest besser) geeignet ist, die fragliche Intuition zu artikulieren

Eine dritte Tendenz verzichtet ganz auf den Begriff des Subjekts bzw. des Substratums und führt statt dessen den Begriff der *Unabhängigkeit* als das die Substanz charakterisierende Kriterium ein (vgl. bes. Hoffman/Rosenkrantz [1994: Kap. 4]; Lowe [1998: Kap. 6]). Dieser Ansatz findet sich bei Descartes, Spinoza und vielen anderen Philosophen. Demnach ist eine Substanz ein Seiendes, das durch Unabhängigkeit charakterisiert ist, und zwar in dem Sinne, dass es die Fähigkeit hat, aus eigener Kraft und selbständig zu existieren. Zu beachten ist allerdings, dass die Vertreter dieser Richtung stark divergierende Konzeptionen des Unabhängigkeitsbegriffs haben. Das Hauptproblem, das diese Konzeption von Substanz aufwirft, ist ganz einfach: Unabhängigkeit ist lediglich eine notwendige, aber keine hinreichende Bedingung für das, was eine Substanz ausmacht. Existenzunabhängigkeit von anderem ist nur ein externer Aspekt; sie bestimmt nicht die interne Struktur des substantiell Seienden.

[2] Die ontologischen Theorien, welche die traditionelle Idee der Substanz verwerfen, fassen die konkreten Einzeldinge (und jede Art komplexer Entitäten) als ein *Bündel (bundle)* bestimmter Arten von Entitäten auf. Im allgemeinen werden solche Theorien *Bündeltheorien* genannt. Aus Gründen, die weiter unten angegeben werden, wird in diesem Buch der Ausdruck ›Konfiguration‹ bzw. ›Konfigurationstheorie‹ immer dann verwendet, wenn auf die eigene Theorie des Verfassers Bezug genommen wird. Nun gibt es mehrere divergierende Bündeltheorien, deren Divergenz sich immer an einem der beiden folgenden Faktoren oder an beiden festmachen lässt: erstens an der Art von Entitäten, die das Bündel konstituieren, zweitens an der genaueren Bedeutung, die mit dem Term ›Bündel‹ assoziiert wird.

Besonders erwähnenswert sind drei Versionen einer Bündeltheorie. Bei der *ersten Version*, die als ›Tropentheorie‹ bekannt ist, handelt es sich um eine radikal revisionäre Theorie, insofern sie nicht nur die Idee des Subjekts oder Substratum, sondern auch – und vor allem – die der Universalie in Frage stellt. Die Philosophen, die diese Theorie favorisieren, führen eine (neue)

3.2 Die drei Ebenen der fundamentalen Strukturen

Entität oder Kategorie ein, der sie im Anschluss an Williams [1953/1966] die Bezeichnung ›Trope‹ geben und die sie als abstrakte partikuläre Entität oder konkretisierte Eigenschaft (und Relation) charakterisieren. Dieser Konzeption zufolge sind Tropen die fundamentalen »Elemente des Seins (bzw. der Seienden)«, aus welchen alles andere gebildet ist; genauer sind Tropen die einzige fundamentale ontologische Kategorie, weshalb die Ontologie, die auf der Idee der Trope beruht, als eine *unikategoriale Ontologie* bezeichnet wird. Ein konkretes partikuläres Einzelding oder ein Individuum wird als ein Bündel von Tropen aufgefasst. Die Entität, die traditionell als *Universalie (universale)* bekannt ist, wird als eine Sammlung (eben ein Bündel) von Tropen, die durch die Ähnlichkeitsrelation miteinander gebündelt werden, reinterpretiert (vgl. Williams [1953/1966], Campbell [1990]).

Diese Konzeption stellt eine sehr interessante neue Entwicklung hinsichtlich des Begriffs der ontologischen Kategorie dar. Aber sie begegnet vielen und grundsätzlichen Schwierigkeiten, die von vielen Autoren artikuliert wurden (vgl. z. B. Simons [1994], Daly [1994]). Das Hauptproblem dürfte darin zu sehen sein, dass diese Theorie bisher nicht in der Lage gewesen ist zu zeigen, warum auf die Beziehung der Instanziierung (Exemplifizierung) zu verzichten ist (vgl. bes. Daly, ib., 250–60); aber diese Beziehung setzt den Begriff der Universalie voraus, den die Tropentheorie radikal ablehnt. Dieses Problem wird sogar an der Terminologie sichtbar, welche die Tropentheoretiker verwenden, wenn sie beispielsweise sagen, dass Tropen »abstrakte Partikuläre (*abstract particulars*)«, »partikularisierte oder konkretisierte Eigenschaften (und Relationen)« oder sogar »Instanziierungen von Eigenschaften (und Relationen)« sind (vgl. z. B. Campbell [1990]).

Diese Schwierigkeit rührt von einem Umstand her, den man als die systematische Defizienz der Tropentheorie bezeichnen kann: Obwohl die Theorie auf einer wertvollen Intuition basiert, fehlt ihr gänzlich die Semantik, die nötig wäre, um diese Intuition adäquat zu artikulieren. Die Tropentheorie vertritt – meistens nur implizit – eine Semantik, die in einer Hinsicht eine (negative) Funktion der traditionellen Substanzontologie ist und in einer anderen Hinsicht die Entwicklung einer ganz neuen Ontologie veranlasst oder impliziert. Die Tropentheoretiker verstehen die Entität *Trope* semantisch als den Referenten von Ausdrücken wie ›Napoleons Haltung‹, ›die gelbe Stelle unten rechts im Gemälde‹ u. ä. Aber sie fragen nicht danach, welche Art von Ontologie die übrigen Ausdrücke der normalen Sprache implizieren oder voraussetzen. Die alten Ideen von Universalien und Partikularien werden mithin nicht (semantisch) eliminiert. Um eine überzeugende Revision der Substanzontologie durchzuführen, muss man an allererster Stelle den von dieser Ontologie vorausgesetzten Sprachrahmen einer gründlichen Analyse unterziehen. Die hier zu entwickelnde neue Ontologie muss als das Resultat des Versuchs gesehen werden, die richtige und wertvolle Intuition, auf welcher die Tropentheorie basiert, systematisch zu artikulieren. Dafür muss eine vollständig neue Terminologie eingeführt werden, die sich von der richtigen Intuition der Tropentheorie herleitet, aber grundlegende Annahmen und Thesen der Tropentheoretiker verwirft.

Eine *zweite* Version der Bündeltheorie interpretiert die konkreten Einzeldinge oder Partikularien als Bündel von *Qualitäten*, die durch die Relation der Kopräsenz miteinander gebündelt werden. Eine *dritte* Version erklärt die konkreten Einzeldinge oder Partikularien als Bündel von *immanenten Universalien*, d. h. von Universalien, die, »by contrast with Platonic universals, are as fully present in space and time as their bearers«[18]. So verstandene Universalien sind dieser Theorie zufolge die fundamentalen konstituierenden Elemente der Welt.

Einige Autoren vertreten eine *vierte* Version der Tropentheorie, indem sie zwar Tropen annehmen, diese aber nicht als Elemente verstehen, die im Sinne der Bündeltheorie miteinander gebündelt werden. Diesen Autoren zufolge werden Tropen nicht mit Universalien, sondern mit einem Substratum verbunden und konstituieren auf diese Weise die konkreten Partikularien oder Einzeldinge. Eine Variante dieser Theorie, »Nukleartheorie« genannt, entwickelt einen zweistufigen Ansatz: Die erste Stufe besteht aus einem dichten Bündel von Tropen, das den essentiellen Kern oder Nukleus, d h. die essentielle Natur des konkreten partikulären oder Einzeldinges konstituiert; die zweite Stufe ist von weiteren nicht-essentiellen Tropen gebildet, die durch andere Tropen ersetzt werden können, ohne dass dadurch der Kern oder Nukleus zu existieren aufhört. Diese zweite Stufe ist vom Nukleus als ihrem Träger abhängig: »The nucleus is thus itself a tight bundle that serves as the substratum to the looser bundle of accidental tropes, and accounts for their all being together« (Simons [1994: 568]). Wie es scheint, verwirft diese Version nicht gänzlich ein Substratum; sie scheint lediglich ein letztlich absolut basales Substratum nicht anzuerkennen.

3.2.2.3.2.2 Das Basis-Problem jeder Substanzontologie

Das Basis-Problem jeder Substanzontologie ist der semantisch-ontologische Theorierahmen, den jede Substanzontologie unvermeidlich voraussetzt und aus dem sie erwächst. Es handelt sich um den Theorierahmen, der für die natürlichen oder normalen Sprachen der indoeuropäischen Tradition charakteristisch ist. Die Syntax und Semantik dieser Sprachen und die Substanzontologie sind zwei Seiten einer Medaille. Genauer müsste man vom semantisch-

---

[18] O'LEARY-HAWTHORNE/COVER [1998: 205]. Diese Autoren nennen ihre Version der Tropentheorie »the Bundle Theory of substance« (ib.). Beide Autoren gebrauchen den Ausdruck ›Substanz‹ einfach synonym mit ›konkretes Einzelding‹ oder ›konkrete Partikularie‹ oder ›Individuum‹. Diese Terminologie ist ambig und gibt Anlass zu fundamentalen Missverständnissen.

3.2 Die drei Ebenen der fundamentalen Strukturen

ontologischen Grundrahmen sprechen, den die Philosophen herausgearbeitet haben, die die natürliche oder normale Sprache verwenden. Von der so interpretierten und theoretisierten natürlichen Sprache sollte man die natürliche Sprache *als solche*, d. h. als von konkreten (nicht-philosophischen) Sprechern benutzte Sprache sorgfältig unterscheiden. Außerdem ist zu beachten, dass es viele sehr divergierende *philosophische* Interpretationen der natürlichen Sprache gibt. In diesem Buch wird die natürliche Sprache so verstanden, wie sie normalerweise philosophisch interpretiert wird, nämlich als prädikatenlogische Sprache erster Stufe.

Im Hinblick auf eine klare Artikulation des Grundproblems, ist es angebracht, *zwei* zentrale Aspekte des semantisch-ontologischen Theorierahmens zu explizieren, auf welchen philosophische Interpretationen und Theorien der natürlichen Sprache in der Regel beruhen. [i] Der Umstand, dass oft andere Kategorien als die Kategorie der Substanz eingeführt und anerkannt werden, wie z. B. Ereignis, Prozess u. ä., bedeutet keineswegs eine Überwindung des substantialistischen Grundrahmens; im Gegenteil, die »anderen« Kategorien setzen die Substanzkategorie und die dyadischen Begriffe voraus, die die Kategorie der Substanz näher beschreiben und charakterisieren, wie z. B. Subjekt – Universalien, Subjekt – Attribute (wobei Attribute als Eigenschaften und/oder Relationen zu verstehen sind). Diese Behauptung basiert auf der unbestreitbaren Tatsache, dass die »anderen« ontologischen Kategorien (Ereignis, Prozess etc.) als Entitäten erklärt werden, die Eigenschaften haben und in Relationen zueinander stehen. Das substantialistische Grundvokabular wird daher beibehalten. Und wenn Philosophen solche Zusammenhänge exakt explizieren, so benutzen sie in der Regel als Theorierahmen die Sprache der Prädikatenlogik erster Stufe. Gemäß der Standardinterpretation hat diese Sprache bzw. Logik genau die semantische Struktur, die dem dyadischen Subjekt-Universalien-Rahmen entspricht.

[ii] Wie oben im Abschnitt 3.2.2.3.1 gezeigt wurde, stützt sich die Semantik der prädikatenlogischen Sprache erster Stufe grundsätzlich und vollständig auf das *Kompositionalitätsprinzip*, das in der Anwendung auf Sätze die Form hat:

(KPP$_S$) Die Bedeutung (oder der semantische Wert) des Satzes ist eine Funktion der Bedeutungen (oder der semantischen Werte) seiner subsententialen Komponenten.

Dieses Prinzip impliziert eine zumindest relative Unabhängigkeit der semantischen Werte der subsententialen Komponenten. So hat der singuläre Term seinen eigenen Referenten, das Denotatum, und das Prädikat – zumindest in der realistischen Semantik – sein eigenes Designatum, das Attribut. In der analytischen Philosophie wird der Referent bzw. das Denotatum des singulären Terms (oder des Namens) im allgemeinen und ohne nähere Spezifizierung

»Objekt« genannt. Aber weil diese Entität dadurch bestimmt wird, dass ihr Eigenschaften und Relationen zugeschrieben werden, spielt sie unzweifelhaft die Rolle der alten Kategorie der Substanz, sofern diese als durch ein Subjekt (Substratum) und Universalien konstituiert aufgefasst wird.

Das *Basisproblem* kann jetzt als das Problem artikuliert werden, das sich durch die *Prädikation* auf der Ebene der prädikatenlogischen Sprache erster Ordnung stellt. Die einfachste und fundamentalste Form der Prädikation dieser Art ist ›*Fa*‹, d. h. die Zuschreibung des Prädikats F zu a (quantifiziert: $(\exists x)(Fx)$). Eine Entität (das Subjekt oder Substratum), der »*a*« korrespondiert oder die der Wert der gebundenen Variablen »*x*« ist, wird einfach und absolut *vorausgesetzt*. Der springende Punkt liegt nun gerade darin, dass eine solche vorausgesetzte Entität nicht intelligibel ist; denn sie muss *ex hypothesi* oder aufgrund der gemachten Voraussetzung jenes (vorausgesetzte) Etwas sein, das die Zuschreibung oder Prädikation jeder Art von Universalien (Attributen, d. h. Eigenschaften und Relationen) allererst ermöglicht.[19] Aber dann drängt sich die Frage auf, was eine solche vorausgesetzte Entität überhaupt ist. Man versuche, von allen *Bestimmungent*, d. h. allen Attributen (Eigenschaften und/oder Relationen) abzusehen, die von dieser vorausgesetzten Entität prädizierbar sind, und von allen sonstigen Entitäten, mit denen diese vorausgesetzte Entität irgendwie in Beziehung gesetzt werden kann. (Man muss davon abstrahieren können, da die in Frage stehende Entität *ex hypothesi* eine eigene distinkte Entität ist.) Übrig bleibt dann nichts Bestimmtes: Die Entität selbst ist intrinsisch überhaupt nicht bestimmt, sie ist vollkommen leer. Eine solche Entität ist nicht intelligibel und muss daher verworfen werden.

Versuche, die Idee eines solchen »Subjekts« zu retten, schlagen fehl, ja müssen fehlschlagen, da sie sich alle auf die Idee stützen, dass die dem ›*a*‹ bzw. ›*x*‹ korrespondierende Entität, die hier »Subjekt« genannt wird, in gewissem Sinne schon determiniert ist. Machte man aber diese Annahme bzw. Voraussetzung, so wäre zu fragen: In welchem Sinne oder wie ist diese Entität determiniert? *Ex hypothesi* müsste diese »Bestimmtheit« vom Subjekt (wieder) prädizierbar oder dem Subjekt zusprechbar sein. Aber dann würde Folgendes deutlich werden: Wenn jene angebliche »Rest-Bestimmtheit« des Subjekts vom Subjekt (wieder) *prädizierbar* sein muss, so muss (wieder) »ein« (dasselbe? ein weiteres?) Subjekt vorausgesetzt werden, sonst wäre *diese* »Rest-Prädikation« überhaupt nicht möglich. Aber dann ergäbe sich ein *regressus in infinitum*. Ein solcher Rettungsversuch verfehlt daher den eigentlichen Punkt der ganzen Angelegenheit, die Frage nämlich, unter welchen Voraussetzungen Prädikation

---

[19] Gemäß der hier kritisierten Substanzontologie werden (oft) auch andere Entitäten in Verbindung mit den Substanzen oder konkreten Einzeldingen genannt, besonders Tatsachen. Im Rahmen dieser Ontologie sind Tatsachen *zusammengesetzte Entitäten*, die aus der Prädikation resultieren. Sie involvieren immer die Substanz und eine oder mehrere ihrer Bestimmungen. Sie sind Weisen der bestimmten Substanz.

3.2 Die drei Ebenen der fundamentalen Strukturen

überhaupt möglich ist. Mit anderen Worten, zu erklären ist die eigentliche ontologische Konstitution der Entität, die hier »Subjekt« genannt wird.

3.2.2.3.2.3 Quines Verfahren der Elimination singulärer Terme: ein zur Durchführung einer großen Idee unzureichendes Mittel

Die in mehreren Passagen der vorhergehenden Abschnitte angedeutete Notwendigkeit einer radikalen Revision der traditionellen (kompositionalen) Semantik und Ontologie basiert *hauptsächlich* darauf, dass die Struktur der als philosophisch adäquat qualifizierbaren Sätze nicht mehr die Subjekt-Prädikat-Form haben können. Diese Einsicht kann auch so formuliert werden, dass als das Grundprinzip der Semantik nicht mehr das semantische Kompositionalitätsprinzip, sondern das semantische *Kontextprinzip* zu betrachten ist. Eine Formulierung Quines kann als eine sehr zutreffende Artikulation dieser Grundeinsicht gelten: »The primary vehicle of meaning is seen no longer as the word, but as the sentence.« (Quine [1981: 69]) Und Quine behauptet zu Recht, dass diese Änderung eine *Revolution* ist, die durchaus mit der Kopernikanischen Revolution in der Astronomie vergleichbar ist. Der »semantic primacy of sentences« ist eine große Idee. Die Frage ist, wie man sie verstehen und im einzelnen durchführen sollte.

[1] Im folgenden sei exemplarisch eine der Weisen analysiert, in der ein großer Philosoph wie Quine versucht hat, aus dieser Idee wichtige Konsequenzen für die Philosophie zu ziehen. Gemeint ist sein schon als klassisch zu bezeichnendes Verfahren zur Elimination singulärer Terme. Wenn, wie oben ausgeführt, die Subjekt-Prädikat-Struktur des Satzes radikal revidiert werden soll, dann nur so, dass dabei die Komponenten des so strukturierten Satzes, nämlich Subjekt (singulärer Term) und Prädikat, eliminiert werden. Quines Eliminationsverfahren ist auf der einen Seite außerordentlich aufschlussreich, auf der anderen Seite ist es in grundsätzlicher Hinsicht nicht ausreichend. Aus einer Analyse seines Verfahrens kann jedoch für die Entwicklung einer kohärenten, auf dem Kontextprinzip, also auf dem Primat des Satzes, aufbauenden Semantik und Ontologie, viel gewonnen werden.

Quines technisches Verfahren besteht im wesentlichen darin, dass singuläre Terme in die Standardposition ›= a‹ manövriert werden, welche, als ein Ganzes aufgefasst, ein Prädikat oder genereller Term ist (generelle Terme werden von den Problemen nicht tangiert, die singuläre Terme aufwerfen). Quine erläutert sein Verfahren konkret so:

»Die Gleichung ›$x = a$‹ wird nun eigentlich als Prädikation ›$x = a$‹ analysiert, wobei ›= a‹ das Verb bildet, das ›F‹ von ›Fx‹. Man kann die Sache auch folgendermaßen ansehen: Was zuvor in Worten ›x ist Sokrates‹ und in Symbolen ›x = Sokrates‹ hieß, lautet in Worten immer noch ›x ist Sokrates‹, aber das ›ist‹ wird nicht mehr als separater relativer

Terminus ›=‹ behandelt. Vielmehr wird das ›ist‹ jetzt als Kopula aufgefasst, die – sowie in ›ist sterblich‹ und ›ist ein Mensch‹ – lediglich dazu dient, einem allgemeinen Terminus Verbform zu verleihen und ihn der prädikativen Stellung anzupassen. ›Sokrates‹ wird zu einem allgemeinen Terminus, der genau auf einen Gegenstand zutrifft, aber insofern allgemein ist, als er von nun an so behandelt wird, dass er grammatisch für die prädikative Position zugelassen ist, nicht aber für Positionen, die für Variablen geeignet sind. ›Sokrates‹ spielt dann die Rolle des ›F‹ in ›Fa‹ und nicht mehr die des ›a‹«. (Quine [1960/1980: 311])

Quine entwickelt sein technisches Verfahren der Elimination singulärer Terme im Kontext der von ihm intendierten Reglementierung der wissenschaftlichen Sprache mit Hilfe der Standard-Prädikatenlogik erster Stufe, von der er sagt, sie sei »auf Gelingen oder Scheitern *(for better or worse)* die akzeptierte Form der wissenschaftlichen Theorie« (Quine [1985: 170]). Und er behauptet, dass die Prädikatenlogik die für wissenschaftliche Zwecke erforderliche Ausdrucksstärke erst durch die Reifizierung gewinnt. Worauf das hinausläuft, macht Quine mit Hilfe eines lehrreichen Beispiels deutlich. Quine betrachtet *Sätze,* die er ›Beobachtungssätze‹ nennt, d. h. Sätze, die eine direkte und feste Assoziation mit Reizeinflüssen auf uns besitzen (vgl. Quine [1990: 2 ff.]) und die uns zur Zustimung oder Verweigerung veranlassen. Es sind Sätze der Form ›es regnet‹, ›es wird dunkel‹, ›Das ist ein Kaninchen‹ u. ä. Was ist der semantische Status solcher Sätze? Quines Antwort auf diese Frage ist sehr aufschlussreich, da sie auf einmal grundlegende Thesen seiner Philosophie und damit auch philosophische Fragen von grundlegender Bedeutung ans Licht bringt. Er klärt die Frage, indem er einen bestimmten Beobachtungssatz umformuliert. Als Beispiel analysiert er den Beobachtungssatz:

Eine weiße Katze begegnet einem Hund und sträubt das Fell.

A white cat is facing a dog and bristling.

Quine unterscheidet zwei völlig verschiedene Lesarten des Satzes, die als zwei transformierende Umformulierungen *(rephrasings)* dieses Satzes artikuliert werden. Die erste hat zum Ergebnis, dass die referentielle Funktion des Satzes »maskiert« wird *(mask)*. Quines erste Umformulierung muss nach dem original englischen Wortlaut angegeben werden, da eine einigermaßen angemessene Wiedergabe im Deutschen kaum möglich scheint. Die Umformulierung sieht so aus:

It's catting whitely, bristlingly, and dogwardly.

Der so umformulierte Satz hat nach Quine einen *nicht-referentiellen* Status. Ihm zufolge äußern wir solche Sätze »without meaning to refer to any object« (Quine [1985: 169]). Die von ihm unterstellte Nicht-Referentialität kann kurz so interpretiert werden: Der Satz hat einen semantischen Status im Sinne einer Semantik-ohne-Ontologie. Unter der Voraussetzung, dass die Welt aus Objekten besteht, die Eigenschaften haben und in Relationen zueinander stehen, ist es klar, dass der so umformulierte Satz in der Tat einen nicht-referentiellen Charakter hat.

Auf der Basis der Quine zufolge unproblematischen, da selbstverständlichen Annahme, dass die Welt so strukturiert ist, präsentiert er eine zweite transformierende Umformulierung des Beispielsatzes, die darauf abzielt, den Satz als einen *referentiellen* Satz zu artikulieren. Dies erreicht er, indem er den ursprünglichen Beispielsatz einer *Reglementierung* unterzieht: Der Satz wird im Rahmen der Prädikatenlogik erster Stufe umformuliert. Das Ergebnis lautet:

$\exists x$ (x ist eine Katze und x ist weiß und x ist sträubend das Fell und x ist postiert in der Richtung des Hundes). (Vgl. ib.)

[2] Quines Verfahren kann als inspirierendes Beispiel dafür gelten, wie die in philosophischer Perspektive nötige semantische Korrektur der normalen Sprache, die in diesem Buch als grundlegend gefordert wird, erfolgen kann. Man muss allerdings hinzufügen, dass Quines Verfahren, wie er es interpretiert und anwendet, von einem gesamtsystematischen Standpunkt aus unvollständig, inkonsequent und dadurch letztlich oberflächlich bleibt. Das soll nun im einzelnen gezeigt werden.

[i] Quines Verfahren muss als ein Versuch, die Subjekt-Prädikat-Form von Sätzen zu überwinden, interpretiert werden. Doch bleibt dieser Versuch *partiell* und damit unvollständig. Der Grund hierfür liegt in der Tatsache, dass Quine das Verfahren einführt, um nur ein Teilproblem zu lösen, das Problem der Nicht-Referentialität mancher singulärer Terme. Das führt dazu, dass er sein Verfahren als einen rein logisch-semantischen *Kunstgriff* (device) versteht.

Im Rahmen der klassischen Prädikatenlogik erster Stufe haben singuläre Terme reale Referenten, d. h. sie denotieren existierende Objekte. Nun gibt es singuläre Terme (z. B. ›Pegasus‹), die kein existierendes Objekt denotieren. Um mit dem damit gegebenen Problem fertig zu werden, »übersetzt« oder »transformiert« Quine die Sätze, in denen singuläre Terme vorkommen, in Sätze, denen ein Quantor vorangestellt wird, der Individuenvariablen bindet; das führt dazu, dass im neuen Satz, wie oben gezeigt wurde, der (frühere) singuläre Term in einen generellen Term verwandelt wird. In diesen Sätzen erscheinen die (früheren) singulären Terme daher nicht mehr *als solche*, wohl aber artikulieren die quantifizierten Sätze, in denen der neue generelle Term als Prädikat vorkommt, das, was die Funktion der singulären Terme gewesen wäre, wäre dieser nicht eliminiert worden. Das Problem der Nicht-Referentialität mancher singulärer Terme erledigt sich dann von selbst, und zwar folgendermaßen: Sätze können wahr oder falsch sein; der quantifizierte Satz, in welchen der Satz übersetzt wurde, der einen nicht-referentiellen singulären

Term enthält, wird einfach als falsch qualifiziert. Man nehme als Beispiel: »Pegasus fliegt«, formalisiert: *Fa*. Der entsprechende quantifizierte Satz, in welchem der (frühere) singuläre Term (Pegasus) als genereller Term bzw. als Verb und damit als Prädikat (»pegasiert«) vorkommt, hat die Form: $(\exists x)(x = a \wedge Fx)$. Der Satz ist falsch, das Problem der Nicht-Referentialität von ›Pegasus‹ hat sich somit aufgelöst. Ein Beispiel für einen Satz, der wahr ist: »Sokrates ist ein Philosoph«.

Die Antwort auf die Frage, welche ontologischen Konsequenzen diese Elimination der singulären Terme, wie sie Quine versteht, habe, ist ganz klar: überhaupt keine. Quine selbst behauptet das in aller nur wünschenswerten Klarheit:

»Durch verfehlte kritische Bemerkungen wird man immer wieder daran erinnert, dass es Leute gibt, die meinen, der mathematische Ausdruck ›Werte der Variablen‹ bedeute ›singuläre Terme, die sich für Variablen einsetzen lassen‹. Als Wert der Variablen gilt aber vielmehr der durch einen solchen Terminus bezeichnete Gegenstand und *die Gegenstände bleiben auch dann als Werte der Variablen bestehen, wenn die singulären Termini zum Verschwinden gebracht werden.*« (Quine [1960/1980: 333, Fußnote 1]; Hervorh. LBP)

Hier wird vollends klar, dass die Elimination singulärer Terme nach Quine *keine echten ontologischen* Konsequenzen hat. Die Welt der »Objekte« bleibt das, als was sie *unabhängig von und vorgängig zur* Elimination der singulären Terme konzipiert wird. Quines Eliminationstechnik ist einfach eine Verschiebung der semantischen Funktion der Sprache von der Ebene der singulären Terme auf die Ebene der Variablen. Die Gegenstände bleiben dieselben; nur werden sie im ersten Fall als Denotate (singulärer Terme) und im zweiten als Werte (gebundener Variablen) artikuliert. Eine semantische Bezugnahme auf Objekte erfolgt daher nach Quine nur in der Weise, dass diese als Werte gebundener Variablen erscheinen.

Ist man aus philosophischen Gründen bestrebt, eine ganz andere Ontologie zu entwickeln, so leuchtet ein, dass sich Quines Verfahren *ut jacet* in keiner Weise dazu eignet. Aber das Verfahren kann im Prinzip uminterpretiert und anders entwickelt werden, so dass dann die weitreichenden ontologischen Konsequenzen im Hinblick auf die Entwicklung einer anderen Semantik und einer anderen Ontologie deutlich werden.

[ii] Dass Quines Verfahren anregen und weiterführen kann, lässt sich durch eine genaue Analyse der Quineschen Behandlung des oben angeführten Beispielsatzes »Eine weiße Katze begegnet einem Hund und sträubt das Fell« vor Augen führen. Quines Behandlung enthält eine subtile Inkohärenz und eine unbegründete umfassende Option bzw. These.

[a] Wie oben dargelegt, transformiert Quine den singulären Term in einen generellen Term. Die singulären Terme ›a‹ bzw. ›Pegasus‹ erscheinen dann *nur in der Position*: ›= a‹ bzw. ›= Pegasus‹. Diese Ausdrücke sind dann allgemeine

3.2 Die drei Ebenen der fundamentalen Strukturen 265

Terme bzw. Prädikate. Sie sind das ›*P*‹ von ›*Px*‹. Wie aber sind sie näher zu verstehen? ›= Pegasus‹ wird von Quine als Prädikat »›is-Pegasus‹, or ›pegasizes‹« (Quine [1953/1980: 8]) gedeutet. Dazu bemerkt er weiter, dass das Substantiv ›Pegasus‹ als eine abgeleitete Form behandelt und mit der Kennzeichnung »das Ding, das Pegasus ist« oder »das Ding, das pegasiert« identifiziert werden könne. Unter explizitem Hinweis auf Russell,[20] aber von einem anderen Ansatz her (vgl. Quine [1960/1980: 320, Fußn. 4]) eliminiert Quine auch die definite Kennzeichnung »das Ding, das pegasiert«, indem er den Namen ›Pegasus‹ auf einen generellen Term bzw. auf ein Prädikat reduziert, der/das von keinem Objekt in der Weise ausgesagt werden kann, dass sich daraus ein wahrer Satz ergibt. Im Falle von wahren Sätzen wie ›Sokrates ist ein Philosoph‹, wird der Name ›Sokrates‹ hingegen auf einen generellen Term bzw. auf ein Prädikat reduziert, der/das von einem einzigen Objekt ausgesagt werden kann, so dass der damit gebildete Satz wahr ist.

Diese Position gibt Anlass zu vielen Fragen, z. B. der folgenden: Unter welchen Bedingungen kann die Voraussetzung, auf welcher diese Position basiert, als erfüllt betrachtet werden? Die Voraussetzung ist die folgende: Um von einem einzigen »Ding«, nämlich dem Wert der gebundenen Variablen x, ein bestimmtes Prädikat auszusagen (etwa das Prädikat ›ist Sokrates‹ oder ›sokratisiert‹), muss dieses »Ding«, dieser Wert von x, *identifiziert* werden können. Wie kann das aber geschehen oder erreicht werden, wenn absolut nichts Bestimmtes »bezüglich des Wertes von x« »vorliegt«? Die Rede von einem »Ding«, das nur dadurch »identifizierbar« ist, dass es als ontologischer Wert der gebundenen Variablen x »bestimmt« wird, ist eine leere Rede. Was hieße denn hier »bestimmt«? Soll eine solche Identifizierung im Rahmen der Aussagen Quines überhaupt in Betracht gezogen werden, dann wäre es nötig, den großen »ontologischen Raum« zu explizieren, in welchem dieses »Dingt«, d. h. der (eben ontologische!) Wert der gebundenen Variablen x situiert wird. Ein solcher »ontologischer Raum« wird nämlich durch den Gebrauch eines Quantors *explizit* vorausgesetzt und damit angenommen. Es genügt nicht, zur Iden-

---

[20] Um den Ambiguitäten der Oberflächenstruktur der normalen Sprache zu entkommen, entwickelte RUSSELL [1905/1956] seine berühmte Theorie der definiten Kennzeichnungen (*theory of descriptions*). Er nahm an, dass Namen abgekürzte definite Kennzeichnungen sind. Eine definite Kennzeichnung, z. B. ›Der König von Frankreich‹, kann folgendermaßen formalisiert werden: $\iota x: Fx$ (»dasjenige x so dass x ist F«). Dieser Ausdruck kann an Stelle eines Namens verwendet werden, wie in der Formel $G(\iota x: Fx)$ (»dasjenige x so dass x ist F ist G«, z. B.: »Der König von Frankreich ist alt«). Aber Russell zeigt, dass die definite Kennzeichnung zwar (oft) wie ein Name behandelt und verwendet wird, in Wirklichkeit aber kein eigentlicher Name ist. Vielmehr muss (etwa) die definite Kennzeichnung $G(\iota x: Fx)$ als eine Abkürzung der Formel $\exists y(\forall x(Fx \leftrightarrow x = y) \wedge Gy)$ verstanden werden (genau, allerdings umständlich informal artikuliert: »Es gibt ein und nur ein Ding so dass es F ist und so dass es zusätzlich G ist«, z. B.: »Es gibt ein und nur ein Ding, so dass es der König von Frankreich ist, und so dass es (zusätzlich) alt ist«).

tifizierung des Wertes von *x* nur auf diesen ontologischen Raum oder Rahmen hinzuweisen. Doch soll hier auf diese Frage nicht weiter eingegangen werden.

Eine weitere subtile Inkohärenz oder Inkonsequenz in Quines Behandlung des oben beschriebenen Beispielsatzes kann aufgezeigt werden. Warum schließt Quine die Möglichkeit aus, dass singuläre Terme auf *Sätze* reduziert oder in *Sätze* »übersetzt« werden, wenn ein Reduktionsverfahren hinsichtlich solcher Terme bzw. Namen entwickelt werden kann? Dass dies syntaktisch möglich ist, zeigt er selbst, wenn er die erste Umformulierung des Beispielsatzes »*A white cat is facing a dog and bristling: It's catting whitely, bristlingly, and dogwardly*« vorlegt. Warum soll der singuläre Term ›(eine) Katze‹ nicht ebenso als Abkürzung des Satzes ›*It's catting*‹ akzeptiert werden wie der Name ›Pegasus‹ als Abkürzung von ›*It's pegasizing*‹ und der Name ›Sokrates‹ von ›*It's socratizing*‹? Quine zufolge sind »*It's catting*« und »*It's socratizing*« Sätze ohne »ontologischen Bezug«. Wie kann er aber eine solche Behauptung begründen? Hat der Satz »es regnet«, wenn er wahr ist, keinen ontologischen Bezug? Aber dieser Satz ist von derselben Art wie Sätze wie »*It's catting*« und »*It's socratizing*«. Warum also eine Reduktion singulärer Terme bzw. von Namen *nur* auf *Prädikate*? Eine solche These scheint inkonsequent.

[b] Und doch gibt es bei Quine eine allgegenwärtige, wenn auch meistens implizit bleibende Begründung für seine soeben beschriebene *restriktive* Interpretation und Handhabung des Verfahrens der Elimination singulärer Terme; sie beinhaltet die Exklusion der Möglichkeit, singuläre Terme bzw. Namen auf Sätze der angegebenen Form (also einer Form wie ›*It's catting*‹) zu reduzieren. Diese Begründung ist Quines Annahme bzw. These, auf die schon oben kurz hingewiesen wurde, als seine *zweite* Umformulierung des Beispielsatzes dargelegt wurde. In der folgenden einschlägigen Passage wird diese These klar formuliert:

»I am concerned [...] with scientific theory and observation as going concerns, and speculating on the function of reference in the linking of whole observation sentences with whole theoretical sentences. *I mean predicate logic* not as the initial or inevitable pattern of human thought, moreover, but *as the adopted form, for better or worse, of scientific theory*« (Quine [1985: 169–70]; Hervorh. LBP).

Diese These ist eine der zentralen Säulen der Philosophie Quines. Wegen ihres umfassenden Charakters kann sie nicht in einigen Sätzen adäquat kritisiert werden. An dieser Stelle seien nur noch zwei abschließende Bemerkungen gemacht. Erstens: Die in diesem Buch vertretene systematische Konzeption kann in einer Hinsicht als eine ständige und ebenfalls umfassende Auseinandersetzung mit Quines »allgegenwärtiger« These betrachtet und gelesen werden. Es sei auf Abschnitt 4.2.1.1 (»Ein lehrreiches Beispiel: die philosophische Inkohärenz von Quines angeblicher Versöhnung von ›Naturalismus‹ und ›globalem ontologischem Strukturalismus‹«) hingewiesen, wo gezeigt wird, dass Quines »allgegenwärtige« These nicht mit seinen sonstigen Thesen über Ontologie in Einklang gebracht werden kann. Zweitens: Die obigen Ausführungen über Quine, so subtil sie im einzelnen auch sein mögen, dürften zur Genüge einen zentralen Punkt verdeutlicht haben: Eine einzelne These wie die These von der Eliminierbarkeit singulärer Terme kann nur dann einer ernsthaften philosophischen Analyse und Einschätzung unterzogen werden, wenn sie im ganzen systematischen Rahmen genau situiert wird, innerhalb dessen sie aufgestellt wird. In einer irgendwie isolierten Betrachtung kann sie begründeterweise weder angenommen noch verworfen werden.

3.2.2.4 Grundzüge einer auf einer starken Version des Kontextprinzips basierenden Semantik

Ist eine kompositionale Semantik für philosophische Zwecke wegen ihrer substanzontologischen Implikationen nicht akzeptierbar, so ergibt sich daraus die Aufgabe, eine andere Semantik zu entwickeln, welche die kritisierten Aspekte ausschließt. Die alternative Semantik muss eine solche sein, die eine Entität wie »Subtanz« radikal ausschließt. Aber eine solche Semantik muss sich dann auch von den Sätzen der Subjekt-Prädikat-Form vollständig verabschieden, sind es doch diese Sätze, die eine Substanzontologie implizieren bzw. voraussetzen und ausdrücken. Diese grundlegende Einsicht lässt sich in der Weise durchführen, dass ein anderes semantisches Grundprinzip eingeführt und streng befolgt wird. Ein solches Prinzip gibt es: Es ist das *Kontextprinzip* und es existiert in verschiedenen Versionen.

3.2.2.4.1 Eine starke Version des semantischen Kontextprinzips

Der Ausdruck ›Kontextprinzip‹ (im folgenden: KTP) wurde wahrscheinlich von M. Dummett eingeführt, um ein Prinzip zu bezeichnen, das Frege in den *Grundlagen der Arithmetik* so formuliert hat:

(KTP_F) »Nur im Zusammenhang eines Satzes bedeuten die Wörter etwas.«[21]

Weder über den genauen Sinn dieses Prinzips in den *Grundlagen* noch über sein Schicksal in den späteren Werken Freges besteht unter den Frege-Forschern Konsens. In der Gegenwart wird das KTP – oft unter der Bezeichnung ›semantischer Primat des Satzes‹ – von Philosophen wie *W. O. Quine, D. Davidson* u. a. vertreten und dahingehend näher verstanden, dass Wahrheitsfragen gegenüber Bedeutungs- und Referenzfragen einen semantischen Vorrang besitzen. So aufgefasst, ist das KTP der »analytischen Konzeption der Sprache« (Romanos [1983: 165]) entgegengesetzt, als deren wichtigste Gestalt Tarskis Wahrheitstheorie angesehen wird.

---

[21] FREGE [1884/1986: § 62]. Im selben Buch finden sich andere ähnliche Formulierungen (vgl. Einleitung (S. 10), § 60, § 106).

Die Autoren, die das KTP annehmen, vertreten im allgemeinen auch das Kompositionalitätsprinzip (KPP). Kaum gestellt wird allerdings die Frage, ob diese Prinzipien überhaupt miteinander kompatibel sind. Bei einigen Autoren führt die Annahme beider Prinzipien zu Thesen, die ohne die Kompatibilitätsvoraussetzung weder verständlich noch zwingend wären; so führt im Falle Quines die Annahme beider Prinzipien zur These von der Unerforschlichkeit der Referenz (vgl. bes. Quine [1969/1975: *passim*]) und im Falle Davidsons zur These vom Dilemma der Referenz, aus der sich seine weitere These ergibt, die sich in dem bekannten Slogan »Realität ohne Referenz« niederschlägt (vgl. Davidson [1984: Essay 15]). Im folgenden soll weder eine Interpretation Freges vorgelegt noch sollen die Positionen Quines, Davidsons und anderer Autoren im einzelnen kritisiert werden; vielmehr geht es darum, in *systematischer* Hinsicht eine *starke Version* des KTP zu entwickeln und deren semantische und ontologische Tragweite aufzuzeigen.[22]

3.2.2.4.1.1 Inkompatibilität von Kontextprinzip und Kompositionalitätsprinzip

[1] Die anvisierte starke Version des KTP kann am besten aufgrund eines Vergleichs zwischen KTP und KPP entwickelt und begründet werden. Aus dem Vergleich ergibt sich die These von der radikalen Unvereinbarkeit der beiden Prinzipien.

Um möglichst ohne belastende Voraussetzungen zu verfahren, wird der schon eingeführte neutrale Ausdruck ›semantischer Wert‹ verwendet. Die beiden Prinzipien erhalten dann folgende Formulierung:

(KTP)   Nur im Zusammenhang eines Satzes haben sprachliche Ausdrücke einen semantischen Wert.

(KPP)   Der semantische Wert eines sprachlichen Ausdrucks ist nur von den semantischen Werten seiner logisch relevanten Teilkomponenten funktional abhängig.

Das KPP wird hier also *funktional* verstanden.[23] Ein bekanntes und einleuchtendes Beispiel einer funktional aufgefassten Kompositionalität ist die

---

[22] Eine ausführliche Darstellung und Begründung des KTP findet sich in Puntel [1990], besonders im Abschnitt 3.3.
[23] Der Ausdruck ›Funktionalität‹ wird von den Vertretern des KPP nicht einheitlich (und meistens völlig vage) verwendet. M. DUMMETT hat versucht, die alles andere als eindeutigen Aussagen Freges zur »Zerlegung« (und damit zur »Komposition(alität)«) des Gedankens – und entsprechend des den Gedanken ausdrückenden Satzes – auf *zwei Modelle* zurückzuführen: das Teil-Ganzes-Modell und das Funktion-Wert-Modell. Dummett selbst hält diese Modelle für miteinander inkompatibel (vgl. DUMMETT [1984: 220]). Legt man das Teil-Ganzes-Modell zugrunde, so hängt es von der jeweiligen Bestimmung des Verhältnisses von Teilen und Ganzem ab, ob – bzw. in welchem Sinne – von einem semantischen Primat des Satzes gesprochen werden kann. Bei der hier betrachteten Version des

3.2 Die drei Ebenen der fundamentalen Strukturen 269

wahrheitsfunktionale Kompositionalität. Dass die sogenannten Junktoren als wahrheitsfunktionale Operatoren bestimmt werden, besagt, dass sie den Wahrheitswert einer komplexen Aussage rein funktional festlegen: Ist der Wahrheitswert der einzelnen Aussagen (d. h. der Teilaussagen) vorgegeben, so lässt sich der Wahrheitswert der komplexen Aussage durch ein mechanisches Verfahren eindeutig ermitteln, ist dieser doch nichts anderes als der Wert einer Funktion, deren Argumente die Wahrheitswerte der einzelnen Aussagen sind. Dabei ist zu beachten, dass die Teilwahrheitswerte *vorgegeben* sind (bzw. sein müssen).

Nach dieser Darstellung ist das KPP nicht mit der These vereinbar, der zufolge der semantische Primat dem Satz zukommt. Das zentrale Argument wurde schon kurz genannt: Das KPP nimmt die *Priorität* der semantischen Werte der Teilkomponenten des Satzes an. Es macht nämlich die Voraussetzung, dass die semantischen Werte der Teilkomponenten des Satzes (semantisch) »identifiziert« werden können und müssen, *bevor* (bzw. *damit*) der semantische Wert des Satzes bestimmt wird (bzw. werden kann).

Man könnte versuchen, die Vereinbarkeit von KPP und KTP dadurch zu retten, dass man so etwas wie eine »Gleichursprünglichkeit« oder »wechselseitige Abhängigkeit« der semantischen Werte s_1 und s_2 der beiden subsententialen Satzkomponenten einerseits und des semantischen Wertes s_3 des ganzen Satzes andererseits annimmt und sie so erklärt: Die semantischen Werte der Teilkomponenten sind in dem Sinne »gegeben«, dass sie miteinander *prädikativ* verbunden werden. Demnach wäre der Referent des singulären Terms *nur dadurch* »gegeben«, *dass* ihm ein Attribut (eine Eigenschaft oder eine Relation) zugeschrieben wird. Damit wäre gewährleistet, dass der semantische Wert des Satzes kompositional strukturiert wäre *und* dass die Teilkomponenten einen semantischen Wert »nur im Zusammenhang eines Satzes« hätten. Überlegungen dieser oder ähnlicher Art scheinen der allgemein verbreiteten Konzeption zugrunde zu liegen, dass KPP und KTP nicht nur miteinander vereinbar, sondern miteinander unzertrennlich verbunden sind.

Dass dieser Rettungsversuch sein Ziel verfehlt, kann durch Hinweis auf *zwei* Gesichtspunkte gezeigt werden. [i] Es ist nicht einzusehen, wie die angedeutete Konzeption den zentralen Gedanken des KPP, nämlich die *funktionale Kompositionalität*, bewahrt. Wie immer es um ihre Vertretbarkeit bestellt sein mag, in jedem Fall wäre diese Konzeption nicht als eine (funktional-)kompositionale Konzeption zu verstehen; sie wäre eben eine andere,

---

KPP wird Kompositionalität *funktional* verstanden. Dies entspricht dem am weitesten verbreiteten Verständnis des KPP. Soweit man nun »funktional (abhängig)« nicht in einem gewöhnlichen (vagen) Sinne, sondern im mathematischen Sinne als Argument-Wert-Verhältnis relativ zu einer Funktion versteht, dürfte klar sein, dass das KPP die Voraussetzung macht, die semantischen Werte der Teilkomponenten des Satzes können bzw. müssen identifiziert werden, *bevor* (bzw. *damit*) der semantische Wert des Satzes bestimmt wird (bzw. werden kann).

alternative Konzeption. [ii] Die Konzeption lässt völlig offen, wie die *Prädikation* überhaupt zu verstehen ist bzw. stattfinden kann; denn die Prädikation, als Zuschreibung eines Attributs zu einem Objekt bestimmt, setzt voraus, dass das Objekt *im voraus* (im Sinne einer semantischen Priorität) *identifiziert* wird; andernfalls ist nicht zu verstehen, wie die Prädikation überhaupt vonstatten gehen soll. Jede andere Erklärung der Prädikation scheint den Rahmen der durch das KPP abgesteckten Möglichkeiten zu sprengen.

3.2.2.4.1.2 Grundzüge und Aufgaben einer starken Version des Kontextprinzips

[1] Die Bezeichnung »starke Version« sei einleitend in einem negativen und in einem programmatisch positiven Sinne kurz erläutert: *Negativ* unterscheidet sie sich von jener Version des KTP, der zufolge, wie oben bemerkt wurde, das KTP mit dem KPP zumindest als kompatibel angesehen wird; *positiv* ist sie durch die Einsicht charakterisiert, dass der semantische Primat des Satzes radikal ernst genommen wird. Doch was heißt das?

Die starke Version geht von der Einsicht aus, dass es der semantische Wert des Satzes ist, der die semantischen Werte der Satzkomponenten bestimmt: Diese müssen vom Satz selbst als ganzem bzw. vom semantischen Wert des Satzes als ganzem her erklärt werden. Lehnt man, wie oben geschehen, auch jene Auffassung als unzureichend ab, die eine Gleichursprünglichkeit bzw. wechselseitige Abhängigkeit der semantischen Werte der Satzkomponenten und des semantischen Wertes des Satzes selbst vertreten, so kann das Programm einer darüber hinausgehenden »starken Version« des KTP leicht als sinnlos und undurchführbar erscheinen. Dass ein solches Programm nicht nur einem Wunschdenken, sondern einer realen Möglichkeit und Aufgabe der Philosophie entspricht, soll im folgenden kurz gezeigt werden.

Hinsichtlich der starken Version des KTP muss insbesondere geklärt werden, was es heißt, dass die Teilkomponenten des Satzes (im Falle des atomaren Satzes: der singuläre Term und das Prädikat) vom Satz als ganzem her erklärt werden. Es wird hier ohne weitere Begründung (vgl. dazu Puntel [1990: 3.3 und 3.4]) davon ausgegangen, dass ein Satz nur dann voll erklärt werden kann, wenn angenommen wird, er habe einen *semantischen Informationsgehalt*, d. h. er drücke eine Proposition – zunächst: in welchem Sinne auch immer – aus. Die Antwort auf die genannte Frage kann dann nur lauten: Sowohl der singuläre Term als auch das Prädikat müssen streng *propositional* erklärt werden. Dies bedeutet: Der semantische Wert des singulären Terms und des Prädikats muss als eine Proposition (oder als eine »Konfiguration« von Propositionen) aufgefasst werden. Da aber ›singulärer Term‹ und ›Prädikat‹ syntaktischgrammatikalisch eindeutig nicht zu jener Kategorie von Ausdrücken gehören, von denen es sinnvoll ist zu sagen, dass sie Propositionen ausdrücken, so müssen sie in dem Sinne »eliminiert« werden, dass sie als *Abkürzungen von Sätzen* erklärt werden. Diese Forderung ergibt sich daraus, dass andernfalls diese Ausdrücke unabhängig von deren Vorkommen in Sätzen einen im Sinne des KPP bestimmten eigenen semantischen Wert haben müssten.

Diese grundsätzliche Überlegung basiert auf der Präsupposition, dass eine Sprache gebraucht wird, die Sätze der Subjekt-Prädikat-Form enthält. Das ist an erster Stelle die »natürliche« Sprache. Bisher hat sich schon gezeigt, dass diese Sprache für theoretische Zwecke und damit für die Philosophie nicht (oder nur sehr beschränkt) geeignet ist. Aber natürlich kann man den Philosophen nicht verbieten, die natürliche Sprache zu verwenden. Das ist auch keineswegs nötig; denn einzig und allein entscheidend ist nicht die syntaktische Form der Sätze (besonders, ob die Sätze eine syntaktische Subjekt-Prädikat-Form haben), sondern die semantische Frage: Wie sollte man solche Sätze *in philosophischer Hinsicht und für philosophische Zielsetzungen interpretieren?* Die hier präsentierte Interpretation lautet: Wenn solche Subjekt-Prädikat-Sätze verwendet werden, so sollte die Philosophie sie als *bequeme Abbreviationen* einer hohen Anzahl von Sätzen betrachten, die nicht die Subjekt-Prädikat-Struktur haben.

Solche Sätze, in denen weder ein singulärer Term noch auch ein Prädikat im eigentlich Sinne (also nicht nur als »Abkürzung«) vorkommen, werden hier *Primärsätze* genannt. Beispiele in der Umgangssprache sind Sätze der Gestalt: »Es regnet«. Die generalisierende halbformalisierte Form solche Sätze lautet: »Es verhält sich so dass φ«. ›φ‹ ist dann kein Prädikat; vielmehr ist es das, was sich aus dem Prädikat in einem Subjekt-Prädikat-Satz der Form ›*Fa*‹ *ohne Subjekt* ergibt oder sozusagen übrig bleibt. In »Es verhält sich so dass φ«, so kann gesagt werden, »erscheint« das »alte« Prädikat *F* in transformierter Gestalt, d. h. nicht mehr als eine Universalie im strengen, d. h. traditionellen Sinne. Es erscheint nicht mehr als eine allgemeine und identisch bleibende Entität, die auf Subjekte bzw. Substrata angewandt wird; vielmehr hat jetzt *F* die Gestalt eines Primärsatzes, nämlich ›φ‹. In dieser Gestalt wird aber die Dimension der »Universalie« – wieder in transformierter Weise – beibehalten.

Entsprechend den hier gemachten grundlegenden *semantischen* Annahmen ist weiter zu sagen, dass jeder Primärsatz ein bestimmtes *Expressum* hat, d. h. dass er einen bestimmten Informationsgehalt, eine bestimmte Proposition ausdrückt. Diese »semantische« Entität bildet eine absolut *unhintergehbare* Dimension in der systematischen Philosophie. Sie wird »*Primärproposition*« genannt.[24] Wenn der Einfachheit halber nur von »Proposition« gesprochen

---

[24] Welche Bezeichnung(en) man verwendet, um das *Expressum* eines primären Satzes zu benennen, ist nicht von Bedeutung. Wichtig ist letztlich nur der für die hier entwickelte Konzeption fundamentale Umstand, dass das *Expressum* des Primärsatzes eine Entität ist, die einen ganz besonderen und irreduktiblen Charakter hat. Das wird klar, wenn man das *Expressum* eines Primärsatzes mit dem *Expressum* eines Subjekt-Prädikat-Satzes

wird, so soll dieser Ausdruck, sofern er sich auf die hier vertretene Position bezieht, im Sinne von »Primärproposition« verstanden werden.

[2] Um eine grundsätzliche Klärung der sich weiter abzeichnenden Aufgabe zu erzielen, erweist es sich als entscheidend, darauf hinzuweisen, dass die Problemstellung nicht nur einen rein semantischen Charakter hat, sondern wesentlich auch *ontologische* Aspekte beinhaltet. Die Frage nach dem ontologischen Bezug des Satzes bzw. der durch ihn ausgedrückten Proposition ist zweifellos eine der zentralen Fragen der Philosophie. Hier entscheidet sich, welche Ontologie vorausgesetzt oder explizit vertreten wird. Nun hat sich oben gezeigt, dass eine auf der Basis des KPP entwickelte Semantik eine Ontologie im Sinne der substanzialistischen ontologischen Konzeption zur Voraussetzung bzw. Implikation hat. Umgekehrt ist die Frage zu stellen, welche ontologische Konzeption dem KTP entspricht. Klar ist zunächst nur, dass eine Substanzontologie mit einer starken Version des KTP nicht vereinbar ist.

3.2.2.4.1.3 Das Problem der Identitätsbedingungen für Primärpropositionen (und Primärtatsachen)

[1] In diesem Abschnitt ist ein Problem zu behandeln, das in der Diskussion über Propositionen eine schlechterdings zentrale Rolle gespielt hat und immer noch spielt: das Problem der Individuation von Propositionen oder der Identitätsbedingungen für Propositionen. Viele Philosophen lehnen Propositonen mit dem Argument ab, Propositionen seien Pseudoentitäten, weil für sie keine Identitätsbedingungen angegeben werden können. Sie berufen sich auf den Slogan: *No entity without identity.*

---

vergleicht. Im letzteren Fall handelt es sich um eine (aus »Substratum« + Eigenschaft bzw. Relation) *zusammengesetzte* Entität; hingegen ist das *Expressum* eines Primärsatzes keine zusammengesetzte, sondern eine, wie man sie nennen könnte, »ursprüngliche« Entität. Für die Bezeichnung des *Expressum* deklarativer Sätze wird gewöhnlich der Term ›Proposition‹ (und/oder auch ›Sachverhalt‹) verwendet. Auch in diesem Buch wird diese Bezeichnung gebraucht, allerdings mit dem unverzichtbaren Qualifikativum »Primär(proposition)«.

Obwohl die Primärproposition, wie sie hier verstanden wird, keine zusammengesetzte Entität ist, ist sie in der in diesem Buch verwendeten Terminologie nicht einfach identisch mit »einfacher« Proposition; vielmehr kann eine Primärproposition *eine einfache oder eine konfigurierte* sein. Unter einer »Konfiguration (von Primärpropositionen)« oder einer »konfigurierten Primärproposition« wird eine *komplexe* Primärproposition verstanden, d.h. eine solche, die eine bestimmte Form einer Verknüpfung einfacher Primärpropositionen ist. Der Begriff »einfach« wird also hier als korrelativer Begriff zu »komplex«, nicht zu »zusammengesetzt« (im obigen Sinne), gebraucht.

Es ist noch zu betonen, dass es Primärpropositionen verschiedenster Art gibt, wie statische, dynamische etc. Primärpropositionen oder, um bekannte Substantiva zu verwenden, wie Prozesse, Ereignisse, Werte usw.

Diese vieldiskutierte Frage kann hier nicht unter Bezugnahme auf die schon umfangreiche Literatur behandelt werden.[25] Hier soll lediglich eine kurze systematische These vertreten werden, die sich aus dem systematischen Duktus der in diesem Buch vertretenen Philosophie ergibt.

Zuerst ist genau zu beachten, was unter ›Proposition‹ zu verstehen ist. Es gibt in der Literatur *zwei* Hauptansätze zur Bestimmung dieser Entität. Erstens ist eine Proposition das *Expressum* eines deklarativen Satzes; zweitens ist eine Proposition das Objekt sogenannter propositionaler oder intentionaler Einstellungen (»Person S glaubt dass *p*«). Alle näheren Bestimmungen der Proposition sind Spezifikationen eines dieser Ansätze. Verschiedene Weisen, den ersten Ansatz zu spezifizieren, sind: Eine Proposition wird als ein Wahrheitsträger aufgefasst oder als eine Übersetzungskonstante (d. h. als das, was bei einer Übersetzung eines Satzes einer bestimmten Sprache in einen Satz einer anderen Sprache konstant oder identisch bleibt) oder als eine Menge möglicher Welten u. a.

Gemäß der in diesem Buch vertretenen Semantik wird eine Proposition als das *Expressum* eines *deklarativen Primär*satzes (d. h. eines Satzes ohne die Subjekt-Prädikat-Form) verstanden. Das *Expressum* wird als der *Informationsgehalt* konzipiert, den der Satz vermittelt. Weil hier nur Primärsätze anerkannt werden, werden die durch sie ausgedrückten Propositionen ebenfalls als Primärpropositionen bestimmt.

Die Frage, wie Primärpropositionen zu individuieren sind, ist missverständlich und im Rahmen der hier vertretenen Konzeption gegenstandslos; denn sie setzt in irgendeiner Weise voraus, dass die Primärproposition so etwas wie eine Universalie ist, die im konkreten Fall allererst *individuiert* werden muss (vgl. dazu ib.: 212 f.). Universalien sind aber im vorliegenden systematischen Rahmen nicht situierbar. Anders verhält es sich mit dem Problem der *Identitätsbedingungen* für Propositionen. Dies ist ein reales Problem, auch für die hier vertretene semantische Konzeption.

[2] Man muss *semantische* und *ontologische* Identitätsbedingungen unterscheiden. Entscheidend sind die semantischen Identitätsbedingungen, weil sich die ontologischen Identitätsbedingungen entsprechend der hier vertretenen Semantik direkt aus ihnen ergeben. Die Angabe der semantischen Identitätsbedingungen beantwortet eine *doppelte* Frage. *Erstens*: Aufgrund welchen Kriteriums ist es der Fall, dass zwei (oder mehrere) Primärsätze *dieselbe* Primärproposition ausdrücken? *Zweitens*: Unter welchen Bedingungen sind zwei (oder mehrere) Primärpropositionen identisch?

---

[25] Vgl. die ausführliche Behandlung in PUNTEL [1990: 211–219]. Eine scharfsinnige Kritik der Position QUINES wurde von MOSER [1984] präsentiert.

[i] Die *erste* Teilfrage hat in der hier vertretenen Semantik eine kurze und bündige Antwort: Es gibt kein solches Kriterium, weil die Frage auf einer falschen bzw. gegenstandslosen Voraussetzung basiert, nämlich auf der Annahme, dass es der Fall ist oder sein kann, dass zwei (oder mehrere) Sätze *dieselbe* Primärproposition ausdrücken. Eine solche Annahme ist auf der Basis der im Buch vertretenen Semantik ausgeschlossen. Entsprechend dem Duktus der struktural-systematischen Philosophie verwirft nämlich diese Semantik ein *loses* Verhältnis zwischen Sprache und Welt (Universum, Sein) wie das von der Teilfrage unterstellte. Im Gegensatz dazu wird hier behauptet, dass *jedes einzelne Satzvorkommnis (token)* eine *einzelne eigene* Primärproposition ausdrückt. Ein (schriftliches oder lautliches oder wie immer dargestelltes) Satzvorkommnis ist immer etwas Individuelles im strengen Sinne des Einmaligen.

Um diese These richtig zu verstehen, sind insbesondere *drei* Aspekte zu beachten. [a] Der *erste* betrifft die Klärung eines Problems, das sich hier unmittelbar aufdrängt. Es scheint auf den ersten Blick extrem unplausibel, dass jedes Vorkommnis eines Primärsatzes eine eigene, von jeder anderen verschiedene Primärproposition ausdrückt. Man kann etwa darauf hinweisen, dass die allgemeine Verständigung zwischen Sprechern einer Sprache doch die gegenteilige These untermauert, dass durch zwei oder mehrere Vorkommnisse eines Satzes *ein und dieselbe* Proposition ausgedrückt werde. Wie wäre sonst Verständigung überhaupt möglich? Doch eine solche Vermutung bzw. Argumentation greift zu kurz. Schon die bekannten von Quine geltend gemachten Probleme und Aspekte, die ihn zur Aufstellung seiner These von der Unbestimmtheit der Übersetzung veranlasst haben (vgl. dazu Quine [1970b]), sollten zu denken geben. Aber darüber hinaus muss man das kurz angesprochene Argument hinsichtlich des Problems der Verständigung überhaupt in Frage stellen. Verständigung setzt keineswegs voraus, man habe es mit *identischen* Propositionen (im strengen Sinne von »Identität«) zu tun.

Dafür gibt es eine andere Erklärung: Die Propositionen, die durch die in einem Verständigungsprozess ausgetauschten grammatikalisch-syntaktisch gleichen Sätze ausgedrückt werden, sind nicht im strengen Sinne identisch, sondern (in einem sehr hohen Grad) *familienähnlich*. Der auf Wittgenstein zurückgehende Begriff der *Familienähnlichkeit* ist in der Lage, Phänomene wie die Verständigung, wie die in Übersetzungen unvermeidlich zu Tage tretenden genauen Korrespondenzen und offenkundigen Differenzen u. ä. zu erklären; denn dieser Begriff lässt viele Grade unterhalb der Identität im strengen Sinne zu. Sogar die Austauschbarkeit *salva veritate* ist durch diesen Begriff nicht ausgeschlossen; das wäre der höchste Grad einer Familienähnlichkeit, der Grad, bei dem die Differenz so minimal ist, dass sie – zumindest im allgemeinen, insbesondere für theoretische Zwecke – unproblematisch vernachlässigt werden kann. Im Falle von Propositionen, die durch zwei oder mehrere Vorkommnisse eines grammatikalisch-syntaktisch gleichen Satzes einer Sprache ausgedrückt werden, hat man es wohl mit dem höchsten in diesem Bereich möglichen Grad von Ähnlichkeit zu tun, einer Ähnlichkeit, die sich von der Identität so minimal unterscheidet, dass dieser Unterschied – zumindest im allgemeinen – ebenfalls ignoriert werden kann. Anders verhält es sich mit Sätzen ein und derselben Sprache, die nicht syntaktisch-semantisch gleich sind, sondern nur durch angeblich »synonyme« Ausdrücke gebildet und als äquivalent angesehen werden. Hier ist der Grad der »Familienähnlichkeit« nicht so hoch wie im ersten Fall anzusetzen, ist doch die Differenz zur Identität größer. Noch niedriger ist der Grad der Familienähnlichkeit bei Sätzen zu veranschlagen, die zu verschiedenen Sprachen gehören und sich nach den gängigen Vorstellungen vermeintlich »genau entsprechen«, wie z. B. »Es regnet« und »it's raining«. Die durch diese Sätze ausgedrückten Primärpropositionen sind nicht einfach identisch, aber sie sind so ähnlich, dass sie im Rahmen einer Übersetzung als äquivalent und pragmatisch identisch betrachtet werden können.[26] Man könnte nun den unermesslichen Spielraum an Graden, Schattierungen u. ä., den der Begriff der Familienähnlichkeit beinhaltet und eröffnet, im Detail analysieren. Aber das ist in diesem Zusammenhang weder möglich noch erforderlich; für die im jetzigen Kontext anstehende Frage, nämlich wie die These, dass jedes Vorkommnis eines Satzes eine eigene einzelne Primärproposition ausdrückt, etwas genauer zu verstehen ist, dürfte das Gesagte ausreichend sein.

[b] Der *zweite* hier zu behandelnde Aspekt ist die Begründungsfrage. Warum soll man eine so radikale These annehmen? Die Antwort liegt im Rahmen dieses Buches auf der Hand: Die These ist eine direkte Konsequenz aus einer der Grundthesen des Buches, dass nämlich zwischen Sprache und Welt (Universum, Sein) eine *strenge Interrelation* besteht, sind doch beide unzertrennlich aufeinander bezogen, wie besonders in Kapitel 5 ausführlich zu zeigen sein wird. Diese These ihrerseits leitet sich von der noch grundlegenderen Einsicht ab, dass die Welt (das Universum, das Sein) das immanente Merkmal der *universalen Ausdrückbarkeit* besitzt. Diese These wird in Kapitel 5 ausführlich systematisch dargelegt und begründet. Hier ist sie nur im Rahmen der gegenwärtig gestellten Frage kurz zu erwähnen. Ausdrückbarkeit hat nun die konverse Beziehung der *ausdrückenden Instanz*, und diese wird als *Sprache* in einem umfassenden Sinn aufgefasst. Ist dem so, dann folgt daraus, dass alles, was im Bereich der Sprache geschieht (auch die kleinste

---

[26] Es ist eigenartig, dass ein Philosoph wie QUINE den Gedanken, dass Propositionen anzunehmen seien, weil sie als die »Vehikel der Übersetzung« erforderlich sind (was wohl bedeutet: weil sie »identisch« sind), dezidiert kritisiert, dabei aber nicht auf den Gedanken kommt, dass für Zwecke wie Übersetzungen u. ä. nicht unbedingt im strengen Sinne »identische« Propositionen erforderlich sind, sondern dass hochgradig familienähnliche Propositionen durchaus ausreichen.

Änderung) eine unmittelbare oder direkte Entsprechung im Bereich der Welt (des Universums, des Seins) in dem Sinne hat bzw. »erzeugt«, dass es dieses »Gegenstück« artikuliert, d. h. eben *ausdrückt*.

[c] Der dritte Aspekt ist eine kleine, aber wichtige Präzisierung. In den obigen Ausführungen wurde oft von »grammatikalisch-syntaktisch gleichen Sätzen« gesprochen. Das ist der Normalfall im Rahmen einer durchgeklärten und perfekt entwickelten philosophischen Sprache. Die hier angenommene bzw. postulierte philosophische Sprache enthält keine Sätze der Subjekt-Prädikat-Form, sondern nur *Primärsätze*. Aber die Sprache, die auch in philosophischen Darstellungen normalerweise benutzt wird (z. B. Deutsch, wie in diesem Buch), enthält Subjekt-Prädikat-Sätze. Wenn nun die Komponenten solcher Sätze (und damit die Sätze selbst) *eliminiert* werden (müssen), so heißt das nicht, dass der Philosoph aufhört oder aufhören muss, Deutsch zu reden, oder dass er sich und anderen verbieten müsse, Deutsch zu reden. Hier kommt die Unterscheidung zwischen grammatikalisch-syntaktischer und semantischer Ebene ins Spiel. Die Eliminierung der Subjekt-Prädikat-Sätze erfolgt *ausschließlich* auf der *semantischen* Ebene. Sätze der normalen Sprache, die also in der Regel Subjekt-Prädikat-Sätze sind, müssen dann als *Abbreviationen* einer gewissen Menge von Primärsätzen verstanden werden. Im Hinblick auf die hier verhandelte erste Teilfrage nach den Identitätsbedingungen hat dies zur Konsequenz, dass diese Frage erst nach Abwicklung des sehr komplizierten Verfahrens der Eliminierung, d. h. der Transformierung solcher Sätze, einwandfrei geklärt werden kann.

[ii] Die *zweite* noch zu klärende Teilfrage lautet: Unter welchen Bedingungen sind zwei (oder mehrere) Primärpropositionen identisch? Im Gegensatz zur ersten Teilfrage, ist diese zweite Teilfrage eine genuine, eine reale Frage, die daher eine positive Antwort erfordert.

Um diesen Aspekt der semantischen Identitätsbedingungen zu klären, muss man zwischen den *einfachen* und den *komplexen* Primärpropositionen unterscheiden. Was die ersteren anbetrifft, so wurde dazu das Nötigste schon gesagt. Es bleibt noch übrig, den Fall der *komplexen* Primärpropositionen, also der Konfiguration(en) von Primärpropositionen, eigens zu behandeln. Damit wird zugleich auch die Frage der *ontologischen* Identitätsbedingungen geklärt werden können. Der Grund für diese Verknüpfung von Erklärungsebenen liegt darin, dass eine Primärproposition, die wahr ist, mit einer *Tatsache* in der Welt identisch ist (vgl. unten 3.3). Deshalb wird im folgenden von der zweiten Frage unterschiedslos im Sinne einer Frage nach der semantischen und nach den ontologischen Identitätsbedingungen die Rede sein; meistens wird dabei aber die Formulierung ›semantisch-ontologische Identitätsbedingungen‹ verwendet.

Was diese Identitätsbedingungen anbelangt, so könnte man auf Leibniz' berühmtes Prinzip der Identität des Ununterscheidbaren bzw. auf das Prinzip

3.2 Die drei Ebenen der fundamentalen Strukturen

der Ununterscheidbarkeit des Identischen rekurrieren.[27] Allerdings wäre dann eine Anpassung dieser Prinzipien an die in diesem Buch vertretene Semantik erforderlich, da Leibniz' Prinzipien auf einer Semantik basieren, die nur Sätze der Subjekt-Prädikat-Form anerkennt, so dass quantifizierte Individuenvariablen und Prädikatvariablen bzw. deren semantische Werte (Objekte und Attribute) angenommen werden. Eine solche Semantik wird hier abgelehnt, da hier nur deklarative Primärsätze und Primärpropositionen anerkannt werden. Doch diese Anpassung soll hier nicht in Angriff genommen werden. Vielmehr wird hier ein anderer, ein direkter systematischer Weg beschritten.

Die semantisch-ontologischen Identitätsbedingungen sind eine Konjunktion von materialen (inhaltlichen) und formalen Bedingungen.

Zwei (oder mehrere) Konfigurationen von Propositionen bzw. Tatsachen sind identisch genau dann, wenn

1. jede der beiden Konfigurationen alle und nur die zur jeweils anderen Konfiguration gehörenden einzelnen einfachen Primärpropositionen (bzw. Primärtatsachen) enthält;

2. in beiden Konfigurationen die Konfigurationsweise der einfachen Primärpropositionen bzw. Primärtatsachen in allen Punkten genau die gleiche ist (also: wenn beide Konfigurationen genau dieselbe Reihenfolge der einfachen Primärpropositionen bzw. Primärtatsachen und dieselben Verknüpfungsformen unter ihnen einschließen).

3.2.2.4.2 Der Begriff der kontextual-semantischen Struktur: Primärpropositionen als semantische Primärstrukturen

In diesem Abschnitt soll versucht werden, die bisher nur allgemein skizzierte semantische Konzeption auf der Basis einer strengen Version des Kontextprinzips genauer, teilweise auch in formalisierter Form, darzustellen.

Ein Primärsatz drückt eine Primärproposition aus. Da Primärsätze die Sätze sind, die kein Subjekt (keinen singulären Term) und kein Prädikat (im eigentlichen Sinne) enthalten, sind sie die einzigen relevanten Sprachzeichen, welche die für die Definition der kontextual-semantischen Strukturen zugrunde zu legende Symbolmenge konstituieren. Die allgemeine Definition kann dann so angegeben werden:

Eine semantische Struktur für die Symbolmenge S der Primärsätze ist ein Paar:
$\mathfrak{B} = \langle B, \mathfrak{b} \rangle$ für das gilt:
(1) Für jede Konstante k aus S ist $\mathfrak{b}(k)$ ein Element aus B.
(2) B ist das Universum (die so genannte Trägermenge) von $\mathfrak{B}$. Auf die

---

[27] Die formalisierte Fassung der beiden Prinzipien ist:
$(\forall x)(\forall y)[\forall F(Fx \leftrightarrow Fy) \to x = y]$ bzw. $(\forall x)(\forall y)[x = y \to (\forall F)(Fx \leftrightarrow Fy)]$.

Bedeutung des zentralen Begriffs des Universums oder der Trägermenge von *B* wird unten ausführlich einzugehen sein.

Wenn man zur Symbolmenge S noch *Satzvariablen* hinzufügt, wenn also das ganze Vokabular der angenommenen Sprache aus S ∪ *Var* besteht, so muss man eine Variablenbelegungsfunktion über (der Menge) *B* einführen, nämlich: μ: *Var* → *B*. Eine solche *vollständige* semantische Struktur ist demnach ein Paar $\mathfrak{B}^*$ = ⟨*B*, $\mathfrak{b}^*$⟩, für das gilt:

(1) $\mathfrak{b}^*$ ist die Vereinigung der beiden Funktionen $\mathfrak{b}$ und μ, also $\mathfrak{b}^*$ = $\mathfrak{b}$ ∪ μ; dabei ist $\mathfrak{b}$ die Funktion des Ausdrückens im Sinne von (1) in der vorigen Definition (und zwar zu der Struktur ⟨*B*, $\mathfrak{b}^*$⟩), während μ eine Variablenbelegung über *B* ist.

Eine genauere Fassung von (1) wäre (1*):

(1*) $\mathfrak{b}^*$ ist eine Funktion, so dass

(a) $D_I(\mathfrak{b}^*)$ = S ∪ *Var*;

(b) ⟨*B*, $\mathfrak{b}^*|_S$⟩ ist eine »normale« oder »konstante« semantische Struktur;

(c) $\mu := \mathfrak{b}^*|_{Var}$ ist eine Variablenbelegung über *B*.

(2) *B* ist eine nicht-leere Menge, die Trägermenge oder das Universum wie bei der vorigen Definition.

Was ist nun genau dieses »Universum *B*« im Falle der semantischen Strukturen im Rahmen der hier entwickelten neuen Semantik? Hier kann *B* nicht einfach das *reale* Universum in einem naiven oder unvermittelten Sinne sein; vielmehr ist *B* das Universum als die Gesamtheit der *Primärpropositionen*. Diese sind in einer bestimmten Hinsicht noch *unbestimmte* oder *unterbestimmte Entitäten* oder Entitäten mit einem letztlich noch unbestimmten oder unterbestimmten Status. Wie ausführlich in diesem Kapitel zu zeigen sein wird (vgl. 3.3), ist es der *Wahrheitsbegriff*, der den »Übergang« oder die »Überführung« der semantischen Strukturen *als* noch unbestimmten oder unterbestimmten Primärpropositionen in den Status von vollbestimmten Primärpropositionen vollzieht. Vollbestimmte Primärpropositionen bzw. vollbestimmte semantische Primärstrukturen sind dann *ontologische Strukturen*, denen die Bezeichnung ›Primärtatsachen‹ gegeben wird.

3.2.3 Ontologische Primärstrukturen

3.2.3.1 Definition der ontologischen Primärstruktur

Im Anschluss an die bisherigen Definitionen kann die einfache allgemeine Definition der ontologischen Primärstruktur so formuliert werden (wobei die Fettschrift die ontologische Dimension anzeigt):

Def. *Eine kontextual-ontologische Primärstruktur* $\mathfrak{C}$ *ist ein Tripel*

⟨**F**, $(R_i^{\mathfrak{C}})_{i \in I}$, $(G_j^{\mathfrak{C}})_{j \in J}$⟩, für das gilt:
i. **F** ist eine nicht-leere Menge von Primärtatsachen;
ii. $(R_i^{\mathfrak{C}})_{i \in I}$ ist eine (eventuell leere) Menge von ontologisch gedeuteten Relationen über **F**;
iii. $(G_j^{\mathfrak{C}})_{j \in J}$ ist eine Familie von ontologisch gedeuteten endlich-stelligen Funktionen (Operationen) auf **F**.

Man kann auch eine vierte (eventuell leere) Komponente angeben, eine Familie $(c^{\mathfrak{C}})_{c \in \mathbf{F}}$ von Konstanten, d. h. Elementen aus **F**. In diesem Fall wird die Struktur $\mathfrak{C}$ als ein Quadrupel aufgefasst. Statt $(R_i^{\mathfrak{C}})_{i \in I}$ bzw. $R_1^{\mathfrak{C}}, ..., R_n^{\mathfrak{C}}$ wird vereinfacht R geschrieben; Entsprechendes gilt für die anderen Komponenten.

[2] Wie ist diese Definition näher zu verstehen? ›F‹ zeigt die Totalität der Primärtatsachen an. Die Primärtatsache ist die einzige »ontologische Kategorie«, welche die hier entwickelte Ontologie annimmt. Alle »Entitäten«, die die Welt bevölkern, stellen Konfigurationen von Primärtatsachen dar. Um es noch einmal zu verdeutlichen: *Primärtatsache* ist nicht identisch etwa mit »einfacher Tatsache«, und dementsprechend ist der Begriff der *komplexen Tatsache* kein Gegenbegriff zu Primärtatsache. Primärtatsachen können einfache oder komplexe Primärtatsachen sein. Konfigurationen von einfachen oder komplexen Primärtatsachen sind ihrerseits komplexe Primärtatsachen. Um das zu illustrieren, denke man an den einfachen Fall einer *Konjunktion* von Primärsätzen oder Primärpropositionen oder Primärtatsachen: Die Konjunktion ist wieder ein (dann komplexer) Primärsatz bzw. eine (dann komplexe) Primärproposition bzw. eine (dann komplexe) Primärtatsache.

Es gibt also einfache und komplexe Primärtatsachen. Es sei betont, dass Konfigurationen von Primärtatsachen eben wieder Primärtatsachen sind. Verwendet man hier den Ausdruck bzw. Begriff »*(ontologische) Kategorie*«, so ist Primärtatsache die einzige ontologische Kategorie. Wie die einfachen Primärtatsachen zu identifizieren und damit zu verstehen sind, ergibt sich aus dem Begriff des Primärsatzes und der Primärproposition.

Wie sind aber die komplexen Primärtatsachen zu verstehen? Zunächst ist darauf prinzipiell eine analoge Antwort zu geben: Komplexe Primärtatsachen sind vom Begriff des komplexen Primärsatzes und der komplexen Primärproposition her zu identifizieren und zu verstehen. Aber hier sind weitere spezifische Gesichtspunkte und Faktoren zu beachten. Am besten klärt man diese Frage, indem man jetzt nicht mehr den Begriff der ontologischen Kategorie, sondern den diesen Begriff explizierenden und präzisierenden Begriff der *ontologischen Struktur* einführt und präzisiert.

Dass die komplexen Primärtatsachen ontologische Primärstrukturen genannt werden können, ist auf der Basis der hier gemachten Annahmen nicht schwer einzusehen.

3.2.3.2 Einfache Primärtatsachen als einfache ontologische Primärstrukturen

Wie sind auf der Basis des Begriffs der ontologischen Primärstruktur die *einfachen (nicht-komplexen)* Primärtatsachen genau zu konzipieren? Auf den ersten Blick können sie nicht selbst wieder als ontologische Primärstrukturen im eigentlichen Sinne verstanden werden. Sie scheinen so etwas wie (nicht-strukturierte) *Urelemente* zu sein.[28] Wäre dann nicht zu folgern, dass die *einzige* ontologische Kategorie, nämlich die Primärtatsache, nicht einfach als ontologische Primärstruktur verstanden werden kann, da eine Unterscheidung zwischen einfachen (nicht-komplexen) und komplexen Primärtatsachen mit der Konsequenz zu machen wäre, dass nur die komplexen Primärtatsachen als ontologische Primärstrukturen begriffen werden könnten? Ungeachtet ihrer anfänglichen Plausibilität, ist diese Argumentation keineswegs stichhaltig, weil ihre grundlegende Prämisse falsch ist. Es kann gezeigt werden, dass auch die nicht-komplexen Primärtatsachen als ontologische Primärstrukturen im eigentlichen Sinne zu begreifen sind.

Der Grundgedanke lässt sich so formulieren: Eine einfache Primärtatsache ist auf der Basis des Aufgezeigten nicht als eine isolierte oder im absolut wörtlichen und negativen Sinne *atomistische*, als eine völlig in sich abgekapselte »fensterlose« Entität zu denken; vielmehr ist sie selbst strukturiert, und zwar in dem Sinne, dass sie durch ein Relationen- bzw. Funktionsnetz *bestimmt* ist; anders gesagt: Sie *ist* ein solches Relationen- bzw. Funktionsnetz. (Dieses »ist« ist entsprechend den im folgenden gegebenen Erläuterungen zu verstehen.) Wegen dieser Bestimmtheit oder eben »Strukturiertheit« der einfachen Primärtatsache kann und muss gesagt werden, dass die einfache Primärtatsache selbst eine (ontologische) Primärstruktur ist. »Struktur« muss nun hier nicht als *abstrakte*, sondern als *konkrete* Struktur verstanden werden: als eine durch ein Relationen- bzw. Funktionennetz bestimmte einfache Primärtatsache.[29] Allerdings ist zu erklären, wie das genauer zu verstehen ist. *Drei* Möglichkeiten bieten sich an.

[1] *Erstens* könnte man im Falle der *einfachen Primärstrukturen* die sogenannte »Trägermenge« als *leer* betrachten. Die einfachen Primärtatsachen würde man als ontologische Primärstrukturen sozusagen auf der nullten-Stufe

---

[28] »Urelemente« in der Mengentheorie sind »Entitäten«, die nicht selbst Mengen sind.

[29] Die Unterscheidung zwischen Strukturen im »reinen« oder »abstrakten« und im »spezifischen« oder »konkreten« Sinn wurde im Abschnitt 1.2.3 erklärt. »Reine« oder »abstrakte« Strukturen abstrahieren von den »Dingen« oder »Entitäten« (»*objects*« nach KLEENE), die durch sie strukturiert werden; »spezifische« oder »konkrete« Strukturen sind die Entitäten, die die abstrakten Strukturen und die durch sie strukturierten Dinge/Entitäten einschließen.

3.2 Die drei Ebenen der fundamentalen Strukturen

(0-Stufe) als Nullstrukturen auffassen. Sie würden in einer Reihe, in einer Folge, auf einer Skala o. ä. den Ausgangspunkt bilden. Man könnte auf den Begriff der leeren oder Nullmenge hinweisen. Auf den ersten Blick schiene ein solches Verfahren nicht unsinnig zu sein. Allerdings begegnet es ernsthaften Schwierigkeiten. Will man einfache Primärtatsachen als Nullstrukturen in diesem Sinne auffassen, so darf man in rein formaler Hinsicht die grundlegenden Differenzen zwischen Nullmengen und Nullstrukturen nicht übersehen, so vor allem: Es gibt *nur eine* Nullmenge, während es *nicht nur eine* Nullstruktur im erläuterten Sinne gibt.

Ist aber der nur auf dieser Basis eingeführte Begriff der (ontologischen) Nullstruktur ein *philosophisch* sinnvoller Begriff? Was wäre genau damit gesagt? Eine einfache Primärtatsache wäre eine ontologische Struktur in folgendem Sinne: Sie wäre ein Tripel $\langle \mathbf{F}, (\mathbf{R}_i^e)_{i \in I}, (\mathbf{G}_j^e)_{j \in J} \rangle$, wobei in diesem Fall die Trägermenge $\mathbf{F}$ leer wäre, während entweder die Menge $(\mathbf{R}_i^e)_{i \in I}$ der Relationen oder die Menge $(\mathbf{G}_j^e)_{j \in J}$ der Funktionen oder beide *nicht leer* wären. Im Falle einer einzelnen einfachen ontologischen Primärstruktur muss man die Menge $\mathbf{F}$ als auf die Einermenge $\{\mathbf{f}^*\}$ eingeschränkt denken, die aus einer einzigen Primärtatsache besteht. Was könnte es nun bedeuten, dass $\{\mathbf{f}^*\}$ leer ist? Es würde bedeuten, dass man es mit einer ontologischen einfachen Primärstruktur *als* einer rein *abstrakten Struktur* in dem Sinne zu tun hat, der in Kapitel 1 (Abschnitt 1.2.3) erläutert wurde. Aber was wäre eine solche »ontologische abstrakte Primärstruktur«? Wäre sie eine individuelle, eine bestimmte ontologische Primärstruktur? Das leuchtet nicht ein.

Man könnte versuchen, diese grundlegende Schwierigkeit zu überwinden, indem man die Menge der Relationen oder die Menge der Operationen oder beide als nicht leer in einem ganz besonderen Sinne konzipiert, nämlich als immer schon individuierte und bestimmte (oder konkretisierte) Relationen bzw. Operationen. Dies würde einer der Grundeinsichten entsprechen, die die ontologische Tropentheorie vertritt, wenn sie etwa Bezeichnungen wie ›abstract particulars‹ (vgl. Campbell [1990]) und ähnliche verwendet (vgl. oben 3.2.2.3.2.1 [2]). Aber es gibt einen grundlegenden Unterschied: Die Tropentheorie nimmt als primitive und basale Entitäten konkretisierte oder individuierte *inhaltliche* Eigenschaften an, die sie Tropen nennt, und nur hinsichtlich solcher »basalen inhaltlichen« Entitäten werden dann Relationen und Funktionen eingeführt und expliziert. Aber nach der hier diskutierten Erklärung der einfachen ontologischen Primärstrukturen würden auf der Basis der Annahme einer leeren Trägermenge »basale inhaltliche« Entitäten wegfallen. Es erscheint daher nicht möglich zu sein, »Nullstrukturen« in dem erläuterten Sinne für eine angemessene Präzisierung der Entitäten zu halten, die in diesem Buch »ontologische einfache Primärstrukturen« genannt werden. Einfache Primärtatsachen, als ontologische Primärstrukturen konzipiert, wären Entitäten sozusagen im luftleeren Raum.

In diesem Zusammenhang ist ein Hinweis auf einen interessanten Sachverhalt im Bereich der Prädikatenlogik angebracht. Gemeint ist das, was man »0-stellige oder null-stellige Prädikate« nennt, für die man auch die Bezeichnung ›Nullprädikate‹ verwenden kann. 0-stellige Prädikatkonstanten (wie: P^0) werden einfach als *Satzkonstanten* verstanden. Im strengen Sinne gibt es dafür in der natürlichen Sprache nur Beispiele von Sätzen ohne Subjekt-Prädikat-Struktur, wie z. B.: »Es regnet«. *Aus der Perspektive der Prädikatenlogik* geschieht hier folgendes: Weil das Prädikat P^0 0-stellig ist, handelt es sich bei P^0 nicht mehr um ein Prädikat im eigentlichen Sinne, *sondern* um eine *Satz*konstante, genauer: um die Konstante eines Satzes ohne Subjekt-Prädikat-Struktur (vgl. Link [1979: 69f.]). Freilich wird dabei nicht verständlich, warum P^0 als eine Satz*konstante* aufzufassen ist. Diese Annahme dürfte sich aber daraus ergeben, dass im Rahmen einer Prädikatenlogik erster Stufe keine Satz*variablen* akzeptiert werden. Doch das reale Problem betrifft nicht die Frage, ob man Satzvariablen oder nur Satzkonstanten annimmt, sondern die Frage, wie dieses Verfahren eigentlich zu deuten ist. Hier gelangt die Prädikatenlogik eindeutig an ihre Grenzen. Auf jeden Fall scheint dieses Phänomen lehrreich zu sein: Wenn ein Prädikat auf die »Null-Stelligkeit« reduziert wird, ist es eigentlich kein Prädikat mehr, sondern ein Satz.

Das ist sicher eine genaue formal-syntaktische Beschreibung. Aber was besagt dies semantisch? Der Umstand, dass P^0 immer noch ein Symbol ist, das durch eine Ordinalzahl indexiert ist, muss so interpretiert werden, dass hier das »Ineinsfallen« oder die Identifizierung zweier »Ebenen« stattfindet, die durch die grammatisch-syntaktischen Kategorien »Prädikat« und »singulärer Term« angezeigt sind; daraus resultiert, syntaktisch gesehen, ein Primärsatz, also ein Satz ohne Subjekt-Prädikat-Struktur, und, semantisch gesehen, eine Primärproposition, also eine Entität, die *nicht* aus Objekt plus Attribut zusammengesetzt ist. Die Prädikatsebene ist »besetzt«, während die zweite Ebene, die Ebene des »Arguments« (des Subjekts oder des singulären Terms) leer ist.

Ungeachtet der zweiten leeren Ebene wird ein Gebilde wie P^0 als ein sinnvolles Gebilde angesehen. Dieses »Phänomen«, dem in der heutigen logischen und semantischen Literatur keine weitere Bedeutung beigemessen wird, ist in vielfacher Hinsicht bemerkenswert. Eine dieser Hinsichten zielt auf die in diesem Kapitel entwickelte »neue Semantik«, die nur »Primärsätze«, also Sätze ohne Subjekt-Prädikat-Struktur, annimmt. Eine andere Hinsicht betrifft den im gegenwärtigen Kontext thematisierten Begriff der ontologischen Primärstruktur als 0-Struktur. Wie der Begriff eines Prädikats mit leerer »Trägermenge« einen sinnvollen Begriff darstellt, so ist – im Prinzip – auch der Begriff einer Struktur mit leerer Trägermenge ein sinnvoller Begriff[30]. Aber

---

[30] Vgl. dazu EBBINGHAUS [1977/2003: 54]: »Im Gegensatz zum üblichen Sprachgebrauch lassen wir Strukturen mit leerer Trägermenge zu.«

3.2 Die drei Ebenen der fundamentalen Strukturen

das 0-Prädikat »transformiert« sich damit in einen Satz ohne Subjekt-Prädikat-Struktur, während eine Struktur mit leerer Trägermenge eine rein abstrakte Struktur ist (vgl. Kapitel 1, 1.2.3). Obwohl eine rein abstrakte Struktur, in sich betrachtet, ein sinnvoller Begriff bzw. eine sinnvolle Entität ist, kann man nicht sagen, dass die einfachen ontologischen Primärstrukturen als rein abstrakte Strukturen im Sinne des Buches verstanden werden können.

[2] Die *zweite* Möglichkeit, Klarheit über die Bestimmung der einfachen Primärtatsachen als ontologische Primärstrukturen zu schaffen, besteht darin, dass eine Relation oder Funktion angegeben wird, die jeweils eine einzelne Entität, hier: jeweils eine einzelne einfache Primärtatsache betrifft. Das ist die Relation der Identität der einfachen ontologischen Primärstruktur mit sich selbst, also die Relation der Selbstidentität. Das kann durch die logische Identitätsrelation oder auch durch die Identitätsfunktion artikuliert werden.[31] Letztere wird allgemein definiert als eine Funktion $f: A \to A$, so dass $f = \{\langle x, x \rangle \mid x \in A\}$. Das heißt: die Identitätsfunktion bildet jedes Element von (der Menge) A in sich selbst ab; sie wird geschrieben als: id_A. Wenn nun A eine Einermenge ist, wenn also A aus einem einzigen Element besteht, so besagt die Abbildung dieses Elementes in sich selbst dasselbe wie die Abbildung von A in sich selbst. Anders: Wenn A die Menge $\{a_1\}$ ist, so gilt: $\{a_1\} := \{x \mid x \text{ ist identisch mit } a_1\}$ oder ganz einfach: $\text{Id}(a_1) = a_1$. Das ergibt folgendes: Wenn die einfache Primärtatsache *bestimmt* begriffen wird, so wird sie – mindestens – als mit sich selbst identisch aufgefasst. Hier ist die Definition des Strukturbegriffs klarerweise realisiert, und zwar dadurch, dass eine zweifache Einschränkung stattfindet: die Einschränkung der Trägermenge A auf die Einermenge, die aus der in Frage stehenden Primärtatsache besteht, und die Einschränkung der Menge der Funktionen/Operationen auf die Einermenge, die aus der Identitätsfunktion besteht. Die Menge der Relationen (d. h. der Relationen, die nicht Funktionen sind) wäre leer. Schon das würde genügen, um einfache Primärtatsachen als ontologische Strukturen im eigentlichen Sinne zu bestimmen.

[3] Die *dritte* Möglichkeit, die Primärtatsachen als ontologische einfache Primärstrukturen zu begreifen, ergibt sich aus einer analogen Anwendung eines eleganten Verfahrens, das Quine entwickelt hat, um die Frage zu beantworten, wie ›$y \in z$‹ zu interpretieren ist, wenn z ein Individuum ist (vgl. zum folgenden Quine [1963/1978: 22 ff.]). Als erstes verwirft Quine als »nicht geeignet« eine weit verbreitete Interpretation, der zufolge ›$y \in z$‹ in diesem Fall für alle y falsch ist. Auch die Interpretation, die auf eine Hinzunahme eines

---

[31] Unter »Identität« im strengen Sinn kann sowohl die logische Identitätsrelation (als zweistellige Prädikatenkonstante, die die Gleichheit zweier Individuenterme oder Objekte artikuliert) als auch die logische Identitätsfunktion (wie im Text erläutert) verstanden werden.

einzigen primitiven Prädikats, nämlich ein Individuum (oder eine Klasse) zu sein, rekurriert, wäre »ein unerwünschtes Opfer an Eleganz« (ib. 23). Besteht man darauf, dass ›$y \in z$‹ (wenn z ein Individuum ist) wahr oder falsch ist, so ist die Lösung nach Quine außerordentlich einfach: Die Aussage ist wahr oder falsch, je nachdem, ob $y = z$ oder $y \neq z$ ist. »Das Problem, das Extensionalitätsgesetz auf Individuen y und z anzuwenden, verschwindet dann; wenn y und z Individuen sind und ›$\in$‹ vor Individuen die Eigenschaft von ›$=$‹ hat, erweist sich dieses Gesetz als wahr.« (Ib.) Quine geht einen Schritt weiter und stellt die Frage, was passiert, wenn y ein Individuum und z eine Klasse mit dem einzigen Element y ist, also $z = \{y\}$. Auch hier greift die gerade beschriebene Interpretation des Elementschaftssymbols $\in$. Es hat sich nämlich gezeigt, dass $x \in y$ dann und nur dann wahr ist, wenn x das Individuum y ist, also wenn $x = y$. Nun stellt Quine fest, dass auch $x \in z$ dann und nur dann wahr ist, wenn x das Individuum y ist. Es gilt also: $\forall x \, (x \in y \leftrightarrow x \in z)$, folglich $y = z$. Abschließend stellt er fest, dass dieses Resultat zunächst unannehmbar erscheint, ist doch y ein Individuum und z eine Klasse. In Wahrheit aber ist es harmlos:

»Individuen galten solange als Nichtklassen, bis wir uns entschieden, dem ›$\in$‹ vor ihnen die Kraft von ›$=$‹ zu verleihen; nun werden sie am besten als Klassen angesehen. Alles erweist sich nun als Klasse; die Individuen unter ihnen sind jedoch dadurch ausgezeichnet, dass sie ihre einzigen Elemente sind.« (Ib. 23–24).

Wie sieht eine »analoge« Anwendung dieses Verfahrens auf den Begriff der Struktur im Falle der einfachen ontologischen Primärstruktur aus? Die Antwort liegt auf der Hand: Im Falle einer Struktur handelt es sich nicht um das Symbol ›$\in$‹, sondern um die Relation zwischen den beiden Mitgliedern eines geordneten Paares (der Einfachheit halber werden Strukturen in diesem Kontext als geordnete Paare oder 2-Tupel, nicht als Tripel oder Quadrupel betrachtet). Diese »Relation« wird nicht durch ein eigenes spezielles Symbol, sondern nur durch die Notation ›⟨…, …⟩‹ angezeigt. Es ist die Relation einer festgelegten Geordnetheit, der festgelegten eindeutigen Reihenfolge. Im Falle der einfachen ontologischen Primärstruktur muss *diese* Relation nun als eine *Identitätsrelation* aufgefasst werden: Man nehme eine einfache Primärtatsache f^*. Fasst man sie als eine einfache ontologische Primärstruktur auf und versteht unter $\mathbf{R}^*$ die Menge der realen Relationen über f^*, so ist sie als das geordnete Paar $\langle f^*, \mathbf{R}^* \rangle$ zu begreifen, und und zwar so, dass es gilt: $f^* = \mathbf{R}^*$.

[4] Die zweite und die dritte Erklärung müssen in einer sehr wichtigen Hinsicht erläutert und präzisiert werden. Eine *einfache*, d. h. eine nicht-komplexe, ontologische Primärstruktur f^* kann verschieden artikuliert werden; vereinfachend gesagt: Sie kann minimal oder partiell oder auch maximal artikuliert (im Sinne von »bestimmt«) werden, um nur den kleinsten, einen mittleren und den höchsten Grad auf der Skala der möglichen Bestimmungen der in

Frage stehenden einfachen ontologischen Primärstruktur anzugeben. Welche Artikulation bzw. Bestimmung vorliegt, hängt davon ab oder schlägt sich in der Weise nieder, wie die zweite bzw. die dritte Komponente (also die Menge der Relationen bzw. der Funktionen/Operationen) näher bestimmt wird. Das, was in diesem Buch »einfache ontologische Primärstruktur« genannt wird, ist der *minimalste* Fall der Bestimmung einer ontologischen Primärstruktur. Die Bestimmung reduziert sich auf diese einfache Entität (d.h. Primärstruktur) selbst, ohne dass dabei andere einfache oder komplexe Entitäten bzw. Primärstrukturen beachtet werden. Dieser Punkt ist von enormer Bedeutung für die ontologische Konzeption dieses Buches. Wollte man von einer Relation (oder von Relationen) sprechen, die eine einfache ontologische Primärstruktur zu einer anderen Primärstruktur oder zu anderen Primärstrukturen unterhält, so wäre dies eine etwas lockere Weise zu sprechen; genauer müsste man sagen, dass in einem solchen Fall die einfache ontologische Primärstruktur in eine komplexe ontologische Primärstruktur, d.h. in der Terminologie des Buches: in eine Strukturkonfiguration einfacher ontologischer Primärstrukturen *eingebettet* ist. Diese *Einbettung* der einfachen ontologischen Primärstruktur in so konzipierte ontologische Strukturkonfigurationen erreicht dann immer komplexere Grade: Die weiteren Strukturkonfigurationen bestehen ihrerseits aus zunehmend komplexeren ontologischen Primärstrukturen, d.h. aus zunehmend komplexeren Strukturkonfigurationen usw.

Wenn ein einfache ontologische Primärstruktur formal als das geordnete Paar $\langle \mathbf{f}^*, \mathbf{R}^* \rangle$ gefasst wird, dann besteht ihre zweite Komponente aus der Menge der Relationen $\mathbf{R}^*$. Die einzige Bestimmung dieser einfachen Primärstruktur ist aber eine Relation, die nicht andere einfache oder komplexe Primärstrukturen, sondern nur sie selbst betrifft. Diese Relation ist, wie oben gezeigt, die Identitätsrelation. Es gilt daher: $\mathbf{R}^*|_{\text{Id}}$ (d.h.: die Menge der Relationen $\mathbf{R}^*$ wird restringiert auf die Identitätsrelation). Entsprechend der beschriebenen *dritten* Erklärungsmöglichkeit bedeutet das, dass die Primärtatsache $\mathbf{f}^*$ in oder unter der Relation $\mathbf{R}^*|_{\text{Id}}$, also in oder unter der Relation $\mathbf{f}^* = \mathbf{f}^*$ steht. Noch genauer muss es heißen: Die Primärtatsache $\mathbf{f}^*$ ist identisch mit der Relation $\mathbf{f}^* = \mathbf{f}^*$. Formal: $\mathbf{f}^* = (\mathbf{f}^* = \mathbf{f}^*)$.

Wird aber die zweite Komponente der einfachen ontologischen Primärstruktur nicht als Relation, sondern als Funktion oder Operation aufgefasst, wäre $\langle \mathbf{f}^*, \mathbf{G}^* \rangle$ die Formel dafür entsprechend der oben eingeführten Notation. In diesem Fall wäre diese Formel gemäß der oben beschriebenen zweiten Erklärungsmöglichkeit zu interpretieren, d.h.: die Menge der Funktionen oder Operationen $\mathbf{G}^*$ müsste auf die ebenfalls oben erläuterte Identitätsfunktion, d.h. als $\mathbf{G}^*|_{\text{Id}}$, restringiert werden.

[5] Diese Zusammenhänge seien anhand eines einfachen Beispiels verdeutlicht. Dazu ist es allerdings erforderlich, einige zentrale Thesen der erst in

den weiteren Abschnitten dieses Kapitels darzustellenden neuen Semantik und neuen Ontologie vorwegzunehmen bzw. vorauszusetzen. Die vorauszusetzenden Thesen selbst dürften dennoch schon an dieser Stelle grundsätzlich verständlich sein.

Der – hier als wahr unterstellte – Satz »Es ist rot« (verstanden als: »Es verhält sich so dass es rot ist«) drückt eine vollbestimmte einfache Primärproposition aus, die, weil sie wahr ist, mit einer einfachen[32] Primärtatsache identisch ist.[33] Wie ist nun eine solche Primärtatsache zu begreifen? Als erstes ist zu betonen, dass gemäß den zentralen in diesem Buch vertretenen Thesen diese Primärtatsache nicht als das Ergebnis einer Instanziierung oder Exemplifizierung einer absolut identisch bleibenden Universalie *Rotsein* durch wie immer zu konzipierende Entitäten (Substrata, *bare particulars*, »Stellen« u. ä.) zu verstehen ist. In diesem Buch wird eine Entität wie *Rotsein* zwar *auch* als etwas *Generisches*, aber in einem *ganz anderen Sinne* aufgefasst: *Rotsein* ist zwar eine *generische Entität*, nicht aber im Sinne einer instanziierbaren oder exemplifizierbaren Entität, sondern in dem Sinne, dass sie viele Teile oder Segmente hat: Erst die *Gesamtheit* aller Teile oder Segmente konstituiert die Entität *Rotsein*. Diese Gesamtheit kann als die Konjunktion aller Primärtatsachen begriffen werden, die durch die Konjunktion der wahren Sätze »Es verhält sich so dass es rot ist (s_1, t_1) & ... dass es rot ist (s_2, t_2) & ... dass es rot ist (s_n, t_n)...« ausgedrückt werden (wobei s für: *situs* (Ort), t für: Zeit steht). Man kann *Rotsein* daher als eine bestimmte *Dimension* der Welt, als eine dimensionale Entität auffassen, die über die ganze Welt zerstreut ist.

Diese verschiedenen »Vorkommnisse« (im erläuterten Sinne als Teile oder Segmente, nicht aber als Instanziierungen oder Exemplifizierungen verstanden) von »rot« bilden allererst jene Einheit, die die Entität *Rotsein* ausmacht. Diese Einheit ist also nicht im Sinne einer sich multiplizierenden identisch bleibenden universalen Eigenschaft »rot« zu verstehen; vielmehr ist die Einheit durch die Relation der *Ähnlichkeit* konstituiert. Die Einheit ist eine *Familienähnlichkeit*. Kein Vorkommnis von »rot« ist identisch mit einem anderen; in diesen Vorkommnissen ist »rot« nicht einfach eine identische Entität, sondern nur eine *ähnliche* Entität.

Die kurz erläuterten Zusammenhänge sind nun hinsichtlich der hier anstehenden Frage nach der »Bestimmung« der durch den einfachen Primärsatz

---

[32] Hier soll der Einfachheit halber angenommen werden, dass ein bestimmter roter »Punkt« eine *einfache* Tatsache ist. Diese Annahme wird nur gemacht, um anhand eines Beispiels aus der täglichen Lebenswelt den Begriff der ontologischen Struktur zu verdeutlichen. Ob eine eingehende Analyse des Phänomens der Farben unter Beachtung der naturwissenschaftlichen Theorien die Aussage bestätigen würde, dass eine rote farbige Stelle eine *einfache* Tatsache ist, ist eine Frage, deren Klärung hier nicht intendiert ist. Erst eine vollentfaltete Ontologie kann diese Aufgabe bewältigen.

[33] Wie dieser vollbestimmte Status genau zu konzipieren ist, soll unten im Abschnitt 3.3 gezeigt werden.

3.2 Die drei Ebenen der fundamentalen Strukturen

›es ist rot‹ (oder ›es verhält sich so dass es rot ist‹) ausgedrückten *einfachen* ontologischen Primärstruktur zu präzisieren. Diese Primärstruktur sei durch ›f*‹ angezeigt. Sie ist zwar eine *bestimmte* Primärstruktur, aber nur in einem *minimalen* Sinne. Sie artikuliert etwas Ontologisches, aber noch in völliger Abstraktion von anderen einfachen und komplexen ontologischen Primärstrukturen: Sie abstrahiert nämlich von anderen Vorkommnissen (im oben erläuterten Sinn) von »rot«, d.i. von *anderen* einfachen ontologischen Primärstrukturen $f^*_1, f^*_2, ..., f^*_n$, von Raumstellen, von Zeitstellen usw. Die einfache ontologische Primärstruktur f^* ist nur durch *Selbstidentität* »bestimmt«. *Diese* »einfache« Bestimmung wird hier *minimale Bestimmung* genannt.

Ein Modus von *partieller* Bestimmung der einfachen ontologischen Primärstruktur f^* ist gegeben, wenn f^* in Beziehung zu (den) anderen einfachen ontologischen Primärstrukturen von »rot« gesetzt wird. Damit wird f^* mit einem f^*_i in Verbindung gesetzt und damit in eine Sequenz $f^*_1, f^*_2, ..., f^*_n$ *einbezogen*. Diese Sequenz ist aber eine *komplexe* ontologische Primärstruktur, die Konjunktion der f^*_i. D.h.: Die einfache ontologische Primärstruktur f^* wird in die »generische dimensionale Entität« *Rotsein* als eines der »Segmente« dieser Entität einbezogen. Ein *anderer* Modus liegt vor, wenn die einfache ontologische Primärstruktur in Beziehung zu Raum- und Zeitstellen gesetzt wird. Dies besagt eine Einbettung des einfachen Primärsatzes »es ist rot« in eine konjunktive Konfiguration von einfachen Primärsätzen »Es ist rot (s_1, t_1) & es ist rot (s_2, t_2) & ... & es ist rot (s_n, t_n)« (›s‹ für ›situs‹ oder Raumstelle, ›t‹ für Zeitpunkt) bzw. der einfachen ontologischen Primärstruktur f^* in die konjunktive komplexe ontologische Primärstruktur oder Strukurkonfiguration $f^*(s_1, t_1)$ & $f^*(s_2, t_2)$ & ... & $f^*(s_n, t_n)$ von an bestimmten Raum- und Zeitstellen situierten einfachen ontologischen Primärstrukturen, wobei gilt: $f^*(s_1, t_1) \neq f^*(s_2, t_2) \neq ... \neq f^*(s_n, t_n)$. Zwischen diesen Primärstrukturen gibt es nur eine Relation der *Ähnlichkeit*.

Die *maximale* Bestimmung ist erreicht, wenn die einfache ontologische Primärstruktur f^* in das Universum, in das Sein im Ganzen »einbezogen wird«. Damit ist die totale Einbettung in die universale und damit in die absolut maximale ontologische Primärstruktur erreicht. Es ist hervorzuheben, dass die Skala der immer umfassender werdenden Bestimmungen der einfachen ontologischen Primärstruktur von der Ebene der minimalen bis zur Ebene der maximalen Bestimmung eine unabsehbare Komplexität aufweist. Um es kurz zu formulieren: Die »wirkliche« (im Sinne von: vollständige, maximale) »Bestimmung« einer einfachen ontologischen Primärstruktur koinzidiert mit deren Einbettung in die Gesamtstruktur des Universums, genauer: in das Universum oder das Sein im Ganzen *als* ontologische Primär-Gesamtstruktur. Dies setzt voraus, dass das ganze Universum »artikuliert« oder »beschrieben« wird.

3.2.3.3 Konfigurationsformen als ontologische Strukturen

Bisher wurde vor allem versucht, über die genauere Bestimmung des ersten Elementes des Begriffs der ontologischen Struktur Klarheit zu schaffen. Es hat sich gezeigt, dass dieses Element selbst seinerseits als eine ontologische Struktur in einem ganz bestimmten Sinne zu begreifen ist. In Analogie zur Mengentheorie kann gesagt werden, dass in dieser ontologischen Konzeption *keine Urelemente* angenommen werden, d. h. hier: keine Elemente, die nicht selbst Strukturen sind. Auch einfache Primärtatsachen sind ontologische Primärstrukturen im eigentlichen Sinne.

Früher (vgl. 1.2.3) wurde gezeigt, dass man zwischen einem »konkreten« und einem »abstrakten« Begriff der Struktur unterscheiden kann bzw. muss. Die konkrete oder bestimmte Struktur ist das Paar bzw. das Tripel, bestehend aus einer Grundmenge und einer oder mehr Mengen von, wie man sagen könnte, »konfigurierenden Faktoren« (Relationen und Operationen/Funktionen). Die »abstrakte Struktur« ist nur durch diese »konfigurierenden Faktoren« konstituiert, so dass man sagen kann: Abstrakte Strukturen sind die Konfigurationen, genauer: die Konfigurations*formen* der »konkreten« ontologischen Primärstrukturen. Wie ist die abstrakte Struktur näher zu verstehen?

Dies ist ein schwieriges und komplexes Problem. In diesem Buch wird nicht der Anspruch erhoben, eine im Detail ausgearbeitete Konzeption darüber vorzulegen; vielmehr sollen nur die Grundlagen für eine Konzeption erarbeitet werden. Insbesondere geht es darum, die vielen Optionen dieses weiten Feldes kurz zu charakterisieren.

Die Frage ist also: Wie ist die *Konfigurationsform* oder die *abstrakte Struktur* aufzufassen?

3.2.3.3.1 Zum Verhältnis zwischen logischen/mathematischen und ontologischen Strukturen

Unbedingte Voraussetzung für eine fundierte Antwort auf diese Frage ist die Klärung einer anderen (fundamentaleren) Frage, nämlich der nach dem Verhältnis von logischen/mathematischen und ontologischen Strukturen. Die Geschichte der abendländischen Philosophie ist fast zur Gänze von einer ganz bestimmten Vorstellung dieses Verhältnisses geprägt worden. Danach sind logische/mathematische Strukturen und ontologische Strukturen zwei völlig getrennte Bereiche. Logische/mathematische Strukturen betreffen den Bereich der Sprache, der Formulierung von Theorien im Sinne von abstrakten Modellen der Wirklichkeit (der Welt), sie betreffen aber nicht direkt die Welt selbst. Wenn ein »indirektes« Verhältnis der logischen/mathematischen Strukturen zur Welt (in der hier verwendeten Terminologie genauer: zu den ontologischen Strukturen) angenommen wurde bzw. wird, so bleibt es ganz unklar, wie dieses Verhältnis genau konzipiert wird.

3.2 Die drei Ebenen der fundamentalen Strukturen 289

Gemäß der hier vertretenen Konzeption sind aber logische/mathematische Strukturen *unmittelbar* und im *strengen* Sinne *ontologisch*; genauer formuliert: Sie haben einen streng ontologischen Status, *wenn* sie auf Primärtatsachen bzw. Primärstrukturen »angewandt« werden, d.h. wenn sie diese »strukturieren«. Sie haben dann selbst den Status von ontologischen (abstrakten) Strukturen. Der Grund dafür liegt in der hier vorgenommenen radikalen Infragestellung der traditionellen Ontologie, die die Basis für die traditionelle Auffassung über das Verhältnis zwischen Logik/Mathematik und Ontologie bildet(e). Wird die Welt nicht als die Gesamtheit von Objekten im Sinne von Substanzen/Substrata, die Eigenschaften haben und in Relationen zueinander stehen, aufgefasst, so entfällt weitgehend die Grundlage für das traditionelle Verständnis des Verhältnisses zwischen Logik/Mathematik und Ontologie. Wenn man umgekehrt die Welt als die Gesamtheit der in extremer Varietät und Komplexität konfigurierten Primärtatsachen begreift, so ergibt sich eine völlig andere Konzeption des hier betrachteten Verhältnisses. Logische/mathematische Strukturen sind dann jene Faktoren, welche die Primärtatsachen konfigurieren. Um diese Konzeption genau zu verstehen, muss man weiter ausholen.

3.2.3.3.2 Konfigurationen und Aussagenlogik

Nimmt man als einzige ontologische Struktur *Primärtatsachen* an, so ergeben sich daraus unmittelbar umwälzende Konsequenzen für die Frage, wie die »abstrakte Struktur« näher konzipiert werden muss. Das betrifft zuerst und grundlegend das, was *elementare Logik* genannt wird, nämlich die Aussagen- und die Prädikatenlogik.[34] Die *Quantorenlogik* wird gewöhnlich als Teil – genauer als der zentrale Teil – der Prädikatenlogik betrachtet; aber das ist nicht ganz richtig, da es eine Quantorenlogik ohne Prädikate bzw. Individuenvariablen im Sinne der Prädikatenlogik geben kann bzw. tatsächlich gibt. So kann

---

[34] Oft wird die Aussagenlogik als ein Subsystem der Prädikatenlogik erster Stufe aufgefasst. Die Rechtfertigung dafür – falls sie überhaupt angegeben wird – liegt in Folgendem: Wenn man als die Argumente der Junktoren nur Sätze annimmt, so kann man die Menge S der Sätze als die Menge $S_0 := Con_P^0$ der 0-stelligen Prädikatkonstanten P (›Con‹ für Konstante) auffassen (vgl. oben 3.2.3.2 [1]). Aber das ist nichts anderes als ein reiner Kunstgriff, der sich schnell als problematisch herausstellt. Die »Satzkonstanten« oder auch »Satzbuchstaben« der Aussagenlogik $p, q, r \ldots$ stehen für *genuine* Sätze der betrachteten Sprache. Es ist aber klar, dass eine Sprache, die aus Subjekt-Prädikat-Sätzen besteht, in sehr vielen – um nicht zu sagen: in den meisten – Fällen 1-, 2-, …, n-stellige Prädikate enthält. Die Satz»konstanten« p und q beispielsweise können für die prädikatenlogisch aufgeschlüsselten Sätze Fa bzw. Gb stehen, so dass die Konjunktion, die gewöhnlich als $p \land q$ notiert wird, genauso – genauer – als die Konjunktion $Fa \land Gb$ notiert werden kann. Aber Fa und Gb enthalten 1-stellige, keine 0-stelligen Prädikate. Aus Gründen, die in der weiteren Darstellung explizit gemacht werden, spielt die Unterordnung der Aussagenlogik unter die Prädikatenlogik erster Stufe in dieser Arbeit keine Rolle. Sie wird hier daher ignoriert.

man natürlich über die »Entitäten« quantifizieren, die in der Mengentheorie bzw. -sprache vorkommen. Normalerweise nennt man auch solche Entitäten, einschließlich der Mengen selbst, »Objekte«. Aber das ist nichts anderes als eine jener Gewohnheiten, die ungeachtet ihrer so gut wie universalen Verbreitung eine immense ontologische Obskurität beinhalten. Darüber hinaus ist zu sagen, dass eine Quantifikation über solche Entitäten (Elemente einer Menge und/oder Mengen selbst) nicht unter Rekurs auf Prädikation im eigentlichen Sinne erfolgt. Das Elementschaftszeichen ›∈‹ bzw. alle anderen Symbole, die in der Mengenlehre verwendet werden (wie ›⊆‹, ›℘‹, ›∩‹, ›∪‹, ›∅‹ usw.) artikulieren keine Prädikationen im eigentlichen Sinne. Zwar pflegt man manchmal – aufgrund einer charakteristischen Gewohnheit, die sich aus der *Allherrschaft* der prädikatenlogischen Sprache erster Stufe ergibt –, die Elementschaftsrelation einfach als Prädikation zu »lesen«, indem man etwa die Formulierung »$y \in Y$« liest als: »y *ist Element* von Y«; aber diese bequeme Art zu »lesen« erweist sich als irreführend, *wenn* daraus bestimmte (meta-)logische bzw. philosophische Konsequenzen gezogen werden. Ob, und wenn ja, wie, die Prädikatenlogik erster Stufe für die hier vertretene Semantik in Anspruch genommen werden kann, wird weiter unten zu erörtern sein.

Die Aussagenlogik bietet für die hier vertretene Konzeption den interessantesten Fall, insofern klar gezeigt werden kann, dass logische Strukturen – in diesem Fall die Junktoren – einen unmittelbaren ontologischen Status haben können. Um diese Behauptung zu begründen, kann man am besten auf einen Aufsatz von Quine aus dem Jahre 1934 zurückgreifen, der ungeachtet der Berühmtheit und Autorität des Verfassers beinahe in Vergessenheit geraten zu sein scheint. Es handelt sich um den Aufsatz »Ontological Remarks on the Propositional Calculus« (Quine [1934/1979]). Mit bemerkenswerter Klarheit arbeitet Quine einige fundamentale Zusammenhänge heraus. An erster Stelle unterscheidet er streng zwischen »Satz (sentence)« und »Proposition«: »… it is the proposition as the denotation of the sentence, i.e., as the entity, if any, whereof the sentence is a symbol, that is the present concern« (ib. 265). Er macht nun klar, dass Propositionen, wenn man sie annimmt, als Argumente der Junktoren zu gelten haben:

»Once we postulate entities whereof sentences are symbols, the logical principles for manipulating sentences become principles *concerning* the entities – propositions – which the sentences denote. Insofar the theory of deduction becomes a calculus of propositions …« (Ib. 266)

Freilich, ein solcher Kalkül bleibt in dieser Hinsicht, bemerkt Quine ganz zu Recht, ein sehr partieller Kalkül, »since its only principles are those which governed the manipulation of sentences antecedently to the notion that sentences were names of anything« (ib. 266–7). Es bleibt dann noch die Aufgabe, »the residual character of propositions« zu erklären und zu explizieren, was ja selbstverständlich ist, da dieser »Charakter« der Propositionen nicht schon allein dadurch expliziert wird, dass gesagt wird, sie können als Argumente der Junktoren fungieren.

Vollständige Klarheit schafft Quine dadurch, dass er den Begriff des »(logistical) system« ins Spiel bringt. Wenn die »theory of deduction« (die Aussagenlogik) nur auf der Ebene der »Sätze (*sentences*)« entwickelt wird, so gilt nach Quine:

»[It] remains unchanged in structure, but ceases to be a system in the usual sense. The usual sort of system treats of some manner of elements, say cardinal numbers or geometrical points, which are denoted ambiguously by variables; operative upon these elements are certain operations or relations, appropriately expressed within the language of the system. The theory of deduction, when construed as a calculus of propositions, is a system of this kind; its elements are propositions denoted by the variables ›p‹, ›q‹, etc., and its operations are the propositional operations of denial, alternation, material implication, etc., denoted by prefixture or interfixture of the signs ›~‹, ›∨‹, ›⊃‹ etc. When, on the other hand, the theory of deduction is reconstrued in the foregoing manner as a mere organon of sentences, it ceases to be concerned with elements subject to operations; the former propositions variables ›p‹, ›q‹, etc., become ambiguous sentences, symbols *of* nothing, and the signs ›~‹, ›∨‹, ›⊃‹ etc. become connectives of sentences, innocent of operational correlates in the realm of denotations.« (Ib. 268)

Was Quine hier ausführt, steht unter der (seiner!) Restriktion: »Once we postulate entities whereof sentences are symbols ...«, d. h. Propositionen. Es ist nun bekannt, dass Quine »Propositionen« ablehnt; um so bemerkenswerter ist die Tatsache, dass er die dargestellten Zusammenhänge wie kein anderer Philosoph und Logiker genau aufgezeigt hat. Für diese Thematik ist es unwichtig, dass Quine später eine Entwicklung durchgemacht hat, innerhalb deren er beispielsweise nicht mehr von den »Satzvariablen ›p‹, ›q‹, etc.« spricht, sondern nur von »sentence letters ›p‹, ›q‹, etc.«.

In diesem Buch werden Propositionen angenommen; allerdings werden sie in einer *fundamentalen Hinsicht völlig anders verstanden* als in der ganzen philosophischen Literatur (und natürlich bei Quine). Hier sind »Propositionen« *Primärpropositionen* im oben herausgearbeiteten Sinn. Was allerdings den von Quine erläuterten Punkt bezüglich der Aussagenlogik anbelangt, so bleibt das von ihm Aufgezeigte von diesem ganz anderen Verständnis von »Proposition« *völlig unberührt*. Das ist darin begründet, dass für Quine einzig und allein der Zusammenhang zwischen »Sätzen (*sentences*)« und »entities whereof sentences are symbols« (oder, wie sonst gewöhnlich gesagt wird: Entitäten, die durch die Sätze *ausgedrückt* werden) von Belang ist.

In diesem Kapitel wird sofort klar, dass der von Quine aufgezeigte Zusammenhang eine beträchtlich größere Tragweite hat, als nur das Verhältnis zwischen Sätzen und Propositionen *tout court* zu betreffen. Das hier vertretene Verständnis von Primärproposition hat nämlich eine unmittelbare und weittragende *ontologische* Konsequenz. Wie noch ausführlich zu zeigen sein wird (vgl. unten 3.3), ist eine *wahre Primärproposition* nichts anderes (im Sinne der strengen *Identität*) als eine *Primärtatsache*. Darum können die Junktoren eben Primärtatsachen als Argumente haben. Um in der von Quine benutzten Terminologie zu verbleiben, ist zu sagen: Die »Elemente« des *vollständig* oder *vollbestimmt* aufgefassten »logistical system« sind *nicht nur* Primärpropositionen, sondern *auch* Primärtatsachen. Damit wird deutlich, dass die Junktoren einen unmittelbar und genuin *ontologischen* Status haben (können). Das Wort ›können‹ wird hier in Klammern angefügt, weil man die Betrachtung der Entitäten, die durch Sätze ausgedrückt werden (hier die Primärpropositionen), aus methodischen Gründen »nur« auf die Ebene der Primärpropositionen im allgemeinen (und damit, wie sich zeigen wird, unbestimmten) Sinne restringieren kann. Wenn aber diese Entitäten, die Primärpropositionen, *wahr* sind, dann sind sie identisch mit Primärtatsachen (in) der Welt. Damit erhalten auch die Junktoren, die wahre Primärpropositionen und damit Primärtatsachen als Argumente haben, einen unmittelbar ontologischen Status.

3.2.3.3.3 Konfigurationen und Prädikatenlogik erster Stufe

Auf den ersten Blick scheint die Prädikatenlogik erster Stufe (PL1) für die hier vertretene »kontextuale« Semantik und Ontologie nicht in Betracht gezogen werden zu können, basiert sie doch auf der Annahme, dass die Sätze der Sprache, auf die sie angewandt wird bzw. werden soll, Subjekt-Prädikat-Form haben. Doch die Problemlage ist differenzierter zu sehen. Alles hängt von der Semantik ab, die man mit dieser Logik verbindet. Gewöhnlich assoziiert man mit dieser Logik die sogenannte »Standardsemantik«, die im weiteren Verlauf der Ausführungen näher untersucht werden wird; in diesem Fall ist die PL1 in der Tat mit der kontextualen Semantik nicht vereinbar. Es gibt aber auch »Nicht-Standardsemantiken« für die PL1; es wird zu prüfen sein, ob die »kontextuale Semantik« als Nicht-Standardsemantik für diese Logik in Frage kommen kann.

Um diese Frage zu klären, sei zunächst eine Position dargelegt und untersucht, die als charakteristisch für die große analytische Tradition gelten kann, nämlich die von G. *Legenhausen* [1985] im Aufsatz »New Semantics for the Lower Predicate Calculus« vorgeschlagenen Nicht-Standardsemantiken. Legenhausen vertritt die von den meisten analytischen Philosophen akzeptierte Konzeption über das Verhältnis von Logik und Ontologie, der zufolge die (formale) Logik ontologisch (metaphysisch) neutral ist. Dabei versteht er unter Logik ein formales System, das mit semantischen Regeln ausgestattet ist. Legenhausen unterscheidet zwei völlig verschiedene Weisen, die semantischen Regeln zu verstehen, die er formale Semantik bzw. Theorie der Referenz nennt. Ihm zufolge enthält ein System der formalen Semantik eine Interpretationsfunktion für die nicht-logischen Ausdrücke des formalen Systems, die er so versteht: Diese Funktion bildet diese Ausdrücke in die Komponenten einer anderen abstrakten Struktur wie der Mengentheorie, der algebraischen Theorie usw. ab. Der Wert der Interpretationsfunktion für einen Ausdruck ist dann die Extension dieses Ausdrucks. Im Gegensatz dazu besteht nach Legenhausen die Aufgabe einer Theorie der *Referenz* darin, das Verhältnis zwischen sprachlichen Ausdrücken und den Objekten, auf die sie sich beziehen, zu klären. Den Ausdruck ›Semantik‹ verwendet er im Sinne der formalen Semantik.

Dieser Autor betrachtet die so verstandene Unterscheidung zwischen formaler Semantik und Theorie der Referenz als fundamental; die Verletzung der (von ihm uneingeschränkt angenommenen) ontologischen (metaphysischen) Neutralität der Logik verdankt sich ihm zufolge der Nichtbeachtung dieser grundlegenden Unterscheidung, was ihm zufolge zu einer illegitimen Identifizierung von Extension und Referenz führt. Daraus ergibt sich nach diesem Autor die prinzipielle These, dass die Annahme bzw. Verwendung eines Systems der formalen Semantik mit einer bestimmten Struktur keineswegs zur Konsequenz hat, dass diese Struktur auch der *Welt* zugesprochen werden muss. Solche formalen Systeme sind daher instrumentalistisch, nicht realistisch oder ontologisch zu verstehen (vgl. ib. 325).

Allerdings bemerkt er bezeichnenderweise, dass Systeme der formalen Semantik als *Illustrationen* (er spricht auch von *Analogien*) metaphysisch-ontologischer Thesen aufgefasst werden können. Dies ist aus mehreren Gründen schwer verständlich. Zwei seien kurz genannt: [i] Es bleibt ein Rätsel, wie die genannte »Illustration« bzw. »Analogie« erklärt werden kann. Stellt sie eine Art Zufall dar? Oder ist sie Ausdruck eines tiefer liegenden Verhältnisses, das Legenhausen nicht artikuliert? [ii] Wird die Dualität zwischen formaler Semantik und Theorie der Referenz im Sinne Legenhausens akzeptiert, so stellt sich die Frage, welchen Sinn es hat, eine formale Semantik zu entwickeln. Wenn das Verhältnis zwischen Sprache und Welt nur durch eine Theorie der Referenz »erklärt« wird, so kann man vollends auf so etwas wie eine formale Semantik verzichten. In Wirklichkeit ist Legenhausens Charakterisierung der »Standardsemantik« und Herausarbeitung zweier »Nicht-Standardsemantiken« für PL1 nichts anderes als eine Selbstwiderlegung der These von der ontologischen (metaphysischen) Neutralität der Logik sowie der Unterscheidung zwischen formaler Semantik und Theorie der Referenz, kurz: der von ihm vertretenen Gesamtkonzeption.

Legenhausen präsentiert *zwei* Nicht-Standardsemantiken für die PL1. Die erste, S^P, interpretiert die einstelligen Prädikate als Ausdrücke, die eine rein mengentheoretisch definierte Extension haben. Ein singulärer Term hat seinerseits als Extension eine Menge der Elemente der Extension des Prädikats.

Ein atomarer Satz, *Pa*, ist wahr genau dann, wenn die Extension des Prädikats *P* in der Extension des Individualterms *a* liegt. Formal formuliert: Diese Nicht-Standardsemantik S^P basiert entscheidend auf dem Begriff der Eigenschaft (›P‹ steht für ›Property‹). Ein Modell für S^P ist ein geordnetes Paar ⟨**P**, J⟩, wobei **P** eine nicht-leere Menge ist, deren Elemente Extensionen einstelliger Prädikate sind und als Eigenschaften verstanden werden. Aber Legenhausen betont, dass S^P die Existenz von Universalien oder von irgendwelchen anderen Entitäten nicht impliziert. Die Interpretationsfunktion J ist folgendermaßen definiert (hier nur die ersten, elementaren Angaben):

1. J(**P**) ist eine Teilmenge der Potenzmenge von **P** (minus der Nullmenge) und bildet somit die Diskursdimension für ⟨**P**, J⟩. Diese Diskursdimension ist eine Untermenge der Menge aller nicht-leeren Mengen von Eigenschaften.

2. Wenn *a* ein Individuenterm, d. h. eine Individuenkonstante oder eine Individuenvariable, ist, dann gilt: J(*a*) ∈ J(**P**). Damit werden die Extensionen singulärer Terme als Mengen von Eigenschaften aufgefasst, die ihrerseits Elemente von J(**P**) sind.

3. Wenn *P* ein einstelliges Prädikat ist, dann: J(*P*) ∈ **P**.

4. Wenn *P* ein n-stelliges Prädikat ist, n>1, J(*P*) ⊆ (J(**P**))ⁿ, d. h.: J(*P*) ist eine Menge von n-Tupeln von Elementen der Diskursdimension.

5. Wenn *A* eine wohlgeformte Formel der Form ›*Pa*‹ ist (*P* als einstelliges Prädikat), J(A) = Wahr genau dann wenn J(*P*) ∈ J(*a*).

Usw.

Diese Semantik S^P ist insofern eine Nicht-Standardsemantik, als sie, wie Legenhausen es formuliert, »a simple reversal of the standard semantics with regard to the interpretations of individual terms and monadic predicates« (ib. 323) darstellt. Die nicht-substantialistisch orientierte sogenannte Bündeltheorie des Individuums könnte in S^P eine (extensional orientierte) Artikulation finden.

Die *zweite* von Legerhausen entwickelte Nicht-Standardsemantik für PL1 ist für die in diesem Buch vertretene semantische und ontologische Position von weit größerer Bedeutung, weshalb ausführlicher darauf eingegangen wird. Die Semantik S^f (›f‹ für ›*facts*‹ – ›Tatsachen‹) geht von der Annahme aus, dass sowohl Individuenterme (singuläre Terme) als auch Prädikate Mengen mengentheoretischer Elemente als Extensionen haben. Ein atomarer Satz *Pa* ist wahr genau dann, wenn der Durchschnitt der Menge, welche die Extension des Terms *a* bildet, und der Menge, die die Extension des Prädikats *P* darstellt, eine Einermenge ist, d. h. wenn beide Mengen exakt ein gemeinsames Element haben. Anders als in der Standardsemantik haben sowohl Individuenterme als auch einstellige Prädikate in S^f Extensionen desselben mengentheoretischen Typus. Im Anschluss an P. Ramsey deutet Legerhausen diese Annahme in der Weise, dass sowohl Individuenterme als auch einstellige Prädikate als Mengen von Propositionen aufgefasst werden (können). Die Verknüpfung zwischen diesen beiden Mengen kann durch den Durchschnitt der beiden Mengen modelliert werden, woraus eine einzige Proposition resultiert, die Legenhausen »Sachverhalt *(state of affairs)*« nennt (vgl. ib. 326).

Diese Zusammenhänge seien an einem Beispiel illustriert. Man betrachte den Satz »Sokrates ist weise«. Das Prädikat »ist weise« kann als eine Menge interpretiert werden, die Tatsachen wie »(die Tatsache:) Sokrates ist weise«, »(die Tatsache:) Plato ist weise« usw. einschließt. In derselben Weise wären auch Individuenterme zu interpretieren. In dem hier behandelten Beispiel wäre »Sokrates« als eine Menge zu interpretieren, welche die Tatsachen einschließt: »(die Tatsache:) Sokrates ist weise«, »(die Tatsache:) Sokrates ist ein Grieche« usw. Die Verbindung von Sokrates und Weisheit, durch welche der Satz »Sokrates ist weise« wahr gemacht wird, ist die Tatsache, dass Sokrates weise ist.

Es sei hier angemerkt, dass der Zuammenhang zwischen jener einzigen Proposition, die Legenhausen »state of affairs« nennt, und den Tatsachen nicht klar ist. Aber das gehört, wie noch zu zeigen ist, zu der grundlegenden ontologischen Unklarheit, die diese ganze Position charakterisiert.

Um S^f etwas genauer darzustellen, sei noch das Wesentliche des von Legerhausen benutzten Formalismus kurz mitgeteilt. Sei ›μ‹ eine Modellstruktur (worunter Legenhausen eine Menge von Modellen versteht), deren Modelle auf Tatsachen in dem Sinne basieren, dass Tatsachen die Elemente der Trägermenge von μ darstellen. Ein Modell für S^f in μ ist ein geordnetes Paar ⟨**F, H**⟩, wobei **F** eine nicht-leere Menge ist, deren Elemente Tatsachen sind, und H wie folgt definiert wird (hier nur die elementaren Angaben):

1. H(**F**) ist eine nicht-leere Untermenge der Menge aller nicht-leeren Untermengen von **F**. Somit ist H(**F**) die Diskursdimension für ⟨**F, H**⟩. Die Individuen, über welche die Quantoren laufen, werden als Mengen von Tatsachen repräsentiert.

2. Wenn a ein Individuenterm ist, dann gilt: H(a) ∈ H(**F**).

3. Wenn P ein n-stelliges Prädikat ist und $a_1,...,a_n$ Individuenterme sind, dann gilt: H($Pa_1,...,a_n$) ⊆ **F**.[35]

4. Wenn A eine wohlgeformte Formel der Form ›$Pa_1,...,a_n$‹ ist, dann gilt: H(A) = Wahr genau dann, wenn es für jedes i, 1≤ i ≤ n, ein f gibt, das ein Glied von **F** ist so dass der Durchschnitt von H(a_i) mit H($Pa_1,...,a_{i-1}$) {f} ist.

Usw.

---

[35] Hier führt LEGENHAUSEN ein undefiniertes metasprachliches Symbol ›*‹ ein, das er einen »plug« (Stecker) nennt und das zu einer besonderen Behandlung der Relationen dient. Dazu bemerkt er, dass diese spezielle Behandlung der Relationen keine wesentliche Komponente von S^f darstellt. Aus diesem Grund – und auch wegen der Kompliziertheit der damit angesprochenen Zusammenhänge – wird diese Behandlung der Relationen hier ignoriert. Für die hier verfolgte Zielsetzung ist dieser Punkt nicht von Bedeutung.

Legenhausen betont sehr klar, dass diese zweite Non-Standardsemantik, S^f, für die PL1 zwar eine »Fact-Based Semantics« ist, dies aber keine »*Tatsachen*ontologie« impliziert oder voraussetzt:

»[I]t [the S^f semantics] remains metaphysically neutral. What it requires is no more than a willingness [!!, LBP] to allow that the extensions of individual terms and the extensions of monadic predicates are sets. The members of these sets may be most naturally understood as propositions, states of affairs, or facts, but there is no need to accept an ontology of such entities in order to employ S^f, than there is a need to accept an ontology of substances in order to utilize the standard semantics.« (ib. 327)

Schon oben wurde die Zweideutigkeit und sogar Inkohärenz solcher Aussagen aufgezeigt. Hier muss die weitere kritische Frage gestellt werden: Wieso können die Elemente der angenommenen Mengen »höchst natürlich« als Tatsachen verstanden werden? Woran bemisst sich diese »höchste Natürlichkeit«, wenn doch diese Semantik ontologie- bzw. metaphysikneutral sein soll? Abgesehen davon, mutet es wie eine Art Mirakel an, dass die angenommenen Mengen gerade Tatsachen als Elemente haben können. Woher erklärt sich das? Der fundamentale Einwand gegen die behauptete ontologische/metaphysische Neutralität der PL1 (wie jeder Logik) lautet: Damit werde Logik auf pure formale Syntax reduziert. Eine Semantik für eine Logik muss eine Interpretation der nicht-logischen Symbole liefern. Was ist aber eine Interpretation anderes als eben eine Zuordnung bestimmter »Werte« zu diesen Symbolen? Da aber die nicht-logischen Symbole bestimmte Ausdrücke der normalen Sprache sind, können nur solche Werte sinnvollerweise in Frage kommen, die in dieser normalen Sprache mit solchen Ausdrücken assoziiert werden.

Darüber hinaus wird an der hier betrachteten Semantik S^f klar, dass manche Autoren grundlegende und zentrale Ausdrücke/Begriffe der Philosophie verwenden, dabei aber in Wirklichkeit nur den Schein erwecken, durch das formale Instrumentarium werde eine genauere Fassung solcher Ausdrücke/Begriffe gegeben; in Wirklichkeit aber wird über deren eigentlichen »Gehalt« überhaupt nichts Bedeutsames gesagt. In S^f bleibt der Ausdruck/Begriff »Tatsache« völlig ungeklärt. Höchstens kann man sagen, dass S^f einen ganz allgemeinen formalen Rahmen entwirft, der es erlaubt, eine propositionale Semantik und eine Tatsachenontologie unter Beibehaltung einer Sprache zu entwickeln, die in syntaktischer Hinsicht Subjekt-Prädikat-Sätze enthält. Aber dann ist es unbedingt erforderlich, unabhängig davon zu klären, was unter »Proposition« und »Tatsache« zu verstehen ist. Oben wurden »singuläre Terme« in einer Sprache, die Subjekt-Prädikat-Sätze verwendet, als »*Abkürzungen*« einer hohen Anzahl von Primärsätzen aufgefasst. Es wäre wichtig, die Frage zu klären, ob es nicht eher sinnvoll wäre, sie unter einer anderen Rücksicht als eine Menge von Primärsätzen aufzufassen. Aber auch hier wird deutlich: Ohne die radikale semantische Klärung dessen, was »Satz« heißt und welche Form er hat bzw. (für philosophische Zwecke) haben sollte, dreht man sich im Kreise.

3.2.3.3.4 Konfigurationsformen: Erweiterungen der klassischen Logik und die Vielfalt der mathematischen Strukturen

Außer der klassischen elementaren Logik sind die *Erweiterungen* der klassischen Logik zu berücksichtigen, ganz besonders die für philosophische Zwecke überaus wichtige *Modallogik* und deren viele Einzelapplikationen oder -konkretisierungen wie die Zeitlogik, die dynamische Logik, die deontische Logik usw. Das ist ein weites, sehr weites Gebiet, wobei der Begriff der möglichen Welten für manche dieser modal strukturierten Logiken eine wesentliche Komponente darstellt. Aber das ist auch ein sehr kontroverses Gebiet. Manche Autoren, wie z. B. Quine, lehnen eine Modallogik rundweg ab.[36]

Nicht weniger wichtig für die philosophische Systematik sind die Alternativen zur klassischen Logik, insbesondere die mehrwertige Logik, die Relevanzlogik, die intuitionistische Logik, die freie Logik, die Quantenlogik u. a. (vgl. dazu Gabbay/Guenthner [1986]).

Was die mathematischen Strukturen anbelangt, so eröffnet deren immense Vielfalt für die in diesem Buch entwickelte Idee einer struktural-systematischen Philosophie die vielfältigsten Perspektiven. Aber gerade diese Vielfalt stellt den systematischen Philosophen vor eine schwierige Aufgabe. Er muss versuchen herauszufinden, *welche* mathematischen Strukturen sich am besten dazu eignen, die relativ maximale Strukturiertheit der ontologischen Dimension zu artikulieren. In der heutigen Philosophie können bemerkenswerte neue Ansätze in dieser Hinsicht ausgemacht werden.[37] Diese Aufgabe ist eine der großen Zukunftsaufgaben für die Philosophie.

3.3 Theorie der Wahrheit als Explikation (Artikulation) des vollbestimmten Zusammenhangs der fundamentalen Strukturen

In den bisherigen Abschnitten dieses Kapitels wurden die drei großen Strukturdimensionen im Grundriss dargelegt: die fundamentalen formalen, semantischen und ontologischen Strukturen. Die sich nun stellende Frage lautet:

---

[36] Über das zentrale Problem der (logischen und philosophischen) Interpretation der Modallogik vergleiche man den sehr instruktiven Aufsatz von BALLARIN [2004].
[37] Vgl. dazu z. B. GOLDBLATT [1979/1984]; BACON [1995]; MORMANN [1995], [1996]; DIPERT [1997]; SCHNEIDER [1999], [2001], [2002], [2005], [2006a].

Wie hängen sie zusammen? Diese Frage betrifft insbesondere, aber nicht ausschließlich, das Verhältnis zwischen den semantischen und den ontologischen Strukturen. Der Begriff, der die Antwort auf diese Frage beinhaltet, ist der Begriff der Wahrheit.

Am Ende von Kapitel 2 (Abschnitt 2.4) wurde ein erster Ansatz zu einer systematischen Theorie der Wahrheit herausgearbeitet. In jenem Kapitel ging es um die Thematisierung der Dimension der *Theoretizität*; es wurde gezeigt, dass diese Dimension ihren vollbestimmten Status dadurch erreicht, dass der Begriff der Wahrheit zur Anwendung gelangt. Zwar wurde eine erste, allgemeine Charakterisierung des Wahrheitsbegriffs formuliert, aber keine zureichend detaillierte und präzise Darstellung vorgelegt. Der Grund liegt darin, dass zentrale Elemente, die zur Definition des Wahrheitsbegriffs gehören und damit vorausgesetzt werden müssen, noch nicht expliziert worden waren. Diese Elemente sind im wesentlichen das, was im vorliegenden Kapitel dargestellt wurde: Es sind die Elemente der Struktursystematik. Jetzt kann nämlich gesagt und gezeigt werden, dass Wahrheit nichts anderes ist als der vollbestimmte Status (des Zusammenhangs) der drei aufgezeigten fundamentalen Strukturen.

Die Theorie der Wahrheit gehört ohne jeden Zweifel zu den am intensivsten behandelten Themen in der Philosophie der Gegenwart und insbesondere auch der letzten Jahrzehnte. Ungeachtet der großen Bemühungen um eine Klärung dieses Themas kann nicht gesagt werden, dass auch nur teilweise ein Konsens erzielt worden ist. Eine Theorie der Wahrheit, die den Anspruch erhebt, als heute akzeptierbar zu gelten, kann nur unter Berücksichtigung der immensen wahrheitstheoretischen Debatte der Gegenwart und in Auseinandersetzung mit den vielen in diesem Rahmen vorgeschlagenen Ansätzen entwickelt werden. In einem systematischen Werk wie dem vorliegenden hat eine solche Diskussion nicht ihren Ort. Der Verfasser verweist hierfür auf seine zahlreichen Arbeiten über die Theorie der Wahrheit, in denen das ganze Problemspektrum der heutigen Wahrheitsdebatte behandelt wird.[38] Die folgende überaus knappe Darstellung kann nur angemessen verstanden und beurteilt werden, wenn die dort dargestellten kritischen und begriffs- bzw. problemgeschichtlichen Ausführungen berücksichtigt werden. Der Umstand, dass die hier vertretene Theorie der Wahrheit zum ersten Mal in einem gesamtsystematischen Rahmen zur Darstellung kommt, hat zur Konsequenz, dass einige – vor allem terminologische – Differenzen zu früheren Darstellungen eingebracht werden; das betrifft besonders den Ausdruck und den Begriff »Struktur«.

---

[38] Vgl. dazu die Arbeiten des Verfassers im Literaturverzeichnis.

3.3.1 Präzisierende Charakterisierung der Grundidee der Wahrheit

[1] Um die erste am Ende von Kapitel 2 vorgelegte informal-intuitive Charakterisierung der Grundidee der Wahrheit etwas näher zu erläutern, dürfte zunächst ein Hinweis auf einen ähnlichen Gedanken angebracht sein, den man bei G. Frege findet. Es wird aber hier nicht Freges Wahrheitstheorie – falls man überhaupt von einer solchen sprechen kann – dargestellt, sondern nur eine der Thesen erwähnt und kurz kommentiert, die im Gesamtzusammenhang seiner in allen Schriften zerstreuten Aussagen über Wahrheit formuliert werden. In Passagen, die oben (3.1.2.1) zitiert wurden, charakterisiert Frege das Urteil »als Fortschreiten von einem Gedanken zu seinem Wahrheitswerte« (Frege [1982: 50]), als den »Schritt vom Gedanken zum Wahrheitswert, ... allgemeiner, [als den] Schritt vom Sinne zur Bedeutung« (Frege [1892–95/1978: 31]), »als ein Uebergehen vom Gedanken zum Wahrheitswerthe« (Frege [1976: 96]). Freges Terminologie (›Fortschreiten‹, ›Schritt‹, ›Übergehen‹) entspricht nur in gewisser Hinsicht, wie gleich zu zeigen sein wird, den oben benutzten Ausdrücken ›Überführung‹, ›Überleitung‹ von der semantischen zur ontologischen Dimension usw. Freilich muss man hinzufügen, dass Frege eine teilweise eigenartige Semantik und Ontologie vertritt. Die »Bedeutung« eines Satzes wird als »Wahrheitswert« und der »Wahrheitswert« als »Gegenstand« aufgefasst, wobei es ihm zufolge zwei »Wahrheitswerte«, also zwei »Gegenstände«, gibt, nämlich »das Wahre« und »das Falsche« (Frege [1892/1994a: 48 ff.]).

In dieser Arbeit wird eine ganz andere Semantik und Ontologie vertreten. Nichtsdestotrotz ist es bemerkenswert, dass Frege die Idee eines »Übergangs« von einer Ebene zu einer anderen Ebene artikuliert hat. Allerdings hat er nicht den Wahrheitsbegriff als einen solchen »Übergang« charakterisiert. »Wahr(heit)« ist ja nach Frege undefinierbar.

Während Frege vom einem »Fortschreiten« bzw. »Übergang« vom Sinn (Gedanken) zur Bedeutung (bzw. zum Wahrheitswert) spricht, ist hier von der »Überführung bzw. Überleitung« vom indeterminierten oder unterdeterminierten Status in den volldeterminierten Status eines Satzes bzw. einer Proposition die Rede. Nun beinhaltet »Überführung« bzw. »Überleitung« in gewisser Hinsicht auch ein Übergehen oder Fortschreiten; aber umgekehrt beinhaltet der Begriff des Übergehens oder Fortschreitens nicht den Begriff einer Überführung oder Überleitung im eigentlichen Sinne. Fortschreiten hat eher die Konnotation, dass es sich um zwei verschiedene Punkte oder Orte oder Entitäten handelt, die sich beim Fortschreiten von der einen zur anderen nicht im geringsten ändern oder näher bestimmen. Im Gegensatz dazu impliziert der Begriff der Überführung oder Überleitung eine Modifikation des Zustands oder auch des Status ein und derselben Sache, hier: eines Satzes bzw. der durch ihn ausgedrückten Proposition. Freges Analyse und Terminologie sind defizient, weil sie gerade dieses wesentliche Moment verkennen oder nicht thematisieren. Man muss diese Überführung oder Überleitung als eine Qualifikation oder eben als eine Determinierung des Satzes bzw. der Proposition auffassen.

Dass der Wahrheitsoperator »Es ist wahr dass« auf einen Satz bzw. eine Proposition angewandt wird, hat eine Voraussetzung und eine Wirkung. Die Voraussetzung ist, dass das Argument des Operators, der ja ein Determinator ist, ein noch zu Qualifizierendes, eben zu Determinierendes ist. Damit hat das Argument, d.h. der Satz bzw. die Proposition, einen noch indeterminierten oder unterdeterminierten Status. Die Wirkung des Operators besteht darin, dass dieser semantisch indeterminierte oder unterdeterminierte Status des Arguments beseitigt wird, indem das Argument einen semantisch volldeterminierten Status erhält, d.h. zu einem volldeterminierten Argument wird; damit erhält es auch einen volldeterminierten ontologischen Status (wie unten, 3.3.3.2.2, gezeigt werden soll).

[2] Der Begriff des volldeterminierten Status eines Satzes bzw. einer Proposition (und, verallgemeinernd, der Sprache überhaupt) wurde mehrmals verwendet. Wie ist aber dieser zentrale Begriff zu verstehen? Die Klärung dieser Frage ist entscheidend für den hier entwickelten Ansatz. Schon jetzt lässt sich in programmatischer Hinsicht sagen, dass der volldeterminierte Status der Sprache nicht mehr und nicht weniger meint als die volle ontologische Dimension der Sprache. Und in diesem Abschnitt wird noch zu zeigen sein, dass dieser Gedanke weiter zu präzisieren ist: Der volldeterminierte Status der Sprache besagt in letzter Analyse den vollexplizierten Zusammenhang der drei herausgearbeiteten fundamentalen Strukturdimensionen.

Eine einleuchtende Vorklärung kann durch eine kurze Betrachtung der von Quine vertretenen »Disquotationstheorie« der Wahrheit erbracht werden, der zufolge »Wahr(heit)« eine Disquotationsfunktion[39] entsprechend dem Tarskischen Wahrheitsschema ist:

(T)   ›p‹ ist wahr ↔ p.

Zumindest in einigen seiner Schriften erkennt Quine voll die ontologische Dimension der Wahrheit an. Seine diesbezüglichen Ausführungen dürften als einmalig in der analytischen Philosophie gelten, insofern sie – möglicherweise entgegen der Absicht Quines – glasklar zeigen, worin der Grundfehler der deflationistisch orientierten Wahrheitstheorien liegt. Eine der interessantesten Passagen findet sich in seiner *Philosophy of Logic*:

»[T]ruth should hinge on reality, and it does. No sentence is true but reality makes it so. The sentence ›Snow is white‹ is true, as Tarski has taught us, if and only if real snow is really white. The same can be said of the sentence ›Der Schnee ist weiss‹; language is not the point. In speaking of the truth of a given sentence there is only indirection;

---

[39] Vgl. beispielsweise: »Ascription of truth just cancels the quotation marks. Truth is disquotation.« (QUINE [1990: 80]).

we do better simply to say the sentence and so speak not about language but about the world. So long as we are speaking only of the truth of singly given sentences, the perfect theory of truth is what Wilfrid Sellars has called the disappearance theory of truth.« (Quine [1970a: 10–11])

Dieser hochinteressante Text enthält eine großartige und zutreffende Einsicht und gleichzeitig einen verhängnisvollen Fehler. Die richtige Einsicht ist die These, dass zu sagen »›Schnee ist weiß‹ ist wahr« so viel heißt wie »*wirklicher Schnee ist wirklich weiß*«. Allgemein formuliert: Wahrheit besagt einen Bezug zur Welt, zur ontologischen Dimension. Der Fehler besteht darin, dass Quine behauptet, dieses Verständnis von Wahrheit sei die sachlich richtige Interpretation des Tarskischen Wahrheitsschemas, und dass er das so verstandene Schema als die adäquate Artikulation und damit als das letzte Wort hinsichtlich der Wahrheitsthematik betrachtet. Es mag sein – und man mag es sogar für wahrscheinlich halten –, dass Quines »Erklärung« das trifft, was Tarski »vorschwebte« oder was er bewusst »im Auge hatte«. Es ist aber fraglich, ob diese Interpretation, welche die von Tarski explizit gemeinte Bedeutung angeblich richtig erfasst, sich mit einer *sachlich richtigen* Interpretation des Wahrheitsschemas (W-Schema) deckt. Das ist aber zu verneinen, was man leicht zeigen kann.

Das von Quine wahrscheinlich in Übereinstimmung mit Tarskis eigener Intention artikulierte Verständnis von Wahrheit gemäß dem W-Schema kann nur dann als sachlich zutreffend bezeichnet werden, wenn folgende Bedingung erfüllt ist: *Dieses* Verständnis von »Wahrheit« im Tarskischen W-Schema muss auch *artikuliert oder explizit gemacht* werden. (Eine solche als *minimal* zu bezeichnende Bedingung muss jede Interpretation erfüllen, die den Anspruch erhebt, sachlich richtig zu sein.) Aber dies ist bei Tarski und Quine nicht der Fall. Der Satz auf der rechten Seite der Äquivalenz ›genau dann wenn‹ (»Schnee ist weiß« bzw. »*p*«) kann ohne nähere Qualifikation, d. h. Determination, in keiner Weise als ein Satz genommen werden, der über die Welt spricht. Das haben die bisherigen Ausführungen zur Genüge gezeigt. Aber Quine – und mit ihm die Mehrheit der Wahrheitsdeflationisten – nimmt einfach an, dass dieser Satz in dem Sinne ein volldeterminierter Satz ist, dass er vollständig bestimmt über die Welt spricht. Das hat Quine in seiner oben erwähnten »richtigen Einsicht« auch artikuliert oder explizit gemacht. Und wie sich unten, in Punkt [3], zeigen wird, findet sich auch bei Tarski eine bemerkenswerte vergleichbare Artikulation oder Explikation dieses Sachverhalts.

Eine der Möglichkeiten, die vollständige Determination zu erreichen bzw. darzustellen, ist die Einführung bzw. Nennung jenes Operators auf der rechten Seite, den Quine in seiner »Interpretation« explizit nennt: »*really/wirklich*«. Das Resultat wäre:

(T')   Es ist wahr dass Schnee weiß ist ↔ wirklich: Schnee ist weiß.

(T'')   ›p‹ ist wahr ↔ wirklich: *p*.

Eine andere Möglichkeit ist die Einführung einer speziellen Notation auf der Basis einer bestimmten Konvention. So hat der Verfasser den Satz auf der rechten Seite der korrigierten oder uminterpretierten Tarski-Äquivalez in mehreren Schriften in **Fettschrift** geschrieben. Dabei indiziert die **fette** Schrift auf der rechten Seite des Äquivalenzzeichens den *volldeterminierten Status* des dort vorkommenden Satzes bzw. der durch diesen Satz ausgedrückten Primärproposition:

(T''')   Es ist wahr dass Schnee weiß ist ↔ **Schnee ist weiß**.
(T'''')   ›p‹ ist wahr ↔ ***p***.

Quines »really/wirklich« entspricht genau dem Faktor, der in dieser Arbeit *volldeterminierter Status* genannt wird.

[3] Um die historischen Zusammenhänge zu begreifen, ist noch folgender Hinweis von Bedeutung. Der mehrmals genannte und zuletzt bei Quine festgestellte Fehler geht auf Tarski selbst zurück. Seine schon einmal zitierte informale Charakterisierung des intuitiven Wahrheitsverständnisses lautet:

»[E]ine wahre Aussage ist eine Aussage, welche besagt, dass die Sachen sich so und so verhalten, und die Sachen verhalten sich *eben* so und so.« (Tarski [1933/1983: 450])

Das Wörtchen ›eben‹ ist der entscheidende Faktor in dieser Charakterisierung; denn ohne ›eben‹ wäre das, was eine wahre Aussage »besagen« soll, eine sinnlose, nichtssagende Tautologie oder Wiederholung derselben Formulierung, nämlich die folgende: »… besagt dass: die Sachen verhalten sich so und so, und die Sachen verhalten sich so und so«. ›Eben‹ artikuliert die entscheidende Differenz zwischen den beiden Sätzen und damit die Überführung des unqualifizierten oder un(ter)determinierten Satzes »Die Sachen verhalten sich so und so« in den qualifizierten oder volldeterminierten Satz »die Sachen verhalten sich *eben* so und so«. ›Eben‹ entspricht dem Quineschen ›really‹. Aber Tarski hat diesen entscheidenden Faktor in seinem halbformalen W-Schema überhaupt nicht artikuliert, d.h. nicht explizit gemacht, obwohl das W-Schema ihm zufolge das von ihm treffend formulierte intuitive Wahrheitsverständnis in einer korrekten und klaren Weise artikulieren sollte.[40] Diese Unterlassung

---

[40] Überraschenderweise behauptet TARSKI in seinem Aufsatz »Die semantische Konzeption der Wahrheit und die Grundlagen der Semantik« [1944/1972], dass das Wörtchen ›eben‹ (oder: ›tatsächlich‹, ›in der Tat‹) »in der ursprünglichen Fassung nicht vorkommt« (ib. 87). Aber in der polnischen Originalfassung der TARSKIschen Monographie kommt ein Wort vor, das in der deutschen Übersetzung mit ›eben‹ (oder ›tatsächlich‹, ›in der Tat‹) und in der englischen Übersetzung mit *›indeed‹* zutreffend wiedergegeben wurde bzw. wird: Es ist das Wort ›wlasnie‹ (vgl. dazu PUNTEL [1990: 43, Fußnote 29]). Im Aufsatz aus dem Jahre 1944 verwirft TARSKI mit Recht die *epistemologische Deutung* (im Sinne einer *Rechtfertigungsfrage*) von ›eben/*indeed*‹, die damals von mehreren Autoren fälschli-

bei Tarski ist die eigentliche Urquelle des Grundfehlers, der allen deflationistisch orientierten Wahrheitstheorien zugrunde liegt.

3.3.2 Die sogenannten »Wahrheitsträger« und die fundamentalen Strukturen

In der Wahrheitstheorie der Gegenwart spricht man von »Wahrheitsträgern«, wobei kein Konsens über deren Zahl und Zusammenhang besteht. Fast alle Wahrheitstheoretiker aber betrachten in jedem Fall den Satz als Wahrheitsträger, viele auch die Proposition und wieder einige auch die Äußerung. In der voranalytischen Zeit nahm man allgemein an, dass das Urteil der eigentliche Wahrheitsträger ist; es galt nämlich als Grundaxiom: »Veritas est in iudicio ...«

Die Rede von »Wahrheitsträgern« hat ihren eigentlichen Grund darin, dass »Wahr(heit)« als Prädikat begriffen wird, das eine Eigenschaft bezeichnet, welche ihrerseits konsequenterweise einen »Träger« braucht bzw. voraussetzt. In der normalen Sprache wird meistens die Proposition als der eigentliche oder primäre Wahrheitsträger angesehen, wie Beispiele wie das folgende zeigen: »Dass Person A das Verbrechen Z begangen hat, ist wahr«. Dabei wird das Prädikat »ist wahr« auf den nominalisierten Satz »Dass Person A das Verbrechen Z begangen hat« angewandt; da dieser Satz eine Proposition ausdrückt, bezeichnet das Prädikat »ist wahr« eine Eigenschaft einer Proposition.

Wenn der Satz als Wahrheitsträger betrachtet wird, so handelt es sich um eine eher gehobene, gebildete, ja wissenschaftliche Form des Redens: »(der Satz) ›Person A hat das Verbrechen Z begangen‹ ist wahr«. Diese Form wird von den meisten Wahrheitstheoretikern seit Tarskis bahnbrechender Arbeit über den Wahrheitsbegriff als die eigentliche und primäre (oft als die einzig relevante) Form der Wahrheitsrede betrachtet. Wie im Abschnitt 2.5.1.4 vermerkt, verliert aber die Rede von »Wahrheitsträgern« ihren eigentlichen Sinn, wenn ›wahr‹ nicht mehr als Prädikat, sondern als Operator (›es ist wahr dass‹) erklärt wird, wie dies in dieser Arbeit geschieht. Ein Operator, der Sätze bzw. deren *Expressa* (Propositionen) als Argumente annimmt, hat keinen »Träger« im eigentlichen Sinne. Dennoch kann man in einem sehr weiten Sinn die Bezeichnung ›Wahrheitsträger‹ verwenden, um jene Entität zu benennen, die

---

cherseise vertreten wurde. Diese Ablehnung einer epistemologischen Deutung ist deshalb richtig, weil ›eben/*indeed*‹ nicht die Antwort auf eine Rechtfertigungsfrage, sondern auf eine Verständnisfrage ist, nämlich auf die Frage: Wie ist der in der oben im Haupttext zitierten informalen Charakterisierung von Wahrheit vorkommende Satz »Die Sachen verhalten sich *eben* so und so« genau zu verstehen? Das ist aber eine *semantische*, keine epistemologische Frage. In seinen im Aufsatz aus dem Jahre 1944 enthaltenen negativen Stellungnahmen zu ›eben/*indeed*‹ war TARSKI daher ausschließlich darum bemüht, eine *epistemologische Interpretation* seines W-Schemas als eine grundsätzliche *Fehlinterpretation* zu kritisieren. Zu dieser ganzen Problematik vgl. PUNTEL [1990: 41 ff.].

durch den Operator ›es ist wahr dass‹ näher bestimmt oder qualifiziert wird, also den Satz und die Proposition.

Der Satz stellt sich in dieser Redeweise als ein sekundärer »Wahrheitsträger« heraus, da die Definition der Wahrheit des Satzes nichts anderes beinhaltet als den Verweis auf die Wahrheit der Proposition: Ein Satz s ist wahr genau dann wenn die Proposition, die er ausdrückt, wahr ist. Es kommt also einzig und allein auf die Wahrheit der Proposition an.

Im jetzigen systematischen Rahmen ist nun weiter zu präzisieren, dass der Satz und die Proposition als »Wahrheitsträger« (im sehr weiten Sinne) in letzter Analyse *Strukturen* sind: rein sprachliche Strukturen (Sätze) und (sprachlich-)semantische Strukturen (Propositionen). Rein sprachliche Strukturen im Sinne von »rein syntaktischen Strukturen« wurden in diesem Buch nicht eigens analysiert, sondern im Rahmen der Analysen der semantischen Strukturen mitberücksichtigt. Daraus folgt, dass man nicht nur sagen kann: »Die Proposition P ist wahr …«, sondern auch: »Die Struktur P ist wahr …«. Diese Formulierung ist sicher sehr ungewöhnlich, aber im Rahmen der hier entwickelten systematischen Wahrheitstheorie völlig konsequent und zwingend.

3.3.3 Wahrheit als Komposition dreier Funktionen: der vollbestimmte syntaktisch-semantisch-ontologische dreistrukturale Zusammenhang

3.3.3.1 Die syntaktisch-semantische Dimension: eine »kataphorische« Theorie

Es stellt sich jetzt die Aufgabe, die bisherigen Aussagen über den Wahrheitsbegriff allmählich in eine präzisere Form und das heißt in eine – allerdings nur programmatisch skizzierte – Theorieform zu überführen.

[1] Die Darstellung hat in einer Hinsicht eine gewisse Ähnlichkeit mit der ursprünglich von Grover/Camp/Belnap [1975/1987] entwickelten und durch Brandom [1994] modifizierten *Prosentential*en *Wahrheitstheorie*. Die zentrale Idee dieser Theorie besteht in der Annahme, dass ›Wahr(heit)‹ kein Prädikat, sondern ein Fragment einer Prosentenz ist. Eine »Prosentenz« ist in Analogie zu einem Pronomen zu verstehen, d. h. zu einem Ausdruck, der eine *anaphorische* Relation zu einem anderen (früher vorgekommenen) Ausdruck, also zu einem Antezedens hat. Die Vertreter dieser Theorie stützen sich auf das, was sie die Tiefenstruktur der Sprache nennen. Der Satz, in dem ›Wahr(heit)‹ erscheint, wird als ein Satz gedeutet, der auf ein früheres Vorkommnis des Satzes (ohne ›Wahr(heit)‹) verweist. Sprachlich gesehen, so führen die Autoren aus, hat das Vorkommnis von ›Wahr(heit)‹ immer die Form ›Das ist wahr‹ und damit die Form einer Prosentenz, deren einziger Sinn und einzige Funktion es ist, auf einen schon vorgekommenen Satz zu verweisen. Gemäß

dieser anaphorischen Konzeption ist das berühmte Beispiel »›Schnee ist weiß‹ ist wahr« zu analysieren als: »Consider: snow is white. That is true.« (Grover/Camp/Belnap [1975: 100])

Brandom hat diese Konzeption erheblich vereinfacht und intelligibler gemacht, indem er ›... ist wahr‹ nicht als ein synkategorematisches Fragment eines semantisch atomaren Satzes ›das ist wahr‹ analysiert, sondern als einen eine Prosentenz bildenden Operator erklärt:

»It [the sentence-forming operator, LBP] applies to a term that is a sentence nominalization or that refers to or picks out a sentence tokening. It yields a prosentence that has that tokening as its anaphoric antecedent.« (Brandom [1994: 305])

Die durch den Operator generierte Prosentenz hat damit einen *anaphorischen Charakter*, d. h. sie »verweist zurück« auf ein Vorkommnis des Satzes, der das Argument des Operators ist. Demnach gilt: ›Es ist wahr dass Schnee weiß ist‹ ist eine Prosentenz, deren Status darin besteht, dass sie zurückverweist auf den (als schon vorgekommen vorausgesetzten) Satz ›Schnee ist weiß‹. Es handelt sich also um einen anaphorischen Deflationismus. So formuliert Brandom:

»›It is true that snow is white‹ expresses just the same fact that ›snow is white‹ expresses.« (Ib. 328)

[2] Im Gegensatz zu R. Brandom wird hier eine *kataphorische* Theorie der Wahrheit vertreten. καταφορά ist der Gegenbegriff zu ἀναφορά. Aber beide Konzeptionen haben einige gemeinsame grundlegende Elemente, wodurch dann die Differenz um so deutlicher zum Vorschein kommt. Gemeinsam ist die Annahme, dass ›Wahr(heit)‹ nicht ein Prädikat, sondern ein Operator ist oder als ein solcher interpretiert werden sollte. Aber nach der hier vertretenen Konzeption ist dieser Operator nicht ein eine *Prosentenz* bildender, sondern ein eine *PERsentenz* bildender Operator. Der künstliche Ausdruck ›PERsentenz‹ ist gebildet aus dem lateinischen ›*perficere*‹ (vervollständigen, vollenden, volldeterminieren)‹. ›PER‹ in ›PERsentenz‹ ist gemäß der Gerundivform zu verstehen und zu lesen als: ›*sententia perficienda*‹, ›zu vollendende oder vollzudeterminierende Sentenz‹.

Um besser zu verstehen, was mit »PERsentenz (bzw. PERproposition)« gemeint ist, ist ein Vergleich mit der zentralen These der *anaphorischen* Wahrheitstheorie angebracht. Gemäß dieser Theorie ist der Wahrheitsoperator sozusagen als *rückwärtsgewandter* Operator zu deuten: Der Wert des Operators ist derselbe Satz, der auch das Argument des Operators ist. Das bedeutet, dass der Satz in der Stellung des Werts des Operators einfach mit einem (früheren) Vorkommnis eben dieses Satzes identifiziert wird. Somit artikuliert der *anaphorisch* gedeutete Wahrheitsoperator eine rückwärtsgewandte Bezugnahme auf ein Vorkommnis dieses Satzes. Man kann diesen anaphorischen Sachverhalt genauer so verstehen: Der Satz als Argument des

Wahrheitsoperators ist sowohl *syntaktisch* als auch *semantisch identisch* mit einem früheren Vorkommnis eben dieses Satzes; »Wahrheit« besagt nichts anderes als die Artikulation eines rückwärtsgewandten »Hinweises« auf diese syntaktische *und* semantische Selbigkeit. Das setzt voraus, dass der semantische Status des Satzes in beiden Fällen genau derselbe ist: Der Satz wird von vornherein (unabängig davon, ob er als isoliert vorkommende Satz oder als Argument oder als Wert des Wahrheitsoperators vorkommt) als semantisch *volldeterminiert* angenommen und verstanden, also unabhängig davon, ob er als isoliert vorkommender Satz oder als Argument des Wahrheitsoperators oder als Wert des Wahrheitsoperators vorkommt. Diese Voraussetzung findet ihren interessantesten Ausdruck in dem oben beschriebenen *anaphorischen Deflationismus*.

Genau das Gegenteil artikuliert der *kataphorisch* interpretierte Wahrheitsoperator. Zwar besteht auch hier eine *syntaktische* Selbigkeit zwischen dem Satz-als-Argument-des-Wahrheitsoperators und dem Satz-als-Wert-des-Wahrheitsoperators; aber der *semantische Status* des in der Argument-Stellung und in der Wert-Stellung vorkommenden syntaktisch selbigen Satzes ist *nicht-identisch*: Der Satz-als-Argument-des-Wahrheitsoperators hat in einer ersten Phase der Explikation des Wahrheitsoperators einen semantisch unbestimmten oder unterbestimmten Status, in einer zweiten Phase einen zu bestimmenden semantischen Status, in einer dritten Phase einen vollbestimmten semantischen Status. Die hier genannten drei Phasen sind formal als die *drei Funktionen* zu deuten, die den kataphorisch verstandenen Wahrheitsoperator erklären. Als ganzer erscheint daher der Wahrheitsoperator als *die Komposition von drei Funktionen*; diese werden weiter unten im einzelnen erläutert und definiert. Hier geht es zunächst darum, den *kataphorischen* Charakter des so erklärten Wahrheitsoperators zu verdeutlichen. Der kataphorisch erklärte Wahrheitsoperator ist in dem Sinne *vorwärtsgewandt*, dass er auf jeweils einen bzw. den weiteren zu explizierenden semantischen Status des als wahr qualifizierten Satzes »hinweist«, und zwar bis hin zur »Ebene« des vollbestimmten semantischen Status, wobei dieser dann ontologisch gedeutet wird. ›PERsentenz‹ ist die Bezeichnung für den Satz-als-Wert der ersten den Wahrheitsoperator definierenden Funktion: Der Satz-als-Wert ist eine PERsentenz in dem Sinne, dass er eine *sententia perficienda*, eine *zu bestimmende* Sentenz ist.

Um die Darstellung zu vereinfachen, wird hier meistens nur die Sentenz (der Satz), und zwar als einfache (noch nicht näher bestimmte) Sentenz, explizit als PERsentenz und als vollbestimmte Sentenz betrachtet. Es handelt sich immer ausschließlich um indikative oder deklarative Sentenzen, und zwar solche, die hier als *Primär*sentenzen bzw. *Primär*sätze zu verstehen sind. Da aber die hier vertretene Konzeption die zentrale These einschließt, dass jede deklarative Sentenz der vorausgesetzten Sprache ein *Expressum* hat, das ›Proposition‹ (hier zu verstehen als ›Primärproposition‹) genannt wird,

3.3 Theorie der Wahrheit als Explikation ...

betrifft die Erklärung der Sentenz, ihren drei erwähnten Formen entsprechend wesentlich auch die Primärproposition, und zwar ebenfalls in den drei Formen: als einfache (noch nicht näher bestimmte) Primärproposition, als primäre PERproposition und als vollbestimmte Primärproposition. Die drei Funktionen, die den Operator »es ist wahr dass ...« explizieren, haben daher als Argumente sowohl die beschriebenen drei Formen von Sentenzen als auch die beschriebenen drei Formen von Propositionen.

[3] Das mag kompliziert erscheinen. Am einfachsten und am einleuchtendsten ist es, das oben schon beschriebene uminterpretierte bzw. rekonstruierte Tarskische Wahrheitsschema heranzuziehen:

(T_R)   Es ist wahr dass p ↔ **p**

Wenn man die Darstellung der Wahrheitstheorie auf dieses simple und einleuchtende Schema reduziert, lässt man wesentliche Momente völlig unexpliziert, was dann in der Regel dazu führt, dass Scheinfragen bzw. -probleme entstehen und Grundvoraussetzungen bzw. Implikationen ungeprüft – und damit problematisch – bleiben. Es ist daher besser, eine minutiöse und sogar pedantische Explikation des Wahrheitsbegriffs durchzuführen, die alle einzelnen Momente der begrifflichen Bestimmung von ›Wahr(heit)‹ explizit macht. Berücksichtigt man alle bisher genannten Gesichtspunkte, so scheint es angemessen zu sein, den Wahrheitsbegriff als eine zusammengesetzte Funktion, als eine Komposition von *drei Funktionen* zu explizieren. Als Notation für den Begriff der Wahrheit bzw. den Ausdruck ›Wahr(heit)‹ sei der Buchstabe ›T‹ (»True«), für die erste Funktion das Symbol ›T^*‹, für die zweite Funktion das Symbol ›T^+‹ und für die dritte Funktion das Symbol ›$T^×$‹ eingeführt.

Bevor jede der drei Funktionen definiert wird, ist eine Erläuterung der zugrundeliegenden intuitiven Idee erforderlich. Der sogenannte Wahrheitsbegriff wird hier als Wahrheitsoperator in der Form ›es ist wahr dass ...‹ begriffen. Dieser Operator, nämlich T, wird dadurch vollständig erklärt, dass *drei Stufen* seiner Anwendung unterschieden und artikuliert werden; formal gesehen, sind diese drei Stufen drei Funktionen, die eine zusammengesetzte Funktion bilden. Der Wahrheitsoperator wird als diese zusammengesetzte Funktion erklärt. Es ist aber zu beachten, *wie* die genannte *dreifache* Anwendung des Operators genauer zu verstehen ist. Negativ gesehen, ist diese Anwendung nicht so zu verstehen, dass der Wahrheitsoperator in der Form oder Lesart ›es ist wahr dass ...‹ einfach mechanisch dreimal vorkommt oder wiederholt wird, indem er auf drei (verschiedene) Argumente angewandt wird. Positiv gesehen, ist die Anwendung als die vollständige Erklärung des Operators in drei Stufen zu verstehen. In welcher genaueren sprachlichen Form dabei der Wahrheitsoperator bei jeder der drei Funktionen jeweils erscheint bzw. zu lesen ist, kann man durch einige künstliche Formulierungen verdeutlichen.

Es ist zu bemerken, dass man auch ganz andere Darstellungsmittel verwenden kann, um die dem dreistufigen Wahrheitsoperator T zugrundeliegende Idee zu erläutern, nämlich eine Kette von explikativen Äquivalenzen.[41] Es sei ein Beispiel für dieses Verfahren gegeben, das nur aussagenlogische Mittel verwendet. (Im Interesse der Klarheit mögen die folgenden künstlichen Formulierungen gestattet sein.) T* wäre dann in etwa so zu paraphrasieren, wobei sich zwei alternative Formulierungen anbieten (dabei steht ›↔‹ für ›genau dann wenn‹):

»Es ist wahr dass Schnee weiß ist ↔ es ist semantisch zu qualifizieren oder zu bestimmen dass Schnee weiß ist.«

Oder:

»Es ist wahr dass Schnee weiß ist ↔ es ist semantisch qualifizierbar bzw. bestimmbar dass Schnee weiß ist.«

Was hier sehr umständlich als »es ist semantisch zu qualifizieren oder zu bestimmen (oder: es ist semantisch qualifizierbar/bestimmbar) dass ...« paraphrasiert wird, entspricht genau dem Begriff der *Per*sentenz bzw. *Per*proposition, der oben in 3.3.3.1[2] eingeführt wurde.

Die zweite Funktion, T⁺, kann informal ebenfalls durch Paraphrasierung des Beispiels so artikuliert werden:

»Es ist realisiert, dass es semantisch zu qualifizieren oder zu bestimmen ist dass Schnee weiß ist ↔ es ist semantisch vollbestimmt (volldeterminiert) dass Schnee weiß ist.«

Oder:

»Es ist realisiert, dass es semantisch qualifizierbar/bestimmbar ist dass Schnee weiß ist ↔ es ist semantisch vollbestimmt (volldeterminiert) dass Schnee weiß ist.«

Schließlich lässt sich die dritte Funktion, Tˣ, im Beispiel so paraphrasieren:

»Es ist semantisch vollbestimmt/volldeterminiert dass Schnee weiß ist ↔ es ist eine Tatsache dass Schnee weiß ist.«

Die vollständige Erklärung des Wahrheitsbegriffs lässt sich somit als eine *Kette von explikativen Äquivalenzen* formulieren:

»Es ist wahr dass Schnee weiß ist ↔
es ist semantisch zu qualifizieren oder zu bestimmen (oder es ist semantisch qualifizierbar oder bestimmbar) dass Schnee weiß ist ↔
es ist semantisch vollbestimmt oder volldeterminiert dass Schnee weiß ist ↔
es ist eine Tatsache dass Schnee weiß ist.«

---

[41] Wohlgemerkt, dadurch wird nicht erklärt, was eine mathematische Funktion im streng formalen Sinn *ist*. Es wird nur unter Rekurs auf aussagenlogische Mittel der Zusammenhang der drei bei der Explikation des Wahrheitsbegriffs zu vollziehenden Schritte artikuliert.

[4] Die drei Äquivalenzen werden nun formal als drei Funktionen dargestellt und definiert.

Die erste Funktion bringt zum Ausdruck, was geschieht *anfänglich* oder in *einem ersten Schritt* der Explikation des Wahrheitsoperators, nämlich wenn er in der Form ›es ist wahr dass‹ auf einen Satz bzw. eine Proposition angewandt wird.

(T$_1$) $\quad$ T* : X → Y
$\qquad$ T* : $p \mapsto p_{PER} \in Y$

(dabei ist ›X‹ die Menge der syntaktisch voll bestimmten, aber semantisch unqualifizierten oder undeterminierten Sätze bzw. Propositionen ›p‹, auf die der Operator »es ist wahr dass« angewandt wird, ›Y‹ die Menge der aus der Applikation des Operators »es ist wahr dass« auf diese Sätze bzw. Propositionen resultierenden PERsentenzen bzw. PERpropositionen ›p_{PER}‹).

Die zweite Funktion artikuliert die Weise, in der die (zu vollendende, zu vervollkommnende) PERsentenz bzw. PERproposition sich tatsächlich vollendet oder vervollkommnet, nämlich so, dass sie einen semantisch vollbestimmten Status erhält:

(T$_2$) $\quad$ T$^+$: Y → Z
$\qquad$ T$^+$: $p_{PER} \mapsto$ **p** $\in$ Z

(dabei ist ›Y‹ die Menge der PERsentenzen bzw. PERpropositionen ›p_{PER}‹ im erläuterten Sinne, ›**Z**‹ die Menge der volldeterminierten Sätze bzw. Propositionen ›**p**‹, die *kataphorisch* aus den PERsentenzen bzw. PERpropositionen ›p_{PER}‹ resultieren).

Die dritte Funktion, T$^\times$, die den ontologischen Bezug des Wahrheitsbegriffs artikuliert, muss eingehend analysiert werden. Ihr wird daher ein eigener Abschnitt gewidmet.

3.3.3.2 Die semantisch-ontologische Dimension: die Identitätsthese

3.3.3.2.1 Der volldeterminierte semantische Status der Sprache und die ontologische Dimension

Es ist unbestreitbar, dass in der ganzen Geschichte der Philosophie der Bezug zur Wirklichkeit, zur ontologischen Dimension, als wesentliches Ingrediens des Wahrheitsbegriffs betrachtet wurde. Als die ganz natürliche Artikulation dieser Einsicht galt in der Geschichte der Philosophie (und gilt heute noch in vielen philosophischen Kreisen) die Korrespondenztheorie der Wahrheit. Mit wenigen Ausnahmen leugnen auch die Autoren, die diese Theorie verwerfen, den Bezug der Wahrheit zur Realität nicht; sie sehen ihn zwar nicht als inneres Ingrediens von Wahrheit, aber doch als unverzichtbares Moment der Rede von Wahrheit an. Um nur einen Hinweis auf die Gegenwart zu geben: Wahrheitsdeflationisten leugnen nicht den ontologischen Bezug in jeder Hinsicht. Aber sie explizieren diesen Bezug nicht adäquat. Auf den charakteristischen Fall Quine wurde schon hingewiesen. Andere radikale Deflationisten wollen den Hinweis auf den Bezug zur Realität aus ihrer Wahrheitstheorie nicht gänzlich ausschließen. Ein symptomatisches Beispiel für eine solche Einstellung bietet P. Horwich, der behauptet:

»It [Minimalism, i. e., the brand of deflationism defended by Horwich, LBP] does not deny that truths *do* correspond – in *some* sense – to the facts; it acknowledges that statements owe their truth to the nature of reality [...] It is indeed undeniable that whenever a proposition or an utterance is true, it is true *because* something in the world is a certain way ...« (Horwich [1990/1998: 104])

Aber die Klausel »weil *(because)*« birgt grundsätzliche Probleme. Horwichs Behauptungen reduzieren die ontologische Dimension auf einen Faktor, der kein inneres Ingrediens von »Wahrheit« ist und dessen Status extrem ambig ist (für eine eingehende Kritik vgl. Puntel [2001: 222 ff.]).

In letzter Instanz setzen die Deflationisten voraus, dass die Sprache, so wie sie normalerweise gesprochen wird, einen volldeterminierten Status hat und dass damit auch der ontologische Bezug von Wahrheit »gegeben« ist. Dass eine solche Position eine Reihe von Vermengungen beinhaltet, wurde in Kapitel 2 ausführlich gezeigt. Diese Problemlage aber zeigt eindeutig, dass auch die Deflationisten in der einen oder anderen – allerdings nicht in der angemessenen – Weise den ontologischen Bezug von Wahrheit anerkennen.

3.3.3.2.2 *Der ontologische Bezug von ›Wahr(heit)‹ als Identität von Primärproposition und Primärtatsache (Identitätsthese)*

[1] Wie ist der ontologische Bezug von Wahrheit genau zu erklären? Wollte man einen ontologischen Bezug verteidigen, indem man ihn unbedingt an die traditionelle Korrespondenztheorie der Wahrheit bindet, so würde man den größten Problemen begegnen, ist doch die Korrespondenztheorie mit vielen Unklarheiten und Schwierigkeiten behaftet, die kaum überwindbar scheinen. Hier wird zwar die Korrespondenztheorie nicht vertreten, deren Grundidee aber in gewisser Hinsicht bewahrt. Aus Platzgründen kann die hier vertretene Konzeption nicht ausführlich dargelegt und begründet werden. Weil dieses Buch an erster Stelle nur eine partielle und damit limitierte Konkretisierung des Theorierahmens der struktural-systematischen Philosophie darzulegen beabsichtigt, kann die hier vertretene Konzeption nicht in jeder Hinsicht entfaltet werden.

Das primäre und fundamentale Argument für den Operator »Es ist wahr dass« ist die durch einen Primärsatz ausgedrückte Primärproposition. Demnach ist die Definition der Wahrheit eines Primärsatzes bzw. einer Äußerung abhängig von der Definition der Wahrheit der Primärproposition, die durch den Primärsatz ausgedrückt bzw. von der Äußerung intendiert wird. Ein Primärsatz ist wahr genau dann wenn er eine wahre Primärproposition ausdrückt. (Entsprechend wäre »wahre Äußerung« mit Bezug auf die Wahrheit des Satzes zu definieren, worauf aber hier nicht eingegangen wird.) Was ist aber eine wahre Primärproposition? Bei der Beantwortung dieser Frage kommt die ontologische Perspektive in vollem Umfang zur Geltung.

Die Idee einer »Identität« von Denken und Sein (Realität) hat eine uralte Tradition in der Philosophie. Aber diese Idee blieb immer ziemlich vage. S. Candlish hat 1989 den Ausdruck ›*Identity Theory of Truth*‹ als Bezeichnung für F. H. Bradleys Konzeption verwendet, der gemäß Wahrheit mit der Realität identisch ist.[42] Seitdem wird eine intensive Diskussion über Wahrheit unter Verwendung dieser Bezeichnung geführt. Es wird danach gefragt, ob Autoren wie Hegel, Bradley, Moore, Russell, Frege und andere eine Identitätstheorie vertreten haben.[43]

Der Verfasser hat schon 1990 eine bzw. die Identitätsthese in Formulierungen wie der folgenden artikuliert: »[Eine wahre Proposition] *ist* nichts anderes, nichts weniger und nichts mehr, als ein Bestandteil der wirklichen Welt«. (Puntel [1990: 325]) Nennt man den mit einer wahren Proposition intendierten Bestandteil der Welt eine »Tatsache«, so sind die wahre Proposition und die Tatsache ein und dieselbe Entität. Das ist eine Identitätsthese mit einem präzisen Gehalt (vgl. dazu Puntel [1999b]).

Die hier entwickelte Konzeption kann nicht einfach als eine *Identitätstheorie der Wahrheit* bezeichnet werden, da die Identität (zwischen wahrer Primärproposition und Primärtatsache) nur *ein* Moment des Wahrheitsbegriffs darstellt; genauer: Die These artikuliert nur eine – und zwar die dritte – der Funktionen, deren Komposition Wahrheit definiert (siehe oben 2.5 und unten 3.2). Der Wahrheitsbegriff kann daher nicht einfach mit dieser Identitätsthese identifiziert werden. Die vielen Versionen der Identitätstheorie der Wahrheit ignorieren die anderen Aspekte, genauer: die anderen Funktionen, die aber als schlechterdings wesentliche Ingredienzien des Wahrheitsbegriffs zu betrachten sind.

[2] Am prägnantesten hat G. Frege die Identitätsthese in seinem Aufsatz »Der Gedanke« formuliert. (Dabei ist zu beachten, dass man den von Frege verwendeten Ausdruck ›Gedanke‹ ganz allgemein als synonym mit dem

---

[42] Vgl. CANDLISH [1989: 338]. Man muss aber darauf hinweisen, dass J. N. FINDLAY schon 1933 über MEINONG schrieb: »MEINONG's theory of truth is ... a theory of identity or coincidence.« (FINDLAY [1933 : 88]).
[43] Vgl. u. a.: BALDWIN [1991], DODD/HORNSBY [1992], STERN [1993], DODD [1995], DODD [1999], HORNSBY [2001].

Ausdruck ›Proposition‹ betrachten kann; auf Differenzen wird gegebenenfalls kontextual hingewiesen.) Es heißt bei Frege:

»Was ist eine Tatsache? Eine Tatsache ist ein Gedanke, der wahr ist«. (Frege [1918/1976: 50])

Es ist offensichtlich, dass die Partikel ›ist‹ in der Formulierung ›Eine Tatsache *ist* ein Gedanke ...‹ im Sinne der Identität zu deuten ist. Es ist nun symptomatisch, dass Freges Formulierung Anlass zu sehr kontroversen Diskussionen gegeben hat – und immer noch gibt. Der Hauptstreitpunkt betrifft den Begriff der Tatsache. J. Dodd unterscheidet einen »robusten« und einen »bescheidenen« Sinn von Tatsache und schreibt Frege den bescheidenen Sinn zu (vgl. [Dodd 1995: 161, Fußn. 44]). Gemäß dem »robusten« Sinn ist eine Tatsache eine Entität in der Welt, gemäß dem bescheidenen Sinn ist eine Tatsache keine »weltliche Entität«. Entsprechend unterscheidet Dodd zwischen einer »robusten« und einer »bescheidenen« Identitätstheorie der Wahrheit. Man wird nicht umhin können festzustellen, dass diese Diskussion hinsichtlich der ontologischen Thematik eine große Hilflosigkeit verrät. In dieser Arbeit werden Tatsachen, wie noch zu zeigen sein wird, nicht nur als Entitäten in der Welt, sondern als die *einzigen* Entitäten, aus denen die Welt besteht, aufgefasst.[44]

---

[44] Die erwähnte »ontologische Hilflosigkeit« treibt manchmal seltsame Blüten. Um zu zeigen, dass FREGES »Tatsachen« im bescheidenen Sinne, also nicht als »weltliche Entitäten« zu verstehen sind, argumentiert J. DODD folgendermaßen:
»Frege famously identified facts with true Thoughts. [...] But because Thoughts, and hence facts, have senses, and not objects and properties, as constituents, he did not take facts to be worldly things. For FREGE, facts are true Thoughts rather than occupants of the world.« (Ib. 161–2)
Wollte man FREGES »wahre Gedanken« mit »Tatsachen in der Welt identifizieren«, so ergäbe sich nach DODD folgende Inkohärenz: FREGEsche Gedanken wären »[t]hings with senses as constituents. This, however, prompts the following problem: facts (if worldly) and Thoughts are in quite different categories, and so the identification cannot be made good.« (Ib. 163)
»Sinne« und »Bedeutungen$_F$« (d.h. Bedeutungen im Sinne Freges) sind in der Tat zwei verschiedene Kategorien bei FREGE. Aber daraus folgt nicht, dass sie nichts miteinander zu tun haben, ganz im Gegenteil: »Sinne« haben nur Sinn im Hinblick auf die entsprechenden Bedeutungen$_F$. In den Abschnitten 3.1.2.1.2 und 3.2.2.3.1.1 wurden mehrere Zitate angeführt, in denen Frege die Notwendigkeit des Schritts vom Sinn zur Bedeutung$_F$ artikuliert. Zwar kann man Fregesche Sinne und Fregesche Bedeutungen$_F$ nicht einfach identifizieren, was Frege auch nicht tut. Aber FREGE identifiziert »*wahre* Gedanken (= Sinne von Sätzen)« mit »Tatsachen«. Ein *wahrer* Gedanke ist ein Sinn, in bezug auf welchen der Schritt zur Bedeutung$_F$ realisiert ist. Der Gedanke als »purer Sinn« ist damit aufgehoben – indem er eben wahr ist. Freilich muss man anmerken, dass der Schritt vom Sinn zur Bedeutung$_F$ im Falle des Satzes von FREGE als Schritt zum Wahrheitswert, nicht zur Tatsache aufgefasst wird. Das wirft die Frage nach der Kohärenz der Gesamtposition Freges auf. Was sind »Wahrheitswerte« nach Frege? Darauf kann hier nicht näher eingegangen werden.
Hinzuzufügen ist aber, dass es kaum möglich scheint, Dodds Deutung des Begriffs der »Tatsache« als »nicht-weltliche Entität« in Einklang mit dem Gesamtduktus des Fregeschen Denkens zu bringen. Der Sinn eines Satzes, der Gedanke, erhält die Qualifikation »wahr«, wodurch der so qualifizierte Gedanke mit »Tatsache« identifiziert wird. Wäre

[3] Die Identität von wahrer Primärproposition bzw. semantischer Primärstruktur und Primärtatsache (als weltlicher Entität) kann in Beziehung zum Korrespondenzgedanken gesetzt werden. In der ganzen Geschichte der Korrespondenztheorie wurde der Begriff der Korrespondenz immer als eine Relation zwischen zwei *nicht-identischen Relata* verstanden; in diesem Sinne ist die hier vertretene Identitätsthese *keine* Korrespondenztheorie. Nichtsdestotrotz ist zu sagen, dass die Identitätsthese den unaufgebbaren Kern der Korrespondenztheorie durchaus bewahrt, ohne die mit der Korrespondenztheorie gegebenen Probleme zu erben. Dieser Kern ist der Bezug zur Welt als absolut wesentliches Ingrediens von Wahrheit. Der Grund, warum dieser Kern des Korrespondenzgedankens bewahrt wird, liegt darin, dass Identität als *Grenzfall (limiting case)* von Korrespondenz aufgefasst werden kann. Man könnte statt von »Grenzfall« auch von »höchstem« oder »perfektem Fall« von Korrespondenz sprechen. Dieser Gesichtspunkt ist als ein kaum hoch genug einzuschätzender Faktor der hier vertretenen Wahrheitstheorie anzusehen.

Wie die bisherigen Ausführungen gezeigt haben, reichen die beiden herausgearbeiteten Funktionen T^* und T^+ nicht aus, um die vollständige Erklärung des Wahrheitsbegriffs zu erreichen. Der oben »Identitätsthese« genannte Faktor muss als *dritte Funktion* ($T^\times$) hinzugenommen werden. Diese dritte Funktion lässt sich so formulieren:

(T_3) $T^\times : Z \to F$
            $T^\times : p \mapsto f \in F$

Dabei ist ›Z‹ die Menge der volldeterminierten Sätze bzw. Propositionen ›p‹ und ›F‹ die Menge der Tatsachen (›Facts‹) und es soll gelten:

$$\forall p \in Z, \forall f \in F \, (f = T^\times(p) \leftrightarrow p = f)$$

Entsprechend ist der vollständige Wahrheitsbegriff (VWB) so darzustellen:

(VWB) $T = T^\times \circ T^+ \circ T^*$

Der letzte (dritte) Schritt, d. h. die dritte Funktion, $T^\times$, macht deutlich, dass die hier vertretene Wahrheitskonzeption sowohl die Kernidee der Korrespondenztheorie als auch – in gewisser Hinsicht – die Grundidee der Disquotationalisten bewahrt: Die letzte Etappe der (Selbst)Explikation des Wahrheits-

---

DODDS Deutung richtig, so würde das bedeuten, dass die Bestimmung »wahr« mit der sich daraus ergebenden Identifikation des »wahren Gedankens« mit »Tatsache« eine der Dimension des Sinns *immanente* Bestimmung wäre. Aber wie könnte so etwas konzipiert werden? Man müsste innerhalb der Sinn-Dimension so große Unterschiede annehmen wie zwischen »reinen Gedanken«, »wahren Gedanken« und »Gedanken als Tatsachen (aber nicht weltlicher Natur)«. Ferner wäre zu fragen, ob »wahre Gedanken« qua »nicht-weltliche Entitäten« überhaupt einen Bezug zur Welt, zur ontologischen Dimension hätten, und wenn ja, wie ein solcher Bezug zu bestimmen wäre. Eine solche Vervielfachung von Entitäten dürfte aber dem FREGEschen Denken vollkommen fremd sein.

operators beinhaltet eine Idee, die *servatis servandis* der Idee der Disquotation sehr ähnlich ist, nämlich die Idee einer expliziten Identifizierung eines Faktors in der semantischen Dimension mit einem Faktor in der ontologischen Dimension der Welt. Freilich bleibt für den Disquotationalisten das, was aus der Disquotation resultiert, immer noch innerhalb der Sprachdimension; die der Idee der Disquotation verwandte Idee einer Identität von wahrer Primärproposition und Primärtatsache in der Welt hingegen artikuliert explizit das Verhältnis von Sprache und Welt.

3.3.3.2.3 Hinweis auf die Ontologie von »Primärtatsachen« als die dem Wahrheitsbegriff angemessene Ontologie

Die Rede von der Identität zwischen einer wahren Primärproposition bzw. wahrer semantischer Primärstruktur und einer Primärtatsache (im Sinne einer weltlichen Entität) ist in einer Hinsicht sehr befremdlich, in einer anderen Hinsicht sehr einleuchtend. Befremdlich ist diese Rede, weil sie im Widerspruch zu manchen liebgewordenen »Vorstellungen« steht. Gemeint sind die Vorstellungen, denen zufolge Propositionen streng mentale oder ideale Entitäten, Tatsachen jedoch weltliche Entitäten sind, so dass sie zu zwei eindeutig verschiedenen Bereichen gehören. Andererseits ist die Rede von Identität zwischen wahrer Proposition und Tatsache in dem Sinne einleuchtend, dass sie den Bezug von Wahrheit zur Welt am prägnantesten artikuliert. Erst bei näherer Reflexion tauchen allerdings die wirklichen philosophischen Probleme auf. Sie lassen sich in der Frage zusammenfassen: Wie ist die Identität von wahrer Primärproposition und Primärtatsache-in-der-Welt *kohärent* zu denken?

Die Autoren, welche die Identitätstheorie der Wahrheit vertreten, setzen jene Ontologie voraus, die als die traditionelle Ontologie bezeichnet werden kann, der zufolge die Welt aus Objekten, Eigenschaften, Relationen *und* Tatsachen besteht. Letztere werden als bestehende Sachverhalte, als aus Objekten, Eigenschaften und Relationen zusammengesetzte Entitäten verstanden. Diese Ontologie kann eine Substanzontologie genannt werden, wobei »Substanz« als »Substratum« zu verstehen ist: als ein x, von dem Eigenschaften und Relationen prädiziert werden (können). Wie *Tatsachen* im Rahmen einer solchen Ontologie genau zu konzipieren sind, wird von den Vertretern der Identitätstheorie nicht untersucht. In der Regel wird von »Tatsachen« in einem rein intuitiven Sinn gesprochen. Die vorausgesetzte Ontologie bleibt völlig undurchsichtig. Es ist verständlich, dass in einem solchen Rahmen die Frage auftaucht, ob »Tatsachen« überhaupt »Entitäten in der Welt« sind. Erst seit einigen Jahren wird in der analytischen Philosophie die Frage nach einer angemessenen Ontologie entschieden angegangen. Dabei werden gerade die Begriffe des »Sachverhalts (*state of affairs*)« und der »Tatsache« *im Rahmen*

3.3 Theorie der Wahrheit als Explikation ...

dieser Substanzontologie sehr radikal in Frage gestellt.[45] Aber die neuen ontologischen Ansätze haben bis jetzt in den wahrheitstheoretischen Arbeiten und Diskussionen kaum Anklang gefunden.[46] Es sei aber hier eine fundamentale

---

[45] Vgl. z. B. DODD [1999], VALLICELLA [2000] u. a. Zu einer kurzen Kritik an DODDS Position und Argumentation vgl. PUNTEL [2001: 252, Fußn. 7] und oben Fußnote 44.
  Einen bemerkenswerten Versuch, die Problematik des Begriffs der Tatsache (*fact*) zu klären, hat ST. NEALE in seinem Buch *Facing Facts* [2001] unternommen. Er behandelt fundamentale Aspekte dieses Begriffs in epistemologischer, semantischer, logischer und metaphysischer Hinsicht. Er zeigt, dass es zwar möglich ist, den von manchen analytischen Philosophen (vor allem DAVIDSON) auf der Basis formal-logischer und semantischer Argumentationen behaupteten »Kollaps der Tatsachen« zu vermeiden, dass dies aber radikale Klärungen und Korrekturen des bisherigen Verständnisses von Prädikaten und Beschreibungen voraussetzt. Aber NEALE selbst stellt nicht die von analytischen Befürwortern und Gegnern von »Tatsachen« vertretene bzw. vorausgesetzte Ontologie, die in diesem Buch als »substantialistische« Ontologie bezeichnet wird, und die damit zusammenhängende, auf dem Kompositionalitätsprinzip basierende Semantik in Frage. Damit verfehlt er den entscheidenden Punkt bei der Klärung der Problematik des Begriffs der »Tatsache«. Mit der Bezeichnung ›Kollaps der Tatsachen‹ wird im allgemeinen auf ein berühmtes Argument verwiesen, dass wegen seiner Kürze *»slingshot argument«* genannt wird (vgl. dazu: BARWISE/PERRY [1981] und die detaillierte Rekonstruktion und Analyse dieses Arguments in PUNTEL [1990: 163–174] sowie das oben zitierte Buch von NEALE [2001]). Hier sei dazu nur bemerkt, dass sich das Argument auf Prämissen stützt, die eine auf dem Kompositionalitätsprinzip basierende Semantik und damit auch die Annahme von Sätzen der Subjekt-Prädikat-Form und die Benutzung einer entsprechenden prädikatenlogischen Sprache erster Stufe voraussetzen. Das berühmte Argument hat im Rahmen der in diesem Buch vertretenen nicht-kompositionalen Semantik überhaupt keine Beweiskraft. Ob das Argument im Rahmen der genannten kompositionalen Semantik schlüssig ist oder nicht, mag hier dahingestellt bleiben.

[46] Manche Autoren vertreten die Korrespondenztheorie der Wahrheit auf der Basis einer »metaphysisch dünnen« Konzeption von »Tatsachen«. Ein charakteristisches Beispiel ist der Versuch J. SEARLES, eine »substantielle« Korrespondenztheorie zu verteidigen, die angeblich in der Lage ist, die notorischen Probleme dieser Theorie zu vermeiden (SEARLE [1995: Kapitel 9]). SEARLE zufolge behauptet eine »substantielle« Korrespondenztheorie, dass Sätze durch die Korrespondenzrelation zu Tatsachen »wahr gemacht« werden. Obwohl er »Tatsachen« als nicht-sprachliche Entitäten konzipiert, behauptet er, dass die Korrespondenztheorie keineswegs einen »robusten (thick) metaphysischen Begriff von ›Tatsache‹« erfordert; vielmehr sei es vollkommen ausreichend, Tatsachen zu verstehen als *»conditions«*, und fügt hinzu: »... specifically, they are conditions in the world that satisfy the truth conditions expressed by statements« (ib. 211–12). Und so folgert er daraus, dass »for every true statement there is a corresponding fact, because that is how these words are defined« (ib. 214). Entsprechend führt Searle einen ähnlichen »nicht-robusten« Begriff von Korrespondenz ein:
»›Correspondence to facts‹ is just a shorthand for the variety of ways in which a statement can accurately represent how things are, and that variety is the same as the variety of statements, or more strictly speaking, the variety of assertive speech acts.« (Ib. 213)
  An die Adresse einer solchen dünnen Konzeption bzw. Einstellung ist die kritische Frage zu richten, was sie überhaupt leisten kann und warum sie überhaupt ernst genommen werden soll. Wenn Tatsachen als »Bedingungen in der Welt« aufgefasst werden, so möchte man wissen, was sie genau sind. Die einfache Annahme einer Unterscheidung zwischen »dünnen« und »robusten« Entitäten in der Welt bleibt solange eine wenig-, ja nichtssagende und vollkommen leere Behauptung, bis sie genau erklärt und begründet wird.

Konsequenz aus den bisherigen Ausführungen explizit formuliert und hervorgehoben: *Eine Wahrheitstheorie, die den ontologischen Bezug beinhaltet, bleibt solange vage und letzten Endes nicht überzeugend, bis die von ihr so oder so in Anspruch genommene oder vorausgesetzte Ontologie nicht explizit gemacht und kritisch untersucht wird.*

Es kann jetzt begründeterweise gesagt werden, dass die in diesem Kapitel skizzierte Ontologie der hier präsentierten Wahrheitskonzeption ganz angemessen ist. Allerdings ist zu betonen, dass diese neue Ontologie nicht nur, ja nicht einmal hauptsächlich wegen der im Zusammenhang einer Klärung des Wahrheitsbegriffs auftauchenden Probleme entwickelt wurde; vielmehr ist sie eine selbständige Disziplin, die aber im Verbund mit allen anderen Disziplinen und damit auch mit der Wahrheitstheorie gesehen werden muss.

Die zentrale These der hier vertretenen neuen Ontologie ist im zweiten Satz des *Tractatus* L. Wittgensteins noch in traditioneller Terminologie klar formuliert:

»Die Welt ist die Gesamtheit der Tatsachen, nicht der Dinge.« (*Tractatus*, 1.1)

Jetzt muss die angemessene Formulierung so lauten: Die Welt ist die Gesamtheit der Primärtatsachen als der ausdrückbaren ontologischen Primärstrukturen (nicht der Dinge). Damit ist auch explizit gemacht, dass diese Ontologie der präsentierten Wahrheitstheorie voll und ganz entspricht.

3.3.4 Drei abschließende Fragen

Die skizzierte Wahrheitstheorie beschränkt sich darauf, die fundamentale Idee der Wahrheit zu klären. Eine voll entfaltete Wahrheitstheorie muss eine ganze Reihe weiterer Fragestellungen behandeln und die Ergebnisse in eine Gesamttheorie integrieren. Dies ist eine gewaltige Aufgabe, die hier nicht einmal im Ansatz in Angriff genommen werden kann. Es seien aber abschließend drei Fragen behandelt, die für die gesamtsystematische Zielsetzung des vorliegenden Werkes von besonderer Bedeutung sind: erstens die Frage der Falschheit, zweitens die Frage des ontologischen Bezuges des Wahrheitsbegriffs, insofern dieser Begriff im Bereich der formalen Wissenschaften Logik und Mathematik verwendet wird, und drittens schließlich die Frage, ob die skizzierte Wahrheitstheorie nicht eine bestimmte Form des Wahrheitsrelativismus

---

Eine ähnliche Kritik wäre auch an D. H. MELLOR zu richten, der ein ganzes Buch mit dem Titel *The Facts of Causation* [1995] schrieb, über den Begriff »fact« aber nur dies zu sagen hat:
»Actual states of affairs, corresponding to true statements, I shall call facts, like the fact that Don falls, which exists iff ›Don falls‹ is true.« (Ib. 8)
Auf S. 166 werden »facts« einfach als »entities trivially entailed by truths« charakterisiert. Man fragt sich, was damit gewonnen wird. Die Frage drängt sich sofort auf: Was sind genau »entities trivially entailed by truths«?

impliziert. Eine grundsätzliche Klärung dieser Fragen ist deshalb angebracht, weil diesbezüglich besondere Probleme hinsichtlich der Intelligibilität und Kohärenz der vorgelegten Wahrheitstheorie auftauchen.

3.3.4.1 Ansatz zu einer Theorie der Falschheit

Gibt es falsche Primärsätze? Wenn es sie gibt: Drücken sie falsche Primärpropositionen aus? Sind falsche Primärpropositionen überhaupt mit etwas Ontologischem identisch? Haben falsche Primärsätze bzw. falsche Primärpropositionen einen vollbestimmten Status? Solche Fragen entstehen auf ganz selbstverständliche Weise aus der hier vorgelegten Wahrheitstheorie. Im folgenden wird meistens das Epitheton »primär« weggelassen, vor allem dann, wenn es nicht auf die spezifischen diesem Buch vertretene semantische Konzeption ankommt.

Falschheit wird normalerweise als ein *Wahrheitswert* betrachtet, als der negative Wahrheitswert. Muss man aber nicht annehmen, dass jeder mit einem positiven oder negativen Wahrheitswert versehene Satz bzw. jede mit einem Wahrheitswert versehene Proposition einen vollbestimmten Status hat? Denn Wahrheitswert ist die höchste Qualifikation, der ein Satz bzw. eine Proposition unterzogen werden kann. Ist dem so, wie ist der *negative* Wahrheitswert *Falschheit* zu begreifen?

Die Annahme von so etwas wie »negativen Tatsachen« ist kaum in Betracht zu ziehen, da eine solche Annahme kaum intelligibel erscheint. *Drei* Lösungsansätze kommen in Frage.

[1] Gemäß einem ersten Lösungsansatz wird uneingeschränkt angenommen, dass ein falscher Satz ein vollbestimmter Satz ist, der eine vollbestimmte Proposition ausdrückt. Da es entscheidend auf die Proposition ankommt, wird im folgenden der falsche Satz meistens nicht mehr explizit erwähnt. Auf die Frage, wie eine solche vollbestimmte und dennoch falsche Proposition zu begreifen ist, wird im Rahmen dieses Lösungsansatzes, wenn überhaupt, so eine nur sehr vage Antwort gegeben, etwa: Eine falsche Proposition ist eine »abstrakte« Proposition, die mit keiner Tatsache in der Welt identisch ist. Hier ist der »Status« der falschen Proposition in expliziter Weise nur negativ charakterisiert, durch die Nicht-Identität dieser Proposition mit einer Tatsache in der (aktualen) Welt. Es ist aber klar, dass sich dabei die Frage aufdrängt: Was »ist« diese »abstrakte«, d. h.: nur durch eine »Negation« charakterisierte Entität »in sich selbst betrachtet«? Einfache Antworten wie: eine solche falsche Proposition ist eine »reine Vorstellung«, ein »reines Konstrukt unserer Sprache« u. ä., so populär und allgemein-intuitiv verständlich sie auch sein mögen, sind keine ernsthaften philosophischen Antworten, zumindest nicht im Rahmen der hier verfolgten systematischen Philosophie. Es bliebe nur

noch übrig, auf diese Fragen keine Antwort zu geben, d.h. sich mit der nur negativen Bestimmung der falschen Proposition zu begnügen. Das ist nicht nur völlig unbefriedigend, sondern kommt auch einem Verzicht auf ernsthafte philosophische Bemühung gleich.

[2] Ein zweiter Lösungsansatz nimmt einen nur eingeschränkten vollbestimmten Status der falschen Proposition an. Er rekurriert nämlich auf eine grundlegende Unterscheidung: Eine falsche Proposition ist eine vollbestimmte Proposition in *negativer* Hinsicht, ist aber eine unterbestimmte oder unbestimmte Proposition in *positiver* Hinsicht. Zugunsten dieser Position wird ins Feld geführt, dass eine falsche Proposition *in völlig bestimmter Weise* sagt, dass die Proposition *nicht identisch* mit einer Tatsache in der Welt ist: Die Negation im Sinne der Exklusion der falschen Proposition aus der Welt ist völlig eindeutig, während die falsche Proposition in positiver Hinsicht unterbestimmt oder unbestimmt ist, da darüber nichts Bestimmtes gesagt wird.

Dazu ist zu sagen, dass eine unterbestimmte oder unbestimmte Entität sich im eigentlichen Sinne nicht erklären lässt. Darüber hinaus stellt der »negative-positive Mischstatus« der falschen Proposition eine philosophisch schwache, ja problematische und daher unzureichende Annahme dar. Zwar ist die Unterscheidung als solche klar, aber die Frage drängt sich auf: Wie kann eine Entität, die, »in sich selbst betrachtet«, einen unterbestimmten oder unbestimmten Status hat, in negativer Hinsicht voll bestimmt sein? Kann etwas Unterbestimmtes oder Unbestimmtes irgendetwas völlig ausschließen? Das scheint nicht mehr intelligibel zu sein.

[3] Wie der erste, geht der dritte Lösungsansatz davon aus, dass eine falsche Proposition einen uneingeschränkt vollbestimmten Status hat, unterscheidet sich aber vom ersten dadurch, dass dieser vollbestimmte Status vollständig erklärt wird. Dazu wird eine von vielen analytischen Philosophen als gewagt eingestufte ontologisch-metaphysische Annahme gemacht: Es wird auf die Unterscheidung zwischen der aktualen Welt und möglichen Welten rekurriert, wobei diese Unterscheidung dann auf der Basis einer realistisch orientierten Semantik und damit Ontologie der möglichen Welten philosophisch untermauert wird.[47] Demnach ist eine falsche Proposition eine vollbestimmte Proposition, die mit einer Tatsache der aktualen Welt nicht identisch ist, wohl aber mit einer Entität einer möglichen Welt. Sie »existiert« also in einer möglichen Welt. Der negative Aspekt der Falschheit wird damit als die Disjunktheit von aktualer Welt und (mindestens einer unten den) möglichen Welten begriffen, während der positive Aspekt als die Identität

---

[47] Die Semantik und Ontologie der möglichen Welten wird in Kapitel 5 behandelt.

3.3 Theorie der Wahrheit als Explikation ...

der in der aktualen Welt »falschen« Proposition mit einer Entität einer möglichen Welt gedeutet wird.

Wie ist aber im Rahmen dieses Lösungsansatzes die *notwendige Falschheit* einer Proposition zu erklären? Hier entsteht ein Problem. Wenn eine Proposition notwendigerweise falsch ist, so folgt daraus gemäß den hier gemachten wahrheitstheoretischen Annahmen, dass es keine (also auch keine mögliche) Welt gibt, in der eine mit dieser Proposition identische Entität vorhanden ist. Daraus wäre zu folgern, dass eine notwendigerweise falsche Proposition nicht mit irgendeiner Entität irgendeiner möglichen Welt identisch ist. Aber zum vollbestimmten Status einer Proposition gehört die »Identitätsfunktion« hinsichtlich der aktualen oder mindestens einer möglichen Welt. Die einzig kohärente Lösung scheint zu sein, dass einer notwendigerweise falschen Proposition der vollbestimmte Status abgesprochen wird.

Die eigentliche Lösung muss aber mehr dazu sagen. Mit dem Begriff einer unterbestimmten oder unbestimmten Entität bzw. Proposition ist analytisch die Annahme verbunden, dass diese Entität im Prinzip *bestimmt werden kann*. Dies ist aber im Falle einer notwendigerweise falschen Proposition nicht der Fall. In der Tat, eine notwendigerweise falsche Proposition ist eine *kontradiktorische* Proposition. Diese muss aber als eine »Scheinproposition« in folgendem Sinn gedeutet werden: Eine solche Proposition sollte die Verknüpfung zweier Sachverhalte darstellen (es ist in diesem Zusammenhang irrelevant, ob man von zwei Sachverhalten, zwei Begriffen, zwei Entitäten oder ähnlich spricht). Jeder dieser Sachverhalte ist, für sich betrachtet, intelligibel (so wird hier angenommen), d. h. kann mit einer Entität oder Tatsache mindestens (in) einer möglichen Welt identifiziert werden. Aber die *Verbindung* der beiden ist in keiner Welt realisierbar. Das Kontradiktorische der notwendigerweise falschen Proposition meint gerade das Dargelegte: die Nicht-Realisiertheit bzw. Nicht-Realisierbarkeit der *Verbindung* zweier Sachverhalte in irgendeiner Welt. Aber eine Verbindung zweier Sachverhalte, die in keiner Welt realisierbar ist, hat sogar definitionsmäßig keinen vollbestimmten Status, noch genauer: Sie hat *notwendigerweise* keinen vollbestimmten Status. Aber eine Proposition, die notwendigerweise unbestimmt ist, ist keine eigentliche Proposition; sie kann nur als »Schein-Proposition« bezeichnet werden.[48]

---

[48] Solche »Propositionen« sind in der Tat Schein- oder Pseudopropositionen, nicht eigentlich Nicht-Propositionen, (1) weil die Sätze, durch die sie ausgedrückt sind, syntaktisch korrekte Sätze sind, und (2) weil deren Analyse zeigt, dass sie als Konfigurationen einzelne Propositionen einschließen, die als solche in der aktualen Welt oder zumindest in irgendeiner möglichen Welt wahr sind bzw. sein können, so dass sie dann automatisch mit Tatsachen in einer solchen Welt bzw. in solchen Welten identisch sind. Beispielsweise *kann* der Satz ›Fred zeichnete ein rundes Quadrat‹ folgendermaßen analysiert werden: »Was Fred zeichnete war rund« und »Was Fred zeichnete war ein Quadrat«. Jeder dieser einzelnen Sätze drückt eine Proposition aus, die in dieser aktualen Welt (und in anderen

Hinzuzufügen ist, dass eine in jeder relevanten Hinsicht ausgearbeitete Wahrheitstheorie u. a. *Indizes* einführen müsste, um die zuletzt dargelegten Zusammenhänge explizit zu machen. Dadurch sollte zum Ausdruck gebracht werden, in welchem genaueren Sinne, d. h. hier: hinsichtlich welcher »Welt«, eine als wahr qualifizierte Proposition eine Identität mit einer Entität dieser Welt beinhaltet.

3.3.4.2 Zum ontologischen Bezug der Wahrheit formaler (logischer und mathematischer) Propositionen oder Strukturen

Im Zusammenhang der Erläuterungen zur dritten Funktion in der Definition des Wahrheitsbegriffs wurde immer vom vollbestimmten Status der als wahr qualifizierten Proposition gesprochen und dieser Status als Identität von wahrer Proposition und einer Tatsache (in) der Welt gedeutet. Alle Beispiele bezogen sich auf »die Welt« in einem sehr anschaulichen Sinne: Das ist die Welt der »konkreten« Dinge, kurz die Welt als das »reale« Universum in einem allgemein-verständlichen intuitiven Sinn. Mit einer so verstandenen »Welt« befassen sich sowohl die Wissenschaften als auch die Philosophie. Wie aber ist »Welt«, »Tatsache« u. ä. im Falle der Wahrheit formaler (logischer und mathematischer) Sätze bzw. Propositionen und Strukturen aufzufassen? Aus der vorgelegten Wahrheitstheorie scheint sich doch zwingend zu ergeben, dass logische und mathematische Wahrheiten ebenfalls einen ontologischen Bezug haben, also einen Bezug zu »Welt«, zu »Tatsache(n)« u. ä. Wie ist das zu verstehen? Mit dieser ohne Zweifel zentralen Frage muss sich die hier vertretene systematische Konzeption befassen. Dazu soll an dieser Stelle nur das Grundsätzliche ausgeführt werden.

Auszugehen ist von dem in diesem Kapitel (Abschnitt 3.2.1) und den vorangegangenen Kapiteln mehrmals angesprochenen und betonten ontologischen Charakter der formalen Propositionen bzw. Strukturen. Dabei handelt es sich im Prinzip immer um logische und mathematische Propositionen bzw. Strukturen sozusagen *in der Anwendung*, also insofern sie einen unverzichtbaren Bestandteil der semantischen und der ontologischen Propositionen bzw. Strukturen bilden. Wird der »ontologische Charakter« der formalen

---

möglichen Welten) wahr ist bzw. zumindest sein kann; somit drücken diese Sätze jeweils eine Tatsache (in solchen Welten) aus; aber die Konjunktion der beiden Sätze drückt nicht eine Proposition aus, die in dieser oder in irgendeiner möglichen Welt wahr ist bzw. sein kann; somit drückt sie auch nicht eine Proposition aus, die mit einer Tatsache in solchen Welten identisch wäre. (Freilich muss hinzugefügt werden, dass entsprechend der technischen Terminologie dieses Buches keine der beiden Komponenten der Konjunktion ein Satz im eigentlichen Sinne ist; vielmehr ist jede von ihnen eine Abbreviation einer hohen Anzahl von Primärsätzen, und zwar derart, dass jeder einzelne von ihnen eine Primärproposition ausdrückt. Aber dies ist nur eine technische Komplikation, auf die zu achten ist, um mögliche Missverständnisse zu vermeiden.)

Propositionen bzw. Strukturen in dieser Weise verstanden, also »im Anwendungsfall«, dann lässt er sich insofern leichter begreifen, als diese Strukturen dabei »nicht allein für sich« erscheinen, sondern im Zusammenspiel mit semantischen und ontologischen Strukturen. Hier soll aber der von der Wahrheit der *reinen* formalen Strukturen aufgeworfenen Frage nachgegangen werden: Wie ist der ontologische Charakter dieser *reinen* Strukturen zu begreifen, wenn diese Strukturen nicht »in der Anwendung« vorkommen, sondern rein für sich betrachtet bzw. artikuliert werden? Das ist der Fall, wenn logische/mathematische Sätze und Propositionen bzw. Strukturen selbst als wahr bezeichnet werden. Es geht also um den Begriff der Wahrheit in der »reinen Mathematik« bzw. in der »reinen Logik«.

Aus dem soeben Ausgeführten kann unmittelbar gefolgert werden: Wenn den logischen/mathematischen Propositionen bzw. Strukturen *in der Anwendung* ein ontologischer Charakter eignet, so muss ihnen auch in deren »reiner Gestalt« ein ontologischer Charakter zugesprochen werden, sonst wäre es eine Art Mirakel, wieso sie in der Anwendung überhaupt eine ontologische Reichweite erreichen können. Die Frage aber ist dann: Wie ist der ontologische Status der wahren *reinen* logischen/mathematischen Strukturen zu konzipieren?

Es hat einen guten und verständlichen Sinn, in diesem Zusammenhang den Ausdruck bzw. Begriff »mathematische Welt« zu verwenden. Für die Anwendung des Wahrheitsbegriffs auf logische/mathematische Strukturen genügt es im Prinzip anzunehmen, dass die als wahr qualifizierte logische/mathematische Struktur mit einer »Entität« aus oder »in« dieser mathematischen Welt identisch ist – wie immer man die mathematische Welt sonst begreifen mag: als eine abstrakte »platonische« Welt, als eine konstruierte begriffliche Welt usw. Die als wahr qualifizierte logische/mathematische Proposition bzw. Struktur *ist* eine »logische/mathematische Tatsache« in dieser logischen/mathematischen Welt. Es ist interessant anzumerken, dass heute Formulierungen wie ›logical facts‹ problemlos verwendet werden, um das zu bezeichnen, was hier logische Strukturen genannt werden.

Eine andere Frage ist es, ob eine »logische/mathematische Welt«, verstanden etwa als ein Konstrukt unseres Geistes, die wirklich angemessene Deutung der »logischen/mathematischen Welt« ist. Eine solche Reduktion wird in diesem Buch dezidiert verneint. Hier sei nur das kurz hervorgehoben, was man den »rahmenhaften Grund« für diese These bzw. Konzeption nennen kann. Es geht darum, eine *kohärente* Gesamtauffassung des ganzen Universums zu entwickeln. Eine solche ist auf einer rein materialistisch-physikalistischen Basis nicht möglich, weil dann u. a. nicht verständlich gemacht werden kann, was es bedeutet, dass die immense logische/mathematische Dimension zu diesem Universum »gehört«, im buchstäblichen Sinne eine Dimension *dieses* Universums ist. Alle »Deutungen« der logischen/mathematischen Welt, die nicht

»realistisch« orientiert sind, sind letzten Endes durch eine radikale immanente Dichotomie gekennzeichnet, die eine innere Inkohärenz beinhaltet.

Eine Anzeige dieser inneren Inkohärenz ist folgende bedeutsame Tatsache: Die (Reich)Weite der logischen/mathematischen Welt übertrifft bei weitem die physikalische Welt, da nur ein letztlich geringes Segment der logischen/mathematischen Strukturen durch die physikalische Welt »instanziiert« oder »realisiert« wird. Es ergibt sich daraus, dass die physikalische Welt, wenn man sich so ausdrücken will, in die *weitere* logische/mathematische Welt »einbezogen« ist – und gerade nicht umgekehrt: dass die logische/mathematische Welt in die physikalische Welt »eingezwängt« wäre. Ein charakteristisches Beispiel für die hier als inkohärent bezeichnete Konzeption ist Quines diesbezügliche Position, die er so charakterisiert:

»Pure mathematics, in my view, is firmly imbedded as an integral part of our system of the world. Thus my view of pure mathematics is oriented strictly to application in empirical science. Parsons[49] has remarked, against this attitude, that pure mathematics extravagantly exceeds the needs of application. It does indeed, but I see these excesses as a simplistic matter of rounding out. We have a modest example of the process already in the irrational numbers: no measurement could be too accurate to be accomodated by a rational number, but we admit the extras to simplify our computations and generalizations. Higher set theory is more of the same. I recognize indenumerable infinites only because they are forced on me by the simplest known systematizations of more welcome matters. Magnitudes in excess of such demands, e.g., $\beth_\omega$[50] or inaccesible numbers, I look upon only as mathematical recreation and without ontological rights. Sets that are compatible with ›V = L‹[51] in the sense of Gödel's monograph afford a convenient cut-off.« (Quine [1986: 400])

Die größere Reichweite oder der große Überschuss (»excess«) der logischen/mathematischen Welt gegenüber der empirisch eruierbaren Welt wird also von Quine als »simplistic matter of rounding out«, als »mathematical recreation, without ontological rights« bezeichnet. Diese radikal reduktionistische Sicht ist nicht gerade gut begründet; denn es drängen sich grundsätzliche Fragen auf, die in dieser Konzeption keine Antwort finden: Wie erklärt sich die angebliche mathematische »Extravaganz«? Wieso wird uns der Überschuss der logischen/mathematischen Welt von den »simplest known systematizations of more welcome matters« *aufgezwungen*? Wieso müssen wir eine mathematische »recreation« leisten? Müssen wir das? Oder ist das ein reiner Leerlauf? Wenn sich die

---

[49] Quine bezieht sich auf CHARLES PARSONS (PARSONS [1986]).
[50] $\beth_\omega$ bezeichnet die unendliche Kardinalität der Ordinalzahlen.
[51] ›V = L‹ ist ein neues Axiom der Mengentheorie, das GÖDEL 1938 vorgeschlagen hat (und das er später als falsch ablehnte). ›V‹ ist das Universum aller Mengen. ›L‹ bezeichnet die Klasse aller konstruierbaren Mengen (d.h., die Klasse aller Mengen, die durch gewisse konstruktive Verfahren definiert werden können unter der Voraussetzung, dass wir annehmen, wir verfügten über genug Namen für alle Ordinalzahlen). Das Axiom sagt also, dass alle Mengen konstruierbar sind. (Vgl. dazu PUTNAM [1980/1983: 425].)

ganze mathematische (und logische) Welt mit all ihren »unabzählbaren Unendlichkeiten« nicht etwas wäre, was *sich uns aus sich heraus, kraft dessen, was sie überhaupt ist,* und zwar unabhängig von jeder »Anwendung«, *unvermeidlicherweise »aufzwänge«,* dann wäre der ganze mathematisch-physikalische Prozess, der die (Natur)Wissenschaft wesentlich charakterisiert, vollkommen unintelligibel. Aber dann eignet der logischen/mathematischen Dimension eine echte ontologische Selbständigkeit, die nicht geleugnet werden kann.

3.3.4.3 *Eine gemäßigte Form des Wahrheitsrelativismus*

Die hier abschließend zu *behandelnde Frage* erwächst auf ganz natürliche Weise aus dem Umstand, dass die vorgelegte Wahrheitstheorie zu zwei zentralen Thesen des Buches in Beziehung gesetzt wird bzw. gesetzt werden muss: Erstens zu der These, dass jede theoretische Aussage (und damit auch jede *wahre* theoretische Aussage) in einem *und gemäß* einem bestimmten Theorierahmen aufgestellt wird, und zweitens zu der These, dass es eine Pluralität von Theorierahmen gibt. Daraus ergibt sich zwingend, dass die Wahrheit jeden Satzes und jeder Proposition eine intrinsische *Relativität* zu einem Theorierahmen beinhaltet. Diese Relativität wirft nun das von jeher bekannte und viel diskutierte Problem des Wahrheitsrelativismus auf. Ist Wahrheit wesentlich relativ? Sind also alle Wahrheiten nur relative Wahrheiten? Eine nicht weiter differenzierte positive Antwort auf diese Frage ist jene Position, die als totaler oder radikaler Relativismus bekannt ist. Ebenfalls bekannt ist die Problematik dieser Position. Sie beinhaltet eine nicht aufhebbare Antinomie: Wenn alle Wahrheiten relativ sind, dann ist auch die Wahrheit der These des radikalen Relativismus relativ – aber damit hebt sie sich selbst auf.

Nun gibt es die Möglichkeit, eine Form des Relativismus zu entwickeln, die diese Antinomie und damit die Inkonsistenz der radikal-relativistischen These vermeidet.[52] Es handelt sich um eine *gemäßigte Form des Wahrheitsrelativismus.* Der entscheidende Punkt besteht darin, dass die Paradoxie bzw. Selbstwidersprüchlichkeit der unbegrenzten relativistischen These genauer untersucht wird, als dies gewöhnlich geschieht. Es wird dann schnell klar – und es ist leicht zu zeigen –, dass die Selbstwidersprüchlichkeit nur dann entsteht, wenn der nicht-relative, also der absolute Charakter der Wahrheit, den der Nicht-Relativist für absolut unverzichtbar hält und der Relativist ablehnt, in einer ganz bestimmten Weise verstanden wird, nämlich folgendermaßen: Ein Satz bzw. eine Proposition ist dann und nur dann absolut wahr, wenn er/sie *unabhängig von irgendwelchen Theorierahmen* (oder irgendwel-

---

[52] Vgl. dazu den exzellenten Aufsatz von HALES [1997], der die im folgenden dargelegte Konzeption entscheidend inspiriert hat.

chen *Perspektiven* u. dgl.) *wahr ist*. Aber dieses Verständnis von »absoluter Wahrheit« begegnet unlösbaren Problemen auf verschiedenen Ebenen.

Von entscheidender Bedeutung in diesem Zusammenhang ist der Umstand, dass dieses Verständnis von Absolutheit der Wahrheit *keineswegs zwingend* ist. Nichts spricht dagegen, dass unter absoluter Wahrheit nicht Wahrheit verstanden wird, die von irgendwelchen Theorierahmen (Perspektiven u. dgl.) schlechterdings unabhängig ist, sondern vielmehr *Wahrheit in allen Theorierahmen* (in allen Perspektiven u. dgl.). Bei diesem Verständnis von absoluter Wahrheit wird die Relativität der Wahrheit zu einem Theorierahmen bewahrt *und* gleichzeitig die sonst durch einen undifferenzierten Wahrheitsrelativismus erzeugte Antinomie vermieden.

Der konsistente gemäßigte Wahrheitsrelativismus, der hier vertreten wird, behauptet, dass alle Wahrheiten relativ zu irgendeinem (mindestens einem) Theorierahmen sind. Dies schließt aber nicht aus, erstens dass es Wahrheiten gibt, die relativ zu *allen* Theorierahmen gelten, und zweitens, dass diese Wahrheiten gemäß der formulierten Definition einen absoluten Charakter haben. Der gemäßigte Wahrheitsrelativismus nimmt in der Tat an, dass es auch (zumindest einige) absolute Wahrheiten in diesem Sinne gibt. Dieser Punkt kann leicht durch einen Vergleich mit der (gewöhnlichen) Semantik der möglichen Welten verdeutlicht werden. Wenn man eine solche Semantik annimmt, dann ist klar, dass der Begriff der notwendigen Wahrheit nicht dadurch definiert wird, dass man von jeder (möglichen) Welt absieht, sondern dass man *alle möglichen Welten* einbezieht: Eine notwendige Wahrheit ist dann jene Wahrheit, die in allen möglichen Welten besteht.

Im Prinzip dürfte die charakterisierte Form eines gemäßigten Wahrheitsrelativismus einleuchten. Aber nicht weniger wichtig als das dadurch lösbare bzw. wohl gelöste Grundproblem der Vermeidung einer Wahrheitsantinomie sind weitere Fragen, die sich anschließend aufdrängen. *Zwei* der wichtigsten seien im folgenden kurz behandelt.

[1] Die *erste* Frage betrifft den Begriff der absoluten Wahrheit als Wahrheit in – und damit relativ zu – allen Theorierahmen (oder Perspektiven u. dgl.). Hier stellen sich mehrere spezifische Fragen. Eine Frage hat es mit der Rede über *alle* Theorierahmen (oder Perspektiven u. dgl.) zu tun. Die Rede über Totalitäten wirft Probleme auf, insbesondere in semantischer, logischer und mathematischer Hinsicht. Das ist ein schwieriges Problem, das eine eingehende Behandlung erfordert. Der Klärung dieser Problematik ist der ganze Abschnitt 5.2.2 in diesem Buch gewidmet.

Eine andere Frage lautet: Ist ein solcher Begriff nicht ein phantastischer oder sogar illusorischer Begriff? Man kann diese Frage in Form eines Dilemmas artikulieren: *Entweder* ist der Begriff der oben definierten absoluten Wahrheit völlig unverständlich und damit sinnlos und unbrauchbar *oder* er ist verständlich, aber nicht anwendbar (realisierbar) und damit ebenfalls sinnlos und unbrauchbar. Die Antwort bzw. Lösung besteht darin, dass das Dilemma abgelehnt wird: Der Begriff der absoluten Wahrheit ist, wie oben definiert, sowohl verständlich als auch anwendbar (realisierbar). Dass wir diesen Begriff »verstehen«, kann nicht ernsthaft bezweifelt werden. Wir verstehen, was die Formulierung »alle (Theorierahmen)« meint und das können wir genau und auch formal angeben, wie das im erwähnten Abschnitt 5.2.2 gezeigt wird. Vermutlich meint die Gegenposition, dieser Begriff der absoluten Wahrheit sei »zu groß«, daher »unzugänglich« u. dgl. Aber auch »große«, »sehr große« Begriffe können verstanden und sogar definiert werden. Ein Beispiel aus der Mathematik (Mengentheorie) ist der Begriff der überabzählbaren (unendlichen) Menge: Dieser Begriff ist wohl definiert und daher verständlich.

Nicht so leicht zu klären ist die Annahme oder These, dass der Begriff der absoluten Wahrheit, wie er hier verstanden wird, anwendbar oder realisierbar ist. Hier gibt es ein *prinzipielles* und ein *spezifisches* Problem. Das *prinzipielle Problem* erwächst aus der Überlegung, dass ein so umfangreicher Begriff nicht »konkretisiert« werden kann, anders gesagt: dass er keinen irgendwie bestimmten »Platz« in unseren theoretischen Unternehmungen finden kann. Zur Verschärfung dieses Problems kann man etwa so argumentieren: Damit der Begriff der Wahrheit in *allen* Theorierahmen (oder Perspektiven u. dgl.) irgendwie »theoriefähig und -interessant« werden kann, müssten wir in der Lage sein, *alle einzelnen* Theorierahmen oder Perspektiven ausreichend zu erfassen und zu artikulieren; das aber ist eine schlechterdings illusorische Annahme oder Hoffnung.

Die Antwort bzw. Lösung hier ist darin zu sehen, dass der oben definierte Begriff der absoluten Wahrheit als ein *Grenzbegriff* im Sinne einer *regulativen Idee* zu betrachten ist. Die Formulierung ›regulative Idee‹ wurde bekanntlich von Kant eingeführt. Mit der Verwendung dieser Formulierung wird hier aber nicht – zumindest nicht in jeder Hinsicht – auch der Begriff übernommen, den Kant mit ihr verbindet. Mit der Anwendung des Begriffs der absoluten Wahrheit verhält es sich ähnlich wie mit dem Begriff der überabzählbaren (unendlichen) Menge in der Mathematik: Es ist unbestreitbar, dass letzterer Begriff einen genau bestimmten und unverzichtbaren »Platz« in mathematischen Theorien einnimmt. Er dient dazu, fundamentale Zusammenhänge im mathematischen Bereich richtig und genau zu explizieren. So dient auch der Begriff der absoluten Wahrheit in der Philosophie dazu, die großen philosophischen Zusammenhänge in dem Sinne zu beleuchten, dass die artikulierten Themen und aufgestellten Aussagen ihren jeweiligen *systematischen* »Platz« zugewiesen bekommen. In diesem Sinne gehört der Begriff der absoluten Wahrheit zu den Begriffen, die das ganze theoretische Unternehmen »regulieren«.

Das *spezifische* Problem hinsichtlich der Anwendbarkeit oder Realisierbarkeit des Begriffs der absoluten Wahrheit ergibt sich aus der überragenden

Stellung, die in der hier entwickelten Konzeption der Begriff des Theorierahmens einnimmt. Wenn ein ganz bestimmter Theorierahmen (nämlich der struktural-systematische) vorausgesetzt bzw. zur Anwendung gebracht wird, so fragt man sich, wie *in dieser Philosophie* absolute Wahrheiten in dem erläuterten Sinn kohärenterweise überhaupt angenommen und artikuliert werden können.

Um eine begründete Antwort auf diese Frage zu geben, sind die Ausführungen über immanente und externe Metasystematik in Kapitel 6 und über die *Offenheit* und die (in einem zu Gödels berühmten Unvollständigkeitstheorem analogen Sinn zu verstehende) *Unvollständigkeit* der hier entwickelten struktural-systematischen Philosophie (vgl. dazu bes. 5.2.2 [4]–[6]) zu beachten. An dieser Stelle lässt sich dazu sagen: Indem sich der hier thematisierte und in Anschlag gebrachte struktural-systematische Theorierahmen als *ein* Theorierahmen unter vielen anderen versteht, ist er »immer schon über sich hinaus«, hat er sich selbst immer schon »transzendiert«. Er versteht sich als »eingebettet« in einen weiteren, umfassenderen »Meta-Theorierahmen«, genauer: in die Gesamtheit der realen und möglichen (Meta-)Theorierahmen. Das ergibt sich schlicht daraus, dass »in dieser Philosophie« die Aussage gemacht wird, dass sie auf *einem* Theorierahmen neben vielen anderen basiert.

Freilich muss diese Feststellung richtig verstanden werden. Wenn gesagt wird, dass »in dieser Philosophie« die Aussage aufgestellt wird, sie basiere auf *einem* (bestimmten) Theorierahmen, und dass dieser Theorierahmen »sich selbst versteht« als in andere Theorierahmen und sogar in die Gesamtheit der Theorierahmen eingebettet, so ist diese Aussage, streng und genau genommen, schon eine *Meta*aussage; sie ergibt sich nicht irgendwie »zwingend« aus dem hier angenommenen struktural-systematischen Theorierahmen. Insofern ist sie inakkurat und inadäquat. Exakt gesprochen muss es heißen: Die genannte Ausssage ist Ausdruck der Tatsache, dass der *Theoretiker* über ein Intelligibilitätspotential verfügt, das eine größere »Reichweite« besitzt als die Reichweite, die der vom Theoretiker faktisch benutzte Theorierahmen ermöglicht und prinzipiell erreichen kann. Der Theoretiker befindet sich immer schon in einer »Meta-Dimension« bezüglich »seines«, d. h. des von ihm selbst thematisierten und benutzten Theorierahmens. Das Intelligibilitätspotential des Theoretikers *erschöpft sich daher nicht* in diesem, d. h. in »seinem« von ihm gesetzten Theorierahmen.

Diese Charakterisierung des »Theoriestatus« des struktural-systematischen Theorierahmens bzw. der auf dessen Basis entwickelten systematischen Philosophie ist nichts anderes als die sorgfältige »Interpretation« dessen, was philosophisch geschieht, wenn hinsichtlich einer Philosophie Aussagen gemacht werden wie die folgende: Diese Philosophie basiert auf *einem* Theorierahmen u. ä., und Fragen wie diese gestellt werden: Ist diese Philosophie anderen Philosophien überlegen? Können noch adäquatere Gestalten einer Philosophie entwickelt werden? u. ä.

Es wird jetzt klar, dass die Charakterisierung einer Wahrheit als einer *absoluten* Wahrheit (im oben definierten Sinne) einen eindeutigen *Metastatus* hinsichtlich des faktisch vorausgesetzten und angewandten Theorierahmens aufweist. Ferner wird klar, dass dieser Metastatus in dem Sinne ein »absolut umfassender« ist, dass er sich mit jener Dimension deckt, die *absolut* ist, insofern sie *alle* Theorierahmen (*alle* Perspektiven u. dgl.) einschließt. Sie ist Ausdruck und Resultat des in Anschlag gebrachten *ganzen* Intelligibilitätspotentials eines Theoretikers. Wenn der Status des struktural-systematischen Theorierahmens bzw. der struktural-systematischen Philosophie im Sinne des soeben Ausgeführten verstanden wird, ist die These, der zufolge der von der struktural-systematischen Philosophie vertretene Wahrheitsrelativismus in keiner Weise ausschließt, dass auch *absolute Wahrheiten* angenommen werden, als ganz und gar kohärent zu bezeichnen.

Zwei weitere Fragen schließen sich an: *Wie* werden absolute Wahrheiten »erfasst« oder »artikuliert«? Und: Um *welche* absoluten Wahrheiten handelt es sich?

Um die Frage nach dem *Wie* zu klären, ist zu bedenken, dass Wahrheiten mit der Qualifikation »absolut« (in dem hier vorausgesetzten Sinn), strenggenommen, *nicht* zum eigentlichen Korpus der struktural-systematischen Philosophie gehören; vielmehr gehören sie zur *Metadimension* dieser Philosophie. Diese Aussage ist eine schlichte Konsequenz aus den obigen Ausführungen. Daraus folgt nun unmittelbar, dass man *absolute* Wahrheiten *als solche* nicht *als* Wahrheiten der struktural-systematischen Philosophie bezeichnen und sie nicht wie diese behandeln, d. h. erfassen und artikulieren kann. Beispielsweise sind absolute Wahrheiten, strenggenommen, nicht *Axiome* der struktural-systematischen Philosophie; aber *ohne das Qualifikativum »absolut«* können *dieselben* Wahrheiten Axiome dieser Philosophie sein und so auch benannt werden.

Es lässt sich ein entscheidender Faktor angeben, der verdeutlicht, *wie* absolute Wahrheiten erfasst und artikuliert werden. Allgemein kann man sagen, dass dies *intuitiv-prospektiv-holistisch* geschieht. Etwas genauer kann man formulieren: Auf der Basis der »Aktivierung« seines ganzen Intelligibilitätspotentials bezieht der Theoretiker eine intuitiv-prospektiv-holistische Einstellung, die sich in der Gestaltung eines ebenfalls intuitiv-prospektiv-holistisch bestimmten (Meta-)Theorierahmens konkretisiert. *Dieser* (Meta-)Theorierahmen ist weder genau expliziert noch ist er als solcher genau explizierbar; er hat daher einen weitgehend theoretisch unterbestimmten Status, eben einen intuitiv-prospektiv-holistischen Status. *Innerhalb* dieses Theorierahmens *und* bedingt durch seine Eigenart werden dann Aussagen mit dem (expliziten oder impliziten) Qualifikativum »absolut wahr« aufgestellt.

Und sowohl das Verständnis als auch die Begründung solcher Wahrheiten erfolgt auf der intuitiv-prospektiv-holistischen Ebene.

Um *welche* absoluten Wahrheiten handelt es sich? Im allgemeinen handelt es sich um umfassende logische und metaphysische »Wahrheiten«. Beispiele sind das Nichtwiderspruchsprinzip, das Prinzip der universalen Kohärenz, das Prinzip der Einheit der ganzen Wirklichkeit (unter welcher Bezeichnung auch immer), das Prinzip des zureichenden Grundes (wenn dieses Prinzip entsprechend den in diesen Buch vertretenen Grundthesen über Theorierahmen verstanden wird) und viele andere »absolute Wahrheiten«.

[2] Ein Weiteres ist in diesem Kontext wichtig und kurz zu behandeln: Welche Konsequenzen hat der hier vertretene gemäßigte Warheitsrelativismus in wissenschaftstheoretischer und ontologischer Hinsicht?

Einige Hinweise mögen hier genügen, da diese Thematik in diesem Buch in verschiedenen Kontexten behandelt wird. In wissenschaftstheoretischer Hinsicht hat der hier vertretene Wahrheitsrelativismus die Konsequenz, dass Theorien, die aufgegeben oder abgelehnt wurden, nicht ohne weiteres und undifferenziert als falsch zu bezeichnen sind. Es muss genau untersucht werden, aus welchen Gründen sie aufgegeben oder abgelehnt wurden. Wenn die Gründe darin lagen, dass der Theorierahmen, innerhalb dessen sie entwickelt wurden, verworfen wurde, und wenn sichergestellt werden kann, dass der Theorierahmen einen zumindest gut vertretbaren wissenschaftstheoretischen Status hatte, so darf davon ausgegangen werden, dass die gemäß diesem Theorierahmen entwickelte Theorie nicht einfach falsch war. Sie artikulierte eine Wahrheit *relativ zu diesem Rahmen*. Die eigentliche – und sehr schwierige – Aufgabe besteht in diesem Fall darin, diesen Theorierahmen mit anderen Theorierahmen und ganz besonders mit dem nachfolgenden Theorierahmen zu vergleichen, um herauszufinden, *welche Art von Wahrheit* die entsprechende Theorie artikuliert.

Diese wissenschaftstheoretische Einschätzung führt unmittelbar zu der Frage, welche *ontologischen* Konsequenzen der Wahrheitsrelativismus hat. Welche Art von Wahrheit ist oder welchen Anteil an Wahrheit *simpliciter* beinhaltet die zu einem bestimmten Theorierahmen »relative Wahrheit«? Da Wahrheit wesentlich einen ontologischen Bezug hat, muss die Frage geklärt werden, was die Relativität der Wahrheit in ontologischer Hinsicht impliziert. Das ist sicher eine der wichtigsten Fragen in der Wissenschaftstheorie und in der Philosophie überhaupt, weshalb ihr in diesem Buch breiter Raum, nämlich der ganze ausführliche Abschnitt 5.1.5, gewidmet ist.

Kapitel 4

Weltsystematik: Theorie der Weltdimensionen

Die bisherigen Kapitel haben jene Dimension, die im Titel des Werkes durch den Ausdruck ›Struktur‹ angezeigt ist, in vielfacher Weise dargelegt. Es handelt sich um die eine von den zwei Dimensionen, deren gegenseitige Durchdringung das Thema der hier vertretenen systematischen Philosophie ausmacht. Die zweite Dimension wird im Titel durch den Ausdruck ›Sein‹ angezeigt. Schematisch gesprochen, kann gesagt werden, dass die weiteren Kapitel diese zweite Dimension zum Gegenstand haben werden. Eine solche globale Charakterisierung kann jedoch irreführend sein. Es besteht nämlich eine grundlegende Asymmetrie zwischen den beiden Dimensionen. Zwar kann die Dimension der *Strukturen* weitgehend rein als solche zur Darstellung gebracht werden, wie dies bisher geschehen ist. Hingegen kann die Dimension des *Seins* nicht einmal minimal artikuliert werden, ohne die Dimension der *Struktur* in Anspruch zu nehmen. »Artikulieren« (bzw. »Explizieren«, »Begreifen« u. ä.) heißt ja nichts anderes, als die *Struktur(en)-des-Seins* oder *das-Sein-in-seiner-Struktur(iertheit)* zu erfassen und zur Darstellung zu bringen.

Zutreffender wäre es daher zu sagen, dass ab jetzt die bisher herausgearbeitete Dimension der *Struktur(en)* auf die Dimension des *Seins* »angewandt« wird. Dabei ist zu beachten, dass die mit einem Ausdruck wie ›Anwendung‹ assoziierten Vorstellungen ihrerseits gänzlich inadäquat sind, insofern sie ein rein äußerliches Verhältnis zwischen den beiden Dimensionen suggerieren. Es ist jedoch so, dass beide Dimensionen, isoliert genommen, in einem ganz bestimmten Sinne rein abstrakt sind. Ohne die zweite Dimension, das *Sein*, bleiben die Strukturen ohne *Erfüllung* und somit in gewisser Hinsicht leer, da ihnen mangelt, was sie allererst sinnvoll macht. Umgekehrt bleibt das Sein ohne die Strukturen eine amorphe Masse. Auch wenn man zum Zwecke der Klarheit und der Darstellung zwischen beiden Dimensionen unterscheiden muss, sollte es klar sein, dass die philosophische Aufgabe darin besteht, die gegenseitige »Durchdringung« der beiden Dimensionen aufzuzeigen. Damit wird erreicht, dass die *erfüllten Strukturen* und das *strukturierte Sein* in der Weise erfasst und dargestellt werden, dass sich ihre grundsätzliche Einheit herausstellt.

Zur Gliederung dieses Kapitels über die *Weltsystematik* muss zuallererst geklärt werden, was hier unter »Welt« verstanden wird. Das soll im nächsten

Abschnitt (4.1) geleistet werden. Die weitere detaillierte Gliederung wird sich daraus ergeben.

4.1 Der Begriff der Welt

4.1.1 Welt, universe of discourse und das Sein im Ganzen

Das Wort ›Welt‹ findet in der heutigen – besonders in der analytischen – Philosophie eine absolut universelle Verwendung, und zwar in so gut wie allen Bereichen, mit denen sich die Philosophie befasst. Aber selten wird nach der genauen Bedeutung, die diesem Ausdruck zugeschrieben wird, bzw. nach dem genauen Begriff, der mit ihm assoziiert wird, gefragt. Wie in der *Einleitung* vermerkt wurde, wurde der Ausdruck bzw. Begriff »Welt« bisher, d. h. in den bisherigen drei Kapiteln, einfach als Synonym für die Ausdrücke bzw. Begriffe »*universe of discourse*«, »Universum«, »Sein im Ganzen« u. a. verwendet. Eine Differenzierung war nicht erforderlich. Aber für dieses und die beiden letzten Kapitel ist eine genaue Differenzierung unerlässlich.

Man muss hauptsächlich *drei* Begriffe unterscheiden, die mit dem Wort ›Welt‹ in der Philosophie verbunden werden. Jeder dieser Begriffe verdankt sich einer bestimmten philosophischen Richtung. Der *erste* Begriff ist charakteristisch für alle jene philosophischen Positionen, die sich in der einen oder anderen Weise die Grundperspektive der christlich orientierten klassischen (oder traditionellen) Metaphysik zu eigen machen. Hier wird *Welt* als die Gesamtheit der endlichen geschaffenen Dinge oder Seienden verstanden. Voraussetzung ist die Annahme eines *absoluten Seins* oder *absoluten (höchsten, ersten usw.) Seienden*, das aber von *der Welt* nicht umfasst wird. Dieses Sein (also »Gott« nach der gewöhnlichen Sprechweise und Vorstellung) ist – in welcher genaueren Bedeutung auch immer – *Welt-transzendent*.

Ein zweiter Begriff von *Welt* kann als der *transzendentale Weltbegriff* bezeichnet werden. Dieser Begriff, der eine große Wirkungsgeschichte gehabt hat und immer noch hat, wird ausschließlich und vollständig von der tranzendentalen Subjektivität her bestimmt. Demnach ist »Welt« das, was von der transzendentalen Subjektivität konstituiert wird. Insbesondere zwei Aspekte dieses transzendentalen Weltbegriffs sind zu beachten. Der erste besteht darin, dass dieser Begriff bzw. die »Dimension«, die er bezeichnet, die eine Seite einer radikalen, unüberwindbaren Dichotomie darstellt, wobei die andere Seite die transzendentale Subjektivität ist. Das transzendentale Ich ist geradezu – negativ – definiert als *nicht-weltlich.* »Welt« ist das Andere oder der Gegenpol der transzendentalen Subjektivität. Der zweite Aspekt betrifft eine weitere Dichotomie hinsichtlich der Dimension der Welt: Welt heißt einmal »die Gesamtheit der Erscheinungen« (Kant: KrV B 391.), zum anderen aber auch die Gesamtheit der Dinge an sich, die aber für uns unerkennbar sind.[1]

Ein *dritter* Begriff von Welt dürfte als der Begriff mit der weitesten Verbreitung in der heutigen philosophischen Terminologie anzusehen sein, was ganz besonders für die analytische Philosophie zutrifft. In dieser Hinsicht wird Welt einfachhin mit Realität oder Sein identifiziert: Welt ist alles, was ist oder existiert (wobei »sein« und »existieren« hier als synonyme Ausdrücke genommen werden). Entgegen dem ersten Anschein ist dieser Begriff von Welt alles andere als eindeutig und genau bestimmt. Hinsichtlich des faktischen Gebrauchs, den (analytische) Philosophen von ihm machen, muss man vor allem *zwei Gesichtspunkte* unterscheiden. *Im allgemeinen* wird der Begriff von Welt als absolut universaler Begriff verstanden und dann synonym mit Ausdrücken wie *Sein (überhaupt)* oder *universe of discourse* u. ä. verwendet. Aber der *spezifischere* Gebrauch dieses Ausdrucks ist eindeutig restriktiv und reduktiv in folgendem Sinne: Als die Konstituenten von Welt werden nur bestimmte Entitäten angenommen, nämlich diejenigen, die bestimmte Kriterien erfüllen. Hinsichtlich dieser Kriterien gehen die Meinungen stark auseinander. Insbesondere spielt dabei die Frage eine Rolle, welchen Stellenwert man den Wissenschaften einräumt. So entstehen völlig divergierende Konzeptionen über *die Welt*: Für die einen besteht *die Welt* nur aus physikalischen Entitäten, für die anderen aus physikalischen Entitäten plus mentalen Entitäten; wieder andere zählen dazu noch abstrakte (sogenannte platonische) Entitäten usw. Man kann sagen, dass der zweite Gesichtspunkt eine *Spezifikation* des ersten Gesichtspunktes ist. Die Frage nach der inneren (spezifischen) Konstitution von Welt ist in vielfacher Hinsicht die zentrale Frage der analytischen Philosophie. Die bekanntesten Fragestellungen betreffen die Gebiete des Mentalen und des Abstrakten (der Logik und Mathematik), die nicht zufällig zwei der wichtigsten Diskussionsgebiete der analytischen Philosophie darstellen.

Für die Zielsetzung dieses Buches ist dieser (zweite) spezifische Gesichtspunkt zweifelsohne von zentraler Bedeutung, wie sich in diesem Kapitel noch zeigen wird. Verglichen mit dem ersten Gesichtspunkt ist er aber weniger

---

[1] Im allgemeinen nennt KANT die Welt in dieser zweiten Bedeutung »(bloß) intelligible Welt« (vgl. KrV: B. 313, 431, 836 u. ö.). Der Begriff des (bloß) Intelligiblen (oder des *Noumenon*) (konkret: eines bloß intelligiblen Gegenstandes und, generalisierend, jener Totalitäten, die KANT Vernunftbegriffe oder Ideen nennt, also der intelligiblen Welt) wird von KANT durch drei Gesichtspunkte näher bestimmt: (1) Das intelligible X (ein Gegenstand, die Welt) wird im Sinne von »Ansich« verstanden; (2) das Ansich wird »als bloß intelligibel, d. i. als dem Verstande allein, nicht aber den Sinnen zugänglich, gedacht« (B 313); 3) das Ansich kann nur als »ein Objekt einer nicht-sinnlichen Anschauung« adäquat aufgefasst werden; gemeint ist damit »eine besondere Anschauungsart …, nämlich die intellectuelle, die aber nicht die unsrige ist, von welcher wir auch die Möglichkeit nicht einsehen können, und das wäre das *Noumenon* in positiver Bedeutung« (B 307). Die Dimension des »Ansich« nennt KANT allgemein »Ding an sich«.
Zu einer detaillierten Kritik der KANTischen Unterscheidung vgl. PUNTEL [1983].

problematisch, weshalb hier auf den ersten Gesichtspunkt einzugehen ist. Die Frage lautet: Inwiefern ist dieser dritte Weltbegriff ein wirklich universaler Begriff, der als Artikulation einer radikalen philosophischen Fragestellung gelten kann? Die Antwort darauf lautet: der »allgemeine« Weltbegriff, so wie er in der analytischen Philosophie im allgemeinen verstanden und gebraucht wird, ist zweideutig und unbestimmt. Er *kann* als ein in jeder Hinsicht universaler Begriff und somit synonym mit Begriffen wie *universe of discourse*, *Sein (im Ganzen)* u. ä. verstanden werden; in dieser Weise würde er auch etwa das Absolute (Gott) umfassen oder zumindest nicht ausschließen. *Aber* das wäre das Resultat einer terminologischen Festlegung und würde nicht dem in der philosophischen Tradition und in der Gegenwart feststellbaren Verständnis von *Welt* entsprechen, welches – zumindest meistens – mit diesem Ausdruck eine eher engere Bedeutung assoziiert(e). Das zu zeigen, ist aber nicht Aufgabe dieses Werkes.

Ein weiterer fundamentaler Faktor ist zu beachten. In großen Teilen der heutigen analytischen Philosophie werden *mögliche Welten* angenommen, ohne dass ein Konsens darüber besteht, wie diese möglichen Welten zu verstehen sind. In einem wichtigen Sektor der analytischen Philosophie jedoch werden sie *ontologisch* interpretiert. Die wohl stärkste ontologische Interpretation ist der von David Lewis vertretene *modale Realismus* (vgl. Lewis [1986]), dem zufolge eine Pluralität von existierenden *möglichen Welten* anzunehmen ist. Diese Welten differieren voneinander nicht in der Weise, wie sie existieren (*manner of existing*), sondern wie sie *situiert* sind (*location*) (vgl. ib. 2–3). Es ist ganz deutlich, dass Lewis' Begriff von Welt kein universaler Begriff ist, da die Annahme einer Pluralität von möglichen Welten die Frage aufwirft, ob und wie eine Einheit dieser pluralen Welten zu konzipieren und auf der Basis welchen *umfassenderen* Begriffs sie zu denken ist.[2]

In diesem Buch wird der Ausdruck bzw. Begriff »Welt«, wenn er in seinem eigentlichen, d. h. *spezifischen* Sinne verwendet wird, *nicht* als absolut universaler Begriff verstanden; er ist also kein Synonym von *universe of discourse* oder *Sein (im Ganzen)* u. ä. Vielmehr bezeichnet er jene Dimension des *universe of discourse* bzw. des *Seins (im Ganzen)*, die als der Zusammenhang der in diesem Kapitel zu behandelnden »Gebiete« aufzufassen ist. Um diese eingeschränkte Bedeutung von *Welt* hervorzuheben, wird die Qualifikation *aktuale Welt* verwendet. Wie (die aktuale) *Welt* als diese Dimension bzw. dieser Zusammenhang im Hinblick auf das *universe of discourse* bzw. das *Sein (im Ganzen)* näher aufzufassen ist, ist ein zentrales Thema der systematischen Philosophie, das im nächsten Kapitel (Kap. 5) ausführlich zu behandeln sein wird.

---

[2] Diese Frage wird eingehend im Abschnitt 5.2.3 behandelt.

4.1.2 Die wichtigsten Teildimensionen oder Bereiche der (aktualen) Welt

Versteht man »(die) Welt« in der angegebenen Weise, so drängt sich als nächstes die Frage auf, wie deren Inhalt und innerweltliche Strukturiertheit zu bestimmen sind. Zunächst ist zu betonen, dass der »Inhalt« von Welt in keiner Weise irgendwie »abgeleitet« werden kann, wie es vor allem die deutsch-idealistischen Systemdenker versucht haben, wobei sie kläglich gescheitert sind. Im Gegensatz zu solchen Versuchen muss davon ausgegangen werden, dass bei der Bestimmung des Inhalts der Welt die Empirie die entscheidende Rolle spielt. »Die Welt« stellt sich in philosophischer Hinsicht zunächst als *großes Datum* (allerdings nicht als: *das* große Datum) dar, das es zu begreifen, d. h. hier: das es in Bezug zur (schon herausgearbeiteten) Struktursystematik zu setzen gilt. Zunächst ist zu analysieren, wie die Welt als *großes Datum* zu verstehen ist.

[1] Hier muss man zuerst ein mögliches folgenschweres Missverständnis ausräumen. Wenn man wie in diesem Werk (vgl. Kap. 3) zwischen Struktursystematik und der Welt als großem Datum unterscheidet, so handelt es sich um eine *abstrakte* Unterscheidung im wörtlichen Sinne: Die Unterscheidung als solche *abstrahiert* von der Tatsache, dass die beiden unterschiedenen Dimensionen *in Wirklichkeit* immer schon aufeinander bezogen sind, dass sie die zwei Seiten ein und derselben Medaille darstellen. Die in der Struktursystematik dargestellten Strukturen sind nur dann vollexpliziert oder vollbestimmt, wenn sie als *Strukturen-der-Welt* (und, wie noch zu sehen ist, des Seins im Ganzen) begriffen und dargestellt werden: Sie sind immer schon »im Grunde« *ontologisch*. Die Welt ist überhaupt immer dann erfassbar (artikulierbar, begreifbar usw.), wenn sie als so oder so strukturiert erfasst wird; noch genauer: *Dass* die Welt erfassbar bzw. begreifbar ist, heißt, dass sie sich als so oder so strukturiert darstellt.

Das hat zur Konsequenz, dass die Welt immer schon als so oder so strukturiert *gegeben* ist, und zwar in jeder Hinsicht: bezüglich ihrer Bereiche und bezüglich der einzelnen Entitäten, die einen Bereich konstituieren. Philosophen sind darauf angewiesen, bei ihren theoretischen Unternehmungen von der *Gegebenheit* der Welt auszugehen. Diese Gegebenheit der Welt hat *zwei* fundamentale Aspekte, die in einer systematischen Philosophie sorgfältig zu beachten und zu berücksichtigen sind. Der erste ist der im strengen Sinne *empirische Faktor*: Die Welt ist uns – zunächst und unvermeidlich – in der und durch die Erfahrung zugänglich. Negativ gesehen, besagt dies, dass es absurd wäre, »(die) Welt« und ihre Bereiche und Komponenten irgendwoher »ableiten« zu wollen, wie schon oben bemerkt wurde. Der zweite Aspekt ist der *sprachliche Faktor:* Wir können nicht umhin, zunächst von der sogenannten *natürlichen Sprache* auszugehen; denn diese ist die erste und unumgehbare

Ebene, auf der sich die Welt und ihre Komponenten anfänglich präsentieren oder artikulieren.

Die so verstandene Gegebenheit der Welt bildet allerdings nur *den Ausgangspunkt* der philosophischen theoretischen Erfassung der Welt. Das bedeutet u. a., dass die Philosophie sich die Maßstäbe der lebensweltlichen Empirie und der ihr entsprechenden natürlichen Sprache *nicht* zu eigen machen darf. Ganz im Gegenteil: Erst jetzt beginnt die eigentliche theoretische Arbeit des Philosophen (und des Wissenschaftlers). Der Theoretiker hat die Aufgabe, die Welt, wie sie in der normalen Sprache artikuliert gegeben ist, zu begreifen, zu erklären, kurz: zu artikulieren. Dies bedeutet keineswegs, dass die Welt, wie sie in lebensweltlicher und natürlich-sprachlicher Hinsicht strukturiert erscheint, einfachhin »reproduziert« werden könnte oder sollte. Vielmehr muss die so verstandene Welt im eigentlichen Sinne *begriffen* oder *erklärt* werden, was hier bedeutet, dass sie *gemäß der schon herausgearbeiteten Strukturdimension* zu artikulieren ist. Dies führt dazu, dass die auf ganz natürliche Weise in der Lebenswelt und in der natürlichen Sprache »gegebenen« oder angenommenen Kategorien und Bereiche *neu* begriffen werden (müssen). Das geschieht durch genaue Rekonstruktionen und Reduktionen, was hier heißt: durch kleine und/oder große *Umstrukturierungen*, mithin durch die Einführung und Anwendung anderer, neuer Strukturen. Es geht somit um ein anderes, neues, genaueres, angemesseneres Begreifen der Welt.

[2] Die Welt als jenes in der Empirie und in der natürlichen Sprache gegebenes große Datum bildet daher das *Ausgangsmaterial* jenes Teils der systematischen Philosophie, der in diesem Werk *Weltsystematik* genannt wird. Wie sieht die Welt als so verstandenes Ausgangsmaterial aus?

Selbstverständlich kann es sich hier nicht darum handeln, dieses immense Material in allen Einzelheiten zu beschreiben; vielmehr geht es nur darum, die großen Bereiche der Welt im angegebenen Sinne zu benennen. Seit ihren Anfängen hat die Philosophie diese großen Bereiche identifiziert und sie als Gegenstand bestimmter philosophischer Disziplinen behandelt. Grundsätzlich gesehen, blieb dieser Katalog konstant. Die kürzeste Form des Katalogs nennt drei Bereiche: Natur – Mensch – Geschichte. Schlüsselt man diese drei Bereiche näher auf, so ergibt sich ein etwas ausführlicherer Katalog, der auch der in diesem Buch verfolgten Weltsystematik als Leitfaden zugrunde gelegt wird.

Es ist zu beachten, dass diese Reihe von Bereichen bzw. Themen bzw. Disziplinen sich aus den beiden oben angegebenen Faktoren bezüglich der Welt ergibt: aus der Empirie und aus der natürlichen Sprache. In der Empirie und in der natürlichen Sprache pflegen wir diese großen Bereiche zu unterscheiden. Selbstverständlich unterscheiden wir viel mehr Bereiche; diese werden aber als Unterbereiche der genannten Bereiche aufgefasst. Auf weitere Einzelheiten ist hier nicht einzugehen.

4.2 Die »Naturwelt«

Der Ausdruck ›Naturwelt‹ wird verwendet, um die besondere Bedeutung hervorzuheben, die in diesem Buch dem Wort ›Natur‹ bzw. dem Begriff der Natur gegeben wird. Bekanntlich wurde und wird der Ausdruck ›Natur‹ in vielen Bedeutungen verwendet, die allerdings hier nicht im Detail zu untersuchen sind. Es genüge hier drei sehr unterschiedliche Weisen zu beschreiben, diesen Ausdruck bzw. Begriff zu verstehen bzw. zu gebrauchen. Manchmal wurde/wird er im umfassendsten Sinne synonym mit Gott oder Sein oder Wirklichkeit im Ganzen gebraucht (z. B. bei Spinoza: »Deus, seu Natura« (Spinoza [Ethica: Pars IV, Praefatio, 382]), »natura naturans [hervorbringende Natur] – natura naturata [hervorgebrachte Natur]« (ib., Pars Prima, Propositio XXIX, scholium, 132). Oft wurde/wird »Natur« im sehr engen Sinne verstanden, vor allem in der Neuzeit und hier besonders in der Tradition des transzendentalen Denkens, in der die Unterscheidung zwischen Geist und Natur, zwischen Geisteswissenschaften und Naturwissenschaften eine zentrale Bedeutung einnimmt. Schließlich wird er besonders heute in vielen Bedeutungen gebraucht, die zwischen der umfassendsten und der engsten Bedeutung situiert sind. In diesem Abschnitt wird der Ausdruck ›*Naturwelt*‹ eingeführt und verwendet, um den sogenannten anorganischen und organischen Bereich des Universums ohne den Menschen zu benennen.[3] Damit soll in keiner Weise angedeutet oder impliziert werden, dass zwischen dem Menschen und der »Naturwelt« kein wesenhaftes Verhältnis besteht; darauf wird in den weiteren Abschnitten dieses Kapitels einzugehen sein. Auch muss bemerkt werden, dass, wenn kein Missverständnis droht, der Kürze halber statt ›Naturwelt‹ auch einfach ›Natur‹ gesagt wird.

4.2.1 Ist eine Natur(welt)philosophie überhaupt möglich?

In der ganzen Tradition der abendländischen Philosophie hat *Naturphilosophie* eine unangefochtene zentrale Stellung eingenommen, bis sie durch das Aufkommen und die Entwicklung der Naturwissenschaften in der Neuzeit immer radikaler in Frage gestellt wurde. Im Grundsätzlichen ging es darum, dass Fragen und Themen, die traditionell in der einen oder anderen Weise als zur Domäne der Philosophie gehörend betrachtet wurden, sich immer eindeutiger und entschiedener verselbstständigten. Dieser Vorgang bildet eine der Hauptetappen der Philosophiegeschichte. Er hat dazu geführt, dass der

---

[3] Die Lebewesen, die Menschen heißen, können, ja müssen von Naturwissenschaften wie Anatomie, Physiologie etc. (und von anderen Wissenschaften wie Soziologie etc.) studiert werden; philosophisch gesehen ist in dieser Hinsicht nur die Bemerkung wichtig, dass die Naturwissenschaften (und andere Wissenschaften) nicht in der Lage sind, eine *adäquate* Erklärung des Menschseins zu entwickeln und zu erreichen.

Philosophie nach und nach immer mehr Bereiche (Fragestellungen und Themen) verlorengegangen sind. Im fortgeschrittenen Stadium dieses Prozesses, der immer noch andauert, wurde die Philosophie oft als ein Fach ohne eigenen Gegenstandsbereich betrachtet. Was viele Philosophen immer noch als einen bedauerlichen Verlust interpretieren wollen, erweist sich indes als ein unschätzbarer Klärungsprozess; denn dadurch wurde jenes theoretische Unternehmen, das von Anfang an ›Philosophie‹ genannt wurde, dazu geführt, seinen eigenen theoretischen Status neu zu bestimmen. Es wäre unrealistisch zu sagen, dass es sein definitives Ziel schon erreicht hat.

Heute wäre es einfachhin sinnlos, Philosophie unter Verkennung der großen Bedeutung und der nicht-wegdisputierbaren Leistungen der Wissenschaften entwickeln und vertreten zu wollen. Man wird ohne Umschweife sagen müssen, dass die Zeit, in der Philosophen große Naturphilosophien, beispielsweise im Stile eines Schelling oder Hegel vorlegen und dabei ernst genommen werden konnten, endgültig vorbei ist. Das bedeutet aber nicht, dass die Philosophie über die Naturwelt nichts zu sagen hätte. Man muss aber sorgfältig prüfen, welchen Beitrag die Philosophie im Zeitalter der auf der ganzen Linie dominanten Naturwissenschaften im Hinblick auf eine Theorie der Natur(welt) leisten könnte, ja müsste.

4.2.1.1 Ein lehrreiches Beispiel: die philosophische Inkohärenz von Quines angeblicher Versöhnung von »Naturalismus« und »globalem ontologischem Strukturalismus«

[1] Manche diesbezüglichen Äußerungen von seiten vieler analytischer Philosophen sind alles andere als eindeutig und gut fundiert. Hier soll als lehrreiches Beispiel Quines Position einer kritischen Analyse unterzogen werden. Wenn er jene Position vertritt, die er »Naturalismus« nennt und die er so charakterisiert:

»[T]he recognition that it is within science itself, and not in some prior philosophy, that reality is to be identified and described.« (Quine [1981: 21]),

so handelt es sich nicht um eine eindeutige und kohärente Position. In der Tat, Quine vertritt zwei verschiedene Typen von Thesen, die schwerlich miteinander in Einklang zu bringen sind.

Auf der *einen Seite* behauptet er kategorisch: »... I ... expressed ... my unswerving belief in external things – people, nerve endings, sticks, stones. This I reaffirm. I believe also, if less firmly, in atoms and electrons and in classes.« (Ib.) Auf der *anderen Seite* beschreibt er diesbezüglich ein »unergiebiges« logisch-semantisch-ontologisches »Szenario« (»a barren scene«, ib.). Unergiebig ist es hinsichtlich der Semantik wegen der »inscrutability of reference« (ib. 19) und hinsichtlich der Ontologie wegen der konsequenten

»possibility of displacements of our ontology through proxy functions« (ib. 21). Diese Position nennt er »robust realism« im naturalistischen Sinne, entsprechend dem oben charakterisierten Verständnis von Naturalismus. Er wirft sodann die Frage auf: »[H]ow is all this robust realism to be reconciled with the barren scene ...?« Seine Antwort ist (wieder) der Naturalismus, wie er oben definiert wurde. Um zu zeigen, warum diese Antwort inkohärent ist, muss das »unergiebige Szenario« näher analysiert werden.

Die Beschreibung dieses Szenario versteht Quine zunächst als eine *vierfache* »reduktive Reinterpretation« (ib. 19) der Ontologie[4], auf der Basis der Annahme, dass alle Objekte als theoretische Objekte zu begreifen sind (vgl. ib. 20). In allen vier Beispielen findet eine Interpretation oder Reinterpretation einer Domäne von Objekten in der Weise statt, dass sie mit einem Teil einer anderen Domäne identifiziert wird. Im ersten Fall werden die Zahlen in der einen oder anderen Weise mit Klassen identifiziert. Im zweiten Fall findet eine Identifikation der physikalischen Objekte mit Raum-Zeiten (*place-times*) statt. Solche Raum-Zeiten werden im dritten Fall mit bestimmten Klassen, nämlich mit Klassen von Quadruplen von Zahlen identifiziert. Der vierte Fall bzw. das vierte Beispiel betrifft das berühmte Problem des Dualismus von Geist und Leib. Quine findet diesen Dualismus »unattractive« (ib. 18): »We can just reinterpret the mentalistic terms as denoting these correlated bodily states, and who is to know the difference?« (Ib. 19)

Quine kennt aber noch eine andere Art von ontologischer Reinterpretation, die er für genauso aufschlussreich (*instructive*) wie die soeben beschriebene hält. Gemäß dieser zweiten Art

»we save nothing but merely change or seem to change our objects without disturbing either the structure or the empirical support of a scientific theory in the slightest.« (Ib. 19)

Dazu ist nur eine Regel erforderlich, die bestimmt, dass jedem Objekt der »alten Ontologie« jeweils ein einziges Objekt der neuen ontologischen Art zugeordnet wird. Quine nennt diese Regel »proxy function« (»Stellvertreter-Funktion«):

»[I]nstead of predicating a general term ›P‹ of an object x, saying that x is a P, we reinterpret x as a new object and say that it is the f of a P, where ›f‹ expresses the proxy function. Instead of saying that x is a dog, we say that x is the lifelong filament of space-time taken up by a dog.« (Ib.)

Das bedeutet also, dass die ursprünglichen Objekte ersetzt und die generellen Terme reinterpretiert wurden, was Quine als Revision einerseits der Ontologie und andererseits der Ideologie bezeichnet. Und Quine kommen-

---

[4] QUINE spricht auch von »change« (ib. 19), »revision« (ib.), »transfer of ontology« (ib. 17).

tiert: »Nothing really has changed« (ib.). Das Fazit, das Quine zieht, ist die berühmte These der Unerforschlichkeit der Referenz (*inscrutability of reference*).

Dieser eigenartigen Konzeption liegt eine andere These Quines zugrunde, nämlich die These, dass der einzige »Berührungspunkt« zwischen »Theorie (Sprache)« und Welt die »observation sentences« sind, d. h. Sätze, die unvermittelte Beobachtungen artikulieren, wie: »Dies ist rot«, »Es regnet« u. ä. In Quines Verständnis sind sie das unmittelbare Ergebnis eines Stimulus und haben die Eigenschaft, die Sprecher einer Sprache zur Zustimmung zu bewegen. Sie bilden die »sensory evidence«, und diese ist die einzige Evidenz, auf die sich Theorien stützen können. Aber die Beobachtungssätze haben keinen direkten referentiellen Bezug zur Welt. Am Beispiel des Beobachtungssatzes »A white cat is facing a dog and bristling« präzisiert er seine Konzeption folgendermaßen:

»This observation sentence, true to form, is one that we will directly assent to or dissent from when suitably situated and visually stimulated. It is in its global susceptibility to visual triggering, and not in its mention of two creatures, that its observationality consists. Its referential aspect belongs rather to its devious connections with the ethiological theory to which it is meant somehow to bear witness.« (Quine [1985: 169])

Dagegen ist der eigentliche referentielle Bezug der Sprache und damit Quine zufolge von Theorien erst dann gegeben, wenn die Beobachtungssätze, wie in Kapitel 3 (3.2.2.3.2.3 [1]) gezeigt, reformuliert werden, und zwar im Rahmen der Prädikatenlogik erster Stufe, die nach Quine »the chosen mold of our scientific theory« (ib.), »the adopted form, for better or worse, of scientific theory« (ib. 170) darstellt.

Alles, was nicht zur Ebene der Beobachtungssätze gehört, gehört nach Quine zur Ebene der Theorie, ist somit theoretisch. Wie schon oben zitiert, sind alle Objekte theoretisch, da sie solche nur im Rahmen einer Theorie, nämlich der Prädikatenlogik erster Stufe sind. Nun macht Quine eine Annahme, die er nicht – zumindest nicht ausreichend – explizit formuliert, die aber für das Verständnis seiner weiteren Aussagen von entscheidender Bedeutung ist: Die Ebene der Beobachtungssätze ist in dem Sinne *stabil*, dass sie *als solche* durch Theoriebildung nicht affiziert werden kann, da sie die basale Ebene oder Dimension für *jede* Theoriebildung darstellt: »No matter that sensations are private, and no matter that men may take radically different views of the environing situation; the observation *sentence* serves nicely to pick out what witnesses can agree on« (Quine [1974: 39]). M. a. W.: Die Sprecher können, ja müssen sich darauf beziehen, um *Übereinstimmung* zu erreichen.

[2] Aus diesen hier kursorisch dargestellten Thesen zieht Quine eine zweifache Konsequenz, indem er zwei weitere Thesen aufstellt, die berühmt wurden und eines der am meisten diskutierten Themen in der analytischen Philo-

4.2 Die »Naturwelt«

sophie der letzten Jahrzehnte bilden: die These von der Unterderminiertheit von Theorien und die sich daraus ergebende These von der ontologischen Relativität oder der Unerforschlichkeit der Referenz (der Unterschied zwischen ontologischer Relativität und Unerforschlichkeit der Referenz kann im gegenwärtigen Kontext vernachlässigt werden). Die erste These, über die in der Quine-Literatur außerordentlich viel diskutiert wurde und wird, hat viele Aspekte und wurde von Quine in vielen (Teil-)Formulierungen vorgetragen. Eine seiner am häufigsten verwendeten Formulierungen, die schon eine ganz bestimmte Interpretation beinhaltet, lautet: Hinsichtlich der empirischen Basis sind alle Theorien äquivalent (vgl. Quine [1975], [1990]). Eine andere Formulierung, die auch als eine Konsequenz aus der soeben angeführten Formulierung bzw. Interpretation aufgefasst werden kann, besagt, dass keine Theorie eine – auch nicht einmal unvollkommene – Angleichung an die stabil bleibende empirische Basis erreicht; d.h. keine Theorie kann den Anspruch erheben, die empirische Basis – und damit die Welt – adäquat oder vollständig zu erfassen oder zu artikulieren.[5]

Hinsichtlich der ersten These ist der Angelpunkt der Quineschen Konzeption seine oben aufgezeigte Annahme, dass die Datenbasis *stabil* ist. Er versteht diese Stabilität in einem strengen und fixen Sinne: Sie bleibt in bezug auf jede Theorie, auf alle Theorien absolut dieselbe, so dass die Theorien gegenüber der stabilen Basis unterbestimmt bleiben. Diese Annahme ist höchst problematisch. Hier genüge es auf zwei Punkte kurz hinzuweisen. Erstens ist die Annahme, dass alle Menschen exakt dieselben Daten in derselben Weise »wahrnehmen«, sehr problematisch. Wie will man das zeigen? Viele Philosophen haben gezeigt, dass die Beobachtungssprache immer schon *theoriebeladen* ist. Zweitens implizieren Quines Thesen die extrem unplausible und unrealistische Annahme, dass die Datenbasis jede Theorie gleichermaßen stützt. Dies kommt einer hypostasierenden Annahme einer ein für allemal fixen oder fixierten Datenbasis gleich. Höchstens könnte man sagen, dass (die) viele(n) Theorien mit »der« Datenbasis *konsistent* sind. Aber *Konsistenz* ist etwas ganz anderes als *gleichmäßige empirische Stützung* (vgl. Papineau [1996: 303]).

[3] Die zweite These behauptet, dass keine Theorie den Anspruch erheben kann, *die* Ontologie zu erfassen oder zu artikulieren.[6] Die Ontologien sind

---

[5] Bei Quine finden sich diesbezüglich viele sehr verschiedenartige (partielle) Formulierungen, (partielle) Interpretationen u.ä. Eine sehr umfassende Formulierung ist die folgende: »[I]n the case of systems of the world ... one is prepared to believe that reality exceeds the scope of the human apparatus in unspecifiable ways.« (Quine [1990: 101])

[6] »What particular objects there may be is indifferent to the truth of observation sentences, indifferent to the support they lend to the theoretical sentences, indifferent to the success of the theory in its predictions.« (Quine [1990: 31]).

austauschbar, die »eigentliche Welt«, der Zielpunkt der Referenz, bleibt unerforschlich.

In dem die ganze diesbezügliche Konzeption zusammenfassenden und erläuternden Aufsatz »Structure and Nature« aus dem Jahre 1992 zieht Quine das Fazit:

»The conclusion is that there can be no evidence for one ontology as over against another, so long anyway as we can express a one-to-one correlation between them. *Save the structure and you save all.*« (Quine [1992: 8])

Oder noch kürzer und prägnanter: »Structure is what matters to a theory, and not the choice of its objects.« (Quine [1981: 20]) In dem zitierten Aufsatz nennt Quine seine Position »global ontological structuralism«, eine Position, die sowohl konkrete als auch abstrakte Gegenstände erklären will. »Struktur« ist die Bezeichnung für die ganze Dimension, die sich von der Dimension der »observation sentences« abhebt; man kann sie kurz die ganze theoretische Dimension nennen. Quine nennt zwei »key principles« (Quine [1992: 7]), welche die ganze »strukturale Dimension« in seinem Sinne charakterisieren: Implikation und Reifizierung (*reification*). Er charakterisiert diese Position mit einem Hinweis auf die beiden Schlüsselprinzipen:

»The point is that if we transform the range of objects of our science in any one-to-one fashion, by reinterpreting our terms and predicates as applying to the new objects instead of the old ones, the entire evidential support of our science will remain undisturbed. The reason is twofold. First, implication hinges only on logical structure and is independent of what the objects, the values of the variables, may be. Second, the association of observation sentences with ranges of neural input is holophrastic. It is independent of reification, independent of whatever objects the observation sentences or their parts may be taken to refer to as terms.« (Ib.)

[4] Nach dieser etwas ausführlicheren Darstellung des Quineschen »unergiebigen Szenarios (*barren scene*)« kann jetzt das Problem, das Quine selbst aufwirft, wieder aufgegriffen werden: Kann ein solcher logisch-semantisch-ontologischer »Rahmen«, d. h., sein »global ontological structuralism«, mit Quines »robustem Realismus« in Übereinstimmung gebracht werden? Im oben zitierten Aufsatz *Structure and Nature* stellt er selbst die Frage explizit und in aller Klarheit:

»This global ontological structuralism may seem abruptly at odds with realism, let alone with naturalism. It would seem even to undermine the ground on which I rested it: my talk of impacts of light rays and molecules on nerve endings. Are these rays, molecules, and nerve endings themselves not disqualified now as mere figments of an empty structure?« (Ib. 9)

Und Quine wiederholt seine stereotype Antwort: »Naturalism itself is what saves the situation.« (ib.) Anschließend versucht Quine seinen Naturalismus näher zu charakterisieren:

»Naturalism looks only to natural science, however fallible, for an account of what there is and what what there is does. Science ventures its tentative answers in man-made concepts, perforce, couched in man-made language, but we can ask no better. The very notion of object, or of one and many, is indeed as parochially human as the parts of speech; to ask what reality is *really* like, however, apart from human categories, is selfstultifying. It is like asking how long the Nile really is, apart from parochial miles or meters.« (Ib.)

Die sich hier aufdrängende Frage ist: Was interpretiert was? Interpretiert Philosophie die Wissenschaft oder Wissenschaft die Philosophie? Quine verstrickt sich in einen großen Zirkel, aus dem es für ihn auf der Basis seiner Annahmen kein Entkommen geben kann: Um die »Struktur-Dimension« (in seinem Sinne) *richtig* zu deuten, rekurriert er auf die »natural science ... for an account of what there is and what what there is does«. Aber, wie das obige Zitat zeigt, im gleichen Atemzug *interpretiert* er *als Philosoph* das von der Naturwissenschaft gelieferte »account of what there is and what what there is does« – und *diese philosophische* Interpretation führt den Begriff eines »robust realism« geradezu *ad absurdum*. An dieser Inkohärenz scheitert Quines »naturalistische« Position.

Als letzte Bestätigung dieser Kritik möge der letzte, Quines Position klar zusammenfassende Paragraph von *Structure and Nature* dienen:

»My global structuralism should not [...] be seen as a structuralist ontology. To see it thus would be to rise above naturalism and revert to the sin of transcendental metaphysics. My tentative ontology continues to consist of quarks and their compounds, also classes of such things, classes of such classes, and so on, pending evidence to the contrary. My global structuralism is a naturalistic thesis about the mundane human activity, within our world of quarks, of devising theories of quarks and the like in the light of physical impacts on our physical surfaces.« (Ib.)

Hier zeigt sich wieder die kritisierte Inkohärenz: Wenn »man« sich nicht über den Naturalismus erheben soll(te), dann hat der Naturalismus das erste und das letzte Wort »über« die Welt. Aber dann haben Quines »philosophische« Interpretationen dessen, was die Naturwissenschaft sagt und tut, überhaupt keinen Sinn. Wenn für solche Interpretationen dennoch ein Sinn eingefordert wird, so führt dies zum paradoxen Ergebnis, dass gerade der soeben behauptete Stellenwert der Naturwissenschaft, der exklusiv und definitiv über Sinn und Unsinn von Aussagen über die Welt *allein* entscheiden soll, zerstört wird.

Wenn man die Diskussion mit Quines Position auf die Spitze treiben will, so bietet sich dafür aus einer der oben zitierten Passagen ein bemerkenswerter Satz an: »The very notion of object, or of one and many, is indeed as parochially human as the parts of speech; to ask what reality is *really* like, however, apart from human categories, is selfstultifying.« Auf der Basis der in diesem Buch vertretenen Konzeption ist diese Ausssage zu unterschreiben, allerdings mit einer fundamentalen weiterführenden Bemerkung, die der Aussage Quines jeden argumentativen Wert für seine Position entzieht. In der Tat ist es Unsinn zu fragen, was »Wirklichkeit« »wirklich« ist, wenn man den fundamentalen Umstand nicht beachtet, dass es sich um menschliche Kategorien handelt. Aber Quine versäumt es, die weitergehende Frage zu stellen, geschweige denn zu klären, wie »menschliche Kategorien« zu begreifen sind. Quine unterstellt problemlos, dass »menschliche Kategorien« etwas sind, was der Mensch in einem naiven Sinn »produziert«, also etwas rein Subjektives und in diesem Sinne »rein Menschliches«. Gerade ein solcher Standpunkt ist philosophisch schlechterdings unhaltbar, weil er wegen seiner Inkohärenz sich selbst aufhebt. Schon die bisherigen Ausführungen in diesem Buch dürften dies zur Genüge gezeigt haben.

Sonderbarerweise hat man hier eine Konzeption, die – sieht man einmal von der Terminologie und der Begründung ab – in verblüffender Weise dasselbe behauptet wie Kants These von der Unerkennbarkeit der Dinge-an-sich – allerdings mit dem Unterschied, dass Kant nicht gleichzeitig eine problematische Position vertritt, die dem Naturalismus Quines vergleichbar ist, so dass für ihn kein »Vereinbarkeitsproblem« entstehen kann.[7]

[5] Nun gibt es bei Quine eine überraschende und sehr aufschlussreiche Wende. Eigenartigerweise deutet er die »barren scene« als etwas Epistemologisches:

»The semantical considerations that seemed to undermine all this [the robust realism, LBP] were concerned not with assessing reality but with analyzing method and evidence. They belong not to ontology but to the methodology of ontology, and thus to epistemology.« (Quine [1981: 21])

Dass bestimmte semantische Analysen schlichtweg auf die Methodologie der Ontologie reduziert werden, kann verstanden werden, obwohl eine solche Reduktion nicht unproblematisch ist; dass aber die Methodologie der Ontologie zur Epistemologie gehört, ist alles andere als einleuchtend. Man könnte eine solche Aussage als eine terminologische Angelegenheit betrachten. Einzig wichtig ist der folgende Punkt: Wenn die Methodologie der Ontologie die

---

[7] Wenn QUINE in einem der obigen Zitate sagt, die Verteidigung einer »structuralist ontology« würde bedeuten »to revert to the sin of transcendental metaphysics«, so ist das unverständlich, ja falsch. »Transzendental« charakterisiert KANTs Position oder eine der Positionen, die in der einen oder anderen Weise von der KANTischen Position bestimmt ist. QUINE hätte sagen sollen »transcendent metaphysics«. Eine ähnliche terminologische Konfusion ist in einer Passage aus PUTNAM [1983: 226–7] zu finden (diese Passage wird auch in Kapitel 5 angeführt):
»[P]hilosophers have always tried to dismiss the transcendental [sic] as nonsense, but it does have an eerie way of reappearing. (…). Because one cannot talk about the transcendent [sic] or even deny its existence without paradox, one's attitude to it must, perhaps, be the concern of religion rather than of rational philosophy.«

These der radikalen ontologischen Relativität und der Unerforschlichkeit der Referenz beinhaltet, so wird eine Kluft zwischen ihr und der naturalistischen Position sofort sichtbar. Und damit bestätigt und vertieft sich der oben formulierte Einwand der Inkohärenz gegen Quines Position. Die Kluft kommt in der folgenden Passage zum Vorschein, die sich an das letzte Zitat anschließt:

»Those considerations [gemeint sind die »semantical considerations« im letzten Zitat, d.h. die Beschreibung der »barren scene«] showed that I could indeed turn my back on my external things and classes and ride the proxy functions to something strange and different without doing violence to any evidence. But all ascription of reality must come rather from within one's own theory of the world; it is incoherent otherwise.« (Ib. 21)

Was impliziert diese Möglichkeit (»... I could ...«), von der Quine hier spricht? Sie bildet einen Grundzug der Quineschen Methodologie der Ontologie. Aber dann wird folgendes Problem unausweichlich: Wie kann diese »Möglichkeit« mit der großen These in Einklang gebracht werden, wonach *jede* Zuschreibung von Realität sich aus der eigenen Theorie über die Welt ergeben muss und sich tatsächlich ergibt? Aus der eigenen Theorie über die Welt ergibt sich nämlich, dass eine ontologische Relativität im Quineschen Sinne ausgeschlossen ist: Ein Elektron ist ein Elektron und kann nicht einfach mit einem anderen »Objekt« beliebig permutiert werden. Diese Feststellung hat zur Konsequenz, dass Quine nicht in der Lage ist, eine kohärente Verbindung zwischen seiner Methodologie der Ontologie und der von ihm doch bejahten »wissenschaftlichen« Ontologie herzustellen.

Quine geht noch einen Schritt weiter, der zeigt, dass seine Inkohärenz noch tiefer reicht. Es heißt bei ihm:

»My methodological talk of proxy functions and inscrutability of reference must be seen as naturalistic too; it likewise is no part of a first philosophy prior to science.« (Ib.)

Wie kann Quines Rede von Stellvertreterfunktionen und Unerforschlichkeit der Referenz *naturalistisch* verstanden werden, wenn seine Methodologie jede wissenschaftlich fundierte Ontologie ausschließt?

4.2.1.2 Die Aufeinanderangewiesenheit von Philosophie und (Natur)Wissenschaften

Das Beispiel Quines zeigt, dass über die Wissenschaften nichts theoretisch Interessantes oder Wichtiges gesagt werden kann, ohne dass die Frage auftaucht, welchen Status solche Aussagen haben. Dieser Status kann nur ein philosophischer sein, da keine andere Wissenschaft diesen Typus von Fragen als Bestandteil ihres Gegenstandbereichs betrachtet bzw. betrachten kann. Umgekehrt muss sich eine Philosophie, die sich als systematisch im

Sinne dieses Buches versteht, auch mit jenem großen Teilbereich des Seins im Ganzen befassen, der hier *Natur(welt)* genannt wird. Nun ist die Natur(welt) der eigentliche Gegenstandsbereich der Naturwissenschaften. Man kann die Ausgangslage kurz so charakterisieren: Naturwissenschaften und Philosophie sind unzertrennlich aufeinander angewiesen. Die große Frage lautet: Wie ist dieses Verhältnis genau zu begreifen und zu bestimmen?

Die genannte Aufeinanderangewiesenheit ist von einer grundlegenden Einsicht her zu bestimmen, die als erstes zu charakterisieren ist. Diese Einsicht ergibt sich direkt aus der (Quasi-)Definition von Philosophie, die für die hier entwickelte Konzeption grundlegend ist: Philosophie ist die Theorie der universalen Strukturen des uneingeschränkten *universe of discourse* (des Seins im Ganzen). Nun ist die Naturwelt ein Teilbereich, ein bestimmter oder partikulärer Bereich des *universe of discourse* bzw. des Seins im Ganzen. Abstrakt formuliert ist zu sagen, dass die Philosophie in diesem Teilbereich die *universalen* Strukturen zu begreifen versucht, während die (Natur)Wissenschaften sich mit den *partikulären* bzw. *bereichsspezifischen* Strukturen befassen. Auch diese Formulierung ist noch unzureichend, um das in Frage stehende Verhältnis bestimmt zu charakterisieren.

Man kommt einen Schritt weiter, wenn man darauf hinweist, dass die Philosophie die Naturwelt und alles, was sie einschließt, *aus der Perspektive der Universalität*, des Seins im Ganzen, betrachtet, während sich die (Natur)Wissenschaften mit der Naturwelt nicht aus dieser Perspektive, sondern aus einer beschränkten, partikulären oder »atomistischen« Perspektive befassen. Um zu zeigen, was dies genauer heißt, muss man weit ausholen.

Üblicherweise werden Darstellungen einer bestimmten Wissenschaft damit eingeleitet, dass eine Definition (genauer: eine allgemeine Charakterisierung) dieser Wissenschaft gegeben wird. Ein Lehrbuch der Physik beispielsweise bringt eine beschreibende Charakterisierung etwa der folgenden Art:

»*Physik* [… ist] die Wissenschaft von den Naturvorgängen im Bereich der unbelebten Materie sowie von deren Eigenschaften, die der experimentellen Erforschung, der messenden Erfassung und mathematischen Darstellung zugänglich sind und allgemeinen gültigen Gesetzen unterliegen. Insbesondere untersucht die Physik die Zustandsformen der Materie, ihre Struktur und Bewegung (Veränderung) sowie die diese hervorrufenden Kräfte und Wechselwirkungen.« (Meyers Lexikon [2001: Bd. 17, 179])

Als Philosoph muss man fragen und klären, welchen genauen Status, welche Voraussetzungen und Implikationen eine solche Charakterisierung hat. Es dürfte sofort klar sein: Sie ist kein Bestandteil der Wissenschaft »Physik« – eine These, die im Gegensatz zur weitverbreiteten Meinung steht, eine solche beschreibende Charakterisierung sei sogar die Uraufgabe eben dieser Wissenschaft selbst. Dem ist aber keineswegs so; denn sie ist eine *Meta*-Aussage bezüglich der Physikwissenschaft und somit greift sie – teilweise direkt und sonst indirekt – auf Begriffe und allgemein auf Gesichtspunkte zurück, die nicht zur Physik gehören. Indem sie etwa von »den Naturvorgängen im Bereich der unbelebten Materie« spricht, setzt sie voraus, dass es Naturvorgänge in anderen Bereichen der Materie gibt; damit setzt sie den Begriff bzw. den Bereich »Materie« voraus; aber sie sagt nicht, was dieser (allgemeinere) Bereich »Materie« überhaupt ist. Die Ebene, auf welcher diese vorausgesetzten Begriffe situiert sind, ist eine Meta-Ebene.

Zwar könnte man versuchen, eine »Quasi-Definition« einer bestimmten Wissenschaft, hier: der Physik, nicht als Meta-Aussage, sondern als Objekt-Aussage zu formulieren und zu verstehen. Man würde beispielsweise sagen: Die Physik ist jene Wissenschaft, die sich mit Entitäten (Seienden) befasst, welche sich folgendermaßen verhalten (oder »erscheinen« o. ä.): und man würde die sogenannten Eigenschaften physikalischer Dinge aufzählen. Anschließend würde man sagen: Den Bereich der Dinge, die sich so verhalten, bezeichnen wir rein stipulativ-terminologisch als »unbelebte Materie«. Eine solche Quasi-Definition wäre *teilweise* als »Objekt-Quasi-Definition« zu bezeichnen, aber nur teilweise. Abgesehen davon, dass ein Begriff wie »Wissenschaft« nicht in der Physik selbst behandelt (definiert) wird bzw. werden kann, kommen andere zentrale Begriffe vor, die einen eindeutigen Meta-Charakter haben. Hier wird vorausgesetzt, dass es Entitäten gibt (oder zumindest geben kann), die sich nicht so verhalten wie diejenigen, deren Verhalten beschrieben und mit der Bezeichnung ›physikalisch‹ belegt wird.

Der aufgezeigte unausweichliche Meta-Charakter ist *zunächst* jene Ebene, die den »Verbund« der *Naturwissenschaften* kennzeichnet. Die Physik wird dadurch quasi-definiert, dass sie gegen die anderen naturwissenschaftlichen Disziplinen abgegrenzt wird; dies geschieht seinerseits dadurch, dass sie sich gegenüber dem, was den Verbund der Naturwissenschaften charakterisiert, ausdifferenziert. Aber der Meta-Charakter reicht viel weiter, und zwar im Falle der Physik über die Ebene des Verbundes der Naturwissenschaften hinaus. Begriffe wie »Entität (Seiendes)« sind eindeutig universale Begriffe, deren Klärung und Behandlung einer universalen Wissenschaft obliegt. Diese ist keine andere als die Philosophie.

Aus den obigen Überlegungen lassen sich wichtige Schlüsse ziehen, und zwar im Hinblick auf die Frage nach der genauen Bedeutung der Begriffe der universalen Perspektive, die für die Philosophie charakteristisch ist, und der partikulären Perspektive, die den Status der einzelnen Wissenschaften bestimmt, oder kurz: im Hinblick auf die Frage nach dem Verhältnis zwischen den *universalen* und den *partikulären Strukturen*. Die universalen Strukturen sind für das Sein im Ganzen *und* für jeden seiner Bereiche konstitutiv. Man muss hier aber die wichtige spezifischere Unterscheidung zwischen *absolut universalen* und *relativ universalen Strukturen* einführen. Die absolut universalen Strukturen sind für das Sein im Ganzen im eigentlichen und engeren Sinne konstitutiv, d.h. für das Sein *als Sein* gemäß dem strengsten Sinne der

Qualifikation *als*. Eine dieser Strukturen ist die *universale Intelligibilität* des Seins und jedes Seienden. In der großen Tradition der Metaphysik wurde diese Struktur so formuliert: *Omne ens est verum* (wobei aber das Wort ›verum‹ hier im Sinne von Intelligibilität zu deuten ist). Diese Tradition kannte auch noch – mindestens – zwei weitere universalen Strukturen: *Omne ens est unum*, was man heute einfach als das große Axiom formulieren kann: Jedes Seiende (Ding …) ist mit sich selbst identisch, oder in quantifizierter Form: Für alle ($\forall x$) (x = x), und *Omne ens est bonum*. Eine weitere fundamentale universale Struktur ist eine *duale modale Struktur*: Jedes Seiende ist entweder notwendig oder kontingent; anders gesagt: Eine duale modale Struktur charakterisiert das Sein als solches und jedes einzelne Seiende. Aber die wichtigste und fundamentale universale Struktur ist die Struktur selbst: Sein *ist* Struktur, damit ist auch *jedes Seiende* (eine) Struktur. Auf dieses Thema wird in Kapitel 5 ausführlich einzugehen sein.

Die *relativ universalen* Strukturen sind diejenigen, die nicht das Sein als solches, sondern die Beziehungen jedes einzelnen Seienden zum Sein im Ganzen betreffen. Es geht mit anderen Worten um die Strukturen, die den *systematischen Ort* jedes Seienden bzw. jedes Seinsbereichs konstituieren. Eine wohlfundierte Unterscheidung verschiedener Seinsbereiche basiert gerade auf der Unterscheidung und Herausarbeitung verschiedener Strukturen.

Jetzt kann gesagt werden, dass die Philosophie sich von einer *universalen Perspektive*, und zwar sowohl im Sinne einer *absolut universalen* als auch einer *relativ universalen* Perspektive, leiten lässt; ihre Aufgabe ist es, die absolut universalen und die relativ universalen Strukturen herauszuarbeiten.

Im Gegensatz dazu betrachten die Naturwissenschaften den von ihnen untersuchten Seinsbereich aus einer *partikulären* Perspektive und versuchen, die *partikulären Strukturen* zu entdecken. Was heißt hier »partikulär (partikuläre Perspektive bzw. partikuläre Strukturen)«? Zunächst lässt sich sagen: »Partikulär« meint »das Einzelne selbst betreffend«, ohne Rücksicht auf Gesichtspunkte der Universalität, auch nicht im relativen Sinne. Hier kommt allmählich ein Problem zutage, das als das Grundproblem des Verhältnisses zwischen Philosophie und (Natur)Wissenschaften zu bezeichnen ist. Die relativ-universale Perspektive (und damit auch die relativ-universalen Strukturen) und die partikuläre Perspektive (und damit auch die partikulären Strukturen) lassen sich nicht chemisch rein unterscheiden. Die abstrakt formulierte Unterscheidung zwischen Philosophie und Wissenschaften ist ohne Zweifel richtig und klar, aber eben nur auf der abstrakten Ebene. In der Realität der philosophischen und der (natur)wissenschaftlichen Forschung sind *die Grenzen weitgehend fließend*. Es dürfte keinen Zweifel darüber geben, dass sich sehr viele Philosophen auf illegitime, d. h. wissenschaftswidrige Weise auf Themen einlassen, die nur naturwissenschaftlich behandelt werden können. Umgekehrt ist es ein Faktum, dass einige Wissenschaftler, viele wissenschaftliche

Journalisten und wissenschaftlich nicht ausgewiesene Philosophen die angeblichen »Ergebnisse« der (Natur)Wissenschaft auf oft phantastische Weise – angeblich philosophisch – extrapolieren.

Der Grund dafür, dass sich die genaue Unterscheidung zwischen Philosophie und (Natur)Wissenschaften nicht in *allen Bereichen* der Philosophie rein bestimmen lässt, dürfte in Folgendem liegen: Die Differenz zwischen relativ-universaler Perspektive bzw. Struktur und partikulärer Perspektive bzw. Struktur ist unscharf. Aus der partikulären Perspektive wird dasjenige an einem Seienden oder einem Seinsbereich erfasst, was man dessen Binnenstrukturiertheit nennen kann: Das Seiende bzw. der Seinsbereich wird »in sich selbst«, isoliert, unter Absehung seiner Beziehungen zu den übrigen Seienden bzw. Seinsbereichen und zum Sein im Ganzen betrachtet. Aus dieser Perspektive wird das jeweilige Seiende bzw. der jeweilige Seinsbereich gerade *nicht adäquat* in seinem *spezifischen* Charakter gesehen und erfasst; denn es gehört zum *eigentlichen Status* (also zur eigentlichen *ganzen* Struktur) des Seienden bzw. Seinsbereichs, dass es/er einen Bezug zu den anderen Seienden bzw. Bereichen bzw. zum Sein im Ganzen hat. Aus der relativ-universalen Perspektive *als solcher* kann nur das gewonnen werden, was den expliziten Bezug eines Seienden oder Seinsbereichs zu den anderen Seienden oder Seinsbereichen und zum Sein im Ganzen ausmacht; dabei gelangt das »Partikuläre« oder »Spezifische« des Seienden/Seinsbereichs nicht so explizit in den Blick.

Als Fazit dieser letzten Überlegungen wird man wohl sagen müssen: Keine der beiden Perspektiven kann ohne die Leistung der jeweils anderen den Anspruch erheben, das Seiende bzw. den Seinsbereich *adäquat zu erfassen.* Daraus folgt nicht, dass sie illegitim oder unbrauchbar wären; vielmehr sind sie unvermeidlich und unverzichtbar; denn nur so können wir Menschen eine adäquate Erkenntnis der »Welt« gewinnen. Beide Perspektiven und damit beide theoretische Unternehmungen sind aufeinander angewiesen, wenn es sich darum handelt, Seiende bzw. Seinsbereiche *adäquat zu erfassen und zu begreifen.* Diese grundlegende These wird noch verständlicher und plausibler erscheinen, wenn man das Problem des *methodischen Vorgehens* der (Natur)Wissenschaften behandelt.

4.2.2 Hauptaufgaben und globale Thesen einer in Verbindung mit den Naturwissenschaften entwickelten Natur(welt)philosophie

Auf der Basis der im letzten Unterabschnitt angestellten Überlegungen lassen sich jetzt Hauptaufgaben und globale Thesen einer Natur(welt)philosophie umschreiben; dass die Aufgaben in engster Verbindung mit den Naturwissenschaften zu sehen sind, dürfte jetzt einleuchten, bildet doch diese Einsicht den Ausgangspunkt für die Konkretisierung der wichtigsten philosophischen Aufgaben und Thesen.

Im folgenden sollen zwei Hauptaufgaben aufgezeigt und entsprechende Thesen formuliert werden. Die erste betrifft die kategorial-strukturale Verfasstheit der Naturwelt, die zweite die Tragweite und die Problematik des ontologischen Unterschieds zwischen verschiedenen Seinsbereichen.

4.2.2.1 Die kategorial-strukturale Verfasstheit der Naturwelt

Unzweifelhaft hat die meistens ontologisch verstandene Kategorie der *Substanz*[8] mit ihrem semantisch-ontologischen Umfeld die bei weitem wichtigste Rolle in der Geschichte der philosophischen Kategorienlehre und der Ontologie sowie in der Geschichte des Verhältnisses zwischen Philosophie und Naturwissenschaften gespielt. Zwar wurden in der Neuzeit und ganz besonders in den letzten Jahrzehnten neben der Kategorie der Substanz weitere Kategorien wie Tatsache, Ereignis, Prozess, Zustand, »Feld« (vgl. z. B. Schneider [2006]) u. ä. angenommen; wenn auch selten, wurden auch Versuche unternommen, die traditionell grundlegende Kategorie »Substanz« durch andere Kategorien, insbesondere durch die Kategorie des »Prozesses« zu ersetzen.[9] Die Geschichte der philosophischen Versuche, die Ergebnisse der Naturwissenschaften auf der Basis der Kategorie der Substanz (und der mit ihr gegebenen Kategorien wie Akzidens usw.) zu »begreifen« oder zu interpretieren, ist außerordentlich lehrreich, nicht zuletzt deshalb, weil sie in mustergültiger Weise zeigt, wie unangemessen der Umgang der Philosophie mit den Ergebnissen der Naturwissenschaften ist.

Ursprünglich (bei Aristoteles und in der jahrhundertelangen Geschichte der Kategorie der Substanz) wurden die einzelnen Menschen und im allgemeinen die einzelnen Lebewesen »Substanzen« genannt; darüber hinaus wurden jedoch oft auch *middle-sized objects* ebenfalls als Substanzen bezeichnet. Mit der Entwicklung der modernen Physik wurde überaus klar, wie problematisch die Heranziehung dieser Kategorie ist. So hat man zunächst gemeint, die Ebene der Substantialität im Bereich der Moleküle gefunden zu haben, dann aber im Bereich der Atome, weiter im Bereich der Elementarteilchen usw. Spätestens damit wurde klar, dass diese Kategorie unbrauchbar ist, die Ergebnisse der modernen Physik zu begreifen oder zu interpretieren.

Seit langem wird von den meisten analytischen Philosophen nicht das Wort ›Substanz‹, sondern das Wort ›Objekt‹ verwendet. Eine eingehende Analyse des Vorkommens dieses Ausdrucks zeigt eindeutig, dass damit der alte Be-

---

[8] Nicht immer wurde die Kategorie der Substanz ontologisch verstanden. Ein charakteristisches Beispiel ist KANT, in dessen Philosophie die Kategorie der Substanz eine fundamentale Rolle spielt, wobei man schwerlich behaupten kann, dass er ihr einen expliziten ontologischen Status zugeschrieben hat.

[9] Das vielleicht bekannteste und wichtigste Beispiel ist WHITEHEADS *Process and Reality* (WHITEHEAD [1929/1978]). Vgl. auch SEIBT [2004].

griff der Substanz in der einen oder anderen Form oder Variante gemeint ist: Ein Objekt ist ein *x*, das Eigenschaften hat und in Relationen zu anderen Objekten steht. Das *x* ist dabei das, was den Eigenschaften und Relationen *zugrunde liegt*, anders gesagt: Es ist deren *Träger*; das traditionelle Wort dafür ist: *Substratum*.

In den reinen mathematisch orientierten Darstellungen der naturwissenschaftlichen Theorien kommt die Kategorie der Substanz bzw. des Objekts nicht in theorierelevanter Weise vor. Wohl aber benutzen die Wissenschaftler meist die — eingebürgerte — substantialistische Terminologie: Sie sprechen von »Objekten«, »Eigenschaften«, »Relationen« u.ä. Die allermeisten Philosophen, die sich in der einen oder anderen Weise mit den Naturwissenschaften befassen, verwenden die alten Kategorien der substantialistischen Ontologie, und zwar nicht nur als Instrumente der Paraphrase, sondern als Instrumente des Erfassens und Begreifens. Das führt dazu, dass oft und oft Fragen auf der Basis völlig unangemessener »Vorstellungen« aufgeworfen und behandelt werden. Das geschieht insbesondere im Bereich der *Philosophy of Mind*, wie im Abschnitt 4.3 zu zeigen sein wird.

Die in Kapitel 3 in ihren Grundzügen herausgearbeitete Theorie der ontologischen Strukturen hat den *kaum hoch genug einzuschätzenden Vorteil*, dass sie *in keiner Weise* mit den naturwissenschaftlichen Aussagen über die Naturwelt kollidiert. Die grundlegende ontologische Struktur *Primärtatsache* ist nämlich geeignet, als angemessene philosophische Interpretation jeder einzelnen mathematisch-naturwissenschaftlich formulierten Aussage zu dienen. Ob man von Elementarteilchen, Wellen, Zellen, Genen, Neuronen, Kräften, Feldern usw. spricht, immer handelt es sich dabei um einfache oder komplexe Primärtatsachen. Wie in Kap. 3 (3.2.3 und 3.4) gezeigt wurde, sind *alle* Entitäten ausschließlich *Primärtatsachen* und diese sind allesamt *ontologische Strukturen*. Hier wird eine bestimmte Form eines *strukturalen Realismus* vertreten.

4.2.2.2 Die Naturwelt und die Pluralität von Seinsbereichen: der Begriff des ontologischen Unterschieds

Die grundlegende ontologische Struktur, die *Primärtatsache*, ist koextensiv mit dem Sein selbst, konstituiert das Sein selbst; das Sein selbst *ist Struktur*, so dass man sagen muss: *esse et structura convertuntur* bzw. *ens et structura convertuntur*. Struktur ist daher das fundamentale Transzendentale (»transzendental« hier nicht im Kantischen, sondern im alten metaphysischen Sinne).

Die *zweite* große Aufgabe bzw. die *zweite* globale These einer Natur-(welt)philosophie betrifft das, was man den *ontologischen Unterschied* nennen kann: den Unterschied zwischen verschiedenen Bereichen von Seienden oder

Seinsbereichen.[10] Wie der Bereich der Naturwelt hier verstanden wird, umfasst er zwei Unterbereiche, die gewöhnlich die *unbelebte* und die *belebte Natur* genannt werden. Wie noch zu sehen sein wird, wirft dieser Unterschied schwierige Probleme auf. Der ontologische Unterschied betrifft zudem in besonderer Weise den Unterschied zwischen dem Bereich der Naturwelt als ganzer einerseits und den Nicht-Naturwelt-Bereichen andererseits.[11] Zu den letzteren gehören: (1) Die menschliche Welt, die durch den traditionellen Terminus »geistig« charakterisiert ist, mit allem, was zu ihr gehört: die soziale Welt, die Dimension des Handelns, die Dimension der Moralität und der Werte, die Dimension der Kultur, die Dimension der Religion, die Dimension der Ästhetik u. a. (2) Die Dimension der »idealen Welt«, d. h. hier: der semantischen Strukturen, der Theorien, der logischen und mathematischen Strukturen. Die »ideale Welt« wurde in einer bestimmten Hinsicht in Kapitel 3 behandelt; sie wird erneut, und zwar in einem umfassenderen Zusammenhang, in Kapitel 5 zu betrachten sein. Die »menschliche Welt« ist der Gegenstand der weiteren Abschnitte des vorliegenden Kapitels.

4.3 Die menschliche Welt

Was hier »die menschliche Welt« genannt wird, ist wohl von Anfang an das wichtigste Gebiet und Thema der Philosophie gewesen und ist es auch in gewisser Hinsicht noch heute. In einer systematisch orientierten Philosophie gebührt ihm daher ein zentraler Platz. Mit diesem Ausdruck werden eine ganze Reihe von einzelnen Fragen und Themenstellungen bezeichnet. Im vorliegenden Abschnitt werden nur die allerwichtigsten behandelt. Dabei kann es sich in keiner Weise um eine erschöpfende, ja nicht einmal um eine ausführliche Behandlung handeln. Gemäß der Zielsetzung des vorliegenden Werkes soll vielmehr gezeigt werden, wie der struktural-systematische Theorierahmen *im Prinzip* hinsichtlich des philosophischen Begreifens der menschlichen Welt ausgeführt und konkretisiert werden kann.

---

[10] Der Ausdruck »ontologische Differenz« wurde von HEIDEGGER eingeführt, um den Unterschied oder die Differenz zwischen den Seienden und dem Sein zu bezeichnen. Diese Heideggersche Bedeutung des Ausdrucks unterscheidet sich von der im gegenwärtigen Kontext gemeinten Bedeutung. Bei HEIDEGGER bezeichnet der Ausdruck *nicht* den Unterschied zwischen verschiedenen Bereichen von Seienden (Seinsbereichen), sondern ausschließlich den Unterschied zwischen dem Sein als solchem und der global genommenen Totalität der Seienden. Arbeitet man aber wie in diesem Buch die Pluralität von Bereichen von Seienden oder Seinsbereichen explizit heraus, schließt der dafür verwendete Ausdruck ›ontologischer Unterschied‹ *auch* den Bezug aller dieser Seinsbereiche zum Sein, also die *erweiterte* ontologische Differenz im HEIDEGGERschen Sinne mit ein.

[11] Vgl. die Erläuterungen über den Gebrauch des Ausdrucks »Natur(welt)« oben im Abschnitt 4.2.

4.3.1 Philosophische Anthropologie (Philosophie des Geistes)

Zunächst sollen zwei Fragen behandelt werden, welche die Grundlagen für alle anderen Themenstellungen hinsichtlich der menschlichen Welt bilden. An erster Stelle soll die allgemeine ontologische Basis geklärt werden, deren zentraler Fragepunkt die kategoriale oder strukturale Konstitution des Individuums betrifft (4.3.1.1). Sodann ist die spezifische ontologische Konstitution des individuellen Menschen als Person herauszuarbeiten (4.3.1.2).

4.3.1.1 Was ist ein Individuum in kategorialer oder strukturaler Hinsicht?

In Kapitel 3 wurde die struktural-systematisch orientierte Ontologie im Grundriss dargestellt. Dabei wurde der traditionelle Begriff der »Kategorie« in der Weise neu interpretiert bzw. modifiziert, dass er auf den gemäß der hier vertretenen systematischen Konzeption zentralen Begriff der *ontologischen Struktur* reduziert wurde. Im Rahmen einer neuen nicht-kompositionalen, sondern »kontextualen« Semantik wurde der Begriff des Primärsatzes entwickelt, d.h. des Satzes ohne Subjekt und Prädikat. Der Primärsatz drückt eine Primärproposition aus; und wenn eine Primärproposition wahr ist, dann ist sie identisch mit einer Primärtatsache (in der Welt). Es wurde ferner gezeigt, dass die Primärtatsache angemessen als ontologische Primärstruktur, und zwar als die einzige ontologische Primärstruktur, zu begreifen ist. Hinsichtlich der Primärtatsache als der einzigen ontologischen Primärstruktur wurden mehrere Differenzierungen eingeführt, die genau zu beachten sind.[12]

Primärtatsachen sind nach *drei Gesichtspunkten* zu unterscheiden: Arten, Konstitution (Komplexitätsgrad), ontologische Differenziertheit. Die wichtigsten *Arten* von Primärtatsachen sind: statische – dynamische, prozesshafte, ereignishafte ...; konkrete – abstrakte – ideale ...usw. Primärtatsachen Hinsichtlich ihrer *Konstitution* oder *Komplexität* unterscheiden sich Primärtatsachen in einfache (oder atomare) und komplexe, je nachdem, ob sie aus einer einzigen Primärtatsache bestehen oder durch mehr als eine Primärtatsache konstituiert sind. Hinsichtlich der ontologischen *Differenziertheit* gibt es so viele differente Arten von Primärtatsachen wie es ontologische Bereiche gibt: materielle, physikalische, biologische, »geistige (mentale)«, logische, mathematische, ideale, werthafte, moralische, ethische, juristische, institutionelle, soziale, ästhetische usw. Man beachte, dass der Ausdruck ›Primärtatsache‹ hier als ein *terminus technicus* verstanden wird, mit der Konsequenz, dass die Konnotation zum gewöhnlichen Ausdruck bzw. Begriff »Tatsache« fernzuhalten

---

[12] Wie schon mehrmals betont wurde, ist der negativ-korrelative Begriff zu »Primärsatz«, »Primärproposition« und »Primärtatsache« nicht »sekundärer Satz« bzw. »sekundäre Proposition bzw. Tatsache«. Vielmehr soll »primär« nur die fundamentale Differenz zum »kompositional« aufgefassten Satz (also dem Satz mit Subjekt-Prädikat-Struktur) und zur kompositional aufgefassten »Proposition« bzw. »Tatsache« zum Ausdruck bringen.

ist. Damit entfällt beispielsweise der bei vielen Philosophen zum Dogma erstarrte Unterschied zwischen »Tatsache« (*fact*) und »Wert« (*value*). Gemäß der hier verwendeten Terminologie, die auf einer völlig anderen, neuen ontologischen Konzeption basiert, sind auch »Werte« »Primärtatsachen«, und zwar solche, die sich von anderen (materiellen, physikalischen usw.) Primärtatsachen unterscheiden.

Für die Zielsetzung des vorliegenden Kapitels und ganz speziell dieses Abschnitts 4.3 ist der Gesichtspunkt der *Konstitution* von besonderer und sogar entscheidender Bedeutung; denn erst dieser Gesichtspunkt ermöglicht im Rahmen der hier vertretenen ontologischen Konzeption die Entwicklung einer Theorie des Individuums (im engen oder prägnanten Sinne). Komplexe Primärtatsachen sind *Konfigurationen* primärer Tatsachen; Konfigurationen sind ihrerseits Primärstrukturen, und zwar Strukturen von *n*-Primärstrukturen. Alles hängt also vom Begriff der Komplexität und damit der Konfiguration ab.

Das Wort ›Individuum‹ wird bekanntlich in einem sehr weiten und in einem engen Sinne verwendet. Im weiten Sinne ist jede Entität, welcher Art auch immer, die sich von anderen Entitäten unterscheidet, eine individuelle Entität, ein Individuum. In diesem Sinne ist jede einzelne einfache primäre und jede einzelne komplexe Primärtatsache ein Individuum. Wenn in diesem Kapitel (und allgemein in diesem Buch) das Wort ›Individuum‹ verwendet wird, so ist dieser *sehr weite* Sinn *nicht* gemeint, es sei denn, dies wird eigens angegeben. Im *engen* Sinne wird unter einem »Individuum« jede Konfiguration von Primärtatsachen verstanden, also jede komplexe Primärtatsache. Jede identifizierbare Konfiguration, die sich von anderen Konfigurationen unterscheidet, ist demnach ein Individuum in diesem engen Sinne. Konfigurationen können sehr verschiedene Grade haben. Ein reiner Haufen ist auch eine Konfiguration; ein Individuum wie der Mensch als Person ist ebenfalls eine Konfiguration. Es dürfte sofort klar sein, dass zwischen beiden Konfigurationen eine philosophisch bedeutsame Differenz besteht. Intuitiv und sehr allgemein formuliert: Im Falle eines Haufens handelt es sich um eine sehr lose Konfiguration; hingegen stellt ein menschliches Individuum eine extrem »dichte« Konfiguration von Primärtatsachen dar. Diese »dichten Konfigurationen« sind ganz *besondere* Konfigurationen und damit ganz *besondere* Individuen. Individuen in diesem Sinne sollen Individuen in einem *relevanten* oder *robusten Sinne* (kurz: *relevante oder robuste Individuen*) genannt werden. Extensional sind damit sowohl die nicht-geistigen als auch die geistigen Lebewesen (die Menschen als Personen) *gemeint*.

Eine zentrale Aufgabe der Ontologie besteht in der Klärung dieser verschiedenen ontologischen Differenzierungen. In diesem Buch kann diese Aufgabe nur sehr selektiv in Angriff genommen werden. Explizit behandelt werden nur jene Konfigurationen von Primärtatsachen, die soeben als *relevante Individuen* bezeichnet wurden, und hiervon nur die *relevanten geistigen Individuen*, die menschlichen Individuen *als* Personen. Wie die das menschliche Individuum konstituierende Konfiguration zu konzipieren ist, ist der zu klärende Hauptpunkt.

Bevor diese Aufgabe in Angriff genommen wird, ist zu bemerken, dass im Rahmen der hier vertretenen Ontologie bekannte »traditionelle« Fragen überhaupt nicht entstehen können; vor allem kann hier die Frage nach einem »Individuationsprinzip« nicht gestellt werden. Eine solche Frage ergibt sich ganz konsequent – und ausschließlich – aus der Annahme von Universalien im traditionellen Sinne, d. h. von Entitäten, die, identisch bleibend, verschiedentlich *instantiiert* werden können. Die Frage, wie das zu denken sei, weist in Richtung der Annahme einer »individuierenden Instanz«, die dann als »Individuationsprinzip« aufgefasst wird. Eine solche Frage kann in der hier vertretenen Ontologie nicht entstehen, da Universalien als solche (im traditionellen Sinne) in dieser Ontologie keinen Platz haben.

4.3.1.2 Der individuelle Mensch als Person

Die allgemeine Frage, wie der Begriff der Konfiguration, der komplexen ontologischen Primärstruktur(en), zu klären ist, soll jetzt im »konkreten« Fall der wichtigsten aller ontologischen Konfigurationen, d. h. der Strukturen des individuellen Menschen als Person behandelt werden. Diese Frage wird nur im Rahmen der hier vertretenen Ontologie mit eventuellen Hinweisen auf andere Ontologien und Konzeptionen behandelt. Es wird hier nicht zu den vielen Konzeptionen, die in diesem Bereich vertreten werden, Stellung genommen.

Die allgemeine Frage enthält *zwei spezifischere Fragen*, die zu unterscheiden und gesondert zu behandeln sind. *Erstens* handelt es sich um die Frage, wie die den Menschen als Person definierende Konfiguration genauer zu fassen ist, damit sie als angemessener Begriff zur Erfassung und Artikulation des Menschen als Person dienen kann. Hierbei ist im Blick zu behalten, dass die Person sich in jedem Fall durch zwei Grundcharakteristika auszeichnet: einmal durch eine spezielle Einheit und zum anderen durch die für die Person charakteristische Rede in der *ersten* Person (»Ich«), wodurch sich das »Zentrum« oder der »Kern« der Person manifestiert. *Zweitens* ist die in der heutigen *philosophy of mind* intensivst diskutierte Frage zu behandeln, ob die ontologische Konstitution des Menschen auf eine rein materialistische oder physikalistische ontologische Basis reduzierbar ist oder ob nicht ein anderer, nicht-materialistischer oder nicht-physikalistischer ontologischer Rahmen herausgearbeitet werden muss. Bevor diese beiden Fragen in Angriff genommen werden, muss die allgemeine Problematik der adäquaten *formalen* Artikulation des Begriffs der Konfiguration behandelt werden.

4.3.1.2.1 Zur Problematik der adäquaten formalen Artikulation des Begriffs der Konfiguration

[1] In der Regel betrachten wir jeden individuellen Menschen als eine Person, worunter wir ganz allgemein und intuitiv ein Seiendes verstehen, dem eine ganz besondere Einheit eignet und das ein Zentrum oder einen Kern besitzt, in welchem seine Fähigkeit gründet, in der ersten Person zu reden, also »Ich« zu sagen, kurz: ein Subjekt zu sein. Seit Aristoteles ist die von den allermeisten Philosophen benutzte Kategorie, um den individuellen Menschen als Person zu charakterisieren, die ontologische Kategorie der Substanz.[13] Nun wurde in Kapitel 3 gezeigt, dass diese Kategorie nicht geeignet ist, ontologische Zusammenhänge auf intelligible Weise zu artikulieren. Die ontologische Kategorie der Konfiguration wurde eingeführt, um diesen Mangel zu beheben.

Eine Konfiguration in dem hier intendierten Sinn ist eine komplexe Primärtatsache. Wie ist aber diese Komplexität genauer zu verstehen? Seit Russell wird in ähnlichen Zusammenhängen meistens der Ausdrück ›Bündel (*bundle*)‹ verwendet, der aber im Gegensatz zum Ausdruck ›Konfiguration‹ all zuviele nicht-philosophische Konnotationen hat. Konfiguration als eine komplexe Primärtatsache setzt eine Pluralität von »Elementen« voraus, die entsprechend der hier vertretenen Ontologie *wieder* »Primärtatsachen« sind.[14] Konfiguration kann am besten als eine Präzisierung des ganz allgemeinen Begriffs der *Einheit* aufgefasst werden. Es ist unkontrovers, dass es sehr viele Formen und Grade von Einheit gibt; entsprechend gibt es sehr viele Formen und Grade von Konfiguration. Ein Haufen, ein Konglomerat, eine Theorie, ein Lebewesen, eine menschliche Person usw. sind Konfigurationen, aber es leuchtet sofort ein, dass es sich bei diesen Beispielen um sehr distinkte Formen von Konfiguration handelt.

[2] Versucht man, formale Instrumentarien zu benutzen, um den Begriff und die Formen der Konfiguration exakt zu definieren, so taucht das Problem auf, ob solche Instrumentarien geeignet sind, den ganzen begrifflichen Reichtum des intuitiven Verständnisses von Konfiguration bzw. Konfigurationsformen zu erfassen und zu artikulieren. Im folgenden seien *drei* verschiedene formale Instrumentarien exemplarisch behandelt, um daraus wichtige Einsichten zu gewinnen.

[2.1] Das *erste* Beispiel ist die *Mengenlehre*. Der Begriff der Menge hat heute universale Anwendung in allen formalen Wissenschaften. Kann man

---

[13] Die in der großen metaphysischen Tradition am meisten zitierte und benutzte Definition von »Person« stammt von BOETHIUS: »Persona est naturae rationalis individua substantia.« (*Contra Eutychen et Nestorium* 1–3; vgl. SCHLAPKOHL [1999]).

[14] Die heutigen Vertreter der auf RUSSELL zurückgehenden »Bündeltheorie (*bundle theory*)« des Individuums nehmen verschiedene Arten von Entitäten als »Elemente« des Bündels an: Qualitäten, Eigenschaften, »Tropen«, sogar Universalien.

4.3 Die menschliche Welt

den Begriff der Menge als eine präzisierende Artikulation des Begriffs der Konfiguration auffassen? Wenn man auch einen *Haufen* als eine Konfiguration betrachtet, so scheint klar zu sein, dass der Begriff der Menge als eine Präzisierung oder sogar als eine genaue Charakterisierung der hier vorliegenden Konfigurationsform anzusehen ist; denn unter einem Haufen wird allgemein eben eine Menge (jetzt im normalsprachlichen Sinne genommen) übereinander liegender Dinge, eine Anhäufung, ein hügelartig Aufgehäuftes u. dgl. verstanden. Der dabei vorkommende normalsprachliche Ausdruck ›Menge‹ kann durchaus ziemlich exakt mit Hilfe des streng mengentheoretischen Begriffs der »Menge« erfasst und artikuliert werden. Aber schon im Falle eines *Konglomerats* ist es nicht mehr so klar, ob der »theoretische« Begriff der Menge den intuitiven Gehalt dieses Ausdrucks angemessen erfasst und artikuliert; denn »Konglomerat« bezeichnet im intuitiven Verständnis ein heterogenes Gemisch. Auch eine Theorie ist eine Konfiguration. Zumindest eine *formale* Theorie kann *qua* Konfiguration sehr treffend als eine Menge charakterisiert werden. Eine formale Theorie ist nämlich eine deduktiv oder unter logischer Konsequenz abgeschlossene Menge von Sätzen (oder Formeln). Betrachtet man nun in der hier interessierenden Perspektive ein Lebewesen oder das menschliche Individuum *als* Person als eine Konfiguration, so leuchtet sofort ein, dass der Begriff der Menge für die genaue Artikulation dieser Konfiguration und damit auch der ihr eigenen Form von Einheit völlig ungeeignet ist.

Woran liegt es nun, dass der Begriff der Menge in einigen Fällen von Konfiguration (Haufen, Theorie) als durchaus geeignet, ja treffend, in anderen Fällen (Konglomerat, Lebewesen, menschliche Person) aber als intuitiv völlig ungeeignet erscheint? Allgemein kann man sagen, dass der Begriff der Menge für diese zweite Kategorie von Fällen von Konfigurationen zu »ausdrucksarm« oder »begriffsarm« ist. Um diese Aussage zu erläutern, muss man weit ausholen.

Georg Cantor, der eigentliche Schöpfer der Mengenlehre, definiert den Begriff der Menge folgendermaßen:

»Unter einer ›Menge‹ verstehen wir jede Zusammenfassung M von bestimmten wohlunterschiedenen Objekten m unserer Anschauung oder unseres Denkens (welche die ›Elemente‹ von M genannt werden) zu einem Ganzen.« (Cantor 1895/1932: 282])

Es besteht weitgehende Übereinstimmung darüber, dass diese »Definition« keine Definition im strengen mathematischen Sinne ist; Cantors Formulierung ist eher eine intuitive (anschauliche) Charakterisierung des Begriffs der Menge. Die im *Definiens* vorkommenden Hauptbegriffe »Objekt«, »Zusammenfassung«, »Ganzes«… bleiben ganz unbestimmt, eben rein anschaulich.

Einen bedeutenden Schritt weiter tut man, wenn man das berühmte *Komprehensionsprinzip* heranzieht, das als das Prinzip der Mengenbildung und als Kriterium zur Adäquatheit einer Definition des Mengenbegriffs aufgefasst

werden kann. Es artikuliert den folgenden Sachverhalt (vgl. dazu Ebbinghaus [1977/2003: 8]):
 Zu jeder Eigenschaft E gibt es die Menge $M_E = \{x \mid E$ trifft zu auf $x\}$.
 Die vollformalisierte Fassung des (unbeschränkten) Komprehensionsprinzips lautet:

$$\exists y \forall x \, (x \in y \leftrightarrow \phi(x))$$

(wobei $\phi(x)$ eine Formel ist, in welcher die Variable y nicht frei ist).
 Nun ist es eine bekannte Tatsache in der Mengentheorie, dass dieses unbeschränkte Komprehensionsprinzip die berühmte Russellsche Antinomie erzeugt: eine Menge, die sich selbst als Element enthält. Zur Vermeidung dieser Antinomie wurden verschiedene Strategien entwickelt. Drei unter den wichtigsten seien kurz erwähnt (vgl. ib. 9ff.). Erstens ist B. Russells Typentheorie zu nennen, die auf der Vorstellung gründet, eine Menge sei ein »höheres Objekt« als die Elemente, die sie enthält. Zweitens verdient die durch E. Zermelo axiomatisierte Mengenlehre besondere Beachtung, da sie das Komprehensionsaxiom deutlich einschränkt, indem sie es zum sog. *Aussonderungsprinzip* abschwächt. Komprehensionen sind dann nur im Rahmen einer bereits vorausgesetzten Menge erlaubt:
 Jeder Eigenschaft E und jeder Menge x entspricht die Menge

$$y_{E,x} = \{z \mid z \in x \text{ und } E \text{ trifft zu auf } z\}.$$

Hier wird das Komprehensionsaxiom klar eingeschränkt.
 Der *dritte* Lösungsvorschlag basiert auf der Unterscheidung zwischen *Klassen* und *Mengen*. Der Grund für die Erzeugung der Russellschen Antinomie besteht darin, dass eine Menge gebildet wird, die Element von sich selbst ist (sein sollte). Um dies zu vermeiden, wird ein neuer Ausdruck bzw. Begriff eingeführt: Klasse. Es erscheint dann konsequent, die Klassen einzuteilen in solche, die wieder Elemente von Klassen sind – diese heißen dann Mengen –, und solche, die das nicht sind bzw. sein dürfen. Die sog. »Mengentheorie« wird daher hier »Klassentheorie« genannt. *Mengen* werden jetzt nur diejenigen Klassen genannt, die selbst wieder – problemlos – Elemente sein können. *Klassen*, die nicht wieder Elemente sind bzw. sein dürfen, werden als *echte Klassen* bezeichnet.
 Für die Zielsetzung dieses Buches ist es nicht nötig, auf die Einzelheiten dieser Lösungsvorschläge und auf die vielen damit zusammenhängenden Probleme einzugehen. Hier ist nur die Frage wichtig: Wie leistungsfähig ist die Mengentheorie in ontologischer Hinsicht, und zwar besonders im Hinblick auf jene ontologische Struktur, die eine komplexe Primärtatsache und damit eine ontologische Konfiguration ist?
 Zwei Gesichtspunkte sind für die Beantwortung dieser Frage wichtig. Der *erste* ist der oben kurz dargelegte zentrale Sachverhalt, der im Komprehen-

sionsprinzip artikuliert wird: die Entsprechung zwischen dem Begriff der Menge und dem Begriff einer Eigenschaft. Wenn plurale »Dinge« eine gemeinsame Eigenschaft haben, dann bilden sie eine Menge. Das zeigt, dass der Begriff der Menge einerseits ein unproblematischer, andererseits ein für philosophische Zwecke sehr beschränkter Begriff ist. Hier wird davon abgesehen, dass der Begriff der Eigenschaft als Ausdruck der hier abgelehnten kompositionalen (Substanz-)Ontologie sehr problematisch ist. Dieselbe Grundüberlegung würde ihre Gültigkeit behalten, wenn man anstelle einer gemeinsamen »Eigenschaft« von einer gemeinsamen »Primärtatsache« sprechen würde. Der Begriff der Menge ist daher ganz adäquat, um jene Konfiguration zu artikulieren, deren »strukturierender Faktor« aus einer einzigen Eigenschaft (bzw. Relation bzw. einer einzigen einfachen oder einer einzigen komplexen Primärtatsache) besteht.

Eine (formale) Theorie ist daher im eigentlichen und treffenden Sinne eine Menge, und zwar eine Menge von Sätzen, insofern diese eine allen Sätzen gemeinsame Eigenschaft haben (bzw. eine allen Sätzen gemeinsame Primärtatsache ausdrücken), nämlich die Eigenschaft bzw. Primärtatsache: »beweisbar«. Ein Haufen ist ebenfalls eine Menge im eigentlichen und treffenden Sinne, insofern alle »Elemente« des Haufens eine Eigenschaft haben bzw. eine Primärtatsache sind, nämlich: »übereinander geschichtet«.

Daraus ergibt sich: Wenn eine Konfiguration nicht nur eine Primärtatsache (bzw. in einer anderen Ontologie: eine Eigenschaft), sondern viele, verschiedenartige Primärtatsachen (gemäß der hier abgelehnten Ontologie wäre zu sagen: viele, verschiedenartige Eigenschaften) »enthält«, dann ist es nicht mehr verständlich, was es heißen könnte, von einer »Menge« zu sprechen.

Ein weiterer Gesichtspunkt ist der rein extensionale Charakter einer Menge: Eine Menge ist die Extension (eines Prädikats). Ihre jeweiligen Elemente sind derart, dass das Prädikat ϕ auf sie zutrifft. Eine Extension hat jedoch keine innere Struktur; eine solche ist eine wesentliche Charakteristik einer Konfiguration.

[2.2] Das *zweite* Beispiel ist die *Mereologie*. Wie das Verhältnis zwischen Mengenlehre und Mereologie zu begreifen ist, ist eine kontroverse Angelegenheit, auf die hier nicht einzugehen ist (vgl. dazu die bemerkenswerte Studie von Lewis [1991]). Für den Begriff der *Konfiguration* würde die Mereologie den Begriff des *Ganzen* anbieten. In der Mereologie wird das Ganze als die Summe oder Fusion aller Objekte (in einem völlig unspezifizierten Sinne), die ein bestimmtes Prädikat $F\xi$ erfüllen, erklärt. Man kann diese Summe oder Fusion formal notieren, indem man einen variablenbindenden Operator σ einführt und schreibt:

$\sigma x \ulcorner Fx \urcorner$ (zu lesen als: die Summe/Fusion aller Objekte x, die die Bedingung Fx erfüllen; die Symbole ›⌜ ⌝‹ zeigen den Skopus des Operators an) (vgl. Simons [1987: 15]).

Eine allgemeine Definition der Summe/Fusion (des Summen/Fusions-Operators) kann die folgende Formulierung sein (vgl.ib. 35):

σ x ⌜Fx⌝ ≈ ι x ∀y ⌜x ∘ y ≡ ∃z ⌜Fz ∧ z ∘ y⌝⌝ (›≈‹ für: ›dasselbe wie‹; ›ιx‹ für: ›dasjenige x so dass‹; ›∘‹ für: ›überlappen‹). Die Formulierung besagt: Die Summe/Fusion aller Objekte x, die die Bedingung Fx erfüllen, ist dasselbe wie dasjenige x derart dass für alle y gilt: x und y überlappen sich [= haben einen gemeinsamen Teil] dann und nur dann wenn es ein z gibt so dass gilt: z erfüllt die Bedingung F und z überlappt y. Für den Begriff des Überlappens gilt: Zwei Objekte überlappen sich dann und nur dann, wenn sie einen gemeinsamen Teil haben.

Der Begriff des *Teils*, auf den es entscheidend ankommt, wird als primitiver Begriff verstanden. Das hindert den Theoretiker nicht daran, die folgenden drei formalen Eigenschaften des Begriffs anzugeben: Irreflexivität (»Nichts ist ein eigentlicher Teil seiner selbst«), Asymmetrie (»Wenn ein Etwas ein eigentlicher Teil eines anderen Etwas ist, dann ist das zweite Etwas nicht ein eigentlicher Teil des ersten«), Transitivität (»Wenn ein Etwas eigentlicher Teil eines zweiten Etwas ist, und wenn dieses zweite Etwas eigentlicher Teil eines dritten Etwas ist, dann ist das erste Etwas eigentlicher Teil des dritten Etwas«).

Was würde sich ergeben, wenn man den in diesem Buch intendierten Begriff der Konfiguration mit dem mereologischen Begriffspaar Ganzes-Teil explizieren wollte? Der einzige »Verbindungsfaktor«, der einen Zusammenhang und damit eine Einheit der Primärtatsachen leisten würde, wäre der Begriff des *Überlappens*. Die Konfiguration als eine komplexe Primärtatsache wäre definiert durch den Faktor »Überlappen«. Das mindeste, was dazu zu sagen ist, dürfte sein, dass dieser Faktor entschieden zu schwach ist, um den »strukturierenden Faktor« jener Konfiguration entscheidend zu charakterisieren (bzw. zu definieren), die wir »(prägnantes) Individuum« nennen (wie etwa ein Lebewesen, eine menschliche Person). Das wird im vorliegenden Abschnitt 4.3 sehr detailliert gezeigt.

[2.3] Das *dritte* Beispiel ist die aussagenlogische *Konjunktion*. Wie in Kapitel 3 (Abschnitt 3.2.3.3.2) gezeigt wurde, haben die Junktoren entsprechend der hier vertretenen Konzeption der Logik, Semantik und Ontologie eine direkte und unmittelbare ontologische Tragweite: Die Argumente der Junktoren sind Primärpropositionen, die, sollten sie wahr sein, mit Primärtatsachen bzw. Primärstrukturen identisch sind. Eine komplexe Primärtatsache ist eine ontologische Konfiguration. Die einfachste und einleuchtendste Form einer solchen Konfiguration ist die *Konjunktion*. Gewöhnlich spricht man von »Aussagen«, also Sätzen und Propositionen als den Argumenten des Konjunktors: Die Konjunktion p_1 & p_2 & p_3 ... ist wahr (also ist eine komplexe Primärtatsache oder eine ontologische Konfiguration) genau dann wenn alle Konjunkta wahr (= Primärtatsachen) sind.

Wenn man ein Individuum als eine Konfiguration von Primärtatsachen auffasst, so kann man die innere Strukturiertheit dieser Konfiguration am einfachsten dadurch erklären, dass man sie als Konjunktion begreift. Die Frage, die sich dann aufdrängt, ist nicht die, ob dies korrekt ist, sondern die, ob dies adäquat ist. Für manche Formen einer Konfiguration, ist die Konjunktion durchaus als adäquat anzusehen. Eine (formale) Theorie beispielsweise kann ohne weiteres als eine Konjunktion von beweisbaren oder bewiesenen Sätzen bzw. Propositionen (Theoremen) aufgefasst werden. Auch ein Haufen kann zutreffend und adäquat als eine Konjunktion bestimmter Primärtatsachen angesehen werden. Wenn man aber an Individuen in einem prägnanten Sinne denkt (wie Lebewesen, menschliche Personen) und wenn man sie als Konfigurationen im Sinne von Konjunktionen von Primärtatsachen begreift, so ist das nicht falsch oder inkorrekt, aber evidentermaßen inadäquat; denn eine Konjunktion ist eine zu lose Struktur, um als adäquate Artikulation eines Individuums im prägnanten Sinne aufgefasst werden zu können. Indem sie nur konjunktiv verbunden werden, erscheinen die das Individuum konstituierenden Primärtatsachen als nur irgendwie »nebeneinander liegend«. Dies entspricht in keiner Weise der strukturalen Komplexität und Vernetztheit eines »robusten« Individuums. Andererseits muss betont werden, dass eine konjunktive Verbindung der Primärtatsachen *immer* gegeben ist, wenn diese überhaupt »zusammen bestehen«.

Außer den drei angeführten Beispielen wären noch weitere mathematische Strukturen zu nennen, die zur formalen Präzisierung des Begriffs der Konfiguration herangezogen werden können. Dazu gehören besonders: Ordnungsstrukturen, topologische Strukturen, Felder, Verbands- und Garbenstrukturen u. a. In der heutigen ontologischen Literatur werden solche Strukturen schon teilweise verwendet (vgl. 3.2.3.3.4).

Aus den drei Beispielen und aus der Berücksichtigung weiterer mathematischer Strukturen lässt sich generalisierend folgern, dass keine der heute bekannten und behandelten formalen Strukturen vollkommen adäquat zu sein scheint, um die extrem komplexe Struktur von Individuen im prägnanten Sinne zu artikulieren. Es könnte sein, dass in der Zukunft ein für diese Aufgabe zumindest weniger inadäquates formales Instrumentarium entwickelt wird. In der gegenwärtigen Situation jedoch scheint es angebracht zu sein, die vorliegenden formalen Instrumentarien zu gebrauchen, sofern sie für einen bestimmten Zusammenhang bzw. Fall geeignet scheinen. Die formalen Instrumentarien widersprechen sich nicht, *wenn* sie nicht exklusiv mit dem Anspruch auf vollständige Adäquatheit auf alle Gebiete angewandt werden. In der hier vertretenen ontologischen Perspektive bilden diese Instrumentarien jeweils große Segmente der riesigen Dimension der formalen Strukturen.

4.3.1.2.2 Ist »Konfiguration« die adäquate ontologische Struktur des individuellen Menschen als Person?

Eine positive Antwort auf diese Frage ist nur möglich, wenn die am Anfang des vorhergehenden Abschnitts getroffene Feststellung berücksichtigt wird, dass wir in der Regel jeden individuellen Menschen als eine Person betrachten. Darunter verstehen wir ganz allgemein und intuitiv ein Seiendes, dem eine ganz besondere Einheit eignet und das ein Zentrum oder einen Kern besitzt, in welchem seine Fähigkeit gründet, in der ersten Person zu reden, also »Ich« zu sagen, ein Subjekt zu sein. Es geht also um zwei wesentliche Faktoren, denen der Begriff der Konfiguration gerecht werden muss, um zur Artikulation des Menschen als Individuum bzw. als Person geeignet zu sein. Es sind dies: eine ganz besondere Einheit und ein die Rede vom Ich/Subjekt fundierendes Zentrum (oder Kern). Es kann kein Zweifel darüber bestehen, dass der unspezifizierte Begriff der Konfiguration diese Erklärungsleistung nicht erbringt. Es überrascht daher nicht, dass manche Philosophen diesen Begriff (und ähnliche Begriffe wie z. B. »Bündel«) dezidiert ablehnen.[15] Daher ist es unbedingt nötig, den Begriff der Konfiguration zu erläutern und zu präzisieren.

4.3.1.2.2.1 Eine prinzipielle systematisch-methodologische Überlegung

Es geht hier also um jene Konfiguration, die das menschliche Individuum *als* menschliche Person bestimmt. Um sie angemessen zu explizieren, ist es angebracht, zunächst eine *prinzipielle Überlegung* voranzustellen, die paradigmatischen Charakter für die ganze Weltsystematik hat.

[1] In diesem Buch spielt die Unterscheidung zwischen der Dimension der fundamentalen Strukturen und der Dimension des Datums (der Daten) eine schlechterdings zentrale Rolle. Ohne Strukturen ist die Dimension der Daten leer, ohne die Daten ist die Dimension der Strukturen rein abstrakt und in einer anderen Hinsicht ebenfalls leer. Das ganze philosophische bzw. wissenschaftliche Unternehmen besteht darin, beide Dimensionen »zusammenzubringen«. Diese grundlegende Unterscheidung wäre völlig missverstanden, wenn man sie als Trennung bzw. als *nachträgliche* Zusammenfügung zweier völlig heterogener Bereiche oder Dimensionen auffassen wollte. Die Unterscheidung ist nur der Ausdruck dafür, dass sich ein Ganzes *zunächst* in der Gestalt von zwei unterschiedenen Dimensionen darstellt.

---

[15] Vgl. z.B. VAN CLEVE [1985]. Auf S. 103 zieht er folgende Konsequenz aus der Bündeltheorie: »... since he [a man] would not be identical with any property or any complex of them, he would have to believe that there is nothing with which he is identical – or in other words, that there is no such a thing as himself ...« Daraus folgert VAN CLEVE: »In a word, it [the individual] is *substance*: an individual is something over and above its properties, something that *has* properties without being constituted by them.« (ib. 105) Für eine Kritik an VAN CLEVES Konzeption siehe: PUNTEL [1990: 241 ff.].

4.3 Die menschliche Welt

Das hier angesprochene Missverständnis hat sich in der Geschichte der Philosophie in Gestalt von zwei entgegengesetzten Grundhaltungen bzw. Grundpositionen gezeigt, je nachdem, welche der beiden Dimensionen als *tabula rasa* betrachtet wurde. Die traditionelle vorkantische Metaphysik betrachtete »die Welt« als die Dimension, die in sich selbst völlig strukturiert ist und die sich dem Geist oder Denken so aufprägt wie ein Siegel einem Stück Wachs. Dabei ist »die Welt« als die Gesamtheit der Daten die »voll bestimmte (strukturierte)« Dimension, hingegen ist der ganze Bereich des Geistes oder Denkens die Dimension der *tabula rasa*. Mit Kants transzendentaler Wende wurde hingegen das Subjekt oder Denken als die vollbestimmte Dimension und die Dimension der Daten (in dem hier gemeinten Sinn) als *tabula rasa* aufgefasst.[16] In der heutigen analytischen Philosophie herrscht in dieser Hinsicht völlige Unklarheit und sogar Chaos, worauf in diesem Buch des öfteren hingewiesen wurde und worauf in Kapitel 5 ausführlich einzugehen sein wird.

Dagegen wird hier die Einsicht vertreten und expliziert, dass die Dimension der Daten (oder des universalen Datums) und die Dimension der fundamentalen Strukturen (wie letztere in Kapitel 3 herausgearbeitet wurden) nur in einer *abstrakten Hinsicht verschiedene* Dimensionen sind. In Wirklichkeit bilden sie eine einzige grundsätzliche Dimension: die Dimension des begriffenen, d. h. strukturierten Gesamtdatums und die Dimension der vollexplizierten (vollkonkretisierten, vollbestimmten) fundamentalen Strukturen. Beide Dimensionen sind im Grunde eine einzige Grunddimension. Diese Einsicht wird in Kapitel 5 näher und ausführlich erläutert und begründet.

Im gegenwärtigen Zusammenhang ist es von der allerwichtigsten Bedeutung, einen bestimmten Aspekt dieser grundlegenden Einheit der beiden Dimensionen zu thematisieren und im Hinblick auf die Weltsystematik zu

---

[16] Diese sehr verkürzte Formulierung muss näher expliziert werden. Bekanntlich unterscheidet Kant zwischen der Dimension der Dinge an sich selbst und der Dimension der Welt-als-Erscheinung. Was wir erkennen ist ihm zufolge einzig und allein die Welt-als-Erscheinung. Über die genaue Interpretation dieser Unterscheidung wird in der heutigen Kantliteratur viel diskutiert. Wie immer man die Dimension des Dings-an-sich interpretieren mag (ob in einer eher realistischen Perspektive als das Ding, das von allen sinnlichen Bestimmungen losgelöst gedacht wird, also als Noumenon, oder als reines Denkgebilde im Sinne eines »transzendentalen Etwas überhaupt« oder gar als reine Fiktion im Sinne einer Als-ob-Annahme oder schließlich als einen »Aspekt« oder eine »Perspektive« oder anders), es bleibt die unleugbare Tatsache bestehen, dass Kant eine grundlegende Unterscheidung eingeführt hat, die für seine ganze Philosophie eine entscheidende Rolle gespielt hat und immer noch spielt. Diese Unterscheidung markiert eine Grenze zwischen zwei Dimensionen: einmal der Dimension »unserer« (d. h. des transzendentalen Subjekts) Strukturen (wobei mit dieser Bezeichnung Kants Anschauungsformen a priori, die Verstandenbegriffe und die Vernunftideen bezeichnet werden), zum anderen einer Dimension, die der strukturalen Dimension (der Dimension des transzendentalen Subjekts) aber definitiv entzogen bleibt. Diese zweite Dimension ist in Kants Konzeption eine *tabula rasa*, und zwar in dem ganz bestimmten Sinne, dass sie »für uns« – d. h. »von unseren Strukturen« (im angegebenen Sinne) her gesehen – *leer* ist und *leer bleiben wird*.

konkretisieren und zu präzisieren. Zum Zwecke der theoretischen Klarheit ist es von unbestreitbarem Vorteil, zunächst die unterschiedenen Dimensionen darzustellen, die fundamentalen Strukuren und den Status der Dimension des universalen Datums. Letzteres wird nicht »als solches«, d.h. hier: *abstrakt*, im einzelnen artikuliert werden, da dazu die Strukturen schon in Anschlag gebracht werden müssten. Es liegt insofern eine Asymmetrie zwischen den beiden Dimensionen vor. In einer sehr fundamentalen Hinsicht kommen die Daten selbst zur Geltung, *bevor* über die angemessenen Strukturen Klarheit geschaffen wird. Die hier gemeinte fundamentale Hinsicht entspricht im wesentlichen dem, was man den systematisch-philosophisch *geläuterten Begriff der Erfahrung* nennen könnte.

In lebensweltlichen Zusammenhängen, aber auch in der konkreten wissenschaftlichen Praxis und im konkreten oder »realen« Philosophieren geht man von einer »Ebene« des Handelns, des Sprechens und auch des theoretischen Diskurses aus, die durch ein in der einen oder anderen Weise *vorgegebenes* Verständnis der Welt charakterisiert ist. Aus der Sicht und in der Terminologie der in diesem Buch vertretenen struktural-systematischen Philosophie handelt es sich dabei um eine *schon vorhandene*, meistens unreflektiert vorausgesetzte Zusammenfügung von Daten und Strukturen und somit um in bestimmter Weise begriffene (strukturierte) Daten. Solche Daten können in keiner Weise als von Strukturen, Theorien, Sprachen u.ä. *unabhängige* Entitäten oder Instanzen aufgefasst werden. Das wäre eine typische – und radikale – Form des »Mythos des Gegebenen« (vgl. Sellars [1956], McDowell [1994]). Wenn »Erfahrung(sdaten)« in dieser Weise verstanden wird/werden, so handelt es sich um einen Mythos im buchstäblichen Sinne: um eine Erdichtung grundlegender und angeblich unhinterfragbarer »fixer Punkte«. Eine solche Annahme widersteht keiner eingehenden Analyse des Begriffs »Datums«.

Allerdings stellt sich die Problemlage in den (Natur)Wissenschaften und in der Philosophie jeweils etwas anders dar. In den (Natur)Wissenschaften sind es vor allem *zwei* Punkte, die beachtet werden müssen. Der *erste* ist die Tatsache, dass heute in der Wissenschaftstheorie die These von der »Theorienbeladenheit« der empirischen Daten weitgehend anerkannt wird. Darauf ist schon in Kapitel 2 (Abschnitt 2.4.2.2) eingegangen worden. Hier ist nur anzumerken, dass diese zentrale These den zentralen Annahmen der struktural-systematischen Philosophie entspricht. Der *zweite* Punkt ist der spezifische (natur)wissenschaftliche Charakter der (wissenschaftlich relevanten) Erfahrung: der Charakter des *Experiments*. Experimente dienen an erster Stelle dazu, wissenschaftliche Theorien zu bestätigen (oder zu widerlegen); in einer etwas anderen Hinsicht haben Experimente eine *inventive* Funktion, insofern sie die Entwicklung (neuer) wissenschaftlicher Theorien ermöglichen und veranlassen.

Wie im Kapitel 5 zu zeigen sein wird, kann es in der Philosophie grundsätzlich kein irgendwie vergleichbares Pendant zum wissenschaftlichen Experiment geben. Das heißt aber nicht, dass die Philosophie keinen Bezug zur »Erfahrung« hätte. Sie hat einen sehr differenzierten und ganz besonderen, ja einmaligen Bezug zur »Erfahrung«, zu den Daten, zum Universaldatum. Der Grundfaktor dabei ist die Tatsache, dass die Philosophie weder rein *a priori* noch auf der Basis von Experimenten vorgeht, sondern an das in der natürlichen Sprache artikulierte Welt- *und* Selbstverständnis anknüpft. Diese große Feststellung steht nicht im Gegensatz zu der in diesem Buch präsentierten Konzeption und dem darin angewandten Verfahren, sondern ergänzt und präzisiert sie. Diese Konzeption (nicht die Darstellung) ist schon am Anfang der Darstellung ganz da; sie ist das als leitende Idee vorweggenommene Resultat eines langen Verfahrens. Ein wesentlicher Aspekt dieses Verfahrens ist gerade die Anknüpfung an die natürliche Sprache, durch die sich das natürlich gegebene Welt- und Selbstverständnis artikuliert.

Das natürlich-sprachlich artikulierte Weltverständnis ist die *vorgegebene* »empirische« Einheit von Strukturdimension und Datendimension. Die *Anknüpfung* der Philosophie an dieses Verständnis heißt aber nicht im geringsten, dass sie es so aufnimmt oder sein lässt, wie es sich als vorgegeben präsentiert. Vielmehr ist es die Aufgabe der Philosophie (und der Wissenschaften), dieses Verständnis nach relativ maximalen Kohärenz- und Intelligibilitätskriterien zu prüfen, zu korrigieren, ja sogar gegebenenfalls aufzugeben, in jedem Fall zu optimieren. Dieser Sachverhalt wird in Kapitel 5 ausführlich darzustellen sein.

[2] Hier sind Konsequenzen aufzuzeigen, die sich aus dem Dargelegten hinsichtlich der Anthropologie und zunächst hinsichtlich der Frage ergeben, welche Bedeutung dem *natürlichen Selbstverständnis des Menschen* beizumessen ist. Der entscheidende Faktor ist die Tatsache, dass in der hier verfolgten Perspektive eine *Asymmetrie* zwischen dem Weltverständnis und dem Selbstverständnis des Menschen besteht. Mit keinem Ding der Welt sind wir so »vertraut« wie mit uns selbst; nichts kennen wir so gut wie uns selbst (was nicht im geringsten heißt, dass wir uns total »durchschauen« oder »erkennen«). Dieses Selbstverständnis muss jedoch, so überlegen es im Vergleich mit dem Weltverständnis auch sein mag, mit äußerster Vorsicht als »Gegebenheit« angesehen werden. Einige wichtige Distinktionen müssen eingeführt und beachtet werden, die die Tragweite dieses Selbstverständnisses in wissenschaftlicher und philosophischer Hinsicht betreffen.

In diesem Buch wurde des öfteren betont, dass die natürliche Sprache keine zuverlässige Grundlage für die Philosophie und die Wissenschaften ist. Nun findet sich das »natürliche« Selbstverständnis in vorgegebener Weise in der natürliche Sprache artikuliert. Was folgt daraus? Hier muss man zwischen zwei ganz verschiedenen Arten von Aussagen unterscheiden, die das Selbstverständnis artikulieren: Sie seien *unmittelbare* (kategorial unvermittelte oder unqualifizierte) und *mittelbare* (kategorial vermittelte oder qualifizierte) *Aussagen* genannt. Beispiele für unmittelbare Aussagen sind Aussagen wie: »Ich denke«, »Ich habe Schmerzen«, »Ich bin mir bewusst, dass ich im Unrecht bin« usw. Als Beispiele für die zweite Art von Aussagen kann man solche ansehen, die im Rahmen einer, wie man sie nennen könnte, »natürlichen« oder »unreflektierten« Metaphysik über den Menschen gemacht werden, wie: »Jeder Mensch hat eine Seele« (*wenn* dabei das Wort »Seele« in einem naiven (philosophisch unreflektierten) Sinn verwendet wird) oder: »Der Geist (das Ich, das Subjekt) ist eine immaterielle Substanz« (*wenn* »immaterielle Substanz« nach den gewöhnlichen Vorstellungen verstanden wird) usw. Ein Beispiel unter vielen anderen ist der folgende Text aus der Schrift »What is the Soul?« von Bertrand Russell (die einschlägigen Stellen werden *kursiv* hervorgehoben):

»When I was young we all knew, or thought we knew, that *a man consists of a soul and a body*; that *the body is in time and space*, but *the soul is in time only*.« (Russell [1929/1996: 203])

Es ist klar, dass Russell die Ausdrücke bzw. Begriffe »Seele«, »Leib« usw. nicht in einem streng durchgeklärten philosophischen Sinne verwendet.

Von szientistisch eingestellten Philosophen werden alle Aussagen über den Menschen, die nicht im Rahmen eines von diesen Philosophen erdachten angeblich reinen naturwissenschaftlichen Theoriemodells aufgestellt werden, als zum Bereich der *folk psychology* gehörend eingestuft und als philosophisch irrelevant abgetan. Eine solche Position ist unhaltbar, ganz besonders deswegen, weil sie von einer bemerkenswerten Undifferenziertheit zeugt. Wie die obige Distinktion gezeigt hat, kann man begründeterweise nicht die unmittelbaren und die mittelbaren Aussagen, in denen sich das »natürliche« Selbstverständnis des Menschen artikuliert, auf gleiche Stufe stellen. Die unmittelbaren Aussagen drücken etwas absolut Unbestreitbares aus. Vergleichbar sind sie den Aussagen, die Quine *observation sentences* nennt (vgl. z. B. Quine [1960/1980: § 10], [1993]), und den Aussagen, die ein Wissenschaftler macht, wenn er etwa im Mikroskop oder in einem anderen wissenschaftlichen Instrument ein Phänomen, das sich ihm dort *unmittelbar* zeigt, beobachtet und beschreibt.

Nach diesen langen Ausführungen kann jetzt eine Antwort auf die Frage versucht werden: Wie ist jene Konfiguration, die, entsprechend den grundlegenden ontologischen Thesen der struktural-systematischen Philosophie, das menschliche Individuum als menschliche Person konstituiert, genau zu konzipieren? Eine Antwort auf diese Frage ist schrittweise zu erarbeiten.

4.3.1.2.2.2 Die »Elemente« der das menschliche Individuum konstituierenden Konfiguration

An erster Stelle müssen die »Elemente« der das menschliche Individuum konstituierenden Konfiguration herausgearbeitet werden. Es sind, wie schon oft gezeigt wurde, ausschließlich einfache und komplexe Primärtatsachen bzw. Primärstrukturen. Das menschliche Individuum ist evidentermaßen eine hochkomplexe Einheit, was gerade auf der Basis der hier angenommenen Ontologie manifest wird. Komplex ist diese Einheit wegen zweierlei: Zum einen ist die Zahl der es konstituierenden einzelnen Primärtatsachen beträchtlich, im Prinzip, wie sich noch zeigen wird, unendlich. Zum anderen ist die Heterogenität der konstituierenden Primärtatsachen nicht zu übersehen. Auf die Frage, um wie viele Primärtatsachen es sich handelt, wird weiter unten einzugehen sein. Im jetzigen Kontext sollen die *zwei* Hauptformen der Heterogenität hinsichtlich des menschlichen Individuums kurz beschrieben und erläutert werden. Sie seien die *modale* und die *bereichsspezifische* Heterogenität genannt.

[1] Von der *modalen* Hauptform der Heterogenität lassen sich *drei* spezifische Formen unterscheiden. Ihnen werden die Bezeichnungen gegeben: *Absolut essentielle* Form, *relativ oder historisch essentielle* Form, *kontingente* Form. Zur allgemeinen Erläuterung sei hervorgehoben, dass diese »Primärtatsachen« den Entitäten entsprechen, die sonst in der gewöhnlichen, von der Substanzontologie geprägten Terminologie »Prädikate« bzw. »Eigenschaften oder Relationen« heißen. »Entsprechung« heißt hier: In der hier vertretenen Ontologie werden diese »gewöhnlichen Prädikate« in Primärsätze, also in Sätze ohne Subjekt-Prädikat-Struktur transformiert. Das »Prädikat« wird jetzt nicht von einem »Objekt« (Substanz, Substratum) »prädiziert« oder auf es angewandt, sondern erhält die Form eines Satzes ohne Subjekt. Die generelle Form solcher Sätze ist: »Es verhält sich so dass (etwa:) ϕ«. Die »Eigenschaft bzw. Relation« (oder das »Attribut«) ihrerseits wird in eine durch einen Primärsatz ausgedrückte Primärproposition transformiert. Wenn eine solche Primärproposition wahr ist, dann ist sie identisch mit einer Primärtatsache.

Die *absolut essentiellen* Primärtatsachen sind solche, die als absolut notwendige Konstituenten des Menschseins zu betrachten sind: Es sind die Faktoren, die *simpliciter*, d.h. unabhängig von jeder historischen, geographischen und sonstigen Situation, jedem Menschen zukommen. Die drei wichtigsten absolut essentiellen Faktoren sind der Intellekt (Vernunft und Verstand), der Wille, das Bewusstsein bzw. Selbstbewusstsein. Die exakte Formulierung dieser Primärtatsachen wäre: »Es verhält sich Intellekt-habend bzw. Wille-habend bzw. (Selbst)Bewusstsein-habend so dass …«. Wie es leicht einleuchten dürfte, sind diese Faktoren die eigentlichen Konstituenten dessen, was *Geist* heißt.

Die *relativ oder historisch essentiellen* Primärtatsachen sind diejenigen Faktoren, die nie fehlen können, wenn von einem Menschen die Rede ist, die aber im Unterschied zu den absolut essentiellen Faktoren immer ausschließlich mit einer Konkretisierung (oder Indexierung) gegeben sind. Dazu gehören Faktoren wie: einen Körper haben u. ä. Einen Körper haben setzt immer einen bestimmten Ort, eine bestimmte Zeit usw. voraus. So auch noch konkretere, historisch essentiellle Faktoren wie »geboren sein«, »wachsen«, »wohnen« usw. Dazu sind auch die Primärtatsachen zu rechnen, die keineswegs für das Menschsein essentiell sind, die aber, wenn irgendwann entstanden, nie wieder aufhören Konstituenten eines bestimmten Menschen zu sein. Beispiele sind: Mit einem bestimmten Namen »getauft« (im religiösen oder im nicht-religiösen Sinne) worden sein, studiert haben, Vater geworden sein, Geschwister haben usw.

Im Gegensatz dazu sind die *kontingenten* Primärtatsachen solche, die »historisch« enstanden sind, die aber genauso »historisch« zu bestehen aufhören (können). Solche sind die allermeisten Primärtatsachen, die mit einem bestimmten Menschen assoziiert werden, wie z. B. am Tag X einen bestimmten Anzug tragen.

[2] Die ein Individuum bzw. eine Person konstituierenden Primärtatsachen müssen noch nach einem anderen Gesichtspunkt untersucht werden, nämlich hinsichtlich ihrer inhaltlichen Zugehörigkeit zu *verschiedenen spezifischen ontologischen Bereichen*. Danach sind zu unterscheiden: rein geistige (mentale), soziale, sinnliche, biologische, anorganische (rein physikalische) Primärtatsachen. Innerhalb dieser Ebenen oder Bereiche sind noch weitere Differenzierungen zu beachten. Wie sich diese heterogenen Formen zueinander verhalten, bildet eines der zentralen Probleme in der heutigen *Philosophy of Mind*. Insbesondere geht es dabei um die Frage, ob es sich um irreduzible Arten von Primärtatsachen handelt oder ob die eine Art auf eine andere Art reduziert werden kann oder gar muss. Die für die heutige Diskussion spezifische Form der Reduzibilitätsproblematik ist die Frage, ob die geistigen (mentalen), sinnlichen, biologischen Primärtatsachen auf rein physikalische Primärtatsachen zurückgeführt werden können bzw. müssen. Mit diesem zentralen Problem wird sich der nächste Abschnitt ausführlich befassen.

[3] Es ist eine unbestreitbare Tatsache, dass sich das menschliche Individuum als die *hochkomplexe Einheit* aller jener Dimensionen des menschlichen Lebens *erfährt*, die in Punkt [1] als die großen modal verschiedenen Primärtatsachen charakterisiert wurden. Freilich erfährt das menschliche Individuum diese Dimensionen nicht *als* reflexiv-philosophisch geklärte Größen; vielmehr ist zu betonen, dass die Aussagen, die einen diese Erfahrung artikulierenden, in diesem Sinne *unmittelbaren* Charakter haben, nicht in Frage gestellt wer-

den können; das schließt aber nicht aus, dass sie interpretiert oder erklärt werden können. Wie ist das zu leisten?

Entsprechend der Zielsetzung dieses Buches soll versucht werden, den spezifischen Charakter dieser *Einheit* und das heißt dann: die das menschliche Individuum als Person konstituierende *Konfiguration* der genannten Formen von Primärtatsachen herauszuarbeiten. Der im folgenden kurz zu skizzierende Lösungsvorschlag unterscheidet sich *grundlegend* von den in der heutigen *Philosophy of Mind* bekannten und diskutierten Vorschlägen. Kurz gesagt: Die Einheit des menschlichen Individuums (oder in der üblichen Terminologie: »die personale Identität«[17]) wird weder in einer Substanz (oder in einem Substratum) noch in bestimmten Phänomenen wie der Kontinuität des Leibes, des Bewusstseins, des Gedächtnisses usw. gesucht, sondern in einem absolut fundamentalen »ontologisch-systematischen Faktor«, dem die Bezeichnung »unreduzierbarer ontologisch-systematischer Einheitspunkt« gegeben wird.[18]

4.3.1.2.2.3 Der »Einheitspunkt« als der die Konfiguration konfigurierender Faktor

[1] Die Konfiguration von Primärtatsachen, als welche sich das menschliche Individuum darstellt, ist weder eine Menge noch eine Summe oder eine Konjunktion, sondern ist eine einzigartige Ganzheit, die durch einen *Einheitspunkt* charakterisiert ist. Statt »Einheitspunkt« kann man auch »Zentrum« oder »Kern« sagen, wenngleich diese beiden Ausdrücke Konnotationen haben, die hier fernzuhalten sind. Der Ausdruck »Einheitspunkt« dürfte der geeignetste sein, wie sich im folgenden zeigen wird.

Es gibt viele Formen von Einheit, auch in dem Sinne, dass der Zusammenhang der einzelnen beteiligten Elemente dicht, sogar sehr dicht ist. Aber nicht alle Einheitsformen haben das, was hier ein Einheitspunkt genannt wird. Beispielsweise hat eine konjunktive Einheit keinen Einheitspunkt in dem hier gemeinten Sinne. Gemeint ist hier das Folgende: Das einigende Band, der »konfigurierende Faktor«, ist nicht nur – irgendwie – überall anwesend, alle Elemente erfassend und umfassend, sondern: Es hat auch eine ganz bestimmte Richtung, und zwar von einem Punkt aus, wovon die einigende Leistung ausgeht und durch welchen sie ermöglicht, getragen

---

[17] Über die Begriffe »Einheit« und »Identität« im Kontext des behandelten Problems wird weiter unten einiges zu sagen sein.
[18] Das Wort ›ontologisch‹ hier soll klar zeigen, dass es sich nicht um eine »phänomenale« oder »phänomenologische« Position *in Opposition* zu einer ontologischen Sicht handelt. Ein Beispiel einer solchen phänomenalen oder phänomenologischen Position ist B. RUSSELLS Konzeption des Individuums als eines »bundle of qualities«, eines »Bündels«, das er als einen »complex of compresence [of qualities]« (RUSSELL [1948: 307f.]) begreift.

und erzwungen wird. Das einigende Band, der in diesem Sinne konfigurierende Faktor, soll hier »Einheitspunkt« heißen. Es handelt sich um einen Grundbegriff, in einem bestimmten Sinne um einen primitiven, um einen singulären und einmaligen Begriff, der nur auf der Basis einer konkreten und eingehenden Analyse des Phänomens »Erfahrung der personalen Einheit« artikuliert werden kann.

[2] Worin besteht der Einheitspunkt genauer? Der Einheitspunkt artikuliert sich im »Ich«-Sagen. Nun darf »das Ich« nicht hypostasierend als Substanz oder etwas Ähnliches aufgefasst werden; auch wäre es philosophisch völlig unzureichend, das Ich nur von jenen sprachlichen Gebilden her deuten zu wollen, in denen das Wort ›Ich‹ erscheint.[19] Die Aufgabe besteht hier vielmehr darin, das Ich ontologisch aufzufassen. Dafür eignet sich der Begriff des Einheitspunktes, der allerdings (weiter) erklärt werden muss.

Um das zu leisten, ist zu untersuchen, wie groß die Reichweite des Einheitspunktes ist, d.h. wie weit sich seine einigende oder konfigurierende Leistung erstreckt. Diese Frage ist ihrerseits zu klären, indem die spezifischen, die Konfiguration bildenden Elemente und deren Formen einer eingehenden Analyse unterzogen werden. Hier können allerdings nur die allerwichtigsten Aspekte behandelt werden.

Gewöhnlich verwendet man Formulierungen wie »Der Mensch ist ein leibgeistiges Wesen« oder »Der Mensch ist ein raumzeitliches geistiges Wesen« o.ä., um die ganze Komplexität des Menschlichen in den Blick zu bekommen. Nach der hier vertretenen Ontologie müssen solche Begriffe auf der Basis der Grundkategorie der Primärtatsachen verstanden werden. Wenn nur die physikalischen, raumzeitlichen Primärtatsachen als Komponenten der den Menschen konstituierenden Gesamtkonfiguration betrachtet werden, dann wird der Mensch als ein rein materielles Wesen aufgefasst, was jetzt bedeutet: Die »Einheit« bzw. der »Einheitspunkt« des Menschen ist auf das unmittelbar Materielle oder Physikalische beschränkt (in diesem Fall könnte sinnvollerweise nicht mehr von einem »Einheitspunkt« im eigentlichen Sinne gesprochen werden).

Was damit gemeint ist, wird deutlich, wenn man die nächsten Stufen oder Schritte beachtet. Werden jene Primärtatsachen hinzugenommen, die den großen Komplex »Biologisches« (»Lebewesen«) bilden, so erstreckt sich oder weitet sich die Einheit oder sein »Einheitspunkt« auf eine Umwelt aus. Dies ist ein natürliches Phänomen. Pflanzen und Tiere haben immer eine bestimmte »Umwelt«, in der sie gedeihen, mit der sie sich im Austausch befinden. Diese Umwelt bildet den sehr beschränkten »Horizont« solcher Lebewesen. Über die Grenzen dieser Umwelt vermögen sie nicht »hinauszuschauen« bzw.

---

[19] Das versucht z.B. TUGENDHAT [1979/1997].

zu »handeln«. Diese Beschränktheit definiert entscheidend die ontologische Konfiguration, als welche Pflanzen, Tiere u. ä. zu begreifen sind.[20]

Nur der Mensch als leib-geistiges Wesen hat eine »Welt« im eigentlichen Sinne; »eine Welt« heißt dann »(die) unbegrenzte Welt«. Er hat nämlich die Fähigkeit, alle Grenzen zu überwinden, und zwar nicht insofern er ein materielles-biologisches, sondern insofern er ein geistiges Wesen ist. Er kann nach absolut allem fragen, »theories of everything« entwickeln usw. Dies ist nichts anderes als eine Kurzbeschreibung jener essentiellen Primärtatsache, die wir Intelligenz nennen und die die Konfiguration des Menschen entscheidend (mit)definiert. Niemand hat eine kürzere und treffendere Charakterisierung dieser essentiellen Primärtatsache gegeben als Aristoteles mit seiner berühmten Formulierung: »Der Geist ist in gewisser Weise alles (*anima quodammodo omnia*).«[21] Das »in gewisser Weise (*quodammodo*)« kann man mit dem Begriff »intentional« deuten. Der Sinn ist dann: *Der Geist ist intentional koextensiv mit schlechterdings allem, mit dem Universum, mit dem Sein im Ganzen.* Das soll unten (besonders 4.3.1.2.3) noch weiter und genauer expliziert werden.

Zu den essentiellen, den Menschen als Konfiguration konstituierenden Primärtatsachen gehören außer der Intelligenz auch der Wille und das (Selbst)Bewusstsein. Diese sind durch *intentionale Koextensionalität* mit dem Universum gekennzeichnet. Der nähere Zusammenhang dieser drei absolut essentiellen Primärtatsachen soll unten in Punkt [4] analysiert werden.

[3] Es sind nun alle wichtigen Faktoren genannt und erläutert worden, die vorausgesetzt werden müssen, damit der Begriff der Konfiguration im spezifischen Fall des menschlichen Individuums als menschlicher Person geklärt werden kann. Als absolut zentral wurde der Begriff des *Einheitspunktes* eingeführt und anfänglich erläutert. Die Aufgabe ist nun, diesen Begriff genauer zu erklären.

Berücksichtigt man alle herausgearbeiteten Aspekte und Faktoren und versucht, sie in eine kohärente Sicht einzuordnen, so ergibt sich folgende

---

[20] Wenn die Frage gestellt wird, ob Tiere (oder bestimmte Tiere) »Intelligenz« besitzen, so wird meistens eine Diskussion geführt, die unsinnige Züge trägt. Ohne ein Kriterium für »Intelligenz« ist es nämlich sinnlos zu fragen, ob einem bestimmten Lebewesen »Intelligenz« zuzuschreiben ist. Hier ist ein solches Kriterium vorhanden: die Art von »Welt«, die der ontologischen Verfasstheit eines Lebewesens entspricht. Ist diese »Welt« eine reine (beschränkte) »Umwelt«, so kann von »Intelligenz« im eigentlichen Sinne nicht gesprochen werden, da doch »Intelligenz« im eigentlichen Sinne geradezu dadurch zu definieren ist, dass ein Wesen eine Welt im eigentlichen Sinne hat, nämlich eine nicht-beschränkte Welt, wie das gleich im Falle des Menschen zu zeigen sein wird. Assoziiert man aber mit dem Ausdruck ›Intelligenz‹ einen anderen Begriff, so kann man natürlich auch (bestimmten) Tieren »Intelligenz« zuschreiben. Aber dann reduziert man die Frage auf eine pure terminologische Angelegenheit.

[21] Vgl. die berühmte Stelle in ΠΕΡΙ ΨΥΧΗΣ *(De anima)* Γ 431 b 21: ἡ ψυχὴ τὰ ὄντα πώς ἐστι πάντα. Wörtliche Übersetzung: »Die Seele ist in gewisser Weise alle Seienden.«

Konzeption: Die Konfiguration, die das menschliche Individuum als menschliche Person konstituiert, stellt sich in einer ersten Annäherung als der *Schnittpunkt* aller genannten Primärtatsachen bzw. der Formen, denen sie zuzuordnen sind, dar. »Schnittpunkt« meint hier zunächst, dass alle diese Primärtatsachen *an* oder *in einem* oder *als ein Punkt* zusammentreffen, in welchem oder als welcher die Einheit des Individuums bzw. der Person besteht. Aber dieser Punkt ist nicht so etwas wie eine *nachträgliche* Summe oder nachträgliche Zusammenzählung oder Zusammenführung der vielen verschiedenen Primärtatsachen. Wäre dem so, so wäre das »Ich«-Sagen nicht mehr erklärbar; denn das »Ich«-Sagen schafft nicht jene ursprüngliche Einheit, als welche sich das Individum als Person erfährt und versteht, sondern ist *Ausdruck* dieser ursprünglichen Einheit *und damit* des diese Einheit konstituierenden »Einheitspunktes«.

Hier wird aber ein noch tieferer und grundlegenderer Zusammenhang deutlich. Der genannte Einheitspunkt ist deswegen kein nachträglicher, sondern ein ursprünglicher »Punkt«, *weil* er ein *systematischer* Punkt ist. Das heißt hier, dass er im System situiert ist, *indem er sich selbst* im System situiert, und zwar hinsichtlich aller anderen »Punkte« (oder aller anderen »Stellen«) des Systems und damit hinsichtlich des Systems als eines Ganzen. Beispielsweise können Steine, Katzen und ähnliche Seiende sich selbst nicht hinsichtlich etwa des Lehrsatzes des Pythagoras situieren. Im Gegensatz dazu besitzt das menschliche Individuum die *Fähigkeit*, die mit seiner ontologischen Struktur gegebene *Situiertheit*-im-System zu einer bewussten *Selbstsituiertheit*-im-System zu erheben. Dass der systematische Punkt als *intentionale Koextensionalität* mit dem System (dem Sein im Ganzen) zu begreifen ist, heißt, dass der systematische Einheitspunkt die *ursprüngliche Situiertheit bzw. Selbstsituiertheit* im System meint (im Sinne einer absolut letzten, auf etwas anderes nicht reduzierbaren Stelle im Ganzen des Systems). Die Bestimmtheit des systematischen Punktes ist sowohl durch seine ganz konkrete raumzeitliche Situiertheit als auch durch seine absolut universale intentionale Reichweite charakterisiert. Das sogenannte »leib-geistige« Individuum, die menschliche Person, ist die konkrete Realität einer solchen »systematischen Stelle«.

Wie stellt sich jetzt der Begriff der Konfiguration im Fall des menschlichen Individuums bzw. der menschlichen Person dar? Darauf lässt sich nun eine kurze, wenn auch (zunächst) äußerst abstrakte Antwort geben: *Der »konfigurierende Faktor« in der das menschliche Individuum bzw. die menschliche Person konstituierenden ontologischen Konfiguration ist die systematisch-intentionale Stelle.* Diese Stelle ist der oben erläuterte »systematische Einheitspunkt«: der Punkt im System, von dem jene Leistung ausgeht, welche die Einheit eines Individuums bzw. einer Person konfiguriert.

[4] Die skizzierte Grundidee müsste im einzelnen ausgeführt werden, was aber nicht mehr Aufgabe dieses Buches ist. Hier sei nur die Frage nach den *Identitätsbedingungen* kurz angeschnitten.

Ein Individuationsproblem, wie es sich auf der Basis der Annahme von Universalien im eigentlichen (traditionellen) Sinne aufdrängt, entsteht im Rahmen der hier vertretenen Konzeption nicht. Aber eine ganz andere Frage betrifft die Identitätsbedingungen. Akzeptiert man die von Quine aufgestellte Forderung »No entity without identity«, so ist es klar, dass sich diese Frage hinsichtlich der hier angenommenen Entitäten stellt.

Eine Antwort kann leicht formuliert werden. Zwei Konfigurationen, die zwei Individuen *a* und *b* konstituieren, sind identisch dann und nur dann, wenn sie genau dieselbe *systematisch-intentionale Stelle* haben. Dies ist der Fall dann und nur dann, wenn folgende zwei Bedingungen erfüllt sind:

(i) Beide Konfigurationen haben exakt dieselben Primärtatsachen aller Formen und Bereiche (materiale Bedingung).

(ii) Alle Primärtatsachen stehen in beiden Konfigurationen exakt in derselben Reihenfolge und mit denselben (formalen) Verknüpfungen (formale Bedingung).

4.3.1.2.2.4 Intentionalität und Selbstbewusstsein

[1] In diesem Kontext ist es angebracht, auf den Zusammenhang der drei oben genannten essentiellen Primärtatsachen: Intelligenz, Wille und (Selbst)Bewusstsein einzugehen. Intelligenz und Wille sind unzweideutig *intentional* strukturiert. Beide besagen eine Gerichtetheit oder Ausrichtung auf …, letztlich auf alles und jedes, auf das Universum im umfassendsten Sinne, kurz: auf das Sein im Ganzen. Es ist zu beachten, dass die Ausdrücke ›Ausrichtung‹ und ›Gerichtetheit‹ nur sehr allgemeine Ausdrücke sind, die eine Differenzierung erfordern, um näher expliziert zu werden. Im *Modus des Intellekts* hat die Ausrichtung oder Gerichtetheit auf die Welt die Artikulation (das Begreifen) der Welt zum Ziel (in der – mit Missverständnissen aller Art behafteten – gewöhnlichen philosophischen Terminologie werden in diesem Zusammenhang oft die Ausdrücke ›Vorstellung‹ und ›Repräsentation‹ verwendet); hingegen verfolgt die Ausrichtung oder Gerichtetheit im *Modus des Willens* das Ziel der *Verwirklichung* einer Absicht. Weitere und detailliertere Ausführungen zu der hier abgehandelten Thematik sind nicht erforderlich.

[1.1] Bewusstsein (einschließend: *Selbst*bewusstsein) scheint etwas ganz anderes zu sein; daher soll diese essentielle Primärtatsache des Menschen einer eingehenderen Analyse unterzogen werden. Für viele Theoretiker hat (Selbst)Bewusstsein nichts mit Intentionalität zu tun; es handele sich um zwei ganz verschiedene Begriffe bzw. Entitäten. So schreibt *Manfred Frank*, ein Philosoph, der zwei der besten Bücher über Bewusstsein (und ganz speziell *Selbst*bewusstsein) geschrieben hat:

»Ich habe die Intentionalität absichtlich in meiner Skizze der wesentlichen Eigenschaften des Selbstbewusstseins ausgespart, weil sie ein Zug nicht des *Selbst*bewusstseins, sondern der Erkenntnis ist. Sie ist auch kein notwendiger Zug von Bewusstsein, denn manches Bewusstsein (Stimmungen, Empfindungen, Gefühle usw.) sind nicht-intentional. Bewusstsein hat also einen weiteren Umfang als Intentionalität, die freilich aus ihm ebenfalls verständlich gemacht werden muss und vermutlich mit der Spontaneität des Selbst zu tun hat.« (Frank [1991a: 16, Fußn.13])

Frank identifiziert »Intentionalität« mit »Vorstellung« oder »Repräsentation«; daher schränkt er diesen Begriff auf den Bereich der Erkenntnis ein. Wie oben gezeigt, ist dieser Aspekt nur einer der beiden Aspekte eines umfassenden Begriffs von Intentionalität. Was oben ›Ausrichtung‹ bzw. ›Gerichtetheit‹ auf die Welt genannt wurde, umfasst mehr als nur Artikulation oder Repräsentation von Welt. Zu sagen, dass Stimmungen, Empfindungen, Gefühle usw. *nicht-intentional* sind, ist höchstens dann zutreffend, wenn Intentionalität mit einem *extrem engen* Begriff von Vorstellung oder Repräsentation identifiziert wird. Im Rahmen eines umfassenden Begriffs von Intentionalität sind Stimmungen, Empfindungen, Gefühle u. ä. durchaus als intentional, wenn auch im einem schwachen Sinne, zu begreifen: Schließlich werden sie verursacht oder veranlasst von Elementen der Welt und haben es so mit der Situation (von Elementen) der Welt zu tun – und sind daher auch Welt-bezogen.

[1.2] Die Geschichte der (Selbst)Bewusstseinstheorien in der Neuzeit ist äußerst instruktiv. Im folgenden seien die in diesem Zeitraum entstandenen sowie die in der Gegenwart vertretenen Hauptrichtungen kurz genannt und charakterisiert.[22]

Die zwei bekanntesten und einflussreichsten Richtungen waren (bzw. sind, sofern sie noch vertreten werden) die *egologische* und die *nicht-egologische*. Grundthese der egologischen Richtung ist die Behauptung, dass Selbstbewusstsein immer Bezug eines Bewusstseins auf ein Ich ist, kurz: »Selbstbewusstsein« meint »Ich-Bewusstsein« im Sinne von: »Bewusstsein vom Ich« (Kant, Fichte, Neukantianismus). Die Hauptvariante dieser Konzeption ist bekannt unter der Bezeichnung ›Vorstellungs- oder Reflexionsmodell des Selbstbewusstseins‹. Reflexion ist eine Form der Vorstellung; im Falle des Selbstbewustseins geht es dann um eine Autoreflexivität, um ein Sich-selbst-Vorstellen. Das Ich vollzieht eine Rückwendung auf sich selbst und das Resultat dieses Prozesses ist dann das Bewusstsein-seiner-selbst.

Gegen diesen egologischen Theorietypus werden hauptsächlich *zwei* Einwände erhoben. *Erstens* führt eine egologische Selbstbewusstseinstheorie zu

---

[22] Die Darstellung orientiert sich hauptsächlich an zwei Werken von Frank [1991a], [1991b]. Franks 187 Seiten umfassendes Nachwort zum zweiten Buch ist eine ausgezeichnete kritische Darstellung der wichtigsten Selbstbewusstseinstheorien in der in diesem Buch behandelten Periode (von Fichte bis Sartre), und zwar unter Einbeziehung der neuesten Entwicklung, besonders in der deutschsprachigen philosophischen Literatur.

einem *regressus in infinitum:* Das Ich *qua* vorstellende und reflektierende Instanz ist voraussetzungsgemäß nicht seiner selbst bewusst, da es allererst durch die Autoreflexion Bewusstsein seiner selbst erlangen wird. Als Zielpunkt der Autoreflexion wird nun ein Ich oder Selbst erreicht, das angeblich (selbst)bewusst ist; es ist aber nicht selbst-bewusst, da es dies theoriegemäß nur dann ist, wenn es eine Autoreflexion vollzieht; also muss es eine solche (zweite) Autoreflexion unternehmen. Aber dieser Prozess wiederholt sich automatisch auf jeder neuen Ebene der Autoreflexion – *in infinitum.*

Der *zweite* Einwand behauptet, dass dem Ich schon Bewusstsein-seinerselbst zugeschrieben wird bzw. werden muss, *bevor* es irgendeine Autoreflexion vollzieht. Der Grund ist, dass es absolut kontraintuitiv oder sogar absurd wäre, einer ihrer selbst nicht bewussten Instanz (dem seiner selbst nicht bewussten reflektierenden Ich) eine solche Leistung zuzuschreiben. Also muss Bewusstsein-seiner-selbst schon vorausgesetzt werden und Selbst-Bewusstsein wird faktisch immer schon vorausgesetzt bevor bzw. damit die Autoreflexionsbewegung des Ich überhaupt ansetzen kann. Damit erweisen sich die egologisch orientierten Selbstbewusstseinstheorien als *zirkelhaft*: Sie setzen schon voraus (bzw. müssen schon voraussetzen), was sie erst demonstrieren wollen.

Die nicht-egologischen Selbstbewusstseinsmodelle erklären Selbstbewusstsein nicht als die Kenntnis von einem Ich, sondern vom Bewusstsein selbst. Damit aber handeln sie sich (zumindest teilweise) die Probleme des egologischen Modells (*regressus* und Zirkel) ein. Darüber hinaus bleibt es rätselhaft, wie die Einheit der »Dimension Bewusstsein« und besonders die »Eintragung« einer Instanz wie das Ich in diese Dimension überhaupt zu konzipieren ist.

[1.3] Als Reaktion auf die aufgezeigten Probleme hat besonders *Dieter Henrich* (zusammen mit einigen seiner Schüler) versucht, eine völlig neue Konzeption von Bewusstsein bzw. Selbstbewusstsein zu entwickeln. Leitend waren dabei zwei Gesichtspunkte: einmal die Vermeidung der Aporien, die mit den kurz referierten Selbstbewusstseinsmodellen verbunden sind, zum anderen die Suche nach dem *ursprünglichen Phänomen von Bewusstsein.* Die Grundidee (vgl. Henrich [1970]) ist äußerst einfach: Selbstbewusstsein wird als gänzlich *beziehungsfreies ursprüngliches Phänomen*, als »Ich-lose, anonyme Dimension« gedeutet. Nun konzediert Henrich ohne weiteres, dass sich aus der Anonymität dieser Dimension echte Subjektivität, ein aktives Prinzip der Vereinigung ausheben kann, dem der Name »Ich« oder »Selbst« zu belassen ist. Entscheidend aber ist seine Behauptung, dieses Prinzip, das Selbst bzw. Ich, sei nicht als das ursprüngliche Phänomen des Bewusstseins zu betrachten.

Zur näheren Charakterisierung werden vier Faktoren angegeben.[23] Bewusstsein ist *erstens* ein *Ereignis*, das als beziehungslos und ohne Relation

---

[23] Vgl. dazu die exzellente Darstellung in FRANK [1991b: 586 ff.].

zu irgendetwas ist, in dem Bewusstsein nicht vorkommt. *Zweitens*: Obwohl Bewusstsein selbst als ein pures »Medium« oder als anonyme »Dimension« zu begreifen ist, ist es ein Ereignis, das andere (abgeleitete) Ereignisse untereinander synthetisch verbindet. An *dritter* Stelle ist Bewusstsein eine *einfache* oder *ausschließende* Dimension in dem Sinne, dass es nicht der Fall sein kann, dass sich mehrere Bewusstseinsvorkommnisse überdecken und so etwas wie einen gemeinsamen Bewusstseinsraum bilden könnten. Der *vierte* Faktor ist der problematischste: Ungeachtet seiner mit großer Insistenz wiederholten Behauptung, Bewusstsein sei *beziehungslos*, schreibt Henrich dem Bewusstsein dennoch »Kenntnis seiner selbst«, eine »Vertrautheit-mit-sich-selbst« zu, die als innere Eigenschaft des Bewusstseins betrachtet wird. Das Selbstbewusstsein ist eine *präreflexive unmittelbare* Dimension, die daher keinerlei Wissen einschließt und nicht begrifflich mediatisiert ist. In diesem Zusammenhang begegnet man bei Henrich paradoxen Formulierungen wie den folgenden:

»Die wissende Selbstbeziehung, die in der Reflexion vorliegt, ist kein Grundsachverhalt, sondern ein isolierendes Explizieren, aber nicht unter der Voraussetzung eines wie immer gearteten implizierten Selbstbewusstseins, sondern eines (impliziten) selbstlosen Bewusstseins vom Selbst.« (Henrich [1970: 280])

Die Hauptkritik an Henrichs Ansatz hebt auf den Umstand ab, er sei kritisch in dem Sinne, dass er sich rein negativ von zirkelhaften »Erklärungen« des Selbstbewusstseins abzugrenzen versuche. Daraufhin hat Henrich schon 1971 in einem bisher noch unpublizierten Text mit dem Titel *Selbstsein und Bewusstsein* Grundzüge einer ausgearbeiteten Theorie entwickelt. Ein Resümee der darin vertretenen Thesen erschien 1986 unter dem Titel *Selbstbewusstsein – ein Problemfeld mit offenen Grenzen* (Henrich [1986]). Die allgemeine neue Einsicht bzw. These besagt, dass die Tatsache, dass Bewusstsein eine »anonyme Dimension« ist, eine Binnen-Strukturierung nicht ausschließt, wenn man diese als faktische Untrennbarkeit von Momenten begreift, die begrifflich klar voneinander unterschieden sind.

Henrich nennt drei Begriffe, die die Binnen-Strukturierung des Selbstbewusstseins ausmachen: Bewusstsein, Selbstsein und formaler epistemischer Selbstbezug. Bewusstsein wird nach wie vor als »anonyme Dimension« aufgefasst, »in der etwas zum Vorliegen kommt«; das Selbstsein wird als »Quell« einer bewussten Aktivität (in Entsprechung zu Kants »Spontaneität«) charakterisiert; den »abstrakten Selbstbezug« nennt Henrich nach wie vor »Vertrautheit«, wobei das Reflexivpronomen jetzt nicht mehr verwendet wird.

Henrichs Fazit lautet:

»[...] Selbstbewusstsein hat eine innere Komplexion, eine innere Mannigfaltigkeit, da es, summarisch gesprochen, die Differenz von Auffassung und Aufgefasstem und von Wissen und Wirklichkeit in sich einschließt. Dennoch können wir hinter die Art, in der diese Aspekte im Selbstbewusstsein miteinander verfugt sind, in der gewöhnlichen Form der Analyse nicht zurückgehen.« (Ib. 7)

4.3 Die menschliche Welt

M. Frank bemerkt zu Recht am Ende seiner Darstellung:

»Was dies Modell nach wie vor im dunkeln lässt, ist die Einheit des Selbstbewusstseins als ein seinerseits bewusstes Phänomen. Bewusstsein konstituiert [...] ein ich-los anonymes ›Feld‹, in das erst das Ich Tendenzen, Regeln und Abstraktionen einträgt. Dagegen bleibt unbekannt, was die ›innere Komplexion‹ der drei Elemente faktisch unzertrennlich macht ...« (Frank [1991b: 598 f.])

Das ist in der Tat das entscheidende Problem. Es ist im Grunde dasselbe Problem, das oben hinsichtlich des konfigurierenden Faktors in der das menschliche Individuum konstituierenden Konfiguration zu behandeln war. Bevor nachfolgend der Versuch unternommen wird, diese Frage im Rahmen der hier vertretenen struktural-systematischen Philosophie zu klären, ist noch zu bemerken, dass die kurz geschilderten Diskussionen über die Selbstbewusstseinstheorie weitgehend einen eindeutig defizienten begrifflich-methodischen und begrifflich-analytischen Scharfsinn vermissen lassen. Hauptverantwortlich für diese Defizienz sind *drei* Faktoren: erstens die weitgehend naive Suche nach »*dem* ursprünglichen Phänomen«, zweitens die Orientierung an dem äußerst obskuren »Verfahren« der »Deduktion« oder »Ableitung«, die für den deutschen Idealismus schlechterdings zentral war, drittens die (frühromantische) Vorstellung der *Innerlichkeit* des Selbstbewusstseins in totaler Abgrenzung gegen alles, was als »die Welt«, als »das Andere« angesehen wird.[24] Das an der Suche nach dem »Ursprünglichen« orientierte Denken kann am Beispiel eines Autors illustriert werden, der das Selbstbewusstsein nur als »abkündigen Modus« deutet, nämlich Heidegger (vgl. Heidegger [SuZ: § 44]; dazu: Frank [1991a: 10 ff.]).

[2] Auf der Basis des oben herausgearbeiteten Begriffs der Konfiguration, durch den das menschliche Individuum charakterisiert wird, ist es nicht mehr schwierig zu zeigen, wie die absolut essentielle Primärtatsache »Bewusstsein« bzw. »Selbstbewusstsein« zu verstehen ist. Der menschliche Geist ist dadurch ausgezeichnet, dass er mit dem Universum, mit dem Sein im Ganzen, *intentional koextensiv* ist. »Intentionalität« erscheint hier in einem umfassenden Sinne, d. h. sie wird gesamtsystematisch aufgefasst. Um die Individualität des menschlichen leib-geistigen Individuums zu erklären, wurde auf die Erfahrung des »Ich«-Sagens rekurriert. Dadurch wurde ein Einheitspunkt im

---

[24] Dieser dritte Faktor, der bei heutigen Autoren wie HENRICH immer noch eine maßgebliche Rolle spielt, muss um so mehr überraschen, als die hier gemeinten Autoren oft und entscheidend auf den deutschen Idealismus verweisen. Dabei hat mindestens einer der größten, wenn nicht der größte, unter den Deutschen Idealisten, nämlich HEGEL, diese Vorstellung der »reinen Innerlichkeit« einer eingehenden Kritik unterzogen. Man vergleiche einige seiner berühmten Sätze im Rahmen seiner Dialektik des Selbstbewusstseins in der *Phänomenologie des Geistes* wie: »Das Selbstbewußtseyn erreicht seine Befriedigung nur in einem andern Selbstbewußtseyn.« (HEGEL PhG: 108) Hier ist »Befriedigung« dasselbe wie »Realisierung« oder »volle Determination«.

System ausgemacht, der als der Faktor zu deuten ist, welcher die Konfiguration konfiguriert, die das menschliche Individuum konstituiert. So wurde formuliert: *Der »konfigurierende Faktor« in der das menschliche Individuum bzw. die menschliche Person konstituierenden ontologischen Konfiguration ist die systematisch-intentionale Stelle.* Diese Stelle ist der »systematische Einheitspunkt«: der Punkt im System, von dem die Leistung ausgeht, welche die Einheit eines Individuums bzw. einer Person konfiguriert.

Jetzt ist es möglich, eine »ganz einfache« Deutung bzw. Erklärung des Phänomens »Bewusstsein« bzw. »Selbstbewusstsein« vorzulegen. Der schlechterdings entscheidende Punkt lässt sich kurz so charakterisieren: Die Gesamtintentionalität, die den menschlichen Geist auszeichnet, erstreckt sich, indem sie eben systematisch ist, auf das Universum *mit allem, was es einschließt – und damit auch auf den Einheitspunkt selbst, den Geist als Subjekt*; m. a. W., sie umfasst eben dieses Universum. Das bedeutet nun: Damit ist nicht nur Bewusstsein *von dem* Universum, sondern auch *Selbst*bewusstsein gegeben; denn *auch* der Einheitspunkt – und damit das Subjekt/Ich – ist in die »Bewusstheit-Dimension« einbezogen. Bewusstsein/Selbstbewusstsein sind daher essentielle *ontologische Faktoren* der das menschliche leib-geistige Individuum konstituierenden Konfiguration. Selbstbewusstsein ist nicht das Resultat einer »nachträglichen Reflexion«, sondern ist ein *präreflexiver ontologischer Selbstbezug des Einheitspunktes selbst, d. h. des Subjekts bzw. des Ich*. Der »konfigurierende Faktor« in der das menschliche Individuum bzw. die menschliche Person konstituierenden ontologischen Konfiguration ist die systematisch-intentionale Stelle. Diese Stelle ist der oben erläuterte »systematische Einheitspunkt«. Weder kann gesagt werden, dass Bewusstsein/Selbstbewusstsein ein ursprüngliches Phänomen ist, aus welchem allererst das Subjekt/Ich erklärt werden kann, noch kann behauptet werden, dass Bewusstsein/Selbstbewusstsein ein »abkünftiger Modus« ist. Das »Gesamtphänomen« »menschliches leib-geistiges Individuum« ist eine äußerst komplexe Konfiguration, bei welcher systematische Intentionalität und Bewusstsein und Selbstbewusstsein zwei Seiten ein und derselben Medaille sind.

4.3.1.2.3 Ist das menschliche Individuum bzw. die menschliche Person materialistisch/physikalistisch erklärbar?

Die gestellte Frage bildet eines der am intensivsten diskutierten Themen in der heutigen *Philosophy of Mind*. Eine erschöpfende Beantwortung der Frage sprengt den Rahmen der vorliegenden Arbeit. Hier werden zunächst einige Hinweise zur Klärung der ganzen Diskussion gegeben und anschließend wird ein zentrales Argument zur Stützung einer negativen Antwort auf die gestellte Frage vorgelegt.

4.3.1.2.3.1 Zur heutigen Diskussion

[1] Die Begriffe »materialistisch« und »physikalistisch« sind nicht identisch, aber sie werden faktisch von vielen analytischen Philosophen explizit und von den meisten implizit gleichgesetzt. Darüber herrscht eine zuhöchst störende Konfusion. »Materialistisch« bezeichnet eine umfassende metaphysische Konzeption, die Welt oder Universum oder Sein einfach mit Materie identifiziert. »Physikalistisch« nimmt Bezug auf die Physik und bezeichnet sowohl die Methode der Physik als auch den Gegenstand dieser Wissenschaft. Für szientistisch eingestellte Philosophen liegt es nun nahe, die beiden Begriffe einfach zu identifizieren. Dies ist es, was bei vielen analytischen Philosophen, die sich mit der *Philosophy of Mind* befassen, letztlich geschieht. Aber diese Identifizierung wird auf eine höchst merkwürdige Weise vollzogen: Es wird nämlich versucht, Differenzierungen einzuführen, um dennoch der Eigenart des Geistes gerecht zu werden; allerdings ist und bleibt dabei die letzte metaphysische Basis eine rein materialistische, und diese wird dann ohne weiteres physikalistisch erklärt. Das hat zu einer sonderbaren Situation geführt, die durch eine fundamentale *Unklarheit und Inkohärenz* gekennzeichnet ist. Einige Hinweise sollen diese Behauptung belegen.

Im folgenden wird der Physikalismus ausschließlich als *metaphysiche These* verstanden und bewertet; andere in der Literatur oft zu findende Verwendungen dieses Terminus werden hier nicht beachtet. Die vom Physikalismus vertretene metaphysische These kann, auf die einfachste Formel gebracht, so formuliert werden: Alle fundamentalen Tatsachen (zumindest: der aktualen Welt) sind physikalische Tatsachen. Es gibt heute eine ganze Varietät von Richtungen und Varianten des Physikalismus, worauf hier nicht im einzelnen eingegangen werden kann (vgl. dazu den exzellenten Aufsatz von Stoljar [Physic]). Im folgenden wird nur auf eine – wie es scheint, heute vorherrschende – Richtung näher eingegangen: den *nicht-reduktiven Physikalismus*. Diese Richtung muss zunächst im Gesamtspektrum der heutigen Meinungen kurz situiert werden.

Die drei wichtigsten Richtungen sind: der Eliminativismus, der reduktive und eben der nicht-reduktive Physikalismus. Der *Eliminativismus* »eliminiert« (im Sinne von: leugnet), wie der Name sagt, (die Existenz) mentale(r) Tatsachen. Diese Aussage muss allerdings präzisiert werden. Der Eliminativismus behauptet, dass die mentale Sprache (d.h. hier: die Sprache, die der *folk psychology* entspricht) keinen »referentiellen« Charakter hat, sie bezeichnet nichts Ontologisches; noch genauer: Es wird behauptet, dass die singulären Terme dieser Sprache keinen Referenten (keine Bezugnahme) und die Sätze dieser Sprache keinen Wahrheitswert haben.

Von den vielen Varianten des *reduktiven Physikalismus* soll hier nur die stärkste metaphysische Variante kurz referiert werden. Danach sind alle Eigenschaften, die von Prädikaten (etwa) einer psychologischen Theorie ausgedrückt werden, mit den Eigenschaften identisch, die von den Prädikaten (etwa) einer neurologischen Theorie ausgedrückt werden (vgl. Stoljar [Physic: 6]). In diesem Sinne ist diese Variante des Physikalismus im wesentlichen mit dem »type physicalism« oder der »Identitätstheorie« gleichzusetzen.

Der Eliminativismus und der reduktive Physikalismus sind die beiden extremen Varianten des Physikalismus. Sie werden an dieser Stelle nicht einer gesonderten Kritik unterzogen, da das unten (4.3.1.2.3.2) vorzulegende antiphysikalistische Argument direkt gegen sie gerichtet ist. Hier sei nur angemerkt, dass diese beiden Formen zwar inakzeptabel sind, aber nicht etwa weil sie inkohärent (in einem direkten oder eindeutigen Sinne) wären, sondern aus anderen Gründen. Im Gegensatz dazu lautet der allgemeine Vorwurf gegen den nicht-reduktiven Physikalismus, dass er, wie es im folgenden zu zeigen ist, grundsätzlich inkohärent ist.

[2] Die wohl bekanntesten zwei Formen eines nicht-reduktiven Physikalismus sind der von Davidson vertretene *token*-Physikalismus und der Supervenienzphysikalismus. Der erste kann so charakterisiert werden:

»For every actual particular (object, event or process) x, there is some physical particular y such that $x = y$.« (Ib.)

Der *token*-Physikalismus hält aber trotzdem an der Irreduzibilität der mentalen Eigenschaften fest, eine Position, die auch so ausgedrückt werden kann: Es gibt keine Reduzibilität bei Definition oder aufgrund psycho-physikalischer Gesetze (diese Position wird auch anomaler Physikalismus genannt). Nichtsdestotrotz versteht sich diese Variante des Physikalismus als metaphysischer Physikalismus im strengen Sinne, d. h. als Materialismus.

Die bei weitem bekannteste Form eines nicht-reduktiven Physikalismus ist der *Supervenienzphysikalismus*, von dem es wiederum viele Formen gibt. Der Gedanke der Supervenienz (im Bereich der *Philosophy of Mind*) ist intuitiv leicht erklärbar: Zwei verschiedene Dinge (Objekte, Eigenschaften, Ereignisse, Organismen usw.) können in mentaler Hinsicht nicht unterschiedlich sein, ohne dass sie gleichzeitig in physikalischer Hinsicht unterschiedlich sind. Dieser globale Gedanke beinhaltet *drei spezifische* Gedanken, die das Verhältnis zwischen einer Basis (hier das Physikalische) und der supervenienten Ebene (hier das Mentale) charakterisieren: *Kovarianz* der Eigenschaften (wenn zwei Dinge hinsichtlich der Basiseigenschaften ununterscheidbar sind, so sind sie auch hinsichtlich der supervenienten Eigenschaften ununterscheidbar), *Abhängigkeit* (superveniente Eigenschaften sind abhängig von der oder determiniert durch die Basis), *Nicht-Reduzibilität* (Kovarianz und Abhängigkeit können auch dann gegeben sein, wenn die supervenienten Eigenschaften auf die Basiseigenschaften nicht reduzierbar sind).

4.3 Die menschliche Welt

Um die ontologische Problematik aufzuzeigen, die mit dem Begriff der Supervenienz gegeben ist, scheint es angebracht, im Anschluss an D. Stoljar diesen Begriff mit Hilfe eines von D. Lewis präsentierten Beispiels zu verdeutlichen: Es ist das Bild einer Punktematrix:

»A dot-matrix picture has global properties – it is symmetrical, it is cluttered, and whatnot – and yet all there is to the picture is dots and non-dots at each point of the matrix. The global properties are nothing but patterns in the dots. They supervene: no two pictures could differ in their global properties without differing, somewhere, in whether there is or there isn't a dot.« (Lewis [1986:14])

Angewandt auf die Bereiche des Mentalen und des Physikalischen, heißt dies, dass die physikalischen Faktoren (*features*) der Welt den Punkten und die psychologischen, biologischen, sozialen oder mentalen Faktoren den globalen Faktoren (*properties*) im Bild entsprechen. Die globalen Faktoren im Bild sind nun nichts anderes als eine Struktur (*pattern*) der Punkte oder in den Punkten; entsprechend sind die psychologischen bzw. biologischen bzw. sozialen bzw. mentalen Faktoren nichts anderes als eine Struktur der physikalischen Faktoren der Welt. In der vom Begriff der Supervenienz geprägten Terminologie heißt dies, dass die globalen Faktoren im Bild gegenüber den Punkten supervenient sind und entsprechend alles und jedes gegenüber dem Physikalischen supervenient ist, *wenn* der Physikalismus wahr ist. Aus Lewis' Beispiel leuchtet dann ein, dass Supervenienz, erläutert mit Hilfe des Beispiels, besagt: Es kann nicht der Fall sein, dass zwei Bilder hinsichtlich (der Konfiguration) ihrer Punkte identisch sind, sich aber hinsichtlich ihrer globalen Eigenschaften unterscheiden. Und entsprechend (wenn man den Supervenienzbegriff generalisierend auf Welten anwendet) müsste man sagen: Es kann nicht der Fall sein, dass zwei mögliche Welten hinsichtlich ihrer physikalischen Eigenschaften identisch sind, sich aber hinsichtlich ihrer psychologischen (bzw biologischen usw.) Eigenschaften unterscheiden.

Man kann jetzt das von den Supervenienzphysikalisten nicht nur nicht gelöste, sondern nicht einmal thematisierte *ontologische* Problem genau artikulieren: Was *sind* die Strukturen (*patterns*) selbst? Was ist der *ontologische Status* der Strukturen (*patterns*)? Offensichtlich sind sie nicht identisch mit den Punkten bzw. mit den physikalischen Basiseigenschaften. Aber dann entsteht für den Supervenienzphysikalismus das Dilemma: Entweder sind die Strukturen (*patterns*) etwas Ontologisches oder sie sind nichts Ontologisches. Wenn sie nichts Ontologisches sind, dann ist die ganze auf dem Supervenienzbegriff basierende Analyse bzw. Erklärung ohne den geringsten philosophischen Wert; wenn sie etwas Ontologisches sind, dann nimmt der Supervenienzphysikalismus Entitäten an, die er weder thematisiert hat noch in Einklang mit der metaphysischen Physikalismusthese bringen kann.

380   4. Kapitel: Weltsystematik

Das Fazit dieser Überlegungen lautet: Die metaphysische Physikalismusthese krankt auf irreparable Weise am Mangel einer herausgearbeiteten kohärenten Ontologie. In völlig obskurer und undurchdachter Weise wird eine einzige umfassende ontologisch-metaphysische Dimension angenommen, der die Bezeichnungen »Materie (materielle Realität)« und »Physikalisches (physikalische Realität)« gegeben wird. Dann aber werden auch »nicht-physikalistische« Entitäten angenommen, die aber *grundsätzlich* oder *letztlich* wieder als »physikalistisch« aufgefasst und bezeichnet werden.

[3] Zur Illustration und zum Beleg dieser letzten großen Behauptung sei hier das Beispiel eines Philosophen angeführt, der als radikaler Physikalist und gleichzeitig hinsichtlich des mentalen Bereichs als radikaler Nicht-Reduktivist wohl bekannt ist: John Searle. Auf der einen Seite vertritt er eine exaltierte umfassende *physikalistische* Ontologie (1995: 7):

»Here [...] are the bare bones of our ontology: We live in a world made up entirely of *physical* particles in fields of force. Some of these are organized into systems. Some of these systems are living systems and some of these living systems have evolved consciousness. With consciousness comes intentionality, the capacity of the organism to represent objects and states of affairs in the world to itself. Now the question is, how can we account for the existence of social facts within this ontology?« (Searle [1995: 7])

Auf der anderen Seite heißt es bei ihm:

»If there is one thesis that I would like to get accross in this discussion, it is simply this: The fact that a feature is mental does not imply that it is not physical; the fact that a feature is physical does not imply that it is not mental. [...] When I say that consciousness is a higher-level physical feature of the brain, the temptation is to hear that as meaning physical-as-opposed-to-mental, as meaning that consciousness should be described *only* in objective behavioral or neurophysiological terms. But what I really mean is consciousness *qua* consciousness, *qua* mental, *qua* subjective, *qua* qualitative *is physical*, and physical *because* mental.« (Searle [1992: 14–15])

Auf die im ersten Zitat formulierte Frage: »Now the question is, how can we account for the existence of social facts within this ontology?« gibt Searle die folgende knappe Antwort: »From dollar bills to cathedrals, and from football games to nation-states, we are constantly encountering new social facts where the facts exceed the *physical* features of the underlying *physical* reality.« (Searle [1995: 228]; Hervorh. LBP) Das ist sonderbar. Wenn »we live in a world made up entirely of physical particles in fields of force«, wie kann es dann in dieser Welt derart »social facts« geben, dass »the facts exceed the *physical* features of the *underlying physical* reality«? Man beachte, das »physical« in dieser Antwort zweimal vorkommt: einmal als Charakterisierung der allerletzten metaphysischen Dimension oder Realität (das zweite Vorkommen) ; sodann werden die »features« dieser Realität – ganz folgerichtig – als »physical« gekennzeichnet (das erste Vorkommen); *aber* dann werden Entitäten genannt (hier: »social facts«), die die »physical features« der tragenden physikalischen Realität *übertreffen*, also *nicht-physikalisch* sind. Das ist eine offenkundige Inkohärenz; denn was ist schließlich »das Physikalische« nach Searle? Wenn *alles und jedes physikalisch* ist (»We live in a world made up entirely of *physical* particles in fields of force«), was kann es dann heißen, dass diese Welt (»made up entirely of *physical* particles in fields of force«) auch nicht-physikalische Entitäten einschließt?

Wahrscheinlich lässt sich Searle von jener Vorstellung leiten, die D. Lewis in seinem oben angeführten Beispiel der Punktematrix vermittelt. Dann aber wird er mit den oben gestellten Fragen konfrontiert: Was *sind* die Strukturen (*patterns*) selbst? Was ist der *ontologische Status* der Strukturen (*patterns*)? In Searles Terminologie formuliert: Was sind die »higher-level physical features«? Was heißt hier »higher-level«? Die Frage wird von Searle nicht einmal gestellt, geschweige denn behandelt.

Statt dessen scheint Searle einen anderen Weg zu beschreiben, um den offenkundigen Schwierigkeiten, in die seine Position gerät, zu entgehen. Dieser Weg wird in einem Satz in der oben zitierten Passage kurz erwähnt, wo es heißt: »The temptation is to hear that [i. e., that consciousness is a higher-level physical feature of the brain] as meaning physical-as-opposed-to-mental, as meaning that consciousness should be described *only* in objective behavioral or neurophysiological terms ...« Der Weg wäre also die Unterscheidung zwischen verschiedenen *Beschreibungen* (ein und derselben *physikalischen* Realität?). Aber wieder einmal thematisiert Searle nicht das Problem, das er sich damit einhandelt. Danach gäbe es also ihm zufolge einen ganzen Bereich des Physikalischen, nämlich das Mentale, das einer physikalischen Beschreibung nicht zugänglich ist. Aber wie kann das sein? Physikalisches, das einer physikalischen Beschreibung nicht zugänglich ist? Was soll dann »Physikalisches« überhaupt bedeuten?

Auch hier gerät er in ein Dilemma: Entweder nimmt er an, dass »Beschreibungen« der zu begreifenden Sache (dem jeweiligen ontologischen Bereich oder Sachverhalt) völlig äußerlich sind oder dass Beschreibungen, wenn sie korrekt sind, genau die Sache, um die es sich handelt, artikulieren. Im ersten Fall verlöre sein ganzes Unternehmen jede wissenschaftliche oder philosophische Bedeutung; denn dann wäre es völlig gleichgültig, ob man eine physikalistische oder eine mentalistische Beschreibung verwendet. Im zweiten Fall wäre er gezwungen, *mehrere spezifische Subbereiche* im Rahmen der umfassenden, besser: der Grunddimension, die er das Physikalische nennt (wir können das so verstandene Physikalische hier als Physikalisches$_0$ bezeichnen), zu unterscheiden und anzuerkennen (nennen wir diese spezifischen Bereiche Physikalisches$_1$, Physikalisches$_2$, ..., Physikalisches$_n$). Aber dann stellt sich die Frage: Wie verhalten sich diese Subbereiche zu Physikalischem$_0$? Und vor allem: wie wäre Physikalisches$_0$ selbst zu begreifen *und zu beschreiben*? Eine *kohärente* Konzeption könnte *nicht* die These vertreten, dass es Subbereiche des Physikalischen$_0$ gibt (im konkreten Fall: Subbereiche wie *das Mentale, das Soziale* u. ä.), die die „features" des Grundbereichs Physikalisches$_0$ »überschreiten (*exceed*)«; denn sonst wären diese Subbereiche *nicht-physikalisch* im erläuterten Sinn von: nicht-physikalische$_0$ Subbereiche. Genau das aber ist die These, die Searle vertritt. Searle behauptet zwei sich widersprechende Thesen: (1) Physikalisches$_0$ ≠ Physikalisches$_1$ (etwa: der mentale Subbereich) ≠ Physikalisches$_2$ (etwa: der soziale Subbereich) ≠ ... ≠ Physikalisches$_n$. (2) Physikalisches$_0$ = Physikalisches$_1$ (etwa: der mentale Subbereich) = Physikalisches$_2$ (etwa: der soziale Subbereich) = ... = Physikalisches$_n$. Searle kann dem Selbstwiderspruch nur dadurch entgehen, dass er den Begriff des *Physikalischen* (*physical*) genau erläutert und präzisiert. Wenn eine Differenz zwischen »physikalisch« und »nicht-physikalisch« eingeführt und angenommen wird, kann es sich nur um zwei verschiedene Subbereiche eines dann vorauszusetzenden »umfassenden oder Grundbereichs« handeln. Wenn man für diesen umfassenden oder Grundbereich noch einmal das Wort ›physikalisch‹ verwendet bzw. verwenden will, so muss man es *in aller Klarheit spezifizieren,* um es von den sich als »physikalisch« bzw. »nichtphysikalisch« unterscheidenden Subbereichen klar abzuheben. Man könnte dann etwa schreiben: Physikalisches$_G$ (›G‹ für »Grundbereich«). Aber in diesem Fall würde für Searle das Problem besonders akut werden; denn dann stellt sich die Frage, was mit »(der Dimension des) Physikalischen$_G$« gemeint sein kann, wenn es weder als Physikalisches$_0$ noch als Physikalisches$_1$ usw. verstanden *und beschrieben* wird. Genau das ist bei Searle festzustellen: Seine große These »we live in a world made up entirely of *physical* particles in fields of force« ist total ambig, sogar inkohärent und damit nichtssagend. Er behauptet sowohl These (1) als auch These (2), indem er es vollständig unterlässt, nach den Voraussetzungen und Implikationen zu fragen, die seine konfusen und widersprüchlichen Aussagen beinhalten, und diese zu klären. Es sei angemerkt, dass eine solche Position für alle Varianten des »nicht-reduktiven Physikalismus« ganz und gar charakteristisch ist.

4.3.1.2.3.2 Ein Argument gegen den Physikalismus

[1] In der heutigen Literatur begegnet man mehreren viel diskutierten Argumenten gegen den Physikalismus. Die wohl wichtigsten sind die Argumente, die Thomas Nagel, Frank Jackson und David Chalmers vorgetragen haben. In seinem viel beachteten Aufsatz *What is it like to be a bat?* (Nagel [1974]) versucht Nagel zu zeigen, dass jede physikalistische Erklärung des Universums wegen ihres essentiell objektiven Charakters die Subjektivität von Standpunkten unberücksichtigt lässt, ja lassen muss. Auf dieser Basis führt er eine Art Gedankenexperiment ein, indem er argumentiert, dass sich diese

4.3 Die menschliche Welt

Nichtberücksichtigung in folgender Tatsache manifestiert: Auch wenn wir alle Tatsachen über die Physiologie von Wesen kennen würden, die ganz anders als wir selbst sind, würden wir nicht wissen, was es heißt, dass sie das sind, was sie sind (*we do not know what it is like to be them*).

Besonders Fr. Jackson und D. Chalmers haben dieses Argument in verschiedenen Hinsichten neu formuliert und weitergeführt. Das von Jackson [1982] dargestellte sogenannte »Argument aus der Erkenntnis (*Knowledge Argument*)« basiert auf einem Gedankenexperiment: Man betrachte den Fall einer Super-Neurowissenschaftlerin, Mary, die, eingeschlossen in einem weißen und schwarzen Raum, durch Bücher und Beobachtung eines schwarz-weißen Fernsehers alles lernt, was es über das Funktionieren des visuellen Systems zu lernen gibt. Jackson behauptet nun, dass Mary dennoch etwas Neues (eine neue Tatsache) lernt, wenn sie zum ersten Mal »reale Farben« wahrnimmt. Beispielsweise lernt sie, was die Wahrnehmungserfahrung von »rot« eigentlich ist. Nach Jackson folgt daraus, dass der Physikalismus falsch sein muss, da wir alle physikalischen Tatsachen kennen können, ohne dass wir die Totalität der Tatsachen kennen, auch nicht in prinzipieller Hinsicht.

Das von Chalmers [1996] eingebrachte »Denkbarkeitsargument (*conceivability argument*)« zieht eine Folgerung aus dem Gedanken, dass wir uns ein Universum denken oder vorstellen können, das mit unserem Universum in allem identisch ist, mit Ausnahme des folgenden Umstands: Unsere Partner in jenem Universum besitzen kein bewusstes mentales Leben. Sie sind subjektive Zombies. Chalmers argumentiert nun, dass ein solches Universum denkbar oder vorstellbar (*conceivable*) und auch logisch möglich ist. Ihm zufolge demonstriert dieser Umstand die Falschheit des Physikalismus, da er zeigt, dass die Tatsachen über qualitative Bewusstheit andere weitere Tatsachen sind, die durch die physikalischen Tatsachen nicht in adäquater Weise determiniert sind.

G. Rosenberg [2002] hat ein Argument vorgelegt, das auf einer Analogie zwischen den physikalischen Tatsachen und den Tatsachen über zelluläre Automaten (*cell automata*) basiert. Ein zellulärer Automat besteht aus »Punkten« (oder eben »Zellen«) in einem abstrakten Raum, so dass alle diese Punkte/Zellen gewisse Arten von »kausalen« Eigenschaften haben (vgl. ib. Kap. 2). Ein Exemplar eines solchen Automaten wird von Rosenberg beschrieben und als Modell einer physikalischen Miniaturwelt betrachtet.

Auf dieser Basis entwickelt Rosenberg sein Argument: 1. Aus Tatsachen über zelluläre Automaten können nicht Tatsachen über phänomenales Bewusstsein abgeleitet werden. 2. Wenn aus Tatsachen über zelluläre Automaten keine Tatsachen über phänomenales Bewusstsein abgeleitet werden können, dann können aus Tatsachen über die rein physikalische Welt keine Tatsachen über phänomenales Bewusstsein abgeleitet werden. 3. Daher können aus Tatsachen über die rein physikalische Welt keine Tatsachen über phänomenales

Bewusstsein abgeleitet werden. Rosenbergs Strategie besteht darin, die Physik, die den zellulären Automaten entspricht, dafür zu benutzen, die kategoriale Struktur physikalischer Theorien im allgemeinen herauszuarbeiten, um so die Arten von Information zu identifizieren, die physikalische Theorien liefern, und die Arten von Bedingungen darzulegen, die physikalische Eigenschaften zu den Arten von Eigenschaften machen, die sie sind.

Mit solchen (und ähnlichen) Gedankenexperimenten bzw. Methoden versuchen antiphysikalistisch orientierte Philosophen zu demonstrieren, dass keine apriorische Implikationsbeziehung (*entailment*) zwischen physikalischen Tatsachen und »Erfahrungstatsachen« (sog. »phänomenalen« Tatsachen) besteht, dass also Erfahrungstatsachen nicht auf der Basis apriorischen Argumentierens (*reasoning*) aus rein physikalischen Tatsachen abgeleitet werden können. Diese Autoren kommen zum Ergebnis, dass der Physikalismus falsch ist.

Hier soll nicht zu der Frage Stellung bezogen werden, ob diese Argumente stichhaltig (oder konklusiv) sind; vielmehr soll hier ein Argument vorgelegt werden, das in einer bestimmten Hinsicht als direktes Argument bezeichnet werden kann. Es rekurriert nicht auf Gedankenexperimente, Analogien u. dgl. Man könnte es das Argument aus der Erkenntnis (aber in einem völlig anderen Sinne als bei Jackson) oder aus der Wahrheit wissenschaftlicher Theorien oder aus der Intentionalität nennen.

[2] Im vorhergehenden Abschnitt (4.3.1.2.3.2 [3.2]) wurde der fundamentale Gedanke der *intentionalen Koextensionalität des Geistes mit dem Ganzen (dem Universum, dem Sein)* eingeführt, aber nicht näher erläutert. Der Begriff der *Intentionalität* ist ein zentraler Begriff der Philosophie des Geistes; über seine nähere Erklärung besteht jedoch keine einheitliche Auffassung. Hier soll nur der zentrale Aspekt des Begriffs herausgearbeitet werden, der die Basis für das darzulegende Argument bildet.

Ganz allgemein besagt Intentionalität die Gerichtetheit oder Ausrichtung mentaler Akte (also Akte des Geistes oder des Denkens) auf die Welt, die Realität. Welcher Art diese Gerichtetheit oder Ausrichtung ist, bleibt eine kontroverse Angelegenheit. Die Antwort darauf hängt teilweise von der Semantik ab, die vorausgesetzt wird. Wenn die in diesem Buch *kompositional* genannte Semantik vertreten wird, so spielen schon singuläre Terme eine wichtige Rolle bei der Bestimmung des Begriffs der Intentionalität. Anders verhält es sich, wenn eine kontextuale Semantik vorausgesetzt wird, die keine singulären Terme als referentielle Ausdrücke anerkennt. In jeder Semantik spielt der Wahrheitsbegriff zu Recht eine entscheidende Rolle; denn Wahrheit beinhaltet, wie immer man diesen Bergriff näher erklären mag, in der einen oder anderen Weise einen *ontologischen Bezug*, und zwar den absolut definitiven. Man kann daher sagen, dass die Gerichtetheit oder Ausrichtung des Geistes/ Denkens auf die Realität (das Universum, das Sein im Ganzen) dann »vollbestimmt« ist, wenn eine wahre Aussage aufgestellt wird. Allgemein formuliert, lässt sich dieser Sachverhalt einfach so ausdrücken: Die Intentionalität erreicht ihre maximale Realisierung, wenn *Erkenntnis* vorliegt. (Hier wären auch der *Wille* und die mit ihm zusammenhängenden Phänomene ebenfalls einzubeziehen; um die Darstellung zu vereinfachen, wird hier davon abgesehen.)

Was bedeutet der soeben erwähnte »ontologische Bezug« im Hinblick auf Wahrheit genauer? Für die hier verfolgte Zielsetzung kann die Antwort so formuliert werden: Liegt Wahrheit bzw. Erkenntnis vor, so »erfassen«, »artikulieren« oder »erreichen« wir *die Sachen selbst*, d. h. (die) Realität (das Universum, das Sein im Ganzen) bzw. einen Ausschnitt daraus. Bei der Verwendung solcher Ausdrücke (besonders »erfassen« und »erreichen«) besteht oft die Tendenz, sie als Metaphern zu nehmen. Diese Tendenz dürfte daher rühren, dass besonders seit Kant eine tiefe Kluft zwischen dem erkennenden Subjekt und der Realität zum allgemeinen Dogma in der Philosophie erhoben wurde. Demnach ist das erkennende Subjekt etwas, was nicht wirklich zur Realität (Welt) gehört, so dass das Verhältnis zwischen beiden Dimensionen zu einer Art unüberbrückbaren Kluft und damit zum Geheimnis wurde. Alles ändert sich aber, wenn man das erkennende Subjekt als *integrierenden (Bestand)Teil* der Realität (Welt) begreift; denn dann ist das Verhältnis zwischen beiden Größen ein »innerweltliches« Verhältnis. Dann erscheinen auch solche Ausdrücke wie ›erreichen‹, ›erfassen‹ u. ä. nicht mehr einfach als metaphorische Ausdrücke; sie bezeichnen innerweltliche Verhältnisse.

Es gibt Erkenntnisse aller möglichen »Gegenstände« oder »Sachverhalte«; denn im Prinzip kann nichts der intentionalen Reichweite des menschlichen Geistes entgehen. Konkretes, Abstraktes, Psychisches, Theoretisches, Praktisches usw. – alles kann »Gegenstand« der Erkenntnis sein. Für einen Physikalisten stellt sich das zumindest auf den ersten Blick unbehandelbar scheinende Problem einer physikalischen Erklärung aller dieser Arten von Erkenntnis. Hier soll nur ein wissenschaftlich besonders zentraler Fall von Erkenntnis bzw. von Wahrheit thematisiert werden, der unzweideutig zeigt, dass eine physikalische Erklärung von Erkenntnis und allgemein des Mentalen (des Geistes) nicht möglich ist.

Es ist ein fester, von niemandem ernsthaft angezweifelter Bestandteil der modernen kosmologischen Physik, dass es Sternsysteme gibt, die von der Erde viele Lichtjahre entfernt sind: von 160.000 Lichtjahren (das ist der Abstand der als Große Magellansche Wolke bekannten Galaxie von der Erde) bis zu ca. 13 Milliarden Lichtjahren (so weit entfernt von der Erde liegt eine 2004 entdeckte »dünne« Galaxie).[25] Die Frage ist nun: Wie wäre eine solche

---

[25] Vgl. *New York Times* vom 16. Februar 2004. Diese Galaxis ist der am weitesten von der Erde entfernte bekannte Himmelskörper. »Dünn« oder »klein« ist diese Galaxie, weil sie »nur« 2.000 Lichtjahre Durchmesser hat (der Durchmesser der Milchstraße beträgt ca. 100.000 Lichtjahre).

Erkenntnis *physikalisch* zu erklären? Ist eine physikalische Erklärung überhaupt denkbar? Die Antwort lautet ganz eindeutig: Auf der Basis der heutigen Physik ist eine solche Erkenntnis physikalisch nicht erklärbar. Das sei in aller Kürze gezeigt.

Die wahre wissenschaftliche Aussage über solche Sternsysteme bedeutet, dass wir die *realen Galaxien* erreichen bzw. erfassen. Das heißt: wir treten »in Beziehung« zu diesen Himmelskörpern, wie dies bei jeder Erkenntnis, die Wahrheit beinhaltet, der Fall ist. Wie dieses »Sich-in-Beziehung-Setzen« bezeichnet wird, ist eine sekundäre, eine terminologische Angelegenheit. Wichtig ist hier nur die Frage: Wie ist dies möglich? Wie immer man dieses in-Beziehung-Treten erklären mag (durch Lichtimpulse, Signale usw.), in jedem Fall könnten diese, wie man sie hier nennen könnte, »physikalischen Träger« der Erkenntnis-Beziehung und damit des in-Beziehung-Tretens zur Realität der genannten Himmelskörper nicht schneller sein als die Lichtgeschwindigkeit; denn nach der Relativitätstheorie bildet die universelle Konstante Lichtgeschwindigkeit $c_0 \approx 300.000$ km/s (Kilometer pro Sekunde) im Vakuum[26] die natürliche obere Grenze aller überhaupt möglichen Geschwindigkeiten, mit denen sich Materie oder Energie in irgendeiner Form, also auch als Signal, ausbreiten oder bewegen kann.

Was folgt daraus für die hier verhandelte Frage? Es folgt, dass wir auf der Basis einer im Sinne der heutigen Physik rein physikalisch zu verstehenden Erklärung von Erkenntnis nie in der Lage wären und sein könnten, eine sinnvolle wahre Aussage über Objekte wie die genannten Galaxien zu machen. Wir würden sie nie »erreichen«. Unsere so hoch geschätzten wissenschaftlichen Aussagen wären rein subjektive Spiele oder Einbildungen ohne jeden objektiven, d.h. wahren und realen Gehalt. Dann aber wäre auch eine physikalistische Erklärung des menschlichen Geistes automatisch hinfällig.

Hier drängt sich die Frage auf, wie Philosophen die aufgezeigten Zusammenhänge und Sachverhalte ignorieren konnten und können. Darauf lässt sich eine doppelte Anwort geben. [i] Diese Philosophen haben nie auf eine kohärente Weise auch nur die minimalen ontologischen Implikationen des Wahrheitsbegriffs beachtet. Weil sie das nicht getan haben und nicht tun, unterlassen sie es, fundamentale Fragen zu stellen und zu behandeln, vor allem die Frage, die oben formuliert wurde: Wie ist es auf rein physikalischer Basis möglich, die Erkenntnis großer, umfassender kosmologischer Zusammenhänge zu erklären? [ii] Ungeachtet des Umstands, dass diese Philosophen szientistisch orientiert sind, haben sie nie den ernsten Versuch unternommen, die ganze Dimension des Geistes/Denkens wirklich *als* eine Dimension der Welt bzw. in der Welt zu begreifen. Sie waren immer bestrebt, das Geistige, das Denken, alles Mentale usw. auf Physikalisches zu *reduzieren*; sie scheinen

---

[26] Genau: $c_0 = 299\,792\,458$ m/s.

aber nicht gemerkt zu haben, dass sie dabei das Charakteristische dieser Dimension verfehlten. So wird diese Dimension *als solche nicht als* eine Dimension (in) der Welt gedacht; produziert wird vielmehr nur eine Karikatur des Geistes/Denkens/Mentalen.

[3] Gegen das kurz skizzierte Argument kann ein diskussionswürdiger Einwand erhoben werden. Er hebt darauf ab, dass der einzige »reale« Kontakt, den wir mit den genannten Himmelskörpern haben (können), ein physikalischer sei, nämlich das Licht, das nach einer langen »Reise« zu uns gelangt; das sei aber für eine wissenschaftliche Theorie und die von ihr aufgestellten wahren Aussagen völlig ausreichend. Der Gedanke, das erkennende Subjekt müsse Entfernungen »überspringen«, die sich an Lichtjahren bemessen, um die Erkenntnis der fernen Himmelskörper zu erklären, sei daher gegenstandslos.

Dieser Einwand weist richtigerweise auf eine fundamentale Tatsache hin, zieht aber daraus unrichtige Folgerungen. Der wirklich wichtige und entscheidende Punkt ist doch, dass die Wissenschaft viele Aussagen macht über die entsprechende Galaxie, ihre Zusammensetzung, ihre Entwicklung usw., und zwar wie sie *heute* »ist«, wie immer man dieses »heute« interpretieren mag. Die Wissenschaft spricht über die reale Galaxie, nicht über ein sinnliches Material, *Sense Data* oder ein Phänomen in einem Instrument. Aber schon die simple Tatsache, dass das uns erreichende Licht als von einer viele Lichtjahre von der Erde entfernten Galaxie gesendetes Licht *interpretiert* oder *erklärt* wird, zeigt, dass der menschliche Geist die ungeheuren physikalischen Distanzen zwischen den Galaxien und unserer Erde in einem Nu zu überwinden fähig ist. Das ist eine Tatsache, die alle physikalistischen Versuche einer Erklärung des menschlichen Geistes als absolut leer und gegenstandslos erscheinen lässt.

4.3.2 Das sittliche Handeln und die sittlichen Werte (Ethik)[27]

Neben der Anthropologie im engeren Sinne bildet die sittliche Dimension einen zentralen Teil der menschlichen Welt. Das Wort ›sittlich‹ wird hier grundsätzlich als gleichbedeutend mit »moralisch« verstanden, allerdings mit dem nicht unwichtigen Unterschied, dass »sittlich« ein viel weiteres semantisches Umfeld konnotiert als »moralisch«.[28] Der Ausdruck ›Ethik‹ bezeichnet eine bestimmte Disziplin, eine bestimmte Theorie. Das weitere

---

[27] Der größte Teil dieses Abschnittes deckt sich mit weiten Teilen des Aufsatzes PUNTEL [2004].
[28] In der Geschichte der Philosophie, und zwar ganz besonders bei HEGEL, werden Moralität und Sittlichkeit streng unterschieden. Vgl. HEGEL [Recht: Die Moralität (§§ 105–141); Die Sittlichkeit (§§ 142–360)].

Umfeld von »sittlich« wird auch in diesem Buch explizit intendiert, allerdings nicht explizit thematisiert. Der Grund dafür ist, dass die in diesem Abschnitt angestellten Überlegungen und vertretenen Thesen eine grundsätzliche Bedeutung auch für weitere Fragestellungen in jenem großen Bereich haben, der in der philosophischen Tradition »praktische Philosophie« genannt wurde bzw. heute noch so genannt wird. Wie schon mehrmals betont wurde, intendiert die in diesem Kapitel behandelte *Weltsystematik* keine umfassende und erschöpfende Darstellung aller (und auch nicht der wichtigen) Bereiche der Welt, geschweige denn der unzähligen Problemstellungen, die in dieser umfassenden Dimension entstehen. Die Zielsetzung dieses Kapitels – und das gilt exemplarisch für diesen Abschnitt – besteht darin zu zeigen, wie die Durchführung oder Konkretisierung des struktural-systematischen Theorierahmens zu konzipieren ist.

Die vorliegende Thematik muss aus zwei Gründen in engem Zusammenhang mit dem Wahrheitsbegriff gesehen und behandelt werden. Erstens ist der Wahrheitsbegriff für die Konkretisierung der strukturalen Dimension absolut zentral, wie in Kapitel 3 gezeigt wurde. Zweitens hat die hier vertretene Ethik einen *kognitivistischen* Status; sie ist, wie gleich zu zeigen ist, eine bestimmte *Theorie*. Entscheidend in dieser Hinsicht ist der Nachweis, dass ethische Sätze wahrheitsfähige Sätze sind, und zwar mit allen – insbesondere ontologischen – Implikationen des Wahrheitsbegriffs.

Ob ethische Sätze[29] wahrheitsfähige Sätze sind, ist eine Frage, mit der sich die Philosophie in der einen oder anderen Weise immer beschäftigt hat. Diese Frage wird heute besonders intensiv diskutiert (vgl. z.B. Hooker [1996]). Dies lässt sich aus einer bemerkenswerten Konvergenz der Diskussionen im Rahmen der beiden beteiligten Disziplinen, der Ethik und der Wahrheitstheorie, erklären. Zum einen führen die Überlegungen über den Status und die Grundlagen der kognitivistisch konzipierten Ethik zu einer expliziten Thematisierung der Anwendbarkeit des Wahrheitsbegriffs auf den Bereich der Ethik; zum anderen erzeugen die Bemühungen um einen möglichst adäquaten und umfassenden Wahrheitsbegriff die beinahe als »natürlich« zu bezeichnende Tendenz, diesen Begriff auf immer weitere Gebiete auszudehnen und die damit gegebenen semantischen Probleme zu klären (vgl. exemplarisch: Wright [1996]). Die Frage, in welchem genauen Sinn der Wahrheitsbegriff in der Ethik Verwendung finden kann bzw. muss, kann bislang nicht als geklärt gelten, und zwar selbst nicht in einzelnen Ansätzen. Diese Tatsache

---

[29] Es wird hier terminologisch zwischen ethischen und moralischen Sätzen streng unterschieden. Ethische Sätze sind Sätze, die im Rahmen der Disziplin »Ethik« aufgestellt werden. Moralische Sätze sind solche, die in allen möglichen Lebens- und Sprachkontexten geäußert werden (können) und sich auf das große Gebiet der Moral beziehen. In einer bestimmten Hinsicht kann gesagt werden, dass ethische Sätze in Bezug auf moralische Sätze »Metasätze« sind.

verdankt sich ihrerseits hauptsächlich dem Umstand, dass ein hoffnungsloser Dissens hinsichtlich des Wahrheitsbegriffs herrscht, wobei der zentrale problematische Punkt im *ontologischen Bezug* des Wahrheitsbegriffs liegt. Wenn Wahrheit direkt oder indirekt einen ontologischen Bezug beinhaltet, so ist zu fragen, wie die Welt bzw. die ontologische Dimension im Falle der ethischen Wahrheit aufzufassen ist.

4.3.2.1 Zum theoretischen Charakter ethischer Sätze

Was die besondere Schwierigkeit einer Inbeziehungsetzung ethischer Sätze zum Wahrheitsbegriff auf den ersten Blick hervorzurufen scheint, ist der »praktische« Status ethischer Sätze. »Praktische« Sätze werden zur *praktischen Philosophie* gerechnet, die traditionell von der *theoretischen Philosophie* unterschieden wird. Meistens wird diese Unterscheidung, die seit Aristoteles und erst recht heute als so etwas wie eine kontinentale Wasserscheide für die ganze philosophische Landschaft gilt, als mehr oder weniger selbstverständlich hingenommen. Bei der genaueren Charakterisierung des dabei vorausgesetzten Verständnisses drängen sich aber Probleme auf, die deutlich zeigen, dass der genannte weitgehende Konsens sich rasch als ziemlich leer herausstellt. Ist Ethik – auf die Betrachtung dieser Disziplin soll hinfort die Problematik der »praktischen Philosophie« eingegrenzt werden – keine *theoretische* Disziplin, kurz: Ist Ethik keine philosophische Theorie?

4.3.2.1.1 Die Ambiguität der »praktischen Philosophie« und der »normativen Ethik«

Es besteht in der ganzen Geschichte der Philosophie, genauer: seit Aristoteles, eine grundsätzliche Ambiguität über diese Frage bzw. den genauen Status der Ethik. Will man aber der Ethik nicht irgendeinen theorielosen oder gar theoriefremden Status verleihen, so muss man sie in jedem Fall von all den »Aktivitäten« abgrenzen, die in *direkter Weise* »praktisch« sind bzw. »praktisch« genannt werden (wie: Anweisung oder Aufruf zu einem bestimmten Handeln, Beratung, Seelsorge, Erziehung usw.). Was bleibt dann anderes übrig, als Ethik als eine im strengen Sinne theoretische Disziplin zu konzipieren?

Der konfuse Status der Ethik als der Zentraldisziplin der *praktischen* Philosophie verdankt sich einer hauptsächlich auf Aristoteles zurückgehenden Ambiguität in der Bestimmung der »praktischen Wissenschaft«.[30] Die praktische Philosophie und damit auch die Ethik hat immer so etwas wie einen »Januskopf-Charakter« gehabt. Sie wurde/wird nämlich durch zwei Faktoren bestimmt, deren Verhältnis zueinander im Hinblick auf die Definition der

---

[30] Aristoteles kennt die Bezeichnung ›praktische Philosophie‹ nicht. Vgl. dazu BIEN [1971].

Ethik undurchsichtig bleibt. Zum einen wird die Ethik durch ihren Gegenstand, den Bereich des Praktischen im Sinne des moralischen Handelns, bestimmt; dadurch unterscheidet sie sich nicht im geringsten von jeder anderen Wissenschaft, die jeweils einen eigenen Gegenstand hat; somit wäre die Ethik eine Theorie, die Theorie des praktischen (moralischen) Handelns. Zum anderen wird immer ein anderer Faktor genannt, der zumindest als *faktisches* Mitdefiniens angesetzt wird: eine bestimmte Zielsetzung, nämlich die praktische Absicht. Bei Aristoteles wird die eine bestimmte Absicht festlegende Zielsetzung einer Wissenschaft in die Charakterisierung der Wissenschaft selbst hineingenommen: Eine Wissenschaft, deren Ziel sie selbst ist, die also um des reinen Wissens willen betrieben wird, ist »theoretische« Wissenschaft; hingegen ist eine Wissenschaft, die um eines nicht mit ihr identischen Zieles, also nicht um des reinen Wissens willen gepflegt wird, keine theoretische; sie ist »praktische Wissenschaft«, wenn das Ziel das Handeln ist.

Diese janusköpfige Bestimmung der praktischen Philosophie bzw. der Ethik ergibt keine kohärente Konzeption. Zum einen leuchtet leicht ein, dass mit jeder traditionell als »theoretisch« eingestuften Wissenschaft alle möglichen Ziele verbunden werden können; das Wissen um seiner selbst oder die Wahrheit um ihrer selbst willen ist nur eines dieser Ziele. Heute wird sogar faktisch als Zielsetzung der Wissenschaft meistens nicht die Wahrheit oder das Wissen selbst, sondern etwa die technische Beherrschung der Welt angesetzt. Zum anderen muss mit der Entwicklung einer oder der Ethik nicht unbedingt das Handeln etwa in der Form eines Beitrags zu einer humaneren Welt (was immer das sein mag) verknüpft werden. Was die Philosophie allgemein, auch unter Einbeziehung der Ethik, betrifft, so können viele Zielsetzungen genannt werden: eine humanistische, eine national-kulturelle und noch viele andere, sogar ganz »primitive« (wie Geld verdienen, die Langeweile überwinden u. ä.). Ein Philosoph kann aber eine Ethik durchaus auch »um der reinen Wahrheit willen« entwickeln.

Es ergibt sich daraus, dass die Angabe eines Zieles den Status einer Wissenschaft nicht definieren kann. Dieser ist vielmehr grundsätzlich nur durch den Gegenstand und die spezifischen begrifflichen, argumentativen, logischen usw. Strukturen der Wissenschaft bestimmbar. Die traditionelle Konfusion über den Status der Ethik kommt hauptsächlich in der Problematik der *Normativität* zum Vorschein. Da der Bereich des Praktischen, der das »Phänomen« des Normativen wesentlich einschließt, unstreitig Gegenstand der Ethik ist, hat diese es selbstverständlich mit »praktischen« Sätzen im Sinne von »normativen« Sätzen zu tun. Die Frage ist nur, wie das genau zu verstehen ist. Hier ist der Ort erreicht, an dem sich ganz deutlich zeigt, wie die traditionelle Zweideutigkeit entsteht.

Es gibt zwei hinsichtlich ihres Status wesentlich verschiedene Arten von »praktischen« Sätzen. Artikuliert man den Bezug von Sätzen auf das Praktische in der oben erwähnten Perspektive der Zielsetzung bzw. der Absicht, so handelt es sich um Sätze mit einem praktischen Status in einem *primären Sinne*; diese sollen *primärpraktische Sätze* genannt werden. Es sind Sätze, die einen Aufforderungscharakter haben; die stärkste Form bilden die *Imperativsätze*, d.h. die *Sollenssätze* im eigentlichen Sinne wie: »Du sollst X tun« (höfliche oder indirekte Form) bzw. »Tu X« (direkte Form). Kants berühmte Formulierungen des Kategorischen Imperativs sind typische Beispiele für solche Sätze. Artikuliert man aber den Bezug von Sätzen auf das Praktische in der ebenfalls oben schon erwähnten Perspektive des Gegenstands der Ethik, so handelt es sich um Sätze, die zwar auch einen praktischen »Gehalt«, nicht aber einen primärpraktischen Status haben; man könnte sie als *sekundär- oder objektpraktische Sätze* bezeichnen. Wie unten im einzelnen zu zeigen ist, muss man bei diesen Sätzen zwei ganz verschiedene Varianten unterscheiden. Sie haben *keinen rein- oder primärpraktischen*, sondern einen *theoretisch-praktischen Status*.

Wenn von »normativer Ethik« gesprochen wird, so ist es in der Regel nicht klar, was mit »Normativität« genau gemeint ist. Dass die Ethik *primärpraktische Sätze* als *Gegenstand* einer Betrachtung (Untersuchung, Theorie) behandeln kann, ja muss, ist selbstverständlich. Aber kann die Ethik *primärpraktische Sätze* als *eigene* Sätze, also als Sätze der Theorie selbst aufstellen? Das ist der zentrale und entscheidende Punkt in der hier festgestellten Ambiguität der Ethik als »normativer Wissenschaft«. Die hier vertretene Position schließt es aus, dass die Ethik selbst solche Sätze aufstellen kann. Eine Wissenschaft, die in diesem starken Sinne »normativ« wäre, ist ein Unding, ein selbstwidersprüchliches Gebilde; denn es gehört zum Wesen von Wissenschaft, dass sie untersucht, »wie es sich (empirisch oder prinzipiell) verhält«. Die vom traditionellen Verständnis von »praktischer Philosophie« herrührende Ambiguität gilt es als erstes zu überwinden.

4.3.2.1.2 Primärpraktische, theoretisch-deontische und theoretisch-evaluative Sätze

Die allgemeine Tendenz in der heutigen Ethik geht dahin, nicht (nur) eine *Metaethik*, sondern (auch) eine *normative Ethik* zu entwickeln. Die Metaethik untersucht nur die Bedeutung der in der Ethik verwendeten Termini; die normative Ethik will darüber hinaus auch darlegen, was ethisch richtig oder unrichtig ist, und zwar nicht wieder rein abstrakt, sondern konkret und detailliert; kurz: Die normative Ethik will zeigen, *welche moralischen Normen gültig sind*. Wie ist aber der Begriff »normativ« genauer zu fassen? Anstatt vom »Begriff des Normativen« zu sprechen, kann man auch – in vielfacher Hinsicht adäquater – »normative Sätze« betrachten bzw. formulieren; diese werden im allgemeinen auch als »praktische Sätze« charakterisiert, wobei aber die genaue Bedeutung von »praktisch« ebenfalls unklar und unbestimmt bleibt.

Im allgemeinen verwendet man als Explikation des Begriffs des Normativen (bzw. des normativen oder praktischen Satzes) nur allgemeine verbale Paraphrasierungen (»eine Norm betreffend ...«). Wenn versucht wird, mehr darüber zu sagen, so werden gleich zwei große Gruppen normativer Begriffe (bzw. normativer/praktischer Sätze) genannt: die *deontischen* Begriffe (Sätze) und die *evaluativen* Begriffe (Sätze) oder *Wertbegriffe* (Wertsätze oder – aussagen) (vgl. z. B. Kutschera [1982b: 1 ff.]).

Die zentralen deontischen Begriffe sind die des Gebotenseins, des Verbotenseins und des Erlaubtseins. Wie unklar die genaue Bedeutung der normativ-deontischen Begriffe ist, zeigt sich gerade in der Weise, wie die deontischen Sätze näher verstanden werden.

[1] Die deontischen Begriffe können in Sätzen sowohl als Prädikate (»Diese Handlung ist geboten«) als auch als Satzoperatoren (»Es ist geboten dass A«, wobei ›A‹ ein Satz ist) vorkommen. Symbolisch schreibt man dafür: O(A). Diese Formulierungen sind alles andere als eindeutig.

[i] O(A) kann bedeuten (bzw. gelesen werden als): »Es ist geboten dass A« oder »Der/die durch den Satz ›A‹ ausgedrückte Sachverhalt/Proposition **A** soll getan werden« (in der Regel ist **A** eine bestimmte Handlung). Ein Beispiel für den Satz ›A‹: »Es ist geboten dass die Grundrechte jedes Menschen anerkannt werden«. In diesem Beispiel ist ›es ist geboten dass‹ der Operator und ›die Grundrechte jedes Menschen werden anerkannt‹ der Satz, der als Argument des Operators dient. Die durch diesen Satz ausgedrückte Proposition ›**A**‹ kann nach der gewöhnlichen Ausdrucksweise artikuliert werden als »(der Sachverhalt/die Proposition) dass die Grundrechte jedes Menschen anerkannt werden«, was auch der Einfachheit halber als »(die Handlung der) Anerkennung der Grundrechte jedes Menschen« angegeben bzw. artikuliert werden kann. Insofern kann man den *Inhalt* des Satzes »Es ist geboten dass die Grundrechte jedes Menschen anerkannt werden« auch ganz einfach so wiedergeben bzw. artikulieren: »Es ist geboten dass **A** vollzogen wird«.

So gedeutet, ist der Satz ›O(A)‹ eine indirekte Form eines *Imperativsatzes*: Jede Person soll **A** tun, im direkten Enzelfall: Tu **A**. Ein solcher Satz soll hier ein *primärpraktischer* oder auch *praktisch-deontischer Satz* genannt werden; strenggenommen, erübrigt sich die Präzisierung ›deontisch‹ hier, da nach der hier verwendeten Terminologie jeder primärpraktische Satz ein deontischer Satz ist. Umgekehrt aber ist, wie gleich gezeigt werden soll, nicht jeder deontische Satz ein primärpraktischer Satz; aus diesem Grund dürfte es um der Klarheit und Übersichtlichkeit willen angebracht sein, die Formulierung ›praktisch-deontischer Satz‹ als Gegensatz zu ›theoretisch-deontischer Satz‹ zu gebrauchen.

4.3 Die menschliche Welt

[ii] O(A) kann aber auch ganz anders gelesen und interpretiert werden, nämlich als *Behauptungssatz* und damit als *theoretischer* Satz. Und hier gibt es wieder *zwei* ganz verschiedene Möglichkeiten.

[ii–i] Die erste ist eine *theoretisch-empirische* Lesart: »Es verhält sich empirisch so dass es geboten ist [oder es wird festgestellt dass es geboten ist] dass A (oder dass **A** vollzogen wird)«. Der Operator »es verhält sich empirisch so dass« [bzw. »es wird festgestellt dass«] zeigt eine empirische Situation an, einen Umstand, der sich unmittelbar auf den zweiten Operator, nämlich »es ist geboten dass«, auswirkt. Macht man diesen Zusammenhang explizit, so ergibt sich eine Paraphrasierung der folgenden Art: »Es verhält sich empirisch so [es wird festgestellt] dass in der (gesellschaftlichen, kulturellen, historischen, geographischen usw.) Situation s das Gebot dass A oder dass **A** vollzogen wird besteht«, oder: »Es gilt empirisch (d. h. in der gesellschaftlichen, historischen, kulturellen usw. Situation s) dass es geboten ist dass A oder dass **A** getan wird«.

[ii–ii] Die *zweite* Form oder Möglichkeit ist eine *theoretisch-generelle (oder theoretisch-prinzipielle)*, d. h.: Hier wird kein empirischer, sondern ein »genereller/prinzipieller Geltungsoperator« vorausgesetzt, nämlich: »Es verhält sich generell/prinzipiell so dass [oder einfach: es gilt generell/prinzipiell dass] A«, wobei ›A‹ ein Satz ist, der eine Proposition ›**A**‹ ausdrückt. Wird im obigen Beispiel der Operator durch »prinzipiell« weiter qualifiziert, so ergibt sich: Der *Inhalt* des Satzes »Es ist prinzipiell geboten dass die Grundrechte jedes Menschen anerkannt werden« kann auch ganz einfach so wiedergeben bzw. artikuliert werden: »Es ist prinzipiell geboten dass **A** vollzogen wird«.

Sätze der Form [ii–i] und [ii–ii] erweisen sich damit als *theoretisch-deontische Sätze* und werden hier so bezeichnet.

Um vollständige Klarheit über den Status dieser Sätze (bzw. der drei beschriebenen Lesarten des Satzes O(A)) zu erzielen, ist es angebracht, auch jeweils den ersten Operator durch ein eigenes Symbol kenntlich zu machen. Das Symbol ›Ⓟ‹ (›P‹ für: ›PrimärPraktisch‹) möge den *praktisch-deontischen Operator* anzeigen; er charakterisiert also den Status eines *primärpraktischen* Satzes in der Form eines Imperativs im weiteren Sinne: Ⓟ A (entsprechend einer der drei Formen des deontischen Operators zu lesen oder paraphrasieren als: »Es soll gelten dass es geboten bzw. verboten bzw. erlaubt ist dass A (oder dass **A** vollzogen wird)« oder gemäß der direkten Form: »Tu **A**« (als eine Pflicht), »Tu **A** nicht« (da **A** moralisch verboten ist), »Tu **A** oder Tu **A** nicht« (da beides moralisch erlaubt ist)).

Das Symbol ›Ⓣ‹ soll den *theoretischen Operator* bezeichnen: »Es verhält sich so dass …« oder: »Es gilt …«. Auch im Bereich des Praktischen kann der theoretische Operator der bestimmende Operator sein. Die »praktischen« Sätze, in denen er vorkommt, sind dann, wie oben gezeigt wurde, *theoretisch-deontische Sätze*; für diesen theoretisch-deontischen Operator kann man das allgemeine Symbol: ›T_D‹ einführen. Aber dieser Operator ist noch unbestimmt, da er entweder als empirisch oder als generell bzw. prinzipiell gültig verstanden werden kann, was zwei völlig verschiedene Arten von Sätzen bedingt. Die theoretisch-deontisch-empirische Lesart wird durch das Symbol ›T_{DE}‹ (›Es gilt theoretisch-deontisch-empirisch dass‹), die generelle oder prinzipielle Lesart durch das Symbol ›T_{DG}‹ (›Es gilt theoretisch-deontisch-generell dass‹) angezeigt. Wenn eine der drei spezifischen Formen des deontischen Operators (»geboten«, »verboten«, »erlaubt«) gemeint ist (was in spezifischen Formulierungen immer der Fall ist bzw. sein muss), muss diese Form explizit kenntlich gemacht werden. (In der formalisierten Schreibweise sollte dann »D« mit zwei verschiedenen durch das Zeichen ›/‹ getrennten Indizes versehen werden: einmal für die Unterscheidung »generell gültig (Symbol: ›G‹) – empirisch gültig« und sodann für die drei Spezifikationen »geboten, verboten, unbedenklich oder erlaubt« (Symbol für ›Geboten‹: ›O‹). Es ergeben sich dann Formulierungen wie die folgende: ›$T_{DG/O}(A)$‹ (›Es gilt theoretisch-deontisch-generell als Gebot dass A‹) usw. Auf solche Details soll aber hier nicht weiter eingegangen werden.)

Die drei Lesarten [i], [ii–i] und [ii–ii] des scheinbar so einfachen und klaren Satzes O(A) (für: »es ist geboten dass A«) ergeben drei Formen von Sätzen, nämlich: ›$P_O(A)$‹, ›$T_{DE/O}(A)$‹ und ›$T_{DG/O}(A)$‹. Entsprechende Formulierungen ergeben sich für die Spezifikationen »Verboten« und »Unbedenklich« oder »Erlaubt«. Sätze der allgemeinen Form ›$T_{DE}(A)$‹ und ›$T_{DG}(A)$‹ können auch *theoretisch-praktische* Sätze (›S_{ThPr}‹) genannt werden, wobei ›theoretisch‹ den den ganzen Status des Satzes bestimmenden Operator, ›praktisch‹ den Bereich, auf den sich der Satz bezieht, nämlich den praktischen Bereich, anzeigt.

[2] Die zweite große Gruppe normativer/praktischer Begriffe sind die *Wertbegriffe*; ihnen entsprechen die *evaluativen Sätze bzw. Aussagen (Wertsätze bzw. Wertaussagen)*. Beispiele: »Diese Handlung ist gut«; »Versprechen zu halten, ist gut« usw. Es ist natürlich nicht möglich, hier auf die einzelnen Aspekte dieser Klasse von Begriffen bzw. Sätzen einzugehen (vgl. dazu z. B. Kutschera [1982b: 10ff.]). Vermerkt sei nur folgendes: Solche Begriffe (z. B. »gut«) werden sowohl prädikativ als auch attributiv verwendet. Es gibt aber auch die Verwendung als Operator: »Es ist gut dass Versprechen gehalten werden«. Es wir sich später herausstellen, dass letztere Verwendung in ontologischer Hinsicht bedeutende Vorteile hat. Sie wird daher hier bevorzugt.

Evaluative oder Wertsätze haben eindeutig die syntaktische Form von (deskriptiv-)theoretischen Sätzen. Nicht-kognitivistische Ethiker leugnen dies nicht, versuchen aber, diese Sätze umzudeuten, indem sie beispielsweise als Expressionen einer Haltung, einer Präferenz oder einer Abneigung interpretiert werden. Auf diese von nicht wenigen Philosophen vertretene Auffassung wird hier nicht eingegangen; wie schon oben vermerkt, soll eine kohärente und tragbare *kognitivistische* Konzeption entwickelt werden. Evaluativen oder Wertsätzen einen kognitivistischen Status zuzuerkennen, heißt, sie als grundsätzlich deskriptive und damit als grundsätzlich theoretische Sätze zu interpretieren. Es ist aber zu beachten, dass sie theoretisch-*evaluative* Sätze sind. Um dies auch notationell anzuzeigen, kann man das Symbol ›W‹ (für ›Wert … [evaluativ]‹) verwenden: Neben den theoretisch-deontischen Sätzen mit dem Operator $\widehat{T}_D$ bilden die theoretisch-evaluativen Sätze mit dem Operator $\widehat{T}_W$ die zweite Form *theoretisch-praktischer Sätze*. Auch hier ist dann weiter zu unterscheiden zwischen Evaluativ-Empirischen und Evaluativ-Generellgültigen Sätzen, also zwischen $\widehat{T}_{WE}$ und $\widehat{T}_{WG}$. Ein Analogon zu den oben charakterisierten *primärpraktischen* Sätzen im *evaluativen Bereich* gibt es nicht; denn evaluative Sätze sind immer *theoretisch*-praktische Sätze. Man kann also keine vollständige Symmetrie zwischen dem deontischen und dem evaluativen Bereich annehmen.

Jetzt kann die oben formulierte These, dass die Ethik keine rein- oder primärpraktischen Sätze selbst aufstellt, präzisiert werden: Die Ethik stellt theoretisch-praktische Sätze auf, also Sätze, die von den Operatoren $\widehat{T}_{DG}$ und $\widehat{T}_{WG}$ bestimmt sind. Ethische Sätze sind Sätze mit einem dieser beiden Operatoren. (In der Ethik kommen theoretisch-deontisch-empirische und theoretisch-evaluativ-empirische Sätze (also Sätze der Formen ›$\widehat{T}_{DE}(A)$‹ und ›$\widehat{T}_{WE}(A)$‹) nur »akzidentell« vor, so wie auch jede andere Art von theoretisch-empirischen Sätzen.)

So verstandene ethische Sätze sind deskriptiv-theoretische Sätze (Behauptungssätze) und als solche sind sie *wahrheitsfähige* Sätze, d. h. Sätze, hinsichtlich deren die Wahrheitsfrage gestellt werden kann *und muss*. Diese These wirft schwierige Probleme auf. Wenn es schon nicht leicht ist, einen konsensfähigen Wahrheitsbegriff herauszuarbeiten, um so schwieriger ist es zu zeigen, in welchem genauen Sinne ethische Sätze wahr sind bzw. wahr sein können. Grundaspekte dieser Problemstellung sollen im nächsten Unterabschnitt einleitend geklärt werden.

4.3.2.2 Die ontologische Dimension der ethischen Wahrheit: die ontologischen Werte

[1] Die Philosophen, die sich heute mit der Thematik der Wahrheit in der Ethik direkt oder indirekt befassen, können in *zwei Gruppen* eingeteilt werden. Eine *erste* Gruppe behauptet, dass ethische Sätze wahr (bzw. falsch) sind, ohne sich explizit oder ausreichend um die genaue Bedeutung von Wahrheit in diesem Zusammenhang zu kümmern. Man stützt sich auf ein meistens allgemeines oder rein intuitives Wahrheitsverständnis, bei dem Wahrheit vorwiegend im Sinne einer der vielen – in der Regel nicht-analysierten – Varianten

der Korrespondenztheorie verstanden wird; manchmal wird zwischen Wahrheit und Begründbarkeit kaum unterschieden (vgl. z.B. Ricken [1998: 46f.], Kutschera [1982b][31], McGinn [1997: Kap. 3][32] u.a.).

Eine *zweite* Gruppe, der die meisten in diesem Bereich arbeitenden Philosophen zuzurechnen sind, vertritt einen explizit *epistemischen* Wahrheitsbegriff: Wahrheit wird auf so etwas wie Objektivität, Intersubjektivität, ideal gerechtfertigte Behauptbarkeit u.ä. reduziert (vgl. z.B. Wiggins [1996: 46ff.]). In diesem Zusammenhang sei auf *zwei* charakteristische Beispiele kurz eingegangen.

C. *Wright* hat eine viel diskutierte Theorie der Wahrheit entwickelt, die unter dem Namen ›minimalist superassertibility theory of truth‹ bekannt ist. Wright zufolge ist eine Aussage wahr genau dann, wenn sie »superassertibel« ist, was er so versteht: Eine Aussage ist superassertibel genau dann, wenn sie in einem bestimmten Informationsstadium asssertibel ist und dann assertibel bleibt ungeachtet jeder weiteren oder neu auftauchenden Information. Dieser Begriff der Wahrheit, so behauptet Wright, steht »im Einklang (*compliance*)« mit einer gewissen Anzahl von »Prinzipien (principles)«, die er – wegen ihrer angeblichen Selbstverständlichkeit – »platitudes« nennt. Eine dieser »platitudes« formuliert C. Wright so: »[T]o be true is to correspond to the facts« (Wright [1992: 34]). Seine Strategie besteht darin, dass er das von ihm akzeptierte Prinzip (»*platitude*«) dahingehend interpretiert, dass es seines Sinnes und Inhalts völlig entleert wird. Er formuliert das geschickt so:

»It is […] a platitude that a statement is true if and only if it corresponds to the facts. But it is so only in so far as we understand a statement's correspondence to fact to involve no more than that matters stand as it affirms. For reflect that if ›p‹ says that *p*, then matters will stand as ›p‹ affirms if and only if *p*. Since by the Disquotational Scheme, ›p‹ is true if and only if *p*, it follows that matters stand as ›p‹ affirms just in case ›p‹ is true

---

[31] KUTSCHERA bejaht den Wahrheitscharakter ethischer Sätze; was den Wahrheitsbegriff anbelangt, verweist er schlicht in einer Fußnote auf einen Abschnitt in einem anderen Buch über Erkenntnistheorie (vgl. KUTSCHERA [1982b: 47, Fußn. 11], mit Verweis auf Kutschera [1982a: Abschnitt 1.6]), in dem Wahrheit so definiert wird: »**WK:** *Ein Satz ist wahr genau dann, wenn der Sachverhalt besteht, den er ausdrückt*«, was KUTSCHERA so erläutert: »Ein Satz A wird wahr genannt genau dann, wenn es sich in Wirklichkeit so verhält, wie A es darstellt.« (ib. 46). In seinen *Grundlagen der Ethik* [1982a] erklärt KUTSCHERA überhaupt nicht, was es heißt oder heißen kann, dass ein moralischer Sachverhalt »besteht« bzw. dass es sich im Falle eines wahren ethischen Satzes A in Wirklichkeit so verhält, wie A es darstellt. Was das heißen kann oder soll, versteht sich wahrhaftig nicht von selbst, wie die heutigen Debatten zur Genüge zeigen.

[32] Besonders aufschlussreich ist MCGINNs Konzeption. Unter Verweis auf sein Buch [1997] behauptet er: »In my own view […] truth applies equally and univocally to moral and scientific statements« (MCGINN [2003: 72, Fußn. 2]). In dem zitierten Buch findet sich zwar eine dezidierte Verteidigung des ontologischen Charakters moralischer Normen, aber keine nennenswerte Explikation des in der Ethik verwendeten Wahrheitsbegriffs und der Art von Ontologie, die ihm entspricht.

– essentially the Correspondence Platitude. What this simple argument brings out [...] [is] that the phraseology of correspondence may embody much less of a *metaphysical* commitment than realism supposes.« (Wright [1996: 12])

Die Wahrheit einer Aussage wird also reduziert auf »matters stand as it [the statement] affirms«. Aber was heißt es zu sagen: »matters stand«? Ganz allgemein reduziert C. Wright »Wahrheit« auf eine diffus konzipierte »Objektivität«, die ihm zufolge im Bereich der Moral durch Konvergenz (»*convergence*«) zu erreichen ist. Immerhin macht er am Ende seiner Ausführungen über Wahrheit in der Ethik eine bemerkenswerte Konzession; genauer müsste man von einem vielsagenden Eingeständnis sprechen: »How much, and what kinds of moral appraisal may ... contain the seeds of such convergence seems to me a great – perhaps the greatest – unresolved question in moral philosophy.« (Ib. 18) Man kann hier noch so viele Paraphrasierungen und Phraseologien verwenden, man wird die ontologische Frage nicht los, wie die kurze Darstellung eines ganz anderen Wahrheitsbegriffs in Kapitel 2 und besonders in Kapitel 3 (3.3) gezeigt haben dürfte. Die im folgenden gegen Habermas zu skizzierende Argumentation trifft auch in analoger Weise C. Wrights Position.

J. Habermas ist hinsichtlich der hier abgehandelten Thematik sehr bekannt geworden, weil er mit einem terminologischen Kunststück das Problem der Wahrheit in der Ethik angeblich »aufgelöst« hat. Er unterscheidet nämlich zwischen »Wahrheit« und »Richtigkeit«, wobei er Wahrheit irgendwie im Sinne der Korrespondenztheorie versteht. Im Unterschied von Wahrheitsgeltung »geht der Sinn von ›Richtigkeit‹ in ideal gerechtfertigter Akzeptabilität auf« (Habermas [1999: 285]). Ethische Aussagen sind demnach nicht wahr oder unwahr, sondern nur richtig oder unrichtig. Richtigkeit in Habermas' Sinne ist genau das, was eine der bekanntesten Varianten der epistemischen Wahrheitstheorie behauptet. Es wird damit klar, dass hier nur eine terminologische Verschiebung des Problems stattfindet.

Eine eingehende Auseinandersetzung mit Habermas würde den Rahmen dieses Buches bei weitem sprengen. Hier soll nur die fundamentale Aporie der Habermasschen Konzeption kurz aufgewiesen werden. Wie wäre eine »ideale Rechtfertigung bzw. Akzeptabilität« überhaupt zu konzipieren? In jedem Fall nicht als eine solche, die sich in irgendeiner Weise wieder auf Konsens welcher Art auch immer u. dgl. stützen würde; sonst würde sich noch einmal – und immer wieder – die Frage aufdrängen: Und worauf basiert der (neue, tiefere) Konsens? In der Tat, woran muss sich ein »ideal rationaler« Diskursteilnehmer halten? Woran bemisst sich (seine) Rationalität? Ein verhängnisvolles (Selbst)Missverständnis des angeblich so »aufgeklärten« modernen Menschen ist gerade der leere Appell an »die Vernunft«. In Wirklichkeit beruft man sich auf eine hypostasierte Abstraktion; denn wie ist »Vernunft« überhaupt zu bestimmen? Hat sie überhaupt ein(en)

Maß(stab)? Wenn ja, wo wäre es/er zu finden? Solange diese Fragen nicht geklärt sind, ähnelt die Berufung auf ideale Rationalität bzw. ideal gerechtfertigte Akzeptabilität u. ä. haargenau dem, was Nietzsche auf brillante Weise (aber zu Unrecht) in *Jenseits von Gut und Böse* von der Freiheit des Willens sagt: »Das Verlangen nach ›Freiheit des Willens‹, in jenem metaphysischen Superlativ-Verstande, wie er leider noch immer in den Köpfen der Halb-Unterrichteten herrscht, […] ist […] nichts Geringeres, als eben jene causa sui zu sein und, mit einer mehr als Münchhausen'schen Verwegenheit, sich selbst aus dem Sumpf des Nichts an den Haaren in's Dasein zu ziehn.« (Nietzsche 1886: 35) Man kann hier die Dinge drehen, wie man will, schließlich wird man *nolens volens* auf die *ontologische Ebene* stoßen: Die Grundlage bzw. das/der Maß(stab) besteht darin, dass eine ontologische Basis angenommen wird. Eine Rechtfertigung ist nur dann ideal, wenn sie die zu rechtfertigende Aussage auf die ontologische Verfasstheit des Bereichs zurückführt, auf den sich die Aussage bezieht.

Im allgemeinen versuchen einige Formen des *moralischen Realismus* der ontologischen Dimension des moralischen Bereichs gerecht zu werden (vgl. Brink [1989], Rescher [1991] u. a.). Dabei bleibt in der Regel unklar, wie die entsprechende Ontologie konzipiert wird und in welchem genaueren Sinne der Wahrheitsbegriff eine Rolle spielt. Als der zentrale Problempunkt bei der heutigen Diskussion über Wahrheit in der Ethik stellt sich die Frage nach der ontologischen Dimension der als wahr qualifizierten ethischen Aussagen heraus.

[2] Wie ist der Wahrheitsstatus *theoretischer* ethischer Sätze zu verstehen? Wenn ein theoretisch-deontischer bzw. theoretisch-evaluativer Satz (bzw. die durch solche Sätze ausgedrückte Proposition) als wahr qualifiziert wird, so heißt dies im Sinne der hier vertretenen semantisch-ontologischen Wahrheitskonzeption, dass der Satz bzw. die Proposition als volldeterminierter Satz bzw. volldeterminierte Proposition betrachtet wird, was er bzw. sie vor der Qualifikation als wahr nicht war. Aber dann ist erneut zu fragen: Was heißt dieser volldeterminierte Status in vorliegenden Fall, d. h. im ethischen Bereich?

Zunächst gilt auch hier, was im Rahmen der kurzen Darstellung der semantisch-ontologischen Wahrheitstheorie über den volldeterminierten Status aller als wahr qualifizierten Sätze gesagt wurde; dies muss hier nicht wiederholt und nicht weiter ausgeführt werden. Im folgenden wird es nur möglich sein, die *dritte Funktion*, T^x, im Bereich der ethischen Wahrheit ausführlicher zu behandeln (vgl. 3.3.3.2). Wie die bisherigen Ausführungen gezeigt haben, stellt die ontologische Dimension des Wahrheitsbegriffs die zentrale Problematik des ethischen Wahrheitsbegriffs dar.

4.3.2.3 *Die Unterscheidung zwischen »basal-ontologischen Werten« und »moralisch-ontologischen Werten«*

Theoretisch-evaluative und theoretisch-deontische Sätze drücken Propositionen oder Sachverhalte aus, die als wahr (bzw. falsch) qualifiziert werden (können). Wie sind solche ethischen Sachverhalte bzw. Tatsachen zu verstehen? Betrachten wir als Beispiel den theoretisch-evaluativen Satz: »Einen unschuldigen Menschen zu töten, ist unrecht« bzw. den theoretisch-deontischen Satz: »Ein unschuldiger Mensch darf nicht getötet werden«. Der theoretisch-evaluative Satz drückt aus den Sachverhalt *dass es sich generell oder prinzipiell so verhält dass es unrecht ist, einen unschuldigen Menschen zu töten*, der theoretisch-deontische Satz den Sachverhalt *dass es sich generell oder prinzipiell so verhält dass es untersagt ist, einen unschuldigen Menschen zu töten*. Es handelt sich hierbei um sehr komplexe Propositionen oder Sachverhalte.

[1] Wollte man eine Analyse des theoretisch-evaluativen Satzes (bzw. der durch ihn ausgedrückten Proposition) auf der Basis einer prädikatenlogischen Semantik bzw. der ihr korrespondierenden Ontologie von Objekten (Substanzen, Ereignissen, Prozessen), Eigenschaften und Relationen durchführen, so gelänge man zu folgendem Ergebnis: Das »Objekt« oder das »Ereignis« oder auch die »Handlung« *Tötung eines unschuldigen Menschen* besitzt die »wertontologische Eigenschaft« (erster Stufe) des Unrechten und die so bestimmte Entität (Tötung eines unschuldigen Menschen *plus* Eigenschaft des Unrechten) besitzt die Eigenschaft (zweiter Stufe) des Generellen oder Prinzipiellen oder Allgemeingültigen. Aus grundsätzlichen Gründen erweist sich diese Analyse als unangemessen. Eine Alternativanalyse basiert auf einer Semantik und Ontologie, die nur Operatoren und Primärsätze, Primärpropositionen/Sachverhalte und Primärtatsachen anerkennen.

Aus einer solchen – hier allerdings nicht in allen Details, sondern nur im Hinblick auf die Thematik dieses Buches durchgeführten – Analyse ergibt sich, dass in dem soeben erwähnten Beispiel ein basaler Satz (›ein unschuldiger Mensch wird getötet‹) und zwei Operatoren zu unterscheiden und anzunehmen sind (›es ist unrecht dass‹ und ›es verhält sich generell oder prinzipiell so dass‹), wobei der basale Satz Argument des ersten Operators und der hieraus resultierende Satz Argument des zweiten Operators ist. Mit dem Gebrauch einer stark unnatürlichen Paraphrasierung und mit Hilfe verschiedener Klammern kann man das Resultat der Analyse so darstellen:

{Es verhält sich generell oder prinzipiell so – oder: es ist allgemeingültig – dass (es unrecht ist dass
   [ein unschuldiger Mensch getötet wird])}

Die semantisch-ontologische Analyse des theoretisch-deontischen Satzes führt zu einem ganz analogen Resultat:

{Es verhält sich generell oder prinzipiell so – oder: es ist allgemeingültig – dass
   (es ist untersagt ist dass
     [ein unschuldiger Mensch getötet wird])}

[2] Die Ontologie, die diesen Sätzen zugrunde liegt, ist jeweils durch den zweiten Operator und den durch ihn bestimmten Satz artikuliert: »Es-ist-unrecht-dass [ein unschuldiger Mensch getötet wird]« bzw. »Es-ist-untersagt-dass [ein unschuldiger Mensch getötet wird]«. In beiden Fällen gibt es zunächst einen nicht weiter qualifizierten Sachverhalt, den man normalerweise eine Handlung nennt: »Ein unschuldiger Mensch wird getötet«. (Der Ausdruck ›unschuldig‹ ... ist hier im sehr neutralen Sinne zu nehmen, nämlich einfach im Sinne von: »hat eine bestimmte Tat nicht begangen«.) Der Sachverhalt bzw. die Handlung des Tötens wird nun im ersten Satz mit der Qualifikation (dem Operator) »(es ist) unrecht (dass)« und im zweiten Satz mit der Qualifikation (dem Operator) »(es ist) untersagt (dass)« versehen. Es handelt sich einerseits um verwandte oder ähnliche, andererseits um verschiedene Qualifikationen bzw. Operatoren. Verwandt bzw. ähnlich sind die Qualifikationen bzw. Operatoren, insofern beide einen *Wert* (oder eine *Werthaftigkeit*) artikulieren; verschieden sind sie, insofern die erste Qualifikation (der erste Operator) einen Wert »als solchen« (einfach das »Unrecht(sein)«) bezeichnet, die zweite Qualifikation (der zweite Operator) hingegen eine praktische Handlungsweise mit der Feststellung des Wertes als solchen (also des »Unrecht(sein)s«) verknüpft, nämlich: das Untersagtsein. Daraus ergibt sich unmittelbar erstens, dass beide Qualifikationen (Operatoren) wertsemantische Sachverhalte artikulieren, und zweitens, dass der erste semantische Wertsachverhalt als *Basis* für den zweiten dient. Um sowohl die Gemeinsamkeit als auch die Verschiedenheit der beiden Wertsachverhalte terminologisch zu kennzeichnen, werden folgende Bezeichnungen eingeführt: Der durch den ersten Satz ausgedrückte Sachverhalt wird »*basal-semantischer Wertsachverhalt*«, der durch den zweiten Satz ausgedrückte Sachverhalt »*moralisch-semantischer Wertsachverhalt*« genannt.

Werden nun der theoretisch-evaluative und der theoretisch-deontische Satz als *wahr* qualifiziert, so heißt das gemäß der dritten den Wahrheitsbegriff definierenden Funktion (also der »Identitätsthese«), dass diese »Sachverhalte« *identischerweise Tatsachen* in der Welt sind. Es ergibt sich somit: Ein wahrer theoretisch-evaluativer Satz drückt einen basalen Wertsachverhalt aus und dieser *ist* (im Sinne der Identität!) eine *Tatsache*, also eine *basale Werttatsache* oder einfach ein *basal-ontologischer Wert*. Und entsprechend: Ein wahrer theoretisch-deontischer Satz drückt einen moralischen Wertsachverhalt aus und dieser *ist* (im Sinne der Identität!) eine *Tatsache in der Welt*, also eine *moralische Werttatsache* oder einfach ein *moralisch-ontologischer Wert*. Im folgenden wird grundsätzlich nur die explizit *ontologische* Ebene betrachtet.

4.3.2.4 Der ontologische Status der basal-ontologischen Werte

Basal-ontologische Werte sind Werttatsachen, also Entitäten *in der Welt*, die (noch) nichts Präskriptives beinhalten oder besagen. Sie heißen »basal«, weil sie die Basis für die moralischen Werte im eigentlichen Sinne bilden, wie noch zu zeigen ist. Wie sind sie zu konzipieren? Man kann den Begriff des basal-ontologischen Wertes auf *zweierlei* Weise herausarbeiten, was gleichzeitig als eine *zweifache* Begründung der These anzusehen ist, dass – und in welchem Sinne – basal-ontologische Werte anzunehmen sind. Die erste Weise kann die *allgemein-metaphysische*, die zweite die *metaphysisch-anthropologische* Perspektive genannt werden.

4.3.2.4.1 Die allgemein-metaphysische Perspektive

Die allgemein-metaphysische Pespektive hat eine lange Geschichte im Rahmen der großen Tradition der christlichen Metaphysik, wobei insbesondere *Thomas von Aquin* zu erwähnen ist. Sie wird dort als der große Gedanke der »Vollkommenheit« (*perfectio*) artikuliert.[33]

Die Welt oder das Sein im Ganzen ist nicht durch eine amorphe Masse irgendwie völlig gestaltloser oder unstrukturierter »Dinge« oder »Entitäten« konstituiert; vielmehr stellt sie/es ein wohlstrukturiertes Ganzes dar, bestehend aus wohlstrukturierten einzelnen Seienden. Jedes Element dieses Ganzen hat eine eigene Verfasstheit, eine ontologische Konstitution. Jedes hat einen zu ihm passenden, d. h. seiner Verfasstheit entsprechenden Ort oder eben Stellenwert im Ganzen. Jedes Seiende ist wahrhaft in dem Maße es selbst, in dem es diesen seinen Ort oder Stellenwert »besetzt« und dementsprechend seine Potentialitäten entfaltet und verwirklicht.

Diesen abstrakt-metaphysischen Gedanken kann man ganz konkret illustrieren. Schon von den untermenschlichen Seienden sagt man ganz zu recht – und die entsprechenden Wissenschaften demonstrieren es –, dass jedes zu diesem Bereich gehörende Seiende, z.B. eine Pflanze(nart) oder ein Tier (oder eine Tierspezies) etc., eine eigene Umwelt oder ein eigenes Lebenselement hat, die/das ihrer/seiner ontologischen Verfasstheit entspricht. Beispielsweise ist Leben nur möglich, wenn Wasser verfügbar ist. Man kann hier die ganze

---

[33] Vgl. z.B. Formulierungen wie die folgenden in den Schriften des THOMAS VON AQUIN:
Bonum uniuscuiusque est perfectio ipsius. (ScG I 30)
In hoc enim consistit uniuscuiusque rei bonitas, quod convenienter se habeat secundum modum suae naturae. (STh I II q. 71 a. 1 c.)

Geschichte des Lebens, des vegetarischen und des animalischen Bereichs im einzelnen anführen. Und wenn man dann den Menschen betrachtet, so erhält der große Gedanke der Vollkommenheit seines Wesens, d. h. seiner ontologischen leib-geistigen Verfasstheit, schlechterdings universale Dimensionen, worauf noch einzugehen ist.

Diese kurze Überlegung zeigt *viererlei*.

[i] *Wert* ist grundsätzlich der durch die ontologische Verfasstheit eines Seienden bestimmte oder gesetzte *Maßstab* für die Verwirklichungsmöglichkeiten eines Seienden. Wenn man statt »Wert« eher traditionell »das Gute« sagt, dann wird sofort klar, dass dieser Gedanke in dem berühmten klassischen Dictum »Ens et bonum convertuntur« artikuliert wird. Dass ein Seiendes nicht ein für alle Mal als fix und fertig einfach »vorkommt« oder »da« oder »vorhanden« ist, heißt, dass es eine ontologische Verfasstheit hat, die durch einen Spielraum von Verwirklichungsmöglichkeiten charakterisiert ist. Jedes Seiende setzt von sich aus einen solchen Maßstab – kraft seiner ontologischen Verfasstheit. Dies ist der grundsätzliche Sinn der Formulierung: Jedes Seiende hat einen Wert. »Wert« ist insoweit nicht mit so etwas wie »moralischem Wert« zu identifizieren, da noch nicht gezeigt wurde, in welcher Weise der Maßstab, d. h. der Wert des Seienden, verwirklicht wird oder zu verwirklichen ist.

[ii] Jedes Seiende hat einen Wert. Dies folgt einfachhin daraus, dass jedes Seiende kraft seiner ontologischen Verfasstheit einen, genauer: den Maßstab der Verwirklichung seiner Möglichkeiten bestimmt oder setzt. Die Negation dieser These würde bedeuten, dass es Seiende ohne ontologische Verfasstheit gibt – was ein selbstwidersprüchliches Unding wäre.

[iii] Ferner zeigt der kurz skizzierte Gedankengang, dass und wie die verschiedenen Seienden mit ihren je eigenen Werten einen *Wertebereich* bilden. Auch diese These folgt direkt aus dem bisher Gezeigten. Die Frage ist nun, wie dieser Wertebereich genauer zu konzipieren ist.

[iv] Schließlich ergibt sich aus dem vorgelegten Gedankengang, dass es sich um *ontologische* Werte im eigentlichen Sinne handelt. Hier könnte jemand einwenden, dass zwischen der ontologischen Verfasstheit eines Seienden und dem aufgezeigten Maßstab für die Verwirklichung der im Seienden liegenden Potentialitäten zu unterscheiden sei: Der als ein solcher Maßstab konzipierte Wert sei nicht einfach identisch mit der ontologischen Strukturiertheit des Seienden, sondern sei etwas hinsichtlich dieser Struktur »Supervenientes«; damit sei der Wert etwas »Nicht-Naturales«. Doch ein solcher Einwand trifft nicht den hier aufgezeigten Sachverhalt. »Wert« heißt hier noch nicht »moralischer Wert«, sondern nur »basal-ontologischer Wert«. Letzterer, aufgefasst als Maßstab im erläuterten Sinne, ergibt sich aus der Analyse der ontologischen Verfasstheit des Seienden. Freilich ist diese ontologische Verfasstheit nicht naiv, rein atomistisch, rein statisch, mit einem Wort: rein positivistisch,

sondern, wenn man will, wirklich holistisch-metaphysisch zu begreifen. Das Seiende wird als »Element« des Seins im Ganzen betrachtet, und zwar mit allen Konsequenzen, die sich daraus ergeben. Oben wurde gesagt, dass die ontologische Strukturiertheit des Seienden den genannten Maßstab »setzt« oder »bestimmt«. Diese Formulierung darf nicht dahingehend (miss)verstanden werden, dass es sich um zwei verschiedene »Entitäten« (etwa nach dem Modell: Objekt – Eigenschaft) handelt; vielmehr ist das »Verhältnis« zwischen »ontologischer Verfasstheit« und »Maßstab/Wert« kein echtes »Verhältnis«, besagt doch *Maßstab* bzw. *Wert* nichts anderes als die vollbestimmte oder vollanalysierte ontologische Verfasstheit selbst.

4.3.2.4.2 *Die metaphysisch-anthropologische Perspektive*

[1] Die zweite Perspektive ist in einer grundsätzlichen Hinsicht nur eine Spezifikation der soeben entwickelten allgemein-metaphysischen Überlegungen im Hinblick auf jenes Seiende, das ein ausgezeichnetes Seiendes ist, nämlich im Hinblick auf den Menschen. Es wird hier von einer zweiten Perspektive aus eher methodologischen Gründen gesprochen.

Was bedeutet es für eine Konzeption des Seins im Ganzen oder einfach des Universums oder noch einfacher der Welt, dass es den Menschen als leib-geistiges, mit Intelligenz, Willen, Freiheit usw. ausgestattetes und hier besonders als sogenanntes moralisches Wesen gibt?

Eine allgemeine Tendenz besonders in der analytischen Philosophie vertritt – explizit oder meistens implizit – eine Konzeption, die man einen »absoluten *abstrakt-metaphysischen* Realismus« nennen könnte. Demnach ist »das Universum« die Wirklichkeit »an sich« – und das heißt hier: die Wirklichkeit ohne den Menschen; daraus ergibt sich, dass der Mensch als ein »Faktor« betrachtet wird, der für die Bestimmung dessen, was das Universum/die Wirklichkeit »in Wahrheit ist«, ohne nennenswerte Bedeutung ist. Eine solche Position ist grundsätzlich eine radikal *materialistische* Position. Da auch die Vertreter einer solchen Position wissen, dass es den Menschen gibt, müssen sie so oder so mit diesem »Phänomen« fertig werden. Das geschieht (hauptsächlich) auf dreifache Weise. [i] Man ignoriert einfach den Menschen als *ernst zu nehmenden ontologischen Faktor;* wenn überhaupt, so wird der Mensch nur als »sozialer« oder »psychologischer« oder »historischer Faktor« betrachtet, wobei nicht danach gefragt wird, welchen *ontologischen Status* diese »sozialepsychologische-historische« Dimension überhaupt hat. [ii] Man betrachtet zwar den Menschen als ernst zu nehmenden »ontologischen Faktor«, versucht aber ihn auf rein materialistisch-physikalistische Entitäten oder Prozesse zu *reduzieren.* [iii] Man behauptet, das Mentale oder Geistige sei nicht auf rein physikalische Prozesse reduzierbar, vertritt aber dennoch weiterhin eine gesamtmaterialistische (metaphysische) Konzeption. Letztere Position ist so offensichtlich inkohärent, dass man sich wundern muss, dass (analytische) Philosophen sie überhaupt vertreten können.

Es ist nicht verwunderlich, dass im Rahmen der Positionen [i] und [ii] so etwas wie ontologische Werte als »Absonderlichkeit (*queerness*)« (Mackie [1977/1981: 43]; vgl. dazu unten 4.3.2.5) oder sogar als »ontologische Monstrosität« (Greimann [2000: 139]) erscheinen. Der Grund ist klar: Diese rein materialistisch-physikalistische Ontologie ist nicht in der Lage, den Menschen *als solchen* zu erfassen und in das Universum zu integrieren. Im Rahmen der Positionen [i] und [ii] spielt der Mensch für eine Bestimmung des Universums so gut wie keine nennenswerte ontologische Rolle. Mit dem Menschen bleibt die Welt ontologisch weiterhin genau das, was sie ohne den Menschen war bzw. wäre. Erst die Position [iii] räumt dem Menschen einen wichtigen Platz in der Bestimmung des Universums ein; aber diese Position ist, wie gezeigt wurde, nicht nur ambig, sondern auch inkohärent. Wenn sie sich von dem ihr zugrundeliegenden Materialismus frei machen würde, so wäre zu sagen, dass sie in die richtige Richtung weist.

[2] Nimmt man das »Phänomen« *Mensch* mit allen seinen Dimensionen und Facetten und in seiner echten ontologischen Verfasstheit ernst, so ergibt sich unmittelbar, dass »das Universum« oder »das Sein im Ganzen« keineswegs im Sinne der oben beschriebenen Position eines absolut abstrakt-metaphysischen Realismus begriffen werden kann. Zum Universum oder Sein gehören andere Arten von Entitäten als nur diejenigen, die in den Rahmen einer positivistisch-materialistischen Ontologie hineinpassen. Frege sprach von einem »dritten Reich [der Gedanken]«, neben dem (ersten) Reich der Dinge der Außenwelt und dem (zweiten) Reich der Vorstellungen (vgl. Frege [1918/1976: 43]). Man muss aber noch mehr, viel mehr Dimensionen annehmen, etwa die Dimension der logischen und mathematischen Strukturen u. a. Der Bereich der Werte ist eine jener Dimensionen des Seins im Ganzen, die eine positivistisch-materialistische Position nicht zu situieren vermag.

Was die Dimension der ontologischen Werte als Basis für die moralischen Werte anbelangt, so ist die Betrachtung der Stellung des Menschen im Universum von entscheidender Bedeutung. Indem der Mensch ein ausgezeichnetes Seiendes neben vielen anderen Seienden ist, ist er in ein Geflecht von Werten eingebunden. Seine ontologische Auszeichnung besagt, dass die seiner ontologischen Verfasstheit *angemessene* Stellung im Universum darin besteht, dass er – nach der traditionellen (Kantischen) Formulierung – *absoluter Zweck an sich* ist. Die Aussage, dass der Mensch absoluter Zweck an sich ist, stellt grundsätzlich (noch) keine moralische, sondern eine rein ontologische These dar: Es widerspricht der ontologischen Verfasstheit des Menschen, wenn er *qua Mensch* nicht als Zweck an sich gesehen und behandelt wird. Aufgrund seiner Intelligenz, seines Willens und seiner Freiheit ist der Mensch als geistiges Wesen, wie man sagen könnte, (intentional) *koextensiv* mit dem Universum, d. h. er kann nicht auf eine *Stelle* reduziert werden, die als Mittel-für-andere-Elemente des Universums dienen könnte; m. a. W., der Mensch ist absoluter Bezugspunkt im Universum. Den Menschen als Mittel zu betrachten und zu behandeln, kommt daher einer ontologischen Degradierung gleich, die seiner ontologischen Verfasstheit direkt widerspricht. Dieser Sachverhalt wird noch deutlicher, wenn man den oben (4.3.1.2.2.3 [3)] dargestellten Gedanken der *Selbstsituierung* des Menschen als eines geistigen Seienden im Ganzen des Seins einbringt. Würde ein solches Seiendes als ein reines Mittel angesehen und »benutzt«, so hieße dies, dass es nicht als sich-selbst-im-Sein-im-Ganzen-situierend aufgefasst wird, sondern als ein Wesen, das von jemand anderem irgendwo situiert wird; dies wäre eine Fremdbestimmung, die der ontologischen Verfasstheit des Menschen Gewalt antut.

»Zweck an sich selbst« ist daher ein basal-ontologischer Wert. Es ist zu betonen, dass es sich um eine in jeder Hinsicht genuin *ontologische* Beschaffenheit oder Bestimmtheit handelt. Alles andere wäre ein selbstwidersprüchlicher Subjektivismus. Aber in welchem Sinne ist »Zweck an sich« eine genuin ontologische Entität? Die Antwort wurde schon oben gegeben: *»Zweck an sich« ist ein Grundzug der vollbestimmten bzw. vollanalysierten ontologischen Struktur oder Verfasstheit des Menschen.* Es handelt sich also nicht um etwas »Supervenientes« bezüglich einer irgendwie schon vorausgesetzten ontologischen Verfasstheit, vielmehr *ist* die ontologische Verfasstheit Zweck an sich; diese »stellt« den basal-ontologischen Wert Zweck an sich »dar«.

4.3.2.5 Der ontologische Status der moralisch-ontologischen Werte

Moralisch-ontologische Werte sind moralische Normen, präskriptive Werte. Die allgemeinste und höchste moralische Norm lautet in der traditionellen Terminologie: *Bonum est faciendum – Malum est vitandum*. Wie ist dieses *präskribierte* »bonum-(bzw. malum)« zu begreifen? Können oder müssen präskribierte Werte, also moralische Werte oder Normen, ontologisch verstanden werden?

[1] Besonders bezüglich solcher Werte wird der Vorwurf erhoben, sie seien »absonderlich« oder stellen eine »Monstrosität« dar (vgl. oben 4.3.2.4.2 [1]). W. Stegmüller hat in seiner kommentierenden Wiedergabe des Buches von J. Mackie (1977/1981) dessen gegen die Annahme realer moralischer Werte oder »facts« gerichtetes Argument, das auf die »Absonderlichkeit *(queerness)*« solcher Entitäten abstellt, näher »beschrieben«, indem er ein in seinen Augen phantastisches Szenario zeichnet, wie die folgende Passage zeigt: Wer an objektive Werte und Normen glaubt, so behauptet Stegmüller,

»muss seine Welt mit absonderlichen Wesenheiten wie dem *Getanwerdensollen*, *Unterlassenwerdensollen* oder *mit autoritativer Präskriptivität ausgestatteten Werten* bevölkern. Platos Formen liefern ein anschauliches und zugleich dramatisches Bild dieser Entitäten.« (Stegmüller [1989: 175])

Ungeachtet seiner Popularität in manchen philosophischen Kreisen stellt dieses »Argument« eine extrem starke und provokative These dar. Welchen argumentativen Wert hat es?

Alles entscheidet sich daran, was man unter »Wirklichkeit« versteht. Für jemanden, der etwa von moderner Physik keine Ahnung hat oder von dieser grundlegenden Wissenschaft nichts hält, sind die Entitäten, die die Physik einführt, beschreibt, erklärt, benutzt usw. einfach »absonderlich«. Zu sagen, dass etwa ein Tisch, ein solider, vertrauter Tisch, den man jeden Tag sieht, betastet, benutzt usw., nichts anderes ist als ein Haufen von Molekülen, Elementarteilchen u. dgl. wäre für diese Person schlichtweg »absonderlich«. Mackie vertritt eine radikale empiristisch-materialistische Auffassung von »Wirklichkeit«; es ist daher nicht verwunderlich, dass er so etwas wie »moralische Tatsachen« als absonderliche Entitäten bezeichnet. Das wahre Problem liegt aber nicht in diesen spezifisch moralischen Entitäten, sondern in der allgemeinen Frage, welche »Vorstellung« von Wirklichkeit ein Philosoph besitzt. Den soeben gegebenen Hinweis auf Entitäten der Physik sollte man durch den Hinweis auf andere Begriffe bzw. Entitäten wie logische und mathematische Strukturen, Zahlen, Mengen, Modalitäten usw. ergänzen. Mackie selbst erwähnt diesen Punkt; doch ist seine Stellungnahme dazu ausgesprochen hilflos und in jedem Fall hoch symptomatisch:

»Ich kann hier nur meine Überzeugung zum Ausdruck bringen, dass sich auf empiristischer Grundlage zufriedenstellende Antworten für die meisten der genannten Fragen geben lassen. Wenn einige vorgebliche metaphysische Wesenheiten oder Notwendigkeiten einer solchen Erklärung unzugänglich bleiben, so fallen auch sie zusammen mit den objektiven Werten unter das Verdikt des Arguments aus der Absonderlichkeit.« (Mackie [1977/1981: 45])

Wie der letzte Satz verrät, ist Mackies Verfahren bzw. Einstellung sehr problematisch. Jedes X, das einer empiristischen »Erklärung« nicht zugänglich ist, wird einfach als »metaphysisch« und »absonderlich« »erklärt« und verworfen. Auf diese Weise kann man in der Tat Probleme »wegerklären«; aber »wegerklärte Probleme« sind keine gelösten Probleme.[34]

[2] Im folgenden soll kurz gezeigt werden, dass moralische Normen im eigentlichen Sinn ontologisch zu verstehen sind. Es war nicht schwierig zu

---

[34] Zur Kritik am MACKIES Argument aus der »Absonderlichkeit« der Annahme ontologischer Werte vgl. die ähnlichen Überlegungen von McGINN [1997: bes. S. 19f.]. Allerdings sind seine Ausführungen sehr allgemein gehalten; beispielsweise unterscheidet er nicht zwischen basal-ontologischen und moralisch-ontologischen Werten.

zeigen, dass die basal-ontologischen Werte einen ontologischen Status haben. Weniger einleuchtend dürfte die These sein, dass auch die moralischen Normen bzw. Werte einen *ontologischen* Status haben. Wie ist das genauer zu erläutern und zu begründen?

Um diese Frage zu beantworten, muss man einen *zweifachen ontologischen Status* unterscheiden: einen ontologischen Status *erster Ordnung* und einen ontologischen Status *zweiter Ordnung*. (Auf die Terminologie kommt es überhaupt nicht an.) Diese Unterscheidung deckt sich zwar nicht ganz mit der bekannten Unterscheidung zwischen primären und sekundären Qualitäten, aber es besteht zwischen beiden Unterscheidungen eine bedeutsame Analogie.

Die Unterscheidung zwischen dem ontologischen Status erster Ordnung und dem ontologischen Status zweiter Ordnung betrifft an erster Stelle jene Seienden, die man als leib-geistige Seiende und als Personen bezeichnet. Das sind die Menschen. Hier wird davon ausgegangen, dass die Menschen qua moralische Wesen durch Freiheit im starken Sinne ausgezeichnet sind.[35] Der ontologische Status erster Ordnung charakterisiert jene Strukturen des Menschen, die zu seiner Verfasstheit als ein leib-geistiges Wesen gehören. Der ontologische Status zweiter Ordnung bezeichnet all das, was aus Handlungen des Menschen qua leib-geistiges Wesen hervorgeht oder damit zusammenhängt, kurz: Es ist der Bereich der Entitäten, die durch den Menschen selbst hervorgebracht werden. Das umfasst u. a. den Bereich, den Hegel »objektiven Geist« nennt, soziale Tatsachen, den Bereich des Rechts, der Moralität, der Institutionen usw. Moralische Normen haben diesen ontologischen Status zweiter Ordnung. Es ist klar, dass ohne die Existenz des Menschen solche Entitäten nicht existieren würden. Aber mit der Existenz des Menschen sind sie genauso wie Farben u. ä. Bestandteile der Welt oder des Universums

Dabei spielt die Frage, wie sich aus den basal-ontologischen Werten moralisch-ontologische Werte, also Normen *ergeben*, eine zentrale Rolle, ist doch die Klärung dieser Frage eine wesentliche Voraussetzung dafür, dass der ontologische Status moralischer Normen verständlich gemacht werden kann. Darauf kann hier nicht im einzelnen eingegangen werden. Es sei nur noch darauf hingewiesen, dass das Verhältnis zwischen basal-ontologischen und moralisch-ontologischen Werten kein analytisches ist: Zwischen beiden besteht kein logisch-deduktiver Zusammenhang. Die Behauptung eines solchen logisch-deduktiven Zusammenhangs wäre ein *naturalistischer Fehlschluss*. Der zentrale Gesichtspunkt dabei ist der folgende: Moralisch-ontologische Werte (also Normen im streng präskriptiven Sinne) sind ohne Einbeziehung und Vermittlung eines *Willens* nicht begreifbar. Wie ein solcher Wille und der

---

[35] »Freiheit im starken Sinne« kann kurz so charakterisiert werden: Freiheit, so konzipiert, dass sie jede Kompatibilität mit irgendeiner Form von Determinismus ausschließt.

durch ihn vermittelte Zusammenhang zwischen den beiden Wertdimensionen zu denken sind, soll hier nicht gezeigt werden.

In Abschnitt 2.2.3.1 wurde gezeigt, dass auch praktische bzw. praktisch-deontische Sätze eine »Bedeutung« haben, indem sie etwas »artikulieren« oder etwas »ausdrücken«, kurz: Auch sie haben ein *Expressum*. Dieses ist eine *praktische* oder *praktisch-deontische* Proposition. Aber praktische bzw. praktisch-deontische Sätze unterscheiden sich in semantischer Hinsicht von theoretisch-deontischen Sätzen, und zwar hinsichtlich des *Modus* des Ausdrückens oder Artikulierens. Dieser Modus ist bei den praktisch-deontischen Sätzen der *Aufforderungsmodus*, nicht aber der sich im Operator »es verhält sich so dass ...« manifestierende *theoretische Modus* des Ausdrückens bzw. Artikulierens. Wenn die praktisch-deontischen Propositionen, also die praktischen Normen, Befehle usw. auf basal-ontologischen Werten (im oben erläuterten Sinne) gründen und sich konsequenteweise daraus – nicht deduktiv, sondern durch einen Willenseinsatz – »ergeben«, so sind sie als ontologische Entitäten zweiter Ordnung im erläuterten Sinne zu interpretieren.

Um zusammenzufassen: Ein Satz ist wahr genau dann, wenn er eine wahre Proposition ausdrückt. Eine Proposition ist wahr genau dann, wenn sie identisch ist mit einer Tatsache ([in] der Welt). Ethische Wahrheit ist eine Spezifikation des allgemeinen Begriffs der Wahrheit. Ein ethisch-evaluativer Satz ist wahr genau dann, wenn er eine ethisch-evaluative Proposition ausdrückt; eine ethisch-evaluative Proposition ist wahr genau dann, wenn sie mit einem basal-ontologischen Wert, also mit einer basal-ontologischen Werttatsache identisch ist. Ein ethisch-deontischer Satz ist wahr genau dann, wenn er eine ethisch-deontische Proposition ausdrückt; eine ethisch-deontische Proposition ist wahr genau dann, wenn sie mit einem moral-ontologischen Wert, also mit einer moral-ontologischen Werttatsache (also einer Entität zweiter Ordnung) identisch ist. Aber praktische Sätze im eigentlichen Sinne, also primärpraktische oder praktisch-deontische Sätze und die durch sie ausgedrückten praktisch-deontischen Propositionen sind weder wahr noch falsch, da Wahrheitswerte den theoretischen Status von Sätzen bzw. Propositionen voraussetzen. Wohl aber muss gesagt werden, dass die praktisch-deontischen Sätze (bzw. die entsprechenden praktisch-deontischen Propositionen) »richtig«, »rational«, »gerechtfertigt« u. ä. sind, wenn ihnen ein basal-ontologischer Wert zugrunde liegt.

4.4 Die ästhetische Welt

Die Dimension des Ästhetischen und der Kunst hat die Philosophie von ihren allerersten Anfängen her immer beschäftigt und bildet auch heute noch eine zentrale philosophische Thematik. Man könnte sie als Teildimension der menschlichen Welt betrachten; doch in diesem Buch wird der Begriff der menschlichen Welt in einem engen Sinne genommen. Der Grund dafür ist ein systematischer: Der Mensch liefert mit allem, was ihm zuzurechnen ist, nicht *die* Perspektive, aus der heraus alles andere betrachtet wird; vielmehr wird der Mensch als integrierender Teil der Welt verstanden. Was hier »Welt« genannt wird, ist nicht einfach gleichbedeutend mit »Universum« oder »Sein im Ganzen«. »Welt« ist nicht die größte oder umfassendste Totalität, in die der Mensch einbezogen ist. Dennoch ist »die Welt« eine bestimmte Totalität, die nicht adäquat begriffen wird, wenn sie »anthropologisch«, aus der Perspektive des Menschen heraus, gesehen wird. Um dieses negative Moment zu markieren, werden »die ästhetische Welt« in diesem Abschnitt und »das Weltganze« im nächsten Abschnitt nicht als Teildimensionen der menschlichen Welt betrachtet.

Entsprechend der schon festgelegten und erläuterten Zielsetzung des vorliegenden Kapitels kann es sich hier nicht darum handeln, einen so umfangreichen Bereich wie das Ästhetische auch nur annähernd adäquat zu behandeln. Es soll vielmehr nur gezeigt werden, wie dieser Bereich im Rahmen der struktural-systematischen Philosophie prinzipiell zu thematisieren ist.

Zwischen dem Bereich des Ästhetischen und dem schon behandelten Bereich des Ethischen bestehen bemerkenswerte Ähnlichkeiten. Wie im Bereich des Ethischen der Begriff des praktischen Satzes eine absolut zentrale Rolle spielt, so befassen sich bedeutende philosophische Abhandlungen des Ästhetischen mit einem ähnlichen Begriff, dem sie im allgemeinen die Bezeichnung ›*ästhetisches Urteil*‹ geben. Aber die Analogie endet nicht hier. Wie sich im Ethischen der Begriff des praktischen Satzes als zutiefst unklarer und missverständlicher Begriff herausgestellt hat, so ist auch eine analoge Feststellung im Falle des »ästhetischen Urteils« zu treffen. Die allererste Aufgabe besteht daher darin, diesen Begriff zu klären. Erst dann wird es möglich sein, die zentralen inhaltlichen Fragen einer allgemeinen philosophischen Ästhetik und Philosophie der Kunst zu stellen und zu behandeln. Damit ist auch die Gliederung des vorliegenden Abschnitts angezeigt.

4.4.1 *Die drei zentralen logisch-semantischen Formen ästhetischer Sätze*

[1] Zunächst ist *zweierlei* zu bemerken. *Erstens*: Der Ausdruck ›Urteil‹ ist, ungeachtet seiner langen und bedeutsamen Geschichte, missverständlich und inadäquat. Der Grund liegt darin, dass dieser Ausdruck dem mentalen Vokabular entnommen ist und damit dem ganzen Bereich des Mentalen eine inakzeptable privilegierte Stellung zuweist. Für eine Philosophie, die der Sprache und damit auch der Semantik die zentrale Bedeutung beimisst, ist dieser Umstand Grund genug, den Ausdruck nicht zu verwenden. Statt dessen soll hier in systematischen Kontexten in der Regel von *ästhetischen Sätzen* (oder *Aussagen*) gesprochen werden.

Zweitens: Die Zentralität des Begriffs des ästhetischen Satzes in der Ästhetik wird in der Regel sehr einseitig gesehen und behandelt. Es wird die richtige Frage gestellt, was ein ästhetischer Satz ist, wobei aber dem Begriff des ästhetischen Satzes eine eigenartige Form von *Univozität* zugeschrieben wird. Es lässt sich aber leicht feststellen, dass dieser Begriff alles andere als univok ist. Im folgenden soll von drei Formen des ästhetischen Satzes (oder der ästhetischen Aussage) gesprochen werden.

Analog zu den Unterscheidungen, die im Bereich des Ethischen eingeführt wurden, lassen sich diese drei Formen des ästhetischen Satzes am besten mit Hilfe von *Operatoren* herausarbeiten und erläutern: dem *theoretischen Operator* Ⓣ und dem *ästhetischen Operator* Ⓐ. Im Argumentbereich des ersten Operators kommen sowohl rein ästhetische Sätze $S_{\ddot{A}}$ als auch ästhetische Sätze $S_{\ddot{A}}$ mit dem vorangestelltem ästhetischem Operator Ⓐ vor; es resultieren also folgende Satzformen: ›Ⓣ($S_{\ddot{A}}$)‹, ›Ⓣ(Ⓐ($S_{\ddot{A}}$))‹ und ›Ⓐ($S_{\ddot{A}}$)‹.

Ästhetische Sätze $S_{\ddot{A}}$ sind als Sätze zu verstehen, die einen ästhetischen Inhalt haben, genauer (entsprechend der in diesem Buch vertretenen Semantik): als Sätze, die eine Primärproposition im ästhetischen Bereich ausdrücken. Wie »ästhetischer Bereich« zu verstehen ist, wird bald zu zeigen sein. Für die nächsten Ausführungen ist es wesentlich, die strenge Unterscheidung zwischen Operatoren und Sätzen und bei den Operatoren die Unterscheidung zwischen dem theoretischen Operator und dem spezifisch ästhetischen Operator zu beachten.

[2] Diese drei Formen von Sätzen in der ästhetischen Dimension sind logisch-semantisch zu klären und zu präzisieren. Entsprechend der in diesem Buch vertretenen Semantik muss der im Argumentbereich der oben herausgearbeiteten Satzformen ›Ⓣ($S_{\ddot{A}}$)‹, ›Ⓣ(Ⓐ($S_{\ddot{A}}$))‹ und ›Ⓐ($S_{\ddot{A}}$)‹ vorkommende ästhetische Satz $S_{\ddot{A}}$ dahingehend *semantisch* interpretiert werden, dass durch ihn eine zum ästhetischen Bereich gehörende *ästhetische Proposition* ausgedrückt oder artikuliert wird. Die folgende nähere Erläuterung dieser Satzformen basiert auf dieser Grundthese.

[2.1] Sätze der Form ›Ⓣ($S_{\ddot{A}}$)‹ können – etwas umständlich – so gelesen werden: »Es verhält sich so dass (oder: es stellt sich theoretisch so dar dass) die durch den Satz $S_{\ddot{A}}$ ausgedrückte Primärproposition artikuliert wird«. Alltagssprachliche Beispiele solcher ästhetischen Sätze sind: »Die Dolomiten sind eine schöne Landschaft«; »Beethovens Fünfte Symphonie ist grandios« usw. Allerdings ist zu solchen Beispielsätzen zu bemerken, dass sie, wenn sie nicht durch Formalisierung genau präzisiert werden, auch anders verstanden bzw. interpretiert werden können. Denn solchen umgangssprachlich geäußerten Sätzen können im Prinzip sowohl allein der rein theoretische Operator Ⓣ als auch die Kombination des Operators Ⓣ mit dem ästhetischen Operator Ⓐ (also Ⓣ(Ⓐ …)) sowie allein der ästhetische Operator Ⓐ

jeweils vorangestellt werden, wodurch sich der Status des informalen Satzes $S_{\ddot{A}}$ grundlegend ändert.

[2.2] Sätze, in denen der theoretische Operator ⓣ Hauptoperator ist, die aber einen ästhetischen Operator Ⓐ als *zweiten* (im Skopus des Hauptoperators erscheinenden) Operator enthalten und deren Argumentbereich allein ästhetische Sätze $S_{\ddot{A}}$ sind, also Sätze der Form ›ⓣ(Ⓐ($S_{\ddot{A}}$))‹, können so gelesen werden: »Es verhält sich so dass es sich ästhetisch so darstellt dass die durch den Satz $S_{\ddot{A}}$ ausgedrückte ästhetische Primärproposition artikuliert wird«; oder weniger umständlich: »Es verhält sich so dass die durch den Satz $S_{\ddot{A}}$ ausgedrückte ästhetische Primärproposition ästhetisch dargestellt wird«.

[2.3] Schließlich haben Sätze, in denen kein theoretischer, sondern allein der *ästhetische Operator* Ⓐ erscheint, die Form: ›Ⓐ($S_{\ddot{A}}$)‹ und sind so zu lesen: »Es stellt sich ästhetisch so dar, dass die durch den Satz $S_{\ddot{A}}$ ausgedrückte ästhetische Primärproposition artikuliert wird«; oder einfacher: »Die durch den Satz $S_{\ddot{A}}$ ausgedrückte ästhetische Primärproposition wird ästhetisch dargestellt«. Diese dritte Form ästhetischer Sätze dürfte an allererster Stelle gemeint sein, wenn in der philosophischen Ästhetik (besonders seit Kant) vom »ästhetischen Urteil« die Rede ist. Der Umstand, dass diese Form generell als *die einzige* Form des ästhetischen Satzes betrachtet wurde, hat grundlegende Missverständnisse, Konfusionen und Einseitigkeiten erzeugt.

Die wichtigste und entscheidende Unterscheidung betrifft den theoretischen bzw. nicht-theoretischen Charakter ästhetischer Sätze. Eine philosophische Ästhetik stellt nur *theoretische Sätze* auf. Ästhetische Sätze der dritten Form sind nicht Sätze, die eine philosophische Ästhetik selbst aufstellt; sie sind nur Thema oder Gegenstand der philosophischen Ästhetik. Wie der theoretische Operator ⓣ zu verstehen ist, wurde schon des öfteren in diesem Buch erläutert. Aber hier taucht der ästhetische Operator Ⓐ auf, der einer eingehenden Erklärung bedarf.

[3] Die drei fundamentalen Operatoren, die das Verhältnis des Geistes zur Welt artikulieren, sind der Theoretische, der Praktische und der Ästhetische Operator. Man kann sagen, dass die Dimensionen der Theoretizität, der Praktizität und der Ästhetizität die drei fundamentalen Dimensionen dieses Verhältnisses sind. Näher betrachtet, erweisen sich die drei Dimensionen als drei verschiedene Dimensionen *der Darstellung von Welt*. Es sind drei gleichursprüngliche Dimensionen, und zwar in dem genauen Sinne, dass keine von ihnen auf eine andere Dimension reduzierbar ist. Dies ist ein fundamentaler Sachverhalt. Kant hat diesen Sachverhalt in seiner Terminologie und im Rahmen seiner transzendentalen Philosophie, allerdings in Anknüpfung an Grundannahmen der auf Aristoteles zurückgehenden »metaphysischen Psychologie«, klar erkannt:

»[A]lle Seelenvermögen oder Fähigkeiten können auf die drei zurück geführt werden, welche sich nicht ferner aus einem gemeinschaftlichen Grunde ableiten lassen: *das Erkenntnißvermögen, das Gefühl der Lust und Unlust und das Begehrungsvermögen.* Für das Erkenntnißvermögen ist allein der Verstand gesetzgebend, wenn jenes (wie es auch geschehen muß, wenn es für sich, ohne Vermischung mit dem Begehrungsvermögen, betrachtet wird) als Vermögen eines *theoretischen Erkenntnisses* auf die Natur bezogen wird, in Ansehung deren allein (als Erscheinung) es uns möglich ist, durch Naturbegriffe *a priori*, welche eigentlich reine Verstandesbegriffe sind, Gesetze zu geben. – Für das Begehrungsvermögen, als ein oberes Vermögen nach dem Freiheitsbegriffe, ist allein die Vernunft (in der allein dieser Begriff Statt hat) *a priori* gesetzgebend. – Nun ist zwischen dem Erkenntniß- und dem Begehrungsvermögen das Gefühl der Lust, so wie zwischen dem Verstand und der Vernunft die Urtheilskraft enthalten.« (Kant [KUK: XXII–XXIV])

Was Kant »Begehrungsvermögen« nennt, ist einfach das, was sonst »Wille« genannt wird. In einer Fußnote zu der oben angeführten Passage formuliert Kant seine Definition dieses Vermögens: »[…] *Vermögen durch seine Vorstellungen Ursache von der Wirklichkeit der Gegenstände dieser Vorstellungen zu sein* …« (ib. XXII, Fußnote*). Auch wenn Kant die drei Grunddimensionen (traditionell: »höhere Vermögen«) grundsätzlich richtig voneinander unterscheidet, entwickelt er keine kohärente Konzeption derselben. Das wird schlagartig klar, wenn man den Paragraphen zitiert, der der angeführten Passage folgt:

»Wenn […] gleich die Philosophie nur in zwei Haupttheile, die theoretische und praktische, eingetheilt werden kann; wenn gleich alles, was wir von den eignen Principien der Urtheilskraft zu sagen haben möchten, in ihr zum theoretischen Theile, d. i. dem Vernunfterkenntniß nach Naturbegriffen, gezählt werden müßte: so besteht doch die Kritik der reinen Vernunft, die alles dieses vor der Unternehmung jenes Systems zum Behuf der Möglichkeit desselben ausmachen muß, aus drei Theilen: der Kritik des reinen Verstandes, der reinen Urtheilskraft und der reinen Vernunft, welche Vermögen darum rein genannt werden, weil sie *a priori* gesetzgebend sind.« (Ib. XXV)

Die Begriffe »theoretischer« und »praktischer Teil der Philosophie« offenbaren hier ihre ganze Ambiguität und Inkohärenz. Es ist überhaupt nicht verständlich, wieso »alles, was wir von den eignen Principien der Urtheilskraft zu sagen haben möchten, in ihr zum theoretischen Theile … gezählt werden müßte …«. Die Zweiteilung der Gesamtphilosophie und die Dreiteilung der »Kritik« passen einfach nicht zusammen. Ein Aspekt dieser Grundschwierigkeit ist das in der Kantexegese äußerst kontrovers diskutierte Problem, wie der Zusammenhang der beiden Teile der *Kritik der Urteilskraft* zu erklären sei. Die Rede von einer »ästhetischen« und einer »teleologischen Urteilskraft« auf der Basis des Begriffs der »Zweckmäßigkeit« hat einen offenkundigen künstlichen und inkohärenten Charakter; sie hat eine reine *ad hoc*-Funktion, insofern Kant nachträglich versucht, eine künstliche Kohärenz seiner philosophischen Gesamtkonzeption aufzuzeigen.

Hier ist die Feststellung von Bedeutung, dass der wohl tiefste Grund für Kants unklare und aporetische Position in dem Versäumnis liegt, nicht die weitreichenden semantischen und wissenschaftstheoretischen Konsequenzen gezogen zu haben, die in der Unterscheidung der drei »Seelenvermögen« angelegt sind. Viele der Unklarheiten und Inkohärenzen in seiner Konzeption könnten schlagartig vermieden werden, wenn man die drei oben genannten Operatoren unterscheidet, erläutert und konsequent anwendet.

[4] Der *ästhetische Operator* Ⓐ lässt sich durch die Angabe zweier Faktoren hinreichend charakterisieren: eines basalen oder indirekten und eines bestimmenden oder direkten.

[4.1] Der *basale* Faktor ist die Gesamtheit der Voraussetzungen, die erfüllt sein müssen, damit von einem *direkten ästhetischen* Operator gesprochen werden kann. Im wesentlichen handelt es sich um die zentrale Einsicht, dass ein ästhetischer Operator nur auf der Basis eines Verhältnisses des Geistes zur Welt möglich ist. Man kann kurz sagen, dass dieser Faktor der *vorausgesetzte ontologische Bezug* der ästhetischen Einstellung ist. Diese beinhaltet eine bestimmte Weise der Darstellung von Welt, und zwar eine (in einem noch zu präzisierenden Sinne) umfassende Darstellung, in welcher auf implizite Weise auch die theoretische und die praktische Darstellungsweise eine bedeutende Rolle spielen. Dies wird sowohl hinsichtlich der Naturschönheit als auch des Kunstwerks zu zeigen sein.

Um den Begriff des basalen Faktors im Hinblick auf die Bestimmung des ästhetischen Operators näher zu klären, ist es angebracht, auf den streng analogen Begriff des basal-ontologischen Wertes, der durch evaluative praktische Sätze (Wertsätze) ausgedrückt wird, hinzuweisen (vgl. oben 4.3.2.1.2). Solchen Sätzen ist auf explizite oder implizite Weise der Operator Ⓣ$_W$ (›W‹ für: »Wert«) vorangestellt. Diese Sätze sind zwar deklarativ-theoretische Sätze, haben aber ein »praktisch-evaluatives« *Expressum*. Sie artikulieren in theoretischer Darstellungsweise einen praktisch-evaluativen ontologischen Inhalt. Noch genauer könnte man sie als Sätze charakterisieren, die von einem theoretischen Operator bestimmt werden, in dessen Argumentbereich evaluative oder Wertsätze stehen wie z. B.: »Diese Handlung ist gut« (interpretiert gemäß der Form ›Ⓣ$_W$(A)‹ ist dieser Satz so zu paraphrasieren: »Es verhält sich so dass diese Handlung gut ist«).

Die »praktischen« basal-ontologischen Werte bilden die Grundlage für die moralisch-ontologischen Werte (vgl. oben 4.3.2.3–4.3.2.5). Die moralisch-ontologischen Werte werden durch praktische Sätze artikuliert, also durch Sätze, die vom praktischen Operator ›Ⓟ‹ bestimmt sind. Der praktische Operator erweist sich daher als eine bestimmte Weise der Darstellung von Welt, eben die praktische, die aber zu ihrer Voraussetzung eine (implizite) theoretische Weise der Darstellung hat.

Ganz analog dazu ist zu sagen, dass der ästhetische Operator die Artikulation einer bestimmten Weise der Darstellung von Welt ist, die aber auf einer sowohl theoretischen wie auch praktischen Weise der Darstellung von Welt aufruht. Darin besteht der hier zu erläuternde *basale Faktor* des ästhetischen Operators.

Dieser fundamentale Umstand erklärt die bekannte Tatsache, dass der ästhetischen Dimension und hierbei ganz besonders der Kunst immer wieder von vielen Philosophen *auch* ein *kognitiver* und ein *moralischer Aspekt* zugeschrieben wurde und wird; allerdings wurden beide Aspekte in der Regel nicht richtig und klar erfasst und dargelegt. An dieser Stelle ist nur so viel als grundlegend festzuhalten: Der kognitive und der moralische Aspekt der ästhetischen Dimension sind als eine immer schon vorausgesetzte Basis für das Bestehen und den Vollzug der ästhetischen Dimension zu verstehen. Daraus folgt, dass die ästhetische Dimension in keiner Weise von der Welt abgetrennt ist, wie so viele Varianten des ästhetischen Subjektivismus und Idealismus behauptet haben.

[4.2] Der erläuterte »basale ontologische Bezug« des ästhetischen Operators ist nur eine Voraussetzung für die Bestimmung des ästhetischen Operators. Es muss nun ein *zweiter,* ein spezifischer *Faktor* genannt und erläutert werden, der den ästhetischen Operator *direkt* charakterisiert. Obwohl dieser Operator einen basalen ontologischen Bezug voraussetzt und einschließt, ist er selbst, in sich betrachtet, weder kognitiver noch praktischer Natur; vielmehr unterscheidet er sich gerade vom Theoretischen und vom Praktischen Operator als ein dritter gleichursprünglicher Operator. Wie ist das zu verstehen?

Der ästhetische Operator bezeichnet und bewirkt Folgendes: Das ästhetische »Objekt«, auf welches sich der ästhetische Satz bezieht, der das Argument des ästhetischen Operators ist, wird nicht »als es selbst«, sondern aus der Perspektive des *Erlebnisses* des Sprechers bzw. Subjekts hinsichtlich des »Objekts selbst« ausgedrückt und artikuliert. Dieses »Erlebnis« ist ein ganz besonderer »Zustand« des Subjekts, der den Charakter des geäußerten Satzes bzw. der gemachten Aussage vollständig *bestimmt:* Der Satz, der das Argument des ästhetischen Operators ist, drückt zwar im semantischen Sinne eine Primärproposition aus, die, wenn sie wahr ist, mit einer Primärtatsache in der Welt identisch ist; aber dieser »semantische Vorgang« ist in die *Erlebnissphäre* des Sprechers/Subjekts »eingebettet«. Indem dem Satz der ästhetische Operator Ⓐ vorangestellt wird, erweist sich die Form der Darstellung oder Artikulation der durch den Satz ausgedrückten Proposition weder als eine theoretische, noch als eine praktische, sondern eben als eine ästhetische im soeben umrissenen Sinn: Es ist die Weise der Darstellung/Artikulation, die der Erlebnissphäre eigen ist.

Man kann diese Weise oder Form der Darstellung oder Artikulation die *expressive* nennen. Dieses Wort erhält hier eine spezifische Bedeutung, die sich höchstens und dann nur teilweise mit der Bedeutung deckt, die diesem Wort in der philosophischen Ästhetik gewöhnlich verliehen wird. Im allgemeinen wird *Expressiv(ität)* als ein zentraler Begriff der Ästhetik angesehen; auch gibt es eine *expressive Theorie der Kunst* (vgl. beispielsweise Gardner [1995]). Aber der Begriff wird dabei meistens durch den Begriff des *emotionalen Zustands des Subjekts* erklärt. Der hier zur Erläuterung von *Expressiv(ität)* verwendete Begriff des *ästhetischen Erlebnisses* ist demgegenüber ein bedeutend umfassenderer Begriff, wie im folgenden zu zeigen sein wird.

Eine annähernd angemessene Charakterisierung des ästhetischen Erlebnisses im hier gemeinten Sinn ist eine schwierige Aufgabe. Mindestens *zwei Aspekte* können jedoch namhaft gemacht werden, die für das ästhetische Erlebnis konstitutiv sind.

Der *erste* kann als *inhaltlicher Aspekt* bezeichnet werden; es handelt sich dabei um eine *weitere* Charakterisierung dessen, was oben der ontologische Bezug des ästhetischen Satzes bzw. der ästhetischen Aussage genannt wurde. Damit ist gemeint: In negativer Hinsicht wird das ästhetische »Objekt« im ästhetischen Erlebnis in einer nicht-theoretischen und nicht-praktischen Weise erfasst und artikuliert; in einer positiven Hinsicht erfolgt diese Erfassung und Artikulation in einer *ganzheitlichen oder umfassenden* und gleichzeitig in einer *globalen* und damit *undifferenzierten* Weise. Die ästhetische Erfassung und Artikulation des (ästhetischen) Objekts sind in dem Sinne *ganzheitlich oder umfassend*, dass sie sowohl die theoretische als auch die praktische Ebene einschließen, womit das entsprechende »Objekt« in seiner Ganzheit erfasst und artikuliert wird. Aber die Erfassung und die Artikulation sind gleichzeitig in einem besonderen Sinne *rein global* und damit ganz *undifferenziert*, nämlich nicht nur hinsichtlich der das Objekt konstituierenden einzelnen Elemente oder Aspekte, sondern besonders hinsichtlich des Erfassungs- und des Artikulations*modus*: Im ästhetischen Erlebnis wird nicht zwischen theoretischer und praktischer Hinsicht differenziert, vielmehr wird das Objekt sozusagen »auf einmal« in einer Art kontinuierlicher »Momentaufnahme« erfasst und artikuliert. Es wäre unangemessen, das ästhetische Erfassen und Artikulieren als eine Art »ursprüngliche Intuition« charakterisieren zu wollen, sofern man unter »Intuition« etwas versteht, was nur mit der theoretischen Dimension zu tun hat. Dieser Punkt dürfte etwas deutlicher werden, indem man zum einem den nachfolgend zu behandelnden *zweiten* Aspekt des ästhetischen Erlebnisses und zum anderen die Überlegungen über den zentralen ästhetischen Begriff der *Schönheit* im nächsten Abschnitt berücksichtigt.

Der *zweite Aspekt* des ästhetischen Erlebnisses ist in gewisser Hinsicht *formaler* Natur. Im ästhetischen Erlebnis bringt sich der Geist sozusagen in seiner *Integralität* ein: *Alle* seine so genannten »Vermögen«, alle seine Strukturen usw. sind »am Werk«. Richtig verstanden, ist das ästhetische Erlebnis der *integrale Selbstvollzug* des Geistes in seiner Situiertheit in oder hinsichtlich der Welt. Um diese allgemeine Charakterisierung näher zu präzisieren, ist der spezifische Unterschied zwischen einerseits der theoretischen und der praktischen und andererseits der ästhetischen Darstellung oder Artikulation des ontologischen Bezugs des Geistes zur Welt herauszuarbeiten. In der theoretischen Einstellung ist der Geist vollständig und exklusiv *auf das »Objekt« (allgemein: auf die Welt) ausgerichtet;* »Objekt« meint hier jede Entität, jeden Sachverhalt, jede Tatsache, kurz jedes Seiende welcher Art auch immer, also absolut alles, was als Komponente des *universe of discourse* und damit *der Welt* und des *Seins im Ganzen* zu betrachten ist. Die ausschließliche Ausgerichtetheit auf das Objekt in diesem Sinne besagt u. a., dass das Subjekt als solches nicht in Erscheinung tritt; nur die Sache selbst, um die es geht, kommt zur Artikulation. In der theoretischen Einstellung erhebt sich das Subjekt zur Universalität; es gelangt zur Deckung mit der Rationalität und Objektivität und macht sich damit *als Subjekt* überflüssig. Diese Zusammenhänge wurden ausführlich in Kapitel 2 herausgearbeitet (vgl. bes. 2.3.2.4 [4]).

Die sich im *praktischen* Operator artikulierende praktische Einstellung ist ebenfalls auf »das Objekt« (also allgemein: auf die Welt) ausgerichtet, allerdings gibt es zwei entscheidende Unterschiede zur theoretischen Ausgerichtetheit auf »das Objekt«. Der erste besteht darin, dass die praktische Einstellung sich nur auf eine bestimmte Art oder Dimension »des Objekts« (der Welt) bezieht: die Dimension der ontologischen Werte, genauer der ontologischen Werttatsachen (vgl. oben 4.3.2.3–4.3.2.4). Da jedes Seiende grundsätzlich gesehen »gut« oder »werthaft« ist, ist die praktische Ausgerichtetheit zwar auch universal, aber nur in dem Sinne, dass sie *eine* bestimmte universale Dimensionalität betrifft. Demgegenüber ist die theoretische Ausgerichtetheit schlechterdings oder uneingeschränkt universal, kurz: universal im »all-dimensionalen« Sinne. Der zweite Unterschied ergibt sich aus dem Umstand, dass die praktische Einstellung das Subjekt ganz anders involviert als die theoretische Einstellung. Vom »praktischen« Subjekt kann in keiner Weise abgesehen werden. Es ist ein wesentliches und konstituierendes Element der praktischen Einstellung; denn es ist das Subjekt, das die praktische Darstellung oder Artikulation des praktischen Bezugs zur Welt in freier Entscheidung gestaltet und damit sich selbst im Universum oder im Sein im Ganzen in bestimmter Weise situiert. Aber dieser *praktische* Selbstvollzug bzw. diese praktische Selbstsituierung des Subjekts in der Welt (im Universum, im Sein im Ganzen) geschieht auf der Basis des *expliziten Bezugs* zur ontologischen Dimension der Werttatsachen. Der explizite Bezug besteht darin, dass das Subjekt einen ontologischen Wert durch seinen Selbstvollzug zu *realisieren* versucht.

Durch diesen Umstand unterscheidet sich die *praktische* Einstellung wesentlich von der *ästhetischen*. Letztere hat zwar auch einen Bezug auf die ontologische Dimension; aber der ontologische Bezug ist implizit. D. h. das Subjekt nimmt diesen Bezug sozusagen in die Sphäre seines *Erlebnisses* mit hinein. Die ästhetische Ausgerichtetheit auf »das (ästhetische) Objekt« (allgemein: auf die ästhetische Dimension der Welt) wird nicht *als solche* vollzogen, sondern wird vollständig vom Erlebnis des Subjekts bestimmt. Der ästhetische Selbstvollzug des Subjekts ist, anders als der theoretische und der praktische Selbstvollzug, nicht primär auf »das Objekt«, sondern auf den subjektiven Vollzug selbst gerichtet, freilich unter Einbeziehung des ontologischen Bezugs; denn, wie oben mehrmals betont wurde, involviert die *ästhetische Einstellung* auch die theoretische und die praktische Einstellung.

Die hier gemeinte »Involvierung« hat einen ganz besonderen Charakter. Die theoretische und die praktische Einstellung werden nicht so »vorausgesetzt«, dass sie in der Weise eines festen oder fixen Fundamentes *determinierend* bleiben; vielmehr werden sie in dem Sinne »vorausgesetzt«, dass sie zwar präsent sind, aber so, dass sie gleichzeitig »aufgehoben« werden: Sie erfahren eine Art Transformation, insofern sie nicht mehr bestimmend für die »neue« (die ästhetische) Einstellung sind, sondern in das Spiel der durch das Subjekt vollzogenen *expressiven* Selbst- und Weltdarstellung oder -artikulation einbezogen werden. Die ästhetische Einstellung ist die Expressivität des Geistes in seiner Integralität, insofern er seine Bezogenheit auf die Welt als sein Erlebnis artikuliert. Kurz: Die ästhetische Einstellung vollzieht bzw. realisiert sich als Expressivität des ästhetischen Erlebnisses in diesem Sinne.

Es ist in diesem Zusammenhang anzumerken, dass die beschriebene Art der ästhetischen Ausgerichtetheit auf »das Objekt (die Welt)« zwei unterschiedliche Formen hat: einmal hinsichtlich der »Naturschönheit« und zum anderen hinsichtlich des Kunstwerks. Die erste Form hat sozusagen einen *markanteren* »objektiven« oder »ontologischen« Status als die zweite. Dieser bemerkenswerte Sachverhalt soll im nächsten Abschnitt (4.4.2) näher erläutert werden.

[5] Um die hier kurz angedeutete Konzeption etwas verständlicher zu machen, dürfte es hilfreich sein, sie mit Kants Auffassung in der *Kritik der Urteilskraft* zu vergleichen. Wie oben schon vermerkt wurde, kennt Kant nicht so etwas wie »Operatoren« und damit auch nicht einen »ästhetischen Operator«. Wenn man von diesem Punkt absieht, lässt sich zeigen, dass die hier skizzierte Position im Vergleich mit Kants Auffassung einerseits eine bemerkenswerte Ähnlichkeit, andererseits eine tiefgreifende, unüberbrückbare Unterschiedenheit aufweist. Um das zu zeigen, ist es aber wichtig, sowohl auf die Verschiedenheit der Terminologien als auch auf die Inkompatibilität der allermeisten die beiden Philosophien jeweils tragenden Grundthesen zu achten.

Eine lange Passage aus der Einleitung (VII) zur *Kritik der Urteilskraft* kann als kurzgefasste Darstellung der Kantischen Position in der hier interessierenden Hinsicht angesehen werden:

»Wenn mit der bloßen Auffassung (*apprehensio*) der Form eines Gegenstandes der Anschauung ohne Beziehung derselben auf einen Begriff zu einem bestimmten Erkenntniß Lust verbunden ist: so wird die Vorstellung dadurch nicht auf das Object, sondern lediglich auf das Subject bezogen; und die Lust kann nichts anders als die Angemessenheit desselben zu den Erkenntnißvermögen, die in der reflectirenden Urtheilskraft im Spiel sind, und sofern sie darin sind, also bloß eine subjective formale Zweckmäßigkeit des Objects ausdrücken. Denn jene Auffassung der Formen in die Einbildungskraft kann niemals geschehen, ohne dass die reflectirende Urtheilskraft, auch unabsichtlich, sie wenigstens mit ihrem Vermögen, Anschauungen auf Begriffe zu beziehen, vergliche. Wenn nun in dieser Vergleichung die Einbildungskraft (als Vermögen der Anschauungen *a priori*) zum Verstande (als Vermögen der Begriffe) durch eine gegebene Vorstellung unabsichtlich in Einstimmung versetzt und dadurch ein Gefühl der Lust erweckt wird, so muß der Gegenstand alsdann als zweckmäßig für die reflectirende Urtheilskraft angesehen werden. Ein solches Urtheil ist ein ästhetisches Urtheil über die Zweckmäßigkeit des Objects, welches sich auf keinem vorhandenen Begriffe vom Gegenstande gründet und keinen von ihm verschafft. Wessen Gegenstandes Form (nicht das Materielle seiner Vorstellung, als Empfindung) in der bloßen Reflexion über dieselbe (ohne Absicht auf einen von ihm zu erwerbenden Begriff) als der Grund einer Lust an der Vorstellung eines solchen Objects beurtheilt wird: mit dessen Vorstellung wird diese Lust auch als nothwendig verbunden geurtheilt, folglich als nicht bloß für das Subject, welches diese Form auffaßt, sondern für jeden Urtheilenden überhaupt. Der Gegenstand heißt alsdann schön; und das Vermögen, durch eine solche Lust (folglich auch allgemeingültig) zu urtheilen, der Geschmack. Denn da der Grund der Lust bloß in der Form des Gegenstandes für die Reflexion überhaupt, mithin in keiner Empfindung des Gegenstandes und auch ohne Beziehung auf einen Begriff, der irgend eine Absicht enthielte, gesetzt wird: so ist es allein die Gesetzmäßigkeit im empirischen Gebrauche der Urtheilskraft überhaupt (Einheit der Einbildungskraft mit dem Verstande) in dem Subjecte, mit der die Vorstellung des Objects in der Reflexion, deren Bedingungen *a priori* allgemein gelten, zusammen stimmt; und da diese Zusammenstimmung des Gegenstandes mit den Vermögen des Subjects zufällig ist, so bewirkt sie die Vorstellung einer Zweckmäßigkeit desselben in Ansehung der Erkenntnißvermögen des Subjects.« (Kant [KUK : XLIV–XLV])

Es ist nicht leicht, vielleicht sogar kaum möglich, diesen Text so zu interpretieren, dass daraus eine kohärente Konzeption herausgelesen werden kann. Eine ganze Reihe von Begriffen bleibt völlig ungeklärt und problematisch.[36] Hier jedoch sind nur einige Hinweise auf einige andere für einen Vergleich mit Kant wichtige Punkte angebracht.

Was Kant hier mühsam konstruiert, ist Ergebnis des Versuchs, den Bereich des Ästhetischen im Rahmen seiner transzendentalen Architektonik der »Erkenntnisvermögen« zu begreifen. Der in seiner Konzeption zentrale Begriff der »Zweckmäßigkeit« des Gegenstandes wird durch den Hinweis auf eine

---

[36] Wie kann KANT beispielsweise von einem »Gegenstand (Object)« auf der Basis der Annahme reden, dass dabei ein Begriff nicht im Spiel ist, wenn doch nach seinen sonstigen Annahmen ein Gegenstand nur durch den Begriff des Begriffs überhaupt verstanden werden kann? Doch auf solche Aspekte kann und soll hier nicht eingegangen werden.

»Vergleichung« erklärt: Die reflektierende Urteilskraft vergleicht die (in die Einbildungskraft »aufgefassten«) Formen der Gegenstände der Anschauung mit ihrem Vermögen, Anschauungen auf Begriffe zu beziehen. Der Gegenstand ist dann als »zweckmäßig« für die reflektierende ästhetische Urteilskraft anzusehen, wenn etwas eintritt, was Kant so beschreibt: »… wenn … in dieser Vergleichung die Einbildungskraft (als Vermögen der Anschauungen *a priori*) zum Verstande (als Vermögen der Begriffe) durch eine gegebene Vorstellung unabsichtlich in Einstimmung versetzt und dadurch ein Gefühl der Lust erweckt wird«. Das ist extrem schwer nachzuvollziehen. Die »Form des Gegenstandes« ist nach Kant der Gegenstand einerseits ohne »das Materielle seiner Vorstellung, als Empfindung« und andererseits »ohne Beziehung auf einen Begriff, der irgendeine Absicht enthielte«. Wenn dem so ist, was ist »Gegenstand« dann überhaupt noch? Kant spricht von »seiner [des Gegenstandes] Vorstellung« und unterstellt, dass eine solche Vorstellung ohne die Empfindung und ohne einen Begriff gegeben ist. Aber was könnte überhaupt eine solche Vorstellung des Gegenstandes sein? Kant spielt hier mit einem leeren Ausdruck bzw. Begriff. Nun behauptet er, dass die Einbildungskraft »zum Verstande (als Vermögen der Begriffe) durch eine *gegebene Vorstellung* [wohl des Gegenstandes, LBP] unabsichtlich in Einstimmung versetzt« wird. Wenn die »Vorstellung des Gegenstandes«, wie gezeigt, gänzlich leer ist, wie kann von einer »Einstimmung« überhaupt die Rede sein? Und wie ist es zu verstehen, dass aus einer solchen »unabsichtlichen Einstimmung« »ein Gefühl der Lust erweckt wird«? An der Unklarheit von Kants Ausführungen über »Gegenstand« scheitert Kants Versuch einer Erklärung des Ästhetischen in grundsätzlicher Hinsicht. Darüber hinaus taucht für ihn das Problem der Inkohärenz seines Versuchs im Rahmen seiner sonstigen fundamentalen Thesen auf; doch darauf kann an dieser Stelle nicht näher eingegangen werden.

Ungeachtet dieser unüberwindbaren Schwierigkeiten sind in Kants Konzeption einige wertvolle Intuitionen auszumachen, die in einem völlig anderen philosophischen Grundrahmen zur Klärung gebracht werden können. Vielleicht die wichtigste ist Kants Gedanke der »durchgängig zusammenhängende[n] Erfahrung« (Kant [KUK: XXXIV]); er kann sie im Rahmen seiner philosophischen Gesamtposition nur so erklären oder gewährleisten, dass er ein »Prinzip der Zweckmäßigkeit für unser Erkenntnisvermögen« (ib.) einführt bzw. postuliert. Er spricht von der »Zusammenstimmung der Natur zu unserem Erkenntnißvermögen« (ib. XXXVI); manchmal spricht er von »*den* Vermögen« im Plural und nicht nur von *dem* Erkenntnisvermögen (z. B. ib. XLV: »…Zusammenstimmung des Gegenstandes mit den Vermögen des Subjects …«). Aber Kant fasst diese Zweckmäßigkeit (oder Angemessenheit) in ästhetischer Hinsicht als etwas rein *Subjektives*. Und er geht konsequenterweise so weit, dass er in charakteristisch transzendentaler Weise die Naturschönheit dementsprechend (um)deutet:

»[U]nd so können wir die Naturschönheit als Darstellung des Begriffs der formalen (bloß subjectiven) und die Naturzwecke als Darstellung des Begriffs einer realen (objectiven) Zweckmäßigkeit ansehen, deren eine wir durch Geschmack (ästhetisch, vermittelst des Gefühls der Lust), die andere durch Verstand und Vernunft (logisch, nach Begriffen) beurtheilen.« (Ib. L)

Die »reale (objective) Zweckmäßigkeit« ist die Teleologie der Natur, die im Teil II der KUK behandelt wird. Was Kant »real« oder »objektiv« nennt, ist im transzendentalen Sinne zu verstehen. »Real/objektiv« sind sehr irreführende Termini in Kants Konzeption und Terminologie: Die hier gemeinte »Realität/ Objektivität« ist in den Grenzen der Welt als der Gesamtheit der *Erscheinungen* eingeschlossen. Wenn die ästhetische Zweckmäßigkeit als »subjektiv« verstanden wird, so handelt es sich um eine Subjektivität zweiter Ordnung oder Stufe: Die Welt als Gesamtheit der Erscheinungen ist schon eine radikal subjektive Dimension, eine Subjektivität erster Ordnung; die ästhetische Zweckmäßigkeit der Natur ist noch einmal »subjektiv« relativ zur (grundsätzlichen) Subjektivität der Welt als Gesamtheit der Erscheinungen, wie auch immer das genau zu verstehen ist. Immerhin ist es bemerkenswert, dass Kant von einer »*Zusammenstimmung* mit den Vermögen des Subjekts« spricht. Dieser Gedanke ist eine transzendentale Verkürzung des oben dargestellten Gedankens der sich expressiv und damit ästhetisch artikulierenden *Integralität des Geistes*.

4.4.2 Die allgemeine ästhetische Dimension: Schönheit als fundamentaler Begriff

In diesen und im nächsten Unterabschnitt werden *zwei inhaltliche Grundfragen* einer Philosophie der Ästhetik behandelt. Die *erste* betrifft das, was man den »Grundbegriff« der philosophischen Ästhetik bezeichnen kann; die *zweite* hat es mit dem spezifischen Bereich der Kunst zu tun.

In Kapitel 3 (3.1.2.1) wurde gezeigt, dass das, was allgemein »Begriff« genannt wird, eine hochproblematische Bezeichnung ist. Allerdings lässt sie sich in philosophischen Darstellungen nur schwer vermeiden, da sie ein außerordentlich bequemes Bezeichnungsmittel ist. Will man daher nicht auf die Bezeichnung ›Begriff‹ verzichten, so sollte sie als Kürzel für »Struktur« verstanden werden. In Kapitel 3 wurde die genaue Bedeutung von »Struktur« ausführlich dargelegt. Unter diesem Vorbehalt kann man missverständnisfrei vom »Begriff der Schönheit« als dem zentralen Begriff der philosophischen Ästhetik sprechen. Mit »Begriff der Schönheit« ist jene Struktur gemeint, die inhaltlich als die *grundlegende wertästhetische Primärproposition bzw. Primärtatsache* zu deuten ist.

[1] Nach der traditionellen (klassischen) Ästhetik ist Schönheit, wenn nicht *die* fundamentale, so doch eine fundamentale ästhetische Kategorie oder

4.4 Die ästhetische Welt

»Qualität«, in der die Einheit der Disziplin »philosophische Ästhetik« gründet (vgl. Gardner [1995: 585, 590–1, 599–600]). Diese Position wurde und wird in der modernen und gegenwärtigen Ästhetik in der Regel verworfen; eine der Konsequenzen ist, dass die gegenwärtige Ästhetik im allgemeinen eine grundsätzliche Einheit vermissen lässt.[37] Hier sollen nicht die Geschichte und die gegenwärtige Lage der Ästhetik kritisch beleuchtet werden; es wird vielmehr davon ausgegangen, dass sie an der fundamentalen Schwäche krankt, nicht ihre streng philosophisch-systematischen Grundlagen bzw. ihre Situierung in einer philosophisch-systematischen Ganzheit zu klären. Statt diese Behauptung im einzelnen zu erläutern und zu begründen, soll im folgenden eben diese Aufgabe im Grundriss erfüllt werden. Auf der Basis des im vorhergehenden Abschnitt geklärten logisch-semantischen Status ästhetischer Sätze wird es möglich sein, einige basale Festlegungen für den zentralen Begriff der Schönheit zu formulieren.

Es dürfte kaum möglich sein, einen direkten Beweis für die These zu bieten, dass Schönheit die zentrale ästhetische Kategorie oder Qualität ist. Wohl ist es aber möglich, einen *indirekten* Beweis in dem Sinne zu erbringen, dass Grundelemente einer kohärenten ästhetischen Gesamtkonzeption herausgearbeitet werden. Eine solche Konzeption kann dann mit anderen Konzeptionen verglichen werden, um auf diese Weise ihre Überlegenheit plausibel zu zeigen. Aber auch unabhängig von einem solchem Vergleich wird es in Bezug auf die Entwicklung von Grundzügen einer philosophischen Ästhetik deutlich, dass die Geschlossenheit der systematischen Auffassung, innerhalb deren jedes philosophische Gebiet eindeutig situiert werden kann, einerseits einen überzeugenden Grund für deren Überlegenheit gegenüber anderen Konzeptionen darstellt und andererseits die immanente Stringenz der betreffenden Disziplin (in diesem Fall der Ästhetiktheorie) gewährleistet.

[2] Um den Begriff der Schönheit in einer systematischen Hinsicht zu erklären, sind *drei* Faktoren zu berücksichtigen: *Erstens* muss der Begriff im strengen systematischen Rahmen verstanden werden; das besagt in der hier verfolgten struktural-systematischen Perspektive, dass der Begriff im Rahmen der umfassenden *Seinstheorie* zu situieren ist. *Zweitens* sind die im vorhergehenden Abschnitt herausgearbeiteten drei Formen ästhetischer Sätze zu berücksichtigen, da sich der begriffliche Gehalt von Schönheit in den drei Formen jeweils anders artikuliert. *Drittens* müssen die verschiedenen »Seinsbereiche«, in denen Schönheit »vorkommt«, explizit beachtet werden.

[i] Gemäß der umfassenden systematischen Erklärung wird Schönheit hier als basale ontologische Struktur verstanden; genauer ist sie das, was im nächs-

---

[37] Anders dagegen PERES [2000], die den Begriff der Schönheit als die zentrale Kategorie der Ästhetik herausstellt.

ten Kapitel (Abschnitt 5.2.3) *eines der allgemeinsten immanenten Merkmale des Seins* genannt wird, und zwar ein ganz besonderes: Schönheit wird als die *Zusammenstimmung oder Konsonanz aller (anderen) allgemeinen immanenten Merkmale des Seins begriffen*, d. h., als Zusammenstimung der Intelligibilität, der universalen Kohärenz, der universalen Ausdrückbarkeit und der Gutheit/Werthaftigkeit des Seins im Ganzen.

Insofern die vier im genannten Abschnitt genauer herauszuarbeitenden Merkmale des Seins eben *immanente Merkmale* des Seins sind, bilden sie eine Einheit: Ihr Zusammenhang ist durch einen Gedanken gekennzeichnet, der bereits in der philosophischen Tradition eine nicht unerhebliche Rolle gespielt hat: durch den Gedanken der »Zusammenstimmung (*consonantia*)«[38]. In der Terminologie dieses Buches ist damit eine wertästhetische Primärtatsache als eine komplexe ontologische Konfiguration gemeint. Man kann nun versuchen, die genaue innere Strukturiertheit dieser Konfiguration aufzuzeigen. Allgemein gilt: Jedes Seinsmerkmal impliziert alle anderen und wird von jedem anderen impliziert, aber die »Zusammenstimmung« ist näherhin als die höchste Vollkommenheit (*perfectio*), die vollendete Selbstdarstellung oder Selbstmanifestation des Seins und mithin jedes einzelnen Seienden zu begreifen.[39]

[ii] Die bisher vorgelegte umfassend-systematische Bestimmung des Schönheitsbegriffs kann die *evaluativ-basal-ontologische* genannt werden. In allen Sätzen, in denen ›Schönheit‹ bzw. ›schön‹ vorkommt, wird sie angenommen bzw. vorausgesetzt. Wohlgemerkt: Sie wird *als* die *evaluativ-basal-ontologische Bestimmung* von ›Schönheit/schön‹ vorausgesetzt.

---

[38] Vgl. z. B. Thomas von Aquin: »… quaedam moderata et conveniens proportio, in qua consistit ratio pulchritudinis« (STh II II q. 141 a. 2 ad 3). »Proportio« ist bei Thomas von Aquin synonym mit »consonantia« (wie sich aus der anschließend zitierten Stelle ergibt, in der Thomas formuliert: »proportio sive consonantia«). An einer anderen Stelle charakterisiert Thomas die Schönheit so:
»Ad pulchritudinem tria requiruntur. Primo quidem integritas sive perfectio: quae enim diminuta sunt, hoc ipso turpia sunt. Et debita proportio sive consonantia. Et iterum claritas: unde quae habent colorem nitidum, pulchra esse dicuntur.« (STh I q. 39, a. 8 c.).
Diese »Charakterisierungen« von Schönheit schließen sich nicht gegenseitig aus, da man nicht davon ausgehen kann, dass Thomas v. A. an diesen Stellen eine absolut genaue und erschöpfende Bestimmung des Begriffs der Schönheit geben wollte. Man muss verschiedene Ebenen der Betrachtung unterscheiden, wie im Haupttext explizit gemacht wird.

[39] Auf den ersten Blick scheint Thomas von Aquin, der große mittelalterliche Seinsdenker, das *bonum* bzw. die *bonitas* als die *perfectio* eines jeden Seienden zu begreifen. So schreibt er beispielsweise:
»Bonum uniuscuiusque est perfectio ipsius«. (ScG I 30).
Aber dies kann oder muss sogar so verstanden werden, dass Thomas dabei den Aspekt des *Handelns* im Auge hat, wie Textstellen wie die folgende zeigen:
»In hoc enim consistit uniuscuiusque rei bonitas, quod convenienter *se habeat* secundum modum suae naturae«. (STh I II q. 71 a. 1 c.; Hervorh. angefügt).

In »reiner Form«, d. h. *nur* als evaluativ-basal-ontologische Bestimmung, stellt sie den ontologischen Wert jener ästhetischen Sätze dar, die der ersten Form ästhetischer Sätze zugeordnet sind: Es sind die ästhetischen Sätze, die einen einzigen Operator haben, und zwar den theoretischen: $\widehat{T}(S_{\ddot{A}})$. Solche Sätze $S_{\ddot{A}}$ artikulieren *direkt*, d. h. hier: in rein theoretischer Hinsicht, die grundlegende wertästhetische Primärproposition bzw. Primärtatsache. Es ist klar, dass Folgendes gilt: Wenn ein solcher Satz $S_{\ddot{A}}$ *wahr* ist, dann ist die durch ihn ausgedrückte wertästhetische Primärproposition auch wahr und dann erweist sich diese Proposition als mit einer wertästhetischen Primärtatsache »in der Welt« identisch.

Ist von Schönheit in ästhetischen Sätzen der *zweiten* Form (also der Form: $\widehat{T}(\widehat{\ddot{A}}(S_{\ddot{A}}))$) die Rede, so ist die basal-ontologische wertästhetische Bestimmung von Schönheit in solchen Sätzen *vorausgesetzt*, und zwar im Sinne von: immer schon *mitausgesagt*; darüber hinaus aber wird Schönheit in solchen Sätzen schon in einer konkreteren Bestimmung artikuliert. Der entscheidende Punkt ist der Umstand, dass der *ästhetische Operator* als zweiter Operator das *Subjekt* explizit einbezieht. Die Bestimmung »Schönheit« wird dann nicht nur als eine basal-ontologische Bestimmung, sondern auch als eine die ästhetische Selbstexpressivität eines Subjekts mitkonstituierende Bestimmung artikuliert.

Dieser Faktor ist in der philosophischen Tradition wohlbekannt (was nicht heißt, dass er mit ausreichender Klarheit erfasst und dargestellt wurde), und zwar besonders in der Weise, dass mit der Bestimmung der Schönheit der Gesichtspunkt des »placere«[40], des »Wohlgefallens« und/oder der »Lust«[41] usw. verbunden wurde. Dadurch werden der Begriff und die Bestimmung der Schönheit zunächst beträchtlich erweitert. Beim näheren Hinsehen jedoch stellt sich gerade die bis heute wegweisende Bindung der Schönheit an das Wohlgefallen durch Kant in zweifacher Hinsicht als Engführung heraus: Erstens reduziert Kant Schönheit auf die im Ästhetischen bloß reflexive Subjektstruktur der Harmonie von Einbildungskraft und Verstand; zweitens reduziert er das ästhetische Erleben, das sich gerade durch Ganzheitlichkeit (Integralität) auszeichnet, auf ein *Wohl*gefallen, d. h. eine reflexive Lust an der subjektiven Harmonie von Einbildungskraft und Verstand. Ein von Constanze Peres entwickelte neuer Ansatz hat deshalb für diese Ebene einen erweiterten und konkretisierten Begriff von Schönheit als »ontosemantische Konstellation« vorgelegt: Sie präzisiert ihre Erweiterung des Schönheitsbegriffs dahingehend, daß faktische Schönheit sich als instantan-prozessuale

---

[40] Vgl. z. B. Thomas von Aquin: »pulchrum .. . [dicitur] id cuius apprehensio placet« (STh I II q. 27 a.1 ad 3; vgl. auch STh I q.5 a. 4 ad 1).
[41] Vgl. Kant [KUK: bes. Einleitung VI–VII].

Konstellation zwischen einem ein Objekt als schön bezeichnenden Subjekt und dem als schön bezeichneten Objekt ereignet.[42]

In Sätzen der *dritten* Form (also Sätzen der Form: ›$\widehat{A}(S_{\ddot{A}})$‹) wird Schönheit ausschließlich in der Weise artikuliert, dass sie ein Element – genauer: das zentrale Element – in der Sphäre der Selbstexpressivität des Subjektes darstellt. Der Geist bzw. das Subjekt artikuliert sich selbst *integral-expressiv als* Schönheit erlebend. Zwar bleibt der Satz $S_{\ddot{A}}$, der Schönheit ausdrückt, weiterhin bestehen, aber eben nur als Argument eines einzigen Operators, und zwar des ästhetischen Operators. Damit wird Schönheit hier primär nicht als erkannte oder gewollte Schönheit, sondern als das erfahren und artikuliert, was das Erlebnis des Subjekts auslöst und konstituiert. Das sich expressiv-ästhetisch verhaltende Subjekt bildet hier den bestimmenden Faktor oder die bestimmende Perspektive, unter der Schönheit artikuliert wird.

---

[42] Vgl. PERES [2000]. So sehr diese ontosemantische Erweiterung des Schönheitsbegriffs einerseits überzeugt, so ist andererseits doch an einem systematisch wichtigen Punkt Kritik angebracht. Die Autorin erklärt:
»Vorausgesetzt, wir gehen nicht von einer absoluten Sphäre von Ideen und Werten oder von ›objektiv‹ vorfindlichen Werten aus, dann besteht jeder Wert grundsätzlich in der Relation zwischen dem Werthaltigen und derjenigen Instanz, die es als werthaltig erkennt. Etwas ist schön in Beziehung zu demjenigen, der es als schön wahrnimmt und beurteilt. Ohne dieses Wahrnehmen und sprachliche Symbolisieren mag es für sich existieren oder nicht, aber selbst, wenn es für sich existierte, wüssten wir ohne unsere Beurteilung als schön nichts davon. *Indem* jemand etwas als ›schön‹ bewertet, also in und durch die Symbolisierung, *wird* dasjenige zu einem werthaltigen Etwas. [...] ›Schön‹ ist also keine Eigenschaft von Dingen oder Sachverhalten. Es ist aber auch keine Eigenschaft eines Subjektes, etwa im Sinne des (post)kantischen Wohlgefallens. Vielmehr ist ›schön‹ immer ›als-schön-symbolisiert-werden-von‹. Es *existiert* als eine ästhetische Relation, die unmissverständlich als ›x ist schön‹ symbolisiert wird. In diesem Sinne wird im Schönheitsurteil stets dasjenige, worauf Bezug genommen wird – nämlich diese ästhetische Relation – behauptet. Schönheit ist somit eine ontosemantische Konstellation. *Innerhalb* dieser ontosemantischen Konstellation hat dasjenige, wovon ›schön‹ prädiziert wird, tatsächlich (›objektiv‹) die Eigenschaft, den Bewertenden zu dem Schönheitsurteil zu bewegen und die bewertende Instanz tatsächlich (›objektiv‹) die Eigenschaft, auf eine solche Weise eingestellt zu sein, dass sie dem Gegenstand das Prädikat ›schön‹ zuschreibt.« (Ib. 155–6)
Hierin kommt eine Engführung zum Ausdruck, die in der Bindung der ontologischen Dimension an das menschliche Subjekt besteht. Wie in vielen Passagen dieses Buches gezeigt wurde und wie besonders in Kapitel 5 ausführlich und systematisch dargelegt werden wird, ist zwar die Annahme, die »ontologische Dimension« sei eine von Sprache, Geist usw. völlig unabhängige Dimension, unhaltbar. Man muss aber die ganze Tragweite dieses Problems sehen. Es besteht bei manchen Autoren die Neigung, die sogenannte »metaphysisch-realistische« Konzeption dadurch zu umgehen, dass man gleich den Menschen als das unabdingbar notwendige wahrnehmende Subjekt ins Spiel bringt. Hier ist Vorsicht geboten, will man nicht »die Welt« (»das Universum«, »das Sein im Ganzen«) auf den durch den Menschen gesetzten Maßstab zu reduzieren. Wie dieser Gefahr zu entgehen ist, soll in Kapitel 5 gezeigt werden. Einige Formulierungen in der oben zitierten Passage sind in der soeben artikulierten Hinsicht problematisch (»*Indem* jemand etwas als ›schön‹ bewertet, also in und durch die Symbolisierung, *wird* dasjenige zu einem werthaltigen Etwas«; »›Schön‹ ist also keine Eigenschaft von Dingen oder Sachverhalten«).

4.4 Die ästhetische Welt

[iii] Der *dritte* für eine angemessene Bestimmung des Begriffs der Schönheit zu berücksichtigende Faktor betrifft die verschiedenen *Seinsbereiche*, in denen Schönheit »vorkommt« oder »erscheint«. Die beiden wichtigsten Bereiche sind die Natur und die Kunst. Auf die Kunstdimension wird im nächsten Abschnitt einzugehen sein. Der Begriff der »Naturschönheit« deckt ein außerordentlich weites Spektrum von Phänomenen, das u. a. davon abhängt, welchen Begriff der Natur man zugrunde legt; bereits an diesem Punkt beginnt dieses Unternehmen, uferlos zu werden. Die adäquate Bestimmung der »(Natur)Schönheit« gemäß dem konkret aufgefächerten Spektrum der »Naturschönheiten« fällt daher nicht mehr unter die Zielsetzung des vorliegenden Buches.

4.4.3 Die spezifische Dimension der Kunst

[1] Entgegen der traditionellen Konzeption hat Hegel das Schöne auf das Kunstschöne reduziert; konsequenterweise schloss er das Naturschöne aus der philosophischen Ästhetiktheorie aus. Damit wurde die Priorität der Kunst vor der Natur fest etabliert, welche die ganze moderne Ästhetik prägt. Der Grund für Hegels Wende liegt in den für ihn charakteristischen idealistischen Grundprämissen, auf denen seine philosophische Gesamtkonzeption beruht.[43] Im Rahmen des Hegelschen Idealismus ist die Unterscheidung bzw. der Gegensatz von Naturschönheit und Kunst(schönheit) eine relativ klare These. Unabhängig von den idealistischen Prämissen ist diese These aber sehr problematisch. Obwohl die analytische Philosophie nicht auf idealistischen Annahmen basiert, hat sie dennoch die Tendenz, der Kunst absolute Priorität (manchmal sogar die Exklusivität) zu geben und damit die Schönheit auszuklammern. Diese Tendenz wird besonders deutlich, wenn eine Philosophie keine adäquate Ontologie entwickelt, auch wenn sie im Prinzip eine Ontologie nicht ausschließt. Dies scheint gerade in weiten Teilen der analytischen Philosophie heute der Fall zu sein.

Die in diesem Buch vertretene struktural-systematische Philosophie schließt eine solche Tendenz bzw. These grundsätzlich aus. Daraus ergibt sich, dass die Ästhetik in der umfassenden philosophischen Theorie, in der Seinstheorie,

---

[43] Vgl. eine bezeichnende Passage aus seinen *Vorlesungen über Ästhetik*: »[D]ie Kunstschönheit ist die aus dem Geiste geborene und wiedergeborene Schönheit, und um soviel der Geist und seine Produktionen höher steht als die Natur und ihre Erscheinungen, um soviel ist auch das Kunstschöne höher als die Schönheit der Natur. […] Das Höhere des Geistes und seiner Kunstschönheit, der Natur gegenüber, ist aber nicht ein nur relatives, sondern der Geist erst ist das Wahrhaftige, alles in sich Befassende, so dass alles Schöne nur wahrhaft schön ist, als dieses Höheren theilhaftig, und durch dasselbe erzeugt. In diesem Sinne erscheint das Naturschöne nur als ein Reflex des dem Geiste angehörigen Schönen, als eine unvollkommene, unvollständige Weise, eine Weise, die ihrer Substanz nach im Geiste selber enthalten ist.« (HEGEL [Jubiläumsausgabe Bd. 12: 20–21])

verankert sein muss. Die Kunstdimension muss daher im Rahmen des Seins bzw. der Seinstheorie situiert werden; daraus ergibt sich die Priorität der so genannten »Naturschönheit« gegenüber der Kunstdimension.

Kunst ist ein außerordentlich komplexes Gebiet. Im Rahmen des vorliegenden Werkes ist es ganz ausgeschlossen, dass auch nur die wichtigsten philosophischen Fragen über Kunst gestreift, geschweige denn zureichend erörtert werden. Eine einzige, die wohl fundamentalste Frage soll im folgenden kurz behandelt werden: die Frage nach dem Ansatzpunkt für eine Philosophie der Kunst. Intendiert ist weder eine »Definition« noch eine »Theorie der Kunst«.

Von den vielen Theorien der Kunst, die heute vertreten und diskutiert werden, seien hier vier – wohl die wichtigsten – kurz erwähnt, um den hier zu entwickelnden Ansatz im heutigen theoretischen Spektrum zu situieren. Es sind dies: die mimetische, die formalistische, die expressive und die semiotische Theorie (vgl. Gardner [1995: 612ff.]). Die *mimetische* Theorie im heutigen, sehr weiten Sinne fasst Kunst grundsätzlich als »Nachahmung der Natur« im Sinne einer bestimmten Auseinandersetzung mit der »Welt« auf; Kunst wird also aus der Perspektive des Verhältnisses der Kunst zur Welt gesehen. Im Gegensatz dazu begreift die *formalistische* Theorie die Kunst in voller Unabhängigkeit von der Welt: Nur die Form, die komplexe Konstellation der Elemente, die für jedes individuelle Kunstwerk konstitutiv sind, hat künstlerische Signifikanz. Die *expressive* Theorie betrachtet Kunst als ein Mittel zur Mitteilung von Gefühlen. Schließlich geht die *semiotische* Kunsttheorie von der grundlegenden Annahme aus, dass Kunstwerke und -formen im Rahmen eines logisch-semantischen Begriffssystems, das Begriffe wie Bedeutung, Referenz, Denotation, syntaktische und semantische Regeln u. ä. enthält, analysiert werden sollten.

Der hier anvisierte Ansatz kann keinem dieser vier Theorietypen adäquaterweise zugeordnet werden. Um die Beziehung des Ansatzes zu den vier Theorietypen zu verdeutlichen, wären grundlegende Korrekturen und Präzisierungen erforderlich. Dennoch lassen sich einige Gesichtspunkte darstellen. Eine gewisse Nähe hat der hier unternommene Ansatz zur im weiten Sinne mimetischen Kunsttheorie; denn diese Theorie ist ganz eindeutig ontologisch orientiert. Allerdings ist nicht nur der Ausdruck, sondern auch der Begriff »Mimesis« äußerst problematisch. Aber auch die drei anderen Theorie(typen) enthalten gewisse Einsichten und Elemente, die nicht vernachlässigt werden können. Die Einzelheiten werden die nachfolgenden Ausführungen zu Tage fördern.

[2] Kunst ist eine *ganz bestimmte Form der Darstellung des Verhältnisses des Menschen zur Welt*. Da diese Form weder einen theoretischen noch einen praktischen Charakter hat, fragt sich, um welchen anderen Charakter es sich

handelt. Wohlgemerkt, die theoretische und die praktische Form, wie schon oben gezeigt wurde, ist auch in der ästhetischen Beziehung des Menschen zur Welt involviert, aber nicht *als der determinierende Faktor*. Doch wie ist dann der alles bestimmende, der spezifizierende Charakter des Kunstwerks zu bestimmen? Beachtet man alle Gesichtspunkte, die in den bisherigen Ausführungen aufgezeigt wurden, so schält sich folgende Konzeption heraus, die hier allerdings nur thetisch formuliert werden kann.

In der Kunst gelangt nicht die *aktuale* oder *reale*, sondern eine *transformierte* Welt zur Darstellung. *Ein Kunstwerk ist eine nicht-theoretische und nicht-praktische, sondern eben ästhetische Darstellung eines bestimmten Aspekts oder »Stücks« einer transformierten Welt.* Nun ist eine transformierte Welt nicht definierbar ohne Bezug auf die aktuale/reale Welt. Das ergibt sich nicht nur analytisch aus dem Begriff der »transformierten Welt«, sondern auch aus dem soeben aufgezeigten Umstand, dass das theoretische und praktische Verhältnis zur (aktualen/realen) Welt immer schon in der künstlerischen Darstellung von Welt *involviert* ist.

Der hier eingeführte Begriff einer *transformierten* Welt wurde in manchen Kunsttheorien in der einen oder anderen Weise anvisiert, vor allem wenn ein Gedanke bemüht wurde, den man den Gedanken der *(künstlerischen) Idealisierung* der aktualen/realen Welt nennen könnte.[44] Ohne sorgfältige Interpretation bleibt aber dieser Begriff weitgehend vage, so dass dann der letztlich für das Begreifen der Kunst entscheidende Punkt verfehlt wird. Man kann aber den Begriff der Idealisierung auch so interpretieren, dass dieser Punkt richtig getroffen wird. Er liegt in folgendem: Eine hinsichtlich der Kunst adäquat erfasste idealisierte Gestalt der transformierten Welt ist eine solche, die die *vollständige* und *perfekte* Strukturiertheit von Welt bzw. eines Ausschnitts der Welt darstellt. Die künstlerische idealisierte Gestalt darf dabei nicht wie in klassischen Kunsttheorien als an bestimmten »objektiven« Idealmaßstäben (z.B. harmonische Proportion, edle *Sujets*, ausgewogene Farbgebung etc.) orientierte Gestaltung im Sinne eines normativen Begriffs missverstanden werden. Sie darf aber auch nicht im Sinne einer an keinen Maßstab gebundenen, frei und willkürlich erdachten oder vorgestellten Form (d.h. »ideal« als Gegensatz zu »real«) konzipiert werden. Vielmehr muss die Gestalt, welche die aktuale Welt transformierend idealisiert, so begriffen werden, dass sie die volle ontologische Perfektion des »entnommenen« ästhetischen Ausschnitts der aktualen/realen Welt darstellt.

Ein solcher Gedanke basiert auf zwei Voraussetzungen. *Erstens:* Die Welt ist unabgeschlossen, damit offen. Anders gesagt: Die *»faktische«* Realität der aktualen/realen Welt bzw. aller ihrer »Elemente« verbleibt immer diesseits

---

[44] Der Begriff der *künstlerischen Idealisierung* darf nicht mit dem oft verwendeten Begriff der *theoretischen Idealisierung* verwechselt werden.

der vollendeten und perfekten Strukturiertheit, deren die aktuale Welt und ihre Elemente fähig sind und die ihnen angemessen ist. »Idealisierung« zeigt an, was die aktuale Welt und ihre Elemente *sein könnten*, würden sie ihre »maximale Gestalt« erreichen, und was sie *sein sollten*, wenn sie entsprechend dieser Gestalt handeln würden. Es wird hier klar, dass in der Kunst unter metaphysischer Rücksicht nicht nur eine theoretische, sondern auch eine moralische Komponente enthalten oder vorausgesetzt ist. Insofern sind jene Richtungen in der Kunstphilosophie anzuerkennen, die den kognitiven und moralischen Aspekt der Kunst herauszustellen bestrebt sind, wenngleich anzumerken ist, dass diese beiden Aspekte richtig verstanden und das heißt: systematisch situiert werden müssen. *Zweitens:* Die Offenheit der Welt lässt nicht nur eine, sondern im Prinzip viele, ja unendlich viele mögliche perfektive idealisierte Formen zu. Kunst ist in dieser Hinsicht so etwas wie die Dimension der im Prinzip unendlichen gestalterischen Möglichkeiten, die mögliche und sein-sollende Vollkommenheit der Welt und aller ihrer Elemente darzustellen. In dieser Hinsicht ist es zutreffend zu sagen, dass die Kunst die Eröffnung nicht nur eines, sondern *des* großen Freiheitsraums für den Menschen ist.

[3] Es ist klar, dass der soeben skizzierte Ansatz in vielfacher Weise präzisiert und konkretisiert werden muss, bis von einer ausgeführten philosophischen Theorie der Kunst sinnvollerweise die Rede sein kann. Doch die Bewältigung dieser Aufgabe würde den Rahmen des vorliegenden Werkes sprengen. Hier sind abschließend nur *zwei Punkte* zu klären, um den skizzierten Ansatz in die richtige Perspektive zu rücken.

[i] Zuerst könnte der Ansatz Anlass zu der Frage geben, ob Kunst nicht in den Bereich einer Theorie (Semantik und Ontologie) der *möglichen Welten* gehört. Mögliche Welten sind ja modifizierte oder transformierte Gestalten der aktualen/realen Welt (zumindest gemäß jener Theorie, die »Aktualismus« genannt wird). Es ist richtig, dass ein Kunstwerk dem Ansatz zufolge eine Darstellung einer transformierten Welt ist (bzw. im allgemeinen eine Darstellung eines Ausschnitts oder Elements einer solchen Welt). Nun ist der entscheidende Unterschied hinsichtlich der *Darstellungsweise* zu beachten. Eine »mögliche Welt« im Sinne der philosophischen Theorie (Semantik und Ontologie) der möglichen Welten ist eine (modifizierte/transformierte) Welt ausschließlich *qua* Thema einer rein *theoretischen Perspektive*. Im Gegensatz dazu ist das Kunstwerk die nicht-theoretische, sondern ästhetische Darstellung einer möglichen (transformierten) Welt. Der Unterschied liegt also in der Darstellungsweise.

[ii] Im Rahmen der struktural-systematischen Philosophie drängt sich hier unausweichlich die Frage auf: Welchen *ontologischen Status* hat das Kunstwerk? Die grundsätzliche Antwort auf diese Frage ergibt sich aus demselben

Erklärungsmuster, das oben als Grundlage für die Beantwortung der Frage nach dem ontologischen Status der moralischen Werte diente (vgl. Abschnitt 4.3.2.5). Es besteht in der Unterscheidung eines *zweifachen ontologischen Status*: eines ontologischen Status *erster* und *zweiter Ordnung*. Diese Unterscheidung betrifft an erster Stelle jene Seienden, die man als leib-geistige Seiende und als Personen bezeichnet. Im Falle der Ethik wurde der Begriff der basal-ontologischen ethischen Werte eingeführt, die einen ontologischen Status erster Ordnung haben. Im Bereich der Ästhetik wurde der Begriff der Schönheit als eine Primärtatsache mit einem *evaluativ-basal-ontologischen Status* (vgl. oben 4.3.2.3–4.3.2.4), also ebenfalls mit einem ontologischen Status erster Ordnung erklärt. Sowohl die basal ontologischen ethischen Werte als auch die basal ontologischen ästhetischen (künstlerischen) Werte sind Ausgestaltungen jeweils eines der allgemeinsten immanenten Merkmale des Seins als solchen, nämlich der *Gutheit* bzw. der *Schönheit*. (Diese Merkmale werden in Kapitel 5 (Abschnitt 5.2.3) dargestellt.) Der Parallelismus zwischen den dem Menschen spezifischen moralischen Werten/Normen und Kunstwerken ist in ontologischer Hinsicht einleuchtend. Wie die moralischen Werte/Normen setzen auch Kunstwerke die Existenz und die Tätigkeit des Menschen voraus und sind deshalb als Entitäten zweiter Ordnung aufzufassen.

Kunstwerke sind Produkte menschlicher Tätigkeit. Will man den ontologischen Status dieser Produkte näher charakterisieren, so muss man genauestens auf die vorausgesetzte Ontologie achten. Im Falle der moralischen Werte wurde oben die von Mackie vertretene Konzeption kritisiert, der zufolge solche Entitäten »absonderliche (*queer*)« Entitäten seien, die daher abgelehnt werden müssten. Entitäten zweiter Ordnung sind aber Konstituenten der »konkreten« Welt, d.h. der Welt, insofern sie den Menschen einschließt. Wenn man solche Entitäten »mentale« oder »abstrakte« oder »intensionale« o. ä. Entitäten nennt, so stellen sich solche Bezeichnungen schnell als missverständlich und damit untauglich heraus. Am besten sollte man sie *Entitäten sui generis* nennen und darauf achten, dass man ihre spezifische Eigenart erfasst und artikuliert.

Kunstwerke haben einen analogen ontologischen Status wie *Theorien*, insofern man »Theorien« gemäß ihrem *Darstellungsstatus* betrachtet: Demnach sind Theorien (gemäß der sogenannten »logischen« Auffassung von Theorien) Gesamtheiten (genauer: Mengen) von Sätzen, also von in bestimmter Weise konfigurierten sprachlichen Zeichen, die etwas (Propositionen bzw. Tatsachen) darstellen. Kunstwerke haben auch einen Darstellungsstatus, allerdings einen ganz anderen: einen expressiv-integralen, insofern sie nicht nur und nicht primär Darstellungsformen aus der Perspektive und im Dienste der theoretischen Aktivität sind, sondern sich als Darstellungsformen erweisen, die im Prinzip alle mit der Integrität des Geistes gegebenen Darstellungsformen einbeziehen.

4.4.4 Zwei Einwände

Gegen den oben skizzierten Ansatz zu einer Theorie der Ästhetik bzw. der Kunst können viele Einwände erhoben werden. Manche würden sich sicher dadurch entkräften lassen, dass der Ansatz im einzelnen entwickelt wird, was hier nicht möglich ist. Zum Abschluss dieses Abschnittes seien aber *zwei Einwände* erörtert, die zweifelsohne zu den wichtigsten gehören, die gegen die hier vertretene Konzeption erhoben werden können. Der *erste* ist ein Einwand gegen den skizzierten Ansatz zu einer Kunstphilosophie und lautet: Kunst grundsätzlich als eine bestimmte Form der Darstellung des Verhältnisses des Menschen zur Welt aufzufassen, stellt einen von vornherein verfehlten Ansatz dar, da nicht jede Kunstform bzw. nicht jedes Kunstwerk als Darstellung von etwas in Bezug auf die Welt betrachtet werden kann. Der *zweite* Einwand richtet sich gegen die These, dass der Begriff der Schönheit der fundamentale ästhetische Begriff ist und stützt sich insbesondere auf »Feststellungen« wie: Es gibt sogar eine »Ästhetik des Hässlichen« (so der Titel eines Buches des Hegelschülers Karl Rosenkranz [1853/1996]), die gerade »nicht-schöne« Phänomene thematisiert; ferner weist die Kunst in der Moderne einen klaren Bedeutungsverfall des Schönen auf (vgl. dazu Peres 2000: 146 ff.). Diese beiden Einwände sollen im folgenden einer kritischen Analyse unterzogen werden.

[1] Der *erste* Einwand wird durch angebliche Gegenbeispiele untermauert. So weist man etwa darauf hin, dass eine Kunstform wie die abstrakte Kunst *nichts in Bezug auf die Welt darstellt*, dass es absurd wäre zu sagen, dass die (besonders die »absolute«) Musik etwas Derartiges darstellt usw. Aber dieser Einwand erwächst aus einer auf das »Abbilden« verengten und damit systematisch oberflächlichen Analyse des Begriffs der Darstellung. Nichts geschieht im Menschen, ohne dass sein Verhältnis zur Welt im Spiel wäre, ist doch der Mensch als Individuum bzw. Person nur systematisch definierbar, d.h. durch die unendlich vielen Beziehungen, die ihn in der Welt (dem Universum, dem Sein) situieren. Angeblich rein »abstrakte« Produkte wie gewisse Formen und Exemplare von Kunstwerken stellen sich nur auf den ersten Blick als Entitäten dar, die mit dem Verhältnis zur Welt nichts zu tun haben. In Wirklichkeit ist schon der Begriff des *abstrakten* Produktes bzw. des *abstrakten* Kunstwerks, insofern es von der Welt abstrahiert, nicht begreifbar, ohne dass das Verhältnis zur Welt involviert wäre. Wenn nun das Kunstwerk überhaupt etwas darstellt, so stellt es etwas in Bezug auf die Welt – und damit stellt es auch Welt – dar, freilich nicht direkt die aktuale/reale Welt, sondern eine im oben erläuterten Sinne transformierte Welt; d.h., das Kunstwerk legt eine vermittelte Welt-Darstellung vor.

Der Fall der (»absoluten«) Musik ist nur scheinbar schwieriger. Wenn Schönheit durch den Hauptbegriff der *consonantia*, der Zusammenstimmung, definierbar und wenn dieser Hauptbegriff nicht irgendein rein subjektiver Begriff ist, sondern eine ontologische Primärtatsache (die Zusammenstimmung der immanenten Merkmale des Seins) anzeigt, so leuchtet es ein, dass *eine exemplarische ausschnitthaft erklingende Darstellung* dieser universalen Harmonie vollkommen intelligibel ist.

[2] Die »Feststellungen«, auf die sich der *zweite* Einwand stützt, lassen sich in einer Weise interpretieren, dass sie nicht als Gründe gegen den fundamentalen Stellenwert des Schönheitsbegriffs für die Ästhetik ins Feld geführt werden können. Es ist eine Tatsache, dass es Kunstwerke gibt, die sogenannte »nichtschöne (hässliche)« oder »negative« Phänomene »darstellen«. Ein leidendes Gesicht scheint nichts Schönes zu sein. Ein berühmtes Bild wie Albrecht Dürers *Ritter, Tod und Teufel* stellt nichts Schönes dar – man muss aber hinzufügen: gemäß dem gewöhnlichen, unspezifizierten Verständnis von »Schönheit« als Pendant zum subjektiven Wohlgefallen. Bei genauer Analyse zeigt sich, dass dieses Bild (und ähnliche Bilder) auf faszinierende Weise Schönheit darstellen – und zwar entweder als Ganzes *ex negativo* oder als »hässlicher« Bestandteil eines (größeren) kontextualen schönen Ganzen. Ein künstlerisch dargestelltes leidendes Gesicht beispielsweise ist nur bei völlig oberflächlicher Betrachtung »unschön«. In den »negativen« Zügen des Gesichts wird die Schönheit des Gesichts erst recht sichtbar dargestellt.[45] Auf der Basis des Gedankens, dass etwas *ex negativo* oder als kontextuales Ganzes dargestellt wird, ist es im Prinzip möglich, alle künstlerisch dargestellten »negativen« Phänomene künstlerisch zu thematisieren.

Die These, dass die Entwicklung der Kunst in der Moderne einen klaren *Bedeutungsverfall des Schönen* aufweist, ist zweideutig. Sie kann im Sinne einer *Selbstinterpretation* von Künstlern und der Aussagen von Kunstinterpreten (Kunstkritiker, Kunstphilosophen) verstanden werden – und meistens wird sie so verstanden. So aber verstanden, dürfte die These zutreffend sein, zumindest wenn die Mehrheit der Künstler und der Kunstinterpreten gemeint ist.[46] Aber weder die Selbstinterpretation der Künstler noch die Meinung der (meisten) Kunstinterpreten können als Kriterium oder gar als Beweis für die Richtigkeit der These betrachtet werden; denn das genannte Phänomen lässt sich ganz anders interpretieren, so dass auch die These vom »Bedeutungsverfall des Schönen in der Moderne« ganz anders verstanden werden kann bzw. muss.

---

[45] Ein Bild oder eine Symphonie, die nur aus »schönen Stellen«, d. h. wohlgefälligen Stellen besteht, ist nicht nur langweilig (was keine ontologische Kategorie ist), sondern auch nicht-wahrhaftig (»kitschig«) in Bezug auf die ontologische Struktur der Welt.

[46] Symptomatisch dafür ist beispielsweise die Aussage des Künstlers BARNETT NEWMAN: »Die moderne Kunst fand ihren Antrieb in dem Wunsch, die Schönheit zu zerstören [...], indem sie gänzlich abstritt, Kunst habe irgend etwas mit der Frage des Schönen zu tun.« (Zit. nach DANTO [1986/1993: 35])

Ein »Bedeutungsverfall« mag in der Moderne in der Tat eingetreten sein, aber nicht ein Bedeutungsverfall »der Schönheit als solcher oder schlechthin«, sondern eines inadäquaten Begriffs der Schönheit. Die moderne Kunst hat sich gegen einen völlig statischen metaphysisch-abstrakten Begriff der Schönheit gewandt. Stark vereinfachend, kann man sagen, dass die moderne Kunst insbesondere *zwei Merkmale* dieses »traditionellen« Begriffs der Schönheit abgelehnt hat; man kann sie das »undialektische« und das »nicht-prozessuale« Merkmal nennen. Aufs Ganze gesehen war der traditionelle Begriff insofern »undialektisch«, als die Darstellung der Schönheit *ex negativo* zumindest bei weitem nicht ausreichend berücksichtigt und praktiziert wurde. Die Schönheit wurde fast ausschließlich vollständig *positiv* oder *affirmativ* dargestellt. Damit wurden immense und ausdrucksstarke Darstellungsmöglichkeiten völlig vernachlässigt und sogar ignoriert.

Das *zweite* Merkmal, das die »traditionelle Schönheit« vorgeblich charakterisiert und von der modernen Kunst in Frage gestellt wurde, besteht darin, dass »schöne Objekte« fast ausschließlich als »fertige Objekte« interpretiert werden, d.h. als Objekte, deren Schönheit sozusagen »auf einmal«, in ihrer perfekten Gestalt vorliegt, kurz: Das vormoderne schöne Kunst-Objekt wurde *aus der Sicht der Moderne* als »auf einmal fertiges, perfektes Objekt« aufgefasst. Der ganze *Prozess*, der die »Realität« des Zustandenkommens bzw. des Sichmanifestierens der Schönheit charakterisiert, wurde oft so gut wie vollständig ignoriert. Auch die Schönheit sogenannter klassischer Kunstwerke ist durch einen Prozess ihres Werdens, durch Stufen und Unvollkommenheiten gekennzeichnet. Die (bisweilen beinahe exklusiv und exzessiv betriebene) Betonung prozessualer, partieller und unvollkommener Elemente kennzeichnet deshalb zweifellos die moderne Kunst im Unterschied zur traditionellen Kunst, welche die genannten Brüche des Schönen weniger zum Ausdruck brachte oder gar thematisierte.

4.5 Das Weltganze

Die in den vorhergehenden Abschnitten behandelten Gebiete der Welt gehören unzweifelhaft zu den wichtigsten Themen, mit denen sich die Philosophie der Gegenwart befasst. Freilich konnten nicht alle, auch nicht alle wichtigen diesbezüglichen Gebiete bzw. Themen berücksichtigt werden. Wie mehrmals betont wurde, wird in Kapitel 4 das Ziel verfolgt zu zeigen, wie der in den vorhergehenden Kapiteln ausführlich entwickelte struktural-systematische Theorierahmen hinsichtlich der *inhaltlichen* Themenstellungen der Weltsystematik »in Anschlag gebracht«, d.h. konkretisiert werden kann. Dieses Ziel soll in diesem Werk nicht durch Vollständigkeit (was nur innerhalb einer umfassenden Darstellung möglich ist), sondern nur durch eine

4.5 Das Weltganze

rahmenhafte Behandlung einiger der wichtigsten Gebiete bzw. Themen erreicht werden.

Eine der philosophisch wichtigsten Themenstellungen ist die Problematik des *Weltganzen*. »Welt« wird hier, wie am Anfang dieses Kapitels gezeigt wurde, nicht als synonym mit »Universum« oder »Sein im Ganzen«, sondern in einem eingeschränkten Sinne verstanden. In diesem Sinne bildet das »*Weltganze*« eine Thematik, die in diesem Kapitel explizit zu behandeln ist, da sie ein umfassenderes Gebiet als die anderen behandelten Themenstellungen betrifft und insofern einen interessanten anderen Fall der Konkretisierung des struktural-systematischen Theorierahmens darstellt.

Um das Thema »das Weltganze« philosophisch in den Griff zu bekommen, sind drei große Themen zu betrachten: Erstens eine (natur)wissenschaftliche Unternehmung: die physikalisch-kosmologische(n) Theorie(n) (*theory/theories of everything*); zweitens das große Phänomen der Religion bzw. der Religionen und ihrer historischen Entwicklung; drittens der umfassendste historische und reale Lebensraum der Menschheit: die Weltgeschichte. Es sind drei heterogene »Bereiche«, vor allem wenn man den Unterschied zwischen der naturwissenschaftlichen Unternehmung einerseits und dem Phänomen der Religion(en) und der Weltgeschichte andererseits bedenkt. Zur systematischen Klärung der mit dem Begriff des Weltganzen gegebenen Thematik ist es erforderlich, die drei »Bereiche« jeweils für sich zu betrachten, da jeder von ihnen bestimmte Facetten des Weltganzen betrifft und beleuchtet.

4.5.1 Die naturwissenschaftlich-philosophische Kosmologie

Der Ausdruck ›Kosmologie (*cosmologia*)‹ wurde in der Philosophiegeschichte meistens als Bezeichnung der *philosophischen* Theorie über die Welt (unter Ausschluss des Menschen) verwendet.[47] Heute wird der Ausdruck meistens im *naturwissenschaftlichen* Sinne verstanden und gebraucht und meint die

---

[47] Die Bezeichnung ›Kosmologie‹ für eine philosophische Disziplin ist seit CHR. WOLFF gebräuchlich (vgl. WOLFF 1737). Sie war bzw. ist im Rahmen der Einteilung der traditionellen Metaphysik in allgemeine Metaphysik (*metaphysica generalis* oder *ontologia*) und Bereichsmetaphysiken (*metaphysica specialis*), d.h. rationale Theologie, rationale Psychologie und rationale Kosmologie (vgl. Wolff [1728/1996]), zu verstehen. Die rationale Kosmologie befasst sich mit dem Aufbau der Welt als dem natürlichen System physischer Substanzen:
»Cosmologia generalis est scientia mundi seu universi in genere, quatenus scilicet ens idque compositum atque modificabile est.« (Wolff [1731: § 1])
Es ist interessant, dass WOLFF zwischen »cosmologia scientifica« und »cosmologia experimentalis« unterscheidet:
»Cosmologia generalis scientifica est, quae theoriam generalem de mundo ex Ontologiae principiis demonstrat: Contra experimentalis est, quae theoriam in scientifica stabilitam vel stabiliendam ex observationibus elicit.« (ib.. § 4)
WOLFFs Einteilung der Philosophie und Unterscheidungen fanden rasch Eingang in viele philosophische Lehrbücher.

physikalische Theorie über Ursprung, Entwicklung und Struktur des gesamten physikalischen Kosmos oder Universums. Dafür wird auch die außerordentlich missverständliche Bezeichnung ›*theory of everything*‹ verwendet. In diesem Abschnitt sollen einige Überlegungen über den grundsätzlichen Status dieser naturwissenschaftlichen Theorie aus philosophischer Perspektive angestellt werden. Wegen der ungeheuren Breite und Schwierigkeit des Themas wird sich die Darstellung auf eine sehr pointierte Position beschränken und konzentrieren: die von dem großen Physiker und Mathematiker Stephen Hawking vorgetragene Theorie.

[1] In der naturwissenschaftlichen Kosmologie wird die Frage nach dem Anfang oder dem Ursprung des Universums gestellt. *St. Hawking* behauptet, aus den Theoremen, die er selbst und *R. Penrose* bewiesen haben, gehe hervor, »dass das Universum einen Anfang gehabt haben muss«, fügt aber hinzu, dass diese Theoreme »über die Natur dieses Anfangs wenig Information« (Hawking [2001: 87]) liefern. Was wird unter »Ursprung« bzw. »Anfang« verstanden? Es liegt eine bedauerliche Unklarheit und Konfusion vor, die dafür verantwortlich ist, dass auf falschen Voraussetzungen basierende Fragen formuliert, völlig unfundierte Behauptungen aufgestellt, unsinnige Gegensätze konstruiert werden u. ä., sowohl von seiten theistischer als auch atheistischer Wissenschaftler und Philosophen.

Gemäß der naturwissenschaftlichen physikalisch-kosmologischen Standardtheorie hat das Universum in einem Urknall begonnen (»Big Bang«- oder Urknall-Theorie). Nach den oben genannten Theoremen von *Hawking* und *Penrose* muss der Abstand zwischen »benachbarten« Galaxien vor 10 bis 20 Milliarden Jahren Null gewesen sein. An diesem Punkt wäre die Dichte des Universums und die Krümmung der Raumzeit unendlich gewesen. Ein solcher Punkt ist das, was Mathematiker eine *Singularität* nennen. Entscheidend ist hier folgende Konsequenz: Da alle wissenschaftlichen Theorien die Voraussetzung machen, dass »die Raumzeit glatt und nahezu flach ist« (Hawking [1988: 67]), verlieren alle (klassischen) Naturgesetze an diesem Punkt ihre Gültigkeit. Es hat auch keinen Sinn mehr zu fragen, was *vor* der Singularität war, da die Zeit selbst erst mit der Urknall-Singularität begann. Daraus scheint sich zu ergeben, dass die Frage nach dem Ursprung oder dem Anfang des Universums naturwissenschaftlich eindeutig beantwortet wird: Das Universum begann mit dem Urknall, irgendeine andere Instanz wie z. B. ein Schöpfer ist gegenstandslos, weil unfundiert.

[2] In den letzten zwei Jahrzehnten hat es eine heftige Kontroverse unter Naturwissenschaftlern, Philosophen und Theologen über den Status der physikalisch-kosmologischen Theorie(n) gegeben, eine Kontroverse, die immer noch im Gang ist. Manche Theologen und Philosophen wollen in dem Um-

4.5 Das Weltganze

stand, dass der Anfang des Universums naturwissenschaftlich festgestellt, genauer: bewiesen wurde, einen direkten Beweis für einen Schöpfergott erblicken: Sie geben der Urknall-Theorie eine *kreationistische* Interpretation. Andere Philosophen wollen in dieser Theorie genau das Gegenteil sehen. Der naturwissenschaftlich bewiesene Anfang des Universums sei eine Erklärung, die jede andere Erklärung überflüssig mache und sogar mit der Annahme der Existenz eines Schöpfergottes nicht vereinbar sei; ihnen zufolge ist der Ursprung des Universums unverursacht, das Universum ist auf *spontane* Weise entstanden.[48] Auch Physiker haben die Urknall-Theorie theologisch-kreationistisch interpretiert, so z. B. J. Narlikar:

»The most fundamental question in cosmology is, ›Where did the matter we see around us originate in the first place?‹ This point has never been dealt with in the Big Bang cosmologies, in which, at $t = 0$, there occurs a sudden and fantastic violation of the law of conservation of matter and energy. After $t = 0$ there is no such violation. By ignoring the primary creation event most cosmologists turn a blind eye to the above question.« (Narlikar [1977: 136–7])

Man kann zeigen, dass alle diese Positionen bzw. Interpretationen *Missverständnisse* darstellen. Der Grund ist, dass sie einen fundamentalen Faktor nicht beachten: den *spezifischen Status* der naturwissenschaftlichen physikalisch-kosmologischen Aussagen bzw. Theorie(n). Wenn im Rahmen dieser Aussagen/Theorien von »Ursprung oder Anfang des Universums« die Rede ist, so ist eine solche Formulierung zutiefst missverständlich. Der Sinn dieser von Physikern und ambig redenden Philosophen verwendeten Ausdrücke ergibt sich aus dem Status des naturwissenschaftlichen *Theorierahmens* oder *Modells*, der/das in der physikalischen Kosmologie zur Anwendung kommt. *Innerhalb* dieses Modells wird, wie die Theoreme von *Hawking* und *Penrose* zeigen, auf einen Punkt in der Vergangenheit, die Singularität, »geschlossen«. Wenn nun gesagt wird, das Universum habe seinen Ursprung oder Anfang an diesem »Punkt« gehabt, so kann damit nur gemeint sein, dass das physikalische Universum an diesem Punkt und ab diesem Punkt als ein strukturiertes Ganzes gemäß den bekannten Naturgesetzen erklärbar ist. In diesem Sinne – also in diesem sehr relativen Sinne – erklärt die physikalische Kosmologie den »Ursprung« bzw. den »Anfang« des Universums. Von einem Ursprung oder einer Entstehung oder Erschaffung *ex nihilo*, aus dem Nichts, kann nicht die Rede sein; denn das ganze Modell setzt eben die Singularität voraus – und *diese ist natürlich nicht Nichts*. Die Singularität ist nur ein Etwas, das nicht durch die bekannten Naturgesetze »strukturiert« ist. Die physikalisch-kos-

---

[48] Diese Kontroverse kann hier nicht näher dokumentiert werden. Um nur zwei Namen zu nennen: Für eine atheistische Interpretation der Urknall-Theorie vgl. SMITH [1991]: »If the arguments of this paper are sound, then God does not exist if bang cosmology, or some relevant similar theory, is true. If this cosmology is true, our universe exists without cause and without explanation.« (Ib. 65) Besonders wichtig ist GRÜNBAUM [2000].

mologische Urknall-Theorie besteht »nur« darin, dass sie *einen* (nämlich den aktuellen) Zustand des physikalischen Universums auf einen *anderen* Zustand des physikalischen Universums »zurückführt«. Im strengen Sinne kann man im Sinne dieser Theorie nicht einmal sagen, dass der Zustand des heutigen Universums auf einen *früheren* Zustand desselben Universums zurückgeführt wird, da die Singularität eigentlich nicht mehr »in der Raumzeit« liegt; gemäß dem Modell begann nämlich die Zeit erst mit dem Urknall.

Innerhalb des genannten physikalisch-kosmologischen Theorierahmens bzw. Modells kann eine Frage der Art: Und wie ist die Singularität selbst entstanden? weder gestellt noch beantwortet werden. *Hawking* drückt diesen Sachverhalt auf seine Weise so aus:

»Tatsächlich gehen alle unsere wissenschaftlichen Theorien von der Voraussetzung aus, dass die Raumzeit glatt und nahezu flach ist. Deshalb versagen die Theorien angesichts der Urknall-Singularität, wo die Krümmung der Raumzeit unendlich ist. Also könnte man sich, selbst wenn es Ereignisse vor dem Urknall gegeben hat, bei der Bestimmung dessen, was hinterher geschehen ist, nicht auf sie beziehen, weil die Vorhersagefähigkeit am Urknall endet. Entsprechend können wir *keine Aussagen über das machen, was vorher war*, wenn wir, wie es der Fall ist, nur wissen, was seit dem Urknall geschehen ist. Soweit es uns betrifft, können Ereignisse vor dem Urknall keine Konsequenzen haben und sollten infolgedessen auch nicht *zu Bestandteilen eines wissenschaftlichen Modells des Universums* werden. *Wir müssen sie deshalb aus dem Modell ausklammern und sagen, dass die Zeit mit dem Urknall begann.*« (Hawking [1988: 67])

Die philosophisch-metaphysische Frage nach dem Ursprung oder dem Anfang des Universums wird im physikalisch-kosmologischen Theorierahmen oder Modell nicht gestellt – *und kann auch nicht gestellt werden*; denn diese Frage betrifft nicht einfach die Zurückführung eines Zustands des Universums auf einen anderen Zustand des Universums, sondern das, was oben die *kontingente Dimension* genannt wurde. Sie betrifft den grundsätzlichen Status von Sein oder Existenz, von Absolutheit oder Kontingenz.

[3] *St. Hawking* hat inzwischen seine Meinung geändert. Er vertritt jetzt die Auffassung, dass das Universum nicht aus einer Singularität entstanden ist (ib. 72). Im Rahmen des Versuchs, die beiden großen physikalischen Theorien, die Relativitäts- und die Quantentheorie, zu einer einheitlichen Quantentheorie der Gravitation zu verbinden, bezieht er jetzt Quanteneffekte in seine Überlegungen ein, was ihn zu der Annahme führt, dass das Universum keine Ränder in Raum und Zeit hat (Hawking [2001: 90]). Aber er selbst und *Jim Hartle* haben die These vertreten, dass es eine andere Art der Zeit gibt, die imaginäre Zeit, die rechtwinklig zu der reellen, d. h. hier: zu der von uns irgendwie wahrgenommenen Zeit verläuft. Die Geschichte des Universums in der reellen und die Geschichte des Universums in der imaginären Zeit bestimmen sich gegenseitig, obwohl sie sehr verschieden sein können. *Hawking* und *Hartle*

4.5 Das Weltganze

übernehmen *R. Feynmans* Konzept der »Summe über alle Geschichten« des Universums, die als randlose geschlossene gekrümmte Flächen wie etwa die Erdoberfläche zu denken sind. Das Universum in der imaginären Zeit muss demnach weder einen Anfang noch ein Ende haben. Auf die Einzelheiten dieses Vorschlags kann hier nicht näher eingegangen werden, wohl aber ist anzumerken, dass die Implikationen für eine philosophisch bestimmte »Gesamtschau der Dinge« von enormer Bedeutung sind. Darauf macht *Hawking* selbst explizit aufmerksam:

»Falls die Geschichten des Universums in imaginärer Zeit tatsächlich solche geschlossenen Flächen wären, wie Hartle und ich vorgeschlagen haben, hätte das grundlegende Konsequenzen für die Philosophie und die Vorstellung von unserem Ursprung. Das Universum wäre vollkommen in sich geschlossen. Es wäre auf keinen äußeren Einfluss angewiesen, der das Uhrwerk aufziehen und in Gang setzen müsste. Vielmehr würde alles im Universum von den Naturgesetzen und den Würfelwürfen innerhalb des Universums bestimmt werden.« (Ib. 93)

In seinem früheren Werk *Eine kurze Geschichte der Zeit* schreibt Hawking:

»Wenn das Universum einen Anfang hatte, können wir von der Annahme ausgehen, dass es durch einen Schöpfer geschaffen worden sei. Doch wenn das Universum wirklich völlig in sich abgeschlossen ist, wenn es wirklich keine Grenze und keinen Rand hat, dann hätte es auch weder einen Anfang noch ein Ende: Es würde einfach *sein*. Wo wäre dann noch Raum für einen Schöpfer?« (Hawking [1988: 179; vgl. auch 216])

Zunächst ist dazu zu bemerken, dass *Hawking* die Geschichte des Schöpfungsgedankens nicht kennt. Der große Philosoph und Theologe *Thomas v. Aquin* hat in aller Deutlichkeit die Möglichkeit der Schöpfung einer – in der Terminologie seiner Zeit ausgedrückt – »ewigen Welt«, d. h. einer Welt ohne Anfang und ohne Ende, verteidigt. Ihm zufolge besteht hierin kein Widerspruch, da Schöpfung »nur« dies bedeutet: Abhängigkeit des ganzen kontingenten Seins von einem (genauer: vom) absoluten Sein. Diese Abhängigkeit kann man näher bestimmen als Kausalität, und zwar als die Hervorbringung des ganzen (kontingenten) Seins, nicht nur eines Zustands des Seins von etwas. Eine solche Abhängigkeit bzw. Kausalität impliziert keineswegs, dass die Welt einen Anfang »in der Zeit« haben muss (vgl. Thomas v. A. [De aeternitate]). Von »Abhängigkeit/Kausalität« ist hier im metaphysischen Sinne die Rede.

Richtig verstanden, steht die Schöpfungsthese nicht im Widerspruch zu den oben zitierten – teilweise allerdings ambigen – Aussagen *Hawkings*:

»Das Universum wäre vollkommen in sich geschlossen. Es wäre auf keinen äußeren Einfluss angewiesen, der das Uhrwerk aufziehen und in Gang setzen müsste. Vielmehr würde alles im Universum von den Naturgesetzen und den Würfelwürfen innerhalb des Universums bestimmt werden.«

Entsprechend dem Schöpfungsgedanken wird das *ganze* Sein des *kontingenten* Universums *und damit* auch das Uhrwerk selbst und der ganze Gang des Uhrwerks bzw. des Universums erschaffen. In diesem Sinne gibt es *keinen äußeren* Einfluss, der das Uhrwerk erst aufziehen müsste. Erschaffung des kontingenten Universums ist nicht so etwas wie das Aufziehen eines – wie denn? – *schon vorhandenen* Uhrwerks. Wäre dem so, so wäre damit eben nicht erklärt, wie das Uhrwerk selbst entstanden ist. Wenn man in dieser Terminologie bleibt, wäre zu sagen: Wenn das kontingente Universum, aufgefasst als Uhrwerk und dessen Gang, in seinem ganzen Sein erschaffen ist, so gilt uneingeschränkt: Das Uhrwerk ist immer schon aufgezogen; das Universum ist vollkommen in sich geschlossen; es ist keinem äußeren Einfluss unterstellt (das Erschaffensein ist *kein äußerer Einfluss*, da es nicht etwas *im* Universum, sondern das Universum selbst oder als solches betrifft). Wie ambig *Hawkings* Formulierungen sind, kommt im letzten Satz besonders deutlich zum Ausdruck: »Vielmehr würde alles *im Universum* von den Naturgesetzen und den Würfelwürfen *innerhalb des Universums* bestimmt werden« (Hervorh. nicht im Original). Hawkings Theorie betrifft eben all das – und nur das –, was *innerhalb* des Universums geschieht; es betrifft nicht das Universum *als solches*, anders gesagt: Es betrifft nicht den »Seinsstatus« des Universums.

Hawkings weitere (oben zitierte) Erläuterung bzw. Behauptung: »Wenn das Universum wirklich völlig in sich abgeschlossen ist, wenn es wirklich keine Grenze und keinen Rand hat, dann hätte es auch weder einen Anfang noch ein Ende: Es würde einfach *sein*« bringt am prägnantesten ein sehr verbreitetes Denkschema zum Ausdruck, aus welchem besonders hartnäckige gegen die Idee einer Schöpfung der Welt gerichtete Vorstellungen erwachsen. Aber hier wird einfach verkannt, dass es sich in diesem Fall um eine im Rahmen eines physikalisch-kosmologischen Modells bestimmte »Abgeschlossenheit« des Universums handelt. *Im Rahmen dieses Modells* ist es zutreffend zu sagen: Das Universum »würde einfach *sein*«; und ferner: Alles in dem so bestimmten Universum würde »von den Naturgesetzen und den Würfelwürfen innerhalb des Universums bestimmt«. Aber dieses physikalisch-naturwissenschaftliche Modell erschöpft keineswegs das ganze Frage- und Intelligibilitätspotential, das unserem Verstand eignet. Wir können ja (und weil wir es können, müssen wir) fragen: Wieso oder in welchem Sinne können wir begründeterweise sagen, dass das Universum einfach *ist*, dass es in sich abgeschlossen ist? Wir verfügen über Begriffe, die das, was im Rahmen dieses Modells behauptet und verstanden wird, als völlig unzureichend erscheinen lassen, so vor allem die *modalen* Begriffe: Ist das »Sein« des Universums *kontingent* oder *notwendig/absolut*? Die allgemeine Tendenz unseres szientistischen Zeitalters besteht darin, dass solche Fragen nicht gestellt oder aber unterdrückt werden. Im schlimmsten Fall werden die Fragen als sinnlos o. ä. beiseite geschoben. Wenn man dies aber tut, verstößt man gegen das Intelligenzpotential des Menschen. In Kapitel 5 wird diese Thematik ausführlich zu behandeln sein.

[4] Man könnte noch versuchen, die modalen Begriffe »kontingent-absolut« anzuerkennen und sich doch mit der These des physikalisch-kosmologisch gedachten »Abgeschlossen-Seins« bzw. des »Einfach-Seins« des Universums zufrieden zu geben, indem man erklärt, das *Universum selbst* sei *absolut*, ja es sei *das Absolute*. Denkt man so, dann verlagert man die Fragestellung bzw. die Diskussion auf eine neue Ebene. Wie könnte das physikalische Universum als das Absolute aufgefasst werden? Es möge hier genügen darauf hinzuweisen, dass eine vertretbare Konzeption, wie schon betont wurde, *allen Phänomenen* gerecht werden muss. Es ist nicht einzusehen, wie die physikalisch-kosmologische Konzeption des Universums als *des Absoluten* eine *kohärente* Konzeption sein könnte.

Es ist aufschlussreich hervorzuheben, dass schon innerhalb der physikalischen Kosmologie selbst gewisse Überlegungen im Hinblick auf das angestellt werden, was soeben eine *kohärente* Konzeption genannt wurde. Das betrifft vor allem das sog. *Anthropische Prinzip* (von dem Physiker und Mathematiker *Brandon Carter* [1974/1990] eingeführt). In seiner starken Version besagt dieses Prinzip, dass die Strukturiertheit des Universums (also das Universum mit seinen Naturgesetzen und Konstanten) so zu konzipieren ist, dass es irgendwann Leben und Intelligenz hervorbringen musste. Das Prinzip ist in der Physik sehr kontrovers. Für den Philosophen stellen sich hier viele Fragen: Was heißt hier »Intelligenz«? Wird »Intelligenz« rein physikalisch (physikalistisch) begriffen? Oder wird »Intelligenz«, wie oben im Abschnitt 4.3.1.2.3.2 gezeigt, als die intentionale Koextensionalität mit dem Universum bestimmt? In letzterem Fall wäre die Frage so zu formulieren: Wie ist »das Universum« zu konzipieren, damit man begreifen kann, dass es irgendwann »Wesen« hervorgebracht hat, die ein solches – nicht mehr physikalisch erklärbares – Potential besitzen? *St. Hawking* gibt dem Anthropischen Prinzip eine Deutung, die nicht eindeutig ist, die aber bezeichnenderweise gewisse idealistische Züge zu beinhalten scheint. Bezug nehmend auf *R. Feynmans* Gedanken der Vielfalt von Geschichten fragt er:

»Was hebt […] das besondere Universum, in dem wir leben, aus der Menge aller möglichen Universen hervor? Sicherlich der Umstand, dass viele mögliche Geschichten des Universums nicht jene Sequenz von Galaxien- und Sternbildung durchlaufen, die für die Entwicklung von uns Menschen entscheidend war. […] So bedeutet die bloße Tatsache, dass wir als Wesen existieren, die fragen können: ›Warum ist das Universum so, wie es ist?‹, eine Einschränkung, der die Geschichte, in der wir leben, genügen muss. Daraus folgt nämlich, dass sie zur Minderheit jener Geschichten gehört, in denen Galaxien und Sterne entstehen. – Dies ist ein Beispiel für das sogenannte anthropische Prinzip. Es besagt, das Universum müsse mehr oder weniger so sein, wie wir es sehen, denn wäre es anders, gäbe es niemanden, der es beobachten könnte.« (Hawking [2001: 93–95])

Das sind bedenkenswerte Formulierungen. Sie basieren auf der impliziten Prämisse, es müsse jemanden geben, der das Universum beobachten kann.

Wieso das? Das klingt nach idealistischer Philosophie. In jedem Fall wäre noch einmal zu fragen: Wie können Wesen, die fragen können ›Warum ist das Universum so, wie es ist?‹ physikalisch erklärt werden? Gerade indem solche Wesen so fragen, zeigen sie, dass sie mit dem ganzen Universum intentional koextensiv sind. Ist das ein physikalisches Ereignis oder ein physikalischer Faktor? Das zu behaupten, wäre szientistischer Dogmatismus (vgl. dazu oben 4.3.1.2.3).

4.5.2 Das Phänomen des Religiösen und die Pluralität der Religionen: die Notwendigkeit einer philosophischen Interpretation

[1] In allen Gesellschaften und Kulturen hat Religion zu allen Zeiten eine zentrale Rolle gespielt. Wenn das Christentum in den westlich orientierten Ländern seit Beginn der Neuzeit und besonders in der Gegenwart nach und nach seine frühere machtpolitische Bedeutung eingebüßt hat, so heißt das noch lange nicht, dass das Phänomen des Religiösen nicht mehr in vielfältiger Weise das Leben und die Kultur der Menschen prägt. Im Gegenteil, auch in den westlichen und westlich orientierten Ländern erlebt man in der Gegenwart eine neue und bemerkenswerte Wahrnehmung des Phänomens des Religiösen; das ist u. a. der Tatsache zu verdanken, dass die Religion in weiten Teilen der Welt einen neuen und unerwarteten Aufschwung genommen hat. Dies betrifft besonders den Islam, eine extrem – insbesondere im politischen Bereich – aktive Religion, die schon weit mehr als eine Milliarde Anhänger hat. Auch die bunte Religion in einem Land wie Indien mit einer Bevölkerung an der Milliardenmarke ist lebendiger denn je.

Es versteht sich von selbst, dass auf dieses immense Gebiet hier nicht ausführlich eingegangen werden kann. Nur einige wenige Hinweise in der Perspektive der Thematik dieses Buches sind hier am Platze und möglich.

In einer bestimmten Hinsicht beinhaltet jede Hochreligion – Christentum, Judentum, Islam, Buddhismus, Hinduismus – eine »Gesamtschau der Dinge«, eine Sicht des Weltganzen. Oder vorsichtiger formuliert: Es ist eine Tatsache, dass die Anhänger dieser Hochreligionen eine »Gesamtschau der Dinge«, eine Sicht des Weltganzen, zu besitzen vorgeben. Auch wenn man die genaue Bedeutung der diesen Religionen eigenen Form dieser Gesamtsicht nicht näher bestimmt, sollte man die große Tragweite dieser Tatsache nicht unterschätzen.

[2] Dass es ein »Phänomen des Religiösen« gibt, kann nicht geleugnet werden; schließlich ist die Existenz der Religion und der Religionen eine Tatsache, die die ganze Weltgeschichte begleitet. Für den Philosophen stellt sich als erstes die Frage, wie dieses Phänomen zu interpretieren ist. Für deren Klärung ist eine etwas genauere und spezifischere Formulierung der Frage erforderlich

4.5 Das Weltganze

oder zumindest angebracht. Sie könnte lauten: Wo ist *ein oder vielleicht der Ansatz* zur Interpretation des Phänomens des Religiösen und damit auch der Geschichte und der Pluralität der Religionen zu suchen?

Im folgenden wird ein *systematischer* Ansatz erarbeitet, und zwar in *zwei Stufen*. Aus Gründen der Übersichtlichkeit wird im folgenden von *Ansatz$_1$* und *Ansatz$_2$* gesprochen. [i] *Ansatz$_1$* ergibt sich direkt aus der hier vertretenen struktural-systematischen Philosophie und wird aus dieser gewonnen. Negativ gesehen, ist dieser Ansatz dadurch charakterisiert, dass er weder davon ausgeht, dass das Religiöse ein eigenes *A priori* im Sinne einer »verborgenen Anlage des menschlichen Geistes« (Otto [1917/2004: 137–141]) bildet, noch auf der Annahme basiert, das Religiöse sei ein Phänomen, das mit jedem anderen Phänomen vergleichbar ist, so dass es »neutral« interpretiert werden kann bzw. muss. Vielmehr versteht der hier kurz zu skizzierende Ansatz das Religiöse als ein Gebiet oder eine Dimension, das/die *allein* von jener Grundcharakteristik des menschlichen Geistes her interpretierbar ist, die in diesem Kapitel als die *intentionale Koextensionalität des Geistes mit dem Universum* genannt wurde. Das Religiöse hat es immer mit dem Universum, mit dem Sein im Ganzen zu tun, und zwar in einer nicht-theoretischen Weise.

Das Phänomen des Religiösen (bzw. der Religion(en)) ist *grundsätzlich* daraus zu erklären, dass die den menschlichen Geist auszeichnende *intentionale Koextensionalität mit dem Universum* für die Menschen nicht irgendeine abstrakte »Dimension« darstellt, sondern das ganze Leben in all seinen Facetten konkret und insbesondere in praktischer Hinsicht betrifft. Der Mensch versucht seine Stellung im Universum in seinem konkreten Leben zu verstehen und sein Leben entsprechend zu gestalten. Wegen dieser praktischen Einstellung im Rahmen der Koextensionalität mit dem Universum ist es nur konsequent, dass der Mensch den universalen intentionalen »Raum« nicht einfach als ein durch ein letztes oder erstes *rein abstraktes* Prinzip strukturiert betrachtet; vielmehr *gestaltet* er sein ganzes Leben unter expliziter Bezugnahme auf diesen umfassenden Raum, indem er ihn als von einer allerletzten höchsten Intelligenz und einem allerletzten höchsten Willen bestimmt erfährt. Das Religiöse bzw. die Religion ist der sich im ganzen Leben des Menschen manifestierende Ausdruck dieser umfassenden Erfahrung. Der Ausdruck nimmt die vielfältigsten Formen an, die teilweise in allen Religionen konstant und teilweise beträchtlich von einer Religion zur anderen variieren.

In allen Religionen wird zur Bezeichnung dieser höchsten Intelligenz und dieses höchsten Willens der Ausdruck ›Gott‹ bzw. ›Götter‹ verwendet, je nachdem ob die Religion monotheistisch oder polytheistisch ist. Schon dieser Unterschied ist eine klare Anzeige dafür, dass in den verschiedenen Religionen die »Vorstellungen« über das, was man die allerletzte oder höchste Dimension im universalen intentionalen Raum nennen kann, kaum unterschiedlicher sein könnten. Es dürfte keinen Bereich geben, in dem die »Vorstellungen«

der Menschen so viele und so disparate Formen und Inhalte hervorgebracht haben. Die Verschiedenheit und die Geschichte der Religionen bilden eines der obskursten und undurchdringlichsten Themen für die Philosophie.

[ii] Und dennoch muss sich die Philosophie diesem Thema stellen; denn es ist eines der zentralsten im menschlichen Leben. Wie lässt sich zumindest grundsätzliche Klarheit hinsichtlich eines vertretbaren Interpretationsansatzes gewinnen? Die Antwort liegt in der Entfaltung der *zweiten Stufe* des hier anvisierten systematischen Ansatzes, also des *Ansatzes*$_2$.

Im ersten Anlauf findet sich die Philosophie mit einer im buchstäblichen Sinne chaotischen Situation – und das heißt hier: Thematik – konfrontiert. Damit kann die Philosophie nur dann fertig werden, wenn sie *aus sich heraus* zunächst über jene oben genannte letzte oder höchste Dimension Klarheit schafft, die den für die Religion(en) absolut zentralen Bezugspunkt darstellt, also über das, was die Religionen »Gott« nennen. Die Art und Weise, wie die Philosophie diese Dimension interpretiert, wird einen schlechterdings entscheidenden Einfluss auf die ganze philosophische Interpretation der Religion(en) haben. Dieser Punkt dürfte leicht zu sehen sein.

Nun gibt es *zwei* verschiedene Wege, eine solche Interpretation zu leisten: einen direkten oder unmittelbaren und einen umständlich-indirekten. Der *direkte* Weg besteht darin, dass das Phänomen des Religiösen ohne irgendwelche Voraussetzungen *als solches* angegangen und geklärt wird. Wie die Geschichte zeigt, kann eine solche direkte Weise, das Phänomen des Religiösen zu begreifen, entweder zu einem positiven oder zu einem negativen Resultat führen: Der »Gott« der Religion erscheint dann entweder als ein existierendes Wesen mit allen Prädikaten, welche die (bzw. eine bestimmte) Religion ihm zuschreibt, oder der »Gott« der Religion wird als eine Illusion, eine reine Projektion des menschlichen Geistes, ein mythologisches Konstrukt oder etwas Ähnliches erklärt. Dieses direkte oder unmittelbare Verfahren ist außerordentlich problematisch, da es implizit auf in der Regel unanalysierten fundamentalen Voraussetzungen sowohl in methodischer wie auch in inhaltlicher Hinsicht basiert.

Der *zweite*, der *vermittelte oder indirekte Weg*, ist das eigentlich systematisch-philosophische Verfahren. Bevor das Phänomen des Religiösen einer Analyse (irgendwelcher Art) unterzogen wird, wird zuerst die große philosophische Aufgabe in Angriff genommen, die Grundzüge einer universalen Theorie, d. h. einer Theorie über das Sein im Ganzen zu entwickeln. Diese universale Theorie bildet dann den Rahmen, innerhalb dessen allererst eine echte und fundierte philosophische Interpretation der religiösen Rede über »Gott« durchgeführt werden kann.

In Kapitel 5 (Abschnitt 5.3) sollen die Grundzüge einer solchen universalen Theorie herausgearbeitet werden. Diese wird besonders die These enthalten, dass das Sein im Ganzen durch eine metaphysische Zweidimensionalität gekennzeichnet ist: eine absolute oder notwendige und eine kontingente Dimensionalität. Die erste Dimension wird näher expliziert als das absolut-notwendige freie personale Wesen. Es dürfte unschwer einleuchten, dass die Interpretation des Religiösen bzw. der Religion bzw. der Religionen unter Zugrundelegung einer solchen universalen Rahmentheorie zu ganz bestimmten Ergebnissen führt.

[3] Auf der Basis des skizzierten *zweistufigen Ansatzes* ist es nun möglich, einen Problemkomplex im Bereich des Phänomens des Religiösen (ganz besonders hinsichtlich der Welt- oder Hochreligionen) grundsätzlich zu klären, der zur Themenstellung der Weltsystematik gehört: die Frage nach der Bewertung der Pluralität der Religionen. Bekanntlich gibt es eine Vielheit von Religionen, die gewöhnlich in mehrere Kategorien eingeteilt werden, wie: Naturreligionen, Weltreligionen, Hochreligionen, polytheistische Religionen, monotheistische Religionen, Offenbarungsreligionen etc. Es ist nicht Aufgabe dieses Buches, den durch diese Vielfältigkeit von Religionen aufgeworfenen Fragen im einzelnen nachzugehen. Wohl aber ist es in diesem Zusammenhang angebracht, die prinzipielle Frage zu klären, nach welchem philosophisch durchsichtigen *Kriterium* entschieden werden kann, wie die Religionen zu bewerten sind, und zwar besonders im Hinblick auf die Frage, ob einer Religion gegenüber den anderen eine klare und unbestreitbare Überlegenheit zugeschrieben werden darf oder gar muss. Eine fundierte Antwort auf diese Frage soll im folgenden erarbeitet werden.

Man kann polytheistische Religionen gleich ausschließen, da die Annahme einer Pluralität von Göttern philosophisch indiskutabel ist. Hinsichtlich der monotheistischen Religionen ist die Klärung eine komplizierte Angelegenheit. Hier sollen nur die wichtigsten Gesichtspunkte genannt werden, die ein umfangreiches philosophisches Programm umreißen. Der entscheidende Punkt dürfte die Feststellung sein, dass einzig das Christentum eine *echte*, d. h. eine auch den höchsten theoretischen Ansprüchen und Forderungen genügende Theologie entwickelt hat. Die große theologische Tradition des Christentums, die in der heutigen Philosophie bedauerlicherweise weitgehend verkannt ist bzw. ignoriert wird, dürfte zweifelsohne den großen Leistungen des menschlichen Geistes zuzurechnen sein. Hier allerdings interessiert nur die zur Diskussion stehende Frage: Warum ist die getroffene Feststellung wichtig, ja entscheidend für die Herausarbeitung und Gewinnung von philosophisch fundierten und durchsichtigen Kriterien im Hinblick auf die Entscheidung der Frage nach der Bewertung der (monotheistischen) Religionen?

Die Antwort dürfte auf der Hand liegen: Weil die Entfaltung einer *echten* Theologie (im angegebenen Sinne) der Beleg dafür ist, dass die entsprechende Religion (hier: das Christentum) ihre Auffassung von »Gott« (hier also: des so genannten »christlichen Gottes«) einer *philosophischen Klärung* zu unterziehen bereit *und*, wie die Geschichte der christlichen Theologie zeigt, *auch fähig* ist. Dies ist ein Faktor, dessen Bedeutung für die philosophische Bewertung »der (monotheistischen) Religionen« schwerlich überschätzt werden kann; denn daraus kann man so gut wie alle nötigen Kriterien gewinnen, um die anstehende Frage rational zu entscheiden. Es dürfte schwer bestreitbar sein, dass in der hier herausgearbeiteten philosophischen Perspektive das Christentum als die unvergleichlich überlegene Religion anzusehen ist.

4.5.3 Die Weltgeschichte

In den beiden vorhergehenden Abschnitten wurde das Weltganze in zwei Gestalten thematisiert: in der Gestalt der großen physikalisch-kosmologischen Theorien und in der Gestalt des Phänomens der Religion(en). Von zwei »Gestalten« muss deswegen gesprochen werden, weil in beiden Fällen das Ganze der Welt zum expliziten Thema wird, aber eben in zwei völlig verschiedenen Weisen. Nun gibt es eine dritte Gestalt des Weltganzen, und zwar eine solche, die in gewisser Weise die beiden anderen sowie alle einzelnen Bereiche der Welt umfasst: die *Weltgeschichte*. Es ist kein Zufall, dass die Weltgeschichte ein immerwährendes Thema der Philosophie gewesen ist und auch noch ist.

Die Weltgeschichte umfasst alle Aspekte des Phänomens der Geschichte. Meistens spricht man nur von »Philosophie der Geschichte«, nicht von »Philosophie der Weltgeschichte«. Die erste Bezeichnung ist nur insofern nicht irreführend, als in der Philosophie, zumindest seit Hegel, die wirklich großen Fragen, die die Geschichte *als ganze* betreffen, selten behandelt werden. In diesem Abschnitt soll aber nur die Thematik der *Welt*geschichte behandelt werden, und zwar nur in einer extrem eingeschränkten Perspektive. Es sollen *vier* Aspekte bzw. Fragen angesprochen werden, die eindeutig zu einer Philosophie der Weltgeschichte gehören: 1. Das Verhältnis von Philosophie der Weltgeschichte und Geschichtswissenschaft, 2. Ontologie der Weltgeschichte: Was für eine Entität ist die Weltgeschichte? 3. Hat die Weltgeschichte eine innere Struktur? 4. Hat die Weltgeschichte einen Sinn?

4.5.3.1 Philosophie der Weltgeschichte und Geschichtswissenschaft

Das Problem des Verhältnisses zwischen der Philosophie und den Einzelwissenschaften wurde in diesem Werk des öfteren unter verschiedenen Gesichtspunkten behandelt (vgl. bes. 4.2.1.2) und soll in den beiden letzten Kapiteln unter weiteren Gesichtspunkten eingehend behandelt werden. Ein besonders interessanter und auch schwieriger Fall eines solchen Problems ist das Verhältnis zwischen der Philosophie der Weltgeschichte und jener Einzelwissenschaft, die Geschichtswissenschaft oder auch Geschichtsschreibung genannt wird. Untersucht man, was »Historiker« (im Sinne von: »Geschichtswissenschaftler«) tun, so wird klar, dass zwischen philosophischen Betrachtungen der (Welt)Geschichte und geschichtswissenschaftlichen Ausführungen weitgehend fließende Grenzen bestehen.

Zu den elementaren und absolut unverzichtbaren Aufgaben der Geschichtswissenschaft gehören insbesondere die folgenden: Erforschung der Quellen, gegebenenfalls Entdeckung neuer Quellen, Sammlung von Fakten, Einordnung der Quellen und Fakten in einen sinnvollen Zusammenhang. Die erste, einfachste und elementarste Form der Darstellung, die sich aus dieser Arbeit mit Quellen und Fakten ergibt, ist die *narrative Darstellung*. Auf der Basis der Quellen eruierte Fakten werden in der Form bzw. im Stile eines zeitlichen Zusammenhangs präsentiert, der als ein stetiger und ununterbrochener Fortgang von Ereignissen verstanden und dargelegt wird. Eine qualitativ höhere Leistung der Geschichtswissenschaft wird erreicht, wenn der Zusammenhang der Ereignisse in der Perspektive der *Erklärung* begriffen wird: Der Zusammenhang wird dann nicht als bloßer zeitlicher Ablauf, sondern als eine insbesondere durch kausale Beziehungen hervorgegangene Verknüpfung der Ereignisse gesehen.

Insofern Erklärungen einen mehr oder weniger lokalen Charakter haben, sind sie ohne Zweifel als Leistungen der Geschichtswissenschaft zu sehen; denn empirische oder Einzelwissenschaften haben die Aufgabe, Daten und Zusammenhänge zu begreifen und zu erklären. Eine starke hermeneutische Strömung in der Philosophie spricht nicht von »Erklärung«, sondern von »Verstehen«. Dieser Unterschied wird oft stark betont und sogar als unüberwindbar angesehen. Wenn man aber versucht, sowohl »Erklärung« als auch »Verstehen« in der Anwendung auf die Thematik der Geschichte genau zu klären, so stellt sich schnell heraus, dass der Unterschied keineswegs als unüberwindbar zu betrachten ist. Die scheinbare Inkompatibilität rührt von der Ungeklärtheit der beiden Begriffe her. Einerseits wird von den Befürwortern von »Erklärung« gewöhnlich ein viel zu enger Begriff von Erklärung vertreten bzw. vorausgesetzt, wobei dann Erklärung ganz besonders im Sinne des *deduktiv-nomologischen Erklärungsbegriffs* verstanden wird. Andererseits wird »Verstehen« nur rein intuitiv verstanden, ohne diesen Begriff einer genauen kritischen Analyse zu unterziehen. Differenziertere Konzeptionen vermeiden diese Einseitigkeiten (vgl. Stegmüller1969: bes. Kap. VI–VII).

Wenn aber Erklärungen im Bereich einer Theorie der Geschichte einen umfassenden Charakter erreichen, so drängt sich die Frage auf, ob sie noch in den Rahmen der Geschichtswissenschaft passen. Allerdings ist es kaum möglich, eine scharfe Grenze zwischen philosophischer Weltgeschichte und Geschichtswissenschaft zu ziehen. Die Problemlage kann kurz so beschrieben werden: Soll eine philosophische Weltgeschichte mehr sein als pure abstrakte Spekulation, muss sie auf den einzelnen empirischen Erkenntnissen der Geschichtswissenschaft basieren; andererseits hat die Geschichtswissenschaft, gerade weil sie eine *Wissenschaft* ist, die immanente Tendenz, die Fakten oder Phänomene oder Daten zu erklären, eine *Tendenz*, die ihre Reichweite immer weiter auszudehnen versucht. In den nächsten Abschnitten, besonders im Abschnitt 4.5.3.3, werden einige Aspekte dieser Problematik ausführlich behandelt.

4.5.3.2 Ontologie der Weltgeschichte

Unter diesem Titel wird hier der zentrale Gedanke eines Ansatzes zu einer systematischen Philosophie der Weltgeschichte erarbeitet. Von »Ontologie« ist deswegen die Rede, weil die Weltgeschichte als ein »Phänomen« im Rahmen des Seins im Ganzen gesehen und thematisiert wird: Eine systematische philosophische Theorie der Weltgeschichte ist im Rahmen einer allgemeinen Seinstheorie zu situieren.

[1] Um diesen Ansatz richtig und angemessen zu verstehen und einzuschätzen, ist ein kurzer Hinweis auf die wichtigsten im Verlauf der Geschichte der Philosophie entstandenen und/oder heute in der einen oder anderen Weise diskutierten Ansätze zu einer philosophischen Konzeption der Weltgeschichte angebracht. Man kann *drei explizit metaphysisch* orientierte und *drei nicht-metaphysisch orientierte* Ansätze unterscheiden. Sie seien im folgenden kurz charakterisiert.

[i] Die große klassische Metaphysik hat auf der Basis ihrer Herkunft von Platon und Aristoteles keine Theorie der Weltgeschichte entwickelt, auch nicht in Ansätzen. Es war der Einfluss des Christentums, der dazu führte, dass eine große theologische Metaphysik entwickelt wurde, die viele philosophische Elemente vor allem begrifflicher Natur enthielt, deren inhaltliche Aussagen der christlichen Botschaft entnommen wurden. Die erste umfassende Darstellung dieser betont theologischen Geschichtsmetaphysik war Augustins Werk *De civitate Dei*. Keine Philosophie der Weltgeschichte kann in inhaltlicher Hinsicht auch nur annähernd mit dieser Metaphysik verglichen werden. Die wohl bedeutendste philosophische Leistung in diesem Bereich war Hegels philosophische Weltgeschichte; aber Hegels Konzeption basierte weitestgehend auf denselben zentralen Inhalten, die von der klassischen theologischen Metaphysik thematisiert wurden.

[ii] Ein diametral entgegengesetzter gesamtmetaphysicher Ansatz ist der kosmologisch-materialistische Ansatz. Die Weltgeschichte wird als eine Episode der reinen Evolution des materiell-physikalischen Kosmos gesehen. Dieser Ansatz wurde selten explizit entwickelt; meistens ist er nicht nur bei den traditionellen Materialisten, sondern auch – allerdings eher implizit – bei vielen analytischen Philosophen zu finden. Eine besonders drastische Charakterisierung dieser Position findet sich in der Einleitung zum Werk

Dialektik der Natur von Friedrich Engels (geschrieben 1873 bis 1883), wo es heißt:

»Es ist ein ewiger Kreislauf, in dem die Materie sich bewegt, ein Kreislauf, der seine Bahn wohl erst in Zeiträumen vollendet, für die unser Erdenjahr kein ausreichender Maßstab mehr ist, ein Kreislauf, in dem die Zeit der höchsten Entwicklung, die Zeit des organischen Lebens und noch mehr die des Lebens selbst- und naturbewusster Wesen ebenso knapp bemessen ist wie der Raum, in dem Leben und Selbstbewusstsein zur Geltung kommen; ein Kreislauf, in dem jede endliche Daseinsweise der Materie, sei sie Sonne oder Dunstnebel, einzelnes Tier oder Tiergattung, chemische Verbindung oder Trennung, gleicherweise vergänglich, und worin nichts ewig ist als die ewig sich verändernde, ewig sich bewegende Materie und die Gesetze, nach denen sie sich bewegt und verändert. Aber wie oft und unbarmherzig auch in Zeit und Raum dieser Kreislauf sich vollzieht; wieviel Millionen Sonnen und Erden auch entstehen und vergehen mögen; wie lange es auch dauern mag, bis in einem Sonnensystem nur auf einem Planeten die Bedingungen des organischen Lebens sich herstellen; wie zahllose organische Wesen auch vorhergehen und vorher untergehen müssen, eher aus ihrer Mitte sich Tiere mit denkfähigem Gehirn entwickeln und für eine kurze Spanne Zeit lebensfähige Lebensbedingungen vorfinden, um dann auch ohne Gnade ausgerottet zu werden – wir haben die Gewissheit, dass die Materie in allen ihren Wandlungen ewig dieselbe bleibt, dass keins ihrer Attribute je verlorengehen kann, und dass sie daher auch mit derselben eisernen Notwendigkeit, womit sie auf der Erde ihre höchste Blüte, den denkenden Geist, wieder ausrotten wird, ihn anderswo und in andrer Zeit wieder erzeugen muss.« (Engels [1873/1975: 327])

Rein materialistische Metaphysiken der Gegenwart ändern natürlich die kosmologisch-physikalischen Aussagen, aber grundsätzlich gesehen vertreten sie die Grundthese, die Engels formuliert hat.

[iii] Die dritte umfassende metaphysische Konzeption von Weltgeschichte wurde von Hegel entwickelt. Man kann sie als eine in gewisser Hinsicht säkularisierte Form zentraler Aussagen charakterisieren, die die große christlich-theologische Metaphysik aufgestellt hatte. Zentral für Hegels Konzeption ist der Begriff der Vernunft und des Weltgeistes:

»Der einzige Gedanke, den sie [die Philosophie der Weltgeschichte] mitbringt, ist [...] der einfache Gedanke der *Vernunft*, dass die Vernunft die Welt beherrscht, dass es also auch in der Weltgeschichte vernünftig zugegangen ist.« (Hegel [Weltgeschichte: 28])

Die Vernunft als konkrete ontologisch-historische Größe heißt bei Hegel *der Geist*. Hegel unterscheidet zwischen dem *absoluten Geist*, den er mit Gott identifiziert, und dem *Weltgeist*, der das Prinzip der Weltgeschichte ist:

»Der *Weltgeist* ist der Geist der Welt, wie er sich im menschlichen Bewusstsein expliziert; die Menschen verhalten sich zu diesem als zu dem Ganzen, das ihre Substanz ist. Und dieser Weltgeist ist gemäß dem göttlichen Geiste, welcher der absolute Geist ist. Insofern Gott allgegenwärtig ist, ist er bei jedem Menschen, erscheint im Bewusstsein eines jeden; und dies ist der Weltgeist. Der besondere Geist eines besondern Volkes kann untergehen; aber er ist ein Glied in der Kette des Ganges des Weltgeistes, und dieser allgemeine Geist kann nicht untergehen.« (Ib. 60)

Und so kann Hegel sagen: »Von der Weltgeschichte kann nach [der] abstrakten Bestimmung gesagt werden, dass sie die Darstellung des Geistes sei, wie er zum Wissen dessen zu kommen sich erarbeitet, was er an sich ist.« (Ib. 61-2). Der Geist an sich ist nach Hegel *Freiheit*. Somit ist »der Endzweck der Welt das Bewusstsein des Geistes von seiner Freiheit und ebendamit erst die Wirklichkeit seiner Freiheit ...« (ib. 63). Und entsprechend »definiert« Hegel die Weltgeschichte: »Die Weltgeschichte ist der Fortschritt im Bewusstsein der Freiheit.« (Ib.)

In langen Ausführungen, die als Nachschriften von Vorlesungen von Hörern festgehalten wurden, hat Hegel versucht, diese großen Einsichten im einzelnen und im Detail durch die Darstellung des konkreten Verlaufs der Weltgeschichte in verschiedenen Epochen, Völkern und Kulturen darzustellen. Die Schwierigkeit mit dieser Konzeption liegt insbesondere darin, dass Hegels Begriff des *Geistes* ein außerordentlich vager Begriff ist und bleibt. Formulierungen wie »das Zu-sich-selbst-Kommen des Geistes« scheinen vorauszusetzen, dass »Geist« eine kollektive geheimnisvolle Größe ist.

[iv] Von diesen drei umfassenden metaphysischen Konzeptionen der Weltgeschichte unterscheiden sich andere Konzeptionen durch ihren betont *anti- oder nicht-metaphysischen* Charakter. *Drei* seien genannt.

Die *erste* ist eine Sicht, die man die *transzendentale* Sicht nennen kann, nicht aber in dem Sinne, dass sie explizit von Kant vertreten worden wäre, sondern in dem Sinne, dass sie eine Art *Erweiterung* der Kantischen Transzendentalphilosophie auf das Thema Geschichte darstellt (vgl. dazu Baumgartner [1972], Anacker/Baumgartner [1973]). Diese Position wendet sich speziell gegen den Gedanken einer objektiven Einheit von Prozess oder Geschehen oder Entwicklung, kurz gegen eine ontologisch-metaphysische Konzeption von Geschichte; sie versteht sich als kritische Geschichtstheorie in dem Sinne, dass sie die Kantische Kritik metaphysischen Denkens auch auf unser Wissen von Geschichte ausdehnt. Der entscheidende Punkt dabei ist die Kritik des Gedankens der Einheit, der dieser Konzeption zufolge durch die problematische Verwendung des Totalitätsbegriffs einen leeren Objektivismus erzeugt. Eine der Konsequenzen eines solchen Objektivismus ist nach dieser transzendentalen Position der Umstand, dass dadurch der praktische Bezug von Geschichte auf menschliches Handeln unmöglich gemacht wird (vgl. Anacker/Baumgartner [1973]: 554).

Mit der Kritik am historischen Objektivismus will aber diese Position nicht den Gesichtspunkt von Einheit und Zusammenhang von Ereignissen gänzlich preisgeben. Die Lösung sucht sie auf *zwei Weisen*. Die *erste* ist der Rekurs auf sprachanalytische Untersuchungen der historischen Aussagen. Es wird davon ausgegangen, dass historische Aussagen eine ganz besondere Struktur haben. In solchen Aussagen werden nicht pure Tatsachen und ihr Zusammenhang unter allgemeinen Gesetzen, sondern der Zusammenhang in der Beschreibung

4.5 Das Weltganze

der Ereignisse selbst thematisiert: Das heißt nun nach dieser Konzeption, dass geschichtliche Ereignisse selbst die Struktur von *Erzählzusammenhängen* haben. Daraus folgern die beiden Autoren, dass

»Geschichte sich narrativen Konstruktionen verdankt und darum nur in der Erzählung von Geschichten sich realisiert. [...] Geschichte ist also nur möglich als retrospektive Konstruktion von Erzählungen über in gewisser Weise beliebige Ereignisse der Vergangenheit. Die daraus resultierende These, dass weder *die* endgültige Geschichte der Vergangenheit, noch *die* Geschichte als bestimmbarer Zusammenhang von Vergangenheit, Gegenwart und Zukunft widerspruchsfreie Vorstellungen sind, scheint nun aber dazu zu führen, dass von *der* Geschichte überhaupt nicht mehr sinnvoll zu sprechen ist.« (Ib. 555)

Es wird klar, dass Kants »ursprüngliche« transzendentale Sicht hier zur vollen Geltung hinsichtlich »der Geschichte« gebracht wird.[49]

Die *zweite* Weise, wie die hier beschriebene transzendentale Position dem Gesichtspunkt der Einheit der Geschichte gerecht zu werden versucht, besteht in der Anwendung des typischen Kantischen Verfahrens des Rekurses auf die Unterscheidung zwischen Erkennen und (bloßem) Denken: Demnach kann die Einheit der Geschichte von uns *nicht erkannt*, sondern *bloß gedacht* werden. Diese grundlegende Kantische These findet ihren Ausdruck in dem Begriff der »regulativen Idee«. Diese Position wird so charakterisiert:

»Will man nicht im Widerspruch zum unaufhebbaren Interesse am Erzählen Geschichte als eine Sonderform menschlichen Wissens für nichtig erklären, und ist man andererseits aus Konsistenzgründen dazu gezwungen, die Vorstellung eines objektiven universalen Geschichtsprozesses als widersprüchlich abzulehnen, dann bietet sich nur die Möglichkeit, Geschichte als regulatives Prinzip zu denken, unter dem allein retrospektive Erzählkonstruktionen in praktischer Absicht möglich sind. ›Geschichte‹ ist darin Symbol der Idee von Totalität und Einheit und wiederholt deren transzendentalen Status als eines apriorischen Leitfadens, ohne den der Zusammenhang im Wissen unmöglich wäre: freilich eines Leitfadens, der nicht selber als realer Gegenstand noch als tatsächlicher Zusammenhang einer objektiven Geschichte gedacht werden darf.« (Ib. 556)

Die Kritik an dieser Position wird im Kapitel 5 systematisch dargestellt, wo das Problem des »Schnittes (oder der Kluft) (*cut* or *gap*)« zwischen Theorie

---

[49] Diese Sicht findet ihren Ausdruck in KANTS *Kritik der reinen Vernunft* in Formulierungen wie diesen:
»Bisher nahm man an, alle unsere Erkenntniß müsse sich nach den Gegenständen richten; aber alle Versuche über sie *a priori* etwas durch Begriffe auszumachen, wodurch unsere Erkenntniß erweitert würde, gingen unter dieser Voraussetzung zunichte. Man versuche es daher einmal, ob wir nicht in den Aufgaben der Metaphysik damit besser fortkommen, daß wir annehmen, die Gegenstände müssen sich nach unserem Erkenntniß richten ...« (KANT [KrV: B XVI]).
»[S]o ging allen Naturforschern ein Licht auf. Sie begriffen, dass die Vernunft nur das einsieht, was sie selbst nach ihrem Entwurfe hervorbringt ...« (Ib. B XIII)

(Wissen) und (objektivem) System ausführlich behandelt werden wird (vgl. Abschnitt 5.1.2).[50]

[v] Die *zweite* anti- oder nicht-metaphysische Position ist die von den meisten *analytischen* Philosophen allgemein anerkannte und vertretene Position. Sie erschöpft sich fast gänzlich in der Behandlung erkenntnistheoretischer und/oder wissenschaftstheoretischer Probleme der historischen Erkenntnis; dabei bleibt die Abgrenzung der philosophischen Theorie der (Welt)Geschichte gegenüber geschichtswissenschaftlichen Theorien weitestgehend unthematisiert und damit ungeklärt. Ein großangeleger systematisch-philosophischer Ansatz fehlt. Eine anzuerkennende Leistung der analytischen Theorie der Geschichte ist die Thematisierung der *Relativität* der historischen Erkenntnis und damit auch der philosophischen Theorie(n) der Geschichte auf implizite metaphysische Annahmen bzw. Voraussetzungen. So heißt es z. B. in der Kurzdarstellung der Philosophie der Geschichte von Leon Pompa:

»[S]uch relativization does not mean that they [i.e., the historian's final accounts] are not warranted ways of thinking of the past. It could only mean this if the historian could escape the temporal and conceptual constraints of his or her situation to achieve

---

[50] Im Haupttext wurde die kurz skizzierte »transzendentale Konzeption« der (Welt)Geschichte nicht direkt KANT zugeschrieben, wohl aber als die konsequente Erweiterung (oder vorsichtiger: als eine der konsequenten Erweiterungen) seiner transzendentalen Position ausgegeben. Es ist aber anzumerken, dass KANT sich mit dem Thema der Weltgeschichte in einigen anderen (kleinen) Schriften explizit befasst hat, insbesondere in seiner Abhandlung »Idee zu einer allgemeinen Geschichte in weltbürgerlicher Absicht« aus dem Jahre 1784 (also geschrieben und veröffentlicht *nach* dem Erscheinen der 1. Auflage der *Kritik der reinen Vernunft* [1781] und *vor* dem Erscheinen der 2. Auflage dieses Werkes [1787]). In dieser Schrift präsentiert er eine Konzeption, die von transzendentalphilosophischen Annahmen grundsätzlich unabhängig zu sein scheint; die Konzeption ist eher als ein erster Entwurf jener Konzeption von Philosophie anzusehen, die Kant später im *Opus Postumum* skizziert hat. KANT stellt neun Thesen (»Sätze«) auf. Beispiele:
»Erster Satz. Alle Naturanlagen eines Geschöpfes sind bestimmt, sich einmal vollständig und zweckmäßig auszuwickeln.«
»Zweiter Satz. Am Menschen (als dem einzigen vernünftigen Geschöpf auf Erden) sollten sich diejenigen Naturanlagen, die auf den Gebrauch seiner Vernunft abgezielt sind, nur in der Gattung, nicht aber im Individuum vollständig entwickeln.«
...
»Achter Satz. Man kann die Geschichte der Menschengattung im Großen als die Vollziehung eines verborgenen Plans der Natur ansehen, um eine innerlich – und zu diesem Zwecke auch äußerlich – vollkommene Staatsverfassung zu Stande zu bringen, als den einzigen Zustand, in welchem sie alle ihre Anlagen in der Menschheit völlig entwickeln kann.«
»Neunter Satz. Ein philosophischer Versuch, die allgemeine Weltgeschichte nach einem Plane der Natur, der auf die vollkommene bürgerliche Vereinigung in der Menschengattung abziele, zu bearbeiten, muß als möglich und selbst für diese Naturabsicht beförderlich angesehen werden.« (KANT [Akademie Bd. VIII: 18–29])

4.5 Das Weltganze

some God's-eye viewpoint from which to see the whole. But it is not clear that the idea of such a whole and such a viewpoint is intelligible. The fact that historical knowledge must be from a perspective cannot therefore vitiate it. It does, however, put an end to the old hope of a once-and-for-all universal history, for historical knowledge is not simply aggregative in the way that such a hope requires. [...] The ultimate reason, therefore, why any account as a whole must be thought as revizable lies in the fact that the perspective from which it operates involves revizable metaphysical assumptions.« (Pompa [1996]: 438)

In diesem Buch wird der grundlegende Begriff des »Theorierahmens« benutzt, der viele in der analytischen Philosophie verbreiteten Intuitionen (wie: Pluralität von »conceptual schemes«) einzufangen und zur begrifflichen und wissenschaftstheoretischen Klarheit zu bringen geeignet ist.

[vi] Die dritte hier zu berücksichtigende anti- bzw. nicht-metaphysische Position ist die *hermeneutische*. Hier wird ausschließlich die von H.-G. Gadamer entwickelte Variante dieser Position beachtet, die wohl als die wichtigste und einflussreichste in der Gegenwart anzusehen ist. Im Zentrum seiner Position steht der Begriff des Verstehens, den Gadamer aber in beinahe exzessiver Weise vom Gesichtspunkt der Geschichtlichkeit her zu deuten bemüht ist. Verstehen ist ihm zufolge immer und wesentlich geschichtlich. Dies bedeutet u. a., dass die Erfassung und Artikulation der Geschichte als eines umfassenden Einheitszusammenhangs absolut ausgeschlossen ist. Der Mensch als verstehendes Wesen ist immer schon in einen geschichtlichen Kontext eingebunden. Jeder Kontext bestimmt jeweils andere Bedingungen und Möglichkeiten des Verstehens. Gadamer nennt das Gesamt solcher kontextuellen Bedingungen *Horizont des Verstehens* und charakterisiert ihn so: »Der Horizont ist ... etwas, in das wir hineinwandern und das mit uns mitwandert.« (Gadamer [1960/1965]: 288.) Aber die Horizonte des Verstehens sind nicht voneinander abgehoben.

»In Wahrheit ist der Horizont der Gegenwart in steter Bildung begriffen, sofern wir alle unsere Vorurteile ständig erproben müssen. Zu solcher Erprobung gehört nicht zuletzt die Begegnung mit der Vergangenheit und das Verstehen der Überlieferung, aus der wir kommen. Der Horizont der Gegenwart bildet sich also gar nicht ohne die Vergangenheit. Es gibt so wenig einen Gegenwartshorizont für sich, wie es historische Horizonte gibt, die man zu gewinnen hätte. *Vielmehr ist Verstehen immer der Vorgang der Verschmelzung solcher vermeintlich für sich seiender Horizonte.*« (Ib. 289)

An einer anderer Stelle heißt es: »*Das Verstehen ist selber nicht so sehr als eine Handlung der Subjektivität zu denken, sondern als Einrücken in ein Überlieferungsgeschehen*, in dem sich Vergangenheit und Gegenwart beständig vermitteln.« (Ib. 274–5)

Aus diesen zentralen Annahmen seiner Verstehenstheorie zieht Gadamer einschneidende Konsequenzen hinsichtlich einer Konzeption der Weltgeschichte. Er fasst sie folgendermaßen zusammen:

»Ein wirklich historisches Denken muss die eigene Geschichtlichkeit mitdenken. Nur dann wird es nicht dem Phantom eines historischen Objektes nachjagen, das Gegenstand fortschreitender Forschung ist, sondern wird in dem Objekt das Andere des Eigenen und damit das Eine wie das Andere erkennen lernen. Der wahre historische Gegenstand ist kein Gegenstand, sondern die Einheit dieses Einen und Anderen, ein Verhältnis, in dem die Wirklichkeit der Geschichte ebenso wie die Wirklichkeit des geschichtlichen Verstehens besteht. Eine sachangemessene Hermeneutik hätte im Verstehen selbst die Wirklichkeit der Geschichte aufzuweisen. Ich nenne das damit Geforderte ›*Wirkungsgeschichte*‹. Verstehen ist seinem Wesen nach wirkungsgeschichtlicher Vorgang.« (Ib. 283)

Eine solche Sicht ist aus zwei Gründen sehr populär. *Erstens* wird diese Konzeption in einer »normalen«, unkomplizierten Sprache artikuliert, die jeder »normale« Mensch versteht (oder zu verstehen glaubt). *Zweitens* wird sie rein intuitiv formuliert. Jede Anstrengung, sie genau zu artikulieren, sie »auf den Begriff zu bringen«, wird unterlassen. Damit werden die Probleme, die sie aufwirft, einfach ignoriert und bleiben daher völlig unthematisiert. Es handelt sich um Philosophie im Bereich und nach den Maßstäben einer gebildeten Gelehrsamkeit, der aber jede Stringenz abgeht.

[2] Der im folgenden zu skizzierende Ansatz versucht, sowohl den empirisch-wissenschaftlichen Daten als auch dem systematischen Rahmen gerecht zu werden.

[i] Die Weltgeschichte wird methodisch nicht von einem Absoluten (Gott) oder von einem Weltgeist (was immer das sein mag) oder von einem ähnlichen großen Prinzip her entwickelt, sondern nimmt ihren Ausgang beim empirisch-wissenschaftlichen Datum, dass der Mensch bzw. die Menschheit zu einem bestimmten Zeitpunkt der Evolution des Kosmos entstanden ist. Aber dieses Datum wird nicht als so etwas wie ein *factum brutum* verstanden, sondern es wird sofort im gesamten systematischen Rahmen situiert. Das bedeutet: Die Entstehung des Menschen bzw. der Menschheit wird nicht als ein »einfaches« physikalisches Ereignis wie jedes sonstige physikalische Phänomen, wie etwa der Ausbruch eines Vulkans, die Explosion einer Galaxie u. ä., sondern von Anfang an als das gesehen und interpretiert, was dieses Ereignis im kosmischen Ganzen wirklich bedeutet: Das Erscheinen des Menschen, der *Geist* ist, im Kosmos ist das Aufkommen jenes Punktes im Kosmos, der mit dem *ganzen Kosmos intentional koextensiv* ist. Dieser Gedanke wurde in diesem Buch schon mehrmals dargestellt. Damit beginnt nun jener kosmische Prozess, der zu Recht *Weltgeschichte* genannt wird.

Viele grundlegende Fragen drängen sich hier auf. Die wohl wichtigste dürfte die folgende sein: Wie ist es möglich, dass ein solcher Punkt »entstehen« konnte? Wie muss der Kosmos als ganzer konzipiert werden, damit diese Möglichkeit erklärbar wird? Diesen und ähnlichen Fragen kann nicht ausgewichen werden. Welche (Teil-)Antwort die kosmologische Physik darauf gibt, wurde oben im Abschnitt 4.5.1 kurz dargelegt. Darauf kann hier nicht weiter eingegangen werden, so faszinierend diese Fragen auch sind.

[ii] Der genannte kosmische »Punkt« ist nun nicht ein individuelles Einzelnes im gewöhnlichen Sinne, sondern ein *Kollektiv*: nicht ein Mensch, sondern eine Menschheit. Die Frage, die in diesem Abschnitt gestellt und beantwortet werden muss, lautet: Was für ein Seiendes (was für eine Entität) ist dieses Kollektiv »die Menschheit«? Auf der Basis der bis jetzt in diesem Buch entwickelten ontologischen Thesen lautet die Antwort: Das Kollektiv Menschheit ist eine Konfiguration von Konfigurationen, genauer: eine Konfiguration von aus Primärtatsachen bestehenden und Individuen qua Personen konstituierenden Konfigurationen. Da auch Individuen/Personen Konfigurationen sind, muss man das Kollektiv Menschheit genauer als Konfiguration *dritter Ordnung* bestimmen: Als Konfiguration$_3$ von Konfigurationen$_2$ von Konfigurationen$_1$. Diese Antwort ist zwar zweifelsohne sehr abstrakt, aber in einer anderen Hinsicht ist sie in dem Sinne sehr konkret, dass sie das Kollektiv Menschheit echt ontologisch charakterisiert: als ein besonderes Seiendes (eine besondere Entität) im Universum, im Sein im Ganzen.

Es ist zu betonen, dass das Kollektiv Menschheit kein Phänomen außerhalb oder abseits des Universums ist; vielmehr ist es ein Phänomen – und das heißt ein Seiendes – *im Universum, des Universums*, zum Universum gehörend, das Universum mitkonstituierend. Der Prozess der Entwicklung dieses Kollektivs ist der Prozess der Entwicklung jener äußerst komplexen Konfiguration, als die die Menschheit ontologisch charakterisiert wurde. Dieser Prozess ist die Weltgeschichte.

Dieser Ansatz unterscheidet sich grundlegend von den »kosmologisch-physikalischen« Ansätzen, die den Menschen als ein letztlich beliebiges Produkt der Natur betrachten, ohne die immense Bedeutung des Erscheinens eines geistigen Wesens im physikalischen Universum herauszuarbeiten und zu thematisieren. Nur wenn man die Verfasstheit des Menschen als geistiges Wesen von Anfang an beachtet und anerkennt, hat man einen soliden und angemessenen Ausgangspunkt für das Begreifen der Weltgeschichte.

4.5.3.3 Hat die Weltgeschichte eine innere Struktur?

[1] Das Kollektiv Menschheit als die umfassende Konfiguration der Menschen qua Individuen/Personen hat eine eindeutige ontologische Struktur, nämlich jene Struktur, die sich aus den (prinzipiell schon geklärten) Strukturen der Konfigurationen ergibt, welche die einzelnen Menschen qua Individuen/Personen konstituieren. Insofern hat auch das Kollektiv Menschheit eine innere Struktur. Wie ist aber der diese »kollektive Konfiguration« konfigurierende Faktor, der »Kollektiv-Konfigurator«, näher zu fassen?

Zunächst ist es klar, dass dieser Konfigurator in keiner Weise mit jenem Faktor identifiziert oder auch nur verglichen werden kann, dessen Leistung es ist, wie oben gezeigt wurde (vgl. Abschnitt 4.3.1.2.2), die menschliche Individuen/Personen konstituierenden Konfigurationen zu »erzeugen«. Ein Kollektiv von menschlichen Individuen/Personen ist selbst kein Individuum im Sinne einer Person. Was ist es dann? Diese Frage beantworten heißt klären, was eine Gesellschaft (von Menschen) ist.

Im Gegensatz zu Individuen/Personen ist ein »menschliches Kollektiv« kein Seiendes, das selbst denken, handeln, empfinden usw. kann. Daraus folgt: Die »Einheit«, die das Kollektiv konstituiert, unterscheidet sich grundlegend von der Einheit, die menschliche Individuen/Personen konstituiert. Der konfigurierende Faktor der Einheit des Individuums/der Person ist das, was oben »der systematische Einheitspunkt« genannt wurde: der »Schnittpunkt« der Primärtatsachen, die den Begriff der *intentionalen Koextensionalität von menschlichem Geist und Universum (Sein im Ganzen)* und des Vermögens des *Ich-sagens* definieren. Der ein Kollektiv bildende Faktor ist ganz anderer Art. Er konfiguriert jene Konfigurationen (weiter), die schon durch den Individuum/Person-bildenden Konfigurator grundsätzlich konstituiert wurden. Der neue (ein Kollektiv bildende) Faktor hat nicht einen mit dem Individuum/Person bildenden Konfigurator vergleichbaren systematischen Stellenwert. Ein Individuum/eine Person ist nur mit *direktem Bezug* auf das ganze System (das Universum, das Sein im Ganzen) definierbar. Das Kollektiv hingegen ist *indirekt* bezogen auf das System (Universum, Sein im Ganzen) – nämlich durch die Elemente (die Individuen/Personen), die in sich selbst einen direkten Bezug zum Universum oder Sein im Ganzen beinhalten.

Wie ist nun der Kollektiv-bildende Operator/Konfigurator genauer zu fassen? Am angemessensten charakterisiert man diesen *Kollektiv-Konfigurator*, wenn man ihn als *Schnittpunkt aller Entfaltungs-Faktoren* begreift, welche die Individuen/Personen konstituieren. Man kann von der Annahme ausgehen, dass *Entfaltung* ein grundlegender Faktor des Kosmos und aller seiner Elemente ist. Individuen/Personen sind daher ebenfalls von diesem Faktor bestimmt: Jedes Individuum/jede Person besitzt die immanente ontologische Bestimmung der *Entfaltungs*kapazität und -notwendigkeit. Dieser *Entfaltungs-Faktor* ist gemäß der hier verwendeten ontologischen Terminologie eine zentrale *komplexe Primärtatsache*, die *alle anderen* das Individuum/die Person konstituierenden Primärtatsachen (mit)bestimmt. Der ein-Kollektiv-bildende Operator/Konfigurator kann als *der Schnittpunkt* der einzelnen Entfaltungsfaktoren begriffen werden, die immanente Bestimmung von Individuen/Personen ausmachen. Etwas locker und allgemein verständlich formuliert: Was ein Kollektiv (eine Gesellschaft) »erzeugt« und zusammenhält, ist die Verklammerung der Entfaltungskapazitäten und -notwendigkeiten, die die Individuen/Personen charakterisieren.

4.5 Das Weltganze

[2] Von hier aus ist es möglich, eine *ontologische Bestimmung der Weltgeschichte* zu formulieren. Die Weltgeschichte ist jener Prozess, der *alle* Menschen-Kollektive, also alle Gesellschaften (jeder Art), *in jeder Hinsicht* betrifft, umfasst und darstellt. Dieser *Prozess* ist seinerseits eine Konfiguration, und zwar eine Konfiguration dritter Ordnung: eine Konfiguration$_3$ von Konfigurationen$_2$ von Konfigurationen$_1$. Konfigurationen$_2$ sind Menschen-Kollektive/Gesellschaften (jeder Art); Konfigurationen$_1$ sind die menschlichen Individuen/Personen. Die Weltgeschichte als Konfiguration$_3$ ist also eine hochkomplexe *prozesshafte Primärtatsache*, eine Prozess-Konfiguration. Wie ist nun der die Geschichte konfigurierende Faktor näher zu bestimmen? Rein abstrakt gesehen, lautet die Antwort: Der »*Geschichts-Konfigurator*«, wie man diesen Konfigurator kurz nennen kann, ist der Schnittpunkt aller *Kollektiv-Konfiguratoren*. Aber die weitere Frage drängt sich gleich auf: Wie ist der Geschichts-Konfigurator selbst *inhaltlich* näher zu bestimmen?

[3] Die bisherigen zugegebenermaßen recht abstrakten Bestimmungen sind jetzt zu konkretisieren. Dies muss in sehr verschiedenen Formen erfolgen. Ein zentraler Gesichtspunkt dabei kann als die Frage formuliert werden: Gibt es so etwas wie eine »treibende Kraft« oder »treibende Kräfte« oder ein umfassendes Prinzip, die jenen Prozess bestimmen und strukturieren, als welcher die Weltgeschichte charakterisiert wurde? Genauer formuliert: Wie stellt sich der Geschichts-Konfigurator als der Schnittpunkt aller jedes menschliche Individuum/jede Person bestimmenden Kollektiv-Konfiguratoren und damit auch aller *Entfaltungsfaktoren inhaltlich-konkret* dar?

Betrachtet man die ontologische Struktur des Individuums Mensch als Person *und* nimmt man zusätzlich an (was schwer geleugnet werden kann), dass der Mensch Bestandteil eines kosmischen *Evolutions*prozesses ist, so scheint es richtig, Kants erste These in seiner oben zitierten Abhandlung *Idee zu einer allgemeinen Geschichte in weltbürgerlicher Absicht* als eine zutreffende Formulierung des fundamentalen Aspektes des herausgearbeiteten Entfaltungsfaktors zu betrachten: »Alle Naturanlagen eines Geschöpfes sind bestimmt, sich einmal vollständig und zweckmäßig auszuwickeln.« (Kant [Akademie: Bd. VIII, 18]) (Anstelle des leicht missverständlichen Ausdrucks ›Naturanlagen‹ empfiehlt es sich, den eher neutralen Ausdruck ›ontologische Konstitution oder Struktur‹ zu gebrauchen.) Angewandt auf die Menschen als Individuen/Personen heißt dies, dass sich diese weiter *kollektiv* und *geschichtlich* konfigurieren. Erst als schon sozial (gesellschaftlich, kollektiv) organisiert (konfiguriert), können sich alle Potentialitäten entfalten.

Der Geschichts-Konfigurator ist, wie oben gezeigt wurde, der »Sammelpunkt« oder »Schnittpunkt« aller schon kollektiv konfigurierten Potentialitäten der Menschen. Hier sei nur auf zwei fundamentale Komponenten des Geschichts-Konfigurators hingewiesen: Wissen/Wissenschaft und Streben nach Freiheit. Diese zwei Faktoren sind zwei fundamentale »treibende Kräfte«, welche die schon kollektiv konfigurierten Menschen zur Bildung jener weiteren Konfiguration führen, die sich als der große Prozess der Weltgeschichte darstellt. In der Tat führt die allgemeine Entwicklung der Weltgeschichte als des Prozesses der »Auswicklung« (Kant) aller ontologischen Potenzialitäten der ontologischen Verfasstheit der Menschen zu einer ständigen Zunahme und Verfeinerung des *Wissens*, insbesondere des *wissenschaftlichen Wissens*, und zu dem, was Hegel treffend den »Fortschritt im Bewusstsein der Freiheit« nennt. Man kann andere verwandte Begriffe verwenden, um diesen Prozess zu charakterisieren, wie: Aufklärung, Unabhängigkeit, Selbständigkeit usw.

Freilich bleiben auch diese Aussagen noch reichlich abstrakt. Sie bedürfen der allseitigen Konkretisierung; allerdings darf man ihre Tragweite nicht unterschätzen, artikulieren sie doch das, was man die allgemeinen und grundsätzlichen »Richtlinien« der Weltgeschichte nennen kann.

[4] Ein konkretes Beispiel, das diese ganze Sachlage und Problematik sehr deutlich illustriert, ist das berühmt gewordene und vieldiskutierte Buch von Francis Fukuyama, *Das Ende der Geschichte. Wo stehen wir?* [1992]. Zunächst ist zu bemerken, dass der Titel dieses Buches einen groben Fehler darstellt, der um so mehr zu kritisieren ist, als er bei sehr vielen Lesern völlig falsche Vorstellungen und Konnotationen erzeugt. Mit »Ende der Geschichte« meint der Autor nur dies: das Ende der *ideologischen Evolution* der Menschheit, einer Evolution, die durch Kämpfe, Spannungen usw., kurz: durch ein *clash of competing ideologies*, charakterisiert ist. Fukuyama zufolge ist die Weltgeschichte *zielgerichtet* (*history is directional*), wobei das Ziel die kapitalistische liberale Demokratie ist. Er identifiziert zwei Hauptfaktoren (*forces*), die den geschichtlichen Prozess antreiben. Der *erste* ist die Naturwissenschaft zusammen mit der von ihr erzeugten Technologie, wodurch homogene Kulturen geschaffen werden. Der *zweite* Motor der Geschichte ist ein Gedanke, den Fukuyama von Hegel übernimmt: das Streben nach Anerkennung (und damit Freiheit), was Innovation und persönliche Leistung erzeugt. Das »Ende der Geschichte« bedeutet also für Fukuyama den Kulminationspunkt der Geschichte, verstanden als die ideologische Evolution der Menschheit.

An dieser Stelle drängt sich die Frage auf: Was kommt dann? Im zweiten Teil des Buches befasst sich Fukuyama mit Aspekten dieses Problems unter einer Bezeichnung, die er aus dem Wortschatz der Philosophie Nietzsches entlehnt: »der letzte Mensch«. Er fragt, ob wir alle auf der »letzten« Phase der Geschichte »letzte Menschen« sind bzw. sein werden, mit sich selbst zufrieden und nur mit sich selbst beschäftigt (*complacently self-absorbed*). Hier verlässt Fukuyama seine bisherige grundsätzlich Hegelsche und wechselt zu einer Nietzscheschen Perspektive.

Auf Hegel hatte er sich gestützt, um zu verdeutlichen, wie das Ende der Geschichte (in seinem Sinne) konzipiert werden muss; jetzt benutzt er Nietzsche, um zu zeigen, wie unbefriedigend dieser Endpunkt des historischen Prozesses ist. Was geschieht, wenn alle Menschen sich gegenseitig als gleich anerkennen und jeder Kampf, mit Ausnahme des Kampfes um die Vermehrung rein materieller Güter, aufhört? Die Frage lässt Fukuyama letztlich offen.

4.5.3.4 Hat die Weltgeschichte einen Sinn?

Die letzte Frage im vorhergehenden Abschnitt ist eine neue Frage, nämlich die Frage, ob die Weltgeschichte überhaupt einen Sinn hat. Der Ausdruck »einen Sinn haben« wird im allgemeinen in *zwei* Bedeutungen verstanden: *erstens* im Sinne von »eine Richtung haben« oder »ein Ziel oder einen Zielpunkt haben«, *zweitens* im Sinne von »einen totalen Sinn haben«, d. h. »einen Sinn haben, der sowohl den Prozess (die Richtung) als auch das Resultat des Prozesses, das Ziel oder den Zielpunkt, bezeichnet und umfasst«. Beschreibt man nur das Ziel oder den Zielpunkt, so stellt sich die weitere Frage, wie ein solches Ziel (der Zielpunkt) selbst einzuschätzen ist. Genau die zweite Bedeutung bzw. diese zweite Frage ist gemeint, wenn Fukuyama seine Frage hinsichtlich des »letzten Menschen« stellt.

4.5.3.4.1 Vorklärungen

[1] Zunächst ist der *Begriff des Sinns* in diesem Zusammenhang genauer zu klären. Man könnte »Sinn« verstehen als das, was verstehbar, begreifbar, erklärbar (in einem weiten Verständnis) ist. Aber was ist die Bedeutung von »verstehbar/begreifbar/erklärbar«? Darauf lässt sich kurz antworten, dass verstehbar/begreifar/erklärbar alles ist, was – in welcher Weise auch immer – einen *Zusammenhang*, eine *Kohärenz* aufweist, also was eine Beziehung zu anderem, letztlich zu allem anderen beinhaltet und offenbart. Aber das reicht nicht aus, um die mit der Verwendung des Ausdrucks ›Sinn‹ in der gestellten Frage intendierte bzw. vorausgesetzte Bedeutung zu explizieren. Es gibt nämlich eine *zweite* wesentliche Komponente im Begriff des »Sinns«: Das Verstehbare/Begreifbare/Erklärbare (der Zusammenhang, die Kohärenz) muss sich als etwas *eindeutig Positives* herausstellen: als etwas, was zustimmend zu bewerten, als etwas, was zu bejahen und anzustreben ist. Oft wird diese zweite Komponente verkürzt und einseitig einfach mit »Ziel« identifiziert. Von »Ziel« kann aber in diesem Zusammenhang nur in einer sehr vorsichtigen Weise gesprochen werden, nämlich so, dass damit *nicht allein* der *Endpunkt* einer Richtung, eines Prozesses o. ä. (also der Endpunkt *ohne* alle Elemente oder Stufen u. dgl., die zur Richtung bzw. zum Prozess gehören) gemeint ist, sondern der Endpunkt *zusammen* mit allen Elementen, Stufen, also kurz:

zusammen mit dem »Weg« zum Endpunkt. »Sinn« in diesem Sinn betrifft die *Totalität* einer Richtung, eines Prozesses, einer Entwicklung u. dgl. Hat die Geschichte einen so verstandenen Sinn?

Es dürfte klar sein, dass Fukuyamas oben kurz geschilderte Konzeption in keiner Weise als die Antwort auf die Frage nach dem Sinn der Geschichte in der zuletzt erläuterten Perspektive angesehen werden kann, so sehr sie manche einzelne Strukturen, Gesetzmäßigkeiten u. ä. der (Welt)Geschichte zu erhellen vermag. Auch viele andere seiner Bemühungen um die Erklärung einzelner Zusammenhänge, Zukunftsvoraussagen u. dgl. sind sinnvoll und interessant, auch wenn deren Treffsicherheit nicht sehr hoch ist. Aber die Frage nach dem Sinn der (Welt)Geschichte betrifft die Geschichte *als solche*, die Geschichte *als Ganzes*.

[2] Man kann *zwei* sehr verschiedene Typen von Theorien über den Sinn der Weltgeschichte unterscheiden: einen *eingeschränkten* und einen *umfassenden (uneingeschränkten, gesamtsystematischen)* Typus.

Eingeschränkte Theorien der Weltgeschichte betrachten die Weltgeschichte als ein in sich geschlossenes (und abgeschlossenes) Ganzes, das seinen Sinn in sich selbst oder für sich selbst trägt, unabhängig davon, wie sich die Weltgeschichte als ein ganzheitlicher Geschehenszusammenhang zum Sein im Ganzen (zum Universum, zum Kosmos) verhält. Diesem Typus sind Theorien zuzurechnen wie etwa die marxistische Theorie des *historischen [nicht: des dialektischen] Materialismus*, welche die Weltgeschichte als den Prozess der Herbeiführung der klassenlosen Gesellschaft als eines sozialen Paradieses begreift. Allerdings wird diese »historisch-materialistische« Konzeption im Rahmen des Marxismus normalerweise zusammen mit jener Philosophie vertreten, die »Dialektischer Materialismus« genannt wird. Da der Dialektische Materialismus eine gesamtsystematische materialistische Theorie ist, erhält dadurch auch der Historische Materialismus – und damit auch die historisch-materialistische Theorie der Weltgeschichte – einen gesamtsystematischen Status. Im allgemeinen gehen – besonders analytisch orientierte – philosophische Theorien über die Weltgeschichte, soweit sie überhaupt entwickelt werden, nicht über einen rein *eingeschränkten* Rahmen (im erläuterten Sinne) hinaus.

Gesamtsystematische (umfassende) Theorien der Weltgeschichte involvieren eine zumindest implizite Gesamtmetaphysik: Die Weltgeschichte wird als ein Geschehen im Rahmen des Seins im Ganzen oder des Universums begriffen und thematisiert. Ein Beispiel einer solchen Theorie ist die *dialektisch-materialistische* Theorie, wie sie etwa von *Friedrich Engels* formuliert wurde (vgl. Zitat oben 4.5.3.2[1][ii]). Jede materialistische Konzeption der Wirklichkeit impliziert eine Theorie der Weltgeschichte dieses Typs, wobei anzumerken ist, dass kaum ein analytischer Philosoph materialistischer Prägung eine solche Theorie auch nur im Ansatz formuliert (hat). Auch Wissenschaftler

4.5 Das Weltganze

(kosmologische Physiker), die ihre jeweiligen physikalischen Theorien philosophisch extrapolieren, artikulieren den allgemeinen Rahmen einer Theorie der Weltgeschichte im gesamtsystematischen Sinne nicht.

Ein interessantes Beispiel einer solchen physikalisch-kosmologischen orientierten Theorie der Weltgeschichte ist die von *Stephen Hawking* vorgelegte Auffassung, der zufolge die *physikalische Kosmologie* auf der »Suche« nach einer »Theorie für Alles« ist, nach »der Weltformel, nach einer vollständigen, vereinheitlichten Theorie, die die Grundlagen des Universums und all dessen, was in ihm enthalten ist, vollständig erklärt.« Und dieser Wissenschaftler versichert:

»[Wir] haben [...] mit der M-Theorie möglicherweise schon die Theorie für Alles gefunden.« (Hawking [2001: 183])

Nach *Hawking* ist die »M-Theorie« nicht eine einzige Theorie, sondern besteht aus einem ganzen Netz von verschiedenen Theorien, »die alle Näherungen der gleichen fundamentalen Theorie zu sein scheinen« (ib.). Die M-Theorie vereinigt die verschiedenen *Stringtheorien* in einem übergeordneten theoretischen Rahmen. Wahrscheinlich hat sie elf Raumzeitdimensionen. *Hawking* vergleicht die M-Theorie mit einem Puzzle, wobei wir die Teile an den Rändern, also die Bereiche, in denen bestimmte Parameter der Theorie klein sind, schon relativ gut kennen; aber wir wissen nicht, was in der Mitte des M-Theorie-Puzzles vor sich geht: dort »klafft noch ein großes Loch« (ib.).[51]

Hawkings Aussagen sind die stärksten und anspruchvollsten, aber auch die am meisten problematischen, die ein seriöser und allgemein anerkannter Naturwissenschaftler jemals aufgestellt hat. Es fragt sich, wie sie philosophisch zu bewerten sind. *Wörtlich genommen,* können viele seiner Aussagen kaum als philosophisch vertretbar angesehen werden, wie schon oben im Abschnitt 4.5.1 gezeigt wurde. Viele Formulierungen sind einfach total ambig, so etwa

---

[51] Es sei hier kurz angemerkt, dass die Stringtheorie zwar als bester, nicht aber als der einzige Kandidat für eine Theorie der Quantengravitation gilt. Zumindest ein anderes (mathematisch weniger aufwendiges) Modell findet immer mehr Beachtung: die sogenannte Schleifen-Quantengravitation. Doch auf diese Unterschiede kann hier nicht eingegangen werden. Hawkings (auch unter Physikern sehr kontroverse) »Vorschläge« werden hier nur als Beispiel einer physikalisch-kosmologischen »Theorie für Alles« im Lichte einer philosophischen Perspektive betrachtet. HAWKING ist nun einmal heute der – ungemein populäre – naturwissenschaftliche Kosmologe, der die umfassendsten – aber auch am radikalsten missverständlichen – Aussagen über den Anfang oder den Ursprung des Universums aufgestellt hat. Es kann *in keiner Weise* die Aufgabe der Philosophie sein, solche Aussagen in ihrem *physikalisch-kosmologischen Sinn* zu untersuchen und sie zu akzeptieren oder abzulehnen; vielmehr liegt die Aufgabe der Philosophie (u. a.) darin, folgenreiche Unklarheiten, Zweideutigkeiten und über die Physik hinausreichende Extrapolationen aufzuzeigen, die sich bei der sorglosen und undifferenzierten Verwendung solcher Formulierungen leicht einschleichen. Dieser Aufgabe sind die Überlegungen im Haupttext gewidmet.

die folgende: »[D]ie Grundlagen des Universums und *all dessen, was in ihm enthalten ist*, [werden von der Weltformel, der M-Theorie] *vollständig erklärt.*« (Ib.) Was heißt hier »Universum«? Ist das *physikalische* Universum – und nur dieses – gemeint? *Hawking* scheint aber darunter nicht nur den physikalischen Bereich, nicht nur den Bereich des Lebens, sondern auch den Bereich des Geistes (des Denkens, der Intelligenz) zu subsumieren, wenn er erläuternd hinzufügt: »… und all dessen, was in ihm enthalten ist«. Er scheint, »Leben« und »Intelligenz« einfach als bestimmte extrem komplexe »physikalische Gestalten« aufzufassen. Nun wurde in früheren Abschnitten dieses Kapitels gezeigt, dass dies ein tiefes Missverständnis darstellt.

Setzen wir aber *hypothetisch* einmal voraus, das Universum, verstanden als die Totalität dessen, was im allgemeinen anorganische Materie, Leben und Geist genannt wird, lasse sich durch eine endlich zum endgültigen Abschluss gebrachte M-Theorie »vollständig erklären«. Wo stünden wir dann? Und vor allem: *Wie* stünden *wir* da?

In der Regel leben wir – wir normale Menschen, Individuen, Politiker, Lehrer usw. – täglich in Situationen, in denen wir Entscheidungen zu treffen haben, von denen manchmal viel, sehr viel abhängt, sowohl im eigenen Leben als auch im Leben anderer Menschen. Nehmen wir nun an, wir würden die totale M-Theorie verstehen und sie uneingeschränkt akzeptieren. Wie würde sich dies auf die soeben beschriebenen Situationen auswirken? In diesem Fall würden wir »wissen«, dass alles, auch unsere Handlungen, die darin bestehen, dass wir Entscheidungen zu treffen haben, als immer schon »*naturwissenschaftlich* erklärt« zu gelten haben. Wir würden eine Handlung setzen, die immer schon in diesem Sinne »erklärt« ist, so dass wir davon »wissen«. Welchen Sinn macht denn das? Wenn unsere Handlung immer schon als wissenschaftlich erklärt gilt und wir davon wissen, dann ist eine Entscheidung unsererseits eine reine Illusion (welche Illusion allerdings ihrerseits noch einmal als durch die totale M-Theorie erklärt zu gelten hätte). Wenn wir das wüssten und davon überzeugt wären, wäre jede Rede von Freiheit, Verantwortung u. ä. barer Unsinn, eine reine Floskel. Das zeigt nun: Konfrontiert mit der Unausweichlichkeit, Entscheidungen so oder so zu treffen, würden wir alle eine so verstandene, angeblich alles erklärende M-Theorie *in der Praxis durch unseren Vollzug* verwerfen bzw. widerlegen.

Dies gilt auch dann, wenn man darauf hinweist, dass die M-Theorie gewisse »Unbestimmtheiten« nicht ausschließt (vgl. oben die Hinweise auf den »besonderen Fall« unserer Universumsgeschichte); denn solche »Unbestimmtheiten« reichen keineswegs aus, um *unsere* beschriebenen (in der Regel täglichen) Entscheidungssituationen zu *erfassen* und ihnen gerecht zu werden. Der Grund ist, dass solche »Unbestimmtheiten« nicht den fundamentalen Umstand »erklären« können, dass eine Entscheidung eben *unsere* Entscheidung ist, für welche *wir* verantwortlich sind – sie ist nicht das Produkt irgend-

4.5 Das Weltganze

welcher Zufälle, wie immer man diese auffassen mag; denn in einem solchen Fall wäre die angebliche »Entscheidung« nicht *unsere* Entscheidung.

Theorien der Weltgeschichte mit *nicht-materialistischem* Charakter enthalten in der Regel, wie schon oben bemerkt wurde, in vielfältiger Weise *religiöse* Elemente. Die bedeutendsten Theorien sind die vom Christentum inspirierten. Unter den rein philosophischen Theorien ist Hegels Theorie der Weltgeschichte sicherlich die bei weitem bedeutendste überhaupt.

4.5.3.4.2 Gründe für die Notwendigkeit einer umfassenden gesamtsystematischen Theorie der Weltgeschichte

Warum ist eine *eingeschränkte* philosophische Theorie der Weltgeschichte (im oben erläuterten Sinn) nicht ausreichend? Und warum ist eine umfassende gesamtsystematische Theorie der Weltgeschichte notwendig? Die Gründe für diese These(n) sollen im folgenden nicht direkt abstrakt vorgelegt, sondern langsam herausgearbeitet werden, und zwar in Auseinandersetzung mit einigen bemerkenswerten Ausführungen von *Thomas Nagel*, einem der wenigen analytischen Philosophen, die die Frage nach *dem Sinn des Lebens* stellen und behandeln. Damit kann die ganze Thematik konkreter angegangen werden.

[1] *Thomas Nagel* widmet das letzte Kapitel seines Buches *Was bedeutet das alles?* ([1987/90: Kap. 10, 80–84]) dem Thema »Der Sinn des Lebens«. Wie sich zeigen wird, finden seine Überlegungen und Thesen ohne weiteres auch auf die Thematik des Sinns der Weltgeschichte Anwendung. Er geht von folgender Einsicht aus:

»[Das Problem] liegt darin, dass es zwar *innerhalb* des Lebens Rechtfertigungen und Erklärungen für die meisten unserer großen und kleinen Taten gibt, dass jedoch keine dieser Erklärungen den Sinn [*the point*] unseres *Lebens* als ganzes angeben – des Ganzen, von dem diese Aktivitäten, diese Erfolge und Fehlschläge, Bemühungen und Enttäuschungen, Teile sind.« (Ib. 80–81)

Auf den Einwand, dass wir uns mit dem, was wir »im Leben« tun, doch zufrieden geben können, antwortet er:

»[Das ist eine] völlig zutreffende Antwort, doch sie zieht nur, sofern es Ihnen gelingt, nicht darüber hinauszusehen und zu fragen, welchen Sinn das Ganze hat. Denn wenn Sie *das* tun, dann eröffnen Sie die Möglichkeit, dass auch Ihr Leben keinen Sinn hat.« (Ib. 81)

Aber hier taucht ein Problem auf: Sich nur mit den Dingen »innerhalb des Lebens« zufrieden geben, ist eine Haltung, die eine *weitergehende* Frage unbeantwortet lässt. Wie kann aber eine solche Frage beantwortet werden? Hat das Leben, wenn man es in ein größeres Ganzes eingebettet betrachtet, einen Sinn (*a point*) oder nicht? Hier entwickelt Nagel eine Argumentation, die es verdient, im einzelnen analysiert zu werden, weil sie meistens in einer intuitiven und vagen Weise von vielen Menschen *und Philosophen* benutzt und als gewichtige Argumentation angesehen wird. Diese Analyse wird sich in diesem Abschnitt als überaus wichtig für die weiteren Überlegungen herausstellen.

Nagel behauptet: »Wenn wir über die *ganze* Sache nachdenken, so scheint sie überhaupt keinen Sinn zu haben.« (Ib.) Sein Argument für diese Vermutung ist eine Variante eines Arguments des Typs *regressus in infinitum*:

»Wenn jemandes Leben als Teil von etwas Größerem einen Sinn hat, so kann man immer wieder in Beziehung auf dieses Größere fragen, welchen Sinn *es* hat. Entweder es gibt eine Antwort, die auf etwas noch Größeres verweist, oder es gibt sie nicht. Gibt es sie, so stellt sich die Frage erneut. Gibt es sie nicht, so sind wir mit unserer Suche nach einem Sinn am Ende und bei etwas angelangt, das keinen Sinn mehr hat. Wenn eine solche Sinnlosigkeit [*pointlessness*] jedoch bei jenem Größeren akzeptiert werden kann, von dem unser Leben einen Teil ausmacht, warum dann nicht bereits bei unserem Leben selbst, als ein Ganzes betrachtet? Warum darf unser Leben eigentlich nicht sinnlos [*pointless*] sein? Falls das hier nicht bereits akzeptiert werden kann, warum kann es dann akzeptiert werden, wenn wir zum größeren Kontext aufsteigen? Warum müssen wir dann nicht weiterfragen: ›Ja, und worin liegt nun der Sinn von alle*dem*?‹, (der Geschichte der Menschheit, der Abfolge von Generationen, oder was auch immer es sei)?« (Ib. 82).

Nagel führt dieses Argument weiter aus, indem er es auf den Fall der Annahme eines »letzten Sinns« (*last point*) ausdehnt. Aber auch hierauf findet das Argument seine Anwendung; denn, so argumentiert er, wir können weiter fragen:

»›Und warum *das*?‹ Hier soll man es mit etwas zu tun haben, dessen Sinn und Zweck in ihm selbst liegt [*something which is its own point*], und das keinen Zweck außer sich selbst haben kann. Doch aus eben diesem Grund hat es seine eigenen Probleme.« (Ib. 82-3)

Sonderbarerweise betrachtet Nagel die Annahme eines letzten Sinns als eine Angelegenheit des »religiösen Sinn[s] des Lebens« (ib. 82). Einer solchen Behauptung muss entschieden widersprochen werden. Die Fragestellung und die Idee bezüglich eines Letzten, Absoluten, sind von den Anfängen der Philosophie an *immer* eine zutiefst *philosophische* Thematik gewesen. Wenn das für die Religion(en) charakteristische Wort ›Gott‹ in diesem Zusammenhang oft verwendet wurde und wird, so liegt darin ein tiefes Missverständnis, wie dies in Kapitel 5 (5.3) gezeigt werden wird. Die schnelle Verwendung der Bezeichnung ›religiös‹ zur Charakterisierung von Fragen und Thesen, die ein Letztes anvisieren, ist um so bedenklicher, als sie geeignet ist, eine Reihe von negativen psychologischen Konnotationen und Emotionen zu wecken, die in der Regel jede rationale Diskussion behindern, ja oft unmöglich machen. Für die nun folgende Diskussion der Position Nagels wird das Wort ›Gott‹ *auch* verwendet, und zwar im Anschluss an seine Formulierungen. In striktem

4.5 Das Weltganze

Gegensatz zu Nagel wird aber die Verwendung dieses Ausdrucks als eine *rein philosophische Angelegenheit* betrachtet.

Gegen die Annahme eines letzten Sinns (den Nagel »Gott« nennt) werden von diesem Autor *zwei* Einwände erhoben. *Erstens* geht Nagel von der Annahme aus, dass die Idee (eines) Gottes die Idee einer Entität zu sein »scheint [*seems*]« (ib. 83), die jedes andere Seiende erklären kann, ohne dass die Notwendigkeit und die Möglichkeit bestünden, dass sie selbst durch etwas anderes erklärt wird. Nagel behauptet, es sei kaum nachvollziehbar [*very hard to understand*], dass es eine solche Entität geben könne, und er argumentiert folgendermaßen:

»Stellen wir die Frage, ›Warum ist die Welt *so* beschaffen?‹, und erhalten eine religiöse Antwort, was kann uns dann hindern, erneut zu fragen: ›Und warum ist *das* wahr?‹ Welche Antwort könnte unsere *Warum?-Fragen* ein für alle mal zum Schweigen bringen? Und wenn sie hier zu einem Halt kommen, warum konnten sie nicht bereits vorher enden?« (Ib.; modifizierte Übers.)

Der *zweite* Einwand hebt auf einen Sachverhalt ab, der nach Meinung Nagels dasselbe Problem entstehen lässt. Der Sachverhalt besteht darin, dass Gott und seine Pläne oder Intentionen als die absolut letzte Erklärung für den Wert und den Sinn unseres Lebens ausgegeben werden. Dann lässt sich Nagel zufolge so argumentieren:

»Die Idee, dass unser Leben Gottes Plan erfüllt, soll ihm seinen Zweck geben – auf eine Weise, die keinen weiteren Zweck mehr erfordert oder zulässt. Man soll ebensowenig weiterfragen, ›Worin besteht der Zweck Gottes?‹, als man fragen soll, ›Worin liegt die Erklärung Gottes?‹ […] Kann es wirklich etwas geben, das allem anderen dadurch einen Sinn verleiht, dass es es umfasst, das aber seinerseits einen Zweck weder haben kann noch haben muss? Etwas, dessen Zweck nicht von außen erfragt werden kann, weil es hier kein Außen gibt?« (Ib.)

[2] Es soll im folgenden gezeigt werden, dass diese beiden Argumente, die allen anderen Überlegungen Nagels zugrunde liegen, auf Missverständnissen basieren.

[i] Das *erste Argument* rekurriert auf den Gedanken, dass »Warum«-Fragen immer aufs neue und damit auch hinsichtlich jeden erreichten »Punktes« entstehen, also auch hinsichtlich eines angeblich letzten Punktes, wie immer man diesen Punkt nennen und auffassen mag; damit erweise sich der angeblich »letzte Punkt« in Wahrheit als nicht-letzter Punkt. Diese Argumentation, die sehr oft vorgetragen wird, ergibt sich aus einer einfachen und sonderbaren Verkennung und Nicht-Thematisierung der Logik, Semantik und Ontologie der »Warum«-Fragen. Das Argument ruht auf der naiven Annahme, dass eine Warum-Frage sozusagen im luftleeren Raum oder rein *mechanisch* in jedem Kontext und hinsichtlich jeden Sachverhaltes (nenne man dies »Entität«, »Objekt«, »Frage«, »Begriff«, »These«, »Punkt« usw.) entstehen bzw. wie-

derholt bzw. gestellt werden kann. Zwar *kann* eine Warum-Frage auch rein mechanisch überall und zu jeder Zeit gestellt oder wiederholt werden, aber dieses rein mechanische Stellen von Fragen erweist sich bei näherer Analyse als missbräuchlich und sinnlos, da es *inkohärent* ist. Es ist inkohärent, indem es die eigenen *Voraussetzungen*, die die jeweilige Frage allererst möglich und sinnvoll machen, einfach ignoriert oder überspringt. Das sei kurz gezeigt.

Eine Frage hat nur dann Sinn, wenn sie einen klaren Zielpunkt hat, sonst wäre die Frage unbestimmt und daher nichtssagend. Ein solcher Zielpunkt aber ist seinerseits nur möglich, wenn ein bestimmter Zusammenhang oder Rahmen vorausgesetzt wird; *denn* die Frage hebt entscheidend und ausschließlich darauf ab, den *Zusammenhang* zwischen ihrem Zielpunkt (wie immer man diesen nennen mag: Objekt, Sachverhalt usw.) und *etwas Anderem (als Grund)* herauszufinden. Kurz: Nach etwas fragen, heißt, dieses etwas in Beziehung setzen zu etwas Anderem als Grund. Eine »Frage«, die dies nicht intendiert, wäre keine Frage, sondern ein richtungsloser, gegenstandsloser und damit sinnloser Versuch, zu etwas völlig Unbestimmtem und Leerem zu gelangen oder auch, in anderer Hinsicht, die Angabe eines völlig bestimmungslosen und leeren X zu fordern. Eine echte, sinnvolle Frage nach einem Etwas als der Versuch, einen Zusammenhang zwischen diesem Etwas und einem anderem Etwas (als Grund) herauszufinden, setzt voraus, dass der Fragende seine Forderung in einem *Rahmen* (genauer: in einem *Theorierahmen*) erhebt, der einen solchen Zusammenhang explizit beinhaltet. Mit anderen Worten: Die Frage basiert auf der Voraussetzung, dass ein (Theorie-)Rahmen, der mindestens aus einer Logik, einer Semantik und einer Ontologie besteht, *immer schon* angenommen wurde.

Aus diesem fundamentalen Sachverhalt ergibt sich eine weitreichende Konsequenz: Eine Warum?-Frage kann nicht beliebig fortgesetzt oder iteriert werden, weil sie dann keinen Rahmen mehr hätte; das heißt, sie hätte keine Richtung, also keinen Sinn. Sie wäre ein leeres Spiel mit Worten. Dieser Fall ist ganz analog dem Fall der Suche nach einer Begründung bzw. Letztbegründung *außerhalb* oder unter Nicht-Beachtung des vorausgesetzten bzw. vorauszusetzenden (Theorie-)Rahmens. Wie in diesem Buch oft gezeigt wurde, setzt jeder sinnvolle Satz einen (Theorie-)Rahmen voraus. Dazu gehören auch Frage-Sätze.

Auf Nagels Frage: »Welche Antwort könnte unsere *Warum?-Fragen* ein für alle mal zum Schweigen bringen?« ist demnach zu antworten: Die Antwort, die alle unseren Warum?-Fragen zu einem Endpunkt führt, ist die Antwort, die *alle Warum?-Fragen* richtig versteht und als Fragen deutet, die einen Sinn nur in einem vorausgesetzten Rahmen haben. Der Fall einer Warum?-Frage bezüglich eines *letzten Sinns (point)* ist dann so zu deuten: Wird ein X als »letzter Sinn (*point*)« verstanden, so geht die Frage »Warum dieser letzte Sinn?« absolut ins Leere, *wenn* sie als die Forderung verstanden wird, ein

4.5 Das Weltganze

weiteres Etwas als Grund anzugeben, und zwar so, dass der angeblich »letzte Sinn (*point*)« einen Bezug zum weiteren Etwas als Grund hätte und damit einen Zusammenhang konstituierte. Aber dann müsste dieses »weitere Etwas« *ex hypothesi jenseits* oder *außerhalb* des vorausgesetzten (Theorie-)Rahmens sein, da *innerhalb des vorausgesetzten (Theorie-)Rahmens* kein anderes oder weiteres Etwas, das als »letzter Sinn (*point*)« bestimmt werden könnte, gegeben sein kann. Dies nämlich wäre ein begrifflicher und sachlicher Widerspruch. Anders formuliert: Die Herausarbeitung eines letzten Sinns (*point*) auf der Basis eines akzeptierten (Theorie-)Rahmens stoppt jedes iterierende mechanische Stellen von Warum?-Fragen. Warum?-Fragen haben nur innerhalb eines (Theorie-)Rahmens Sinn. Werden alle Potentialitäten eines (Theorie-)Rahmens in Anspruch genommen, und zwar durch die Herausarbeitung eines letzten Sinnes (*point*), so kommt der Prozess des Stellens von Warum?-Fragen in einer Weise zu einem Ende, dass er *sich in sich selbst zurückbiegt*: Die Warum?-Frage bezüglich des letzten Sinnes (*point*) erhält ihre Antwort im letzten Sinn (*point*) selbst. Wird die Warum?-Frage bezüglich des letzten Sinnes (*point*) nicht so verstanden, so bricht sie an dieser Stelle ab, weil sie keine Richtung mehr hat, sondern ins Leere geht.

Dieser Sachverhalt ist mit dem mathematischen Begriff eines *Fixpunktes* vergleichbar, der äußerst vereinfachend so dargestellt werden kann (im Bereich der Ordinalzahlen): Sei F eine Operation, die Ordinalzahlen auf Ordinalzahlen abbildet. Fixpunkte von F sind Ordinalzahlen α mit $F(\alpha) = \alpha$. Die Anwendung auf den hier behandelten philosophischen Fall ist jetzt klar: Der Operation F entspreche der Begriff »Warum …?« oder »der Grund für …«; α entspreche »der letzte Sinn (*point*)«. Dann ist $F(\alpha) = \alpha$ inhaltlich zu deuten als: Der Grund von »der letzte Sinn (*point*)« ist der letzte Sinn (*point*) selbst.

Es ist jedoch zu beachten, dass in einer anderen Hinsicht der »letzte Sinn (*point*)« durchaus in Frage gestellt werden kann, ja muss. Die hier gemeinte andere Hinsicht besagt konkret, dass nicht mehr die Frage »Warum der letzte Sinn (*point*)?« verstanden als »Und wo liegt der Grund für den letzten Sinn (*point*) selbst?«, sondern die Frage: »Warum *dieser* letzte Sinn (*point*)?« zu stellen ist bzw. gestellt werden kann. Diese Frage hat dann den Sinn: Ist der *so bestimmte* letzte Sinn (*point*) wirklich der *adäquate* oder bestimmte letzte Sinn (*point*)?

Diese Frage ist durchaus legitim, vorausgesetzt, sie wird richtig formuliert und verstanden. Dann besagt sie genau Folgendes: Sie problematisiert eine der beiden folgenden Möglichkeiten: *Entweder* wird die Frage nach dem letzten Sinn (*point*) *innerhalb* des vorausgesetzten (Theorie-)Rahmens nicht richtig gestellt und/oder geklärt, *oder* der vorausgesetzte (Theorie-)Rahmen *selbst* ist inadäquat und untauglich und muss daher durch einen anderen, einen adäquateren oder umfassenderen ersetzt werden. Diese zweite Möglichkeit ist die in der Philosophie wirklich interessante; denn die entscheidenden Fragen und die entscheidenden Divergenzen haben es in der Regel in fundamentaler Hinsicht mit dem jeweils akzeptierten (Theorie-)Rahmen zu tun.

Damit aber die Frage »Warum *dieser* letzte Sinn (*point*)?« sich nicht wieder als ein richtungsloses und damit leeres Spiel mit Worten erweist, muss in diesem letzten Fall sichergestellt werden, dass ein solcher weiterer, umfassenderer Theorierahmen *wirklich* vorausgesetzt *und expliziert* wird bzw. zumindest *expliziert werden kann*. Aber dann wird, wie oben gezeigt, das mechanische Weiterfragen nach einem Warum in diesem weiteren, umfassenderen Theorierahmen zum Stillstand gelangen.

Wird aber dennoch auf *sinnvolle Weise* auch hier die Frage gestellt: »Und warum *dieser* (weitere) letzte Sinn (*point*)« (basierend auf dem weiteren Theorierahmen), so ist diese Frage nur dann wirklich sinnvoll, wenn ein *noch weiterer, noch umfassenderer* Theorierahmen anvisiert *und* vorausgesetzt wird bzw. werden kann. Kann dieses Verfahren des Anvisierens oder Entdeckens oder Entwerfens immer weiterer, immer umfassenderer Theorierahmen überhaupt angehalten werden? Nur auf den ersten Blick scheint dies nicht möglich zu sein. In Wirklichkeit können wir Menschen nicht einfach ins Unendliche *immer weitere sinnvolle Theorierahmen* »anvisieren/entdecken/entwerfen«; dies ist einfach eine Illusion, eine »leere« Vorstellung bzw. Behauptung. Seinerseits hindert uns Menschen (Philosophen, Theoretiker) das nicht daran, *offen* gegenüber einem weiteren Theorierahmen zu sein, einen entsprechenden Versuch zu unternehmen u.ä. Diese Aussage entspricht ganz und gar den Grundthesen, die hinsichtlich des zentralen Gedankens des Theorierahmens in diesem Buch vertreten werden. Hinzuzufügen ist, dass diese Aussage in keiner Weise einen inkonsistenten Relativismus impliziert, wie das im letzten Abschnitt von Kapitel 3 (3.3.4.3) gezeigt wurde. Auch ist in diesem Kontext zu bedenken, dass der jeweils weitere, umfassendere Theorierahmen sich als *adäquater* gegenüber den vorhergehenden erweisen muss. Dabei ist der Zusammenhang der sich ablösenden Theorierahmen nicht so zu denken, dass der jeweils neue Theorierahmen in jeder Hinsicht alles negieren würde, was den bzw. die vorhergehenden Theorierahmen charakterisierte; vielmehr artikuliert sich der Zusammenhang unter den Theorierahmen im Gedanken der jeweils *größeren Adäquatheit*. Diese impliziert eine durchgehende grundsätzliche Gemeinsamkeit von zentralen Faktoren unter den Theorierahmen. So sind *alle* »realen« und alle »möglichen« Theorierahmen durch den großen grundsätzlichen Gedanken der Kohärenz strukturiert, wenn auch dann unter »Kohärenz« nicht genau dasselbe verstanden wird. Und dazu gehört auch – und wesentlich – der Gesichtspunkt eines »letzten Faktors«, in Nagels Terminologie: eines *»last point«*.

[ii] Auf der Basis der Ausführungen zum ersten Argument bzw. Einwand ist das *zweite* von Nagel vorgetragene Argument oder der zweite Einwand leicht zu klären bzw. zu entkräften. Der Einwand besagt, dass ein angenom-

4.5 Das Weltganze

mener letzter Sinn (*point*) oder Gott als angebliche letzte Erklärung für alles und jedes selbst einer Erklärung bedarf, wodurch auf etwas anderes rekurriert werden müsste. Die Antwort darauf liegt jetzt auf der Hand: Auch hier wird der zentrale Faktor »(Theorie-)Rahmen« vollständig ignoriert. Der Operator »ist eine Erklärung von ...« hat methodisch genau denselben Status wie der schon ausführlich untersuchte Operator »Warum ist ...?« bzw. »der Grund für ... ist ...«. *Innerhalb* des angenommenen bzw. vorausgesetzten Theorierahmens erklärt sich der letzte Sinn (*point*) selbst; er ist ein, genauer: der große systematische *Fixpunkt* schlechthin. Hinzuzufügen ist aber, dass der letzte Sinn (*point*) sich selbst gerade dadurch erklärt, dass er alles und jedes erklärt: Er ist die Kohärenz, die den Zusammenhang bzw. den Zusammenhalt von allem und jedem konstituiert.

Nagels oben zitierte Formulierung: »Kann es wirklich etwas geben, das allem anderen dadurch einen Sinn verleiht, dass es es umfasst, das aber seinerseits einen Zweck weder haben kann noch haben muss?« ist ambig. Wie gezeigt wurde, ist es inkohärent zu sagen oder anzunehmen, dass der letzte Sinn (*point*) in einem Theorierahmen T einer Erklärung *von außerhalb* des angenommenen oder vorausgesetzten Theorierahmens T bedarf oder fähig ist, *wenn* weiterhin am angenommenen oder vorausgesetzten Theorierahmen T festgehalten wird.

Auf Nagels weitere Frage »[Kann es wirklich etwas geben,] dessen Zweck nicht von außen erfragt werden kann, weil es hier kein Außen gibt?« lautet jetzt die Antwort: Dies ist nicht nur möglich, sondern auch zwingend, *vorausgesetzt*, man versteht »außerhalb (*outside*)« in der Bedeutung: »außerhalb des *benutzten* Theorierahmens«, *und* man deutet die Begründung »weil es hier kein Außen gibt« so, dass sie bedeutet: »Es gibt kein Außerhalb *des angenommenen/vorausgesetzten Theorierahmens*«, solange man ausschließlich diesen Theorierahmen akzeptiert, benutzt oder voraussetzt. Diese These wurde oben ausführlich erläutert und begründet.

[3] Aus der Auseinandersetzung mit Nagel können einige wichtige Einsichten für die Klärung der Frage gewonnen werden: Genügt nicht eine *eingeschränkte* philosophische Theorie der Weltgeschichte (im oben erläuterten Sinn)? Die Antwort kann jetzt nur noch lauten: Nein; denn eine solche Theorie würde aus der Weltgeschichte ein isoliertes, nur auf sich selbst bezogenes Phänomen im Universum bzw. im Sein im Ganzen machen. Mit anderen Worten: Eine eingeschränkte Theorie der Weltgeschichte würde nur einen sehr begrenzten, relativen Sinn der Weltgeschichte herausarbeiten können. Dies widerspricht direkt dem großen Prinzip der unbegrenzten Intelligibilität aller Dinge und damit auch der Weltgeschichte, des Universums, des Seins im Ganzen. In der treffenden Formulierung Nagels: Eine solche Lösung bzw. Theorie und der von ihr herausgearbeitete »eingeschränkte« Sinn der Weltgeschichte »...zieht

nur, sofern es Ihnen gelingt, nicht darüber hinauszusehen und zu fragen, welchen Sinn das Ganze hat« (Nagel [1987/90: 81]. Nur ein inneres oder äußeres Verbot kann dazu führen, dass eine umfassende gesamtsystematische Theorie der Weltgeschichte nicht in Angriff genommen wird. Aber ein solches Verbot ist kein Argument. Die Beantwortung der Frage nach dem Sinn der Weltgeschichte setzt eine umfassende gesamtsystematische Theorie der Weltgeschichte voraus.

Um Missverständnisse zu vermeiden, sei angefügt, dass die oben herausgearbeitete »Relativität« des jeweils benutzten Theorierahmens in keiner Weise mit der zuletzt für möglich und unabdingbar gehaltenen *uneingeschränkten* philosophischen Theorie der Weltgeschichte konfligiert. Die gemeinte »Relativität« meint den *Grad der Adäquatheit* von Theorierahmen; die Unbeschränktheit der geforderten Theorie der Weltgeschichte betrifft den *thematischen Umfang* und die *thematische Vollständigkeit* der Theorie. Kurz: Eine bzw. die uneingeschränkte Theorie der Weltgeschichte im hier gemeinten Sinn kann in einem mehr oder weniger adäquaten Theorierahmen entwickelt werden.

Zuletzt drängt sich die Frage auf: Unter welchen (mindestens minimalen) notwendigen Bedingungen ist es möglich und sinnvoll, eine positive, nicht materialistisch orientierte umfassende gesamtsystematische Theorie der Weltgeschichte zu entwickeln? In diesem Abschnitt soll nur noch diese Vorfrage geklärt werden.

4.5.3.4.3 Voraussetzungen für eine gesamtsystematische Theorie, die den Sinn der Weltgeschichte klärt

[1] Die Weltgeschichte als eine Konfiguration dritter Ordnung (im erläuterten Sinne, vgl. oben 4.5.5.3 [2]) existiert nur, solange es Individuen/Personen konstituierende Konfigurationen gibt. Eine umfassende gesamtsystematische Theorie der Weltgeschichte hängt daher *entscheidend* davon ab, wie man Individuen/Personen im Gesamt des Universums begreift. Sind sie rein ephemere Erscheinungen im Universum, so ist auch die Weltgeschichte eine ephemere Episode, so wie Fr. Engels dies in seinem schon zitierten Text eindrucksvoll beschrieben hat. Dann hat die Weltgeschichte ebenfalls eine nur ephemere Bedeutung.

Es muss betont werden, dass Theorien der Weltgeschichte, die im oben erläuterten Sinn eingeschränkt sind, eine Bedeutung der Weltgeschichte *immer* explizit vertreten können und müssen. Aber sie können kohärenterweise überhaupt keine andere als eine ephemere Bedeutung akzeptieren oder behaupten, weil sie definitionsgemäß einen expliziten metaphysischen Theorierahmen ausschließen. Dieser aber stellt die unbedingte Voraussetzung für die Entwicklung einer Theorie über die oder eine nicht-ephemere Bedeutung der

Weltgeschichte dar. Doch muss eine zusätzliche Differenzierung eingeführt werden. Eingeschränkte Theorien der Weltgeschichte sind in solche zu unterteilen, die die metaphysische Frage entweder verwerfen oder völlig offen lassen, und in die, die zwar – implizit oder explizit – einen metaphysischen Theorierahmen vertreten, aber einen solchen, der eine nichteingeschränkte Theorie der Weltgeschichte ausschließt. Theorien dieses letzten Typus sind die materialistischen Theorien jeglicher Couleur. Eine materialistische Theorie ist eine metaphysische Theorie in dem hier vorausgesetzten Sinne; denn sie ist eine Theorie über das Ganze der Wirklichkeit, des Seins: Alles, absolut alles, wird in der einen oder anderen Weise letztlich auf Materie *reduziert*.[52] Eine solche materialistische metaphysische Theorie ist daher eine umfassende, nicht-eingeschränkte Theorie. *Wegen ihres materialistischen Charakters* kann aber eine solche Theorie nur eine eingeschränkte, eine rein ephemere Bedeutung der Weltgeschichte anerkennen. Hier hat man es also mit einem in gewisser Hinsicht paradoxen Fall zu tun: Eine metaphysische Theorie, also eine umfassende Theorie über das Ganze der Wirklichkeit, enthält *und impliziert* eine nur *eingeschränkte* Theorie der Weltgeschichte. Diese etwas missverständliche Formulierung muss so verstanden werden: Die umfassende materialistische Theorie kann nur eine eingeschränkte Bedeutung der Weltgeschichte ermöglichen und beinhalten. Genauer wäre also zu formulieren: Die materialistische Theorie ist eine metaphysische, daher umfassende, nichteingeschränkte Theorie, die aber die Weltgeschichte notwendigerweise als eine rein ephemere Episode begreifen muss. Fast alle analytisch orientierten Philosophen sind – implizite oder explizite – Vertreter einer solchen Theorie, da sie – zumindest implizit – einen letztlich materialistischen Grundrahmen voraussetzen oder akzeptieren. Die bis vor kurzem auf Weltebene bekannteste Variante einer solchen materialistischen Theorie war der *dialektische Materialismus*. Einer seiner Hauptvertreter, Friedrich Engels, hat die hier gemeinte eingeschränkte Bedeutung der Weltgeschichte in einer schon oben zitierten Passage klar formuliert:

»[W]ir haben die Gewissheit, dass die Materie in allen ihren Wandlungen ewig dieselbe bleibt, dass keins ihrer Attribute je verlorengehen kann, und dass sie daher auch mit derselben eisernen Notwendigkeit, womit sie auf der Erde ihre höchste Blüte, den denkenden Geist, wieder ausrotten wird, ihn anderswo und in andrer Zeit wieder erzeugen muss.« (Engels [1873/1975: 327])

Die Frage hier muss also lauten: Sind die menschlichen Individuen/Personen absolut kontingente Wesen in dem Sinne, dass sie mit ihrem Tod einfach in jeder Hinsicht zu existieren aufhören, dass sie also einfach aus der Weltbühne

---

[52] Es muss hier bemerkt werden, dass viele Theorien, die heute explizit vertreten oder implizit vorausgesetzt werden, *materialistische* Theorien in einem reichlich vagen Sinne sind. Doch darauf kann im jetzigen Zusammenhang nicht näher eingegangen werden.

(»Welt« hier im umfassendsten Sinne als Sein als Ganzes) und damit aus der Geschichte verschwinden? In der heutigen Philosophie besteht die sonderbare Neigung, diese Frage nur dann überhaupt zu erwähnen, wenn gleichzeitig auf »die Religion(en)« verwiesen wird (vgl. Nagel [1987/90: 98 ff.], Nagel [2001: Kap. 7]). Der/den Religion(en) – und dabei ganz besonders dem Christentum – wird die Auffassung (oder, wie meistens gesagt wird, der Glaube) zugeschrieben, dass die Individuen/Personen ein Leben nach dem Tode haben. Eigenartigerweise wird dabei unterdrückt, dass die Theorie der *Unsterblichkeit der Seele (des Geistes)* zu den ältesten *rein philosophischen* Theorien gehört; sie wurde nämlich seit Platon in der Philosophie vertreten und diskutiert. Die heutige Philosophie bleibt bezüglich dieser Problematik bzw. Thematik außerordentlich und höchst auffallend schweigsam. Dieses Thema gehört zu denjenigen Fragestellungen, denen die analytische Philosophie mit allen Mitteln aus dem Wege zu gehen bemüht ist.[53]

Für eine Philosophie, die ihre Aufgabe und Thematik wirklich ernst nimmt, ist die Frage unausweichlich. Für die hier zu behandelnde Thematik des Sinns der Weltgeschichte in einem umfassenden Sinne ist die Frage schlechterdings fundamental. Nun ist eine im Detail ausgearbeitete Konzeption eine außerordentlich schwierige und komplexe Aufgabe. Schnelle Lösungen führen nicht weiter. Entsprechend der Eigenart und der Zielsetzung des vorliegenden Buches werden hier nur die *rahmenhaften Bedingungen* für eine positive Lösung der Frage erarbeitet. Das soll in der Weise geschehen, dass *zwei* Argumente (genauer wäre zu sagen: zwei Argumentschemata) in informaler Weise skizziert werden; sie sollen zeigen, dass menschliche Individuen/Personen mit dem Tod nicht schlechterdings aufhören zu sein oder zu existieren.

[2] Das *erste* Argument ist kein stichhaltiges Argument; es ist vielmehr ein Fall einer *inference to the best explanation*, ein Argument im Sinne des Aufweises einer besseren oder höheren Intelligibilität und damit Kohärenz. In der Philosophie sollte der Wert solcher Argumente nicht unterschätzt werden, wie dieses Buch in vielen Passagen deutlich gemacht haben dürfte.[54] Das Argument kann als eine Art Zusammenfassung der Überlegungen, die oben in der Auseinandersetzung mit Thomas Nagel angestellt wurden, aufgefasst werden.

---

[53] Wenn extrem selten ein analytischer Philosoph sich dazu äußert, so geschieht dies in der Regel auf einem so niedrigen Niveau, dass seine Behandlung der Frage kaum das Prädikat »philosophisch« verdient. Ein Beispiel dafür ist Kapitel 6 im Buch von B. Williams [1972/1978]. Das Kapitel trägt den Titel: »Die Sache Makropulos: Reflexionen über die Langeweile der Unsterblichkeit«.

[54] Ein besonders interessantes Beispiel für eine sehr lehrreiche und gelungene Anwendung dieser Methode auf ein ähnlich großes und umfassendes philosophisches Thema ist das Buch von Forrest [1996: bes. 26–35, 41–42, 117–21].

4.5 Das Weltganze

Eine der wichtigsten Prämissen ist die oben aufgezeigte Unmöglichkeit, der Frage nach dem letzten Sinn der Weltgeschichte in umfassender systematischer Weise auszuweichen. Wir müssten dazu die Potentialitäten unseres Geistes einfach unterdrücken; unterdrücken heißt jedoch nicht: beseitigen oder zum Verschwinden bringen, sondern bestätigen. Hat unser Geist diese Potentialität, so heißt das, dass seine Verfasstheit keine physikalischen Grenzen kennt; sie ist intentional und reicht so weit wie das Universum selbst.

Eine weitere Prämisse ist die entscheidende. Sie sei hier nur vorsichtig und tentativ formuliert: Es dürfte kaum zu begreifen sein, dass Seiende mit der oben beschriebenen geistigen Verfasstheit einfach aufhören könnten als *individuelle Entitäten* zu existieren.

Dieser Gedanke hat viele Aspekte. Hier sei nur *ein* Aspekt explizit kurz dargelegt (andere Aspekte werden unten im Zusammenhang mit dem zweiten Argument behandelt). Mit der geistigen Verfasstheit des Menschen eröffnet sich so etwas wie eine große »geistige Dimension«; mit diesem Ausdruck und Begriff soll das bezeichnet werden, was man die intellektuelle Welt (die Welt der Wissenschaft, der Theorien, der Ideen, der formalen Strukturen usw.), die ethische Welt (die Welt der Normen und Werte), die kulturelle Welt (die Welt der Kunst, der Literatur, der menschlichen Werke überhaupt), die soziale Welt (die Welt der Gesellschaft, des Staats, des Rechts), die Welt der Religion u. ä. zu nennen pflegt. In allen diesen »Welten« schafft sich die geistige Verfasstheit des Menschen – seine intentionale Koextensionalität mit der Welt als ganzer, mit dem Universum – Ausdruck. Diese Welten verschwinden nicht mit dem Tod des einzelnen Menschen. Hätte es nun einen Sinn, wenn der Mensch als »Schöpfer« all dieser (nicht-physikalischen!) Welten, mit dem Tod einfach zu existieren aufhörte? Welchen? Würde der Mensch einfach verschwinden, so wäre die einzige intelligible Auffassung die, dass die geistige Dimension eine riesige imaginäre, illusionäre, epiphänomenale Dimension wäre, ohne jeden realen Wert: eine absolut ephemere Dimension, genauso wie der Mensch selbst. Um es vorsichtig zu formulieren: Das scheint keinen Sinn zu ergeben.

Die Plausibilität dieser letzten Aussage kann man in vielen Hinsichten untermauern. Hier sei – exemplarisch – nur eine dieser Hinsichten kurz artikuliert. Würde der Mensch mit dem Tod schlechterdings in jeder Hinsicht »verschwinden«, so wäre vieles nicht mehr erklärbar; insbesondere wäre es eine Art Mirakel (oder absurdes Phänomen, was im Grunde dasselbe wäre), dass sich der Mensch/die Menschheit so großartig entwickelt hat und weiterhin entwickelt, dass die Menschen (zumindest oft, ja meistens) so viel kreative Energien entwickelt haben und entwickeln, um jene »geistige Dimension« zu bilden, die oben beschrieben wurde. Wohin es führt oder führen kann, wenn man solche Gesichtspunkte nicht – oder nicht ausreichend – beachtet, kann man auf den beiden letzten Seiten des schon oben zitierten und kommentierten Buches vom Thomas Nagel *Was bedeutet das alles?* [1989⁷/1990] nachlesen. Nagel setzt sich dort mit dem Phänomen auseinander, das er so charakterisiert: »Zum Teil liegt das Problem in unserer unheilbaren Neigung, uns selbst ernst zu nehmen. Wir wollen uns selbst ›von *außen* betrachtet‹ etwas bedeuten.« (Ib. 84) Und das kommentiert er so:

»Wenn wir [...] nicht anders können, als uns so wichtig zu nehmen, dann müssen wir uns womöglich am Ende damit abfinden, lächerlich zu sein. Das Leben ist dann vielleicht nicht allein sinnlos, sondern *absurd*.« (Ib.)

Das ist ein charakteristisches Beispiel für eine Nichtbeachtung der ontologischen Ebene, insbesodere der ontologischen geistigen Verfasstheit des Menschen. Nagel betreibt eine Psychologisierung eines äußerst zweifelhaften Phänomens. Doch das Problem ist nicht ein psychologisches, sondern ein ontologisches.[55]

[3] Im Gegensatz zum ersten Argument dürfte das *zweite* Argument als stichhaltig zu qualifizieren sein. Es hebt auf die im engeren Sinne *ontologische Verfasstheit* der menschlichen Individuen/Personen ab und ist eine Variante des in Abschnitt 4.3.1.2.3.2 vorgetragenen Arguments gegen den Physikalismus. Dieses Argument kann auch als eine völlig neue, völlig revidierte Fassung des in der großen metaphysischen Tradition häufig vorgelegten Hauptargumentes für die sogenannte »Unsterblichkeit der Seele« angesehen werden. Das »traditionelle« Argument basiert auf der für unproblematisch gehaltenen Unterscheidung zwischen immateriellen und materiellen Seienden. Materielle Seiende wurden als Seiende aufgefasst, die in ihre (materiellen) Komponenten dekomponiert werden können und die irgendwann auch tatsächlich dekomponiert werden, was als deren Verschwinden gedeutet wurde. Da das geistige

---

[55] NAGEL selbst ist der beste Kritiker seiner eigenen im obigen Zitat artikulierten Konzeption oder beschriebenen Einstellung. In einem anderen (später erschienenen) Buch, *Das letzte Wort* [1997/1999], argumentiert er treffend gegen den »evolutionstheoretischen Naturalismus (*evolutionary naturalism*)« und den »grotesken, übermäßigen Gebrauch der biologischen Evolutionstheorie zur Erklärung aller Seiten des Lebens, einschließlich aller Seiten des menschlichen Geistes« (ib. 192). Gegen eine evolutionstheoretisch-naturalistische Erklärung von *Vernunft* wendet er besonders ein:
»Ich muss glauben können, dass die evolutionstheoretische Erklärung vereinbar ist mit dem Satz, dass ich den Regeln der Logik entsprechend verfahre, weil sie richtig sind – und nicht *nur* weil ich biologisch auf dieses Verhalten programmiert bin. Aber um das zu glauben, muss ich unabhängig zu der Überzeugung berechtigt sein, dass die Regeln tatsächlich richtig sind. Und das ist nicht schon allein auf der Basis meiner kontingenten psychologischen Neigung mitsamt der Hypothese möglich, dass die Neigung das Produkt der natürlichen Auslese ist. Mein Vertrauen in eine Denkfähigkeit, die ich infolge der natürlichen Auslese besitze, kann nicht gerechtfertigt sein, sofern ich nicht dazu berechtigt bin, ihr schlicht als solcher zu vertrauen und mithin zu glauben, was sie mir *sagt*, weil die von ihr gelieferten Argumente diesen bestimmten *Inhalt* haben.« (Ib.199)
Diese treffende Argumentation macht deutlich, dass es nie auf so etwas wie eine »kontingente psychologische Neigung« ankommen kann, dass wir uns »ernst nehmen« (oder nicht), sondern ausschließlich auf Objektivitätsgesichtspunkte (also darauf, ob Argumente wegen ihres Inhalts gültig sind usw., nicht aber weil sie uns etwa »gefallen« u. dgl.).

Seiende (»die [geistige] Seele« in der Terminologie und gemäß der Konzeption der traditionellen Metaphysik) durch die fundamentale ontologische Eigenschaft der *Einfachheit* charakterisiert ist, kann es nicht dekomponiert werden – und damit kann es nicht aufhören zu existieren. Der Tod des Menschen wurde als die Trennung von »Seele« und »Leib« erklärt und über das »Wesen« der »getrennten Seele« wurden große spekulative Überlegungen angestellt. Hier ist aber nicht der Ort, auf diese Konzeption tiefer einzugehen.

Die Unterscheidung zwischen materiellen und immateriellen Seienden im Sinne der traditionellen metaphysischen Konzeption erscheint heute als zu einfach, wird doch damit ein Dualismus vorausgesetzt bzw. impliziert, der sehr gravierende Probleme aufwirft. Die in diesem Kapitel vorgelegte Konzeption des Menschen als Individuum/Person mit einer geistigen Verfasstheit basiert nicht auf dieser Unterscheidung. Vielmehr wird der Mensch als Bestandteil der *Welt* (des *Kosmos*, des Universums) aufgefasst, so dass auch die *geistige Verfasstheit* des Menschen als eine – allerdings nicht-physikalistische – Komponente der Welt selbst begriffen wird. Das Argument weist eine Ähnlichkeit mit dem »traditionellen« Argument auf, insofern seine Hauptprämisse die fundamentale ontologische Differenz zwischen dem Menschen und den subhumanen Seienden artikuliert.

Der Mensch ist in dieser Hinsicht jenes »Ding« (in) der Welt, das dadurch ausgezeichnet ist, dass es intentional mit der ganzen Welt, mit dem Universum, koextensiv ist. Dieser Gedanke wurde in diesem Buch mehrmals genannt und dargestellt. Begreift man nun diese intentionale Koextensionalität wirklich *ontologisch*, so wird deutlich, dass sie nicht einfach aus der Welt »verschwinden« kann; es ist nicht begreifbar, wie dies geschehen könnte, als ob der Mensch so etwas wie eine »verschwindende« Galaxie o. ä. wäre. Eine Galaxie ist in keiner Weise koextensiv mit der Welt, dem Universum. Die Schwierigkeit, die viele Philosophen haben (könnten bzw. würden), um die Tragweite dieses Gedankens richtig zu erfassen und zu würdigen, rührt daher, dass sie »Intentionalität (also Erkenntnis, Wahrheit usw.)« als eine rein »subjektive Zuständlichkeit« im Kopf oder Hirn des Seienden genannt »Mensch« auffassen. Damit wird aber »Intentionalität« nicht wirklich ontologisch begriffen. Sodann ist eine solche Konzeption nicht nur sonderbar, sondern höchst befremdlich, hat sie doch zur Konsequenz, dass wir es dann als ein *Mirakel* ansehen müssten, dass wir Menschen die *wirklichen* Dinge der Welt, die *wirklichen* Galaxien des Universums, so entfernt sie von uns auch sein mögen, usw. *wirklich* erkennen (können), was impliziert, dass wir sie »erreichen« oder »treffen« (können).

Ein geistig verfasstes Seiendes kann auf der Basis seiner beschriebenen geistigen Konstitution nicht einfach aus der Welt (dem Universum) »verschwinden«, aufhören zu existieren. Das geistige Seiende als »systematischer Einheitspunkt« im Universum (vgl. dazu oben Abschnitt 4.3.1.2.2.3), kann zwar in mancher Hinsicht »Transformationen« unterzogen werden. Beispielsweise kann es seine intellektuellen Fähigkeiten weiter entwickeln oder vervollkommnen, sein Wissen vermehren, seinen Willen durch Handlungen und Entscheidungen konkretisieren usw. Aber dadurch wird, im Gegensatz zu den rein physikalischen Dingen, nicht die eigentliche Individualität/Personalität, das eigene Sein (oder die eigene Existenz) des geistig verfassten Seienden zerstört; vielmehr sind solche Transformationen *weitere Bestimmungen* dieses Seienden, und zwar solche, die seine Existenz und Individualität voraussetzen *und* bestätigen. Von physikalischen Entitäten kann Analoges nicht gesagt werden.[56]

Wenn gesagt wird, dass physikalische Entitäten »nicht einfach verschwinden können«, ist es nicht klar, rein physikalisch gesehen, was damit *positiv* gesagt sein soll. In jedem Fall sollte folgendes klar sein: Es kann nicht bedeuten, dass rein physikalische Entitäten eine selbstidentische Individualität besitzen, die sie *immer* behalten, die sie also nicht verlieren können. Im Lichte der physikalischen Wissenschaften ist eine solche Sicht unhaltbar, da diese Wissenschaften die physikalischen Entitäten nicht als selbstidentische Individualitäten begreifen.[57] Die einzigen möglichen physikalischen Transformationen sind solche, die *innerhalb* des physikalischen Universums verbleiben, also Transformationen, die nur Teile oder Segmente des physikalischen Universums, nicht aber das Universum selbst als ein Ganzes betreffen und nicht darüber hinaus weisen.

Das selbstidentische geistig verfasste Seiende kann nicht in diesem *rein physikalischen* Sinne transformiert werden. Der entscheidende Punkt in diesem zweiten Argument kann nun so artikuliert werden: Wie oben gezeigt wurde, ist der selbstidentische individuelle Geist mit dem Universum *intentional koextensiv*, und zwar nicht nur mit dem physikalischen, sondern mit dem in jeder Hinsicht unbegrenzten Universum (mit dem Sein im Ganzen). Da aber diese Intentionalität, wie oben gezeigt wurde, nur dann angemessen erklärt wird, wenn man sie als *ontologische Dimension* begreift, muss die *Wirklichkeit* – und

---

[56] An dieser Stelle und in den weiteren Ausführungen in diesem Abschnitt wird jede nicht-geistige Entität der Einfachheit halber als »physikalische Entität« bezeichnet. In diesem Sinne sind alle subhumanen Seienden »physikalische Entitäten«.

[57] Ein Beispiel einer der heutigen naturwissenschaftlichen »Interpretationen« der physikalischen Welt möge hier als Illustration angeführt werden. Der Physiker und Mathematiker ROGER PENROSE schreibt über das quantenphysikalische Phänomen der *Verschränkung (entanglement)*:
»Despite their falling short of providing direct communication, the potential distant (›spooky‹) effects of quantum entanglement cannot be ignored. So long as these entanglements persist, *one cannot, strictly speaking, consider any object in the universe as something on its own*. In my own opinion, this situation in physical theory is far from satisfactory. There is no real explanation on the basis of standard theory of why, in practice, entanglements *can* be ignored. Why is it not necessary to consider that the universe is just one incredibly complicated quantum-entangled mess that bears no relationship to the classical-like world that we actually observe?« (PENROSE [1994: 300]; Hervorh. LBP).

damit die selbstidentische Individualität – des geistig verfassten Seienden (des Menschen) als ein *universales Phänomen* im echt ontologischen Sinne, so wie man sonst von »physikalischen Phänomenen« spricht, also als eine *universale Entität* interpretiert werden. Aus diesem Grund ist das selbstidentische geistig verfasste Seiende mit jenen physikalischen »Phänomenen«, die die großen Kräfte der Natur oder des physikalischen Universums genannt werden, z. B. mit der Gravitationskraft (Gravitationskonstante, Gravitationsgesetz), durchaus vergleichbar. Alle physikalischen Transformationen sind Transformationen *im Rahmen dieser Kräfte*; die Kräfte selbst werden nicht von irgendwoher transformiert noch transformieren sie sich selbst; sie bleiben konstant, da sie *universal* sind, indem sie mit dem physikalischen Universum koextensiv sind. Sie sind Voraussetzung für jede physikalische Transformation. Sie können daher nicht einfach aufhören zu existieren oder einfach verschwinden (solange das physikalsche Universum besteht). In partieller Analogie dazu ist zu sagen: Da das selbstidentische geistig verfasste Seiende ein *universales Phänomen im Sinne einer universalen Entität* ist, kann es in dem Sinne keine Transformation erleiden, dass es *als solches* zu existieren aufhört oder einfach verschwindet. Und da die *Universalität* dieses geistig Seienden nicht auf das physikalische Universum beschränkt ist, sondern mit dem absolut unbeschränkten Universum *koextensiv* ist, schließt es *jede* (nicht nur eine physikalische) Möglichkeit eines Aufhörens seiner individuellen Existenz aus.

Der Tod ist die größte und radikalste Transformation überhaupt, der das/die geistige menschliche Individuum/Person *innerhalb* des rein physikalischen Segments des unbeschränkten Universums unterzogen werden kann und mit Notwendigkeit auch unterzogen wird; denn durch den Tod wird die ganze für die Integralität des menschlichen Individuums/der menschlichen Person absolut wesentliche Raum-Zeitlichkeit (»Leib« genannt«) radikal betroffen – und das heißt: transformiert. Die große philosophische Aufgabe wäre nun hier, diese *radikale Transformation* der Raum-Zeitlichkeit zu begreifen. Ohne einen wesentlichen Bezug der geistigen Verfasstheit des Menschen auf Raum-Zeitlichkeit wäre der Mensch nicht das Seiende, das wir kennen, wäre nicht das Individuum/die Person, das/die wir kennen (und auch definiert haben). Ungeachtet der traditionell-metaphysischen Theorie, die den Tod als »Trennung von Seele und Leib« deutete, hat diese Metaphysik den Menschen nie auf eine »reine getrennte Seele (*anima separata*)« reduziert. Wie nun dieser Bezug ontologisch so zu denken ist, dass er auch nach dem Tod besteht, das ist die formidable Aufgabe, mit der sich die Philosophie konfrontiert sieht. Die adäquate Behandlung dieser Frage erfordert eine beinahe monumentale Anstrengung, etwas, was in diesem Buch nicht in Angriff genommen werden kann.

[4] Um diesen umfassenden systematischen Sinn aus einer nicht-materialistischen systematischen Perspektive heraus bestimmen zu können, muss man

voraussetzen können und müssen, dass die geistig verfassten Individuen/Personen mit dem *Tod* nicht einfach von der *Weltbühne* und damit auch aus der *Weltgeschichte* verschwinden. Trifft das zu, so wird erst die eigentliche große Aufgabe sichtbar, den umfassenden Sinn der Weltgeschichte zu bestimmen. Dazu hat die Philosophie bisher kaum einen nennenswerten Beitrag geleistet. Es war die Religion, ganz besonders die christliche, die eine teilweise außerordentlich reichhaltige *Eschatologie* entwickelt hat. Daraus ist eine große *christlich-theologische Gesamttheorie* entstanden, die ihresgleichen nicht hat. Das bedeutet nicht, dass sie philosophisch akzeptierbar ist. Vielmehr erwächst daraus für die Philosophie die Aufgabe, sich damit zu befassen und auseinanderzusetzen. Andernfalls verdiente die Philosophie nicht die Bezeichnung einer bzw. der *universalen Wissenschaft*.

Kapitel 5

Gesamtsystematik: Theorie des Zusammenhangs aller Strukturen und Dimensionen des Seins als Theorie des Seins als solchen und im Ganzen

5.1 Der philosophische Status der Gesamtsystematik

Gesamtsystematik ist die Theorie des Seins als solchen und im Ganzen. Warum die doppelte Formulierung ›Sein als solches‹ und ›Sein im Ganzen‹ verwendet wird, ist Gegenstand des Abschnitts 5.2.1. Vorläufig lässt sich sagen, dass damit die Gesamtstruktur oder die Gesamtarchitektur des Seins zum Thema gemacht wird. Hier ist zu zeigen, wie das genauer und im einzelnen zu verstehen und durchzuführen ist. Diese Aufgabe kann nur schrittweise bewältigt werden. Zuerst soll das grundsätzliche Problem behandelt werden, ob eine Gesamtsystematik gemäß der angegebenen allgemeinen Bestimmung überhaupt möglich ist oder ob prinzipielle Gründe dagegen ins Feld geführt werden können. Eine gründliche und umfassende Klärung dieses Problems ist ihrerseits nur möglich, wenn eine ganze Reihe anderer zentraler Fragen, über die gewöhnlich in sehr unterschiedlichen Kontexten diskutiert wird, in Angriff genommen werden. Die dabei erarbeitete grundsätzliche Lösung des Problems soll dann im einzelnen ausgeführt werden.

5.1.1 Gesamtsystematik als strukturale Metaphysik

Der traditionelle Ausdruck, der am besten das bezeichnen würde, was hier ›Gesamtsystematik‹ genannt wird, ist ›Metaphysik‹; doch ist mit dieser Bezeichnung höchste Vorsicht geboten, da dieses Wort von seiner Geschichte her so überfrachtet ist, dass dessen Verwendung unmittelbar Anlass zu verhängnisvollen Missverständnissen geben kann. Dennoch ist die Verwendung dieses Ausdrucks nicht prinzipiell unstatthaft, besteht doch unzweifelhaft eine tiefgreifende Ähnlichkeit zwischen der zugrundeliegenden Fragestellung und Thematik der Gesamtsystematik einerseits und den explizit formulierten oder implizit wirksamen Intentionen andererseits, aus denen die »Metaphysik« zu allen Zeiten in der einen oder anderen Weise erwachsen ist – auch dann, wenn sie für eindeutig *passé*, ja für endgültig tot deklariert wurde.

Ungeachtet des Umstands, dass auch noch zu Anfang des 21. Jahrhunderts solche Behauptungen wiederholt werden, muss man ironischerweise feststellen, dass allein schon die Titel vieler gegenwärtiger philosophischer Arbeiten eine Anzeige dafür zu sein scheinen, dass »die Metaphysik« lebendiger ist denn je. Doch ist dieses Phänomen kein stichhaltiger Beweis, dass Metaphysik eine wirklich sinnvolle, mögliche oder gar unverzichtbare philosophische Disziplin ist. Hier ist zuerst nur hervorzuheben, dass es eine tiefe Kontinuität zwischen der großen metaphysischen Tradition und dem Programm einer Gesamtsystematik, wie sie in diesem Buch intendiert ist, besteht. Daher wird der Ausdruck ›Metaphysik‹ hier auch verwendet, allerdings eher beiläufig und in jedem Fall mit großer Vorsicht. Dies ist kurz zu erläutern.

Der Ausdruck ›Metaphysik‹ hat eine so dramatische Geschichte gehabt, dass der Philosoph gut daran tut, ihn entweder zu vermeiden oder genau zu klären, in welcher Weise und in welchem Sinne er ihn verwendet bzw. verwenden will. Dafür gibt es grundsätzlich *drei* Möglichkeiten.

Die *erste* Möglichkeit besteht darin, dass der Philosoph einen bestimmten aus der Philosophiegeschichte bekannten Begriff von »Metaphysik« voraussetzt oder explizit darstellt. Ein solches Vorgehen ist in methodischer Hinsicht nicht *a priori* zu beanstanden, weiß doch in diesem Fall der Leser genau, wie der Philosoph »Metaphysik« versteht bzw. verstanden wissen will. Wird das Vorgehen im Sinne der ersten Möglichkeit nicht explizit erläutert, so ist Bejahung oder Verwerfung von »Metaphysik« ein sinnloses und leeres Unterfangen. Man muss feststellen, dass derzeit die meisten allgemein gehaltenen Ablehnungen von »Metaphysik« unter diese Rubrik fallen. Der so verfahrende Philosoph sieht sich allerdings mit einem schwierigen Problem konfrontiert, nämlich mit den Interpretationen und Verwerfungen der gesamten in der Geschichte anzutreffenden »Metaphysik«, d. h. also mit allen Begriffen oder Gestalten von Metaphysik. Wer diese erste Möglichkeit in Anspruch nimmt, muss sehen, wie er diese Problemlage bewältigt. Die drei bekanntesten Richtungen einer solchen radikalen metaphysikkritischen Einstellung sind Kants Transzendentalphilosophie, der logische Positivismus (Wiener Schule) und Heideggers »wesentliches oder anfängliches Denken«.

Die *zweite* Möglichkeit kann die direkt systematische genannt werden. Der Philosoph legt eine eigene Definition des Ausdrucks bzw. Begriffs »Metaphysik« vor. Da er das historisch vorgegebene Wort ›Metaphysik‹ verwendet, ist es klar, dass er sich dabei in der einen oder anderen Weise auch auf die große Tradition der »Metaphysik« bezieht bzw. beziehen muss. Er tut dies aber nicht wie der erste Philosoph, indem er auf eine bestimmte Gestalt von Metaphysik zurückgreift, sondern so, dass er so etwas wie die große, mit dem Wort ›Metaphysik‹ verbundene Intuition in eigenständiger Weise aufgreift und zu artikulieren versucht. Dabei ist vorausgesetzt, dass sich seine Artikulation dieser großen Intuition nicht mit einer der historisch bekannten Gestalten

5.1 Der philosophische Status der Gesamtsystematik

von Metaphysik deckt. Indem er so verfährt, sieht sich dieser Philosoph nicht automatisch mit den soeben genannten antimetaphysischen Richtungen konfrontiert und ist damit von ihnen nicht unmittelbar betroffen.

Die *dritte* Möglichkeit schließlich ist ganz anders orientiert. Hier wird der Ausdruck »Metaphysik« nicht im Sinne eines bestimmten expliziten Begriffs oder einer bestimmten expliziten Gestalt von Metaphysik und auch nicht im Sinne einer expliziten, im voraus gelieferten eigenen Definition, sondern sozusagen *a posteriori* oder genauer *post factum* verwendet. Eine philosophische Konzeption oder Theorie (über ein bestimmtes Thema) wird durchgeführt, und nachträglich wird der Konzeption/Theorie die Bezeichnung »metaphysisch« zugewiesen. Dass der Ausdruck ›Metaphysik‹ faktisch etwa schon im Titel einer Darstellung einer solchen Konzeption/Theorie erscheint, geschieht dann nur aus Konvenienzgründen. Die Bezeichnung oder Charakterisierung des Status der Konzeption/Theorie wird vorweggenommen (antizipiert). Auf die Frage: Was ist Metaphysik? wäre im Sinne dieser dritten Möglichkeit zu antworten: Metaphysik ist (beispielsweise) das, was hier durchgeführt wurde. Dieses Verfahren ist ebenfalls nicht zu beanstanden; im Gegenteil: Angesichts der chaotischen Verwendung – in positiver und negativer Hinsicht – des Ausdrucks ›Metaphysik‹ ist es sogar zu empfehlen, zumindest dann, wenn es sich um die Behandlung spezieller Themenstellungen handelt. Allerdings muss hinzugefügt werden, dass es die philosophische Klarheit erfordert, die im erläuterten Sinne *post factum* eingeführte Bezeichnung ›Metaphysik‹ nachträglich genau begrifflich oder definitorisch zu erläutern bzw. zu charakterisieren.

Im vorliegenden Buch, das eine *strukturale* Metaphysik entwickelt, für die es in der Philosophiegeschichte keine Vorbilder gibt, wird teilweise im Sinne der zweiten und teilweise im Sinne der dritten Möglichkeit verfahren. Dass der Term ›Metaphysik‹ beibehalten wird, soll als Indiz dafür verstanden werden, dass diese Konzeption in signifikanter Weise an fundamentale Intuitionen und Themenstellungen anknüpft, die in der Philosophiegeschichte zur »Metaphysik« gerechnet wurden. Das Qualifikativum »ohne Vorbilder« zeigt an, dass die hier vorgestellte Theorie in dem Sinne innovativ ist, dass sie durch eine wichtige Diskontinuität zu bisherigen metaphysischen Konzeptionen charakterisiert ist; das Qualifikativum »struktural« zeigt an, worin das grundlegende Merkmal dieser neuen Metaphysik besteht.

Gegen eine Gesamtsystematik, die in teilweiser Kontinuität und teilweiser Diskontinuität zur traditionellen Metaphysik steht, lassen sich eine Fülle von Einwänden erheben. Viele solcher Einwände, die schon im Verlauf der Geschichte der Philosophie formuliert wurden, können heute als erledigt betrachtet werden, so beispielsweise Kants berühmter Einwand, die Metaphysik stelle synthetische Sätze *a priori* auf, die leer ausgehen, da sie keine Fundierung in der Erfahrung hätten und keine direkte Möglichkeitsbedingung bei der Konstitution der Erkenntnis empirischer Gegenstände darstellten. Die Dualität von sinnlichen und übersinnlichen Gegenständen bzw. von sinnlicher und übersinnlicher Welt, die bei Kant alles entscheidende Unterscheidung zwischen analytischen und synthetischen Sätzen, die spezifische Unterscheidung zwischen synthetischen Sätzen *a priori* und synthetischen Sätzen *a posteriori* und viele andere Annahmen, die in der Geschichte der Kritik der Metaphysik eine Zeitlang eine ausschlaggebende Rolle gespielt haben, haben sich weitestgehend von selbst erledigt. Diese auf den ersten Blick kühn anmutende These soll hier nicht im einzelnen begründet werden, da dies weit über die Zielsetzung des vorliegenden Buches hinausführen würde; sie muss hier aber aufgestellt werden, da sie zu jenen Voraussetzungen gehört, auf denen der in diesem Kapitel zu unternehmende Versuch beruht.

Eine ähnliche Problemlage bietet die analytische Philosophie. Dadurch, dass die Sprache und die formale Logik in den Mittelpunkt der philosophischen Fragestellungen und Methoden rückten, drängten sich Probleme und Aufgaben auf, die *zunächst* dazu geführt haben, dass in der Geschichte der analytischen Philosophie auch ausgesprochen antimetaphysische Richtungen entstanden sind, die aber im Rahmen der analytischen Philosophie selbst allmählich überwunden wurden. Das berühmteste Beispiel ist der logische Positivismus oder Empirismus des Wiener Kreises. Heute wird Metaphysik im Rahmen der analytischen Philosophie wie eine selbstverständliche Disziplin bzw. Thematik angesehen. Allerdings gilt das nicht undifferenziert und uneingeschränkt; denn »Metaphysik« im Rahmen der analytischen Philosophie wird, wenn sie als selbstverständliche Thematik verstanden wird, meist nur in einem ganz bestimmten und das heißt: in einem limitierten Sinne begriffen und gepflegt. Traditionell würde man von einer »*metaphysica specialis*« sprechen, also von bestimmten Bereichen bzw. Fragestellungen, die dann »metaphysisch« genannt werden. Eine universale Metaphysik wird in der analytischen Philosophie nur sehr langsam und sehr zögerlich in Angriff genommen und entwickelt. Der Grund dafür liegt hauptsächlich in dem im nächsten Abschnitt behandelten Problem, das meistens unter der Oberfläche weiter glimmt und negative Auswirkungen auf die ganze philosophische Problemlage der Gegenwart hat.

5.1.2 Das Haupthindernis für die Entwicklung einer Gesamtsystematik als strukturaler Metaphysik

Das hier gemeinte Haupthindernis ist ein Problem, das wohl als ein Erbe der Kantischen Philosophie anzusehen ist. Es hat auf die ganze nachkantische Philosophie immer eine nachhaltige und vielfältige Wirkung gehabt und zeigt heute seine Virulenz besonders in allen jenen Richtungen der analytischen Philosophie, die man unter der Sammelbezeichnung »antirealistische Richtungen« zusammenfassen kann. Es ist das sogenannte »Kluft- oder Schnitt-Problem«.

5.1.2.1 Das »Kluft- oder Schnitt-Problem«

Dieses Problem ergibt sich direkt aus Kants sogenannter transzendentaler Wende. Diese Wende besagt, dass eine tiefe, unüberbrückbare Kluft zwischen der Dimension des Subjekts und der Dimension der Realität besteht, wobei alles, was Erkenntnis besagt, alles Begriffliche u. ä. in den subjektiven Pol dieser Dualität verlegt wird. Bei Kant wird die Kluft als die radikale Unterscheidung, ja Trennung von Subjektivität mit allem, was ihr zugeschrieben wird, auf der einen Seite und dem Bereich der Dinge-an-sich auf der anderen Seite charakterisiert. Kants ganze kritische Philosophie beruht auf dieser strengen Dichotomie.

Unter explizitem Hinweis auf Kant hat H. *Putnam* dieses Problem ins Zentrum der philosophischen Thematik seiner mittleren philosophischen Entwicklungsphase gerückt und es in einer Weise beschrieben, die für weite Teile der heutigen philosophischen Diskussion maßgebend geworden ist (vgl. Putnam [1990]. Ihm zufolge besteht das Problem in einer Kluft (*gap*) oder in einem Schnitt (*cut*) zwischen einerseits Subjekt(tivität)-Denken-Geist-Sprache(-Theorien …) und andererseits dem »System«, was immer für eine weitere oder verständlichere Bezeichnung man dafür einsetzen mag: Wirklichkeit, Welt, Universum, Sein (im Ganzen) usw. In der von Kant bestimmten Tradition wird diese Kluft für absolut unüberwindbar gehalten.

Putnam beschreibt zwei Beispiele, die er für höchst illustrativ und zentral hält. Das erste bezieht sich auf den Bereich der Quantenphysik. Putnam zitiert Eugene Wigner, der von einem »cut between the system and the observer« (ib. 4) sprach. Der ganze Apparat, mit dem die Messungen durchgeführt werden, welche die Vorhersagen der Theorie testieren sollen, liegt auf der Seite des Beobachters. Daraus ergibt sich, dass der Theoretiker bzw. Beobachter *nicht* zum System selbst gehört, mit dem er es zu tun hat. Putnam schließt daraus, dass eine quanten-mechanische Theorie des *ganzen Universums* (d. h. hier, des Universums, begriffen als ein auch den Theoretiker oder Beobachter einschließendes Ganzes) gar nicht möglich ist. Eine solche Theorie müsste nämlich voraussetzen, dass die Kluft bzw. der Schnitt zwischen Theoretiker/Beobachter und System überwunden werden kann. Das aber wäre eine Theorie des ganzen Universums »vom Standpunkt Gottes (*God's-Eye View*)«. Und Putnam fügt hinzu:

»The dream of a picture of the universe which is so complete that it actually includes the theorist-observer in the act of picturing the universe is the dream of a physics which is also a metaphysics (or of a physics which once and for all makes metaphysics unnecessary).« (Ib. 5)

»[W]hat it means to have a cut between the observer and the system is [...] that a great dream is given up – the dream of a description of physical reality as it is apart from observers, a description which is objective in the sense of being ›from no particular point of view‹.« (Ib.11)

Putnams zweites illustratives Beispiel ist die sogenannte Lügnerparadoxie und die von Tarski formulierte Lösung. Natürliche Sprachen sind nach Tarski »semantisch geschlossen«, d. h. sie können, innerhalb der eigenen Dimension verbleibend, alle möglichen Konstruktionen bilden, auch jene Konstruktionen, die eine Paradoxie erzeugen, z. B. den Satz: »Der Satz, den der Leser dieses Buches jetzt gerade liest, ist falsch«, oder schematisch:

(1)   Der Satz (1) ist falsch.

Da Tarski unabhängig vom Problem der Wahrheitsparadoxie das »Wahrheitsschema«

(WS)   ›p‹ ist wahr genau dann wenn p

eingeführt hat, folgt aus (WS), durch Einsetzung von (1) für ›p‹:

(1')   ›Der Satz (1) ist falsch‹ ist wahr genau dann wenn (1) ist falsch

und daher

(1'')   ›Der Satz (1) ist falsch‹ ist wahr genau dann wenn ›(1) ist falsch‹ ist falsch.

Der Widerspruch liegt auf der Hand.

Tarskis Ausweg war die Einführung der Unterscheidung von Objektsprache und Metasprache sowie einer Hierarchie von (Meta)Sprachen. Kein Widerspruch entsteht, wenn man Objekt- und Metasprache unterscheidet: Der nominalisierte und als wahr qualifizierte Satz auf der *linken* Seite des Äquivalenzzeichens (»genau dann wenn«) gehört zu einer anderen Sprache, nämlich zur Objektsprache, als »derselbe« Satz in nicht-nominalisierter Form auf der rechten Seite des Äquivalenzzeichens; letzterer Satz gehört zur Metasprache. Diese ohne Zweifel logisch einwandfreie und elegante Lösung hat aber einen Preis, den kaum ein gesamtsystematisch denkender Philosoph zu zahlen bereit ist: Tarskis Lösung ist erkauft auf der Basis der Aufgabe eines einheitlichen und universalen Wahrheitsbegriffs. Ihm zufolge hat jede Sprache $L, L_1, L_2 \ldots$ jeweils *ihren eigenen* Wahrheitsbegriff. Zu Recht stellt Putnam die Frage: In welcher Sprache redet dann der Theoretiker, der gerade über diese Zusammenhänge redet? Darauf gibt es nach Tarski keine Antwort.

Putnam zufolge bringt dieses zweite illustrative Beispiel dasselbe Grundphänomen der »Kluft« oder des »Schnitts« zwischen »Theoretiker/Sprecher« und »System« zum Vorschein, wenn auch in einer anderen Form (von einem »Beobachter« kann man hier sinnvollerweise nicht sprechen): Die Sprache des Theoretikers/Sprechers (mit allem, was sie an Begrifflichkeit, syntaktischen und semantischen Strukturen usw. beinhaltet) bleibt *außerhalb* jenes »Ganzen« (»Systems«), *über* welches der Theoretiker redet. Zwischen beiden klafft eine absolute Kluft, ein absoluter Schnitt.

Wenn man unabhängig von Putnams Beispielen dennoch eine Kluft bzw. einen Schnitt der beschriebenen Art behaupten will, wäre dann die Akzeptanz der sich daraus ergebenden Konsequenzen das letztmögliche Wort in der Philosophie? Wäre damit eine der als endgültig zu bezeichnenden »Einsichten« der Philosophie erreicht? In den weiteren Abschnitten des vorliegenden Kapitels soll gezeigt werden, dass diese Position nicht nur nicht zwingend ist, sondern dass sie das Ergebnis einer Reihe von teilweise falschen, teilweise ungeklärten und teilweise einseitigen Annahmen, Vorstellungen und Fragestellungen darstellt.

5.1.2.2 *Beispiele von falschen und ungenügenden »Lösungen«*

Es versteht sich von selbst, dass dies nicht der Ort ist, alle heute vorhandenen diesbezüglichen Positionen zu untersuchen; es sollen vielmehr nur besonders charakteristische Beispiele für falsche und ungenügende »Lösungen« ausgewählt werden.

[1] Es ist sehr lehrreich, die verschiedenen, sich widersprechenden Konsequenzen zu verfolgen, die Putnam selbst im Verlauf seiner durch oft überraschende Wendungen charakterisierten philosophischen Entwicklung aus seiner Beschreibung des Problems gezogen und in Form von »Lösungen« präsentiert hat. Am Anfang vertrat Putnam eine Position, die er – missverständlicherweise – »*metaphysischen Realismus*« (vgl. Putnam [1980/1983]) nannte und so erläuterte:

»What makes the metaphysical realist a *metaphysical* realist is his belief that there is somewhere ›one true theory‹ (two theories which are true and complete descriptions of the world would be mere notational variants of each other). In company with a correspondence theory of truth, this belief in one true theory requires a *ready-made world* (an expression suggested in this connection by Nelson Goodman): the world itself has to have a ›built-in‹ structure since otherwise theories with different structures might correctly ›copy‹ the world (from different perspectives) and truth would lose its absolute (non-perspectival) character.« (Putnam [1983: 11]

Diese Position basiert auf der Annahme, dass »System« einfach die Welt oder das Universum ist, das in sich voll strukturiert ist, und zwar völlig unabhängig von unserem (dem menschlichen) Geist, von unserer Sprache, unseren Theorien. Aufgabe der Philosophie bzw. der Wissenschaft(en) ist es demnach, diese Welt im Sinne einer Theorie zu »erfassen«, welche die perfekte Widerspiegelung der Welt artikuliert. Faktisch basiert diese Position auf der Annahme, dass wir Menschen in der Lage sind, so etwas wie eine »God's Eye View« zu beziehen und zur Geltung zu bringen, also über einen »Standpunkt« zu verfügen, der *beide* Seiten der Kluft bzw. des Schnitts zu *umgreifen* vermag, so dass wir Theorie und Welt miteinander *vergleichen* und darum entscheiden können, ob zwischen beiden eine *Korrespondenz* besteht bzw. wann eine solche Korrespondenz erreicht ist. Daher betonte Putnam stets, dass der metaphysische Realismus eine *Korrespondenztheorie der Wahrheit* voraussetzt bzw. impliziert.

Hauptsächlich *drei* Faktoren haben Putnam veranlasst, diese Position aufzugeben. Erstens ist die Annahme, wir könnten über eine *»God's Eye View«* verfügen, eine Anmaßung und eine Irrealität.[1] Zweitens hat der metaphysische Realismus, *insofern* er von uns, die wir nicht »Gott« sind, vertreten bzw. entwickelt wird, eine aus vielen Gründen inakzeptable Konsequenz: Weil die Kluft zwischen Theorie und System (Welt, Universum) *für uns*, die wir *endliche Wesen* sind, unüberbrückbar ist, lässt es sich nicht ausschließen, dass sogar eine von uns entwickelte *ideale* Theorie (d.h. eine Theorie, die alle an eine Theorie zu stellenden Bedingungen erfüllt) diese Welt doch verfehlen, also falsch sein könnte. Nach Putnam ist aber eine solche Annahme inakzeptabel, weil »the metaphysical realist's claim that even the ideal theory T_1 might be false ›in reality‹ seems to collapse into unintelligibility« (Putnam [1980/1983: 433]). Ein dritter Faktor spielte eine wesentliche Rolle, und zwar in dem Maße, in dem die Philosophie des späten Wittgenstein einen zunehmenden Einfluss auf Putnam gewann. Putnam begann, in Positionen wie dem metaphysischen Realismus eine »naiveté about meaning« (Putnam [1994: 449]) zu erblicken, die heute – seit Wittgenstein – ihm zufolge einfach nicht mehr zu halten ist.

[2] So wurde der metaphysische Realismus von Putnam radikal in Frage gestellt und durch eine Position ersetzt, die eine Form des Antirealismus darstellt und von ihm »interner Realismus«[2] genannt wurde. Sie ist in der bekannten Formulierung zusammengefasst: Weil es keine »ready-made world« (Putnam [1983: 205–228]) gibt, gibt es »Realität/Welt/Universum« nur als eine von *uns* (vom menschlichem Geist, von der menschlichen Sprache, von den menschlichen *conceptual schemes*, von unseren Theorien) geformte oder gestaltete Dimension. Das Epitheton »intern« soll den Umstand bezeichnen,

---

[1] Eine charaktersitische Passage lautet: »We don't have notions of the ›existence‹ of things or of the ›truth‹ of statements that are independent of the versions we construct and of the procedures and practices that give sense to talk of ›existence‹ and ›truth‹ within those versions.« (PUTNAM [1983: 230])

[2] In seinen *Dewey Lectures* ([1994]) charakterisiert PUTNAM den »internen Realismus« als die Auffassung »I have been defending in various lectures and publications over the last twenty years« (ib. 461, Fußn. 36). Großenteils sind diese *Lectures* der Aufgabe gewidmet, die PUTNAM in Angriff nimmt, um zu zeigen »where I went wrong« (ib. 456), indem er diese Position verteidigte.

5.1 Der philosophische Status der Gesamtsystematik

dass »Realität/Welt/Universum« nur *innerhalb* eines von uns entworfenen und zur Anwendung gebrachten *conceptual scheme* Sinn macht, ja überhaupt existiert. Der Frage, ob »Realität« oder »Welt« *überhaupt* als *nicht* von uns gestaltete Welt existiert oder existieren könnte, wird bezeichnenderweise hartnäckig ausgewichen. Das ist einer der wunden Punkte dieser Position.[3] Die Kluft bzw. der Schnitt von Theorie und System wird – ganz und gar in der Kantischen Tradition – dadurch noch radikal vertieft und damit zementiert, dass der objektive Pol (das »System«, die Welt) noch einmal radikal gespalten wird, indem zwischen einer »an sich seienden Seite« und einer »durch unseren Geist gestalteten Seite« unterschieden wird. Die erste wird zwar nicht direkt und explizit negiert, aber völlig im Dunkeln gelassen; sie dient nur als Folie dazu, die von unserem Geist »gesetzte« andere Seite allein in den Vordergrund zu rücken. Die »an sich seiende Seite«, der objektive Pol, wird darüber hinaus einfach beiseite geschoben und mit der Begründung »sich selbst überlassen«, sie »mache keinen Sinn«; und in der Tat macht es keinen Sinn, wenn jeder Sinn ausschließlich »von uns« kommt.

Putnams »interner Realismus« ist das Ergebnis einer sonderbaren Verbindung zweier Einsichten, einer zutiefst richtigen und einer falschen und obendrein oberflächlichen Einsicht. Die richtige Einsicht betrifft das Verhältnis von Geist bzw. Sprache und Welt (Universum, Realität). Die Annahme, Welt (Universum, Realität) existiere oder könne existieren in absoluter Unabhängigkeit von Geist bzw. Sprache (Theorie, Begrifflichkeit usw.), ist nicht-intelligibel, daher nicht akzeptabel. Allerdings bleibt Putnams Begründung dieser These auf halbem Weg stehen. Es genügt nicht, nur allgemein zu sagen, dass eine so konzipierte Welt/Realität eine »nackte« Welt/Realität wäre u. dgl. Es muss gezeigt werden, in welchem genauen Sinn die so konzipierte Welt/Realität »nackt« wäre, welche Implikationen diese Annahme hätte usw.

Der wahre und einzig stichhaltige Grund lässt sich kurz so formulieren (auf diesen Sachverhalt wird im weiteren Verlauf dieses Kapitels noch ausführlicher einzugehen sein): Es können überhaupt keine Fragen über die Kluft bzw. den Schnitt zwischen Denken/Geist/Sprache und »System« bzw. über Positionen wie Realismus, Antirealismus u. ä. grundsätzlich geklärt werden, wenn man nicht explizit folgende zentrale *ontologische* These vertritt: Was immer sonst jene Dimension, die man »System«, »Welt (Universum, Sein)« o. ä. zu nennen

---

[3] PUTNAM schreibt:
»I am not inclined to scoff at the idea of a noumenal ground behind the dualities of experience, even if all attempts to talk about it lead to antinomies. Analytic philosophers have always tried to dismiss the transcendental [*sic*] as nonsense, but it does have an eerie way of reappearing. [...] Because one cannot talk about the transcendent [*sic*] or even deny its existence without paradox, one's attitude to it must, perhaps, be the concern of religion rather than of rational philosophy.
The idea of a coherent theory of the noumena, consistent, systematic, and arrived at by ›the scientific method‹, seems to me to be chimerical.« [1983: 226-7]

pflegt, sein mag, sie besitzt in jedem Fall *eine* grundlegende *immanente (echt ontologische)* Strukturiertheit, d. h.: vollständige *Ausdrückbarkeit*. Der Terminus ›Ausdrückbarkeit‹ wird hier in einem umfassenden Sinne verwendet, als »Dachterminus« oder als Kürzel für eine ganze Reihe anderer Ausdrücke, die in jeweils bestimmten Zusammenhängen anstelle des allgemeinen Terminus ›Ausdrückbarkeit‹ zu verwenden wären, wie: Intelligibilität, Begreifbarkeit, Erfassbarkeit, Verstehbarkeit, Artikulierbarkeit, Erklärbarkeit u. ä.[4] Ausdrückbarkeit (in dem hier gemeinten Sinne) ist ohne Sprache (Begrifflichkeit, Geist …) nicht verständlich; denn »Ausdrückbarkeit« setzt die inverse Relation des *Ausdrückens* und diese ihrerseits eine *ausdrückende Instanz* voraus. Die ausdrückende Instanz ist die Sprache (hier im weitesten Sinne überhaupt, worauf unten ausführlich einzugehen sein wird).

Ohne diese zentrale *ontologische* These wäre absolut nichts in Bezug auf Sprache (in ihrem deskriptiven Segment), Theorie, Wahrheit usw. verständlich zu machen. Ist dem so, dann erscheint die Annahme einer »nackten« Welt im Sinne einer *ohne jeden Bezug auf so etwas wie Sprache, Geist, Begrifflichkeit usw.* konzipierte »allein in sich eingekapselte« Welt als eine metaphysische Unmöglichkeit und damit als nicht-intelligibel.

Die *zweite* Annahme, auf welcher der interne Realismus basiert und die oben als unrichtig und zutiefst oberflächlich bezeichnet wurde, ist die mit erstaunlicher Selbstverständlichkeit vorausgesetzte These, dass die »Welt« (Realität, Universum) ohne Bezug auf *unsere* Sprache, auf *unseren* Geist, kurz: auf *uns* (Menschen), eben »nackt« im angegeben Sinne wäre. Aber wir selbst, unsere Sprache(n), unsere Theorien usw. sind rein kontingente Dinge, ohne welche die sogenannte physikalische Welt auch existieren könnte (und faktisch existiert hat). Wie können dann »die Menschen« (auch in ihrer wie immer zu denkenden Totalität genommen) zum »Maßstab« für das, was Welt ist, genommen werden? Dies ist offensichtlich eine äußerst unplausible Annahme. Da aber die erste Einsicht (in ihrer korrigierten, adäquat artikulierten Form) richtig ist, ergibt sich daraus die Aufgabe, die Frage zu klären, wie »Sprache«, »Geist« usw. gedacht werden kann und muss, damit behauptet werden kann, dass eine »Welt« ohne Bezug auf »Sprache«, »Geist« usw. ein Unding wäre.

---

[4] Im Grunde ist die hier gemeinte »immanente Strukturiertheit« etwas, was viele Philosophen im Verlauf der Philosophiegeschichte zu artikulieren versucht haben. Insofern kann man von einer uralten philosophischen Einsicht sprechen. Allerdings kommt es heute entscheidend darauf an, diese Einsicht eben *heute*, d. h. gemäß den heute zu beachtenden philosophischen Standards, zu artikulieren. Formen dieser Einsicht sind u. a.: die schon in der antiken Philosophie vertretene These, Denken und Sein seien dasselbe; die Transzendentalienlehre der großen christlich-metaphysischen Tradition, besonders die spezifische These: *Omne ens est verum* (was wohl nicht anderes bedeutet als: *omne ens est intelligibile*); die (dialektische) Identität von Sein und »Begriff« (HEGEL); die von H.-G. GADAMER formulierte These: »Sein, das verstanden werden kann, ist Sprache« (GADAMER [1960/1965: XX]) usw.

5.1 Der philosophische Status der Gesamtsystematik

Dieser Aufgabe soll unten im Rahmen des Versuchs, eine *adäquate* Lösung des »Kluft- bzw. Schnittproblems« zu erarbeiten, nachgegangen werden.

[3] Putnam selbst hat die Unhaltbarkeit des internen Realismus eingesehen. In seiner (vorerst) letzten Entwicklungsphase gab er diese Position auf, und zwar zugunsten einer neuen Position, die er »pragmatischen« oder auch »direkten oder natürlichen« oder »commonsensical« Realismus nennt.[5] Diese Position ist dadurch charakterisiert, dass sie die beiden anderen von Putnam früher vertretenen Formen des Realismus als »nicht-intelligibel« (Putnam [1994: 487]) bezeichnet. Das ist freilich kaum nachvollziehbar, da man ständig mit der Frage konfrontiert wird, wie Putnams (vorerst) letzte Position selbst wirklich zu verstehen ist, d. h. ob sie wirklich intelligibel ist. Putnam bezieht eine radikal Wittgensteinsche Haltung, so dass seine neue Auffassung etwas ganz anderes darstellt als jede der beiden vorher vertretenen Positionen. Der entscheidende Punkt dürfte darin zu sehen sein, dass er mit Wittgenstein der natürlichen, der »realen« oder effektiv gesprochenen Sprache die alles bestimmende Rolle zuschreibt. Alles entscheidet sich an Wittgensteins berühmtem Diktum: »Bedeutung ist Gebrauch (*Meaning is use*)«[6]. Und Putnam deutet dies so:

»[T]he use of words in a language game cannot, in most cases, be described without employing the vocabulary of that game or a vocabulary internally related to the vocabulary of that game. If one wants to describe the use of the sentence ›There is a coffee table in front of me‹, one has to take for granted its internal relations to, among others, facts such as that one perceives coffee tables. By speaking of perceiving coffee tables, what I have in mind is not the minimal sense of ›see‹ or ›feel‹ (the sense in which one might be said to ›see‹ or ›feel‹ a coffee table even if one had not the faintest idea what a coffee table is), I mean the full-achievement sense, the sense in which to see a coffee table is to see that it is a coffee table that is in front of me.« (Ib.458)

Dies ist ein charakteristisches Beispiel jener »Reduktion« aller philosophischen Aussagen auf Aussagen der bzw. in der »natürlichen«, »normalen« Sprache, die nach Wittgenstein die wahre *therapeutische* Methode ist, der die Philosophie unterzogen werden muss. Das philosophische Problem, das hier sofort entsteht, lautet: Was ist damit an Intelligibilität gewonnen? Die Paraphrasierung von Sätzen irgendwelcher Art durch Sätze der natürlichen oder normalen Sprache ist eine ganz »natürliche« Nivellierung aller philo-

---

[5] Vgl. die detaillierte Darstellung in den *Dewey Lectures* 1994. Für die Terminologie vgl. S. 468. PUTNAM nennt vor allem W. JAMES, HUSSERL, WITTGESTEIN und AUSTIN als die Autoren, die ihn dazu gebracht haben zu sehen, dass »progress in philosophy requires a recovery of ›the natural realism of the common man‹« (ib. 469).

[6] WITTGENSTEINS genaue Formulierung lautet: »Man kann für eine *große* Klasse von Fällen der Benützung des Wortes ›Bedeutung‹ – wenn auch nicht für *alle* Fälle seiner Benützung – dieses Wort so erklären: Die Bedeutung eines Wortes ist sein Gebrauch in der Sprache.« (WITTGENSTEIN [PhU: § 43])

sophischen Fragen, Einsichten und Thesen auf die Ebene des »natürlichen« oder »normalen« Sprechens. Ist aber das natürliche oder normale Sprechen intelligibel? Wäre dem so, so wäre nicht zu erklären, wieso Philosophie und Wissenschaft überhaupt entstanden sind. Was sich aus dieser Reduktion in Wirklichkeit ergibt, ist eine Verflachung der philosophischen Aussagen. Man betrachte den letzten Satz im obigen Zitat: »By speaking of perceiving coffee tables, what I have in mind is not the minimal sense of ›see‹ or ›feel‹ (the sense in which one might be said to ›see‹ or ›feel‹ a coffee table even if one had not the faintest idea what a coffee table is), I mean the full-achievement sense, the sense in which to see a coffee table is to see that it is a coffee table that is in front of me.« »The full-achievement sense« des Ausdrucks »see« ist also in der merkwürdigen Tautologie zu sehen: »… to see a coffee table is to see that it is a coffee table that is in front of me«. Auf diese Weise wird Philosophie auf Trivialitäten reduziert.[7]

[4] Dessenungeachtet beinhaltet die zuletzt analysierte Position einen Faktor, der eine große Bedeutung für eine Theorie der Erkenntnis und auch für die Gesamtsystematik hat. Im Anschluss an Autoren wie J. McDowell und andere betont Putnam die Notwendigkeit, jene Auffassung zu überwinden, die in der ganzen Neuzeit vorherrschend war und noch heute in weiten Teilen der Philosophie vertreten wird: dass zwischen dem Erkenntnissubjekt und der zu erkennenden Sache ein »vermittelndes Medium«, eine »Schnittstelle (*interface*)« anzunehmen ist. In der Neuzeit spielten diese Rolle vornehmlich die »sinnlichen Daten (*sense data*)«. Danach haben Erkennende nur zu diesem Medium unmittelbaren Zugang und erst dann stellt sich die Frage, wie man von hier aus zur »Außendimension«, zur Dimension *außerhalb* des Subjekts gelangen kann. Alles, was »hinter« den sinnlichen Daten, hinter diesen »*inputs*« liegt, hat gemäß dieser Auffassung eine rein *kausale*, keine *kognitive* Verbindung zu den mentalen Prozessen. Diese neuzeitliche Grundannahme hat die sonderbarsten Dichotomien und Subjektivismen aller Art erzeugt.

Im Gegensatz dazu schreibt Putnam:

»I agree with [William] James, as well as with [John] McDowell, that the false belief that perception *must* be so analized [i. e., by saying: ›we perceive external things – that is, we are caused to have certain subjective experiences in the appropriate way by those external things‹, LBP] is at the root of all problems with the view of perception that, in one form or another, has dominated Western philosophy since the seventeenth century. James's idea is that the traditional claim that we must conceive of our sensory experi-

---

[7] Eine weitere Bestätigung, dass PUTNAM eine Behauptung wie: »[…] to see a coffee table is to see that it is a coffee table that is in front of me« als eine ernsthafte philosophische Behauptung betrachtet, und zwar eine solche, die »a sort of cultivated naivité« erfordert, liegt in der Tatsache, dass er diese Behauptung in einem ähnlichen Kontext in anderen Schriften aufstellt, übrigens ohne weitere Erklärungen, wie z. B. in PUTNAM [1993: 183].

ences as *intermediaries* between us and the world has no sound arguments to support it, and, worse, makes it impossible to see how persons can be in genuine cognitive contact with a world at all.« (Putnam [1994: 454])

Das ist sicher richtig gesehen, aber es genügt nicht, einfach die neuzeitliche »Schnittstelle« zwischen Erkennendem und der Welt zu negieren; es muss auch gezeigt werden, *wie* die daraus resultierende Position genau philosophisch zu verstehen und zu erklären ist. Putnams »natürlicher oder *commonsensical* Realismus« reduziert sich auf eine große Behauptung im Rahmen der natürlichen Sprache, ohne irgendwelche philosophische Durchdringung. Diesbezüglich erreicht Wittgensteins Einfluss seinen Höhepunkt. So heißt es bei Putnam:

»I argued that this philosophy of perception [i.e, the »causal« theory of perception, LBP] makes it impossible to see how we can so much as *refer* to ›external‹ things. And I argued that we need to revive direct realism (or, as I prefer to call it, natural realism) – more precisely, we need to revive the spirit of the older view, though without the metaphysical baggage (for example, the mind ›becoming‹ its objects, though only ›potentially‹, or the mind taking on the ›form‹ of the object perceived ›without its matter‹).« (Ib. 469)

In Wirklichkeit erklärt Putnam nicht, wie »natural realism ... without the metaphysical baggage« überhaupt möglich ist oder näher konzipiert werden kann. Es handelt sich zwar um eine »schöne oder bequeme« Vorstellung, aber schöne und bequeme Vorstellungen sind nicht zugleich vertretbare und nachvollziehbare philosophische Thesen. Die Autoren, auf die Putnam, ohne Namen zu nennen, in der zuletzt zitierten Passage hinweist (dazu gehören jedenfalls große Denker wie Thomas von Aquin und andere), mögen heute nicht mehr vertretbare Theorien entwickelt haben, aber *sie haben versucht, den »direkten Realismus« philosophisch verständlich und intelligibel zu machen*; sie haben sich nicht damit begnügt, eine große Behauptung rein im Rahmen einer alle philosophischen Fragen beseitigenden Formulierung in der natürlichen Sprache aufzustellen.

Putnam und McDowell berufen sich in programmatischer Hinsicht auf Wittgenstein und zitieren vor allem § 95 der *Philosophischen Untersuchungen*:

»Wenn wir sagen, *meinen*, dass es sich so und so verhält, so halten wir mit dem, was wir meinen, nicht irgendwo vor der Tatsache: sondern meinen, dass *das und das – so und so – ist.*«

McDowell interpretiert Wittgensteins Passage so:

»[T]here is no ontological gap between the sort of thing one can mean, or generally the sort of thing one can think, and the sort of think that can be the case. When one thinks truly, what one thinks *is* what is the case. So since the world is everything that is the case (as he himself [Wittgenstein, LBP] once wrote), there is no gap between thought, as such, and the world ...« (McDowell [1994/96: 27])

Diese Überwindung der Kluft oder des Schnitts zwischen Denken und Welt (System, Realität) könnte nicht entschiedener behauptet werden. Aber wird sie wirklich auch so verstanden und wird sie auch philosophisch so durchgeführt, dass sie mehr ist als eine schön klingende verbale Formulierung? Letzteres scheint, wie im Falle von Putnam, so auch bei McDowell der Fall zu sein. Er kommentiert nämlich seine soeben zitierte Passage folgendermaßen:

»But to say there is no gap between thought, as such, and the world is just to dress up a truism in high-flown language. All the point comes to is that one can think, for instance, *that spring has begun*, and that very same thing, *that spring has begun*, can be the case. That is truistic, and it cannot embody something metaphysically contentious, like slighting the independence of reality.« (Ib.)

Wie im Fall Putnams, ist auch dies ein typisches Beispiel für die Reduktion der Philosophie auf das Niveau der natürlichen oder normalen Sprache und der Reduktion der Philosophie auf eine Trivialität. Die Abwehr angeblich metaphysischer problematischer Aussagen stellt sich in Wirklichkeit als die Verweigerung einer nicht-trivialen philosophischen Erklärung dessen heraus, was die eigenen Aussagen *wirklich* besagen bzw. besagen sollten, wenn sie als ernsthafte philosophische Aussagen genommen werden wollen.

[5] Es gibt noch andere Beispiele für falsche bzw. ungenügende »Lösungen« des »Kluft- bzw. Schnitt-Problems«. Ein interessantes Beispiel ist die Position eines der großen systematisch denkenden Philosophen der Gegenwart, nämlich Nicholas Rescher. Rescher operiert auf der Basis der *epistemischen* Grundunterscheidung zwischen »idealer Zielsetzung« und »faktisch Erreichtem« (»*what we ideally aim at – what we actually obtain*«: Rescher [I 1992: 298]) und beschreibt drei Formen dieser Grundunterscheidung: (1) »Realität an sich« und »Realität für uns«, (2) »Wahrheit an sich« (oder »the real truth«) und »Wahrheit für uns« (»our purported truth«: ib.); (3) »science in the *present* state of the art« und »*ideal* oder perfected or completed science« (ib. 299). Wie sich die drei Bereiche zueinander verhalten, beschreibt er so:

»… we must maintain a clear distinction between ›our conception of reality‹ and ›reality as it really is‹. Given the equation
   Our (conception of) reality = the condition of things as seen from the standpoint of ›our *putative* truth‹ (= the truth as we see it = the science of the day),
we realize full well that there is little justification for holding that our present-day science indeed describes reality and depicts the world as it really is. [...] In science as elsewhere, there is a decisive difference between achievement and aim – between what science *accomplishes* and what it *endeavors* to do.« (Ib. 283)

Es ist klar, dass die hier angenommene Perspektive eine rein *epistemische* ist. Die Kluft bzw. der Schnitt zwischen »Denken/Theorie usw.« einerseits und »System« andererseits könnte nur im *Idealfall* überwunden werden; aber der Idealfall ist *per definitionem* konkret oder faktisch nicht erreichbar. Charles

5.1 Der philosophische Status der Gesamtsystematik

S. Peirce vertrat die Auffassung, dass die perfekte, die abgeschlossene Wissenschaft – und damit die Überwindung der Kluft bzw. des Schnitts – mit dem definitiven Zustand der Wissenschaft am Ende der (Wissenschafts-)Geschichte identifiziert werden muss. Dazu bemerkt Rescher:

»Peircean convergentism is geared to the supposition that ultimate science – the science of the very distant future – will somehow prove to be an idea[l] or perfected science freed from the sorts of imperfections that afflict its precedessors. But the potential gap that arises here can be closed only by metaphysical assumptions of a most problematic sort.« (Ib. 298)

[6] Im weiteren Verlauf dieses Kapitels wird sich zeigen, dass die *epistemische* Perspektive zwar eine reale Perspektive ist, die daher berücksichtigt werden muss, dass sie aber nicht die entscheidende Perspektive darstellt. Im Lichte anderer Überlegungen ist auch die epistemische Perspektive anders zu charakterisieren, wodurch sie dann auch einen anderen Stellenwert einnimmt. Vor allem wird sich die rigide Unterscheidung zwischen »idealer Wissenschaft« (bzw. »Realität an sich« bzw. »Wahrheit an sich«) und »faktischer Wissenschaft« (bzw. »Realität für uns« bzw. »unserer Wahrheit«) als inadäquat und einseitig herausstellen.

So wie die epistemische Perspektive von Rescher verstanden wird, ist sie keine Überwindung, sondern im Gegenteil eine Zementierung der Kluft bzw. des Schnitts. Im nächsten Abschnitt soll eine radikal andere Konzeption entwickelt werden. Der zentrale Punkt dabei lässt sich im gegenwärtigen Kontext als die Frage charakterisieren: Ist es möglich oder sogar philosophisch notwendig, die epistemische Unterscheidung »für uns – an sich« selbst zum Thema zu machen? Wenn diese Unterscheidung Ausdruck (zumindest *ein* Ausdruck) der Kluft bzw. des Schnitts ist, so ist deren Thematisierung eine Thematisierung der Kluft bzw. des Schnitts selbst. Aber dann kann die Thematisierung selbst nicht wieder *im Rahmen* der Kluft oder des Schnitts erfolgen, denn sie umfasst beide Seiten der Kluft oder des Schnitts.

Diesen grundlegenden Sachverhalt übersehen alle Autoren, die eine Unterscheidung der Form »für uns – an sich« einführen und alles, jede Aussage, jede Theorie usw. darauf reduzieren. Nur eines tun sie nicht: Sie reflektieren nicht darauf, dass die Unterscheidung, wenn sie als eine unüberwindliche Kluft absolut universal gelten soll, eine schwerwiegende Konsequenz für ihr eigenes Denken hat. Ihre eigenen Aussagen wären weder verständlich noch auch möglich; denn sie thematisieren gerade den Zusammenhang der beiden unterschiedenen Dimensionen. Das ist übrigens ein geradezu klassisches Problem der Philosophie, das sich exemplarisch im Falle der transzendental-kritischen Philosophie verdeutlichen lässt. Hätte die Transzendentalphilosophie Kants eine absolut universale Geltung, so wären die eigenen Aussagen des Transzendentalphilosophen in der *Kritik der reinen Vernunft* überhaupt nicht möglich bzw. nicht zutreffend; denn sie würden dann nicht die »wirkliche«, also die *ansich-seiende* Struktur des menschlichen Geistes erfassen, sondern nur eine (dessen!) »Erscheinung«. Es ist aber klar, dass die in der *Kritik der reinen Vernunft* gemachten Aussagen den Anspruch erheben, die »ansich-seiende Struktur« des Erkenntnissubjekts zu erfassen und zu artikulieren.

Einzig J. McDowell unternimmt einen bemerkenswerten Schritt, indem er in einer bestimmten Hinsicht die Kluft oder den Schnitt im Ansatz effektiv überwindet:

»[The] image of openness to reality is at our disposal because of how we place the reality that makes its impression on a subject in experience. Although reality is independent of our thinking, it is not to be pictured as outside an outer boundary that encloses the conceptual sphere. *That things are thus and so* is the conceptual content of an experience, but if the subject of experience is not misled, that very same thing, *that things are thus and so*, is also a perceptible fact, an aspect of the perceptible world.« (McDowell [1994/96: 26])

»[The] talk of impingements on our senses is not an invitation to suppose that the whole dynamic system, the medium within which we think, is held in place by extra-conceptual links to something outside it. [...]

We find ourselves always already engaging with the world in conceptual activity within such a dynamic system. Any understanding of this condition that it makes sense to hope for must be from within the system. It cannot be a matter of picturing the system's adjustments to the world from sideways on: that is, with the system circumscribed within a boundary, and the world outside it.« (Ib. 34)

Diesen Sachverhalt, d. h. den Umstand, dass die Welt nicht außerhalb der Dimension des Konzeptuellen (Begrifflichen) liegt, nennt McDowell »the unboundedness of the conceptual« (ib. 24 ff.). Wenn hier von »our dynamic system« die Rede ist, so ist damit »the system of concepts« (oder, wie eine andere auf W. Sellars zurückgehende Formulierung lautet: »the logical space (of reasons)«) gemeint. Die Kluft oder der Schnitt wird hier im Prinzip überwunden oder aufgehoben, allerdings nur aus der Perspektive des ersten Pols der Unterscheidung, der hier die Dimension des »Begrifflichen« genannt wird. Der Grundgedanke, der dieser These zugrunde liegt, stimmt im wesentlichen mit einem Grundaspekt des oben erläuterten Gedankens der *universalen Ausdrückbarkeit* (der Realität, des Seins, des Systems, wobei dann in dieser Verwendung ›System‹ nicht den ersten, den »begrifflichen« Pol, sondern den »objektiven« oder »Seinspol« bezeichnet) überein.

Der Gedanke der *Ausdrückbarkeit* erwächst aus der Perspektive des Seinspols und, wie oben kurz angedeutet, impliziert eine ausdrückende Instanz, die oben global als die Dimension der Sprache bezeichnet wurde. Man muss aber präzisieren, dass die ausdrückende Instanz nicht nur aus Symbolen (Zeichen) besteht, sondern auch Begriffe einschließt, wobei allerdings der Begriff des Begriffs zu klären ist, wie dies im Kapitel 3 getan wurde. Die universale Ausdrückbarkeit des Seins, so muss man jetzt formulieren, »enthält« die

Dimension des Sprachlichen und Begrifflichen. Sprache und Begrifflichkeit liegen *nicht außerhalb* der Dimension des Seins. Diesen Sachverhalt kann man genauso adäquat formulieren, indem man von der »*unboundedness of being*« spricht.

Dass McDowell dies nicht tut, ist nur Ausdruck des Umstands, dass er in Wirklichkeit keine Seinstheorie, keine Ontologie im Auge hat, auch nicht einmal im Ansatz. Insofern ist seine Gesamtkonzeption, ungeachtet einiger zutreffender Einsichten und Formulierungen, durch Einseitigkeit und Beschränktheit charakterisiert; diese besteht darin, dass nur die Seite des Subjekts analysiert wird, indem gesagt wird, dass das Subjekt Zugang zur anderen Seite, der Seite der Welt (des Seins) hat; aber über diese andere Seite wird so gut wie nichts Weiteres gesagt. Seine Sicht ist immer noch eine grundsätzlich transzendental bestimmte Sicht, ungeachtet wesentlicher Korrekturen, die er hinsichtlich der Konzeption Kants vornimmt. Insofern eignet sich seine Position *ut jacet* nicht dazu, eine adäquate Theorie der philosophischen Gesamtsystematik zu entwickeln.

5.1.3 Umfassende Klärung des Grundproblems der Kluft oder des Schnitts als Ansatz zu einer Theorie der Gesamtsystematik: vier grundlegende Thesen

Die im folgenden zu unternehmende systematische Klärung des Grundproblems der Kluft oder des Schnitts und damit auch des Status und des Programms der Gesamtsystematik basiert im wesentlichen auf vier zentralen Thesen, die in diesem Buch teilweise schon dargestellt (erste und zweite These) oder zumindest in der einen oder anderen Weise angedeutet wurden (dritte und vierte These). Entsprechend sollen sie im folgenden teilweise zusammengefasst und teilweise im systematischen Kontext ausführlicher dargestellt werden.

5.1.3.1 These 1: Die angemessene Form der Darstellung der strukturalsystematischen Philosophie sind Sätze mit rein theoretischer Form

Sätze mit rein theoretischer Form sind diejenigen Sätze, die dem in Kapitel 2, Abschnitt 2.2.3.1, herausgearbeiteten sprachlichen allgemeinen Kriterium für Indikativität und damit Theoretizität entsprechen. Die knappste Formulierung dieser Form von Sätzen ist das, was Wittgenstein »die allgemeine Form des Satzes« nennt: »Es verhält sich so und so« oder halbformalisiert: »es verhält sich so dass φ« (wobei ›φ‹ ein Primärsatz ist). Statt »Kriterium« kann man auch »adäquate theoretische Darstellungsform« sagen. Es kommt dabei zunächst, negativ gesehen, entscheidend darauf an, dass diese Form in dem Sinne »absolut« ist, dass sie von allen äußeren Bezugspunkten absieht bzw.

von ihnen nicht determiniert ist; ganz besonders nimmt sie keinen expliziten Bezug auf Subjekte, Sprecher, Umstände irgendwelcher Art wie Orte, Zeiten, Kulturen, Sprachen usw. Damit werden alle Positionen ausgeschlossen, die in irgendeiner Weise einen oder mehrere der Theorie selbst äußerliche Bezugspunkte als Maßstab oder wesentliches Ingrediens einer Theorie betrachten; in ganz besonderer Weise wird der für alle solche Positionen maßgebliche transzendentalphilosophische Ansatz außer Kraft gesetzt.

Auf einen Aspekt muss hier explizit eingegangen werden. Es handelt sich um ein mögliches Missverständnis, zu dem die hier vertretene Konzeption Anlass geben könnte. Die Formulierung »Es verhält sich so dass (φ)« könnte als Ausdruck einer »absolutistischen oder dogmatischen« Position missverstanden werden. Diese Formulierung hat in der natürlichen Sprache unzweifelhaft – zumindest oft – die Konnotation des Definitiven. Dazu ist aber zu bemerken, dass diese Konnotation eher eine Sprachgewohnheit ist; aus der Formulierung selbst lässt sich die Konnotation, die doch eine viel weitergehende Qualifikation ist, nicht ableiten. »Es verhält sich so und so dass (φ)« sagt nichts über die (definitive oder absolute oder wahrscheinliche oder ...) Weise oder Form, in der es sich so und so verhält.

In der hier vertretenen systematischen Konzeption wird die Formulierung »es verhält sich so und so« im *relativen* Sinne verstanden, aber nicht im Sinne einer Relativität zu nicht-theoretischen Faktoren wie Subjekten, Kulturen usw., sondern im Sinne einer Relativität zu einem Theorierahmen. Freilich erwächst daraus ein großes Problem: das Problem des Relativismus, ein Problem, das besonders eine systematisch orientierte Philosophie nicht ernst genug nehmen kann (vgl. dazu Abschnitt 3.3.4.3).

5.1.3.2 These 2: Semantik und Theorie der Seienden bzw. des Seins stehen in einer grundsätzlichen Wechselbeziehung zueinander

Die *zweite These* betrifft den Zusammenhang zwischen Semantik und Ontologie. Schon in mehreren Kontexten wurde in diesem Werk gesagt und betont, dass Semantik und Ontologie zwei Seiten ein und derselben Medaille sind. Wie das genau zu verstehen ist, dürfte im Rahmen der Darstellung der Grundzüge einer neuen Semantik und einer neuen Ontologie in Kapitel 3 grundsätzlich deutlich geworden sein. Hier ist auf einen weiteren zentralen Punkt hinzuweisen. Bisher wurde in diesem Buch fast ausschließlich in einem sehr weitem Sinn von Ontologie gesprochen. In dieser Verwendung des Ausdrucks ›Ontologie‹ war auch die Theorie des Seins, die Seinstheorie, mitgemeint. Etymologisch gesehen bedeutet aber »Ontologie« Theorie des Seienden. So soll dieser Ausdruck auch hier verstanden werden. Der vorliegende Kontext ist der sachlich-systematische Ort, um die genauere Unterscheidung einzuführen und zu erläutern. Man könnte auch einfach sagen:

»Weltliche Ontologie« und »metaphysische Ontologie«, oder »spezielle Ontologie« und »allgemeine (universale) Ontologie«. Doch die Unterscheidung der Bezeichnungen ›Ontologie‹ und ›Seinstheorie‹ ist die knappste und sprachlich angemessenste.[8]

In der Quasi-Definition der systematischen Philosophie in Kapitel 1 wurde der Ausdruck ›*universe of discourse*‹ verwendet. Jetzt ist zu sagen, dass die weitere Spezifizierung der intendierten Bedeutung dieses Ausdrucks durch Ausdrücke wie ›Ontologie‹ und ›Seinstheorie‹ gegeben ist. Heidegger hat für die Unterscheidung zwischen Seienden und Sein den Ausdruck ›ontologische Differenz‹ eingeführt und dieses Problem als das zentrale Thema seiner ganzen Philosophie betrachtet. Dass man die große Tragweite dieser Thematik und der Heideggerschen Leistung anerkennt, heißt allerdings in keiner Weise, dass man auch die Art und Weise anerkennt oder bejaht, in der dieser Philosoph die Thematik behandelt hat.

In einer ersten Annäherung kann man sagen, dass die Seinstheorie die Totalität der Seienden zum Gegenstand hat. Ist die Totalität der Seienden wieder ein Seiendes? Wollte man diese These vertreten, so wäre die Unterscheidung zwischen Ontologie und Seinstheorie leer und hinfällig, weil gegenstandslos. In der Tat kommt es darauf an, wie man die Totalität der Seienden begreift. In jedem Fall erweist sich das Wort ›Sein‹ als der inhaltlich adäquate Ausdruck für die Bezeichnung der hier vorliegenden Problematik. Diesem Thema wird in diesem Kapitel ein eigener Abschnitt (5.2.1) gewidmet

5.1.3.3 These 3: »Ausdrückbarkeit« ist ein grundlegendes Strukturmoment der Seienden und des Seins

These drei artikuliert ein grundlegendes ontologisch-semantisches Strukturmoment. In den Abschnitten 2.2.6, 2.4.3.1 und 5.1.2.2 wurde der Terminus bzw. Begriff »Ausdrückbarkeit« eingeführt bzw. erläutert. Hier ist noch zu ergänzen, dass dieser Terminus/Begriff eigentlich das artikuliert und manifest macht, was in den Ausdrücken/Begriffen »*universe of discourse*« und »*unboundedness of the conceptual*« bzw. »*unboundedness of being*« enthalten ist. Man kann die systematische Tragweite dieses Gedankens bzw. dieser These kaum hoch genug einschätzen. Er/sie bildet die eigentliche Grundlage für eine umfassende Klärung vieler zentraler philosophischer Probleme, über die in der gegenwärtigen Philosophie intensiv diskutiert wird, wie z. B. das Rea-

---

[8] In bestimmten Zusammenhängen wird auch weiterhin in diesem Buch der Term »Ontologie« in der weiteren Bedeutung, die auch »Seinstheorie« einschließt, verwendet. Das geschieht aus Gründen einer prägnanten Formulierung. So wird z. B. im Unterabschnitt 5.1.5.2.2.1 die Formulierung »Ontologisierung der theoretischen Dimension« verwendet. Der Kontext macht es immer deutlich, ob der Term in der engeren oder in einer weiteren Bedeutung gebraucht wird.

lismus-Antirealismus-Problem und viele andere Fragen. Eine entscheidende Vertiefung dieses Gedankens ist nur über eine Klärung des Verständnisses von *Sprache* zu erreichen (vgl. Abschnitt 5.1.3.4 bzw. 5.1.4).

5.1.3.4 These 4: Die philosophische Sprache ist eine Darstellungssprache

Diese These artikuliert die im Abschnitt 2.2 eingeführte fundamentale Charakteristik der für die Philosophie (und die Wissenschaften) adäquaten Sprache. Die nähere Erläuterung und Erschließung dieses wesentlichen Faktors erfordert eine längere Behandlung, die im ausführlichen nächsten Abschnitt in Angriff genommen wird.

5.1.4 Der adäquate Begriff der theoretisch-philosophischen Sprache

»Sprache« ist eines jener Phänomene, die dem Menschen am besten bekannt sind. Aber wie alles, was unmittelbar bekannt und vertraut ist, verstellt auch die Bekanntheit mit der Sprache oft den Blick auf das *ganze* Phänomen der Sprache in allen seinen Dimensionen und in seiner ganzen Tragweite. Dies gilt in ganz besonderer Weise für die in der Philosophie verwendete bzw. zu verwendende Sprache. In der ganzen Philosophiegeschichte und ganz besonders in der Gegenwart wird die philosophische Sprache *grundsätzlich* mit der »realen«, der »natürlichen« oder »normalen« Sprache identifiziert. »Grundsätzlich« wird hier so verstanden, dass Philosophen, besonders solche in der analytischen Tradition, die normale Sprache als den unhintergehbaren Maßstab für die Philosophie ansehen, auch wenn sie diese Sprache oft in logischer Hinsicht präzisieren und sogar korrigieren; die fundamentalen Strukturen der natürlichen Sprache werden aber dabei nicht in Frage gestellt. Die hier vertretene Konzeption hebt sich dezidiert von dieser Einstellung ab. Wie das genau zu verstehen ist, soll in diesem Abschnitt gezeigt werden. Es sollen zentrale Aspekte oder Strukturmomente des streng theoretischen Begriffs der philosophischen (wissenschaftlichen) Sprache dargestellt werden.

5.1.4.1 Sprache, Kommunikation und Darstellung

Zwar kann und muss der Philosoph unter gewissen Umständen an die normale Sprache anknüpfen, aber dies impliziert in keiner Weise, dass er die grundlegenden Strukturen der normalen Sprache für eine philosophisch adäquate Sprache akzeptieren sollte. Der Grund liegt darin, dass die normale Sprache an erster Stelle dem Zweck der *Kommunikation* dient; nur sozusagen am Rande wird auch der *Darstellung* ein gewisser Platz eingeräumt, allerdings in einem sehr beschränkten Umfang, der dadurch abgesteckt wird, dass Sprache sonst beinahe immer im Dienst der Kommunikation gesehen wird

(Ausnahmen sind Segmente der Sprache wie Dichtung, Gebet u. ä.). Nun hat Kommunikation viele – insbesondere praktische – Aspekte. Eine Kommunikationssprache ist daher vornehmlich in praktischer Absicht strukturiert. Zentral für eine solche Sprache sind Strukturen, die den kommunikativen Austausch regulieren. Rein syntaktisch zeigt sich das darin, dass die fundamentalen Strukturen einer Kommunikationssprache die »situativen«, die praktischen und die expressiven Strukturen sind, also Strukturen, die sich äußern als: indexikalische Sätze (Sätze, in denen Ausdrücke wie »ich«, »jetzt«, »hier« u. ä. vorkommen), Imperativsätze, Wunschsätze, Wertsätze, Einschätzungssätze usw. M. a. W., das »situative«, das pragmatische und das expressive Vokabular stellen die wichtigsten sprachlichen Strukturen der Kommunikationssprache dar.

Die philosophische Sprache ist (bzw. sollte) eine *Darstellungssprache* (sein), und zwar in dem Sinne, dass ihre primäre Funktion die Darstellung, nicht die Kommunikation ist. Eine Darstellungssprache ist eine solche, die durch ihren theoretischen Charakter gekennzeichnet ist. Dieser seinerseits ist dann gegeben, wenn die Sätze der Sprache die Form ›Es verhält sich so und so (oder: es verhält sich so dass (φ))‹ haben. Sätze dieser Form haben an erster Stelle nicht eine Kommunikations-, sondern eben eine Darstellungsfunktion. Der Unterschied liegt darin, dass im Falle der Kommunikation der Bezug zu anderen Sprechern oder Gesprächspartnern den primären Gesichtspunkt abgibt, im Falle der Darstellung aber einzig die Sache, um die es geht, die primäre Rolle spielt. Diese Unterscheidung mag artifiziell, bloß abstrakt und sogar spitzfindig erscheinen. Doch artikuliert sie eines der grundlegendsten Elemente der von Philosophen so oft ignorierten, vernachlässigten und sogar geleugneten Unterscheidung zwischen der natürlichen oder normalen und der philosophischen Sprache. Die Zielrichtung der natürlichen oder normalen Sprache ist immer die Kommunikation; die Zielrichtung der philosophischen Sprache ist die Darstellung, das Ausdrücken oder Artikulieren der Sache. Dabei ist zu beachten, dass weder die natürliche oder normale Sprache gänzlich das Moment der Darstellung ausschließt, noch die theoretisch-philosophische Sprache die Möglichkeit der Kommunikation. Aber in beiden Sprachformen handelt es sich bei der jeweils anderen Sprachfunktion eher um ein *marginales* Moment: Für die natürliche oder normale Sprache ist Darstellung marginal, für die theoretisch-philosophische Sprache die Kommunikation.

Man könnte hier einwenden, dass Darstellung Kommunikation impliziert oder sogar eine Form von Kommunikation ist; denn was tun Philosophen und Wissenschaftler, wenn sie etwas darstellen, anderes als miteinander kommunizieren? Doch muss man hier genauer hinschauen. Man kann – und das wird auch oft getan – die beiden Ausdrücke ›Kommunikation‹ und ›Darstellung‹ in einem sehr weiten, allgemeinen und unpräzisen Sinn verwenden; dann erscheint es einleuchtend, dass Darstellung Kommunikation impliziert oder sogar eine Form von Kommunikation ist. Darauf lässt sich eine Antwort geben, die im wesentlichen auf *zwei* Gesichtspunkte verweist.

Erstens: Werden diese Ausdrücke nicht im vagen »normalsprachlichen« Sinne verwendet, so tritt der Unterschied zwischen Kommunikation und Darstellung in den Vordergrund. Das unterscheidende Moment dabei ist die eindeutig unterschiedliche *Zielrichtung* oder der distinkte *bestimmende Faktor*: Im Falle der Kommunikation ist es ein (anderer) Gesprächspartner, im Falle der Darstellung ist es die Sache, um die es sich handelt. Dieser Unterschied ist irreduzibel.

Zweitens: Was speziell den Faktor »Darstellung« anbelangt, so ist zu beachten, dass diese als das Ausdrücken oder Artikulieren einer Sache etwas »in den Raum stellt«, d. h. in jenen Raum, den G. Frege das *dritte Reich*[9], K. Popper die *dritte Welt* ([1972/73: bes. Kap III–IV]), Wilfrid Sellars the »*space of reasons*«[10] und John McDowell »*the unboundedness of the conceptual*« ([1994/96: Kap. II] nennen.[11] In der in diesem Buch verwendeten Terminologie ausgedrückt: In der Darstellung wird ein bestimmter Ausschnitt »der Sache«, d. h. eine bestimmte einfache oder komplexe Primärtatsache, explizit in diesen Raum gestellt, indem diese durch einen wahren Primärsatz, die eine wahre Primärproposition ausdrückt, artikuliert wird; allgemein formuliert: Ein gegebener Sachverhalt »betritt« diesen Raum, indem er im Rahmen einer Theorie artikuliert wird. Indem der Theoretiker den Satz bzw. die Theorie artikuliert, stellt er seinen Gegenstand (seine »Sache«) in den »Raum der Gründe«. Der Leser oder Hörer, der ebenfalls im »Raum der Gründe« situiert ist und somit Zugang zum Satz bzw. zur Theorie hat, »verwandelt« damit die Darstellung-der-Sache in eine Darstellung-der-Sache-für ... Wenn man diesen Sachverhalt »Kommunikation« nennen will, so muss man sagen, dass Darstellung Kommunikation impliziert. Man wird aber zugeben müssen, dass dies zum einen

---

[9] Vgl. FREGE [1918/1976: 43–4]:
»Ein drittes Reich muss anerkannt werden. Was zu diesem gehört, stimmt mit den Vorstellungen darin überein, dass es nicht mit den Sinnen wahrgenommen werden kann, mit den Dingen aber darin, dass es keines Trägers bedarf, zu dessen Bewusstseinsinhalten es gehört. So ist z. B. der Gedanke, den wir im pythagoreischen Lehrsatz aussprachen, zeitlos wahr, unabhängig davon wahr, ob irgend jemand ihn für wahr hält. Er bedarf keines Trägers. Er ist wahr nicht erst, seitdem er entdeckt worden ist, wie ein Planet, schon bevor ihn jemand gesehen hat, mit andern Planeten in Wechselwirkung gewesen ist.« (FREGE [1918/1976: 43–4])

[10] Bei SELLARS heißt es:
»In characterizing an episode or a state as that of *knowing*, we are not giving an empirical description of that episode or state; we are placing it in the logical space of reasons, of justifiying and being able to justify what one says.« (SELLARS [1956: 298–99])

[11] Die Bezeichnungen ›drittes Reich‹, ›dritte Welt‹, ›Raum der Gründe‹ und ›Unbegrenztheit des Begrifflichen‹ werden hier nur als Artikulationen einer gewissen fundamentalen Einsicht angeführt, die den zitierten Autoren und der in diesem Buch vertretenen Gesamtposition gemeinsam ist. Dies bedeutet aber nicht, dass die jeweiligen systematischen Positionen dieser Autoren hier übernommen werden.

eine eher gekünstelte Bedeutung von »Kommunikation« ist und zum anderen nicht das Ziel von Darstellung-der-Sache ausmacht. In jedem Fall würde dies nicht im geringsten die hier vertretene These widerlegen oder abschwächen. Die theoretisch-philosophische Sprache ist durch den Darstellungscharakter definiert, welchen Gebrauch auch immer »man« dann von der Darstellung machen mag. Wenn »Kommunikation« durch die Hintertür in den Raum der Darstellung gelangt, so hört damit die Darstellung nicht auf, das zu sein, was sie ist: das theoretische Artikulieren einer Sache.

5.1.4.2 Das fundamentale Kriterium für die Bestimmung der Grundstrukturen einer durchgeklärten philosophischen Sprache

Eine der wichtigsten Konsequenzen, die sich aus der strengen Unterscheidung zwischen Kommunikation und Darstellung ergeben, betrifft die Frage, welche Strukturen eine philosophische Sprache haben sollte. Wenn sich die philosophische Sprache grundlegend von der natürlichen bzw. normalen Sprache unterscheidet, so kann nicht einfach davon ausgegangen werden, dass sie dieselben Strukturen hat oder beibehält. In der Tat muss man dann sagen, dass für die Klärung der Frage, welche Strukturen die philosophische Sprache haben sollte, ein anderes Kriterium anerkannt und herangezogen werden muss als jenes Kriterium, das den Strukturen der natürlichen bzw. normalen Sprache zugrunde liegt. Deren Kriterium ist der möglichst einfache und praktikable Umgang verschiedener Personen miteinander in der menschlichen Lebenswelt. Die »Verständlichkeit« der natürlichen bzw. normalen Sprache orientiert sich an jenem Faktor, der hier »Praktikabilität« genannt wird. Wie »die Dinge der Welt« erfasst *und* benannt werden, wie sie artikuliert werden usw. – dies alles orientiert sich, soweit dabei darauf eingegangen wird, ausschließlich am kommunikativen Umgang der Personen miteinander. »Die Welt« ist dabei grundsätzlich *kommunikatives Medium*. Dabei geht es nicht darum, »die Welt selbst« zu begreifen und zu artikulieren, sondern mit der Welt so umzugehen, dass der Austausch der Personen miteinander ermöglicht wird und möglichst reibungslos abläuft.

Völlig anders stellt sich die Frage hinsichtlich der sprachlichen Strukturen im Falle der philosophischen (und allgemein: jeder wissenschaftlichen) Sprache. Hier ist das Kriterium nicht die Praktikabilität, auch nicht in einem sehr weiten Sinne, sondern einzig und allein die *Intelligibilität der Sache*. Nicht die natürliche bzw. normale Sprache »diktiert« oder »bestimmt«, wie die Realität (die Welt) konstituiert ist, sondern Sprache, semantisch betrachtet, muss als die eine Seite einer Medaille begriffen werden, deren andere Seite die ontologische Dimension ist. Diese Aufeinanderbezogenheit von Semantik und Ontologie ist einzig und allein durch das Kriterium der Intelligibilität der Sache bestimmt. Wenn eine bestimmte sprachliche Struktur eine ontologische »Kehrseite« hat, die überhaupt nicht intelligibel oder nicht ausreichend intelligibel ist, muss man die betreffende sprachliche Struktur fallen lassen. Im vorliegenden Werk wurde dieser Zusammenhang in Kapitel 3 ausführlich dargestellt. Dort wurde eine neue Semantik mit den entsprechenden neuen Strukturen entwickelt, und zwar aufgrund der Nachweises, dass die klassische (auf der natürlichen oder normalen Sprache basierende) Semantik philosophisch nicht akzeptabel ist, da sie in einer Hinsicht eine nicht-intelligible Ontologie, nämlich die Substanz-Ontologie, impliziert, in einer anderen Hinsicht voraussetzt.

5.1.4.3 Die philosophische Sprache als semiotisches System mit überabzählbar unendlich vielen Ausdrücken

Wie der Titel anzeigt, ist dieser ganze Abschnitt der Untersuchung der philosophischen Sprache als eines semiotischen Systems mit überabzählbar unendlich vielen Ausdrücken gewidmet. Der erste Unterabschnitt ist eine Einführung in diese Thematik und präsentiert die Motivation für die Annahme einer so konzipierten philosophischen Sprache. Die Motivation liegt in dem Umstand, dass eines der in der Gegenwart diskutierten philosophischen zentralen Probleme, nämlich das »Realismus-Antirealismus-Problem«, einzig auf der Basis dieser Annahme lösbar erscheint.

5.1.4.3.1 Die Sackgasse der Realismus-Antirealismus-Debatte: Gründe und Konsequenzen

Außer neuen Grundstrukturen muss die philosophische Sprache so konzipiert werden, dass sie eine Lösung fundamentaler philosophischer Probleme ermöglicht. Hier geht es insbesondere um jenes Strukturmoment, das man die *Reichweite und Ausdrucksstärke* der philosophischen Sprache nennen kann. Die heutige Debatte über das inzwischen berühmt gewordene philosophische Realismus-Antirealismus-Problem kann die bestehende Aufgabe einführend verdeutlichen. Der alte Gegensatz von Realismus und (transzendentalem oder absolutem) Idealismus wurde im Rahmen der analytischen Philosophie weiter diskutiert, allerdings unter zwei neuen Gesichtspunkten, welche die Grunddaten des Problems grundlegend auf eine neue Ebene verschoben haben. Der erste Gesichtspunkt ist die zentrale Stellung, die der Sprache und damit auch der Semantik eingeräumt wird; der zweite Gesichtspunkt ist die nicht weniger wichtige Anerkennung der zentralen Rolle, welche die Naturwissenschaften, die Geistes- (oder Kultur-)Wissenschaften für die Formulierung und Lösung aller philosophischen Probleme spielen. Heute spricht man vornehmlich von der Realismus-Antirealismus-Debatte. Einer der zentralen Streitpunkte bei dieser Debatte ist die Frage, ob man eine von Sprache (bzw. von Geist) un-

5.1 Der philosophische Status der Gesamtsystematik

abhängige Welt annehmen muss oder ob eine solche Welt existiert oder nicht. Die Auffassung, die auf diese Frage eine positive Antwort gibt, wird »metaphysischer Realismus«, die Position, die die Frage verneint, »Antirealismus« (oder auch: »interner«, »pragmatischer«, »direkter«, »natürlicher Realismus«) genannt.[12]

Diese große Debatte ist unverkennbar seit langem in eine Sackgasse geraten. Weitere Beiträge haben in jüngster Vergangenheit keine Klarheit mehr darüber schaffen können. Die Gründe hierfür sind nicht schwer ausfindig zu machen. Im folgenden seien die beiden wohl wichtigsten Gründe und eine besondere sich daraus ergebende Konsequenz im einzelnen analysiert. Es handelt sich um zwei grundsätzliche Fehler, die in dieser Diskussion kontinuierlich begangen wurden bzw. werden.

[1] Der *erste* Grund bzw. Fehler ist die Nicht-Problematisierung des angeblich so klaren Begriffs »(Un)Abhängigkeit von Geist bzw. Sprache«. In der Regel werden unter diesen Ausdrücken »*unsere* Sprache« (bzw. »*unser* Geist«) verstanden. Wird diese Voraussetzung gemacht, d. h. dieses Verständnis zugrunde gelegt, so entsteht daraus unweigerlich eine Aporie: Da »*unsere* Sprache« bzw. »*unser* Geist« kontingente Dinge (Entitäten, Faktoren …) sind, erscheinen sie von vornherein als schlechterdings zu geringfügige Faktoren, um als *absolut maßgebende Bezugspunkte* für die »Bestimmung«, d. h. die Existenz und die Strukturiertheit jener großen Dimension herangezogen zu werden, die »Welt (Universum usw.)« genannt wird. Behauptet man dann aber aufgrund dieser Einsicht die »absolute Unabhängigkeit« der Welt (des Universums etc.), so hat dies den Anschein, man behaupte etwas Nicht-Intelligibles, nämlich eine »nicht-konzeptualisierte«, »nicht-strukturierte«, völlig unverstandene und unverständliche »Welt« jenseits der Reichweite des Begreifbaren, Artikulierbaren usw. Das ist die Aporie, in welche der (metaphysische) Realist hineingerät.

Für den Antirealisten entsteht eine in gewisser Hinsicht dazu duale Aporie: Macht er *unsere* Sprache« (bzw. »*unseren* Geist«) zum unabdingbaren Bezugspunkt und damit Maßstab für eine intelligible Welt, so kann er nicht mehr kohärenterweise die Existenz der »großen weiten Welt« behaupten. Der einzige kohärente – was nicht heißt: akzeptable – Ausweg aus dieser Aporie unter antirealistischen Voraussetzungen besteht darin, dass die große Dimension »Welt« *eingeschränkt*, d. h. *reduziert* wird auf »die-uns-zugängliche-Welt« und das heißt konkret auf die Welt, die in der Philosophie seit etwa hundert Jahren »die Lebenswelt« genannt wird, wie dies in Putnams letzter Entwicklungsphase nur allzu deutlich zum Vorschein kommt. Aber

---

[12] Diese Debatte hat einen direkten Bezug zum Problem der Kluft bzw. des Schnitts, das in diesem Kapitel thematisiert wurde. Der gegenwärtige Abschnitt ist auf andere Aspekte des genannten Problems fokussiert.

diese Reduktion ist philosophisch inakzeptabel; denn daraus ergibt sich unter vielen anderen Konsequenzen die Folgerung, dass alles, was mit der sogenannten Lebenswelt nicht kompatibel ist, wie etwa viele, durch die immense Arbeit und den unleugbaren Fortschritt der Naturwissenschaften erbrachte Erkenntnisse-über-die-Welt, als leeres und sinnloses Geschehen oder sogar als Fiktion erklärt werden müssten.[13]

Es ist nicht zu sehen, wie aus diesem Dilemma, das sich aus der Zugrundelegung des Begriffs oder des Gesichtspunktes »*unser* Geist« bzw. »*unsere* Sprache« bei der Bestimmung von »Welt« ergibt, herauszukommen ist. Warum wird aber an diesem Dogma festgehalten? Der Grund ist darin zu suchen, dass »Geist« nur als »*menschlicher* Geist« und »Sprache« nur als »*unsere* Sprache« verstanden wird. Diese Annahme aber ist es gerade, die rundweg zu bestreiten ist.

[2] Der *zweite* Grund bzw. Fehler liegt im Falle des Antirealismus in der *anti-ontologischen* Einstellung aller unter dem Einfluss Kants stehenden philosophischen Richtungen und im Falle des (metaphysischen) Realismus in seiner *unzureichenden und sogar inkonsequenten ontologischen Perspektive*. In spezifischer Weise handelt es sich im ersten Fall um eine vollständige Verkennung und im zweiten Fall um eine kurzsichtige und oberflächliche Behandlung des oben herausgearbeiteten Gedankens der *ontologischen Ausdrückbarkeit*. Was heißt es überhaupt, dass etwas »begriffen« oder »erklärt« oder »erkannt« usw., mit einem Wort: »ausgedrückt« wird?

[i] Die den Antirealismus charakterisierende anti-ontologische Einstellung versteht sich als jene Perspektive, die alles, was mit »Begreifen«, »Verstehen«, »Erklären«, »Ausdrücken« usw. zu tun hat, als eine ausschließliche Leistung »von uns«, den Subjekten oder Sprechern, interpretiert. Diese Perspektive findet sich klassisch treffend und scharf artikuliert in berühmten Sätzen in den Werken Kants wie:

»Der Verstand schöpft seine Gesetze (*a priori*) nicht aus der Natur, sondern schreibt sie dieser vor:« (Kant [Prolegomena: § 36])

---

[13] Es sei angemerkt, dass diese antirealistische Konzeption eine Variante der durch KANT herbeigeführten transzendentalphilosophischen »Wende« ist, die daraus resultiert, dass die schicksalhafte Unterscheidung zwischen »Dingen-an-sich« und »Erscheinungen«, also zwischen »Welt-an-sich« und »Welt-als-Erscheinung«, eingeführt und zum Angelpunkt der ganzen Philosophie gemacht wird, wobei als selbstverständlich angenommen wird, dass wir nur in der Lage sind, die Welt-als-Erscheinung zu erkennen. KANT hat also »die (an-sich-seiende) Welt« nicht auf »die Welt-als-Erscheinung« reduziert. Die heutigen Antirealisten haben diese Grundkonzeption in gewisser Hinsicht beibehalten, insofern sie in der Regel die Existenz einer oder der »von uns (vom Geist und der Sprache) unabhängigen Welt« nicht direkt leugnen; aber sie erklären etwa, es hätte keinen Sinn, eine solche Welt anzuerkennen, damit könne man nichts anfangen u. dgl. mehr. Die antirealistische Position ist in dieser Hinsicht zutiefst obskur und ambivalent – im Gegensatz zu KANTS Position, die, was diesen Aspekt anbelangt, klar (was nicht heißt: akzeptabel) ist.

»[...] Gesetze existiren eben so wenig in den Erscheinungen, sondern nur relativ auf das Subject, dem die Erscheinungen inhäriren, so fern es Verstand hat, als Erscheinungen nicht an sich existiren, sondern nur relativ auf dasselbe Wesen, so fern es Sinne hat. Dingen an sich selbst würde ihre Gesetzmäßigkeit nothwendig auch außer einem Verstande, der sie erkennt, zukommen. Allein Erscheinungen sind nur Vorstellungen von Dingen, die nach dem, was sie an sich sein mögen, unerkannt da sind. Als bloße Vorstellungen stehen sie unter gar keinem Gesetze der Verknüpfung, als demjenigen, welches das verknüpfende Vermögen vorschreibt.« (Kant [KrV: B 164])

Der Verstand als »Gesetzgeber der Natur«: Auf diese Formel lässt sich die antirealistische Einstellung bringen. Hier ist kein Platz mehr für eine sinnvolle Ontologie; im Gegenteil, alles kreist ausschließlich um die Subjektivität, deren »höchster Punkt« gerade der Verstand ist (vgl. [KrV: B 134]). Diese Einstellung hat im Laufe der Geschichte der Philosophie und ganz speziell in der Gegenwart die vielfältigsten Formen eines philosophischen Antirealismus entstehen lassen.

Man kann sich nur wundern, dass solche Konzeptionen überhaupt vertreten werden, und zwar aus verschiedenen Gründen. Ein Grund lässt sich als die Frage artikulieren: Was ist damit gewonnen, wenn nicht die Welt selbst bzw. die Dinge selbst erfasst und artikuliert werden, sondern wenn nur *unsere* begrifflichen und theoretischen Strukturen als die Gesetzgebung betrachtet werden, der sich die Natur zu unterwerfen hat? Was erreicht man damit? Oft sagt man heute, damit werde erreicht, dass die wissenschaftlichen Aussagen bzw. Theorien etwa »sichere Vorhersagen« ermöglichen und leisten (können). Wie soll man aber verstehen, dass »sichere Vorhersagen« gemacht werden (können), wenn nicht die Dinge selbst erfasst und artikuliert werden, sondern nur *unsere* subjektive strukturale Apparatur der Natur aufgezwungen wird? Der *Natur selbst* lässt sich nichts aufzwingen, so dass *unser* theoretisches Spiel ein rein subjektives Spiel ist und bleibt, bar jeder echt objektiven Bedeutung. Wollte man sagen, dass es sich bei der antirealistischen Einstellung nicht um eine solche »Subjektivierung« handelt, so wäre zu erklären, wie »die Dinge selbst« dabei ins Spiel kommen. Das wird von den Antirealisten nicht geleistet,

[ii] Im Gegensatz zur antiontologischen Einstellung des Antirealismus erkennt der (metaphysische) Realismus durchaus die Tragweite des Gedankens der *ontologischen Ausdrückbarkeit* an. Demnach artikulieren unsere (wissenschaftlichen) Begriffe, Aussagen, Theorien usw. die Realität oder die Welt wie sie wirklich ist. Wenn auch die realistische Position gewöhnlich nicht explizit so formuliert wird, kann man sie dahingehend verstehen, dass sie die Ausdrückbarkeit als ein immanentes, d.h. als ein genuin ontologisches Strukturmoment der Dinge selbst anerkennt.

Aber dieser Realismus bleibt auf halbem Wege stehen. Die Anerkennung der echt ontologischen Ausdrückbarkeit der Dinge oder der Welt selbst bleibt letztlich eine, wenn auch große, Intuition, These oder Behauptung, ohne ausreichende philosophische Intelligibilität. Vor allem die Insistenz darauf, dass die »reale« Welt, die wir in der Philosophie und in den Wissenschaften zu erfassen und zu artikulieren versuchen, eine *von uns (*von *unserer* Sprache, *unserem* Geist) *unabhängige* Dimension ist, stellt eine Behauptung dar, die nur auf den ersten Blick, also aus oberflächlicher Sicht, verständlich und plausibel ist, letztlich aber unverständlich und unerhärtet bleibt. Die Unabhängigkeit »von uns«, von »unserer Sprache« bzw. »unserem Geist« wird nämlich von den Realisten (und Antirealisten!) so verstanden, dass es sich um eine Unabhängigkeit von »Sprache überhaupt«, von »Geist überhaupt« handelt. Aber damit macht man die Ausdrückbarkeit der Welt zu etwas schlechterdings Mysteriösem. Man bedenkt nicht, dass »Ausdrückbarkeit« eine Relation ist, die nur dann erklärbar und damit verständlich ist, wenn man auch ihre Inverse anerkennt: X ist ausdrückbar nur dann, wenn es ein Y gibt, das die ausdrückende Instanz von X ist. Behauptet man, dass X in diesem Fall »völlig unabhängig« von (jedem!) Y ist, so widerspricht dies dem Begriff der Ausdrückbarkeit. Es ist in terminologischer Hinsicht unwichtig, welche Bezeichnung man für die »ausdrückende Instanz« verwendet. Der naheliegende Terminus ist natürlich ›Sprache‹ (im sehr weiten Sinne). Es ist nicht einzusehen, warum die Bezeichnung ›Sprache‹ nicht angemessen ist.

[3] Bevor die weitreichenden Konsequenzen aus diesen Überlegungen gezogen werden, ist noch eine weitere fundamentale Annahme zu explizieren. Auf die oben (5.1.3.3) dargelegte These 3 muss explizit hingewiesen werden: Die Welt (das Universum, das Sein) im Ganzen mit allen ihren (seinen) »Dingen« ist ausdrückbar; Ausdrückbarkeit ist ein immanentes Strukturmoment der Welt (des Universums), mit der Konsequenz, dass sie mit der Welt (dem Universum …) *koextensional* ist. Die Begründung für diese zentrale Annahme bzw. These liegt darin, dass sie von jedem theoretischen Schritt, sei es auch der geringste und unbedeutendste, vorausgesetzt wird. Würde man *nicht von vornherein* annehmen, dass dasjenige, worauf sich eine theoretische Aussage bezieht, ausdrückbar ist, so hätte diese einfach keinen Sinn; sie würde völlig ins Leere laufen. Die *universale ontologische Ausdrückbarkeit* ist eine unverrückbare Basis für jede theoretische Unternehmung. Diese besteht gerade darin, dass die Ausdrückbarkeit der Welt *zum Vorschein* gebracht wird, anders: dass die Ausdrück*barkeit* zur Ausge*drücktheit* erhoben wird.

5.1.4.3.2 Eine wesentliche Voraussetzung für die universale Ausdrückbarkeit der Welt (des Seins): theoretische Sprachen mit überabzählbar unendlich vielen Ausdrücken

Die durchgeführte Analyse macht einen fundamentalen Sachverhalt deutlich: Die universale Ausdrückbarkeit der Welt hat eine universale ausdrückende

Instanz – und das heißt dann: Sprache – zur Voraussetzung bzw. in anderer Hinsicht als Implikation. Es zeigt sich aber, dass diese vorausgesetzte bzw. implizierte Sprache nicht ohne weitgehende Präzisierungen und tiefgreifende Korrekturen eine natürliche oder normale Sprache sein kann, zumindest nicht, wenn man diese Sprache wie gewöhnlich als ein rein kontingentes menschliches Produkt mit einer sehr beschränkten Reichweite versteht. Die hier geforderte universale Sprache muss einen anderen Charakter haben. Aus Gründen, die jetzt darzustellen sind, muss sie als abstraktes semiotisches System, bestehend aus überabzählbar unendlich vielen Ausdrücken, aufgefasst werden.

5.1.4.3.2.1 Die prinzipielle Möglichkeit semiotischer Systeme mit überabzählbar unendlich vielen Zeichen bzw. Ausdrücken

[1] Hinsichtlich eines jeden semiotischen Systems ist zu unterscheiden zwischen den Zeichen als Typen und den Zeichen als Vorkommnissen (»*types – tokens*«). Zeichentypen sind abstrakte Entitäten, Zeichenvorkommnisse hingegen sind Äußerungen, konkrete Entitäten, also Entitäten in Raum und Zeit. Zeichen jener semiotischen Systeme, die wir »Sprachen« nennen, sollen im folgenden im allgemeinen einfach ›Ausdrücke‹ genannt werden.

Wollte man auf die Frage, aus wie vielen Ausdrücken z. B. die deutsche Sprache besteht, eine Antwort auf der Basis der Identifizierung von »Sprachausdrücken« mit »Vorkommnissen« geben, so könnte die Antwort nur lauten: Deutsch hat abzählbar endlich viele »vorkommende« Ausdrücke. Aber wie könnte die Anzahl der Vorkommnisse überhaupt festgelegt werden? Denkbar wäre prinzipiell eine Festlegung mit Bezug auf einen bestimmten Zeitpunkt: Vorkommnisse bis zum heutigen Tag etwa. Wollte man aber die gesamte Anzahl der Vorkommnisse bestimmen, so müsste man von diesem Bezugszeitpunkt aus auf die ganze Vergangenheit und die ganze Zukunft rekurrieren – ein phantastisches und sinnloses Unternehmen. Aber abgesehen von dieser methodisch-praktischen Problematik, können Ausdrücke einer Sprache nicht einfach mit *n*-Vorkommnissen identifiziert werden; denn dies wäre eine rein extensionale Bestimmung, die in keiner Weise die inneren Verhältnisse zwischen den Zeichen beachtet. Es leuchtet nämlich schnell ein, dass etwa ein Satz wie »Schnee ist weiß« viele Vorkommnisse haben kann, z. B. die Vorkommnisse: ›Schnee ist weiß‹, ›*Schnee ist weiß*‹, ›**Schnee ist weiß**‹, ›SCHNEE IST WEIß‹ usw. Jener (komplexe) Ausdruck, den wir hier den ›Satz selbst‹ nennen, ist eine abstrakte Entität, ein »Typus« oder eben ein »Satztyp«.

Ein semiotisches System besteht aus den einfachen oder Grundzeichen und aus den daraus gebildeten Zeichenketten oder -folgen.[14] Die Grundzei-

---

[14] Es handelt sich um die Grundzeichen schriftlich-semiotischer Systeme. Dass es auch nichtschriftlich-semtiotische Systeme gibt, ist für die hier verhandelte Frage irrelevant,

chen bilden das Alphabet und dieses ist im Falle einer normalen Sprachen unzweifelhaft endlich. Ob man auch eine Sprache mit abzählbar oder sogar überabzählbar unendlich vielen Grundzeichen konzipieren kann, sei hier dahingestellt. Für die Zielsetzung des vorliegenden Werkes ist die Frage nicht relevant, zumindest nicht entscheidend, wie sich noch zeigen wird. Aber aus den Grundzeichen lassen sich leicht unendlich viele Zeichenfolgen kombinieren. Nun ist ein Satz die schlechterdings zentrale sprachliche Zeichenfolge. Eine normale Sprache enthält daher zweifellos in jedem Fall zumindest abzählbar unendlich viele Sätze (im Sinne von Satztypen).

[2] Kann es aber Sprachen geben, die *überabzählbar unendlich viele Ausdrücke* enthalten? Es galt in der Vergangenheit fast immer und es gilt in der Gegenwart weiterhin für analytisch orientierte Philosophen folgende Annahme bzw. These, die schon zu einer Art Dogma erhoben wurde:

(LA) Die Menge der Ausdrücke, die eine Sprache konstituieren, ist abzählbar (*countable*).

Diese These wird in der Regel einfach vorausgesetzt und den vertretenen semantischen Konzeptionen zugrunde gelegt. In manchen Kontexten allerdings werden, zumindest indirekt, auch Gründe für die Annahme der Abzählbarkeit der Sprache ins Feld geführt. So wird z. B. darauf hingewiesen, das Erlernen einer Sprache habe die Abzählbarkeit der Sprache zur Voraussetzung. Aber diese Begründung ist fragwürdig, setzt sie doch ihrerseits ein atomistisches Verständnis von Sprache voraus, spezifischer ausgedrückt: die uneingeschränkte Geltung des *semantischen Kompositionalitätsprinzips*. Es wurde aber schon in Kapitel 3 gezeigt, dass dieses Prinzip für eine philosophische Sprache abzulehnen ist. Ein zusätzliches und wichtigeres Problem, das sich aus der Erlernbarkeit einer Sprache ergibt, besteht darin, dass ein semiotisches System erlernbar sein muss, damit es überhaupt als »Sprache« qualifiziert werden kann. Im folgenden soll aber gezeigt werden, dass semiotische Systeme mit überabzählbar unendlich vielen Ausdrücken als Sprachen qualifiziert werden können, obwohl sie nicht im gewöhnlichen Sinne »erlernbar« sind. Wenn man von einer Erlernbarkeit solcher Systeme sprechen will, so kann damit nur gemeint sein, dass die grundsätzlichen mathematischen Verfahren, mit deren Hilfe solche Systeme »konstruiert« werden, richtig beherrscht und angewandt werden.[15] Um diese Problemlage weiter zu klären, müssen auch

---

da für jedes nichtschriftlich-semiotisches System ein schriftliches Gegenstück gebildet werden kann.

[15] Wenn hier der Term »konstruiert« verwendet wird, so ist damit in keiner Weise gemeint, dass hier jener philosophischen Konzeption über die Mathematik das Wort geredet wird, die »Konstruktivismus« genannt wird. Wie dieses Wort hier verwendet wird, bezeichnet ›Konstruieren‹ einfach das »konkrete Vorgehen« bei der Entwicklung solcher Systeme.

die Ausführungen über *den Stellenwert eines »tokening system« für theoretische Sprachen* unten im Abschnitt 5.1.3.3.2.3 beachtet werden.

Wie schon des öfteren betont wurde, kann die anvisierte philosophische Sprache durchaus an eine natürliche oder normale Sprache anknüpfen; dies ist sogar der zu erwartende Normalfall. Auf der Basis der Grundzeichen (des Alphabets) einer Sprache und der (zunächst) abzählbar unendlich vielen Zeichenfolgen, die daraus problemlos gebildet werden können, kann man mit einfachen mengentheoretischen Mitteln eine Sprache konstruieren, die ein semiotisches System mit überabzählbar unendlich vielen Ausdrücken darstellt. Das lässt sich folgendermaßen bewerkstelligen (vgl. dazu Hugly/Sayward [1983], [1986]). Der bisher verwendete Ausdruck ›Zeichenfolgen (*strings*)‹ wird am deutlichsten verstanden, wenn er als eine Folge (Sequenz) im mathematischen Sinne erklärt wird. Dies ist so zu verstehen: Man definiert: $<s_1,...,s_n>$ ist eine Folge von Grundzeichen, wenn, für jede positive natürliche Zahl i, s_i ein Grundzeichen oder s_i eine Folge von Grundzeichen ist. Eine Folge s ist unendlich genau dann, wenn für jede positive natürliche Zahl n, $s \neq <s_1,...,s_n>$ ist oder irgendein Term von s eine unendliche Folge ist (vgl. Hugly/Sayward [1986: 46]).

Zunächst ist es aus mengentheoretischen Gründen klar, dass aus einem endlichen Vokabular und aus ausschließlich endlichen Zeichenfolgen nur ein *abzählbar* unendliches semiotisches System gebildet werden kann. Wenn aber aus dem endlichen Vokabular auch (abzählbar) unendliche Zeichenfolgen gebildet werden, dann ist es mengentheoretisch möglich, ein System mit *überabzählbar* unendlich vielen Zeichenfolgen bzw. Ausdrücken zu bilden. Der Beweis besteht in der Anwendung des Cantorschen Diagonalisierungsverfahrens: Mit der Einführung des Potenzmengenaxioms ergibt sich nämlich geradlinig die Überabzählbarkeit. Dass aber unendliche Zeichenfolgen anzunehmen sind, leuchtet sofort ein, da es selbstverständlich ist, dass es beispielsweise unendliche Konjunktionen jener Zeichenfolgen gibt, die ›Sätze‹ genannt werden.

»An infinite conjunction might be characterized as an infinite sequence whose n*th* coordinate is ›and‹ if n is even, and whose n*th* coordinate is a sentence of English if n is odd. Using trivial truths about English plus set theory the existence of such an entity can be established.« (Ib. 59)

5.1.4.3.2.2 Ein Grundproblem: Sprache und »tokening system« (die Konzeption von Hugly/Sayward)

[1] Wie sind solche semiotischen Systeme mit überabzählbar unendlich vielen Zeichen (Ausdrücken) genauer zu verstehen? Handelt es sich um Sprachen? Auf diese Frage geben die beiden schon zitierten Autoren Hugly/Sayward eine negative Antwort. Dabei stützen sie sich auf folgendes Kriterium: Semio-

tische Systeme mit überabzählbar unendlich vielen Zeichen/Ausdrücken sind *abstrakte* Systeme, da sie Ergebnis einer mengentheoretischen Konstruktion sind. Aber eine Sprache ist wesentlich dadurch gekennzeichnet, dass sie ein semiotisches *Kommunikations*system ist. Im Prinzip schließt Kommunikation nicht aus, dass das entsprechende semiotische System abstrakt ist; allerdings müssen dann abstrakte semiotische Systeme, die gleichzeitig als Sprachen gelten können sollen, ein weiteres essentielles Merkmal besitzen: Jedes Zeichen bzw. jeder Ausdruck eines solchen Systems muss *tokenable* sein, d. h. es/er muss in einer »sinnlich-materiellen Gestalt« konkretisierbar sein. Die Standardgestalt einer solchen Konkretisierung ist das *Niederschreiben* des »abstrakten« Zeichens/Ausdrucks.

Hugly/Sayward versuchen den Beweis zu führen, dass ein semiotisches System mit überabzählbar unendlich vielen Zeichen/Ausdrücken nicht sinnlich-materiell konkretisierbar (*tokenable*) ist. Sie stützen diese These mit folgendem Argument (vgl. Hugly/Sayward [1983: 75]):

(1) Für jede Sprache L gilt: Die Menge der Ausdrücke von L ist ein formales System.

(2) Für jedes formale System A gilt: A besitzt ein Konkretisierungssystem (*tokening system*) nur dann, wenn A abzählbar ist.

(3) Für jede Sprache L gilt: Die Menge der Ausdrücke von L besitzt ein vollständiges Konkretisierungssystem.

(4) Also gilt für jede Sprache L: Die Menge der Ausdrücke von L ist abzählbar.

Prämisse (1) ist leicht erklärbar. Die Ausdrücke einer Sprache umfassen eine Menge $A = B \cup C$, wobei B die Menge der Grundzeichen von A, C eine mit einer Einermenge nicht identische Folge von Zeichen aus B ist. Solche Ausdrücke sind den beiden Autoren zufolge abstrakte Objekte, in dem Sinne, dass sie die beiden folgenden Bedingungen erfüllen: Sie sind nicht sinnlich (wahrnehmbar) und ihr Vorrat ist unendlich. Dass die Ausdrücke als abstrakte Objekte nicht sinnlich (wahrnehmbar) sind, ergibt sich daraus, dass die Negation dieser Behauptung die Implikation hätte, dass alle nicht sinnlich-konkretisierten (*untokened*) Ausdrücke nicht existieren würden, was unannehmbar wäre. Dass es (abzählbar) unendlich viele Ausdrücke einer Sprache gibt, nehmen beide Autoren als evident an (vgl. oben).

Prämisse (2) ist die entscheidende Prämisse im Argument. Um sie richtig zu verstehen, ist es angebracht, zunächst ein Beispiel eines formalen Systems mit überabzählbar unendlich vielen Ausdrücken zu geben. Hugly/Sayward stützen sich auf J.R. Shoenfields formales System $L(\mathfrak{a})$ [1967], das eine prädikatenlogische Sprache erster Stufe ist. Es ist fundamental, zunächst eine Struktur für eine solche Sprache zu definieren, die eine Interpretation dieser Sprache beinhaltet. Die Struktur $\mathfrak{a}$ besteht aus einer nicht-leeren Menge, dem *Universum* von $\mathfrak{a}$ (angezeigt mit dem Symbol $|\mathfrak{a}|$), deren Elemente in der

Prädikatenlogik erster Stufe »Individuen« (oder auch »Objekte«) genannt werden, und einer Interpretation der Funktionszeichen und der Prädikatzeichen von L. Hinsichtlich des *Universums* von 𝔄, also | 𝔄 |, wird folgende Festlegung getroffen:

»Let 𝔄 be a structure for L. For each individual *a* of [| 𝔄 |, the domain of] 𝔄, we choose a new constant, called the *name* of *a*. It is understood that different names are chosen for different individuals. The first-order language obtained from L by adding all the names of individuals of [| 𝔄 |, the domain of] 𝔄 is designated by L(𝔄).« (Ib. 18)

Hugly/Sayward stellen in diesem Zusammenhang eine sehr interessante und weiterführende Überlegung an. Sie bemerken zu Recht, dass Shoenfield eine substitutionelle Definition von Wahrheit benutzt. Das ist so zu verstehen: Eine substitutionell verstandene Existenzquantifikation ist wahr in L(𝔄) genau dann, wenn sie eine Substitutionsinstanz hat, die in L(𝔄) wahr ist; eine substitutionell gedeutete Allquantifikation ist wahr dann und nur dann, wenn die Formel, der der Allquantor vorangestellt ist, sich unter jeder grammatikalisch zulässigen Substitution für den Buchstaben *x* als wahr herausstellt.

[2] Hier entsteht ein Problem, auf welches insbesondere Quine hingewiesen hat. Oft oder sogar meistens werden die Quantoren nicht substitutionell, sondern *objektual* interpretiert. Demnach bedeutet der Allquantor ›∀*x*‹ der Prädikatenlogik erster Stufe: »jedes *x* ist so dass« und erzeugt einen wahren Satz dann und nur dann, wenn die Formel, der er vorangestellt ist, von jedem Objekt erfüllt ist, das in der gewählten oder vorausgesetzten Domäne den Wert der gebundenen Variablen *x* darstellt. Der Existenz- oder Partikularquantor seinerseits bedeutet: »ein *x* ist (oder einige *x* sind) so dass« und erzeugt einen wahren Satz dann und nur dann, wenn die zugeordnete Formel durch irgendein Objekt in der Domäne der Quantifikation erfüllt ist. Der objektual gedeutete Quantor ist daher der eigentlich *ontologisch* verstandene Quantor. Nun muss man die Frage stellen, ob sich beide Deutungen des Quantors entsprechen (oder koinzidieren oder äquivalent sind). Dies ist zu bejahen, *wenn* man folgende Annahme macht bzw. akzeptiert: Es gibt eine 1–1-Korrespondenz zwischen den Namen von L(𝔄) und der Domäne von 𝔄: Jedem Individuum in der Domäne des Allquantors ist ein Name in L(𝔄) zugeordnet, so dass unterschiedenen Namen unterschiedene Objekte korrespondieren.

Man nehme nun an, dass die Domäne eine überabzählbare Menge ist, beispielsweise die Menge der *reellen Zahlen*. Dann müsste L(𝔄) ebenfalls überabzählbar unendlich viele Namen und somit auch überabzählbar unendlich viele Sätze haben. Aber wie können wir in diesem Fall die 1–1-Korrespondenz zwischen den Namen und den Objekten bzw. den Sätzen und Tatsachen aufweisen? Nach Hugly/Sayward ist dies nicht möglich; denn dazu wäre ein »Konkretisierungssystem (*tokening system*)« erforderlich, das aber nicht verfügbar und auch nicht möglich ist.

Der Beweis besteht im wesentlichen in der Klärung und Entwicklung eines solchen »Konkretisierungssystems *(tokening system)*«, woraus sich die Konsequenz ergibt, dass ein semiotisches System mit überabzählbar unendlich vielen Zeichen kein solches System haben kann. Der zentrale Punkt dabei ist die Annahme, dass »Konkretisierung« eines Zeichens eine Funktion der *Kommunikation* ist. Die Definition eines Konkretisierungssystems lautet so:

»A tokening system T for a formal system $A = B \cup C$ is a finitely formulated set of instructions which associates with each $x \in A$ a rule for constructing a perceptible particular and further satisfies at least these three conditions:
(i) for each $x \in A$ and possible world W and $y \in B$ with i ($i > 1$) occurrences in x, if some a of W is a T-perceptualization of x, then a has i T-perceptualizations of y as parts;
(ii) for each $x \in C$ there is a possible world W in which a T-perceptualization of x results from a finite assembling of T-perceptualizations, one for each occurrence of each $x \in B$ in x;
(iii) for each $x \in A$ there is a possible world W in which there are distinct T-perceptualizations and some finite processing of at least two such T-perceptualizations which establishes that they each are T-perceptualizations of x.« (Hugly/Sayward [1983: 80])

Auf der Basis dieser Definition argumentieren Hugly/Sayward folgendermaßen: Ein formales System $A = B \cup C$ ist überabzählbar nur dann, wenn die Menge B von Grundzeichen überabzählbar ist oder die Klasse C von Zeichenfolgen, die nicht identisch mit einem einzigen Zeichen sind, unter ihren Elementen unendliche Folgen aus B enthält. In diesem zweiten Fall schließen die Bedingungen (i)–(ii) die Möglichkeit der Bildung eines Konkretisierungssystems aus; wenn aber B überabzählbar ist, so wird ein Konkretisierungssystem durch Bedingung (iii) ausgeschlossen.

[3] Der zweite Aufsatz der zitierten Autoren [1986] präzisiert (und teilweise korrigiert) diese These bzw. dieses Argument, indem der Begriff eines Konkretisierungssystems ausführlicher und detaillierter dargestellt wird. Sie führen aus, dass gemäß einer Bedeutung von »konkretisierbar« (*tokenable*) nicht einmal alle endlichen Ausdrücke einer Sprache konkretisierbar sind. Beispielsweise würde kein Mensch in der Lage sein,

(X)   den deutschen Satz, der mit ›Johannes ist‹ beginnt, dem 1000^{1000} Vorkommnisse von ›der Vater von‹ folgen und der mit der Klausel ›jemandem‹ endet,

vollständig zu äußern bzw. zu konkretisieren. Hugly/Sayward machen die strenge Unterscheidung zwischen dem »Satz selbst«, der »materiell-konkreten Gestalt« des Satzes und der »Beschreibung« des Satzes; sie betonen, dass eine Zeichenfolge, die eine Beschreibung eines Ausdrucks materiell

5.1 Der philosophische Status der Gesamtsystematik 511

konkretisiert (*tokens*), mit der materiellen Konkretisierung (*token*) dieses »Ausdrucks selbst« nicht verwechselt werden darf, und fügen hinzu, dass die Zeichenfolge im Beispiel (X) eine *Beschreibung* eines deutschen Satzes ist, nicht aber »den deutschen Satz selbst« materiell konkretisiert. Es wird unten zu zeigen sein, dass die beiden Autoren hier aus einer richtigen Feststellung eine problematische Folgerung ziehen.

Im zweiten Aufsatz wird dann der Begriff der »Repräsentation einer Sprache« eingeführt: Eine Repräsentation (R) einer Sprache L besteht aus drei Komponenten, einer syntaktischen, einer semantischen und einer kommunikativen. Die syntaktische Komponente ist eine Menge A, die sich aus der Menge B der Grundzeichen (dem Alphabet) und aus der Menge C der daraus gebildeten Zeichenfolgen zusammensetzt, also $A = B \cup C$; die semantische Komponente ist ein Modell M für A; die kommunikative Komponente ist eine Funktion T, die für ein $A' \subset A$ (als Argumentbereich) definiert wird und eine mit jedem $x \in A'$ assoziierte Anleitung für die Konstruktion eines einzigen perzeptiblen Einzeldinges (als Wert) einschließt, so dass sich das Tripel ergibt: R = <A, M, T>. Demnach gilt: x ist ein Ausdruck einer Sprache L relativ zu R nur dann, wenn $x \in A$ und T für x definiert ist (vgl. ib. 4).

Nun unterscheiden die beiden Autoren weiter zwischen der abstrakten Repräsentation einer Sprache und der konkreten sozial-materiellen Realität der Sprache.[16] Und damit wird eine fundamentale Unterscheidung hinsichtlich des Begriffs der *tokenability* eingeführt. Wenn man dieses Verfahren nur abstrakt nimmt, so heißt das:

»To say a string ψ is tokenable in L is to say that, for some representation <A, M, T> of L, T is defined on ψ. In this sense infinite sentences are tokenable in English.« (Ib. 60)

Aber nun schränken beide Autoren die Bedeutung von »Ausdruck (*expression*)« ein, indem sie schreiben:

»[T]okenability of an infinite sentence ψ is not sufficient for its being an infinite expression. A further condition is that no finite sentence expresses ψ's truth-conditions. So the question
   Does English contain infinite expressions?
comes to
   Is there a representation of English which is reducible to no token-finitistic representation of English?
This question would have a fairly obvious positive solution if it were possible to a tokening system to have an uncountable domain. But this is not possible.« (Ib.)

---

[16] HUGLY/SAYWARD schreiben: »There is a fundamental distinction between an abstract representation of a language and its concrete social-material reality.« (Ib. 60) Auf eine Anfrage im August 2004 bestätigte SAYWARD, dass das Pronomen ›its‹ auf ›language‹, nicht auf ›representation‹ zu beziehen ist.

Letztere Behauptung ergibt sich aus der von den Autoren präzisierten (und stark eingeschränkten) Bestimmung eines *tokening system*:

»Let S be any set of strings from set *B* of basic characters. Say that a basic character b ∈ B occurs in a string s ∈ S just in case, for some positive integer i, b = s_i or b occurs in s_i (s_i being the ith element of s). Then

(***)   T is a tokening system for S only if T associates whith each string s ∈ S an instruction for constructing a perceptible particular which (if constructed) would result from a finite assembling of tokens, one for each basic character b which occurs in s and with just as many tokens of b as there are occurrences of b in s.« (Ib. 54–5)

Hugly/Sayward befassen sich ausführlich mit folgendem naheliegenden Einwand, der gegen (***) erhoben werden kann: Hier gibt es höchstens ein praktisches Problem. Man nehme nämlich an, dass ein Sprecher U die Syntax eines Fragmentes des Deutschen kennt und dazu die Definition einer Funktion g. Auf dieser Basis kann der Sprecher ein »Konkretisierungssystem« für unendliche Zeichenfolgen des Deutschen entwickeln und verwenden. Darauf antworten die beiden Autoren mit der weiteren Unterscheidung zwischen »Zeichenfolge« und »Ausdruck«: Ihnen zufolge ist nicht jede Zeichenfolge ein Ausdruck (etwa des Deutschen). Sie konzedieren, dass auch unendliche Zeichenfolgen *tokenable* sind. Aber »tokenability of an infinite sentence $f(\phi)$ does not suffice for calling it an infinite expression.« (Ib. 57) Dazu muss nämlich eine weitere Bedingung erfüllt werden: Die *Wahrheitsbedingungen* des unendlichen Satzes müssten explizit angegeben (Hugly/Sayward sagen: »ausgedrückt (*express*)«) werden, was sie so verstehen: Diese Bedingungen müssen »sozialmateriell konkretisierbar (*tokenable*)« sein. Dies ist aber nur auf *finitistischer* Basis möglich, d.h. in dem Fall, dass die Repräsentation der Sprache »*tokenfinitistic*« ist, was die Überabzählbarkeit der Sprachzeichen aber ausschließt. Zur Erläuterung und Begründung führen sie zwei Definitionen ein:

Df. 1   »A representation <*A*, M, T> is token-finitistic just in case, for no x ∈ the domain of T, x is an infinite string.«

Df. 2   »If R= <*A*, M, T> is a representation of a language *L* and ψ is an infinite sentence of A, then ψ is an infinite expression of *L*, relative to R, just in case (i) ψ belongs to the domain of T and (ii) R is not reducible to a token-finististic representation of *L*.« (Ib.)

Die Wahrheitsbedingungen eines unendlichen Ausdrucks, d.h. Satzes, können daher nicht erfüllt werden. Im einzelnen begründen die Autoren diese These so:

»For there to exist a complete tokening system for *B* ∪ *C* there must exist a finitely formulable set G of general rules from which a specific tokening instruction of each *x* ∈ *B* ∪ *C* can be derived. [...] By observing G it must be possible to determine with respect

5.1 Der philosophische Status der Gesamtsystematik

to a pair of objects *a* and *b* that they token the same expression, since otherwise communication fails. This condition cannot be met if $B \cup C$ is uncountable.« (Ib. 58–9)

Das bedeutet: T ist ein Konkretisierungssystem für ein semiotisches System $B \cup C$ nur dann, wenn mit jeder Zeichenfolge z aus $B \cup C$ eine Anweisung für die Konstruktion eines perzeptiblen Einzeldinges verbunden ist, das *die Struktur von z perzeptibel (sichtbar) macht*. Wenn beispielsweise ein Name fünf Mal in einer Zeichenfolge z vorkommt, so muss eine Konkretisierung (*token*) von z entsprechend den Instruktionen für T fünf Konkretisierungen (*tokens*) dieses Namens als Teile haben. Das alles ist aber nur realisierbar, wenn $B \cup C$ abzählbar ist.

Um die Konzeption der beiden Autoren genauer zu verstehen, ist es angebracht, ein Beispiel darzustellen, das sie selbst beschreiben. Man nehme an, dass die endlich formulierbare Menge G von allgemeinen Regeln aus einer einzigen Regel besteht. Diese Regel korreliert funktional variable Eigenschaften, welche die Elemente von $B \cup C$ differenzieren, mit variablen *perzeptiblen* Eigenschaften. Man nehme an, $B \cup C$ sei abzählbar (unendlich) und werde mit e abgezählt. Dann kann eine Regel für die Konkretisierung der Elemente von $B \cup C$ so formuliert werden:

Um $x \in B \cup C$ zu konkretisieren (*token*), ziehe eine e(x) Zentimeter lange Linie.

Die variable Eigenschaft, die die Elemente von $B \cup C$ hier voneinander unterscheidet, ist die Eigenschaft, das *n*-te Element von $B \cup C$ relativ zu e zu sein. Die variable perzeptible Eigenschaft ist die Eigenschaft, eine j-Zentimeter lange Linie zu sein. Man nehme nun an, $B \cup C$ sei überabzählbar. In diesem Fall wäre die korrelierte perzeptible Eigenschaft eine *Kontinuum*-Eigenschaft. Und in einem solchen Fall wäre es unmöglich, hinsichtlich eines Paares perzeptibler Einzeldinge a und b zu bestimmen, dass a und b perzeptible Konkretisierungen (*tokens*) ein und desselben Ausdrucks sind (vgl. ib. 59).

Man betrachte ein Beispiel. Sei C die Menge aller unendlichen Dezimalzahlen, die die reellen Zahlen zwischen 0 und 1 repräsentieren. Sei G die Regel:

Um eine unendliche Dezimalzahl $<a_1,...>$ konkret zu repräsentieren (*token*), konstruiere eine r Zentimeter lange Segmentlinie, wobei r die durch $<a_1,...>$ repräsentierte reelle Zahl ist.

Nach dieser Regel wird mit jeder unendlichen Dezimalzahl eine Anweisung zur Konstruktion eines einzigen perzeptiblen Einzeldinges *assoziiert*. Das hat nach Hugly/Sayward folgendes zur Folge:

»[I]n using the rule you can *never* tell that distinct line segments *a* and *b* token the same infinite decimal. No matter how fine your discrimination, line segment *a* could be indenumerably many distinct lenghts other than *b*, but only indiscriminably so.« (Ib. 59)

Daraus folgern sie, dass dies für jedes *tokening system* möglich sein sollte, andernfalls könnte Kommunikation nicht stattfinden. Und daraus folgern sie weiter, dass für ein überabzählbar unendliches semiotisches System kein *tokening system* angegeben werden kann. Solche Systeme sind daher keine Sprachen.

5.1.4.3.2.3 Der Stellenwert eines »tokening system« für theoretische Sprachen

Die von Hugly/Sayward vorgelegte Theorie ist von großer Tragweite, insbesondere weil sie zentrale Aspekte einer systematischen Philosophie berührt und eine ganze Reihe von fundamentalen Fragen aufwirft. Im folgenden sollen deshalb die wichtigsten Aspekte und Fragen detailliert herausgearbeitet und behandelt werden.

[1] Erstens ist auf das hinzuweisen, was oben im Abschnitt *5.1.3.1* über *Sprache, Kommunikation und Darstellung* gesagt wurde. Die philosophische bzw. wissenschaftliche Sprache ist eine Darstellungssprache, keine Kommunikationssprache (in dem im genannten Abschnitt präzisierten Sinn). Dieser fundamentale Sachverhalt hat für die hier behandelte Thematik einschneidende Konsequenzen. Wenn die philosophische Sprache eine Darstellungssprache ist, so spielen dabei jene Gesichtspunkte, die sich aus der Struktur der Kommunikation ergeben, entweder keine oder höchstens eine nur marginale Rolle. Das betrifft insbesondere das, was die beiden Autoren *tokening system* nennen und die von ihnen eingeführte Unterscheidung zwischen »abstrakter« Repräsentation einer Sprache und der »konkreten sozial-materiellen Wirklichkeit« der Sprache in *tokens* bzw. Vorkommnissen oder, wie die Autoren es nennen, in Form »perzeptibler Einzeldinge«. Allgemein gesagt, ist die abstrakte Repräsentation für die Darstellung und die Angabe der »konkreten sozial-materiellen Wirklichkeit« für die Kommunikation charakteristisch. Es bleibt aber zu sehen, was dieser Unterschied im einzelnen bedeutet.

Die von Hugly/Sayward getroffene Unterscheidung zwischen »dem Satz selbst«, der Beschreibung des Satzes und der »perzeptiblen Konkretisierung« des Satzes ist in mehr als einer Hinsicht sehr problematisch. Beide Autoren scheinen »den Satz selbst« mit der »perzeptiblen Konkretisierung *(token)*« des Satzes zu identifizieren. Aber dies ist nicht richtig. Der »Satz selbst« ist eine abstrakte Entität, die verschiedene Darstellungsweisen und damit »perzeptible Konkretisierungen *(tokenings)*« haben kann. Zu diesen ist auch die Beschreibung des Satzes zu rechnen. Eine »sozial-materielle bzw. perzeptible Konkretisierung« eines Satzes ist insofern ein ambiger Begriff; aber auch eine Beschreibung ist eine Darstellungsweise und damit eine anders gestaltete »Konkretisierung«. Und diese »beschreibende Konkretisierung« hat den immensen Vorteil, dass sie uns erlaubt, Sätze »darzustellen«, die wir sonst im einzelnen nicht darstellen könnten. Das oben beschriebene Beispiel der beiden Autoren macht dies deutlich:

(X)   Der deutsche Satz, der mit ›Johannes ist‹ beginnt, dem 1000^{1000} Vorkommnisse von ›der Vater von‹ folgen und der mit der Klausel ›jemandem‹ endet.

Wendet man dagegen ein, dass die Beschreibung des Satzes den Satz doch nicht selbst trifft, da sie ihn unqualifiziert lässt, so dass man nicht weiß, was es damit auf sich hat, so ist darauf leicht zu antworten: Man muss nur eine Qualifikation *explizit* anfügen, beispielsweise so:

(X')   Der deutsche Satz, der mit ›Johannes ist‹ beginnt, dem 1000^{1000} Vorkommnisse von ›der Vater von‹ folgen und der mit der Klausel ›jemandem‹ endet – *ist wahr oder wird behauptet oder … oder …*

Damit wird sogar der genaue Status des Satzes bedeutend besser explizit gemacht als in der »sozial-materiellen Konkretisierung«; denn diese macht den Status des Satzes nicht explizit.

[2] Aus dem Beispiel (X) ist eine weitere außerordentlich wichtige Einsicht zu gewinnen. Schon für die normale Sprache gilt sogar dann, wenn sie als nur abzählbar endliches semiotisches System aufgefasst wird, dass nicht alle endlichen Sätze mit allen ihren (wieder endlichen) Komponenten *explizit und einzeln* »niedergeschrieben« werden können. Dies zeigt, dass Sprache eine tatsächlich überaus große »Dimension« ist, die uns, die Sprecher, umgreift, da wir höchstens ein bestimmtes, ja kleines Segment aus dieser Dimension faktisch »herausgreifen«, nämlich realisieren, konkretisieren, darstellen, benutzen (niederschreiben, äußern) können. Es wäre willkürlich und realitätswidrig, wollte man »die Sprache« mit *diesem* faktisch herausgegriffenen und benutzten Segment identifizieren. Ist dem aber so, dann ist schwer zu sehen, welche Gründe dagegen sprechen könnten, Sprachen (zumal philosophische/wissenschaftliche Sprachen) nicht auf nur endliche oder auch auf nur abzählbar unendliche semiotische Systeme zu reduzieren, sondern sie als semiotische Systeme mit überabzählbar unendlich vielen Ausdrücken zu konzipieren. In der Tat können gewichtige Gründe ins Feld geführt werden, um zu zeigen, dass diese These unverzichtbar ist.

Wenn schon bei den Sprachen, die aus nur endlich vielen oder aus abzählbar unendlich vielen Ausdrücken bestehen, nur kleine Segmente solcher Sprachen überhaupt »konkretisiert« und/oder benutzt werden können, so gilt dies erst recht für die Sprachen, die als semiotische Systeme mit überabzählbar unendlich vielen Ausdrücken konzipiert werden. Nur jeweils ein ganz kleines Segment dieser Sprachen wird effektiv »herausgegriffen« bzw. »realisiert«

bzw. verwendet. Dieser fundamentale Umstand hat zur Folge, dass *alle* drei Arten von Sprachen, allerdings in jeweils verschiedener Weise, nicht ohne bestimmte Konventionen, Festsetzungen u. dgl. auskommen: Diese wiederum sind nichts anderes als notwendige Konsequenzen der »segmentalen«, und das heißt: der äußerst limitierten »realen Gestalt« dieser Sprachen. In normalen Sprachen wird dieser Faktor dadurch sichtbar, dass deren »segmentale Realität« einmal »historisch entstanden« ist, eine Entwicklung hat, sich beinahe täglich ändert usw. Das Segmentale dieser Sprache erscheint als die »konkrete sozial-materielle Realität« dieser Sprachen.

In letzterer Hinsicht ist die »segmentale Realität« der philosophischen bzw. wissenschaftlichen Sprachen anders zu begreifen. Auch diese Sprachen sind irgendwann entstanden (bzw. entstehen) und auch sie haben eine Entwicklung; auch ist zu betonen, dass sie in sehr unterschiedlicher Weise an die normalen Sprachen anknüpfen. Was sie aber grundlegend von den normalen Sprachen unterscheidet, ist der Umstand, dass sie weitestgehend keine »naturwüchsigen« Sprachen sind; vielmehr sind sie zum Zweck einer möglichst adäquaten Darstellung theoretischer Sachverhalte und Zusammenhänge genau *reglementierte* Sprachen. Diese Reglementierung bewirkt, dass bestimmte (Theorie)Rahmen festgelegt werden, innerhalb deren dann Theorien entwickelt werden. In solchen Theorierahmen wird festgelegt (bzw. sollte festgelegt werden), wie der Theoretiker auch mit einem prinzipiell aus überabzählbar unendlich vielen Ausdrücken bestehenden semiotischen System »umgehen« kann bzw. soll. Dazu lassen sich viele, vorrangig formale Mittel bereitstellen.

[3] Aus diesen Überlegungen ergibt sich, dass es nicht erforderlich ist, für die angenommene überabzählbare Sprache ein *tokening system* in der Weise einzuführen, wie es Hugly/Sayward fordern. Wollte man eine philosophische bzw. wissenschaftliche Sprache, die aus überabzählbar unendlich vielen Ausdrücken besteht, in der Weise »konkret« und »effektiv« verwenden, dass für jeden dieser Ausdrücke »an instruction for constructing a perceptible particular which would render the structure [of the expression] perceptible« (Hugly/Sayward [1986: 55]) explizit angegeben wird bzw. werden muss, so wäre diese Forderung, wie schon gezeigt, auch schon für endliche Sprachen unerfüllbar. Aber dies ist nicht notwendig; denn in der Philosophie bzw. Wissenschaft verlangt man auch nicht, dass alle einzelnen Instanzen eines quantifizierten Allsatzes explizit angegeben werden. Man kommt in der Philosophie/Wissenschaft vollkommen zurecht, wenn man allquantifizerte Sätze formuliert. Schließlich werden Prinzipien, Axiome, Gesetze u. ä. in der Form von Allsätzen formuliert. Dass dabei die *detaillierte sozial-materielle* Struktur eines Ausdrucks nicht »perzeptibel« gemacht wird, ist kein Nachteil und keine Defizienz. Ein Verfahren wie die *Quantifikation* ist eine elegante und hoch effiziente wissenschaftliche Form der Darstellung allgemeingültiger Sachverhalte.

Eine zweite Form einer effizienten Darstellung ist die *Beschreibung* von Sätzen, deren »Struktur« nicht in allen ihren Details materiell konkretisierbar (*tokenable*) ist. Ein gutes Beispiel dafür ist der in (X) beschriebene Satz.

Eine dritte Form der Darstellung sind *Definitionen*. Es ist kaum zu bestreiten, dass der Begriff »überabzählbar unendliche Menge« bzw. »eine bestimmte überabzählbar unendliche Menge« definiert werden kann. Solche Definitionen gibt es in der Tat und sie spielen eine wichtige Rolle in den formalen Wissenschaften und damit auch in den Wissenschaften überhaupt.

Es gibt noch andere Formen der theoretischen Darstellung, für die es nicht nötig und auch nicht sinnvoll ist, die Forderung der Entwicklung und der Anwendung eines »tokening system« im Sinne von Hugly/Sayward zu erheben. Formale Mittel eröffnen in dieser Hinsicht beinahe unerschöpfliche Möglichkeiten.

5.1.4.3.3 Der »segmentale« Charakter einer effektiven theoretischen Sprache

Ein weiterer Gesichtspunkt, der hinsichtlich der Problematik der philosophischen Sprache als eines semiotischen Systems mit überabzählbar unendlich vielen Ausdrücken zu bedenken ist, ergibt sich aus dem oben schon angesprochenen *segmentalen Charakter* sowohl der normalen als auch der philosophischen Sprache. In der hier interessierenden Perspektive sind zusätzlich einige Punkte zu erörtern und hervorzuheben, die zentrale Aspekte dieser Problematik zu klären vermögen: Dadurch wird sich auch das von Hugly/Sayward zugunsten ihrer These ins Feld geführte (und oben beschriebene) *Kontinuum*-Argument als nicht-stichhaltig erweisen, so dass die von den beiden Autoren gezogene Folgerung gegenstandslos ist.

[1] Der erste Punkt betrifft die Frage, wie das Verhältnis von Sprache und Welt (Wirklichkeit, Universum, Sein) genau zu bestimmen ist. Werden Sprache und Welt als zwei disjunkte, grundsätzlich voneinander unabhängig bestehende »Dimensionen« aufgefasst, so entsteht das unlösbare Problem, wie es zu erklären sei, dass sie »zueinander finden«. Wie können sie so zusammenkommen, dass verständlich wird, dass »die Welt« durch »die Sprache« artikuliert wird? Eine »externalistische« Konzeption ist unakzeptierbar.

In diesem Buch wurde der grundsätzliche *Zusammenhang* von Sprache und Welt des öfteren angesprochen, insbesondere bei der Formulierung der These, dass Semantik und Ontologie zwei Seiten ein und derselben Medaille sind. Im gegenwärtigen Kontext geht es nun um einen schlechterdings fundamentalen Aspekt dieser These. Die genannte These kann auf verschiedene Weise verstanden werden. In diesem Buch wird eine *starke Version* der These vertreten. Demnach wird die grundsätzliche Einheit von Sprache (Semantik) und Ontologie in der Weise begriffen, dass der »Zugang« zur Welt (zum Universum, zum Sein) absolut sprachvermittelt ist; er erfolgt »vom Inneren der Sprache aus« oder »innerhalb der sprachlichen Dimension« selbst. Wenn man »Sprache« weiter präzisiert, indem man eine vollentfaltete theoretische Sprache meint und dann, etwas verkürzt, Sprache und Theorie identifiziert, so ist mit Quine zu sagen: »Truth is immanent, and there is no higher. We must speak from within a theory, albeit any of various.« (Quine [1981: 21–2])

Aber diese Aussage kann wieder in einer Weise verstanden werden, die inakzeptabel ist, nämlich so, dass damit »die Welt« (damit auch »Wahrheit«) einfach auf die Dimension »unserer Sprache« reduziert wird, wobei dann »unsere Sprache« in einem sehr gewöhnlichen oder banalen Sinne genommen wird. Diese Reduktion kann ihrerseits zwei Formen annehmen: erstens die Form einer *kompletten* Reduktion *der Welt* auf *unsere Welt* und zweitens im Sinne einer »dichotomischen Reduktion«, indem hinsichtlich »der Welt« eine *Zäsur* eingeführt wird: zwischen »unserer Welt« und »der Welt an sich«, wobei »die Welt an sich« dann als unerkennbar o. ä. »aufgefasst« wird. Beide Formen sind, wie oben gezeigt wurde, nicht vertretbar.

Alles ändert sich, wenn man *Sprache* nicht in naiver Weise mit »unserer Sprache«, im landläufigen Sinne verstanden, identifiziert, sondern als ein semiotisches System mit überabzählbar unendlich vielen Ausdrücken begreift. In diesem Fall besagt die Rede »über« die Welt »vom Inneren der Sprache aus« keine Reduktion der Welt auf die Dimension »unserer Sprache« und noch weniger impliziert sie eine Dichotomie der »an-sich-versus-für-uns«-Form. Wenn Sprache als ein semiotisches System mit überabzählbar unendlich vielen Ausdrücken aufgefasst wird, ist sie grundsätzlich nichts anderes als die »Kehrseite« oder »Inverse« der *universalen Ausdrückbarkeit* der Welt.

Für die weiteren Ausführungen sei Folgendes festgelegt: Wenn im folgenden der Einfachheit halber von »sprachlichen Ausdrücken« die Rede ist, so sind damit die *Primärsätze* der philosophischen Sprache gemeint. Die Formulierung »Sprache als semiotisches System, das aus überabzählbar unendlich vielen Ausdrücken besteht« ist also zu verstehen als »Sprache als semiotisches System, das aus überabzählbar unendlich vielen *Primärsätzen* besteht«. Das ergibt sich aus der in Kapitel 3 entwickelten Semantik.

Nimmt man nun diese fundamentale und zentrale These an, so sind im einzelnen zwei Präzisierungen hinsichtlich der »Korrespondenz« zwischen der Menge der sprachlichen Ausdrücke bzw. der Primärsätze und der Menge der »Entitäten« der Welt zu beachten. *Erstens* muss die Kardinalzahl der Menge der Primärsätze der philosophischen Sprache mindestens so groß sein wie die Kardinalzahl der Menge der die Welt ausmachenden Entitäten. *Zweitens* darf die Abbildung von der Menge der Primärsätze in die Menge der Entitäten *nicht nur injektiv*[17] sein, da dies gegen das »Grundprinzip« der *Ausdrückbarkeit*

---

[17] Eine Abbildung von einer Menge *A* nach einer Menge *B* heißt *injektiv*, wenn die Relation umkehrbar eindeutig ist; formal: *f* ist injektiv genau dann, wenn $\forall x, y \in A = [f(x) = f(y) \rightarrow x = y]$. Es ist also bei dieser Abbildung nicht ausgeschlossen, dass die Bildmenge

5.1 Der philosophische Status der Gesamtsystematik

des Seins im Ganzen verstoßen würde. *Drittens* kann die Abbildung der philosophischen Sprache in die Dimension der Entitäten der Welt nicht einfach nur *surjektiv*[18] sein; denn in diesem Fall wäre es nicht ausgeschlossen, dass ein und derselben Entität (ein und derselben *Primärproposition* bzw. *Primärtatsache*) zwei (oder mehrere) Primärsätze zugeordnet werden könnten. Aber gemäß der hier vertretenen Semantik drücken nicht einmal zwei (oder mehrere) Vorkommnisse *(tokens)* ein und desselben Primärsatztyps dieselbe Primärproposition bzw. Primärtatsache aus; *a fortiori* drücken zwei verschiedene Primärsatztypen *und* deren jeweiligen Vorkommnisse nicht dieselbe Primärproposition aus. Begriffe wie »Synonymie« u. ä. kommen strenggenommen *prinzipiell* nicht zur Anwendung in dieser Semantik (eine »pragmatische«, d. h. für pragmatische Zwecke festgelegte »Synonymie« ist nicht ausgeschlossen). Diese These ist außerordentlich streng und kontraintuitiv. Aber sie ist unverzichtbar, um eine ganze Reihe von fundamentalen Fragen zu klären und vielen Schwierigkeiten zu entgehen (vgl. Kap. 3, Abschnitt 3.2.2.4.1.3).

Ist die Abbildung der philosophischen Sprache nach der Dimension der Welt als eine *bijektive*[19] Abbildung aufzufassen? Das wirft ein schwierigeres Problem auf. Den bisherigen Überlegungen liegen *drei* Einsichten zugrunde, die zur Grundlegung einer Theorie über die Korrespondenz von Sprache und Welt beitragen. *Erstens* muss ausgeschlossen werden, dass es Entitäten (Elemente der Welt, des Seins im Ganzen) gibt (geben kann), denen keine Primärsätze zugeordnet werden (können). Global gesagt: Keine Entität fällt aus der Dimension der Sprache heraus. Der Grund ist, dass sonst eine solche Entität nicht ausdrückbar wäre. Also muss die philosophische Sprache mindestens die Kardinalität der Welt besitzen, d. h. die Anzahl der Primärsätze muss mindestens der Anzahl der Entitäten bzw. Primärtatsachen entsprechen. *Zweitens* ist eine 1-1-Korrespondenz zwischen jedem einzelnen Primärsatz und einer einzelnen Entität in der Welt anzunehmen. *Drittens* muss die Antwort auf die Frage, ob die Kardinalität der Sprache größer ist als die Kardinalität der Welt, ob es also mehr Primärsätze als Entitäten in der Welt gibt, *differenziert* ausfallen. Man muss nämlich den Begriff der *Welt* differenzieren.

(oder der Wertebereich) nicht gleich der Menge *B* ist. Angewandt auf das im Haupttext behandelte Thema heißt dies: Es ist nicht ausgeschlossen, dass in der Menge *B* (d. h in der Welt) Entitäten sind, denen keine Primärsätze entsprechen.

[18] Eine Abbildung von einer Menge *A* nach einer Menge *B* heißt *surjektiv*, wenn die Bildmenge gleich der Menge *B* ist. Formal: *f* ist eine *surjektive* Abbildung genau dann, wenn $f(A) = B$ ist. Die Relation muss hier nicht umkehrbar eindeutig sein, so dass ein und derselben Entität als Element der Menge *B* (der Welt) mehrere Primärsätze als Elemente der Menge *A* entsprechen können. Andererseits aber müssen *alle* Elemente der Menge *B* Elementen der Menge *A* zugeordnet werden.

[19] Eine Abbildung von *A* nach *B* heißt *bijektiv* (eine Bijektion), wenn sie surjektiv und injektiv ist. Eine bijektive Abbildung oder Funktion ist also immer eine 1–1-Korrespondenz; aber sie ist mehr als diese 1–1-Korrespondenz, insofern sie zusätzlich *surjektiv* ist. (Auch die injektive Abbildung ist eine 1–1-Korrespondenz.)

Um der Einfachheit willen wurde der Term »Welt« in diesem Buch oft faktisch als gleichbedeutend mit dem umfassendsten aller Begriffe, nämlich dem Begriff des *universe of discourse* oder des Seins im Ganzen verwendet. In den entsprechenden Kontexten, in denen dies geschah (vornehmlich in den Kapiteln 1–3), bestand kein Anlass zu einem Missverständnis, da aus dem Kontext klar hervorging, wie dieser Gebrauch gemeint war: Die Differenz zwischen »Welt« und »Sein im Ganzen« war dort noch nicht relevant, sofern immer ganz allgemein die *ontologische Dimension* gemeint war. In Kapitel 4 (Abschnitt 4.1.1) wurde aber der Begriff der Welt näher präzisiert. Dort wurde festgelegt, dass »Welt«, im präzisen Sinne verstanden, mit dem Begriff des Seins im Ganzen oder des *universe of discourse nicht identisch* ist. Damit wird der Begriff der Welt einer doppelten Einschränkung unterzogen: Erstens wird er ganz allgemein auf den Bereich der *Aktualität* (als »aktuale« Welt) begrenzt; zweitens bezeichnet er *innerhalb der Aktualität* nur eine bestimmte Dimension, nämlich jene Dimension, die weiter unten im Abschnitt 5.3 als die *kontingente Seinsdimension* bezeichnet wird. Da im Abschnitt 5.3 demonstriert werden wird, dass die *absolute Seinsdimension* bzw. das *Absolute aktual* (existierend) ist, und da das Absolute, rein terminologisch gesehen, nicht adäquat als »Teil« der Welt aufgefasst werden kann, wird der Term/Begriff »Welt« weiter auf die *kontingente oder relative Seinsdimension* eingeschränkt: »Welt« bezeichnet dann den Bereich der aktualen endlichen Seienden.

Auf dieser Basis kann nun die Frage, ob die Kardinalität der Sprache größer ist als die Kardinalität der Welt, ob es also mehr Primärsätze als Entitäten in der Welt gibt, klar beantwortet werden. Die Kardinalität der Sprache (im hier vorausgesetzten Sinn als semiotisches System mit unabzählbar unendlich vielen Ausdrücken) muss größer als die Kardinalität der Welt im zuletzt herausgearbeiteten Sinne sein, also größer als die Welt im Sinne der kontingenten oder nicht-absoluten Seinsdimension. Aber es besteht eine eindeutige *bijektive* Abbildung von der Sprache nach dem Sein im Ganzen (im strengen Sinne). Dies ergibt sich direkt aus den zentralen Thesen, die in diesem Buch erläutert und begründet wurden.

Diese informal formulierte These bezüglich der Welt im engeren Sinne lässt sich noch weiter präzisieren, da sie eine ganz bestimmte, nämlich eingeschränkte, bijektive Abbildung von der Sprache auf die so verstandene Welt nicht ausschließt. Sei A eine philosophische Sprache, verstanden als ein semiotisches System, das aus überabzählbar unendlich vielen Ausdrücken (Primärsätzen) besteht, und B die Menge der Entitäten der Welt als der kontingenten, nicht-absoluten Seinsdimension, dann gibt es eine Untermenge $A' \subseteq A$, so dass eine *bijektive* Abbildung von der Untermenge A' auf die Menge B besteht.

[2] Ein zweiter für die Klärung der anstehenden Problematik entscheidender Punkt ist die in diesem Buch schon des öfteren formulierten These, dass jede

theoretisch relevante Aussage einen bestimmten *Theorierahmen* voraussetzt oder allererst in einem solchen Rahmen erfolgt. Eine der wesentlichsten Konstituenten eines wohldefinierten Theorierahmens ist die Sprache. Ist nun die vorausgesetzte Sprache ein (abstraktes) semiotisches System, das aus überabzählbar unendlich vielen Ausdrücken (Primärsätzen) besteht, so entstehen besondere Probleme. Eine solche Sprache kann nicht als solche und als ganze konkret überall so verwendet oder angewandt werden, wie dies bei einer nur endlichen oder abzählbar unendlichen Sprache der Fall ist bzw. sein kann. Es ist nun gerade die Aufgabe eines Theorierahmens, die Art des Umgangs mit einer überabzählbar unendlichen Sprache zu klären und zu reglementieren. Die Benutzung einer solchen Sprache wird in jedem Fall sehr limitiert sein. Es wäre eine Illusion zu meinen, man könne die ganze Breite oder das ganze Potential einer solchen Sprache in jedem Moment, für jede theoretische Aussage uneingeschränkt heranziehen. In der oben in 5.1.3.3.3 eingeführten und im Titel des vorliegenden Abschnitts verwendeten Terminologie heißt dies, dass der Gebrauch dieser Sprache nur *segmental* ist. Ihr Repertoire ist als Ganzes *nie effektiv* verfügbar.[20]

[3] Wenn dem so ist, so drängt sich die Frage auf, warum eine philosophische oder wissenschaftliche Sprache überhaupt als überabzählbar unendliches semiotisches System konzipiert werden muss. Darauf ist eine doppelte Antwort zu geben.

Erstens ist eine überabzählbar unendliche Sprache bis zu einem gewissen – wenn auch sehr limitierten – Umfang durchaus anwendbar. Oben in 5.1.3.3.2.3 [3] wurden einige Darstellungsformen genannt, die das belegen: Quantifikationen, Beschreibungen, Definitionen. Es gehört zum Wesen einer Theorie, dass solche Darstellungsformen in Anspruch genommen werden. Der Verzicht darauf würde fatale Folgen für Theorien auf vielen Gebieten, insbesondere im philosophischen und mathematischen Bereich haben.

---

[20] Ein Vergleich mag diesen Punkt illustrieren. Die Tatsache, dass ein Sprecher (etwa) der deutschen Sprache mächtig ist, könnte dahingehend verstanden werden, dass er die deutsche Sprache in ihrer Ganzheit oder mit ihrem ganzen Repertoire »assimiliert« hat; dies wird durch eine Formulierung nahe gelegt, die in einem solchen Zusammenhang oft verwendet wird: Man sagt, jemand *beherrsche* die (hier: deutsche) Sprache. Die Erfahrung zeigt aber, dass kein Mensch jemals in der Lage sein wird, über *alle* Satztypen des Deutschen zu verfügen, auch dann nicht, wenn das Wörterbuch des Deutschen (auf willkürliche und künstliche Weise) auf das Wörterbuch, das zu einem spezifischen Zeitpunkt verfügbar ist, eingeschränkt würde. Dieser Umstand macht klar, dass es sich nicht so verhält, dass Deutsch sozusagen im Kopf oder Verstand der Benutzer dieser Sprache »enthalten« ist, sondern vielmehr, dass die Benutzer in die Sprache Deutsch »eingebettet« sind, und zwar so, dass sie nie in der Lage sein werden, den »ganzen Raum« des Deutschen erschöpfend zu überschauen oder zu beherrschen oder zu benutzen. Um es mit einer Art von Slogan zu formulieren: Nicht die Sprache ist »in uns«, sondern: Wir sind »in« der Sprache. Indem wir philosophieren, bewegen wir uns »in (innerhalb der« philosophischen Sprache.

Dabei ist zu beachten, dass die Benutzung einer solchen Sprache nur die Darstellung ganz allgemeiner Strukturen ermöglicht. Schon oben wurde hervorgehoben, dass etwa die Forderung, im Falle einer Allquantifikation im theoretischen Bereich sämtliche Instanzen explizit anzugeben (*token*), sinnwidrig ist.

Zweitens hat die explizite Annahme einer überabzählbar unendlichen Sprache eine unverzichtbare *explanatorische* Funktion und Tragweite. Der Hauptgesichtspunkt wurde in diesem Buch oft genannt und hervorgehoben: Ohne eine überabzählbar unendliche Sprache ist das »Grundphänomen« der universalen Ausdrückbarkeit nicht begreifbar.

[4] Auf der Basis der vorhergehenden Überlegungen lässt sich nun die Zentralthese von Hugly/Sayward einer kritischen Analyse unterziehen.

[i] Dass semiotische Systeme nur dann »Sprachen« genannt bzw. als »Sprachen« betrachtet werden, wenn für sie ein vollständiges *tokening system* im Sinne der beiden Autoren angebbar bzw. verfügbar ist, ist eine nicht zu rechtfertigende These. Die These der beiden Autoren besitzt nur im Falle jener semiotischen Systeme Gültigkeit, die entweder ausschließlich oder primär der Kommunikation dienen; für semiotische Systeme, die an der Darstellung theoretischer Sachverhalte und Zusammenhänge orientiert sind, gilt sie nicht. Ob man das Wort ›Sprache‹ dafür verwenden will oder nicht, ist grundsätzlich eine terminologische Angelegenheit. Da aber der Ausdruck ›Sprache‹ auch für rein formale Systeme ganz und gar üblich ist, ist nicht einzusehen, warum dieses Wort nicht für semiotische Systeme mit überabzählbar unendlich vielen Elementen verwendet werden sollte.

[ii] Das entscheidende Argument der beiden Autoren ist die Forderung:

»[F]or T to be a tokening system for [a set of strings from basic characters B, LBP] S, T must associate with each string s ∈ S an instruction for constructing a perceptible particular which would render the structure of s perceptible.« (Hugly/Sayward [1986: 55])

Aber diese Forderung ist in vielfacher Hinsicht ungerechtfertigt. Hier wird ein totales »Sichtbarmachen« der »feinmaschigen Struktur« eines Ausdrucks verlangt. Die Autoren verstehen dies in einer extremen Weise, was sich aus dem von ihnen angeführten Beispiel ergibt: »If s is a string with five occurrences of a name, a token which would result by following the instructions of T must have five tokens of that name as parts.« (Ib.) Dies ist aber in keiner Weise eine theoretisch sinnvolle Forderung. Es gibt viele Mittel, den fünf Vorkommnissen eines Namens in einem Ausdruck (einem Satz) absolut gerecht zu werden, ohne fünf »tokens« dieses Namens explizit zu enthalten oder »sichtbar« darzustellen.

Hier wird auch klar, dass in dieser Konzeption eine grundlegende Unklarheit herrscht: Die Autoren sprechen einerseits von »a string with five

5.1 Der philosophische Status der Gesamtsystematik 523

occurrences of a name« (bezeichnen wir diese Formulierung als: A) und andererseits davon, dass »a token which would result by following the instructions of T must have five tokens of that name as parts« (bezeichnen wir diese Formulierung als: B). Was ist der Unterschied von A und B? Was ist hier überhaupt ein »*token*«? Ist »a string with five occurences of a name« nicht auch ein »*token*«? Hier zeigt sich wieder jene grundlegende Unklarheit, ja Konfusion, die oben hinsichtlich des Beispiels (X) aufgewiesen wurde.

Was soll nun bedeuten: »(to) render the structure of s perceptible«? Handelt es sich um die syntaktische oder die semantische Struktur? Da von »strings«, d. h. Zeichenfolgen die Rede ist, darf man wohl vermuten, dass die Autoren die »feinmaschige« *syntaktische* Struktur im Auge haben. Aber die syntaktische Struktur von Ausdrücken ist in keiner Weise als die maßgebliche oder entscheidende anzusehen. Wie in Kapitel 3 gezeigt wurde, kann eine Sprache durchaus die Subjekt-Prädikat-Struktur der Sätze *auf der syntaktischen Ebene* beibehalten und dabei *auf der semantischen Ebene* sowohl Subjekt als auch Prädikat eliminieren. Die syntaktische Subjekt-Prädikat-Form wird dann im Rahmen der neuen Semantik uminterpretiert, etwa in der Weise, dass singuläre Terme (die Satzsubjekte) als bequeme und »praktische« *Abbreviationen* von sehr komplexen Konfigurationen von Primärsätzen verstanden werden, also von Sätzen, die keine Subjekt-Prädikat-Form haben. Die halb-formale Charakterisierung der allgemeinen Form der Primärsätze lautet: ›Es verhält sich so dass (φ)‹. Es wäre sinnlos, ja sinnwidrig, für solche Sätze (also Zeichenfolgen) zu verlangen, dass deren feinmaschige *syntaktische* Struktur »*perzeptibel*« gemacht werden soll. Hinsichtlich der intendierten Semantik ist die syntaktische Struktur dieses Satzes in keiner Weise maßgeblich oder entscheidend. Zwar müsste eine philosophische/wissenschaftliche Sprache, die mit einer Semantik, wie der in Kapitel 3 entwickelten, ausgestattet ist, bemüht sein, auch eine dieser Semantik entsprechende Syntax zu entwickeln, also eine möglichst vollständige Entsprechung zwischen semantischen und syntaktischen Strukturen zu schaffen. Das wäre aber nur für eine Idealsprache zu fordern. Solange die Philosophie und die Wissenschaft an die normale/natürliche Sprache aus *pragmatischen Gründen* anknüpfen (müssen), wird die Disparität von syntaktischen und semantischen Strukturen ein bleibendes Phänomen bleiben.

[iii] Zu dem durch das *Kontinuum*-Beispiel illustrierten Argument von Hugly/Sayward (vgl. oben) kann jetzt einiges gesagt werden. Es handelt sich um ein extremes Beispiel, nämlich um die Frage, ob zwei perzeptible »Objekte« a und b als *tokens* ein und desselben Ausdrucks genommen werden können. In einer überabzählbar unendlichen Sprache ist dies nicht möglich; denn darin ist jeder Ausdruck ein bestimmter Ausdruck, von anderen Ausdrücken dadurch unterschieden, dass er die differenzierende Eigenschaft hat, das n-te Element von $B \cup C$ zu sein. Ist nun $B \cup C$ überabzählbar, so ist diese differenzierende Eigenschaft eine Kontinuum-Eigenschaft. Dann ist auch die

damit korrelierte perzeptible Eigenschaft (ein *token* für den Ausdruck zu sein) eine Kontinuum-Eigenschaft. Aber dann ist es nicht möglich, *a* und *b* so zu »bestimmen«, dass gesagt werden könnte, sie seien *tokens* ein und desselben Ausdrucks.

Bevor der entscheidende Punkt erörtert wird, müssen einige Aspekte dieses Arguments bzw. Beispiels analysiert werden. Die Autoren sprechen dezidiert von den »Objekten *a* und *b*« und von »demselben Ausdruck«. In welcher Sprache erfolgt diese Bestimmung? Offenkundig in einer vorausgesetzten »Hintergrundsprache«. Ferner sprechen sie von der »Menge aller unendlichen Dezimalzahlen, die für die reellen Zahlen zwischen 0 und 1 stehen«, sodann davon, dass die Dezimalzahlen selbst konkretisiert (*token*) werden, und zwar durch eine Segmentlinie der Länge r Zentimeter, und zwar so, dass r »the real number represented by [the decimal, LBP] <a_1,...>« ist. Diese Formulierungen veranlassen die Frage: Was ist hier »*token*«? Die Autoren sprechen jedenfalls mit Bestimmtheit von einer Reihe von »Dingen (Entitäten)«. Sind deren »Äußerungen«, also ihre »konkreten Sätze«, nicht »sozial-materielle Realitäten«, also »*tokens*«?

Diese Zusammenhänge müssten gründlich geklärt werden, bevor von einem stichhaltigen Argument gesprochen werden kann. Aber diese Problematik ist nicht entscheidend, ja für die in diesem Buch vertretene Konzeption nicht einmal besonders wichtig; denn gemäß dieser Konzeption wird die *überabzählbar unendliche* philosophische und wissenschaftliche Sprache nicht so begriffen, dass sie eine »handhabbare« Größe wäre; vielmehr ist sie eine Art *regulative* oder *Rahmen-Idee*, in jedem Fall eine metaphysische Annahme, deren Hauptfunktion darin besteht, eine wichtige *explanatorische Rolle* zu spielen.

5.1.4.4 Gibt es überabzählbar unendlich viele Entitäten?

Auf der Basis der hier vertretenen Ontologie wäre die Frage genauer so zu stellen: Gibt es überabzählbar unendlich viele Primärtatsachen? Aber diese Präzisierung ist im jetzigen Zusammenhang nicht wesentlich.

[1] An erster Stelle sei ein von N. Rescher vorgelegtes Argument zugunsten der These, dass es überabzählbar unendlich viele Tatsachen gibt, dargelegt und analysiert. Der Beweis selbst basiert auf einer Reihe von eher problematischen Annahmen in manchen Bereichen, vor allem im Bereich der Semantik und der Ontologie. Darauf soll in der Kommentierung des Beweises eingegangen werden. Reschers große These lautet: »Our concept of the real world is such that there will always be non-denumerably many facts about a real thing.« (Rescher [1987: 112–3.]) Er stützt diese These auf einen formalisierten Beweis in der Form von Cantors Diagonalisierungsverfahren. Der zentrale Gedanke wird so formuliert: Jede unendliche Bestandsliste unterschiedlicher Tatsachen

5.1 Der philosophische Status der Gesamtsystematik

über etwas wird unweigerlich so sein, dass *weitere* in der Liste nicht eingeschlossene Tatsachen zum Vorschein kommen werden. Nehmen wir nun an, dass wir eine nicht-redundante komplette Numerierung *aller* distinkten Tatsachen über etwas hätten, nämlich:

$$f_1, f_2, f_3, \ldots$$

Führen wir nun das Prinzip der *Faktualität (factuality):* $(\forall i)\, f_i$ ein. Ferner nehmen wir das Prinzip der *Vollständigkeit* an, so dass sich hinsichtlich der Aussagen über dieses Thema folgendes ergibt: $(\forall p)\, [p \to (\exists i)\, p \leftrightarrow f_i)]$

Ferner führen wir das Prinzip der *Nicht-Redundanz* ein, dem zufolge jedes Sequenzenglied etwas Neues zum vorhergehenden hinzufügt:

$$(\forall_i)(\forall_j)(i < j \to \neg[(f_1 \& f_2 \& \ldots \& f_i) \to f_j]$$

Auf dieser Basis wird der folgende Beweis geführt:
(1) $(\forall_i) f_i$ Faktualitätsprinzip
(2) $(\exists_j) [(\forall_i) f_i \leftrightarrow f_j]$ aus (1) durch Vollständigkeit
(3) $(\forall_i) f_i \leftrightarrow f_j$ aus (2) durch Existenzbeseitigung
(4) $f_j \to f_{j+1}$ aus (3) durch Allbeseitigung [und aus dem Prinzip der Nicht-Redundanz]
(5) $\neg[(f_1 \& f_2 \& \ldots \& f_j) \to f_{j+1}]$ aus dem Prinzip der Nicht-Redundanz durch Allbeseitigung
(6) (4) und (5) widersprechen sich.

Eine der Hauptprämissen des Beweises, das Prinzip der Nicht-Redundanz, ist eindeutig epistemischer Natur, was ein großes Problem aufwirft. Gegeben sei eine Bestandsliste von Tatsachen; dann können wir ohne Zweifel im Prinzip immer weitere Tatsachen entdecken. Rescher nimmt einfach an, dass die Realität absolut unerschöpflich ist:

»The domain of fact inevitably transcends the limits of our capacity to *express* it, and *a fortiori* those of our capacity to canvass it in overt detail. There are always bound to be more facts than we are able to capture in our linguistic terminology:« (Ib. 113).

Aber diese epistemischen Feststellungen reichen nicht aus, um die These zu begründen, dass es überabzählbar unendlich viele Fakten gibt (zumal hinsichtlich jedes einzelnen »Dinges«); denn auf der epistemischen Ebene können nur jeweils endlich viele Fakten erfasst werden, woraus streng logisch nicht abgeleitet werden kann, dass es überabzählbar unendlich viele Fakten gibt. Wie will man aus rein epistemischen Gründen die Annahme begründen, dass es in der Sequenz $f_1 \& f_2 \& \ldots \& f_i \& f_{i+1} \ldots$ nach f_{i+1} ein weiteres f_{i+2} usw. gibt? In Wirklichkeit verhält es sich so, dass Rescher aufgrund einer gewaltigen epistemischen Extrapolation zunächst abzählbar unendlich viele Fakten annimmt und auf dieser Basis die Überabzählbarkeit »beweist«.

[2] Es ist auch ohne Rekurs auf fragwürdige epistemische Annahmen grundsätzlich zu beweisen, dass es überabzählbar unendlich viele Tatsachen gibt. Für die hier vertretene Ontologie, der zufolge die Welt (in der Bedeutung: Universum, das Sein im Ganzen) nur aus Primärtatsachen besteht, entstehen dabei nicht die Probleme, die sich für eine Ontologie stellen, die von »festen Objekten«, d. h. Substanzen, ausgeht; denn, wie in Kapitel 3 gezeigt wurde, bleibt der genaue Status von »Tatsache(n)« in einer solchen Substanzontologie im Unklaren. Im folgenden seien einige Argumentationslinien aufgezeigt.

Nimmt man die ganze Mathematik der überabzählbaren Mengen ernst, so ist klar, dass es überabzählbar unendlich viele »mathematical facts« gibt; denn jedem Element solcher Mengen entspricht eine Primärtatsache, genauer: Jedes Element dieser Mengen *ist* eine Primärtatsache. Ferner sind diese Mengen selbst und alle ihre Teilmengen ebenfalls (komplexe) Primärtatsachen. Eine solche These basiert auf der Einsicht, dass mathematische »Strukturen oder Entitäten« echt ontologisch zu deuten sind. Das bildet eine der grundlegenden Thesen der hier vertretenen systematischen Philosophie.

Hinsichtlich des Bereichs der nicht-formalen »Entitäten« lässt sich ebenfalls zeigen, dass es überabzählbar unendlich viele solche Entitäten gibt. Das Argument verläuft ganz analog dem oben (vgl. 5.1.3.3.2.1) dargelegten Argument zugunsten der These, dass die philosophische Sprache als ein semiotisches System mit überabzählbar unendlich vielen Ausdrücken aufzufassen ist. Man geht von einer endlichen Anzahl von *basalen* Entitäten (Primärtatsachen) aus, und zwar analog dem Alphabet, d. h. den Grundzeichen eines semiotischen Systems. Auf dieser Basis kann man (abzählbar) unendliche Reihenfolgen, d. h. Kombinationen oder Konfigurationen von basalen Tatsachen »bilden«. Dieses »Bilden« ist nicht einfach eine Konstruktion, sondern die *Rekonstruktion realer*, d. h. im eigentlichen Sinne ontologischer Zusammenhänge; denn jede einzelne »ontologische Entität« (d. h. Primärtatsache) hat zumindest abzählbar *unendlich viele Beziehungen* zu anderen Tatsachen, zu anderen Konfigurationen von Tatsachen usw. Jede einzelne Tatsache ist nämlich »system-bestimmt«, d. h. ist in das gesamte System der Welt (im Sinne des Universums, des Seins im Ganzen) »einbezogen (eingebettet)«.

Ist dem aber so, dann kann man auf der Basis relativ einfacher mengentheoretischer Überlegungen zeigen, dass es auch überabzählbar unendlich viele Entitäten gibt – wieder analog zu dem Argument, das hinsichtlich der philosophischen und wissenschaftlichen Sprache vorgetragen wurde. Wollte man dagegen einwenden, dass die Anwendung mengentheoretischer Mittel nur zu »abstrakten Konstruktionen« führt, so ist dem entgegenzusetzen: Nicht anders als andere nicht-mathematische Begriffe sind mengentheoretische Mittel, d. h. Begriffe, nichts anderes als die Art und Weise, wie »Realität« *begriffen* wird – und damit wie die Realität selbst sich darstellt oder manifestiert. Der Einwand basiert auf einer letztlich selbstwidersprüchlichen und mithin sinnlosen Konzeption über das Verhältnis von »Begriff« und »Realität«.

5.1.4.5 Ist die philosophische bzw. wissenschaftliche Sprache eine reine »menschliche Produktion«? Oder: Was ist überhaupt (eine) Sprache?

[1] Auf der Basis der bisherigen Überlegungen in diesem Abschnitt drängt sich jetzt die Frage auf: Wie ist schließlich *Sprache* letztlich zu begreifen? Diese allgemein und umfassend formulierte Frage hat viele Aspekte, denen hier nicht zur Gänze nachgegangen werden kann. Hinsichtlich der hier verfolgten Klärung des Begriffs und des Programms der *Gesamtsystematik* sind ganz besonders *zwei* Aspekte wichtig, die man als *spezifische Fragen* artikulieren kann. *Erstens*: Ist *Sprache* in dem hier bisher herausgearbeiteten Sinne eine *menschliche Produktion* oder hat sie einen anderen »ontologischen Status«? *Zweitens*: Gibt es eine einzige philosophische wissenschaftliche Sprache? Oder modal formuliert: Ist nur eine einzige philosophische bzw. wissenschaftliche Sprache oder ist eine Pluralität solcher Sprachen möglich und konzipierbar? Das Verhältnis von »Wirklichkeit« und »Möglichkeit« hinsichtlich der philosophischen bzw. wissenschaftlichen Sprache(n) ist selbst inneres Thema der zweiten Frage.

In diesem Kapitel sollen beide Fragen in der hier gebotenen Kürze gleichzeitig behandelt werden, artikulieren sie doch zwei Aspekte einer einzigen Grundfrage. Dass bei der Behandlung der ersten Frage der Einfachheit halber generell der Singular »die philosophische bzw. wissenschaftliche Sprache« verwendet wird, soll dabei noch nichts hinsichtlich der noch herauszuarbeitenden Antwort auf die zweite spezifische Frage präjudizieren.

[2] Manche Philosophen unterscheiden zwischen »aktualen« und »möglichen Sprachen« (z. B. Rescher [1987: 112, 161–2, Endn. 2]). Und wenn sie wie etwa Rescher sagen, dass die Menge der Tatsachen größer ist als die Menge der Sprachzeichen, so meinen sie immer »unsere *aktuale(n)*« Sprache(n). Aber diese Unterscheidung, die auf den ersten Blick gänzlich einleuchtend und klar erscheint, stellt sich bei näherer Analyse nicht nur als höchst problematisch, sondern als unhaltbar heraus. Was ist genau unsere *aktuale* Sprache, z. B. die deutsche Sprache? Was ist genau dazu zu rechnen und was nicht? Dass dazu die Menge der (vergangenen und der) aktualen *tokens* zu zählen ist, ist unbestreitbar. Gehören dazu aber auch die Satztypen? Das wird man kaum bestreiten können. Aber wie viele Satz*typen* gibt es überhaupt?

Es kann gezeigt werden, dass die deutsche Sprache, *als ein Ganzes in der beschriebenen Weise betrachtet*, nicht nur endlich viele, sondern auch abzählbar unendlich viele, und sogar – darauf kommt es hier besonders an – *überabzählbar unendlich viele Satztypen* hat. Hier verschwimmt die Unterscheidung zwischen aktualen und möglichen Sprachen. Man wird diese Unterscheidung entweder gründlich uminterpretieren oder aber sie gänzlich fallen lassen müssen. In Wahrheit ist das Phänomen der Sprache(n) von einer solchen Unterscheidung her nicht adäquat anzugehen. Statt dessen wird man eher von faktisch gesprochenen oder benutzten und faktisch nicht-gesprochenen oder nicht-benutzten Sprachen sprechen. Eine faktisch gesprochene Sprache ist nur ein Segment aus einer viel umfassenderen Sprache.

[3] Wenn aber Sprachen so große semiotische Ganzheiten (Systeme) sind, wie sind sie dann genauer zu verstehen? Nach einer gängigen Vorstellung, die heute allbeherrschend ist, sind Sprachen rein menschliche Produktionen, die im Laufe der Geschichte entstanden sind, vergleichbar anderen menschlichen Errungenschaften wie der Schaffung einer Zivilisation, der Entwicklung eines Rechtssystems, des metrischen Systems usw. Aber diese Sicht stellt eine Simplifizierung dar.

Um dem *Gesamtphänomen* »Sprache« gerecht zu werden, muss man eine Reihe von fundamentalen Unterscheidungen und Präzisierungen vornehmen.

[i] Die *universale Ausdrückbarkeit*, von der schon oft die Rede war, ist eine immanente Strukturiertheit (oder ein immanentes Strukturmoment, siehe unten 5.2.4 [2]) der Welt (im Sinne des Universums, des Seins im Ganzen). Mit der damit mitgesetzten Umkehrrelation ist das Phänomen (der) *Sprache gegeben*. H.-G. Gadamer hat diese Einsicht ebenso drastisch wie undifferenziert so formuliert: »Sein, das verstanden werden kann, ist Sprache.«([1960/65, XX]) Die Formulierung ist zweifellos zu vage, um angemessen verständlich zu sein; dennoch bringt sie eine fundamentale gesamtsystematische Einsicht eben »zur Sprache«. Das vage Verständnis wird beseitigt, wenn man formuliert: »Sein, das verstanden werden kann, *ist das universe of discourse*«. Sein ist damit immanent sprachbezogen, oder: es beinhaltet ein wesentliches immanentes Verhältnis zu Sprache. Man könnte von der *Sprachlichkeit* des Seins sprechen, so wie man Formulierungen wie: Begreifbarkeit, Erklärbarkeit usw. der Welt (des Seins) verwendet. Da die Welt bzw. das Sein auch »Gegenstand« oder »Thema« von Theorie(n) ist, muss gesagt werden: Die Welt bzw. das Sein ist theoriekonform, theoretisierbar u. ä.

Die Sprache in diesem umfassenden Sinne von Sprachlichkeit-des-Seins könnte man die *maximale Sprache* oder die *absolut universale Sprache* nennen: die Sprache, die die Welt bzw. das Sein »ausdrückt«. Sie bezeichnet die Umkehrseite der Ausdrückbarkeit der Welt bzw. des Seins im Ganzen. Diese Sprache ist schlechterdings *koextensiv bzw. koextensional* mit der Welt, dem Sein im Ganzen. Es ist die Sprache, die mit dem »*discourse*« in der Formulierung »*universe of discourse*« identisch und gegeben ist.

Was hat es mit dieser maximalen, dieser universalen Sprache auf sich? Sie »existiert« nirgendwo, obwohl sie insofern in einer fundamentalen Hinsicht

5.1 Der philosophische Status der Gesamtsystematik

überall existiert, als nichts existiert, was nicht »zur Sprache«, d. h. zu *dieser* Sprache, gebracht wird bzw. werden kann. Aber dies sagt wenig über die »Realität« einer solchen Sprache aus; denn eine ähnliche Feststellung muss man bezüglich jeder natürlichen oder normalen Sprache treffen, sofern man solche Sprachen nicht mit der Gesamtheit von *tokens* identifiziert. Aber schon jetzt wird eines klar: Soll eine solche Sprache wirklich als die mit der universalen Ausdrückbarkeit korrelierende »ausdrückende Instanz« verstanden werden, so muss sie eben diese Funktion voll erfüllen können. Dies besagt, dass sie nicht nur als ein rein syntaktisch, sondern auch als ein semantisch und ontologisch strukturiertes semiotisches System aufgefasst werden muss. Um mehr über die hier »absolut universal« genannte Sprache zu sagen, muss man weit ausholen, indem man andere Sprachformen und weitere Unterscheidungen einführt und berücksichtigt.

[ii] »Sprache« kann auch – besonders in den formalen Wissenschaften, manchmal ausschließlich, manchmal im Sinne einer ersten Etappe beim Aufbau einer Logik bzw. einer wissenschaftlichen Sprache – als ein rein syntaktisch konfiguriertes semiotisches Gebilde (System) genommen werden. Eine solche Sprache sei *rein semiotische (syntaktische) Sprache* genannt. Hier gibt es hinsichtlich der Abzählbarkeit oder Überabzählbarkeit einer solchen Sprache kein grundsätzliches Problem. Verschiedene Kategorien einer solchen Sprache sind konzipierbar, je nachdem, wie man die beiden folgenden Faktoren beachtet bzw. anwendet: den Unterschied zwischen den Grundzeichen und Zeichenfolgen sowie die Art der eingeführten Zeichen. Gemäß dem ersten Faktor kann man im Prinzip eine – auch überabzählbare – rein semiotische Sprache so konzipieren, dass sie nur aus einzelnen Grundzeichen, nicht aus Zeichenfolgen besteht; der Unterschied zwischen Grundzeichen und Nicht-Grundzeichen würde dann entfallen. Die andere Form einer gemäß dem ersten der beiden Faktoren konzipierten rein semiotischen Sprache besteht aus einer endlichen Menge von Grundzeichen (einem Alphabet) und aus daraus gebildeten Zeichenfolgen. Der zweite Faktor ergibt sich aus der Verschiedenheit der Arten von Zeichen, aus denen das rein semiotische System besteht. Die wichtigste Differenz hinsichtlich der Zeichenart ergibt sich aus dem Unterschied zwischen beliebigen Zeichen und solchen Zeichen, die in der Menschheitsgeschichte als Sprachzeichen verstanden und benutzt wurden bzw. heute benutzt werden.

[iii] Die für philosophische bzw. wissenschaftliche Zwecke fundamentale und unverzichtbare Sprachform ist die *(syntaktisch-)semantisch-ontologisch strukturierte Form*. So strukturierte Sprachen können allererst mit vollem Recht als Sprachen im eigentlichen *und vollen philosophischen* Sinne aufgefasst werden. Wie die semantisch-ontologische Strukturiertheit genauer zu verstehen ist, dürfte sich aus den Ausführungen in Kapitel 3 ergeben. Besonders wichtig ist hier der Hinweis darauf, dass zwischen der syntaktischen

Strukturiertheit und der semantisch-ontologischen Strukturiertheit nicht unbedingt eine 1–1-Korrespondenz gegeben sein muss. Eine in einer bestimmten Weise syntaktisch strukturierte Sprache (wie z. B. jede westliche Sprache mit ihrer grundsätzlichen Subjekt-Prädikat-Satzform) kann semantisch-ontologisch ohne weiteres *uminterpretiert* werden. Allerdings muss man, wie sich das aus den Ausführungen in Kapitel 3 ergibt, eine strikte 1–1-Korrespondenz zwischen semantischen und ontologischen Strukturen annehmen.

[4] Jetzt lässt sich die im Titel dieses Abschnittes gestellte Frage beantworten: *Ist die philosophische bzw. wissenschaftliche Sprache eine rein »menschliche Produktion«? Oder: Was ist überhaupt (eine) Sprache?* Sprache im maximalen Sinne, d. h. als absolut universale Sprache, ist kein menschliches Produkt, da sie mit der Welt im weiteren Sinne von Realität, Universum, Sein im Ganzen »gegeben«, da sie ihr immanent ist. Damit ist auch gesagt, dass Sprache als rein semiotisches System mit überabzählbar unendlichen vielen Zeichen ebenfalls keine menschliche Produktion ist, *wenn* diese Zeichen nicht so oder so spezifiziert, also nicht als Sprachzeichen im oben erläuterten Sinne verstanden werden. Sobald aber *Sprach*zeichen im wohl vertrauten Sinne (in welcher Form auch immer) »im Spiel sind«, betritt der Mensch mit seiner eigenen Geschichte, mit seinen eigenen Produktionen und Kontingenzen, die Szene. Ohne den Menschen gibt es *keine bestimmten spezifischen Sprachzeichen.*

Am wichtigsten, aber auch am schwierigsten ist die Frage im Hinblick auf die *(syntaktisch-)semantisch-ontologisch strukturierte(n) Sprache(n)* zu beantworten. Die hier vertretene Antwort lautet: Im Falle jener Sprachen, die zu dieser Kategorie gehören, ist der *rein semiotische* Teil, sofern er aus *Sprach*zeichen besteht, eine menschliche Produktion. Damit wird der nichtbestreitbaren historischen Kontingenz dieser Sprachen Rechnung getragen. Anders verhält es sich mit der semantisch-ontologischen Strukturiertheit dieser Sprachen. Diese Strukturiertheit ist keine menschliche Produktion oder Erfindung; sie ergibt sich aus der Ausdrückbarkeit der Realität selbst.

Dies ist keine unmittelbar einleuchtende These; sie erfordert eine sorgfältige Analyse und Behandlung. Die semantisch-ontologische Strukturiertheit einer Sprache wäre relativ leicht zu verstehen und nachzuvollziehen, wenn folgende Voraussetzung erfüllt wäre: Es gibt eine *einzige* semantisch-ontologische Strukturiertheit. In diesem Fall wäre folgendes sofort klar: Diese Strukturiertheit wäre die Strukturiertheit der Realität selbst und somit keine menschliche Produktion. Diese Konsequenz ergäbe sich aus der weiteren (in diesem Buch entschieden vertretenen) These, dass die semantisch-ontologische Strukturiertheit unvermeidlicherweise nur so verstanden werden kann, dass sie als die Strukturiertheit der Realität selbst begriffen werden muss.

Aber die soeben genannte Voraussetzung ist nicht erfüllt; denn es *gibt* eine *Pluralität* (syntaktisch-)semantisch-ontologisch strukturierter Sprachen. Aufgrund der fundamentalen Thesen, welche die dargelegte Gesamtkonzeption leiten, folgt aus dieser Feststellung, dass es eine *Pluralität von Strukturen der Realität* gibt. Wie ist dies aber zu begreifen?

5.1.5 Die Pluralität von Sprachen, ihre ontologische Deutung und einige Konsequenzen

5.1.5.1 In welchem Sinne und aus welchen Gründen gibt es eine Pluralität von (theoretischen) Sprachen?

Dass es eine Pluralität natürlicher oder normaler Sprachen gibt, ist eine Tatsache. Tatsache ist aber auch, dass eine Pluralität wissenschaftlicher Sprachen existiert; ferner ist es ebenfalls eine Tatsache, dass viele verschiedene wissenschaftliche und philosophische Sprachen konzipiert werden können und auch faktisch konzipiert wurden und werden.[21] Es ist die Frage zu klären, wie diese Pluralität genauer zu verstehen ist. Dabei kommt es entscheidend darauf an herauszufinden, worin der relevante Unterschied zwischen den verschiedenen wissenschaftlichen bzw. philosophischen Sprachen zu sehen ist.

Unterschiede hinsichtlich der »reinen« Sprachzeichen sind in dieser Hinsicht nicht entscheidend. Ob und in welcher Weise ein Alphabet benutzt wird, ob völlig andere graphische oder lautliche Zeichen verwendet werden, ist letztlich von geringerer Bedeutung. Von einer gewissen, aber nicht von entscheidender Relevanz ist die syntaktische Konfiguration der benutzten Zeichen. Allein entscheidend ist letztlich die *ontologische (und die damit einhergehende semantische) Strukturiertheit* einer Sprache, wie den obigen Ausführungen zu entnehmen ist. Die »reinen« und die syntaktisch konfigurierten Zeichen sind semantisch-ontologisch im Prinzip beliebig deutbar. Wenn man eine in wissenschaftlicher und philosophischer Hinsicht relevante Pluralität von Sprachen annimmt, so kann es sich nur um Sprachen handeln, die sich hinsichtlich ihrer *semantisch-ontologischen Strukturiertheit* merklich voneinander unterscheiden. In dieser Hinsicht müsste man dann, so seltsam dies auf den ersten Blick erscheinen mag, von einer Pluralität von Sprachen auch dann sprechen, wenn die gemeinten Sprachen dieselben »reinen« Zeichen und dieselben syntaktisch konfigurierten Zeichen enthalten, hinsichtlich der semantisch-ontologischen Strukturiertheit aber (merklich) voneinander differieren.

Man kann relativ leicht zeigen, worin ein solcher Unterschied besteht, wenn man *zwei Beispiele* ins Auge fasst. Das *erste* Beispiel ist jene Sprache, die die Subjekt-Prädikat-Satzform als wesentliches syntaktisches Element enthält *und* die dahingehend interpretiert wird, dass aus dieser Form direkt

---

[21] Es genüge hier, etwa auf CARNAPS zahlreiche Versuche hinzuweisen, verschiedene Wissenschaftssprachen zu konstruieren. Vgl. z. B. CARNAP [1954/1968].

eine Semantik und eine mit dieser einhergehende Ontologie abgeleitet wird, die ihre Artikulationsform in einer bestimmten Formalisierung dieser Sprache erhält. Gemeint ist die normale Sprache (Deutsch, Englisch usw.), die in der formalen Gestalt der Prädikatenlogik erster Stufe auch als wissenschaftliche bzw. philosophische Sprache verstanden und herangezogen wird. Sie hat standardmäßig eine Substanzontologie als Implikation. Die so verstandene und benutzte Sprache ist, worauf schon mehrfach eingegangen wurde, im allgemeinen *die* Sprache der analytischen Philosophie. Es ist bemerkenswert, dass diese inneren Zusammenhänge erst im Laufe ihrer Geschichte, ganz besonders in den zwei letzten Jahrzehnten, langsam und stückweise von immer mehr analytischen Philosophen eingesehen und herausgearbeitet wurden.

Es liegt auf der Hand, dass eine philosophische Sprache, die solche semantischen und ontologischen Strukturen *nicht* anerkennt, sondern ganz andere semantische und ontologische Strukturen einführt, eine *grundlegend andere Sprache* ist. Das gilt auch dann, wenn die »reinen Zeichen« (das reine Vokabular) und die nur syntaktisch konfigurierten Zeichen gänzlich oder teilweise identisch sind – was in praxi meistens der Fall ist, wie in diesem Buch des öfteren hervorgehoben wurde.

Das *zweite* Beispiel ist die von vielen, vielleicht sogar von den meisten analytischen Philosophen akzeptierte Pluralität von *conceptual schemes*.[22] Dieser Begriff wird meistens in einem sehr weiten Sinne genommen, so dass er ein breites Spektrum von Begriffen bzw. Kategorien umfasst. Relevant für die hier verfolgte Zielsetzung ist dieser Begriff nur dann, wenn er sowohl einen semantischen als auch einen ontologischen Aspekt beinhaltet. Nun gibt es zweifellos auch viele derart verstandene *conceptual schemes*. So ist beispielsweise, um auf in diesem Buch schon erörterte Beispiele zurückzugreifen, der semantisch-ontologische *kompositionale* Theorierahmen von dem auf dem Kontextprinzip basierenden »kontextual-strukturalen« grundlegend verschieden (vgl. Kapitel 3).

5.1.5.2 Ontologische Konsequenzen der Pluralität theoretischer Sprachen

5.1.5.2.1 Zu einigen Ansätzen

[1] In einer bestimmten Hinsicht hat N. Rescher die hier vorliegende Problematik und Aufgabe hinsichtlich der eigentlichen ontologischen Tragweite dieses Unterschieds auf den Punkt gebracht:

---

[22] Ein bekannter Philosoph, der eine solche Pluralität ablehnt, ist DAVIDSON (vgl. besonders seinen Aufsatz aus dem Jahr 1974: »On the Very Idea of a Conceptual Scheme«, wieder abgedruckt in: DAVIDSON [1984]). Vgl. RESCHERS treffende Kritik an dieser Konzeption in RESCHER [1982: Kap. 2]. Vgl. auch PUNTEL [1999a: 118ff.].

5.1 Der philosophische Status der Gesamtsystematik 533

»The difference between conceptual schemes is *not* a matter of treating the *same issues* discordantly, distributing the truth-value *T* and *F* differently over otherwise invariant propositions. Different conceptual schemes embody different theories, and not just different theories about ›the same things‹ (so that divergence inevitably reflects disagreement as to the truth or falsity of propositions), but different theories about different things. To move from one conceptual scheme to another is not a matter of disagreement about the same old issues, it is *in some way to change the subject*.« (Rescher [1982: 40]; Hervorh. LBP)

Diese Formulierungen berühren die grundlegende Problematik der ontologischen Konsequenzen, die der Wechsel von Sprachen (im jetzigen Sinne) nach sich zieht. Allerdings bleibt der entscheidende Punkt nicht nur unklar, sondern er wird auch nicht richtig getroffen. Was heißt es zu sagen, dass dieser Wechsel bedeutet: »*... in some way to change the subject*«? Wenn einfach nur gesagt wird, der Wechsel von einer Sprache zu einer anderen – und äquivalent von einer dem einen *conceptual scheme* entsprechenden Theorie zu einer einem anderen *conceptual scheme* entsprechenden Theorie – bedeute nicht, dass verschiedene Sprachen bzw. Theorien über »dieselben Dinge«, sondern dass sie über »verschiedene Dinge« »sprechen«, wird der entscheidende ontologische Punkt verfehlt. Gemäß der hier vorgelegten Semantik und Ontologie muss man vielmehr sagen: Der Wechsel von einer Sprache zu einer anderen Sprache im theoretischen Bereich hat zur unmittelbaren Konsequenz, dass auch ein Wechsel von einem Theorierahmen zu einem anderen Theorierahmen erfolgt. Mit diesem Wechsel geht auch notwendig ein Wechsel von einer Art von ontologischen Strukturen zu einer anderen Art von ontologischen Strukturen einher.

Im Hinblick auf die »Strukturiertheit der Welt (des Universums, des Seins selbst und im Ganzen) ergibt sich daraus: Würde man diese verschiedenen ontologischen Strukturen dahingehend verstehen, dass sie nicht verschiedene Strukturen »derselben Dinge« sind oder genauer, dass sie nicht dieselben Dinge (bzw. noch genauer dasselbe Ding) konstituieren, sondern dass sie Strukturen gänzlich *verschiedener Dinge* sind bzw. diese konstituieren, so bliebe damit nicht nur die *Einheit* der Welt (des Universums, des Seins), sondern auch jeder Zusammenhang zwischen den angeblich so konstituierten »verschiedenen Dingen« unthematisiert und nicht begriffen. Darüber hinaus wäre es auf dieser Basis nicht begreifbar, wie eine Einheit der Welt überhaupt konzipiert werden könnte. Man hätte nämlich dann disparate, zusammenhanglose, inkommensurable »Dinge«.

Dennoch bringen Reschers Aussagen einen wesentlichen Punkt zur Sprache: Verschiedene *conceptual schemes* (und damit verschiedene Theorien und Sprachen) artikulieren jeweils verschiedene *ontologische* »Momente«. Auch dann bleibt allerdings zu klären, wovon oder in Bezug worauf sie solche »Momente« sind? Rescher macht darüber eine explizite negative und im zweiten Teil eine minimale positive Aussage, indem er sagt: Die verschiedenen Sprachen/Theorien/*conceptual schemes* artikulieren (oder bringen zum Ausdruck) *nicht* etwas Verschiedenes *über* dieselben Dinge, *sondern* einfach verschiedene Dinge, wohl zu verstehen als grundlegend differente, mit anderen ontologischen Strukturen nicht zusammenhängende ontologische Strukturen. Diese Aussage bleibt unzureichend und ist als definitive Aussage genommen sogar falsch, wie im folgenden noch deutlicher herauszuarbeiten ist.

[2] Wie ist die hier zur Diskussion anstehende Pluralität zu deuten? Um zu einer Klärung dieser Frage zu gelangen, seien zunächst *drei* Ansätze kurz erörtert.

[i] Der *erste* Ansatz ist von *Ch. S. Peirce* inspiriert und könnte der *Endpunkt-Ansatz* genannt werden. Alle Sprachen, Theorien oder Begriffssysteme, so verschieden sie auch sein mögen, stellen im Rahmen des Forschungsprozesses eine konvergente unendliche Reihe dar, die einem letzten Grenzwert, einem Endpunkt, zustreben. Ein bekanntes Zitat von Peirce beschreibt diesen Ansatz so:

»Different minds may set out with the most antagonistic views, but the progress of investigation carries them by a force outside of themselves to one and the same conclusion. This activity of thought by which we are carried, not where we wish, but to a fore-ordained goal, is like the operation of destiny. No modification of the point of view taken, no selection of other facts for study, no natural bent of mind even, can enable a man to escape the pre-destined opinion. This great hope [in first draft: ›law‹] is embodied in the conception of truth and reality. *The opinion which is fated to be ultimately agreed to by all who investigate is what we mean by the truth, and the object represented in this opinion is the real.*« (Peirce [1935: 5.407])

[ii] Ein *zweiter Ansatz* rekurriert auf den Gedanken der Pluralität von Welten. Jeder Sprache, jeder Theorie, jedem Begriffssystem entspricht eine (eigene) Welt. Über die Frage, wie diese Welten genau zu verstehen sind, gehen die Meinungen weit auseinander. Die von N. Goodman entwickelte Variante (vgl. Goodman [1978/1984]) lehnt »die Welt« ab und erkennt nur Welten an. Dabei bleibt es letztlich unklar, wie »Welten« genauer zu bestimmen sind. Die wahrscheinlichste Interpretation scheint zu sein, dass »Welten« als »Weltversionen« zu deuten sind.

Eine andere Variante ordnet jeder umfassenden theoretischen Sprache eine eigene Welt zu, betrachtet aber diese Welten als Subwelten einer allumfassenden, höchsten Welt, wobei diese allumfassende Welt mit einer ebenfalls allumfassenden Sprache und Theorie korrespondiert (vgl. Puntel [1990: bes. 250–294]).

[iii] Ein *dritter Ansatz* stützt sich auf die Idee der *Approximation an die Wahrheit*. Dieser Begriff wurde (meistens unter der Bezeichnung ›Wahrheitsähnlichkeit‹ oder *verisimilitude*) von K. R. Popper eingeführt (vgl. Popper

[1972/73: 61, Fußn.18]) und bildet seitdem ein großes Diskussionsthema. Es kann jedoch nicht gesagt werden, man habe einen auch nur »approximativen« Konsens erreicht.[23] Popper selbst (vgl. ib. 59 ff.) definiert diesen Begriff als Kombination zweier von Tarski übernommen Begriffe: des Begriffs der Wahrheit und des Begriffs der Folgerungsmenge oder, wie Popper erläutert, des logischen Gehalts der Klasse aller Aussagen, die logisch aus ihr folgen. In diesem Gehalt unterscheidet Popper zwei Teilgehalte: den Wahrheitsgehalt, die Klasse aller wahren Aussagen, die aus einer gegebenen Aussage oder einem gegebenen deduktiven System folgen, und den Falschheitsgehalt, die Klasse der aus einer Aussage (oder einem deduktiven System) folgenden falschen Aussagen. (Dieser Falschheitsgehalt hat nicht die typischen Eigenschaften einer Tarskischen Folgerungsmenge.) Auf dieser Basis charakterisiert Popper den Begriff der Wahrheitsähnlichkeit so:

»[E]ine Theorie T_1 [hat] weniger Wahrheitsähnlichkeit als eine Theorie T_2 genau dann, wenn (a) ihre Wahrheits- und Falschheitsgehalte (oder deren Maße) vergleichbar sind und (b) der Wahrheits-, aber nicht der Falschheitsgehalt von T_1 kleiner ist als der von T_2, oder (c) der Falschheits-, aber nicht der Wahrheitsgehalt von T_1 größer ist als der von T_2. Kurz, wir sagen, T_2 komme der Wahrheit näher oder habe größere Wahrheitsähnlichkeit als T_1 genau dann, wenn aus T_2 mehr wahre Aussagen folgen als aus T_1, aber nicht mehr falsche, oder weniger falsche, aber nicht weniger wahre.« (Ib. 65)

Diese Definition wurde inzwischen einer harten Kritik unterzogen und wird heute kaum noch vertreten.[24] Andere inzwischen vorgelegten Definitionen sind aber ähnlich orientiert, insofern sie ausschließlich rein formale Aspekte thematisieren und entsprechende Begriffe als Definientia verwenden.

Die Ansätze [i]–[iii] weisen so hohe Defizienzen auf, dass sie, wie sie hier dargestellt wurden, nicht akzeptabel sind. Peirces Ansatz verlegt das Zustandekommen einer universalen Theorie mit der Benutzung einer entsprechenden Sprache – die das, was die Realität »eigentlich« ist, artikulieren soll – ans Ende des Forschungsprozesses. Aber das ist eine phantastische Vorstellung, mit der philosophisch wenig anzufangen ist; denn wie wäre ein solcher Endpunkt des Forschungsprozesses zu denken? Zieht man alle Kontingenzen in Betracht, die das menschliche Leben und die Menschheit überhaupt – und damit auch den Forschungsprozess – kennzeichnen, ist eine solche Vorstellung kein ernsthafter philosophischer Gedanke.[25]

Goodmans Ansatz ist ebenfalls inakzeptabel. Verschiedene Welten, die jeweils verschiedenen Sprachen korrespondieren, zu unterscheiden und die

---

[23] Eine Art *Opus magnum* über dieses Thema ist NIINILUOTO [1987].
[24] Die erste radikale Kritik an POPPERS Definition der *verisimilitude* wurde von MILLER [1964] und TICHÝ [1964] vorgelegt. Eine »strukturalistische« [im Sinne von SNEED, STEGMÜLLER und MOULINES) Bestimmung der Wahrheitsapproximation findet sich in den zwei Büchern von KUIPERS [2000] und [2001].
[25] Vgl. RESCHERS Kritik an PEIRCE in RESCHER [I 1992: 47–52].

Frage nach deren Zusammenhang und Realitätsstatus nicht einmal zu stellen, weicht der eigentlichen Aufgabe philosophischer Reflexion und Theorie aus. Die andere Variante, die verschiedene Welten als Subwelten einer umfassenden Welt annimmt, stellt einen interessanten philosophischen Vorschlag dar. Aber der Gedanke ist noch zu global und zu undifferenziert. Die hier zu skizzierende Konzeption kann als eine, diesen Vorschlag teils präzisierende, teils korrigierende Lösung verstanden werden.

Eine Konzeption auf der Basis des (wie immer definierten) Begriffs der *Wahrheitsapproximation* ist in ontologischer Hinsicht kaum hilfreich. Versteht man unter Wahrheit einen Begriff, der einen wesentlichen ontologischen Bezug hat, so sollte der Begriff der Wahrheitsapproximation auch den Begriff der »Welt- oder Realitätsapproximation (oder -annäherung)« beinhalten. Aber vom intuitiven Gehalt des Begriffs der Approximation her erweist sich der Begriff der Welt- oder Realitätsapproximation (oder -annäherung) als sehr problematisch, besonders wegen der ihm zugrundeliegenden Voraussetzung: Er setzt nämlich voraus, dass Welt/Realität eine Dimension ist, an die wir sozusagen nur »herannahen« (herankommen) können. Aber damit bleibt die grundsätzliche Distanz zwischen Welt/Realität und »uns« (unseren Sprachen, Theorien, Begriffen ...) weiter bestehen. Welt/Realität bleibt letztlich eine unzugängliche »an-sich-seiende und -bleibende« Dimension. So intuitiv plausibel und beliebt der Begriff der Wahrheitsapproximation auch sein mag, philosophisch ist er völlig unzureichend, beinhaltet er doch die Annahme einer grundsätzlich nicht überbrückbaren Kluft. Das aber, worum es überhaupt in der Philosophie bzw. Wissenschaft geht, ist das Begreifen von Welt/Realität *selbst*. Allerdings, wie noch zu sehen sein wird, enthält der Begriff der Wahrheitsapproximation einen wichtigen Aspekt, der bei einer Klärung der hier anstehenden Frage in jedem Fall zu berücksichtigen ist.

5.1.5.2.2 Ein Lösungsvorschlag in drei Schritten

[1] Als zusammenfassendes Ergebnis vieler in diesem Buch angestellten kritischen Überlegungen zum Verhältnis von Sprache/Theorie und Welt (Universum, Sein im Ganzen) kann folgende These formuliert werden: *Eine durchgeklärte umfassende theoretische Sprache erfasst oder artikuliert (die) Welt/Realität selbst; es gibt keine wie immer konzipierte Trennung oder Kluft zwischen beiden »Größen«.* Nun muss eine Pluralität relevanter theoretischer Sprachen teils als faktisch vorhanden, teils als konzipierbar angenommen werden. Daraus entsteht das Problem: Wie ist die Pluralität solcher Sprachen mit der ersten These, d. h. mit der strengen ontologischen Bezogenheit der in der oben beschriebenen Weise aufgefassten Sprachen in Einklang zu bringen?[26]

---

[26] In diesem Abschnitt werden nur einige Aspekte dieses Problems in ontologischer Hinsicht thematisiert. Der zentrale Aspekt des (Wahrheits-)Relativismus wurde in 3.3.4.3

5.1 Der philosophische Status der Gesamtsystematik

Da die oben besprochenen Ansätze abzulehnen sind, bleibt nur die Möglichkeit, einen Ansatz ins Auge zu fassen, der die herausgearbeiteten inakzeptablen und defizienten Aspekte dieser Ansätze vermeidet und doch allen dabei zu Tage getretenen Gesichtspunkten und Einsichten gerecht wird. Ein solcher neuer und umfassender Ansatz lässt sich vom Gedanken der *zunehmenden Adäquatheit der Erfassung bzw. Artikulation der Welt/Realität als solcher* leiten. Wie diese zunehmende Adäquatheit in groben Umrissen zu denken ist, soll im Kern in den folgenden drei Schritten gezeigt werden.

5.1.5.2.2.1 Erster Schritt: die Ontologisierung der theoretischen Dimension

Der erste Schritt ist die These, dass Erkenntnis(se), Theorien, die Wissenschaften, somit auch die Philosophie, nur dann adäquat begriffen und entwickelt werden können, wenn die ganze theoretische Dimension *ontologisiert* wird. Die hier gemeinte *Ontologisierung*[27] ist so zu verstehen: Nicht nur die erkennenden Subjekte, die Theoretiker, sondern auch die ganze theoretische Dimension im objektiven Sinne (die Dimension der Begriffe, die Theorien usw.) müssen als Teile der Natur (der Welt, des Universums, des Seins im Ganzen) gesehen werden. Die Ontologisierung der ganzen theoretischen Dimension in diesem Sinne involviert dann unter anderem die Überwindung jener totalen Kluft, die überall in der gegenwärtigen Philosophie präsent ist: die Kluft oder der Schnitt zwischen dem Subjekt (dem Erkennenden, dem Theoretiker) und der Natur, der Welt, dem Sein im Ganzen.[28]

Ist diese These sonderbar oder erstaunlich? Manchen – besonders analytischen – Philosophen dürfte die These in der Tat so erscheinen. Noch erstaunlicher aber wäre eigentlich, wenn die These von analytischen Philosophen nicht als evident angesehen würde. Was ist sie schließlich anderes als eine Implikation eines fundamentalen Truismus, den die moderne Wissenschaft behauptet? Für die Wissenschaft ist es nämlich ein Truismus, d.h.

---

behandelt. In Kapitel 6 werden weitere Facetten des Gesamtproblems abschließend analysiert.

[27] Das ist durchaus in Analogie zu »Naturalisierung« zu verstehen, aber in einem strengen ontologischen Sinn (und nicht im methodologischen Sinn, wie der Ausdruck besonders von QUINE in Formulierungen wie: ›naturalisierte Epistemologie‹ u. ä. verwendet wird). Aber der adäquatere philosophische Term ist ohne Zweifel ›Ontologisierung‹, da dieses Wort sich nicht auf die Natur oder die Welt, sondern, und zwar direkt, auf das Sein im Ganzen bezieht.

[28] An dieser Stelle sei auf ein sonderbares Phänomen hingewiesen. Die meisten analytischen Philosophen, die bezüglich der Erkenntnistheorie (Epistemologie) Naturalisten und bezüglich der Ontologie strenge Materialisten sind, die damit eine ausschließlich materialistisch-physikalistisch konstituierte Welt anerkennen, verfahren auf völlig inkohärente Weise, wenn sie die theoretische Dimension als eine Dimension konstruieren, die von der Dimension der Natur (der Welt, der Realität) völlig verschieden und getrennt ist – sozusagen als eine platonische Dimension, ein platonisches Reich. QUINE ist dafür ein charakteristisches Beispiel.

eine zur Grundhaltung gewordene und als wahr angenommen Behauptung, dass der Mensch als ganzer – und damit das denkende und theoretisierende Subjekt, das formale, begriffliche usw. Mittel anwendet – Teil und sogar Produkt der Evolution der Natur ist, etwas, was zu einem bestimmten Zeitpunkt der kosmischen Evolution zur Existenz gelangt. Ist dem so, was könnte die theoretische oder kognitive Dimension selbst anderes sein als etwas Ontologisches, etwas, das im Laufe der Evolution hervorgetreten ist und eben *ist*? Nicht einmal die Frage kann kohärenterweise anders formuliert werden; denn was, wenn nicht ein Seiendes, könnte jenes Etwas überhaupt sein, das »theoretische Dimension« genannt wird?

5.1.5.2.2.2 Zweiter Schritt: Perspektivenwechsel: von der Subjektivität zum Sein (zur Welt/Natur)

Der zweite Schritt ist eine wichtige Konsequenz aus der soeben formulierten These.

[1] Wenn menschliche Wesen oder Seiende zur Welt (Natur oder Sein) gehören, dann gehört alles und jedes, das sie tun, vollziehen usw., ebenfalls zur Welt. Was die theoretische Dimension im objektiven Sinne anbelangt, heißt dies, dass sie eine *ontologische Arena*, ein *ontologischer Schauplatz* ist. Die Charakterisierung der theoretischen Dimension als ontologische Arena involviert einen Perspektivenwechsel, der so radikal ist, dass er in einer fundamentalen Hinsicht als eine *Umkehrung* von Kants »Kopernikanischer Wende« (zum Subjekt) verstanden werden kann, allerdings so, dass ungeachtet der Kantischen These von der Zentralität des Subjekts gewisse Kantische Einsichten hinsichtlich der Subjektivität beibehalten werden. Aus diesem Grund könnte die Umkehrung etwa als eine quasi-Hegelsche *Aufhebung* des (transzendentalen) Subjektes aufgefasst werden.

Vielleicht ist die beste Charakterisierung dieser anti- oder nachkantischen Wende die folgende: Erkenntnis (Konzeptualisierung, schließlich Theoretisierung) ist *primär oder fundamental* nicht etwas, was von einem Subjekt vollzogen wird, sondern etwas, was in der Natur oder der Welt oder im Sein stattfindet. Wohlgemerkt, damit wird nicht geleugnet, dass Erkenntnis etwas ist, was von einem Subjekt vollzogen wird; es wird nur negiert, dass sie *primär oder fundamental* in diesem subjektiven Vollzug besteht. In einer primären oder fundamentalen Perspektive ist Erkenntnis eine Weise, wie die Natur oder die Welt sich selbst manifestiert oder artikuliert oder *ausdrückt*. Die adäquateste Satzform dieser Selbstmanifestation ist daher eine, in der das Subjekt nicht als Faktor – oder zumindest nicht als bestimmender Faktor – erscheint.

Es wurde in diesem Buch des öfteren gezeigt, dass es sich um die Satzform: ›Es verhält sich so und so (oder: es verhält sich so dass (ϕ))‹ handelt. Diese Satzform ist die eigentliche theoretische Satzform, wie in Kapitel 2 ausführlich

5.1 Der philosophische Status der Gesamtsystematik

gezeigt wurde. Im Hinblick auf die in diesem Abschnitt behandelte Thematik muss man die Tragweite dieser theoretischen Satzform näher explizieren. Dazu kann ein Vergleich mit jener Satzform dienen, die für Kants transzendentale Philosophie charakteristisch ist: die transzendentale Satzform. Sie beinhaltet – fast durchgehend auf nur implizite Weise – einen *transzendentalen Operator*, der jedem in dieser Philosophie aufgestellten Satz vorangestellt wird (bzw. von dieser Philosophie als jedem von ihr aufgestellten Satz vorangestellt vorausgesetzt wird). Dieser Operator lautet: »Aus der Perspektive der transzendentalen Subjektivität (verhält es sich so dass φ)«. Ein Beispiel: »Aus der Perspektive der transzendentalen Subjektivität verhält es sich so dass die Sonne den Stein erwärmt.« Der transzendentale Operator ist der Ausdruck einer ganz bestimmten Form der Subjektivität, nämlich der transzendentalen. Diese Subjektivität ist nicht eine partikularistische, aber sie ist auch nicht die uneingeschränkt *universale Subjektivität* (vgl. 2.3.2.4).

[2] Der Operator »es verhält sich so dass …« ist der absolut universale Operator, er ist keiner Beschränktheit irgendwelcher Art unterworfen. Von einem Subjekt oder einer Subjektivität ist dabei nicht die Rede. Heißt dies, dass das Subjekt oder die Subjektivität dabei überhaupt nicht im Spiel ist, dass es oder sie keine Rolle spielt? Oben wurde gesagt, es bedeute, dass das Subjekt dabei keine *bestimmende* Rolle spielt. Jetzt kann diese Aussage präzisiert werden. Man muss unterscheiden zwischen dem universalen Subjekt bzw. der universalen Subjektivität und jeder anderen Form von Subjekt bzw. Subjektivität *unterhalb* der Ebene der Universalität. Die transzendentale Subjektivität ist vielleicht die bekannteste und wichtigste Form der nicht-universalen Subjektivität. Wie die universale Subjektivität zu begreifen ist, wurde in Kapitel 2 ausführlich dargelegt (vgl. 2.3.2.4 [4]). Dort wurde auch gezeigt, dass die universale Subjektivität, die mit dem schlechterdings universalen Standpunkt koinzidiert, sich gerade deswegen in einem bestimmten Sinne überflüssig macht: Sie braucht nicht als solche explizit genannt werden. Hinsichtlich des universalen theoretischen Operators »es verhält sich so dass …« bedeutet das, dass sie mit diesem Operator immer gegeben ist, ihn also immer begleitet. Es ist also einerlei, ob man sagt: »Es verhält sich so dass …« oder »Aus der Perspektive der universalen Subjektivtät verhält es sich so dass …«.

Aber man kann einen Schritt weiter gehen, indem man dem universalen Operator und der universalen Subjektivität eine umfassende systematische (traditionell gesprochen: eine metaphysische) Deutung gibt. Man kann nämlich auf etwas gewagte Weise der Partikel »es« eine besondere Funktion und Bedeutung zuweisen.[29] Bekanntlich bildet die genaue Deutung dieser Partikel

---

[29] Damit wird über die in früheren Kapiteln (besonders in den Kapiteln 2 and 3) dargestellte Deutung der Formulierung ›Es verhält sich so und so (oder so dass (φ))‹ eindeutig

in Verbindung mit unpersönlichen Verben ein heiß umstrittenes Thema der Sprachwissenschaft. Während viele diesem Wort gar keinen inhaltlichen Wert zuerkennen, indem sie es als reines Formwort oder Schein-Subjekt deuten,[30] erblicken andere in ihm den sprachlichen Ausdruck für das Vorhandensein oder Wirken unpersönlicher Kräfte. Man kann aber dieses Wörtchen auch als sprachliche Anzeige einer nicht näher gekennzeichneten »Dimension« deuten. Im theoretischen Kontext der systematischen Philosophie lässt sich eine solche Deutung gut vertreten, vorausgesetzt, man deutet die »Dimension« nicht irgendwie mythisch (etwa als Bezeichnung für irgendwelche obskuren Kräfte) und auch nicht substantialistisch (als Bezeichnung für eine dahinterliegende Substanz oder ein Subjekt irgendwelcher Art) oder ähnlich. Man kann das »es« in Formulierungen wie »es verhält sich so und so« als allgemeine unspezifizierte *Anzeige* der *Welt* (der *Realität*, des *Universums*, des *Seins*) im Ganzen verstehen, wobei allerdings im Falle der Theorien, die ein begrenztes Gebiet artikulieren, die präzisierende Angabe dieses spezifischen Gebietes, des Gegenstandes der jeweiligen Theorie, explizit genannt werden muss. Das heißt im Ergebnis: In jeder (auch in der »kleinsten«) theoretischen Aussage, welcher der Operator »es verhält sich so dass …« vorangestellt wird (bzw. werden muss), kommt (die) Welt (als ganze oder ausschnitthaft) zur Darstellung, indem sie sich in ihrer Strukturiertheit zeigt.

Die Interpretation der Partikel »es« im vorhergehenden Absatz lässt sich nicht direkt auf Theorierahmen anwenden, in denen Sätze einer anderen Form (der Subjekt-Prädikat-Form) vorkommen; aber der grundlegende ontologische Sachverhalt kann ohne weiteres generalisiert werden.

Hier begegnet man einem fundamentalen Problem. Wenn in Sätzen, die vom Operator »Es verhält sich so dass …« bestimmt sind, die Welt selbst (die Natur, das Sein im Ganzen) sich ausdrückt oder zur (Selbst)Artikulation gelangt, wie ist dann die Pluralität der Theorierahmen zu verstehen, welche von Sätzen dieser Form wesentlich konstituiert sind? Mit dieser Frage befasst sich der in Unterabschnitt 5.1.5.2.2.3 darzustellende *dritte Schritt*.

[3] Die bisherigen Überlegungen machen zweierlei klar: (i) Die Situiertheit der menschlichen Seienden in der Natur oder Welt (bzw. im Sein im Ganzen) und damit auch deren entsprechender Bezug zur Natur/Welt ist nicht eindimensional; vielmehr gibt es eine ganze Skala mit vielen verschiedenen Ebenen und Graden der Situiertheit des menschlichen Subjekts in der Natur/Welt und damit auch von dessen Bezug zur Natur/Welt. Jeder dieser Ebenen oder jedem dieser Grade entspricht ein bestimmter Artikulationsmodus, der hier

---

hinausgegangen. Die hier vorgelegte Deutung widerspricht aber den früheren Ausführungen nicht, sondern ergänzt sie.

[30] Es gibt Sprachen, in denen eine solche Partikel gar nicht vorkommt, z. B. Italienisch, Spanisch, Portugiesisch.

ein bestimmter Theorierahmen (oder *conceptual scheme*) genannt wird. (ii) Theorierahmen (*conceptual schemes*) können miteinander verglichen werden, und zwar indem auf die verschiedenen Formen, Ebenen und Grade des Subjektbezugs zur Natur/Welt geachtet wird. Die Skala dient dabei als der Maßstab für den Vergleich: Je partikularistischer ein bestimmter Modus des Bezugs des Subjekts zur Natur/Welt ist, desto eingeschränkter, inadäquater, weniger objektiv ist der entsprechende Theorierahmen.

5.1.5.2.2.3 Dritter Schritt: Drei Begriffspaare als Kriterien für die Beurteilung der Stärke und der Schwäche der ontologischen Adäquatheit von Theorierahmen (conceptual schemes)

Der dritte Schritt arbeitet den entscheidenden Punkt im Hinblick auf die Klärung der Frage nach den *ontologischen Konsequenzen* der beiden ersten Schritte heraus. Es wurde schon gezeigt, dass *jeder* Theorierahmen eine *ontologische Arena* ist. Was noch gezeigt werden muss, sind die Weisen, in denen sich diese ontologischen Arenen bzw. die sich in ihnen manifestierenden »Versionen« der Natur/Welt bzw. des Seins im Ganzen aufeinander beziehen.

[1] Zunächst ist ein fundamentaler Aspekt des universalen theoretischen Operators »Es verhält sich so dass ...« im Zusammenhang mit dem Begriff des Subjekts oder der Subjektivität zu klären. Sätze mit diesem Operator kommen in jedem Theorierahmen vor, auch im einfachsten, z. B. im alltäglichen oder lebensweltlichen. In einem solchen Theorierahmen werden Sätze wie die folgenden verwendet: »Jeden Tag geht die Sonne auf und unter«. Solche Sätze sind, von ihrer Form her gesehen, universal-theoretische Sätze. Es wurde nun oben gezeigt, dass in solchen Sätzen auch das Subjekt »im Spiel« ist, auch wenn es nicht explizit genannt wird. Aber welches Subjekt oder: in welcher seiner Formen ist das Subjekt hier im Spiel? Wie ist dieser ganze Fragenkomplex zu verstehen und zu klären?

Es gibt *drei* mögliche Optionen beim Versuch, darauf eine Antwort zu geben. Die *erste* stützt sich auf die These, dass im Falle solcher »alltäglichen« Sätze von einem Theorierahmen nicht gesprochen werden kann oder sollte. Das ist der leichtere und bequemere Weg. Doch ist er philosophisch kurzsichtig und letztlich inkonsequent. Auch in der lebensweltlichen Welt wird Sprache benutzt, und diese Sprache hat auch ein *deklaratives* und somit gemäß der in diesem Buch verwendeten Terminologie ein *theoretisches* Segment. Eine der grundlegendsten Thesen dieses Buches besagt, dass kein theoretischer Satz in *splendid isolation* verstanden und eingeschätzt werden kann; jeder setzt einen Rahmen voraus, eben einen Theorierahmen. Dass ein für die *Lebenswelt* charakteristischer Theorierahmen äußerst unvollkommen ist, voller Unklarheiten, Inkorrektheiten, Konfusionen usw. steckt, trifft sicher zu. Dennoch handelt es sich um einen Theorierahmen; denn mit Sätzen, die in diesem Theorierahmen aufgestellt werden, wird *über die Welt gesprochen*. Die erste Option wird hier daher verworfen.

Die *zweite* Option besteht darin, deklarativ-theoretische Sätze der natürlichen oder »lebensweltlichen« Sprache zwar als der Form nach deklarative/theoretische Sätze anzuerkennen, aber lediglich als solche, die *implizit* immer von einem *partikularistischen* Operator bestimmt sind, der die Perspektive eines *partikularistischen Subjekts* artikuliert. Die Form der hier vorhandenen Partikularität des Subjekts ist demnach die *lebensweltliche*. Die genaue Paraphrasierung des obigen Beispielsatzes gemäß dieser Option wäre: »Aus der Perspektive des partikularistisch-lebensweltlichen Subjektes verhält es sich so dass: die Sonne geht jeden Tag auf (und unter)«. Benutzt man die in Kapitel 2 (2.2.3.1 und 2.3.2.4) und Kapitel 4 (4.3.2.1.2) eingeführte Notation, wäre diese Interpretation bzw. Paraphrasierung so zu formalisieren (›Ⓣ‹ für: ›es verhält sich so dass …‹; ›Ⓢ‹ für : ›aus der Perspektive des Subjekts …‹ ; ›PL‹ für: ›Partikularistisch-Lebensweltlich‹; ›φ‹ für den Satz: ›die Sonne geht jeden Tag auf (und unter)‹): $Ⓢ_{PL}(Ⓣ(φ))$. Man beachte, dass die theoretische Dimension (repräsentiert durch den theoretischen Operator Ⓣ) im Skopus des partikularistisch-lebensweltlichen Subjektes liegt.

Diese Option scheint eine entscheidende Defizienz zu haben: Sie muss die deklarativ-theoretischen Sätze des lebensweltlichen Theorierahmens als Sätze interpretieren, die nur eine *subjektive* Sicht artikulieren; aber dieser subjektive Charakter scheint dann die Konsequenz zu haben, dass solchen Sätzen jede *genuine ontologische Bedeutung* abgesprochen werden muss. Doch gegen diese vorschnelle und verkürzte Interpretation und Kritik kann man *zweierlei* geltend machen. *Erstens*: Solche Sätze sprechen über die Welt, und zwar so, dass die Sprecher sich damit »in der Welt« gut zurechtfinden können, über die sie sprechen. Es ist unplausibel, dass die dabei geäußerten Sätze über die Welt in keiner Weise und in keinem Grad etwas artikulieren sollten, was – in welcher Form auch immer – zur Welt gehört. *Zweitens*: Die hier kritisierte Option bzw. Interpretation verkennt den fundamentalen Umstand, dass jedes Subjekt Teil der Welt (der Natur, des Seins) ist, und zwar mit *allem, was das Subjekt* konstituiert und was das Subjekt »leistet«. Man formuliert nur dem ersten Anschein nach eine paradoxe Aussage, wenn man sagt: Es gibt kein Subjekt und nichts in einem Subjekt, das rein subjektiv (im gewöhnlichen Sinne und im Sinne dieser zweiten Option bzw. Interpretation) ist. Ist das Subjekt ein Seiendes, ist es ein Element der Welt (des Seins), so ist alles in ihm und alles, was es tut, ebenfalls *ontologisch*. Dazu gehört auch des Subjekts »Sicht« auf die Welt. Die Frage ist allerdings, wie man das genau begreifen soll. Das versucht die *dritte* optionale Interpretation der Beispielsätze.

Die *dritte* Interpretation versucht, sowohl dem »subjektiven« als auch dem »ontologischen« Status des Beispielsatzes gerecht zu werden. Das geschieht dadurch, dass die zweite optionale Interpretation bzw. Rekonstruktion von einer *höheren* Ebene aus wieder thematisiert und damit begriffen wird. Diese höhere Ebene ist der im Sinne dieses Buches eigentlich struktural-systematische Standpunkt. Formal-methodisch ist die Formulierung dieser höheren, systematischen Sicht ganz einfach: Man stellt einen neuen, höheren Operator der Formel voran, welche die zweite optionale Interpretation formalisiert. Dieser Operator ist der *theoretische Operator* (auf der höheren Ebene). Es ergibt sich: »Es verhält sich so dass aus der Perspektive des partikularistisch-lebensweltlichen Subjekts es sich so verhält dass: die Sonne geht jeden Tag auf (und unter)«. Formalisiert: $\text{T}[\text{S}_{PL}(\text{T}(\phi))]$. Die ganze Formel, die die zweite Option/Interpretation artikuliert, liegt jetzt im Skopus des alles bestimmenden theoretischen »Oberoperators« ›T‹. Wie ist aber diese Paraphrasierung bzw. diese Formel philosophisch zu deuten?

Im Rahmen der hier vertretenen systematischen Konzeption ist der so rekonstruierte (paraphrasierte und formalisierte) Satz aus dem lebensweltlichen Theorierahmen dahingehend zu interpretieren, dass die Welt selbst sich »so verhält dass die Sonne jeden Tag auf- und untergeht«. Damit wird eine bestimmte Facette der Welt selbst dargestellt. Der Satz sagt aus, dass die Welt in einer bestimmten Situation, nämlich sofern sie durch ein sich unmittelbar verhaltendes Subjekt wahrgenommen wird, so verhält dass die Sonne als auf- und untergehend *erscheint*. Das heißt keineswegs, dass damit »die Welt an sich« (was immer das sein mag) dargestellt wird; vielmehr wird hier die Welt in der kompletten Relativität zu einer Lage »artikuliert«, die von einem unmittelbar wahrnehmenden Subjekt bestimmt wird. Aber eine solche »Lage« ist eine Lage-der-Welt-selbst, daher ist auch das »Erscheinen« der Welt in dieser Lage ein reales Phänomen-der-Welt-selbst. Ändert sich die Lage, d.h. hier: verhält sich das Subjekt nicht unmittelbar, sondern rational, reflexiv, erforschend, indem es die Potentialitäten einer theoretischen Einstellung entwickelt, so ändert sich automatisch auch das »Erscheinen« der Welt selbst. Es ist zu beachten, was hier wirklich vor sich geht: Unmittelbarkeit der Wahrnehmung »der Welt« und reflexiv-theoretische Einstellung »zur Welt« sind nicht irgendwelche der Welt selbst äußerlichen Geschehnisse; vielmehr sind sie Geschehnisse-(in-)der-Welt. Man könnte sagen: Es sind Gestalten-der-Welt. Hinsichtlich des Beispielsatzes ist zu sagen: Es gibt eine Gestalt-der-Welt, in der die Sonne als auf- und untergehend erscheint (und somit so wahrgenommen und artikuliert wird).

Dieser Sachverhalt kann auch so artikuliert werden: Der Satz »Die Sonne geht jeden Tag auf- und unter« ist ein *wahrer* Satz, allerdings nur in dem Sinne, dass er *im* oder *relativ zum lebensweltlichen Theorierahmen* wahr ist. Dass es richtig ist, den Satz als wahr (in diesem Sinne) zu bezeichnen, wird klar, sobald man mit der Negation des Satzes konfrontiert wird: »Es ist nicht der Fall, dass die Sonne jeden Tag auf- und untergeht«. Wird die Negation des Satzes »Die

Sonne geht jeden Tag auf- und unter« innerhalb des lebensweltlichen Theorierahmens behauptet, so ist sie falsch. In bzw. relativ zu einem anderen, nämlich wissenschaftlichen Theorierahmen ist der Satz natürlich nicht wahr und seine Negation daher wahr. Hier wird deutlich, dass die Qualifikation eines Satzes als wahr in einem (hier: im lebensweltlichen) Theorierahmen eine *ontologische* Implikation hat: Man muss zeigen, welche Facette der Welt durch den *wahren* Satz artikuliert wird.

[2] Es gibt eine Pluralität von Theorierahmen. Sie weisen aber enorme Unterschiede auf. Die für die Wissenschaft(en) und die Philosophie einzig wichtigen sind nicht lebensweltliche oder ähnliche Theorierahmen, sondern solche, deren Komponenten (Sprache, Begrifflichkeit, Logik usw.) eingehenden Analysen unterworfen werden. In den beiden ersten Schritten wurde die These vertreten, dass Theorierahmen ontologische Arenen sind, in denen sich die Welt darstellt oder artikuliert. Da sich nun die vielen Theorierahmen meistens oder jedenfalls oft merklich voneinander unterscheiden, ist zu fragen, welche ontologischen Konsequenzen diese Tatsache hat. Wie ist »die Welt« zu konzipieren, wenn jeder Theorierahmen einen ontologischen »Ertrag« (*ontological import*) hat? Gibt es Theorierahmen, die *adäquater* als andere sind? Und was heißt eine solche größere Adäquatheit in ontologischer Hinsicht? Wenn man das Beispiel des Satzes über die auf- und untergehende Sonne wieder in diesem Zusammenhang thematisiert, so wird deutlich, dass die »Facette der Welt«, die dieser Satz artikuliert, lediglich eine äußerst limitierte ist: Sie ist eine *momentane* und *punktuelle* Erscheinungsweise der Welt, die sich also aus einer ganz bestimmten (zufälligen und punktuellen) Konstellation von Faktoren (*unmittelbar* wahrnehmendes Subjekt, momentan wahrgenommenes Phänomen …) ergibt. Einen ontologisch anderen *Tiefgang* haben Theorierahmen, die im Dienst einer explizit reflexiven theoretischen Unternehmung entwickelt werden. Von diesen soll im folgenden die Rede sein.

Da Theorierahmen Weisen sind, in denen sich die Welt in ihrer Strukturiertheit manifestiert oder artikuliert, muss man wohl verschiedene ontologische »Strukturebenen« annehmen. Aber solche Strukturebenen müssen richtig verstanden werden. Die Crux besteht in der extremen Schwierigkeit, diesen Sachverhalt zu explizieren. Der folgende Versuch versteht sich als eine erste Annäherung an das Thema.

Die verschiedenen Manifestationen oder (Selbst-) Darstellungen der Welt, die verschiedene Strukturebenen der Welt artikulieren, *koexistieren* nicht einfach disparat nebeneinander, sondern bilden eine immanent kohärente Gesamtdarstellung und damit konsequenterweise eine Gesamtstrukturiertheit der Welt. Damit wird die Welt selbst nicht zu einer Art Gesamtkonstrukt, das aus einzelnen selbständigen, realen Schichten oder Sphären besteht, die in irgendeinem mysteriösen Bezug zueinander stehen. Vielmehr müssen die verschiedenen (Selbst-)Darstellungen und damit Strukturebenen als Struktur(iertheit)en »der Welt« so interpretiert werden, dass sie in dem *ganz besonderen Verhältnis* zueinander stehen, das zwischen »grobmaschigen (*coarse-grained*)« und »feinmaschigen (*fine-grained*)« Struktur(iertheit)en ein und derselben Entität besteht. Wird die Pluralität von Struktur(iertheit)en auf dieser Basis gedeutet, dann stellt sich diese als eine ganz besondere Art von Pluralität heraus: eine Pluralität, die eine Einheit nicht nur nicht ausschließt, sondern einschließt; man könnte von einer »pluralen Einheit ein und derselben Grundstruktur(iertheit)« sprechen.

Das Verhältnis von grobmaschigen und feinmaschigen Struktur(iertheit)en ist ein ganz besonderes Verhältnis, das nicht einfach mit dem mathematisch genau definierbaren Verhältnis von Strukturen und Substrukturen gleichzusetzen ist, wie im folgenden zu zeigen ist.

[3] Wie das Verhältnis von grobmaschigen und feinmaschigen Struktur(iertheit)en näher zu begreifen ist, kann man durch einen Rekurs auf *drei Begriffspaare als Kriterien für die Beurteilung der Stärke und der Schwäche der ontologischen Adäquatheit von Theorierahmen* (conceptual schemes) versuchsweise erklären. Man kann diese Begriffspaare auch *struktural-begriffliche Kontinua* nennen. Das erste Begriffspaar artikuliert Grade der *Tiefe* der Strukturiertheit, indem es zwischen *Oberflächen*strukturen und *Tiefen*strukturen unterscheidet. Das zweite Begriffspaar thematisiert einen anderen Gesichtspunkt, den Gesichtspunkt der »*Maschigkeit*«, der zur Unterscheidung zwischen *Fein- oder Engmaschigkeit* und *Grobmaschigkeit* der Struktur(iertheit)en führt. Das dritte Begriffspaar schließlich expliziert verschiedene Grade der *Kohärenz*.

[i] *Oberflächen*strukturen (oder *Oberflächen*strukturebenen oder -momente) im Gegensatz zu *Tiefen*strukturen sind diejenigen, die auf der Basis einer *partikularistischen* Perspektive oder eines *partikularistischen* Theorierahmens artikuliert werden; sie sind daher genauso partiell und beschränkt wie die Perspektiven oder Theorierahmen, aus denen sie entwickelt werden. Eine Illustration dafür ist das oben ausführlich erörterte Beispiel des im lebensweltlichen Theorierahmen artikulierten »Phänomens« des Sonnenaufgangs und -untergangs. Wie gezeigt wurde, manifestiert sich die Welt hier in und aus einer partikularistischen Perspektive. Es ist zu beachten, dass eine solche Perspektive *zur Welt selbst* gehört. Es ist ein konstituierender Aspekt der *Oberflächenstruktur(iertheit) der Welt*.

Tiefenstrukturen sind diejenigen, die in zunehmend universalen Theorierahmen herausgearbeitet werden. In diesem Fall artikuliert sich die Welt fortschreitend in ihrer eigentlichen, d.h. immer weniger partikularistischen und immer mehr universalistischen Strukturiertheit. Da somit das Begriffspaar »Oberflächen- und Tiefenstrukturen«, wie oben vermerkt, als eine Art *Kontinuum* zu begreifen ist, lassen sich keine scharfen Grenzen angeben. Auf der Ebene der Tiefenstrukturen, also der *universalen* Strukturen, gibt es ein Mehr oder Weniger, gibt es Grade: weniger tiefe und tiefere Strukturen. Der Versuch, die »*absolut tiefste*« oder die »*absolut universalste*« Struktur, die tiefste/universalste Strukturiertheit schlechthin zu artikulieren, ist ein ins Leere laufendes Unternehmen. Die »tiefste und universalste Strukturertheit schlechthin« wäre diejenige, die im »absolut höchsten und absolut adäquatesten Theorierahmen« thematisiert würde. Aber der Gedanke, man könne einen solchen absoluten Theorierahmen jemals erreichen, ist, wie sich aus der hier vertretenen struktural-systematischen Philosophie ergibt, schlichtweg haltlos.

[ii] Können Oberflächen- und Tiefenstrukturen anders – und näher – bestimmt werden als dadurch, dass scharfe Grenzen angegeben werden? Dies ist eine immens schwierige und mühsame Aufgabe, aber zumindest ein Ansatz dazu kann entworfen werden, indem auf das Begriffspaar *Feinmaschigkeit-Grobmaschigkeit* rekurriert wird. Oberflächenstrukturen sind noch unmittelbar globale Strukturen, die – um ein treffendes Bild zu benutzen – gleichsam die »Außengestalt« oder erste approximative Gestalt (eines Auschnittes) der Welt zur Manifestation bringen, wobei die Außengestalt keine absolut unveränderte Größe ist bzw. bleibt. Im einzelnen heißt dies: Bei Oberflächenstrukturen fehlt das, was man die Differenziertheit, die Detailliertheit und die Spezifiziertheit nennen kann. Die Strukturen, die diese Defizienz nicht haben, die also die zuletzt genannten Faktoren realisieren, sind gerade die feinmaschige(re)n Strukturen.

Es ist hervorzuheben, dass grob- und feinmaschige Strukturen *ein* Kontinuum bilden, mithin keine fest bestimmbaren Grenzen zwischen ihnen festgesetzt werden können. Das Verhältnis von grob- und feinmaschigen Strukturen ist daher nicht mit anderen Verhältnistypen zu verwechseln. Beispielsweise kann es nicht einfach mit dem mathematisch präzis definierbaren Verhältnis zwischen Strukturen und Substrukturen gleichgesetzt werden. Nur in einer bestimmten Hinsicht kann man das Verhältnis von grob- und feinmaschigen Strukturen einerseits und das Verhältnis zwischen Strukturen und Substrukturen andererseits miteinander vergleichen. Im mathematischen Sinn bzw. Bereich bleiben die Strukturen, die durch Einbettung von Substrukturen (weiter) differenziert oder bestimmt werden, das, was sie sind bzw. waren; sie ändern sich nicht. In diesem Sinne kann man deren Differenzierung oder Bestimmung als etwas ihnen Externes bezeichnen. Das ist aber mit dem Verhältnis zwischen grobmaschigen und feinmaschigen Strukturen, wie dieses hier verstanden wird, gerade nicht der Fall. In einer schwer zu fassenden und hier noch nicht ausformulierten Weise ändern sich die grobmaschigen Strukturen in gewisser Hinsicht, indem der Prozess ihrer Artikulation in Richtung auf die Herausarbeitung immer feinmaschigerer Strukturen, d. h. in Richtung auf immer differenziertere Bestimmtheit, fortschreitet.

Zwei Beispiele mögen diesen Sachverhalt zumindest approximativ illustrieren.

Das *erste* Beispiel ist dem lebensweltlichen Bereich entnommen, setzt also einen lebensweltlichen Theorierahmen voraus. Ein Beobachter, der ein Haus in seiner Nähe sieht, kann über dieses Haus eine erste zutreffende theoretische Aussage machen, indem er etwa sagt: »An der nächsten Straßenkreuzung rechts gibt es ein rotes Haus.« Damit artikuliert er eine rein allgemeine, grobmaschige Oberflächen-Tatsache – und damit Struktur – über die bzw. der Welt. Für manche pragmatische und auch für einige theoretische Zwecke mag diese Aussage nicht nur annehmbar, sondern sogar als optimal gelten, indem sie etwa im konkreten Fall völlig ausreichend ist, ein bestimmtes Haus zu identifizieren. Aber dieser Beobachter kann von derselben Beobachtungsstelle aus viel mehr Information über das Haus vermitteln, z. B.: über die feinen Abstufungen der Farbe »rot« in den Türen und in den Fenstern, über die Zahl und die Lokalisierung der Fenster, über das Dach usw. Interessant in diesem Beispiel ist u. a. die Tatsache, dass das Haus als ein ganzes und hinsichtlich seiner spezifischen Aspekte nicht einfach absolut »dasselbe« bleibt, auch wenn man im alltäglichen Leben ohne weitere Reflexion vom »selben Haus« spricht. Indem das Haus immer detaillierter beobachtet und artikuliert wird, ändert es sich in gewisser Hinsicht ständig. Was hier stattfindet, könnte man als Prozess des Fortschreitens von grobmaschigen zu feinmaschigen Strukturen bezeichnen. Dass damit eine Strukturänderung ganz besonderer Art stattfindet, wird z. B. an einem Detail wie dem folgenden deutlich: Die Qualität »rot«, die als die anfängliche allgemeine und damit grobmaschige Struktur artikuliert wurde, *ändert* sich, indem sie durch Einführung von sich unterscheidenden Rotnuancen »konkretisiert« wird; eine solche Konkretisierung beinhaltet offenkundig eine Modifikation, eine Änderung. Dadurch wird der Satz »An der nächsten Straßenkreuzung rechts gibt es ein Haus mit roten Fenstern und Türen« nicht unwahr; aber die Wahrheit, die er artikuliert, ist, um es so auszudrücken, nur eine »grobmaschige Wahrheit«.

Freilich kann man eine solche Illustration nicht in jeder Hinsicht heranziehen, um damit das Verhältnis von Grob- und Feinmaschigkeit in dem lebensweltlichen Beispiel mit dem Verhältnis zwischen den verschiedenen ontologischen Struktur(iertheit)en der Welt zu vergleichen, die jeweils einer der großen theoretischen Sprachen zuzuordnen sind. Dennoch verdeutlicht die Illustration einige grundlegende Aspekte dieses Verhältnisses. Erhellender dürfte ein *zweites*, philosophisch besonders aufschlussreiches Beispiel sein, nämlich der in diesem Buch besonders in Kapitel 3 ausführlich behandelte Vergleich zwischen zwei sich gegenseitig ausschließenden Ontologien: Der im Buch verworfenen kompositionalen oder Substanzontologie und der im Buch vertretenen kontextualen oder Konfigurationsontologie. Um es in äußerster Kürze zu wiederholen: Nach der ersten sind die »Dinge« in der Welt Substanzen (meistens in der analytischen Philosophie »Objekte« genannt), die Eigenschaften haben und in Beziehungen zueinander stehen; nach der zweiten sind die »Dinge« Konfigurationen von Primärtatsachen. Die beiden Ontologien schreiben einer Entität, die in der normalen Sprache als »ein und dieselbe Entität« identifiziert wird, zwei radikal verschiedene, miteinander inkompatible Strukturiertheiten zu. Was ist aber der »Status« dieser Inkompatibilität? Wenn sich beide Ontologien gegenseitig ausschließen, wie können die jeweiligen Struktur(iertheit)en als zwei »Gestalten« ein und derselben Grundstruktur(iertheit) der Welt aufgefasst werden?

Zunächst ist darauf hinzuweisen, dass man mit gutem Grund sagen kann und muss, dass die Konfigurationsontologie eine grundlegende »Intuition« der Substanzontologie durchaus bewahrt, ja sogar auf bedeutend intelligiblere Weise zum Ausdruck bringt: die Intuition, dass eine Pluralität von »Aspekten« eine Einheit, sogar ein »Zentrum« dieser Aspekte in keiner Weise ausschließt, sondern im Gegenteil besser zur Geltung bringt als die Substanzontologie, die diese Einheit in einer als Substratum gedeuteten Entität situiert. Dies zeigt, dass man den Vergleich zwischen beiden Ontologien so deuten kann: Wenn man sie »als solche«, also isoliert nimmt, so schließen sie sich aus, sofern die Konfigurationsontologie so etwas wie ein Substratum nicht anerkennen kann. Vergleicht man aber beide Ontologien miteinander, so wird klar, wie soeben gezeigt wurde, dass die Konfigurationsontologie die gemeinsame grundlegende Intuition, die zentrale Einheit, »feinmaschiger« konzipiert als die Substanzontologie.

[iii] Das *dritte* Begriffspaar, das eine dritte Form eines strukturalen Kontinuums artikuliert, ist das der höheren oder geringeren *Kohärenz*. »Kohärenz« ist ist nicht einfach als Synonym von »Konsistenz« im streng logischen Sinne zu verstehen, d. h. Kohärenz ist nicht rein negativ als Ausschluß von Widersprüchlichkeit, sondern positiv zu bestimmen. Danach zeichnet sich eine höhere Kohärenz durch zwei Faktoren aus: Erstens durch eine größere Anzahl von Aspekten oder Strukturmomenten (das ist der »materiale« Aspekt), zweitens durch die Gesamtheit der Relationen, durch welche die »materialen« Elemente« miteinander verknüpft sind (vgl. Rescher dazu [1973]). Je genauer und je enger die Konfiguration der Beziehungen artikuliert wird, desto höher ist die Kohärenz (im hier relevanten Sinne). Dies im einzelnen zu zeigen und zu entwickeln, ist eine weitreichende und faszinierende Zukunftsaufgabe. An dieser Stelle mag ein abstrakter Hinweis darauf genügen.

Um die Frage zu klären, wie der *ontologische* »Ertrag« verschiedener spezifischer Theorierahmen (*conceptual schemes*) einzuschätzen ist, müssen deren in Frage stehende Entitäten bzw. Gegenstandsbereiche im Hinblick auf die drei kontinuierlichen Spektren der drei skizzierten Beriffspaare – oder eben strukturalen Kontinua – analysiert werden. Auf dieser Basis kann man zumindest im Prinzip den zentralen Begriff der *graduellen ontologischen Adäquatheit* vieler verschiedenerTheorierahmen (*conceptual schemes*) einer Klärung zuführen.

[4] Die zuletzt angestellten Überlegungen könnten die Meinung nahelegen, dass es sich bei dem Verhältnis zwischen verschiedenen ontologischen Struktur(iertheit)en nicht um *echte ontologische* Struktur(iertheit)en, sondern um *unsere in die ontologische Ebene projizierte Sicht* handelt. Ein solcher Einwand wäre charakteristisch für alle Richtungen, die sich in der einen oder anderen Weise von Kants transzendentaler Wende bestimmen lassen. Nun wurde in diesem Buch des öfteren gezeigt, dass diese Sicht unhaltbar ist. Wenn man davon ausgeht, dass jeder großen, d. h. konsistenten und umfassenden theoretischen Sprache eine ganz bestimmte Ontologie entspricht, so wird es nicht mehr möglich sein, eine echte Ontologie irgendwie nachträglich zu konstruieren. Nicht wir »projizieren« unsere Begriffe oder Strukturen in die Welt, sondern die Welt selbst stellt sich dar, indem sie zeigt, dass sie sich so oder so verhält.

Es sei aber angemerkt, dass der Gedanke der durch drei Begriffskontinua gekennzeichneten zunehmenden ontologischen Adäquatheit als Erklärung der tatsächlichen (und berechtigt existierenden) Pluralität der großen theoretischen Sprachen bzw. Ontologien wie auch ihrer Integration in der Einheit der Welt hier nur verallgemeinernd und intuitiv dargelegt werden konnte. Die nähere Ausgestaltung und Darstellung dieses Gedankens bildet eine der großen Aufgaben für die Philosophie in der Gegenwart und in der Zukunft. Die Schwierigkeit, der diese Aufgabe begegnet, rührt in ganz besonderer Weise daher, dass im Laufe einer langen philosophischen Tradition seit Kant die Vorstellung allbeherrschend wurde, das erkennende Subjekt und die Welt seien zwei durch jene grundsätzlich unüberbrückbare Kluft voneinander getrennte Dimensionen, die am Anfang dieses Kapitels ausführlich behandelt wurde. Sieht man die Unhaltbarkeit dieser Kluft ein, so scheint es nicht nur nicht befremdlich, sondern ganz und gar konsequent und angemessen zu sagen: Den verschiedenen großen theoretischen Sprachen entsprechen je verschiedene ontologische Strukturen, die aber jeweils adäquatere Formen der Selbstdarstellung einer einheitlichen Gesamtstruktur darstellen.

5.1.6 Zusammenfassung: Gesamtsystematik als universale Theorie

Es wurde gezeigt, dass jene »Kluft« (*gap, cut*), die als das Grundproblem für die Idee und die Möglichkeit einer Gesamtsystematik am Anfang dieses Kapitels beschrieben und analysiert wurde, als unhaltbar gelten muss und damit überwunden werden kann. Das Problem dieser Kluft zwischen dem Beobachter – bzw. genauer und umfassender – dem Theoretiker und dem »System« (d. h. der Welt, dem Universum, dem Sein) hat viele sehr verschiedene Facetten, wie sich in den langen bisherigen Ausführungen gezeigt hat.

[1] Zuerst musste die grundsätzliche Unhaltbarkeit demonstriert werden, was besonders durch die Herausarbeitung von vier fundamentalen Gesichtspunkten nachgewiesen wurde. *Erstens* hat sich die Annahme einer solchen Kluft als willkürliche, da nicht fundierte Annahme herausgestellt. Der »Rückzug« in die Dimension des Subjekts in der Weise, in der er in der postkantischen Tradition der Philosophie vollzogen wurde und heute noch weitgehend vollzogen wird, ist nicht zu rechtfertigen. Alle diese Versuche erliegen einem Grundfehler: Sie setzen voraus, dass es nicht nur möglich, sondern auch unabdingbar ist, die Dimension der Subjektivität – ob in einer betont traditionellen »mentalistischen« Gestalt oder in der Gestalt einer durch Sprache und sogar Logik geprägten Subjektivität – als den absoluten alles bestimmenden Bezugspunkt zu betrachten. Dies bedeutet aber, dass die Subjektivität aus ihrer Verortung in der Welt (im Universum, im Sein) entfernt und eine Kluft zwischen ihr und der Welt aufgerissen wird.

Zweitens hat sich die Annahme einer solchen Kluft als inkohärent und selbstwidersprüchlich herausgestellt. Nicht nur unser lebensweltlicher, normaler Umgang mit »der Welt«, sondern auch – und vor allem – Wissenschaft und Philosophie wären sinnlose Unternehmungen, sollte die Verhaftetheit im Subjektiven in der beschriebenen Weise eine oder gar die allerletzte, nicht überwindbare oder hintergehbare Dimension darstellen. Welchen Sinn hätte es, im konkreten Leben wie in der Wissenschaft und in der Philosophie »über die Welt« zu reden, wenn dies dahingehend interpretiert würde, dass wir nur unsere subjektiven Vorstellungen, unsere Begriffe u. ä. in der einen oder anderen Weise auf die Welt projizieren?

Drittens hat sich in ganz besonderer Weise gezeigt, dass diese Annahme sowohl zur Grundintention als auch zur Grundstruktur sowohl der normalen als auch der wissenschaftlichen-philosophischen Sprache(n) im Widerspruch steht; denn in allen diesen Sprachen sprechen wir grundsätzlich in der Weise über die Welt, dass wir uns dabei nicht auf das Subjekt beziehen. Die grundlegende Sprachform der Rede über die Welt – auch wenn sie alltagssprachlich nicht *in der Form* in Erscheinung treten mag – ist nämlich: ›Es verhält sich so und so oder so dass …‹. Diese Sprachform lässt sich am adäquatesten so verstehen, dass dabei »die Welt (das Universum, das Sein)« selbst zur Sprache kommt, in einem nicht-metaphorischen Sinn: *sich selbst darstellt.*

Es hat sich *viertens* auch gezeigt, dass die *effektive* Überwindung der Kluft, d. h. die Überwindung, die nicht nur irgendwie allgemein behauptet, sondern auch im einzelnen ausgeführt wird, die Klärung einer Reihe von fundamentalen Fragen zur Voraussetzung hat. Die wichtigste Frage überhaupt betrifft das Verständnis der theoretischen Sprache. Diese große Thematik wurde von der Idee der *universalen Ausdrückbarkeit* der Welt (des Universums, des Seins) her angegangen. Um dieser Idee gerecht zu werden, hat sich ein Punkt als fundamental herausgestellt: Der universalen Ausdrückbarkeit muss eine ebenfalls universale Sprache entsprechen und diese muss dann konsequenterweise als ein semiotisches System mit überabzählbar unendlich vielen Ausdrücken verstanden werden. Die Tatsache, dass mehrere solcher universaler Sprachen teilweise existieren und teilweise als möglich konzipierbar sind, wirft ein grundsätzliches Problem auf. Eine Lösung dieses Problems, die nicht wieder in die subjektive Sphäre abgleitet, stellt, wie sich gezeigt hat, eine faszinierende, aber auch schwierige Aufgabe dar.

[2] Nach allen diesen Überlegungen kann man jetzt den philosophischen Status der Gesamtsystematik dahingehend näher präzisieren, dass man die philosophische Gesamtsystematik als *universale philosophische Theorie* auffasst. Aber auch dieser Begriff muss noch, zumindest bis zu einem gewissen Punkt, weiter präzisiert werden. Das soll im gegenwärtigen Zusammenhang durch die Herausarbeitung *zweier* zentraler Gesichtspunkte geschehen.

Der *erste* Gesichtspunkt betrifft den Zusammenhang zwischen den in diesem Buch aufgezeigten formalen, fundamentalen, semantischen und ontologischen Strukturen einerseits und den Welt- oder Seinsdimensionen oder -bereichen andererseits. Es hat sich gezeigt, dass alle Strukturen einen *unmittelbaren ontologischen* Stellenwert haben und dass alles, was als ontologisch zu gelten hat (unter welcher Bezeichnung auch immer), nur als ontologisch gewendete Strukturalität aufzufassen ist.

Demnach gibt es keine »Kluft« zwischen beiden Dimensionen. Die Unterscheidung zweier Dimensionen beruht auf einer ursprünglicheren Einheit: Die unterschiedenen Dimensionen sind zwar sinnvoll, ja sachgerecht, aber eben nur im Sinne von Unterschieden auf der Basis einer beide Unterschiedenen umfassenden Dimension. Auf diese Weise können alle einzelnen Seinsbereiche und alle einzelnen Entitäten gemäß dem eigenen spezifischen Charakter begriffen werden.

Immer gilt jene Grundannahme, die man als das gesamtsystematische Grundaxiom bezeichnen kann: Immer handelt es sich um die Selbstdarstellung jener durch das »es« in der Formulierung ›Es verhält sich so und so oder so dass (ϕ)‹ angezeigten großen ursprünglichen und umfassenden Dimension, wie immer man sie benennen mag.

Jetzt lässt sich auch der *zweite* Gesichtspunkt, der eine universale philosophische Theorie kennzeichnet, angeben und charakterisieren: Es handelt sich um die Klärung der soeben genannten *einen ursprünglichen und umfassenden Dimension*. Diese Thematik wird im nächsten Abschnitt 5.2 in Angriff genommen.

5.2 Grundzüge einer Theorie des Seins als solchen und im Ganzen

Warum kann oder sogar muss die ursprüngliche und umfassende Dimension in dem im vorhergehenden Abschnitt herausgearbeiteten Sinn zum Thema einer systematischen Philosophie gemacht werden? Man könnte zunächst daran denken, die philosophische Aufgabe sei ausreichend und sogar vollständig erfüllt, wenn man, wie es im Abschnitt 5.1 geschehen ist, das dort behandelte Problem der Kluft oder des Schnitts löst. Die Lösung besteht darin, dass man die Unterschiedenheit von Denken und Sein, Subjekt und Objekt, Begriff und Wirklichkeit, Struktur und ontologischer Dimension oder, wie immer man die zum Problem der Kluft Anlass gebende Zweiheit von Dimensionen bezeichnen mag, nicht als Dualität im Sinne von Dichotomie auffasst, sondern als immer schon von einer grundsätzlicheren Einheit umfasst begreift. Dies zeigt sich schon in der einfachsten und bescheidensten mit dem Anspruch auf Erkenntnis bzw. Wahrheit aufgestellten Aussage. Aber kann die Philosophie von hier aus noch weitergehen? Und was wäre ein solches Weitergehen?

5.2.1 Was heißt »das Sein als solches und im Ganzen«?

[1] Es ist immer der Impetus der großen philosophischen Tradition gewesen, es nicht beim erreichten Ergebnis bzw. Punkt zu belassen, soweit sie in der einen oder anderen Weise bis zu diesem vorgedrungen ist. Der Impetus des philosophischen Fragens und des Suchens nach Intelligibilität drängte weiter. Mit dem Aufweis der Notwendigkeit, die genannte Dichotomie zu überwinden, und zwar durch die Annahme einer umfassenden und grundsätzlicheren Einheit, ist die philosophische Aufgabe nicht zu Ende. Das zeigt sich einfach darin, dass wir, die Menschen im allgemeinen und speziell die Philosophen, weiter reichende Fragen haben. Solange solche Fragen im theoretischen Bereich entstehen, ist daraus zu schließen, dass das Intelligibilitätspotential des Menschen (noch) nicht erschöpft ist, vorausgesetzt, dass solche Fragen klar, kohärent und damit sinnvoll sind. Welchen Sinn hätte es, ab einem bestimmten Punkt das Weiterfragen zu untersagen und so etwas wie Denkverbote zu erlassen? Der menschliche Geist ist nun einmal auf die Universalität des Fragens und des Suchens ausgerichtet.

Die sich aufdrängende Frage lautet: Kann diese ursprüngliche, umfassende Einheit als eine Dimension zum expliziten Thema der philosophischen Theoriebildung gemacht werden? Die sich aus dem Duktus des vorliegenden Buches von selbst ergebende Antwort lautet: Die Thematisierung dieser ursprünglichen Dimension ist nicht nur möglich, sondern sie ist auch unverzichtbar.

5.2 Grundzüge einer Theorie des Seins als solchen und im Ganzen 553

[2] In der Philosophiegeschichte wurde jene Dimension, die oben als die ursprüngliche und umfassendste genannt wurde, mit verschiedenen Bezeichnungen belegt. Freilich ist zu beachten, dass man dabei nicht genau den Sinn im Auge hatte und hat, der in den obigen Ausführungen herausgearbeitet wurde. Meistens ließ bzw. lässt man sich einfach von einer »objektivistischen« Perspektive leiten, während der hier verfolgte Ansatz viel radikaler und umfassender ist, insofern er die ganze »perspektivische« – also die sprachlich-logisch-begrifflich-semantische oder kurz: theoretische – Dimension als eine die ursprüngliche und umfassendste Einheit mitkonstituierende Subdimension anerkennt und *explizit* thematisiert. Dies ist also stets mitzudenken, wenn im folgenden von der »ursprünglichen umfassenden Dimension« gesprochen wird.

Die berühmteste und wohl auch philosophisch (im positiven Sinne der größten Offenheit für Interpretationen jeder Art) neutralste wie auch umfassendste Bezeichnung für die hier gemeinte ursprüngliche Dimension ist die Bezeichnung ›Sein‹. Auch die in diesem Buch benutzte allgemeine Bezeichnung für diese ursprüngliche Einheit bzw. Dimension ist ›Sein‹; es sind jedoch einige wichtige Differenzierungen und Präzisierungen vorzunehmen.

[i] Die Ausdrücke ›Sein‹ und ›Existenz‹ haben eine große Geschichte gehabt und noch heute werden sie in sehr verschiedenen Weisen und Bedeutungen verwendet. In der großen Geschichte der Metaphysik werden »Sein« und »Existenz« manchmal klar unterschieden und manchmal identifiziert. Doch darauf kann hier nicht näher eingegangen werden (vgl. z. B. Gilson [1948], Keller [1968]). Bei M. Heidegger werden Sein und Existenz strengstens unterschieden; W. O. Quine hingegen identifiziert beide:

»Es war jüngst und ehedem in der Philosophie recht gebräuchlich, zwischen Sein als dem weitesten Begriff und Existenz als dem engeren zu unterscheiden. Diese Unterscheidung stammt nicht von mir; ich will mit ›existiert‹ alles erfassen, was es gibt, und solcherart ist auch die Bedeutung des Quantors.« (Quine [1969/1975: 139])

Um zu sehen, was heute in weiten Teilen der analytischen Philosophie hinsichtlich der großen Seinsfrage geschieht, ist Quines wohlbekannte Einstellung zu dieser Frage äußerst lehrreich. Über »Existenz« (und damit ihm zufolge auch über »Sein«) schreibt er:

»Existenz ist, was durch die Existenzquantifikation ausgedrückt wird. Es gibt Dinge der Art F genau dann, wenn $(\exists x)Fx$. Dies ist so wenig hilfreich wie bezweifelbar, da ja gerade die symbolische Schreibweise der Quantifikation von vornherein so erklärt ist. *Es ist eben eine Tatsache, dass es unvernünftig ist, den Existenzbegriff in einfacheren Begriffen explizieren zu wollen.* Es gelang uns, die singuläre Existenz ›a existiert‹ zu explizieren: nämlich als ›$(\exists x)\ x = a$‹. Aber die Explikation des Existenzquantors ›es gibt‹ seinerseits, die Explikation der allgemeinen Existenz, ist eine hoffnungslose Sache.« (Ib. 135; modifizierte Übersetzung; Hervorh. LBP)

Es ist offensichtlich, dass Quines »Explikation« zirkulär ist: »Existenz« wird expliziert unter Rekurs auf den »Existenzquantor«, aber der »Existenzquantor« seinerseits wird verstanden oder interpretiert unter Rekurs auf »Existenz«. Darüber hinaus behauptet Quine einfach, es *sei eine Tatsache* (!), dass es unvernünftig ist, Existenz mit Hilfe »einfacherer Terme« explizieren zu wollen. Aber eine Explikation muss nicht mit Hilfe »einfacherer Terme« erfolgen, sondern sie wird schon dadurch geleistet, dass ein bestimmter Term in jenem gesamten semantisch-ontologischen »Umfeld« situiert wird, zu welchem er gehört. Aber Quine versäumt es vollständig, gerade nach diesem »Umfeld« zu fragen. Die Behauptung, nach der »allgemeinen Existenz« zu fragen, sei eine »hoffnungslose Sache«, ist schlicht eine willkürliche und dogmatische Behauptung.

Eine zweite nicht mehr so umfassende und so offene Bezeichnung für die »ursprüngliche umfassende Dimension« ist die Bezeichnung ›Natur‹. Seit den Anfängen der Philosophie gehören beide Bezeichnungen zum terminologischen und begrifflichen Grundbestand der Philosophie. Der Wandel durch die Zeiten muss allerdings beachtet werden. Während die Bezeichnung ›Sein‹ im wesentlichen ihre maximal offene und maximal umfassende Bedeutung beinahe unbeschadet aller Entwicklungen beibehalten und sogar noch radikalisiert hat (man denke an Heideggers Bemühungen, die »Frage nach dem Sein« neu und radikaler zu stellen, vgl. [SZ, § 1] und unten), hat sich der begriffliche Gehalt der Bezeichnung ›Natur‹ in bedeutsamer und sogar grundsätzlicher Hinsicht gewandelt. Heute wird die Bezeichnung bzw. der Begriff »Natur« nur dann im umfassendsten (oben gemeinten) Sinn verwendet, wenn damit eine ganz bestimmte umfassende metaphysische Sicht verbunden wird, nämlich eine materialistisch-physikalistische Sicht. Dann ist »Natur« letztlich dasselbe wie »Materie« – und beide Ausdrücke gehen in die Bezeichnungen »Naturalismus« bzw. »Materialismus« für eine eben materialistisch orientierte Sicht der Wirklichkeit ein. In bestimmten Richtungen und Traditionen wiederum werden andere Bezeichnungen bzw. Begriffe verwendet wie: »Geist«, »Idee«, »Gott« (»das Absolute«) u.a. Aber diese Begriffe artikulieren eine inhaltlich schon bestimmte Sicht der Gesamtwirklichkeit, und zwar aus einer ganz bestimmten inhaltlichen Annahme heraus.

Es wird daher klar, dass sich mit Ausnahme der Bezeichnung ›Sein‹ alle zuletzt genannten Bezeichnungen als untauglich erweisen, jene Dimension in angemessener Offenheit zu bezeichnen, die oben als die ursprüngliche und umfassendste beschrieben wurde. Diese Dimension wird daher hier alternierend als ›Sein‹ oder die ›Seinsdimension‹ bezeichnet. Damit knüpft die vorliegende Konzeption unter völlig veränderten Rahmenbedingungen an die große Tradition der Seinsphilosophie an.

[ii] In der philosophischen Konzeption dieses Buches wird streng zwischen »Sein« und »Existenz« unterschieden; wenn hingegen über andere Positionen

5.2 Grundzüge einer Theorie des Seins als solchen und im Ganzen 555

referiert wird, in denen eine Identifizierung stattfindet, wird die dort benutzte Terminologie verwendet. Der Grund für die hier vorgenommene Unterscheidung ist der Umstand, dass »Existenz« sowohl in der normalen Sprache als auch in den philosophischen Sprachen der Philosophiegeschichte *und* auch der Gegenwart *meistens* eindeutig eine Bedeutung hat, die philosophisch gesehen in keiner Weise so weit reicht wie die Bedeutung von »Sein«. Das soll aber hier nicht näher begründet werden, handelt es sich doch letztlich um eine terminologische Festlegung bzw. Klärung.

Der Ausdruck ›Sein‹ muss allerdings, gerade aufgrund der bisherigen Ausführungen in diesem Kapitel weiter präzisiert und differenziert werden. Die *zwei* wichtigsten Differenzierungen sind die folgenden. Die *erste* Differenzierung betrifft einen Sachverhalt, der in vielen Passagen dieses Buches (vgl. bes. 1.3) eine wichtige Rolle spielt: Es ist streng zu unterscheiden zwischen ›Sein‹ im rein objektiven Sinne, also zwischen ›Sein‹ als Bezeichnung für den »objektiven« Pol im Verhältnis »theoretische Dimension – Sein« und ›Sein‹ als Bezeichnung für die beide Pole umfassende ursprüngliche Dimension. Ein Zitat Heideggers aus einem Brief an E. Husserl vom 22. Oktober 1927 kann diesen Punkt verdeutlichen. Heidegger wendet sich gegen Husserls Verfahren der *Epoché* und damit gegen dessen absolute Privilegierung der transzendentalen Subjektivität, indem er so argumentiert:

»Das Konstituierende ist nicht Nichts, also etwas und seiend – obzwar nicht im Sinne des Positiven. Universal ist daher das Problem des Seins auf Konstituierendes und Konstituiertes bezogen.« (Heidegger [1927/1962: 602])

Hier wird »Sein« eindeutig nicht als objektiver »Gegenpol« zu Subjektivität, theoretischer Dimension u. dgl., sondern als »umfassende ursprüngliche Dimension« aufgefasst.

Die *zweite* Präzisierung erscheint bereits im Titel des vorliegenden Kapitels »... Theorie des Seins als solchen und im Ganzen«. Es handelt sich um eine Differenzierung *innerhalb* des Seinsbegriffs und bezeichnet Sein eben *als* die ursprüngliche umfassende Dimension gegenüber dem einschränkenden Begriff von Sein als objektivem Gegenpol zur Subjektivität.

Um beide Bedeutungen von »Sein« nicht zu verwechseln, werden im folgenden *zwei* sprachliche Festlegungen vorgenommen: *Erstens* soll im allgemeinen der Ausdruck ›*Seinsdimension*‹ als Bezeichnung für das Sein qua ursprüngliche umfassende Dimension, also für das Sein als solches *und* das Sein im Ganzen, verwendet werden. *Zweitens* wird oft der Einfachheit halber schlicht »Sein« gesagt; dann soll dieser Term im Sinne dieser ursprünglichen umfassenden Dimension, d.h. als Abkürzung für ›Seinsdimension‹ genommen werden; wird aber ›Sein‹ als Bezeichnung für den »Gegenpol« zu »Subjekt(ivität) bzw. theoretischer Dimension« im Verhältnis »Subjekt(ivität)/

theoretische Dimension – Sein« verwendet, wird die Präzisierung »im rein objektiven Sinne« hinzugefügt.

Es ist nun zu zeigen, wie die doppelte Qualifikation oder Präzisierung »Sein im Ganzen« und »Sein als solches« genau zu verstehen ist. Dies soll zunächst rein programmatisch erläutert werden, sofern diese Differenzierung die Anzeige der zwei großen Perspektiven ist, die für die hier zu skizzierende Seinstheorie bestimmend sein werden: Das Sein muss sowohl in seiner Eigenheit *als* Sein als auch in seiner Totalität begriffen werden, d. h. in seiner Bestimmtheit, dass es alles und jedes, also alle Seienden, welcher Art auch immer, umfasst. Die zweite Qualifikation dürfte, so weit man sie nur ganz allgemein versteht, unmittelbar und intuitiv weitgehend einleuchten. Ganz anders verhält es sich mit der ersten Qualifikation, ungeachtet des Umstands, dass sie in verschiedenen Formen in der Geschichte der Metaphysik anzutreffen ist. Es ist die Aufgabe dieses Abschnittes, den genauen Sinn dieser beiden Qualifikationen bzw. Perspektiven und der damit verbundenen Fragestellungen herauszuarbeiten.

[3] Wie soll »Sein«, verstanden als »Seinsdimension«, begriffen werden? Der hier zu entwickelnde Ansatz soll nun schrittweise herausgearbeitet werden. Als erstes seien in aller Kürze *vier* Grundformen des Begreifens des ursprünglichen Seins vorgestellt, die in der Philosophiegeschichte zu verschiedenen Zeiten entstanden und vertreten wurden und noch heute vertreten werden.

Die *erste* Gestalt kann man die *nicht-reduktionistische objektivistische Konzeption* der Seinsdimension nennen. Sie ist charakteristisch für die sogenannte »alte Metaphysik«, besonders in deren christlicher Prägung. Einer ihrer Vertreter, vielleicht der bedeutendste, ist Thomas von Aquin. Diese Konzeption versucht zwar, die Seinsdimension *selbst* zu begreifen, aber so, dass das begreifende Subjekt (mit allem, was dazu gehört) als eine der Seinsdimension selbst *extern bleibende* Dimension aufgefasst wird. In diesem Sinn wird die Seinsdimension »objektivistisch« verstanden. Erst *nachträglich* wird das begreifende Subjekt in die Seinsdimension einbezogen, und zwar in der Weise, dass es nicht auf andere die Seinsdimension konstituierende Entitäten reduziert wird; aus diesem Grund handelt es sich hier um eine *nicht-reduktionistische objektivistische* Sicht der Seinsdimension selbst. Das Verhältnis zwischen der Seinsdimension und der Dimension des Subjekts wird zwar auf der expliziten Ebene äußerlich begriffen, aber implizit oder der Intention nach als ein inniges Verhältnis anvisiert. Die Annahme eines Absoluten Seins (Gottes) im Sinne des *Esse per se subsistens* (bei Thomas von Aquin) verleiht dieser Gestalt des Begreifens der Seinsdimension gewissermaßen eine kohärenziale Krönung, allerdings in einer Weise, die als eine nur nachträglich erarbeitete Gesamtkohärenz bezeichnet werden muss.

5.2 Grundzüge einer Theorie des Seins als solchen und im Ganzen 557

Eine *zweite* Option sei die *transzendental-dualistische* Sicht der ursprünglichen Seinsdimension genannt. Hier wird die Seinsdimension selbst (im oben erläuterten Sinn) auf der Basis der Unterscheidung zwischen der »Welt an sich« (oder »den Dingen an sich«) und der »Welt als der Gesamtheit der Erscheinungen« verfehlt. Die Dimension des »Ansich« soll dem erkennenden Subjekt unerreichbar bleiben; damit wird die Seinsdimension selbst zwar nicht negiert, wohl aber in das Dunkel des angeblich unzugänglich bleibenden »Ansich« verschoben. Diese Position ist die typische Gestalt jenes Schnitts oder jener Kluft, der/die in Abschnitt 5.1 einer ausführlichen Kritik unterzogen wurde.

Die *dritte* Option kann als die *reduktionistisch-objektivistische* Sicht der Seinsdimension bezeichnet werden: Die Dimension des erkennenden Subjekts (mit allem, was sie einschließt) wird vollständig auf Entitäten und Naturbereiche reduziert, welche die rein objektivistisch begriffene Seinsdimension konstituieren. Diese Auffassung vertritt die radikal materialistische Metaphysik. Sie erhebt den Anspruch, die so verstandene Seinsdimension total zu erfassen und zu erklären. Die Seinsdimension ist dann einfach »die Materie« in einem allumfassenden Sinne. Die *vierte* Option ist der in diesem Buch verfolgte Ansatz. Sie kann der Einfachheit halber die *gesamtsystematische* Sicht der Seinsdimension genannt werden.

[4] Die nähere Explikation der Seinsdimension sei durch einen Hinweis auf jenen Philosophen eingeleitet, der einerseits wie kein anderer diese dem philosophischen Denken aufgegebene Frage und Aufgabe gesehen hat, die philosophische Thematisierung der ursprünglichen und umfassenden Seinsdimension in Angriff zu nehmen, der aber andererseits zugleich die philosophische Thematisierung dieser Seinsdimension verfehlt hat: M. Heidegger. Sein Scheitern verdankt sich in entscheidender Weise dem Umstand, dass er vor allem in seinen späteren Jahren Wege zu beschreiten versucht hat, die mit einer auf Rationalität, Klarheit, Theoriebildung u. ä. bedachten Philosophie überhaupt nicht (mehr) vereinbar sind (vgl. dazu Puntel [1997]). Hier sei nur kurz auf *zwei* einschlägige Aspekte des Heideggerschen Spätdenkens eingegangen.

Der *erste* Aspekt betrifft direkt die Klärung der oben gestellten Frage: Was heißt »Sein als solches« und »Sein im Ganzen«? In seinem umfassend programmatischen Vortrag mit dem Titel »Zeit und Sein« (Heidegger [ZS]) unternimmt Heidegger einen alle bisher bekannten Bemühungen überschreitenden Versuch, das Sein als solches, das Sein als Sein, das Sein selbst zu denken. Sein Versuch ist sehr lehrreich, zeigt er doch zugleich, was der Sinn dieser Frage ist – und was *nicht* der Sinn der Frage sein kann. Es heißt im Vortrag:

»Es gilt, einiges von dem Versuch zu sagen, der das Sein ohne die Rücksicht auf eine Begründung des Seins aus dem Seienden denkt. Der Versuch, Sein ohne das Seiende zu denken, wird notwendig, weil anders sonst, wie mir scheint, keine Möglichkeit mehr besteht, das Sein dessen, was heute rund um den Erdball *ist*, eigens in den Blick zu bringen, geschweige denn das Verhältnis des Menschen zu dem, was bislang ›Sein‹ heißt, hinreichend zu bestimmen.« (Ib. 2)

Am Ende des Vortrags präzisiert Heidegger in typischer Weise seine Aussagen, indem er die Metaphysik, *so wie er sie deutet*, ins Spiel bringt:

»Es galt, Sein im Durchblick durch die eigentliche Zeit in sein Eigenes zu denken – aus dem Ereignis – ohne Rücksicht auf die Beziehung des Seins zum Seienden. – Sein ohne das Seiende denken, heißt: Sein ohne Rücksicht auf die Metaphysik denken.« (Ib. 25)

Und im Protokoll wird bezeichnenderweise betont, solche Formulierungen seien »die verkürzte Fassung« für: »das Sein ohne die Rücksicht auf eine Begründung des Seins aus dem Seienden denken«. Und weiter heißt es:

»›Das Sein ohne das Seiende denken‹ besagt also nicht, dass dem Sein der Bezug zum Seienden unwesentlich, dass von diesem Bezug abzusehen wäre: er besagt vielmehr, das Sein nicht in der Art der Metaphysik zu denken.« (Ib. 35–6)

Heidegger hat bekanntlich eine sehr eigenwillige und nachweislich völlig verfehlte Interpretation jener großen Denkrichtung der abendländischen Philosophie vertreten, der er pauschal die Bezeichnung ›Metaphysik‹ gibt. Von einer Erörterung dieser Problematik muss in diesem Buch abgesehen werden. Wohl aber lässt sich zu Heideggers Ausführungen im jetzigen Zusammenhang sagen: Wenn Heidegger jenen Zug der alten Metaphysik meint, der oben als »rein äußeres Verhältnis« bezeichnet wurde, ist er im Recht, wobei man allerdings sofort hinzufügen müsste, dass die bemängelte Äußerlichkeit nicht nur das Verhältnis zwischen der Seinsdimension und dem Menschen (als erkennendem Subjekt), sondern auch das Verhältnis des Seins selbst zu jedem Seienden bzw. zu Seienden überhaupt betrifft. Aber Heidegger hebt eben nicht nur darauf ab, sondern sein ganzer Denkduktus ist ein ganz anderer, wie gleich zu sehen sein wird.

Vorher ist der bedeutsame Sachverhalt hervorzuheben, dass Heidegger, sich selbst bzw. seine missverständlichen Formulierungen korrigierend, zumindest teilweise die beiden oben unterschiedenen Aspekte der Frage nach der Seinsdimension explizit anerkennt: Die Seinsdimension adäquat thematisieren heißt danach, sowohl das Sein als solches als auch das Sein im Ganzen zu thematisieren. Das Sein im Ganzen ist als das-Sein-in-seinem-Verhältnis-zu-den-Seienden oder das Sein-zusammen-mit-den-Seienden oder noch deutlicher: das Sein-als-der-Zusammenhang-der(oder: unter-den)-Seienden zu verstehen. Heidegger schenkt diesem Sachverhalt kaum explizite Beachtung; er scheint dieses Thema sogar nur mit äußerster Widerwilligkeit anzuerkennen. Der Grund dürfte darin zu sehen sein, dass er jede Rede eines Bezugs der Seienden zum Sein bzw. des Seins zu den Seienden als »Metaphysik« in einem pejorativen Sinne zu betrachten geneigt ist. Dies stellt auch seinen ganzen Ansatz

5.2 Grundzüge einer Theorie des Seins als solchen und im Ganzen

zur Thematisierung der ursprünglichen Seinsdimension in Frage. Es genügt hier, eine symptomatische Passage aus seinen *Beiträgen zur Philosophie (Vom Ereignis)* (geschrieben 1936–38) zu zitieren:

»*§ 135. Die Wesung des Seyns als Ereignis (der Bezug von Da-sein und Seyn)* schließt in sich die Er-eignung des Da-seins. Demnach ist streng genommen die Rede vom Bezug des Da-seins zum Seyn irreführend, sofern die Meinung nahegelegt wird, als wese das Seyn ›für sich‹ und das Da-sein nehme die Beziehung zum Seyn auf.

Der Bezug des Da-seins *zum* Seyn gehört in die Wesung des Seyns selbst, was auch so gesagt werden kann: das Seyn braucht das Da-sein, west gar nicht ohne diese Ereignung.

So befremdlich ist das Er-eignis, dass es *durch* den Bezug zum Anderen erst er-gänzt zu werden scheint, wo es doch von Grund aus nicht anders west.

Die Rede vom Bezug des Da-seins zum Seyn macht das Seyn zweideutig, zum Gegenüber, was es nicht ist, sofern es ja *das, dem* es als Gegenüber wesen soll, selbst erst er-eignet. Daher ist auch dieser Bezug ganz unvergleichbar mit der Subjekt-Objekt-Beziehung …« ([GA, Bd. 65: 254])

Zunächst zeigt dieser Text, dass Heidegger für sich genau das in Anspruch nimmt, was er der abendländischen Metaphysik stets verweigert: die Möglichkeit, Formulierungen zu verwenden, die oft ungeeignet und oft missverständlich sind. Darüber hinaus wird deutlich, dass Heidegger – zumindest auf der Basis dieses Textes und ähnlicher anderer Texte – den »Bezug von Sein und Seienden« als einen zentralen Aspekt einer Philosophie der ursprünglichen Seinsdimension angesehen hat. Leider ist sein Beitrag dazu minimal, da er sich fast ausschließlich mit dem »Sein als solchen« befasst hat. Das Sein als solches heißt nach Heidegger »Ereignis«. Heidegger redet darüber in ausnahmslos allgemeinen und größtenteils sehr befremdlichen bis kryptischen Formulierungen, wie:

»Das Ereignis ereignet. Damit sagen wir vom Selben her auf das Selbe zu das Selbe. […] [Es geht Heidegger um] dasjenige Denken, das sich eigens in das Ereignis einlässt, um Es aus ihm her auf Es zu – zu sagen.« (Heidegger [ZS: 24–25])

Diese Vorgehens- und Redeweise ist Ergebnis eines Problems, das den *zweiten* hier zu betrachtenden Aspekt des Heideggerschen Denkens betrifft: seine Denkform, d. h. die von ihm angewandten Denk- und Darstellungsmittel, um die Seinsdimension zu thematisieren. Auf diesen Aspekt bezieht sich die oben gemachte Aussage, dass Heidegger in seiner späteren Denkphase Wege zu beschreiten versucht hat, die mit einer auf Rationalität, Klarheit, Theoriebildung u. ä. bedachten Philosophie in keiner Weise (mehr) vereinbar sind. Das kommt in dem hier kommentierten Vortrag in aller Klarheit zum Ausdruck. Entscheidend für ihn dürfte folgender Sachverhalt sein:

»Einige grammatische Erörterungen über das Es im ›Es gibt‹, über die Art dieser in der Grammatik als Impersonal- oder subjektlose Sätze bezeichneten Sätze, sowie eine kurze Erinnerung an die metaphysisch-griechischen Grundlagen der heute selbstverständlichen Auslegung des Satzes als eines Verhältnisses von Subjekt und Prädikat deuteten die Möglichkeit an, das Sagen von ›Es gibt Sein‹, ›Es gibt Zeit‹ nicht als Aussagen zu verstehen.« (Ib. 43)

Anscheinend versteht Heidegger unter »Aussage« hier einen Subjekt-Prädikat-Satz und anscheinend möchte er eine Form des Sagens gebrauchen, die nicht in Sätzen dieser Form erfolgt.[31] Heidegger identifiziert also »Satz« einfachhin mit »Subjekt-Prädikat-Satz«. Vermutlich geschieht es nicht oft, dass der Irrweg eines Denkers so offenkundig wird wie hier; man braucht nur auf die in diesem Buch vorgelegten Grundzüge einer Sprachphilosophie, besonders einer Semantik, samt den entsprechenden ontologischen Konsequenzen hinzuweisen. Heideggers radikale Ablehnung von »Logik«, »formalem Denken«, »Theorie« u. ä. zeugt von einer erstaunlichen Verkennung des Wesens der Logik, der ungeheuerlich weiten Möglichkeiten einer philosophischen Sprache usw. Um eine zu einer »rein äußerlich« konzipierten Seinsphilosophie und zu einer »substantialistischen« Ontologie u. ä. radikale alternative Konzeption zu entwickeln, braucht man in keiner Weise die Dimension der Logik, der Semantik u. ä. beiseite zu schieben.

[5] Als Resultat der obigen Ausführungen kann jetzt eine erste zusammenfassende und gleichzeitig programmatische Charakterisierung dessen, was »Sein im Ganzen« und »Sein als solches« heißt, gegeben werden. Zunächst, negativ gesehen, ist »Sein im Ganzen« nicht einfach die Totalität der Seienden im Sinne entweder der Menge aller Seienden oder ein Ganzes im Sinne der Summe aller Teile oder einer ähnlichen *rein extensionalen* Bestimmung.[32] Das heißt,

---

[31] Vgl. dazu die detaillierte Analyse der einschlägigen Texte HEIDEGGERS in PUNTEL [1997: bes. 319ff.].

[32] Die Formulierung ›Totalität der Seienden‹ ist nicht in jeder Hinsicht abzulehnen. Ob sie im Rahmen der hier vertretenen struktural-systematischen Philosophie akzeptabel ist oder nicht, hängt davon ab, wie »Totalität« verstanden wird. Wird sie nicht als Menge oder als Summe (oder Fusion) o. ä. verstanden, sondern etwa als »Zusammenhang« aller Seienden begriffen, so deutet das schon darauf hin, dass »Totalität als Zusammenhang« einen höheren oder umfassenderen Status hat als die *rein extensional bestimmte Totalität*. Der Ausdruck ›Ganzes (Ganzheit)‹ (bzw. ›Totalität‹) wurde traditionell zumindest oft auf der Basis des auf EUKLID und ARISTOTELES zurückgehenden »Axioms«: »Das Ganze ist mehr als die Summe seiner Teile« verstanden (vgl. EUKLID [Elemente, 1] und ARISTOTELES [Politica I, 2, 1253 a 19ff.]). Die Frage ist dann, wie dieses »Mehr« im Falle des Seins zu bestimmen ist. Aber heute wird der Ausdruck ›Totalität‹ (insbesondere in der logischen und semantischen Literatur) fast durchgehend rein extensional verstanden, was zunächst eine »Reduktion« des »Ganzen« auf die Extension der Teile besagt. Aber die Frage ist dann, was die »Extension selbst« der Teile bezüglich der Teile selbst überhaupt *ist*. Die Frage wird aber heute kaum gestellt. Die Formulierung ›die Totalität aller/der Seienden‹ sollte aus diesem Grund am besten vermieden werden, es sei denn sie wird richtig gedeutet. Der Problematik der Rede über »Totalität(en)« wird der ganze ausführliche nächste Abschnitt gewidmet.

Ein anderes Problem betrifft die Bezeichnungen ›Seiende(s)‹ und ›Entität(en)‹. Die deutsche Sprache kennt die grundlegende Unterscheidung zwischen ›Sein‹ und ›Sei-

5.2 Grundzüge einer Theorie des Seins als solchen und im Ganzen 561

»Sein im Ganzen« ist, negativ gesehen, nicht als Verhältnis von Allgemeinem und Partikulärem, von Menge und Elementen, von Summe und Teilen oder ähnlich zu konzipieren; vielmehr ist der Bezug vom Sein im Ganzen zu den Seienden absolut *sui generis*. Der entscheidende Punkt ist der Umstand, dass »Seiendes« eine *bestimmte Gestalt all dessen und nur all dessen ist, was* »Sein« *heißt*. Um deshalb das mit dem heutigen Gebrauch des Terms ›Totalität‹ in Formulierungen wie ›die Totalität der (oder: aller) Seienden‹ einhergehende und naheliegende rein »extensionale« (Miss)Verständnis fernzuhalten, wird in diesem Buch die Formulierung ›das Sein im Ganzen‹ bevorzugt bzw. durchgehend verwendet. Mit dieser Formulierung soll gerade das zuletzt herausgearbeitete »Verhältnis« zwischen *Sein* und *Seienden* erfasst und artikuliert werden. Als eine zu ›Das Sein im Ganzen‹ synonyme Formulierung kann man – im markanten Unterschied zu: ›Totalität der (oder: *aller*) *Seienden*‹ – auch die Formulierung ›Seinstotalität‹ verwenden.

Eine Formulierung Wittgensteins in einer Tagebucheintragung aus dem Jahre 1916 ist sehr geeignet, diesen Grundgedanken einsichtiger zu machen:

»Wie sich alles verhält, ist Gott.
Gott ist, wie sich alles verhält.« (Wittgenstein [Schriften Bd. 1: 171])

Ersetzt man in diesen Formulierungen den Terminus ›Gott‹ durch den Terminus ›Sein‹, so erhält man:

»Wie sich alles verhält, ist Sein. Sein ist, wie sich alles verhält.«

In Abschnitt 5.3 dieses Kapitels wird sich zeigen, dass beide Formulierungen, die Wittgensteinsche und die abgewandelte, sich nicht widersprechen; im Gegenteil: Die Formulierung mit ›Sein‹ ist die allererste, fundamentale Charakterisierung jener »Dimension«, die bisher die »ursprüngliche und umfassendste« genannt wurde; die Formulierung mit ›Gott‹ ist in einer bestimmten grundlegenden Hinsicht die *allerletzte* (vollbestimmte, vollexplizierte) Aussage über die ursprüngliche Dimension.

Entscheidend ist folgender Gesichtspunkt: Die Unterscheidung zwischen Sein im Ganzen und Sein als solchem ist zwar in einer sowohl sachlichen als auch heuristischen Perspektive nicht nur nützlich, sondern auch unerlässlich. Die Rede vom »Sein als solchen« dient als programmatische Anzeige dazu,

---

endem/n‹. Andere Sprachen, z.B. Englisch, kennen eine ähnliche Unterscheidung nicht. Der Ausdruck ›Entität‹ ist zu einer Allerweltsbezeichnung in der gegenwärtigen Philosophie geworden. Wenn deren Bedeutung nicht genau präzisiert wird, besagt sie nur so etwas wie »nicht-Nichts«. In diesem banalen Sinne kann man sogar sagen, dass auch das »Sein« eine »Entität« ist. Aber ein solcher Gebrauch eines solchen Ausdrucks hat in bestimmten Kontexten, besonders im Kontext der »ontologischen Differenz« zwischen »Sein« und »Seiendem/n«, keinen endeutigen und interessanten Sinn; im Gegenteil, ein solcher Universalterm schafft nur Missverständnisse. Man sollte daher in philosophischen Kontexten in jedem Fall die Terme ›Seiendes‹ und ›Entität‹ nicht unterschiedslos, gleichsam als Synonyme verwenden.

hier eine absolut einmalige große »Sache« zum Thema zu erheben. Beachtet man dies nicht von Anfang an, so verfällt man oberflächlichen »Theorien des Seins«, die das Entscheidende am Sein verfehlen. Aber es muss ebenfalls betont werden, dass »Sein selbst« oder »als solches« auch dann verfehlt wird, wenn man sich auf das »als solches« in einer abstrakten, hypostasierenden Weise konzentrieren wollte. Das ist genau jene Einstellung, die Heidegger in den oben zitierten Texten so charakterisiert: »das Sein ohne (die Rücksicht auf) das Seiende denken«. Diese Einstellung bzw. dieser Versuch ist deshalb verfehlt, weil dadurch »Sein« zu einer Art »abstrakten platonischen Entität« gemacht wird, die man dann verzweifelt in ihrer »An-und-Fürsich-heit« zu erfassen versucht. Das führt zu sonderbaren Formulierungen wie der folgenden: »Doch das Sein – was ist das Sein? Es ›ist‹ Es selbst. Dies zu erfahren und zu sagen, muss das künftige Denken lernen.« (Heidegger [GA Bd. 9: 331])

Im Zuge einer Analyse der beiden herausgearbeiteten Perspektiven bzw. Fragerichtungen stellt sich jedoch heraus, dass sie ab einem bestimmten Punkt der Betrachtung nicht mehr zu trennen sind: Sie bedingen sich nicht nur gegenseitig, sondern „fusionieren" letztlich bzw. verschmelzen miteinander. Um diese beiden Perspektiven „einer Sache" zum Ausdruck zu bringen, wird im folgenden, wie oben schon vermerkt, der sicher unübliche Ausdruck ›Seinsdimension‹ verwendet; er soll anzeigen, daß die beiden Perspektiven die Bedeutung von »Sein« nicht im rein objektiven, sondern im ursprünglichen Sinn voraussetzen.

5.2.2 Die Rede über »das Ganze (die Totalität)«: Semantik, Logik bzw. Mathematik und Philosophie

Philosophen haben von Anfang an über »das Ganze (der Welt, des Seins, der Realität, der Natur usw.)« gesprochen. Diese Rede wurde zwar in Frage gestellt, aber grundsätzlich immer in einer bestimmten Hinsicht verstanden, nämlich hinsichtlich der Möglichkeit einer solchen Rede über das Ganze, insofern sie eine sinnvolle oder gehaltvolle Rede zu sein beanspruchte. In Abschnitt 5.1 wurde die modernste Form dieser großen Infragestellung, nämlich »das Problem der Kluft oder des Schnitts« ausführlich behandelt. Im vorangegangenen Abschnitt hingegen wurde positiv einleitend dargelegt, was unter »Sein im Ganzen« und »Sein als solches« zu verstehen ist. Aber bevor eine weitere Behandlung dieser umfassenden Thematik in Angriff genommen wird, ist auf ein Problem einzugehen, das – teilweise – eine ganz andere Form der Infragestellung der Möglichkeit der Rede über »das Ganze« darstellt. Das Problem ergibt sich erstens aus einer bestimmten semantischen, wissenschaftstheoretischen und metaphysikkritischen Analyse des Ausdrucks bzw. Begriffs »Welt« (und ähnlicher Ausdrücke/Begriffe) und zweitens aus bestimmten formallogischen und mathematischen Sachverhalten.

5.2 Grundzüge einer Theorie des Seins als solchen und im Ganzen

[1] Aus der ersten (semantischen) Perspektive können viele Einwände gegen die These erhoben werden, es gebe eine Welt als die Totalität all dessen, was ist. Als eine Art Zusammenfassung vieler und wohl der wichtigsten Einwände aus dieser Perspektive kann man die als Titel eines bekannten Aufsatzes von Bas van Fraassen [1995] formulierte These betrachten: »›World‹ Is Not a Count Noun«. Van Fraassen analysiert die Verwendungen des Ausdrucks ›Welt‹ und die damit assoziierten Bedeutungen in der natürlichen Sprache, so wie etwa das *Oxford English Dictionary* die Verwendungen bzw. Bedeutungen von ›world‹ angibt. Es ist klar, dass das Ergebnis einer solchen Analyse keine einheitliche Bedeutung feststellen kann. Dann widmet sich van Fraassen der philosophischen Verwendung von ›Welt‹ in Verbindung mit den Wissenschaften, ganz besonders mit der physikalischen Kosmologie. Diesbezüglich kommt er zum Ergebnis:

»To conclude then: whether or not the world exists is not settled by the success or acceptance of physical cosmology, *except* relative to certain philosophical points of view. The disturbing corollary for analytic ontology is then that it is never a simple bringing to light of existential commitments in our theories. At best it does so relative to some more basic philosophical stance which is taken for granted.« (Ib. 145)

Van Fraassens »Konklusion« ist keine Überraschung, ist sie doch das Ergebnis seiner eigenen hochkontroversen Wissenschaftstheorie, des *konstruktiven Empirismus*, den er kurz so charakterisiert:

»According to *constructive empiricism*, the aim is only to construct models in which the observable phenomena can be isomorphically embedded (empirical adequacy).« (Ib. 143).

Wenn keine Ontologie im eigentlichen Sinne möglich ist bzw. akzeptiert wird, hat es in der Tat keinen Sinn, von einer »existierenden Welt« zu sprechen. Eine solche Interpretation der Wissenschaften ist aber äußerst problematisch, wie die heutigen Diskussionen zeigen.

In positiver Hinsicht schlägt van Fraassen vor, von »Welt« einen »schematischen Gebrauch (*schematic use*)« zu machen. Was er darunter versteht, fasst er so zusammen:

»[H]ere is my suggested alternative to the idea that world is a count noun. It is instead a context-dependent term which indicates the domain of discourse of the sentence in which it occurs, on the occasion of utterance. It plays this role sometimes by denoting the domain (a set), and sometimes by purporting to denote an entity of which the members of the domain are parts. In the latter case we need not take that very seriously (it may be metaphor, colorful language, rhetorical extravagance); important is only the indicated domain of discourse.« (Ib. 153)

Diese »Klärung« des Welt-»Begriffs« ist hier vager und sogar konfuser als der angeblich vage und konfuse gewöhnliche Begriff der Welt selbst. Die Distinktion zwischen »domain of discourse« und »an entity of which the members of the domain are parts« ist kaum sinnvoll und klärend, da im ersten Fall nicht genau gesagt wird, wie »domain« aufzufassen ist und weil im zweiten Fall der Begriff der »Entität« rein mereologisch charakterisiert wird, ohne allerdings die mereologische Bestimmung der Welt selbst (nämlich Welt als »Summe«) explizit zu machen. Hier wird ein Grundfaktor jeder theoretischen Unternehmung außer acht gelassen, nämlich die Frage nach dem *Zusammenhang* derjenigen »Elemente« (seien sie als Dinge, Seiende, Elemente eines Gebiets oder anders bezeichnet), die einen Bereich bilden. Im ersten Fall wird das »domain of discourse« von van Fraassen nebenbei mit einer Menge identifiziert; aber damit ist nur eine rein extensionale Bestimmung des Bereichs, nicht aber der Zusammenhang der Elemente des Bereichs *qua* Menge charakterisiert. Und was den zweiten Fall anbelangt, so legt die einfache Identifizierung der »Welt« mit einer implizit mereologisch charakterisierten »Entität« eine unreflektierte und oberflächliche Vorstellung des »Begriffs der Welt« nahe: »Welt« wäre eine »Summe« (andere sagen dafür: eine »Fusion«). Aber was ist das genau, welcher Art von Zusammenhang wäre das? Die übliche mereologische Bestimmung von »Summe" bzw. „Fusion« ist philosophisch unbefriedigend. Darüber hinaus muss betont werden, dass eine explizit mereologische Bestimmung von »Welt« nur *eine* Weise ist, Welt *als ein komplexes Ganzes,* genauer: als *großen komplexen Zusammenhang* von in der Regel sehr heterogenen Elementen zu begreifen. Aber auch eine solche Weise lehnt van Fraassen ab.

Es wird hier deutlich, dass die der Philosophie hiermit gestellte Aufgabe schlichtweg beiseite geschoben wird. Die Aufgabe besteht darin, die »intuitive Idee« von »Welt als Zusammenhang« zur Klarheit zu bringen. Diese Aufgabe ist ein theoretisches Unternehmen, das daraus erwächst, dass der Mensch sein nicht unterdrückbares Intelligibilitätspotential voll ausschöpfen kann. Van Fraassen verfälscht dieses Unternehmen gründlich, wenn er am Ende seines Aufsatzes schreibt:

»We can sit in our closets and in a perfect meaningful way, kneading and manipulating language, create new theories of everything, and, thereby, important contributions to ontology. In other words, to put it a little more bluntly, this ›world play‹ we engaged in here is but idle word play, though shown to be meaningful, just idle word play nevertheless. [...] ontology is not what it purports to be.« (Ib. 156)

Solche Behauptungen sind grundsätzlich rein rhetorische Formulierungen, die nichts beleuchten und nichts begründen.

[2] Viel gewichtiger sind Einwände, die aus der zweiten, d. h. der logischen und mathematischen Perspektive gegen die Möglichkeit der Rede über Totalitäten vorgebracht werden (können). Die *spezifisch logischen* Einwände sind nicht Einwände im eigentlichen Sinne, sondern eher als Probleme und

Schwierigkeiten, die sich aus der logisch formulierten Rede über Totalitäten ergeben, zu verstehen. Sie betreffen die genaue Interpretation von quantifizierten Sätzen einer prädikatenlogischen Sprache erster Stufe. Wenn eine Quantifikation über absolut alles Mögliche vorgenommen wird, so drängt sich die Frage auf, wie der »Bereich« zu verstehen ist, in welchem die Werte der gebundenen Variablen der quantifizierten Sätze situiert sein sollen. Dass ein solcher Bereich *in irgendeinem Sinne* anzunehmen ist, scheint kaum bestreitbar zu sein, formulieren wir doch Sätze, die sich in der einen oder anderen Weise »auf alles« beziehen. Aber die Frage, die sich dann aufdrängt, lautet: In welchem Sinne handelt es sich um einen bzw. um den *absolut allumfassenden Bereich*? Und noch genauer formuliert: Wie oder als was ist ein solcher Bereich zu begreifen? Als eine »einzige Entität« (wie eine Menge, eine Klasse, eine Sammlung o. ä.)?

Hierin dürfte das eigentliche Problem liegen, über welches heute diskutiert wird.[33] In philosophischer Hinsicht handelt es sich um eine äußerst interessante und wichtige Problemlage, da eine *positive Antwort*, die nicht entscheidend aus philosophischen Einsichten gewonnen wird, kaum möglich scheint. Die in dieser Hinsicht vielleicht neutralste Interpretation ist die so genannte »plurale« Interpretation der Quantifikation bzw. des vorausgesetzten »Bereichs«. Zu interpretieren sind demnach Formulierungen der Form: »Es gibt einen Bereich B_i so dass ... (so und so)« im Sinne von: »es gibt Dinge – die B_is – so dass ... (so und so)« und Formulierungen der Form »x ist Mitglied des Bereichs B_i« im Sinne von: »x ist eines der B_is«. Damit ist nichts Bestimmtes über den Bereich B_i gesagt; die logische Quantifikation lässt alles offen, und dennoch ermöglicht es eine solche Quantifikation, dass »über alles« geredet werden kann (wenn man allerdings von der vorausgesetzten oder zugrundegelegten Ontologie absieht). In philosophischer Hinsicht kann man diese Problemlage so verstehen, dass es nicht Aufgabe der Logik ist, den Bereich B_i irgendwie näher zu bestimmen. Das ist Aufgabe der Philosophie. Und diese philosophische Aufgabe ist unverzichtbar, da sie aus einer Einsicht erwächst, die philosophisch zwingend ist: Wenn es Dinge gibt, die B_is sind, dann ist vorausgesetzt, dass irgendein Zusammenhang unter ihnen besteht, sonst wäre es sinnlos und willkürlich, von Dingen so zu sprechen, dass sie als B_is bezeichnet werden. Wenn dieser Zusammenhang der B_is, wie das gewöhnlich geschieht, als »Bereich« bezeichnet wird, so scheint dieser Terminus missverständlich. Es ist daher verständlich, dass die »plurale« Interpretation des »Bereichs« heute bevorzugt wird, ist sie doch in einem starken Sinne neutral. Aber damit ist die philosophische Frage noch nicht im geringsten geklärt.

---

[33] Vgl. dazu beispielsweise: CARTWRIGHT [1994], McGEE [2000], RAYO [2003].

[3] Die gesamte Problematik erhält eine neue Wende, wenn mathematische (mengentheoretische) Mittel herangezogen werden, wenn »Bereich« als eine Menge, Klasse, Sammlung u. ä. aufgefasst wird; denn dann entsteht für eine sinnvolle Rede über Totalitäten ein ganz neues Problem. Patrick Grim hat in seinem Buch *The Incomplete Universe. Totality, Knowledge, and Truth* [1995] zu zeigen versucht, dass die Rede über Totalitäten inkonsistent und daher unmöglich ist. Er zieht diese Konsequenz zuerst aus einer Behandlung der Wahrheitsparadoxie (der sogenannten »Lügner-Paradoxie«), der Paradoxie des Erkennenden (*the paradox of the knower*) und aus Resultaten von Gödels Unvollständigkeitstheorem für den Begriff einer universalen Erkenntnis oder einer Totalität aller Wahrheiten. Alle diese Probleme begreift er als verschiedene Formen ein und desselben Grundproblems. Am Anfang von Kapitel 4 heißt es dann:

»[W]hat follows may be the cleanest and most concise form in which we have yet seen it [the problem]. By a simple Cantorian argument, it appears, there can be no set of all truths.« (Ib. 91)

Das Beispiel der Totalität der Wahrheiten ist nur ein Fall; dieselbe Konklusion betrifft jeden anderen Fall von Totalität: die Totalität aller Propositionen, aller Tatsachen und, was besonders für die Thematik des vorliegenden Kapitels wichtig ist, die Totalität aller Seienden. Im folgenden sei zuerst die Grundidee des Beweises auf der Basis des Cantorschen Diagonalisierungsverfahrens am Beispiel der Totalität aller Wahrheiten in äußerster Kürze skizziert (vgl. ib. 91 ff.). Auf Einzelheiten und nähere Erläuterungen der mathematischen Terme und Strukturen kann hier nicht eingegangen werden.

Grim fasst Totalität als Menge auf, und seine These hinsichtlich der Totalität aller Wahrheiten lautet: Eine Menge aller Wahrheiten T ist nicht möglich (*there can be no set of all truths*: 91). Der Beweis sei im Anschluss an Grim kurz skizziert. Sei $T = \{t_1, t_2, t_3, \ldots\}$ die Menge aller Wahrheiten. Man betrachte nun alle Teilmengen von T, also die Elemente der Potenzmenge

$$\emptyset$$
$$\{t_1\}$$
$$\{t_2\}$$
$$\{t_3\}$$
$$\vdots$$
$$\{t_1, t_2\}$$
$$\{t_1, t_3\}$$
$$\vdots$$

Man lege fest, dass jedem Element dieser Potenzmenge eine eigene Wahrheit korrespondiert. Hinsichtlich jeder Menge in der Potenzmenge gilt dann beispielsweise: t_1 gehört oder gehört nicht zu dieser Menge:

5.2 Grundzüge einer Theorie des Seins als solchen und im Ganzen 567

$$t_1 \notin \emptyset$$
$$t_1 \in \{t_1\}$$
$$t_1 \notin \{t_2\}$$
$$t_1 \notin \{t_3\}$$
$$\vdots$$
$$t_1 \in \{t_1, t_2\}$$
$$t_1 \in \{t_1, t_3\}$$
$$\vdots$$

Es ergibt sich, dass es mindestens so viele Wahrheiten gibt, wie es Elemente der Potenzmenge $\wp(T)$ gibt. Nun aber zeigt Cantors berühmtes Diagonalverfahren, dass die Potenzmenge jeder Menge *größer* ist als die Menge selbst. Daraus folgt, dass es *mehr* Wahrheiten gibt als Mitglieder von T: T umfasst nicht alle Wahrheiten.

[4] Grims These ist von großer Bedeutung für die Philosophie. Eine allseitige Auseinandersetzung mit ihr stellt eine gewaltige Aufgabe dar, die in diesem Buch nicht einmal im Ansatz in Angriff genommen werden kann.[34] Im folgenden werden dazu nur *vier* kurze Bemerkungen gemacht.

[i] Grim behandelt alternative Mengentheorien, um die These zu untermauern, dass keine von ihnen ein Entweichen aus dem Cantorschen Diagonalargument ermöglicht. Doch dürfte er diesbezüglich etwas übersehen haben. Obwohl er die Mengentheorie von Kelley-Morse (KM), allerdings nur sehr kurz, behandelt, scheint er nicht gemerkt zu haben, dass in dieser Mengentheorie das Cantorsche Argument nicht greift. In aller Kürze: KM[35] unterscheidet zwischen Mengen und Klassen. Die Universalklasse (nicht: Menge) $\mathfrak{U}$ wird so definiert: $\mathfrak{U} = \{x: x = x\}$. Theorem 37 bei KM lautet: $\mathfrak{U} = \wp(\mathfrak{U})$: Die Universalklasse $\mathfrak{U}$ ist nicht »kleiner« als ihre eigene Potenzklasse, sondern identisch mit ihr. Anders verhält es sich mit der Potenzmenge einer Menge: Hier ist die Potenzmenge »größer« als die Menge selbst. Auf das Beispiel der Totalität aller Wahrheiten angewandt, heißt dies, dass in der Potenzklasse der Universalklasse nicht mehr Wahrheiten enthalten sind als in der Universalklasse selbst. Freilich müsste dieser Sachverhalt hinsichtlich aller Aspekte, die zur Bildung einer konsistenten *und effizienten* Mengentheorie (bzw. Klassentheorie) gehören, genau geklärt werden. Hier kann es nur darum gehen, auf den grundsätzlichen und vermutlich entscheidenden Faktor hinzuweisen, der eine Lösung des Problems ermöglicht.[36]

---

[34] In philosophischer Hinsicht hat die ausführliche Auseinandersetzung zwischen Alvin Plantinga und Patrick Grims interessante Klärungen erbracht. Vgl. Plantinga/Grim [1993].

[35] Vgl. zum folgenden Kelley [1955], Appendix: *Elementary Set Theory*.

[36] Eine detaillierte Kritik Grims, die im wesentlichen die im Haupttext dargelegte These ausführlich darstellt und begründet, legt Schneider [2006b] vor.

[ii] Eine zweite Bemerkung betrifft eine eigenartige Inkohärenz oder, wenn man will, Paradoxie in der Argumentation Grims. Sein Argument setzt voraus, dass wir sowohl die Wahrheiten erfassen und artikulieren, die in der Menge aller Wahrheiten enthalten sind, als auch die Wahrheiten, die nicht in dieser Menge enthalten sind. Somit erfassen und artikulieren wird doch eine Totalität, die einen höheren Charakter, d. h. einen wirklich umfassenden Charakter hat, so dass keine Wahrheiten außerhalb dieser »höheren« Totalität verbleiben. Das ergibt sich aus einer informalen philosophischen Analyse. Aber diese Einsicht ergibt sich auch aus einer detaillierten Analyse der genauen Form bzw. Formulierung des Arguments selbst: Grim kann seine These, dass es keine Totalität von Wahrheiten gibt, nur formulieren, indem er Prämissen verwendet, *die die Quantifikation über eine solche (umfassende!) Totalität involvieren*. Das zeigt, dass Grim genau das in Anspruch nimmt (bzw. nehmen muss), was er als unmöglich beweisen will.[37]

[iii] Die dritte Bemerkung ist eine rein philosophische. Sie betrifft eine Voraussetzung, die Grim kritiklos annimmt, nämlich, dass der Rekurs auf mengentheoretische Mittel für philosophische Theorien nicht nur möglich und sinnvoll, sondern unerlässlich ist. Die zugrundeliegende Annahme ist, dass mengentheoretische (und logische) Mittel die einzigen theoretischen Mittel sind, die exakte Aussagen erlauben; nur sie bringen Klarheit in die wissenschaftlichen bzw. philosophischen Theorien.[38] Sowohl die Voraussetzung als auch die Annahme, auf die sie sich stützt, sind aber nicht nur in philosophischer Hinsicht problematisch. Schon im Rahmen der formalen Wissenschaften wird die lange Zeit privilegierte Stellung der Mengentheorie zunehmend in Frage gestellt, und zwar durch die mathematische Kategorientheorie.[39] In philosophischer Hinsicht ist es erst recht fraglich, ob mengentheoretische Mittel, wenn sie nicht nur hilfsweise, sondern allein und in zentraler methodischer Hinsicht verwendet werden, die adäquaten Mittel zur Artikulation philosophischer Sachverhalte sind. In Abschnitt 4.3.1.2.1 wurde

---

[37] Für Einzelheiten vgl. die schon oben erwähnte Auseinandersetzung zwischen PLANTINGA und GRIM [1993], besonders die Abschnitte 9 (291–297) und 11 (301–305) (»PLANTINGA to GRIM«).

[38] Ein anderer Autor, der GRIMS Grundthese akzeptiert, JOHN BIGELOW, formuliert explizit diese Voraussetzung und diese Annahme in seinem Aufsatz »God and the New Math« [1996] so:
»If we need to abandon minimal pantheism [in einer völlig unüblichen und missverständlichen Terminologie versteht BIGELOW unter ›minimal patheism‹: ›the doctrine that there is such a thing as the totality of all that there is‹, ib. 130–131] in order to make space for set theory – then we should abandon minimal pantheism. That is a small price to pay for the peace of mind which can flow, for any scientific realist, from the freedom to take set theory at face value as literally true ...« (Ib. 145–6).
Eine solche Behauptung mag eine Selbstbeschreibung der nicht in Frage gestellten eigenen theoretischen Präferenzen sein, sie ist aber kein Argument.

[39] Vgl. dazu oben Abschnitt 3.2.1.2 und Abschnitt 5 von CORRY 1992 (S. 332 ff.), GOLDBLATT [1979/1984], MACLANE/MOERDIJK [1992].

5.2 Grundzüge einer Theorie des Seins als solchen und im Ganzen 569

dieses Problem hinsichtlich der Artikulation jener Konfiguration, als welche in diesem Buch das menschliche Individuum aufgefasst wird, untersucht. Letzten Endes geht es um den Begriff der Menge, der durch den Begriff der Elementschaftsrelation ($\in$) »definiert« wird. Verschiedene »Objekte« (welcher Art auch immer) werden zu einer Kollektion, zu einem Ganzen zusammengefasst, und zwar dadurch, dass sie eine Eigenschaft gemeinsam haben. Dass die Objekte hinsichtlich dieses »gemeinsamen Faktors« »zusammengehören«, bedeutet, dass sie eine Menge bilden oder zu einer Menge gehören. Als was dieser »gemeinsame Faktor«, dieser *Zusammenhang* zu begreifen ist, wird hier nicht erklärt. Es wird nur sozusagen das rein abstrakte, inhaltsleere »Dazu- bzw. Zusammengehören« betrachtet. Wieso eine gemeinsame Eigenschaft die »Objekte« so verbindet und worin diese Verbindung dann genau besteht, wird nicht expliziert. Es ist offensichtlich, dass eine solche Begrifflichkeit bzw. Struktur nicht geeignet ist, die komplexen inhaltlichen Zusammenhänge zu klären, mit denen sich die Philosophie befasst.

Es ist bezeichnend, dass die Autoren, die Grims These bejahen, die »Totalität« ständig als »ein großes Ding oder Objekt« verstehen (vgl. Bigelow [1996, *passim*]). Wollte man die Totalität so denken, dann wäre sie in der Tat abzulehnen: Sie ist nicht ein »weiteres Ding« sozusagen auf einer Stufe mit den »Dingen«, die sie umfassen sollte. Eine treffende Formulierung dieses Sachverhalts findet man bei T. Richards:

»I do not see how the Universe can be said to be a thing of any *sort* at all, or even a *thing*, since it encompasses everything. If the Universe were a thing, then in contradiction to the Axiom of Regularity it would be self-membered, since eveything is a member of the Universe.« (Richards [1975: 107], zitiert bei Bigelow, ib. 127–128).

Aber Richards scheint anzunehmen, dass es keine Alternative zur Bestimmung oder Charakterisierung des Universums als Menge gibt. Ferner scheint er der Auffassung zu sein, nur eine ontologische Kategorie wie »Ding« komme in Frage oder sei denkbar, um die Totalität zu artikulieren, wobei sich dann sofort zeigt, dass Totalität als ein »großes Ding« unmöglich ist. So sagt er: »The way things are is not a thing of any sort at all« und: »By using the phrase ›the way things are‹ one does not refer to anything« (ib. 106, zit. bei Bigelow 127). Solche Behauptungen werfen die Frage auf, was für eine Ontologie Richards, Grim und andere vertreten. Wenn die Grundkategorie der Ontologie die Kategorie des »Dings« oder des »Objekts« (und damit letztlich der »Substanz als Substratum«) ist, kann man Totalität folgerichtig nur als Ding/Objekt verstehen. Dass eine solche Ontologie unhaltbar ist, wurde in Kapitel 3 gezeigt.

[iv] Die vierte Bemerkung hat es mit einem Teilaspekt einer zentralen These der in diesem Buch dargelegten struktural-systematischen Philosophie zu tun. Gemeint ist die These, dass jede theoretische Aussage, jede Theorie immer schon einen bestimmten Theorierahmen voraussetzt und in

einem solchen »situiert« ist. Diese These hat zwei spezifische Aspekte: Es gibt faktisch eine Pluralität von Theorierahmen, und: der hier vorgestellte struktural-systematische Theorierahmen ist keineswegs der höchste oder der absolute. Auf diesen letzten Teilaspekt kommt es im Zusammenhang der hier diskutierten Frage nach der Möglichkeit der Rede über Totalität(en) entscheidend an.

In diesem Buch wird die Auffassung vertreten, dass der struktural-systematische Theorierahmen nicht der höchste, sondern nur der anderen faktisch vertretenen Theorierahmen überlegene oder adäquatere ist. Wie im letzten (6.) Kapitel gezeigt werden soll, wird damit eine *metasystematische* These formuliert, eine These, deren methodischer und wissenschaftstheoretischer Ort ein weiterer umfassender Theorierahmen ist. Was besagt das für die anstehende Frage nach Totalitäten? Die theoretische Lage ist hier bis zu einem gewissen Punkt analog der Lage, die sich aus Gödels Unvollständigkeitstheorem für formale Systeme ergibt: Danach ist ein vollständiges deduktives System sogar für ein so kleines Fragment der Mathematik wie die elementare Zahlentheorie unmöglich. Anders formuliert: Für jedes axiomatisierbare, widerspruchsfreie System für die Arithmetik gilt: Es gibt einen wahren Satz der Arithmetik, der aber in dem System nicht als wahr beweisbar ist. Gödels Beweis basiert auf der so genannten »Gödelisierung«, d. h. einem Kodierungsverfahren, mit dem sprachlichen Entitäten Zahlen zugeordnet werden. In einem weiteren, umfassenderen System bzw. mit den Mitteln eines solchen Systems ist es möglich, die im »ersten« System nicht als wahr beweisbaren Sätze doch als wahr zu beweisen.

In einer gewissen Analogie dazu wäre aus der Perspektive der struktural-systematischen Philosophie zu sagen: In einem weiteren, umfassenderen Theorierahmen ist es möglich, die »Beschränktheit« des struktural-systematischen Theorierahmens aufzuheben, allerdings nicht in absoluter Weise, da nicht angenommen werden kann, dass der weitere, umfassendere Theorierahmen der schlechterdings letzte, d. h. absolute ist. (Zumindest wird diese Annahme in der hier vertretenen Konzeption nicht gemacht.) Also muss man auch für die struktural-systematische Philosophie eine *Unvollständigkeit* annehmen. Hinsichtlich des Themas »Wahrheit« kann man diese Unvollständigkeit so charakterisieren: Die »höhere« oder gar »allerletzte« Wahrheit *hinsichtlich* des Systems der strukturalen Philosophie kann *innerhalb dieses Systems* eo ipso nicht aufgestellt werden. Eine solche Wahrheit ist eine *metasystematische* (genauer: meta-struktural-systematische) Wahrheit, und zwar in der in Kapitel 6 verwendeten Terminologie: eine *externe* meta-struktural-systematische Wahrheit (vgl. Abschnitt 6.3). Die struktural-systematische Philosophie ist in dem Sinne *unvollständig*, dass sie ein *offenes System ist*: Sie ist offen für weitere, höhere, adäquatere Theorierahmen. Eine solche Charakterisierung muss aber richtig verstanden werden. Dies soll in Auseinandersetzung mit gewissen philosophischen Schlussfolgerungen, die aus Grims Thesen gezogen wurden, gezeigt werden.

[5] Die stärkste bisher gezogene Schlussfolgerung lautet: Es gibt kein Universum, es gibt nicht die Gesamtheit all dessen, was ist (es gibt) (vgl. z.B. Bigelow [1996], der mehrere Autoren zitiert). Dies ist eine schwerwiegende Ungenauigkeit, die eine Konfusion beinhaltet und eine Irreführung erzeugt. Es kann nur gemeint sein: Das Universum *als Menge* existiert nicht. Wie oben gezeigt, wird aber stillschweigend unterstellt, dass ein Universum – wenn es ein solches gäbe – nur als Menge (Allmenge) konzipiert werden könnte. Wie ebenfalls oben gezeigt wurde, ist aber eine solche Aussage weder bewiesen, noch ist sie in irgendeiner Weise plausibel.[40] Wenn die Auffassung des Universums als Menge immer etwas *außerhalb-des-als-Menge-aufgefassten-Universums* »belässt« (da die Potenzmenge dieser Menge eine größere Kardinalität hat), folgt daraus nur, dass das *so aufgefasste Universum* nicht auch dasjenige enthält, was »außerhalb« des Universums-als-Menge bleibt. In der saloppen Formulierung: »Ein oder das Universum existiert nicht« wird der Term ›Universum‹ *äquivok* verwendet, nämlich einmal im Sinne von: »Gesamtheit all dessen, was es gibt, *als Menge aufgefasst*« (= Universum$_1$) und zum anderen im Sinne von: »Gesamtheit all dessen, was es gibt, *simpliciter*, d.h. *sowohl* alles einschließend, was in der als Menge aufgefassten Gesamtheit enthalten ist, *als auch* alles einschließend, was außerhalb der als Menge aufgefassten Gesamtheit verbleibt« (= Universum$_2$). Hinsichtlich der äquivoken Formulierung »Ein oder das Universum existiert nicht« ergibt sich: Als bewiesen bzw. beweisbar kann nur die Aussage gelten: »Ein oder das Universum$_1$ existiert nicht«, nicht aber: »Ein oder das Universum$_2$ existiert nicht«. Aber die kritisierte Formulierung unterstellt, es handele sich um die Nichtexistenz von Universum *simpliciter*, d.h. von Universum$_2$.

Mehrere Autoren versuchen, die Rede über Totalität doch noch zu retten, allerdings um einen hohen Preis. Sie nehmen eine sozusagen »halbierte Totalität« an. Sie verstehen nämlich die angenommene Totalität in einem radikal eingeschränkten Sinne, indem sie von einer *submaximalen* Welt oder einem *submaximalen* Universum sprechen. Diese submaximalen »Totalitäten« werden verschiedentlich charakterisiert (vgl. dazu Bigelow [1996: 144ff.]). Beispielsweise wird gesagt:

»[A]lthough there is no aggregate of all things there are, there may yet be an aggregate of all things which are contingent in the sense that is logically possible that they might not have existed (in widest-open sense of ›existed‹).« (Ib. 152)

---

[40] Diesbezüglich drückt sich GRIM im allgemeinen vorsichtiger (und dann auch genauer) aus als andere Autoren. Im Titel seines Werkes heißt es nur: »The *Incomplete* Universe«.

Solche Versuche scheitern an den Argumenten, die oben unter [4] [iii] vorgelegt wurden. Es ist erstaunlich, wie reflexionslos diese Autoren über *absolut alles* reden –und somit in ihren Argumenten über absolut alles quantifizieren –, indem sie gerade versuchen, die Unmöglichkeit einer Rede über die unbegrenzte Totalität zu beweisen. Es ergibt sich hier, dass die eigentliche Frage nicht die ist bzw. sein sollte, ob eine solche Totalität möglich ist oder existiert, sondern *wie sie zu begreifen ist*.

[6] Für die in diesem Buch vertretene struktural-systematische Philosophie werfen die obigen Überlegungen die folgende wichtige Frage auf: Erweist sich der oben in [4][iv] als Lösung für die von Grim behandelte Problematik herausgestellte Sachverhalt, dass die struktural-systematische Philosophie auf einem *nicht-absoluten Theorierahmen* basiert, in Wirklichkeit nicht als ein schwerwiegendes Problem für diese Philosophie selbst? Denn ein nicht-absoluter Theorierahmen scheint die Konsequenz zu haben, dass nur eine nicht-absolute und damit nur eine begrenzte, eine »submaximale« Totalität angenommen und thematisiert wird bzw. werden kann. Diese Frage kann in der Tat aufgeworfen werden und sie muss daher geklärt werden.

Die Klärung ist eine leichte Aufgabe. Sie ergibt sich aus einer Unterscheidung, die hier und sonst streng zu beachten ist: Es ist eine Sache, von einer nicht-absoluten, d. h. nicht absolut adäquaten *Artikulation* eines Ganzen (in diesem Buch: des Seins im Ganzen) zu sprechen, und es ist eine ganz andere Sache, einer »submaximalen Totalität« (einem submaximalen Sein im Ganzen oder submaximalen Universum …) das Wort zu reden. Die These, dass der in diesem Buch eingeführte, entwickelte und benutzte Theorierahmen nicht der höchste, der absolute Theorierahmen ist, impliziert keineswegs, dass die auf dessen Basis artikulierte Totalität nur eine eingegrenzte, eine submaximale Totalität im Sinne der oben referierten Konzeptionen ist: Eine nicht absolut adäquate Artikulation einer maximalen Totalität ist und bleibt eine Artikulation einer maximalen Totalität, nämlich eine so und so bestimmte Artikulation im Unterschied zu anderen (»schwächeren« oder »stärkeren«) Artikulationen, die sich aus anderen (»schwächeren« bzw. »stärkeren«) Theorierahmen ergeben. Kurz, der Unterschied zwischen nicht-absolut adäquaten Artikulationen der *maximalen Totalität* und der absolut adäquaten Artikulation eben derselben maximalen Totalität ist keineswegs mit dem Unterschied zwischen der maximalen Totalität und submaximalen (Formen der) Totalität(en) gleichzusetzen; auch zieht er einen solchen Unterschied nicht nach sich. Wenn man eine nicht absolut adäquat artikulierte Totalität eine »submaximale Totalität« *nennen* wollte, so wäre das eine rein terminologische, keine sachliche Festlegung. Aber eine solche terminologische Festlegung wäre das Ergebnis der eben konstatierten Vermengung zweier verschiedener Sachen, nämlich der Artikulation mit dem Artikulierten: des Unterschiedes zwischen einer absolut adäquaten Artikulation und einer nicht absolut adäquaten Artikulation der Totalität mit dem Unterschied zwischen der maximalen Totalität und einer oder einigen submaximalen Totalität(en). Eine maximale Totalität, die nicht absolut adäquat artikuliert ist, bleibt doch immer noch maximale Totalität: diese und nicht irgendeine Subtotalität wird in diesem Fall nicht absolut adäquat artikuliert.

Es ist zwar richtig, dass durch eine adäquatere Artikulation *mehr* Strukturmomente des Seins im Ganzen und damit *mehr* Wahrheiten über das Sein im Ganzen »zu Tage gefördert« werden; aber dies schafft kein neues Problem in der hier interessierenden Perspektive, und zwar aus mehreren Gründen. *Erstens* wird hier angenommen bzw. behauptet, dass eine *in jeder Hinsicht* absolut adäquat artikulierte Totalität *nur* auf der Ebene des hier nicht beanspruchten *absoluten Theorierahmens* erreichbar wäre. Eine solche Behauptung ist eine *meta-struktural-systematische* Aussage. Dadurch wird ausdrücklich anerkannt, dass im absolut adäquaten Theorierahmen *oder eben schon in einem nur »höheren« Theorierahmen mehr* Strukturmomente und *mehr* Wahrheiten expliziert werden. Das liegt aber ganz und gar in der Kohärenz der struktural-systematischen Philosophie, die eine so verstandene »höhere« Ebene explizit akzeptiert, sie aber als *nicht-absolut* bezeichnet.

Zweitens ist zu beachten, dass die Rede von *mehr* Strukturmomenten bzw. *mehr* Wahrheiten missverständlich ist. Strenggenommen, handelt es sich nicht um quantitativ mehr Strukturmomente bzw. Wahrheiten, sondern um eine »feinere« Form, d. h. feinmaschigere Darstellung der Strukturmomente bzw. um eine »präzisere« Form der Wahrheiten.

Drittens: Wenn man in rein formaler Hinsicht die unbegrenzte oder absolute Totalität (das Sein im Ganzen) als *Universalklasse* betrachten will, so würde sich im Lichte dessen, was oben unter [4][i] über die Universalklasse ausgeführt wurde, kein Problem aus dem Umstand ergeben, dass zwischen der struktural-systematischen, nicht-absolut artikulierten Totalität – also dem nicht-absolut artikulierten Sein im Ganzen – und der hier weder angestrebten noch erreichten absolut artikulierten Totalität – dem absolut artikulierten Sein im Ganzen – unterschieden wird. Man würde dann nämlich »nicht absolut artikulierte Totalitäten« als *Teilklassen* der absolut adäquat artikulierten Totalität als Universalklasse auffassen. Und dann würde sich ergeben: Die Universalklasse ist *identisch* mit ihrer Potenzklasse, gemäß dem oben erwähnten Theorem von Kelley-Morse: $\mathfrak{U} = \wp\mathfrak{U}$.

[7] Als Konsequenz der Widerlegung der logischen und mathematischen Einwände gegen die Möglichkeit der Rede über Totalitäten kann der im vorhergehenden Abschnitt 5.2.1 erläuterte »Begriff« des *Seins im Ganzen* als berechtigt gelten. Das Sein *im Ganzen*, wie es hier verstanden wird, ist nicht die rein extensional verstandene Totalität aller *Seienden*. Wenn »Totalität

(der Seienden)« *anders* verstanden wird, etwa im Sinne von »Das Sein (aller Seienden)«, dann kommt es darauf an, wie man das Verhältnis von »Sein« und »Seienden« genau bestimmt. In diesem Fall und in diesem Sinne kann und sollte man besser anstelle von der »Totalität aller Seienden«, missverständnisfrei von der »Seinstotalität« sprechen. (Auf die Ausführungen oben in 5.2.1, ganz besonders in Punkt [5]), sei hier verwiesen.) Die »ontologische Differenz« zwischen »Sein« und »Seienden« erweist sich jetzt für die Durchführung der struktural-systematischen Philosophie als entscheidend[41].

5.2.3 Die ursprüngliche Seinsdimension, die aktuale Welt und die Pluralität möglicher Welten

Kaum ein Thema ist heute für das Programm einer Gesamtsystematik so wichtig wie das Thema der (Theorie der) *möglichen Welten*. Eine Erörterung dieses Themas und einiger Grundaspekte der heutigen Diskussionslage kann in signifikanter Weise dazu beitragen, dieses Programm weiter zu klären und zu schärfen. Damit wird in keiner Weise der Anspruch erhoben, der ganzen Problemlage, wie sie sich heute darstellt, und den vielen heute vertretenen Richtungen auch nur annähernd gerecht zu werden. Vielmehr soll die Behandlung dieses Themas ausschließlich zur Klärung des in diesem Buch verfolgten Zieles dienen.

[1] Der zentrale Begriff in der Theorie der möglichen Welten, um welchen alle Überlegungen kreisen, ist der Begriff der *Aktualität* in der Formulierung bzw. im Begriff »*aktuale Welt*«. Wie sich zeigen wird, ist dieser Begriff entgegen dem Anschein alles andere als klar und eindeutig. Für eine Klassifikation der verschiedenen Konzeptionen über mögliche Welten ist die Unterscheidung *zweier* gegensätzlicher und sich ausschließender Perspektiven zentral, die zur Bildung von zwei gegensätzlichen Richtungen führen. Sie werden gewöhnlich als *Aktualismus* bzw. *Possibilismus* bezeichnet.

Dem *Aktualismus* zufolge ist der fundamentale und sogar exklusive Bezugspunkt für alle Betrachtungen über mögliche Welten die sogenannte *aktuale Welt*: Alles, was als eine mögliche Welt bezeichnet werden kann, wird von der aktualen Welt her als eine *mögliche Variante* der aktualen Welt verstanden und bestimmt. Die *possibilistische* Richtung bezieht einen dazu diametral entgegengesetzten Standpunkt: Sie geht von einer Pluralität möglicher Welten als der primären »Dimension« aus und bestimmt von daher die sogenannte aktu-

---

[41] In einer bestimmten Phase seiner Entwicklung hat HEIDEGGER den Ausdruck ›ontologische Differenz‹ zwischen Sein und Seiendem ins Zentrum seines Philosophierens gerückt. Wie die bisherigen Ausführungen in diesem Kapitel schon gezeigt haben dürften und die weiteren noch zeigen werden, wird hier *nicht* HEIDEGGERs spezifisches Verständnis dieser Differenz vorausgesetzt oder gar angenommen.

ale Welt als eine mögliche Welt unter den vielen möglichen Welten. Bezüglich dieser beiden Richtungen werden viele weitere Unterscheidungen eingeführt, die aber für die Zielsetzung dieses Buches nicht von entscheidender Bedeutung sind.

Für die hier in Angriff genommene Gesamtsystematik ist die Frage wichtig, wie sich diese beiden Richtungen zur ursprünglichen Seinsdimension verhalten. Allgemeiner formuliert: Wird in der Theorie der möglichen Welten, und zwar in beiden kurz umrissenen Richtungen, die Frage nach dem Sein im Ganzen und nach dem Sein als solchen gestellt und behandelt? Wird eine Seinsdimension im obigen Sinne angenommen bzw. thematisiert? Wie exemplarisch gezeigt werden kann, ist dies eindeutig nicht der Fall, ganz besonders nicht in Bezug auf den Possibilismus. Im folgenden wird deshalb, anstatt die Problemlage nur im allgemeinen zu behandeln, eine bestimmte Position im besonderen untersucht, die als die wohl wichtigste bisher vorgelegte Theorie der möglichen Welten zu gelten hat: die Theorie von D. Lewis [1986].

[2] D. Lewis vertritt eine *possibilistische* Konzeption, allerdings eine solche ganz besonderer Prägung, der dieser Autor die Bezeichnung ›*modaler Realismus*‹ gegeben hat. Er nimmt eine Pluralität möglicher Welten an, weil diese Hypothese seiner Meinung nach in hervorragender Weise dazu dienen kann (»*serviceable*«, ib. 3), viele zentrale Fragen im Bereich der Logik, der Sprache, der Philosophie des Geistes, der Philosophie der Wissenschaften und der Metaphysik zu klären. Der Ausgangspunkt ist die Analyse der Modalitäten auf der Basis des Begriffs der möglichen Welt(en). Formulierungen wie ›Es hätte sein können, dass es blaue Schwäne gegeben hätte‹ werden entsprechend mit Hilfe der Quantifikation über mögliche Welten analysiert und damit in die Sprache der Theorie der möglichen Welten übersetzt: »Es hätte sein können, dass es blaue Schwäne gegeben hätte dann und nur dann, wenn es eine Welt W gibt, so dass es blaue Schwäne in W gibt.« Daraus ist leicht abzuleiten: »Es gibt eine (nicht-aktuale) mögliche Welt, in welcher es blaue Schwäne gibt.«

Als erstes drängt sich die Frage auf, ob dies nicht eine bequeme *rein anschauliche Illustration* der Modalität »Es hätte sein können ...« ist. D. Lewis aber denkt anders, insofern er eine dezidiert ontologische Konzeption der möglichen Welten vertritt, eben den *modalen Realismus*. G. Rosen [1990] hat die wichtigsten »Postulate« der Theorie bzw. Hypothese der Pluralität möglicher Welten zusammengestellt; sie werden im folgenden teilweise und mit geänderter Numerierung wiedergeben.

1. Die Realität besteht aus einer Pluralität möglicher Welten (oder Universen).

2. Eine dieser Welten ist diejenige, die wir gewöhnlich »die aktuale Welt« (unsere Welt) nennen: das größte zusammenhängende raumzeitliche System, dessen Teile wir sind.

3. Die anderen möglichen Welten sind Entitäten von ungefähr (*roughly*) derselben Art: Systeme von – oft konkreten – Objekten, die durch ein Netz von externen Relationen miteinander verbunden sind, ähnlich den raumzeitlichen Entfernungen, die Objekte in unserem Universum miteinander verbinden (Lewis [1986: 2, 74–76]).

4. Jede mögliche Welt ist von den anderen getrennt, d. h. Einzeldinge in den distinkten möglichen Welten sind nicht raumzeitlich aufeinander bezogen. (Daraus folgt, dass sich mögliche Welten nicht »überlappen«; kein Einzelding »bewohnt« zwei verschiedene mögliche Welten.)

5. Die Totalität der möglichen Welten (Universen) ist unter dem Prinzip der Rekombination abgeschlossen; d. h.: Für jede Kollektion von Objekten aus einer Anzahl von möglichen Welten gibt es eine einzelne mögliche Welt, die eine Anzahl von Duplikaten von jedem dieser Objekte enthält, vorausgesetzt, es gibt eine Raumzeit, die weit genug ist, um sie alle zu fassen (*hold*). (Ib. 87–90)

6. Es gibt keine arbiträren Grenzen für die Fülle von möglichen Welten (vgl. ib. 103)

7. Unsere Welt, die aktuale Welt, ist nicht von besonderer Art, d. h. sie hat vom Standpunkt des Systems der möglichen Welten aus gesehen kein besonderes Kennzeichen.

In der hier interessierenden Perspektive spielt die Frage eine entscheidende Rolle, wie Lewis mit den Begriffen »Existenz«, »Sein«, »Aktualität«, »Möglichkeit« u. ä. umgeht. Diese Frage wird hier im Hinblick auf die weitere Frage gestellt, welche Voraussetzungen seine Rede über eine Pluralität und sogar über ein System von möglichen Welten erfüllen muss, um überhaupt als sinnvoll und intelligibel zu gelten. Muss nicht eine universale Dimension vorausgesetzt werden? Weisen nicht die »Welten« einen Zusammenhang auf, so dass sie etwas Gemeinsames haben bzw. voraussetzen?

[3] Wird eine Pluralität möglicher Welten angenommen, dann wird über sie gesprochen. Das beinhaltet die Verwendung bestimmter Begriffe, eben der Begriffe »Welt«, »möglich«, »plural« usw. Sind diese Begriffe als Universalien anzusehen, die in den einzelnen möglichen Welten ihre »Instanzen« haben? Eigenartigerweise ist das eine Frage, die in der Theorie der möglichen Welten nicht behandelt, ja nicht einmal explizit gestellt wird. Und doch ist sie unausweichlich, sonst bleibt die Rede von »Welten«, »möglich«, »plural« usw. letzten Endes unverständlich. Das Problem verschärft sich, wenn man den Begriff »plural« näher analysiert. Direkt bezeichnet dieser Begriff distinkte Entitäten, sozusagen jede für sich betrachtet. Aber in diesem Begriff bzw. im Begriff der Distinktheit-von-anderem bzw. -zu-anderem ist eine Beziehung zu anderen »distinkten Entitäten« enthalten (in der gewöhnlichen Terminologie ausgedrückt: analytisch enthalten), also irgendein Zusammenhang vorausgesetzt.

Kantisch formuliert: Die Rede von der Pluralität möglicher Welten impliziert als Bedingung ihrer Möglichkeit die Annahme eines die distinkten Entitäten umfassenden Zusammenhangs und damit die Annahme einer die Distinkten ermöglichenden Einheit. Wie ist dieser Zusammenhang bzw. diese Einheit überhaupt zu denken?

D. Lewis kennt und verwendet einen bestimmten Begriff, dem er eine eindeutige ontologische Priorität verleiht. Für dessen Bezeichnung gebraucht er zwei Ausdrücke, die er zwar nicht immer in allen spezifischen Kontexten, aber grundsätzlich als austauschbar und damit als Synonyme zu betrachten scheint: die Ausdrücke ›Aktualität‹ und ›Existenz‹. Ihm zufolge ist jede mögliche Welt aktual und existent:

»[E]very world is *actual at* itself, and thereby all worlds are on a par. This is *not* to say that all worlds are actual – there's no world at which that is true, any more than there's ever a time when all times are present. The ›actual at‹ relation between worlds is simply identity.« (Ib. 93)

Dieser Text ist nur zu verstehen, wenn man beachtet, dass D. Lewis einen ungewöhnlichen Begriff von »aktual« und »existent« hat: Er versteht diese Wörter auf der Basis einer »indexikalischen Analyse«, aus welcher sich die einfache Bedeutung ergibt: »this-worldly« (ib. 92). Seine sonst leicht missverständlichen Formulierungen sind nur vor dem Hintergrund dieser Sinngebung zu verstehen. So sagt er oft, dass *nur unsere Welt* eine bzw. *die aktuale* Welt ist, während die anderen Welten als *nicht-aktualisierte* Welten zu begreifen sind. Dies bedeutet, dass wir als Bewohner *dieser (d. h. unserer) Welt* diese/unsere Welt als *die aktuale* Welt betrachten; aber Bewohner einer anderen Welt würden genauso in Bezug auf deren eigene Welt verfahren und die *eigene* Welt als *die aktuale* Welt ansehen.

Zusammenfassend hebt D. Lewis hervor, dass »Aktualität« (und damit auch »Existenz«) ein grundsätzlich *relativer Begriff* ist. Teils um diese These zu stützen, teils um Konsequenzen von großer Tragweite aus ihr zu folgen, argumentiert er folgendermaßen:

»Given my acceptance of the plurality of worlds, the relativity is unavoidable. I have no tenable alternative. For suppose instead that one world alone is *absolutely* actual. There is some special distinction which that one world alone possesses, not relative to its inhabitants or to anything else but *simpliciter*. I have no idea how this supposed absolute distinction might be understood.« (Ib. 93)

Diese Formulierungen in Verbindung mit der schon oben zitierten Formulierung »[T]his is *not* to say that all worlds are actual – there's no world at which that is true ...« artikulieren D. Lewis' stärkste oder genauer: einzige Argumentation gegen die Annahme einer ursprünglichen und umfassenden Seinsdimension in dem hier verstandenen Sinne. Diese Argumentation ist daher einer eingehenden Analyse zu unterziehen.

Die Formulierung »all worlds are actual« in dieser Passage scheint D. Lewis so zu verstehen, dass in ihr »actual« nicht als indexikalischer Term vorkommt. Dies würde dann ihm zufolge bedeuten, dass »actual« etwas »Absolutes« ist, etwas, was *simpliciter* gilt. D. h. »actual« würde etwas bezeichnen, das nicht nur jeweils eine bestimmte Welt, sondern *alle Welten* betrifft, also etwas allen Welten Gemeinsames. Dagegen argumentiert Lewis mit dem Hinweis auf *zweierlei*: *Erstens*, dass er keine »Vorstellung *(idea)*« hat, wie dieses *absolute* bzw. *simpliciter* zu begreifen wäre; *zweitens*, dass »... there's no world at which that is true ...« Den ersten Hinweis kann man hier auf sich beruhen lassen; schließlich verliert er jede Aussagekraft, sobald man der betreffenden Person zeigt, wie dieses *absolute/simpliciter* expliziert und verstanden werden kann bzw. muss. Aber der zweite Hinweis beinhaltet ein »Argument«, das offensichtlich zirkelhaft ist: Es setzt nämlich voraus, was allererst zu beweisen wäre; denn die große Behauptung »... there's no world at which that is true ...« beinhaltet schon die These, dass »aktual« rein indexikalisch zu deuten ist. Nur unter dieser Voraussetzung kann nämlich so argumentiert werden (dies ist die explizit gemachte Argumentation von D. Lewis, die von ihm selbst allerdings nur sehr elliptisch formuliert wird): Wäre »aktual« ein »absolutes Merkmal« in dem Sinne, dass es *alle* Welten *in nicht-indexikalischer Weise* auszeichnen würde, so müsste es eine (bestimmte) Welt geben, in der gerade dies wahr ist; eine solche Welt gibt es aber nicht; also ...

Dagegen lassen sich (mindestens) *zwei Argumente* ins Feld führen. Das *erste* ist der schon dargestellte zirkelhafte Charakter des Lewisschen Argumentes. Er sei noch einmal auf einem etwas anderen Weg aufgezeigt. Lewis setzt eine Pluralität von Welten »gleichen Stellenwerts oder Rangs« (»... all worlds are on a par«: ib. 93) einfach voraus. Nur auf der Basis *dieser* Voraussetzung kann er – konsequenterweise – so argumentieren: Wollte man Aktualität oder Existenz oder Sein *absolute* bzw. *simpliciter* (d.h. nach Lewis: nicht-indexikalisch) verstehen, so müsste man sagen: »... one world alone is *absolutely* actual«. Aber dies ist eine *petitio principii*; denn es setzt voraus, dass *absolute* bzw. *simpliciter* nur als Merkmal *einer* (einzigen) Welt konzipiert werden kann, einer Welt herausgegriffen aus der Pluralität der als irgendwie nebeneinander stehenden Welten »gleichen Stellenwerts«. Aber diese Voraussetzung ist gerade das, was zu beweisen wäre. Mit anderen Worten, Lewis müsste beweisen, dass »absolute« Aktualität bzw. Existenz *nicht anders* gedacht und begriffen werden kann als so, dass sie als Merkmal einer einzigen unter den pluralen »möglichen Welten« konzipiert wird.

Das *zweite* Argument ist aus dem Umstand zu gewinnen, dass Lewis einen schlechterdings fundamentalen Punkt übersieht oder auch einfach ignoriert, nämlich die Frage: Zu welcher Welt (auch in seinem sehr eingeschränkten Sinne) gehört denn der Theoretiker (Lewis) bzw. jeder Theoretiker, der über alle diese unendlich viele Welten redet, über sie wesentliche Aussagen macht usw.? Wäre er ein Bewohner *nur* einer einzigen, ganz bestimmten Welt *in Lewisschen Sinn*, dann wäre zu erklären, wieso die theoretische Dimension zu allen diesen Welten »Zugang« hat oder in alle diese Welten »hineinreicht«. Ein solcher Zugang bzw. ein solches Hineinreichen *muss angenommen werden*; denn über alle Welten werden als wahr intendierte Aussagen gemacht; aber eine wahre Aussage hat essentiell einen *ontologischen* Bezug.

Die Bedingung der Möglichkeit dafür, dass ein Theoretiker in D. Lewis' Weise über »die«, d.h. über *alle* Welten eine Theorie aufstellt, führt seine Behauptung »… there's no world at which that [i. e., the thesis that all worlds are actual, LBP] is true …« *ad absurdum*: Es muss nämlich nicht nur mindestens eine Welt geben, in der wiederum diese Behauptung und der damit verbundene Anspruch der All-Umfassendheit der theoretischen Dimension »wahr« ist; vielmehr *ist* der mit der Behauptung ausgedrückte Sachverhalt *wahr* in allen Welten (was immer man unter »Welten« verstehen mag, wenn man überhaupt plurale Welten annimmt); *denn* die theoretischen Aussagen im Rahmen einer Konzeption pluraler Welten »betreffen« alle diese Welten. Lewis versäumt es aber vollständig, nach dem »Ort« des Theoretikers bzw. der theoretischen Dimension und damit nach dem Status theoretischer Behauptungen zu fragen. Daraus folgen *zwei* völlig gegensätzliche Konsequenzen, je nachdem von welcher der beiden folgenden gegensätzlichen Annahmen man ausgeht: Entweder betrachtet man das Tun des Theoretikers, genauer: die theoretische Dimension (mit allem, was sie einschließt) als etwas, das *allen* Welten völlig *äußerlich* bleibt, also weder (nur) zu einer bestimmten Welt noch zur Gesamtheit der Welten in irgendeiner Weise gehört, *oder* man betrachtet das Tun des Theoretikers bzw. die theoretische Dimension als zu jenem Ganzen selbst gehörend, welches das Thema der Theorie selbst bildet. Im ersten Fall akzeptiert man eine irreduzible Kluft (*gap*) zwischen Theorie und Wirklichkeit bzw. »System«. Im zweiten Fall nimmt man an, dass die theoretische Dimension in jenes Ganze integriert ist, auf welches sie sich bezieht. Lehnt man, aus Gründen, die im Abschnitt 5.1 ausführlich dargelegt wurden, die erste Alternative ab, so muss man sich für die zweite Alternative entscheiden. Diese aber *impliziert* die These, dass die sogenannte Pluralität von Welten *auf der Basis einer ursprünglichen umfassenden Seinsdimension* zu begreifen ist. Das sei in aller Kürze gezeigt.

In der theoretischen Dimension werden die Welten, über welche die Theorie spricht, miteinander verbunden, so dass sie einen großen Zusammenhang bilden, wie immer dieser dann im einzelnen bezeichnet und »erklärt« wird. Um es in Anlehnung an die Sprache von D. Lewis zu formulieren: Die theoretische Dimension »ist« bzw. »existiert« in allen Welten, denn sie »bezieht sich auf« oder »betrifft« alle Welten und zwar dadurch, dass wahre Aussagen über alle Welten gemacht werden. Damit gehört die theoretische Dimension (in ihrem »objektiven Gehalt«) uneingeschränkt und im eigentlichen Sinne zur inneren Beschaffenheit des Ganzen der Welten. Hier kommt nun eine grundlegende These zur vollen Geltung, die in diesem Buch in mehreren Kontexten artikuliert, erläutert und begründet wurde: die These, dass Geist – auch und besonders hinsichtlich der ihn charakterisierenden theoretischen Dimension – mit allem und jedem, mit dem Universum, mit dem Sein im Ganzen intentional *koextensiv* ist. Die Tatsache, dass es eine theoretische Dimension gibt, von der natürlich nicht abzusehen ist, wenn man theoretisch redet, und dass diese Dimension (in der Sprache der Theorie der möglichen Welten formuliert) »in« allen Welten »ist« oder zu allen Welten gehört, bringt eine grundlegende ursprüngliche und umfassende *Einheit aller Welten* zum Vorschein. Aber diese Einheit ist nicht nur eine »begriffliche«, sondern eine im strengen Sinne *ontologische*, da ja die theoretische Dimension integrierender Teil der Einheit jenes Ganzen ist, das in der Sprache und in der Perspektive von D. Lewis »Pluralität der Welten« genannt wird.

[4] Es schließt sich aber die Frage an, wie diese Einheit begriffen werden kann oder muss. Wenn man immer noch von einer Pluralität von »Welten« sprechen will, so erweist sich diese Pluralität als ein hinsichtlich der ursprünglichen umfassenden Einheit in dem Sinne *sekundäres Phänomen*, dass sie diese Einheit voraussetzt und allererst von ihr her begriffen werden kann. Im Prinzip kann man diese Einheit in verschiedener Weise bezeichnen, aber wie in Abschnitt 5.1 dargelegt wurde, ist die adäquateste Bezeichnung »Sein« bzw. »Seinsdimension«.

Die These, dass die Pluralität möglicher Welten den fundamentalen Bezugspunkt für alle Aussagen über Aktualität oder Existenz oder Sein bildet, so dass unsere Welt nur »von uns aus« und »für uns« »die aktuale Welt« ist, hat sich als unhaltbar herausgestellt. Sie resultiert aus dem Ignorieren fundamentaler Fragen und Zusammenhänge und ist in sich nicht kohärent. Man kommt nicht umhin, eine ursprüngliche umfassende Seinsdimension anzuerkennen, die in jeder Hinsicht unhintergehbar und unhinterfragbar ist. Von ihr her sind die Fragen zu klären, die sich hinsichtlich des metaphysischen oder gesamtsystematischen Begriffs der Möglichkeit einer Pluralität (möglicher) Welten u. ä. stellen. Im folgenden seien einige Hinweise gegeben, welche Lösungsansätze sich auf Grund des bisher erreichten theoretischen Resultats abzeichnen.

An erster Stelle ist der Begriff der »Welt« einer kritischen Analyse zu unterziehen. Ist die oben herausgearbeitete »Seinsdimension« eine »Welt«? Man muss hier zweierlei Fragen unterscheiden und auseinanderhalten: die terminologische und die sachliche Frage. In terminologischer Hinsicht kann man sicher den Term ›Welt‹ (sowie den ähnlichen Term ›Universum‹) zur Bezeichnung der Seinsdimension verwenden. Dann aber entsteht die sachliche Frage: Gibt es *neben* oder *außer* der Welt im Sinne der Seinsdimension noch andere (mögliche oder »aktuale«) Welten im Sinne von Seinsdimensionen? Das ist schlechterdings ausgeschlossen, da es undenkbar ist, dass es neben »der

5.2 Grundzüge einer Theorie des Seins als solchen und im Ganzen

Seinsdimension« noch eine »Seinsdimension$_1$«, eine »Seinsdimension$_2$«... eine »Seinsdimension$_n$« geben könnte. Schon diese knappe Reflexion zeigt, dass es nicht sachdienlich ist, die ursprüngliche umfassende Dimension als »Welt« zu bezeichnen. Damit bestätigt sich die in mehreren Passagen dieses Buches getroffene Festlegung, dass der Term ›Welt‹ in dem eingeschränkten Sinne verwendet werden sollte, wie er in Kapitel 4 herausgearbeitet wurde.

Wie schon festgestellt wurde, ist das Wort ›Aktualität‹ bzw. ›aktual‹ alles andere als klar. Will man es aber trotzdem verwenden, so ergibt sich aus den bisherigen Ausführungen, dass es *eine einzige* »*aktuale* Seinsdimension=*aktuale* Welt« gibt. Am besten würde man verfahren, wenn man hier die in der Sache fundierte Unterscheidung zwischen »Sein im *primären* Sinne« und »Sein im *sekundären* oder *derivativen* oder *abgeleiteten* Sinne« einführen würde. »Sein« in diesem zweiten Sinne wäre die ganze Dimension des *Möglichen*. Das mögliche Sein kann nur vom aktualen Sein, vom Sein im primären Sinne, her begriffen werden.

Wenn man weiterhin die Formulierung ›mögliche Welt‹ gebrauchen will, so ergibt sich aus dem Gezeigten, dass eine *Pluralität möglicher Welten* sehr wohl anzunehmen ist. *Diese möglichen* Welten haben dann allerdings im Gegensatz zur These von D. Lewis in keinem nachvollziehbaren Sinne denselben »Stellenwert« (»on a par«) wie die Seindimension (= die einzige aktuale »Welt«). Die möglichen Welten »sind« bzw. »existieren« *nur* im sekundären oder derivativen Sinne.

Die hier angedeutete Konzeption, in deren Mittelpunkt die These von der absoluten Einzigkeit der Seinsdimension steht, kann nur dann voll einsichtig gemacht werden, wenn man die Seinsdimension näher untersucht. Das ist eine harte Thematik, die in der ganzen Theorie der möglichen Welten kaum angesprochen, geschweige denn angemessen behandelt wird. Dieser Thematik sind Abschnitt 5.2.4 und der ganze Abschnitt 5.3 des vorliegenden Kapitels gewidmet.

5.2.4 Die innere Strukturalität der ursprünglichen Seinsdimension: die allgemeinsten immanenten Merkmale

[1] Der philosophischen Behandlung der Seinsdimension geht die Frage voraus, ob es überhaupt einen Sinn hat, eine Frage zu stellen wie: »Was ist das Sein selbst oder als solches?«. Aber wenn die Philosophie etwas leisten sollte, dann dies: Fragen, die auf den ersten Blick und gemäß dem gesunden Menschenverstand einleuchtend und selbstverständlich sind, zu hinterfragen. Dazu gehören ganz besonders Fragen der Form: »Was ist ...?«.[42] Es kann kein Zweifel

---
[42] Vgl. dazu die eigenwilligen, aber doch sehr bemerkenswerten Überlegungen HEIDEGGERS in seiner kleinen Monographie: *Was ist das – die Philosophie?* [1956].

bestehen, dass viele Fragen dieser Form sehr sinnvoll sind, wie etwa: Was sind Atome? Was ist Erkenntnis? Fragen dieser Form sind im allgemeinen dann sinnvoll, wenn sie eine Antwort erwarten lassen, die etwas artikuliert, was das Erfragte von anderen »Dingen« unterscheidet, die explizit angegeben werden können. Das ist aber nicht der Fall, wenn die Frage: »Was ist das Sein?« gestellt wird. Wovon sollte sich »das Sein« unterscheiden? Wohl nur vom »Nichts«. Aber »das Nichts« ist ein *limiting concept*, ein unechter, weil total negativer »Begriff«. Die Frage: »Was ist das Sein (die Seinsdimension)« ist also keine sinnvolle Frage.

Welche Fragen können oder sollen dann hinsichtlich der Seinsdimension gestellt werden? Die sinnvollen Fragen betreffen »Gesichtspunkte«, unter denen die Seinsdimension zu thematisieren ist. Aber die Angabe solcher Gesichtspunkte ist schon Teil der Thematisierung selbst – und von deren Problematik. Um welche Gesichtspunkte handelt es sich? Hier erweist es sich als besonders schwierig, eine geeignete Sprache zu finden und zu gebrauchen. Würde man etwa von »Eigenschaften« der Seindimension sprechen, so würde man einen völlig außer Frage stehenden ontologischen Ballast miteinbeziehen, hat doch »Eigenschaft« ein »Substratum« zur Voraussetzung, dem sie zugeschrieben wird. Auch das Wort »Gesichtspunkte« ist grundsätzlich problematisch, weil dieses Wort die nicht zu entfernende Konnotation mit sich bringt, dass es sich um die »Sichtweise« eines Betrachters handelt. Die Thematisierung der Seinsdimension sollte aber die Seinsdimension selbst »zu Wort kommen lassen«; die Seinsdimension sollte sich selbst zur Darstellung bringen.

Diese Problematik betrifft grundsätzlich auch und in besonderer Weise den bisher in diesem Zusammenhang meistens verwendeten Ausdruck »Thematisierung« selbst: Dieser Ausdruck stellt sich als nicht ganz geeignet heraus, beinhaltet er doch die explizite Konnotation einer Handlung seitens eines Subjekts, nämlich des Theoretikers. Nun kann man natürlich nicht bestreiten, dass diese Handlung vorliegt, aber die starke, ja exklusive Betonung der »thematisierenden Handlung« erweckt den Anschein, als ginge es darum, etwas von außen an die Seinsdimension heranzutragen: Der Theoretiker erhebt die Seinsdimension zum Thema. Das aber wäre der hier vorliegenden Konstellation unangemessen. Daher empfiehlt es sich, ein weniger unangemessenes Wort zu verwenden. Ein solches ist das Wort »Explikation« oder genauer »Selbstexplikation der Seinsdimension«. Nicht zufällig ist *ex-plicatio* ein altes Wort der abendländischen metaphysischen Tradition. Freilich wird »Explikation« meistens mit der Konnotation der Handlung eines Subjekts verstanden; aber diese Konnotation muss nicht in den Vordergrund treten, vor allem, wenn man das Wort in der passiven Bedeutung und mit dem Operator »es verhält sich so dass [expliziert wird dass]« versehen verwendet. Dieses Wort soll daher im folgenden bevorzugt zur Anwendung kommen.

5.2 Grundzüge einer Theorie des Seins als solchen und im Ganzen

Was bringt aber eine Explikation bzw. (Selbst)Explikation der Seinsdimension zum Ausdruck? Angesichts der soeben beschriebenen Sachlage soll hier die weniger unangemessene (weil nicht so stark vorbelastete) Bezeichnung ›immanentes Strukturmoment oder Merkmal des Seins selbst oder der Seinsdimension‹ verwendet werden. Nach der vorliegenden Konzeption bringt die (Selbst)Explikation des Seins die immanenten Strukturmomente bzw. Merkmale des Seins zum Vorschein. Lassen sich aber überhaupt immanente Merkmale des Seins angeben? Die Frage ist positiv zu beantworten, wie die folgenden Ausführungen zeigen werden. Zunächst sollen die allgemeinsten immanenten Strukturmomente des Seins herausgearbeitet werden. Um sie zu charakterisieren, ist es angemessen, sie als immanente Merkmale *des Seins als solchen* (und in diesem Sinne als *die allgemeinsten oder fundamentalsten* immanenten Merkmale der Seinsdimension) in Unterscheidung zu den Merkmalen des so oder so schon bestimmten Seins im Ganzen (der »Seinsregionen«) zu verstehen.

Die folgende Darstellung versteht sich als eine erste Analyse und Erläuterung der allgemeinsten immanenten Strukturmomente. Um eine echte Theorie der Seinsdimension zu entwickeln, wäre es u. a. nötig, die herauszuarbeitenden allgemeinsten immanenten Strukturmomente/Merkmale in Form von *allgemeinsten gesamtsystematischen Aussagen* mit strengem theoretischem Status zu artikulieren. Dies ist nun aber keine schwierige Aufgabe mehr, eher das Ergebnis einer Fleißarbeit.

[2] Die allgemeinsten immanenten Strukturmomente/Merkmale des Seins ergeben sich aus einer (Selbst)Explikation der Seinsdimension. Es sei an die Art und Weise erinnert, wie der Begriff der Seinsdimension erschlossen wurde: als die Dimension, die den »Zusammenhang« von Denken/Geist/Sprache einerseits und Welt/Universum/Sein-im-objektiven Sinne andererseits bildet; dieser »Zusammenhang« verbindet beide Dimensionen miteinander, und zwar so, dass beide Dimensionen als die Unterschiedenen *einer* ursprünglichen umfassenden Dimension, der Seinsdimension, erscheinen.

Die detaillierte Explikation dieses Ansatzes bringt die bzw. genauer: einige der allgemeinsten immanenten Merkmale der Seinsdimension zur Explizitheit. Es ist also immer zu beachten, dass »Seinsdimension« hier nicht wie etwa eine platonische Entität aufgefasst wird, aus welcher – man weiß nicht, wieso und warum – gewisse »immanente Momente« abgeleitet werden. Vielmehr verhält es sich so, dass die »Seinsdimension« als jene »Konstellation« erscheint, die in sich den »Zusammenhang« von Denken/Geist/Sprache und Welt/Universum/Sein-im-objektiven-Sinne einschließt. Dieser »Konstellationscharakter« der Seinsdimension ist es, der die Explikation der Seinsdimension ermöglicht – und erforderlich macht.

[i] Das *erste* allgemeinste immanente Strukturmoment oder Merkmal ist die absolut universale, d.h. mit der Seinsdimension selbst koextensionale *Intelligibilität* der Seinsdimension. Da die Seinsdimension als ein Zusammenhang, d.h. als eine Konstellation im erläuterten Sinn, erscheint, ist es schlechterdings undenkbar, dass die Seinsdimension außerhalb der Sphäre von Denken/Geist/Sprache sein könnte. Nur weil die Seinsdimension wesentlich *als* diese Konstellation erscheint, ist sie dem Denken/Geist bzw. der Sprache zugänglich: Dieses »Zugänglichsein« ist gerade das, was die Intelligibilität der Seinsdimension besagt: Diese *ist* begreifbar, verstehbar, erkennbar, artikulierbar usw. Die »universale Intelligibilität« der Seinsdimension bedeutet nicht, dass wir als endliche Erkennende in der Lage sind, sie vollständig zu artikulieren; ganz im Gegenteil, wir können in bestimmter Weise nur Segmente der weiten, totalen Intelligibilität der Seinsdimension erfassen.

Dieses grundlegende allgemeinste immanente Strukturmoment der Seinsdimension wurde in der Geschichte der Philosophie immer wieder in sehr vielfältigen Hinsichten und Terminologien anvisiert und oft auch explizit artikuliert. Angefangen vom berühmten Satz des Parmenides: τὸ γὰρ αὐτὸ νοεῖν ἐστίν τε καὶ εἶναι (»… denn dasselbe ist Denken und Sein«)[43], über den zentralen Satz der großen metaphysischen Tradition »Ens et verum convertuntur«, über Hegels Gleichsetzung von Idee (in seinem Sinne!) und Wirklichkeit bis zu Heideggers Gleichsetzung von »Sein« und »Wahrheit« (in seinem Sinne): Immer handelt es sich um eine zentrale Intuition, die allerdings oft in übersteigerten und sogar kryptischen Formulierungen artikuliert wurde. Diese Geschichte ist deswegen besonders lehrreich, weil aus ihr deutlich wird, wie unterschiedlich ein und derselbe Ausdruck von verschiedenen Philosophen verwendet wird. Das gilt ganz besonders für die Ausdrücke ›Denken/Idee‹ etwa bei Hegel und ›Wahrheit‹, besonders bei Heidegger. Sehr aufschlussreich ist die Art und Weise, wie Heidegger den Begriff der »Wahrheit« als nähere Explikation von »Sein« auffasst. Er interpretiert »Wahrheit« von dem seinem Verständnis nach ursprünglichen Sinn des griechischen Wortes ἀλήθεια her als »Unverborgenheit« oder Offenbarkeit des Seins.[44] Nun gab es immer eine bestimmte philosophische Tradition, die den Terminus »ontologische Wahrheit« verwendete. Aber anders als Heidegger identifizierte diese Tradition »Wahrheit« nicht einfach mit »ontologischer Wahrheit«; vielmehr galt immer die grundlegende These: Die Wahrheit im eigentlichen Sinne liegt im Urteil

---

[43] in: DIELS [1966, 231] (Fragment 3 von PARMENIDES). HEIDEGGER legt in charakteristischer Weise eine eigenwillige Übersetzung vor: »Das Selbe nämlich ist Vernehmen (Denken) sowohl als auch Sein.« (HEIDEGGER [1957: 18])

[44] Es sei aber angemerkt, dass HEIDEGGER in seiner Spätphase seine Auffassung über »Wahrheit« (sowohl was das Wort als auch die damit assoziierte Sache angeht) einer Revision unterzog, wie schon oben in Abschnitt 2.5.1.1 [2] [iii] gezeigt wurde.

(*veritas est in iudicio*).⁴⁵ Heidegger verfehlt das »Phänomen« der Wahrheit, insofern er gerade das Verhältnis von Sprache und Sein nicht beachtet. Die in Kapitel 3 skizzierte Theorie der Wahrheit zeigt in aller Deutlichkeit, dass von »Wahrheit« nur dann die Rede sein kann, wenn die ganze Dimension der Sprache explizit und radikal in die Bestimmung des Wahrheitsbegriffs einbezogen wird. Ein wahrer Satz ist demnach ein Satz, der eine wahre Proposition ausdrückt; diese, die wahre Proposition als die vollbestimmte Proposition, ist *identisch* mit einer Tatsache in der Welt. Die »Tatsache« genannte Entität ist identisch mit einer wahren Proposition. Insofern hat Wahrheit unzweifelhaft einen radikalen ontologischen Bezug. Aber es wäre unangemessen und streng genommen unrichtig, von einer »wahren Tatsache« zu sprechen. »Wahr« ist ein Operator, der nur Sätze und Propositionen (und auch Äußerungen), nicht aber Tatsachen als Argumente hat.

[ii] Aus der *Intelligibilität* als dem grundlegenden immanenten Strukturmoment der Seinsdimension lassen sich zwei weitere immanente Merkmale ableiten. Das *eine* kann man die *universale Kohärenz* der Seinsdimension nennen. Dieser Bezeichnung wird hier eine besondere und umfassende Bedeutung gegeben. Kohärenz in dem hier intendierten Sinne ist, wie oben bereits gezeigt, nicht einfach identisch mit »Konsistenz«; sie ist mehr als bloße Widerspruchsfreiheit, insofern sie einen *positiven Zusammenhang* besagt. Der Genitivus »universale Kohärenz *der* Seinsdimension« wird im Sinne des *genitivus subiectivus* verstanden: die Seinsdimension *als* universale Kohärenz, d. h. also *als* universaler Zusammenhang.⁴⁶ Dieses Merkmal leitet sich von der universalen Intelligibilität der Seinsdimension ab; denn etwas begreifen, verstehen, erklären usw. heißt wesentlich, den Zusammenhang erfassen, in dem sich dieses etwas befindet. Kohärenz ist, kurz gesagt, Systematizität. Noch genauer und bestimmter expliziert, besagt universale Kohärenz *universale Strukturiertheit*. Insofern ist das »Sein selbst« als *die Struktur aller Strukturen*, als die ursprünglichste und umfassendste Struktur zu begreifen.

---

⁴⁵ THOMAS VON AQUIN hat hinsichtlich des Wortes und des Begriffs »Wahrheit« in vorbildlicher Weise eine dreifache Unterscheidung eingeführt:
[T]ripliciter veritas et verum definiri invenitur:
Uno modo secundum it quod praecedit rationem veritatis, et in quo verum fundatur; et sic Augustinus definit in lib. Solil.: *Verum est id quod est* …
Et *alio modo* definitur secundum id quod formaliter rationem veri perficit; et sic dicit Isaac quod *veritas est adaequatio rei et intellectus* …
Et *tertio modo* definitur verum, secundum effectum consequentem; et sic definit Hilarius, quod *verum est manifestativum et declarativum esse* … (THOMAS [de veritate: q.1. a.1 c.]).
⁴⁶ Man betrachte die Genitivform: »HEGELS Buch«. Wenn ein Buch gemeint ist, das zu HEGEL gehört, das also sein Eigentum ist, so ist der Genitiv ein *genitivus obiectivus;* wenn es sich aber um ein von HEGEL geschriebenes Buch handelt, so ist der Genitiv ein *genitivus subiectivus*. Die universale Kohärenz wird von der Seinsdimension selbst realisiert, sie ist nicht etwas, das der Seinsdimension (von außen) »zukommt«, etwas, das auf sie (von außen) zutrifft.

Hier ist nun endlich der systematische »Ort« erreicht, wo eine der fundamentalen Einsichten, aus der die hier entwickelte Konzeption einer systematischen Philosophie erwächst, zur vollständigen, eben *gesamtsystematischen* Klarheit gebracht werden kann: die Einsicht, dass sich alles um die *fundamentalen Strukturen* dreht. Es wurden drei große Arten solcher Strukturen unterschieden: die fundamentalen formalen, die fundamentalen semantischen und die fundamentalen ontologischen Strukturen. Es wird jetzt klar, dass diese Strukturen einfachhin die Intelligibilität und die Kohärenz (im erläuterten Sinne) von allem und jedem, von allen »Seins«bereichen und der Seinsdimension selbst darstellen. Irgendetwas begreifen, und sei es das unwichtigste Ereignis, heißt, es in die große Dimension der Gesamtstrukturiertheit der Seinsdimension einbeziehen. Von ihr her ist allererst zu verstehen, was fundamentale Strukturen wirklich »sind«: Sie sind Strukturen *des Seins als solchen und im Ganzen.*

[iii] Ein weiteres Strukturmoment, das sich aus dem grundlegenden immanenten Merkmal der *Intelligibilität* ergibt, ist die *universale Ausdrückbarkeit* der Seinsdimension. Dieses Merkmal wurde in diesem Buch, ganz besonders in Abschnitt 5.1 des vorliegenden Kapitels, schon ausführlich analysiert.

[iv] Ein *viertes* allgemeinstes immanentes Strukturmerkmal ist noch aufzuzeigen. Dieses Merkmal unterscheidet sich eindeutig von den bisher herausgearbeiteten drei Merkmalen. Diese drei Strukturmomente ergeben sich aus der Explikation der Seinsdimension *hinsichtlich des Intellekts*; in der seit Aristoteles eingebürgerten, aber gemäß der vorliegenden Konzeption problematischen Terminologie würde man sie »theoretische Merkmale« nennen. Man kann diese Bezeichnung verwenden, wenn man sie richtig versteht. Unter demselben Vorbehalt könnte man sagen, dass das nun herauszuarbeitende *vierte* immanente Merkmal ein »praktisches« ist, sofern es die Seinsdimension *hinsichtlich des Willens, d. h. des anderen mit dem Intellekt gleichursprünglichen Vermögens des Menschen,* charakterisiert. Genau so wie die Seinsdimension das »Objekt« des Intellekts darstellt, so hat auch der Wille die Seinsdimension zu seinem ihn definierenden absoluten Bezugspunkt, allerdings *nicht in derselben Hinsicht*: Die Seinsdimension ist der den Intellekt definierende absolut unbegrenzte, vollständige Bezugspunkt hinsichtlich der oben »theoretisch« genannten drei ersten immanenten Merkmale. Was ist nun demgegenüber dasjenige immanente Merkmal der Seinsdimension, das die Hinsicht darstellt, unter welcher die Seinsdimension den absolut unbeschränkten und vollständigen Bezugspunkt bildet, der den *Willen* definiert?

In der großen metaphysischen Tradition wurde für dieses Merkmal das Wort »*bonum*«, »gut«, verwendet. Daher galt für diese Metaphysik das große Axiom: *Omne ens est bonum* oder *ens et bonum convertuntur*: Es besteht ein Wechselverhältnis zwischen jedem Seienden und dem *bonum*. Die im Zentrum der Philosophie Platons stehende »Idee des Guten« wurde im Laufe der

Geschichte der Philosophie auf verschiedene Weise verstanden und charakterisiert, meistens ohne die für Platon charakteristische Verbindung zum Begriff der »Idee« in seinem Sinne. In metaphysischer Hinsicht wurde »das Gute« immer von zwei Seiten her zu bestimmen versucht. *Einmal* vom Willen her als das »formale Objekt« dieses Vermögens, als derjenige Gesichtspunkt, unter welchem der Wille sich zu allem und jedem, also in der Sprache der metaphysischen Tradition: zu jedem »materialen Objekt« verhält (»*sub ratione boni*«). *Zum anderen* wurde das Gute vom Sein her bestimmt: als jenes immanente Merkmal des Seins, das den Willen »anspricht« oder dem Willen »entspricht«: Was immer der Wille im Einzelfall will, immer tut er dies aus der Perspektive des Guten in diesem Sinne; denn dadurch ist der Wille überhaupt definiert. Das vierte (»praktische«) allgemeinste immanente Merkmal des Seins selbst ist daher als das Merkmal der *Gutheit* (*bonitas*) zu bezeichnen.

Die »Seinsperspektive« hinsichtlich einer Charakterisierung des Guten bzw. der Gutheit hat eine lange Geschichte im Rahmen der großen Tradition der christlichen Metaphysik, wobei insbesondere Thomas von Aquin zu erwähnen ist. Sie wird von ihm als der große Gedanke der »Vollkommenheit« (*perfectio*) artikuliert.[47]

[v] Manchmal wurde in der großen Tradition der Metaphysik auch *Schönheit* als ein immanentes Strukturmerkmal des Seins genannt. Sie wurde durch den Gedanken der »Zusammenstimmung (*consonantia*)« der anderen bisher herausgearbeiteten immanenten Strukturmomente des Seins bestimmt. Das ist in der Tat eine Bestimmung, die sich konsequenterweise aus der Frage ergibt, wie die Einheit oder der Zusammenhang dieser immanenten Strukturmomente zu konzipieren ist. Die wesentlichen Erläuterungen dazu wurden in Kapitel 4 im Zusammenhang der Ausführungen über *die ästhetische Welt* dargelegt (vgl. 4.4.2 [1] [ii]).

[3] Diese *fünf* allgemeinsten immanenten Merkmale der Seinsdimension entsprechen im wesentlichen (und teilweise) jener großen Intuition, die sich im traditionellen metaphysischen Axiom: *Omne ens est unum, verum, bonum (et pulchrum)* artikuliert. Man beachte aber, dass dieses Axiom nur von Seienden, von jedem einzelnen Seienden, spricht, während es sich hier um die Seinsdimension selbst handelt. Das Merkmal des »unum« ist in der hier skizzierten Explikation im Merkmal der universalen *Kohärenz* enthalten: Es artikuliert den Charakter jener konkreten Kohärenzen oder Zusammenhänge, die die einzelnen »Seinsweisen« bilden: die sogenannten »Individuen«.

---

[47] Vgl. z. B. Formulierungen wie die folgenden in den Schriften des THOMAS VON AQUIN:
bonum uniuscuiusque est perfectio ipsius. (ScG I 30).
in hoc enim consistit uniuscuiusque rei bonitas, quod convenienter se habeat secundum modum suae naturae. (STh I II q. 71 a. 1 c.).

5.3 Ansatz zu einer Theorie des Absolutnotwendigen Seins

5.3.1 Vorklärungen

Die Herausarbeitung der immanenten Merkmale des Seins als solchen bildet die erste große Etappe bei der Explikation der ursprünglichen Seinsdimension und damit bei der Entwicklung einer struktural-systematischen Seinstheorie. Betrachtet wurde grundsätzlich das Sein als solches. Eine weitere Etappe betrifft besonders das Sein im Ganzen. Mit der Explikation der immanenten Strukturalität wurde die Seinsdimension nur anfänglich bestimmt. Ist eine weitere Bestimmung möglich oder unverzichtbar? Man wird nicht sagen können, dass man »beweisen« kann, eine weitergehende Bestimmung sei möglich oder unverzichtbar u. dgl. Vielmehr muss man sehen, wie sich die Problemlage hier darstellt: Der menschliche Intellekt hat ein enormes und ununterdrückbares »Intelligibilitätspotential«, womit die Fähigkeit und der Drang gemeint sind, Fragen grenzenloser Reichweite zu stellen, Zusammenhänge jeder Art auszuloten und zu begreifen, kurz: so im Universum und genauer im Sein im Ganzen situiert zu sein, dass alles und jedes und damit das Sein im Ganzen in voller Intelligibilität erscheint. Für den menschlichen Intellekt gibt es keine Verbote irgendwelcher Art. Man kann nicht einfach *a priori* behaupten, dass ihm etwas nicht möglich ist, dass er eine nicht überschreitbare Grenze überschreite, dass er nur Sinnloses produziert, indem er gewisse Unternehmungen in Angriff nimmt u. ä. Ob es sich so verhält, kann nur aufgrund der damit gemachten Erfahrungen und der erzielten oder nicht erzielten Ergebnisse gesagt werden.

Vor diesem Hintergrund ist es im Hinblick auf die oben gestellte Frage nach der Möglichkeit einer weiteren Bestimmung des Seins im Ganzen sinnvoll und vernünftig, einen entsprechenden Versuch zu unternehmen. Wie sollte aber verfahren werden? Es sind sicher mehrere Wege denkbar. Hier aber soll folgender Weg beschritten werden: Es wird das große intellektuelle »Instrumentarium«, über welches der Mensch verfügt, daraufhin untersucht, ob es Mittel enthält, die geeignet sind, die gestellte Aufgabe zu bewältigen. Konkret heißt dies: Man sucht nach »Begriffen« (gemäß dem gewöhnlichen, unproblematischen Verständnis von »Begriff«), die herangezogen werden können bzw. sollten, um das Vorhaben zu realisieren, die weitere Bestimmung des Seins im Ganzen voranzutreiben. Lässt man sich darauf ein, so wird man schnell fündig: Zu den Begriffen, die für ein adäquates Begreifen von Zusammenhängen aller Art unverzichtbar sind, gehören jene Begriffe, die unter der Bezeichnung ›Modalitäten‹ bekannt sind: Notwendigkeit, Möglichkeit, Kontingenz. Keine große philosophische Theorie ist ohne diese Begriffe denkbar. Es ist daher leicht zu verstehen, dass und warum sie in der ganzen Geschichte der Philosophie immer eine schlechterdings zentrale Rolle gespielt haben. Heute existiert eine Modallogik, die eine bedeutende Präzisierung dieser Begriffe geleistet hat.

Entsprechend den Grundthesen dieses Buches bedeutet dies, dass in diesem Abschnitt ein weiter bestimmter und bereicherter *Theorierahmen* zur Anwendung kommt: Er enthält, außer den großen Begriffen der ursprünglichen Seinsdimension, des Seins als solchen, des Seins im Ganzen, auch die Modalitäten. Damit erweitern sich der Fragehorizont und die Artikulationsmöglichkeiten beträchtlich.

Allerdings ist die Modallogik nicht so problemfrei wie etwa die elementare Logik (Aussagenlogik und Prädikatenlogik). Es gibt seit Jahrzehnten hinsichtlich der *Interpretation* der Modallogik ein großes Problem[48] und es kann nicht gesagt werden, dass ein Konsens in Bezug auf eine Lösung erzielt worden ist. Eine dieser Interpretationen ist die metaphysische (oder ontologische).[49] In diesem Buch und besonders in diesem Abschnitt werden die Modalitäten als ontologische/metaphysische Strukturen verstanden. In einer bestimmten (weit verbreiteten) Terminologie heißt das, dass sie als *de re*-Modalitäten genommen werden, und zwar im betont ontologischen Verständnis. Das bedeutet beispielsweise im Falle der *de re*-Notwendigkeit, dass einer nicht-sprachlichen Sache (Entität) ein notwendiger Faktor (je nach Semantik und Ontologie: eine notwendige Eigenschaft, eine notwendige Struktur etc.) zugeschrieben wird. Ein Satz der Form ›□ Fa‹ sagt vom Objekt *a*, dass es notwendigerweise die Eigenschaft *F* hat.

In der Modallogik werden die Modalitäten als Operatoren verstanden, die Sätze bzw. die durch sie ausgedrückten Propositionen als Argumente haben. Wollte man irgendein Thema unter Heranziehung der Modalitäten behandeln und dabei ganz streng nach den Bestimmungen der Modallogik verfahren, so müsste man alle diese Bestimmungen genau anwenden. In der Herausarbeitung eines Ansatzes zu einer Theorie des absolutnotwendigen Seins soll aber nicht nach diesem ganz strengen Modus verfahren werden. Vielmehr soll der Gedankengang programmatisch und auf diese Weise nur informal dargelegt werden. Das bedeutet u. a., dass hier die modalen Aus-

---

[48] Aufgeworfen wurde das Problem von QUINE [1947] in seinem Aufsatz: »The Problem of Interpreting Modal Logic«.
[49] R. BALLARIN [2004] hat eine akkurate Untersuchung der seit 1947 über dieses Thema geführten Diskussionen vorgelegt. Ihre Ergebnisse sind geeignet, manche in der Literatur, besonders in Textbüchern zu findenden Vorstellungen und Behauptungen als unzutreffend und/oder unbegründet erscheinen zu lassen. Sie kommt zum Ergebnis, dass QUINE und KRIPKE, ungeachtet ihrer Divergenzen im einzelnen, eine bemerkenswerte gemeinsame Überzeugung teilen, die BALLARIN als »QUINE-KRIPKE Conjecture« (QK) bezeichnet und so formuliert:
»(QK) An interpretation of ›necessarily‹ (or ›□‹) has to be grounded in actual essential
   predications: whereby some but not all truths are metaphysically necessary.« (Ib.
   637)
Vgl. dazu auch SHALKOWSKI [2004].

drücke nicht nur und nicht einmal hauptsächlich als Operatoren verwendet werden, sondern meistens, wie dies in der natürlichen Sprache und beinahe in der ganzen Geschichte der Philosophie geschieht, in prädikativer und/oder attributiver Stellung: als ontologische Faktoren, die bestimmten Entitäten zukommen (»es gibt eine notwendige und eine kontingente Seinsdimension« u. ä.).

Die nachfolgende Darstellung hat auch in einer anderen Hinsicht einen äußerst vereinfachten und verkürzten Charakter. Sie erfolgt nicht streng nach den Grundbestimmungen der in Kapitel 3 in Grundzügen entwickelten »kontextualen Semantik«. Doch steht sie deshalb nicht im Widerspruch zu dieser Semantik. Um an den zentralen Punkt der von dieser Semantik nicht anerkannten Subjekt-Prädikat-Form theoretisch-philosophischer Sätze zu erinnern: Dort wurde gezeigt und betont, dass die »Eliminierung« singulärer Terme und Prädikate zugunsten von »Primärsätzen« nicht die Konsequenz nach sich zieht, dass Sätze der Subjekt-Prädikat-Form nicht mehr verwendet werden könnten oder sollten, sofern nur die syntaktische Form betroffen ist. Die »Eliminierung« betrifft nur die *semantische Interpretation*. So wurde gezeigt, dass solche Subjekt-Prädikat-Sätze (bzw. die singulären Terme und Prädikate) als *Abbreviationen* einer bestimmten Anzahl von *Primärsätzen* zu verstehen sind. So sollen die in der folgenden Darstellung verwendeten Sätze der syntaktischen Subjekt-Prädikat-Form gemäß der nach der kontextualen Semantik zu erfolgenden Uminterpretation verstanden werden.

Die Modalitäten »es ist notwendig dass«, »es ist möglich dass« und »es ist kontingent dass« sind gemäß den Definitionen zu verstehen, die in der Modallogik üblich sind (dabei werden folgende Symbole verwendet: ›□‹ für Notwendigkeit, ›◊‹ für Möglichkeit, (das ungewöhnliche Symbol) ›∇‹ für Kontingenz):

Notwendigkeit: $\Box P = \neg \Diamond \neg P$
Möglichkeit: $\Diamond P = \neg \Box \neg P$
Kontingenz[50]: $\nabla P_{df} = \Diamond P \wedge \Diamond \neg P$ oder $\neg \Box P \wedge \neg \Box \neg P$

Die Festlegungen der Bedeutungen der Notwendigkeit und der Möglichkeit werden hier nicht als Definitionen verstanden; daher fehlt in ihnen das Zeichen »df«. Der Grund ist, dass nicht beide gleichzeitig als Definitionen betrachtet werden können; denn in diesem Fall würden sich Notwendigkeit

---

[50] Diese Definition entspricht genau dem Verständnis von »Kontingenz«, auf welches sich die christlich-metaphysische Tradition stützt. Vgl. z. B. THOMAS VON AQUIN: »... contingens est quod potest esse et non esse« (STh q. 83 a. 3 c.). Sie artikuliert auch das Verständnis von Kontingenz, wenn dieser Begriff heute in der philosophisch-logischen Literatur verwendet wird. Wenn beispielsweise »kontingente (submaximale) Welten« angenommen werden, so wird präzisiert: »... in the sense that it is logically possible that they might not have existed (in the widest-open sense of ›existed‹)« (BIGELOW [1996: 152]; vgl. dazu oben 5.2.2 [6]).

und Möglichkeit gegenseitig definieren, was nicht zulässig ist. Man muss eine der beiden Modalitäten als *primitiven (undefinierten)* Begriff annehmen und ihn dann im Definiens des anderen Operators benutzen. Es ist gleichgültig, welchen der beiden Operatoren man als den primitiven/undefinierten nimmt. Für das Verständnis des primitiven/undefinierten Operators rekurriert man gewöhnlich auf die in der normalen Sprache mit diesem Ausdruck verbundene Bedeutung (vgl. dazu z. B. Hughes/Cresswell [1996: 14]). So wie sie formuliert werden, dienen die obigen Formeln hier nur dem allgemeinen Verständnis der Modalitäten; daher werden sie so gelassen, wie sie oben erscheinen.

Zu klären ist noch der Begriff »absolutnotwendig«. Dieser Begriff ist nicht einfach synonym mit dem Begriff »notwendig«. »Absolut« besagt *mehr* als nur »notwendig«, nämlich (auch) vollständige Unabhängigkeit von etwas anderem und vollständige Nicht-Bedingtheit durch etwas anderes. Aber die so verstandene Unabhängigkeit und Nicht-Bedingtheit lassen sich leicht aus dem Begriff »Notwendig(es)« eruieren oder ableiten. In diesem Sinne und aus diesem Grund wird in der vorliegenden Arbeit meistens der Begriff »das Absolutnotwendige« oder auch, gleichbedeutend, einfach »das Absolute« verwendet.[51]

5.3.2 Der entscheidende neue Schritt: die ursprüngliche Seinsdifferenz als die Differenz von absolutnotwendiger und kontingenter Seinsdimension

[1] Es wird im folgenden versucht, die ursprüngliche Seinsdimension im bisher herausgearbeiteten Sinn weiter zu explizieren. Das soll dadurch geschehen, dass die *Modalitäten* auf die Seinsdimension »angewandt« werden. Man kann zuvor fragen: Worin liegt die Berechtigung dafür, dass versucht wird, die Seinsdimension mit Hilfe der Modalitäten (weiter) zu begreifen oder zu erschließen? Oder anders gefragt: Warum sollten wir uns dieser Begriffe bedienen, um die Seinsdimension zu ergründen? Auf diese für die moderne Philosophie charakteristische Frage, die manche Philosophen davon abhält, eine metaphysische Theorie zu entwickeln, lässt sich lapidar antworten: Die Berechtigung liegt darin, dass die Modalbegriffe ein enormes Erklärungs- oder, allgemeiner gesagt, Intelligibilitätspotential besitzen. Sie repräsentieren Aspekte der menschlichen Fähigkeit, nach allem und jedem und damit eben nach dem Sein im Ganzen zu fragen.

---

[51] In der christlich orientierten Metaphysik des Mittelalters (Thomas von Aquin) findet man den Ausdruck bzw. den Begriff »Absolut(es)« nicht. Kant benutzt neben dem Begriff »Notwendig(es)« vor allem den Begriff »Unbedingt(es)«. Erst die deutschen Idealisten haben den Begriff »Absolutes« (in der Form »das Absolute«) in umfassender Weise zur Bezeichnung des Notwendigen und Unbedingten Wesens (Gott) ausgiebig verwendet. Seitdem ist es üblich, diesen Begriff im Zusammenhang mit der Rede über Gott zu gebrauchen.

Die Heranziehung der Modalitäten kann in verschiedener Weise vonstatten gehen. Hier soll folgender Weg gewählt werden: Es wird von der Frage ausgegangen, ob alles und jedes, und das heißt, ob das Sein im Ganzen einen *kontingenten* Charakter oder Status hat. Anders formuliert: Es soll die »allkontingentistische« These widerlegt werden, die behauptet, alles, was ist, sei kontingent. Aus der Falschheit der These folgt dann *eo ipso*, dass das Sein im Ganzen auch eine absolutnotwendige Dimension hat. Da es aber ein Faktum ist, dass es kontingente Seiende gibt – also Seiende, die sind, die aber auch nicht hätten sein können, da sie entstehen und vergehen –, folgt daraus ebenfalls, dass es eine kontingente Seinsdimension gibt. Die ursprüngliche Seinsdimension, das Sein im Ganzen, ist also als eine Seins-Zweidimensionalität zu begreifen. Der Beweis ist daher ein indirekter Beweis, eine *reductio ad absurdum*.

Der Beweis dieser These soll, wie gesagt, informal geführt werden. Es wäre aber ebenso möglich, ihn auch in einer formalisierten Fassung vorzubringen, vorausgesetzt, man klärt hinsichtlich der Modallogik eine ganze Reihe von Problemen. Das kann aber in diesem Buch nicht in Angriff genommen werden; hier geht es ausschließlich darum, einen Ansatz zu einer Theorie des absolutnotwendigen Seins herauszuarbeiten.

[2] Die einzelnen Schritte des Beweises:
 i. Der Ausgangspunkt ist die Herausarbeitung und Annahme der ursprünglichen Seinsdimension. Obwohl die ursprüngliche Seinsdimension in diesem Kapitel im Ansatz erläutert wurde, erscheint es in diesem Zusammenhang angebracht, auf eine mögliche Unklarheit oder auf ein mögliches Missverständnis grundsätzlichen Charakters hinzuweisen. Diese Unklarheit zeigt sich, wenn Fragen wie etwa die folgende aufgeworfen werden: *Existiert* die ursprüngliche Seinsdimension? Die Antwort darauf kann keine direkte sein; denn die Frage als solche ist unsinnig. Man kann weder sagen, dass die Seinsdimension existiert noch auch, dass sie nicht existiert. Der von der Frage vorausgesetzte Begriff der »Existenz« hat, wie oben gezeigt, einen Sinn nur im Rahmen einer radikalen Dichotomie zwischen Denken (Geist, Sprache, Theorien …) und »Realität« (oder »Sein«, »Welt«…) im Sinne eines »Bereichs«, der sich vom Denken unterscheidet. Demnach wäre »Existenz« die »Zugehörigkeit zu oder die Situiertheit in diesem Bereich«. Aber die ursprüngliche Seinsdimension ist gerade die Dimension, die beides, sowohl das Denken als auch den »objektiven« Bereich, der als das Andere des Denkens verstanden wird, umfasst. Die ursprüngliche Seinsdimension ist die Dimension, welche die Überwindung der im Abschnitt 5.1 kritisierten Kluft von Denken (Theorien usw.) und »System« (im Sinne von: »objektive Welt« oder »rein objektives Sein«) anzeigt und artikuliert. Sinnvoll ist hingegen die Frage, ob die ursprüngliche Seinsdimension nur als »Möglich-Sein« zu verstehen ist bzw.

verstanden werden könnte. Auch das ist ausgeschlossen, da »Möglich-Sein« schon eine derivative Form des »ursprünglichen Seins« ist. Wenn man schon ein qualifizierendes Wort sucht und haben will, so könnte man sagen, dass »Sein« hier »aktuales Sein« meint, sofern man diese Bezeichnung so versteht, dass das »Möglich-Sein« erst vom »aktualen Sein« her zu begreifen ist.

ii. Wenn absolut alles und damit die ursprüngliche Seinsdimension selbst kontingent wäre, dann *hätte es sein können*, dass weder die Seinsdimension noch irgendein ihr zugehöriges »Element« (ein »Seiendes«) »ins Sein« gekommen wäre. Dies bedeutet aber, dass man in einem solchen Falle die *Möglichkeit* des *absoluten Nichts (nihilum absolutum)* annehmen müsste. Man beachte, dass hier von der Notwendigkeit der Annahme der *Möglichkeit* des absoluten Nichts als Konsequenz der These die Rede ist, dass absolut alles und damit die Seinsdimension selbst kontingent wäre. Dieser Zusammenhang ergibt sich geradlinig aus einer Analyse der verwendeten Begriffe. Die »allkontingentistische These« schreibt Kontingenz absolut allem und damit der Seinsdimension selbst zu: Absolut alles und damit die Seinsdimension selbst hätten nicht sein können. Dies ist aber die Annahme der *Möglichkeit* des absoluten Nichts.

iii. Diese Implikation bzw. Annahme ist aus *zwei* Gründen inakzeptabel. (a) Der »Begriff« des absoluten Nichts ist ein »Unbegriff«, ein nicht-denkbarer Begriff; denn er ist selbstwidersprüchlich und derart ein Pseudo-Begriff. Will man ihn nämlich überhaupt »denken«, d. h. bestimmen, so schreibt man ihm gerade das zu, was er ausschließen soll: Man »bestimmt« ihn, indem man irgend*etwas* nennt; aber jedes wie immer geartete »etwas« ist eine bestimmte Weise des Seins. Man kann nur in einer paradoxen Weise »über« den »Begriff« des absoluten Nichts sprechen – um gerade seine Absurdität zu artikulieren. Wenn man etwa sagt: Das absolute Nichts ist die »totale Negation« von Sein, das totale Nicht-Sein, so haben diese Bezeichnungen nur einen Sinn oder eine Bestimmtheit, wenn sie irgendwie »etwas« – und damit irgendeine Weise des Seins – bezeichnen. Auch der Begriff der »*Möglichkeit* des absoluten Nichts« ist ein absolut paradoxer, genauer: ein radikal selbstwidersprüchlicher Begriff; denn »Möglichkeit« ist immer »Möglichkeit-zu-sein«; es ist aber widersprüchlich, eine »Möglichkeit-zu-sein des absoluten Nichts« anzunehmen.

(b) Impliziert die These, dass alles kontingent ist, die Annahme der *Möglichkeit* des *absoluten Nichts*, so impliziert sie damit ebenfalls die *weitere* Annahme, dass die Seienden aus dem *absoluten Nichts* in die Dimension des Seins »treten« oder »übergehen« können (bzw., da es seiende Dinge gibt, dass sie aus dem absoluten Nichts ins »Sein« tatsächlich getreten oder übergegangen sind). Aber der Gedanke eines (auch nur *möglichen*) »Übergangs« von der nicht-denkbaren »Dimension« des *absoluten Nichts* in die Dimension des Seins ist ein schlechterdings unsinniger, unmöglicher Pseudo-Gedanke: Aus dem absoluten Nichts »wird« nichts. Um es bildlich zu formulieren: Aus dem absoluten Nichts kann nicht etwas »heraustreten« und in den Bereich des Seins »eintreten«. Die Seinsdimension und das absolute Nichts sind in jeder Hinsicht, d. h. absolut inkompatibel. Man kann sich nur so ausdrücken, dass man sagt: Die Seinsdimension *ist* die absolute Negation, der absolute Ausschluss von so etwas wie das »absolute Nichts«. Nun gibt es im Falle einer absoluten Negation keine Möglichkeit eines »Übergangs« von einem »Pol« zum anderen »Pol« der Negation; denn ein solcher kontradiktorischer Gegensatz spannt im Gegensatz zu konträren Gegensätzen kein Kontinuum von Pol zu Pol aus.

iv. Da die These, dass alles kontingent ist, eine absurde Konsequenz impliziert, folgt daraus, dass nicht alles kontingent ist, d. h.: Es gibt Absolutnotwendiges, was man hier zunächst neutral und allgemein als eine *absolutnotwendige Seinsdimension* bezeichnen kann.

v. Da es ein Faktum ist, dass es kontingente Seiende gibt, ist aus den bisherigen Schritten zu folgern, dass die Seinsdimension als *zwei-dimensional* aufzufassen ist: Sie besteht aus einer absolutnotwendigen und aus einer kontingenten Dimension. Q.E.D.

Man kann den Beweiskern zusammenfassend so darstellen:
– Wenn absolut alles und damit die Seinsdimension selbst kontingent wäre, müsste man die *Möglichkeit* des *absoluten Nichts* annehmen.
– Nun ist aber das *absolute Nichts* nicht möglich.
– Also ist nicht alles, d. h. nicht die ganze Seinsdimension kontingent.

5.3.3 Ergänzende Bemerkungen und Erläuterungen

[1] Der Beweis artikuliert eine der fundamentalsten systematisch-metaphysischen Einsichten. Vermutlich aus diesem Grund erscheint diese Einsicht manchen Philosophen als äußerst abstrakt, sogar als ein leeres Spiel mit Begriffen, ja Worten. Demgegenüber ist zu betonen, dass der Beweis letzten Endes nur die Oberflächlichkeit und zugleich immense negative Tragweite gewisser »umfassender Vorstellungen und Behauptungen« aufzeigt, die in der Philosophie und überhaupt im landläufigen Sprachgebrauch entweder explizit formuliert oder meistens implizit unterstellt werden. Sie artikulieren sich in Formulierungen wie: »Alles ist kontingent – alle Dinge sind kontingent« oder »Alles entsteht und vergeht« u. ä. Solche Behauptungen haben – gewollt oder ungewollt – einen absolut umfassenden Anspruch und Charakter; sie stellen sich derart als umfassende metaphysische Aussagen heraus. In der Philosophie stößt man nun auf das sonderbare Phänomen, dass sich ganze Philosophien entscheidend von solchen, meistens nicht im einzelnen analysierten, geschweige denn begründeten großen Behauptungen leiten lassen. Abgesehen von diesem für die heutige philosophische Situation charakteristischen Aspekt, schafft der oben geführte Beweis allererst die Basis für die Möglichkeit,

5.3 Ansatz zu einer Theorie des Absolutnotwendigen Seins

eine kohärente metaphysische Gesamtsicht zu entwickeln. Das soll in den weiteren Ausführungen dieses Kapitels gezeigt werden.

[2] Zur richtigen Einschätzung des durch diesen Beweis erzielten Ergebnisses ist im Vergleich mit den sogenannten *traditionellen Gottesbeweisen* zu sagen: *Der Beweis ist kein Gottesbeweis* (im üblichen Sinne). Es kann nur gesagt werden, dass er die *metaphysische Grundlage* für eine *Theorie über Gott* freilegt. Das sei unter Hinweis auf *zwei Gesichtspunkte* erläutert.

Erstens ist »Gott« ursprünglich kein philosophischer, sondern ein aus der Religion stammender Ausdruck bzw. Begriff, mit dem viele, teilweise sehr heterogene Vorstellungen verbunden wurden und werden. Wie jedes andere Thema, hat auch das aus der Religion stammende »Thema Gott« schon am Anfang der Philosophiegeschichte Eingang in die Philosophie gefunden. In den philosophischen Richtungen, die in der einen oder anderen Weise etwas Notwendiges bzw. Absolutes (also so etwas wie eine »absolutnotwendige Seinsdimension«, unter welcher Bezeichnung auch immer) annehmen, kann man hauptsächlich *drei* Formen oder Typen einer »Theorie über Gott« finden.

Die *erste* identifiziert – differenzierungslos – »Gott« mit dem Ganzen des Seins, des Universums, ganz besonders der Natur; diese Theorie wird »Pantheismus« genannt. Die *zweite* Form ist die traditionelle metaphysische Form: »Gott« wird begriffen als das höchste Wesen oder Seiende, das, wie ein gegenwärtiger Autor es formuliert, näherhin zu verstehen ist als »eine Person, körperlos (d.h. ein Geist), ewig, vollkommen frei, allmächtig, allwissend, vollkommen gut und Schöpfer aller Dinge.« (Swinburne [1979/1987: 16–17])[52] *Drittens* gibt es die explizit religionsorientierte »Theorie über Gott«, die »Gott« als höchstes freies personales Wesen, das in der Geschichte der Menschheit, überhaupt in der Weltgeschichte handelt (im Christentum besonders, indem Gott sich *geoffenbart* hat) und insofern ein »Objekt« der Verehrung oder Anbetung, kultischer Handlungen u. dgl. ist. Hinsichtlich dieser dritten Form ist allerdings zu betonen, dass die verschiedenen Religionen nicht auf gleicher oder auch nur auf ähnlicher Ebene liegen; denn nur das Christentum kennt, entwickelt und vertritt eine »Theorie über Gott«, eine »Theologie« im *eigentlichen*, d. h. *theoretischen* Sinn. Wenn eine »Theologie« auch anderen Religionen zugeschrieben wird, so handelt es sich gemäß der hier verwendeten Terminologie nicht um eine Theologie mit theoretischem Status, sondern um eine Theologie im Sinne etwa einer autoritativen Erläuterung als heilig angesehener Schriften, der religiösen Tradition u. dgl. Aus diesem

---

[52] Hier ist zu beachten, dass ein Philosoph und Theologe wie Thomas von Aquin »Gott« nicht nur mit dem »höchsten Seienden (*ens summum*)« identifiziert, sondern auch – und vor allem – mit dem *esse per se subsistens*, mit dem aus sich heraus subsistierenden Sein selbst. Dazu ist allerdings zu bemerken, dass Thomas diesen großen Gedanken nicht ausreichend systematisch entwickelt.

Grund soll im folgenden, wenn vom dritten Typus einer »Theorie über Gott« die Rede ist, immer ausschließlich die *christliche Theologie* gemeint sein.

Für die *drei* oben beschriebenen Formen einer »Theorie über Gott« bildet der obige Beweis die Basis; genauer ist zu formulieren: Er *müsste* die Basis bilden, damit die entsprechende Theorie über Gott ein Minimum an Kohärenz aufweist, soll das Wort bzw. der Begriff »Gott« einen theoriefähigen Sinn haben.

Zweitens unterscheidet sich der skizzierte Beweis in *grundsätzlicher Weise* von jedem bisher bekannten »Gottesbeweis«, und zwar besonders in *zwei* Hinsichten. Die *erste* besteht darin, dass die *Gottesbeweise* – mit Ausnahme des ontologischen Beweises (in einer bestimmten Hinsicht) – nur jeweils einzelne Aspekte des wie immer konzipierten Universums betrachten und herausheben. Im Ausgang von einem solchen isolierten »Punkt« des Universums wird dann auf einen anderen, ersten oder höchsten »Punkt« geschlossen. So wird aus dem Phänomen der »Bewegung« auf einen Ersten Beweger, aus dem Phänomen der innerweltlichen Ursächlichkeit auf eine Erste Ursache, aus dem Phänomen, dass es mehr oder weniger vollkommene Dinge gibt, auf eine Erste Vollkommenheit, aus dem Phänomen der innerweltlichen Ordnung auf eine Erste Intelligenz usw. geschlossen. Zwar müsste man hier unter den traditionellen Gottesbeweisen noch sehr sorgfältig differenzieren, aber das grundlegende Vorgehen bleibt bestehen: Man gelangt von einem bestimmten »Punkt« (d. h. Phänomen) *innerhalb* des Universums zu verschiedenen höchsten »Punkten«.

Damit wird klar, dass man das Universum als *Ein Ganzes*, also als das, was hier die ursprüngliche Seinsdimension oder das Sein im Ganzen genannt wird, aus den Augen verloren hat, genauer: dass man es nicht als ein solches in den Blick genommen hat. Dieser Unterschied ist radikaler Natur, da er die ganze inhaltliche Konzeption und das ganze methodische Verfahren bedingt. Startet man bei der ursprünglichen Seinsdimension, so ist die zu bewältigende Aufgabe darin zu sehen, diese Seinsdimension in dem Sinne zu explizieren, dass sie immer weiter bestimmt und mithin differenziert wird, bis im Endpunkt das zumindest in den Grundzügen »vollstrukturierte« Sein-im-Ganzen zum Vorschein kommt. In dieser Hinsicht hat es keinen Sinn mehr, von »Gottesbeweisen« im Plural zu sprechen. Irgendwie kann man zwar *nachträglich* diese einzelnen höchsten »Punkte« zusammenfügen, indem man zeigt: Der Erste Beweger ist *auch* Erste Ursache und beide sind *auch* die Höchste Vollkommenheit usw. Das haben Philosophen und Theologen wie Thomas v. Aquin in der einen oder anderen Weise auch getan. Ein solches Verfahren bleibt jedoch der zu erschließenden »Sache« äußerlich und daher nicht angemessen.

Die *zweite Hinsicht*, durch welche sich der obige Beweis von den traditionell-klassischen und den modernen »Gottesbeweisen« grundlegend unterscheidet, betrifft die Konklusion dieser Beweise. Strenggenommen schließen

5.3 Ansatz zu einer Theorie des Absolutnotwendigen Seins

die Beweise jeweils auf einen »höchsten Punkt« im oben erläuterten Sinn (auf einen Ersten Beweger, auf eine Erste Ursache, auf eine Erste oder Höchste Intelligenz usw.) und das wird in diesen Beweisen auch korrekt angegeben. Dann aber wird – in einer Art Kommentar oder Interpretation – ein solcher »höchste Punkt« sofort und unmittelbar mit »Gott« identifiziert bzw. einfach »Gott« genannt. Klassisch geworden sind die diesbezüglichen Formulierungen des Thomas von Aquin am Ende eines jeden der fünf »Gottesbeweise« (der »fünf Wege«, *quinquae viae*). Er sagt:

»Et hoc [aliquid primum movens] omnes intelligunt Deum …; quam [causam efficientem primam] omnes Deum nominant …; quod [est causa necessitatis aliis] omnes dicunt Deum …; et hoc [quod omnibus entibus est causa esse, et bonitatis, et cuiuslibet perfectionis – aliquid intelligens, a quo omnes res naturales ordinantur ad finem] dicimus Deum …«

Hier übersieht der sonst außerordentlich scharfsinnige Denker Thomas von Aquin, dass er – und mit ihm die ganze Tradition der klassischen Gottesbeweise – einen signifikanten methodischen Fehler begeht: Zwischen solchen »höchsten Punkten« und dem, was »wir alle Gott nennen«, besteht ein enormer Unterschied. *Faktisch* hat Thomas von Aquin diesem Unterschied in seinen Werken durchaus Rechnung getragen und ihn theoretisch auch eingeholt. Es bleibt aber bestehen, dass das ganze Unternehmen, genannt »Gottesbeweise«, insofern zu kurz greift, als es in methodischer und inhaltlicher Hinsicht einer angemessenen metaphysischen Basis entbehrt.

[3] Zur Illustration der ersten der beiden genannten Hinsichten sei auf den *dritten Gottesbeweis (tertia via)* bei Thomas von Aquin kurz eingegangen. Dieser »Beweis« hat – wenn man von seiner »interpretierten Konklusion« absieht – eine gewisse Ähnlichkeit mit dem oben skizzierten »struktural-systematischen« Beweis, unterscheidet sich jedoch von diesem in zwei grundlegenden Punkten.
   Zunächst sei der Text von Thomas v. Aquin angeführt:

»Der dritte Weg ist vom Möglichen und Notwendigen hergenommen und verläuft so: Wir finden unter den Dingen solche, welche die Möglichkeit haben zu sein und nicht zu sein, da sich einiges findet, das entsteht und vergeht und infolgedessen die Möglichkeit hat, zu sein und nicht zu sein. Es ist aber unmöglich, dass alles, was von dieser Art ist, immer ist [andere Textvariante: … dass alles, was ist, von dieser Art sei], weil das, was möglicherweise nicht sein kann, auch einmal nicht ist. Wenn also alles die Möglichkeit hat nicht zu sein, dann war hinsichtlich der Dinge auch einmal nichts. Wenn dies aber wahr ist, dann wäre auch jetzt nichts, weil das, was nicht ist, nur anfängt zu sein durch etwas, was ist. Wenn also (einmal) nichts Seiendes war, dann war es auch unmöglich, dass etwas zu sein anfing, und so wäre auch nun nichts: was offenbar falsch ist. Also ist nicht alles Seiende nur Mögliches, sondern es muss auch etwas Notwendiges unter den Dingen geben.

[Jedes Notwendige aber hat die Ursache seiner Notwendigkeit entweder von anderswoher oder nicht. Es ist aber nicht möglich, dass es hinsichtlich der notwendigen (Dinge) ins Unendliche gehe, die eine Ursache ihrer Notwendigkeit haben, wie dies auch bei den Wirkursachen nicht möglich ist, wie (oben, im zweiten Beweis, bewiesen). Also ist es notwendig, etwas anzunehmen, das durch sich notwendig ist und die Ursache seiner Notwendigkeit nicht von anderswoher hat, sondern das (vielmehr) Ursache der Notwendigkeit für die anderen (Dinge) ist. Dies nennen alle Gott.]« (STh II q. 2 a. 3)[53]

Wie Fr. von Kutschera richtig bemerkt, ist das Argument in dem in eckige Klammern gesetzten Text, strenggenommen, überflüssig (vgl. Kutschera [1991: 26, Fußn. 17]). Was den eigentlichen Beweis angeht, müssen vor allem *zwei* fundamentale Unterschiede zwischen dem »Beweis« des Thomas v. Aquin und dem oben dargelegten Beweis festgestellt werden.

[i] Der *erste* besteht darin, dass Thomas von einem Phänomen ausgeht: »Wir finden unter den Dingen solche, welche die Möglichkeit haben zu sein und nicht zu sein …«, also dem Phänomen, dass einige Dinge kontingent sind. Der oben im Text dargelegte Schritt ii. des struktural-systematischen Gedankenganges hingegen erfolgt im Rahmen einer Explikation der Seinsdimension, des Seins im Ganzen; er hat daher im Gegensatz zum »partikularistischen« Ausgangspunkt des Thomasischen Beweises einen »holistischen« Status. Die Konklusion bei Thomas lautet: Es existiert das notwendige Seiende, das alle Gott nennen. Die so formulierte Konklusion stellt, wie oben in 5.3.3 [2] gezeigt wurde, einen methodischen Fehler dar.

[ii] Der zweite Unterschied fällt sofort auf, wenn man darauf achtet, dass Thomas im Gegensatz zum oben dargelegten Beweis dem Faktor »Zeit« (»Zeitpunkte«) eine schlechthin zentrale Bedeutung beimisst. Damit handelt sich Thomas eine Reihe fundamentaler Probleme ein, die klar zeigen, dass sein Argument nicht stichhaltig ist. Das soll unten im Rahmen eines Kommentars zur Interpretation und Kritik Kutscheras gezeigt werden. Dessen ungeachtet

---

[53] Deutsche Übersetzung (mit Korrekturen) aus: THOMAS VON AQUIN [Gottesbeweise, 55–57]. Der lateinische Originaltext (»ex recensione leonina«) lautet:
Tertia via est sumpta ex possibili et necessario: quae talis est. Invenimus enim in rebus quaedam quae sunt possibilia esse et non esse; cum quaedam inveniantur generari et corrumpi, et per consequens possibilia esse et non esse. Impossibile est autem omnia quae sunt talia, semper esse [Textvariante: … omnia quae sunt talia esse]: quia quod possibile est non esse, quandoque non est. Si igitur omnia sunt possibilia non esse, aliquando nihil fuit in rebus. Sed si hoc est verum, etiam nunc nihil esset: quia quod non est, non incipit esse nisi per aliquid quod est; si igitur nihil fuit ens, impossibile fuit quod aliquid inciperet esse, et sic modo nihil esset: quod patet esse falsum. Non ergo omnia entia sunt possibilia: sed oportet aliquid esse necessarium in rebus.
[Omne autem necessarium vel habet causam suae necessitatis aliunde, vel non habet. Non est autem possibile quod procedatur in infinitum in ncessariis, quae habent causam suae necessitatis sicut nec in causis efficientibus … Ergo necesse est ponere aliquid quod sit per se necessarium, non habens causam suae necessitatis aliunde, sed quod est causa necessitatis aliis: quod omnes dicunt Deum.] (STh II q. 2 a. 3)

5.3 Ansatz zu einer Theorie des Absolutnotwendigen Seins

muss man sagen, dass die Grundintuition, die der Argumentation des Thomas zugrunde liegt, jener »holistisch-systematischen« Einsicht grundsätzlich entspricht, die in dem obigen Beweis artikuliert wird.

Kutschera rekonstruiert das Argument Thomas v. Aquins folgendermaßen:
a) Es existiert etwas.
b) Alles, was existiert, existiert kontingenterweise oder notwendigerweise.
c) Alles, was kontingenterweise existiert, ist einmal entstanden.
d) Alles, was entsteht, entsteht durch etwas, was schon existiert.
e) Wenn alles kontingenterweise existieren würde, so hätte es also einen Zeitpunkt gegeben, in dem noch nichts existierte. (Das entspricht nicht exakt der Formulierung des Thomas v. Aquin, der den zweiten Satz nicht im Konjunktiv, sondern im Indikativ formuliert: »... so hat es einen Zeitpunkt gegeben ...«)
f) Dann hätte aber nach d) auch nichts entstehen können.
g) Also gibt es etwas, das notwendigerweise existiert, und das nennen wir »Gott«. (Vgl. ib. 26)

Diese Rekonstruktion entspricht nicht genau dem Text des Thomas v. Aquin So sind die Prämissen b) und c) nicht – zumindest nicht explizit – im Text enthalten. Aber darauf kommt es letztlich hier nicht an. Wichtig ist Kutscheras Feststellung, dass e) nicht aus d) folgt, und dass darin der entscheidende Fehler des Arguments liegt. Er erläutert das so: Aus dem Satz

(S1)   »Für alle entstandenen Objekte gibt es einen Zeitpunkt, in dem sie noch nicht existierten«

folgt nicht Satz

(S2)   »Es gibt einen Zeitpunkt, in dem alle entstandenen Objekte noch nicht existierten«.

Er fügt hinzu, dass e) nur dann gelten würde, wenn die Menge aller bis jetzt entstandenen Objekte endlich wäre. Was Kutschera hier zu Recht moniert, ist eine unerlaubte Quantorenvertauschung bei Thomas v. Aquin. Das kann man gut zeigen, wenn man die beiden Sätze S1 und S2, die Kutschera formuliert, formalisiert. (Symbole/Abkürzungen: »ES« = Entstanden; »ZP« = Zeitpunkt; »E!« = Existenzprädikat.)

S1: $\forall x \, (ESx \rightarrow \exists t \, (ZPt \wedge \neg E!(x, t))$
S2: $\exists t \, (ZPt \wedge \forall x (ESx \wedge \neg E!(x, t))$

Es ist leicht zu sehen, dass S2 nicht aus S1 folgt, da S1 und S2 vertauschte Quantoren haben. Es ist noch einmal zu betonen, dass der in in diesem Buch (oben 5.3.2) dargelegte Beweis nichts dergleichen enthält: Weder operiert er mit dem Faktor »Zeit« noch findet irgendeine Vertauschung von Quantoren statt.

5.3.4 Weitere Schritte in der Explikation der absolutnotwendigen Seinsdimension

Aus dem hier entwickelten Beweis ergibt sich, dass eine absolutnotwendige und eine kontingente Seinsdimension anzunehmen sind. Somit ist die »ursprüngliche Seinsdimension«, bestimmter aufgefasst, eine *Seins-Zweidimensionalität*. Wie die kontingente Seinsdimension näher zu begreifen ist, stellt sich als einfache Aufgabe heraus, sind doch alle uns Menschen vertrauten »Dinge« in der Welt eben kontingente Dinge. *Als was* aber die absolutnotwendige Dimension zu begreifen ist, bleibt noch völlig offen. Diese weitere Aufgabe soll im folgenden *ansatzweise* in Angriff genommen werden. Nun ist der Gedanke, man könnte irgendwie aus dem »reinen« oder »abstrakten« Begriff der absolutnotwendigen Seinsdimension ableiten, wie sie näher zu bestimmen ist, ein inkonsistenter, beinahe absurder Gedanke. Der einzig mögliche Weg, den man beschreiten kann, ist der Versuch, die Frage zu klären, wie das Verhältnis der beiden Seinsdimensionen zueinander zu bestimmen ist. Der Begriff der absolutnotwendigen Seinsdimension ist zumindest so weit inhaltlich bestimmt, dass dieses Verhältnis näher untersucht werden kann. Indem das Verhältnis geklärt wird, wird auch eine (weitere) Bestimmung der absolutnotwendigen Seinsdimension erreicht.

[1] Was gehört zur nicht-kontingenten Seinsdimension? Oft werden dazu (auch) die logischen/mathematischen Strukturen (Entitäten) gerechnet. Beispielsweise bezeichnen die Autoren, die nur die Existenz einer »submaximalen Welt« annehmen (vgl. oben 5.2.2 [5]), eine solche Welt als »kontingent«. Diesen Autoren zufolge ist die »Kontingenz« eine Konsequenz aus dem Umstand, dass diese Welten »submathematische Bereiche« sind:

»There might be several ways of making more precise the notion of the submathematical realm. Take something to be submathematical just in case its existence is contingent. Then consider this proposal: that ›the world‹ could be taken to be the aggregate of all contingent beings. Suppose, that is, that there is such a thing as the aggregate of all cotingent beings, and define ›the world‹ to be that thing. All the mathematical entities like sets – the things that are too numerous to aggregate into any single entity – will then lie outside ›the world‹, in this more restricted sense of the term.« (Bigelow [1996: 148])

Was heißt es zu sagen, dass die mathematischen Entitäten »außerhalb« der submaximalen, der kontingenten Welt »liegen«? Heißt dies, dass sie nicht-kontingent, also notwendig sind? Aber dann »gibt es« – in welchem näheren Sinn auch immer – eine »notwendige Seinsdimension«. Der Frage gehen diese Autoren nicht nach. Es wäre nämlich die Frage zu klären, wie »Notwendigkeit« *ontologisch* zu verstehen ist. Wenn etwa gesagt wird, die (ontologisch verstandene) Notwendigkeit besage, dass etwas *in allen möglichen Welten existiert*, so entsteht ein Problem: Wie werden diese Welten selbst aufgefasst?

5.3 Ansatz zu einer Theorie des Absolutnotwendigen Seins

Sind sie kontingent, wie das allgemein angenommen wird? Dann hätte man einen seltsamen Begriff von »(ontologischer) Notwendigkeit«: Notwendig wäre etwas, das in allen möglichen *kontingenten* Welten existiert. Für die in diesem Abschnitt behandelte Frage, wie die absolutnotwendige Seinsdimension näher zu explizieren ist, ist es hinreichend zu sagen, dass die logischen/mathematischen Entitäten einen nur *derivativen* nicht-kontingenten Status *innerhalb* der absolutnotwendigen Seinsdimension haben.[54]

[2] Im folgenden soll gezeigt werden, dass die absolutnotwendige Seinsdimension als *absolutnotwendiges geistiges Sein* zu konzipieren ist, wobei »geistiges Sein« hier meint: mit Intelligenz, Wille, Freiheit ausgestattetes Sein. Dafür kann, im Anschluss an eine heute weit verbreitete Terminologie, auch gesagt werden: *absolutnotwendiges personales* Sein, obwohl das Wort ›personal‹ bzw. ›Person‹ leicht Anlass zu Missverständnissen geben kann. Zugunsten dieser These sollen *zwei* Argumente ins Feld geführt werden, allerdings nur in kurzer Form. Eine ausführliche Behandlung dieses großen Themas würde den Rahmen dieses Buches bei weitem überschreiten.

[i] Das *erste* Argument hebt entscheidend auf das *Verhältnis* zwischen der kontingenten Seinsdimension und der absolutnotwendigen Seinsdimension ab. Theoretisch wäre es nicht nur völlig unbefriedigend, sondern auch nicht akzeptabel, wenn man das Verhältnis nur rein negativ bestimmen würde, nämlich eben als Unterscheidung zweier Seinsdimensionen; denn damit wäre nur gesagt, dass die eine Dimension nicht die andere ist. Wollte man leugnen, dass es ein *positives* Verhältnis zwischen beiden gibt, so würde das auf so etwas wie die Halbierung des menschlichen Intellekts hinauslaufen, hat dieser doch das unbedingte Bedürfnis *und* die Fähigkeit zu fragen und zu begreifen,

---

[54] Wie man diesen derivativen nicht-kontingenten Status begreifen kann oder muss, hängt davon ab, wie man die absolutnotwendige Seinsdimension selbst auffasst. Aus der hier skizzierten Konzeption ergibt sich jedenfalls grundsätzlich, dass logische/mathematische »Entitäten« als »reine« oder »abstrakte« (eben »formale«) *strukturale Konstellationen* zu begreifen sind, welche die Seinsdimension selbst *mitstrukturieren*. Indem sie die Seinsdimension selbst *mitstrukturieren*, sind sie nicht abstrakt oder rein, sondern sind immer, wenn man sich so ausdrücken will, in dem Sinne »konkretisiert«, dass sie immer schon *ihren ursprünglichen vollen ontologischen* Status haben. Sie sind aber *als »reine« oder »abstrakte« (oder eben »formale«)* strukturale Konstellationen *derivativ*, indem sie von diesem *ursprünglichen vollen ontologischen* Status (d. h. von ihrem Status *als* die Seinsdimension selbst mitstrukturierende Konstellationen) »abstrahieren« (bzw. aus diesem Status »abstrahiert« werden).
Wenn die absolutnotwendige Seinsdimension als intelligentes absolutes Sein näher bestimmt wird, so hat man die Möglichkeit, diese »fomalen Entitäten« weiter zu bestimmen, etwa indem man sie als »Ideen« im Geiste des absoluten intelligenten Seins begreift, wie das oft in der großen metaphysischen Tradition geschehen ist (verwiesen sei u. a. auf LEIBNIZ). Allerdings müsste dann die genaue Bedeutung von »Idee« analysiert bzw. präzisiert werden. Doch die Bewältigung einer solchen Aufgabe würde den Rahmen des vorliegenden Buches sprengen.

wie ein *positives* Verhältnis zu konzipieren ist. Damit bliebe *die* eigentliche Aufgabe der Philosophie unerledigt. Da nun in diesem Buch des öfteren und unter verschiedenen Rücksichten der menschliche Geist thematisiert wurde, ist schon einiges theoretisch über ihn herausgearbeitet worden, woran hier angeschlossen werden kann. Die Frage kann dann so formuliert werden: Wie ist die absolutnotwendige Seinsdimension näher zu begreifen, damit das Verhältnis des im Zentrum der kontingenten Seinsdimension stehenden menschlichen Geistes zu dieser absolutnotwendigen Seinsdimension angemessen und kohärent bestimmt werden kann?

Der spezifische Charakter des menschlichen Geistes wurde in Kapitel 4 besonders mit der »Kurzformel« artikuliert: *Der menschliche Geist ist intentional koextensiv mit dem Sein im Ganzen.* Damit ist er auch mit der absolutnotwendigen und der kontingenten Seinsdimension intentional koextensiv. Man nehme nun an, die absolutnotwendige Dimension sei nicht geistig verfasst, sondern sei irgendetwas anderes, etwa ein rein abstraktes Prinzip (wie immer man so etwas konzipieren mag) oder so etwas wie eine vorgestellte »ursprüngliche nicht-geistige Natur« oder etwas Ähnliches. Man hätte dann die sonderbare »Gegenüberstellung«: auf der einen Seite geistig verfasste kontingente Seiende, die mit dem Sein im Ganzen und damit auch mit der absolutnotwendigen Seinsdimension intentional koextensiv sind, und auf der anderen Seite eine rein abstrakte oder rein »naturhaft« verfasste absolutnotwendige Seinsdimension. Definitionsmäßig wäre dann die so aufgefasste absolutnotwendige Seinsdimension weder mit sich selbst und noch weniger mit dem Sein im Ganzen *intentional koextensiv.* Ist das begreifbar oder kohärent?

Die Antwort darauf hängt von der Klärung der Frage ab, welche Kriterien oder Maßstäbe man bei der Beurteilung eines *so* konzipierten Verhältnisses anlegt. Es wäre diesbezüglich möglich, ein Prinzip oder Axiom über das Verhältnis zwischen den beiden Seinsdimensionen aufzustellen und aus ihm dann eine bestimmte Konklusion abzuleiten. Dann würde sich die ganze Diskussion auf die Begründbarkeit bzw. Akzeptabilität eines solchen Prinzips oder Axioms konzentrieren. In der Regel würde man die Frage nicht wieder durch ein neues Prinzip oder Axiom einfach entscheiden können. Im folgenden soll anders verfahren werden. Prinzipien oder Axiome werden zwar vertreten, aber nicht in der Weise, dass sie einfach explizit aufgestellt werden; vielmehr soll so argumentiert werden, dass Prinzipien oder Axiome *in einem* mit ihrer Begründung dargelegt werden. Die argumentativen Überlegungen kreisen um das Kriterium der (größeren) *Intelligibilität* und der sich daraus ergebenden (größeren) Kohärenz. »Intelligiblität« ist ein *ontologisch-epistemischer* Begriff: Einerseits artikuliert er die ontologische Strukturiertheit der in Frage stehenden Sache und andererseits thematisiert er auch das Eingestelltsein des Intellekts bezüglich der so strukturierten Sache. Wenn eine bestimmte ontologische Strukturiertheit dem Intellekt »einleuchtet«, dann ist *Intelligibilität* (hinsichtlich dieser Strukturiertheit) im eigentlichen Sinne erreicht, wobei die Intelligibilität Grade haben kann (vgl. dazu 6.1.2 [3]). Eine auf einer höheren Intelligibilität basierende Konzeption oder Theorie wäre dann das Resultat einer bestimmten Form der *inference to the best explanation*.[55]

Es wird nun hier behauptet, dass die These, die absolutnotwendige Seinsdimension sei als geistig verfasst zu konzipieren, die *unvergleichlich höhere Intelligibilität* für sich in Anspruch nehmen kann als die entgegengesetzte These, diese Dimension sei nicht-geistig verfasst. Als Begründung seien hier *zwei* Gesichtspunkte genannt und kurz ausgeführt. *Erstens* ist der kontingente menschliche Geist *total* von der absolutnotwendigen Seinsdimension abhängig. »Totale Abhängigkeit« muss in diesem Zusammenhang streng ontologisch gedacht werden, was bedeutet, dass der menschliche Geist *hinsichtlich seines ganzen Seins* gänzlich und in jeder Hinsicht auf die absolutnotwendige Seinsdimension *angewiesen* ist. Dieses »Angewiesensein« kann verschieden erklärt werden, wobei aber der unverrückbare Kern immer bestehen bleibt, nämlich: *Ohne* die absolutnotwendige Seinsdimension hätte der menschliche Geist nicht *aktual seiend* sein können. Der Grund dafür liegt in dem Kerngedanken des Arguments, der oben zur Widerlegung der Omnikontingenzialität und zur Begründung der These von der Seins-Zweidimensionalität vorgelegt wurde. Die Frage in diesem Zusammenhang lautet nun: Wie kann verständlich (intelligibel) gemacht werden, dass ein kontingentes geistiges Seiendes von einer nicht-geistig verfassten absolutnotwendigen Seinsdimension *in jeder Hinsicht abhängig* sein kann? Man kann dies nicht. Die nicht-geistig aufgefasste absolutnotwendige Seinsdimension müsste dazu, um es salopp auszudrücken, »in der Lage« sein: Sie müsste so verfasst sein, dass das totale Abhängigsein der kontingenten geistig verfassten Seienden verständlich oder erklärbar wäre. Aber als nicht-geistig verfasste Seindimension hat sie nichts in sich, um dies zu leisten. Der kontingente menschliche Geist besitzt in sich Potentialitäten, welche eine nicht-geistig verfasste absolutnotwendige Seinsdimension nicht hat und definitionsmäßig nicht haben kann. Da, wie oben gezeigt wurde, das Verhältnis zwischen den beiden Seinsdimensionen, der absolutnotwendigen und der kontingenten, *positiv* bestimmt sein muss, würde die Leugnung, dass die absolutnotwendige Seinsdimension geistig verfasst ist, der Annahme einer schlechterdings unerklärlichen »metaphysischen Kluft« gleichkommen. Jeder Versuch, das genannte Verhältnis auf dieser Basis doch noch positiv zu »erklären«, würde dem spezifischen Charakter des geistig verfassten menschlichen Seins auf der ganzen Linie nicht gerecht werden.

Der *zweite* Gesichtspunkt hebt auf die in diesem Kapitel (vgl. besonders 5.1.3.3) formulierte These der *universalen Ausdrückbarkeit* des Seins

---

[55] Vgl. dazu die erhellenden Ausführungen von FORREST [1996: bes. 26–35, 41–42, 117–121].

im Ganzen ab. Auch eine als nicht-geistig aufgefasste absolutnotwendige Seinsdimension wäre universal ausdrückbar; sie wäre so oder so strukturiert. Aber dies wäre sie nur sozusagen »in sich selbst«; sie würde sich aber nicht selbst *als eine solche* erfassen und selbst artikulieren. Im Unterschied dazu hat der kontingente menschliche Geist den unvergleichlich höheren Status eines Seins, das ausdrückbar *und ausdrückend (artikulierend)* ist. Damit eröffnen sich dem kontingenten menschlichen Geist *Potentialitäten* hinsichtlich des Handelns und der der Gestaltung jeder Form, die der nicht-geistig verfassten absolutnotwendigen Seinsdimension gänzlich abgehen. Dann aber lässt sich auf keine Weise begreifbar machen, dass der kontingente menschliche Geist in seinem Sein von einer nicht-geistigen absolutnotwendigen Seinsdimension total abhängig sein soll.

[ii] Das *zweite* Argument unterscheidet sich vom ersten nur hinsichtlich der Form: Es artikuliert den schon im ersten Argument entwickelten Grundgedanken hinsichtlich wesentlicher Aspekte des menschlichen Geistes *in generalisierter Form*, und zwar in Form eines Prinzips oder Axioms.

Es wird von der Behauptung ausgegangen, dass das folgende ontologische Prinzip, das Prinzip des ontologischen Ranges (POR)[56], als Grundprinzip für jede Ontologie gelten muss, die dem spezifischen Charakter der verschiedenen Seienden bzw. der verschiedenen »Seinsbereiche« gerecht werden will:

(POR)   Etwas von höherem ontologischem Rang kann nicht ausschließlich aus etwas von niedrigerem ontologischem Rang entstehen oder erklärt werden.

Die Anwendung von POR auf das Problem der Bestimmung des Verhältnisses von absolutnotwendiger und kontingenter Seinsdimension führt zu einer eindeutigen Konklusion. Eine nicht-geistig verfasste Seinsdimension ist von einem niedrigeren ontologischen Rang als der ontologische Rang des kontingenten menschlichen Geistes; dieser kann daher aus der so konzipierten absolutnotwendigen Seinsdimension nicht erklärt werden; weil aber die absolutnotwendige Seinsdimension eine absolutnotwendige ist, muss sie als so verfasst konzipiert werden, dass aus ihr die kontingente Seinsdimension erklärbar wird. Aber dies kann sie nur leisten, wenn ihr ein ontologischer Rang zugeschrieben wird, der zumindest nicht niedriger ist als der ontologische Rang aller kontingenten Seienden, einschließlich der kontingenten geistigen Seienden. Also muss die absolutnotwendige Seinsdimension als eine geistige Seinsdimension begriffen werden.

---

[56] Für eine Erläuterung und Begründung dieses Prinzips ist der wichtigste Fall eines ontologischen Ranges, nämlich die besondere Stellung des Menschen als geistig verfassten Seienden im Universum, von entscheidender Bedeutung. Über diese Stellung wurde das Wichtigste in Kapitel 4, besonders in den Abschnitten 4.3.1.2.2.3 und 4.3.1.2.3.2, ausgeführt. Darauf sei hier verwiesen.

5.3 Ansatz zu einer Theorie des Absolutnotwendigen Seins

[iii] Einige Erläuterungen und Präzisierungen sind angebracht. Das Prinzip POR darf nicht als eine Verwerfung bestimmter Phänomene bzw. naturwissenschaftlicher Theorien missverstanden werden, ganz besonders nicht des Phänomens der Evolution bzw. der Evolutionstheorie(n), vorausgesetzt, die Phänomene werden adäquat erklärt und die betreffenden Theorien beinhalten keine ungerechtfertigten Extrapolationen. Es gibt eine Evolution des (physikalischen) Kosmos in Richtung Leben und in Richtung Geist; es gibt die Entstehung und Diversifikation der Arten durch Evolution usw. Das ist teilweise als Tatsache und teilweise als gut bestätigte Theorie zu werten. Aber wie ist hier »Evolution« genau zu verstehen? Wird hier nicht die Entstehung von Seienden mit höherem ontologischem Rang aus Seienden mit niedrigerem ontologischem Rang behauptet oder zumindest impliziert, und zwar *ohne jede Präzisierung oder Differenzierung*? Wird hier nicht das Höhere einfach aus dem Niedrigeren »erklärt«? Dies ist in der Tat eine Behauptung bzw. Implikation, die in dem am weitesten verbreiteten Verständnis von Evolution bzw. Evolutionstheorie enthalten ist. Ein solches, eindeutig *simplifizierende* Verständnis von Evolution(stheorie) muss auf der Basis des Prinzips des ontologischen Ranges (POR) abgelehnt werden, was selbstverständlich nicht bedeutet, um es noch einmal zu betonen, dass die Evolution abzulehnen und die Evolutionstheorie, richtig begriffen, falsch wäre. Erforderlich sind sorgfältige Differenzierungen.

Der entscheidende Punkt lässt sich relativ leicht darstellen. Wenn gesagt wird, dass Seiende, die (nach allgemeinem Verständnis und aufgrund der in Kapitel 4 angestellten philosophischen Überlegungen) als Elemente eines höheren Bereichs der Natur betrachtet werden, sich aus Seienden, die auf der Basis derselben Kriterien zu einer niedrigeren Stufe der Natur zu rechnen sind, entwickelt haben, so kann eine solche Aussage *zweierlei* besagen bzw. auf *zweierlei* Weise verstanden werden. Die *erste Weise* besteht darin, dass die »basalen« (im radikalsten Fall: die rein physikalischen[57]) Entitäten, aus welchen sich etwas entwickelt (hat), *rein als solche und nur so* betrachtet werden, also ohne jede weitere Qualifizierung, die etwa erforderlich wäre, um beispielsweise den Prozess einer Entwicklung aus diesen Entitäten *adäquat zu erklären*. Die *zweite Weise* fasst die basalen (physikalischen) Entitäten zwar auch gemäß deren physikalischer Struktur auf, aber so, dass weitere

---

[57] Der Einfachheit halber wird im folgenden nur der *radikalste Fall* einer Evolution explizit betrachtet, nämlich der Prozess der Entwicklung aus rein physikalischen Entitäten (im engen Sinne von »physikalisch«) zu höheren Entitäten (Leben, Geist). Es ist klar, dass Evolution auch – und zwar besonders – viele »konkretere« Formen hat. Besonders in der *Biologie* bezeichnet Evolution den Verlauf der Stammesgeschichte von den niedrigsten Organisationsstufen des Lebens bis zu den heutigen hoch organisierten Formen. In diesen konkreteren Fällen sind die »basalen Entitäten« nicht mehr rein physikalisch. Die im Haupttext entwickelte Argumentation muss hinsichtlich dieser Fälle entsprechend konkretisiert und modifiziert werden.

Qualifizierungen explizit angegeben werden, die erforderlich sind, um bestimmte Phänomene in Verbindung mit diesen Entitäten *adäquat erklären* zu können.

[a] Deutet man nun Evolution streng auf der Basis der *ersten Weise*, so ergibt sich daraus eine (Evolutions)Theorie, die, vereinfacht gesagt, zu einem von *zwei* Typen von Theorien zuzuordnen sind, wobei der zweite Typus zwei völlig verschiedene Varianten hat. Gemäß dem *ersten* Typus wird Evolutionstheorie als eine naturwissenschaftliche Theorie im strikten Sinne *und nur so* verstanden. Indem eine solche Theorie nur die rein physikalischen basalen Entitäten *als solche und nur so* betrachtet, artikuliert bzw. erklärt sie bestimmte Zusammenhänge *auf dieser Basis und nur so und nur in diesem Sinne*. Wenn eine Evolutionstheorie in diesem strikten naturwissenschaftlichen Sinne explizit verstanden wird, ist philosophisch nicht das Geringste dagegen einzuwenden. Die wichtigste Konsequenz, die sich aus philosophischer Sicht daraus ergibt, ist, dass die von der strikt naturwissenschaftlich – und nur so – verstandenen Evolutionstheorie präsentierte *Erklärung* des Evolutionsprozesses eine nur beschränkte ist: Diese Erklärung kann nicht den Anspruch erheben, *die vollständige und adäquate* Erklärung abzugeben.

Die Evolutionstheorie des *zweiten* Typus ist völlig anders orientiert: Sie prätendiert, mit der naturwissenschaftlichen Evolutionstheorie im Besitz der vollständigen und adäquaten Erklärung des Evolutionsprozesses alles Seienden zu sein. Dieser Typus hat zwei Varianten. Die *erste* ist in dem Sinne radikal reduktionistisch, dass die im Rahmen einer Evolution aus den physikalischen Entitäten entstehenden (weiteren) Phasen oder Entitäten oder Phänomene als *rein physikalisch* zu deutende Abwandlungen der physikalischen »Basis« erklärt werden. Man sagt etwa, es entstehe eine weitere, höhere Komplexität der physikalischen Elemente u. dgl. Doch der ganze Evolutionsprozess bleibt dieser Erklärungsweise zufolge ein konstanter, rein physikalischer Prozess. Die *zweite* Variante des zweiten Typus von Evolutionstheorien ist anders orientiert. Im allgemeinen wird die Frage offen gelassen, ob Evolution reduktionistisch erklärbar ist; die Entwicklung höherer Stufen wird durch Rekurs auf den *Zufall* »erklärt«. Eine Art »Strukturplan«, der den Verlauf der Evolution erklären würde, wird abgelehnt. Fragen nach den Bedingungen der Möglichkeit einer Entwicklung zu höheren Stufen werden nicht gestellt, in den meisten Fällen werden sie sogar explizit verworfen. Es bleibt nur der Hinweis auf den »Zufall«, der dann als eine Art »magische Erklärung« dient.

Dass die radikal reduktionistische erste Variante des zweiten Typus von Evolutionstheorien nicht akzeptabel ist, wurde grundsätzlich – zumindest was den menschlichen Geist betrifft – in Kapitel 4 gezeigt. Aber auch die zweite Variante ist keine philosophisch ernsthaft verteidigbare Konzeption,

5.3 Ansatz zu einer Theorie des Absolutnotwendigen Seins

da sie wie überhaupt diese Art von Theorien das Ergebnis des *Verzichts* auf ernsthafte philosophische Bemühungen ist. Eine solche Theorie begnügt sich nämlich damit, die Reihe der aufeinander folgenden Phasen eines (Evolutions-)Prozesses als »Beweis« für die vollständige und theoretisch unanfechtbare Erklärbarkeit jeder Phase aus der ihr vorhergehenden Phase zu postulieren. Damit wird die (philosophische) Frage, *unter welchen Bedingungen* das Aufeinanderfolgen von Phasen in einem (Evolutions)Prozess als eine Erklärung des ganzen Prozesses und seiner einzelnen Phasen betrachtet werden kann, schlichtweg ignoriert.

[b] Wie diese Kritik näher zu verstehen ist, wird im Rahmen der Charakterisierung der *zweiten Weise*, wie die »Entwicklung« höherstufiger Seiende oder Bereiche aus niedrigerstufigen Seienden oder Bereichen verstanden werden kann, deutlicher werden. Diese zweite Weise besteht darin, dass die basalen (physikalischen) Entitäten, aus denen sich etwas ontologisch Höheres entwickelt, nicht isoliert als »rein physikalische« Entitäten betrachtet werden; vielmehr werden sie als (Mit)Konstituenten des ganzen Universums, des Seins im Ganzen begriffen, so dass sie erst im Hinblick auf alles, was mit ihnen *in* diesem Ganzen geschieht und geschehen kann, ontologisch adäquat bestimmt werden. Dies bedeutet, dass ihnen jene ontologischen »Faktoren« zugeschrieben werden müssen, die allererst erklären können, wie aus ihnen *als physikalischen* Entitäten eine Evolution zu Höherem stattfinden kann. Was diese »ontologischen Faktoren« sind, ergibt sich aus einer alten und unbestreitbaren – und damit auch philosophisch gesehen – einfachen Einsicht: *Aktualität impliziert Potenzialität* oder konkret: *Wenn etwas geschieht, dann war es auch möglich, dass es geschieht.* Aber dies bedeutet seinerseits, dass nach den *Bedingungen dieser Möglichkeit* zu fragen ist.

Die Bedingungen der Möglichkeit der Entwicklung aus niedrigerstufigen zu höherstufigen Entitäten kann man als »ontologische Potentialitäten« charakterisieren. Es sind die zu den physikalischen Entitäten gehörenden ontologischen Faktoren, die es ermöglichen, dass sich aus diesen Entitäten Höheres entwickelt. Die eigentliche Frage ist nun, wie solche ontologischen Potentialitäten zu konzipieren sind. Potentialitäten sind, wie das Wort sagt, Faktoren, die (noch) nicht aktual sind, aber aktual werden können. Zu betonen ist, dass solche Faktoren nicht irgendwelche »abstrakten Gesichtspunkte« oder Ähnliches, sondern *echte ontologische »Bestimmtheiten«* der physikalischen Entitäten sind. Die nähere Erklärung dieser Potentialitäten ist in dem *systematischen Zusammenhang* zu suchen, in dem sie sich befinden: Die betreffenden Entitäten sind, wie oben angedeutet, in das Ganze der Wirklichkeit »eingebettet«, wie immer man dieses Ganze näher auffassen mag. Dieses »Eingebettetsein« besagt, dass diese physikalischen Entitäten eine ihnen *immanente Tendenz* haben, sich selbst, insofern sie rein physikalisch strukturiert sind, zu *transzendieren*, über sich hinauszuweisen bzw.

hinauszuführen. Diese Tendenz wird manifest im Prozess der Realisierung oder Aktualisierung der in den physikalischen Entitäten liegenden Potentialitäten. Welches diese Potentialitäten im einzelnen sind, kann man nicht *a priori* sagen oder irgendwie aus Axiomen ableiten; man kann sie nur konkret herausfinden, wenn man die Evolution des physikalischen Kosmos studiert: Es sind die Potentialitäten zu den großen Bereichen des Lebens und des Geistes.[58]

[iv] Aus diesen Überlegungen ergibt sich: Versteht man Evolution als eine ontologische Entwicklung, nicht auf Grund der rein physikalischen Entitäten allein, sondern auf Grund der physikalischen Entitäten *samt den in ihnen liegenden Potentialitäten (im erläuterten Sinne)* zu ontologisch höheren Entitäten, dann liegt es auf der Hand, dass eine dieses Verständnis von Evolution artikulierende Evolutionstheorie in keinem Widerspruch zum oben formulierten *Prinzip des ontologischen Ranges* (POR) steht. Es wird dann klar, dass es sich nicht so verhält, dass Leben und Geist sich aus dem Physikalischen (ohne jede Differenzierung) entwickelt haben. Leben und Geist sind ontologische Bereiche, die zwar im Laufe eines Evolutionsprozesses aus dem Physikalischen entstanden sind, aber so, dass sie die Verwirklichung oder Aktualisierung von *nicht-physikalischen Potentialitäten* sind, die im physikalischen Bereich liegen. (Eine weitere präzisierende Konsequenz aus diesen Überlegungen wird unten im Anschluss an weitere Ausführungen über das Absolute Sein zu ziehen sein.)

Die obigen Überlegungen zur Evolutionstheorie hatten ausschließlich das Ziel zu zeigen, dass das Prinzip des ontologischen Ranges (POR) nicht durch die Evolutionstheorie(n) in Frage gestellt, geschweige denn widerlegt werden kann. Das auf der Basis dieses Prinzips oben formulierte zweite Argument zugunsten der These, dass die absolutnotwendige Seinsdimension als Geist aufzufassen ist, lässt sich jetzt in aller Kürze so zusammenfassen: Die kontingente Seinsdimension ist von der absolutnotwendigen Seinsdimension total abhängig, was impliziert, dass die kontingente Seinsdimension ihr eigenes Sein der absolutnotwendigen Seinsdimension verdankt. Da zur kontingenten Seinsdimension auch *geistige Seiende*, nämlich die Menschen, gehören, ist es ausgeschlossen, dass die absolutnotwendige Seinsdimension einen niedrigeren ontologischen Rang als der Mensch als Geist hat. Da aber Geist den höchstmöglichen ontologischen Rang überhaupt darstellt – da er,

---

[58] Vgl. dazu auch die teilweise ähnlichen, sehr interessanten Ausführungen im schon zitierten Buch von FORREST [1996]. So heißt es beispielsweise bei diesem Autor:
»[A]lthough a scientific theory might explain the suitability of the universe for life by assuming the occurrence of an appropriate set of laws, it cannot explain why there are life-friendly rather than life-hostile laws. Here by life-friendly laws I mean one that make it probable that a universe in which they hold will be suited to life. That there are life-friendly laws can, however, be explained in terms of the divine purpose in creating.« (Ib. 48)

5.3 Ansatz zu einer Theorie des Absolutnotwendigen Seins

wie in diesem Buch oft gezeigt wurde, mit dem Sein im Ganzen intentional koextensiv ist und eine weitere oder höhere intentionale Koextentensionalität nicht denkbar ist –, muss die absolutnotwendige Seinsdimension als Geist begriffen werden.

[3] Der Nachweis, dass die absolutnotwendige Seinsdimension geistig verfasst ist, bedeutet, dass sie genauer als absolutnotwendiges geistiges personales Sein zu bestimmen ist. Es wird »Sein« und nicht »Seiendes« gesagt, weil die Stellung des absolutnotwendigen geistigen personalen Seins eine absolut einmalige ist: Es ist nicht ein »weiteres« Seiendes, und zwar, strenggenommen, auch nicht im Sinne eines oder des »höchsten oder ersten Seienden«. Hier wird keine »Onto-Theologie« im Sinne Heideggers vertreten, so dass dessen (berechtigte oder unberechtigte) Einwände dagegen hier nicht greifen.[59] Vielmehr ist zu sagen, dass die hier vorgestellte Theorie in gewisser Hinsicht in der Kontinuität einer Konzeption steht, die besonders von Thomas von Aquin *ansatzweise* – aber nicht konsequent – formuliert wurde. Gemeint sind besonders seine Aussagen über das Absolute (Gott) als *ipsum esse per se subsistens*.[60] Dies im einzelnen zu entwickeln, stellt eine gewaltige Aufgabe dar, die den Rahmen des vorliegenden Buches sprengen würde. Hier sind nur einige abschließende Bemerkungen im Hinblick auf weitere Schritte bei der Bestimmung des absolutnotwendigen geistigen Seins möglich.

Oben wurde gezeigt, dass die kontingente Seinsdimension von der absolutnotwendigen Seinsdimension bzw., wie jetzt bestimmter zu sagen ist, vom absoluten personalen Sein *total* abhängig ist. Die Art dieser Abhängigkeit kann jetzt im Ansatz näher bestimmt werden. Als absolut geistig besitzt das absolute Sein absolute Intelligenz und absoluten, d. h. absolut freien Willen. Daraus kann gefolgert werden, dass die totale Abhängigkeit der kontingenten Seinsdimension vom Absoluten Sein auf der freien Entscheidung des Absoluten Seins beruht, die *kontingente* Seinsdimension aus dem Nichtsein ins Sein zu setzen. Die totale Abhängigkeit meint dann den Status des Erschaffenseins. In der klassisch-christlichen Metaphysik wurde diese freie Handlung des absoluten Seins *Schöpfung* genannt und als Hervorbringung aus dem Nichts charakterisiert. »Nichts« heißt hier keineswegs »absolutes Nichts«. Die christlich-metaphysische Tradition hat den Begriff der Schöpfung näher so charakterisiert: Hervorbringung (eines Seienden) aus dem Nichtsein (aus der Nichtexistenz) dieses Seienden und ohne einen

---

[59] Vgl. seine Schrift »Die onto-theo-logische Verfassung der Metaphysik«, in: HEIDEGGER [1957, 35–73].
[60] Vgl. z. B. STh I q. 4 a. 2 c; I q. 44 a. 2 c; De potentia q. 7 a.2 ad 5 – und öfters. Vgl. zur gesamten Position THOMAS VON AQUINS: PUNTEL [1969: Kap. 7].

(wie immer) zugrundeliegenden oder vorausgesetzten »Stoff«.[61] Die nähere Ausführung und Begründung dieser komplexen Thesen muss einem eigenen Buch vorbehalten bleiben.

Aus der letzten These ergibt sich ein Problem im Hinblick auf die Evolutionstheorie. Manchmal wird die These, dass die kontingente Seinsdimension erschaffen wurde, dahingehend interpretiert, dass der Schöpfer (oft als »*intelligent designer*« bezeichnet) nicht nur bei dem Ausgangspunkt, sondern auch bei jedem Fortschreiten in die je nächsthöhere Phase der Evolution *direkt und unmittelbar* eingreifen muss, so dass eine Evolution, strenggenommen, gar nicht stattfindet. Aber ein solches Verständnis der Idee der Schöpfung ist ein großes Missverständnis mit desaströsen Konsequenzen. Die Idee der Schöpfung beinhaltet in keinster Weise die Konsequenz, dass der Schöpfer (unter welcher Bezeichnung auch immer) in die geschaffene sich entwickelnde Wirklichket in der geschilderten Weise »eingreift« oder eingreifen muss. Die geschaffene Welt *als ein Ganzes* ist zwar vom absoluten Sein total abhängig und hat derart den Status des Erschaffenseins (in der traditionellen Terminologie: Sie wird im Sein »erhalten«). Aber als solche ist die geschaffene Welt ein durch und durch strukturiertes Ganzes mit *eigenen* (Entwicklungs)Gesetzen, Potentialitäten usw. Und sie entwickelt sich *kraft dieser Gesetze und Potentialitäten* (vgl. dazu 4.5.1 [3]).

[4] Schließlich sei als Hinweis auf eine noch ausstehende Problematik in einer gesamtsystematischen Konzeption der (weiteren) Bestimmung des absoluten Seins eine letzte Überlegung angestellt. Wenn die systematische Philosophie so weit vorangeschritten ist, dass sie die absolutnotwendige Seinsdimension als *Schöpferabsolutes* expliziert hat, fragt sich, ob noch weitere Bestimmungen des Schöpferabsoluten möglich oder sogar unverzichtbar sind. An diesem Punkt tritt eine tiefgreifende methodische Zäsur in der systematischen Verfahrensweise ein. Weitere Bestimmungen des Schöpferabsoluten über die Bestimmungen der absoluten Intelligenz, des absoluten Willens bzw. der absoluten Willensfreiheit und der Personalität hinaus sind nicht mehr von irgendwoher ableitbar, sondern hängen von einem entscheidenden Faktor ab, nämlich von der Freiheit des Schöpferabsoluten. Dieser Faktor lässt sich verdeutlichen, wenn man das Beispiel »freier Mensch« betrachtet. Will man weitere Bestimmungen eines »freien Menschen« angeben, so gibt es dazu nur einen Weg: Man muss die Geschichte seiner freien Entscheidungen untersuchen. Ganz

---

[61] Vgl. z. B. eine charakteristische Formulierung bei THOMAS V. AQUIN:
Creatio [...] est productio alicuius rei secundum suam totam substantiam, nullo praesupposito ... (STh I q. 65 a. 4 c.)
In der Tradition der christlichen Metaphysik hat sich dann die knappe und treffende Formulierung herausgebildet:
Creatio est productio entis ex nihilo sui et subiecti.

5.3 Ansatz zu einer Theorie des Absolutnotwendigen Seins 611

analog verhält es sich mit den weiteren Bestimmungen des freien Schöpferabsoluten: Dessen weitere Bestimmungen ergeben sich aus der »Geschichte« seiner Freiheit. Um herauszufinden, ob es eine solche Geschichte gibt oder nicht, muss man die Weltgeschichte und hier ganz speziell die Geschichte der großen Religionen untersuchen. Und hier ist nun der Punkt erreicht, wo das Wort ›Gott‹ methodisch korrekt eingeführt werden kann bzw. muss. ›Gott‹ ist das Wort, das die (monotheistischen) Religionen verwenden, um das sich in der Weltgeschichte manifestierende und darin handelnde personale Absolute zu bezeichnen.

Dazu ist zu bemerken, dass zumindest das christlich verstandene »Handeln« Gottes in der Menschheitsgeschichte in philosophischer Hinsicht nach in der Tradition kontrovers geführten Diskussionen in einer Weise bestimmt wurde, die keinesfalls mit dem Evolutionsgedanken kollidiert. Gottes »Handeln« ist danach nicht als eine »von außen kommende *fremde* Intervention« in die *eigenen* Gesetze, Potentialitäten usw. der geschaffenen Welt als eines strukturierten Ganzen zu verstehen; vielmehr ist dieses Handeln die Aktualisierung der in der Struktur des Menschen angelegten Potentialitäten. Da aber der Mensch selbst Teil der »(Natur)Welt« und damit Element der Evolution dieser (Natur)Welt ist, sind *alle* seine Potentialitäten, also auch die Potentialitäten hinsichtlich seiner Teilnahme an einer, wie die christliche Religion sagt, »Offenbarungsgeschichte« (oder »Heilsgeschichte«), in der (Natur)Welt selbst angelegt. Was dies u.a. zeigt bzw. voraussetzt, ist eine Konzeption von (Natur)Welt, die diese nicht als ein absolut in sich eingekapseltes oder abgeschlossenes, sondern als ein offenes kontingentes Ganzes begreift, und zwar auch und besonders hinsichtlich des Verhältnisses dieses Ganzen zur absolutnotwendigen Seinsdimension.

Mit der detaillierten und genauen Untersuchung und Deutung dieser Zusammenhänge fängt ein ganz neues Kapitel der systematischen Philosophie an; doch dies muss einer eigenen Untersuchung vorbehalten bleiben.

Kapitel 6

Metasystematik: Theorie der relativ maximalen Selbstbestimmung der Systematischen Philosophie

6.1 Der Status der Metasystematik

6.1.1 Metasystematik und Metaphilosophie

Es ist eine kaum zu bestreitende Einsicht, dass der Status einer theoretischen Disziplin nur dann richtig bestimmt werden kann, wenn die Disziplin als konstituierender oder integrierender Teil des gesamten Korpus des theoretischen Wissens betrachtet wird. Eine der sich daraus ergebenden Konsequenzen ist, dass mit jeder theoretischen Disziplin in einem näher zu charakterisierenden Sinn unvermeidlich mindestens eine »Metaebene« gegeben ist, welche die systematische Stellung der Disziplin im Gesamt des theoretischen Wissens »anzeigt«. Die Betonung dieses strukturalen Moments aller theoretischen Aktivitäten und Disziplinen ist um so wichtiger, als dieser Faktor nicht immer explizit bedacht wird. Einer der berühmtesten *expliziten* »Fälle« ist der Begriff der *Metamathematik*, der in den siebziger Jahren des 19. Jahrhunderts aufkam[1], aber in seinem heutigen Verständnis auf David Hilbert (vgl. Hilbert [1922/1935: 174]) zurückgeht; dieser Begriff hat eine bedeutende Geschichte gehabt und stellt heute einen zentralen Begriff der Philosophie der Mathemtik dar. Aber inzwischen gibt es eine ganz Reihe von »Metadisziplinen« in allen theoretischen Bereichen: Angefangen von der alten Meta-physik, gibt es eine Metalogik, eine Metamathematik, eine Metasemantik, eine Metalinguistik usw. und schließlich auch eine Metaphilosophie. In ihrer allgemeinsten Form ist eine »Metadisziplin« die Theorie der betreffenden Disziplin. Wie ist eine solche Theorie genauer aufzufassen?

Ganz allgemein verstanden, ist die Metaphilosophie die *Theorie der Philosophie*. Doch ist die Unterscheidung zwischen der Disziplin und der Theorie über die Disziplin nicht immer scharf. Die Unschärfe der Unterscheidung im konkreten Fall einer Darstellung erweist sich etwa (und besonders) darin, dass es nicht als *a priori* einsichtig gelten kann, wo die Unterscheidung zwischen der Selbstexplikation einer Disziplin und der Theorie über diese Disziplin genau anzusetzen ist. Dass eine Disziplin sich selbst expliziert, geschieht ständig im

---

[1] Vgl. den Artikel »Metamathematik«, in: RITTER et al. [Band 5: Spalten 1175–77].

theoretischen Bereich. So wird z. B. in einem mathematischen Buch ausgeführt, wie Mathematik zu definieren ist, wie sie sich selbst versteht, welches ihre Methode ist usw. Auf der einen Seite kann man das alles als »Reden über« die Mathematik betrachten; auf der anderen Seite handelt es sich nicht um ein »Reden über« die Disziplin, sondern um deren Selbstexplikation.

Wenn man etwa eine Definition, zunächst rein syntaktisch, als zu einer Metaebene gehörend betrachtet, so muss man sehen, dass in diesem Fall noch eine weitere, höhere Metaebene, also eine Metaebene zweiter Ordnung anzunehmen ist; das »Reden über« eine in diesem Sinne schon definierte Disziplin artikuliert eine Betrachtung und damit eine Theorie über eine Disziplin, die eine Metaebene erster Ordnung schon einschließt; es handelt sich also um eine Metatheorie zweiter Ordnung.

Beachtet man diese Zusammenhänge, so erweist es sich als angebracht, eine Unterscheidung einzuführen, und zwar zwischen *Metaphilosophie im weiteren* und *Metaphilosophie im engeren Sinne*. Im weiteren Sinne verstanden, ist Metaphilosophie jene Theorie, die daraus resultiert, dass *über* (die) Philosophie in irgendeiner nicht näher spezifizierten Weise gesprochen wird; Metaphilosophie im engeren Sinne ist dann gegeben, wenn das »Reden über die Philosophie« ganz präzise verstanden und geklärt wird. Diese Unterscheidung trifft ein charakteristisches Merkmal nicht nur der Philosophie, sondern auch jeder theoretischen »Metadisziplin«. In der Darstellung in diesem Buch sind metaphilosophische Aussagen *im weiteren Sinne* oft und in vielfältigen Zusammenhängen zu finden. Weder ist dieses Vorgehen inkonsequent noch trägt es zu einer Konfusion bei; vielmehr dient es zur Erläuterung und Gesamtsituierung bestimmter Sachverhalte und Zusammenhänge im Ganzen der Konzeption. In allen theoretischen Bereichen sind solche »metaphilosophischen Aussagen« *im weiteren Sinne* üblich und auch angebracht. Es ist zudem klar, dass in diesem weiteren Sinne metaphilosophische Aussagen zur Philosophie selbst gehören.

Ganz anders verhält es sich mit metaphilosophischen Aussagen *im engeren Sinne*. Diese müssen genau expliziert und als solche charakterisiert werden. Sind aber solche metaphilosophischen Aussagen im engeren Sinn noch *»philosophische« Aussagen*? Diesbezüglich ist ein besonderes, ausschließlich die Philosophie als solche und als ganze charakterisierendes Merkmal zu beachten: Im Unterschied zu allen anderen theoretischen Disziplinen kann die Unterscheidung von Objektebene und Metaebene im Falle der Philosophie eine nur sehr relative, nur intraphilosophische Bedeutung haben. Metaphilosophie kann im strengen Sinne nur wieder Philosophie sein. Es bleibe hier dahingestellt, wie im Falle der anderen theoretischen Disziplinen das Verhältnis zwischen Metaebene und Objektebene im engeren Sinne genau gefasst wird bzw. zu fassen ist. Aber für keine andere Wissenschaft kann eine derartige intrinsische Verbindung zwischen beiden Ebenen angenommen werden wie für die

Philosophie. Der Grund liegt in der Universalität der Philosophie. Das muss allerdings richtig verstanden werden, was nun schrittweise zu zeigen ist.

In den folgenden Abschnitten wird der Begriff der Metaphilosophie *im engeren Sinne* aufgrund der Unterscheidung zwischen den beiden Grundformen einer solchen Metaphilosophie als Metasystematik weiter bestimmt. Es werden die Bezeichnungen ›immanente‹ und ›externe Metaphilosophie bzw. Metasystematik‹ verwendet. Die immanente Metasystematik ist die Theorie, die noch ganz im Rahmen der hier entwickelten philosophischen Konzeption verbleibt. Ihr Thema sind die einzelnen Systematiken, die im Buch dargestellt werden: die Globalsystematik, die Theoretizitätssystematik, die Struktursystematik, die Weltsystematik und die Gesamtsystematik. Diese einzelnen Systematiken bilden die Objektebene für die Metadimension, die hier (immanente) Metasystematik genannt wird. Im komplexen Ausdruck ›immanente Metasystematik‹ bezeichnet der Teilausdruck ›Systematik‹ jede einzelne spezifische Systematik, die jeweils einen Teil der philosophischen Gesamtsystematik, d.h. des philosophischen Systems bildet.

Die *externe* Metasystematik hat als Objektebene die hier dargestellte struktural-systematische Philosophie als ganze, also alle einzelnen Systematiken samt der immanenten Metasystematik. Es wird zu zeigen sein, wie der Status einer solchen externen Metasystematik zu konzipieren ist.

6.1.2 Die metasystematische Selbstbestimmung der strukturalen Philosophie und das Kriterium der relativ maximalen Intelligibilität und Kohärenz

[1] Der Begriff »Selbstbestimmung« wird gewöhnlich im Bereich der praktischen Philosophie zur Charakterisierung einer freien Handlung verwendet. Diese *praktische* Bedeutung ist hier nicht gemeint. Hier ist von Selbstbestimmung ausschließlich in theoretischer Hinsicht die Rede.

Theoretische (Selbst)Bestimmung kann am besten als die Angabe des Status einer Disziplin, einer Theorie usw. erklärt werden. *Selbst*bestimmung heißt dann, dass diese Angabe durch die Disziplin bzw. Theorie usw. selbst erfolgt. Allerdings bleibt noch zu sehen, wie diese Bestimmung *durch die Disziplin (Theorie) selbst* genauer zu verstehen ist. Es wird sich zeigen, dass dieser Punkt einen wesentlichen Aspekt der unten näher zu erläuternden Unterscheidung zwischen immanenter und externer Metasystematik ausmacht.

Nun hat der theoretische Status einer Disziplin (bzw.Theorie) viele und sehr unterschiedliche Formen oder Aspekte, je nachdem, welche theoretische Ebene gemeint ist: Man kann die theoretische Ebene der sprachlichen Klarheit, der Begrifflichkeit, der Argumentation, des Zusammenhangs aller Komponenten usw. anzielen. Im strengeren Sinne umfasst der theoretische Status alle Momente oder Faktoren, die den Theorierahmen konstituieren und damit für den Begriff der Theorie wesentlich sind. Eine theoretische (Selbst)Bestimmung kann verschiedene Formen haben. Die zwei für dieses Buch relevanten Formen lassen sich durch die Unterscheidungen: totale und partielle (Selbst)Bestimmung wie auch absolute und relative (Selbst)Bestimmung kennzeichnen. Hier wird die zweite Unterscheidung als die für die Zielsetzung dieses Buches geeignete angesehen, weswegen sie hier vorwiegend behandelt wird.

Zur genaueren Klärung des Begriffs der theoretischen oder systematischen (Selbst)Bestimmung benötigt man ein Kriterium. Dieses Kriterium ist das Kriterium der *relativ maximalen Kohärenz und Intelligibilität*.

[2] Zunächst ist darauf hinzuweisen, dass es sich bei *maximaler Kohärenz und Intelligibilität* um ein eindeutig theoretisches Kriterium handelt. Das steht in Übereinstimmung mit der in diesem Buch vertretenen Konzeption der Philosophie als einer theoretischen Aktivität und Unternehmung. Wird Philosophie anders verstanden, z. B. in irgendeinem Sinne als eine praktische Aktivität oder Disziplin, so wird die (Selbst)Bestimmung der Philosophie nicht mit Hilfe des genannten Kriteriums zu bewerkstelligen sein. Vielmehr wird die (Selbst)Bestimmung der Philosophie dann auf Kriterien basieren wie etwa: Orientierung im Leben, Nützlichkeit für die Lösung menschlicher Probleme u. ä.

Warum aber gerade dieses Kriterium angesetzt wird und nicht andere ebenfalls theoretische Kriterien, verdiente eine eigene Erörterung, deren Durchführung den Rahmen dieses Buches sprengen würde. Um die Wahl des Intelligibilitäts- und Kohärenzkriteriums zu rechtfertigen, reicht hier eine Antwort aus, die sich aus den Grundthesen der struktural-systematischen Philosophie ergibt. Das Kriterium weist eine positive Kohärenz mit dem Ganzen des skizzierten Gebäudes dieser Philosophie auf. Hiergegen könnte man einwenden, dies zeige, dass dieses Kriterium doch letzten Endes auf einer fundamentalen, gleichsam systematischen Zirkularität beruht. Darauf ist zu antworten: Von Zirkularität kann hier nicht die Rede sein, da es sich weder um eine Definition noch um einen Beweis handelt, sondern um die Rechtfertigung der Wahl eines Kriteriums. Dass dieses Kriterium sich aus den Grundthesen ergibt, ist kein Nachteil, sondern ein ausgesprochen positiver und großer Vorteil; denn dadurch hat das Kriterium, *in sich selbst oder als solches betrachtet*, eine hohe Plausibilität, was im Vergleich mit anderen möglichen Kriterien leicht gezeigt werden kann.

Man könnte z. B. sagen, die Wahrheit selbst, die Wahrheit dieser Philosophie, sei wenn nicht das einzige, so doch das allerbeste Kriterium für die (Selbst)Bestimmung der systematischen Philosophie. Wäre dieses Kriterium – in welcher Weise auch immer – wirklich und effektiv verfügbar, so wäre es in der Tat das beste, ja das einzige und definitive Kriterium; denn was könnte man Besseres erreichen als die Wahrheit einer bestimmten Philosophie? Aber

Wahrheit ist als Kriterium für die (Selbst)Bestimmung der systematischen Philosophie nicht tauglich; denn ein Kriterium muss verfügbar sein, Wahrheit ist aber selbst das Ziel, nicht das Kriterium.[2] Auch ein Kriterium wie (Selbst)Evidenz ist untauglich, da die sogenannte (Selbst)Evidenz ein sehr unbestimmtes und vages Phänomen ist.

Relativ maximale Intelligibilität und Kohärenz ist zwar kein absolut oder in jeder Hinsicht bestimmter, wohl aber ein ausreichend eindeutiger und verfügbarer Begriff, um als Kriterium zu dienen. Wie ist dieser Begriff zu verstehen?

[3] Der Begriff der *Kohärenz*, wie er hier verstanden wird, darf, wie schon mehrfach hervorgehoben, nicht mit dem Begriff der (logischen) *Konsistenz (Widerspruchsfreiheit)* identifiziert oder verwechselt werden. Konsistenz ist ein rein *negativer* Begriff, da er den Umstand bezeichnet, dass die gleichzeitige Annehmbarkeit bzw. Ableitbarkeit einer Aussage *und* deren Negation auszuschließen ist. Der Begriff der Kohärenz ist ein *positiver* Begriff, der zwar Konsistenz voraussetzt, darüber hinaus aber einen bestimmten Zusammenhang zwischen Begriffen, Aussagen, Theorien usw. beinhaltet. Kohärenz ist daher ein *inhaltlicher* Begriff und betrifft Zusammenhänge in allen inhaltlichen Kontexten.

Der Begriff der Kohärenz schließt eine ganze Skala von Formen und Graden ein: von einer nur schwachen bis zur stärksten Kohärenz. Letztere Form ist gegeben, wenn der Zusammenhang rein analytischer und/oder folgerungslogischer Natur ist. Eine Aussage mit dem Status eines Theorems im strengen Sinne weist die denkbar strengste Form einer Kohärenz mit dem System auf, zu dem sie gehört. Am anderen Ende der graduellen Kohärenz-Skala findet man lose Zusammenhänge wie ein intuitiv plausibles Zusammenstimmen von Begriffen, Aussagen, Theorien. Für eine systematische Philosophie wie die hier vorgelegte ist insbesondere jene Form von Kohärenz von fundamentaler Bedeutung, die man die *systematische Kohärenz* nennen kann. Sie besteht darin, dass jedes »Element« (Begriff, Aussage, Theorie usw.) in das Ganze des Systems eingeordnet wird, was in vielfältiger Weise geschehen kann. Der entscheidende Gesichtspunkt dabei ist die systematische Verortung, d.h. das Finden der adäquaten Stelle für das jeweilige Element im System. Ein philosophisches System kann in dieser Hinsicht immer weiter perfektioniert werden, indem die innersystematische Kohärenz immer angemessener und transparenter herausgearbeitet wird.

Der Begriff der *Intelligibilität* ist nicht identisch mit dem Begriff der Kohärenz, vielmehr ist er in einer Hinsicht Grundlage, in einer anderen Hinsicht

---

[2] Siehe dazu das Buch von N. RESCHER, *The Coherence Theory of Truth* [1973], in welchem die These vertreten wird, dass der Begriff der Korrepondenz Wahrheit definiert, während der Begriff der Kohärenz das Kriterium für Wahrheit darstellt.

Folge des Begriffs der Kohärenz. Intelligibilität ist einerseits ursprünglicher und fundamentaler als etwa der analytische Zusammenhang, die Ableitbarkeit usw. – und eben auch die Kohärenz eines Systems. Mit diesem Ausdruck soll hier der »Status« einer »Sache« derart charakterisiert werden, dass er theoretischen Kriterien voll genügt; dabei ist »Sache« ein Kürzel für alles, was – unter welcher Bezeichnung auch immer – Objekt oder Thema einer intellektuellen Tätigkeit ist oder sein kann (sei es unter der Bezeichnung ›Realität‹ oder ›Phänomen‹ oder ›Sachverhalt‹ oder ›Tatsache‹ usw.). Freilich ist die so charakterisierte Intelligibilität ein noch sehr allgemeiner und insofern auch noch vager Begriff. Ungeachtet dieser auf den ersten Blick unbestreitbar vagen Umschreibung kann die als der theoretischen Kriterien voll genügende »Status« einer »Sache charakterisierte Intelligibilität als die Quelle, genauer: als die Inspirationsquelle für eine theoretisch adäquate Erfassung und Artikulation »der Sache« betrachtet werden. Dies ist jedenfalls dann der Fall, wenn die »intellektuelle Aktivität«, von der oben die Rede war, in folgender Weise näher qualifiziert wird: Es ist die Aktivität eines Vermögens, das in der Lage ist, seine *Potentialitäten* zu entwickeln und zur Geltung zu bringen. Man könnte dafür die Formulierung ›gebildeter Intellekt‹ verwenden, d. h. es handelt sich um einen Intellekt, der eine »Bildungsgeschichte« durchgemacht hat, wobei »Bildung« hier als die Gesamtheit der Faktoren zu verstehen ist, die sämtliche Strukturmomente des Intellekts zur Entfaltung bringen. Der bewusste Rekurs auf alle Potentialitäten des Intellekts besagt das, was man als eine unbegrenzte *Offenheit* des Intellekts bezeichnen kann, eine Grundeigenschaft, die sich beispielsweise darin äußert, dass kein Denkverbot, kein Frageverbot u. ä. akzeptiert wird, dass alle als sinnvoll erscheinenden Denkmöglichkeiten untersucht und erprobt werden usw. Aus der Inanspruchnahme aller Potentialitäten und der bewussten Pflege einer unbegrenzt offenen Einstellung ergibt sich allererst die Möglichkeit, *inventive* Verfahren anzuwenden, um so ein tieferes und adäquateres Verständnis der *Intelligibilität* einer »Sache« zu erreichen.

Wie ist die oben aufgestellte Behauptung zu verstehen, dass Intelligibilität in einer Hinsicht nicht Grundlage, sondern Folge der (explizit herausgearbeiteten) Kohärenz ist? Das lässt sich einfach so erklären, dass man von einer Intelligibilität *zweiter Ordnung* in dem Sinne spricht, dass diese Intelligibilität das natürliche Resultat der effektiv aufgezeigten Kohärenz ist. Freilich kann diese »Stufe« der Intelligibilität wieder Ausgangspunkt für neue Einsichten sein, also kann diese Intelligibilität zweiter Ordnung wieder als Grundlage für eine weitergehende und noch adäquatere Kohärenz aufgefasst werden. Die Frage, wie weit dieser Prozess geht oder gehen kann, wird im folgenden ebenfalls zu klären sein.

Schließlich ist noch der Begriff »*maximal*« zu erläutern. Ganz besonders in dieser Hinsicht unterscheiden sich die Begriffe der Intelligibilität und Kohärenz ganz deutlich vom Begriff der Konsistenz. Aus dem formalen Be-

6.1 Der Status der Metasystematik

reich (Mengenlehre bzw. Metalogik) ist besonders der Begriff einer maximal *konsistenten* Untermenge bekannt, der so definiert wird: Sei **S** = {$p_1, p_2, ...$} eine Menge von miteinander konsistenten oder inkonsistenten Sätzen einer Sprache *L*; dann ist jede Untermenge S_i von **S** *maximal konsistent*, wenn (1) S_i eine nicht-leere Untermenge von **S** ist; (2) S_i konsistent ist; (3) kein **S**-Element, das ein Nicht-Mitglied von S_i ist, zu S_i hinzugefügt werden kann, ohne dass dadurch eine Inkonsistenz erzeugt wird. (Es gilt also dann: Für jeden Satz *p* in **S**, der nicht auch in S_i ist, ist die Menge $S_i \cup \{p\}$ inkonsistent.) Da Konsistenz keine Grade zulässt (es gibt kein Mehr oder Weniger, kein Maximum oder Minimum von Konsistenz), muss man beachten, dass »maximal« in der Formulierung »maximal konsistente Untermenge« eine ganz besondere Bedeutung hat, nämlich die Bedeutung, die durch die dargelegte Definition festgelegt ist.[3]

Ganz anders verhält es sich mit Intelligibilität und Kohärenz; denn beide lassen Grade zu. Rein intuitiv und informal können sie mit einer Skala verglichen werden, die als Extrempunkte die auf die Skala relativen Grade »minimal« und »maximal« enthält. Aber auch diese Extreme, in sich selbst betrachtet, können wieder (Unter)Grade haben, wie die näheren Qualifikationen (d. h. also Untergrade) der *relativ maximalen* und der *absolut maximalen* Intelligibilität und Kohärenz zeigen. Die nähere Bestimmung dieser Begriffe soll weiter unten in den Abschnitten über immanente und externe Metasystematik erläutert werden.

Hier ist noch der für das vorliegende Buch wichtige Begriff der *relativ* maximalen Intelligibilität bzw. Kohärenz zu erläutern. Es handelt sich um zwei Formen der Relativität: erstens eine basale oder grundsätzliche oder theorierahmen-abhängige und zweitens eine theorierahmen-immanente. Die erste Relativität ergibt sich aus der These, dass jede Theorie, auch die umfassendste, nämlich die systematische Philosophie, Intelligibilität und Kohärenz *ausschließlich relativ zu jenem Theorierahmen* beanspruchen kann, auf dessen Basis sie entwickelt wird. Diese Form von Relativität ergibt sich aus zwei Thesen, die in diesem Buch schon des öfteren formuliert und analysiert

---

[3] Diese besondere Bedeutung sei näher erläutert. Strenggenommen wird nicht »Konsistenz« als »maximal« bestimmt (als ob sie eben einen »maximalen Grad« haben könnte). Vielmehr zeigt »maximal« in der Definition einen bestimmten Faktor an, der gegeben bzw. ausgeschlossen sein muss, damit von einer »maximal konsistenten Untermenge« gesprochen werden kann; das ist der Faktor »bestimmte Größe«, genauer: die Anzahl der Elemente (Kardinalität); wird diese Anzahl um nur ein Element erhöht (oder verringert), so wird die Menge inkonsistent. Es muss noch hinzugefügt werden, dass eine Menge selbst keine »Grade« im strengen Sinne hat, da die Menge durch das Extensionalitätsprinzip charakterisiert ist: $\forall X \forall Y (\forall z (z \in X \leftrightarrow z \in Y) \rightarrow X = Y)$, d.h.: Zwei Mengen, die die gleichen Elemente enthalten, sind gleich (identisch). Daraus ergibt sich: Eine Menge kann keine »Grade« in dem Sinne haben, dass sie mehr oder weniger Elemente haben könnte; hat eine Menge auch nur ein Element mehr (oder weniger) als die »gleiche« Menge ohne dieses Element (bzw. mit diesem Element), so handelt es sich um zwei verschiedene Mengen.

wurden: erstens aus der These, dass eine Pluralität von Theorierahmen möglich und verfügbar ist; zweitens aus der These, dass *immer* nur jeweils *ein* Theorierahmen zur Anwendung kommen kann. Aus beiden leitet sich die Notwendigkeit ab, einen – und nur einen – ganz bestimmten Theorierahmen zu wählen und zu benutzen. Alle Aussagen einer Theorie sind dann *relativ zu diesem Theorierahmen*. Eine *absolute* Intelligibilität/Kohärenz in dem Sinne, dass sie keinen Bezug auf einen Theorierahmen hat, ist ein leerer Begriff.

Die andere Form der Relativität, die hier die theorierahmen-immanente genannt wird, setzt als Basis einen anerkannten Theorierahmen *und dessen Relativität* voraus; sie ist also eine Relativität *innerhalb* der basalen oder grundsätzlichen oder theorierahmen-abhängigen Relativität. Hier handelt es sich nicht um einen Vergleich zwischen verschiedenen Theorierahmen bzw. um die Notwendigkeit, einen dieser Theorierahmen auszuwählen, sondern um die Realisierung einer bestimmten Stufe (oder eines bestimmten Grades) von Intelligibiltät und Kohärenz *innerhalb* des benutzten Theorierahmens. Wie schon früher vermerkt wurde, müssen hinsichtlich beider Begriffe mehrere Stufen/Grade unterschieden werden. Im Falle der struktural-systematischen Theorie(n) ist jener Grad anzustreben, der als *relativ maximal* im folgenden Sinne zu bezeichnen ist: Angestrebt wird der Grad von Intelligibilität/Kohärenz, der unter Beachtung aller *konkreten*, das theoretische Unternehmen bestimmenden Faktoren *als realistisch erreichbar* gelten kann. Zu diesen »konkreten« Faktoren sind insbesondere die epistemisch-pragmatischen Faktoren zu rechnen. Die hier gemeinte maximale Intelligibilität/Kohärenz ist daher *relativ*, und zwar zu der jeweiligen konkreten, insbesondere der epistemisch-pragmatischen Situation. In bzw. relativ zu dieser Situation wird der maximal erreichbare Grad von Intelligibilität/Kohärenz anvisiert. Ein solcher Grad ist *nie* der *absolut maximale* Grad. Diese zweite Form hat zwei sehr verschiedene Varianten. Die erste hat prinzipiellen Charakter und kann daher die *prinzipiell-immanente Relativität* genannt werden; die zweite hat einen eher kontingenten Charakter und kann als die *kontingent-pragmatische Relativität* bezeichnet werden. »Pragmatisch« bezieht sich hier auf die Faktoren, die den ganzen Bereich unserer menschlichen Möglichkeiten bestimmen.

Die Formen und Varianten der Relativität, die hier ganz allgemein und abstrakt eingeführt und erläutert wurden, sollen in der weiteren Darstellung der immanenten und der externen Metasystematik näher expliziert werden.

In diesem Buch wird die Auffassung vertreten, dass eine philosophische immanente Metasystematik nur im Sinne einer relativ maximalen theoretischen Selbstbestimmung der systematischen Philosophie verstanden werden kann. Diese Selbstbestimmung hat mehrere Facetten, die im einzelnen zu untersuchen und darzustellen sind.

6.2 Immanente Metasystematik

6.2.1 Was ist immanente Metasystematik?

Die immanente Metasystematik ist die Theorie des Zusammenhangs aller Strukturen und Seinsdimensionen der systematischen Philosophie. Man kann aber auch einen Terminus Kants verwenden und sie ganz einfach als die *Architektonik* der systematischen Philosophie nennen. Kant definiert diesen Begriff so:

»Ich verstehe unter einer *Architektonik* die Kunst der Systeme. Weil die systematische Einheit dasjenige ist, was gemeine Erkenntniß allererst zur Wissenschaft, d.i. aus einem bloßen Aggregat derselben ein System, macht, so ist Architektonik die Lehre des Scientifischen in unserer Erkenntniß überhaupt, und sie gehört also nothwendig zur Methodenlehre.« (Kant [KrV: B 860])

Kants Definition trifft ziemlich genau den hier intendierten Begriff der immanenten Metasystematik, wobei man freilich die völlig unterschiedliche Bedeutung beachten muss, die einige der von ihm verwendeten Begriffe in seiner Philosophie und in der hier vorgelegten systematischen Philosophie haben (das betrifft vor allem den Begriff der Erkenntnis). Dass Kant die Architektonik der Methodenlehre zuweist, erklärt sich daraus, dass er die *Kritik der reinen Vernunft* in zwei Teile gliedert: in die Transzendentale Elementarlehre und in die Transzendentale Methodenlehre. Es ist klar, dass die hier entworfene systematische Philosophie ganz anders konzipiert ist.

6.2.2 Drei immanent-metasystematische Faktoren

Die immanente Metasystematik lässt sich in der Weise kurz darstellen, dass *drei* Faktoren oder Gesichtspunkte genannt und erläutert werden: [1] Die Gesamtübersicht über die Komponenten der systematischen Philosophie; [2] die explizite Darstellung der Methode, die bei der Entfaltung des Gesamtkorpus der systematischen Philosophie zur Anwendung kommt; [3] die Herausarbeitung der inneren Kohärenz der einzelnen systematischen Komponenten.

[1] Die Gesamtübersicht über die Komponenten der systematischen Philosophie ist am klarsten und einfachsten durch die detaillierte Gliederung gegeben. Dieser Faktor ist der global-holistische Faktor: Das Ganze der systematischen Philosophie wird auf einmal, sozusagen optisch sichtbar und transparent. Natürlich ist dieser Faktor ein in einer bestimmten Hinsicht äußerlicher Faktor, aber er ist ein realer Faktor, dessen Bedeutung nicht unterschätzt werden darf.

[2] Wie am Anfang von Kapitel 1 ausgeführt wurde, ist dieses Buch eine Darstellung des vollständigen systematisch-philosophischen Theorierahmens.

Im Rahmen der immanenten Metasystematik drängt sich von selbst die Frage auf, welche Methode dabei angewandt wird. Im selben Kapitel wurde die vollständige oder idealisierte systematisch-philosophische Methode als vierstufig dargestellt. Diese Methode ist so zu verstehen, dass sie auf jede einzelne Theorie jedes einzelnen Gebietes der systematischen Philosophie Anwendung findet bzw. finden müsste, wenn die Darstellung in jeder Hinsicht Anspruch auf Vollständigkeit erhöbe. Es wurde aber des öfteren festgestellt, dass eine solche Vollständigkeit ein Ideal darstellt, das, wenn überhaupt, so doch nur in Bezug auf einzelne Theorien bzw. Gegenstandsbereiche erreicht werden kann. Als *regulative Idee* hat aber die beschriebene vierstufige Methode eine nicht zu unterschätzende Tragweite, insofern sie entscheidend dazu dient, Klarheit über den jeweiligen methodischen Stand einer philosophischen Konzeption bzw. ihrer Darstellung zu schaffen.

Findet diese philosophisch-systematische Methode auch auf die Darstellung des gesamten philosophisch-systematischen Theorierahmens Anwendung? Die Frage ist im Rahmen der immanenten Metasystematik zu bejahen; denn »*immanente* Metasystematik« besagt, dass die systematische Philosophie bzw. ihr gesamter Theorierahmen sich selbst expliziert. Metasystematik ist insofern Selbstexplikation. Hier findet also eine Selbstanwendung der philosophisch-systematischen Methode statt, die allerdings nur partiell ist, insofern im Rahmen der *immanenten* Metasystematik nicht alle vier Stufen, sondern nur die drei ersten Stufen (prinzipiell) Anwendung finden können. Die letzte Stufe der Methode geht schon über die immanent aufgefasste systematische Philosophie hinaus, insofern sie diese gerade zu anderen (philosophisch-systematischen) Konzeptionen in Beziehung setzt und sie mit ihnen vergleicht.

Im vorliegenden Buch ist auch die zweite Methodenstufe, die theoriekonstitutive Methode (in ihrer spezifischen Form als axiomatische Methode), in bezug auf einzelne im Buch dargestellte Theorien *faktisch* nicht zur Anwendung gekommen. Eine vollständig durchgeführte immanente Metasystematik wäre der richtige (streng systematische) Ort für eine umfassende systematische axiomatische Theorie über alle Teile der systematischen Philosophie. Aber auch diese Aufgabe soll hier nicht in Angriff genommen werden, ist doch dieses Buch auf die Darstellung des gesamten systematischen Theorie*rahmens* beschränkt. Außerdem ist festzustellen, dass diese Durchführung nur dann eine sinnvolle Aufgabe wäre, wenn zuvor alle einzelnen Teile der systematischen Philosophie einer vollständigen Klärung zugeführt würden. Dies ist ohne Zweifel eine Aufgabe, die heute das größte Desideratum einer kompletten systematischen Philosophie darstellt.

Faktisch zur Anwendung kamen in diesem Buch die erste und die dritte Stufe der systematisch-philosophischen Methode, nämlich die Aufbau- oder Inventivmethode und die systemkonstitutive (oder holistisch-netzstrukturale) Methode. Indem gezeigt wird, wie diese beiden Methodenstufen in diesem Buch durchgeführt wurden, wird ein wichtiger Aspekt der immanenten metasystematischen Theorie der systematischen Philosophie im Grundriss beleuchtet (vgl. [3] und [4]). Dabei werden die beiden Methodenstufen als Einheit genommen, allerdings so, dass der dritten Methodenstufe natürlicherweise das eindeutig größere Gewicht beigemessen wird.

[3] An verschiedenen Stellen dieses Buches wurden bereits immanent-metasystematische Überlegungen angestellt. Das geschah nicht aus Gründen einer streng methodisch durchgeführten systematischen Darstellung, sondern eher aus Gründen des besseren Verständnisses der Konzeption und der Orientierung des Lesers. So wurde vor allem die »Grundidee« der hier vorgelegten systematischen Philosophie an mehreren Stellen explizit erläutert. Diese und ähnliche Ausführungen gehören zwar in streng methodisch-systematischer Hinsicht in den Bereich der immanenten Metasystematik, also in den vorliegenden Abschnitt; sie werden aber, da sie bereits ausgeführt wurden, hier nicht wiederholt, sondern vorausgesetzt.

Die ganze Darstellung – und damit die ganze Selbstexplikation – des gesamten Theorierahmens der systematischen Philosophie erfolgt auf der Basis einer großen »Idee« oder – erkenntnistheoretisch gewendet – »Intuition«: der Idee/Intuition, dass systematische Philosophie sich mit einem großen Thema zu befassen hat, das anfänglich als die theoretische Artikulation des »universalen Datums« beschrieben werden kann und wurde, wobei »das universale Datum« als ein künstlicher Ausdruck zur Bezeichnung dessen dient, was im Laufe der Geschichte der Philosophie »Sein (im Ganzen)«, »(gesamte) Wirklichkeit«, »Universum«, »Welt« u. ä. genannt wurde.

Eine etwas genauere anfängliche Formulierung dieser Idee/Intuition ist die am Anfang von Kapitel 1 präsentierte »Quasi-Definition« der systematischen Philosophie. Die dann folgende Darstellung im übrigen Kapitel 1 und in den Kapiteln 2–5 ist als Selbstexplikation dieser Quasi-Definition zu verstehen. Die Selbstexplikation besteht zunächst darin, dass gezeigt wird, welchen Status dieser Begriff hat: Er hat die Form der Theoretizität, und diese ist die Artikulation der Dimension der Strukturen. Alle großen Fragen bezüglich Sprache, Erkenntnis, Theoriebildung usw. werden hier behandelt und zur systematischen Klarheit geführt. Danach werden die drei großen Dimensionen von Strukturen herausgearbeitet: die fundamentalen formalen Strukturen, die semantischen Strukturen und die ontologischen Strukturen. Bei diesem Verfahren kommen die erste und die dritte Methodenstufe in ganz besonderer Weise zur Anwendung. Das Gesamtverfahren hat sowohl rekonstruktive als auch konstruktive (aufbauende) sowie in entscheidender Weise kohärenziale Aspekte. Das Verfahren ist kein linear-axiomatisches, sondern ein »Netzwerk«-Verfahren: Es geht immer darum, alle einschlägigen »Elemente« in ein großes theoretisch artikuliertes kohärentes Ganzes einzubringen. Der entscheidende Gesichtspunkt ist dabei nicht die Ableitung oder Folgerung (von Theoremen oder »Wahrheiten«) aus (einigen) am Anfang axiomatisch festgelegten oder eingeführten »Wahrheiten« (wahren Sätzen); d. h. das resultierende theoretische Ganze bildet nicht einen deduktiv bestimmten Gesamtzusammenhang. Oder noch anders ausgedrückt: Die Beziehungen zwischen den einzelnen »Elementen« des Ganzen sind nicht streng deduktiver Natur, sondern sind Beziehungen, die zwar durchaus Inferenzaspekte beinhalten, aber grundsätzlich von einem ganz anderen Gesichtspunkt oder Maßstab entscheidend bestimmt sind: dem Gesichtspunkt oder Maßstab der (*höheren oder relativ maximalen*) *Intelligibilität und Kohärenz*. Das angestrebte große theoretisch artikulierte Ganze wird eruiert aus der Perspektive der so verstandenen Intelligibilität und Kohärenz.

Das zeigt sich insbesondere in Kapitel 3. Die Dimension der Theoretizität wird begriffen als im wesentlichen aus den genannten Arten von fundamentalen Strukturen bestehend. In diesem Kapitel wird explizit auf die Kohärenz aller herausgearbeiteten Elemente unter dem Gesichtspunkt der relativ maximalen Intelligibilität geachtet. Das erklärt besonders die in diesem Kapitel in den Grundzügen vorgelegte ganz neue Semantik und Ontologie sowie die neue Theorie der Wahrheit.

Kapitel 4 und 5 sind schon inhaltlicher Art in dem Sinne, dass das »Verhältnis« zwischen Strukturen und dem »universalen Datum« viel bestimmter untersucht wird. Gezeigt wird in Kapitel 4, wie das »universale Datum« in der Gestalt der »Weltbereiche«, und in Kapitel 5, wie dieses in Gestalt der unbeschränkten Totalität (Sein als solches und als Ganzes) zu begreifen ist. Das »Begreifen« bedeutet jetzt die Art und Weise, wie die in Kapitel 3 herausgearbeiteten Strukturen auf diese Bereiche »angewandt« werden sollen, wobei der Ausdruck ›Anwendung‹ einen sehr äußerlichen und missverständlichen Sinn haben kann, insofern er die Konnotation hat, die beiden Dimensionen (die fundamentalen Strukturen und das universale Datum bzw. die verschiedenen Bereiche des Seins und das Sein selbst) seien zwei zunächst völlig voneinander getrennte und autonome »Dimensionen«, die erst nachträglich irgendwie »ins Verhältnis« zueinander gesetzt werden. So verhält es sich aber gerade nicht. Zwar bringt es die Darstellung der fundamentalen Strukturen mit sich, dass sie *zuerst* als solche, noch unterschieden vom universalen Datum und allen seinen Elementen, bedacht und dargestellt werden. So werden sie nur *rein abstrakt* im eigentlichen Sinne dieses Wortes begriffen und dargelegt; sie haben jedoch von Anfang an den *immanenten ontologischen Bezug*. Allerdings bedarf es erheblicher theoretischer Anstrengungen, um diesen immanenten ontologischen Bezug der fundamentalen Strukturen in seiner ganzen Komplexität zu erfassen und zur Darstellung zu bringen. Gerade dieses Programm wird in den Kapiteln 4 und 5 im Grundriss durchgeführt.

6.3 Externe Metasystematik

6.3.1 Was ist externe Metasystematik?

Bei der *externen* Metasystematik kommen »Dimensionen« ins Spiel, die mit der hier dargelegten Philosophie selbst nicht identisch sind, weder total noch partiell, Dimensionen, die also ein »Meta« bezüglich dieser Philosophie besagen. Es gibt zwei ganz verschiedene Arten solcher Dimensionen: andere *theoretische* Dimensionen und nicht-theoretische Dimensionen. Im ersten Fall handelt es sich um die *externe intratheoretische* Metasystematik, in zweiten Fall um die *externe extratheoretische* Metasystematik. Die externe intratheoretische Metaysystematik hat wieder zwei ganz verschiedene Formen: eine externe philosophische und eine externe nicht-philosophische Metasystematik. Beide Formen haben rein theoretischen Charakter.

Wie ist der »Meta-Charakter« dieser externen Metasystematik genau zu verstehen? An allererster Stelle muss man beachten, dass es *in einer bestimmten Hinsicht* keine Meta-Dimension bezüglich der systematischen Philosophie gibt bzw. geben kann. Das ist die Dimension des Thematischen: Jedes »Ding«, jeder Bereich, sei es ein theoretischer oder ein extratheoretischer Bereich (eine Disziplin, eine Aktivität, ein Phänomen welcher Art auch immer) kann bzw. muss als (prinzipiell mögliches) Thema der systematischen Philosophie betrachtet werden. In diesem *thematischen* Sinne gibt es nichts, was eine Metaebene hinsichtlich der systematischen Philosophie in dem Sinne darstellt, dass es nicht Gegenstand einer Theorie werden könnte und müsste, wobei diese Theorie eine Komponente der systematischen Philosophie ist. Das angemessene Thema der Philosophie ist ja das unbeschränkte *universe of discourse*.

Wenn nicht als ein thematisches Etwas, wie ist dann das »Meta« der externen Metasystematik zu verstehen? Dieses Meta ist eine *Perspektive der theoretischen Betrachtung*. Diese ist nicht mehr einfach mit der Perspektive der theoretischen Betrachtung identisch, die der hier dargestellten struktural-systematischen Philosophie eigen ist; die Meta-Perspektive ist mehr und anderes als die struktural-systematische Perspektive. Was »Perspektive der theoretischen Betrachtung« genannt wurde, lässt sich mit Hilfe des in diesem Buch oft und oft verwendeten Begriffs des *Theorierahmens* präzisieren. Eine externe Metasystematik ist eine solche, die in einem anderen, weiteren Theorierahmen – eben einem *extern-metasystematischen Theorierahmen* – die vorgelegte struktural-systematische Philosophie zum Thema oder Gegenstand hat. *Wie* dieser weitere metasystematische Theorierahmen konstituiert ist, hängt von der thematisierten externen Dimension ab. Handelt es sich um die externe intratheoretische *philosophische* Metasystematik, so bedeutet dies, dass der extern-metasystematische Theorierahmen alle Elemente (wie: Sprache, Begriffe, Prinzipien, logisches Instrumentarium usw.) enthalten muss, die erforderlich sind, um die vorgelegte systematische Philosophie *und andere* (systematisch oder auch nicht-systematisch orientierte) Philosophien zu thematisieren. Dass dies in der Form eines Vergleichs zwischen der vorhandenen Philosophie und diesen anderen Philosophien zu erfolgen hat, wird bald zu zeigen sein. Entsprechendes muss von den anderen externen Dimensionen gesagt werden. Wenn eine solche Dimension eine extratheoretische ist (z. B. die Lebenswelt mit ihren nicht-theoretischen Strukturen und Aktivitäten), so muss der extern-metasystematische extratheoretische Theorierahmen all die Elemente einschließen, die eine Thematisierung des Verhältnisses zwischen der systematischen Philosophie und dieser anderen extratheoretischen Dimension ermöglichen, wenngleich deren Elemente nicht selbst schon theoretisch sind.

6.3.2 Externe intratheoretische Metasystematik

6.3.2.1 Externe intratheoretische interphilosophische Metasystematik

[1] Hier geht es darum, die vorgelegte struktural-systematische Philosophie in Beziehung zu anderen (systematisch und nicht-systematisch orientierten) Philosophien zu setzen. Dieses Verhältnis ist also ein *interphilosophisches* (und damit auch ein *intraphilosophisches*, da es sich um das Verhältnis zwischen verschiedenen Philosophien *und* innerhalb der Philosophie handelt). Die Erörterung dieses Verhältnisses repräsentiert einen erheblichen Teil der *faktischen* philosophischen Tätigkeit, insbesondere dort, wo der Geschichte der Philosophie eine zentrale Bedeutung beigemessen wird.

Anders als eine – wie immer zu verstehende – *allgemeine* philosophiegeschichtliche Betrachtung ist die interphilosophische Metasystematik eben eine *Meta*systematik; sie hat also als Bezugspunkt oder genauer als »Themenpunkt« die vorhandene systematische Philosophie *und* andere Philosophien. Die Thematisierung dieses Verhältnisses kann verschiedene Formen annehmen: eine philosophiegeschichtliche, eine komparative, eine kritisch-polemische, eine systematisch aufbauende u. a. Alle diese Formen haben einen metasystematischen Charakter. Und sie alle setzen explizit oder implizit einen metasystematischen Theorierahmen voraus, der insbesondere eine zentrale Komponente hat, nämlich ein Kriterium, das eine umfassende komparative Analyse des genannten Verhältnisses im Hinblick auf die Entscheidung ermöglicht, welche der Philosophien den adäquateren oder überlegenen Theorierahmen besitzt.

In der Darstellung des allgemeinen Theorierahmens für die struktural-systematische Philosophie wurde in diesem Buch die externe intratheoretische interphilosophische Metasystematik in vielen einzelnen Kontexten schon *vor-*

greifend zur Anwendung gebracht, und zwar in der Weise, dass die entwickelten einzelnen (partiellen) Theorien, d. h. jene Theorien, die einzelne Gebiete der systematischen Philosophie artikulieren, oft in Auseinandersetzung mit alternativen konkurrierenden Theorien erhärtet wurden. Dies geschah aus Rücksicht auf die Situation des heutigen Lesers, der sich hinsichtlich *jedes einzelnen Gebietes* der Philosophie *sofort* mit einer Flut von häufig radikal voneinander divergierenden Positionen konfrontiert sieht. Von daher erscheint es angebracht, punktuelle Diskussionen mit konkurrierenden Konzeptionen im Laufe und nicht erst am Ende der Gesamtdarstellung durchzuführen. In diesem Sinne verdankt sich die Vorwegnahme metasystematischer Gesichtspunkte einem »äußeren (nicht-systematischen)« Gesichtspunkt. Streng systematisch im Sinne dieses Buches wäre die Darstellung hinsichtlich dieser Thematik nur dann, wenn der Vergleich bzw. die Auseinandersetzung mit anderen Theorien erst *am Ende* der Gesamtdarstellung und von dem daraus gewonnenen und begründeten Standpunkt aus erfolgen würde.

[2] Wenn die struktural-systematische Philosophie ins Verhältnis zu einer anderen Philosophie gesetzt wird, so geht es an erster Stelle um einen Vergleich zwischen den Theorierahmen, die den beiden Philosophien zugrunde liegen. Diesbezüglich gibt es grundsätzlich *vier* Möglichkeiten. [i] Der struktural-systematische Theorierahmen erweist sich als dem anderen Theorierahmen überlegen; [ii] der andere Theorierahmen erweist sich als dem struktural-systematischen Theorierahmen überlegen; [iii] beide Theorierahmen stellen sich als äquivalent heraus; [iv] beide Theorierahmen werden als *defizient* und daher als korrekturbedürftig aufgewiesen.

Es dürfte klar sein, welche Konsequenz aus diesen vier möglichen Ergebnissen zu ziehen sind. Im Fall [i] gilt die andere Philosophie und im Fall [ii] die struktural-systematische Philosophie als widerlegt, während im Fall [iii] nur deutlich wird, dass beide Philosophien auf zwei verschiedenen Darstellungsweisen ein und desselben großen Theorierahmens basieren; im Fall [iv] kann keiner der beiden Theorierahmen akzeptiert werden. Dass die Fälle [i] und [ii] eintreten können (und oft tatsächlich eintreten), ist eine Tatsache, über die nicht zu diskutieren ist.[4] Ob allerdings Fall [iii] mehr als eine abstrakte Möglichkeit darstellt, die faktisch zumindest nicht feststellbar ist und vielleicht

---

[4] Da die hier vorgestellte struktural-systematische Philosophie in diesem Buch zum ersten Mal dargestellt wird, kann selbstverständlich nicht gesagt werden, es habe in der Vergangenheit solche Vergleiche mit ihr gegeben. Aber natürlich wurden und werden in der einen oder anderen Weise Vergleiche zwischen zwei anderen Philosophien bzw. den ihnen zugrundeliegenden Theorierahmen angestellt. Solche Vergleiche, so unzureichend sie auch sein mögen, haben immer in gewisser Weise zur zentralen philosophischen Beschäftigung gehört, was auch heute, und zwar mehr denn je, gilt. Im folgenden wird die *methodische bzw. wissenschaftstheoretische* Problematik der Vergleiche ganz allgemein behandelt, also nicht nur unter Einbeziehung der struktural-systematischen Philosophie.

auch überhaupt nicht als feststellbar gelten kann, ist eine ernst zu nehmende Frage. Die Klärung dieser Frage erfordert eine ausführliche Untersuchung, die hier schon aus dem Grunde nicht unternommen wird, weil eine Antwort auf die Frage keinen wesentlichen Beitrag zur Metasystematik in diesem Buch leisten würde.[5] Viel wichtiger (und schwieriger) ist Fall [iv], der wohl am häufigsten in den normalen, wirklich sinnvollen philosophischen Diskussionen auftritt. Wenn beide verglichenen Theorierahmen defizient sind, so müssen die Defizienzen beseitigt werden. Aber wie? Entscheidend ist der Umstand, dass die Defizienzen *auf der Basis eines Metatheorierahmens* festgestellt werden. Daraus ergeben sich dann die Kriterien dafür, in welcher Weise und mit welchen Konsequenzen die Defizienzen des einen und des anderen der beiden Theorierahmen beseitigt und die entsprechenden Korrekturen vorgenommen werden können und müssen. Als Resultat ergibt sich konsequenterweise eine der drei ersten Möglichkeiten [i]–[iii].[6]

[3] Die entscheidende Frage lautet hier: Aufgrund welcher *Kriterien* kann bzw. soll dieser Vergleich angestellt werden? Um die genaue Bedeutung und die ganze Tragweite dieser Frage einzusehen, ist es angebracht, zuerst auf die *faktische* Praxis der philosophischen Diskussionen hinzuweisen. Diskussionen gehören zum philosophischen Alltag. Nun gibt es sehr verschiedene Arten von Diskussionen: Diskussionen über einzelne Themen, Diskussionen über prinzipielle Fragestellungen, Diskussionen innerhalb einer bestimmten philosophischen Richtung, Diskussionen zwischen verschiedenen philosophischen Richtungen usw. Aber selten, wenn überhaupt, wird die Frage gestellt, unter welchen Bedingungen und auf der Basis welcher Voraussetzungen

---

[5] Eine besondere Variante dieser dritten Möglichkeit ist QUINES berühmte Unterbestimmtheitsthese: die These, dass es möglich ist, empirisch äquivalente, aber logisch inkompatible Theorien zu formulieren (vgl. dazu QUINE [1975]). Strenggenommen handelt es sich nicht um die Äquivalenz der Theorierahmen, sondern um die Äquivalenz der jeweiligen empirischen Basis jeder Theorie.

[6] Hier drängt sich eine im Hinblick auf die philosophische Praxis außerordentlich wichtige Frage auf: Sind Korrekturen einer bestimmten philosophischen Konzeption *nur* im Rahmen eines Vergleichs eines philosophischen Theorierahmens mit einem anderen (oder mit mehreren anderen) philosophischen Theorierahmen möglich? Die Antwort darauf dürfte leicht zu formulieren sein. Man muss zwischen zweierlei Arten von Defizienzen bzw. erforderlichen Korrekturen unterscheiden: theorierahmen-immanente und den Theorierahmen selbst betreffende Defizienzen bzw. erforderliche Korrekturen. Die erste Art ist, wie die eingeführte Bezeichnung klar macht, *innerhalb* des vorausgesetzten bzw. benutzten Theorierahmens selbst gegeben bzw. durchführbar. Hier handelt es sich um Defizienzen bzw. Korrekturen, die daher rühren, dass der Theorierahmen selbst nicht richtig entwickelt oder angewandt wurde. Es ist klar, dass solche *immanenten* Defizienzen bzw. Korrekturen *unabhängig* von jedem Vergleich mit einem anderen Theorierahmen beseitigt werden können, ja müssen. Völlig anders verhält es sich mit der zweiten Art von Defizienzen bzw. Korrekturen: Diese werden gerade durch den Vergleich des vorausgesetzten Theorierahmens mit einem anderen Theorierahmen veranlasst.

6.3 Externe Metasystematik

solche Diskussionen *faktisch* erfolgen; erst daraus und darüber hinaus ergäbe sich die prinzipielle Frage nach der Möglichkeit einer sinnvollen Diskussion.

Faktisch kommen viele Philosophen aus verschiedenen Richtungen oft »ins Gespräch«; weniger oft treten sie in eine echte, d.h. sinnvolle philosophische Diskussion ein. »Ins Gespräch kommen« in einem allgemeinen, unspezifizierten Sinne ist etwas, was prinzipiell allen Philosophen jeder Couleur möglich ist; aber in eine echte, sinnvolle Diskussion eintreten ist etwas, was seltener geschieht und was auch in mehreren Fällen unmöglich ist. So ist es eine Selbstverständlichkeit, dass analytische Philosophen mit anderen analytischen Philosophen über viele Themen Diskussionen führen, dass sich hegelianische Philosophen mit anderen an Hegel orientierten Philosophen auf bestimmte Arten von Diskussionen einlassen (können) usw.; es ist auch eine Tatsache, dass kantianische Philosophen mit analytischen Philosophen fruchtbare Diskussionen führen (können). Können aber echte, sinnvolle Diskussionen auch etwa zwischen Anhängern Heideggers und Hegels, zwischen phänomenologischen Denkern husserlscher Prägung und analytischen Philosophen stattfinden? Es ist alles andere als klar, ob auf die letzte Frage eine bejahende Antwort gegeben werden kann. Freilich ist einschränkend zu sagen, dass Autoren wie Hegel und Heidegger oft und oberflächlich »interpretiert« werden, was dann leicht dazu führen kann, dass sie zwar »ins Gespräch« mit analytischen Philosophen geraten, aber in unzutreffender Weise. Völlig anders sieht aber die Lage aus, wenn man Autoren wie Hegel und Heidegger »beim Wort nimmt«, d.h. wenn man den radikalen Duktus ihres jeweiligen Denkens ernst nimmt und entsprechend interpretiert.

Analysiert man die ganze philosophische Situation der Gegenwart, so stellt man fest, dass oft echte, sinnvolle Diskussionen tatsächlich stattfinden, aber auch, dass echte, sinnvolle, fruchtbare Diskussionen zwischen Vertretern einiger Richtungen weder stattfinden noch möglich scheinen. Worin ist der Grund dieser Disparität zu sehen? Die Antwort darauf liegt auf der Hand: Eine echte, sinnvolle Diskussion setzt eine zumindest minimale gemeinsame Basis voraus. Eine solche minimale Gemeinsamkeit ist nicht schon dadurch gegeben, dass Kontrahenten sich »Philosophen« nennen oder sagen, sie wollen »Philosophie« betreiben; denn manche Auffassungen von »Philosophie« haben grundsätzlich nur eines gemeinsam: die Verwendung des *Wortes* ›Philosophie‹. Zu einer auch minimalen gemeinsamen Basis sind jedenfalls jene Faktoren zu rechnen, die eine argumentativ orientierte Behandlung einer Frage, eines Themas usw. allererst möglich machen. Dazu gehören grundlegende logische Regeln bzw. Strukturen, Methoden zur Klärung von Begriffen, Klarheit der Formulierungen u.ä. Wenn Autoren wie Heidegger und Hegel, jeder in völlig verschiedener Weise, so etwas wie formale Logik ablehnen, so kann es als grundsätzlich ausgeschlossen gelten, dass eine echte, sinnvolle Diskussion von Seiten analytischer Philosophen mit ihnen möglich ist. Natürlich schließt das eine »Auseinandersetzung« mit diesen Autoren etwa in dem Sinne nicht aus, dass gezeigt wird, dass deren »Denkform« nicht akzeptierbar ist (vgl. dazu Puntel [1996], [1997]. Dadurch wird zugleich nicht die Möglichkeit ausgeschlossen, dass aus dem Studium ihrer Werke zu lernen ist, beispielsweise indem versucht wird, Theorierahmen zu entwerfen, in denen die gewonnenen Einsichten aufgegriffen und theoretisch adäquat dargelegt werden.

[4] Um den Status der erwähnten Diskussionen genauer zu bestimmen, muss man auf den zentralen Begriff des Theorierahmens rekurrieren. Alle genannten Diskussionen setzen voraus, dass ein Theorierahmen explizit oder implizit in Anspruch genommen wird, der gegenüber den Theorierahmen, welche den miteinander diskutierenden Richtungen oder Konzeptionen zugrunde liegen, einen *Meta*status hat und somit ein *Meta*theorierahmen ist. Im Falle der hier dargestellten Philosophie, die einen systematischen Charakter hat, besitzt ein solcher Metatheorierahmen den Status eines gegenüber dieser Philosophie *externen Metatheorierahmens*. Dieser Metatheorierahmen beinhaltet die Kriterien, aufgrund deren die oben gestellte Frage zu klären ist, wie der Vergleich zwischen verschiedenen Philosophien bzw. deren Theorierahmen angestellt werden kann. Wie ist der systematische Metatheorierahmen oder der metasystematische Theorierahmen selbst genau zu begreifen? Auf diese Frage soll im folgenden in den Punkten [5] bzw. [6] eine Antwort in *zwei* Schritten gegeben werden.

[5] Zunächst muss man zwischen *zwei* verschiedenen Kategorien von Diskussionen unterscheiden: Diskussionen innerhalb ein und derselben Richtung und Diskussionen zwischen zwei (oder mehreren) grundsätzlich verschiedenen Richtungen.
 [i] Innerhalb der *ersten* Kategorie muss man wieder zwischen *zwei Varianten* differenzieren. Die *erste* besteht darin, dass ein grundsätzlich vollständiger Theorierahmen vorausgesetzt bzw. benutzt wird, der dann die entsprechende Richtung vollständig charakterisiert. »Richtung« wird in diesem Fall eher restriktiv als eine geschlossene Konzeption aufgefasst, die einen Raum für »Diskussionen« nur in einem den Theorierahmen selbst nicht grundsätzlich berührenden Sinne zulässt. Hier betrifft die Diskussion entweder eine reine Differenz hinsichtlich der Darstellungsweise oder eine Differenz hinsichtlich der konsequenten »Anwendung« des Theorierahmens auf ein Einzelthema. Der Ausdruck ›Diskussion‹ wird hier also in einem fast uneigentlichen Sinne verwendet. Viele Arbeiten, die als »Diskussionen« bezeichnet werden, fallen unter diese Kategorie. Ins Historische gewendet, hat diese Diskussionskategorie die Form einer Auseinandersetzung hinsichtlich der richtigen oder adäquaten Interpretation von Texten desjenigen Philosophen, der eine bestimmte Richtung initiiert hat, bzw. von Texten derjenigen Philosophen, die

im Rahmen dieser Richtung Philosophie betrieben haben bzw. betreiben. Eine der bekanntesten Bezeichnungen für Arbeiten, die dieser Kategorie zuzuordnen sind, ist die Bezeichnung ›Rekonstruktion‹ (der von einem Philosophen vertretenen Konzeption).

Die *zweite Variante* ist dann gegeben, wenn der Theorierahmen, der eine bestimmte Richtung charakterisiert, nicht vollständig gegeben ist, sondern ab einem bestimmten Punkt einen Spielraum von Vervollständigungsmöglichkeiten zulässt. Das geschieht beispielsweise, wenn verschiedene Begrifflichkeiten oder Methodologien eingeführt und benutzt werden. Vielleicht bietet die gegenwärtige analytische Philosophie die besten Beispiele für diese Variante. Man kann sicher von einem »analytischen Theorierahmen« sprechen, aber dieser Theorierahmen schließt nur bestimmte Komponenten wie formale Logik, argumentative Methoden usw. ein. Aber wenn die begrifflichen, semantischen, ontologischen usw. Komponenten, die jeder philosophische Theorierahmen mit Anspruch auf Vollständigkeit beinhalten muss, eingeführt sind, werden sofort teilweise sehr radikale Unterschiede sichtbar. In der *philosophy of mind* beispielsweise benutzt die eine analytische Variante ein rein physikalistisches, eine andere ein dualistisches *conceptual scheme* mit weitreichenden Konsequenzen. Fast alle innerhalb der heutigen analytischen Philosophie so intensiv geführten Diskussionen sind eindeutig dieser Variante der ersten Kategorie von Diskussionen zuzuordnen.

Wie aber gerade das Beispiel der analytischen Philosophie deutlich zeigt, kann von einer gemeinsamen Basis im allgemeinen nur in einem sehr eingeschränkten Sinn die Rede sein. Das zeigt beispielhaft die Komponente »Logik«. Vielleicht ist die einzige logische Sparte, die ganz unkontrovers ist, die Aussagenlogik. Die Prädikatenlogik ist, wie gerade dieses Buch zeigt, nicht ohne Probleme. Berücksichtigt man aber »Extensionen« der elementaren Logik wie z.B. die Modallogik, so gehen die Meinungen weit auseinander. Doch darauf kann hier nicht näher eingegangen werden.

[ii] Der *zweiten* Kategorie sind jene Diskussionen zuzurechnen, die zwischen zwei (oder mehreren) grundsätzlich verschiedenen Richtungen stattfinden. Von der soeben kurz charakterisierten zweiten Variante der ersten Kategorie unterscheidet sich diese zweite Kategorie dadurch, dass die gemeinsame Basis minimal ist: Sie (und damit der entsprechende Theorierahmen) ist auf ein absolutes Minimum reduziert, nämlich auf jene Faktoren, die für eine Diskussion unerlässlich sind, wie Argumentation, Klarheit u.ä. Diese minimale Basis beinhaltet gewisse logische Regeln, semantische Fähigkeiten u. dgl., aber nicht mehr als das. Man muss allerdings hinzufügen, dass der Unterschied zwischen dieser zweiten Kategorie und der zweiten Variante der ersten Kategorie grundsätzlich nur ein *gradueller* ist; in vielen, vielleicht in den meisten Fällen muss man von fließenden Grenzen sprechen. (Dieser Umstand ist es, der in weiten Teilen der *philosophical community* dazu geführt hat, dass betont

wird, der Begriff der *analytischen Philosophie* sei nicht definierbar und auch nicht einmal allgemein charakterisierbar.)

[6] Der *zweite* Schritt ist die Klärung der Frage, wie der metasystematische Theorierahmen selbst zu konzipieren ist. Diese Frage wird hier nicht irgendwie allgemein und abstrakt, sondern als eine Frage im Rahmen der *externen Metasystematik* der hier dargestellten systematisch-strukturalen Philosophie gestellt. Eine rein allgemeine und abstrakte Fragestellung wäre zwar nicht sinnlos, sie müsste aber mit einer leeren Variablen operieren, welche die Rolle der unbestimmten Anzeige *einer* bestimmten konkret entwickelten (systematischen) Philosophie spielte. In diesem Fall könnte auch die Antwort nur ebenfalls allgemein und abstrakt sein. Hier wird eine Variablenbelegung vorgenommen, nämlich die hier vorgelegte systematische Philosophie.

Es wäre eine Illusion anzunehmen oder gar zu verlangen, dass der metasystematische Theorierahmen vollständig »neutral« sein sollte (oder sein könnte), so dass er als eine Art höchste oder gar unfehlbare Instanz für die Klärung der externen metasystematischen Frage betrachtet werden könnte oder sogar müsste. Eine solche Instanz gibt es aber nicht und kann es nicht geben, zumindest nicht auf der Basis der in diesem Buch entwickelten Konzeption. Wollte man versuchen, einen solchen »neutralen« Theorierahmen zu entwickeln oder einen bestimmten Theorierahmen so aufzufassen, dann hätte man übersehen, dass ein solcher Theorierahmen wieder die Leistung einer *philosophischen* Konzeption oder Theorie ist und dass damit jede Neutralität im hier gemeinten Sinne ausgeschlossen ist. Wollte eine bestimmte philosophische Konzeption oder Theorie einen solchen Anspruch erheben, so würde sie behaupten, dass sie selbst jeder Diskussion enthoben ist, was eine dogmatische Position wäre. Jedenfalls könnte sie nicht als rational gelten.

Der metasystematische Theorierahmen für die struktural-systematische philosophische Konzeption hat, sieht man von basalen Komponenten wie logische und semantische Faktoren ab, eine ganz spezielle begriffliche Komponente als Grundcharakteristikum: den Begriff der *höheren Intelligibilität und Kohärenz*. Im Fall der oben dargestellten *immanenten* Metasystematik wurde als die zentrale begriffliche Komponente des ihr zugrundeliegenden Theorierahmens die *relativ maximale Intelligibilität und Kohärenz* herausgearbeitet. In der immanenten Metasystematik ging es nicht um einen *umfassenden* Vergleich zwischen verschiedenen konkurrierenden Konzeptionen, sondern um die Artikulation der Metasystematik nur einer Philosophie, nämlich der hier vorgelegten struktural-systematischen Philosophie. Freilich stellt sich auch das Problem des Vergleichs zwischen divergierenden Konzeptionen oder Theorien hinsichtlich spezifischer Themen, Bereiche usw. *innerhalb* dieser Philosophie, und diesbezüglich war die Entscheidung bei diesem Vergleich ebenfalls vom Gesichtspunkt oder Kriterium der höheren Intelligibilität und

Kohärenz geleitet. Aber im Fall der externen interphilosophischen Metasystematik kommt dieses Kriterium im Vergleich zwischen verschiedenen Philosophien, genauer: im Vergleich zwischen der vorliegenden systematischen Philosophie und einer anderen Philosophie bzw. anderen Philosophien zur Anwendung.

Lässt sich der Begriff der *höheren* Intelligibilität und Kohärenz weiter präzisieren? Man wird kaum erwarten können, dass eine strenge Definition dieses Begriffs vorgelegt wird. Doch entsprechend dem allgemeinen Duktus der hier vertretenen systematischen Philosophie können *zwei Grundcharakteristika* eines *höheren Grades* von Intelligibilität und Kohärenz angegeben werden.

[i] Das erste Charakteristikum einer höheren Intelligibilität und Kohärenz ist die im Vergleich zu anderen Positionen *umfassendere Berücksichtigung und Erfassung der »Daten«*. Der Ausdruck ›Daten‹ wird in einem speziellen, eher technischen Sinn genommen, wie das in diesem Buch öfter der Fall war (vgl. z. B. bes. 4.1.2). Demnach gelten als »Daten« alle jene »Elemente«, die in vielfältigster Form *Thema* der philosophischen Betrachtung sein können und auch werden müssen. Man könnte kurz sagen: »Daten« sind alle philosophischen *Explananda*, wobei allerdings der Ausdruck ›Explanandum‹ oder ›Explicandum‹ nicht im engen Sinne der wissenschaftlichen bzw. wissenschaftstheoretischen »Erklärung« zu nehmen ist. Dazu gehören alle die »Elemente«, die in diesem Buch »thematisiert« wurden.

Die Daten im hier vorausgesetzten philosophischen Sinn sind sowohl in *quantitativer* als auch in *qualitativer* Hinsicht zu betrachten. Es ist klar, dass eine philosophische Konzeption dann als einer anderen Konzeption unterlegen einzuschätzen ist, wenn die erste nicht so viele Daten berücksichtigt (und thematisiert) wie die zweite. Dieser Faktor hat für eine systematisch orientierte Philosophie eine große Bedeutung, vor allem wenn es sich um zentrale Daten handelt. Ein Beispiel mag das verdeutlichen: Wenn eine Philosophie jenes große Datum nicht beachtet, das in diesem Buch die semantische Dimension genannt wird, so weist sie eine eindeutig geringere Intelligibilität und Kohärenz als jene Konzeptionen auf, die die semantische Ebene ausdrücklich thematisieren. Oder auch: Eine Semantik, die ihre »Kehrseite«, nämlich die Ontologie, nicht explizit zum Thema erhebt, weist einen beträchtlichen Rückstand an Intelligibilität und Kohärenz gegenüber einer anderen Semantik auf, die das immanente Wechselverhältnis von Semantik und Ontologie expliziert.

Genauso wichtig ist aber hinsichtlich der Daten der *qualitative* Gesichtspunkt. Dieser Faktor betrifft *die spezifische Eigenart* der Daten, die nicht adäquat berücksichtigt und erfasst wird, wenn die Daten rein extensional oder quantitativ betrachtet werden. Ein Beispiel möge diesen Sachverhalt verdeutlichen. Wie in 4.3.1 teilweise ausgeführt wurde, stellen die Daten, mit denen sich die *philosophy of mind* befasst bzw. befassen muss, ein ganz besonderes und aufschlussreiches Problem dar. Die zentralen Daten sind *bewusste Phänomene*, wie immer man sie näher bezeichnen mag. Ein Subjekt »erfährt« etwas, »erlebt« etwas, ist »überzeugt dass« etwas stattfindet, hat ein Bewusstsein seiner Freiheit usw. Diese »subjekt-bezogenen« Daten können nun nicht adäquat als etwas »Objektives« im wissenschaftlichen Sinne begriffen werden; m. a. W.: Sie können nicht unter ein Modell subsumiert werden, das geeignet ist, rein »objektive« Daten zu artikulieren (zu erklären usw.). In irgendeiner Weise lassen sich *alle* Daten unter *jedes* Modell subsumieren. Wird das Modell ein »wissenschaftliches« genannt, so erweckt dies den Anschein, die auf dieser Basis erreichte »Erklärung« sei eine wissenschaftliche Erklärung. Dabei bleibt aber die Frage unbeantwortet, ob dadurch die *Eigenart* der »geistigen Daten« wirklich erfasst bzw. berücksichtigt wird. Dies aber kann nur dadurch geschehen, dass eine dazu angemessene Begrifflichkeit eingeführt und eine entsprechende Analyse dieser Daten durchgeführt wird. Gerade dieser Punkt, die Frage nach der angemessenen Begrifflichkeit, bildet den zentralen Streitpunkt in der heutigen Philosophie des Geistes, wie es in Kapitel 4 gezeigt wurde.

[ii] Das zweite Grundcharakteristikum der höheren Intelligibilität und Kohärenz ist die Herausarbeitung bestimmter oder *feiner strukturierter Zusammenhänge* »zwischen« den Daten. »Zusammenhang« wird hier im weiten Sinne als Bezeichnung für jede Art von »Beziehung«, »Verhältnis«, »Verknüpfung« u. dgl. genommen. Nun sind Daten und Zusammenhänge nicht irgendwie nebeneinander bestehende Entitäten oder Dimensionen oder etwas Ähnliches; vielmehr sind Zusammenhänge bestimmte Weisen, wie Daten selbst konstituiert werden und dementsprechend zu begreifen sind. Dieses »Begriffenwerden« ist seinerseits nicht etwas den Daten Äußerliches, sondern bezeichnet die innere Verfasstheit oder, traditionell gesprochen, das »Wesen« oder die »Natur« der Daten selbst. Eine höhere Intelligibilität und Kohärenz ist dann gegeben, wenn die so verstandenen Zusammenhänge in einer detaillierteren, feinmaschigeren, genaueren Weise begriffen und dargestellt werden. Damit werden automatisch auch die Daten adäquater erfasst oder begriffen.

In diesem Buch war dieser Sachverhalt der Leitfaden für die ganze Konzeption, die sich demzufolge u. a. daran messen lassen muss.

[7] Die oben kurz dargelegte intratheoretische interphilosophische Metasystematik hat einen sehr abstrakten Charakter. Konkretisieren kann man die so verstandene Metasystematik nur dadurch, dass man die hier präsentierte systematisch-strukturale Philosophie mit einer anderen Philosophie bzw. mit (den) anderen Philosophien vergleicht. Dann kann gezeigt werden, was eine höhere Intelligiblität und Kohärenz *im bestimmten Fall* zu bedeuten hat. In diesem Buch wurden solche Auseinandersetzungen in verschiedenen Kontex-

ten, meistens aber hinsichtlich bestimmter spezifischer Fragestellungen thematisiert. Aufgabe der Metasystematik ist es, explizit zu machen, auf welchen Theorierahmen sich diese Überlegungen stützten.

6.3.2.2 Externe intratheoretische philosophisch-nichtphilosophische Metasystematik

Die in diesem Abschnitt darzustellende Metasystematik thematisiert das Verhältnis der struktural-systematischen Philosophie zu den nicht-philosophischen Wissenschaften. Das ist ein weites Thema, das in diesem Buch an verschiedenen Stellen zumindest partiell zur Sprache kam. In diesem Kapitel wird ausschließlich der metasystematische Aspekt *als solcher* oder *abstrakt* behandelt.

Aus der Quasi-Definition der struktural-systematischen Philosophie ergibt sich grundsätzlich, wie dieses Verhältnis zu konzipieren ist: Die allgemeinsten Strukturen des unbeschränkten *universe of discourse* herauszuarbeiten, ist eindeutig nicht die Aufgabe jener Wissenschaften, die man die »empirischen Wissenschaften« oder auch die »Naturwissenschaften« nennt, und auch nicht der formalen Wissenschaften; am treffendsten würde man die empirischen Wissenschaften als die »partikulären Wissenschaften« bezeichnen. Das wird deutlich, wenn man den jeweiligen Theorierahmen der systematischen Philosophie und der partikulären Wissenschaften miteinander vergleicht; das ist in der Tat der in jeder Hinsicht entscheidende Maßstab für die Bestimmung des Unterschieds zwischen beiden Theorierahmen. Zwar enthalten beide Theorierahmen viele gleich basale Elemente wie eine gemeinsame – zumindest elementare – Logik, Semantik usw.; aber darüber hinaus überwiegen die Unterschiede: eine anders geartete Begrifflichkeit, Methodologie usw. Am deutlichsten wird dieser Unterschied sichtbar, wenn man jene Themenstellungen betrachtet, die in diesem Buch vor allem in Kapitel 5 behandelt wurden: eine Theorie des Seins im Ganzen und als solchen. Nur wenn man »das Sein im Ganzen und als solches« einfachhin mit »Natur« im Sinne der Naturwissenschaften identifizierte, wären keine Unterschiede auszumachen. Dann aber stellte sich die grundsätzliche Frage, was »Philosophie« eigentlich noch sein kann oder soll. Es ist merkwürdig, dass viele analytische Philosophen, welche die genannte Identifikation – meistens implizit – voraussetzen, diese zwingende Konsequenz nicht ziehen.

Eine nicht-naturwissenschaftlich, sondern echt philosophisch orientierte Theorie des Seins im Ganzen und als solchen basiert auf einem Theorierahmen, der die erwähnte Identifikation nicht akzeptiert, sondern ausschließt. U. a. zeigt sich dies darin, dass andere grundlegende Komponenten benutzt werden, wie z. B. die Modalitäten, die Unterscheidung zwischen absoluter und kontingenter Seinsdimension, der Begriff des Anfangs usw.

Allerdings gibt es eine andere philosophische »Dimension«, die eine solche Unterschiedlichkeit nicht so deutlich erkennen lässt. Das ist die Dimension, die in der großen metaphysischen Tradition die »spezielle Metaphysik (*metaphysica specialis*)« genannt wurde; diese unterscheidet sich in signifikanter Weise von der »allgemeinen Metaphysik (*metaphysica generalis*)«, welcher unzweideutig jener »universale« Theorierahmen eignet, von dem soeben die Rede war. Zum (im zuletzt erläuterten Sinne) »speziellen« struktural-philosophischen Bereich gehören Disziplinen wie die Philosophie des Geistes, die Philosophie des Lebens usw., wie dies in Kapitel 4 bis zu einem gewissen Punkt dargestellt wurde. Hier sind die Grenzen nicht eindeutig gegeben. Weil die Strukturen, welche die Theorie des Seins im Ganzen und als solchen herausarbeitet, eindeutig *universale Strukturen* sind, werden sie, im Gegensatz zu den Strukturen, deren Untersuchung die Aufgabe der *speziellen* strukturalsystematischen Philosophie ist, *absolut universale* Strukturen genannt. Erstere werden daher als *relativ universale* Strukturen bezeichnet.

Wie sind diese Strukturen gegenüber jenen Strukturen eindeutig abzugrenzen, welche die partikulären Wissenschaften entsprechend ihrem Theorierahmen artikulieren? In diesem Buch wird die Auffassung vertreten, dass ein »absolutes«, d. h. in jeder Hinsicht eindeutiges Kriterium dafür nicht gegeben ist. Kriterien gibt es nur *relativ* zur jeweiligen philosophischen Konzeption der »Welt«, des »Geistes« usw. einerseits und zur jetzigen (bzw. jeweiligen) Situation der partikulären Wissenschaften andererseits.

Was die jeweilige philosophische Konzeption der »Welt« angeht, leuchtet ein Umstand unmittelbar ein: Wenn eine Philosophie die These vertritt, dass alles und jedes *physikalistisch* erklärt ist bzw. werden kann – wie oben bemerkt, ist das die Auffassung der meisten analytischen Philosophen –, so ist nicht mehr einzusehen, was die Philosophie noch zu sagen hat. Aufgrund dessen, was sie selbst (d. h. die von diesen »physikalistischen« Philosophen vertretene Philosophie) behauptet, muss die Philosophie jede Erklärung den partikulären Wissenschaften überlassen bzw. alles, was sie selbst als angebliche philosophische Konzeption ausgibt, mit der naturwissenschaftlichen Erklärung identifizieren. Damit schreiben diese Philosophien den hier partikulär genannten Wissenschaften den Charakter der wissenschaftlichen Universalität zu. Hier bedeutet dann »universale Wissenschaft« nicht *eine* Wissenschaft, die neben und im Unterschied zu den »partikulären« Wissenschaften existiert, sondern es bedeutet, dass »universale Wissenschaft« nichts anderes ist als das, was die *sogenannten* partikulären Wissenschaften sind bzw. tun.

Ganz anders stellt sich die Problemlage dar, wenn die (bzw. eine) Philosophie nicht die These akzeptiert, dass Phänomene wie diejenigen, mit denen sich die Philosophie des Geistes befasst, physikalistisch »erklärt« werden können. Aber eine solche These ist nur möglich, d. h. hier: konsequent und/oder kohärent, wenn eine weitere, breitere, eben universale Wissenschaft angenommen wird, die nur mit der Philosophie identifiziert bzw. nur als Philosophie verstanden werden kann. Der methodische Ausgang aller Diskussionen im Bereich der Philosophie des Geistes ist äußerst aufschlussreich: Je nachdem, welche holistische Auffassung (in der traditionellen metaphysischen Terminologie: Je nachdem, welche allgemein metaphysische Konzeption) ein Philosoph vertritt, wird seine allgemeine Sicht für die Fragestellung und den Ausgang des ganzen Streits entscheidend sein. Ein »physikalistischer Holist« beispielsweise kann nicht anders verfahren als so, dass er mit allen Mitteln versucht, alle Phänomene in das physikalistische Modell einzubeziehen, ungeachtet der Tatsache, dass damit den Phänomenen »Gewalt angetan« wird.[7]

Diese Überlegungen machen deutlich, wie wichtig es ist, eine klare Sicht auf diese Zusammenhänge zu haben. Dass der nicht monistisch-physikalistisch orientierte Philosoph die fundamentale Unterscheidung zwischen Philosophie als universaler Wissenschaft und den anderen Wissenschaften als partikulären Wissenschaften anerkennt, führt ihn direkt dazu, die Artikulation derjenigen Phänomene, die nicht im Theorierahmen partikulärer Wissenschaften erklärt werden können, in einem anderen Theorierahmen zu situieren. Nun ist kein anderer Theorierahmen verfügbar *und vorstellbar* als

---

[7] Es gibt auch das Phänomen des »physikalistischen Holisten«, der eigenartigerweise versucht, auf dieser physikalistischen Basis doch den »geistigen Phänomenen« auf angeblich nicht physikalistische Weise gerecht zu werden. Ein Beispiel dafür ist die Position des Philosophen JOHN SEARLE. Auf der einen Seite vertritt er eine exaltierte umfassende *physikalistische* Ontologie:
»Here ... are the bare bones of our ontology. We live in a world *made up entirely of physical* particles in fields of force. Some of these are organized into systems. Some of these systems are living systems and some of these living systems have evolved into consciousness. With consciousness comes intentionality, the capacity of the organism to represent objects and states of affairs in the world to itself. Now the question is, how can we account for the existence of social facts within this ontology.« (SEARLE [1995: 7]; Hervorh. LBP)
Auf der anderen Seite heißt es bei ihm:
»If there is one thesis that I would like to get across in this discussion, it is simply this: The fact that a feature is mental does not imply that it is not physical; the fact that a feature is physical does not imply that it is not mental (...)
When I say that consciousness is a higher-level physical feature of the brain, the temptation is to hear that as meaning physical-as-opposed-to-mental, as meaning that consciousness should be described *only* in objective behavioral or neurophysiological terms. But what I really mean is conciousness *qua* consciousness, *qua* mental, *qua* subjective, *qua* qualitative *is physical*, and physical *because* mental ...« (SEARLE [1994: 14–15])
Was bedeutet schließlich »physical« nach SEARLE? Jedenfalls nimmt er diesen Term oder Begriff so, dass es auch »Physisches« gibt, das mit »behavioral or neurophysiological terms« *nicht* beschrieben werden kann. *A fortiori* folgt daraus, dass es »Physisches« gibt, das nicht mit »physikalistischen« Mitteln (nach der gewöhnlichen Bedeutung von »physikalistisch«, nämlich: »gemäß den Methoden der Physik«) beschrieben wird. Aber dann drängt sich erneut und erst recht die Frage auf: Was heißt es, dass auch Bewusstsein »physical« ist? Wenn »physical« etwas ist, das nicht nur – und hinsichtlich bestimmter Phänomene überhaupt nicht – mit den Mitteln der Physik beschrieben werden kann, was ist es dann? Was kann dann »physical« anderes bedeuten als »real/wirklich« u. dgl.? In jedem Fall ist SEARLES Gebrauch von »physical« extrem konfus.

der philosophische. Von den Theorierahmen der partikulären Wissenschaften unterscheidet er sich eben dadurch, dass er ein universaler Theorierahmen ist; hinsichtlich bestimmter Themenstellungen, wie sie beispielsweise in der Philosophie des Geistes gegeben sind, ist er aber kein universaler, sondern ein nur *relativ universaler Theorierahmen*.

Relativ ist dieser Theorierahmen in *zweierlei* Hinsicht.

[i] Er ermöglicht das Begreifen oder Erklären bestimmter Phänomene wie der mentalen, *insofern* diese einen Bezug zum ganzen Universum (wie immer man dieses bezeichnen mag: Sein, Realität, Welt, Natur usw.) haben, oder genauer: Er ermöglicht das Begreifen bestimmter Phänomene in deren Bezogenheit oder Relationalität zum ganzen Universum. Anders gesagt, die Artikulation der *spezifischen Eigenart* solcher Phänomene erfordert das explizite Aufzeigen der Differenz, die diese Phänomene bzw. Seiende von (den) anderen Phänomenen bzw. Seienden unterscheidet. Es leuchtet ein, dass dies nur geleistet werden kann, indem die betrachteten Phänomene bzw. Seiende im Ganzen des Universums, d.h. im Sein im Ganzen, »situiert« werden.

Eine solche *Relativität* im Sinne einer *Relationalität zu allen anderen Phänomenen* bzw. *Seienden* und damit zum Sein im Ganzen ist nicht etwas, was in einem partikulär-wissenschaftlichen Theorierahmen getan wird bzw. getan werden kann. Das ergibt sich direkt aus den obigen Überlegungen. Dennoch muss man sehen, dass es hier ein Problem gibt. Die Formulierung »die spezifische Eigenart von Phänomenen bzw. Seienden *in deren Relationalität* zu allen anderen Phänomenen bzw. Seienden« ist etwas unbestimmt, ambig. Wie ist »die spezifische Eigenart« von Phänomenen bzw. Seienden selbst zu sehen? Kann ihre »spezifische Eigenart« überhaupt erfasst werden, ohne dass deren Relationalität zum ganzen Universum oder Sein im Ganzen explizit herausgearbeitet wird? Nach der hier vertretenen Konzeption wird man das nicht sagen können; denn die spezifische Eigenart der Phänomene bzw. Seienden ohne ihre Situierung im Universum bzw. im Sein im Ganzen erfassen zu wollen, hieße, daß die Einbezogenheit von Phänomenen/Seienden in das ganze Universum/Sein etwas den Phänomenen/Seienden völlig Äußerliches wäre, wovon auch abstrahiert werden könnte. Aber das ist inakzeptabel; denn dadurch würde die Idee eines Systems ihres eigentlichen Sinnes völlig entleert werden. Es würde sich eine Auffassung ergeben, die man als radikalen Atomismus bezeichnen müsste. Im Rahmen der in diesem Buch dargestellten Gesamtkonzeption kann eine solche Sicht keinen Platz haben.

Diese These muss noch präzisiert werden. Aus ihr folgt nicht, dass ohne die explizite Thematisierung der Relationalität zum ganzen Universum/Sein nichts Wichtiges über die spezifische Eigenart von Phänomenen bzw. Seienden gesagt werden könnte; es folgt im Prinzip nur, dass eine *vollständige oder adäquate* Erfassung der spezifischen Eigenart ohne die Thematisierung der holistischen Relationalität nicht möglich ist. Das bedeutet, dass die je partikuläre Erarbeitung spezifischer Eigenarten von Phänomenen bzw. Seienden genau das Feld ist, auf dem die partikulären Wissenschaften ihre fundamentalen Beiträge leisten können und müssen, die von der Philosophie in vollem Umfang anzuerkennen sind. Die genauen Grenzen dieser Beiträge können nicht *a priori* fixiert werden; sie hängen entscheidend davon ab, wie die partikulären Wissenschaften – und hier an erster Stelle die Physik – sich verstehen und sich entwickeln und welchen Gebrauch davon Philosophen machen.

[ii] Die partikulären Wissenschaften entwickeln sich. Dieses Phänomen ist hier natürlich nicht als solches und als ganzes zu betrachten. Einzig ein Aspekt, der besonders die fundamentale Naturwissenschaft, die Physik, betrifft, muss in diesem Zusammenhang in einer bestimmten Hinsicht thematisiert werden. Die meisten analytischen Philosophen stützen sich auf die Naturwissenschaft und machen daraus eine Art Dogma. Sehr viele sind der Meinung, dass alle Phänomene physikalisch erklärbar sind, so dass sie eine Reduktion größten Ausmaßes befürworten. Hier herrscht eine grundsätzliche Unklarheit und sogar Konfusion, wie das in der Fußnote 7 besprochene Beispiel der Position von J. Searle zeigt.

Zwei Aspekte seien kurz erörtert: *Erstens* muss man mit größter Vorsicht von »den Wissenschaften«, insbesondere von »der Physik« sprechen. Wer kann sagen, wie etwa »die Physik« sich entwickeln wird? Gegenwärtig ist diese Grundwissenschaft relativ genau charakterisierbar. Danach dürfte es ziemlich ausgeschlossen sein, dass »die Physik« der Zukunft auch Begrifflichkeiten und Methoden einführen und anwenden wird, die der Erfassung und Artikulation »der Eigenart« von Phänomenen wie z. B. dem Phänomen des Mentalen, des Geistes, des Denkens usw. ganz adäquat sind. Damit ist kaum zu rechnen, da nicht davon ausgegangen werden kann, dass diese Wissenschaft die jetzt benutzten Begrifflichkeiten und angewandten Methoden *grundlegend* ändern könnte.

Es scheint aber, dass folgende Entwicklung nicht *a priori* ausgeschlossen werden kann: Der *Term* ›Physik‹ könnte in Zukunft in der Weise verwendet werden, dass ihm eine erheblich umfassendere Bedeutung zugeschrieben wird. In der Sache würde sich dadurch in grundlegender Hinsicht nichts ändern, aber die terminologische Ausgangslage wäre dann eine ganz andere geworden. Wenn eine Wissenschaft mit dem Term ›Physik‹ gemäß einer anderen, erweiterten Bedeutung bezeichnet werden würde, so dass sie in der Lage wäre, dem spezifischen Charakter beispielsweise der mentalen Phänomene explikativ gerecht zu werden, dann würde sich diese Wissenschaft (also eine oder die *neue Physik*) – allerdings zunächst nur hinsichtlich der Erfassung und Erklärung des Mentalen und ähnlicher Phänomene – von der Philosophie nicht mehr unterscheiden.

Zweitens muss in jedem Fall eine deutliche negative Aussage aufgestellt werden, die eine klare negative Grenze artikuliert. Jeder partikulär-wissenschaftliche Theorierahmen, *unter welcher Bezeichnung auch immer*, hat solange eine sehr eingeschränkte Bedeutung für die philosophische Theorie des Geistes, als er eine Begrifflichkeit und Methodologie enthält, die ausschließlich der spezifischen Eigenart der Dimension des Geistes (des Denkens, des (Selbst)Bewusstseins, ganz allgemein: des Mentalen) nicht angemessen ist.

6.3.3 Extratheoretische Metasystematik

Der Ausdruck »extratheoretische Metasystematik« ist etwas missverständlich. Er bedeutet nicht, dass die hier gemeinte »Metasystematik« selbst einen »extratheoretischen Status« hat. Damit ist vielmehr gemeint, dass die extratheoretische Metasystematik das Verhältnis zwischen der struktural-systematischen Philosophie und nicht-theoretisch orientierten bzw. strukturierten Aktivitäten und/oder Situationen und Phänomenen der menschlichen Welt thematisiert; dazu gehören die Lebenswelt im allgemeinen, individuelle und gesellschaftliche Aktivitäten aller Art, die »Welt« der Politik, der Wirtschaft usw. und besonders die »Welt« der Kultur. Wie wird die Philosophie in Beziehung zu dieser extratheoretischen Dimension gesehen – und wie sollte sie gesehen werden? Zunächst ist es wichtig, diese Fragen zu klären, sind sie doch nur auf den ersten Blick klare Fragen.

Es handelt sich hier um eine Metasystematik und damit in jedem Fall um eine theoretische Angelegenheit. Und da keine andere theoretische Aktivität einen umfassenderen Charakter hat als die philosophische und da die Philosophie selbst Thema dieser Metasystematik ist, muss man sagen, dass es sich um eine philosophische Metasystematik handeln muss, allerdings um eine solche, die sich in einem Theorierahmen zu entfalten hat, der mit dem spezifischen Theorierahmen der in diesem Buch skizzierten struktural-systematischen Philosophie nicht einfach identisch ist.

Selbstverständlich gibt es extraphilosophische und extratheoretische »Sichten« der Philosophie: Das sind die Sichten, die etwa Politiker, Arbeitgeber, Arbeitnehmer, Journalisten, Pädagogen, Künstler, Seelsorger, kurz Menschen aller Berufe von der Philosophie haben; man kann vereinfachend von der Sicht sprechen, welche die sogenannte »Öffentlichkeit« von der Philosophie hat. Diese »Sichten« werden hier betrachtet, da sie zum Thema der extratheoretischen Metasystematik gehören; aber sie bilden nicht die *Perspektive*, aus welcher heraus die Metasystematik entwickelt wird. Die Perspektive ist eine philosophische.

Es sind *zwei* thematische Aspekte, die die extratheoretische Metasystematik zu behandeln hat. Der *erste* ist die Frage, wie die genannten extratheoretischen »Sichten« zu bewerten sind. Es ist eine Tatsache, dass sich »die Philosophie« (genauer: das, was man mit dem Wort ›Philosophie‹ bezeichnet (hat)) im Laufe der Geschichte gewaltig geändert hat; heute differiert z.B. die öffentliche Einschätzung »der Philosophie« in den verschiedenen Ländern sehr deutlich. Was immer für Vorstellungen und Erwartungen hinsichtlich der Philosophie in der Öffentlichkeit festgestellt werden können, es muss hier mit Nachdruck betont werden, dass in diesem Buch von »Philosophie« ausschließlich in einem sehr engen und sehr spezifischen Sinne die Rede ist. Verstanden wird Philosophie hier als eine *theoretische oder wissenschaftliche Aktivität bzw. Disziplin* und als das, was diese Aktivität bzw. Disziplin hervorbringt: Theorie(n) mit universalem Status.

Die oben erwähnte »Sicht«, welche die Öffentlichkeit von der Philosophie hat, kann für die Philosophie in keiner Weise als maßgeblich, geschweige denn als bindend angesehen werden. Die sogenannte »öffentliche Meinung« ist eine volatile und problematische Größe; vor allem aber ist sie nicht kompetent, über eine theoretische Aktivität bzw. Disziplin ein fundiertes Urteil zu fällen. Allerdings hat die Öffentlichkeit in mancher Hinsicht eine Bedeutung, sogar eine große Bedeutung für die Philosophie, und zwar vor allem in institutioneller Hinsicht. Ohne die von »der Öffentlichkeit« bereitgestellten Rahmenbedingungen und Ressourcen, könnte die Philosophie nicht effektiv als akademische Disziplin etabliert und betrieben werden. Aber dies hat nichts mit dem intrinsischen Selbstverständnis dieser Disziplin zu tun.

Der *zweite* Aspekt, der hier zu betrachten ist, ist die Frage, wie die Philosophie selbst auf der Ebene der philosophischen Metasystematik ihre Beziehung zur »extratheoretischen Welt« (im oben beschriebenen Sinne) sieht bzw. sehen muss. Philosophie ist universale Theorie; indem sie sich selbst so begreift, macht sie alles und jedes zum Thema, auch die »extratheoretische Welt«. Indem sie so verfasst ist und sich entsprechend entfaltet, begreift sie auch ihr Verhältnis zu dieser Welt als Verhältnis des Theoretischen zur menschlichen Welt. Was das bedeutet, sei im folgenden in einer negativen und einer positiven Hinsicht kurz ausgeführt.

In *negativer* Hinsicht ist abgrenzend herauszustellen, dass Philosophie als Theorie in keiner Weise in irgendeiner Form mit Praxis verwechselt oder vermengt werden darf. Diese Aussage ist besonders wichtig, wenn man die Entwicklung einer sonderbaren Forderung beachtet, die in der Zeit nach Hegel entstanden ist, speziell den Marxismus charakterisiert und bis in die Gegenwart hinein, besonders in der sogenannten Frankfurter Schule (der »Kritischen Theorie«), gewirkt hat und in vielen Formen weiterhin wirkt: die Forderung nach *Einheit von Theorie und Praxis* (vgl. Habermas [1963/1971], [1968/1973]). Diese Forderung hat als erster der junge Karl Marx erhoben, als er in seinen *Thesen über Feuerbach* (geschrieben wahrscheinlich 1845) formulierte (These 11): »Die Philosophen haben die Welt nur verschieden *interpretiert*; es kömmt drauf an, sie zu verändern.« (Marx [Schriften Bd. 2: 4]). Die Formulierung ist nicht ganz eindeutig; aber sie wurde immer so verstanden, dass es von nun an die Aufgabe der Philosophie selbst sein sollte, die Welt zu verändern. Das entspricht auch der von Marx anderwärts erhobenen Forderung nach Überwindung der Philosophie (in ihrer rein theoretischen Form). Wie dieses Buch zur Genüge gezeigt hat, ist diese Forderung schlechterdings sinnwidrig. Theorie ist nicht Praxis. Vermengt man beide, was oft und oft ganz besonders (aber nicht ausschließlich) in der Geschichte der Marxistischen Bewegungen geschehen ist, so hat man weder Theorie noch Praxis, sondern eine reine Konfusion.

Man kann an die Philosophie Wünsche herantragen, Forderungen stellen, sie einer extratheoretisch orientierten Kritik unterziehen. Aber all das hat nur dann einen Sinn, wenn man sich an die Philosophie *als Theorie* wendet, sie als Theorie anerkennt. Erkennt man die Philosophie als Theorie an, so wird auch ihre *positive* Seite sichtbar, und zwar auch im Hinblick auf die extratheoretische Dimension, wie diese oben erläutert wurde. Als universale Theorie kann die Philosophie zur Lebensorientierung dienen, indem sie Klarheit über die großen Zusammenhänge schafft, in denen sich das menschliche Leben abspielt. Dies kann sie leisten sowohl hinsichtlich des menschlichen Lebens als eines Ganzen als auch hinsichtlich aller Bereiche des Lebens wie des sozialen, des ethischen, des kulturellen usw. Die, wenn man so will, »praktische« Funktion der Philosophie besteht gerade darin, dass sie sich *als Theorie* versteht und darstellt – das heißt hier: dass sie den Menschen und der Gesellschaft entscheidend zur *Klarheit* über die großen und die kleinen Zusammenhänge verhelfen kann. Diese Funktion wird heute mehr denn je gesehen und besonders hinsichtlich ethischer und politischer Problemstellungen in Anspruch genommen.

6.4 Selbstbestimmung, Metasystematik und Selbstbegründung der struktural-systematischen Philosophie

[1] In diesem letzten Abschnitt wird die Thematik der Selbstbegründung der struktural-systematischen Philosophie wieder aufgegriffen. Insbesondere *drei* Aussagereihen, die in diesem Buch aufgestellt wurden, sind diesbezüglich von entscheidender Bedeutung: *Erstens* geht es um die These, dass die Begründung – und somit auch in einem abschließend zu klärenden Sinne die Selbstbegründung – der systematischen Philosophie nicht am Anfang, sondern erst am Ende, *post factum*, sinnvoll und möglich ist. *Zweitens* handelt es sich dabei um die *vierte* (letzte) Methodenstufe: die Bewährungsmethode oder wahrheitsprüfende Methode. *Drittens* geht es um den Begründungsbegriff und ganz speziell um den *systematischen* Begründungsbegriff. An diese drei Punkte muss nun angeknüpft werden, um die Frage der Selbstbegründung der systematischen Philosophie abschließend zu klären.

Da die systematische Philosophie Universalwissenschaft ist, kann sie nicht von einem Punkt aus begründet werden, der außerhalb ihrer selbst liegt. Begründung der systematischen Philosophie kann daher nur als Selbstbegründung verstanden werden. Um einer möglichen schwerwiegenden Fehlinterpretation vorzubeugen, sei betont, dass »Selbstbegründung« keineswegs so etwas wie »Letztbegründung«, d. h. definitive und absolute (Selbst)Begründung besagt. Eine Letztbegründung in diesem Sinn kommt im Rahmen der in diesem Buch vertretenen Gesamtkonzeption nicht in Frage; denn eine solche Idee bzw. Forderung ist das Ergebnis einer Reihe von grundlegenden Missverständnissen. Der zentrale Punkt ist dabei die fundamentale Tatsache, dass Philosophie – wie jede sonstige Wissenschaft – immer nur einen bestimmten Theorierahmen voraussetzen kann, innerhalb dessen sie sich allererst entfalten kann. Nun gibt es eine (prinzipiell unabsehbare) Pluralität von Theorierahmen; es wäre eine Anmaßung, wollte man auch nur den Versuch unternehmen, *alle möglichen Theorierahmen* irgendwie zu erfassen, um dann den eigenen Theorierahmen als »den absoluten Theorierahmen« auszugeben. Kann aber der »absolute, definitive Theorierahmen« nicht erreicht werden, so ist eine Letztbegründung nicht möglich.

In Kapitel 1 wurden der systematische Begründungsbegriff und seine drei Formen oder Stufen herausgearbeitet: die inchoativ-systematische, die innersystematische und die metasystematische. Diese drei Formen kamen schon in den Kapiteln 1–5 zu einer partiellen Anwendung. Vorwiegend wurde dabei die innersystematische Begründungsform in Anspruch genommen, was insofern konsequent ist, als es darum ging, die ganze Architektonik des strukturalphilosophischen Systems zur Entfaltung zu bringen.

Aber die *eigentlich expliziten* Aussagen über die beiden ersten Formen des systematischen Begründungsbegriffs haben einen metasystematischen Status und wurden dementsprechend in diesem Kapitel zunächst mit dem Begriff der *Selbstbestimmung* der systematischen Philosophie und allgemein unter dem Titel »immanente Metasystematik« im Abschnitt 6.2 dargelegt.

Die dritte Form, der *metasystematische Begründungsbegriff*, deckt sich im wesentlichen mit dem, was in diesem Kapitel unter dem Titel »Externe intratheoretische Metasystematik« (Abschnitt 6.3) genannt wird. Hier kommt nun die vierte Methodenstufe zur Geltung. Wie in Kapitel 1 schon ausgeführt wurde, hat die »wahrheitsprüfende Methode« für die struktural-systematische Philosophie eine ganz spezifische Gestalt. Sie vergleicht nicht das philosophische System mit »dem Sein« (»dem Universum«, »der Welt«, »der Realität« usw.); vielmehr vergleicht sie verschiedene philosophische Theorierahmen und deren Konkretisierungen miteinander, um herauszufinden, welcher Theorierahmen die anderen Theorierahmen an Intelligibilität und Kohärenz übertrifft. Von »Wahrheitsprüfung« kann also hier nur in einem sehr bestimmten Sinne gesprochen werden: Es geht um die Wahrheit, die relativ zu jeweils einem bestimmten Theorierahmen gegeben ist. Von einer »Bestätigung« der Wahrheit des philosophischen Systems durch so etwas wie

Erfahrung oder experimentelle Versuche kann nicht die Rede sein; vielmehr ist das eigentliche Kriterium, wie in diesem Kapitel gezeigt wurde, die höhere Intelligibilität und Kohärenz.

Durch die bzw. in der Anwendung bzw. Realisierung des dreifach gegliederten systematischen Begründungsbegriffs *begründet die struktural-systematische Philosophie sich selbst*: Dieses Konzept der *philosophischen Selbstbegründung* unterscheidet sich grundlegend von jeder *fundamentalistischen* Form des Selbstbegründungsbegriffs.

[2] *Wie* soll nun diese Selbstbegründung vonstatten gehen? Aufgrund des bisher Ausgeführten liegt die Antwort auf der Hand: Die Selbstbegründung kann nicht sozusagen auf einmal und definitiv durchgeführt werden. Sie ist ein *permanenter Prozess*, der sich fortsetzen wird, solange es philosophische Diskussionen geben wird. Denn die hier anvisierte Selbstbegründung erfolgt in der Weise, dass die struktural-systematische Philosophie sich in ständiger Auseinandersetzung mit anderen philosophischen Konzeptionen befindet und dabei bewährt (oder auch nicht bewährt). Die letzte Stufe der Selbstbegründung ist diese Bewährung in der permanenten Auseinandersetzung mit anderen Positionen. Es gibt keine wie immer geartete äußere oder höhere »Instanz«, welche die Wahrheit der hier dargestellten struktural-systematischen Philosophie bestätigen könnte. Die Bestätigung ist immer eine kontingente.

Diese Auseinandersetzung kann im Prinzip in *drei* Stufen erfolgen, die sich daraus ergeben, dass sich die struktural-systematische Philosophie als eine streng *holistisch* orientierte Philosophie begreift. Man kann von der »Peripherie«, dem Zentrum oder dem Kern und einer Mittelebene zwischen beiden sprechen.[8] Eine Auseinandersetzung auf der peripheren Ebene bzw. in der Peripherie kann man als eine solche auffassen, die nur die *Anwendung* oder konsequente *Konkretisierung* bzw. *Realisierung* des struktural-systematischen Theorierahmens betrifft. Änderungen in diesem Bereich würden den Theorierahmen und die gesamte Konzeption, strenggenommen, *intakt* lassen. Solche »Kontroversen« gehören zu den häufig geführten philosophischen Diskussionen.

Eine gewichtigere Auseinandersetzung findet im *mittleren Bereich* statt; sie betrifft also Teile oder im Extremfall das Ganze der Innenstrukturiertheit der systematischen Philosophie. Ein besonders wichtiges Beispiel in diesem Buch ist eine der entscheidenden Komponenten des »inneren Bereichs«, nämlich die nicht-kompositionale Semantik (und die ihr entsprechende nicht-kompositionale Ontologie). Die Diskussionen über solch große Fragen bzw. große Teile der Philosophie bilden die bei weitem wichtigste Thematik für die am

---

[8] Was das Bild der Peripherie und des Zentrums oder des Kerns anbelangt, so stammt dieses Bild von QUINE. Vgl. besonders seinen Aufsatz »Zwei Dogmen des Empirismus« in QUINE [1953/1979].

6.4 Selbstbestimmung, Metasystematik und Selbstbegründung

häufigsten und intensivsten geführten philosophischen Diskussionen. Die in diesem Buch entwickelte Konzeption hat diesbezüglich eines deutlich gezeigt: Diskussionen über solche Fragen können nur dann sinnvollerweise geführt werden, wenn sowohl auf die Voraussetzungen als auch auf die Gesamtimplikationen der eigenen Position geachtet wird. Anders und kurz formuliert: Nur eine *streng systematische* Betrachtung und Vorgehensweise ist sinnvoll und angemessen.

Wenn sich aus einer Konfrontation signifikante Änderungen hinsichtlich dieses Mittelfeldes ergeben sollten, so wäre damit ein beträchtlicher Bestandteil der hier dargelegten Konzeption als widerlegt zu betrachten. Mit »signifikanten Änderungen« in diesem mittleren Bereich sind solche Änderungen gemeint, die eine ganze Subdisziplin wie etwa die *ganze* hier vorgeschlagene Semantik tangieren. In diesem Fall wäre die unten noch kurz zu beschreibende *struktural-systematische Grundidee* noch nicht als widerlegt oder verworfen zu betrachten; wohl aber wäre die in diesem Buch vorgeschlagene große *Ausgestaltung* dieser Grundidee nicht mehr haltbar.

Schließlich kann man eine Konfrontation im absolut *zentralen Bereich* ins Auge fassen. Sie betrifft die allerletzten, die tragenden Koordinaten oder Thesen oder, um es im normalen philosophischen Jargon auszudrücken, die tragende Idee der systematischen Konzeption. In der struktural-systematischen Konzeption handelt es sich um *zwei* sich gegenseitig bedingende und implizierende *Grundthesen*, die, da sie in mehreren Passagen dieses Buches dargelegt und erläutert wurden, hier nur erwähnt werden. Die *erste* Grundthese betrifft die zentrale und unabdingbare Rolle, die dem Begriff des *Theorierahmens* zukommt, wobei die Annahme einer prinzipiell möglichen und teilweise faktisch existierenden *Pluralität* solcher Theorierahmen unverzichtbar ist. Die *zweite* Grundthese artikuliert einen Sachverhalt, der sowohl die Unterscheidung als auch den Zusammenhang der zwei zentralen Koordinaten beschreibt, auf denen die Gesamtkonzeption beruht und die durch den Theorierahmen eine konkrete Gestalt annehmen: Es handelt sich um die zwei elementaren »Dimensionen«, um die Dimension der fundamentalen Strukturen (der formalen, der semantischen und der ontologischen Strukturen) und um die Dimension des Gesamtdatums (»Welt«, »Universum«, »Sein« usw.).

Sollte sich diese Unterscheidung sowie der Zusammenhang der beiden unterschiedenen Dimensionen als nicht haltbar erweisen, so wäre auch die struktural-systematische Grundidee nicht mehr haltbar. Ein solcher Nachweis könnte allerdings nur aus einer Philosophie heraus geführt werden, die hinsichtlich ihrer Explikationsleistung nicht hinter der hier vertretenen Konzeption zurückbleibt. Diese Explikationsleistung betrifft alle methodologischen, logischen, semantischen, ontologischen und gesamtsystematischen Fragestellungen und Begriffe, die für die struktural-systematische Philosophie leitend und bestimmend sind. Der Nachweis sollte zeigen, wie diese Fragestellungen und Begriffe anders und besser auf der Basis eines anderen und besseren Theorierahmens behandelt werden können – und dann auch müssen. Eine Unternehmung, die dieser Aufgabe nicht gerecht wird, kann nicht als eine »Überwindung« der struktural-systematischen Philosophie betrachtet werden, auch dann nicht, wenn sie unter der Bezeichnung ›Philosophie‹ durchgeführt wird.

Würde ein solcher Nachweis ungeachtet der ihm auferlegten Bürde gelingen, so bedeutete dies, dass die struktural-systematische Philosophie – auch ihrer Grundidee nach – nicht den *adäquatesten* Theorierahmen für eine systematische Philosophie darstellte. Sie wäre eine Stufe im Prozess der Entwicklung immer adäquaterer Theorierahmen im Hinblick auf eine Erfassung und Artikulation der »Sache des Denkens« – und damit der »Sache der Philosophie«.

Literatur

AARON, R. I. [1971], *Knowing and the Function of Reason*. London: Oxford University Press

ALBERT, H. [1968], *Traktat über kritische Vernunft*. Tübingen: Mohr-Siebeck

ALMEDER, R. [1994], »Defining Justification and Naturalizing Epistemology«, *Philosophy and Phenomenological Research* 54: 669–681

APEL, K. O. [1973], *Transformation der Philosophie*. Bd. II: *Das Apriori der Kommunikationsgemeinschaft*. Frankfurt am Main: Suhrkamp

APEL, K. O. [1990], *Diskurs und Verantwortung*. Frankfurt am Main: Suhrkamp

ARISTOTELES [De anima], *De anima*, hrsg. von W. D. ROSS. Oxford: Clarendon Press, 1956

ARISTOTELES [Metaph], *Metaphysica*, hrsg. von W. D. ROSS. Oxford: Clarendon Press, 1957

ARISTOTELES [Politica], *Politica*, hrsg. von W. D. ROSS. Oxford: Clarendon Press, 1957

BACON, J. [1995], *Universals and Property Instances: The Alphabet of Being*, Blackwell: Oxford

BALLARIN, R. [2004], »The Interpretation of Necessity and the Necessity of Interpretation«, *The Journal of Philosophyl* 101: 609–638

BALDWIN, TH. [1991], »The Identity Theory of Truth«, *Mind* 100: 35–52

BALZER, W. [1986], »Theoretical Terms: A New Perspective«, *The Journal of Philosophy* 83: 71–90

BALZER, W.; MOULINES, C. U. (Hg.) [1996], *Structuralist Theory of Science. Focal Issues, New Results*. Berlin, New York: de Gruyter

BALZER, W.; MOULINES, C. U.; SNEED, J. D. [1979/1987], *An Architectonic for Science. The Structuralist Program*. Dordrecht: Reidel, 1979. Zit. nach der 2. Aufl. 1987

BARWISE, J.; PERRY, J. [1981], »Semantic Innocence and Uncompromising Situations«, in: P. A. FRENCH; T. E. UEHLING, JR.; H. WETTSTEIN (Hg.), *Foundations of Analytic Philosophy. Midwest Studies in Philosophy*, Vol. VI. Minneapolis: Minneapolis University Press, 387–404

BAUMGARTNER, H. M. [1972], *Kontinuität und Geschichte. Zur Kritik und Metakritik der historischen Vernunft*. Frankfurt: Suhrkamp

BAUMGARTNER, H. M.; ANACKER, U. [1973], Art. »Geschichte«, in: *Handbuch philosophischer Grundbegriffe*, hrsg. von H. KRINGS, H. M. BAUMGARTNER und CH. WILD. München: Kösel, Band I: 547–557

BEALL, C. [2000], »On Mixed Inferences and Pluralism About Truth Predicates«, *The Philosophical Quarterly* 50: 380–382

BEAUFRET, J. [1968], *L'endurance de la pensée. Pour saluer Jean Beaufret*. Paris: Plon

BELL, J. L.; MACHOVER, M. [1977], *A Course in Mathematical Logic*. Amsterdam, New York, Oxford: North-Holland

Belnap, N. [1993], »On Rigorous Definitions«, *Philosophical Studies* 72: 115–146
Belnap, N.; Gupta, A. [1993], *The Revision Theory of Truth*. Cambridge/MA, London: The MIT Press
Bien, G. [1971], Teil I.C (»Aristoteles«) des Art. »Philosophie«, in: Ritter et al., Bd. 7: Sp. 583–590
Bigelow, J. [1996], »God and the New Math«, *Philosophical Studies* 82: 127–154
Blau, U. [1978], *Die dreiwertige Logik der Sprache*. Berlin, New York: de Gruyter
Bourbaki, N. [1948/1974], *L'architecture des mathématiques*, in: F. le Lionnais (Hg.), *Les grands courants de la pensée mathématique*. Paris: Blanchard, 1948, 35–47. Deutsche Übersetzung: *Die Architektur der Mathematik*, in: *Physikalische Blätter* 17, 1961: 161–166, 212–218. Zit. nach dem Nachdruck in: M. Otte (Hg.), *Mathematiker über die Mathematik*. Berlin, New York: Springer, 1974, 140–159
Brandom, R. B. [1994/2000], *Making It Explicit. Reasoning, Representing, and Discursive Commitment*. Cambrige/MA, London: Harvard University Press. Deutsche Übers.: *Expressive Vernunft. Begründung, Repräsentation und diskursive Festlegung*. Frankfurt am Main: Suhrkamp, 2000
Brink, D. O. [1989], *Moral Realism and the Foundations of Ethics*. Cambridge: Cambridge University Press
Bunnin, N.; Tsui-James, E. P. (Hg.) [1996], *The Blackwell Companion to Philosophy*. Oxford: Blackwell
Campbell, K. [1990], *Abstract Particulars*. Oxford: Blackwell
Candlish, S. [1989], »The Truth About F. H. Bradley«, *Mind* 98: 331–348
Cantor, G. [1895/1932], »Beiträge zur Begründung der transfiniten Mengenlehre«, *Mathematische Annalen* 46, 1895: 481–512; 49, 1897: 207–246.. Zit. nach dem Nachdruck in: G. Cantor, *Gesammelte Abhandlungen*, hg. von E. Zermelo und A. Fraenkel. Berlin: Springer, 1932, 282–356
Carnap, R. [1950/1972], »Empiricism, Semantics, and Ontology«, *Revue Internationale der Philosophie* 4, 1950, 20–40. Wieder abgedruckt in: Ders., *Meaning and Necessity. A Study in Semantics and Modal Logic*. Chicago, London: The University of Chicago Press. 2. Aufl., 1956, 205–221. Zit. nach der deutschen Übers.: *Bedeutung und Notwendigkeit . Eine Studie zur Semantik und modalen Logik*. Wien, New York: Springer, 1972
Carnap, R. [1954/1968], *Einführung in die symbolische Logik, mit besonderer Berücksichtigung ihrer Anwendungen*. 1. Aufl. 1954. Wien, New York: Springer-Verlag. Zit. nach der 3. Aufl. 1968
Carnap, R. [1962], »On Explication«, in: ders., *Logical Foundations of Probability*. Chicago: Chicago University Press, 1–18
Carter, B. [1974/1990], »Large Number Coincidences and the Anthropic Principle in Cosmology«, in: M. Longair (Hg.), *Confrontation of Cosmological Theories with Observational Data*. International Astronomical Union. Dordrecht, 1974, 291–298. Zit. nach dem Abdruck in J. Leslie (Hg.), *Physical Cosmology and Philosophy*. New York: Macmillan, 1990, 125–133
Cartwright, R. [1994], »Speaking of Everything«, *NOÛS* 28: 1–20
Chalmers, Ch. [1996], *The Conscious Mind*. New York: Oxford University Press
Chisholm, R. [1996], *A Realistic Theory of Categories, An Essay on Ontology*. Cambridge: Cambridge University Press
Corry, L. [1992], »Nicolas Bourbaki and the Concept of Mathematical Structure«, *Synthese* 92: 315–338

DALY, CH. [1994], »Tropes«, *Proceedings of the Aristotelian Society*. New Series 94: 253–261
DANTO, A. C. [1986/1993], *The Philosophical Disenfranchisement of Art*. New York: Columbia University Press, 1986. Zit. nach der deutschen Übers.: *Die philosophische Entmündigung der Kunst*. München: Fink, 1993
DAVIDSON, D. [1965/1984], »Theories of Meaning and Learnable Languages«, in: DERS. [1984], Essay 1.
DAVIDSON, D. [1984], *Inquiries Into Truth and Interpretation*. Oxford: Clarendon Press
DAVIDSON, D. [1985], »Reply to Quine on Events«, in: LePore/McLaughlin [1985], 172–176
DENKEL, A. [1996], *Object and Property*. Cambridge: Cambridge University Press
DIEDERICH, W. [1996], »Structuralism Within the Model-Theoretical Approach«, in: BALZER/ MOULINES [1996], 15–21
DIELS, H. (Hg.) [1903/1966], *Die Fragmente der Vorsokratiker*. Bd. 1. 1. Aufl. 1903. Zit. nach der 12. Aufl. Dublin, Zürich: Weidmann, 1966
DIPERT, R. R. [1997], »The Mathematical Structure of the World: The World as Graph«, *The Journal of Philosophy* 94: 329–359
DODD, J. [1995], »McDowell and Identity Theories of Truth«, *Analysis* 55: 160–165
DODD, J. [1999], »Farewell to States of Affairs«, *Australasian Journal of Philosophy* 77: 146–160
DODD, J.; HORNSBY, J. [1992], »The Identity Theory of Truth: a Reply to Baldwin«, *Mind* 101: 319–322
DORSCHEL, A.; KETTNER, M.; KUHLMANN, W.; NIQUET, M. (Hg.) [1993], *Transzendentalpragmatik. Ein Symposion für K.-O. Apel*. Frankfurt am Main: Suhrkamp
DOWTY, D. R.; WALL, R. E.; PETERS, ST. [1981], *Introduction to Montague Semantics*. Dordrecht, Boston, London: Reidel
DUDEN [Bd. 4], *Der Duden in zwölf Bänden*. Bd. 4: *Die Grammatik*. 7., völlig neu erarbeitete und erweiterte Auflage. Dudenverlag: Mannheim, Leipzig, Wien, Zürich, 2005. *Der Große Duden in neun Bänden*. Bd. 4: *Grammatik der deutschen Gegenwartssprache*. 2., vermehrte und verbesserte Auflage. Dudenverlag: Mannheim, 1966.
DUMMETT, M. [1977/1982], »Can Analytical Philosophy Be Systematic, and Ought it to Be?«, in HEGEL-Studien, Beiheft 17, 1977, 305–326; wiederabgedruckt in M. DUMMETT [1978] 437–458. Zit. nach der deutschen Übersetzung: »Kann und sollte die analytische Philosophie systematisch sein?«, in M. DUMMETT, *Wahrheit. Fünf philosophische Aufsätze*. Stuttgart: Reclam, 1982, 185–220
DUMMETT, M. [1978], *Truth and Other Enigmas*. Cambridge/MA: Harvard University Press
DUMMETT, M. [1984], »An Unsuccessful Dig«, in: C. WRIGHT (Hg.), *Frege. Tradition and Influence*. Oxford: Blackwell, 195–220
EBBINGHAUS, H. D. [1977/2003], *Einführung in die Mengenlehre*. Darmstadt: Wissenschaftliche Buchgesellschat, 1977. Zit. nach der 4. Aufl. Heidelberg, Berlin: Spektrum Akademischer Verlag, 2003
ENGELS, FR. [1873/1975]: *Dialektik der Natur* (1873). In: K. Marx; Fr. Engels, *Werke*. Bd. 20. Berlin: Dietz Verlag, 1975
FINDLAY, J. N. [1933], *Meinong's Theory of Objects and Values*, Oxford: Oxford University Press

FORGE, J. [2002], »Reflections on Structuralism and Scientific Explanation«, *Synthese* 130: 109–121
FORREST, P. [1996], *God Without the Supernatural. A Defense of Scientific Theism.* Ithaca, London: Cornell University Press
FRANK, M. [1991a], *Selbstbewusstsein und Selbsterkenntnis. Essays zur analytischen Philosophie der Subjektivität.* Stuttgart: Reclam
FRANK, M. [1991b], *Selbstbewusstseinstheorien von Fichte bis Sartre.* Hrsg. und mit einem Nachwort versehen von M. FRANK. Frankfurt am Main: Suhrkamp
FREGE, G. [1884/1986], *Die Grundlagen der Arithmetik.* Breslau: Koebner, 1884. Zit. nach der mit ergänzenden Texten von Ch. Thiel herausgegebenen Centenarausgabe. Hamburg: Meiner 1986
FREGE, G. [1892/1994a], »Über Sinn und Bedeutung«. *Zeitschrift für Philosophie und philosophische Kritik*, NF 100, 1892, 25–50. Zit. nach: FREGE [1962/1994] 40–65
FREGE, G. [1892/1994b], »Über Begriff und Gegenstand«, *Vierteljahresschrift für wissenschaftliche Philosophie* 16, 1892: 192–205. Zit. nach: FREGE [1962/1994] 66–80
FREGE, G. [1892–1895/1978] »Ausführungen über *Sinn und Bedeutung*« (geschrieben 1892–95), in: FREGE, G. [1971/1978] 25–34
FREGE, G. [1918/1976]: »Der Gedanke«. *Beiträge zur Philosophie des deutschen Idealismus* 1, 1918–19: 88–77. Zit nach: FREGE [1966/1976] 30–53
FREGE, G. [1962/1994], *Funktion, Begriff, Bedeutung*, hrsg. und eingel. von G. PATZIG. Göttingen: Vandenhoeck & Ruprecht, 1962. Zit. nach der 7. Aufl. 1994
FREGE, G. [1966/1976], *Logische Untersuchungen.* Hrsg. und eingel. von G. PATZIG. Göttingen: Vandenhoeck & Ruprecht, 1966. Zit. nach der 2. Aufl. 1976
FREGE, G. [1971/1978], *Schriften zur Logik und Sprachphilosophie.* Aus dem Nachlass. Hamburg: Meiner. Zit. nach der 2. Aufl. 1978
FREGE, G. [1976], *Wissenschaftlicher Briefwechsel.* Hamburg: Meiner Verlag, 1976
FUKUYAMA, F. [1992]. *The End of History and the Last Man.* New York: Free Press. Zit. nach der deutschen Übers.: *Das Ende der Geschichte. Wo stehen wir?* München: Kindler
GABBAY, D.; GUENTHNER, F. (Hg.) [1983], *Handbook of Philosophical Logic.* Vol. I: *Elements of Classical Logic.* Dordrecht, Boston, London: Kluwer
GABBAY, D.; GUENTHNER, F. (Hg.) [1986], *Handlbook of Philosophical Logic.* Vol. III: *Alternatives to Classical Logic.* Dordrecht, Boston, London: Kluwer
GADAMER, H.-G. [1960/1965], *Wahrheit und Methode. Grundzüge einer philosophischen Hermeneutik,* Tübingen: Mohr Siebeck, 1960. Zit. nach der 2. Aufl. 1965
GARDNER, S. [1995], *Aesthetics,* in: GRAYLING [1995] 583–627
GETTIER, E. [1963], »Is Justified True Belief Knowledge?«, *Analysis* 23: 121–123
GILSON, E. [1948], *L'être et l'essence.* Paris: Vrin
GOLDBLATT, R. [1979/1984], *TOPOI. The Categorial Analysis of Logic.* Amtsterdam, New York, Oxford: North-Holland. Zit. nach der 2. Auflage 1984
GOODMAN, N. [1978/1984], *Ways of Worldmaking.* Hassocks: Harvester Press, 1978. Zit. nach der deutschen Übers.: *Weisen der Welterzeugung.* Frankfurt am Main: Suhrkamp, 1984
GRAYLING. A. C. (Hg.) [1995], *Philosophy. A Guide Through the Subject.* Oxford: Oxford University Press
GREIMANN, D. [2000], »Die ontologischen Verpflichtungen der normativen Ethik«, in: Peres/Greimann [2000] 123–143

GRIM, P. [1991], *The Incomplete Universe. Totality, Knowledge, and Truth*. Cambridge/MA, London: The MIT Press
GROVER, D. L.; CAMP, J. L., JR.; BELNAP, N. D. [1975/1987], »A Prosentential Theory of Truth«, *Philosophical Studies*, 27, 1975: 73–125. Deutsche Zitate nach der deutschen Übersetzung: »Eine prosententiale Theorie der Wahrheit«, in: L. B. PUNTEL (Hg.), *Der Wahrheitsbegriff. Neue Erklärugsversuche*. Darmstadt: Wissenschaftliche Buchgesellschaft, 1987, 65–125
GRÜNBAUM, A. [2000], »A New Critique of Theological Interpretations of Physical Cosmology«, *The British Journal for Philosophy of Science* 51: 1–43
HABERMAS, J. [1963/1971], *Theorie und Praxis*. Neuwied: Luchterhand Verlag, 1. Aufl. 1963. Zit. nach der 4. Aufl. Frankfurt am Main: Suhrkamp, 1971
HABERMAS, J. [1968/1973], *Erkenntnis und Interesse*. Suhrkamp: Frankfurt am Main, 1968. Zit. nach der 2. Neuauflage mit einem neuen Nachwort, 1973
HABERMAS, J. [1973], „Wahrheitstheorien", in: H. Fahrenbach (Hg.), *Wirklichkeit und Reflexion. Festschrift für W. Schulz*. Pfullingen: Neske, 211–265
HABERMAS, J. [1999]: *Wahrheit und Rechtfertigung. Philosophische Aufsätze*. Frankfurt am Main: Suhrkamp
HAHN, L. E.; SCHILPP, P. A. (Hg.) [1986], *The Philosophy of W. V. QUINE*. The Library of Living Philosophers, Vol. XVIII. La Salle, Illinois: Open Court
HALES, ST. D. [1997], »A Consistent Relativism«, *Mind* 106: 33–52
HANNA, J. F. [1968], »An Explication of ›Explication‹«, *Philosophy of Science* 35: 28–44
HAWKING, ST. [1988], *A Brief History of Time. From the Big Bang to Black Holes*. New York: Bantam Books. Zit. nach der deutschen Übersetzung: *Eine kurze Geschichte der Zeit. Die Suche nach der Urkraft des Universums*. Reinbeck: Rowohlt
HAWKING, ST. [2001], *The Universe in a Nutshell*. New York: Bantam Books. Zit. nach der deutschen Übers.: *Das Universum in der Nußschale*. Hamburg: Hoffmann und Campe
HEGEL, G. W. F. [Enz], *Enzyklopädie der philosophischen Wissenschaften im Grundrisse* (1830). Neu hrsg. von Fr. Nicolin und O. Pöggeler. Hamburg: Meiner, 1959
HEGEL, G. W. F. [GW], *Gesammelte Werke*. Hamburg: Meiner Verlag, 1968 ff.
HEGEL, G. W. F. [Jubiläumsausgabe Band ...], *Sämtliche Werke. Jubiläumsausgabe in zwanzig Bänden*, neu herausgegeben von H. GLOCKNER. Stuttgart: Frommann-Holzboog, 1964–1974
HEGEL, G. W. F. [Logik Bd. I, II], *Wissenschaft der Logik*. Bd. I: *Objektive Logik* (1812/13), in: G. W. F. HEGEL [GW Bd. 11, 1978]; Bd. II: *Die subjektive Logik* (1816), in: G. W. F. HEGEL [GW Bd. 12, 1981]
HEGEL, G. W. F. [PhG], *Phänomenologie des Geistes*, in: G. W. F. HEGEL [GW: Bd. 9]
HEGEL, G. W. F. [Recht], *Grundlinien der Philosophie des Rechts*. Hrsg. von J. Hoffmeister. Unveränderter Abdruck der 4. Aufl. von 1955. Hamburg: Meiner, 1962
HEGEL, G. W. F. [WL Teil I, II], *Wissenschaft der Logik*, hrsg. von G. Lasson. Teil I–II. 2. ursprüngliche Ausgabe. Hamburg: Meiner, unveränderter Nachdruck der 2. Auflage von 1934
HEGEL, G. W. F. [Weltgeschichte], *Die philosophische Weltgeschichte*. Vorlesung aus dem Jahre 1830, in: G. W. F. HEGEL, *Die Vernunft in der Geschichte*, hrsg. von J. Hoffmeister. 5. Aufl. Hamburg: Meiner Verlag, 1975, 23–183

HEIDEGGER, M. [GA, Band ...], *Gesamtausgabe*. Klostermann: Frankfurt am Main, 1975 ff.
HEIDEGGER, M. [SZ], *Sein und Zeit*. In: *Jahrbuch für Philosophie und phänomenologische Forschung VIII*, Niemeyer Verlag: Halle 1927. Zit. nach: M. HEIDEGGER [GA, Band 2, 1977]
HEIDEGGER, M. [ZS], »Zeit und Sein« und »Protokoll zu einem Seminar über den Vortrag ›Zeit und Sein‹«, in: HEIDEGGER [1969] 1–25 bzw. 27–60
HEIDEGGER, M. [1927/1962], Brief Heideggers an Husserl vom 22.10.1927, in: Husserliana: HUSSERLs *Gesammelte Werke*, Band IX. Den Haag: Nijhoff, 1962, Anlage I
HEIDEGGER, M. [1956]: *Was ist das – die Philosophie?* Pfullingen: Neske
HEIDEGGER, M. [1957], *Identität und Differenz*. Pfullingen: Neske
HEIDEGGER, M. [1957a], »Der Satz der Identität«, in: M. Heidegger [1957], 11–34
HEIDEGGER, M. [1957b], »Die onto-theo-logische Verfassung der Metaphysik«, in: M. Heidegger [1957], 35–73
HEIDEGGER, M. [1969], *Zur Sache des Denkens* Tübingen: Niemeyer
HENRICH, D. [1970], »Selbstbewusstsein – Kritische Einleitung in eine Theorie«, in: R. BUBNER ET AL. (Hg.), *Hermeneutik und Dialektik*. Tübingen: Mohr Siebeck, Bd. I, 257–284
HENRICH, D. [1986], »Selbstbewusstsein – ein Problemfeld mit offenen Grenzen«. In: *Berichte aus der Forschung*, Nr. 68, Ludwig-Maximilians-Universität München, April 1986, 2–8
HILBERT, D. [1899/1987], *Grundlagen der Geometrie* Leipzig: Teubner, 1899. Zit. nach der 13. Aufl. Stuttgart: Teubner, 1987
HILBERT, D. [1922/1935], »Neubegründung der Mathematik. Erste Mitteilung«, in: *Abhandlungen aus dem Mathematischen Seminar der Hamburger Universität*. Bd. 1, 1922, 157–177. Zit. nach: D. HILBERT, *Gesammelte Abhandlungen*, Bd. 3. Berlin: Springer, 1935, 157–177
HODGES, W. [1983], *Elementary Predicate Logic*, in: Gabbay/Guenthner [1983] 1–131
HODGES, W. [1993], *Model Theory*. Cambridge: Cambridge University Press
HOFFMAN, J.; ROSENKRANTZ, G. S. [1994], *Substance Among Other Categories*. Cambridge: Cambridge University Press
HOOKER, B. (Hg.) [1996], *Truth in Ethics*. Oxford: Blackwell
HORNSBY, J. [2001], *Truth: The Identity Theory*, in: M. P. LYNCH (Hg.), *The Nature of Truth: Classic and Contemporary Perspectives*. Cambridge/MA, London: The MIT Press, 663–681
HORWICH, P. [1990/1998]: *Truth*. Oxford: Clarendon Press. Zit. nach der 2. Aufl. 1998
HUGHES, G. E.; CRESSWELL, M. J. [1996], *A New Introduction to Modal Logic*. London, New York: Routledge
HUGLY, PH.; SAYWARD, CH. [1983], »Can a Language Have Indenumerably Many Expressions?«, *History and Philosophy of Logic* 4: 73–82
HUGLY, PH.; SAYWARD, CH. [1986], »What is an Infinite Expresssion?«, *Philosophia* (Israel) 16: 45–60
JACKSON, F. [1982], »Epiphenomenal Qualia«, *Philosophical Quarterly* 32: 127–136
JACKSON, F. [1986], »What Mary Didn't Know«, *The Journal of Philosophy* 83: 291–295

JAMES, W. [1907/1978], *Pragmatism. An New Name for Some Old Ways of Thinking*. New York: Longman Green, 1907. Zit. nach: W. JAMES, *Pragmatism and The Meaning of Truth*. Introduction by A. J. AYER. Cambridge/MA, London: Harvard University Press, 1978, 1–166

KANT, I. [Akademie Bd ...], KANTS *Werke. Akademie-Textausgabe*. Berlin: de Gruyter, 1968 ff.

KANT, I. [Geschichte], *Idee zu einer allgemeinen Geschichte in weltbürgerlicher Absicht*. In: KANT [Akademie Bd. VIII]

KANT, I. [KpV], *Kritik der praktischen Vernunft*. In: I. KANT [Akademie Bd.V]

KANT, I. [KrV], *Kritik der reinen Vernunft*. 1. Aufl. 1781 (= A). In: KANT [Akademie Bd. IV]. 2. Aufl. 1787 (= B). In: I. KANT [Akademie Bd. III]

KANT, I. [KUK], *Kritik der Urtheilskraft*. In: I. KANT [Akademie Bd. V]

KANT, I. [Prolegomena], *Prolegomena zu einer jeden künftigen Metaphysik, die als Wissenschaft wird auftreten können*. In: I. KANT [Akademieausgabe Bd. IV]

KANT, I. [1929/1933]. *Critique of Pure Reason*, übersetzt von N. K. SMITH. London: MacMillan, 1929. Zit. nach der 2. Aufl. 1933

KANT, I. [1997], *Critique of Pure Reason*, übersetzt von P. GUYER und A. W. WOOD. Cambridge: Cambridge University Press

KELLER, A. [1968], *Sein oder Existenz? Die Auslegung des Seins bei Thomas von Aquin in der heutigen Scholastik*. München: Hueber

KELLEY, J. L. [1955], *General Topology*. Toronto, New York, London: Van Nostrand. Appendix: Elementary Set Theory

KETCHUM, R. J. [1991], »The Paradox of Epistemology: A Defense of Naturalism«, *Philosophical Studies* 62: 45–66

KIRKHAM, R. L. [1992], *Theories of Truth. A Critical Introduction*. Cambridge, MA: The MIT Press

KLEENE, ST. C. [1952/1974], *Introduction to Metamathematics*. Groningen: Wolters-Noordhoff; Amsterdam, Oxford: North-Holland; New York: American Elsevier Publishing Company. Zit. nach dem siebten Nachdruck 1974

KNEALE, W.; KNEALE, M. [1962/1991], *The Development of Logic*. Oxford: Clarendon Press, 1962. Zit. nach dem elften Nachdruck 1991

KÖNIG, G.; PULTE, H. [1998]: Artikel »Theorie«, in: RITTER et al. [1971 ff.], Bd. 10, 1998, Sp. 1128–1154

KOSLOW, A. [1992], *A Structuralist Theory of Logic*. Cambridge, New York: Cambridge University Press

KUIPERS, TH. A. F. [2000], *From Instrumentalism to Constructive Realism. On Some Relations betweeen Confirmation, Eimpirical Progress, and Truth Approximation*. Dordrecht, Boston, London: Kluwer

KUIPERS, TH. A. F. [2001], *Structure in Science. Heuristic Patterns Based on Cognitive Structures*. Dordrecht, Boston, London: Kluwer

KUTSCHERA, F. V. [1982a], *Erkenntnistheorie*. Berlin, New York: de Gruyter

KUTSCHERA, F. V. [1982b], *Grundlagen der Ethik*. Berlin, New York: de Gruyter

KUTSCHERA, F. V. [1998], *Die Teile der Philosophie und das Ganze der Wirklichkeit*. Berlin, New York: de Gruyter

LEGENHAUSEN, G. [1985], »New Semantics for the Lower Predicate Calculus«, *Logique et Analyse* 28: 317–339

LENZEN, W. [1980], Artikel »Erkenntnistheorie im Verhältnis zur Wissenschaftstheorie«, in J. SPECK (Hg.), *Handbuch wissenschaftstheoretischer Begriffe*. Vandenhoeck & Ruprecht: Göttingen, 171–175

LEPORE, E.; MCLAUGHLIN, B. P. (Hg.) [1985], *Actions and Events. Perspectives on the Philosophy of D. Davidson*. Oxford: Blackwell

LEWIS, D. [1986], *On the Plurality of Worlds*. Oxford: Blackwell

LEWIS, D. [1991], *Parts of Classes*. Oxford: Blackwell

LINK, G. [1979], *Montague-Grammatik. Die logischen Grundlagen*. München: Fink

LOUX, M. J. [1998], *Metaphysics. A Contemporary Introduction*. London, New York: Routledge

LOWE, E. J. [1998], *The Possibility of Metaphysics. Substance, Identity, and Time*. Oxford: Clarendon Press

LUDWIG, G. [1978], *Die Grundstrukturen einer physikalischen Theorie*. Berlin, Heidelberg, New York: Springer

MACKIE, J. L. [1977/1981]: *Ethics. Inventing Right and Wrong*. Harmondsworth: Penguin Books, 1977. Zit. nach der deutschen Übers.: *Ethik. Auf der Suche nach dem Richtigen und Falschen*. Reclam: Stuttgart, 1981

MACLANE, S.; MOERDIJK, I. [1992], *Sheaves in Geometry and Logic. A First Introduction to Topos Theory*. Berlin, New York: Springer

MARCHAL, J. H. [1975], »On the Concept of a System«, *Philosophy of Science* 42: 448–468

MARGOLIS, E.; LAURENCE, ST. (Hg.) [1999], *Concepts. Core Readings*. Cambridge/MA, London: The MIT Press

MARX, K. [Schriften Bd. 2] *Frühe Schriften*, hrsg. von H.-J. LIEBER; P. Furth. Darmstadt: Wissenschaftliche Buchgesellschaft, 1971

MCCARTHY, TH. [1978/1980], *The Critical Theory of J. Habermas*. Cambridge/MA: MIT Press, 1978. Zit. nach der deutschen Übers.: *Kritik der Verständigungsverhältnisse. Zur Theorie von J. Habermas*. Frankfurt am Main: Suhrkamp, 1980.

MCDOWELL, J. [1994/1996], *Mind and World*. Cambridge/MA, London: Harvard University Press, 1994. Third Printing With a New Introduction 1996

MCGEE, V. [2000], »Everything«, in: G. SHER; R. TIESZEN (Hg.), *Between Logic and Intuition*. New York, Cambridge: Cambridge University Press

MCGINN, C. [1997], *Ethics, Evil and Fiction*. Oxford: Oxford University Press

MCGINN, C [2003], »Isn't It the Truth?«, Rezension von WILLIAMS [1996], in: *The New York Review of Books*, April 10, 70–73

MELLOR, D. H. [1995], *The Facts of Causation*. London, New York: Routledge

MEYERS LEXIKON [2001: Band ...], *Meyers Grosses Taschenlexikon*. 8. Aufl. Mannheim, Leipzig, Wien, Zürich: B. I. Taschenbuchverlag

MICHEL, D. [1968], »'ÄMÄT. Untersuchungen über ›Wahrheit‹ im Hebräischen«, *Archiv für Begriffsgeschichte* 12: 30–57

MILLER, D. [1964], »Popper's Qualitative Theory of Verisimilitude«, *The British Journal for the Philosophy of Science* 25: 166–177

MONTAGUE, R. [1974/1979], *Formal Philosophy. Selected Papers*. Hrsg. und eingel. von R. H. THOMASON. New Haven, London: Yale University Press. Zit. nach dem dritten Nachdruck 1979

MORGAN, A. DE [1847], *Formal Logic: or, The Calculus of Inference, Necessary and Probable*. London, 1847

MORMANN, TH. [1995], »Trope Sheaves. A Topological Ontology of Tropes«, *Logic and Logical Philosophy* 3: 129–150
MORMANN, TH. [1996], »Topology for Philosophers«, *The Monist* 79: 76–88
MOSER, P. K. [1984], »Types, Tokens, and Propositions«, *Philosophy and Phenomenological Research* 44: 361–375
MOULINES, C. U. [1996], »Structuralism: The Basic Ideas«, in: BALZER/MOULINES [1996], 5–9
MOULINES, C. U. [2002], »Introduction: Structuralism as a Program for Modelling Theoretical Science«, *Synthese* 130: 1–11
NAGEL, TH. [1974], »What Is It Like to Be a Bat?«, *Philosophical Review* 83: 435–450
NAGEL, TH. [1987/1990], *What Does It All Mean? A Very Short Introduction to Philosophy*. Oxford, New York: Oxford University Press. Zit. nach der deutschen Übers.: *Was bedeutet das alles? Eine ganz kurze Einführung in die Philosophie.* Reclam: Stuttgart, 1990
NAGEL, TH. [1997/1999], *The Last Word.* New York: Oxford University Press, 1997. Zit. nach der deutschen Übers.: *Das letzte Wort.* Reclam: Stuttgart, 1999
NARLIKAR, J. [1977], *The Structure of the Universe.* Oxford: Oxford University Press
NEALE, ST. [2001]: *Facing Facts.* Oxford: Clarendon Press
NELSON, L. [1908], *Über das sogenannte Erkenntnisproblem*, Sonderdruck aus: *Abhandlungen der Fries'schen Schule*, Neue Folge, 2. Bd., 4. Heft: 413–818, Göttingen
NIETZSCHE, FR. [1886]: *Jenseits von Gut und Böse, Vorspiel einer Philosophie der Zukunft.* In: FR. NIETZSCHE, *Sämtliche Werke.* Kritische Studienausgabe. Hg. von G. COLLI und M. MONTINARI. Bd. 5. München: Deutscher Taschenbuch Verlag; Berlin, NewYork: de Gruyter 1980, 9–243
NIINILUOTO, I. [1987], *Truthlikeness.* Dordrecht, Boston: Riedel
O'LEARY-HAWTHORNE, J.; COVER, J. A. [1998], »A World of Universals«, *Philosophical Studies* 91: 205–219
OTTO, R. [1917/2004], *Das Heilige. Über das Irrationale in der Idee des Göttlichen und sein Verhältnis zum Rationalen.* München: Beck, 1917. Zit. nach dem Nachdruck 2004
PAPINEAU, D. [1996], *Philosophy of Science*, in: Bunnin/Tsui-James [1996] 290–324
PEACOCQUE, CHR. [1995], *A Study of Concepts.* Cambridge/MA, London: The MIT Press
PEIRCE, CH. S. [Papers], *Collected Papers.* Cambridge/MA, 1935 ff.
PEIRCE, CH. S. [1976], *Schriften zum Pragmatismus und Pragmatizismus*, hrsg. von K.-O. Apel. Frankfurt am Main: Suhrkamp
PENROSE, R. [1994], *Shadows of the Mind. A Search for the Missing Science of Consciousness.* Oxford, New York: Oxford University Press
PENROSE, R. [2005], *The Road to Reality. A Complete Guide to the Laws of the Universe.* New York: Knopf
PERES, C. [2000], »Schönheit als ontosemantische Konstellation«, in: PERES/GREIMANN [2000] 144–173
PERES, C.; GREIMANN, D. (Hg.) [2000], *Wahrheit – Sein – Struktur, Auseinandersetzungen mit Metaphysik.* Festschrift für L. B. PUNTEL. Hildesheim, Zürich, New York: Olms Verlag

PLANTINGA, A. [1993a], *Warrant: The Current Debate.* Oxford, New York: Oxford University Press
PLANTINGA, A. [1993b], *Warrant and Proper Function.* Oxford, New York: Oxford University Press
PLANTINGA, A.; GRIM, P. [1993], »Truth, Omniscience, and Cantorian Arguments: An Exchange«, *Philosophical Studies* 71: 267–306
POMPA, L. [1996], *Philosophy of History*, in: BUNNIN/TSUI-JAMES [1996] 415–442
POPPER, K. R. [1972/73], *Objective Knowledge.* Oxford: Clarendon Press, 1972. Zit. nach der deutschen Übers.: *Objektive Erkenntnis. Ein evolutionärer Entwurf.* Hamburg: Hoffman und Campe
PUNTEL, L. B. [1969], *Analogie und Geschichtlichkeit 1. Philosophiegeschichtlichkritischer Versuch über das Grundproblem der Metaphysik.* Freiburg i. Br.: Herder
PUNTEL, L. B. [1983], »Transzendentaler und absoluter Idealismus«, in: D. HENRICH (Hg.), *Kant oder Hegel? Über Formen der Begründung in der Philosophie.* Stuttgarter Hegel-Kongress 1981. Stuttgart: Klett-Cotta, 198–229
PUNTEL, L. B. (Hg.) [1987], *Der Wahrheitsbegriff. Neue Erklärungsversuche.* Darmstadt: Wissenschaftliche Buchgesellschaft
PUNTEL, L. B. [1990], *Grundlagen einer Theorie der Wahrheit.* Berlin/New York: de Gruyter
PUNTEL, L. B. [1994], »Zur Situation der *deutschen* Philosophie der Gegenwart. Eine kritische Betrachtung«, *Information Philosophie* 22, Heft 1: 20–30
PUNTEL, L. B. [1995], »Der Wahrheitsbegriff in Philosophie und Theologie«, *Zeitschrift für Theologie und Kirche*, Beiheft 9, 16–45
PUNTEL, L. B. [1996], »Lässt sich der Begriff der Dialektik klären?«, *Journal for General Philosophy of Science – Zeitschrift für allgemeine Wissenschaftstheorie* 27: 131–165
PUNTEL, L. B. [1997], »Metaphysik bei Carnap und Heidegger: Analyse, Vergleich, Kritik«, LOGOS, Neue Folge, 4: 294–332
PUNTEL, L. B. [1999a], »On the Logical Positivists' Theory of Truth: The Fundamental Problem and a New Perspective«, *Journal for General Philosophy of Science – Zeitschrift für Allgemeine Wissenschaftstheorie* 30: 101–130
PUNTEL, L. B. [1999b], »›The Identity Theory of Truth‹: Semantic and Ontological Aspects«, in: J. NIDA-RÜMELIN (Hg.), *Rationality, Realism, Revision. Perspectives in Analytical Philosophy*, Vol. 23. Berlin, New York: de Gruyter, 351–358
PUNTEL, L. B. [2001], »Truth, Sentential Non-Compositionality, and Ontology«, *Synthese* 126: 221–259
PUNTEL, L. B. [2002], »The Concept of Ontological Category: A New Approach«, in: R. GALE (Hg.), *The Blackwell Guide to Metaphysics.* Oxford: Blackwell, 110–130
PUNTEL, L. B. [2004], »Der Wahrheitsbegriff in der Ethik«, in F. J. BORMANN; C. SCHRÖER (Hg.), *Abwägende Vernunft. Praktische Rationalität in historischer, systematischer und religionsphilosophischer Perspektive.* Berlin, New York: de Gruyter, 299–328
PUTNAM, H. [1962], »What Theories Are Not«, in: E. NAGEL; P. SUPPES; A. TARSKI (Hg.), *Logic, Methodology, and Philosophy of Science: Proceedings of the 1960 International Congress.* Stanford: Stanford University Press, 240–251
PUTNAM, H. [1980/1983], »Models and Reality«, *The Journal of Symbolic Logic* 45, 1980: 464–482. Zit. nach dem Nachdruck in: P. BENACERRAF; H. PUTNAM (Hg.),

Philosophy of Mathematics. Selected Readings. Cambridge: Cambridge University Press, 2. Aufl. 1983, 421–444

PUTNAM, H. [1983], *Realism and Reason. Philosophical Papers*, Vol. 3. Cambridge, New York: Cambridge University Press

PUTNAM, H. [1990], *Realism With a Human Face*. Harvard University Press: Cambridge/MA

PUTNAM, H. [1993] »Realism Without Absolutes«, *International Journal of Philosophical Studies* 1: 179–192

PUTNAM, H. [1994], »The Dewey Lectures 1994: Sense, Nonsense, and the Senses: An Inquiry into the Powers of the Human Mind«, *The Journal of Philosophy* 91, September 1994

QUINE, W. V. [1934/1979], »Ontological Remarks on the Propositional Calculus«, *Mind* 43, 1934: 472–476. Zit. nach: W. V. QUINE, *The Ways of Paradox and Other Essays*. Revised and enlarged edition. Cambridge/MA.: Harvard University Press, 1979, 265–271

QUINE, W. V. [1947], »The Problem of Interpreting Modal Logic«, *Journal of Symbolic Logic* 12: 43–48

QUINE, W. V. [1953/1980], *From a Logical Point of View. Nine Logico-Philosophical Essays*. Cambridge/MA: Harvard University Press, 1953. Zit. nach dem vierten Nachdruck 1980

QUINE, W. V. [1960/1980], *Word and Object*. Cambridge/MA: The MIT Press, 1960. Zit. nach der deutschen Übers.: *Wort und Gegenstand (Word and Object)*. Stuttgart: Reclam, 1980

QUINE, W. V. [1963/1978], *Set Theory and Its Logic*. Cambridge/MA: Harvad University Press, 1963. Zit. nach der deutschen Übers.: *Mengenlehre und ihre Logik*. Frankfurt, Wien: Ullstein, 1978

QUINE, W. V. [1969/1975], *Ontological Relativity & Other Essays*. New York: Columbia University Press, 1969. Zit. nach der deutschen Übers.: *Ontologische Relativität und andere Schriften*. Stuttgart: Reclam, 1975

QUINE, W. V. [1970a], *Philosophy of Logic*. Englewood Cliffs, N. J.: Prentice-Hall

QUINE, W. V. [1970b], »On the Reasons for Indeterminacy of Translation«, *The Journal of Philosophy* 67: 178–183

QUINE, W. V. [1974], *The Roots of Reference*. La Salle, Ill.: Open Court

QUINE, W. V. [1975], »On Empirically Equivalent Systems of the World«, *Erkenntnis* 9: 313–328

QUINE, W. V. [1981], *Theories and Things*. Cambridge/ MA, London: Harvard University Press

QUINE, W. V. [1985], »Events and Reification«, in: LePore/McLaughlin [1985], 162–171

QUINE, W. V. [1986], »Reply to Charles Parsons«, in: Hahn/Schilpp [1986], 396–403

QUINE, W. V. [1987], *Quiddities. An Intermittently Philosophical Dictionary*. Cambridge/MA, London: The Belknap Press of Harvard University Press

QUINE, W. V. [1990], *Pursuit of Truth*. Cambridge/MA, London: Harvard University Press

QUINE, W. V. [1992], »Structure and Nature«, *The Journal of Philosophy* 89: 5–9

QUINE, W. V. [1993], »In Praise of Observational Sentences«, *The Journal of Philosophy* 90: 107–116

RAYO, A. [2003], »When Does ›Everything‹ mean *Everything?*«, *Analysis* 63: 100–106
RESCHER, N. [1973], *The Coherence Theory of Truth*. Oxford: Clarendon Press
RESCHER, N. [1979], *Cognitive Systematization. A Systems-theoretic Approach to a Coherence Theory of Knowledge*. Oxford: Blackwell
RESCHER, N. [1982], *Empirical Inquiry*. Totowa, New Jersey: Rowman and Littlefield
RESCHER, N. [1987], *Scientific Realism. A Critical Reappraisal*. Dordrecht, Boston: Reidel
RESCHER, N. [1991], »How Wide is the Gap Between Facts and Values«, in: DERS., *Baffling Phenomena and Other Studies in the Philosophy of Knowledge and Volition*. Savage/Maryland: Rowman & Littlefield, 29–57
RESCHER, N. [I 1992, II 1993, III 1994]: *A System of Pragmatic Idealism*. Vol. I: *Human Knowledge in Idealistic Perspective*. Vol. II: *The Validity of Values*. Vol. III: *Metaphilosophical Inquiries*. Princeton: Princeton University Press
RICHARDS, T. [1975], »The Worlds of David Lewis«, *Australasian Journal of Philosophy* 53: 105–118
RICKEN, F. [1983/1998], *Allgemeine Ethik*. Stuttgart: Kohlhammer, 1983. Zit. nach der 3. Aufl. 1998
RITTER, J., ET AL. [1971 ff. Band ...], *Historisches Wörterbuch der Philosophie*. Wissenschaftliche Buchgesellschaft: Darmstadt
ROMANOS, G. D. [1983], *Quine and Analytical Philosophy*. Cambridge/MA, London: The MIT Press
ROSEN, G. [1990], »Modal Fictionalism«, *Mind* 99: 327–354
ROSEN, G. [1994], »What Is Constructive Empiricism?«, *Philosophical Studies* 74: 143–178
ROSENBERG, G. [2002], *A Place for Consciousness. Probing the Deep Structure of the Natural World*. Oxford: Oxford University Press
ROSENKRANZ, K. [1853/1996]: *Ästhetik des Häßlichen*. Königsberg 1853. Nachdruck: Leipzig: Reclam, 1996
RUSSELL, B. [1905/1956], »On Denoting«, *Mind* 14, 1905: 479–493. Zit. nach dem Nachdruck in: R. C. MARSCH (Hg.), *Logic and Knowledge*. London: Allen & Unwin, 1956, 41–56.
RUSSELL, B. [1928/1996] »What Is the Soul?«, unter dem Titel »Has Man a Soul?« zuerst veröffentlicht in: *Jewish Daily Forward*, 10. Februar 1929. Zitiert nach: *The Collected Papers of Bertrand Russell*, Vol. 10: *A Fresh Look at Empiricism, 1927–42*. Ed. by J. G. Slater with the assistance of P. Kollner. London, New York: Routledge, 1996, Essay 28, 203–205
RUSSELL, B. [1948], *Human Knowledge. Its Scope and Limits*. New York: Simon and Schuster
SARTWELL, C. [1991], »Knowledge is Merely True Belief«, *American Philosophical Quarterly* 28: 157–165
SARTWELL, C. [1992], »Why Knowledge is Merely True Belief«, *The Journal of Philosophy* 89: 167–180
SCHLAPKOHL, C. [1999], *Persona est naturae rationabilis individua substantia. Boethius und die Debatte über den Personbegriff*. Marburg: Elwert
SCHNEIDER, C. [1999], »Two Proposals for Formalizing a Bundle Theory Based on Universals«, in: J. FALGUERA (Hg.), *Proceedings of the International Congress: Ana-*

lytical Philosophy at the Turn of the Millenium – La Filosofía Analitica en el Cambio del Milenio. Santiago de Compostela: Universidad de Santiago Publicacións, 1999, 229–237

SCHNEIDER, C. [2001], *Leibniz' Metaphysik. Ein formaler Zugang*. München: Philosophia Verlag

SCHNEIDER, C. [2002], »Relational Tropes – A Holistic Definition«, *Metaphysica* 3: 97–112

SCHNEIDER, C. [2006a], »Towards a Field-Ontology«, *Dialectica* 60/1: 5–27

SCHNEIDER, C. [2006b], »Totalitäten – ein metaphysisch-logisches Problem«, in: G. IMAGUIRE; C. SCHNEIDER (Hg.), *Untersuchungen zur Ontologie*. München: Philosophia Verlag (erscheint 2006)

SEARLE, J. [1992], *The Rediscovery of the Mind*. Cambridge/MA: The MIT Press

SEARLE, J. [1995], *The Construction of Social Reality*. New York: The Free Press

SEIBT, J. [2004], *General Processes. A Study in Ontological Category Construction*. Habilitationsschrift, Universität Konstanz

SELLARS, W. [1956], »Empiricism and the Philosophy of Mind«, in H. FEIGL; M. SCRIVEN (Hg.), *Minnesota Studies in the Philosophy of Science*, Vol. 1. Minneapolis: University of Minnesota Press, 253–329

SHALKOWSKI, S. A. [2004], »Logic and Absolute Necessity«, *The Journal of Philosophy* CI: 55–82

SHAPIRO, ST. [1997], *Philosophy of Mathematics. Structure and Ontology*. New York, Oxford: Oxford University Press

SHER, G. [1999], »On the Possibility of a Substantive Theory of Truth«, *Synthese* 117: 133–172

SHOENFIELD, J. R. [1967], *Mathematical Logic*. Reading/MA, London: Addison-Wesley

SHOPE, R. K. [1983], *The Analysis of Knowing. A Decade of Research*. Princeton: Princeton University Press

SIMONS, P. [1987], *Parts. A Study in Ontology*. Oxford: Clarendon

SIMONS, P. [1994], »Particulars in Particular Clothing: Three Trope Theories of Substance«, *Philosophy and Phenomenological Research* LIV: 553–575

SMITH, Q. [1988], »The Uncaused Beginning of the Universe«, *Philosophy of Science* 55: 39–57

SMITH, Q. [1991], »Atheism, Theism and Big Bang Cosmology«, *Australasian Journal of Philosophy* 69: 48–66

SNEED, J. [1979], *The Logical Structure of Mathematical Physics*. Dordrecht: Reidel

SPECK, J. [Hg.] [1980], *Handbuch wissenschaftstheoretischer Begriffe*. Göttingen: Vandenhoeck & Ruprecht

SPINOZA, B. [Ehica], in: B. SPINOZA, *Werke*, Bd. 2. Darmstadt: Wissenschaftliche Buchgesellschaft, 1967

STEGMÜLLER, W. [Probleme I/1969], *Probleme und Resultate der Wissenschaftstheorie und Analytischen Philosophie*. Band I, 1. Auflage. Berlin, Heidelberg, New York: Springer

STEGMÜLLER, W. [Probleme I/1983], *Probleme und Resultate der Wissenschaftstheorie und Analytischen Philosophie*. Band I, 2. Auflage. Berlin, Heidelberg, New York: Springer

STEGMÜLLER, W. [Probleme II-1/1970], *Probleme und Resultate der Wissenschaftstheorie und Analytischen Philosophie.* Band II, 1. Halbband. Berlin, Heidelberg, New York: Springer

STEGMÜLLER, W. [Probleme II-2/1973], *Probleme und Resultate der Wissenschaftstheorie und Analytischen Philosophie.* Band II, 2. Halbband. Berlin, Heidelberg, New York: Springer

STEGMÜLLER, W. [Probleme II-3/1986], *Probleme und Resultate der Wissenschaftstheorie und Analytischen Philosophie.* Band II, 3. Halbband,. Berlin, Heidelberg, New York: Springer

STEGMÜLLER, W. [1980], *Neue Wege der Wissenschaftsphilosophie.* Berlin: Springer

STEGMÜLLER, W.; VARGA VON KIBÉD, M. [1984], *Probleme und Resultate der Wissenschaftstheorie und Analytischen Philosophie.* Band III: *Strukturtypen der Logik.* Berlin, Heidelberg, New York: Springer

STEGMÜLLER, W. [1989], *Hauptströmungen der Gegenwartsphilosophie. Eine kritische Einführung.* Bd. IV. Stuttgart: Kröner

STERN, R. [1993], »Did Hegel Hold an Identity Theory of Truth?«, *Mind* 102: 645–7

STOLJAR, D. [Physic], Art. »Physicalism« in: *Stanford Encyclopedia of Philosophy* (http://plato.stanford.edu)

SUPPE, F. [1977], *The Structure of Scientific Theories.* Chicago: University of Illinois Press, 2. Aufl.,1977

SUPPE, F. [1989], *The Semantic Conception of Theories and Scientific Realism.* Chicago: University of Illinois Press

SUPPES, P. [1957], *Introduction to Logic.* New York: D. van Nostrand

SWINBURNE, R. [1979/1987], *The Existence of God.* Oxford: Clarendon Press, 1979. Zit. nach der deutschen Übers.: *Die Existenz Gottes.* Stuttgart: Reclam, 1987

TAPPOLET, C. [1997], »Mixed Inferences: a Problem for Pluralism about Truth Predicates«, *Analysis* 57: 209–10

TAPPOLET, C. [2000], »Truth Pluralism and Many-valued Logics: a Reply bo Beall«, *The Philosophical Quarterly* 50: 382–385

TARSKI, A. [1933/1983], *Der Wahrheitsbegriff in den formalisierten Sprachen.* Die Polnische Originalfassung wurde veröffetnlicht in: *Acta Societatis Scientiarum ac Litterarum Varsoviensis,* fasciculus 34, Warschau 1933. Zit. nach der Deutschen Übersetzung in der Ausgabe: K. BERKA; L. KREISER (Hg.), *Logik-Texte. Kommentierte Auswahl zur Geschichte der modernen Logik.* Darmstadt: Wissenschaftliche Buchgesellschaft, 3. Aufl. 1983, 445–546

TARSKI, A. [1944/1972], »The Semantic Conception of Truth and the Foundations of Semantics«, *Philosophy and Phenomenological Research* 4, 1944: 341–376. Zit. nach der deutschen Übers.: »Die semantische Konzeption der Sprache und die Grundlagen der Semantik«, in: J. SINNREICH (Hg.), *Zur Philosophie der idealen Sprache.* München: Deutscher Taschenbuch Verlag, 1972, 53–100

THOMAS VON AQUIN [De aeternitate], *De aeternitate mundi contra murmurantes,* in: R. Spiazzi, *Divi Thomae Aquinatis Opuscula Philosophica.* Turin, Rom: Marietti, 1954, 105–108

THOMAS VON AQUIN [De potentia], *Quaestiones disputatae.* Vol. II: *De potentia.* editio IX revisa. Rom, Turin: Marietti, 1953

THOMAS VON AQUIN [De veritate], *Quaestiones disputatae.* Vol. I: *De veritate.* Rom, Turin: Marietti, 1964

THOMAS VON AQUIN [Gottesbeweise], *Die Gottesbeweise in der »Summe gegen die Heiden« und der »Summe der Theologie«*. Text mit Übersetzung, Einleitung und Kommentar, hrsg. von H. Seidl. Hamburg: Meiner, 1982

THOMAS VON AQUIN [ScG], *Summa contra gentiles*. Textus Leoninus diligenter recognitus. Rom, Turin: Marietti, 1961

THOMAS VON AQUIN [STh], *Summa Theologiae*. Cum textu ex recensione Leonina. Rom, Turin: Marietti, 1952

TICHÝ, P. [1964], »On Popper's Definition of Verisimiltude«, *The British Journal for the Philosophy of Science* 25: 155–160

TUGENDHAT, E. [1967], *Der Wahrheitsbegriff bei Husserl und Heidegger*. Berlin, New York: de Gruyter

TUGENDHAT, E. [1969], »Heideggers Idee von der Wahrheit«, in: O. PÖGGELER (Hg.), *Heidegger. Perspektiven zur Deutung seines Werks*. Köln, Berlin: Kiepenheuer & Witsch, 286–297

TUGENDHAT, E. [1979/1997], *Selbstbewusstsein und Selbstbestimmung*. Frankfurt am Main: Suhrkamp. Zit. nach der 7. Aufl. 1997

TUGENDHAT, E. [1992], *Philosophische Aufsätze*, Frankfurt am Main: Suhrkamp

VALLICELLA, W. F. [2000], »Three Conceptions of States of Affairs«, *NOÛS* 34: 237–259

VAN CLEVE, J. [1985], »Three Versions of the Bundle Theory«, *Philosophical Studies* 47: 95–107

VAN FRAASSEN, B. C. [1980], *The Scientific Image*. Oxford: Clarendon Press

VAN FRAASSEN, B. C. [1989], *Laws and Symmetry*. Oxford: Clarendon Press

VAN FRAASSEN, B. C. [1991], *Quantum Mechanics. An Empiricist View*. Oxford: Clarendon Press

VAN FRAASSEN, B. [1995], »›World‹ Is Not a Count Noun«, *NOÛS* 29: 139–157

WEINGARTNER, P. [1976], *Wissenschaftstheorie II,1. Grundlagenprobleme der Logik und Mathematik*. Stuttgart: Frommann-Holzboog

WHITEHEAD, A. N. [1929/1978], *Process and Reality. An Essay in Cosmology*. Macmillan: London, 1929. Zit. nach dem Nachdruck: New York, London: The Free Press, 1978

WIGGINS, D. [1996], *Objective and Subjective in Ethics. With Two Postscripts About Truth*, in: HOOKER [1996] 35–50

WILLIAMS, B. [1972/1978], *Problems of the Self. Philosophical Papers 1956–1972*. London: Cambridge University Press, 1972. Zit. nach der deutschen Übersetzung: *Probleme des Selbst. Philosophische Aufsätze 1956–1972*. Stuttgart: Reclam Verlag, 1978

WILLIAMS, B. [1996], *Truth and Truthfulness. An Essay in Genealogy*. Princeton: Princeton University Press

WILLIAMS, D. C. [1953/1966], »On The Elements of Being«, *Review of Metaphysics* 7: 13–18, 171–92. Zit. nach dem Nachdruck unter dem Titel »The Elements of Being« in: D. C. WILLIAMS, *Principles of Empirical Realism*. Springfield: Thomas, 1966, 74–109

WILLIAMSON, T. [2000], *Knowledge and Its Limits*. Oxford: Oxford University Press

WILSON, N. L. [1959], »Substances Without Substrata«, *The Review of Metaphysics* 12: 521–539

WITTGENSTEIN, L. [Schriften 1], *Schriften* 1, Frankfurt a. M.: Suhrkamp, 1969 ff.

WITTGENSTEIN, L. [PhU], *Philosophische Untersuchungen*, in: Wittgenstein [Schriften 1]

WITTGENSTEIN, L. [Tractatus], *Tractatus logico-philosophicus*, Logisch-philosophische Abhandlung, in: WITTGENSTEIN [Schriften 1]

WOLFF, CHR. [1728/1996)]: *Discursus praeliminaris de philosophia in genere* (1728). Deutsche Übers.: *Einleitende Abhandlung über Philosophie im allgemeinen.* Historisch-kritische Ausgabe. Übers., eingel. und hrsg.von G. Gawlick und L. Kreimendahl, Stuttgart: Frommann-Holzboog, 1996

WOLFF, CHR. [1737]: *Cosmologia Generalis, Methodo Scientifica Pertractata*. Frankfurt am Main, Leipzig: Renger

WRIGHT, C. [1992], *Truth and Objectivity*. Cambridge/MA, London: Harvard University Press

WRIGHT, C. [1996], »Truth in Ethics«, in: HOOKER [1996] 1–18

Namenverzeichnis

Aaron, R. I. 147
Albert, H. 74
Almeder, R. 78–83
Anacker, U. 448
Apel, K.-O. 74f
Aristoteles 2, 9, 121, 149, 175, 210, 219ff, 348, 354, 369, 389, 390, 411, 446, 560, 586
Austin, J. L. 5, 487

Bacon, J. 297
Baldwin, Th. 311
Ballarin, R. 297, 589
Balzer, W. 101, 169
Barwise, J. 315
Baumgartner, H.-M. 448
Beall, C. 190
Beaufret, J. 49
Bell, J. L. 240f
Belnap, N. 34, 304f
Bentham, B. 112
Bien, G. 389
Bigelow, J. 568f, 571, 590, 600
Blau, U. 115f
Boole, G. 39
Bourbaki, N. 224, 235–238
Bradley, F. H. 311
Brink, D. O. 398

Camp, J. L. 304f
Campbell, K. 257, 281
Candlish, S. 311
Cantor, G. 355
Carnap, R. 5, 11, 29f, 63, 88ff, 100, 106, 110, 127f, 211, 531
Carter, B. 439
Cartwright, R. 565
Chalmers, D. 382f
Chisholm, R. 222
Corry, L. 36, 38, 224, 235–238, 568

Cover, J. A. 258
Cresswell, M. J. 591

Daly, Ch. 257
Danto, A. C. 431
Davidson, D. 104, 113, 220, 223, 267, 268, 315, 378, 532
Denkel, A. 255
Descartes, R. 7, 135, 175, 256
Diederich, W. 166
Diels, H. 584
Dipert, R. R. 297
Dodd, J. 311f, 315
Dorschel, A. 74
Dowty, D. R. 250
Duden 27
Dummett, M. 4–9, 156, 267f

Ebbinghaus, H. D. 38, 282, 356
Engels, Fr. 447, 458, 468f

Feuerbach, L. 641
Feyerabend, P. 165
Feynman, R. 437
Fichte, J. G. 47, 372
Findlay, J. N. 311
Forge, J. 174
Forrest, P. 470, 603, 608
Frank, M. 371ff, 375, 382
Frege, G. 5ff, 20f, 106, 194, 204f, 211, 213–218, 252f, 267, 299, 311f, 404, 498
Fukuyama, Fr. 456f

Gabbay, D. 200, 297
Gadamer, H.-G. 3, 451, 486, 528
Gardner, S. 415, 421, 426
Gettier, E. 134, 139–143, 145f, 158
Giere, R. 165, 168

Gilson, E. 553
Gödel, K. 156f, 322
Goldblatt, R. 38, 297, 568
Goodman, N. 5, 483, 534
Greimann, D. 404
Grim, P. 24, 566–569, 571f
Grover, D. L. 304f
Grünbaum, A. 435
Guenthner, F. 200, 297
Gupta, A. 34
Guyer, P. 145

Habermas, J. 135f, 153f, 202f, 397, 641
Hales, St. D. 323
Hanna, J. F. 110
Hanson, N. R. 165
Hartle, J. 436f
Hawking, St. 434–437, 439, 459f
Hegel, G. W. F. 47, 109, 119, 152, 209, 210f, 214, 220, 311, 336, 375, 387, 407, 425, 444, 447f, 456f, 486, 584f, 629, 641
Heidegger, M. 3, 39, 49, 100, 109f, 132, 162, 191, 350, 375, 495, 553, 555, 557–560, 562, 574, 584f, 609, 629
Hempel, C. G. 100, 165, 167, 178
Henrich, D. 373ff
Hilbert, D. 61, 613
Hodges, W. 200, 240f
Hoffman, J. 222, 256
Hooker, B. 388
Hornsby, J. 311
Horwich, P. 195, 310
Hughes, G. E. 591
Hugly, Ph. 104, 507–514, 516f, 522f
Husserl, E. 7, 191, 217, 487, 555

Jackson, Fr. 382ff
James, W. 135f, 487f

Kant, I. 4, 7, 22, 43, 72, 136f, 145–148, 150f, 175, 185, 208–211, 216, 220ff, 325, 330f, 342, 348, 361, 372, 385, 411f, 417–420, 423, 448ff, 455f, 480f, 502f, 549, 591, 621
Keller, A. 553
Kelley, J. L. 567, 573
Kelley-Morse 567, 573

Ketchum, R. J. 74, 76–79, 81, 83f
Kleene, St. C. 37f, 224, 237, 280
Kneale, W./M. 39
König, G. 162, 265
Koslow, A. 242–245
Kripke, S. 589
Kuhn, Th. 165, 170
Kuipers, Th. H. F. 535
Kutschera, Fr. v. 10, 137, 392, 394, 396, 598f

Landmesser, Cr. 191
Legenhausen, G. 292–296
Leibniz, G. W. 175, 276f, 601
Lenzen, W. 137
Lewis, D. 10, 332, 357, 379, 381, 575–581
Loux, M. 255
Lowe, E. J. 256
Ludwig, G. 184

Machover, M. 240f
Mackie, J. L. 404ff, 429
MacLane, S. 568
Marchal, J. H. 37, 47
Marx, K. 641f
McCarthy, Th. 153
McDowell, J. 362, 488ff, 492f, 498
McGee, V. 565
McGinn, C. 396, 406
Mellor, D. H. 316
Michel, D. 191
Miller, D. 535
Moerdijk, I. 568
Montague, R. 106f
Moore, G. E. 311
Morgan, A. de 39
Mormann, Th. 297
Moser, P. K. 273
Moulines, C. U. 169ff, 173f, 179ff, 187, 535

Nagel, Th. 382, 461ff, 466ff, 470ff
Narlikar, B. J. 435
Nelson, L. 74ff
Newman, B. 431
Nietzsche, Fr. 398, 457
Niiniluoto, I. 535

Namenverzeichnis 665

O'Leary-Hawthorne, J. 258
Oppenheim, P. 165
Otto, R. 441

Papineau, D. 339
Parsons, Ch. 322
Peacocque, Chr. 212
Peano, G. 163
Peirce, Ch. S. 135f, 491, 534f
Penrose, R. 434f, 474
Peres, C. 421, 423f, 430
Perry, J. 315
Peters, St. 250
Plantinga, A. 70, 139f, 567f
Pompa, L. 450f
Popper, K. R. 165, 498, 534f
Pulte, H. 162
Puntel, L. B. 3f, 30, 47, 109f, 131, 190f, 197, 210, 218, 254, 268, 270, 273, 302f, 310f, 315, 331, 360, 387, 532, 534, 557, 560, 609, 630
Putnam, H. 22, 52, 164, 183, 322, 342, 481–485, 487–490

Quine, W. V. 5, 78, 111ff, 127f, 130, 156, 195, 200, 214, 225f, 261–268, 273ff, 283f, 290ff, 297, 300ff, 310, 322, 336–343, 364, 371, 509, 518, 537, 553f, 589, 628, 644

Rayo, A. 565
Reichenbach, H. 178
Rescher, N. 10, 13, 43, 57ff, 64, 222f, 398, 490f, 524f, 527, 532f, 535, 548, 617
Richards, T. 569
Ricken, Fr. 396
Ritter, J. 613
Rosen, G. 169, 575
Rosenberg, G. 383
Rosenkrantz, G. S. 222, 256
Rosenkranz, K. 430
Russell, B. 265, 311, 354, 364, 367
Ryle, G. 5

Sartre, J. P. 372
Sartwell, C. 143
Sayward, Ch. 104, 507–514, 516f, 522f

Schelling, F. W. J. 47, 336
Schlapkohl, C. 354
Schneider, C. 297, 348, 567
Searle, J. 315, 380ff, 637, 639
Seibt, J. 220, 348
Sellars, W. 13, 301, 362, 492, 498
Shalkowski, S. A. 589
Shapiro, St. 234, 238
Sher, G. 190
Shoenfield, J. R. 163, 508f
Shope, R. K. 146ff
Simons, P. 257f, 357
Smith, N. K. 145f
Smith, Q. 435
Sneed, J. 100, 164f, 169, 171, 184, 535
Spinoza, B. 4, 7, 175, 256, 335
Stegmüller, W. 61ff, 100, 164f, 169ff, 184, 234, 241, 246f, 405f, 535
Stern, R. 311
Stoljar, D. 377ff
Suppe, Fr. 100, 164–168
Suppes, P. 166f, 171, 240
Swinburne, R. 595

Tappolet, C. 190
Tarski, A. 116, 127, 129, 192, 194f, 203, 300–303, 482, 535
Thomas von Aquin 175, 401, 422f, 489, 556, 585, 587, 590f, 595, 597f, 609
Thomason, R. 106
Tichý, P. 535
Toulmin, St. 165
Tugendhat, E. 191, 368

Vallicella, W. F. 315
van Cleve, J. 360
van Fraassen, B. 165–169, 177f, 183, 563f
Varga, M. 234, 241, 246f

Wall, R. E. 250
Weingartner, P. 221, 232
Whitehead, A. N. 12f, 348
Wiggins, D. 396
Wigner, E. 481
Williams, B. 470
Williams, D. C. 257
Williamson, T. 143f, 146, 149f, 159

Wittgenstein, L. 5, 18, 20, 40f, 106,
    110f, 121, 128, 219, 274, 484, 487,
    489, 493, 561

Wolff, Chr. 433
Wood, A. W. 145
Wright, C. 190, 204, 388, 396f

Sachverzeichnis

ἀλήθεια 190 f
Abbildungsprinzipien 184
Ableitbarkeit 240
Absolute, das 207, 554, 591, 609, 611
Absolutheit 436
absolutnotwendig 591
abstract particular 281
Abtrennungsgesetz 240
Abtrennungsregel 240
Adäquatheit
–, empirische 168, 563
–, theoretische 53
Ähnlichkeitsrelation 257
Aktualismus 428, 574
Aktualität 520, 574
– *absolute/simpliciter* 577 f
– und Existenz 577–581
Akzeptanz 169
Allkontingentistische These 592 ff
Allquantifikation 572
'ämät 190 f
'ämunā 190 f
Anfang 434 ff
– des Universums (Kosmos) 17, 434 ff, 459
–: philosophischer/metaphysischer Begriff 17
Ansatz
–, formal-semantischer 42
–, fundamentalistischer 68, 86, 88 f
–, kohärentistischer 68, 86, 88 f
Anthropisches Prinzip 439
Anthropologie
–, philosophische 351–387
Antirealismus 168
Anwendung
–, intendierte 180
Approximation 173, 180, 187
Architektonik 25, 621
Argument aus der Erkenntnis 383

Art (*kind*) 255 f
Ästhetik
–, philosophische 421
Ästhetiktheorie 430
Ästhetizität 35, 411
– als Darstellung von Welt 411
Atomismus 638
Attribute (Eigenschaften und Relationen) 214
Aufbau- und Inventivmethode 57 ff
Aufforderung 125
Aufforderungsmodus 408
Ausdrückbarkeit 104, 131
– als grundlegendes Strukturmoment des Seins und der Seienden 495
–, ontologische 502 ff
–, universale/immanente 22, 184, 275, 486, 492, 504, 518 f, 528, 551, 586, 604
Aussonderungsprinzip 356
Axiom 61–64, 172, 178
Axiomatik 61
–, formale Hilbertsche 61
–, informelle Hilbertsche 61
Axiomatisierung 61–64
– durch Definition 62
– und Formalisierung 167
–, euklidische 61–64
–, informelle mengentheoretische 62

bare particular 255, 286
Bedeutung 19, 211, 214 ff
Bedeutungstheorie 7
Begreifen 208–211
Begriff(e) 19, 211–216, 220
– als Abbreviationen für Strukturen 223 ff
– des Begriffs 212, 214 ff
– und Funktion 215
– und Struktur 420

Begriffsinhalt (Intension) 213
Begriffsklärung 189
Begriffsschema 225
Begriffsumfang (Extension) 213
Begründung 11, 68–88
– und Beweis 71 f
– und Rechtfertigung 76–85
–, Definition von 76–85
–, fundamentalistische 91
–, idealisierter Begriff der systematischen 95–98
–, inchoativ-systematische 86–90, 95, 97 f
–, innersystematische 86, 90, 95 ff
–, metasystematische 86, 91–95, 97 f
–, pragmatische 70 f, 97
Begründungsbegriff
– in der Philosophie 72–98
– und die Problematik seiner Definition 76–85
–, metasystematischer 643
–, systematischer 85–98, 643
–, unsystematischer 73–85
Behauptung 204 f
belief 147, 168
Beobachtungssatz 262, 338
Beschreibung 517
Beweis 96
Bewertungssemantik 199, 234
Bewusstsein *Siehe* Selbstbewusstsein
Biologie 605
Buddhismus 440
Bündeltheorie 256 ff, 354, 367

Cantors Diagonalisierungsverfahren 507, 524
Christentum 440, 446, 461, 470, 595
–: offen für die Philosophie 443
– und echte Theologie 443
cognition 145
conceptual scheme(s) 113, 256, 451, 532 ff, 548
constraints (Einschränkungen) 173

Darstellung
–, theoretische/praktische/ästhetische 416
Datenbasis 172, 339

Datum (Daten) 13 f, 20, 32 f, 43, 56, 58 f, 92, 360–363, 633
– im allgemeinen Sinne als Thema einer Theorie 32
– im spezifischen Sinne als korrelativer Begriff zu Struktur(dimension) 32
Definition 34, 517
Deflationismus 310
Denkbarkeitsargument 383
Denken 216, 361
Denotationsfunktion 246
Designationsfunktion 246
Dimension
–, formale 42
–, ursprüngliche und umfassende 551 f
Ding(e) an sich 331
–, Unerkennbarkeit der 342
Ding(e) an sich und Erscheinungen 502
Diskurs 202
–, ästhetischer 120
–, praktischer/pragmatischer 120
–, theoretischer 120
Disquotation 314
Disquotationstheorie der Wahrheit 300
DN-Erklärung. 165
Dritte Welt (Popper) 498
Drittes Reich (Frege) 498

eben 302
Eigenschaft 211, 218 f, 294
Einheit von Theorie und Praxis 641
Einheitspunkt
– als der das Menschsein konfigurierende Faktor 367–371
– und Universum 376
–, systematischer 376, 454, 473
Einstellung
–, ästhetische 416 f
–, ontologischer Bezug der ästhetischen 413
–, praktische 416 f
–, theoretische 416 f
Elementschaftsrelation 569
Eliminativismus 377
Empirismus
–, konstruktiver 563
Endpunkt des Forschungsprozesses (Peirce) 534

Entfaltungsfaktor 454f
Entität(en) 218, 564
– mit ontologischem Status erster/zweiter Ordnung 407
– und Seiende(s) 560f
–, mathematische 600
–, physikalische 474
–, überabzählbar unendlich viele 524–527
Ereignis 110, 220, 259, 348, 558f
Erfahrung 362f
Erkenntnis *Siehe* Wissen/Erkenntnis
Erkenntnis/Wissen *Siehe* Wissen/Erkenntnis
Erkenntnistheorie 73, 75f, 137
Erkenntnisvermögen 418
Erklärung
–, vollständige und adäquate 606
Erlebnis
–, ästhetisches 414
Erschaffung *ex nihilo* 435
Erzählzusammenhänge 449
Es (Partikel) 539f, 551
Eschatologie 476
Esse per se subsistens 556, 609
– und Gott 595
Ethik 387–391
– als philosophische Theorie 389ff
– mit kognitivistischem Status 388
–, Ambiguität der normativen 389ff
–, normative 126, 391f
–, Wahrheit in der 388, 395–399
Ethisch–moralisch–sittlich 387
Evolution(stheorie) 605–608, 610
Existenz 592
– als indexikalischer Begriff nach D. Lewis 577
– und Sein 553ff
– und Seinsdimension 592
Existenz-/Partikularquantor 509, 554
Explanandum 165
Explanans 165
Expressiv(ität) 415
Expressum
– des Primärsatzes 196, 271
– des theoretischen Satzes 124, 217f, 229, 233, 239f, 271, 273, 303, 306

– eins logischen/mathematischen Satzes 229f
– eines praktischen Satzes 124
– eines Subjekt-Prädikat-Satzes 271f
– praktisch-deontischer Sätze 408
–, evaluatives 413
–, logisches 244
–, semantisches 239
–, synktatisches 239f
Extension 219, 253, 293–296, 357
Extensionalitätsgesetz 284

Fachsprache 103
Falschheit
– als Wahrheitswert 317
–, Ansatz zu einer Theorie der 317–320
–, notwendige 319
Familienähnlichkeit 274, 286
Fehlschluss
–, naturalistischer 407
Feld 348, 359
Fixpunkt 465, 467
Folgerung
–, logische 241
folk psychology 364, 377
Freiheit 448, 456
– des Schöpferabsoluten 610
– im starken Sinn 407
Freiheit des Willens 398
Funktion 214
– und Gegenstand 215
Funktionalität 268
Funktion-Wert-Modell 268
Fürwahrhalten 146ff

Galaxie 473
Ganze, das *Siehe* Totalität
Ganzes (Ganzheit) 560
Gedanke(n) 20, 211, 216ff, 252f
– und Wahrheitswert bei Frege 217f
Gegenstand 211, 217, 254, 418 *Siehe auch* Objekt
Geist 639
– als intentional koextensiv mit dem Universum (Sein im Ganzen) 369, 375, 384, 439ff, 452, 454, 471, 473f, 580, 602, 609
– als Subjekt 376

– als universale(s) Entität/ Phänomen 475
–, absoluter 447
Geometrie 61
Gesamtarchitektonik 11
Gesamtsystematik 21, 186, 477–611
– als strukturale Metaphysik 477–480
– als universale philosophische 549ff
–, philosophischer Status der 477–551
–, Haupthindernis für die Entwicklung einer philosophischen 480–493
Gesamttheorie 9
–, christlich-theologische 476
Geschichte 49, 207
–, Ende der 456
Geschichte(n) des Universums 436
–, Summe über alle 437
–, Vielfalt von 439
Geschichts-Konfigurator 455
Geschichtswissenschaft
– und Philosophie der Weltgeschichte 444ff
Gesellschaft 49, 454f
Glaube 146f
–, idealisierter 159ff
–, normaler 159ff
Globalsystematik 17, 29–98
God's-eye View 450, 481, 484
Gödelisierung 570
Gott 49, 442ff, 452, 462f, 467, 554, 556, 561, 591, 595–599, 609, 611
– und das Sein im Ganzen 595
– und Sein 561
–, Theorie über 595ff
Gottesbeweis(e) 595–599
– nach Thomas von Aquin (*tertia via*) 597ff
Gravitationskraft 475
Gruppe 62
Gute, das 402
Gutheit 429
–, universale 24

Handeln
–, sittliches 387–408
Handlungszusammenhang 202
Hässliche, das 430f
Haufen 355, 357

Heilsgeschichte 611
Hermeneutik 2
Hinduismus 440
Hochreligion(en) 440, 443
Homomorphismus 251
H-O-Schema der wissenschaftlichen Erklärung 165
Hylemorphismus 226

Ich 354, 360, 368
Ich-Sagen 368, 370, 375, 454
Idealisierung
–, künstlerische 427f
–, theoretische 427
Idealismus 500
–, absoluter 208
–, transzendentaler 208
Idealsprache 523
Idee
–, struktural-systematische Methode als regulative 622
Identität 283
– als Grenzfall von Korrespondenz 313
Identitätsbedingungen 371
– für Primärpropositionen und Primärtatsachen 272–277
–, ontologische 273, 276f
–, semantische und ontologische 273–277
Identitätsfunktion 283
Identitätsrelation 283f
– und Identitätsfunktion 283
Identitätstheorie der Wahrheit 311f
Identitätsthese 20, 309–316
– als Identität von wahrer Primärproposition und Primärtatsache 310–314
– nach Frege 311f
Imperativsatz 391f
Implikationsrelation 242
Implikationsstruktur 242–245
Individuationsprinzip 353
Individuationsproblem 371
Individuum 351ff
– und Klasse 284
inference to the best explanation 470, 603
inference to the best systematization 58
Integralität

– des Menschen 475
– des Geistes 415, 417, 420, 429
Intelligenz 369, 371
Intelligibilität 53, 89, 93 ff, 467, 470, 487, 552, 588, 602 f
– der Sache 499
–, absolute 620
–, Grade der 619
–, höherer Grad von 633
–, relativ maximale 615–620, 624
–, theorierahmen-abhängige 619 f
–, theorierahmen-immanente 619 f
–, universale 24, 346
Intelligibilitätspotential 326 f, 552, 564, 588, 591
Intentionalität 384, 473
– und Erkenntnis 385
– und Selbstbewusstsein 371–376
– und Wahrheit 384
Interpretationsfunktion 199, 234, 246
Interpretationssemantik 199, 234
Intersubjektivität 42
Islam 440

Judentum 440
Junktoren 269, 358
–, ontologischer Status der 290
–, Primärpropositionen und Primärtatsachen als Argumente von 292

Kategorie(n) 19, 211, 220–223, 225
– und *conceptual scheme(s)* 223
– und Sprache 222
–, ontologische 279
–, semantische 245
–, syntaktische 245
Kategorientheorie
–, mathematische 237
Kategorischer Imperativ 391
Kausalität 437
Kennzeichnung
–, definite 265
Klasse
– und Menge 356 f
Kluft 22 f, 484, 537, 549, 551, 579, 592
–, ontologische 490
Kluft-Problem 449, 481 ff, 490, 501, 552, 562

– und der Ansatz zu einer systematischen Klärung 493–496
knowledge 145
Koextensionalität
–, intentionale 369 f
Kohärenz 53, 470, 548, 621
– als Systematizität 585
– und Konsistenz 617
–, Grade der 619
–, höherer Grad von 633
–, relativ maximale 93, 615, 618, 620, 624
–, systematische 617
–, universale 24
Kohärenzkriterium 616
Kohärenzmethodologie 56–59
Kollektiv 454
Kollektiv Menschheit 453
– als ontologische Konfiguration dritter Ordnung 453
Kollektiv-Konfigurator 453, 455 f
Kommunikation 103
– und Darstellung 496–499, 514
Kommunikationssprache 201
Kompositionalität
–, wahrheitsfunktionale 268 f
Kompositionalitätsprinzip 19, 196, 211, 247, 249–252, 259, 261, 315, 506
Komprehensionsprinzip 355 f
Konfiguration(en) 20, 38 196, 241, 256, 270, 272, 277, 279, 285, 287, 352–444
– als adäquate ontologische Struktur des Menschseins 360–376
– als Bündel 354
– und aussagenlogische Konjunktion 358 f
– und Menge 354–357
– und Mereologie 357 f
– von Primärentitäten 39
– von Primärtatsachen 352 f
–, adäquate formale Artikulation des Begriffs der 354–359
–, Begriff der 353–359
Konfigurationsformen
– als ontologische Strukturen 288–297
– und Aussagenlogik 289–292
– und Prädikatenlogik erster Stufe 292–297

Konfigurationsontologie *vs.* Substanzontologie 547
Konglomerat 355
Konjunktion
– von Primärsätzen, Primärpropositionen und Primärtatsachen 279
–, logisch-strukturale 243
Konsens 153
Konstitution 352
Konstruktivismus 506
Kontext-Operator 201
Kontextprinzip 19, 196, 261, 267–272
– gemäß einer starken Version 267 f, 270 ff
–: inkompatibel mit dem Kompositionalitätsprinzip 268 ff
Kontingenz 436, 590
Kontinuum 513, 517, 523, 545 f
Konvergentismus 491
Kopräsenz 258
Korrespondenz 9
Korrespondenzregeln (in der *received view* von Theorien) 164 f
Kosmologie
– im naturwissenschaftlichen Sinne 433–440
– im philosophischen Sinne 433
–, physikalische 459
Kulturwelt 640
Kunst 425–429
– und Semantik/Ontologie der möglichen Welten 428
–, abstrakte 430
–, expressive Theorie der 426
–, formalistische Theorie der 426
–, kognitiver und moralischer Aspekt der 428
–, mimetische Theorie der 426
–, Priorität der 425
–, semiotische Theorie der 426
Kunstschönheit 425
Kunsttheorie 430
Kunstwerk(e) 417, 426–429
– als ästhetische Darstellung einer transformierten Welt 427
– als ästhetische Welt-Darstellung 430
– und Theorie 429
–, abstraktes 430

–, ontologischer Darstellungsstatus der 428 f

Lebensphilosophie 2
Lebenswelt 128, 499, 640
Leib-Geist-Dualismus 112
Letztbegründung 11, 74 f, 643
Lichtgeschwindigkeit 386
linguistic framework 11, 106
links 173
Logik 10 f, 19, 36, 42, 49 ff, 59 f, 70, 73, 85, 116, 129, 154, 158, 175 f, 199, 217, 222, 227, 230–234, 238–244, 247, 259, 289, 292, 296 f, 316, 321, 331, 358, 463 f, 472, 529, 544, 560, 562, 565, 575, 589, 631, 635
– und ihr Verhältnis zur Semantik und Ontologie 129
– und Ontologie 289, 292
–, alte 221
–, Autonomie der 231
–, deontische 297
–, dreiwertige 116
–, dynamische 297
–, elementare 289, 589
–, Erweiterungen der klassischen 297
–, formale 115 f, 119, 162, 167, 200, 226, 480, 629, 631
–, freie 297
–, intuitionistische 297
–, intuitive (informale) 115 f
–, klassische 297
–, mathematische 2, 164
–, Mathematik und Philosophie 230–234
–, mehrwertige 297
–, ontologische (metaphysische) Neutralität der 293, 296
–, ontologischer Status der formalen 226
–, reine 321
Logizismus 233
Löwenheim-Skolem-Paradox 183
Lügnerparadoxie 482, 566

Materialismus 9, 377 ff, 554
–, dialektischer 458, 469
–, historischer 458
Materie 554

Mathematik 19, 36, 42, 49–65
– und Ontologie 289
–, Autonomie der 231
–, Logik und Philosophie 230–234
–, reine 321f
maximal 618f
– konsistente Untermenge 619
meaning is use 487
Meinen 146f
Menge(n)
–, Begriff der 236ff, 355f
–, überabzählbare 325
Mengentheorie 171
Mensch
– als intentional koextensiv mit dem Universum (Sein im Ganzen) 405
– und seine Stellung im Universum 403ff, 441
Menschheit als Kollektiv 453
Menschheitsgeschichte 611
Metadisziplin 613
Metaethik 391
Metalinguistik 613
Metalogik 613
Metamathematik 106, 613
Metaphilosophie 613
– als Theorie der Philosophie 613
– im engeren Sinn 614f
– im weiteren Sinn 614
metaphysica generalis 433, 636
metaphysica specialis 433, 480, 636
Metaphysik 21, 73, 477–481, 490, 613
–, allgemeine 636
–, materialistische 447
Metasemantik 613
Metasprache 482
Metasystematik 25, 187, 326, 613–646
– und Metaphilosophie 613ff
–, externe 25, 615, 625–642
–, externe intratheoretische 626–640
–, externe intratheoretische interphilosophische 626–635
–, externe intratheoretische philosophisch-nichtphilosophische 635–640
–, extratheoretische 640ff
–, immanente 25, 615, 621–624
–, Status der 613–620
Metatheorierahmen 326, 628

–, externer 630
Methode
– als Bewährung 642
–, axiomatische 60–64, 175
–, idealisierte viertufige 55–69
–, holistisch-netzstrukturale oder kohärenziale 46, 56, 60
–, philosophische 6ff
–, struktural-systematische 621ff
–, struktursuchende 56
–, systemkonstitutive 46, 56, 67f
–, theoriekonstitutive 56, 59–67
–, therapeutische philosophische 487
–, vierstufige 185–188
–, wahrheits(status)prüfende 56
Methodologie 5
Minimalismus 310
Modalitäten 24, 588, 591, 635
– als ontologische/metaphysische Strukturen 589
Modallogik 297, 589f, 592, 631
–, Interpretation der 589
Modell 38, 63, 163, 167, 169, 171–174, 199f, 224, 234, 240
– als Struktur 179
– einer Sprache 38
–, aktuelles 172
–, partiell-potentielles 172, 179, 181
–, physikalisch-kosmologisches 435f, 438
–, potentielles 172, 181
Modellbeziehung 199f
Modellstruktur 38, 200, 295
Modelltheorie 200
Moderne 431f
Möglichkeit 590, 593f
Möglich-Sein 592f
M-Theorie 459f
Münchhausen-Trilemma 74f
Mythos des Gegebenen 362

Natur 207, 335, 554
–, belebte 350
–, unbelebte 350
Natur(welt)philosophie 335–347
– und Naturwissenschaften 347f
–, Hauptaufgaben und Thesen der 347–350

natura naturans 335
natura naturata 335
Naturalisierung 537
Naturalismus 78, 336f, 341f, 472, 554
– und Quines globaler ontologischer Strukturalismus 336–343
–, evolutionstheoretischer 472
Naturgesetz(e) 437f
Naturschönheit 417, 419, 425
Naturwelt 335–350
– und die Pluralität von Seinsbereichen 349f
–, kategorial-strukturale Verfasstheit der 348f
Naturwissenschaft(en) 2, 15, 17, 45, 62, 92, 126, 190, 335f, 341, 344–348, 364, 433ff, 438, 459, 474, 500, 502, 606, 635f, 639 *Siehe* auch Wissenschaft(en)
Nichts 582, 609
–, absolutes 593f
–, (Un)Möglichkeit des absoluten 593
Nichtwiderspruchsprinzip 328
nihilum absolutum 593
No entity without identity 228, 272
non-statement view von Theorien 47–62, 68
Normativität 390f
Notation
–, kanonische 112, 225
Notwendigkeit 590
–, ontologische 600
Noumenon 331
Nukleartheorie 258
Nullmenge 225, 281
Nullprädikat 282
Nullstruktur 225, 281ff

Oberflächenstruktur 545
Objekt 19, 218f, 260, 264, 290, 341, 349, 416 *Siehe auch* Gegenstand
Objektivität 49, 125, 217
Objektivitätsdimension 158–161
Objektsprache 482
Offenbarungsgeschichte 611
Ontologie(n) 9, 30, 493, 563ff
– ethischer Sätze 400f
– und Metaphysik 10

– und Seinstheorie 495
– von Objekten (Substanzen) 399
– von Primärtatsachen als die dem Wahreitsbegriff angemessene Ontologie 314ff
–, allgemeine 495
–, analytische 563
–, Austauschbarkeit von 340f
–, formale 10
–, kompositionale 217, 249–254
–, kontextuale (nicht-kompositionale) 19f, 196f, 278f, 292, 547, 644
–, Kritik der kompositionalen 254–267
–, Methodologie der 342
–, ontologische Werte als Absonderlichkeit gemäß einer materialistisch-physikalistischen 404ff
–, physikalistische 380ff, 637
–, Quines strukturalistische 341
–, reduktive Reinterpretation der 337f
–, spezielle 495
–, substantialistische 9
–, unikategoriale 257
Ontologische Differenz 350, 495, 574
Ontologischer Status
– erster/zweiter Ordnung 407, 429
Ontologischer Unterschied 349f
Ontologisierung 495, 537f
Onto-Theologie 609
Onto-Theo-Logik 109
Operator(en) 414
–, ästhetischer 123, 126, 410 414, 423f, 520
–, logischer 242–245
–, ontologischer Status logischer 244f
–, praktisch-deontischer 393
–, praktischer 123, 126, 411, 413
–, Prosentenz bildender 305
–, sprachpragmatischer 202f
–, theoretischer 18, 23, 27, 122, 126, 393ff, 410–414, 423, 542f
–, theoretischer universaler 539f
–, transzendentaler 539
Ordnungsstruktur 359

Pantheismus 595
Permutation 243
PERproposition 305–309

PERsentenz 305–309
Person 353–387
–: materialistisch-physikalistisch nicht erklärbar 376–387
–, der individuelle Mensch als 353–387
–, ontologische Verfasstheit der 472
Perspektivenwechsel
- von der Subjektivität (zum Sein im Ganzen) 538–541
Phänomenologie 2
Philosophie 1, 29
- als theoretische Aktivität und Disziplin 641
- als Theorie 641
- als Universalwissenschaft 22, 476, 637, 642
–, Grundidee der strutkural-systematischen 645
- und Wissenschaften 15f, 46, 52, 341, 343–347, 362
–, Ambiguität der praktischen 389ff
–, Ambiguität des theoretischen und praktischen Teils der 412
–, analytische 1f, 4ff, 8ff, 72, 105f, 110f, 113 115, 117, 130, 134, 143, 146f, 175, 189f, 215, 218f, 225, 247f, 267, 292, 300, 314f, 318, 330ff, 336, 338f, 348, 361, 377, 403f, 425, 446, 450f, 458, 461, 469f, 480, 485, 496, 500, 506, 532, 537, 548, 553, 629, 631f, 635f, 636
–, fragmentarischer Charakter der analytischen 1, 8
–, global-systematische 17
–, Logik und Mathematik 230–234
–, metasystematische Selbstbestimmung der struktural-systematischen 615–620
–, Metasystematik der struktural-systematischen 642–646
–, mittlerer Bereich der struktural-systematischen 644
–, Nicht-Absolutheit des Theorierahmens der struktural-systematischen 569ff
–, nicht-analytische 3f, 109

–, nicht-systematischer (fragmentarischer) Charakter der analytischen 4–14
–, Offenheit und Unvollständigkeit der struktural-systematischen 326
–, periphere Ebene der struktural-systematischen 644
–, praktische und theoretische 389
–, Quasi-Definition der struktural-systematischen 34–46
–, rein theoretische Sätze als angemessene Darstellungsform für die struktural-systematische 493f
–, Selbstbegründung der struktural-systematischen 642–646
–, Selbstbestimmung der struktural-systematischen 642–646
–, (Selbst)Begründung der struktural-systematischen 70–98, 642–646
–, streng theoretischer Charakter der 176
–, struktural-systematische 14, 25, 29, 31f, 34–46, 55, 64, 67, 85, 226, 231, 248, 375, 409, 421, 425, 428, 441, 610, 644
–, systematische 1f, 7, 26, 29, 34–48
–, Tradition der 3
–, Überwindung der struktural-systematischen 646
–, Universalität der 615
–, Unvollständigkeit des Theorierahmens der struktural-systematischen 570ff
–, Zentralbereich der struktural-systematischen 645
Philosophie des Geistes 16 Siehe auch Anthropologie, philosophische
Philosophiegeschichte 3
Philosophy of Mind Siehe Anthropologie, philosophische
Physik 2, 22, 225, 344f, 348, 377, 385, 406, 439, 453, 459, 637, 639
–, neue 639
Physikalismus
–, ein Argument gegen den 382–387
–, metaphysischer 378
–, nicht-reduktiver 377
–, Ontologie des 380ff

–, reduktiver 377 f
Physikalismus 377 ff
platitudes (nach C. Wright)
–, wahrheitstheoretische 396 f
Positivismus
–, logischer 480
Possibilismus 574 f
Post-Strukturalismus 36
Potentialitäten 607, 610, 618
–, nicht-physikalische 608
–, ontologische 607 f
Prädikat(e) 215, 219, 266, 270 f, 282, 293 ff
– als Abkürzungen von Primärsätzen 271
Prädikatenlogik 282
Prädikatenlogik (bzw. -sprache) erster Stufe 112 f, 219, 246 f, 259, 262 f, 282, 289 f, 292, 338, 509, 532
– als Reglementierung der wissenschaftlichen Sprache 272–267, 338
–, Nicht-Standardsemantiken für die 292–297
–, Standardinterpretation der 259
–, Standardsemantik der 292 f
Prädikation 219 f, 260 f, 270
– und Elementschaftsrelation 290
Pragmatik
–, transzendentale 74
Praktizität 35
prima philosophia 78
primär 19, 38
Primär(sach)verhalt 225
Primärentität(en) 38
–, einfache 38
–, komplexe 39
Primärproposition(en) 19 f, 38, 122, 197, 223, 225, 240, 272–279, 282 291 f, 302, 306 f, 310 f, 313 f, 317, 320, 351, 358, 363, 399, 410 f, 414, 420, 423, 519
– als Argumente der Junktoren 358
– als semantische Primärstrukturen 277 f
– und Wahrheitsbegriff 278
–, ästhetische 410
–, volldeterminierter Status der 302
–, wertästhetische 420
Primärsachverhalt(e) 197

Primärsatz (-sätze) 19 f, 122, 196, 205, 271–274, 276 f, 279, 282, 286 f, 296, 306, 310 f, 317, 351, 365, 493, 498, 518–521, 523,
–, Identitätsbedingungen für 273 ff
Primärstruktur(en) 19 f, 38 f, 197, 358, 365
– als Argumente der Junktoren 358
– als Konfigurationen 352
–, Definition der ontologischen 278 f
–, einfache Primärtatsachen als einfache ontologische 280–287
–, ontologische 244, 278–297, 316, 351 ff
–, semantische 277 f, 314
Primärtatsache(n) 19 f, 38, 125, 196 f, 220, 225, 244, 272, 277–281, 283–286, 288 f, 310–314, 316, 349, 351 f, 354, 356–359, 365–371, 375, 399, 414, 420, 422 f, 429, 431, 453 ff, 498, 519, 524, 526, 548
– als Argumente der Junktoren 358
– als ontologische Primärstrukturen 316
–, einfache 38
–, Arten von 351 f
–, wertästhetische 420, 422
Primärtatsachen des Menschseins
–, absolut essentielle 365 f
–, kontingente 365 f
–, relativ (historisch) essentielle 365 f
Prinzip der Einheit der ganzen Wirklichkeit 328
Prinzip der Identität des Ununterscheidbaren 276
Prinzip der universalen Kohärenz 328
Prinzip der Ununterscheidbarkeit des Identischen 277
Prinzip des ontologischen Ranges (POR) 604
– und Evolution(stheorie) 605–609
Prinzip des zureichenden Grundes 328
Projektion 242
Proposition(en) 19, 124 f, 216 ff, 252 f,
– als Argumente der Junktoren nach Quine 290 ff
– als *state of affairs* 295
– und Sachverhalt 197, 216, 218, 252

–, ästhetische 410
–, ethisch-deontische 408
–, falsche 317–320
–, kontradiktorische 319
–, logische 244
–, ontologischer Bezug logischer/ mathematischer 320–323
–, praktisch-deontische 408
–, semantische 240
–, syntaktische 240
–, volldeterminierte 300, 313
Prosententiale Wahrheitstheorie 304
Prosentenz 304 f
proxy function 337
Prozess 220, 259, 348
Pseudoproposition 319

Quantengravitation
–, Theorie der 459
Quantenlogik 297
Quantenphysik 481
Quantentheorie 436
– der Gravitation 436
Quantifikation 509, 516
– und Totalität 565
–, plurale 565
Quantor 265
Quantorenvertauschung 599
Quasi-Definition
– der struktural-systematischen Philosophie 34 f

Ramsey-Sätze 166
Rationalität 153, 397 ff
–, ideale 153, 398
–, kommunikative 136, 153
–, Theorien der 158
–, universale 154
ready-made world 14
ready-structured world 52, 54
Realismus 168
–, interner 484–488, 501
–, metaphysischer 483 f, 501, 503
–, modaler 332, 575
–, moralischer 398
–, pragmatischer/direkter/natürlicher 487, 489, 501
–, struktural er 349

Realismus-Antirealismus-Debatte 500
Realismus-Antirealismus-Problem 496, 500
Rechtfertigung 302, *Siehe auch* Begründung
–, ideale 397 f
Referenz 213
–, Theorie der 293 f
–, Unerforschlichkeit der 343
Reflexivität 242
Regel(n) 55, 71
– als Postulate (oder Überbrückungsregeln) 101
– der *proxy function* 337
– für formale Sprachen 513
–, grammatische 27 f
–, logische 19, 60 ff, 100, 163, 233, 240, 472, 629, 631
–, methodologische 55
–, praktische 153
–, semantische 250 f, 292, 426
–, sprachliche 29
–, syntaktische (Formationsregeln) 250 f, 426
Reifizierung 262, 340
Relevanzlogik 297
Relation 211, 218 f
Relationalität 638
–, vollständige und adäquate Erfassung der holistischen 638
Relativierung
– der Philosophie auf das Subjekt 23
Relativismus 494
Relativität 69, 638
– zu einem Theorierahmen 12, 323, 619 f
–, ontologische 183, 339, 343
Relativitätstheorie 386, 436
Religion(en) 21, 342, 350, 433, 440–444, 462, 470 f, 476, 485, 595, 611
–, Ansatz zur philosophischen Interpretation der 441 ff
–, Pluralität der 440–444
Religiöse, das 440–444
Repräsentation 371 f
Russellsche Antinomie 356

Sachverhalt(e) *Siehe* Proposition

Sagen und Zeigen 41
Satz (Sätze) 297
– der Subjekt-Prädikat-Form 19, 122, 196f, 221, 247, 261–267, 271f, 277, 289, 292, 315, 351, 523, 530f, 540, 560, 590
– der Subjekt-Prädikat-Form als Abkürzungen von komplexen Primärsätzen 276, 296
– ohne Subjekt-Prädikat-Struktur 82, 282, 365
– und Proposition 290
–, ästhetische 121, 410
–, deklarative (theoretische) 103, 108, 121f, 124, 244, 247, 249, 252f, 272f, 277, 306, 413, 541f
–, die drei logisch-semantischen Formen ästhetischer 409–420
–, evaluative 394
–, falsche 317f
–, moralische 388
–, normative 390f
–, objektpraktische 391
–, praktische 389
–, primärpraktische 391ff
–, theoretisch-deontische 391–395, 398f
–, theoretische ethische 389–395
–, theoretisch-evaluative 391–395, 398f
–, theoretisch-praktische 391, 395
–, volldeterminierte 300, 302, 313
–, volldeterminierter Status wahrer ethischer 398
–, wahrheitsfähige ethische 388, 395
–, Wahrheitsstatus theoretischer ethischer 398
–, semantischer Primat der 112
Satzform 122
Satzoperator 121
–, ästhetischer 121
–, praktischer 121
–, theoretischer 121
Satztypen und Satz*tokens* 527
Scheinproposition 319
Schnitt 243 *Siehe* Kluft
Schnitt-Problem *Siehe* Kluft-Problem
Schnittstelle zwischen Erkenntnis und Welt 488ff
Schönheit 429–432, 541

– als fundamentaler Begriff der Ästhetik 420–425
– als Zusamenstimmung/Konsonanz der immanenten Merkmale des Seins 422
– und Seinsbereiche 425
–, Bedeutungsverfall der 430f
–, Begriff der 420f
–, universale 24
Schöpfer 434, 437
Schöpferabsolute, das 610
Schöpfergott 435
Schöpfung 609
– und Evolution 610
Schöpfungsgedanke 437
Sein 20, 33, 40, 42, 50, 207, 331, 554ff
– als Bezeichnung für die ursprüngliche (Seins-)Dimension 553f
– als Strukturalität 51
– im objektiven Sinne als Gegenpol zur Subjektivität 555
– im primären Sinn 581
– im sekundären (derivativen) Sinn 581
– selbst als Struktur aller Strukturen 585
– und Denken 49
– und Existenz 553ff
– und Gott 561
– und Seiendes 49, 558–562, 574
– und Seinsdimension 554
– und Struktur 329
–, absolutnotwendiges geistiges (personales) 601
–, das absolute 556
–, das absolutnotwendige 588–611
Sein als solches
– und Sein im Ganzen 21, 552–562
Sein im Ganzen 33, 403ff, 409, 416, 467, 573, 588
– als solches 33
– als Universalklasse 573
– und Natur(welt) 344
–, Theorie über das 442
Seinsdenken (bei Heidegger) 2
Seinsdifferenz
– als Differenz von absolutnotwendiger und kontingenter Seinsdimension 591–594

Sachverzeichnis 679

Seinsdimension 20, 554, 557–562
– als Sein als solches und im Ganzen 555 f
– als Seins-Zweidimensionalität 592, 594
–, (Selbst)Explikation der 582 f
–, absolute 21
–, absolute Einzigkeit der 581
–, absolutnotwendige 594, 609
–, aktuale Welt und Pluralität möglicher Welten 574–581
–, allgemeinste immanente Merkmale der 581–587
–, geistige Verfasstheit der absolutnotwendigen 609
–, gesamtsystematische Sicht der 557
–, Gutheit (*bonitas*) als immanentes Strukturmoment der 587
–, Heideggers Konzeption der 557–560
–, innere Strukturalität der 581–587
–, kontingente 21, 594, 609
–, nicht-reduktionistisch-objektivistische Konzeption der 556
–, reduktionistisch-objektivistische Konzeption der 557
–, Schönheit als immanentes Strukturmoment der 587
–, Selbstartikulation der 23
–, transzendental-dualistische Sicht der 557
–, universale Intelligibilität als immanentes Strukturmoment der 584 f
–, universale Kohärenz als immanentes Strukturmoment der 585
–, usprüngliche umfassende 579 ff
–, Verhältnis zwischen der absolutnotwendigen und der notwedigen 601–604
–, weitere Schritte in der Explikation der absolutnotwendigen 600–611
Seinsdimensionalität
–, absolute/kontingente 443
Seinsphilosophie (Seinsmetaphysik) 42
Seinstheorie 9, 16, 421, 425, 493, 495, 552–588
– und Ontologie 495
–, struktural-systematische 24
Seins-Zweidimensionalität
– als Differenz zwischen absolutnotwendiger und kontingenter Seinsdimension 600
– indirekter Beweis der 592 ff
Selbst *Siehe* Ich
Selbstbegründung 11, 72
– der struktural-systematischen Philosophie: ein permanenter Prozess 644
Selbstbewusstsein
– als beziehungsfreies ursprüngliches Phänomen nach D. Henrich 373
– gemäß dem Reflexionsmodell 372
– und Intentionalität 371–376
Selbstexpressivität des Subjektes 424
Selbstidentität 283, 287
Semantik
– auf der Basis einer starken Version des Kontextprinzips 267–278
– der möglichen Welten 324
– im umfassenden und im engeren Sinn 228 ff
– und Pragmatik 136, 202
– und Ontologie 8, 20, 129, 198, 213, 230, 234, 247 ff, 262, 299, 499, 517, 589, 624, 633
– und Theorie des Seins und der Seienden 494 f
–, formale 254, 292 f
–, Grundzüge der kompositionalen 249–254
–, kompositionale 19, 196 f, 217, 249–324, 384
–, kontextuale (neue) 19 f, 196 f, 292, 351, 384, 590, 644
–, Kritik der kompositionalen 254–267
–, ontologisch orientierte 247 ff
–, propositional-konditionale 251 f
–, wahrheitskonditionale 251
Septuaginta 190
Seyn als Ereignis bei Heidegger 559 f
Simplifikation 243
Singularität 434 ff
Sinn 211, 215
– des Lebens 461
– und Bedeutung 215, 214–217, 252 f, 312
–: Begriff 457 f

–, letzter (*last point* nach Nagel) 462–467
Skeptiker 85
slingshot argument 315
Sollenssätze 391
space of reasons 498
Spontaneität 374
Sprachdetermination
–, die Drei Ebenen der 200–203
–, lebensweltlich-kontextuale 204
–, semantische 205
–, sprachpragmatische 205
Sprache(n) 41, 168
– als ausdrückende Instanz 486, 492, 504, 529
– als Darstellungsmedium der Theoretizität 102–171
– als Kommunikationssystem 508
– als semioltisches System mit überabzählbar unendlich vielen Ausdrücken 24, 27, 104, 131 f, 496, 500–524, 526–529
– normale/natürliche 14, 18, 32, 51–66, 103–154, 192, 214, 247 f, 258, 265, 271, 303 f, 482, 487 f, 494, 496, 499 f, 507, 515, 523, 550
– und Begriff 214 ff
– und ihr Stellenwert in der Logik und Mathematik 233 f
– und Kommunikation 103 f, 496–499, 510
– und letzte Metasprache 119
– und Struktur 182
– und Theorierahmen 516
– und *tokening system* 507–514, 522 f
– und Welt 49, 51, 193 ff, 274, 293, 314, 517–520, 536
– und Wissen/Erkenntnis 131, 133
–: als philosophische und wissenschaftliche eine rein menschliche Produktion? 527–535
–: Zentralität für die Philosophie 129
–, Abkoppelung der Logik von der 243 f
–, adäquater Begriff der philosophischen 496–531
–, aktuale/mögliche 527 f
–, Analyse der 5–12

–, Erlernbarkeit der 104
–, formale 66 f, 106, 171
–, Fundamentalität der semantischen Dimension der 203 ff
–, Grenzen der 40
–, Grund für die Annahme einer aus überabzählbar unendlich vielen Ausdrücken bestehenden philosophischen 521 f
–, ideale 106
–, Indeterminiertheit vs. Determiniertheit der 198 f
–, injektive/surjektive/bijektive Abbildung zwischen Welt und 518 ff
–, Kardinalität der 518 ff
–, Kommunikation und Darstellung 496–499
–, Kommunikation und Darstellungsdimension 103–134
–, logische und ontologische Dimension der 127 ff
–, maximale (absolut universale) 528
–, normale und philosophische 104–120, 490
–, ontologische Deutung und Konsequenzen der Pluralität von 531–549
–, ontologische Dimension des volldeterminierten semantischen Status der 309 f
–, ontologische Konsequenzen der Pluralität theoretischer 532–549
–, Philosophie der 73
–, philosophische 7, 14, 108 f, 116, 120–133, 550
–, prinzipielle Möglichkeit einer aus überabzählbar unendlich vielen Ausdrücken bestehenden philosophischen 505 ff
–, Reichweite und Ausdrucksstärke der philosophischen 500
–, rein semiotische (syntaktische) 529
–, religiöse 190
–, Repräsentation einer 511 f
–, Segment aus einer 515 f
–, segmentaler Charakter der philosophischen 517–524
–, Selbstdetermination der 203

Sachverzeichnis 681

–, semantisch-ontologisch strukturierte 529 ff
–, Strukturen der philosophischen 499
–, syntaktische, semantische und pragmatische Dimension der 127 ff
–, systematische philosophische 126–129
–, theoretische 106
–, *tokening system* für theoretische 514–517
–, Unbestimmtheit von 183
–, Unhintergehbarkeit der normalen/ natürlichen 116, 119
–, universale 551
–, ursprüngliche 131 f
–, volldeterminierter Status der 199, 201, 300
Sprachgebrauch 128
Sprachlichkeit 41, 528
Sprachphilosophie 5, 7
Sprachrahmen 11, 41, 88 f, 94 f, 257
Sprachspiel 119, 487
Sprecher und Subjekte 133
Sprechsituation
–, ideale 153
Stringtheorien 459
Struktur(en) 13 ff, 19, 33, 167, 169, 181, 200, 360–363
 – und Daten 32–44
 – und Sein 329
 – und Sein: erste Charakterisierung 48–54
 – und Sprache 182 f
 – und Theorie bei Quine 340 ff
 – und Wahrheit 298
 – und universales Datum 624
–, absolut universale 345 ff, 636
–, abstrakte (reine) 37 ff, 66, 224, 280 f, 283, 288
–, Begriff der 36–39
–, Bourbakis formaler Begriff der 235–238
–, die drei Ebenen der fundamentalen 230–297
–, feinmaschige/grobmaschige 545 ff
–, formale (logische/mathematische) 14, 207, 226 f, 230–245, 359
–, fundamentale 14, 18, 207

–, immanenter ontologischer Bezug der 624
–, inhaltliche (semantische und ontologische) 226 f
–, kompositional-semantische 249–254
–, konkrete 37 ff, 224, 280 f, 288
–, kontextual-semantische 277 f
–, logische 238–245
–, logische/mathematische 600 f
–, mathematische 63, 171, 234–238
–, ontologische 14, 19, 51–54, 207, 223, 241, 249, 278 f, 281, 283, 285, 288 f, 349, 356, 360, 421, 431, 453, 455, 486, 529 f, 532, 534, 549, 602,
–, ontologischer Bezug der Wahrheit logischer/mathematischer 320–323
–, ontologischer Status der logischen/ methematischen 238, 289
–, ontologischer Status logischer 244
–, partikuläre (bereichsspezifische) 45–60, 344 f
–, philosophisch erweiterter Begriff der 223 ff
–, relativ universale 345 ff, 636
–, semantische 14, 207, 245–278
–, systematisch-architekturaler philosophischer Stellenwert des erweiterten Begriffs der 207, 223 ff
–, topologische 359
–, universale (allgemeinste) 44 ff, 227, 344 f
–, Verhältnis von logischen/mathematischen und ontologischen 288 f
–, Verhältnis von formalen und semantischen 229 f
–, Vielfalt der mathematischen 297
–, vollbestimmter Zusammenhang der fundamentalen 297–328
–, Zusammenhang zwischen formalen, semantischen und ontologischen 551
Strukturalismus 36
–, Bourbakis mathematischer 235–238
–, mathematischer 234
–, Quines globaler ontologischer 336–343
Strukturalität 21
Strukturiertheit *Siehe* Struktur
 – der Welt (des Seins) 533, 544

Strukturkern 172 ff
Strukturkonfiguration 285
Strukturmethodologie 56
Strukturrahmen 226 f
Struktursystematik 18, 207–328
– und Welt 333
–, Begriff der 207–230
–, Programm einer philosophischen 225 ff
–, Stellung der Sprache und der Semantik in der 227–230
Subjekt(ivität) 18, 42, 49, 133–136, 354, 360 f, 373, 420, 451, 481, 550 f
– gemäß der transzendentalen Perspektive 23
– und Perspektivenumkehrung 157–161
– und Wissen/Erkenntnis in systematischer Hinsicht 148–157
–, fundamentalistische 134
–, intentional koextensiv mit dem Sein im Ganzen 149
–, partikularistische 149
–, pragmatische 134 ff
–, standpunktsetzende 134 f
–, stellungnehmende oder intentionale 134
–, Strukturiertheit der 148
–, transzendentale 555
–, transzendental-konstitutive 136
–, universale 539
Subjekt-Operator 149
–, partikularistischer 149–161, 542
–, universaler 149–161
Substanz 93 f, 219, 254 ff, 354
– als Unabhängigkeit 256
– mit der Bezeichnung »Objekt« 348 f
– und Attribut 219
–, Kategorie der 348 f
Substanzschema 94
Substanzontologie 19, 211, 220, 249, 257, 260, 272, 296, 314 f, 526, 560
–, das Basisproblem jeder 258–261
–, Kritik der 254–261
Substanzontologie *vs.* Konfigurationsontologie 547
Substratum 93 f, 258, 286, 349, 367
Siehe auch Substanz

Summe *(summa)* 2
Summe/Fusion 358
Supervenienz 378
Supervenienzphysikalismus 378 ff
System 1 f, 22, 29 f, 37, 47, 56, 481
– und Beobachter 481
– und Denken/Geist/Sprache 485
– und Theoretiker 482, 484 f
– formales 31, 62 ff, 66, 68, 156 f, 163, 199, 233, 292 f, 508, 510,
–, offenes 25
–, philosophisches 2, 4, 10, 13, 25 f, 46 f, 54, 86, 615, 617, 643
–, semantisches 62
–, semiotisches 24, 27, 51, 104, 130–133, 500, 505–508, 510, 513–518, 520 ff, 526, 529 f, 551
System of Pragmatic Idealism 10
systematisch 1–6
Systematizität 58
– als artikulierte Theorie (nach Dummett) 6
–, kognitive 64
–, ontologische 64

Tatsache 19, 211, 218, 294 ff, 312, 315, 348
– bei Frege 312
–, logische 244
–, logische/mathematische 321
–, als wahrer Gedanke nach Frege 312
Tatsachenontologie 296
Teil 358
Teil-Ganzes-Modell 268
Teleologie 420
Term(e)
–, Eliminierung singulärer 113
–, generelle 262
–, Nicht-Referentialität mancher singulärer 263 f
–, Quines Verfahren der Elimination singulärer 262–267
–, singulärer 259, 270 ff
Theologie
– im eigentlichen (theoretischen) Sinn 595
–, christliche 190, 596
Theorem von Kelley-Morse 567, 573

Theoretizität 35, 56, 99–102, 121 f, 125, 156
– als Darstellungsdimension 99–102
–, das sprachliche Kriterium für 120–129
–, Kriterium für 18
–, Vollbestimmung der 188
–, Wahrheit als der vollbestimmte Status der 298
Theoretizitätssystematik 17, 99–206
Theorie(n) 4, 18, 35 f, 38, 47, 57, 60, 87, 133
– im engeren Sinne 18, 161–188
– in der Metalogik/Metamathematik und Wissenschaftstheorie 162–174
– und Struktur bei Quine 340
– und Wahrheitsbegriff 170
– und Welt/Sein im Ganzen 536
–, artikulierte (nach Dummett) 4, 6 f.
–, Aussagenkonzeption (*statement view*) von 100, 164
–, axiomatische 60, 186
–, ideale 484
–, konstruktiv-empiristische Konzeption von 166–169
–, logischer Begriff der 162 f, 177
–, netzwerkstrukturale (kohärenziale) 186
–, *non-statement view* von 100, 169
–, philosophische 8, 11, 13, 19, 47, 55, 57, 60, 87, 92, 114, 176, 182 f, 185 f, 188, 231, 389, 425, 428, 433, 446, 450, 458, 461, 468, 470, 551, 568, 588, 640
–, semantischer Ansatz (*semantic view*) von 166–169
–, Standard-Konzeption (*received view*) von 100, 163–166, 169, 177 ff
–, strukturaler Begriff der 175–184
–, strukturalistische Konzeption von 100 f, 169–174, 187
–, Unterdeterminiertheit von 339
–, *Weltanschauung view* von 165
–, wesentliche Komponenten des strukturalen Begriffs der 181–184
–, wissenschaftlicher Begriff von 163–174
Theorieabhängigkeit 101

Theoriebegriff 161–188
– als regulativer Begriff in der Philosophie 185–188
Theorienbeladenheit 92, 339
Theorie-Element 171, 174
Theorieform 60, 304
–, axiomatische 60 ff
–, netzstrukturale (kohärenziale) 63 f
Theoriematerial 56
Theoriennetz 56, 67 ff, 171
Theorie des Seins als solchen und im Ganzen 552–587
Theorie für Alles 458 *Siehe auch theory/theories of everything*
Theorierahmen 11 ff, 16 f, 20 f, 23 f, 26, 29–33, 54, 56, 69, 73, 75 f, 94–98, 127, 133, 323, 326, 451, 589, 620
– als ontologische Arena 538, 541, 544
– der partikulären Wissenschaften 638
– der Philosophie und der partikulären Wissenschaften 635
– für die struktural-systematische Philosophie 29–33, 310, 626–632
– und Begründung 83 ff, 90, 97
– und Sprachen mit überabzählbar unendlich vielen Ausdrücken 521
– und Warum?-Fragen 464 ff
–, absoluter 25, 573, 643
–, Adäquatheit von 466
–, externer metasystematischer 625
–, höhere Intelligibilität und Kohärenz von 25, 643
–, lebensweltlicher 542 f
–, metasystematischer 632 f
–, nicht-absoluter 572
–, ontologische Adäquatheit von 541–549
–, partikulär-wissenschaftlicher 640
–, physikalisch-kosmologischer 435 f
–, Pluralität von 156, 323, 540, 643
–, relativ universaler 638
–, semantisch-ontologischer 258 f
–, struktural-systematischer 198, 350, 388, 621
–, universaler 636
–, Vergleich zwischen 627 f
theory of meaning 214
theory of reference 214

theory/theories of everything 187, 433 f
Tiefenstruktur 545
Tod 469 f, 475
– als Trennung von Seele und Leib 473, 475
–, Leben nach dem 470
token 529
tokening system (tokenability) 510–517
token-Physikalismus 378
Totalität 10, 448, 458, 560
– als Menge 566–573
– als Universalklasse 567, 573
– der Seienden 573
– des Seins und der Seienden 560
– der Wahrheiten 566 ff
– und Cantors Diagonalargument 566 ff
– und der Unterschied zwischen Mengen und Klassen 567 f
– und Ding-Ontologie 569 f
– und Mengentheorie 567
– und Ontologie 569
– und Quantifikation 565, 568
–, logische/mathematische Problematik der Rede über 24, 564–573
–, maximale 572 f
–, semantische Problematik der Rede über 563 f
–, submaximale 572
Transzendentalienlehre 486
Transzendentalphilosophie 151, 491
Trope 257 f
Tropentheorie 256 ff, 281
T-Theoretizität 101

Überabzählbarkeit 104
Überlappung 358
Überlieferungsgeschehen 451
Überzeugung 146, 169
Unbedingt(es) 591
Unbestimmtheit der Übersetzung 274
unboundedness of being 493, 495
unboundedness of the conceptual 492, 495, 498
Unerforschlichkeit der Referenz 338 f
Unhintergehbarkeit 74
Universalie(n) 93, 255, 257, 259 f, 286, 294, 353

– und Subjekt (Substratum) 260
Universalienproblem 10
Universalklasse 567 f
universe of discourse 1, 22, 33, 39–45, 50, 52 f, 56, 182 ff, 211, 344, 416, 495, 528, 625, 635
–, begrenztes 40
–, uneingeschränktes 13 f, 16, 39–45
Universum 9, 14, 207, 434–440, 453, 467, 481, 508 Siehe auch Welt, Sein
– als das Absolute 439
– als Menge 571 ff
– als solches 438
– und modale Begriffe 438 f
–, (ab)geschlossenes 437 ff
–, kontingentes 438
–, physikalisches 474 f
–, strukturiertes 439
–, submaximales 571 ff
Unsterblichkeit 472
Unsterblichkeitsproblem 470
– in der analytischen Philosophie 470
Unterbestimmtheitsthese 628
Unvollständigkeitstheorem (Gödels) 25, 156, 326, 566, 570
Urelement 280, 288
Urfaktum
–, sprachliches 198
Urknall-Singularität 434
Urknall-Theorie 434 ff
Ursprung Siehe Anfang
Urteil 409
–, ästhetisches 409, 411

Variable(n)
– und singuläre Terme 264
–, Werte der 264 f
Variablenbelegung 247, 278, 632
Verbands- und Garbenstrukturen 359
Verdünnung 243
Verschränkung *(entanglement)* 474
Verstehen 451 f
Vokabular
–, pragmatisches 201 f
–, semantisches 201, 203, 205
Vollkommenheit *(perfectio)* 401, 422, 587
Vollständigkeit 53, 94

Vollzug 133
Vorstellung 371 f

Wahrheit 187, 408
- als Prädikat und als Operator 194–197
- als Unverborgenheit nach Heidegger 191
- an sich 490 f
- bei Kant 148
- für uns 490 f
- und Modell 200
- und normale/natürliche Sprache 192–195
- und Objektivität 397
- und ontologischer Bezug 9, 301, 384
- und Richtigkeit 397
- und Struktur 200, 298
-: relativ zu allen Theorierahmen 324
-, absolute 323–328
-, Begriff der 140, 145,
-, deflationistische Theorien der 193
-, ethische 398
-, Gesamttheorie und Subtheorien der 197 f
-, Grundidee der 198–206
-, informal-intuitive Formulierung der fundamentalen Idee der 205 f
-, intuitives Verständnis der 192, 302
-, kataphorische Theorie der 305
-, Korrespondenztheorie der 193 f, 309 f, 313, 315, 396 f, 484
-, ontologische Dimension der ethischen 395–399
-, ontologische Implikationen der 386, 388
-, ontologischer Bezug der 309 f, 389, 579
-, präzisierende Charakterisierung der Grundidee der 299–303
-, relative 323–328
-, vollständig definierter Begriff der 313
Wahrheitsähnlichkeit (-approximation) 534 ff
Wahrheitsbedingungen 251
Wahrheitsbegriff 18, 125, 180, 298 f, 584 f

- als Komposition dreier Funktionen 304–316
- in der Ethik 396
- und ontologischer Bezug 316
- und Primärpropositionen 278
-, hebräischer (biblischer) 191
Wahrheitskandidat 13, 58
Wahrheitsprädikat 303
Wahrheitsoperator 203, 300, 309, 313
- als Komposition dreier Funktionen 306–309, 313 f
-, anaphorischer 305 f
-, kataphorischer 306 f
Wahrheitsparadoxie 482, 566
Wahrheitsrelativismus 323–328, 536
-, Antinomie des 323 f
-, radikaler 323
-, eine gemäßigte Form des 323–328
Wahrheitsschema 300, 482
Wahrheitstheorie(n) 9, 20, 188–206, 297–328
-, analytisch orientierte 189
-, anaphorisch-deflationistische 305
-, definitionale 198
-, deflationistische 193 f, 300–303
-, kataphorische 304–309
-, kriteriologische 198
-: relativ zu einem Theorierahmen 324
-, substantialistische 193 f
Wahrheitsträger 197, 303 f
- als Strukturen 304
Wahrheitswert(e) 199 f, 215, 242, 312
- als Gegenstand bei Frege 217, 252 f, 299
warrant 70
Warum?-Frage 463–467
- und Theorierahmen 464 ff
Welt(en) 9, 14, 20, 40, 49, 207, 409, 499, 563, 636 *Siehe auch* Universum, Sein (im Ganzen)
- als Gesamtheit der Erscheinungen 420
- als relative oder kontingente Seinsdimension 520
- nach van Fraassen 563 f
- und Sein im Ganzen 330 ff
- und *universe of discourse* 330 ff
-, aktuale 332, 574, 577 f

–, ästhetische 408–432
–, menschliche 350–408
–, ideale 350
–, kontingente 600
–, Kunst als Darstellung einer transformierten 427
–, logische/mathematische 321 ff
–, mathematische und physikalische 322
–, mögliche 324, 332, 574–581, 600
–, Ontologie der möglichen 318
–, Pluralität von 534
–, (Selbst-)Darstellung der 544, 550
–, Strukturebenen der 544
–, Strukturiertheit der 54, 333, 485, 544
–, submaximale 571 ff, 600
–, Teildimensionen der aktualen 333 f
–, ursprüngliche umfassende Einheit aller 580
Welt an sich und Welt als Erscheinung 502
Welt- und Selbstverständnis
–, natürlich-sprachlich artikuliertes 363 f
Weltbegriff(e) 330–334
– in der analytischen Philosophie 332
–, transzendentaler 330
Weltganze, das 440, 432–476
Weltgeist 447, 452
Weltgeschichte 444–476, 611
– als Konfiguration dritter Ordnung 468
– und Seinstheorie 446
–, analytisch orientierte Konzeptionen der 450
–, Ansatz zu einer kosmologisch-materialistischen Theorie der 446
–, eingeschränkte Theorien der 458, 461, 467 f
–, gesamtsystematische (umfassende) Theorien der 458–461
–, Gründe für eine gesamtsystematische Theorie der 461–468
–, hermeneutische Konzeption der 451
–, innere Struktur der 453–457
–, materialistische Theorie der 469
–, metaphysische Theorien der 446 ff
–, nicht-metaphysische Theorien der 446 ff

–, Ontologie der 446–453
–, ontologische Bestimmung der 455
–, Sinn der 457–476
–, Struktur der 453–457
–, transzendentale Sicht der 448, 450
–, umfassende Theorie der 468
–, Voraussetzungen für eine gesamtsystematische Theorie des Sinns der 468–476
Weltsystematik 20, 329–476
Weltversionen 534
Wert(e) 211, 400
– als Primärtatsache 352
– und das Gute 402
–, Absonderlichkeit moralisch-ontologischer 404 ff, 429
–, allgemein-metaphysische Perspektive hinsichtlich basal-ontologischer 401 ff
–, metaphysisch-anthropologische Perspektive hinsichtlich basal-8ontologischer 403 ff
–, moralisch-ontologische 413
–, ontologische 395–399
–, ontologischer Status moralisch-ontologischer 405–408
–, ontologischer Status basal-ontologischer 401–405
–, praktische basal-ontologische 413
–, semantische 19, 216, 214 ff, 250 f, 268 f
–, sittliche 387–408
–, Unterscheidung von basal-ontologischen und moralisch-ontologischen 399 ff
Wertbegriff(e) 392, 394 f
Wertebereich 402
Wertsachverhalt 400
Wertsatz 394 f
Werttatsache(n)
–, moralische 400 f
–, moralisch-ontologische 408
–, ontologische 416
Wille 371, 407
–, absoluter 610
Wirkungsgeschichte 452
Wissen/Erkenntnis

Sachverzeichnis

– als Dimension des Vollzugs der Theoretizität 133–161
– als philosophisches Problem 138–145
– bei Kant 145–148
–, Ambiguität von 137f
–, Gettiers Definition von 139ff
–, neue Definition von 142
–, nicht-analytische Erklärung von 143f
–, Relativität der historischen 450
Wissenschaft(en) 455, 635 *Siehe* auch Naturwissenschaft(en)
–, partikuläre 639f
–, praktische und theoretische 389f
Wissenschaftstheorie 137
Wohlgefallen 423
W-Schema 302f

Zahl
–, reelle 509
Zahlentheorie 163
Zeit 434, 436
–, imaginäre 436
Zeitlogik 297
Zirkularität 78
Zusammenstimmung 419f, 430, 587
Zustand 348
Zustandsoperator 143, 159
Zweck an sich 404f
Zweckmäßigkeit 418ff
Zweidimensionalität des Seins 442f